山东省社会科学规划研究一般项目：
孔孟程朱正统史观研究（23CZXJ04）最终研究成果

中华正统史纲

上古—明清

李明　高巧玲　著

山东人民出版社·济南
国家一级出版社　全国百佳图书出版单位

图书在版编目（CIP）数据

中华正统史纲．上古 -- 明清 / 李明，高巧玲著．
济南：山东人民出版社，2024. 11. -- ISBN 978-7-209-15415-4

Ⅰ. K203

中国国家版本馆 CIP 数据核字第 202453WJ52 号

中华正统史纲（上古—明清）
ZHONGHUA ZHENGTONG SHIGANG (SHANGGU—MING QING)

李明　高巧玲　著

主管单位　山东出版传媒股份有限公司
出版发行　山东人民出版社
出 版 人　胡长青
社　　址　济南市市中区舜耕路517号
邮　　编　250003
电　　话　总编室（0531）82098914
　　　　　市场部（0531）82098027
网　　址　http://www.sd-book.com.cn
印　　装　山东泽华文化传媒有限公司
经　　销　新华书店

规　　格　16开（169mm×239mm）
印　　张　41
字　　数　650千字
版　　次　2024年11月第1版
印　　次　2024年11月第1次
ISBN 978-7-209-15415-4
定　　价　106.00元
如有印装质量问题，请与出版社总编室联系调换。

目录

绪言

反本中华正统，理顺历史传承

在中华传统文化语境中，正者中正对治偏邪，统者统绪对治间杂，正统概念乃根基引领、主体统摄与中道对治义而非绝对垄断、替代排他与极端对抗义。所谓道统、学统、政统（治统、教统），以及由其衍生的史统、文统、法统等概念，实际上讲的都是正统问题。道统、学统、政统三位一体而又理一分殊（道统者天人中道修教之理，学统者君子学行此理之方，政统者实践此理推扩教化），共同构成了正统体系的学理框架与义理内容。中华民族文化主体实即儒学儒教之生生不息，儒学儒教根脉灵魂则为孔孟程朱之一脉相承。孔孟程朱正统儒学三统并建（道统、学统、政统一体内在互为涵摄），构成了中华正统的学理基础与实践内涵。孔孟程朱正统儒学系南宋（后期）、元、明、清四朝文化正统与主流意识形态，而世俗化的陆王心学、明清实学则不断分化解构程朱正统，并因缘发展为当今显学；程朱正统儒学遂被无情边缘化，甚至被西化普世派诋毁为“原教旨主义”。当前儒学实际存在理学、心学、实学三类代表性正统观体系，这就必然产生了诸如正杂偏圆、本末主辅等如何看待三者关系的正统判教问题。所谓不持立场的兼容并包必定是乡愿虚假的，因为任何民族文化体系总须有一个相对稳定且不能被外在置换的基础性学理与主体性信念，否则必陷六神无主纷争乱局。既然正统判教问题不容回避，且已成为当前儒学能否反本开新的瓶颈所在，因而系统还原并内在阐明孔孟程朱中华正统的基础地位与中正本色，以及阐明心学、实学的贡献缺失与未来前景，也就相应成为解决这一迫切问题的学理基石与首要前提。至圣先师孔子明示，“名不正则言不顺，言不顺则事不成，事不成则礼乐不兴，礼乐不兴则刑罚不中，刑罚不中则民无所错手足”①（《论语·子路》）。为孔孟程朱中华正统正名，为中华民族历史传承正名，不亦宜乎，不亦时乎！

① 本书引用经书参考版本为李学勤主编：《十三经注疏》（标点本），北京大学出版社1999年版。

一、孔孟程朱中华正统概说

反本孔孟程朱中华正统，乃理顺中华民族历史传承之根本。而孔孟程朱正统之生衍脉动，实即中华民族直面内忧外患而渐次达成自觉共识的历史进程。

三皇五帝三王周公等先王前圣奉天本民，于中华正统之奠基功德巍巍；至圣先师孔子敬天法古天君民合，删述六经挺立纲常，仁礼中道垂宪无极，洵为中华正统之自觉奠定者。孔子于彝伦常道内时中体验天地之道、成就天地之道，真正融会天地之道（天）、君子德行（君）、民本教化（民）于一体，开辟奠定了以仁礼中道君子修教为核心内容的儒学儒教中华正统。中华民族自此内在具备了文化灵魂，自觉挺立起民族脊梁，正式步入参赞化育之生生历程，至圣之道洵为鸿蒙开辟以来至善至美之天地造化！赞颂孔子之中华正统崇高地位者，如《中庸》“仲尼祖述尧舜，宪章文武，上律天时，下袭水土。辟如天地之无不持载，无不覆帱，辟如四时之错行，如日月之代明。万物并育而不相害，道并行而不相悖，小德川流，大德敦化”，南宋朱子“夫子之一理浑然而泛应曲当，譬则天地之至诚无息，而万物各得其所也”[①]，元大德十一年《大成至圣文宣王追封碑》“先孔子而圣者，非孔子无以明；后孔子而圣者，非孔子无以法”[②]，明成化四年《御制重修孔子庙碑》“孔子之道，天下一日不可无焉。何也？有孔子之道，则纲常正而伦理明，万物各得其所；不然，则异端横起，邪说纷作”[③]，以及清季皮锡瑞“经学开辟时代，断自孔子删定‘六经’为始。孔子以前，不得有经；犹之李耳既出，始著五千之言；释迦未生，不传七佛之论也……不知孔子作‘六经’教万世之旨，不信汉人之说，横生臆见，诋毁先儒。始于疑经，渐至非圣，或尊周公以压孔子，或尊伏羲、文王以压孔子”[④]。

孔子正统地位的深化升格有一个由师而圣再到圣、师合称的渐进过程。

---

① 朱熹：《论语集注》卷二《里仁第四》，《四书章句集注》，中华书局1983年版（下同），第72页。

② 潘迪：《大成至圣文宣王追封碑文》，《元代书法碑帖》清拓本。

③《成化碑帖》，现代出版社2009年版。

④ 皮锡瑞：《经学历史·经学开辟时代》，中华书局2004年版（下同），第1—7页。

周公敬德保民制礼作乐，宗法封建井田学校相为纲维，确为礼教先驱故而地位崇高；孔子删定六经仁礼中道，中华正统（道统、学统、政统三位一体）始得自觉奠定，故秦汉时期周、孔并称。两汉时期重外王教化（政统礼教层面），其中今文经学特重孔子所阐五经大义，故尊奉孔子为先圣素王；古文经学尊奉孔子为整理五经之先师，遂有周公先圣、孔子先师之分殊，文庙主祀周公而孔子陪祀；东汉郑玄则立足古文经学以整合今文经学，主张周先孔后俱称先圣。直面两汉外王礼教腐化困境，魏晋时期尤重内圣修养学理探索（道统、学统之性情关系），故而学校释奠以孔子为先圣、颜渊为先师，南朝宋齐梁陈一脉承之；北朝元魏北齐因崇慕南朝道统学统故亦如之，西魏北周则因其质朴气质而承顺两汉礼教政统，依旧尊奉周公为先圣。隋朝顺延北周礼制，文帝以及炀帝初年，释奠亦以周公为先圣而以孔子为先师，唐初高祖亦顺延之。延续隋炀帝大业四年十月之后统一礼教文化认同理路，唐太宗以南统北（即尝试以道统、学统之内圣学理层面初步统合政统外王礼教层面，孔颖达等《五经正义》即顺此理路之学理探索；此后南宋朱子确立四书地位并为官方认可，则标志着以孔孟道统、学统内圣明德层面统合周公礼制政统外王教化层面思路的圆满完成），国学文庙释奠之礼复以孔子为先圣，随后下诏州县推广以为天下通祀，全国庙学体系遂为后世定制（高宗、武后时短暂歧出，玄宗时旋即恢复）。作为国家祀典，唐玄宗之后祀孔礼仪极为隆重，至清代更是已与祭祀天地宗庙相类同，从祀者亦渐次增补并最终完善形成四配、十二哲、先贤、先儒四等规格。孔子正统地位之尊称谥封亦不断成熟完备，如东汉明帝礼祀孔子先师、三国魏末帝曹芳礼祀孔子先圣，北魏孝文帝尊称文圣尼父、隋文帝尊称先师尼父、唐高祖尊称先师、唐太宗尊称先圣，唐玄宗谥封文宣王、宋真宗尊称谥封至圣文宣王、元武宗尊称谥封大成至圣文宣王，明世宗嘉靖九年去谥封专尊称至圣先师而后世因之。诚如《明史》所云“人以圣人为至，圣人以孔子为至。宋真宗称孔子为至圣，其意已备。今宜于孔子神位题‘至圣先师孔子’”[①]，孔子之中华正统自觉奠定者崇高地位终成民族共识，充分体现了中华文化自觉意识的深化成熟。孔子实为中华民族至高无上而又念兹在兹的永恒象征，否定孔

---

① 《明史》卷五十《志第二十六》，中华书局1974年版，第1299页。

子即是否定天地之道与中华正统，从而否定了我们安身立命之大本大原。

从孔子至曾子（颜子）、子思子再至孟子，中华正统得以一脉传承。孔子删定五经以为中华正统学理基础，传曾子《孝经》发明五经礼教纲常本原亲切入手处，传曾子《大学》发明五经三纲八目修化主题学行次第，子思述《中庸》发明五经天人贯通诚明之道，曾子等纂《论语》发明五经仁礼中道君子之学，《孟子》则发明五经性善仁政民本中道。颜子深入发明克己复礼不迁不贰学统兼及道统政统故世称复圣，曾子深入发明学统兼及道统政统故世称宗圣，子思子深入发明道统兼及学统政统故世称述圣，孟子深入发明道统兼及政统学统故世称亚圣，此即至圣文庙四配大贤。颜子于圣人正统具体而微，唐代之前得以先师身份单独配享孔子，且于汉唐及北宋初期亦曾被誉为“亚圣”，但其实际贡献则主要定位于不迁不贰励志好学之学统典范。孟子勇辟异端拨乱反正以昌明道统，深入发明性善民本五经本意而直嗣孔子心源，自觉推进孔子仁礼之学为孔孟之道，于中华正统之深化开拓大有功德，并确能有效对治唐宋时期佛老僭越与蛮夷入侵内忧外患，故其正统地位不断升格直至定尊亚圣且孔孟并称。具体而言，中华民族于亚圣孟子正统地位之共识达成，亦有一个时中深化的漫长历程。西汉时期《孟子》即已由子书升格为解经之传，扬雄褒赞孟子辟杨、墨之功，东汉赵岐更是称颂孟子为“命世亚圣之大才”。唐代宗时杨绾建议《论语》《孟子》《孝经》兼为一经以备科考，宪宗时韩愈称孟子“功不在禹下”并列入道统体系，懿宗时皮日休亦建议立《孟子》为学科。北宋二程子褒扬孟子性善养气说与卫道传道之功，神宗熙宁四年《孟子》因王安石褒崇而得列科举命题之书，元丰六年尊封孟子为邹国公，元丰七年以孟子配享孔子并敕修孟子庙，金世宗大定十四年诏迁孟子像于文庙宣圣之右。南宋朱子撰《四书集注》之后，孝宗淳熙十六年《孟子》被列为四书之一，陈振孙《直斋书录解题》则进而将《论语》《孟子》同列经类，度宗咸淳三年诏孟子为“亚圣”并位四配之首，光宗绍熙年间黄唐合刊《十三经注疏》亦包括《孟子注疏》。元文宗至顺元年尊封孟子为邹国亚圣公，明嘉靖九年去爵封而定尊称为亚圣，至此孟子正统地位大定，孔孟之道相应成为中华正统之代名词。

孔孟正统注重仁礼中道、性善仁政君子学行，奠定起儒学儒教内修外化框架基石；此后历代儒者时中侧重内圣外王某一层面，动态实现了孔孟正统的深入发明与反本开新。于战国末期极乱之世，荀子偏重圣贤师儒外王礼教，提出性（情绪欲望及趋利避害本能）恶质善“化性起伪”说，下启两汉儒教“质善待教”外王教化。两汉政教立足外王礼教，初步整合孟子性善王政与荀子性恶礼教说，魏晋南北朝隋唐时期“性其情”思想则立足内圣修养而尝试解决性情关系问题，宋明理学“天地之性”“气质之性”说亦变通汲取了荀子思想，明清朴学则以“气质之性”混同“天地之性”而片面走向极端世俗化。荀子偏重周公礼教政统而轻忽孔子道统学统，立足大众教化而以自然之天片面诠释天人感应内在关系，并以情欲本能界定人之性情，把人之仁义天性界定为圣人师法之伪，因而天人外在性恶无本，君子学行立论曲折，不能自觉挺立中华正统内在心源，虽于礼教复兴赓续大有功勋，其质善积修性恶论也有过渡到性善论之回旋余地，但显然不是对仁礼中道、内外平成之孔孟正统的内在承续。鉴此，我们应辩证看待荀子外王礼教之长与内圣性恶立论之失，及其对后世学者复杂多元的重大影响。

魏晋隋唐北宋以来，夷狄肆虐内忧外患，佛道炽盛异端蜂起，正统儒者亟须汲纳释道义理优长以反本自立重建道统，并以道统学统统摄政统以内在理顺中华正统学理内涵，程朱理学应运兴起并巍为孔孟正统之大宗。正如朱子所言“邵尧夫《经世吟》云：‘羲轩尧舜，汤武桓文，皇王帝霸，父子君臣。四者之道，理限于秦，降及两汉，又历三分。东西俶扰，南北纷纭，五胡十姓，天纪几棼。非唐不济，非宋不存，千世万世，中原有人！’盖一治必又一乱，一乱必又一治。夷狄只是夷狄，须是还他中原”[①]，北宋五子（周敦颐、邵雍、张载、程颢、程颐）尤其是二程子勇辟异学而反本孔孟正统，自觉表彰《周易》《大学》《论语》《孟子》《中庸》，以明天人之蕴而推性命之原，开拓内圣外王明体达用之道，阐发人文君子仁礼诚敬性善中道之理，性命心情理气仁义，天理纲常君民华夷，一体浑沦中正纯粹，孔孟程朱中华正统基本义理初具轮廓。南宋朱子依经明理择善而从、博综旁通拨乱反正，挺立道统严辨异端（剖明儒学心学化道释化与功利化世俗化两极分化学理弊端），集大成式理顺了五经四书内在关系（经者彝伦常道之展昭，书者通经门户之管钥，朱子

① 黎靖德编：《朱子语类》卷一，中华书局1986年版（下同），第5页。

撰《四书章句集注》以及《太极图说解》《通书解》《西铭解》《近思录》《伊洛渊源录》以确立“四书”道统学统地位，并以孔孟道统、学统统贯五经礼制政统而撰《周易本义》《诗集传》《资治通鉴纲目》《仪礼经传通解》《家礼》《小学》等，以性善中道道统学统为内在引领，以纲常礼义政统教化为主体内容，三统并建而又先后有序，中正解决了内圣明德与外王礼教这对主导、主体内在关系，圆满实现了由周孔、孔周到孔颜、孔孟再到孔孟程朱学理范式的内在转换），进而自觉构建起性善中道君子修教三统并建学理体系（天人内在性善贯通道统建构、复性新民仁礼中道学统建构、天君民合性善推扩政统建构）。“四书”之拣择确立并升格为经，标志着孔孟程朱中华正统正式形成，并成为南宋（后期）、元、明、清四朝文化正统与主流意识形态。正如明儒胡缉所赞“天不生孔子，则尧、舜、禹、汤、文、武之道无以明；天不生朱子，则孔、曾、思、孟之道无以显”（天顺刊本《朱子大全序》），于复圣颜子、宗圣曾子、述圣子思子、亚圣孟子之后，绍圣朱子之尊称可谓名副其实而至为公允。

程朱理学历尽屯难始成正统，两宋新政派与主和派曾以“党同伐异”“私学专议”为由严厉打压程学，程学历遭北宋徽宗时期“元祐党禁”与南宋高宗时期“绍兴学禁”迫害，朱子之学亦遭南宋宁宗时期“庆元党禁”与“伪学之禁”迫害。从历代谥封褒彰来看，中华民族对程朱正统也有一个深化成熟认识过程。宋宁宗嘉定十三年谥封大程子纯公、小程子正公，理宗淳祐元年又追封大程子河南伯、小程子伊川伯并从祀孔庙，元明宗至顺元年增封大程子豫国公、小程子洛国公，明代宗景泰六年诏令两程祠以颜子例修建，清圣祖康熙二十五年诏二程由先儒进升先贤、次年又御赐两程祠“学达性天”匾额。南宋宁宗嘉定二年诏赐朱子“遗表恩泽”匾额并追谥曰“文”，理宗宝庆三年赠衔太师并追封信国公，绍定三年复改封为徽国公，淳祐元年诏从祀孔庙（周子、张子、二程子同时入祀，而王安石则相应出祀），度宗咸淳五年诏赐婺源“文公阙里”匾额，元世祖至元元年婺源奉旨立徽国文公庙，明太祖洪武三年诏定天下四书五经从朱子传注并追封朱子为徽国公，明代宗景泰帝褒称朱子“德盛仁熟，理明义精，布诸方策，启我后人”，明思宗崇祯十五年诏朱子由先儒进升先贤，清圣祖康熙四十四年赐书“大儒世泽”并对联“诚意正心阐邹鲁之实学，主敬穷理绍濂洛之真传”悬于祠，康熙五十一年诏升朱子入文庙大成殿配祀。

中华民族抉择程朱理学绍继孔孟正统，孔孟程朱一脉相承遂成中华正统代名词。此后程朱学者诚笃担当，如南宋黄榦、陈淳、蔡沈、程端蒙、真德秀、黄震，元代许衡、金履祥、许谦，明代方孝孺、曹端、薛瑄、胡居仁、罗钦顺、陈建，以及清代张履祥、陆世仪、张烈、李光地、熊赐履、张伯行、陈宏谋、方苞、方东树、唐鉴、倭仁等，俱能嗣统卫道赓续正脉，功德时中不可磨灭。

二、心学实学之学理歧出与两极分化

明中叶以来教化下移趋势内在加速，精英修养与大众教化雅俗张力之调适震荡日益突显，中华民族正式步入以雅俗整合为主题的历史新时期；阳明心学与明清实学因时兴焉，但同时亦出现了儒学心学化道释化与功利化世俗化偏颇流弊。作为以性善中道道统学统为内在引领、以纲常礼义政统教化为主体内容的明德亲民修教体系，孔孟程朱中华正统实可中正对治这一偏颇流弊。朱子之时陆九渊心学为孔孟心学化道释化代表，陈亮、叶适、吕祖谦事功之学为儒学功利化世俗化代表（朱子曾严正辟驳之）；朱子之后阳明心学为孔孟心学化宗教化代表，明清实学朴学部分主流学者（如戴震等）则为儒学功利化世俗化代表，且存在心学化世俗化合流趋势，程朱后学虽亦严正辟驳之，但心学实学裹挟大众教化时代需求已然坐大，此后在与西学西教深度捆绑后更是俨然以正统自居。

先就阳明心学言之。明中叶以来商品经济日益繁荣腐化，显著改变了农本商末传统社会秩序，“工商皆本”利欲化社会思潮大兴，儒学儒教出现了亘古未有的躁动不安。在此时代背景下，阳明心学异军突起而士风大乱。阳明心学借鉴禅道而提出致良知说，以及备受争议的阳明四句教“无善无恶是心之体，有善有恶是意之动，知善知恶是良知，为善去恶是格物”。阳明虽于消解学制僵化、功名虚浮有补偏救弊之时用，且于儒学内圣修养及尊重个性差异、因应大众教化方面有所开拓，但大本不正好高立异，撰《朱子晚年定论》以诬朱子，贬弃程朱正统地位并断然以自致良知代性理实修；且无视至圣孔子“述而不作”法则，对孟子性善仁政说予以片面化、极端化解读，实际消解孔孟权威与经书大义，内蕴正统礼教分化瓦解之个性化偏狂萌芽。良知立而道统学统政统意见丛生莫衷一是，礼义衰风俗薄而流弊无穷，从而成为明清以来性善修教宗教化世俗化两极分化的学理滥觞。作为明中期以来阳明心学与商品经济异化流弊结合之学理结果，明季清初黄宗羲心学托古立俗，主张气质自善性以情见、工夫所至即心本体、自私自利人情之常、天下为主而君为客、四民各业公义私利、工商皆本圣王所欲，于性情善恶、理欲公私、君民主客等概念表述分裂偏歧，消解了道统学统与礼教政统本义、颠覆了义利本末原有定位，遂使君子修教名实相离、模糊混滥而贻害匪浅。清代心学具有复合性、弥散性特征，并分化出文人情意化、大众世俗化、宗教信仰化等多元倾向，心学义理普遍渗透弥散于儒学群体、文人阶层以及市民社会文化生活，并与道释回耶等宗教义理以及民间信仰义理合流，从而强烈腐蚀冲击了孔孟程朱中华正统。王阳明、黄宗羲确为孔孟程朱中华正统之离经叛道者，阳明心学确为本源不正、后患无穷之偏颇杂学，而决非雅俗共成、万世无弊之大中至正修教正统，其学理基础虽已被程朱学者时中辟驳，但却伴随社会世俗化态势而蔓延风行，不仅加剧了阳明后学精英修养宗教化趋势，还深刻影响了明清民国三教合流民间信仰之义理建构。改革开放以来，阳明心学更是默契西方自由民主观与基督教神学义理，实际左右着当代中国文化生态。

再就明清实学言之。明后期以来，心学虚浮化与功利世俗化交相为弊而学风败坏，明季清初实学学者主张反思宋明儒学流弊，正视情感私欲并探索“为中人以下立教”大众教化问题，但亦内蕴歧出孔孟程朱中华正统之托古立俗偏颇萌芽。譬如吕坤提出性气合说而反对理学性善说，陈确更是提出即欲见理说（主张天理正从人欲中见、人欲恰好即为天理，小人无站脚处则国家之祸始烈、人欲无躲闪处则身心之害百出），此说虽有启迪新意而立论偏颇不正，实有消解分化程朱正统危险。顾炎武肯定程朱性善道统并反本孔孟以探其源，主张理学即经学而以实学代空言，提出人之有私情所不免、合天下私成天下公之说。亭林实学于宋明儒学义理完善实有补益，但其学理批评亦存在实际弱化程朱正统倾向。王夫之批评程朱理学理欲观并抨击陆王心学立心废理流弊，提出天人一气心性俱附、理行于欲欲无非理、理欲只争公私诚伪、人欲各得天理大同之说。船山实学于理欲理势关系论述稍显艰涩偏颇，且亦潜含利欲世俗化倾向与偏离孔孟程朱正统流弊。颜元明确批判宋明理学气质性恶之说，提出气理相即气质本善、制礼作乐变化气质、躬行经济儒者本业、正谊谋利明道计功之说。习斋实学抨击程朱理学太过且亦涵利欲世俗化偏颇倾向（其徒李塨进而彰显之），实际存在消解程朱理学正统地位之危害，从而加剧了儒学义理的分歧混乱。总之，明季清初实学学者的学理建构与修教理路，虽有契合大众教化时代之缘由，对正统义理完善成熟亦有促进价值，但其托古立新学理偏失也一定程度地冲击了孔孟程朱正统地位。

清代乾嘉朴学学者虽于小学考据贡献良多，且于大众教化层面亦有所开拓，但大多醉心于文字形式而游离于学行修教之外。以戴震为代表的极端激进派更是托古立俗离经叛道，曲解重诠理欲性情诸概念内涵，割裂乃至否定了孔孟程朱中华正统（《孟子字义疏证》《原善》等即其否定正统之学理建构），从而加剧了儒学修教雅俗混同世俗化倾向。作为乾嘉朴学反叛孔孟程朱儒学正统的关键性学者，戴震是乾嘉朴学情欲中道性善修教学理体系奠基者（汪中更是明确否定孔孟程朱儒学正统而主张以孔荀代孔孟且孔墨并称），凌廷堪、焦循、阮元等则一脉顺承之。具体言之，戴震主张天理即是自然分理、情不爽失即谓之理、天地气化成性各殊、血气心知性之实体，以及欲情心知根源性天、去私去蔽节欲养性、通民之欲体民之情、欲遂情达道德之盛。戴震虽于形式上仍言性善，实已托古改“性”利以为义（即以情欲中正论性，把孟子之“命”义直接置换升格为“性”义，把荀子性恶之情欲规定加以正面论证并倒转为性善之情欲，从而甘愿把先知先觉君子天职降格混同于普通民众食色知觉），从学理上因顺迎合了嗜欲日开、智巧日出之乱世民风，因而确为性善修教歧出叛逆者与孔孟程朱中华正统全盘反动者。凌廷堪亦偏激认为理学即禅学，主张调和荀孟以礼节性、复性于礼。凌氏反本重礼确能补益宋学，但却存在以礼代理、以荀代孟之学理偏差，是对戴震情欲中道世俗化理路的继承拓展，亦是对孔孟程朱中华正统的叛逆歧出。焦循亦以情欲中道、知礼变通言性善修教而义理愈陋格调愈下，提出饮食男女大欲存焉、食色验性性善无疑、天下之欲不可遏止、情情旁通则自不争、舍利无以驯治小人、利在天下即利即义之说。阮元殿其成而以修礼节性言性善修教，提出血气心知天命人受、情括于性不与性对、欲生于情在性之内、性中有欲礼乐节之之说。戴震等朴学学者托古立俗尊荀凿孟，消解理欲性情界限而以“血气心知”经验层面论性，甚至以诸子杂学消解孔孟程朱中华正统并倡言个性解放，遂致儒学儒教瓦解之势潜滋暗长不可收拾。乾嘉之后地方官吏乡绅功利化加剧遂致洪杨耶教之乱，此后西教西学强势入侵而收拾不住，直至出现入主出奴以夷变夏可悲局面。溯求乱原，戴震等可谓始作俑者。

明清民国时期心学实学偏失叠加，累积形成了偏离孔孟程朱中华正统的儒学世俗化与信仰化双重极端倾向。先就儒学世俗化言之。伴随大众教化时代的来临，明清时期偏离正统的世俗儒学潜滋暗长，诸如何心隐、李贽、袁宏道、汤显祖、黄宗羲、陈确、傅山、阎若璩、戴震、焦循等心学实学学者尊情重欲世俗学说，即不断腐蚀改变着士风民俗。民间通俗文学中亦充斥着三教混杂、良莠不齐的因果感报劝惩内容，鬼神问题至此已不容正统儒学躲闪回避。有识之士借鉴道释二教而挖掘梳理传统儒典相关资源，强调天人一理内外感通，自觉区分儒教神道劝惩与道释因果感报差异，开拓“神道设教，心境互诠”通俗教化学理依据，参与创作大量笔记、小说、戏曲、善书、官箴、乡约、蒙训、功过格等通俗宣化作品，从而尝试藉感报劝惩通俗形式拓展礼法教化空间。受到偏离儒学正统的士人文人化思潮的渗透影响，传统文学之神圣性修化功能明显减弱，善恶掺杂乃至诲淫诲盗等文学作品涌现出来，因顺利欲而兴起的明清言情小说戏曲泛滥流行风靡民间。不少明清言情小说作者津津于遣情率意、游戏谰言乃至恶劣情欲之过度描述，遂以诲贪诲虐诲淫诲盗名义，放任芸芸众生自我沉沦自我觉醒，此亦心学流弊之文学化放大而已。此类世俗文学实际歧出了孔孟程朱正统立场，具有极大负面教化效果，谬种流传至今未已。伴随儒学世俗化程度不断加深，孔孟程朱正统地位持续遭受蚕食冲击，从而成为清季民国自由民主世俗化价值思维西学东渐并反客为主的文化内因。再就儒学信仰化言之。明中叶以来，儒学（尤其是心学）与道释回耶诸宗教以及民间信仰义理合流现象较为普遍。在心学实学偏失叠加背景下，明清宗教与民间信仰亦大量存在因消解转化孔孟程朱正统义理而引发的迷信邪信流弊，并形成了各大宗教与儒教义理界限模糊相互渗透的复杂态势，从而实际消解涣散了儒教正统主体地位，并终致清季民国儒学儒教与各大宗教及民间信仰一并衰落之恶果。其一，儒学宗教化。明清亦儒亦道或亦儒亦释的居士阶层即极为重视功过格、净土实修等慎独工夫，心学学者林兆恩甚至参照道释修证方法而把儒教改造成“三一教”宗教信仰，徐光启、杨廷筠等则企图以天主教补救儒教空洞化流弊。以天命心性为主题而以四书发挥为平台，明清时期道释回耶诸教也出现了以道补儒、以佛补儒、以伊补儒、以耶补儒等教义会通及教化普及努力，但均因主张宗教高于儒教而歧出了儒教正统范围。譬如，徐光启等耶教修士并不清楚西方天主教实乃原罪他力信仰，而儒学儒教则为性善礼义人文修教，《辟邪集》即批其反伦裂性弃本外求、以夷变夏自作逆种。史实证明，在取消科举后儒学正统被无情边缘化，基督新教与阳明心学结合而实际成为民国时期隐型国教与显性意识形态，以太虚为代表脱离儒教基础的世俗化佛教、道教革命独立运动亦与之呼应而泛滥教界，以致传统三教一并衰微而基督宗教势力却得以迅猛发展。其二，儒学民间信仰化。明中叶以来心学实学偏弊叠加，官吏聚敛灾害频发，基层风化秩序混乱，以救苦救难为教旨的民间信仰流派纷纷创立，不少儒学精英（主要是心学学者）参预其间。这些流派大都糅合民间俗信而倡三教合流，逐渐形成了以“回归真空家乡、面见无生父母”为根本信念、以诸佛仙圣末劫收圆为核心内容的民间信仰体系，其极端化修教形式与迷信邪信流弊构成了对三教修教正统义理的腐蚀挑战。清季以来孔孟程朱中华正统遭到全方位解构破坏，有些传统文化精英与民间信仰等文化小传统相结合并为其奠定起教理基础。民国时期民间信仰旧延新创芜杂繁多，前后大约出现过三百多个教派，大致分为先天道、罗教系统与九宫道、八卦教等系统，大都以三教、五教或万教合一为旗号，糅合儒教纲常、佛教果报、道教气功丹术而形成宝卷坛训等教义以对抗西方基督教侵略。实际言之，民国时期民间信仰流派的生发，是在儒教正统地位已然丧失的危急时势下，传统文化精英志士引导的应激性文化自救运动。但由于先天不足仓促不纯、偏正夹杂利弊交织，这些信仰流派总体脱离了儒教正统之基础地位和必要指导，并不能对治解决西方宗教文化之强势蔓延，因而难免昙花一现教训深刻。

综上，孔孟程朱中华正统乃中正常行康庄大道，陆王心学与明清实学虽因顺大众教化时代而深化拓展了儒学内圣外王学理体系，但因立论偏颇歧出孔孟程朱正统学理而流弊无穷。心学实学之实质性学理歧出，在于对孟子性善论作出了信仰化与世俗化偏颇论证，这是对孔孟程朱雅俗整合修教正统的学理消解与路径转换。由王阳明心学、顾炎武实学削弱正统权威之学理偏途，到黄宗羲心学、戴震朴学消解正统权威之学理歧途，再到明末清代世俗化信仰化之心学实学瓦解正统权威之学理乱途，可谓本源既偏流必杂邪，遂致西方宗教文化肆意侵凌反客为主、文化买办鼓吹膜拜全盘西化之大乱恶果。

三、中华正统之学理复归与历史还原

明中叶以来儒学心学化与实学化学理偏歧，衍化为明清民国心学实学的世俗化与宗教化两极纷乱，自此西方基督新教及民主科学价值思维笼括华夏，孔孟程朱中华正统痛失文化基础与修教主体地位并被无情边缘化，此即现当代中国思想文化六神无主混乱态势之学理根源。鉴此，中华优秀传统文化真正意义上的内在复兴，当以孔孟程朱中华正统的学理复归为统摄主题，以对中华正统史的拨乱反正与系统还原为学理前提与当务之急，既持守中华正统文化主体性天职以拒斥异端，亦中道包容并自觉汲取心学实学流派优长以反本开新，从而翔实证明孔孟程朱中华正统的基础地位与中正本色，以及心学实学之贡献流弊。

现当代“新儒家”学者大多信奉陆王心学，并热衷于心学实学与西学西教两相融通。如牟宗三《心体与性体》即提出朱子“别子为宗”说，主张孔孟大程与小程朱子两相分割；《道德的理想主义》序言又提出“新三统”并建说，主张“道统之肯定，此即肯定道德宗教之价值，护住孔孟所开辟之人生宇宙之本源”“学统之开出，此即转出‘知性主体’以融纳希腊传统，开出学术之独立性”“政统之继续，此即由认识政体之发展而肯定民主政治为必然”，从而妄图以“新内圣”开出“新外王”。此即儒学心学化、心学西学化、西学正统化西化思潮的当代论证，亦即道统宗教化、学统实学化与理性化科学化、政统世俗化与西式民主化，可谓明清心学宗教化与世俗化的当代翻版。牟氏“新三统”说乃“西体中用，以今诠古”外在嫁接理路而非内在自觉理路，其实质是对孔孟程朱中华正统性善民本雅俗中道这一君子修教中正常道的离弃背叛与外在反转。当然，在对道统、学统与政统概念予以中华正统本色诠释前提下，“三统并建”形式还是适用于中华正统体系框架当代建构的。朱子正统观实即集内圣外王三统并建学理之大成，“三统”论述散见于《朱子全书》，其中道统观集中于《中庸章句序》与《隆兴府学濂溪先生祠记》，学统观集中于《大学章句序》与《白鹿洞书院揭示》，政统观集中于《答陈同甫》与《资治通鉴纲目序》。本书即以朱子道统观、学统观与政统观为总体框架与学理根基，尝试系统阐明中华正统学理脉络与实践脉络。

朱子道统观表述集中见于《中庸章句序》“盖自上古圣神继天立极，而道统之传有自来矣。其见于经，则‘允执厥中’者，尧之所以授舜也；‘人心惟危，道心惟微，惟精惟一，允执厥中’者，舜之所以授禹也……必使道心常为一身之主，而人心每听命焉，则危者安，微者著，而动静云为自无过不及之差矣……自是以来，圣圣相承……皆以此而接夫道统之传，若吾夫子，则虽不得其位，而所以继往圣、开来学，其功反有贤于尧、舜者……其曰‘天命率性’，则道心之谓也；其曰‘择善固执’，则精一之谓也；其曰‘君子时中’，则执中之谓也……自是而又再传以得孟氏，为能推明是书，以承先圣之统……程夫子兄弟者出，得有所考，以续夫千载不传之绪；得有所据，以斥夫二家似是之非”[①]，又如《语类》卷九十三“世衰道微，人欲横流，不是刚劲有脚跟底人，定立不住……自孔子以后，得孔子之心者，惟曾子、子思、孟子而已”[②]、《隆兴府学濂溪先生祠记》“先生之言，其高极乎无极太极之妙，而其实不离乎日用之间；其幽探乎阴阳五行造化之赜，而其实不离乎仁义礼智、刚柔善恶之际。其体用之一源，显微之无间……其实则不外乎六经、《论语》《中庸》《大学》《七篇》之所传也……此先生之教所以继往圣，开来学，而大有功于斯世也”[③]。可见道统即中华正统之圣贤心传统绪（修教主题与方式原则），朱子以“人心惟危，道心惟微，惟精惟一，允执厥中”（即《中庸》率性执善君子时中）为圣圣传承之修教道统，以前圣一至圣一宗圣一述圣一亚圣一周子二程为道统传承统绪，以《中庸》为道统学理之最优文本，以辟驳佛老反本

① 《四书章句集注》，第14—15页。

② 《朱子语类》，第2353—2356页。

③ 朱熹：《晦庵先生朱文公文集》（简称《文公文集》）卷八十五，《朱子全书》本，上海古籍出版社、安徽教育出版社2002年版（下同），第3748页。

自立为道统自觉之使命旨归。朱子以人心道心精一执中诠释道统，避免了外教喧宾夺主历史虚无化、儒学心学化宗教化与利害化世俗化两极分化弊端，自觉维护了中华正统雅俗整合中正不偏修教品格，最大程度地防止了儒学修教偏颇流弊，心学实学学者批评朱子二本支离、厚古薄今是极其错误的。

朱子学统观集中见于《大学章句序》"《大学》之书，古之大学所以教人之法也。盖自天降生民，则既莫不与之以仁义礼智之性矣。然其气质之禀或不能齐，是以不能皆有以知其性之所有而全之也……治而教之，以复其性……人生八岁……入小学，而教之以洒扫、应对、进退之节，礼乐、射御、书数之文；及其十有五年……入大学，而教之以穷理、正心、修己、治人之道……若《曲礼》《少仪》《内则》《弟子职》诸篇，固小学之支流余裔，而此篇者，则因小学之成功，以著大学之明法……俗儒记诵词章之习，其功倍于小学而无用；异端虚无寂灭之教，其高过于大学而无实"[①]，又如《小学题辞》"元亨利贞，天道之常，仁义礼智，人性之纲……惟圣斯则，建学立师，以培其根，以达其枝。小学之方，洒扫应对，入孝出弟，动罔或悖……穷理修身，斯学之大，明命赫然，罔有内外。德崇业广，乃复其初"[②]，以及《白鹿洞书院揭示》所列五教之目、为学之序、修身之要、处事之要、接物之要等。可见，道心者天性而人心者气禀，道统学统俱本性善；道统者率性执善君子时中之理（率性之为道），学统者达成此理君子学行之方（修道之为教），道统虚圆学统实方。记诵无用寂灭无实，权术功名惑世诬民，仁义礼智人性本善，先觉后觉天性可复，小学养成五教礼仪，大学之道三纲八目，明德亲民止于至善，格致诚正修齐治平，内外一体学有次序，君子学行自觉觉他，朱子学统实即中华正统之君子学行统绪。朱子正学与陆九渊心学对孟子道统地位俱无异议，但就道统学统内涵而言则有中正偏激之别；朱子主张曾子大学之道次第实修与孟子率性之道仁义养熟内在结合，而陆氏则片面发挥孟子心性工夫而成流弊无穷之信念化修教。

朱子政统观集中于《答陈同甫》"人自有生而梏于形体之私，则固不能无

① 《四书章句集注》，第1—2页。

② 《文公文集》卷七十六，第3670—3671页。

人心矣。然而必有得于天地之正，则又不能无道心矣。日用之间，二者并行，迭为胜负，而一身之是非得失、天下之治乱安危，莫不系焉……义理之心顷刻不存则人道息，人道息则天地之用虽未尝已，而其在我者则固即此而不行矣”、“‘天理’‘人欲’二字，不必求之于古今王伯之迹，但反之于吾心义利邪正之间……若以其能建立国家、传世久远，便谓其得天理之正，此正是以成败论是非”、“以儒者之学不传，而尧、舜、禹、汤、文、武以来转相授受之心不明于天下，故汉唐之君虽或不能无暗合之时，而其全体却只在利欲上……就汉祖、唐宗心术微处痛加绳削，取其偶合而察其所自来，黜其悖戾而究其所从起”、《与陈同甫》“绌去‘义利双行、王霸并用’之说，而从事于惩忿窒欲、迁善改过之事”[①]，又如《语类》卷一百八“封建之意，是圣人不以天下为己私，分与亲贤共理，但其制则不过大，此所以为得……郡县则截然易制，然来来去去，无长久之意……只著一‘私’字，便生无限枝节”、卷一“气运从来一盛了又一衰，一衰了又一盛……一治必又一乱，一乱必又一治。夷狄只是夷狄，须是还他中原”[②]、《答汪尚书》“中国所恃者德，夷狄所恃者力……以德言之，则振三纲，明五常，正朝廷，励风俗……是乃中国治夷狄之道”、《资治通鉴纲目序》“表岁以首年，而因年以著统，大书以提要（凡大书，有正例，有变例。正例如始终兴废、灾祥沿革，及号令征伐、杀生除拜之大者。变例如不在此例，而善可为法、恶可为戒者，皆特书之也），而分注以备言……岁周于上而天道明矣，统正于下而人道定矣，大纲概举而监戒昭矣，众目毕张而几微著矣”[③]。道心人心天理人欲，中原夷狄盛衰治乱，三代汉唐义利王霸，心身家国内外一本，政统即中华正统之君子政教统绪。朱子政统以君子性善道统学统为本，宗法《春秋》大义参天，三纲五常弘德化民，立足正统时中变通，严正辟驳极端化史观（以古诠今心学史观与以今诠古俗学史观），从而保障了道统学统实践运用之纯粹中正应然本色。

综上，朱子学说实即中华正统学理体系，朱子道统、学统与政统三统并

① 《文公文集》卷三十六，第1586—1587、1582—1583、1588—1589、1581页。

② 《朱子语类》，第2680—2689、5页。

③ 《文公文集》卷三十、卷七十五，第1299、3633页。

建，自觉汲纳张载等天命之性气质之性学理划分而以荀补孟内圣外王，正式提出以《尚书·大禹谟》“人心惟危，道心惟微，惟精惟一，允执厥中”（亦即《中庸》率性执善君子时中）为中华道统，明示道统即中华正统之圣贤心传统绪、学统即中华正统之学行统绪、政统即中华正统之政教统绪；道统学统俱本性善，道统乃率性执善君子时中之理，学统乃君子达成此理学行之方，政统乃道统学统实践展开之圭臬。孔孟程朱中华正统史即道统、学统、政统三统并建之学理实践体系，三统学理互为涵摄而又各有侧重，其中道统学统偏重内圣明德学理传承并以性善论君子观为学理内核，涵摄天道人心性情善恶、君子学行异端判教等内容，政统则偏重外王礼教雅俗华夷历史脉动并以民本观华夷观为学理内核，涵摄天人感应、民本教化、民生关怀、华夷融突等内容。中华正统史涵括“三统”学理脉络与实践脉络互为涵摄两相印证的双重层面，大致可划分为上古三代肇始奠基、秦汉隋唐时中开拓、两宋元明内在成熟与明清以来雅俗整合四大时段。其中，学理脉络以道统学统历史脉动为显说而政统隐于其中，实践脉络则以政统应用历史脉动为显说而道统学统隐于其中。中华正统史学理脉络撰写仿经学史儒学史述评体例，并以朱子论述贞定历代儒者流派之实际地位，参考文本涵括历代经史子集相关著述；实践脉络撰写则仿朱子《通鉴纲目》体例，以正统政教经验教训史实述评为主，参考文本包括《尚书》《春秋》《汉书》、朱子《资治通鉴纲目》，以及明代商辂等《续资治通鉴纲目》、清代张廷玉等《资治通鉴纲目三编》、邹博《清通鉴》。通过学理实践双重脉络的概要述评，本书冀望原汁原味地理顺复原中华历史本来面貌，初步达成为孔孟程朱中华正统正名这一学术初心。

第一章

上古三代：中华正统之肇始奠定时期

上古三代包括三皇五帝时期与夏商周三王时期，道统学统政统一体内在。中华正统以孔子为至圣，而以三皇五帝、禹汤文武周公等为前圣。三皇五帝之化功由唐尧虞舜总其成，尧舜之德业为夏商周三王德业奠基，尧舜禹汤文武周公之德业礼教又为孔孟之道奠基，程朱之学明德亲民绍继孔孟而为宋（南宋后期）元明清孔孟正统之大宗，此即中华正统不断成熟完善之内在脉络。前圣肇始奠基而至圣自觉奠定之，上古三代实为中华正统奉天立极肇始奠定时期。

第一节　三皇五帝上古时期

《帝王世纪》曰："孔子称天子之德，感天地，洞八方，是以化合神者称皇，德合天地者称帝，仁义合者称王。"① "三皇五帝"史无定指，俱为功德泽民而名列祀典之上古圣王。较具代表性的"三皇"提法有"天皇、地皇、人皇""燧人、伏羲、神农""伏羲、女娲、神农""伏羲、祝融、神农""伏羲、神农、黄帝"等，较具代表性的"五帝"提法则有"太昊、炎帝、黄帝、少昊、颛顼""黄帝、少昊、颛顼、帝喾、唐尧""黄帝、颛顼、帝喾、唐尧、虞舜""少昊、颛顼、帝喾、唐尧、虞舜"等。其中，孔安国《尚书序》及《古微书》《帝王世纪》《三字经》等均以"伏羲、神农、黄帝"为三皇而以"少昊、颛顼、帝喾、唐尧、虞舜"为五帝，有些学者还依据言行功德而直接以伏羲为天皇、神农为地皇、黄帝为人皇。上述不同提法学理分歧的关键在于：黄帝究竟归属"三皇"系统还是"五帝"系统？实际而言，道学道教无限推崇自然无为而未能以参赞化育分判"皇"与"帝"，这一单纯标准毕竟有失天人中

① 欧阳询：宋本《艺文类聚》卷十一《帝王部一》，上海古籍出版社2013年版（下同），第320页。

正。正统儒学以为，黄帝拨乱反正人文创制之言行功德，也同样体现了参赞天地三才之道，且实能述作羲、农二皇化功并直接下启“五帝”人文德教，因而以黄帝为“三皇”之人皇洵为中道合宜。综上，正统儒学以“伏羲、神农、黄帝”与“少昊、颛顼、帝喾、唐尧、虞舜”为“三皇五帝”。周敦颐《太极图说》云“形既生矣，神发知矣，五性感动而善恶分，万事出矣。圣人定之以中正仁义而主静，立人极焉。故圣人与天地合其德，日月合其明，四时合其序，鬼神合其吉凶。君子修之吉，小人悖之凶。故曰：立天之道，曰阴与阳；立地之道，曰柔与刚；立人之道，曰仁与义”[①]，三皇五帝三王俱为时中圣人，三才之道念兹在兹，钦天恤民肇修文教，功德惠泽千秋万世。

一、三皇五帝统绪述略

上古三代源自远古，故而先略述远古时期。就人类起源而言，世界各大文化体系之学理诠释各个殊异。相较而言，中国儒学尤其是孔孟程朱正统儒学之学理诠释最为中正平实。譬如：

> 昔者，圣人因阴阳定消息、立乾坤以统天地也。夫有形生于无形，乾坤安从生？故曰有太易，有太初，有太始，有太素也。太易者，未见气也。太初者，气之始也。太始者，形之始也。太素者，质之始也。炁形质具而未离，故曰浑沦。浑沦者，言万物相浑成而未相离。（《易纬·乾凿度》）
>
> 无极而太极。太极动而生阳，动极而静，静而生阴，静极复动，一动一静，互为其根，分阴分阳，两仪立焉。阳变阴合，而生水火木金土，五气顺布，四时行焉。五行一阴阳也，阴阳一太极也，太极本无极也。五行之生也，各一其性，无极之真，二五之精，妙合而凝，乾道成男，坤道成女，二气交感，化生万物，万物生生，而变化无穷焉。（周敦

① 《周敦颐集》，中华书局2009年第2版（下同），第6—7页。

颐《太极图说》）[1]

具体而言，中华民族远古时代始自盘古开天地：

天地浑沌如鸡子，盘古生其中。万八千岁，天地开辟，阳清为天，阴浊为地。盘古在其中，一日九变，神于天，圣于地。天日高一丈，地日厚一丈，盘古日长一丈，如此万八千岁。天数极高，地数极深，盘古极长，后乃有三皇。数起于一，立于三，成于五，盛于七，处于九，故天去地九万里。（徐整《三五历纪》）

元气濛鸿，萌芽兹始，遂分天地，肇立乾坤，启阴感阳，分布元气，乃孕中和，是为人也。首生盘古，垂死化身，气成风云，声为雷霆，左眼为日，右眼为月，四肢五体为四极五岳，血液为江河，筋脉为地里，肌肉为田土，髮髭为星辰，皮肤为草木，齿骨为金石，精髓为珠玉，汗流为雨泽；身之诸虫，因风所感，化为黎甿。（徐整《五运历年纪》）

混沌未分天地乱，茫茫渺渺无人见。自从盘古破鸿蒙，开辟从兹清浊辨。覆载群生仰至仁，发明万物皆成善……盖闻天地之数，有十二万九千六百岁为一元。将一元分为十二会，乃子、丑、寅、卯、辰、巳、午、未、申、酉、戌、亥之十二支也。每会该一万八百岁……天开于子……地辟于丑……人生于寅。感盘古开辟，三皇治世，五帝定伦……（吴承恩《西游记》开篇语）[2]

作为家喻户晓的民间传说，盘古开天地故事生动描绘了远古先祖参赞天地化育的初步自觉与宝贵探索：盘古氏顶天立地首出御世，并非外在神祇而禀赋中和灵秀，能初步感知天地阴阳生生造化，可谓神圣仁善之人类始祖、天地位育之人族古王，以及天人和合继善成性之人间初圣，当为三皇五帝三才化

① 赵在翰辑：《七纬》，中华书局2012年版，第33—34页；《周敦颐集》，第3—5页。

② 马骕：《绎史》卷一，中华书局2002年版，第3、2页；吴承恩：《西游记》，长春出版社2012年版，第1页。

育、治世定伦之宗源所在。此后天皇氏、地皇氏、人皇氏、有巢氏、燧人氏等远古圣王次第临民，于天地五行之体认不断深入，如有巢氏构木为巢以代穴居野处，又如燧人氏钻木取火教民熟食以代茹毛饮血、以火纪官结绳记事命名物类。远古先祖对天地人三才之道的内在体认不断深化，人类部族地域分布也由点到面星火燎原，从而为三皇五帝上古时期的人文化成奠定起坚实基础。

燧人氏没而伏羲氏兴。上古太昊伏羲氏（风姓）治世，其间伏羲氏、女娲氏、大庭氏、柏皇氏、中央氏、栗陆氏、骊连氏、赫胥氏、尊卢氏、混沌氏、皞英氏、有巢氏、朱襄氏、葛天氏、阴康氏、无怀氏顺次在位。炎帝神农氏（姜姓）继而治世，其间炎帝、帝临魁、帝承、帝明、帝直、帝釐、帝哀、帝榆罔顺次在位。此后轩辕黄帝有熊氏（姬姓）治世，后起五帝均为黄帝子孙后代。

伏羲圣德象日之仁明，故又称太昊。羲皇本天道以立人道，法天文而开人文，综运阴阳五行之理，以木德时王天下，敬天勤民、开物成务，为百王先。羲皇妙运天人合一类象思维，则象天地始画八卦，定天地之位而分阴阳之数，耦合阴（⚋）阳（⚊）比类万象，消息祸福以制吉凶，如《周易·系辞下》所云“古者包牺氏之王天下也，仰则观象于天，俯则观法于地，观鸟兽之文，与地之宜，近取诸身，远取诸物，于是始作八卦，以通神明之德，以类万物之情”。伏羲先天八卦者，乾（☰）一、兑（☱）二、离（☲）三、震（☳）四、巽（☴）五、坎（☵）六、艮（☶）七、坤（☷）八，八个三爻经卦依次排列组合则得六十四卦，如《周易·说卦》所云“天地定位，山泽通气，雷风相薄，水火不相射，八卦相错，数往者顺，知来者逆，是故《易》逆数也”、“兼三才而两之，故《易》六画而成卦；分阴分阳，迭用柔刚，故《易》六位而成章”。《易》为大道之源、群经之首，伏羲先天八卦作为备受后世尊崇的易学根脉祖源，构成了历代易学乃至中国文化述而不作、反本开新的活水源头。同样运用天地阴阳象数思维，伏羲时代还画事象形造作书契，以之改进燧人氏结绳之政，可谓文字创制之祖；作甲历以定岁时方位，起于甲寅而干支相配，年时不乱、昼夜知度、四方不惑，可谓制历明时之祖；察六气、审阴阳以赉之身，四时水火升降得以有象，百病之理得以有类，尝草制砭以治民疾，可谓阴阳医理之祖；效法乾坤始制嫁娶以别男女，以俪皮为礼正其姓氏、通以媒妁而民始不渎，粗立正君臣父子夫妇之义而民始知人伦，可谓纲常彝伦之祖；“作结绳而为罔罟，以佃以渔，盖取诸《离》”（《周易·系辞下》），养六畜为牺牲而祀神祇、充庖厨，后世尊之为“庖牺氏”，可谓礼教之祖；有龙马之瑞故以龙命名官氏职守，飞龙氏造书契、潜龙氏造甲历、居龙氏治屋庐、降龙氏驱民害、土龙氏治田里、水龙氏疏泉流滋草木，又命五官（春官青龙氏、夏官赤龙氏、秋官白龙氏、冬官黑龙氏、中官黄龙氏），命贤能、明刑政以怀四方，上相共工下相柏皇、朱襄昊英常居左右、栗陆居北赫胥居南、昆吾居西葛天居东、阴康居下，可谓政教之祖；百令既举万民化洽，乃断桐为琴（绳丝为弦，二十七弦）以通神明之贶、以合天人之和，絙桑为瑟（三十六弦）以修身理性返其天真，乐由此起故为乐教之祖。综上，羲皇开物成务，可谓中华民族之人文始祖。后世流传之羲皇时代女娲氏炼石补天、抟土造人故事，实际反映了中华民族对夫妇和合互补、妇女相夫教子崇高地位的上古溯源。

神农圣德象火之亨通，以火德王天下故称炎帝，始教民稼穑务农故号神农氏。农皇因天时而相地宜，发现谷类宜食养民因而教民播种，并发明耒耜、制亩清甽以资民耕，农事大兴而蒸民粒食；教植桑麻瓜果以赡衣食而厚民生，发明造作杵臼井灶、范金合土埏埴成器以资民用，列廛于国、日中为市以交易有无，如《周易·系辞下》所云“神农氏作，斲木为耜，揉木为耒，耒耜之利，以教天下，盖取诸《益》。日中为市，致天下之民，聚天下之货，交易而退，各得其所，盖取诸《噬嗑》”；天下力耕勤织而物储丰盈，于是每岁阳月盍百种、率万民，苇籥、土鼓蜡祭，以敬天地而报成功。神农尝百草的故事也是家喻户晓，相传农皇亲尝草木（传说曾日遇七十毒）以察其寒温平热之性，辨其君臣佐使之宜，择类草药救民疾病，于是方书从此兴起；农皇复察水泉甘苦以令民知所趋避，故民无夭札而食力居安，竦身戴德而陶于至化。羲皇已画八卦，农皇乃命司怪主卜、巫咸主筮，以通天下之志而定天下之业，明察艮卦终始万物之理，以艮为始而作《连山易》；农皇在伏羲甲历基础上作太初历以授民时，在燧皇结绳、羲皇书契基础上作穗书以同文，以火纪官（春官大火、夏官鹑火、秋官西火、冬官北火，中官中火）而月省时考。时有诸侯夙沙氏叛不用命，而农皇益修厥德，南至南交、北至幽都、东至旸谷、西至三危，天下莫不从化。德修民化天下太平，农皇乃制《丰年》之咏、作《扶犁》之乐，以雅琴瑶瑟保合太和。伏羲、神农效法天地肇兴人文，后世合称“羲农”；伏羲氏、神农氏先后相承继踵增高，允为黄帝治世之坚实根基。

黄帝有熊氏圣德象土之和信，以土德王天下。神农氏季世德衰，诸侯自相侵伐，黄帝习干戈、讨不庭而诸侯咸宾；末代炎帝榆罔亦欲侵凌诸侯，轩辕黄帝乃修德治兵而战胜之于阪泉之野；农皇后裔蚩尤暴虐顽劣愚颛自用、竞力喜乱梗阻王化，黄帝联合炎帝部落擒戮之于涿鹿而天下尊服；黄帝威德东至于海、西至崆峒、南至于江、北至獯鬻，遂代神农氏而王天下。黄帝敦敏诚信，顺天地之纪、知幽明之故而肇文明之化，上承羲皇甲历、农皇太初历，正日月星辰之象而著星官书，造盖天仪象周天之形以定气运，命大挠作甲子、羲和占日、常仪占月、车区占星象而容成总而兼之；作调历以定时节，以建寅春正月为岁首，积邪分以置闰授时，于是时惠而辰从；上承燧皇结绳、羲皇书契、农皇穗书，命仓颉取象自然创制文字，象形、会意、指事、假借、转注、形声六义初备，遂使天下义理表于文字、文字归于六书，中华民族万世文教始得完美载体。黄帝象天地正色而为玄衣黄裳，制裳衣而作冕（象貌恭敬），垂旒（象视无邪）充纩（象听无谗），染五彩为文章以表贵贱，于是衮冕衣裳制度兴焉；立宫室栋宇之制而民有宁处，作合宫以祀上帝、布政教；以云纪官（春官青云、夏官缙云、秋官白云、冬官黑云，中官黄云）而求贤任明，举风后、力牧、太山、稽、常先、大鸿为六相而天地治、神明和，又以仓颉为左史记言、沮诵为右史记事；画野分州，得百里之国万区而营国邑、置监国，经土设井以塞争端、立步制亩以定民业，八家为井、井一为邻、邻三为朋、朋三为里、里五为邑、邑十为都、都十为师、师十为州，分之于井、计之于州则地著而数详，井田寓兵洵为后世兵农之祖。黄帝还命隶首作算数，以率其羡、要其会，律、度、量、衡由是而成；命伶伦造律吕，统合六阳律（黄钟、太蔟、姑洗、蕤宾、夷则、无射）六阴吕（大吕、夹钟、仲吕、林钟、南吕、应钟），候气之应而立宫、商、角、徵、羽五声，以治阴阳之气而节四时之变；命荣猨铸十二钟，协月筩以和五音、立天时、正人位；咨岐伯而作《内经》，审阴阳、察五气（温、凉、寒、燥、湿）、立五运（甲己土、乙庚金、丙辛水、丁壬木、戊癸火）而洞性命、究脉息、处方饵，遂为后世经方、本草学理之本原，后人尊用之而得尽天年。此外，黄帝还广制器用，作杵臼而谷得凿、作釜甑而民得饭，以烹以炰以为醴酪；命嫘祖教民育蚕制丝，以供衣服；范金为货以制金刀立五币，权轻重制国用而货币行；命宁封为陶正、赤将为木正以利器用，命挥作弓、夷牟作矢以威天下，命共鼓、化狐刳木为舟、剡木为楫以济不通；命邑夷象北斗之周旋，作大辂以行四方而备车制，服牛乘马引重致远以利天下。如《周易·系辞下》所云“神农氏没，黄帝、尧、舜氏作，通其变，使民不倦；神而化之，使民宜之。《易》穷则变，变则通，通则久，是以自天祐之，吉无不利。黄帝、尧、舜氏垂衣裳而天下治，盖取诸《乾》《坤》”，黄帝值草昧渐开之时，顺法天地修德抚民，民不习伪官不怀私，人无夭札物无疵厉，风雨时而休征著，凤凰翔庭麒麟游郊，乃作云门大卷之乐名曰《咸池》（德象池水周遍而造施于民）之乐以和天人、调时政、聚万民。《三字经》云“自羲农，至黄帝，号三皇，称上世”，天皇伏羲、地皇神农、人皇轩辕三皇相承，法象天地制作化民，洵为中华民族人文之祖而永世垂范，故有中华民族为羲农传人与炎黄子孙之说。

五帝即少昊金天氏（姬挚，即黄帝之子玄嚣）、颛顼高阳氏（姬姓，黄帝子昌意之子）、帝喾高辛氏（姬夋，少昊子蟜极之子）、帝尧陶唐氏（伊耆放勋，帝喾之子）、帝舜有虞氏（姚重华，颛顼六世孙瞽叟之子）五位上古圣王。

少昊任道自然远宪太昊，故称少昊；圣德象金之义和，以金德王天下，故号金天氏。帝适立而凤鸟来集，自邑穷桑徙都曲阜，以鸟纪官正教民事。以五鸟司历，凤鸟氏正历、玄鸟氏司分、伯赵氏司至、青鸟氏司启、丹鸟氏司闭；以五鸠鸠民，祝鸠氏司徒、雎鸠氏司马、鸤鸠氏司空、爽鸠氏司寇、鹘鸠氏司事；以五雉为五工正，利器用、正度量以夷民；以九扈为九农正，各随其宜以教民事，防淫逸止懈怠以扈民。太昊伏羲氏以龙马纪官，少昊金天氏修太昊法而以凤鸟纪官，龙凤呈祥阴阳和合遂为中华民族吉祥象征。帝钦天厚人，同度量、调气律而定民事，兴郊禅而崇五祀、立史官而尊耆老、正都邑而肇车牛、作布货以制国用，老老慈幼恤孤合独、鳏寡残疾皆有所养，德广远而乐时节，远服迩安天下大治，天地垂象著瑞福物毕至，乃作《大渊》之乐以谐人神、和上下。综上，少昊反本羲皇和合阴阳，奉天养民义利时中，上承三皇下启四帝，泽被后世位五帝首。

颛顼圣德象水之智善，以水德绍少昊而王天下。帝颛顼上缘黄帝，渊静有谋疏通知远，履时象天养财任地，洁诚祭祀明神制义，治性教众巡察宁民，通变不倦革新历法，以孟春建寅月为历首以定四时，万物应和而百事顺理。少昊氏衰而九黎乱德，崇尚鬼神废弃人事，民匮于祀而神亵民狎，帝平九黎巫卜之乱，命重黎“绝地天通”而民神不杂万物有序。上古时代之“绝地天通”，乃中华民族天人中道人文发展史上重大举措，其中颛顼“君子引领”作略实为关键环节，《国语·楚语下》述上古以来“绝地天通”本末原委云：

古者民神不杂。民之精爽不携贰者，而又能齐肃衷正，其智能上下比义，其圣能光远宣朗，其明能光照之，其聪能听彻之，如是则明神降之，在男曰觋，在女曰巫。是使制神之处位次主，而为之牲器时服，而后使先圣之后之有光烈，而能知山川之号、高祖之主、宗庙之事、昭穆之世、齐敬之勤、礼节之宜、威仪之则、容貌之崇、忠信之质、禋絜之服，而敬恭明神者，以为之祝。使名姓之后，能知四时之生、牺牲之物、玉帛之类、采服之仪、彝器之量、次主之度、屏摄之位、坛场之所、上下之神、氏姓之出，而心率旧典者为之宗。于是乎有天地神民类物之官，是谓五官，各司其序，不相乱也。民是以能有忠信，神是以能有明德，民神异业，敬而不渎，故神降之嘉生，民以物享，祸灾不至，求用不匮。

及少皞之衰也，九黎乱德，民神杂糅，不可方物。夫人作享，家为巫史，无有要质。民匮于祀，而不知其福。烝享无度，民神同位。民渎齐盟，无有严威。神狎民则，不蠲其为。嘉生不降，无物以享。祸灾荐臻，莫尽其气。颛顼受之，乃命南正重司天以属神，命火正黎司地以属民，使复旧常，无相侵渎，是谓绝地天通。

其后，三苗复九黎之德，尧复育重、黎之后，不忘旧者，使复典之。以至于夏、商，故重、黎氏世叙天地，而别其分主者也。其在周，程伯休父其后也，当宣王时，失其官守，而为司马氏。[①]

上古重祀，感通天人而又民本中道者为巫觋、司官。少昊氏衰而九黎乱

① 左丘明：《国语》，齐鲁书社2005年版（下同），第274—276页。

德，人各有心、神狎民渎而天人失序，颛顼命重、黎分司天地神民而天人复序、雅俗当位，从而时中维护了中华民族天人中道张力平衡。此外，颛顼尊贤重礼、本民维伦，深谋远虑防患未然，敕令毋慢制、毋虐民贵臣、男女相避于道。颛顼圣德化被天下，乃命飞龙氏效八风（东方明庶风、东南清明风、南方景风、西南凉风、西方阊阖风、西北不周风、北方广莫风、东北条风）之音，作《六英》之乐以调阴阳、享上帝、朝群后、著万物（天地四时调其英华，效法黄帝《云门》之乐名曰《承云》）。综上，帝颛顼可谓功烈智善、德泽万世而洵为上古圣王。

帝喾圣德象木之仁惠，以木德承颛顼高阳氏而王天下。帝聪以知远明以察微，明鬼神义敬事天地，顺天地之义知民生所急，观三辰消息立四时节令，节用地财护育万民，仁威惠信博施无私，色和德重动时服衷，执中修身天下从化。在前圣基础上，帝以民事五行纪官，命五官（木正勾芒、火正祝融、金正蓐收、水正玄冥、土正后土）分职以治诸侯。帝教讫四海化被天下，地宝天瑞应诚而至，遂作《六茎》（德如根茎，象恩泽施下）之乐以康帝位而养万物。帝纳四妃而其子皆有天下：元妃有邰氏女姜嫄生弃，为舜帝后稷，其后为周而王天下；次妃有娀氏简狄生契，为舜帝司徒，其后为商而王天下；三妃陈锋氏女庆都生放勋，是为帝尧陶唐氏；四妃娵訾氏女常仪生帝挚，嗣立九年而弱不善政，诸侯归尧遂服义致禅。帝喾奉天化民之深仁厚泽，于其后嗣之圣德普盛可窥一斑。

帝尧陶唐氏奉天法古以火德王，钦明文思允恭克让，其德不回其言不忒，富而不骄贵而能降，舍己从人不虐无告，不激不委因事立法，恤寡赈荒虔敬民本；推己及人修教有序，克明俊德以亲九族，九族既睦平章百姓，百姓昭明协和万邦，光被四表格于上下，天下黎民於变时雍；乃命羲和钦若昊天，历象日月星辰，年分四序敬授民时，分命羲仲居隅夷旸谷、理东作以殷仲春，申命羲叔居南交明都、理南讹以正仲夏，分命和仲居西方昧谷、理西成以殷仲秋，申命和叔居朔方幽都、理朔易以正仲冬，以闰月定四时而成岁周，允厘百工而庶绩咸熙。帝洞察丹朱嚚讼偏执、共工静言庸违象恭滔天而断然不用，明察伯鲧性情狠戾、方命圮族而又因顺众情试用之；亲贤任德明荐虞圣，以舜摄政举贤流凶，天下大治无私禅让，传舜道统“天之历数在尔躬，允执其中，四海困穷，天禄永终”（《论语·尧曰》）。帝仁德彰明天人和洽，民间歌曰“立我蒸民，莫匪尔极。不识不知，顺帝之则”，乃命伯夔作《大章》（仁义大行，法度彰明）之乐。莅位九十八年崩殂，天下百姓如丧考妣，三载四海遏密八音，至圣孔子赞曰“唯天为大，唯尧则之。荡荡乎民无能名焉，巍巍乎其有成功也，焕乎其有文章”（《论语·泰伯》）。

帝舜有虞氏绍继唐尧之道而以土德王，浚哲文明温恭允塞，敬天化民天性孝悌，父顽、母嚚、弟傲而“克谐以孝，烝烝乂，不格奸”（《尚书·尧典》）；亲亲及远感化天下，洵为华夏二十四孝之首，如孟子所云“不得乎亲，不可以为人。不顺乎亲，不可以为子。舜尽事亲之道，而瞽叟厎豫。瞽叟厎豫，而天下化。瞽叟厎豫，而天下之为父子者定。此之谓大孝”（《孟子·离娄上》）。虞舜农耕渔陶恭让成俗，圣德升闻尧命摄政，贵德尚齿御众宽简，率尧旧职躬己官贤，任命民望八元（高辛氏才子八人忠肃共懿宣慈惠和）八恺（高阳氏才子八人齐圣广渊明允笃诚），慎徽五典（父义、母慈、兄友、弟恭、子孝五常之教）而上下和顺内外平成，纳于百揆（揆度庶政）而政通时叙天地平成，宾于四门而四门穆穆，纳于大麓而烈风雷雨感应弗迷；钦天中道惟刑之恤，象以典刑而流宥五刑（墨、劓、剕、宫、大辟），鞭作官刑、扑作教刑、金作赎刑而眚灾肆赦、怙终贼刑；流共工于幽州、放驩兜于崇山、窜三苗于三危、殛鲧于羽山，四凶罪定而天下咸服。虞舜“禘黄帝而郊喾，祖颛顼而宗尧”（《礼记·祭法》），“有虞氏之祭也，尚用气。血、腥、爓祭，用气也”（《郊特牲》）；察三辰以齐七政（天垂象而见吉凶，察日月五星天文变动以审政教人事当天心否），类祭上帝而禋祭六宗（天地春夏秋冬），肇立十二州（冀、兖、青、徐、荆、扬、豫、梁、雍、并、幽、营）而封山浚川，望祭山川遍祭群神，覲四岳群牧而辑班五瑞（诸侯五玉符信），五载一巡守而群后四朝，协时月正日历、同律度量衡，修五礼（吉、凶、宾、军、嘉礼）与五玉（五等诸侯执五类圭璧）、三帛（诸侯世子执纁，公之孤执玄，附庸之君执黄）、二生（卿执羔，大夫执雁）、一死（士执雉）之贽礼等级，敷奏以言、明试以功而后车服以庸；格于文祖而询于四岳，辟四门、明四目、达四聪，咨十二牧曰“食哉惟时，柔远能迩，惇德允元，而难任人，蛮夷率服”（《尚书·舜典》）。虞舜为民聚贤知人善任，俊乂在官贤辅德让，命伯禹作司空以宅百揆，弃作后稷教播百谷；命契作司徒，敬敷五教而务在宽仁，以亲百姓、逊五品；命皋陶作士，使五刑有服（轻重得其中正）五服三就（大罪于原野，大夫于朝，士于市），五流（不忍加刑则流放之）有宅五宅三居（大罪投四裔，次九州之外，次千里之外），蛮夷猾夏、寇贼奸宄者咸使明罪而信服；命垂作共工以治百工，益作虞官以掌山泽；命伯夷作秩宗，典天地人三礼，使夙夜惟寅、直哉惟清；命夔典乐，直而温、宽而栗、刚而无虐、简而无傲，诗言志、歌永言、声依永、律和声，使教胄子以使八音克谐、无相夺伦而神人以和；命龙作纳言，使夙夜惟允出纳王命，以遏谗说殄行；三载天功考绩，三考黜陟幽明，庶绩咸熙而万邦作乂。封尧子朱于丹，谓之虞宾以奉先祀，朝于瞽叟而封弟象于有庳；三苗幽暗分背流之，陟善黜恶不令相从，进而诞敷文德以感格之；敕天之命惟时惟几，善与人同荐禹于天，禅让天下传禹道统“人心惟危，道心惟微。惟精惟一，允执厥中”（《尚书·大禹谟》）。大舜恭己正位惟民是念，作五弦琴歌《南风》之诗“南风之薰兮，可以解吾民之愠兮。南风之时兮，可以阜吾民之财兮”；天覆地载舜德充极，德被天下群瑞毕臻，乃作《大韶》（绍尧之道）之乐，以明帝德而和神人；《箫韶》九成凤凰来仪，击石拊石百兽率舞，孔子闻《韶》三月不知肉味，称其“尽美矣，又尽善也”（《论语·八佾》），后世推之为雅乐之首。大舜绍继唐尧而集“三皇五帝”功德之大成，孔子赞曰“无为而治者，其舜也与！夫何为哉，恭己正南面而已矣”（《论语·卫灵公》）、“舜其大知也与！舜好问而好察迩言，隐恶而扬善，执其两端，用其中于民，其斯以为舜乎”（《中庸》），亚圣孟子亦由衷赞曰“大舜有大焉，善与人同，舍己从人，乐取于人以为善，自耕稼陶渔以至为帝，无非取于人者。取诸人以为善，是与人为善者也，故君子莫大乎与人为善”（《孟子·公孙丑上》）、“欲为君，尽君道；欲为臣，尽臣道。二者皆法尧舜而已矣。不以舜之所以事尧事君，不敬其君者也。不以尧之所以治民治民，贼其民者也”（《离娄上》），后世尧舜并称而共为中华民族人文显祖。

臣哉邻哉君臣相须，大禹、皋陶、契、夔、伯益、后稷等圣贤构成了赞襄唐尧虞舜之君子群体。大禹祗弼勉诫帝舜，慎位安止惟几惟康，知人则哲安人则惠，弼直民应天命用休；德惟善政政在养民，六府惟修三事惟和，君臣敬位政乂民化，德降民怀念兹在兹，民弃不保天降之咎，惠吉逆凶如影如响。皋陶明于五刑以弼五教，宥过无大刑故无小，罚弗及嗣赏延于世，罪疑惟轻功疑惟重，宁失不经毋杀不辜，舜举皋陶不仁者远，好生之德洽于民心，刑期无刑民协于中；劝勉帝舜允迪厥德，慎厥身修思其永久，惇叙九族庶明励翼，知人安民迩可推远，行有九德择任政吉，宽而庄栗柔而立事，悫愿而恭治乱而敬，和扰而毅正直而温，简而廉隅刚而实塞，强而合义性情中道，九德咸事俊乂在官，百僚师师百工惟时，抚于五辰庶绩其凝；劝诫帝舜无教逸欲，兢兢业业一日万几，天工人代无旷庶官，天叙有典五典惇厚，天秩有礼五礼（公、侯、伯、子、男五等之礼）有常，同寅协恭和衷共济，天命有德五服（天子、诸侯、卿大夫、士之服）五章，天讨有罪五刑五用，政事本天懋哉懋哉，天聪明自我民聪明，天明畏自我民明威，达于上下不避贵贱，率作兴事敬慎明省。伯益劝诫帝舜吉凶在人，儆戒无虞罔失法度，罔游于逸罔淫于乐，任贤勿贰去邪勿疑，疑谋勿成百志惟熙，罔违道以干百姓之誉，罔咈百姓以从己之欲，无怠无荒四夷来王；劝勉帝禹惟德动天，至诚感神无远弗届，满招损、谦受益是乃天道。后稷恤民勤稼制作农事，任地辨土审时合宜，教播五谷交易有无，烝民乃粒万邦作乂，孟子赞叹“稷思天下有饥者，由己饥之也”（《孟子·离娄下》）。

二、天君民合圣化中道：上古时期中华正统之肇始

三皇五帝明三才之道而体五行之德，则天本民开物成务以王天下，继志述事肇修文教，巍巍功德泽被生民，洵为人文制作华夏圣王。三皇五帝德业核心，实即以神道设教、人文化成为主题的天人中道民本修教。“神道设教”一词，出自《周易·观卦》彖辞“观天之神道，而四时不忒。圣人以神道设教，而天下服矣”；“人文化成”一词，出自《周易·贲卦》彖辞“刚柔交错，天文也。文明以止，人文也。观乎天文，以察时变。观乎人文，以化成天下”。天文神道即刚柔交错、阴阳消长、四时不忒、昼夜有分自然天道之神妙运行，神道设教、人文化成即本天道以立人道、法天文而开人文，仿效天道运行而以人伦纲维化成天下。在三皇五帝奉天法古民本教化体系中，神道设教为人文化成之学理基础与思维模式，人文化成则为神道设教之主体内容与过程归宿，

二者中道和合不容紊乱，否则天人中道民本教化就会陷入或过或不及的偏执困境。天人紊乱及其时中平衡之远古实例，《尚书·吕刑》有述：

> 若古有训，蚩尤惟始作乱，延及于平民，罔不寇贼鸱义，奸宄夺攘矫虔。苗民弗用灵，制以刑，惟作五虐之刑曰法。杀戮无辜，爰始淫为劓、刵、椓、黥。越兹丽刑并制，罔差有辞。民兴胥渐，泯泯棼棼，罔中于信，以覆诅盟。虐威庶戮，方告无辜于上。上帝监民，罔有馨香德，刑发闻惟腥。皇帝哀矜庶戮之不辜，报虐以威，遏绝苗民，无世在下。乃命重、黎，绝地天通，罔有降格。群后之逮在下，明明棐常，鳏寡无盖。皇帝（尧）清问下民，鳏寡有辞于苗。德威惟畏，德明惟明。乃命三后，恤功于民。伯夷降典，折民惟刑；禹平水土，主名山川；稷降播种，农殖嘉谷。三后成功，惟殷于民。士（皋陶）制百姓于刑之中，以教祗德。穆穆在上，明明在下，灼于四方，罔不惟德之勤，故乃明于刑之中，率乂于民棐彝。典狱，非讫于威，惟讫于富。敬忌，罔有择言在身。惟克天德，自作元命，配享在下。

引述可见，炎帝衰而蚩尤乱，黄帝平蚩尤以定民欲；少昊衰而九黎乱，颛顼遏之而命重、黎绝地天通以正民情；帝喾衰而三苗乱，尧、舜分流之而修文德，亲亲仁民修化有序、五典孝道政教有本，惟德之勤、明刑之中以化民性。于天人中道民本教化之本务，三皇五帝可谓圣圣因承时中担当，其中唐尧虞舜乃三皇五帝参赞化育文教制作之集大成者。唐尧之前圣王事迹悠邈难考，唐尧虞舜明德亲民内圣外王，集三皇五帝奉天恤民巍巍功业之大成，其清晰成熟的内修外化理路即是对诸圣前王的内在继承、深化整合与发明提升，前王先贤功德成就业已融汇其中。唐尧之治又实含舜、禹、稷、契、皋陶诸圣贤功德，夏商周三代诸圣贤君子又继起以发明光大之，故至圣孔子圣心明断删定《尚书》，以《尧典》为中华文明信史之开篇，而亚圣孟子亦“言必称尧舜”。天人中道民本修教即中华民族参赞化育之实际内容，以三皇五帝为代表的上古圣贤群体实即中华正统之肇始者。上古圣王时中平衡天人关系，观象授时设官分职、中正常行为民作极，自觉对治人各有心私欲偏极、不敬天地作刑虐民之异端，道心人心、雅俗华夷允执厥中，敬天重祀而祛迷信邪信、自强不息而防狂逸恣肆，故诛蚩尤、流九黎、窜三苗、殛四凶，拨乱象反诸正而天人之际复归安祥。

近代西方生物进化论（古猿变人，或灵长类动物进化为人类）与社会进化论（原始社会、奴隶社会、封建社会、资本主义社会、社会主义社会）对现当代中国史研究影响极深。生物进化论作为一种假说，实质上只是西方基督宗教上帝创世神学思维的科学化反转。上帝创世说以上帝为人类诞生终极第一因，生物进化论则以古猿为人类诞生现实第一因；二者两极相通，均为西方文化二元化极限性价值思维传统的产物。中华文化传统中元气阴阳四象五行一体生化之鸿蒙开辟说，则为天人合一、中和位育之人文化成价值思维，综观"攻乎异端，斯害也已矣"（《论语·为政》）、"未能事人，焉能事鬼"（《先进》）、"子不语怪、力、乱、神"（《述而》）、"舜之居深山之中，与木石居，与鹿豕游。其所以异于深山之野人者几希。及其闻一善言，见一善行，若决江河，沛然莫之能御也"（《孟子·尽心上》），即可略知端倪。总体言之，生物进化论主要考量人类生理属性而忽视了人之为人之德性本质，上帝创世说则是绝对化外在信仰，二者均不合中华教化传统且事实上亦遗患无穷，故中国史研究应以参赞化育之中华正统观为学理基础与评判主导；社会进化论亦为西方近现代科学思维下的历史产物，侧重于生产力生产关系经济层面立论，而相对忽视了人类精神世界德性修教之基础性主导地位。雅思贝尔斯认为"轴心时代"贤哲思想光耀古今难以超越，章太炎指出人类善恶"俱分进化"，历史亦一再证明物质极大丰富并不必然带来精神世界进步甚至往往适得其反，故而中国史研究应以取法尧舜三代而又反本时中的中华正统史观为学理基础与评判主导，并自觉汲纳其他视角以为必要补充。

象者，天地人三才之征象。中华民族人文化成向有征象思维传统，三皇五帝上古时期的文字礼乐与典制器用，即均为中华民族参赞位育圣化中道天人感应观之人文征象与礼仪载体。譬如，上古文字由声音至画符、结绳、书契与文字初创即是如此，所谓"得意忘言""得意忘象"，实即人文君子"四毋"时中，藉言象媒介以随机感通天人之际、谐和贞定时空万类。礼仪器用之征象实为中华民族文化正统感通天人之鲜活载体，其中"三易"卦象即为羲皇以来天人感应长期实践中逐步形成的中华民族敬天恤民易象思维，如《周易·系辞下》所云：

> 古者包牺氏……始作八卦，以通神明之德，以类万物之情。作结绳而为罔罟，以佃以渔，盖取诸《离》。包牺氏没，神农氏作，斲木为耜，揉木为耒，耒耨之利，以教天下，盖取诸《益》。日中为市，致天下之民，聚天下之货，交易而退，各得其所，盖取诸《噬嗑》。神农氏没，黄帝、尧、舜氏作，通其变，使民不倦；神而化之，使民宜之。《易》穷则变，变则通，通则久，是以“自天祐之，吉无不利”。黄帝、尧、舜垂衣裳而天下治，盖取诸《乾》《坤》。刳木为舟，剡木为楫，舟楫之利，以济不通，致远以利天下，盖取诸《涣》。服牛乘马，引重致远，以利天下，盖取诸《随》。重门击柝，以待暴客，盖取诸《豫》。断木为杵，掘地为臼，臼杵之利，万民以济，盖取诸《小过》。弦木为弧，剡木为矢，弧矢之利，以威天下，盖取诸《睽》。上古穴居而野处，后世圣人易之以宫室，上栋下宇，以待风雨，盖取诸《大壮》。古之葬者，厚衣之以薪，葬之中野，不封不树，丧期无数，后世圣人易之以棺椁，盖取诸《大过》。上古结绳而治，后世圣人易之以书契，百官以治，万民以察，盖取诸《夬》。是故易者，象也；象也者，像也。彖者，材也。爻也者，效天下之动者也。是故吉凶生而悔吝著也。

当然，凡事一体而两面，诚如《山海经图赞·奚仲》“奚仲作车，厥轮连推。周人与同，玉辂乘飞。巧心兹生，焉得无机”、《般为弓矢》“饰角炼金，以精弧矢。锋加铢文，札亦犀兕。巧不可长，倕衔其指”所述，人们在运用礼仪器用的发展历程中亦易陷于外在僵化甚至贪腐堕落，这就需要君子阶层反本开新时中调适。总体而言，儒教主张仁礼内在天人中道人文进取，道教则主张道法自然天人清静无为本怀，道教思想对儒教反本调适有补益救弊特殊价值。与“万物有灵”泛神论不同，中华正统史观既重视天人感应，又落实到参赞位育诚敬中道上来，故而奉行绝地天通雅以化俗这一天人中道价值思维，以下试以《山海经》为例阐明之。作为记载祯祥变怪天人感应的上古史料，《山海经》缘起于唐虞之际大禹治水综理九州之见闻传说，伯益类而述之、刘歆理而献之、郭璞注而图赞之，以明天人感应至赜无惑之义。“天地共俱生……灵化无穷已”（晋陶潜《读山海经》），《山海经》所蕴天人一气自然感通之理，如郭璞《山海经图赞·患》“至理之尽，出乎自然”、《帝江》“质则混沌，神则旁通”、《三身国一臂国》“品物流形，以散混沌”、《焦侥国》“群籁舛吹，气有万殊”、《九钟》“气之相应，触感而作”、《鳋鱼》“物以感应”、《延维》“吉凶由人，安有咎庆”。《山海经》所蕴德感天吉之理，如《图赞·神长乘》“九德之气，是生长乘，人状豹尾，其神则宁，妙物自潜，世无得称”、《凤皇》“凤皇灵鸟，实冠羽群，八象其体，五德其文，掛翼来仪，应我圣君”、《白狼》“矫矫白狼，有道则游，应符变质，乃衔灵钩，惟德是适，出殷见周”、《驺虞》“怪兽五彩，尾参于身，矫足千里，倏忽若神，是谓驺虞，《诗》叹其仁”、《白虎》“甝虪之虎，仁而有猛；其质载皓，其文载炳；应德而扰，止我交境”；所蕴邪感天灾之理，则如《图赞·犰狳》“与灾协气，出则无年，此岂能为，归之于天”、《肥遗蛇》“肥遗为物，与灾合契，鼓翼阳山，以表亢厉，桑林既祷，倏忽潜逝”、《猾裹》“猾裹之兽，见则役兴，膺政而出，匪乱不适，天下有道，幽形匿迹”、《峳峳》“治在得贤，亡由失人，峳峳之来，乃致狡宾，归之冥应，谁见其津”。《山海经》所蕴圣贤功德感通天地之理，如《图赞·阳虚山》“四目之帝，登于阳虚，下临玄扈，神龟负书，所谓灵感，见于河图”、《十日》“十日并出，草木焦枯，羿乃控弦，仰落阳乌，可谓洞感，天人悬符”、《夏后启》“筮御飞龙，果儛九代，云翮是挥，玉璜是佩，对扬帝德，禀天灵诲”。《山海经》所蕴五行之气吉神贤配之理，如《图赞·南方祝融》“祝融火神，云驾龙骖，气御朱明，正阳是含，作配炎帝，列位于南”、《西方蓐收》“蓐收金神，白毛虎爪，珥蛇执钺，专司无道，立号西阿，恭行天讨”、《北方禺彊》“禺彊水神，面色黧黑，乘龙践蛇，凌云掛翼，灵一玄冥，立于北极”、《东方句芒》“皇天无亲，行善有福”、《泰室》“气通天汉，神洞幽明”；所蕴五行之气凶煞应乱之理，则如《图赞·鯈鳙》“见则岁旱，是维火祥”、《狸力兽鵹胡鸟》“是惟土祥，出兴功筑，长城之役，同集秦域”。天人感通本为上古巫觋之专业，如《图赞·女祭女戚》“彼姝者子，谁氏二女，曷为水间，操鱼持俎，厥俪安在，离群逸处”；“绝地天通”则将巫觋规范纳入天人中道圣教正统，如《图赞·巫咸》“群有十巫，巫咸所统，经技是搜，术艺是综，采药灵山，随时登降”[①]；此后除中原主流文化天人中道感应正统外，荆楚越蜀以及西北、东北少数民族地区信奉巫觋、鬼神淫祀者多有，中华民族文化大小传统内在张力长期处于动态平衡之中。《山海经》虽有神话文学成分，而确为上古史料宝贵记录，其中凸显的天人感应思想并非“万物有灵”泛神论，而正是对天人一气吉凶由人、参赞位育圣化中道中华正统史观的初步总结，从而构成了中华民族天人感应修教中道观之学理滥觞。

上古时期中华民族的酝酿生成，也正是以雅俗中道圣贤修教这一天人感应学理正统为主题线索内在展开的，其中精神与物质的对待互动构成了远古社会发展进步的重要参照。精神与物质之间并不是简单抽象的决定被决定的外在关系，而是精神主导物质、物质涵养精神，精神与物质辩证统一。远古时期人类先祖精神心智开发提升与物质工具发明应用表里互动，并在与地理环境、气候变迁等时空因素交互作用进程中不断推动社会发展。现代考古学以遗存发现的地质年代为依据，注重考察当时人群的生理进化与物质文明，指称远古社会为“原始社会”并将其划分为旧石器时代与新石器时代。旧石器时代初期原人阶段距今约300万—20万年，目前已发现云南元谋人（约175万年前）、陕西蓝田人（约80万—60万年前）、北京人（约46万—23万年前）、湖北郧阳人、河南云阳人淅川人、安徽和县人巢县人、辽宁金牛山人、山东沂源人等文化遗存；原人阶段的总体特征是直立行走、打制粗糙石器、利用天然火、集体劳动群居互助，这一时空阶段存在族内杂乱婚。旧石器时代中期古人阶段距今约20万—4万年，目前已发现山西丁村人许家窑人、湖北长阳人、广东马坝人、陕西大荔人等文化遗存，这一时空阶段存在族内同辈血缘群婚。旧石器时代晚期新人阶段距今约4万—1万年，目前已发现北京周口店山顶洞人（距今约1.9万年）、江苏泗洪人、山东新泰人、广西柳江人麒麟山人、广东阳春人、贵州兴义人、四川资阳人、浙江建德人、内蒙宁夏河套人、山西峙峪人、云南西畴

---

① 郭璞：《山海经图赞译注》（王招明等译注），岳麓书社2016年版，第364、365。18、69、223、216、190、80、357。57、21—22、73、295、74；125、29、14、128。155、264—265、222。221、240、258、268、170；120、127。227；231—232页。

人丽江人、黑龙江哈尔滨人、吉林安图人、台湾左镇人等广布华夏各地的大量文化遗存；新人阶段的总体特征是初步磨制石器骨器、掌握人工取火钻磨技术、渔猎采护出现分工、已具初步的灵魂观念，这一时空阶段已逐步过渡到氏族公社族外婚。

新石器时代（始于约1万年前）不同时空阶段均有文化遗存发现，早期阶段如距今1万年上下处于母系氏族社会的湖南道县玉蟾岩遗址、江西万年仙人洞遗址、河北徐水南庄头遗址，前中期阶段如距今8000—7000年前处于母系氏族社会的河北武安磁山文化遗址、河南新郑裴李岗文化、山东北辛文化、东北兴隆洼文化，晚期阶段则如距今6000—4000年前已过渡到父系氏族社会的黄河中游半坡遗址、姜寨遗址。新石器时代文化遗存的主体代表大致分布于黄河流域与长江流域，主要包括一脉相承的黄河上游马家窑文化（母系主导）、黄河中下游及其支流淮河流域仰韶文化（母系主导）、华东大汶口文化（前期母系主导，中后期父系主导）、龙山文化（父系主导）、马家窑文化（母系主导）、齐家文化（父系主导），长江中下游一脉相承的河姆渡文化（前期母系主导，后期父系主导）、马家浜文化（母系主导）、良渚文化（父系主导）、大溪文化（父系主导）、屈家岭文化（父系主导）；此外还有东北、北方、西北地区的红山文化、富河文化、新乐下层文化与广大草原细石器文化，以及福建、台湾地区的昙石山文化、大坌坑文化、圆山文化、凤鼻文化与岭南、西南地区原始文化等。具体言之，在新石器时代典型文化遗存中，仰韶文化始于7000年前，主要分布于陕西关中、河南大部与晋南、冀南地区，东及河南、山东、安徽交界处，西及甘肃、青海交界处，南及汉水中上游，北及冀北与内蒙河套地区；仰韶文化与存在于距今8000年上下的河北磁山文化、河南裴李岗文化、关中同期文化具有渊源继承关系，经过2000多年发展后又衍化出黄河中下游龙山文化。距今4000多年的龙山文化又分为河南龙山文化、河北龙山文化、陕西龙山文化、山西陶寺类型，主要分布于陕西、河南、山西南部、河北南部以及安徽西部等地区；龙山文化作为位于黄河两岸台地的中原地区农业文明，奠定起华夏部落集团基本版图。大汶口文化始于6000多年前，主要分布于山东南部与江苏淮北地区，东及于海、西至黄河北岸，皖北、河南也有相关遗存发现；经历2000多年发展，大汶口文化衍化出与华夏民族集团关系至为紧密的山东龙山文化农业文明，从而奠定起东夷部落集团版图。作为与仰韶文化关系密切的农业文明，马家窑文化主要分布于甘肃东部及其毗邻的青海、宁夏地区，南达川北、西及玉门，可分为相继发展的石岭下类型、马家窑类型、半山类型、马场类型；自距今5800多年前的石岭下类型至距今4000多年前的马厂类型，共经历了1800多年的马家窑文化奠定起西戎部落集团版图；略晚于马家窑文化的齐家文化则距今约4000年前，东起泾水、渭河上游，南达白龙江、北至内蒙阿拉善旗，是由石器时代过渡到铜石并用时代的农业文明，亦属西戎部落集团。江浙太湖流域的河姆渡文化距今约7000年，与仰韶文化大致同时发生，主要分布于浙江宁波与绍兴平原东部地区，发展衍化出约6000—5000年前的马家浜文化与崧泽文化；距今约5000—4000年的良渚文化主要分布于太湖周围浙江地区，北至长江以北、南达括苍山，东至大海、西及南京地区，是既继承马家浜文化、崧泽文化而又受到北方文化影响的农业文明，后来发展衍化出东南地区金石并用的印纹陶文化，如福建昙石山文化、台湾大坌坑文化、岭南两广古越文化。大溪文化距今约6000年，主要分布于湖北、四川、湖南相邻地区（尤其是湖北西南沿江两岸），西至四川万县、东达湖北松滋，后来发展衍化出距今约5000年的屈家岭文化；大溪文化是受到以仰韶文化与大汶口文化等北方黄河文明重大影响的南方农渔文明，奠定起南蛮部落集团版图。红山文化距今约5000年，北起内蒙乌尔吉木伦河流域，南到河北北部、东至辽宁锦州地区，以农业渔猎为主，有祭坛、女神庙、积石冢群等文化遗存；距今约6000年的富河文化主要分布于内蒙古乌尔吉木伦河流域、西拉木伦河流域，新乐下层文化则是分布于辽河流域的新石器陶器文明，三者俱属东胡部落集团系统。此外，内蒙古、黑龙江、宁夏的呼伦贝尔草原、松嫩平原、浑善达克沙漠、巴丹吉林沙漠、河套平原，以及新疆、西藏部分地区的新石器时代文化，则与游牧民族狩猎畜牧发展形态相适应，奠定起北狄部落集团版图。

新石器时代尤其是新石器中晚期具有显著的总体性特征。一是劳动形态由渔猎采集业为主逐渐过渡到以粟稻农耕畜牧业为主，磨制石器广泛使用而陶器亦已发明使用，锄耕农业劳动分工为华夏文明的加速发展奠定起坚实的物质基础。二是在农业畜牧业生产劳动中男女之别开始显明，血缘关系由前中期的母系主导逐渐过渡衍化为中后期的男系主导，此前的族外对偶婚亦逐步向村落聚居男女分葬的一夫一妻婚姻家庭制过渡。三是社会发展中外在禁忌约束亦逐渐固化为内在习惯自觉，以自然平等散漫无为为特征的母系氏族社会禁忌自发形态，逐步过渡到以父天母地乾坤定位为特征的父系氏族社会礼法自觉形态。四是部落联盟中外分布、华戎民族交互融通，尤其是自6000多年前新石器晚期以来，氏族社会文明进程内在加速，三皇五帝礼乐教化创制时期正式开始。考察可知，三皇五帝礼乐创制时期实即华夏民族酝酿形成时期，华夏部落集团由炎帝、黄帝两大部落联盟组成，炎、黄部落起于陕甘地区而顺沿黄河夹岸而下，炎帝、黄帝、颛顼、帝喾、唐尧、虞舜等活动轨迹大致对应仰韶文化和陕西、河南、山西、河北诸省龙山文化时空分布区；东夷部落集团活动区域为山东、河南东部及安徽中部一带，太皞、蚩尤、少昊等活动轨迹大致对应大汶口文化、山东龙山文化时空分布区，祝融等活动轨迹则先是对应仰韶文化与河南龙山文化时空分布区、后又对应湖北屈家岭文化时空分布区；苗蛮部落集团主要活动于湖北、湖南、江西一带，河姆渡文化、良渚文化即其代表性时空展现。三皇五帝礼乐创制时期（亦即新石器时代晚期），各大部落联盟活动地域交错连接、融突互动，先是中原华夏民族与东夷民族东西交融，如华夏炎黄部落联盟平定东夷蚩尤部落联盟等历史事件，即反映了当时的华夏东夷融突关系；其次是中原华夏民族与南蛮民族北南交融，东夷部落南迁形成长江流域祝融部落集团，尧舜定三苗这一历史事件即反映了当时的华夏南蛮融突关系；华夏、东夷、南蛮三大部落集团的时空对待与交互融合，初步奠定起黄河中下游华夏民族部落大联盟的坚实基础。因中原华夏部落圣王子嗣流布荒远、各大部落族外通婚等诸多因素的交互作用，中原华夏礼教文化认同感逐渐得以推广普及，如郭璞《山海经图赞·氐人》“炎帝之苗，实生氐人”，又如少昊起于东夷等史迹均是如此。《孟子·离娄下》云“舜生于诸冯，迁于负夏，卒于鸣条，东夷之人也。文王生于岐周，卒于毕郢，西夷之人也。地之相去也千有余里，世之相后也千有余岁，得志行乎中国，若合符节。先圣后圣，其揆一也”、“人之所以异于禽兽者几希，庶民去之，君子存之。舜明于庶物，察于人伦，由仁义行，非行仁义也”，华夏民族文化集团内其国而外诸夏、内诸夏而外夷狄，血缘地缘两相融通，立足自身而又时中交接夷蛮戎狄，自觉与东方东夷部落集团、南方苗蛮部落集团、西方西戎部落集团、北方狄胡部落集团主次对待交融互补，从而历时性形成了以中原华夏民族（东夷民族最早融入、苗蛮戎狄民族次续融入）为主体的中华民族一体多元文化融合基本格局①。

以姓氏关联为婚姻纽带的宗族伦常代际传承，不惟是纲常礼教的核心内容，亦是中华民族一体多元基本格局的根魂所在。华夏民族具有家国天下一体混融的文化传统，非常注重血缘伦常家族传承。上古时期圣王子孙分枝散叶，形成了众多氏族部落姓别，德才兼备者亦能成为新的圣王，故而三皇五帝之间存在直接或间接的血缘传承内在关系。上古三代时期，姓氏是圣王标示家族传承血缘关系的文化符号，姓是族号以别婚姻，而氏则是姓之分枝；姓统其祖考之所自出，氏别其子孙之所自分，故而氏同姓不同者婚姻可通，姓同氏不同者婚姻不可通。姓氏起源于三皇五帝上古时期，作为母系氏族社会家族标识，最早的姓多为归属同一个女性祖先的部落标志，后来过渡到父系社会尤其是五帝三代时期，则因顺延用正式确定下来，如“上古八大姓”姬、姚、妫、姒、姜、嬴、姞、妘即均是如此。其中，姜姓可溯源至神农氏，姬姓可溯源至黄帝有熊氏，姞姓可溯源至黄帝之子，嬴姓可溯源至少昊金天氏，妘姓可溯源至帝喾高辛氏，姚、妫同源而均可溯源至虞舜，姒姓则可溯源至夏禹；姒姓后来衍化出廖、夏、曾、相、鲍、欧阳等姓氏，祝融之后则衍化出已、董、彭、秃、妘、曹、斟、芈八姓。在上古三皇中，庖牺氏为风姓；神农氏为姜姓（兴起于姜水之故），姜姓成为后来吕、谢、齐、高、卢、崔诸多姓氏的重要起源之一；黄帝有熊氏则为姬姓（兴起于姬水之故），据说黄帝二十五子中赐封得姓者十四人，分为姬、酉、祁、己、滕、箴、任、荀、僖、姞、儇、依十二姓。后起五帝少昊、颛顼、帝喾、唐尧、虞舜，以及三代夏王大禹、商王祖先契、周王祖先后稷等，亦均为黄帝后代；其中后稷得承姬姓，其后嗣传至文、武、周公而奠定起周朝盛世礼教根基；周初大封诸侯而姬姓五十三国，后来由姬姓衍化出四百一十一姓，占《百家姓》五百零四姓的五分之四强，因而黄帝姬姓可谓中华民族姓氏来源之主体根脉。姓可明确溯源至三皇五帝上古时期，氏则可

① 参见翁独健主编：《中国民族关系史纲要》，中国社会科学出版社2001年版，第5—23页。

明确溯源至夏商周三代时期。诚如《春秋左传》所云“天子建德，因生以赐姓，胙之土而命之氏”（《隐公八年》）、“若夫保姓受氏，以守宗祊，世不绝祀，无国无之”（《襄公二十四年》），亲、贤、功、德裂土封侯，而其子孙又得以保守之，人事德否代际传承，兴衰存亡不一而足。三代时期诸姓部族支庶繁衍，则以氏分别家门（现今所谓姓其实多为氏，姓氏与人名合成姓名），支庶子孙尊崇追念各自祖宗功德，时以祖宗谥号、封国、名字、官职、职业、住处等为氏；故而姓产生后世代相传相对稳定，而氏则往往随着先祖封邑、官职的改变而增衍。《通志》总结姓氏衍化史云，“三代以前，姓氏分而为二，男子称氏，妇人称姓。氏所以别贵贱，贵者有氏，贱者有名无氏……姓所以别婚姻，故有同姓、异姓、庶姓之别……三代之后，姓氏合而为一，皆所以别婚姻，而以地望明贵贱”[①]。可见，姓氏的形成是中华民族血缘婚姻制与纲常礼教内在成熟的重要标志，此后世家宗族皆重敬祖收族，家族谱牒如国之有史，以明人伦而厚风俗，历代修订至明清而益趋完善。伏羲八卦乾坤正位，正式拉开父系时代中华正统史序幕，诚如《周易·家人卦》彖辞所云“女正位乎内，男正位乎外。男女正，天地之大义也。家人有严君焉，父母之谓也。父父、子子、兄兄、弟弟、夫夫、妇妇而家道正，正家而天下定矣”。先有夫妇定伦，后有纲常礼教，此即《孟子·滕文公上》所云“父子有亲，君臣有义，夫妇有别，长幼有叙，朋友有信”。姓氏传承谱系极端重要，实为中华民族正统礼教内在展开之实际基础，如张载所云“管摄天下人心，收宗族，厚风俗，使人不忘本，须是明谱系世族与立宗子法。宗法不立，则人不知统系来处。古人亦鲜有不知来处者。宗子法废，后世尚谱牒，犹有遗风。谱牒又废，人家不知来处，无百年之家，骨肉无统，虽至亲，恩亦薄。宗子之法不立，则朝廷无世臣”[②]。

关于上古父系社会是否出现了阶级与私有制的问题，我们可以立足中华文化本位予以辩证阐释。有史以来，中华民族教化范围不断下移外扩，相应出现了世俗化与信仰化这一两极分化难题，但君子修教民本中道这一主题红线总体上仍得以一以贯之：天地之道、君子阶层与民本教化三位一体，天一君一

① 郑樵：《通志·氏族略》，中华书局1995年版，第1—2页。

② 《张载集·经学理窟·宗法》，中华书局1978年版（下同），第258—259页。

民三者关系内在和谐即为王道修教正面常态，天一君一民三者关系外在异化则为偏离正道负面变态；仁礼天理与私心情欲对待存在，天理充周则人欲销铄，人欲偏胜则天理不彰；人文礼教须敏锐感知时代脉动，时中对治人欲偏邪外在异化，内在复归民本修教正统主导这一王道常态。诚如《论语·为政》“攻乎异端，斯害也已矣”，又如《尚书·大禹谟》“儆戒无虞，罔失法度。罔游于逸，罔淫于乐。任贤勿贰，去邪勿疑。疑谋勿成，百志惟熙。罔违道以干百姓之誉，罔咈百姓以从己之欲。无怠无荒，四夷来王”，君子阶层敬天法古慎独爱民，感应天地之道、实践民本教化、学行圣贤升华修为，三位一体相为成就，阴阳时谐当位之正，明德亲民止于至善，自修化人内外共成。君主制度确有须要解决的弱点弊端，但我们决不能虚无天地之道为外在自然并剖分天人为二元，不能虚无礼乐君子为封建专制并鼓吹非圣非贤之谬论，亦不能虚无民本中道为愚民政策而夸谈现代民主自由。那些偏执性顺从私心本能并立足私有制民主建构的异端邪说，以及幻想一劳永逸消除私欲及社会异化的激进理念，均偏离了中华民族内外平成民本修教这一中正王道。

综上，天人感应参赞化育、圣贤君子民本王道、纲常礼教华夷分辨、言意浑融具象思维内在一体，三皇五帝上古时期初步奠定起中华民族中正常道，中华正统史自此肇始。夏商周三代正是以三皇五帝上古制作为根基前提得以展开，并实际完成中华正统之奠基的。此后历代内生性发展创新亦无不念兹在兹地反本上溯三皇五帝三代之道，只是观点见解不尽相同而已。通观中华民族历代修教经验教训，我们即可深切体会到三皇五帝上古时期人文创制之永恒价值。

第二节　夏商周三代时期

夏商周三代自大禹立夏始，其中夏朝（西历前2183年—前1752年）432年，商朝（西历前1751年—前1123年）629年，周朝（西历前1122年—前256年）867年（三代制作主要指西周时期，即西历前1122年—前771年）。三代贤王有夏禹、少康，商太祖成汤、商太宗太甲、商中宗太戊、商高宗武丁，周文王、周武王、周成王、周公（摄政）、周宣王等，孔子删定五经的主要依据即三代圣贤典章言行相关史料。夏商周三代内在承续尧舜之道，诚如至圣孔子所述“尧曰：‘咨！尔舜！天之历数在尔躬，允执其中；四海困穷，天禄永终。’舜亦以命禹。（汤）曰：‘予小子履，敢用玄牡，敢昭告于皇皇后帝：有罪不敢赦。帝臣不蔽，简在帝心。朕躬有罪，无以万方；万方有罪，罪在朕躬。’周有大赉，善人是富。‘虽有周亲，不如仁人。百姓有过，在予一人。’谨权量，审法度，修废官，四方之政行焉。兴灭国，继绝世，举逸民，天下之民归心焉。所重：民、食、丧、祭。宽则得众，信则民任焉，敏则有功，公则说”（《论语·尧曰》）。夏商周三代之历史展开有其因革常变内在张力：不变者天道实际，“道之大原出于天，天不变，道亦不变”、“王者有改制之名，无易道之实”[①]；其二，变者制名化通，“通其变，使民不倦。神而化之，使民宜之。《易》穷则变，变则通，通则久”（《周易·系辞下》）。三代圣王奉天法古任贤亲民，守常达变时中从道，正如《白虎通义·三教》所云“王者设三教者何？承衰救弊，欲民反正道也。三正之有失，故立三教，以相指受。夏人之王教以忠，其失野，救野之失莫如敬。殷人之王教以敬，其失鬼，救鬼之失莫如文。周人之王教以文，其失薄，救薄之失莫如忠……三者如顺连环，周而复始，穷则反本”[②]；忠教重民、敬教崇天而文教尊礼，诚如孔子所云“季康子问：使民敬、忠以劝，如之何？子曰：临之以庄则敬，孝慈则忠，举善而教不能则劝”（《论语·为政》）。夏商周三代确为中华正统之奠基时期，如《尚书·洪范》箕子为武王陈夏禹商汤以来彝伦攸叙之洪范九畴，察用五行、敬用五事、农用八政、协用五纪、建用皇极、乂用三德、明用稽疑、念用庶征、向用五福威用六极，可谓天道政教之荦荦大端。三代政教文物制度因革以成而渐次累积完备，如孔子所云“殷因于夏礼，所损益，可知也。周因于殷礼，所损益，可知也。其或继周者，虽百世，可知也”（《论语·为政》）、“行夏之

① 班固：《汉书·董仲舒传》，中华书局2007年版（下同），第568页；苏舆：《春秋繁露义证·楚庄王第一》，中华书局1992年版（下同），第19页。

② 陈立：《白虎通疏证》卷八《三教》，中华书局1994年版（下同），第369页。

时，乘殷之辂，服周之冕，乐则《韶》舞”（《卫灵公》）、“周监于二代，郁郁乎文哉，吾从周”（《八佾》），又如孟子所云“夏后氏五十而贡，殷人七十而助，周人百亩而彻，其实皆什一也”、“设为庠序学校以教之，庠者养也，校者教也，序者射也。夏曰校，殷曰序，周曰庠，学则三代共之，皆所以明人伦也。人伦明于上，小民亲于下”（《孟子·滕文公上》）。三代规模之广大恢弘，于《论》《孟》所述可模拟得之，以下结合《尚书》等史料简述之。

一、夏商西周统绪述略

大禹既属尧舜王道传承体系，又为夏朝肇造祖王与三代肇始之王。夏禹祗承尧舜之道，忠毅勤俭不矜不伐，疏导治水盖父前愆，划定九州（冀州、兖州、青州、徐州、扬州、荆州、豫州、梁州、雍州）任土作贡，弼成五服（甸服、侯服、绥服、要服、荒服远近亲疏五等贡赋体系）万邦作乂，九州划定华夏一统，封土赐姓政教和通，会诸侯于涂山而执玉帛者万国，继虞舜土德之后以金德王天下。大禹总结上古历法，仍法虞舜而定正朔、岁建寅，识天象、明农时以授行夏历，于中华民族民生日用影响至远；远承伏羲而成《连山易》，因洛龟献书而演《洪范》九畴，皇极居五以一御八，可谓立中建极；封尧舜之后作宾王家，建旌旗旒旒以别尊卑等级，命铸九鼎象物图形以使民识神奸；拜善言而勤民政，恶旨酒而戒亡国，举皋陶而任伯益，修心慎位昭受天命，礼贤任士天下宗之，其德能大中国而作《大夏》（承二帝后，道重太平）之乐。禹王政教法天、正位、本民三位一体，如《论语·宪问》“禹、稷躬稼而有天下”、《孟子·离娄下》“禹思天下有溺者，由己溺之也”、“禹之行水也，行其所无事也”、《公孙丑上》“禹闻善言则拜”、《尚书·大禹谟》“惠迪吉，从逆凶，惟影响”、“后克艰厥后，臣克艰厥臣，政乃乂，黎民敏德”、“德惟善政，政在养民。水火金木土谷惟修；正德、利用、厚生惟和。九功惟叙，九叙惟歌。戒之用休，董之用威，劝之以九歌，俾勿坏”。大禹举皋陶自代而皋陶先逝，复举益自代而大禹稍后即去世，禹子启贤故百姓拥戴为王，自此部族禅让制转为宗法继承制，孟子判云“人有言‘至于禹而德衰，不传于贤而传于子’……否，不然也。天与贤，则与贤；天与子，则与子……舜之相尧、禹之相舜也历年多，施泽于民久。启贤，能敬承继禹之道。益之相禹也历年少，施泽于民未久。舜、禹、益相去久远，其子之贤不肖皆天也，非人之所能为也……孔子曰‘唐、虞禅，夏后、殷、周继，其义一也’”（《孟子·万章上》）。夏禹忠简自律敬天恤民，故孔子赞叹“巍巍乎，舜、禹之有天下也，而不与焉”“禹，吾无间然矣。菲饮食而致孝乎鬼神，恶衣服而致美乎黻冕，卑宫室而尽力乎沟洫”（《论语·泰伯》）。

夏朝历十四世十七王，主要遵循父兄崩子弟继传承方式，历代夏王依次为大禹、禹子启、启子太康、太康弟仲康、仲康子相、相子少康、少康子杼、杼子槐、槐子芒、芒子泄、泄子不降、不降弟扃、扃子廑、不降子孔甲、孔甲子皋、皋子发、发子癸。夏文华由渊源于仰韶文化的河南龙山文化直接发展而来，夏朝王畿位于河南西部山西南部，以伊、洛、颍、汝流域为中心，影响到陕西、河北、山东、安徽、湖北地区，其中禹都阳城、太康居斟鄩、相处帝丘、杼先居原（后迁老丘）、胤甲居西河、桀居斟鄩，此外安邑、平阳、晋阳、阳翟等地亦俱曾为夏都，据考证河南偃师二里头文化与夏文化遗存关系密切。大禹肇立夏朝政教制度，其后诸王敬守之则兴、否弃之则乱。启即位后大享诸侯，有扈氏无道故召六卿伐之于甘，并作《甘誓》“有扈氏威侮五行，怠弃三正，天用勦绝其命，今予惟恭行天罚”；启王亲亲长长尊贤委能，贵爵尚齿而好乐舞，养国老于东序，养庶老于西序，德教施于四海，末年巡守而舞《九韶》于大穆之野。启子太康荒纵尸位而不修先王之政，畋于洛表大失民心，东夷有穷氏后羿拒之于河并因夏民而篡夏政，《尚书·五子之歌》藉太康逸豫失国述禹训诫云：民可近，不可下，民惟邦本，本固邦宁，天下愚夫愚妇一能胜予，临兆民懔乎若朽索之驭六马；有典有则贻厥子孙，关石和钧王府则有，内作色荒外作禽荒，甘酒嗜音峻宇雕墙，荒坠厥绪覆宗绝祀，失道乱纪乃厎灭亡，万姓仇予予将畴依，弗慎厥德悔不可追。太康死而羿立其弟仲康，时羲和沉乱于酒而废司职，命胤侯掌六师征之，《尚书·胤征》藉羲和湎淫废职而陈天职贤代：先王克谨天戒、臣人克有常宪，百官修辅君臣俱明，孟春遒人以木铎徇于路，官师相规、工执艺事以谏，其或不恭邦有常刑；颠覆厥德沉乱于酒，叛官离次俶扰天纪，天吏逸德烈于猛火，歼厥渠魁胁从罔治，旧染污俗咸与惟新。仲康死而子相立，为羿所逐而徙居商丘，羿淫于原兽不修民事，弃贤用谗内外咸叛，寒浞杀而代之并弑帝相于商丘。帝相子少康自有仍奔虞，布德兆谋以收夏众，灭寒浞而复禹旧绩，诸侯毕朝夏室中兴，封庶子无馀于越以奉禹王墓祀。少康子杼能率禹道故而得立且后人报祭，传五世七王至孔甲好事鬼神肆行淫乱，诸侯化之夏政德衰。又传三世至癸（夏桀）乃暴虐淫昏武伤百姓，佞宠妹喜而杀贤关龙逄，德衰无救天下大乱，百姓咒云“时日曷丧，予及汝偕亡”，商汤伐夏放桀南巢而夏亡。夏德衰亡天人感发，如《竹书纪年》即载帝廑八年天有祆孽十日并出，帝发七年泰山震；帝桀十年五星错行、夜中星陨如雨、地震、伊洛竭，三十年瞿山崩。

就夏朝民族交融情况而言，夏朝方国包括有穷、有仍、有莘、有易、有鬲、有缗、有虞、有扈、过、寒、商、缯、亳、葛、斟灌、三朡、昆吾、韦、顾、涂山、防风、英、六巢等；四裔则东有隅夷、莱夷、淮夷、九夷（畎夷、于夷、方夷、黄夷、白夷、赤夷、玄夷、风夷、阳夷），西有昆仑、析支、渠搜，北有皮服鸟夷，南有卉服岛夷、有苗、和夷、裸国、熏育等。据记载，“昔禹之湮洪水，决江河而通四夷九州也”（《庄子·天下》）、“施之以德，海外宾服，四夷纳职”（《淮南子·原道训》）；帝相元年征淮夷、二年征风夷、黄夷，七年于夷来宾；少康二年方夷来宾，帝杼八年征东海及三寿；帝槐三年九夷来御，帝泄十六年伐有易、二十一年命畎夷、白夷、玄夷、风夷、赤夷、黄夷，命西羌；帝不降六年伐西方九苑，帝发元年诸夷入舞，帝癸三年畎夷入于岐以叛、六年歧踵戎来宾；据载“匈奴，其先祖夏后氏之苗裔也，曰淳维。唐、虞以上有山戎、猃狁、荤粥，居于北蛮，随畜牧而转移”[①]，荤粥即商代鬼方、周代玁狁、战国以后之匈奴，此为夏朝少数贵族因灭国而融合于北方民族的典型事例。总之，夏禹确立起甸、侯、绥、要、荒五服贡赋体系，其中四夷属于要服（要束于文教）、荒服（因其故俗而治之）之列，近者交融开化远者羁縻不绝，从而为夏朝民族关系健康发展奠定起稳固基础。帝槐、帝芒、帝泄在位之时东夷渐次向化，帝泄时始对方国部落封土封号而授命夷狄，此后华夷关系时有反复而总体向好，商周华夷深入交融可谓其来有自。

“殷因于夏礼”（《论语·为政》），夏朝礼制承前启后而为商周礼制奠

① 《史记·匈奴列传》，崇文书局2010年版（下同），第629页。

基。夏人忠教重民而其失肆野，故而夏礼简朴无华。“大禹致孝乎鬼神”（《论语·泰伯》），祭礼为夏朝礼教核心内容，《礼记》对此有具体表述，如《祭法》“夏后氏亦禘黄帝而郊鲧，祖颛顼而宗禹”、《檀弓上》“夏后氏尚黑，大事敛用昏，戎事乘骊，牲用玄”、《明堂位》“夏后氏尚明水，殷尚醴，周尚酒”，又如《竹书纪年》“帝槐三十六年作圜土”、《夏书·甘誓》“用命，赏于祖。弗用命，戮于社”等。合族聚食慎终追远，夏朝飨礼以天下养老，如《礼记·王制》所云“夏后氏养国老于东序，养庶老于西序”；夏朝最早探索顺法天道父兄子弟宗法继承（夏王名字中始见天干元素）与分封礼制，如大禹封尧舜皋陶之后以奉先祀、帝不降五十九年逊位于弟扃、少康封庶子无馀于越以奉禹王墓祀、帝槐三十三年封昆吾氏子于有苏等；夏历建寅农时得正，“夏后氏五十而贡”，夏贡为三代井田礼制之先声；夏曰校，殷曰序，周曰庠，学则三代共之，夏校为三代人伦德教礼制之先声；设官理事天职贤代，常宪明刑咸与惟新，服以旌礼衣尚右衽，夏服最早自觉有别于夷狄胡服之左衽。夏朝礼制礼仪简约大度，实为三代礼教之滥觞。

商人始祖契为帝喾之子，兴于唐、虞、夏禹之际而辅佐大禹治水有功，大舜命其敬敷五教，封于商并赐姓子氏，传十三世以至成汤。夏桀淫虐而成汤宽仁恤民，见网猎者而令撤三围一唯取犯命者，汤德泽及禽兽故伊尹辅佐天下归心，吊民伐罪征讨不义，自葛伯不祀而始征之，最终经鸣条之战克桀立商。于是改正朔易服色、改岁曰祀而岁始建丑，置闰卜旬干支记日，“殷人尚白，大事敛用日中，戎事乘翰，牲用白”（《礼记·檀弓上》），以水承金以水德王，屋夏社、立禹后与古圣贤有功者之后，封孤竹等国有差。商朝甫立大旱七年，成汤反躬内省孜孜为民，躬身祷于桑林之野，虔诚祝曰“欲不节耶？使民疾耶？苞苴行耶？谗夫昌耶？宫室营耶？女谒行耶？何不雨之极也”，并自为牺牲而斋戒祷曰“万方有罪，罪在朕躬。朕躬有罪，无及万方。无以一人之不敏，使上帝鬼神伤民之命”[①]。旱解大治，作桑林之乐名曰《大濩》（承衰而起，护先王民本正道），作诸器用之铭以随时警戒克己，立贤无方进伊挚为相而终成王道，末年迁夏九鼎于商邑。商汤王道至诚影响深远，赞颂有如

① 《太平御览》卷八十三《皇王部八》，中华书局1960年版，页第388下。

《周易·革卦》彖辞“汤、武革命，顺乎天而应乎人，《革》之时大矣哉”，《诗经·商颂·长发》“汤降不迟，圣敬日跻，昭假迟迟，上帝是祗，帝命式于九围。受小球大球，为下国缀旒，何天之休，不竞不絿，不刚不柔，敷政优优，百禄是遒”，又如《孟子·尽心下》“尧、舜，性者也；汤、武，反之也”、《离娄下》“汤执中，立贤无方”。商朝历十七代三十一王，传承次序为天乙（成汤）、（故太子太丁弟）外丙、（外丙弟）仲壬、（太丁子）太甲、（太甲子）沃丁、（沃丁弟）太庚、（太庚子）小甲、（小甲弟）雍己、（雍己弟）太戊、（大戊子）仲丁、（仲丁弟）外壬、（外壬弟）河亶甲、（河亶甲子）祖乙、（祖乙子）祖辛、（祖辛弟）沃甲、（祖辛子）祖丁、（沃甲子）南庚、（祖丁子）阳甲、（阳甲弟）盘庚、（盘庚弟）小辛、（小辛弟）小乙、（小乙子）武丁、（武丁子）祖庚、（祖庚弟）祖甲、（祖甲子）廪辛、（廪辛弟）庚丁、（庚丁子）武乙、（武乙子）太丁、（太丁子）帝乙、（帝乙子）帝辛。商朝顺承并完善了夏朝宗法制度，王位继承方式由初期的兄终弟及、父崩子继衍化为后期的嫡长子继承制，帝王年号则以天干加辈分排行确定；自契至于汤八迁而都亳，自汤至盘庚六迁（亳一嚣一相一邢一庇一奄一殷）之后都殷。商太祖成汤之后大事包括伊尹辅佐太宗太甲，伊陟、巫贤辅佐中宗太戊，九世之乱后世祖盘庚勇毅迁都，继而高宗武丁在傅说、甘盘等圣贤辅助下中兴商朝，以及帝纣淫暴周武代商。简言之，帝太甲初立虐乱不遵汤法，伊尹放之桐宫而摄政当国；太甲悔过反善之后伊尹授政，诸侯咸归百姓以宁，世称太宗。雍己立而殷道衰、诸侯离；太戊立伊陟为相，其时桑榖共生于朝，帝惧修先王之政、明养老之礼，诸侯归之殷道复兴，三年远方重译而至者七十六国，世称中宗。河亶甲时殷道复衰，祖乙立而巫贤任职殷道复兴。中丁以来废嫡而更立诸弟子，争相代立九世混乱，至阳甲时诸侯莫朝而殷道复衰；盘庚立而迁都殷，行汤之政百姓以宁，诸侯来朝殷道复兴，世称世祖。小辛立而殷道复衰，武丁立恭默思道，举相傅说天下大治；帝祭成汤，有飞雉登鼎耳而雊，惧而修政行德克己复礼，视学养老天下咸欢而殷道复兴，世称高宗。祖甲繁刑淫乱而殷道复衰，武乙无道而博神射天，猎于河渭而暴雷震死；帝乙立而殷道益衰，长子微子启因庶出不得嗣，少子辛（纣）嗣立，资辨捷疾材力过人，知足以距谏而言足以饰非，酗酒淫乐嬖于妲己，弃祀以为其命在天，百姓怨望诸侯离心，乃重刑戮设炮烙法，费中、恶来善谀好利毁谗贤德，殷人弗亲诸侯益疏；卿士聚敛非度而小民犯上攘窃，微子谏不听而去，比干强谏而被剖心，箕子惧而佯狂为奴，殷之大师、少师持祭祀乐器奔周；商纣后期国势危乱，如《诗经·大雅·荡》“咨女殷商，如蜩如螗，如沸如羹”、《尚书·微子》“小民方兴，相为敌雠”；周武王率诸侯伐之战于牧野，商纣登鹿台赴火死，商亡而周立。

成汤、伊尹、仲虺、傅说、伊陟、巫咸、盘庚、武丁、微子等商朝圣贤相继而起，诚敬总结夏亡商兴经验教训（其言行功德集中体现于《尚书·商书》），初步建立起天（君子敬奉天命）一君（君子修德正位）一民（君子民本教化）三位一体的君子德教民本观，从而为周朝天君民合德礼中道正统观奠基。按历史展开大致次序，《商书》述君子阶层敬奉天命者，如《汤誓》“有夏多罪，天命殛之……予畏上帝，不敢不正”、《汤诰》“惟皇上帝，降衷于下民。若有恒性，克绥厥猷惟后”、《伊训》“古有夏先后，方懋厥德，罔有天灾。山川鬼神，亦莫不宁，暨鸟兽鱼鳖咸若。于其子孙弗率，皇天降灾，假手于我有命……惟上帝不常，作善降之百祥，作不善降之百殃”、《仲虺之诰》“惟天生民有欲，无主乃乱，惟天生聪明时乂。有夏昏德，民坠涂炭，天乃锡王勇智，表正万邦，缵禹旧服。兹率厥典，奉若天命……钦崇天道，永保天命”，又如《咸有一德》“天难谌，命靡常。常厥德，保厥位。厥德匪常，九有以亡。夏王弗克庸德，慢神虐民。皇天弗保，监于万方，启迪有命，眷求一德，俾作神主。惟尹躬暨汤，咸有一德，克享天心，受天明命，以有九有之师，爰革夏正。非天私我有商，惟天佑于一德；非商求于下民，惟民归于一德。德惟一，动罔不吉；德二三，动罔不凶。惟吉凶不僭在人，惟天降灾祥在德”、《太甲》“先王顾諟天之明命，以承上下神祇。社稷宗庙，罔不祗肃。天监厥德，用集大命，抚绥万方……惟天无亲，克敬惟亲。民罔常怀，怀于有仁。鬼神无常享，享于克诚。天位艰哉！德惟治，否德乱……终始慎厥与，惟明明后。先王惟时懋敬厥德，克配上帝”，以及《盘庚》“先王有服，恪谨天命，兹犹不常宁……今不承于古，罔知天之断命，矧曰其克从先王之烈”、《西伯戡黎》“非先王不相我后人，惟王淫戏用自绝……不虞天性，不迪率典。今我民罔弗欲丧，曰‘天曷不降威’”、《高宗肜日》“惟天监下民，典厥义。降年有永有不永，非天夭民，民中绝命。民有不若德，不听罪。天既孚命正厥德”。

《商书》述君子阶层修德正位者，如《汤诰》“俾予一人，辑宁尔邦家，兹朕未知获戾于上下，慄慄危惧，若将陨于深渊。凡我造邦，无从匪彝，无即慆淫，各守尔典，以承天休。尔有善，朕弗敢蔽；罪当朕躬，弗敢自赦，惟简在上帝之心。其尔万方有罪，在予一人；予一人有罪，无以尔万方。呜呼！尚克时忱，乃亦有终”、《仲虺之诰》“惟王不迩声色，不殖货利。德懋懋官，功懋懋赏。用人惟己，改过不吝。克宽克仁，彰信兆民……能自得师者王，谓人莫己若者亡。好问则裕，自用则小……慎厥终，惟其始。殖有礼，覆昏暴”，又如《伊训》“王嗣厥德，罔不在初，立爱惟亲，立敬惟长，始于家邦，终于四海……居上克明，为下克忠，与人不求备，检身若不及……敢有恒舞于宫，酣歌于室，时谓巫风。敢有殉于货色，恒于游畋，时谓淫风。敢有侮圣言，逆忠直，远耆德，比顽童，时谓乱风。惟兹三风十愆，卿士有一于身，家必丧；邦君有一于身，国必亡……尔惟德罔小，万邦惟庆；尔惟不德罔大，坠厥宗”、《太甲》“祗尔厥辟，辟不辟，忝厥祖……先王昧爽丕显，坐以待旦。旁求俊彦，启迪后人，无越厥命以自覆。慎乃俭德，惟怀永图。若虞机张，往省括于度，则释。钦厥止，率乃祖攸行”、“欲败度，纵败礼，以速戾于厥躬。天作孽，犹可违；自作孽，不可逭……王懋乃德，视乃厥祖，无时豫怠。奉先思孝，接下思恭。视远惟明，听德惟聪”、“无轻民事，惟难；无安厥位，惟危。慎终于始。有言逆于汝心，必求诸道；有言逊于汝志，必求诸非道……一人元良，万邦以贞。君罔以辩言乱旧政，臣罔以宠利居成功，邦其永孚于休”，再如《咸有一德》“今嗣王新服厥命，惟新厥德。终始惟一，时乃日新。任官惟贤材，左右惟其人。臣为上为德，为下为民。其难其慎，惟和惟一。德无常师，主善为师。善无常主，协于克一。俾万姓咸曰‘大哉！王言’，又曰‘一哉！王心’。克绥先王之禄，永厎烝民之生”、《说命》“惟治乱在庶官。官不及私昵，惟其能；爵罔及恶德，惟其贤。虑善以动，动惟厥时。有其善，丧厥善；矜其能，丧厥功。惟事事乃其有备，有备无患。无启宠纳侮，无耻过作非。惟厥攸居，政事惟醇。黩于祭祀，时谓弗钦。礼烦则乱，事神则难……非知之艰，行之惟艰。王忱不艰，允协于先王成德”、“学于古训，乃有获。事不师古，以克永世，匪说攸闻。惟学逊志，务时敏，厥修乃来。允怀于兹，道积于厥躬。惟斅学半，念终始典于学，厥德修罔觉。监于先王成宪，其永无慾”，以及《盘庚》“各恭尔事，齐乃位，度乃口”、《说命》“朝夕纳诲，以辅台德……启乃心，沃朕心……惟木从绳则正，后从谏则圣”、“尔惟训于朕志，若作酒醴，尔惟麴糵；若作和羹，尔惟盐梅”、“旁招俊乂，列于庶位……股肱惟人，良臣惟圣。昔先正保衡，作我先王，乃曰：‘予弗克俾厥后惟尧舜，其心愧耻，若挞于市。’一夫不获，则曰时予之辜。佑我烈祖，格于皇天……惟后非贤不乂，惟贤非后不食”。

《商书》述君子阶层民本教化者，则如《汤诰》“上天孚佑下民，罪人黜伏，天命弗僭，贲若草木，兆民允殖”、《说命》“明王奉若天道，建邦设都，树后王君公，承以大夫师长，不惟逸豫，惟以乱民。惟天聪明，惟圣时宪，惟臣钦若，惟民从乂”、《高宗肜日》“王司敬民，罔非天胤，典祀无丰于昵”、《说命》“克绍乃辟于先王，永绥民”，又如《咸有一德》“非商求于下民，惟民归于一德”、《太甲》“民罔常怀，怀于有仁”、《仲虺之诰》“德日新，万邦惟怀；志自满，九族乃离。王懋昭大德，建中于民，以义制事，以礼制心，垂裕后昆”、《盘庚》“朕不肩好货，敢恭生生……式敷民德，永肩一心”、“若网在纲，有条而不紊；若农服田力穑，乃亦有秋。汝克黜乃心，施实德于民……汝不和吉言于百姓，惟汝自生毒，乃败祸奸宄，以自灾于厥身。乃既先恶于民，乃奉其恫，汝悔身何及……若火之燎于原，不可向迩，其犹可扑灭”，以及《盘庚》“古我前后，罔不惟民之承，保后胥感，鲜以不浮于天时”、《太甲》“民非后，罔克胥匡以生；后非民，罔以辟四方”、《咸有一德》“后非民罔使，民非后罔事。无自广以狭人，匹夫匹妇不获自尽，民主罔与成厥功”。

商朝地域东至奄与蒲姑、西至周、南至长江流域、北至孤竹，实行王畿中枢内服、方国封邑外服并行官制，在夏朝零星分封基础上为周朝成熟分封制奠基，如《尚书·酒诰》“越在外服，侯、甸、男、卫邦伯；越在内服，百僚、庶尹、惟亚、惟服宗工，越百姓里居（君子），罔敢湎于酒”。商朝王畿周边方国戎狄林立，北方、西北、东北方有熏育、严允、鬼方、危方、土方、犬戎、畎夷、狄（翟）、余无戎、燕京戎、翳徒戎、西落鬼戎、龙方、辔方、肃慎等游牧民族，西方则有西戎、氐羌、昆夷等，西北戎狄不时南移而多与华夏民族冲突；东方、东南有尸方、儿方、人方、蓝夷、鸟夷、淮夷、盂方、林方等夷族，南方则有荆（楚）、庸、濮、蜀、髳、微、越（粤）等蛮族，商人亦有迁徙湖南等长江以南地域者，且甲骨文、金文中已有狄、戎、夷、蛮等字样。商朝与方国夷狄之间对待互动关系较之夏朝更为深入，据《竹书纪年》，成汤时氐、羌来宾（《诗经·商颂·殷武》云“昔有成汤，自彼氐羌，莫敢不来享，莫敢不来王”），末年巡守而定四方献令；帝太戊时惧祥修德，远方重译慕德而至者七十六国，末年西戎来宾而使使聘之、东九夷来宾；帝仲丁时，征蓝夷；帝河亶甲时，征蓝夷、班方，侁人来宾；帝阳甲时，西征丹山戎；帝武丁时国势强盛，北伐鬼方三年克之，氐、羌来宾，灭大彭、征克豕韦、南击荆蛮，国力辐射长江流域，王道礼复而颂声作（如《诗经·商颂·玄鸟》“邦畿千里，维民所止，肇域彼四海。四海来假，来假祁祁。景员维河，殷受命咸宜，百禄是何”）；帝祖甲时征西戎，而后西戎来宾；帝武乙时命周公亶父并赐以岐邑，周公季历伐程、义渠、西落鬼戎，东夷寖盛分迁淮岱渐居中土；帝文丁时周公季历伐燕京之戎、余无之戎、始呼之戎、翳徒之戎；帝乙时命南仲，西拒昆夷而城朔方；帝乙、帝纣时屡征夷方，用兵周边国力虚耗，纣伐有苏获妲己以归，方国离叛诸侯朝周，西伯伐翟、密、崇、昆夷得专征伐；周武王大会八百诸侯于孟津，与庸、蜀、羌、髳、微、卢、彭、濮等部族联合伐纣，经牧野之战灭商立周。可见，商朝兴衰与华夷关系内在关联，构成了自夏至周以夏化夷民族融合历史进程的必要环节。

商朝顺承并完善了夏朝王位继承宗法礼制，由前中期兄终弟及、父崩子继最终衍化为后期嫡长子继承制，以为王权神授而重卜告祭祀礼制感通，商朝“敬教”崇天而其失在鬼（如《礼记·表记》“殷人尊神，率民以事神，先鬼而后礼”）。商朝有告天祭天之礼（如《论语·尧曰》“予小子履，敢用玄牡，敢昭告于皇皇后帝”），商王亦以先人宾帝配天（如《尚书·君奭》“殷礼陟配天”、《礼记·祭法》“殷人禘喾而郊冥，祖契而宗汤”），帝祖甲时还确立起周祭祖先神明之礼制；商王凡事诚敬卜祭，于告天祭天之礼外尚有卜祭日月星云、风雷雨电、地祇等自然神明之礼，以求趋吉避凶、离祸得福。商朝宗法祭祀礼制成为周朝文教礼制直接来源，商末德衰“敬教”变质，如《尚书·微子》所云“天毒降灾荒殷邦，方兴沈酗于酒，乃罔畏畏，咈其耇长旧有位人。今殷民乃攘窃神祇之牺牷牲用，以容将食无灾”。商朝兴衰伴随天人感召事迹，如成汤大旱而修德化洽、帝太戊桑穀共生而修德大治、帝武丁肜祭雉雊而修德中兴，又如帝武乙畋于河渭暴雷震死、帝文丁三年洹水一日三绝而十二年凤凰集鸣岐山，再如帝辛三年有雀生鹯、五年雨土于亳、三十二年五星聚于房而赤乌集于周社、四十三年有女子化为丈夫、四十三年峣山崩、四十八年夷羊见且二日并见，这些自然征兆大致符契历代商王德教兴衰进程。商王占卜祭告之文字记载，先有甲骨刻辞文（炙灼龟甲兽骨裂纹形成卜兆，根据卜兆形成卜辞占卜吉凶，记载商王祭天祀祖礼仪及其他各事），后有金文（钟鼎青铜器）铭辞文（如《大学》“汤之《盘铭》曰：苟日新，日日新，又日新”）。殷墟甲骨文字上承上古原始刻绘符号而下启商周时期青铜铭文，构成了中华民族汉字发展的关键环节；帝武丁晚期至祖甲时期金文（青铜铭文）较为普遍，至周朝更是成熟鼎盛，上承甲骨文而下启秦代小篆；商朝甲骨文与金文衍化上古时期原始图画文字为以象形文字为基础的古朴方块文字，进而声符义符内在联合，六书构字（象形、指事、会意、假借、转注、形声）渐次成熟，从而深远影响了中华民族价值思维。商朝学校教育制度如《礼记·王制》“殷人养国老于右学，养庶老于左学”，右学（大学）在郊而左学（小学）在国中，庠序孝悌教育、瞽宗礼乐教育、六艺六仪乐舞教育，以及衣裳冠履陶埙音律不断完善成熟。《荀子·正名》云“刑名从商，爵名从周”，商朝刑法制度已较为成熟且承上启下，如成汤制“汤刑”、伊尹制官刑“儆于有位”、盘庚“常旧服，正法度”、祖甲重作汤刑而帝辛重刑辟；商朝重刑包括不孝违命、妖言惑众、害序圄货等，刑罚种类则有徒刑（徒役囚禁流放）、肉刑、死刑等。商朝经济制度则如《孟子·滕文公上》“殷人七十而助”，商朝井田制度承夏启周地位重要，植桑养蚕、丝织陶瓷、渔猎饮酒、服牛乘马均有长足发展。综上，商朝在天人感通、宗法礼制、民本关怀、华夷关系、象形文字等方面均有长足进展，从而为周朝礼乐文明奠基；至于商朝偏重鬼神、人殉风俗等迷邪风习，则为后世逐渐纠改。

周朝始祖弃有令德，长于耕稼而为帝尧农师，帝舜封之于邰并号后稷、姓姬氏。夏衰而其后人不窋失官自窜于戎狄之间，传至公刘复修后稷之业而百姓怀归，至其子庆节时国于豳；又传至古公亶父复修后稷、公刘之业并积德行义，避戎狄保民人迁居岐山周原，传子公季（即季历）；公季修古公遗道而诸侯顺之，伐程、义渠、燕京之戎、余无之戎、始呼之戎、翳徒之戎，为商王文丁牧师且受九命为伯，后为商王文丁执困而死；太任耳清目明胎教敬穆，季历子文王姬昌笃仁法古泽及枯骨，贯通三才之道而礼贤亲民不遑暇食、敬老慈幼九一而助，卑服即康功田功，伐犬戎、灭密须、邘、黎、崇，纣王爵命之为西伯；“虞、芮质厥成，文王蹶厥生”（《诗经·大雅·绵》），虞、芮之君感化止讼而诸侯归心，三分天下有其二而犹服事殷，奠定起周朝文明深厚根基，遂迁都于丰、作辟雍灵台，传子武王姬发而灭商立周。周朝历三十二世三十七王而分西周东周两大时期，乃历史上存在时间最长、影响最大的朝代，东周又分为春秋（孔子在其晚期）与战国（孟子在其中期，荀子在其晚期）两个时段，最后东周亡于秦国。西周王位传承次序为武王姬发、成王姬诵、康王姬钊、昭王瑕、穆王满、共王繄扈、懿王囏、孝王辟方、夷王燮、厉王胡、宣王静、幽王宫涅，总计十二王十一世（成王后始实行嫡长子继承制）。武王“不泄迩，不忘远”（《孟子·离娄下》），继成文王之志而迁都镐京，孟津会盟后牧野克纣，释箕子囚、封比干墓、式商容闾、散财发粟，兴灭继绝存先代之后；周朝代商以木德王，偃武修文而崇祀分封、建学行礼，访道于箕子而传《洪范》九畴修化大道，问道于太公而行敬胜怠、义胜欲之古道，听谏于周、召诸公而反身修道、细行必矜以致威德远畅，末年迁九鼎于洛，成王之时周公象武王之功作《大武》之乐。武王崩而周公摄政，管叔、蔡叔、霍叔三监挟武庚率淮夷作乱，周公东征平定叛乱，徙殷遗民于洛邑；周公仁孝诚笃好学不倦，辅相成王师保万民，抗世子法于伯禽以示成王，发明父子君臣长幼之彝伦常道，勤政尊贤一沐三握发、一饭三吐哺，承文王之志为《周易》三百八十四爻系辞，营东都叙官制、成周礼作武乐，定分封建国宗法井田制度以授成王，尊卑亲疏贵贱长幼礼不僭越，正礼乐而民和睦、颂声兴，居摄七年制礼作乐而后反政成王。文王、武王、周公善始善终而周公洵为集大成者，天君民合三位一体君子德教民本观至此成型；孔子服膺周公礼乐之教，晚年犹叹“甚矣吾衰也，久矣吾不复梦见周公”（《论语·述而》），进而以仁礼中道成就之，后世并称“周、孔”。成王尊任周公，制礼作乐营建成周，孜孜礼教天下和乐，康王继尊文武功业而诸侯率服，史称“成康之治”。昭王德衰，南征没水而崩；穆王早年肆心周游，征犬戎而荒服者不至，晚年修德教而命吕侯作《吕刑》；懿王徙都槐里，兴起无节、号令不时而王室衰微、诸侯携德；夷王废觐礼，性情暴虐而烹齐哀公于鼎，懿王夷王之时周朝已是内外交困；厉王荒淫专利而以荣夷公为卿贪于聚敛，使巫监谤止谤致国人道路以目，“防民之口，甚于防川，川壅而溃，伤人必多”（《国语·周语上》），三年国人暴动而亡奔彘，周、召共和而摄行天子事十四年；宣王内勤修政外攘夷狄，法文武成康遗风而拨乱中兴，任申伯、仲山甫、张仲，新建韩、申封国，征伐西戎、猃狁、荆蛮、淮夷、徐戎而复文武之境土，后期则丧师料民而国势衰落；幽王善谀，贪利增赋宠信虢石父，宠嬖褒姒而举烽火以戏诸侯、废太子宜臼，申侯引犬戎攻杀之而西周亡；申侯、鲁侯立平王宜臼，郑武公会晋、卫之师迎立而迁都洛邑，史称东周。西周兴衰亦伴随天人感召事迹，如《今本竹书纪年》文王兴起凤鸣岐山、赤鸟衔书，武王兴起白鱼跃舟、赤乌衔谷、武王十三年大有年；成王二年秋大雷电以风，成王悔悟而逆周公于郊，成王十一年唐叔献嘉禾而王命归德周公；孝王七年冬大雨电、江汉水而厉王生，夷王七年冬雨雹如砺，厉王二十二至二十六年大旱而王陟；宣王二十五年大旱，王祷于郊庙而遂雨；幽王二年泾、渭、洛竭而岐山崩（《国语·周语上》云“周将亡矣……昔伊、洛竭而夏亡，河竭而商亡”），三年冬大震电、四年夏六月陨霜、六年冬朔日蚀、十年秋九月桃杏实、十一年春正月日晕。上述天地征兆，亦暗契周朝兴衰历程。

至圣孔子云“周监于二代，郁郁乎文哉！吾从周”（《论语·八佾》），作为夏商周天君民合君子德礼民本观之学理灵魂，文王、武王、周公敬天法古德礼教化思想集中于《尚书》《诗经》诸经。先看文王德礼民本观。颂扬文王奉天敬修忧患成德者，如《诗经·大雅·皇矣》“帝谓文王，予怀明德，不大声以色，不长夏以革，不识不知，顺帝之则”、《大雅·大明》“维此文王，小心翼翼。昭事上帝，聿怀多福”、《周颂·维天之命》“维天之命，於穆不已。於乎不显，文王之德之纯”、《大雅·文王》“文王在上，於昭于天……穆穆文王，於缉熙敬止……上天之载，无声无臭。仪刑文王，万邦作孚”，又如《周易·系辞下》“作《易》者，其有忧患乎！是故《履》，德之基也；《谦》，德之柄也；《复》，德之本也；《恒》，德之固也；《损》，德之修也；《益》，德之裕也；《困》，德之辨也；《井》，德之地也；《巽》，德之制也……《易》之为书也，广大悉备。有天道焉，有人道焉，有地道焉……三才之道也……

《易》之兴也，其当殷之末世，周之盛德邪？当文王与纣之事邪？是故其辞危。危者使平，易者使倾。其道甚大，百物不废。惧以终始，其要无咎”；颂扬文王仁孝爱民德秩化成者，如《礼记·文王世子》“文王之为世子，朝于王季日三。鸡初鸣而衣服，至于寝门外，问内竖之御者曰‘今日安否何如’？内竖曰‘安’，文王乃喜……其有不安节，则内竖以告文王，文王色忧，行不能正履。王季复膳，然后亦复初”、《尚书·周书·无逸》“文王卑服，即康功田功。徽柔懿恭，怀保小民，惠鲜鳏寡。自朝至于日中昃，不遑暇食，用咸和万民。文王不敢盘于游田，以庶邦惟正之供”，又如《诗经·大雅·思齐》“惠于宗公，神罔时怨，神罔时恫。刑于寡妻，至于兄弟，以御于家邦。雍雍在宫，肃肃在庙。不显亦临，无射亦保。肆戎疾不殄，烈假不遐。不闻亦式，不谏亦入。肆成人有德，小子有造”、《尚书·周书·康诰》“克明德慎罚，不敢侮鳏寡，庸庸，祗祗，威威，显民，用肇造我区夏”、《诗经·大雅·灵台》“经始灵台，经之营之。庶民攻之，不日成之。经始勿亟，庶民子来”。综上，文王实为明德亲民止于至善之经天纬地千古圣王，孔孟赞颂有如《孟子·离娄下》“文王视民如伤”、《周易·明夷》彖辞“内文明而外柔顺”、《论语·泰伯》“三分天下有其二，以服事殷。周之德，其可谓至德也已矣”。

再看武王天君民合德礼民本观。颂扬武王奉天法祖作民父母者，如《诗经·周颂·桓》“天命匪解，桓桓武王，保有厥士，于以四方，克定厥家。於昭于天，皇以间之”、《大雅·下武》“下武维周，世有哲王。三后在天，王配于京……世德作求。成王之孚，下土之式。媚兹一人，应侯顺德。永言孝思，昭哉嗣服。昭兹来许，绳其祖武。於万斯年，受天之祜。受天之祜，四方来贺”、《周易·革卦》彖辞“文明以说，大亨以正。革而当，其悔乃亡。天地革而四时成，汤、武革命，顺乎天而应乎人，《革》之时大矣哉”，又如《尚书·周书·泰誓上》“惟天地万物父母，惟人万物之灵。亶聪明，作元后，元后作民父母……天佑下民，作之君，作之师，惟其克相上帝，宠绥四方……天矜于民，民之所欲，天必从之”、《泰誓下》“天有显道，厥类惟彰……狎侮五常，荒怠弗敬，自绝于天，结怨于民”、《泰誓中》“惟天惠民，惟辟奉天……虽有周亲，不如仁人。天视自我民视，天听自我民听。百姓有过，在予一人”；颂扬武王（及召公、箕子等圣贤）慎德尊贤政教化成者，则如《尚书·周书·旅獒》“明王慎德，四夷咸宾……人不易物，惟德其物。德盛不狎侮。狎侮君子，罔以尽人心；狎侮小人，罔以尽其力。不役耳目，百度惟贞。玩人丧德，玩物丧志。志以道宁，言以道接。不作无益害有益，功乃成；不贵异物贱用物，民乃足……不宝远物，则远人格；所宝惟贤，则迩人安……夙夜罔或不勤，不矜细行，终累大德。为山九仞，功亏一篑。允迪兹，生民保厥居，惟乃世王”，又如《洪范》“惟天阴骘下民，相协厥居……天乃锡禹洪范九畴，彝伦攸叙。初一曰五行（水火木金土），次二曰敬用五事（貌言视听思），次三曰农用八政（食货祀、司空司徒司寇、宾师），次四曰协用五纪（岁月日星辰历数），次五曰建用皇极（无偏无陂无反无侧、无有作好无有作恶），次六曰乂用三德（正直刚克柔克），次七曰明用稽疑（谋及乃心、卿士、庶人、卜筮），次八曰念用庶征（雨旸燠寒风），次九曰向用五福（寿富康宁、攸好德考终命）、威用六极（凶短折、疾忧贫恶弱）”，再如《武成》“反商政，政由旧。释箕子囚，封比干墓，式商容闾，散鹿台之财，发钜桥之粟，大赉于四海，而万姓悦服。列爵惟五，分土惟三，建官惟贤，位事惟能。重民五教，惟食、丧、祭。惇信明义，崇德报功，垂拱而天下治”、《诗经·小雅·鱼藻》“鱼在在藻，有颁其首。王在在镐，岂乐饮酒”、《大雅·文王有声》“镐京辟雍，自西自东，自南自北，无思不服，皇王烝哉”。文王始之而武王继之，后世并称文武之道，可谓肯綮。

再看周公天君民合德礼民本观。颂扬周公奉天法古天民合德者，如《尚书·周书·多士》“惟天不畀允罔固乱……‘上帝引逸’”、《多方》“天惟时求民主，乃大降显休命……惟圣罔念作狂，惟狂克念作圣……探天之威……则致天之罚”、《君奭》“天命不易，天难谌……天寿平格……惟用闵于天越民”、《酒诰》“克永观省，作稽中德……迪畏天，显小民，经德秉哲……天非虐，惟民自速辜……‘人无于水监，当于民监’”、《洛诰》“扬文武烈，奉答天命，和恒四方民……功棐迪笃，罔不若时”，又如《召诰》“天亦哀于四方民，其眷命用懋。王其疾敬德……稽我古人之德，矧曰其有能稽谋自天……节性，惟日其迈。王敬作所不可不敬德。我不可不监于有夏，亦不可不监于有殷……王其德之用，祈天永命。其惟王勿以小民淫用非彝，亦敢殄戮用乂民……王以小民受天永命”、《康诰》“今（治）民将在祗遹乃文考，绍闻衣德言。往敷求于殷先哲王，用保乂民……恫瘝乃身，敬哉。天畏棐忱，民情大可见，小人难保。往尽乃心，无康好逸豫，乃其乂民……‘怨不在大，亦不在小，惠不惠，懋不懋’……服惟弘王，应保殷民，亦惟助王宅天命，作新民”。颂扬周公本善克己中道化民者，如《蔡仲之命》“敬哉，尔尚盖前人之愆，惟忠惟孝，尔乃迈迹自身，克勤无怠，以垂宪乃后……皇天无亲，惟德是辅。民心无常，惟惠之怀。为善不同，同归于治。为恶不同，同归于乱。尔其戒哉，慎厥初，惟厥终，终以不困……康济小民，率自中，无作聪明乱旧章。详乃视听，罔以侧言改厥度”、《无逸》“君子所其无逸……无淫于观、于逸、于游、于田，以万民惟正之供。无皇曰：‘今日耽乐。’乃非民攸训，非天攸若，时人丕则有愆……古之人犹胥训告，胥保惠，胥教诲，民无或胥诪张为幻……厥或告之曰：‘小人怨汝詈汝。’则皇自敬德。厥愆，曰：‘朕之愆。’允若时不啻不敢含怒”，又如《梓材》“王启监，厥乱为民。曰：无胥戕，无胥虐，至于敬寡，至于属妇，合由以容……引养引恬，自古王若兹监，罔攸辟……若作梓材，既勤朴斲，惟其涂丹雘……王惟德用，和怿先后迷民，用怿先王受命……永保民”、《康诰》“敬明乃罚。人有小罪，非眚，乃惟终，自作不典，式尔，有厥罪小，乃不可不杀。乃有大罪，非终，乃惟眚灾，适尔，既道极厥辜，时乃不可杀……有叙，时乃大明服，惟民其敕懋和。若有疾，惟民其毕弃咎。若保赤子，惟民其康乂……凡民自得罪，寇攘奸宄，杀越人于货，暋不畏死，罔弗憝……元恶大憝，矧惟不孝不友！子弗祗服厥父事，大伤厥考心；于父不能字厥子，乃疾厥子；于弟弗念天显，乃弗克恭厥兄；兄亦不念鞠子哀，大不友于弟”。颂扬周公立政官贤君子礼教者，则如《立政》“亦越文王、武王，克知三有宅（大罪宥之四裔、次九州之外、次中国之外）心，灼见三有俊（刚、柔、正直）心，以敬事上帝，立民长伯……文王惟克厥宅心，乃克立兹常事司牧人，以克俊有德。文王罔攸兼于庶言，庶狱庶慎，惟有司之牧夫是训用违……立政，其勿以憸人，其惟吉士，用劢相我国家”、《周官》“明王立政，不惟其官，惟其人……立太师、太傅、太保，兹惟三公，论道经邦，燮理阴阳，官不必备，惟其人。少师、少傅、少保，曰三孤，贰公弘化，寅亮天地，弼予一人。冢宰掌邦治，统百官，均四海。司徒掌邦教，敷五典，扰兆民。宗伯掌邦礼，治神人，和上下。司马掌邦政，统六师，平邦国。司冠掌邦禁，诘奸慝，刑暴乱。司空掌邦土，居四民，时地利。六卿分职，各率其属，以倡九牧，阜成兆民”、“有官君子，钦乃攸司，慎乃出令，令出惟行，弗惟反。以公灭私，民其允怀。学古入官，议事以制，政乃不迷……恭俭惟德，无载尔伪。作德，心逸日休；作伪，心劳日拙。居宠思危，罔不惟畏，弗畏入畏。推贤让能，庶官乃和，不和政庞。举能其官，惟尔之能。称匪其人，惟尔不任……敬尔有官，乱尔有政，以佑乃辟。永康兆民，万邦惟无斁”，又如《中庸》“周公成文、武之德，追王大王、王季，上祀先公以天子之礼。斯礼也，达乎诸侯大夫，及士庶人……武王、周公其达孝矣乎！夫孝者，善继人之志，善述人之事者也。春秋修其祖庙，陈其宗器，设其裳衣，荐其时食。宗庙之礼，所以序昭穆也。序爵，所以辨贵贱也。序事，所以辨贤也。旅酬下为上，所以逮贱也。燕毛，所以序齿也。践其位，行其礼，奏其乐，敬其所尊，爱其所亲，事死如事生，事亡如事存，孝之至也。郊社之礼，所以事上帝也。宗庙之礼，所以祀乎其先也。明乎郊社之礼、禘尝之义，治国其如示诸掌乎”、《诗经·豳风·伐柯》“伐柯如何，匪斧不克。取妻如何，匪媒不得。伐柯伐柯，其则不远。我觏之子，笾豆有践”。综上，周公天君民合德礼民本观集文武之大成而影响至远，后世并称文、武、周公，后世赞颂有如《孟子·离娄下》“周公思兼三王（三代之王），以施四事（禹、汤、文、武之志）。其有不合者，仰而思之，夜以继日，幸而得之，坐以待旦”、《程氏经说·诗解·狼跋》“若周公者，至公不私，进退以道，无利欲之蔽，以谦退自处……唯其处己也夔夔然有恭畏之心，存诚也荡荡焉无顾虑之意，所以不失其圣，德音所以不瑕也”[①]。

颂扬成王奉天孝亲明德学圣者，如《诗经·周颂·昊天有成命》“昊天有成命，二后受之。成王不敢康，夙夜基命宥密。於缉熙，单厥心，肆其靖之”、《我将》“仪式刑文王之典，日靖四方。伊嘏文王，既右飨之。我其夙夜，畏天之威，于时保之”、《敬之》“维予小子，不聪敬止。日就月将，学有缉熙于光明。佛时仔肩，示我显德行”，颂扬成王修德化民者则如《君陈》“‘至治馨香，感于神明。黍稷非馨，明德惟馨’……惟日孜孜，无敢逸豫。凡人未见圣，若不克见；既见圣，亦不克由圣，尔其戒哉。尔惟风，下

① 《二程集》，中华书局2004年第2版（下同），第1069页。

民惟草……无依势作威，无倚法以削，宽而有制，从容以和……辟以止辟，乃辟。狃于奸宄，败常乱俗，三细不宥。尔无忿疾于顽，无求备于一夫。必有忍，其乃有济。有容，德乃大。简厥修，亦简其或不修。进厥良，以率其或不良。惟民生厚，因物有迁。违上所命，从厥攸好。尔克敬典在德，时乃罔不变，允升于大猷”。成王敬慎修教如此，故周公得以居摄相之，制礼作乐天下化之，康王复承继无替天下安和，史称“成、康之治”。康王以至穆王时代，天君民合德礼民本观又有时中拓展。颂扬康王彰善瘅恶德政泽民者如《毕命》“道有升降，政由俗革，不臧厥臧，民罔攸劝……旌别淑慝，表厥宅里，彰善瘅恶，树之风声。弗率训典，殊厥井疆，俾克畏慕。申画郊圻，慎固封守，以康四海。政贵有恒，辞尚体要，不惟好异……惟德惟义，时乃大训。不由古训，于何其训……不刚不柔，厥德允修……道洽政治，泽润生民，四夷左衽，罔不咸赖”；颂扬穆王德刑中道率民棐彝者则如《君牙》“心之忧危，若蹈虎尾，涉于春冰……弘敷五典，式和民则。尔身克正，罔敢弗正，民心罔中，惟尔之中。夏暑雨，小民惟曰怨咨；冬祁寒，小民亦惟曰怨咨。厥惟艰哉，思其艰以图其易，民乃宁”、《冏命》“绳愆纠谬，格其非心，俾克绍先烈……仆臣正，厥后克正；仆臣谀，厥后自圣。后德惟臣，不德惟臣。尔无昵于憸人，充耳目之官，迪上以非先王之典……钦哉，永弼乃后于彝宪”、《吕刑》“穆穆在上，明明在下，灼于四方，罔不惟德之勤，故乃明于刑之中，率乂于民棐彝……惟克天德，自作元命，配享在下……永畏惟罚，非天不中，惟人在命。天罚不极，庶民罔有令政在于天下”。上古三代天君民合德礼民本观，至文、武、周公集其大成，再至孔、孟以仁礼性善自觉奠定之，秦汉以后遂成中华民族修教正统。

在夏商探索基础上，西周王畿诸夏周边四夷内外五服德教制度业已成熟，如《国语·周语上》“夫先王之制，邦内甸服，邦外侯服，侯、卫宾服，蛮、夷要服，戎、狄荒服。甸服者祭，侯服者祀，宾服者享，要服者贡，荒服者王。日祭、月祀、时享、岁贡、终王，先王之训也。有不祭则修意，有不祀则修言，有不享则修文，有不贡则修名，有不王则修德，序成而有不至则修刑。于是乎有刑不祭，伐不祀，征不享，让不贡，告不王。于是乎有刑罚之辟，有攻伐之兵，有征讨之备，有威让之令，有文告之辞。布令陈辞而又不至，则增修于德而无勤民于远，是以近无不听，远无不服”[①]。西周华夏民族乃冠带之国，冕服采章、蓄发右衽，四夷民族则左衽（在华则为凶事丧服）、断发（在华则为刑余不孝）。周代华夷关系主张由内及外夏以化夷而不是外在移植夷以变夏，如《中庸》“（圣人）声名洋溢乎中国，施及蛮貊”、《史记·赵世家》“中国者，盖聪明徇智之所居也，万物财用之所聚也，贤圣之所教也，仁义之所施也，诗书礼乐之所用也，异敏技能之所试也，远方之所观赴也，蛮夷之所义行也”[②]、《春秋公羊传·成公十五年》“内其国而外诸夏，内诸夏而外夷狄”、《礼记·王制》“修其教，不易其俗；齐其政，不易其宜”，又如《春秋左传·闵公元年》“戎狄豺狼，不可厌也；诸夏亲暱，不可弃也”、《春秋公羊传注疏·隐公二年》“戎者，来者勿拒，去者勿追”、《周礼注疏》卷二九疏（释蛮畿）“蛮者，縻也，以近夷狄，縻系之以政教”、《春秋左传·定公十年》“裔不谋夏，夷不乱华”。《左传·昭公九年》云“我自夏以后稷，魏、骀、芮、岐、毕，吾西土也；及武王克商，蒲姑、商奄，吾东土也；巴、濮、楚、邓，吾南土也；肃慎、燕、亳，吾北土也”，西周华夏民族（王畿、诸夏）与戎狄蛮夷毗连融突，其中西周“诸夏”主要包括卫、齐、鲁、燕、晋、宋、陈、蔡、许、曹、邢、虢、虞、郑、芮、梁、申、杞、魏、秦、随、邓等封国，西周四夷则可细化为东夷、北狄、西戎、南蛮（俱为多部族联合体，如《周礼·职方氏》“四夷、八蛮、七闽、九貉、五戎、六狄”、《礼记·明堂位》“九夷、八蛮、六戎、五狄”与《王制》“中国戎夷，五方之民，皆有性也，不可推移。东方曰夷，被发文皮，有不火食者矣。南方曰蛮，雕题交趾，有不火食者矣。西方曰戎，被发衣皮，有不粒食者矣。北方曰狄，衣羽毛穴居，有不粒食者矣。中国、夷、蛮、戎、狄，皆有安居、和味、宜服、利用、备器。五方之民，言语不通，嗜欲不同。达其志，通其欲，东方曰寄，南方曰象，西方曰狄鞮，北方曰译”）。其中，北狄以狩猎畜牧为主，被发左衽穴居庐帐，其西北系统包括玁狁（即夏商时期薰育，周穆王时称犬戎）、翟、鬼方，文王时玁狁威胁严重（如《诗经·小雅·采薇》“靡室靡家，玁狁之故。不遑启居，玁狁之故”、

① 《国语》，第2—3页。

② 《史记》，第275页。

《六月》“猃狁孔炽，我是用急。王子出征，以匡王国”），穆王时犬戎躁动故而伐之，战国时猃狁、犬戎则称为胡与匈奴；其东北系统则包括肃慎、北戎等（肃慎后裔即东胡、挹娄、勿吉、靺鞨、后金、满洲等），分封燕国以镇抚之；西戎包括羌（氐）、义渠等（有火葬习俗），东夷包括莱夷、徐夷、淮夷（即夏朝九夷）等，分封齐、鲁等国以镇抚之，西周时夷礼尚存人祭等不仁风俗；南蛮雕题交趾、断发文身，分荆楚、越闽、濮（其后裔即苗瑶等族）等系统，颛顼祝融之后鬻熊于商时南迁荆楚，成王封其后熊绎于楚以镇抚蛮夷，荆楚“有王而后服，无王而先叛”，先是由华变夷而后又复归华夏；荆蛮濮越则与后起武陵蛮、苗瑶壮侗等有族源关系。

西周时期华夷互动频繁，周初武王、周公以夏化夷，武王十二年率西夷诸侯伐殷，如《孟子·滕文公下》“周公相武王，诛纣伐奄，三年讨其君，驱飞廉于海隅而戮之，灭国者五十，驱虎豹犀象而远之，天下大悦……周公兼夷狄、驱猛兽而百姓宁……《诗》云‘戎狄是膺，荆舒是惩，则莫我敢承’，无父无君，是周公所膺也”；武王十三年巢伯来宾、十五年肃慎氏来宾（《孔子家语·辩物》“昔武王克商，通道于九夷百蛮，使各以其方贿来贡，而无忘职业，于是肃慎氏贡楛矢石砮”[①]），十六年王师灭蒲姑。周公摄政，管叔蔡叔与武庚联合奄、淮夷叛周，周公东征平叛天下复宁。成王亲政后夏夷融突继续展开，成王二年奄人、徐人及淮夷入于邶以叛而王师伐殷，三年伐奄并灭蒲姑，四年伐淮夷而入奄，五年迁奄君于蒲姑、迁殷民于洛邑，八年迁庶殷六族于鲁、除商人服象为虐东夷而作《象舞》以彰德、灭唐而迁其民于杜，九年成王既伐东夷而肃慎来贺并受赐命，十年越裳氏来朝，十三年王师会齐侯、鲁侯伐戎，二十四年於越来宾，二十五年王会诸侯于东都而四夷来宾，三十年离戎来宾。昭王十六年伐楚而丧师汉水，穆王六年徐子诞来朝并受赐命为伯以主东方诸侯，八年北唐来宾并献骊马，十二年王师征伐犬戎，十三年西征而西戎来宾、徐戎侵洛，十四年王帅楚子伐克徐戎、翟人侵毕，十五年留昆氏来宾，十七年西征昆仑丘而西王母来朝并宾于昭宫、秋八月迁犬戎于太原、北征犬戎并再次西征，三十五年荆人入徐而毛伯迁败之，三十七年伐越、荆人来贡。懿

① 《孔子家语》，辽宁教育出版社1997年版，第45页。

王七年西戎侵镐、十三年翟人侵岐、二十一年虢公北伐犬戎，孝王元年命申侯伐西戎、五年西戎来献马。夷王二年蜀人、吕人来献琼玉（宾于河用介圭），七年虢公伐太原之戎、楚子熊渠伐庸至于鄂。厉王元年楚人来献龟贝，三年淮夷侵洛、王命虢公长父征之而不克，十一年西戎入于犬丘，十四年猃狁侵宗周西鄙、召穆公追荆蛮至于洛。宣王三年王命大夫秦仲伐西戎，五年伊吉甫伐猃狁至于太原、方叔帅师伐荆蛮，六年召穆公帅师伐淮夷、王师伐徐戎、西戎杀秦仲，三十八年王师及晋穆侯伐条戎、奔戎而败逋，三十九年王师伐姜戎而王师败绩，四十年戎人灭姜邑、晋人败北戎，四十一年王师败于申戎。幽王四年秦人伐西戎，六年王命伯士伐六济之戎而败逋、西戎灭盖，七年虢人灭焦，九年申侯聘西戎及鄫，十一年侁人、鄫人及犬戎入宗周弑王及郑桓公、犬戎杀王子伯服而执褒姒以归。综上，西周时期民族融突较之夏商二朝更为广泛深入。

二、天君民合德礼教化：三代时期中华正统之奠基

《礼记·大传》云“亲亲也，尊尊也，长长也，男女有别，此其不可得与民变革者也”，《中庸》亦云“仁者，人也，亲亲为大；义者，宜也，尊贤为大。亲亲之杀，尊贤之等，礼所生也”，西周礼制礼教家国天下内在一体，正是以亲亲、尊尊、贤贤、敬老、养民为学理内核，并以宗法、封建、井田、学校为基本内容的。周公奉天道法先圣而集三代礼制礼教之大成，以宗法礼制为体、以封建井田为用、以学校礼教通体达用，上合天道下顺人心，建立起以《周礼》六官架构为礼制政统、《仪礼》五礼学行为礼仪学统、《礼记》纲伦之理为礼义道统的周代礼制体系，深远影响了中华民族礼教框架与文明进程。西周礼制礼教集三代天人中道民本礼教之大成，实为孔孟正统自觉确立的奠立基石与直接来源。

先看周代宗法礼制礼教。定之以天则分争少，如《诗经·大雅·板》所云“大宗维翰……宗子维城”，周朝宗法制即本枝百世之嫡长子继承制，王之嫡长子为大宗（嗣王），王嫡长子之兄弟（嫡次子及庶子）为小宗（畿卿诸侯等）；小宗亦可顺理类推，别子为祖、继别为宗（诸侯国君等）而继祢（别子庶子）者为小宗（卿士等）。大宗小宗相对而言，姬姓诸侯相对周王而言为

小宗，在本国则又蔚然大宗，卿、大夫、士等依此类推。西周宗法制立而天下国家固如磐石，仁泽深培逆萌难起，故周立八百年而后亡。国之大事在祀与戎，周朝宗法礼制核心内容即以祖宗配天地的祭祀制度，如《礼记·祭法》“周人禘喾而郊稷，祖文王而宗武王……七代之所更立者，禘郊宗祖，其余不变也”、《檀弓上》“周人尚赤，大事敛用日出，戎事乘騵，牲用骍”。祭祀制度成就宗法纲常礼教，如《礼记·祭统》“祭者，所以追养继孝也……必夫妇亲之，所以备外内之官也……外则尽物，内则尽志，此祭之心也”、《大传》“王者禘其祖之所自出，以其祖配之……上治祖祢，尊尊也。下治子孙，亲亲也。旁治昆弟，合族以食，序以昭穆，别之以礼义，人道竭矣”、“君有合族之道，族人不得以其戚戚君，位也。庶子不祭，明其宗也。庶子不得为长子三年，不继祖也。别子为祖，继别为宗，继祢者为小宗。有百世不迁之宗，有五世则迁之宗。百世不迁者，别子之后也。宗其继别子之所自出者，百世不迁者也。宗其继高祖者，五世则迁者也……自仁率亲，等而上之至于祖。自义率祖，顺而下之至于祢。是故人道亲亲也。亲亲故尊祖，尊祖故敬宗，敬宗故收族，收族故宗庙严，宗庙严故重社稷，重社稷故爱百姓，爱百姓故刑罚中，刑罚中故庶民安，庶民安故财用足，财用足故百志成，百志成故礼俗刑，礼俗刑然后乐”、“同姓从宗，合族属；异姓主名，治际会，名著而男女有别。其夫属乎父道者，妻皆母道也。其夫属于子道者，妻皆妇道也……四世而缌，服之穷也。五世袒免，杀同姓也。六世，亲属竭矣”。宗法祭祀合乎天地四时变化之道（如《礼记·祭统》“凡祭有四时，春祭曰礿，夏祭曰禘，秋祭曰尝，冬祭曰烝。礿、禘，阳义也；尝、烝，阴义也。禘者阳之盛也，尝者阴之盛也。故曰‘莫重于禘、尝’”，又如《礼记·月令》对四时十二月天道人事之次序对应有着详细阐述），而不同爵位之大宗祭祀职责范围不同，如《礼记·曲礼下》“天子祭天地，祭四方，祭山川，祭五祀，岁遍。诸侯方祀，祭山川，祭五祀，岁遍。大夫祭五祀，岁遍。士祭其先。凡祭，有其废之莫敢举也，有其举之莫敢废也。非其所祭而祭之，名曰淫祀，淫祀无福。天子以牺牛，诸侯以肥牛，大夫以索牛，士以羊豕。支子不祭，祭必告于宗子”；不同爵位之大宗祭祀规格亦不同，如《礼记·祭法》“王立七庙，一坛一墠。曰考庙，曰王考庙，曰皇考庙，曰显考庙，曰祖考庙，皆月祭之；远庙为祧，有二祧，享尝乃止。去祧为坛，去坛为墠。坛墠有祷焉，祭之，无祷乃止。去墠为鬼。诸侯立五庙，一坛一墠……大夫立三庙二坛……适士二庙一坛……官师一庙……庶士、庶人无庙，死曰鬼”、“王为群姓立社，曰大社；王自为立社，曰王社。诸侯为百姓立社，曰国社；诸侯自为立社，曰侯社。大夫以下成群立社，曰置社。王为群姓立七祀，曰司命，曰中霤，曰国门，曰国行，曰泰厉，曰户，曰灶；王自为立七祀。诸侯为国立五祀，曰司命，曰中霤，曰国门，曰国行，曰公厉；诸侯自为立五祀。大夫立三祀，曰族厉，曰门，曰行。适士立二祀，曰门，曰行。庶士、庶人立一祀，或立户，或立灶”。亲亲则贤贤，国家祀典则祀华夏历代圣贤功德，如《礼记·祭法》“圣王之制祭祀也，法施于民则祀之，以死勤事则祀之，以劳定国则祀之，能御大菑则祀之，能捍大患则祀之……皆有功烈于民者也。及夫日月星辰，民所瞻仰也，山林、川谷、丘陵，民所取财用也。非此族也，不在祀典”；亲亲贤贤则必敬老，如《礼记·祭义》“周人贵亲而尚齿。虞、夏、殷、周，天下之盛王也，未有遗年者。年之贵乎天下久矣，次乎事亲也。是故朝廷同爵则尚齿，七十杖于朝，君问则席；八十不俟朝，君问则就之，而弟达乎朝廷矣。行，肩而不并，不错则随，见老者则车、徒辟，斑白者不以其任行乎道路，而弟达乎道路矣。居乡以齿，而老穷不遗，强不犯弱，众不暴寡，而弟达乎州巷矣。古之道，五十不为甸徒，颁禽隆诸长者，而弟达乎獀狩矣。军旅什伍，同爵则尚齿，而弟达乎军旅矣”。《礼记·祭统》对宗法祭祀关系予以全面总结，明示“祭有十伦焉：见事鬼神之道焉，见君臣之义焉，见父子之伦焉，见贵贱之等焉，见亲疏之杀焉，见爵赏之施焉，见夫妇之别焉，见政事之均焉，见长幼之序焉，见上下之际焉”。

宗法孝道展昭无极，祭有铭谥以彰先德。祭铭之义如《礼记·祭统》“铭者，论譔其先祖之有德善功烈、勋劳庆赏，声名列于天下，而酌之祭器，自成其名焉，以祀其先祖者也。显扬先祖，所以崇孝也。身比焉，顺也；明示后世，教也。夫铭者，壹称而上下皆得焉耳矣”，祭谥之义如《谥法解》“谥者，行之迹也；号者，功之表也；车服，位之章也……行出于己，名生于人……一人无名曰神，扬善赋简曰圣、敬宾厚礼曰圣。德象天地曰帝，靖民则法曰皇，仁义所在曰王，立志及众曰公，执应八方曰侯。壹德不懈曰简、平易不訾曰简，经纬天地曰文、道德博厚曰文、学勤好问曰文、慈惠爱民曰文、愍民惠礼曰文、赐民爵位曰文……克定祸乱曰武……敬事供上曰恭、尊贤贵义曰恭、尊贤敬让曰恭、既过能改曰恭、执事坚固曰恭、安民长悌曰恭、执礼御宾曰恭、芘亲之阙曰恭、尊长让善曰恭、渊源流通曰恭，照临四方曰明、谮诉不行曰明，威仪悉备曰钦，大虑静民曰定、安民大虑曰定、安民法古曰定、纯行不爽曰定……温柔贤善曰懿，五宗安之曰孝、协时肇享曰孝、秉德不回曰孝、大虑行节曰孝……温柔好乐曰康、安乐抚民曰康，合民安乐曰乐，安民立政曰成，布德执义曰穆……昭德有劳曰昭、圣闻周达曰昭，保民耆艾曰胡……柔德安众曰靖、恭己鲜言曰靖、宽乐令终曰靖……治而无眚曰平、执事有制曰平、布纲治纪曰平，由义而济曰景、布义行纲曰景……辟土服远曰桓，道德纯一曰思、大省兆民曰思、外内思索曰思、追悔前过曰思，柔质受谏曰惠……行义说民曰元……夙夜警戒曰敬，夙夜恭事曰敬……合善典法曰敬……有功安民曰烈、秉德遵业曰烈……爱民好治曰戴、典礼不塞曰戴……圣善周闻曰宣……行见中外曰悫……昭功宁民曰商……心能制义曰度，好和不争曰安……官人应实曰知……名实不爽曰质……施勤无私曰类……慈和遍服曰顺……教诲不倦曰长……择善而从曰比……思厚不爽曰愿，贞心大度曰匡”①。

宗法定、祭伦理而王政行，王侯主祭政命卿士，大宗正位官政立焉。周礼监于二代而郁郁乎文，法象天地四时而立官教民，详述六官礼制（天官冢宰、地官司徒、春官宗伯、夏官司马、秋官司寇、冬官司空，亦即治官、教官、礼官、政官、刑官、事官各当其位掌职尽责，其中天官总摄众官以成天道岁功）而礼制大备。具体而言，天官冢宰治官之属包括正职大宰（卿一人）、副职小宰（中大夫二人）、辅职宰夫（下大夫四人、上士八人、中士十六人、旅下士三十二人，再加辟除府六人、史十二人，以及民役胥十二人、徒百二十人，其他五官类之），此外还包括宫正、宫伯等专职辅官执事与府史胥徒若干。地官司徒教官之属包括大司徒、小司徒、乡师，以及乡老、乡大夫、州长、党正、族师等专职辅官执事与府史胥徒若干。春官宗伯礼官之属包括大宗伯、小宗伯、肆师，以及典命、司服、典祀、大司乐、大祝、大史、内史、外

① 黄怀信等撰：《逸周书彙校集注》（修订本）卷六，上海古籍出版社2007年版，第625—702页。

史、都宗人、家宗人等专职辅官执事与府史胥徒若干。夏官司马政官之属包括大司马、小司马、军司马、舆司马、行司马，以及司勋、司士、诸子、大仆、祭仆、弁师、都司马、家司马等专职辅官执事与府史胥徒若干。秋官司寇刑官之属包括大司寇、小司寇、士师、乡士，以及遂士、县士、朝士、司民、司刑、司隶、大行人、司仪、朝大夫、都士等专职辅官执事与府史胥徒若干。冬官司空事官之属则包括轮人、舆人、辀人、筑氏、冶氏、裘氏、钟氏、玉人、陶人、梓人、匠人、车人、弓人等专职工位若干。《周礼》以礼乐君子爵位官制统合礼仪礼义，奉天法古以觉后觉而立民极，主体尽责纲举目张，实际构成了中国传统纲常礼教之君子主体分位架构。历代职官、礼乐、律历、天文、地理等志书，即是对《周礼》等经书礼制之沿革损益。

再看周代封建井田礼制礼教。周朝分封制本意即圣王君子本公天下之心择贤分治（择宗族姻亲贤者、先王之后与有功贤者封国授民，如《春秋左传·隐公八年》“天子建德，因生以赐姓，胙之土而命之氏”）。在周朝宗法分封制框架下，天子与封国诸侯多系伯舅血缘式纲举目张休戚共生关系，如《左传·昭公九年》“文、武、成、康之建母弟，以藩屏周……我在伯父，犹衣服之有冠冕，木水之有本原，民人之有谋主也”。武王、周公、成王及后世周王，封建亲戚功臣与圣王之后，赐之山川、土田、附庸以藩屏周室，计立七十一国而姬姓居五十三。其中，同姓封国如《僖公二十四年》“管、蔡、郕、霍、鲁、卫、毛、聃、郜、雍、曹、滕、毕、原、酆、郇，文之昭也；邘、晋、应、韩，武之穆也；凡、蒋、邢、茅、胙、祭，周公之胤也”，此外还有郑、吴、北燕、虢、极、息、芮、魏、随、巴、荀、贾、虞、滑、耿、阳、密、顿、沈、刘、焦、杨、大戎、骊戎等封国；伏羲、黄帝、颛顼、尧、舜、禹等圣王之后裔封国则如宋、陈、齐、秦、楚、杞，以及颛臾、莒、纪、越、朝鲜等。周王以爵禄礼制治理朝廷并封建诸侯，如《孟子·万章下》“天子一位，公一位，侯一位，伯一位，子、男同一位，凡五等也。君一位，卿一位，大夫一位，上士一位，中士一位，下士一位，凡六等。天子之制地方千里，公侯皆方百里，伯七十里，子、男五十里，凡四等。不能五十里，不达于天子，附于诸侯，曰附庸”。公卿诸侯夷狄采塞之爵位礼制上下有别，如《礼记·明堂位》“昔者周公朝诸侯于明堂之位：天子负斧依南乡而立；三公，中阶之前，北面东上；诸侯之位，阼阶之东，西面北上；诸伯之国，西阶之西，东面北上；诸子之国，门东，北面东上；诸男之国，门西，北面东上；九夷之国，东门之外，西面北上；八蛮之国，南门之外，北面东上；六戎之国，西门之外，东面南上；五狄之国，北门之外，南面东上；九采之国，应门之外，北面东上。四塞，世告至”。可见，周朝封国等级分为公、侯、伯、子、男五等爵位而附庸从之，周王按时考功黜陟封建诸侯，如《孟子·告子下》“天子适诸侯曰巡狩，诸侯朝于天子曰述职。春省耕而补不足，秋省敛而助不给。入其疆，土地辟，田野治，养老尊贤，俊杰在位，则有庆，庆以地；入其疆，土地荒芜，遗老失贤，掊克在位，则有让。一不朝则贬其爵，再不朝则削其地，三不朝则六师移之。是故天子讨而不伐，诸侯伐而不讨”；受封诸侯亦本公国之心而择亲贤（以宗族姻亲贤者、异姓有功者与非宗族姻亲之贤者功者为卿大夫士），诸侯禄爵礼制等级分为上大夫卿、下大夫、上士、中士、下士五等爵位（卿大夫禄爵可分世卿世禄与非世卿世禄两类，卿大夫有封邑而士有圭田）。天子、诸侯、卿大夫、家臣士层层分封民人土地，相应形成了井然有序的礼制等级（如《国语·晋语四》“公食贡，大夫食邑，士食田，庶人食力”），遂有君民国野之别。周朝分封等级礼制亦奉民本原则，如《礼记·王制》“公田藉而不税，市廛而不税，关讥而不征，林麓川泽以时入而不禁。夫圭田无征。用民之力，岁不过三日。田里不粥，墓地不请。司空执度度地，居民山川沮泽，时四时，量地远近，兴事任力。凡使民，任老者之事，食壮者之食”、《孟子·梁惠王上》“明君制民之产，必使仰足以事父母，俯足以畜妻子，乐岁终身饱，凶年免于死亡，然后驱而之善，故民之从之也轻”。周朝爵禄分封制具体见《礼记·王制》，此不具述。

如《诗经·小雅·北山》“溥天之下，莫非王土”、《大田》“雨我公田，遂及我私”之言，周朝土地分封实行公私混融休戚与共的井田礼制。周朝井田礼制主题即分田制禄什一而藉，如《孟子·告子下》“欲轻之于尧舜之道者，大貉小貉也；欲重之于尧舜之道者，大桀小桀也”、《滕文公上》“夏后氏五十而贡，殷人七十而助，周人百亩而彻，其实皆什一也。彻者，彻也；助者，藉也”、“仁政，必自经界始。经界不正，井地不钧，谷禄不平，是故暴君污吏必慢其经界。经界既正，分田制禄可坐而定也”、“无君子，莫治野人；无野人，莫养君子。请野九一而助，国中什一使自赋。卿以下必有圭田，圭田五十亩；馀夫二十五亩。死徙无出乡，乡田同井，出入相友，守望相助，疾病相扶持，则百姓亲睦。方里而井，井九百亩，其中为公田。八家皆私百亩，同养公田；公事毕，然后敢治私事，所以别野人也”、《梁惠王上》“五亩之宅，树之以桑，五十者可以衣帛矣。鸡豚狗彘之畜，无失其时，七十者可以食肉矣。百亩之田，勿夺其时，八口之家可以无饥矣”。贤君恭俭取民有制，百姓亲睦守望相助，周代井田制乃先公后私公私互成、立意中正上下相安之圣王善制，内在构成了周代宗法分封礼制必要环节。

再看周代学校礼制礼教。如《孟子·公孙丑下》所云“天下有达尊三：爵一，齿一，德一。朝廷莫如爵，乡党莫如齿，辅世长民莫如德”，三代教化亲亲、尊尊、长长而贤贤，夏朝大学东序小学西序，商朝大学右学小学左学，周朝大学辟雍成均、诸侯大学泮宫，大学学习礼乐诗书、小学教习长幼之序洒扫应对，乡学则包括闾塾党庠州序乡校。周朝学校礼制主题即培养明伦习礼、本民德教之人文君子，如《孟子·滕文公上》“人之有道也，饱食暖衣，逸居而无教，则近于禽兽。圣人有忧之，使契为司徒，教以人伦，父子有亲，君臣有义，夫妇有别，长幼有叙，朋友有信”、“设为庠序学校以教之。庠者养也，校者教也，序者射也。夏曰校，殷曰序，周曰庠，学则三代共之，皆所以明人伦也。人伦明于上，小民亲于下”、《离娄上》“遵先王之法而过者，未之有也……上无礼，下无学，贼民兴，丧无日矣”。周朝学校制度内容，于《礼记·王制》可见大概：“无旷土，无游民，食节事时，民咸安其居，乐事劝功，尊君亲上，然后兴学。司徒修六礼以节民性，明七教以兴民德，齐八政以防淫，一道德以同俗，养耆老以致孝，恤孤独以逮不足，上贤以崇德，简不肖以绌恶。命乡简不帅教者以告，耆老皆朝于庠，元日习射上功，习乡上齿，大司徒帅国之俊士与执事焉。不变，命国之右乡简不帅教者移之左，命国之左乡简不帅教者移之右，如初礼。不变，移之郊，如初礼。不变，移之遂，如初礼。不变，屏之远方，终身不齿。命乡论秀士，升之司徒，曰选士。司徒论选士之秀者而升之学，曰俊士。升于司徒者不征于乡，升于学者不征于司徒，曰造士。乐正崇四术，立四教，顺先王《诗》《书》《礼》《乐》以造士。春秋教以《礼》《乐》，冬夏教以《诗》《书》。王大子、王子、群后之大子，卿大夫、元士之适子，国之俊选，皆造焉。凡入学以齿。将出学，小胥、大胥、小乐正简不帅教者以告于大乐正，大乐正告于王。王命三公、九卿、大夫、元士皆入学。不变，王亲视学。不变，王三日不举，屏之远方，西方曰棘，东方曰寄，终身不齿。大乐正论造士之秀者以告于王，而升诸司马曰进士。司马辨论官材，论进士之贤者以告于王，而定其论。论定然后官之，任官然后爵之，位定然后禄之……析言破律，乱名改作，执左道以乱政，杀。作淫声、异服、奇技、奇器以疑众，杀。行伪而坚，言伪而辩，学非而博，顺非而泽以疑众，杀。假于鬼神、时日、卜筮以疑众，杀。此四诛者，不以听。”

《礼记》综述三代纲常礼义者，如《效特牲》“男女有别，然后父子亲。父子亲，然后义生。义生，然后礼作。礼作，然后万物安”、《王制》“七教：父子、兄弟、夫妇、君臣、长幼、朋友、宾客”、《礼运》“何谓人义？父慈子孝、兄良弟弟、夫义妇听、长惠幼顺、君仁臣忠”、《丧服四制》“凡礼之大体，体天地，法四时，则阴阳，顺人情”、《乐记》“先王本之情性，稽之度数，制之礼义。合生气之和，道五常之行，使之阳而不散，阴而不密，刚气不怒，柔气不慑，四畅交于中而发作于外，皆安其位而不相夺也”，又如《礼器》“祀帝于郊，敬之至也。宗庙之祭，仁之至也。丧礼，忠之至也。备服器，仁之至也。宾客之用币，义之至也”、《经解》“朝觐之礼，所以明君臣之义也。聘问之礼，所以使诸侯相尊敬也。丧祭之礼，所以明臣子之恩也。乡饮酒之礼，所以明长幼之序也。昏姻之礼，所以明男女之别也”、《冠义》“责成人礼焉者，将责为人子、为人弟、为人臣、为人少者之礼行焉”。五类礼仪即吉、凶、军、宾、嘉礼，以《周官》为体而以《仪礼》为履。《仪礼》冠昏祭丧、饮射燕聘诸礼仪，构成了传统纲常礼教之实践依据；其中特牲馈食礼、少牢馈食礼、有司彻属于吉礼，丧服、士丧礼、既夕礼、士虞礼属于凶礼，士相见礼、聘礼、觐礼属于宾礼，士冠礼、昏礼、乡饮酒礼、燕礼、大射礼、公食大夫礼则属于嘉礼。《仪礼》以士为礼仪主体而未涉及军礼（军礼在《周礼》《春秋》中得以呈现），且于冠礼、昏礼、丧礼、祭礼、乡饮酒与乡射礼、相见礼中，以士冠礼为六礼之首、士昏礼为六礼之本，而不是以吉礼为五礼之冠而后依次为凶礼、军礼、宾礼、嘉礼的礼制整体排列次序。

《周礼》《仪礼》五礼体系一体和合，对历代礼教影响深远，后世修订礼典礼仪即以吉、凶、军、宾、嘉五礼为纲目而时中展开。吉礼乃答报天地先祖生养之恩的祭祀之礼，总括天神、地祇、人鬼三类祭祀礼仪，如《周礼·春官·大宗伯》“以吉礼事邦国之鬼、神、祇：以禋祀祀昊天上帝，以实柴祀日、月、星、辰，以槱燎祀司中、司命、飌师、雨师；以血祭祭社稷、五祀、五岳，以貍沈祭山林、川泽，以疈辜祭四方百物；以肆献祼享先王，以馈食享先王，以祠春享先王，以禴夏享先王，以尝秋享先王，以烝冬享先王”，以及《仪礼》特牲馈食礼、少牢馈食礼、有司彻仪规等。祭祀天神礼仪首重昊天上帝，次重日月星辰，以及司中司命风师雨师，此外还有雩祭（四月祈谷于天之常雩）等。祭祀地祇礼仪首重社稷（社者土地之神，稷者百谷之主）、五祀（五行之神）、五岳（天下五方镇山，且多与表征五行方位之青赤黄白黑五帝合祭），次重山林川泽（四方大河大山，如四渎四镇等）、城隍（本为《周官》八神之一，而后渐成地方守护神，城隍神祭祀始于南北朝而盛于唐宋，宋代列为国家祀典，元代封为佑圣王，明太祖按王、公、侯、伯四等爵位大封天下城隍神，岁时分别由对应官长祭祀，以祈其鉴察民之善恶而祸福之），以及祭祀四方百物诸小神（如户、灶、霤、门、行等五祀，因密厚民生而祭报其功）等。祭人鬼礼仪主要是祖先祭祀与先王先师祭祀，后来范围又扩展至祭祀先贤行祖等以崇德报功。吉礼内容历代均有损益兴革，相对稳定者有郊天、大雩、大享明堂、祭日月、大蜡、祭社稷、祭山川、祭藉田、祭先蚕、祭天子宗庙、祫禘、功臣配享、上陵、释奠、祀先代帝王、祭孔子、巡狩封禅、祭高禖等，这些仪式在历代正史礼乐志书部分均有具体描述。唐代杜佑《通典·礼六六》述大唐开元五礼礼仪一百五十二条，其中述吉礼礼仪五十五条，如冬至祀昊天于圜丘、正月上辛祈谷于圜丘、孟夏雩祀于圜丘、季秋大享于明堂、立春祀青帝于东郊等，即是对历代吉礼因革之初步总结。凶礼乃哀吊恤忧之礼，包括丧礼、荒礼、吊礼、禬礼、恤礼等五类礼仪，如《周礼·春官·大宗伯》“以凶礼哀邦国之忧：以丧礼哀死亡，以荒礼哀凶札，以吊礼哀祸灾，以禬礼哀围败，以恤礼哀寇乱”、《论语·学而》“慎终追远，民德归厚矣”、《孟子·滕文公上》“亲丧，固所自尽也……三年之丧，齐疏之服，飦粥之食，自天子达于庶人，三代共之”，以及《仪礼》丧服、士丧礼、既夕礼、士虞礼仪规等。历代凶礼内容虽有损益兴革而大致相对稳定，其中民间丧礼仪式规定较为简化通俗。秦汉隋唐以来，丧礼臻于完备，《通典·礼六六》即曾综述大唐开元礼凶礼礼仪为十八条。凶礼核心内容即丧礼，包括丧葬仪规、丧服制度、册封赠谥等内容；丧葬仪规大致包括属纩、复魂、停尸、小敛、报丧、奔丧、吊唁、大敛、成服、出殡、下葬、庐墓、守制等仪轨程式；丧服制度按血缘亲疏远近可分为斩衰、齐衰、大功、小功、缌麻五等，除服期限依次为服满三年、一年（或三年）、九月、五月、三月；孝子丧祭程序包括奠（敬献祭品）、虞祭（葬后祭）、卒哭（丧后百日左右）、小祥（周年祭）、大祥（二年祭）、禫祭（二十七月祭后除服）。

军礼乃师旅操演征伐之礼，包括大师礼（召集整顿军队）、大均礼（校正户口调节赋征）、大田礼（田猎检阅车马人众）、大役礼（建筑城邑征集徒役）与大封礼（整修疆界道路沟渠）等礼仪，如《周礼·春官·大宗伯》"以军礼同邦国：大师之礼，用众也；大均之礼，恤众也；大田之礼，简众也；大役之礼，任众也；大封之礼，合众也"。军礼内容历有损益兴革，唐代开元礼制总结出告太庙、命将、出师、宣露布、大射、马祭、大傩等具体礼仪（《通典·礼六六》述二十三条）。宾礼乃接待宾客之礼，包括朝、聘、盟、会、遇、觐、问、视、誓、同、赐命等礼仪制度，如《周礼·春官·大宗伯》"以宾礼亲邦国：春见曰朝，夏见曰宗，秋见曰觐，冬见曰遇，时见曰会，殷见曰同，时聘曰问，殷兆曰视"，以及《仪礼》士相见礼、聘礼、觐礼具体仪规等。宾礼内容历代均有损益兴革，相对稳定者有天子受诸侯朝觐、天子受诸侯遣使来聘、天子遣使迎劳诸侯、天子受诸侯国使者表币贡物、宴诸侯或诸侯使者等礼仪。王公以下直至士人相见礼仪亦属宾礼，民间交往之变通宾礼则相对简化通俗，《清史稿·志六十六》综括宾礼内容为藩国通礼、山海诸国朝贡礼、敕封藩服礼、外国公使觐见礼、内外王公相见礼、京官相见礼、直省官相见礼、士庶相见礼等。嘉礼乃和合五伦、达志通情之礼，包括饮食之礼，昏冠之礼、宾射之礼、飨燕之礼、脤膰之礼、贺庆之礼等，具体则如君主登基、册皇太子、策拜王侯、节日受朝贺、天子纳后妃、太子纳妃、公侯大夫士昏礼、冠礼、宴飨礼、乡饮酒礼等具体仪式，如《周礼·春官·大宗伯》"以嘉礼亲万民，以饮食之礼亲宗族兄弟，以昏冠之礼亲成男女，以宾射之礼亲故旧朋友，以飨燕之礼亲四方之宾客，以贺庆之礼亲异姓之国"，以及《仪礼》

士冠礼、士昏礼、乡饮酒礼、燕礼、大射礼、公食大夫礼等具体仪规，《清史稿·志六十三》总结为“属于天子者，曰朝会、燕飨、册命、经筵诸典。行于庶人者，曰乡饮酒礼。而婚嫁之礼，则上与下同也”[①]。其中，士冠礼仪程包括主人庙筮吉日，筮宾戒宾宿宾，请期为期告期，陈服迎宾升宾，加冠元服（三加元服，有祝辞、醴辞、醮辞），冠者拜母，宾字冠者（有字辞），主人送宾，冠者拜兄弟、赞者、姑姊，冠者拜君、乡大夫、乡先生，主人醴宾、酬宾、送宾等具体礼仪。士昏礼仪程包括纳采、问名、纳吉、纳征、请期、亲迎（此后拜堂合卺、妇拜舅姑、妇入三月庙见告祭祖祢）六大时段礼仪，士相见礼仪程包括请见、贽见礼仪，乡饮酒礼仪程包括主人先生相谋宾介、乐正工相正歌告备、安宾坐宾主宾拜酬、彻俎取俎揖坐进羞、宾出拜送宾回拜赐、劳息执事等礼仪，乡射礼仪程包括主人戒宾、迎宾、酬宾、荐俎进羞，乐正工相正歌告备，司射请射三耦比射、宾主继射，胜饮不胜升饮合乐，送宾回拜劳息执事等礼仪，燕礼、聘礼、公食大夫礼、觐礼等仪程与士相见礼、乡饮酒礼、乡射礼类似而规格更高。宾礼内容历代均有损益兴革与大众化尝试，如朱子在《政和新礼》基础上制定的《家礼》昏礼（将问名、纳吉、请期环节删去合并，仅存纳采、纳征、亲迎三礼仪，并将三月庙见改为三日庙见），即简化通约雅俗共赏，遂成元明清士庶通用昏礼规范。

宗法分封井田学校礼教立，则士农工商各当其位，上下情通天下和安。尽管秦汉以来郡县风行，宗法分封井田礼教探索却从未中断。宋代儒者深入反思外来佛教冲击以及外夷入侵之根源，认为郡县制偏离礼乐制度必致乱世纷纷，于是井田、封建、宗法、学校三代礼制反本开新一并振起遂成宋儒主流共识。如欧阳修《本论中》“尧、舜、三代之际，王政修明，礼义之教充于天下。于此之时，虽有佛无由而入”[②]、石介《原乱》“君臣之礼乱，则僭夺篡弑作矣；什一之制亡，则暴赋重算行矣；井田之制废，则豪强兼并兴矣”[③]，又如二程《遗书》卷十八“若立宗子法，则人知尊祖重本。人既重本，则朝廷之

① 赵尔巽等撰：《清史稿》，中华书局年1977年版，第2615页。

② 《欧阳修全集》第二册卷十七，中华书局2001年版（下同），第288页。

③ 石介：《徂徕石先生文集》卷五，中华书局1984年版（下同），第66页。

势自尊……只有一个尊卑上下之分，然后顺从而不乱也……且立宗子法，亦是天理”、《文集·论十事札子》“天生蒸民，立之君使司牧之，必制其恒产，使之厚生，则经界不可不正，井地不可不均，此为治之大本也……先王之法，岂得不讲求而损益之哉”、《遗书》卷二十五“必井田，必封建，必肉刑，非圣人之道也。善治者，放井田而行之而民不病，放封建而使之而民不劳，放肉刑而用之而民不怨。故善学者，得圣人之意而不取其迹也”[①]，又如张载《经学理窟·周礼》“治天下不由井地，终无由得平。周道止是均平……井田卒归于封建乃定。封建，必有大功德者，然后可以封建……所以必要封建者，天下之事，分得简则治之精，不简则不精，故圣人必以天下分之于人，则事无不治者……人主能行井田者，须有仁心，又更强明果敢及宰相之有才者”[②]、胡宏《知言·中原》“封建也者，帝王所以顺天理、承天心、公天下之大端大本也；不封建也者，霸世暴主所以纵人欲、悖大道、私一身之大孽大贼也……封建者，政之有根者也，故上下辨，民志定，教化行，风俗美，理之易治，乱之难亡，扶之易兴，亡之难灭。郡县反是”[③]（并主张以均田为渐次恢复封建井田之前提，而以学校礼教为贯彻落实封建井田之根本保障）。朱子亦对宗法、封建、井田、学校一并振起作出开拓努力，中道主张于郡县中错杂封建而行考察庆让之典，以期得其两益而去其两弊，如《朱子语类》卷一百八“若论三代之世，则封建好处，便是君民之情相亲，可以久安而无患；不似后世郡县，一二年辄易，虽有贤者，善政亦做不成……封建之意，是圣人不以天下为己私，分与亲贤共理，但其制则不过大，此所以为得……封建则根本较固，国家可恃；郡县则截然易制，然来来去去，无长久之意……封建井田，乃圣王之制，公天下之法，岂敢以为不然，但在今日恐难下手。设使强做得成，亦恐意外别生弊病，反不如前……使膏粱之子弟不学而居士民上，其为害岂有涯哉……居今之世，若欲尽除今法，行古之政，则未见其利，而徒有烦扰之弊。又事体重大，阻格处多，决然难行。要之，因祖宗之法而精择其人，亦足以治，只是要择

① 《二程集》，第242、453—454、326页。

② 《张载集》，第248—251页。

③ 《胡宏集》，中华书局1987年版（下同），第47—48页。

人……制度易讲，如何有人行！立一个简易之法，与民由之，甚好”[①]。综上，历代儒者大都既反本封建井田三代王道，又顺应教化下移与民族融合现实而主张反本开新、纳古于新。

三、礼崩乐坏：东周时期之王道衰微

东周分春秋与战国两个时期（自平王东迁至秦灭六国，西历前770年—前221年）凡550年，其中春秋时期（狭义上即《春秋》编年时段，亦即自鲁隐公元年至哀公十四年，西历前722年—前481年；广义上则上展平王东迁、下延敬王末年，即西历前770年—前476年）凡295年，战国时期（狭义上即《资治通鉴》编年时段，亦即自周威烈王二十三年承认韩、赵、魏三家为诸侯至周赧王五十九年秦灭西周国，即西历前403年—前256年；广义上则自周元王元年至秦始皇统一六国，西历前475年—前221年）凡255年。春秋时期凡十九王，即周平王、桓王、庄王、僖王、惠王、襄王、顷王、匡王、定王、简王、灵王、景王、悼王、敬王、元王、贞王、哀王、思王、考王；战国时期凡六王，即周威烈王、安王、烈王、显王、慎靓王、赧王。春秋时期履霜坚冰，三代王道渐衰，战国时期遂演成无序乱世，春秋战国时期王道礼制之衰乱瓦解，构成了天君民合仁礼中道孔孟正统自觉确立的直接动因。

自春秋以至战国，王室诸侯大夫陪臣、君主民本华夏夷狄之间天人交感大事频仍，以下参照《春秋左氏传》及《今本竹书纪年》等文本，随顺历史节点性事件简述之。周平王元年晋、郑、秦、卫等诸侯辅护王室东迁洛邑（王赐晋文侯命、封秦襄公为诸侯），二年王赐晋秦以邠岐之田（秦始作西畤以祠白帝）、邢侯大破北戎，三年齐人灭祝、王赐郑伯命，四年郑人灭虢，五年秦襄公伐戎而卒于师，十四年晋人灭韩，十五年秦文公作鹿畤（用三牲郊祭白帝），十八年秦文公大败戎师于岐并来归岐东之田、秦始有史以纪事，二十五年秦始用族刑（始有三族之罪），二十六年晋昭侯封其叔成师于曲沃（是为桓叔，好德而民附，尾大不掉晋始纷乱，数代蚕食终代晋祀），三十三年楚人侵

① 《朱子语类》，第2679—2683页。

申、三十六年王人戍申，四十二年狄人伐冀至于晋郊、鲁惠公请郊庙之礼而王使谕止之，四十七年晋曲沃庄伯入冀弑孝侯、晋人立孝侯子鄂侯。平王四十九年（《春秋》始年）春正月鲁隐公代其幼弟立（隐公为庶长子而贤，众愿立之而隐公决意守礼暂代）、夏五月郑庄公伐其弟太叔段（可谓隐忍无情大亏人伦）、八月纪人伐夷，五十年春鲁隐公会戎于潜、夏五月鲁无骇帅师入极（书恶鲁大夫灭人之国），五十一年春二月日蚀、三月天王崩、秋周郑交恶。桓王元年春二月卫州吁弑其君完（书恶卫公子弑其君，桓王时上下失信礼仪陵迟、谗伪并作九族不亲），二年秋王使虢公伐晋之曲沃而立哀侯于冀，三年冬王使告饥于鲁、隐公为之请籴于宋卫齐郑，九年春三月郑庄公以璧易天子之许田（恶郑鲁市易王赐祀泰山汤沐邑）、秋鲁大水，十年春正月宋华督弑殇公、夏四月鲁桓公以宋赂郜鼎入于太庙、秋九月鲁入杞，十三年秋王师伐郑败绩，十五年冬曲沃武公诱杀晋哀侯，十六年冬王命虢仲立哀侯弟缗为晋侯。庄王元年卫大夫逐惠公而立公子黔牟，三年鲁桓公夫人姜氏私通其兄齐襄公而杀桓公，四年齐师迁纪三邑之民而取其地、七年纪侯出奔而齐灭纪，九年诸侯卫护卫惠公还国（放逐黔牟于周），十二年齐桓公立、以管仲为卿，十五年宋大夫南宫万弑闵公及太宰华父督。僖王元年春齐桓公会诸侯于北杏以平宋乱，三年曲沃武公灭晋侯缗并以宝献王、王命武公以一军为晋侯（僖王时峻宫侈饰、变文武之制，孔子讥焉）。惠王元年晋献公朝王而翟人伐晋、周阳白兔舞于市，二年王子颓乱而王出居郑、四年郑厉公帅师纳王，十三年山戎伐燕、齐桓公及鲁救之，十六年狄伐邢而齐救之、晋献公作二军并灭耿霍魏三国，十七年狄人伐卫杀懿公（奢乱爵鹤而国人离心），十八年狄人伐邢、齐复卫城邢，十九年晋献公伐虢，二十一年齐桓公会诸侯伐楚并盟楚于召陵，二十二年晋灭虢、虞。

襄王元年齐桓公葵丘会盟（骄矜自伐诸侯离心而霸业始衰），三年王子带召戎伐京师、秦晋伐戎以救周，九年齐桓公薨、十年宋襄公伐齐以正齐君，十五年晋惠公卒、秦穆公护送晋公子重耳为晋侯，十七年卫灭邢、晋文公纳王请隧而王与之田（晋文有越礼不臣之心而王婉拒之），二十年晋文公败楚于城濮、率诸侯朝王于河阳、盟诸侯于践土，二十七年鲁自去年十二月不雨至于秋七月（书以重民本闵民生），二十九年楚灭江（夷灭夏之国为大变，秦穆公为之降服出次不举过数）、秦伐戎王遂霸西戎，三十年洛绝于涧。顷王元年楚子（穆王）攻郑、陈并逼和之，五年鲁太室屋坏，六年王崩、彗星入北斗、晋灵公暴虐而赵盾放任赵穿弑君、赵盾迎立公子黑臀于成周。定王元年楚子（庄王）伐陆浑之戎并问周鼎之轻重，三年冬楚子伐郑而陈及楚平、晋师救郑伐陈，四年八月鲁螽，五年秋鲁大旱、冬晋宋郑卫曹鲁国君盟于黑壤（周桓公临之以谋不睦），六年晋成公与狄伐秦、陈及晋平而楚师伐陈取成而还，十年楚伐郑并败晋师，十三年秋鲁初税亩（书疾不恤民），十四年夏成周宣榭火，十六年鲁公孙归父奔齐（谋借晋去三桓以张公室而未成），十七年春晋景公使瑕嘉平戎于王、刘康公伐毛戎败绩，十八年齐顷公伐鲁、鲁卫乞师于晋并败齐于鞍。简王元年吴寿梦僭称王，七年宋华元说合晋楚之成，十年诸侯大夫始会吴于钟离。灵王元年晋悼公与诸侯伐郑并和之（秦、郑贰于楚之故），十年春鲁季孙作三军（三桓三分公室），十五年晋德衰而齐侵鲁、十六年晋率诸侯伐齐、十八年诸侯盟于督扬（诫大毋侵小）。二十一年冬十月孔子生，二十六年宋向戌谋弭兵而晋楚争先名位，二十七年春鲁无冰、夏邾悼公朝鲁。

景王元年吴使公子季札聘于鲁并观周乐，二年春楚王郏敖使薳罢聘于鲁、五月宋大灾（诸侯会于澶渊以谋恤之），三年郑公孙侨主政（务于择贤使能），七年鲁大雨雹、郑公孙侨作丘赋（不顾民各有心不率法度之后患），八年鲁三桓舍中军（尽征贡公而公室益卑），九年三月郑公孙侨铸刑书（为救乱世而启民争心）、六月郑灾，十三年春有星出于婺女、秋七月鲁季孙意如伐莒取郠献俘并用祭于亳社（书疾其残忍不仁），十四年冬十一月楚子（灵王）灭蔡、晋河水赤于龙门三里，十九年冬十二月晋桃李华，二十年冬有星孛于大辰（西及于汉），二十一年夏宋卫陈郑皆火，二十二年夏五月鲁地震、秋七月郑大水，二十五年王遇心疾崩（周室乱而晋顷公平之）。敬王元年吴子僚大败楚军，三年鲁昭公出居边境（避执政大夫季氏），十一年晋魏舒会诸侯大夫城成周、冬十月鲁陨霜杀菽，十四年吴阖闾率师败楚、汉不见于天，十五年鲁阳虎囚季孙斯并与之盟，二十年齐鲁夹谷会盟（孔子以礼成之），二十一年鲁及郑平而始叛晋，二十三年鲁孔子摄相事（齐赂鲁女乐致公卿失礼，孔子去位周游列国），二十六年青虹见、淇绝于旧卫，二十八年洛绝于周、二十九年鲁亳社灾，三十四年吴城邗以沟通江淮，三十七年鲁始用田赋，三十九年鲁哀公西狩获麟（孔子以为王道不行之征）、齐田常弑简公。四十一年夏四月己丑孔子卒

（弟子服心丧三年），四十二年越大败吴师，四十三年宋杀大夫皇瑗（书杀者谓不宜杀）、丹水壅而不流。

春秋实消名犹存，战国则名实俱乱。元王元年越围吴、三年越灭吴，六年晋浍绝于梁、丹水三日绝而不流、彗星见、鲁哀公与三桓交恶无讳，七年齐人郑人伐卫。定王元年鲁哀公出奔越（欲以越去三桓而谋败之故）、子悼公立（至是公室卑于三桓之家）、越徙都琅玡，二年彗星见，六年晋楚赂于秦、晋河绝于扈，十二年晋河水赤三日，十三年晋取秦武城，二十二年楚灭蔡，二十四年楚灭杞，二十五年日蚀（昼晦星见），二十八年王崩（哀王即位三月，弟叔袭杀之而自立，弟隗复攻杀弟叔而代立）。考王元年封弟揭于河南（以续周公之官而号西周桓公，王自号“东周公”），二年河水赤于龙门三日，五年日月蚀、曾子卒于鲁，八年彗星见，十年楚灭莒，十四年鲁季孙会晋幽公于楚邱，十五年王崩、子午立。威烈王三年晋大旱（地生盐），四年秦灵公作吴阳上畤祭黄帝、下畤祭炎帝，五年晋丹水出而相反击，七年赵献子城泫氏而韩武子都平阳、八年赵城平邑，九年楚人伐晋南鄙，十年鲁季孙新弑鲁元公、吴起事魏文侯，十一年越灭滕、十二年越伐郯（以郯子归），十三年晋河崩、壅龙门而至于砥柱，十六年齐田肹及赵、韩举战于平邑，十七年魏文侯伐秦，十八年王命晋卿韩景子、赵烈子及晋师伐齐、秦初租禾，二十三年（《资治通鉴》始年）初命晋大夫魏斯、赵籍、韩虔为诸侯（名分散坏而周礼衰微），二十四年王崩、子骄立。安王元年秦伐魏、二年魏韩赵伐楚（此后诸侯交伐混战取城割地，直至秦混一六国），三年虢山崩而河壅，五年日蚀，六年郑弑其君骀，十年齐田和迁齐康公于海上（使食一城以奉先祀），十二年秦县陕，十三年齐田和会魏侯、楚人、卫人以求为诸侯，十五年大风昼昏、晋太子喜出奔，十六年初命齐田和为诸侯，十七年秦庶长改弑其君及君母而迎立献公，二十年日蚀昼晦，二十一年韩灭郑，二十三年越迁于吴、齐侯贷卒而田氏并齐，二十六年王崩、子喜立。烈王元年日蚀、秦始户籍相伍、韩灭郑，三年六月赵雨雪，四年赵伐卫而魏败赵，五年韩严遂弑其君（私昵恣肆之故），六年齐侯来朝（时周室微弱而齐威王独朝之，严明奖惩而齐治），七年日蚀、王崩而弟扁立、秦民大疫、秦桃冬花、中山筑长城。

显王元年赵成侯、韩哀侯来攻周，二年河水赤于龙门三日、西周威公之嗣惠公立（王封惠公弟公子班于巩以奉王而为东周惠公，周始分东西而王室微弱政在西周），三年秦败魏韩之师于洛阳，五年秦败三晋之师于石门（斩首六万而得赐黼黻之服）、雨碧于郢而地倏长高，六年雨黍于齐，七年魏败韩赵之师而秦败魏师、秦献公薨而孝公立，八年彗星见西方、卫公孙鞅入秦事孝公，十年秦以卫鞅为左庶长而定变法之令，十一年王及郑釐侯盟，十二年鲁恭侯、宋桓侯、卫成侯、郑釐侯来朝，十四年秦伐郑、赵伐魏而齐及燕战，十五年秦败魏、魏伐赵而楚救赵、东周与郑高都，十六年魏伐赵、齐围魏救赵（孙膑与田忌计败魏师）、韩伐东周而取陵观与廪丘，十八年韩昭侯任申不害修法政，十九年秦徙都咸阳而始废井田（卫鞅置县令、统度量、废井田、开阡陌）、齐筑防以为长城，二十一年秦更赋税法，二十二年魏侵楚而楚伐徐州，二十三年卫贬号曰侯而服属三晋、绛中地拆西绝于汾，二十四年魏败韩于马陵，二十五年诸侯会于京师，二十六年王致伯于秦而诸侯皆贺、秦使公子会诸侯来朝，二十八年魏伐韩、齐伐魏救韩（杀其将庞涓于马陵），二十九年秦卫鞅伐卫并诱败之（魏献河西地而徙都大梁），三十一年秦伯卒、秦人诛卫鞅并灭其家，三十三年宋太丘社亡、孟子至魏（说以仁政而魏惠王不能用），三十五年齐魏会于徐州相为僭王、越伐楚而楚灭越，三十六年六国纳苏秦说合纵以摈秦，三十七年秦以齐魏之师伐赵（秦施诱骗之术而合纵遂破），四十年宋公弟偃逐其君剔成而自立，四十一年秦相张仪，四十二年秦县义渠，四十四年夏四月秦初僭称王，四十六年韩、燕僭称王（时诸侯皆僭王，惟赵武灵王独自称君），四十八年王崩、子定立、齐号薛公田文为孟尝君（食客数千名重天下，盗禄立私侮君蠹民）。

慎靓王元年卫更贬号曰君，二年魏君罃卒、孟子去魏适齐（说以保民而齐宣王不用），三年楚赵魏韩燕伐秦而败走、宋初僭称王，四年秦大败韩师（斩首八万，诸侯震恐）、齐大夫杀苏秦、张仪复相秦（连横始行），五年秦伐取蜀（富厚益强，遂轻诸侯）、燕君哙以其国让其相子之（欲禅让复古而燕国大乱），六年王崩、子延立（时东西周分治而王徙都西周）。赧王元年齐伐取燕（不听孟子仁政说而燕叛齐）、孟子去齐（是时天下方务合纵连横，以攻伐为贤、欺诈为高，孟子述唐虞三代之德、推明孔子之道，以正人心息邪说为己任而不见用），二年秦张仪诱楚怀王而破齐楚亲和，三年燕人立太子平为君（任郭隗、乐毅而复兴），五年洛入成周、山水大出，六年十月魏霖雨疾风而河溢酸枣郛、秦初置丞相，八年赵始胡服骑射（北略中山及胡地），十年、十二年彗星见，十四年日蚀昼晦，十六年赵君自号主父（习染狄俗而私爱乱礼，废其太子章而传国少子何），十七年齐韩魏败秦军于函谷关（河、渭绝一日），十九年彗星见，二十年赵主父以燕齐之师灭中山、赵公子成与李兑诛故太子章并弑主父，二十二年魏韩伐秦而秦白起败之，二十五年东周君如秦，二十六年孟子卒、秦白起伐魏取六十一城，二十七年冬十月秦君僭称西帝（遣使立齐君为东帝，已而皆去僭号复称王），二十九年齐灭宋（宋康王狂愚求霸而不恤民之故），三十一年燕上将军乐毅以秦魏韩赵之师伐齐（入临淄并下齐七十余城），三十四年楚谋入寇而王使东周公喻止之（喻其诛残天下共主、私据三代祭器必遭兵祸），三十六年齐田单袭破燕军而复齐国，三十七年秦白起伐楚（楚徙都陈而秦置南郡），四十五年王如秦（得罪秦王而秦攻周，诸侯侵逼之故，王虽居位而与家人无异，多贳于民而不能归还）、秦以范雎为客卿（教秦王攻伐次第），五十一年秦白起伐韩（斩首五万），五十五年秦白起大破赵军于长平（杀其将赵括，坑杀降卒四十余万），五十七年秦伐赵围邯郸，五十八年秦杀白起（恃能犯君，范雎谏杀之）、魏公子无忌大破秦军于邯郸下、秦太子之子异人自赵逃归（阳翟大贾吕不韦助其得位），五十九年秦伐韩赵、王命诸侯讨秦而秦入寇（王入秦尽献其邑、归而忧卒）。

秦国昭襄王稷五十二年（时七国各有年号）楚以赵人荀况为兰陵令（谏言兵者禁暴除害要在附民，欺诈功利君子不由）、秦勒取周宝器并迁西周文公于惮狐之聚、楚人迁鲁于莒而取其地，五十三年韩王入朝于秦、魏举国听令于秦，五十四年秦王郊见上帝于雍、楚迁于钜阳，五十五年魏人杀卫君而立其弟（魏婿之故），五十六年秋秦王薨、太子柱立。秦国孝文王柱元年冬十月秦王薨、子楚立。秦国庄襄王楚元年秦以吕不韦为相国、秦灭东周而迁其君于阳人聚（东周君谋与诸侯伐秦，秦灭之而周遂不祀）、楚灭鲁而迁其君于卞，二年日蚀，秦三年夏五月秦王薨、子政立（国事悉委吕不韦）。秦王政元年（时七国各有年号）秦凿泾水为渠（韩水工郑国为之而秦益富饶），三年大饥、赵李牧伐燕（牧曾居代、雁门备匈奴，破杀匈奴十余万骑），四年秋七月秦蝗、疫而令民纳粟得拜爵，六年楚赵魏韩合纵伐秦（至函谷关而败走）、楚迁于寿春以避秦，九年夏四月秦大寒（民有冻死者），十年冬十月秦相国吕不韦以罪免、秦大索逐客（纳客卿李斯谏，遂除其令）、齐赵二国君入秦置酒，十二年秦吕不韦徙蜀自杀、自六月不雨至于八月，十四年韩遣使称藩于秦，十七年秦灭韩（置颍川郡）、赵大饥，十八年秦王翦伐赵、赵杀其大将军李牧（中秦离间计），十九年秦灭赵（秦王如邯郸，与其母家有旧仇者皆杀之）、赵公子嘉自立为代王并与燕合兵，二十一年冬十月秦拔蓟、燕王走辽东，二十二年秦灭魏，二十三年秦王翦大败楚军并杀其将项燕，二十四年秦王贲灭燕灭代、王翦定江南降百越（置会稽郡）。来年秦灭齐初并天下，战国时期正式结束。

履霜而坚冰至，春秋战国礼制礼仪由乡愿模糊终至瓦解灭裂，以下结合王室衰微诸侯争霸、华夏夷狄民族融突、连横合纵七雄兼并、春秋战国制度变迁等人事专题综评之。东周王室内乱频仍疆土日蹙，春秋时期有子颓之乱、叔带之乱、子朝之乱，战国时期则有东周西周之权争。平王以岐丰之地与秦、虎牢与郑、酒泉与虢，襄王以温、原数邑与晋，仅余河南王城、洛阳、穀城、平阴、偃师、巩、缑氏七城。诸侯专政以至陵侮王室，如桓王十年齐、陈、郑、鲁平宋乱而承认宋庄公为君，郑庄公取温之麦、成周之禾而公然敢败王师，楚庄王伐陆浑之戎至洛而敢问周鼎之大小轻重等皆是。春秋末期敬王自王城徙成周、考王封弟揭于王城号河南公，战国初期威烈王时河南公封少子班于巩号东周（河南遂号西周），东西周两君并称而周王地位则如晋侯之于三家，赧王寄居西周而强秦东出西周沦夷、六年之后秦再灭东周。

春秋时期王权衰微天子虚名，名实分离政出方伯，当时见于历史记载者有一百四十多个诸侯国、三十多个蛮夷戎狄部族，大国主要有鲁、齐、晋、秦、楚、宋、卫、陈、蔡、曹、郑、燕、吴、越等，齐桓公、宋襄公、晋文公、秦穆公、楚庄王、吴王阖闾等继起称霸。管仲辅佐齐桓公而首举尊王攘夷义旗，率诸侯救邢迁卫、伐蔡伐楚，阻止戎狄、荆楚入侵中原，葵丘会盟约命同盟不侵共御外辱，主持衣裳之会九（厘王时会于北杏以平宋乱、会于鄄而宋乱平、会于鄄而齐始霸、会于幽而郑成，惠王时会于幽以服陈郑、会于柽以谋救郑、会于首止以谋宁周、会于宁毋以谋郑，襄王时会于葵丘以修好诸侯），兵车之会四（惠王时盟于洮以谋周、襄王时会于咸以救杞、会于牡丘以救徐、会于淮以谋鄫），继废存亡者四（山戎病燕而亲救之、庆父乱鲁而讨杀之、狄人灭卫而以师戍之并封之楚邱、狄人伐邢而以师救之并迁之夷仪）。随后宋襄公定齐国五子争位之乱，伐楚以礼败绩于泓而霸业无终。晋文公平王子带之乱而勤襄王，率秦齐宋以城濮之战胜楚，践土会盟亦成霸业。秦穆公伐西戎、扶晋文而开地千里，益国十二遂霸西戎。楚庄王灭庸、伐宋伐郑而宋郑服楚，伐陆浑之戎并问鼎周室，经邲之战败晋称霸。此后晋楚相持，鄢陵胜楚、魏绛和戎而晋悼公复霸，宋向戌提弭兵之议而晋楚从国交相朝见。晋申公扶吴制楚故楚力不竞，后吴、越相继崛起而会盟中原诸侯；吴通邗沟凿河道连长江、淮水以通宋、鲁，经伐齐艾陵之战后吴王夫差与晋、鲁等会于黄池而称霸诸侯；吴王不恤民力暴骨于莽、穷兵黩武民力凋敝，越王勾践卧薪尝胆，十年生聚十年教训，灭吴之后会齐晋于徐州，称霸诸侯后亦衰微。诸侯攻伐争霸战例有齐楚召陵之战，宋楚泓之战，晋楚城濮之战、邲之战、鄢陵之战，晋秦韩原之战、殽函之战、王官之役，晋齐鞍之战，吴楚柏举之战、吴齐艾陵之战，以及吴越槜李之战、夫椒之战、姑苏之战等。诸侯兼弱攻昧事例则如齐并纪、郕、谭、遂、鄣、阳、莱七国，晋并虢、耿、霍、魏、虞、陆浑、潞氏、甲氏、留吁、铎辰、偪阳、焦、杨、韩、肥、鼓十六国，宋并宿、曹二国，秦并梁、滑、鄀三国，楚并陈、蔡、权、申、邓、息、弦、黄、唐、顿等二十一国，吴并州来、徐、巢三国等。

战国时期国无定交士无定操、朝秦暮楚好客任侠、拓疆争强战乱频仍、人心涣散每况愈下，经长期混战兼并而一百六十余国灭亡，终成秦、齐、楚、魏、赵、韩、燕七雄合纵连横对待格局，反复争斗之后六国终为秦灭。具体而言，春秋后期赵氏、范氏、中行氏、韩氏、魏氏、知氏六卿迭操晋柄而公室退处无权，西历（此段以下年份表述“西历”二字从省）前485年范、中行二氏为四家所分，前453年赵、魏、韩三家灭知氏而三家分晋，前403年周威烈王命晋大夫魏斯、赵籍、韩虔为列侯（三分晋地各自建国，前355年晋公室祀绝）。田氏先是专断齐政而后田齐篡姜齐，前386年周王承认田和为诸侯（前379年姜齐祀绝）。三家分晋、田氏篡齐后王室微弱兼并愈烈，前367年周王之地分为东周、西周二小国，前344年魏惠王僭称王，前334年魏惠王、齐威王会于徐州僭自相王，十余年后秦、韩、赵、燕、中山、宋僭称王（春秋时楚即已僭称王）。此后秦、楚、韩、赵、魏、齐、燕战国七雄崛起而诸小国次第被兼并，遂演成连横合纵之局，大致经历了魏国称雄、齐秦对峙、秦统一六国三个阶段。秦策合纵远交近攻，秦地日扩各国日削，前330年—前328年秦取魏河西上郡，前316年秦取巴蜀，前306年楚取越之江东，前296年赵灭中山，前286年齐灭宋，前278年秦破楚而尽占江汉、秦赵剧战长平邯郸而赵惨败，前256年楚灭鲁、秦灭西周而周王室绝，前254年魏灭卫，前249年秦灭东周。前246年秦王嬴政即位，前241年秦取卫于魏以为附庸，前230年秦灭韩，前228年秦灭赵、赵公子保自为代王，前226年秦取燕而燕王东迁辽东，前225年秦灭魏，前223年秦俘楚王而取江南、降越君，前222年秦攻辽东俘燕王、攻代俘代王，前221年秦攻齐俘齐王、初并天下建皇帝尊号，至此七雄割据正式结束。

相较而言，《春秋》时期隐、桓之后政在诸侯，僖、文之后政在大夫，定、哀之后政在陪臣，三桓专鲁、田氏代齐、六卿专晋不一而足，宗族、分封、井田、学校传统礼制遭无情破坏，宋向戌因天下厌乱而提倡弭兵，但在晋楚争霸乱世格局下亦难免流于形式。礼信宗周不伐灾乱、祭祀聘享宴会赋诗、吊灾吊寇告变报伐、不伐使臣不伐君丧等春秋礼制，至战国时期灭裂消亡，各国图富强、争贤能以强并弱，后苏秦合纵张仪连横，魏赵韩楚四君招徕门客，逞欲轻民寡廉少耻、工商势盛都市兴起，豪侠游说偏离中道、百家争鸣莫衷一是，实为中华民族纷纭动荡过渡时期。自春秋以至战国，政治经济制度变化剧烈，由宗法分封井田制逐渐过渡到郡县俸禄授田赋税制，春秋早期尚为“田有封洫，庐井有伍”（《左传·襄公三十年》）、“藉田以力，而砥其远迩”（《国语·鲁语下》）之分区休耕辕田制，春秋以来尤其是战国以来随着青铜铁具广泛使用、耦耕技术逐步提升，春秋后期公田之外广大边角私田得以开垦，公室家室逐渐于公田私田一同赋税，如齐桓公相地而衰征，以及西历前594年鲁国初税亩等即为量入修赋之早期举措，相应地传统工商食官亦分化出民间富商阶层。直面春秋末期礼崩乐坏乱局，至圣孔子倡导为政以德、节用爱人、使民以时。战国时期变法风行以富国强兵，如西历前445年魏文侯任李悝变法，选贤任能、食有劳而禄有功，废世爵世禄制而尽地利之教；西历前383年楚悼王任吴起变法，除公族籍土地明法申令；西历前356年及前350年秦孝公任商鞅变法，奖励军功、坏井田开阡陌民得买卖，按亩收税重农抑商，奖励耕织编户连坐，统一度量建立县制而集权中央；此外赵韩齐燕诸国也有变法举措，从而根本性颠覆了传统宗法分封井田制度。战国中期以来铁农具已普遍使用，施肥灌溉、深耕熟耨牛耕技术得以推广，著名水利工程有秦沟通泾洛郑国渠、分水冲沙都江堰等；铸范冶铁铜器制作、纺织煮盐制陶铸币等手工商业发达，富庶商人买卖土地稳固获利，所谓"以末致财，用本守之"（《史记·货殖列传》）；各国政治中心与商业中心往往重合，著名都会有周洛阳、魏大梁、韩阳翟、齐临淄、赵邯郸、宋陶、卫濮阳、楚郢、燕蓟等。战国礼制瓦解必然导致贫富两极分化，如"（秦）用商鞅之法，改帝王之制，除井田，民得买卖，富者田连仟伯，贫者亡立锥之地"（《汉书·食货志》）。春秋时期封君采邑制虽为常态，而秦晋楚国已设县、春秋末年晋已设郡；战国时期编户赋税量能授官，以实物俸禄代采邑地租，虽还有一些封君封侯封建事例（如齐之靖国君田婴、孟尝君田文、安平君田单、成侯邹忌，赵之武安君李牧、信平君廉颇、平原君赵胜，魏之信陵君公子无忌，燕之昌国君乐毅，楚之春申君黄歇，秦之商君卫鞅、武安君白起、应侯范雎、文信侯吕不韦等），但地方已多设中央直辖之县乡里，边地则设郡以统县。县、郡初皆设于边境，兼并日烈而设郡县地区日益普遍，战国末年各国已设三十余郡，其中大多为秦朝三十六郡所沿袭，不复存在者则如巫郡、陶郡等。综上，战国时期经济政治制度已发生天翻地覆之剧变。

东周时期华夏与戎狄蛮夷毗邻杂居，夏夷融突深入展开，如南方楚、吴、越即俱兼属华夷而开拓疆宇开化文教。戎狄蛮夷被发左衽，衣食习俗与华不同，其中戎、狄主要分布于黄河流域及其北面，如扬拒、泉皋、伊洛之戎与陆浑之戎杂居分布于伊洛流域，毛戎分布于山西平陆，戎蛮分布于河南临汝，姬姓、姜姓之戎当为周人同族偏远部族，姜戎、陆浑之戎分布于甘肃、河南中部，狄、白狄分布于陕西（其别种鲜虞、肥鼓分布于河北西北部），赤狄潞氏、留吁、铎辰、东山皋落氏、廧皋如分布于晋东南与河南北境，羌、林胡、楼烦分布于西北地区，山东则有长狄，而北戎、山戎、东胡分布于河北、辽宁等地；东夷分布于东南江淮流域沿海，其中莱夷据山东东部、淮夷据淮泗流域；群蛮、百濮则分布于荆楚南部。春秋早期戎狄势盛而中期以来诸侯力强，于是秦灭西戎，晋灭赤狄、白狄，齐灭莱夷，楚、鲁灭淮夷以及南方蛮族，楚庄王开辟云南，戎翟（关中大荔、义渠、朐衍、绵诸等国，华阳蜀、巴、苴等国）先后为秦惠王等所并而秦兼甘肃，林胡、楼烦为赵武灵王胡服骑射所并而绥远内属，东胡被燕昭王逐出长城外而拓地满洲西南，偏远夷狄部落逐渐交接融通华夏文化。战国以来燕东北有秽、发、高夷、肃慎，燕、赵、秦之北有匈奴，秦河洮之外有月氏、乌孙、析支，巴蜀之南有筰、僰、邛、夜郎、且兰、滇等西南夷，楚西南有九夷、百濮，越之南有东越与闽越、扬越、骆越；楚、齐、魏、韩、中山、赵、南燕皆筑有长城（楚长城春秋时即已有），其中齐长城筑成于西历前350年，赵燕秦北接匈奴东胡，赵武灵王首筑北边长城（自代、并、阴山下至高阙为塞），继之燕昭王筑长城起造阳东至满潘汗，秦昭王筑长城西起临洮东北至榆中河上。戎狄蛮夷随华夏兴衰而不断融突，华夏强盛则顺服通好、华夏势弱则偏激作乱，如犬戎东侵，北狄南犯侵冀攻黎、侵灭卫国、伐邢灭温以及侵晋取邑，山戎南犯攻略燕地，莱夷数以兵戎与齐相见，淮夷杂居宋、鲁、邾、杞之间而病杞谋周并迫使邾、杞夷化（如《春秋左传》僖公二十七年“杞桓公来朝，用夷礼”）等，此即《春秋公羊传》僖公四年所云“南夷与北狄交，中国不绝若线”，故齐桓、管仲首倡尊王攘夷。王室诸侯亦有时借力戎狄，如《春秋左传》僖公十一年王子带召扬拒、泉皋、伊洛之戎伐京师入王城，僖公三十三年晋及姜戎败秦师于殽、宣公十三年先縠召赤狄伐晋等。夏夷长期交融而夷狄渐习华化，如自称中国爵号、变通官职文字以及姓氏通婚等，这就为秦汉时期中华民族大融合奠定起必要基础。

综上，春秋战国乱象趋极百家蜂起，西周以来天君民合德礼中道中华正统逐渐模糊变异，这就为孔孟之道中华正统（以天君民合仁礼中道为主题）的学理成熟准备了现实条件。

第三节　孔孟之道：中华正统之自觉奠定

谙熟上古三代天君民合德礼中道前圣制作，省察春秋时期礼崩乐坏乱世变局，至圣孔子自觉编排删定《诗》《书》，订正《礼》《乐》“十翼”赞《易》，纪《春秋》而授《孝经》《大学》《中庸》，中正理顺天人古今、内外上下、名实知行、健顺和同基本关系，从而创立天君民合仁礼中道纲常儒教。此后经宗圣曾子、述圣子思子、亚圣孟子、大儒荀子等时中阐发，儒学儒教终成中华文化基础与主体。南宋朱子极力褒扬四书并郑重升格为经，即是明确宣告孔子中华正统自觉奠定者的至尊无上历史地位。先秦《诗经》序说、《尚书》大序、《周易》十翼、《礼记》、《春秋》三传、孝经、四书、《荀子》作为儒经主体部分，构成了至圣孔子暨先秦孔门奉天法古述而不作的典范文本，标志着孔孟之道（孔子—曾子颜子—子思子—孟子）中华正统的自觉奠定。约言之，孔孟之道中华正统的学理内容，涵括了天人性善道统根基、仁礼中道学统主题、天君民合政统架构三大层面。

一、天人性善道统根基

天人性善道统思想于五经中已有萌蘖，《诗经》中如《维天之命》“维天之命，於穆不已”、《烝民》“天生烝民，有物有则。民之秉彝，好是懿德”、《板》“天之牖民，如埙如篪”，又如《卷阿》“俾尔弥尔性，纯嘏尔常”、《敬之》“日就月将，学有缉熙于光明”、《淇奥》“如切如磋，如琢如磨”、《振鹭》“在彼无恶，在此无斁。庶几夙夜，以永终誉”，再如《角弓》“毋教猱升木，如涂涂附”、《小宛》“螟蛉有子，蜾蠃负之。教诲尔子，式穀似之”、《谷风》“采葑采菲，无以下体”、《角弓》“雨雪瀌瀌，见晛曰消”。《尚书》中如《汤诰》“惟皇上帝，降衷于下民。若有恒性，克绥厥猷惟后”、《西伯戡黎》“不虞天性，不迪率典”、《太甲上》“先王顾諟天之明命，以承上下神祇”、《仲虺之诰》“兹率厥典，奉若天命……钦崇天道，永保天命”、《益稷》“敕天之命，惟时惟几”、《无逸》“严恭寅畏，天命自度”，又如《大禹谟》“惟德动天，无远弗届……至诚感神”、《太甲下》“先王惟时懋敬厥德，克配上帝”、《召诰》“惟王其疾敬德，王其德之用，祈天永命”、《咸有一德》“咸有一德，克享天心，受天明命”、“惟天佑于一德……惟民归于一德……惟新厥德。终始惟一，时乃日新”、《尧典》“克明俊德，以亲九族”，又如《说命中》“有其善，丧厥善”、《多方》“惟圣罔念作狂，惟狂克念作圣”、《大禹谟》“敬修其可愿”、《盘庚中》“各设中于乃心”、《秦誓》“人之有技，若己有之。人之彦圣，其心好之”、《冏命》“绳愆纠谬，格其非心”，再如《康诰》“宅天命，作新民”、《高宗肜日》“王司敬民，罔非天胤”、《洪范》“彝伦攸叙”、《梓材》“引养引恬”、《胤征》“旧染污俗，咸与惟新”、《吕刑》“明于刑之中，率乂于民棐彝”。“三礼”主题即本天立人礼义中道养成性善，如《周礼》设官分职以为民极，《仪礼》以五礼防闲万民侈伪、以六乐荡正万民情思、以礼乐教化养成万民中和天性；《礼记》阐明礼乐教化彝伦义理，如《中庸》“天命之谓性”、《乐记》“人生而静，天之性也”、《大学》“大学之道，在明明德，在亲民，在止于至善”、《礼运》“承天之道，以治人之情”、《王制》“修六礼以节民性”，又如《学记》“玉不琢不成器，人不学不知道”、《学记》“道而弗牵，强而弗抑，开而弗达”、《月令》“节嗜欲，定心气”、《乐记》“致乐以治心，则易直子谅之心油然生矣”。

《周易》随时变易当位中正，吉凶悔吝补过无咎，则法天地顺成人性，和合阴阳避害外欲，如《系辞上》“一阴一阳之谓道，继之者善也，成之者性也”、《说卦》“穷理尽性以至于命”、《说卦》“圣人之作《易》也，将以顺性命之理，是以立天之道曰阴与阳，立地之道曰柔与刚，立人之道曰仁与义”、《乾卦卦辞》“乾：元，亨，利，贞”、《乾卦彖辞》“乾道变化，各正性命，保合大和，乃利贞”、《坤卦彖辞》“先迷失道，后顺得常”、《复卦彖辞》“复，其见天地之心乎”、《系辞下》“善不积不足以成名，恶不积不足以灭身”、《蒙卦彖辞》“蒙以养正”；《周易》六十四卦大、小象辞，更是集中阐发了《周易》法天性善修养教化精神，如“振民育德”、“常德行习教事”等。《春秋》顺应天道体例森严，春王正月四时成岁，经纬天地纲纪上下，审别阴阳叙事训民，天人感应示戒悔吝，以为天道彝伦褒贬判例。《春秋左传》中如《襄公十四年》“天生民而立之君，使司牧之，勿使失性……岂其使一人肆于民上，以从其淫，而弃天地之性”、《昭公二十五年》“淫则昏乱，民失其性”、《襄公二十九年》“弃同即异，是谓离德”、《成公十五年》“善人，天地之纪”、《襄公二十九年》“善之代不善，天命也”、《隐公六年》“善不可失，恶不可长”、《宣公二年传》“过而能改，善莫大焉”；《春秋公羊传》中如《僖公十七年》“君子之恶恶也疾始，善善也乐终”、《闵公元年》“君子为尊者讳，为亲者讳，为贤者讳”，又如知人心皆实有三年之恩故讥丧娶、讥齐桓迫杀山戎不仁故贬称齐人、刺楚子怀恶以讨不义故君子责其诱诈、恶桓公七年兵暴不仁故书火攻、褒扬齐楚会盟齐桓重爱民命、褒扬士匄闻齐侯卒遂退师恩动孝子善心、褒扬伯姬守贞而死感动诸侯善心兵寝数年，以及讥刺师出逾时、城中丘、初税亩等违反天性仁心之行为等；《春秋穀梁传》则指出《春秋》书法在于恩情仁厚扶成善性，如隐公让桓之志虽不纯正而亦书者，君子成人之美而不成人之恶；书纪侯大去其国而不言灭者，不使小人加乎君子；书冬葬许悼公者，不使许世子因失误而为弑父；葬后举谥、谥以成德，以劝善惩恶；大夫卒，录日以纪恩为正礼；君子为尊者讳耻，为贤者讳过，为亲者讳疾；不重创、不擒二毛，否则讳书获，以及君子善与人同故恶伯尊攘善等。

《孝经》指出分位差等孝无终始，孝道实本天理性善以顺化天下，如《三才》“夫孝，天之经也，地之义也，民之行也”、《开宗明义》“夫孝，德之本也，教之所由生也”、《庶人》“自天子至于庶人，孝无终始，而患不及者，未之有也”，又如《圣治》“父子之道，天性也，君臣之义也……不爱其亲而爱他人者，谓之悖德；不敬其亲而敬他人者，谓之悖礼。以顺则逆，民无则焉。不在于善，而皆在于凶德，虽得之，君子不贵也”。《大学》重性善修教纲目次第，以明明德、亲民、止于至善为“三纲领”，以格物致知诚意正心、修身齐家治国平天下为“八条目”，明示“为人君止于仁，为人臣止于敬，为人子止于孝，为人父止于慈，与国人交止于信”、“如切如磋者，道学也。如琢如磨者，自修也。瑟兮僩兮者，恂慄也。赫兮喧兮者，威仪也”、“诚于中，形于外，故君子必慎其独也”、“君子有诸己而后求诸人，无诸己而后非诸人”、“唯仁人为能爱人，能恶人……好人之所恶，恶人之所好，是谓拂人之性，菑必逮夫身”。《中庸》重性善修教本原则式，如“天命之谓性，率性之谓道，修道之谓教。道也者，不可须臾离也，可离非道也”、“喜怒哀乐之未发，谓之中；发而皆中节，谓之和……致中和，天地位焉，万物育焉”，又如“诚者，天之道也；诚之者，人之道也”、“自诚明，谓之性；自明诚，谓之教。诚则明矣，明则诚矣”、“唯天下至诚，为能尽其性……其次致曲”、“择乎中庸，得一善，则拳拳服膺而弗失之”、“博学之，审问之，慎思之，明辨之，笃行之”，再如“道不远人，人之为道而远人，不可以为道……故君子以人治人，改而止”、“忠恕违道不远，施诸己而不愿，亦勿施于人”、“隐恶而扬善，执其两端，用其中于民”、“君子内省不疚，无恶于志……笃恭而天下平”。《论语》虽不明言性善，而通篇俱述性善养成，且君子小人相待对举，如忠恕一贯、喻于仁义、和而不同、成人之美、周而不比、泰而不骄、学者为己、下学上达、无过不及、过而自讼等，即均为性善中道之内在发明。具体则如《阳货》“天何言哉，四时行焉，百物生焉”、《泰伯》“唯天为大，唯尧则之”、《述而》“述而不作，信而好古”、《公冶长》“十室之邑，必有忠信如丘者焉”、《阳货》“性相近也，习相远也”、《里仁》“人之过也，各于其党。观过，斯知仁矣”，又如《为政》“思无邪”、《子罕》“知者不惑，仁者不忧，勇者不惧”、《述而》“仁远乎哉，我欲仁，斯仁至矣”、“志于道，据于德，依于仁，游于艺”、《学而》“学而时习之……人不知而不愠”、《里仁》“见贤思齐焉，见不贤而内自省也”、《季氏》“见善如不及，见不善如探汤”、《阳货》“乡原，德之贼也”、《颜渊》“己所不欲，勿施于人”，再如《卫灵公》“有教无类”、《公冶长》“老者安之，朋友信之，少者怀之”、《述而》“人絜己以进，与其絜也，不保其往也”、《颜渊》“爱之欲其生，恶之欲其死。既欲其生，又欲其死，是惑也”、《子张》“君子尊贤而容众，嘉善而矜不能”、《颜渊》“举直错诸枉，能使枉者直”、《子路》“举尔所知，尔所不知，人其舍诸”、《尧曰》“不教而杀谓之虐，不戒视成谓之暴，慢令致期谓之贼”。

《韩非子·显学》云“有子张之儒，有子思之儒，有颜氏之儒，有孟氏之儒，有漆雕氏之儒，有仲良氏之儒，有孙氏之儒，有乐正氏之儒”[①]，于当代出土文献《郭店楚简》可见孟子之前子张氏儒学与子思氏儒学自北而南融通传播态势，其中于《五行》《性自命出》《缁衣》《六德》《尊德义》《成之闻之》《唐虞之道》《穷达以时》诸篇，可见思孟正统形成前仁义礼智孝悌忠信、天人性命情欲义利、德性内外善恶修教等概念内涵的过渡性衍化。伴随儒学修教学理探索的内在展开，儒者开始关注人性且凸显后天善性养成，《郭店楚简》过渡性学理探索虽尚未成熟，实亦内在构成了思孟儒学性善中道修教正统的重要环节。孟子受业于子思子门人而私淑孔子，身处战国中后期乱世而志在拨乱反正，深入发明至圣孔子性善修教思想，天人性善中华道统至此奠定。

① 王先慎：《韩非子集解》，《诸子集成》第五册，中华书局1954年版，第351页。

孟子性善道统说谨严而完备。《孟子》述人性本善源自天德者，如《尽心下》“口之于味也，目之于色也，耳之于声也，鼻之于臭也，四肢之于安佚也，性也；有命焉，君子不谓性也。仁之于父子也，义之于君臣也，礼之于宾主也，知之于贤者也，圣人之于天道也，命也；有性焉，君子不谓命也”、《公孙丑上》“恻隐之心，仁之端也；羞恶之心，义之端也；辞让之心，礼之端也；是非之心，智之端也。人之有是四端也，犹其有四体也。有是四端而自谓不能者，自贼者也；谓其君不能者，贼其君者也”，又如《离娄上》“诚者，天之道也；思诚者，人之道也”、《告子上》“仁义忠信，乐善不倦，此天爵也”、《离娄下》“由仁义行，非行仁义也”、《尽心上》“行之而不著焉，习矣而不察焉，终身由之而不知其道者，众也”。述良知良能顺性养成者，如《告子上》“人性之善也，犹水之就下也。人无有不善，水无有不下……乃若其情，则可以为善矣，乃所谓善也。若夫为不善，非才之罪也”、《尽心上》“人之所不学而能者，其良能也；所不虑而知者，其良知也。孩提之童，无不知爱其亲者，及其长也，无不知敬其兄也。亲亲，仁也；敬长，义也。无他，达之天下也”，又如《尽心上》“君子所性，仁义礼智根于心。其生色也，睟然见于面，盎于背，施于四体。四体不言而喻”、“尽其心者，知其性也。知其性，则知天矣。存其心，养其性，所以事天也。夭寿不贰，修身以俟之，所以立命也”、《告子上》“苟得其养，无物不长；苟失其养，无物不消”、“一日暴之，十日寒之，未有能生者也”。述性善日用学行次第者，如《尽心下》“人皆有所不忍，达之于其所忍，仁也；人皆有所不为，达之于其所为，义也。人能充无欲害人之心，而仁不可胜用也；人能充无穿窬之心，而义不可胜用也”“仁者以其所爱，及其所不爱；不仁者以其所不爱，及其所爱”、《离娄上》“仁之实，事亲是也；义之实，从兄是也；智之实，知斯二者弗去是也；礼之实，节文斯二者是也；乐之实，乐斯二者，乐则生矣”、《告子下》“尧舜之道，孝悌而已矣。子服尧之服，诵尧之言，行尧之行，是尧而已矣”，又如《尽心上》“流水之为物也，不盈科不行；君子之志于道也，不成章不达”、《告子上》“五谷者，种之美者也；苟为不熟，不如荑稗。夫仁，亦在乎熟之而已矣”、《尽心上》“鸡鸣而起，孳孳为善者，舜之徒也”，再如《尽心下》“可欲之谓善，有诸己之谓信，充实之谓美，充实而有光辉之谓大，大而化之之谓圣，圣而不可知之之谓神”、《离娄下》“君子深造之以道，欲其自得之也。自得之，则居之安；居之安，则资之深；资之深，则取之左右逢其原”。述天人性善推致仁政者，如《万章上》“天之生此民也，使先知觉后知，使先觉觉后觉也……思天下之民，匹夫匹妇有不被尧舜之泽者，若己推而内之沟中”、《公孙丑上》“人皆有不忍人之心，先王有不忍人之心，斯有不忍人之政矣。以不忍人之心，行不忍人之政，治天下可运之掌上”，又如《梁惠王上》“老吾老，以及人之老；幼吾幼，以及人之幼……举斯心加诸彼而已……古之人所以大过人者，无他焉，善推其所为而已矣”、《离娄上》“道在迩而求诸远，事在易而求诸难。人人亲其亲，长其长，而天下平”、《尽心上》“亲亲而仁民，仁民而爱物”，再如《离娄下》“中也养不中，才也养不才，故人乐有贤父兄也；如中也弃不中，才也弃不才，则贤不肖之相去，其间不能以寸”、《尽心上》“仁者无不爱也，急亲贤之为务”、《告子下》“不教民而用之，谓之殃民。殃民者，不容于尧舜之世”。述性善中道防闲异端者，辟杨墨二端子莫乡愿之说如《尽心上》“杨子取为我，拔一毛而利天下，不为也。墨子兼爱，摩顶放踵利天下，为之。子莫执中，执中为近之。执中无权，犹执一也。所恶执一者，为其贼道也，举一而废百也”、《滕文公下》“杨氏为我，是无君也；墨氏兼爱，是无父也。无父无君，是禽兽也……杨、墨之道不息，孔子之道不著，是邪说诬民，充塞仁义也。仁义充塞，则率兽食人，人将相食”，辟类墨学者许子夷子二本说如《滕文公上》“夫物之不齐，物之情也……比而同之，是乱天下也……相率而为伪者也”、“天之生物也，使之一本，而夷子二本”，辟告子义外说则如《公孙丑上》“志，气之帅也；气，体之充也……持其志，无暴其气……（浩然之气）配义与道，无是，馁也。是集义所生者，非义袭而取之也。行有不慊于心，则馁矣……告子未尝知义，以其外之也。必有事焉，而勿正，心勿忘，勿助长也”、《告子上》“如将戕贼杞柳而以为桮棬，则亦将戕贼人以为仁义与？率天下之人而祸仁义者，必子之言夫”。综上，性源天德顺性养成、性善日用学行次第、天人性善推致仁政、性善中道防闲异端内在一体，构成了孟子性善道统基本内容。

《荀子》则片面以天为自然之天而以性为生理之性，如《天论》“明于天人之分，则可谓至人矣。不为而成，不求而得，夫是之谓天职……天职既立，天功既成，形具而神生，好恶、喜怒、哀乐臧焉，夫是之谓天情”、《正名》“性之好、恶、喜、怒、哀、乐谓之情……性者，天之就也；情者，性之质也；欲者，情之应也”，实即孟子性命分判下之“命”，亦即宋明理学所言气质之性。《荀子》述质善靡仁者，如《性恶》“涂之人也，皆有可以知仁义法正之质，皆有可以能仁义法正之具，然则其可以为禹明矣……今使涂之人伏术为学，专心一志，思索孰察，加日县久，积善而不息，则通于神明，参于天地矣”、“夫人虽有性质美而心辩知，必将求贤师而事之，择良友而友之……身日进于仁义而不自知也者，靡使然也”，述节欲中道者则如《正名》“虽为天子，欲不可尽。欲虽不可尽，可以近尽也；欲虽不可去，求可节也”、《大略》“义与利者，人之所两有也。虽尧舜不能去民之欲利，然而能使其欲利不克其好义也；虽桀纣亦不能去民之好义，然而能使其好义不胜其欲利也”。[①]《荀子》论性虽大本已失，实可弥补完善孟子性善说；朱子等以天命之性气质之性合论天人性善中华道统，即是在立足孔孟之道前提下对孟荀优长的内在整合。

孔孟之道（孔子—曾子颜子—子思子—孟子道统）内在整合上古三代性善修教思想并予以一以贯之的深化提升，天人性善中华道统自此得以自觉奠定，荀子生理之性思想亦为补充完善孔孟之道性善道统作出了重大贡献。南宋朱子即藉升格《中庸》《孟子》地位并汲取张载气质之性思想，从而最终确立孔孟程朱中华道统的。立足天人性善孔孟道统根基，自觉吸收两汉质善待教说、魏晋隋唐性其情说优长，宋代儒学以天命之性、气质之性说绍继孔孟性善论正统而为儒学修教中正常行大道，此后宋明心学与明清实学朴学则出现了以性代情与以情代性两极偏差，遂致本分不守流弊无穷，这就使得当前反本开新道统建设成为必要。

二、仁礼中道学统主题

上古三代天君民合民本修教主题即奉天法古中正礼教（包括礼制、礼仪及礼义），亦即三纲五常与吉凶嘉宾戎五礼学行。在至圣孔子及先秦儒者删定述

---

① 王先谦：《荀子集解》，《诸子集成》第二册，第205—206、274—284。295—296、299—300，285、330页。

传之经传中，五伦五礼纲常礼教得以集大成式完美展现。礼制礼仪礼义内在一体，五礼中道贯彻经传全部内容，天道感应（民本礼教本原）与夏夷关系（民本礼教延伸）亦内在于纲常礼教。孔孟之道中华正统深入发明上古三代礼教内容，自觉奠定起仁礼中道中华学统。

《诗经》之主体内容，即是对遵守或违背五伦五礼言行的褒扬讴歌与悔吝讥讽。其中“三颂”侧重君臣祭祀之吉礼，“二雅”侧重君臣亲朋之宾礼与嘉礼（飨燕礼、饮酒礼），“十五国风”则侧重夫妇好合之嘉礼（昏礼）。《诗经》礼教全方位、多层面地涵摄了五伦五礼全部内容，且寓教于礼乐歌舞，发乎自然性情止乎礼义中正，温柔敦厚哀乐不过，故能感天地洽人心、经夫妇成孝敬，以致厚人伦美教化移风俗。《尚书》为纲常礼教之活水源头，《虞书》典谟礼教主要体现为奉天法古礼制礼义及礼刑中正政教根据诸层面，如《舜典》“慎徽五典”（父义、母慈、兄友、弟恭、子孝）、《皋陶谟》“天叙有典，敕我五典五惇哉。天秩有礼，自我五礼（公侯伯子男五等之礼）有庸哉，同寅协恭和衷哉。天命有德，五服（天子诸侯卿大夫士五等之服）五章哉。天讨有罪，五刑五用哉”。《夏书》《商书》《周书》之训诰誓命诸篇注重礼义礼刑中正，亦对奉天法古纲常礼义多所发明，如《洪范》“无偏无党，王道荡荡。无党无偏，王道平平。无反无侧，王道正直。会其有极，归其有极”、《仲虺之诰》“懋昭大德，建中于民，以义制事，以礼制心……殖有礼，覆昏暴”、《大禹谟》“明于五刑，以弼五教，期于予治。刑期于无刑，民协于中”。书教礼制礼义践于天君民合中华政统，而根于天人性善道统，《尚书》诸篇于虞天性、迪率典这一奉天法古理念可谓念兹在兹，如《洪范》“惟天阴骘下民，相协厥居……天乃锡禹洪范九畴，彝伦攸叙”等。

“三礼”礼制、礼仪、礼义互为涵摄，其中《周礼》侧重礼制、《仪礼》侧重礼仪、《礼记》侧重礼义。《周礼》法象天地四时，详述六卿礼制礼仪天人架构，其中《天官冢宰》治官之属，《地官司徒》教官之属，《春官宗伯》礼官之属，《夏官司马》政官之属，《秋官司寇》刑官之属。《仪礼》重礼仪践履，于冠昏祭丧、饮射燕聘诸礼仪体察中，实现君子差等交接和合感通，构成了纲常礼教生活日用之实践依据。《仪礼》以士礼之仪规仪程为表述主体，而又兼摄君卿大夫礼仪表述，涵摄嘉礼（士冠礼、昏礼、乡饮酒礼、燕礼、大射礼、公食大夫礼）、宾礼（士相见礼、聘礼、觐礼）、凶礼（丧服、士丧礼、既夕礼、士虞礼）、吉礼（特牲馈食礼、少牢馈食礼、有司彻）等礼仪内容。《礼记》则深入发明《周礼》《仪礼》礼制礼仪之天君民合情理中道礼义内涵，如《丧服四制》"凡礼之大体，体天地，法四时，则阴阳，顺人情"、《礼运》"夫礼，先王以承天之道，以治人之情……夫礼，必本于天，殽于地，列于鬼神，达于丧祭、射御、冠昏、朝聘"、《昏义》"礼始于冠，本于昏，重于丧祭，尊于朝聘，和于乡射，此礼之大体也"，又如《乐记》"先王之制礼乐也，非以极口腹耳目之欲也，将以教民平好恶而反人道之正"、《坊记》"礼者，因人之情而为之节文，以为民坊者也"、《王制》"修六礼（冠、昏、丧、祭、乡、相见）以节民性，明七教（父子、兄弟、夫妇、君臣、长幼、朋友、宾客）以兴民德，齐八政（饮食、衣服、事为、异别、度、量、数、制）以防淫，一道德以同俗，养耆老以致孝，恤孤独以逮不足，上贤以崇德，简不肖以绌恶"，再如《曲礼上》"毋不敬，俨若思，安定辞，安民哉"、《经解》"礼之于正国也，犹衡之于轻重也，绳墨之于曲直也，规矩之于方圆也"、"礼之教化也微，其止邪也于未形，使人日徙善远罪而不自知也"。

《周易》为礼教之学理判例，亦即在阴阳时空各类际遇下，纲常礼教中正偏邪之吉凶悔吝与穷变通久。六十四卦卦爻辞以及阐释卦爻辞之彖辞、大象辞与小象辞，以及《乾》《坤》两卦文言所拟自然易象阐释，均是对五礼（吉凶嘉宾戎）礼制、礼仪、礼义内在融通之褒贬评判，而《易传》与六十四卦大象辞，则是对本天道立人道、法天文开人文这一奉天法古礼教本原的深入发明。譬如，《乾》之四德（元亨利贞）亦即礼教君子天道四德（体仁长人、嘉会合礼、利物和义、贞固干事），其余诸卦卦辞爻辞及彖辞、大象辞、小象辞之礼义内涵，俱可顺此类推。《春秋》则为纲常礼教之史实判例，即纲常五礼礼制、礼仪践履当否之褒贬评判。其中《春秋左传》奉天法古惩戒劝导，以礼经国家、定社稷、序民人、利后嗣，详细记载并褒贬评判春秋时期祭丧冠昏、朝聘会盟、征伐修平等合礼恤民、非礼害民之礼教言行，极力维护礼制礼仪大本纲常，如《隐公三年》所云"贱妨贵，少陵长，远间亲，新间旧，小加大，淫破义，所谓六逆也。君义，臣行，父慈，子孝，兄爱，弟敬，所谓六顺也。去顺效逆，所以速祸也。君人者，将祸是务去"。《春秋》三传俱论纲常礼教民本旨归，《左传》注重礼制故训礼仪褒贬，多以天文历法、阴阳节气阐释天人变异；《公羊传》注重礼制礼仪微言大义，多以天人感应阐释五礼异化行为，认为礼义人事之失正感应天地阴阳灾异；《穀梁传》则注重礼制经义人文中道，时日人事内在一体而重纲常大义，多以阴阳时气阐释五礼异化与天象变异之内在关联。

孔子删定五经以为正统礼教基础文本，传曾子《孝经》《大学》以为五经礼教纲常纲举目张学统把柄，传子思子《中庸》以为五经礼教纲常天人一贯诚明道统，《论语》则发明五经纲常礼教仁礼中道君子担当。本立则道生，《孝经》以孝悌之道为纲常礼教之奉天法圣天道枢纽、顺治天下中正把柄与五礼常道核心内容，如《圣治》“天地之性，人为贵。人之行，莫大于孝”、“父子之道，天性也，君臣之义也。父母生之，续莫大焉。君亲临之，厚莫重焉。故不爱其亲而爱他人者，谓之悖德；不敬其亲而敬他人者，谓之悖礼。以顺则逆，民无则焉”、《感应》“昔者明王事父孝，故事天明；事母孝，故事地察；长幼顺，故上下治。天地明察，神明彰矣”，又如《广扬名》“君子之事亲孝，故忠可移于君。事兄悌，故顺可移于长。居家理，故治可移于官”、《广要道》“礼者，敬而已矣。故敬其父，则子悦；敬其兄，则弟悦；敬其君，则臣悦；敬一人，而千万人悦。所敬者寡，而悦者众，此之谓要道也”、《五刑》“五刑之属三千，而罪莫大于不孝。要君者无上，非圣人者无法，非孝者无亲，此大乱之道也”。《论语》高度褒扬纲常礼教“绘事后素”功用者，如《泰伯》“兴于诗，立于礼，成于乐”、《为政》“道之以德，齐之以礼，有耻且格”、《八佾》“夷狄之有君，不如诸夏之亡也”；注重礼制礼仪传承损益者，则如《卫灵公》“行夏之时，乘殷之辂，服周之冕，乐则《韶舞》”、《为政》“殷因于夏礼，所损益，可知也；周因于殷礼，所损益，可知也”、《八佾》“周监于二代，郁郁乎文哉，吾从周”、《颜渊》“非礼勿视，非礼勿听，非礼勿言，非礼勿动”，又如《先进》“先进于礼乐，野人也；后进于礼乐，君子也。如用之，则吾从先进”、《子罕》“麻冕，礼也；今也纯，俭，吾从众。拜下，礼也；今拜乎上，泰也。虽违众，吾从下”。《论语》进而以仁礼中道提挈五经礼教，并自觉对治礼教外在异化。至圣孔子仁礼中道君子学统之内在逻辑，即如《中庸》所云“为政在人，取人以身，修身以道，修道以仁。仁者，人也，亲亲为大。义者，宜也，尊贤为大。亲亲之杀，尊贤之等，礼所以生也……好学近乎智，力行近乎仁，知耻近乎勇。知斯三者，则知所以修身。知所以修身，则知所以治人。知所以治人，则能成天下国家者矣”。《论语》具体述仁礼一体内外互成者，如《阳货》“礼云礼云，玉帛云乎哉？乐云乐云，钟鼓云乎哉”、《八佾》“人而不仁，如礼何？人而不仁，如乐何”、“居上不宽，为礼不敬，临丧不哀，吾何以观之哉”、“礼，与其奢也，宁俭。丧，与其易也，宁戚”、《学而》“巧言令色，鲜矣仁”，又如《颜渊》“克己复礼为仁；一日克己复礼，天下归仁焉”、《学而》“孝弟也者，其为仁之本与”、《泰伯》“君子笃于亲，则民兴于仁”、“恭而无礼则劳，慎而无礼则葸，勇而无礼则乱，直而无礼则绞”、《卫灵公》“知及之，仁能守之，庄以莅之，动之不以礼，未善也”；述仁礼一体学行中道者，则如《里仁》“吾道一以贯之……忠恕而已矣”、《卫灵公》“君子义以为质，礼以行之，孙以出之，信以成之”、《子路》“父为子隐，子为父隐，直在其中矣”、《宪问》“以直报怨，以德报德”、《阳货》“乡原，德之贼也”、《为政》“攻乎异端，斯害也已矣”，又如《宪问》“下学而上达”、《尧曰》“允执其中”、《先进》“过犹不及”、《子罕》“毋意，毋必，毋固，毋我”、《雍也》“中人以上，可以语上也；中人以下，不可以语上也”、《述而》“不愤不启，不悱不发。举一隅不以三隅反，则不复也”。

《孟子》以仁心仁政说发明仁礼中道修教学统，如《离娄上》“规矩，方员之至也；圣人，人伦之至也”、《尽心下》“尧、舜，性者也；汤、武，反之也。动容周旋中礼者，盛德之至也”、《离娄上》“遵先王之法而过者，未之有也……上无礼，下无学，贼民兴，丧无日矣”、《离娄下》“王者之迹熄而《诗》亡，《诗》亡然后《春秋》作”、《梁惠王上》“仲尼之徒，无道桓、文之事者”，又如《万章下》“义，路也；礼，门也”、《离娄上》“言非礼义，谓之自暴也；吾身不能居仁由义，谓之自弃也”、《离娄下》“君子以仁存心，以礼存心……非仁无为也，非礼无行也”、《离娄上》“爱人不亲，反其仁；治人不治，反其智；礼人不答，反其敬。行有不得者，皆反求诸己，其身正而天下归之”，再如《尽心上》“君子之于物也，爱之而弗仁；于民也，仁之而弗亲。亲亲而仁民，仁民而爱物”、《公孙丑上》“尊贤使能，俊杰在位……市，廛而不征，法而不廛……关，讥而不征……耕者，助而不税……廛，无夫里之布”、《滕文公上》“贤君必恭俭礼下，取于民有制……设为庠序学校以教之……所以明人伦也。人伦明于上，小民亲于下”、《告子下》“欲轻之于尧舜之道者，大貉小貉也；欲重之于尧舜之道者，大桀小桀也”。《荀子》主张礼以制欲圣王礼教，如《礼论》“人生而有欲，欲而不得，则不能无求。求而无度量分界，则不能不争。争则乱，乱则穷。先王恶其乱也，故制礼义以分之，以养人之欲，给人之求，使欲必不穷乎物，物必不屈于欲，两者相持而长，是礼之所起也。故礼者，养也”、“天地者，生之本也；先祖者，类之本也；君师者，治之本也……礼，上事天，下事地，尊先祖而隆君师，是礼之三本也”，又如《儒效》“先王之道，仁之隆也，比中而行之。曷谓中？曰：礼义是也……谪德而定次，量能而授官，使贤不肖皆得其位，能不能皆得其官，万物得其宜，事变得其应”、《大略》“亲亲、故故、庸庸、劳劳，仁之杀也；贵贵、尊尊、贤贤、老老、长长，义之伦也。行之得其节，礼之序也”、《非相》“人道莫不有辨，辨莫大于分，分莫大于礼，礼莫大于圣王”。①

综上，孔孟之道内在整合了上古三代德礼修教思想并予以一以贯之的深化提升，仁礼中道中华学统得以自觉奠定。此外，荀子圣王礼教观亦为儒学教化探索作出了重要贡献。南宋朱子即通过自觉升格《大学》等四书地位，并内在汲取荀子情欲对治思想，从而最终确立起孔孟程朱中华学统的。

三、天君民合政统架构

中华正统涵摄道统、学统与政统，上古三代三统简约浑沦一体，道统学统隐附于政统。在至圣孔子笔削编定及先秦孔门传述五经体系中，天（圣贤君子奉天法古）—君（圣贤君子修德正位）—民（圣贤君子民本教化夏以化夷）三位一体贯彻全经，天君民合中华政统得以自觉奠定。

《诗经》天君民合政统架构贯彻风（风教）、雅（政教）、颂（成教）始终，如《大雅·假乐》“假乐君子，显显令德。宜民宜人，受禄于天。保右命之，自天申之”、《周颂·文王》“文王在上，於昭于天……无念尔祖，聿修厥德。

① 《荀子集解》，第231、233，77—78、324、50页。

永言配命，自求多福……上天之载，无声无臭。仪刑文王，万邦作孚”。《尚书》天君民合政统架构亦贯彻《虞书》《夏书》《商书》《周书》始终，如《泰誓中》“天视自我民视，天听自我民听”、《五子之歌》“民可近，不可下，民惟邦本，本固邦宁”、《蔡仲之命》“皇天无亲，惟德是辅。民心无常，惟惠之怀”、《泰誓中》“惟天惠民，惟辟奉天”、《泰誓上》“天佑下民，作之君，作之师，惟其克相上帝，宠绥四方”、《皋陶谟》“无旷庶官，天工，人其代之”、《康诰》“宅天命，作新民”、《洛诰》“扬文武烈，奉答天命，和恒四方民”。《周礼》本于天君民合政统架构，法象天地四时设官分职，立天官冢宰等六官政教体制以中道化民，篇首即开宗明义“惟王建国，辨方正位，体国经野，设官分职，以为民极。乃立天官冢宰，使帅其属而掌邦治，以佐王均邦国……乃立地官司徒，使帅其属而掌邦教，以佐王扰邦国……乃立春官宗伯，使帅其属而掌邦礼，以佐王和邦国……乃立夏官司马，使帅其属而掌邦政，以佐王平邦国……乃立秋官司寇，使帅其徒而掌邦禁，以佐王刑邦国……（比拟五官补足冬官：乃立冬官司空，使帅其徒而掌邦事，以佐王正邦国）”，而后再分述治官之属及其具体分掌职责。《仪礼》则以士之五礼为主体内容，具体规定君子法天修教之差等交接和合感通与礼乐成德礼仪践履。《礼记》阐明天君民合中华政统之修教义理，如《中庸》“天命之谓性，率性之谓道，修道之谓教”、“唯天下至诚，为能尽其性；能尽其性，则能尽人之性；能尽人之性，则能尽物之性；能尽物之性，则可以赞天地之化育；可以赞天地之化育，则可以与天地参矣”、《礼运》“夫礼，先王以承天之道，以治人之情……必本于天，殽于地，列于鬼神，达于丧祭、射御、冠昏、朝聘。故圣人以礼示之，故天下国家可得而正也”。

《周易》天君民合学理架构亦贯彻经传“十翼”始终，如卦辞、彖辞、大象辞、爻辞、小象辞、文言、系辞上下、说卦、序卦、杂卦等，即均为君子奉法天地物类意象，展昭各类时空境遇下天君民合内在一体之时中担当。如《系辞下》“古者包牺氏之王天下也，仰则观象于天，俯则观法于地，观鸟兽之文与地之宜，近取诸身，远取诸物，于是始作八卦，以通神明之德，以类万物之情……神农氏没，黄帝、尧、舜氏作，通其变，使民不倦，神而化之，使民宜之”、《观卦》彖辞“观天之神道，而四时不忒，圣人以神道设教，而天下服矣”、《泰卦》大象辞“天地交，泰。后以财成天地之道，辅相天地之宜，以左右民”、《履卦》大象辞“上天下泽，履。君子以辨上下，定民志”。《春秋》经文及“三传”亦本于天君民合政统架构，如《春秋》“元年春王正月公即位”，春夏秋冬四时成岁、分至启闭云物必书，以及祀戎昏葬朝聘会盟、尊王攘夷救患分灾等修好安民礼事褒贬，即均涉及天君民合政统架构。《春秋左传》强调君子安民鸠民抚民庇民、道民训民师保万民、经纬其民扞城其民、治民养民息民纾民、矜民柔民恤民生民、以德和民以礼正民而征伐灾变害民必书，政统架构论述如《桓公六年》“夫民，神之主也，是以圣王先成民而后致力于神”、《襄公十四年》“夫君，神之主而民之望也……天之爱民甚矣，岂其使一人肆于民上”、《僖公五年》“非德，民不和，神不享矣”、《桓公六年》“所谓道，忠于民而信于神也”、《昭公二十五年》“‘夫礼，天之经也，地之义也，民之行也。’天地之经，而民实则之”。《公羊传》时、月、日、人、事五位一体，注重天人之际灾异感应微言大义，天君民合政统架构主要展现为君子礼义行为善恶褒贬，以及灾变人事内在感应。《穀梁传》则凸显天人感应人文礼义温和色彩，其天君民合政统架构明示民为君本而君者为民，以阴阳节气解释天人感应天象变异，且以时、月、日区分表征恤民害民之程度深浅等。

《孝经》以孝悌之道为天君民合五经政统亲切入手处，如《圣治》“天地之性，人为贵。人之行，莫大于孝，孝莫大于严父，严父莫大于配天”、《三才》“夫孝，天之经也，地之义也，民之行也。天地之经，而民是则之。则天之明，因地之利，以顺天下。是以其教不肃而成，其政不严而治”、《感应》“昔者明王事父孝，故事天明；事母孝，故事地察；长幼顺，故上下治。天地明察，神明彰矣……孝悌之至，通于神明，光于四海，无所不通”。《中庸》以诚明之道发明五经天君民合政统根源，如“天命之谓性，率性之谓道，修道之谓教……致中和，天地位焉，万物育焉”、“诚者，天之道也；诚之者，人之道也……择善而固执之者也”、“君子之道，造端乎夫妇，及其至也，察乎天地”。《大学》则以内圣外王之学落实天君民合五经政统，如“大学之道，在明明德，在亲民，在止于至善”、“古之欲明明德于天下者，先治其国。欲治其国者，先齐其家，欲齐其家者，先修其身。欲修其身者，先正其心。欲正其心者，先诚其意。欲诚其意者，先致其知。致知在格物”、“平天下在治其国者，上老老而民兴孝，上长长而民兴弟，上恤孤而民不倍，是以君子有絜矩之道也”。《大学》、《中庸》原为《礼记》之二篇，朱子深入发明其正统纲领义并升格纳入四书体系，孔孟程朱中华正统遂正式确立。《论语》以君子学行贯彻落实天君民合五经政统，如《阳货》“天何言哉，四时行焉，百物生焉”、《泰伯》“唯天为大，唯尧则之，荡荡乎民无能名焉，巍巍乎其有成功也，焕乎其有文章”、《为政》“为政以德，譬如北辰，居其所而众星共之”、《宪问》“不怨天，不尤人，下学而上达，知我者其天乎”，又如《颜渊》“君子之德风，小人之德草，草上之风，必偃”、《宪问》“修己以敬……修己以安人……修己以安百姓”、《子路》“上好礼，则民莫敢不敬；上好义，则民莫敢不服；上好信，则民莫敢不用情”、《颜渊》“出门如见大宾，使民如承大祭。己所不欲，勿施于人。在邦无怨，在家无怨”，再如《八佾》“祭如在，祭神如神在”、《先进》“未能事人，焉能事鬼”、《述而》“子不语怪、力、乱、神”、《尧曰》“君子惠而不费，劳而不怨，欲而不贪，泰而不骄，威而不猛……不教而杀谓之虐，不戒视成谓之暴，慢令致期谓之贼”。

《孟子》以仁心仁政贯彻落实天君民合五经政统，如《离娄上》“诚者，天之道也；思诚者，人之道也”、《尽心上》“万物皆备于我矣，反身而诚，乐莫大焉，强恕而行，求仁莫近焉”、《告子上》“仁义忠信，乐善不倦，此天爵也。公卿大夫，此人爵也。古之人修其天爵，而人爵从之”、《离娄下》“由仁义行，非行仁义也”，又如《尽心下》“民为贵，社稷次之，君为轻”、《万章上》“‘天之生此民也，使先知觉后知，使先觉觉后觉也’……思天下之民，匹夫匹妇有不被尧舜之泽者，若己推而内之沟中”、《公孙丑上》“以不忍人之心，行不忍人之政，治天下可运之掌上”、《梁惠王上》“保民而王，莫之能御也”，再如《尽心上》“亲亲而仁民，仁民而爱物”、《离娄下》“以善养人，然后能服天下。天下不心服而王者，未之有也”、《离娄上》“不以舜之所以事尧事君，不敬其君者也；不以尧之所以治民治民，贼其民者也”、《尽心上》“王者之民皞皞如也，杀之而不怨，利之而不庸，民日迁善而不知为之者。夫君子所过者化，所存者神，上下与天地同流”。与孔孟之道内在绍继天君民合五经政统相异，《荀子》于天君民合五经政统，既有绍继发明亦有隔膜歧出。绍继发明者如《大略》“天之生民，非为君也。天之立君，以为民也”、《王制》“天地者，生之始也；礼义者，治之始也；君子者，礼义之始也……天地生君子，君子理天地。君子者，天地之参也，万物之揔也，民之父母也”、《富国》“兼足天下之道在明分”、《荣辱》“制礼义以分之，使有贵贱之等，长幼之差，知愚、能不能之分，皆使人载其事而各得其宜，然后使悫禄多少厚薄之称，是夫群居和一之道也”；隔膜歧出者则如《天论》“天行有常，不为尧存，不为桀亡……明于天人之分，则可谓至人矣。不为而成，不求而得，夫是之谓天职……天职既立，天功既成，形具而神生，好恶、喜怒、哀乐臧焉，夫是之谓天情”。[①]可见荀子偏离孔孟正统之学理根源，即在于以天为自然之天而以性为生理之性。

综上，孔孟之道内在整合了上古三代天君民合民本政教思想，并以道统、学统义理对其予以深化提升，天君民合中华政统得以自觉奠定。此外，先秦诸子对天君民关系论述亦各具特色，其学理优长多为正统儒学所汲取转化。

中华正统三统并建而各有统绪，至圣孔子以仁礼中道全面发明中华正统而侧重学统，复圣颜子克己复礼具体而微而亦侧重学统，宗圣曾子发明儒教孝悌之道与《大学》纲目次第而侧重学统并兼摄道统政统，述圣子思子发明儒教天人贯通诚明中道而侧重道统并兼摄学统政统，亚圣孟子性善仁政说批驳异端邪说直嗣至圣心源而侧重道统并兼摄学统政统，荀子等大儒重视气质之性外王礼教而为孔孟之道补充完善者，孔孟之道中华正统由此内在确立。孔子—曾子—子思—孟子—程朱一脉相承，实为传承中华民族天君民合仁礼中道君子修教道统、学统、政统之学理正脉，并在圣道传习中历史形成了正统主流与辅统支流和合互补良性发展格局，至绍圣朱子则集大成式内在确立起孔孟程朱中华正统修教体系。

---

① 《荀子集解》，第332、103—104、118、44；205—206页。

第二章

秦汉隋唐：中华正统之时中开拓时期

汉晋南北朝、隋唐五代直至北宋前期，是中华正统承上启下时中开拓时期。这一时期正统脉动主题线索即“三统”（性善道统、君子学统与民本政统）重心次序由注重周孔礼教外王教化转为孔周、孔颜内圣外王仁礼关系大体理顺，以及政教关系调适理顺等具体实践内容。

第一节　秦汉内圣外王时中开拓时期

中华正统内在展开之秦汉时期可分秦朝、西汉、东汉、后汉（兼摄魏吴二国）四个时段，以下主要从天道性善道统根基、仁礼中道学统主题与天君民合政统建构三个方面对秦汉正统学理脉络与实践脉络予以概说。

一、两汉时期中华正统学理脉络述要

先就开启汉代端绪之秦朝言之。秦灭六国法令一统、设立郡县徙民边远，华夏民族大一统局面粗略成型。秦始皇初步完成了中华民族政制律法、文字度量、地域广被等形式上的统一，但于中华正统实际内容尚为隔膜疏远。始皇心迹集见于其巡游刻石颂德之辞，如峄山刻石颂辞以为分封开争理而一统利长久，又如泰山刻石颂辞“皇帝躬圣，既平天下，不懈于治。夙兴夜寐，建设长利，专隆教诲。训经宣达，远近毕理，咸承圣志。贵贱分明，男女礼顺，慎遵职事。昭隔内外，靡不清净，施于后嗣”，再如琅琊台刻石颂辞“端平法度，万物之纪。以明人事，合同父子……勤劳本事，上农除末，黔首是富……忧恤黔首，朝夕不懈。除疑定法，咸知所辟……临察四方，尊卑贵贱，不踰次行。奸邪不容，皆务贞良。细大尽力，莫敢怠荒。远迩辟隐，专务肃庄，端直敦忠，事业有常……节事以时，诸产繁殖，黔首安宁，不用兵革。六亲相

保，终无寇贼，欢欣奉教，尽知法式”[①]。可见秦皇亦念伦常民本政教本怀，然儆惩战国争乱风俗薄恶而废分封行郡县、民自实田户籍一统、立足法家专任刑罚，遂出现了厚今薄古以吏为师、焚书坑儒外黜扶苏、胡亥篡位赵高专权等系列重大失误，兼之始皇刚愎自用任吏威刑、奢侈靡丽天下化俗，徭役繁兴赋税苛重、压榨民财残虐民力，内圣明德不能充扩、欲求长生幻想异端，蔑视性善仁礼中华正统之信奉落实，故而仅十余年秦即灭亡。秦朝以法代儒政治路径具有历史惯性，战国时期连横合纵利害欺诈，义利颠倒欲望肆虐，民心陷溺风俗恶薄，天下思安趋向一统，教化重心下移士民，正统建设迫在眉睫。秦廷本有儒法路线之争（如王绾、淳于越、扶苏等为奉儒派，李斯、赵高、周青臣等则为奉法派），秦朝二世遽亡严峻事实证明，脱离内圣明德工夫主导的外王民本事功极易扭曲变形，诚如董仲舒所云“师申、商之法，行韩非之说，憎帝王之道，以贪狼为俗，非有文德以教训于下也。诛名而不察实，为善者不必免，而犯恶者未必刑也。是以百官皆饰虚辞而不顾实，外有事君之礼，内有背上之心，造伪饰诈、趣利无耻，又好用憯酷之吏，赋敛亡度，竭民财力，百姓散亡，不得从耕织之业，群盗并起。是以刑者甚众，死者相望，而奸不息，俗化使然也”[②]。汉朝汲取暴秦教训，秦朝大一统形式遂初具实际内涵。就中华正统学理脉络而言，汉儒诸贤内在整合孔孟之道与荀子礼教思想，自觉汲取道、法、阴阳、黄老诸学义理精华，在天君民合外王政教层面理顺平衡儒法关系，内圣明德学理探索随后亦初步展开，开拓建立起孔周（今文经学）与周孔（古文经学）对待和合的两汉儒学主流形态，从而构成了中华正统史上不可或缺的重大环节。

（一）两汉今、古文经学兴衰与中华正统学理脉络

两汉今文经学先兴而古文经学继起，其学理红线即对先王、先圣（主要是周孔、孔周）序次关系认识的动态深化。

战国时期儒门师生经书授受传承不绝，秦虽严颁挟书禁令，齐鲁民间师

---

① 《史记·秦始皇本纪》，第42—43页。

② 《汉书·董仲舒传》，中华书局2007年版，第566页。

儒亦暗自护存之。汉初经书已可私下口授流传，汉惠四年废除挟书令后五经师说得以公开传授，所用文本由秦前篆书（古文）改为汉代通行隶书抄录（今文），故世称汉今文经学。汉武帝在今文公羊学者董仲舒、公孙弘等建议下初立“独尊儒术”国策，今文经学大兴而公卿士吏遂多文学之士。汉武时期尚多以经术缘饰吏事，汉宣时期今文经学已初成朝廷正统意识形态。经汉宣、元、成三朝持续扶持，贤良文学孝廉察举，畏天本民孝治天下，今文经学师承授受群体日益壮大，经术取士参政议政益发普遍，尊师重傅、法吏师儒渐成风气，然亦渐陷章句繁琐利禄之途。两汉之际阴阳谴告说因缘大兴，先是今文《易》孟喜、京房诸家兴起，而后谶纬之学盛行（如刘向重阴阳、王莽重符命而光武重图谶）。西汉末年尤其是东汉以来古文经学即已适时兴起，东汉后期社会溃乱动荡，豪族、宦官、外戚长期秉政，清流浊流斗争激烈终致党锢之祸，今文经学转衰并呈今、古文经学合流态势。西汉重师法而东汉重家法，师法溯其源而家法衍其流，今文经学源流清朗，经传传承谱系分明。《诗》则文帝时申培公鲁《诗》、韩婴韩《诗》两家立于学官，景帝时辕固生齐《诗》一家立于学官；《书》则武帝时伏生、倪宽、欧阳生三家立，宣帝时石渠阁会议后夏侯胜、夏侯建两家立；《礼》则武帝时后仓一家立，宣帝时石渠阁会议后戴德、戴圣两家立，光武帝时立庆氏学曹充为博士（后废），东汉后《大戴》不行而郑玄注《小戴》；《易》则武帝时田何一家立，宣帝时施雠、孟喜、梁丘贺三家立，元帝时京房一家立（旋废，光武时重立）；《公羊春秋》则武帝时立公羊学博士，宣帝时石渠阁会议后严彭祖、颜安乐二家立；《穀梁春秋》则宣帝时石渠阁会议后立。光武中兴，恢复宣、元时期今文经学博士制度而各以家法教授。今文经学史上有两次重要的总结整合性经学会议，一是汉宣帝甘露三年石渠阁经学会议，既深化传承今文经学原有学派重天人之际大一统的齐学《公羊》学优长，又明确提升尊尊亲亲、中道平实的鲁学《穀梁》学地位，从而及时化解了今文经学发展中的深层次矛盾；二是章帝建初四年白虎观经学会议，立足今文经学传统而又内在整合今古文经学、谶纬黄老思想优长，从而对汉代纲常礼制予以系统性总结。今文经学阐发天人感应阴阳学说者，除以董仲舒为代表的《公羊》学外，今文经学家孟喜、京房等亦建立起阴阳时空内在一体的象数易学体系（其中孟喜卦气说以气解《易》

并以人事明之，京房纳甲筮法则精于灾异占卜），刘向亦推阴阳灾异说以救时事（创五行相生五德终始说新义并制帝德谱系表，刘歆复补置闰统以修拓之）。谶纬学说亦为两汉经学法天立人学理建构重要一环，《诗纬》《尚书纬》《礼纬》《易纬》《乐纬》《春秋纬》《孝经纬》《河图纬》《洛书纬》等纬书论述天人之际阴阳气运吉凶感应，其天象人事灾异阐发记载于《汉书·五行传》，东汉时期引纬解经注经已成今、古文经学家共用方式（今文经学尊崇孔子为神圣而自觉提升孔圣政统素王地位，古文经学则多阐发元气自然等思想）。东汉后期今文经学家立足今文经学微言大义而又自觉融会古文经学人文优长，如何休即博采融会西汉胡毋生、董仲舒等公羊学义理精华，并自觉吸收古文经学人文理念而撰《春秋公羊解诂》，旨在重铸公羊学体系以扶衰救失拨乱反正；而赵岐所撰《孟子章句》，则为两汉今文经学关注重心由政统外王教化转向道统学统内圣修养的重大尝试。

古文经学源自西汉而主要流传于民间，汉武时期河间献王刘德收集《周官》《尚书》《礼记》《孟子》等先秦古文书籍，修学六艺礼乐并于其王国立《毛氏诗》《左氏春秋》博士，汉武末期鲁恭王刘余坏孔子宅复偶得《古文尚书》及《礼记》《论语》《孝经》等先秦古字经籍，兼之献书、发现等渠道增益而古文经学渐兴。由于今文经学为两汉官方主流学术，古文经学传人大都师从多人通古今文经且兼通小学。西汉古文经学多有名臣（如张苍、贾谊、张敞、张禹、翟方进），东汉则多为位卑学尊之民间经师（如马融、郑玄）。两汉古文经传《古文尚书》《左氏春秋》《毛诗》《周礼》等传承谱系清晰，汉初张苍、贾谊、张敞、刘公子修先秦《左氏春秋》，贾谊授赵人贯公，贯公子长卿授张禹，张禹授尹更始，尹更始授其子尹咸、翟方进、胡常、房凤（胡常授贾护，贾护授陈钦，陈钦授王莽、陈元；翟方进授刘歆，刘歆授郑兴、贾徽、孔奋、马融；郑兴授郑众，贾徽授贾逵，孔奋授孔贾，马融授郑玄；服虔、谢该、颖容则私淑直承刘歆；言《左氏》者本之贾护、刘歆，平帝时《左氏春秋》立而旋废）。鲁人大毛公（即毛亨，承子夏、荀子传习古文《诗》学）为《诗训诂传》，河间献王得而献之并以小毛公（毛苌）为王国博士，汉平帝时曾立《毛诗》而旋废；《毛诗》传承则为毛亨传毛苌，毛苌传郑众、谢曼卿等，谢曼卿传卫宏、贾徽，卫宏传徐巡、贾徽传贾逵，此外刘桢、徐整、马融、王肃等俱私淑直承毛公《诗》（其中马融又传郑玄）。汉武末期鲁恭王偶得古文《尚书》而孔安国献之，平帝时立于学官而旋废；古文《尚书》传承则为孔安国传倪宽、司马迁、都尉朝，都尉朝传庸生，庸生传胡常，胡常传涂恽、徐敖，涂恽传贾徽、桑钦，贾徽传贾逵，此外丁鸿、杜林、马融、盖豫、孔僖、尹敏俱私淑直承孔安国（其中丁鸿传杨伦、杜林传徐巡与卫宏、马融传卢植与郑玄、盖豫传周防、孔僖传孔季彦）；《漆书古文尚书》则为杜林传徐巡、卫宏，张恭祖传郑玄，马融、郑玄再传卢植。鲁恭王于孔子宅壁偶得《逸礼》（《仪礼》十七篇以外的古文《礼经》），平帝时立而旋废；成帝时刘歆始著《周礼》于《录略》，王莽时立而后废；古文《礼》传承则为刘歆授杜子春，再授贾徽、郑兴，其中贾徽授贾逵、贾逵授许慎，郑兴授郑众，马融私淑直承郑众而分传郑玄、卢植，郑玄则融通古今文经以重整三礼学。古文《费氏易》以《易传》十篇解经而行于民间，马融、陈元、郑众、王璜、荀爽私淑直承费直（其中马融又授郑玄）。东汉古文经学对两汉今文经学外在流弊予以人文匡正，如扬雄《法言·君子》“通天地人曰儒，通天地而不通人曰伎”[①]，又如桓谭辟驳谶纬淫祠为非经云“凡人情忽于见事而贵于异闻，观先王之所记述，咸以仁义正道为本，非有奇怪虚诞之事。盖天道性命，圣人所难言也”[②]，再如东汉末期浮贪教衰之故，王符、崔寔、仲长统等救弊匡世人文批判思潮兴起，汉末党锢士人亦隐仕博通、不好章句。然古文经学学理探索亦多有矫枉过正之偏失，如王充、仲长统等偏颇义理即已非正统儒学所能范围，再如王莽复古礼制外王事功亦因缺失内圣明德中道工夫而致无源枯竭。

今、古文经学对待互补关联融通，今文经学立于学官而盛行于西汉，古文经学则多传于民间而盛行于东汉。西汉武帝以来今文经学即居官学正统地位，两汉之际在刘歆、王莽扶持下古文经学始为显贵，东汉光武立足今文经学而今古文并举两不偏废，章帝时白虎观经学会议亦融会古文经学而对今文经学予以全面总结，马融、郑玄等则立足古文经学人文立场而内在整合古、今文经学。两汉今、古文经学之争聚焦于《左氏春秋》，一是汉哀帝建平元年今文经

① 扬雄：《扬子法言》，《诸子集成》第七册（下同），第39页。

② 《后汉书·桓谭冯衍列传》，中华书局1965年版（下同），第959页。

学者师丹与古文经学者刘歆之争，师丹以为刘歆改乱旧章，刘歆则以为左丘明亲见夫子而好恶与圣人同（其《让太常博士书》以兼容并包、存古立真之义责难今文经学，欲立《古文尚书》《逸礼》《毛诗》《左氏春秋》而未果）；二是光武帝建武二至四年今文经学者范升与古文经学者韩歆等之争，范升以为“《左氏》不祖孔子，而出于丘明……学而不约，必叛道也……疑道不可由，疑事不可行……《诗》《书》不讲，礼乐不修，奏立《左》《费》，非政急务。孔子曰‘攻乎异端，斯害也已’……天下之事所以异者，以不一本也……《五经》之本自孔子始”，韩歆则争立《费氏易》《左氏春秋》，最终李封得立为《左氏》博士（封死旋废）；三是章帝建初元年至八年今文经学者李育与主张今、古无别的古文经学者贾逵之争，贾逵以为“《左氏》义深于君父，《公羊》多任于权变……凡所以存先王之道者，要在安上理民也。今《左氏》崇君父，卑臣子，强干弱枝，劝善戒恶，至明至切，至直至顺”[①]，《左氏》《穀梁》《古文尚书》《毛诗》遂同入太学授受系统；四是灵帝建宁、熹平年间今文经学者何休、羊弼与主张今古无别的服虔、郑玄之争，何休述李育之义而撰《公羊墨守》《左氏膏肓》《穀梁废疾》，郑玄则撰《发公羊墨守》《箴左氏膏肓》《起穀梁废疾》以辩之。东汉和帝之后今文经官学废弛而古文经私学遍及郡国，在马融、服虔等古文经学者开拓基础上，东汉末年郑玄“念述先圣之元意，思整百家之不齐”，立足古文经学人文立场而又兼采今、古文经说遍注儒经，两汉经学得以系统性内在整合而今、古文之争遂息。作为两汉经学集大成者，郑玄经注以礼解经网罗众家、贯通今古断以己义，打破今、古文经学者固守门户僵局而使学者略知所归，其“三礼”注（推重吉、凶、宾、军、嘉五礼体系与礼乐中道思想）与《毛诗》笺影响深远。不同于传统古文经学周高于孔理路，郑学主张周、孔并重共为圣人，这就为中华正统于魏晋时期孔颜、孔孟之道的进一步衍化作出关键性铺垫。

比较言之，两汉今文经学本天道立人道、法天文开人文，阐发经文微言大义经世致用并发展出章句义理之学（多以章句、传、记、说等方式注解经书，其中以董仲舒、何休等凸显大一统礼制之《公羊春秋》学为典型），崇奉

---

① 《后汉书·郑范陈贾张列传》，第1228—1229；1236—1237页。

孔子为托古改制受命素王（认定六经皆孔子所作而斥古文经为刘歆伪造，以为孔子微言大义于纬书中亦间有所存），并按由浅入深学习次第将五经顺序定为《诗》《书》《礼》《易》《春秋》），今尚存《春秋公羊传》《春秋穀梁传》《仪礼》、大小戴《礼记》以及《韩诗外传》等今文经典籍；古文经学则注重典章制度、名物训诂并发展出实事求是、崇古更化之学（多以释、注、笺、训、删等方式对经传予以考释删简与综合比较，其中以刘歆、贾逵等凸显人伦礼制之《左氏春秋》《周礼》学为代表），崇奉周公（以六经为上古史料而视孔子为“述而不作，信而好古”的上古文献整理先师，斥今文经学为秦火残缺之余、斥纬书为诬妄非经），并按出现时间早晚将五经顺序定为《易》《书》《诗》《礼》《春秋》，今存《毛诗》《周礼》《左氏春秋》等古文经典籍。此外，今、古文经学均主张君子善行强勉修教中道，且均出现过左（偏激固执）、中（人文中道）、右（世俗不经）三类思想倾向。两汉今文经学发展进程中实际存在僵化烦琐、流于妄诞之外在流弊，故其内部亦不断有人文化探索，如汉宣帝时立《穀梁春秋》于学官，又如东汉后期何休今文经公羊学对今文经穀梁学与古文经左氏学人文理路的借鉴吸收，以及东汉末年今、古文经学者的义理整合与学理融通等；而在古文经学发展进程中，亦实际存在拘泥古义、散漫无归等外在流弊，故其内部亦大都今、古文经兼通，且尝试立足古文经人文立场而对今文经学优长兼收并蓄，至东汉末年郑玄更是打破原有师法门户而揉合今古文经学，从而初成经学小一统局面。就两汉今、古文经学在中华正统史上的学理地位而言，今文经学重天君民合政统教化并尊孔子为素王，这一学理定位虽非学统道统意义上的以孔为尊且于明德修养层面有所欠缺，但还是离敬奉至圣孔子先圣周公、天人性善仁礼中道修教理念的孔孟程朱中华正统更近些，且东汉后晚期赵岐《孟子章句》已是两汉今文经学重心由天君民合教化政统转向仁礼中道性善修教学统道统的重大尝试；古文经学注重先王礼制政统教化而主张周公先圣高于孔子先师，这一学理定位虽然总体偏离了孔孟程朱儒学中华正统，而亦在人文化成与礼学重铸方面对中华正统健康发展贡献良多；至郑玄则以周公、孔子共为圣人而初统今、古文经学，从而为中华学统道统由周孔到孔颜、孔孟转化作出了时中贡献。

（二）两汉儒学时中开拓与中华正统学理脉络

汉代儒学以经学传承为根基，时中开拓学统道统，涵摄了纲常礼教仁礼内在、性善中道辟驳异端等内容。两汉儒者整合传统而又时中救弊，自觉继承荀子外王师道教化理路并尝试整合孔孟仁礼中道以及道、法优长，孔孟之道中华正统学理附丽其中并得以内在拓展。

陆贾（西历约前240年—前170年，以下西历二字从省）融会道学自然无为理念，提出纲常礼义修教中道等学统道统思想。《新语》述奉天法圣勉行纲常者如《术事》“天道调四时，人道治五常”、《道基》“后圣乃定五经，明六艺，承天统地，穷事察微，原情立本，以绪人伦……所以能统物通变，治情性，显仁义也”，又如《资质》“凡人莫不知善之为善，恶之为恶；莫不知学问之有益于己，怠戏之无益于事也。然而为之者，情欲放溢，而人不能胜其志也”、《思务》“尧舜之道而行之于世，虽非尧舜之君，则亦尧舜也……自人君至于庶人，未有不法圣道而为贤者也”；述君子仁义修教中道而辟偏邪异端者则如《本行》“行以仁义为本……君子笃于义而薄于利，敏于事而慎于言”、《无为》“君子尚宽舒以苞身，行中和以统远……孔子曰：‘移风易俗。’岂家至之哉，先之于身而已矣”，又如《辅政》“苏秦尊于诸侯，商鞅显于西秦，世无贤智之君，孰能别其形。故尧放驩兜，仲尼诛少正卯，甘言之所嘉，靡不为之倾，惟尧知其实，仲尼见其情”、《怀虑》“论不验之语，学不然之事，图天地之形，说灾变之异，乖先王之法，异圣人之意，惑学者之心，移众人之志”、《慎微》“苦身劳形，入深山求神仙，弃二亲捐骨肉，绝五谷废诗书，背天地之宝，求不死之道，非所以通世防非者也……合道德，采微善，绝纤恶，修父子之礼，以及君臣之序，乃天地之通道，圣人之所不失也”。①

贾谊（前200年—前168年）以礼义性修学统道统统摄天君民合民本政统。《新书》述礼义法天勉力性修者，如《六术》“阴阳各有六月之节，而天地有六合之事，人有仁义礼智信之行，行和则乐兴，乐兴则六，此之谓六行”、“人虽有六行，微细难识……先王为天下设教，因人所有，以之为训；道人之情，

① 陆贾：《新语》，《诸子集成》第七册，第4、2，13、20—21；16—17、7，6、15—16、10—11页。

以之为真”、《俗激》“立君臣，等上下，使父子有礼，六亲有纪……而后有所持循矣”，又如《道德说》“性，神气之所会也。性立，则神气晓晓然发而通行于外矣，与外物之感相应”、《劝学》“舜何人也？我何人也？夫启耳目，载心意，从立移徙，与我同性……舜僶俛而加志，我儃僈而弗省耳”；述君子敬慎正君化民者，则如《胎教》“君子慎始。《春秋》之元，《诗》之《关雎》，《礼》之《冠》《婚》，《易》之《乾》《坤》，皆慎始敬终云尔”、《大政上》“知善而弗行谓之狂，知恶而不改谓之惑……闻善而行之如争，闻恶而改之如雠”、《审微》“善不可谓小而无益，不善不可谓小而无伤……轻始而傲微，则其流必至于大乱，是故子民者谨焉”，又如《大政上》“为人君者，其出令也，其如声；士民学之，其如响；曲折而从君，其如影矣……执事而临民者，日戒慎一日，则士民亦日戒慎一日矣，以道先民也”、《时变》“商君违礼义，弃伦理，并心于进取，行之二岁，秦俗日败”、《过秦下》“秦王怀贪鄙之心，行自奋之智，不信功臣，不亲士民，废王道而立私爱，焚文书而酷刑法，先诈力而后仁义，以暴虐为天下始”。[①]

韩婴（约前200年—约前130年）整合荀孟融会道学，提出法圣礼义性善待教、仁礼中道适情节欲等“三统”思想。《韩诗外传》述奉天法圣礼义为本者如卷五“三王之道，周则复始，穷则反本，非务变而已，将以止恶扶微，绌缪沦非，调和阴阳，顺万物之宜也”、“孔子抱圣人之心……倚天理，观人情，明终始，知得失。故兴仁义，厌势利，以持养之”、“君臣之义，父子之亲，夫妇之别，朋友之序，此儒者之所谨守，日切磋而不舍也”，述人之性善待教而成者如卷六“天之所生，皆有仁义礼智顺善之心……天之所以仁义礼智，保定人之甚固也……民之秉德以则天也”、卷五“民非无仁义根于心者也，王政怵迫而不得见，忧郁而不得出”、“人性善，非得明王圣主扶携，内之以道，则不成为君子”，述君子学行仁礼中道者如卷十“君子之于道也，犹农夫之耕，虽不获年，优之无以易也”、卷一“中心存善而日新之，虽独居而乐，德充而形”、卷二“凡治气养心之术，莫径由礼，莫优得师，莫慎一好。

---

① 贾谊：《新书校注》（阎振益等校注），中华书局2000年版，第316、316、92，326、296—297；390、339、73，341、97、14页。

好一则抟，抟则精，精则神，神则化，是以君子务结心乎一也”，述适情节欲民本教化者则如卷四“诚恶恶，知刑之本；诚善善，知敬之本。惟诚感神，达乎民心”、卷五“圣王之教其民也，必因其情而节之以礼，必从其欲而制之以义。义简而备，礼易而法，去情不远，故民之从命也速”、卷二“原天命，治心术，理好恶，适情性，而治道毕矣……四者不求于外，不假于人，反诸己而存矣”。[①]此外，孔安国（前156年—前74年）整理的《孔子家语》彰显性善贵行、礼义中道君子修教，戴德编撰《大戴礼记》注重君子仁孝礼义中道（论性则多同《孔子家语》），刘向（约前77年—前6年）所编《说苑》论君子修教天性养成则稍类《韩诗外传》。

董仲舒（前179年—前104年）继承并修正荀子外王教化理路，于“三统”层面提出奉天法圣仁礼中道、人性质善待教成性思想，初步奠定起两汉修教基本格局。《春秋繁露》述奉天法圣仁礼中道者如《楚庄王》“《春秋》之道，奉天而法古……王者有改制之名，无易道之实……正朔、服色之改，受命应天制礼作乐之异，人心之动也。二者离而复合，所为一也”、《仁义法》“以仁安人，以义正我”、《对胶西王越大夫不得为仁》“仁人者，正其道不谋其利，修其理不急其功，致无为而习俗大化”、《天道施》“夫礼，体情而防乱者也。民之情，不能制其欲，使之度礼。目视正色，耳听正声，口食正味，身行正道，非夺之情也，所以安其情也”、《玉英》“《春秋》有经礼，有变礼。为如安性平心者，经礼也；至有于性虽不安，于心虽不平，于道无以易之，此变礼也……明乎经变之事，然后知轻重之分，可与适权矣”，述性禾善米待教而成者则如《实性》“卵待覆二十日，而后能为雏；茧待缲以涫汤，而后能为丝；性待渐于教训，而后能为善……性者，天质之朴也；善者，王教之化也。无其质，则王教不能化；无其王教，则质朴不能善”、《深察名号》“性比于禾，善比于米。米出禾中，而禾未可全为米也；善出性中，而性未可全为善也……万民之性，有其质而未能觉，譬如瞑者待觉，教之然后善。当其未觉，可谓有善质，而不可谓善……天生民性有善质而未能善，于是为之立王以善之，此天意

① 韩婴：《韩诗外传集释》（许维遹校释），中华书局1980年版，第178、165、182，219、197、185，340、25、75—76，160、184、77—78页。

也。民受未能善之性于天，而退受成性之教于王，王承天意，以成民之性为任者也……今万民之性，待外教然后能善，善当与教，不当与性。与性，则多累而不精，自成功而无贤圣”、“性有善端，动之爱父母，善于禽兽，则谓之善，此孟子之善。循三纲五纪，通八端之理，忠信而博爱，敦厚而好礼，乃可谓善，此圣人之善也……圣人以为无王之世，不教之民，莫能当善。善之难当如此，而谓万民之性皆能当之，过矣”、《盟会要》“圣人者，贵除天下之患……天下者无患，然后性可善……然后清廉之化流……王道举，礼乐兴”。[①]综上，董仲舒天君民合质善修教思想虽因总体赓续荀子偏重外王教化理路而并非孔孟之道中华正统，但两者之间也实有精神契合内在关系，其天人修教思想内在构成了中华正统史上关键性学理环节之一。

桓宽《盐铁论》据汉昭帝始元六年盐铁会议记录编纂而成，于“三统”层面提出君子性善仁义中道修教思想以拨乱反正。其中述性善强勉亲亲推扩者如《执务》“孟子曰：‘尧舜之道，非远人也，而人不思之耳。’《诗》云：‘求之不得，寤寐思服。’有求如《关雎》，好德如《河广》，何不济不得之有！故‘高山仰止，景行行止’，虽不能及，离道不远也。颜渊曰：‘舜独何人也？回何人也？’夫思贤慕能，从善不休，则成、康之俗可致，而唐、虞之道可及”、《周秦》“为民父母，以养疾子，长恩厚而已……子为父隐，父为子隐，未闻父子之相坐也。闻兄弟缓追以免贼，未闻兄弟之相坐也。闻恶恶止其人，疾始而诛首恶，未闻什伍之相坐”，述仁义中道君子修教者则如《遵道》“师旷之调五音，不失宫商。圣王之治世，不离仁义。故有改制之名，无变道之实”、《盐铁取下》“君子仁以恕，义以度，所好恶与天下共之”、《本议》“治人之道，防淫佚之原，广道德之端，抑末利而开仁义，毋示以利，然后教化可兴，而风俗可移也……与民争利，散敦厚之朴，成贪鄙之化”、《大论》“残材木以成室屋者，非良匠也；残贼民人而欲治者，非良吏也。故公输子因木之宜，圣人不费民之性”、《遵道》“小人智浅而谋大，羸弱而任重，故中道而废，

① 《春秋繁露义证》，第14—23、249、268、469—470、74—75，312—313、297—303、303—304、140—141页。

苏秦、商鞅是也。无先王之法，非圣人之道而因于己，故亡”。[1]

班固《白虎通义》以道统学统统领政统，对两汉经学天人合一性情礼制予以系统总结与内在整合。其中述阴阳性情五行五德者如《性情》“性者阳之施，情者阴之化也。人禀阴阳气而生，故内怀五性六情。情者，静也。性者，生也。此人所禀六气以生者也”、“五性者何谓？仁义礼智信也……人生而应八卦之体，得五气以为常，仁义礼智信也……喜怒哀乐爱恶谓六情，所以扶成五性。性所以五，情所以六何？人本含六律五行之气而生”、《五经》“有五常之道，故曰‘五经’。《乐》仁、《书》义、《礼》礼、《易》智、《诗》信也。人情有五性，怀五常不能自成，是以圣人象天五常之道而明之，以教人成其德也”，述纲纪宗族王教中道者如《三纲六纪》“纲者，张也；纪者，理也。大者为纲，小者为纪，所以张理上下，整齐人道也。人皆怀五常之性，有亲爱之心，是以纲纪为化，若罗网之有纪纲而万目张也……君臣、父子、夫妇，六人也，所以称三纲何？一阴一阳谓之道，阳得阴而成，阴得阳而序，刚柔相配，故六人为三纲……六纪者，为三纲之纪者也。师长，君臣之纪也，以其皆成己也。诸父、兄弟，父子之纪也，以其有亲恩连也。诸舅、朋友，夫妇之纪也，以其皆有同志为己助也”、《宗族》“宗者，尊也。为先祖主者，宗人之所尊也……古者所以必有宗，何也？所以长和睦也。大宗能率小宗，小宗能率群弟，通其有无，所以纪理族人者也”、《三教》“王者设三教者何？承衰救弊，欲民反正道也。三正之有失，故立三教，以相指受。夏人之王教以忠，其失野，救野之失莫如敬。殷人之王教以敬，其失鬼，救鬼之失莫如文。周人之王教以文，其失薄，救薄之失莫如忠……三者如顺连环，周而复始，穷则反本……教所以三何？法天地人，内忠，外敬，文饰之，故三而备也……教者，效也。上为之，下效之”，述礼制礼仪奉天化成者则如《谥》“谥之为言引也，引列行之迹也。所以进劝成德，使上务节也……明别善恶，所以劝人为善，戒人为恶也”、《社稷》“王者诸侯必有诫社者何？示有存亡也。明为善者得之，为恶者失之”、《乡射》“射者，执弓坚固，心平体正，然后中也。二人争胜，乐以德养也。胜负俱降，以宗礼让……必因射助阳选

① 桓宽：《盐铁论》，《诸子集成》第七册，第42、59，26、44、1、61、27页。

士者，所以扶助微阳而抑其强，和调阴阳，戒不虞也”、《辟雍》“天子所以有灵台者何？所以考天人之心，察阴阳之会，揆星辰之证验，为万物获福无方之元……天子立明堂者，所以通神灵，感天地，正四时，出教化，宗有德，重有道，显有能，褒有行者也”。[①]

扬雄（前53年—18年）《法言》于“三统”层面主张君子法圣修教中道，其中述君子法古圣王者如《问道》“申、韩之术，不仁之至矣……法者，谓唐、虞、成周之法也”、“适尧、舜、文王者为正道，非尧、舜、文王者为它道，君子正而不它”、《吾子》“古者杨、墨塞路，孟子辞而辟之，廓如也”，述君子性修学行者如《修身》“人之性也善恶混，修其善则为善人，修其恶则为恶人”、《学行》“学者，所以修性也。视、听、言、貌、思，性所有也。学则正，否则邪”、“君子贵迁善。迁善者，圣人之徒与”、“螟蠕之子殪，而逢蜾蠃祝之曰：‘类我，类我。’久则肖之矣！速哉，七十子之肖仲尼也”、《修身》“仁，宅也；义，路也；礼，服也；智，烛也；信，符也。处宅、由路、正服、明烛、执符，君子不动，动斯得矣”，述君子修教中道者则如《君子》“通天地人曰儒，通天地而不通人曰伎”、《孝至》“孝，至矣乎！一言而该，圣人不加焉……天下为大，治之在道，不亦小乎？四海为远，治之在心，不亦迩乎”、《君子》“君子不言，言必有中也；不行，行必有称也……君子于仁也柔，于义也刚”、《先知》“圣人之道，譬犹日之中矣。不及则未，过则昃。什一，天下之正也。多则桀，寡则貉”。[②]扬雄欲以人文君子修教中道学统道统补救今文经学政统建构外在异化，但却奉持以孔圣附丽先王之古文经学立场与人性善恶混之修性成善杂乱理路，故虽于道统学统建设有所开拓，而基本理路已偏离了孔孟之道中华正统。

东汉初期桓谭（前23年—50年）《新论》立足古文经学人文立场与道家自然理念，辟驳今文经学谶纬说与道教长生说，主张形神一体代谢自然以补时救弊，如《祛弊》“精神居形体，犹火之然烛矣。如善扶持，随火而侧之，可无

---

① 《白虎通疏证》，第381、381—382、447，374—375、393—394、369—371，67—71、86、246、263—265页。

② 《扬子法言》，第12、9、6，6—7、2、3、1、7，39、40—42、37、27页。

灭而竟烛。烛无，火亦不能独行于虚空”、“生之有长，长之有老，老之有死，若四时之代谢矣。而欲变易其性，求为异道，惑之不解者也”[①]。但桓谭于王霸关系、先王孔圣等评判大有经验实用之偏失，亦非孔孟之道中华正统。东汉前期王充（27年—约97年）于“三统”层面主张元气自然修性教化说。《论衡》述天道自然禀气成化者如《谴告》“夫天道，自然也，无为；如谴告人，是有为，非自然也”、《自然》“天地合气，万物自生……至德纯渥之人，禀天气多，故能则天，自然无为。禀气薄少，不遵道德，不似天地，故曰不肖”、《命禄》“命则不可勉，时则不可力，知者归之于天，故坦荡恬忽”，述性有善恶教习化善者如《命义》“操行善恶者，性也……亦有三性，有正，有随，有遭。正者，禀五常之性也；随者，随父母之性；遭者，遭得恶物象之故也”、《率性》“论人之性，定有善有恶。其善者，固自善矣；其恶者，故可教告率勉，使之为善。凡人君父，审观臣子之性，善则养育劝率，无令近恶；近恶则辅保禁防，令渐于善。善渐于恶，恶化于善，成为性行……人之性犹蓬纱也，在所渐染而善恶变矣”、“人含五常之性，贤圣未之熟锻炼耳，奚患性之不善哉……教导以学，渐渍以德，亦将日有仁义之操……不患性恶，患其不服圣教，自遇而以生祸也”，述性情治本礼义防制者则如《本性》“情性者，人治之本，礼乐所由生也。故原情性之极，礼为之防，乐为之节。性有卑谦辞让，故制礼以适其宜；情有好恶喜怒哀乐，故作乐以通其敬”、《答佞》“虽有君子之行，犹有饥渴之情。君子则以礼防情，以义制欲，故得循道，循道则无祸”。[②]王充以自然经验辟驳今文经学及谶纬天人感通说之虚妄流弊，以黄老之说消解孔子仁礼之道（甚至问孔而刺孟），以性有善恶染化防制说阐发古文经学人文修教观，虽有实际开拓价值与消解流弊功效，但亦实际偏离了孔孟之道中华正统。

东汉中期王符（约85年—约163年）以道统学统统领政统，主张奉天法圣礼义化民而抑末务本。《潜夫论》述奉天法圣仁义性修者，如《本训》“天本诸阳，地本诸阴，人本中和……天道曰施，地道曰化，人道曰为……感通阴阳而

① 新辑本《桓谭新论》，中华书局2009年版，第32、34页。

② 王充：《论衡》，《诸子集成》第七册，第143、177—179、5，11—12、15、16—17，28、115页。

致珍异也”、《考绩》“圣人为天口，贤人为圣译。是故圣人之言，天之心也。贤者之所说，圣人之意也”、《思贤》“治身有黄帝之术，治世有孔子之经。然病不愈而乱不治者，非针石之法误而五经之言诬也，乃用之者非其人”，又如《释难》“有仁义者，谓之君子”、《交际》“恕者，仁之本也。平者，义之本也。恭者，礼之本也。守者，信之本也”、《德化》“民有性有情，有化有俗。情性者，心也，本也；化俗者，行也，末也。末生于本，行起于心，是以上君抚世，先其本而后其末，顺其心而理其行……民蒙善化，则人有士君子之心；被恶政，则人有怀奸乱之虑。故善者之养天民也，犹良工之为麴豉也”；述天君民合礼制中道者，则如《本政》“凡人君之治，莫大于和阴阳。阴阳者，以天为本。天心顺则阴阳和，天心逆则阴阳乖。天以民为心，民安乐则天心顺，民愁苦则天心逆。民以君为统，君政善则民和治，君政恶则民冤乱。君以恤民为本，臣忠良则君政善，臣奸枉则君政恶”，又如《断讼》“先王因人情喜怒之所不能已者，则为之立礼制而崇德让；人所可已者，则为之设法禁而明赏罚……立法之大要，必令善人劝其德而乐其政，邪人痛其祸而悔其行”、《德化》“上智与下愚之民少，而中庸之民多。中民之生世也，犹铄金之在炉也。从笃变化，惟冶所为；方圆薄厚，随镕制尔”，再如《务本》“凡为治之大体，莫善于抑末而务本，莫不善于离本而饰末”、《卜列》“移风易俗之本，乃在开其心而正其精。今民生不见正道，而长于邪淫诳惑之中，其信之也，难卒解也，惟王者能变之”。[①]王符虽持古文经学立场，而折中今文经学天人感通与道法刑名思想，中道正名圣经礼制而不概以虚妄否之，其性情观亦类董仲舒质善教化说，故而较之王充更纯粹中正一些。东汉后期应劭（约153年—196年）《风俗通义》亦以奉天法圣礼义中道辟驳怪神淫祀，如《愆礼》“圣人之制礼也，事有其制，曲有其防，为其可传，为其可继，贤者俯就，不肖跂及”、《怪神》“非其鬼而祭之，谄也……淫躁而畏者，灾自取之，厥咎响应；反诚据义，内省不疚者，物莫能动，祸转为福矣。传曰：‘神者，申也。怪者，疑也’”[②]。

---

① 王符：《潜夫论》，《诸子集成》第八册，第154、30、32，139、145、156—159；36，98、159，6、126—127页。

② 应劭：《风俗通义校注》（王利器校注），中华书局2010年第2版，第137、386页。

东汉后期荀悦（148年—209年）亦以道统学统统领政统，主张仁义治性民本中道。《申鉴》述人文君子仁义中正者如《政体》“夫道之本，仁义而已矣。五典以经之，群籍以纬之，咏之歌之，弦之舞之……古之圣王，其于仁义也，申重而已”、《杂言上》“君子食和羹以平其气，听和声以平其志，纳和言以平其政，履和行以平其德”、《杂言下》“所恶乎异者三……好生事则多端而动众，好生奇则离道而惑俗，好变常则轻法而乱度”，述扶善抑恶养性中和者如《杂言上》“人非下愚，则皆可以为尧舜矣……服尧之制，行尧之道则可矣”、《杂言下》“善恶皆性……性虽善，待教而成；性虽恶，待法而消。唯上智下愚不移，其次善恶交争。于是教扶其善，法抑其恶”、“纯德无慝，其上善也；伏而不动，其次也；动而不行，行而不远，远而能复，又其次也；其下者，远而不近也。凡此皆人性也，制之者则心也”、“好恶者，性之取舍也，实见于外，故谓之情尔，必本乎性矣……凡情意心志者，皆性动之别名也”、《俗嫌》“养性秉中和，守之以生而已……喜怒哀乐思虑必得其中”，述承天养民治性中道者则如《杂言上》“人主承天命以养民者也，民存则社稷存，民亡则社稷亡”、《政体》“君子以情用，小人以刑用……中人之伦，则刑礼兼焉。教化之废，推中人而坠于小人之域；教化之行，引中人而纳于君子之途”、“善治民者，治其性也……以知能治民者，泅也；以道德治民者，舟也。纵民之情谓之乱，绝民之情谓之荒”。[①]荀悦权以反经折中礼制而尝试整合今、古文经学，其性情相应修教中道思想承续荀子思路且与王符《潜夫论》相类。其说虽有见地且实含性善因素，但与孔孟之道性善正统终隔一层。

徐干（170年—217年）《中论》以性情质善仁礼学行矫汉末僭乱风习，如《艺纪》“君子非仁不立，非义不行，非艺不治，非容不庄……君子者，表里称而本末度者也”、《治学》“人虽有美质而不习道，则不为君子”、“民之初载，其矇未知。譬如宝在于玄室，有所求而不见。白日照焉，则群物斯辩矣。学者，心之白日也”、“学也者，所以疏神达思，怡情理性，圣人之上务也”、《法象》“人性之所简也，存乎幽微；人情之所忽也，存乎孤独……君子敬孤独而

① 荀悦：《申鉴》，《诸子集成》第八册，第1、23、24，20、26—27、27、27、17，20、2—3、6页。

慎幽微”、《虚道》“君子之所贵者，迁善惧其不及，改恶恐其有余……恶不废则善不兴，自然之道也”，又如《贵言》“大禹善治水，而君子善导人。导人必因其性，治水必因其势，是以功无败而言无弃也”、“君子之与人言也，使辞足以达其知虑之所至，事足以合其性情之所安，弗过其任而强牵制也”、《治学》“先王立教官掌教国子，教以六德，曰智仁圣义忠和；教以六行，曰孝友睦姻任恤；教以六艺，曰礼乐射御书数。三教备而人道毕矣”。[①]此外，与王符同时的崔寔《政论》主张王霸交参，与徐干同时的仲长统《昌言》则主张以道改儒；二者俱为人文批判现实立场而不主张回归经学本真精神，故已非正统学理所能范围。

综上，两汉儒学内承荀学礼法教化理路，侧重外王政统层面之亲民教化孝悌践履，明德修养道统学统内圣建构层面则相对薄弱。今文经学尊奉孔子为素王，古文经学奉周公为先圣、孔子为先师，东汉郑玄虽整合今、古文经学且奉周、孔俱为先圣，但其优长主要限于政教层面，内圣学理层面尚开发不足。表征孔孟道统学统的《大学》《中庸》天人贯通理路尚未成为这一时期学理主流，中华正统学理探索在此阶段主要体现为以礼义教化发明人性之善质。

二、秦汉时期中华正统实践脉络概说

春秋中后期，以宗法封建学校井田（亲亲尊尊贤贤养民）为基本内涵的传统礼教已呈衰相，奉天法古、尚贤分治以王天下的民本教化氛围日趋淡薄（如公室衰落陪臣强盛、郑鲁丘赋丘甲田赋、鲁楚郑晋初税亩、郑晋修刑书、楚晋秦设郡县等即为典型）。战国以来更是诸侯争利民不聊生，孟子志承孔子而勇立性善仁政观，孔孟之道中华正统正式奠定，商鞅、李斯、韩非等法家则厚今蔑古菲薄仁礼，主张以郡县制强化中央集权、崇尚事功法治天下，传统礼教正统合法性由此受到严重冲击。在秦朝形式化大一统基础上，天君民合政统重建遂成汉代正统实践展开不可回避的首要问题。以下主要参照《资治通鉴纲目》与《汉书》等正史

① 徐干：《中论解诂》（孙启治解诂），中华书局2014年版，第115、9、1、1、25、63、98、93、1页。

对汉代天君民合正统实践经验教训予以概说。其中，君臣敬修皇嗣顺承、后妃戚宦贤否正邪、举贤任能礼补吏法、本民重农诏诫奢靡、民生民教儆天恤养、夏夷和战动态融合等，构成了秦汉时期中华正统实践脉络基本内容。

（一）秦朝西汉时期中华正统实践脉络

【庚辰】秦始皇帝二十六年初并天下更号皇帝、除谥法（恶臣议君、子议父之故）、定水德（纳齐人邹衍五德终始说，岁正十月而色尚黑，事决于法刻暴寡仁），分天下为三十六郡（丞相王绾等议分封而廷尉李斯以为郡县安便易制，于是中央行丞相、太尉、御史大夫三公诸卿制，地方行郡县制，郡置守、尉、监，县置令、丞、尉，县下乡里三老、有秩、啬夫、游徼、里正、亭长宣教治安且户籍相伍），销兵器、一度量、车同轨（作复道）、书同文（小篆、隶书，李斯作《仓颉篇》、赵高作《爰历篇》、胡毋敬作《博学篇》，易字笔繁复之史籀大篆为简约小篆；此外程邈作隶书以简便官狱政务，蒙恬复改良发明毛笔以利书写），徙天下豪杰十二万户于咸阳。【辛巳】二十七年帝北巡（治驰道）。【壬午】二十八年帝东巡（上邹峄山刻石颂功，封泰山禅梁父并立石颂德，登琅邪作台刻石并徙入黔首三万户，遣徐市入海求神仙，渡淮浮江至南郡而还，二十九年东登芝罘刻石而还）。【乙酉】三十一年使黔首自实田。【丙戌】三十二年帝东巡（刻碣石门，求不死药而得符谶“亡秦者胡也”，遂巡北边并遣蒙恬伐匈奴）。【丁亥】三十三年迁徙内地罪犯以实边、略取南越地而置闽中、桂林、象郡、南海四郡（谪徙民五十万戍五岭以与越人杂居融合，始皇时民人徙移河套、岭南、陇西、巴蜀，边远遂渐得风化），修灵渠以沟通长江珠江水系、蒙恬收河套内地为四十四县并筑长城防匈奴，彗星见。【戊子】三十四年烧诗书百家语（博士淳于越以师古分封说驳仆射周青臣变古郡县说，帝纳丞相李斯言严禁以古非今）。【己丑】三十五年除直道、营朝宫，坑诸生四百六十余人（侯生、卢生讥议之故，长子扶苏劝谏之而帝怒使出监蒙恬军）。【庚寅】三十六年荧惑守心，陨石东郡。【辛卯】三十七年冬十月帝东巡（至云梦祀虞舜，上会稽祭大禹并立石颂德），秋七月帝崩于沙丘（李斯、赵高矫诏立少子胡亥而杀扶苏及蒙恬）。【壬辰】二世皇帝元年夏四月杀诸公子公主（纳赵高言严法苛刑以纵其欲）、复作阿房宫，秋七月楚人陈胜、吴广起兵于蕲（胡亥性残刑虐戍人自危，戍徒陈胜自立为楚王，六国遂并起叛秦），九月楚人刘邦起兵于沛并自立为沛公。【癸巳】二年夏六月项梁立楚怀王孙心为楚怀王，秋七月大霖雨，腰斩左丞相李斯并夷其三族（斯贪禄尸位陷民水火，劝二世严行督责，以税民深者为明吏、杀人众者为忠臣，奸伪并起政急盗汹，赵高专恣而排陷杀之），楚遣沛公伐秦（项籍剽悍残暴而刘邦宽大长者之故）。【甲午】三年冬十二月项籍大破秦军于钜鹿（遂为诸侯上将军），秋八月赵高弑帝而立子婴为王（赵高指鹿为马专权自恣而君臣离散），九月子婴讨杀赵高并夷其三族，来年冬十月秦王子婴封玺符节降于沛公、秦亡。

【乙未】楚义帝熊心元年（西楚霸王项籍元年，汉王刘邦元年）冬十月沛公入咸阳约法三章除秦苛法、项籍诈坑秦降卒二十余万于新安（遂屠咸阳、杀子婴、掘始皇冢而大掠东归），春正月项籍阳尊楚怀王为义帝而徙之江南，二月项籍自立为西楚霸王而立沛公为汉王，夏四月诸侯罢兵就国（汉王信任萧何、张良、韩信、陈平以图天下）。【丙申】西楚二年、汉二年冬十月西楚霸王项籍弑义帝，春三月汉王至洛阳为义帝发丧并告诸侯讨项籍，夏五月关中饥人相食，秋八月汉王命萧何守关中并立宗庙社稷。【丁酉】西楚三年、汉三年冬十月晦日蚀，十一月晦日蚀，夏楚汉争战（汉处下风），秋七月有星孛于大角。【戊戌】西楚四年、汉四年冬十月汉王复取成皋而军广武（汉王与天下同其利，项籍势力转衰），秋八月汉初为算赋（民年十五至五十六出赋钱）、楚与汉约中分天下。

【己亥】汉太祖高皇帝五年冬十月垓下之战楚败汉兴，春正月赦（令曰“兵不得休八年，万民与苦甚。今天下事毕，其赦天下殊死以下”），二月汉王即皇帝位（西都洛阳），夏五月命兵罢归家、纳娄敬谏西都关中。【庚子】六年冬十二月帝始剖符封功臣为彻侯，春正月始立刘姓王（汉高不能稽古求遗贤、讲王制复井田以正大本公天下，封三庶孽分天下半，苟简一时流患于后），秋匈奴寇边（冒顿弑父自立为单于，灭东胡、走月氏而并楼烦，遂侵燕、代）、命博士叔孙通起朝仪（采古礼与秦仪杂就之）。【辛丑】七年冬十月帝追击匈奴而被围平城，十二月匈奴寇代，春令郎中有罪耏以上请之、民产子复（勿事二岁），二月始定都长安、置宗正官。【壬寅】八年春三月令爵非公乘以上毋得冠刘氏冠、贾人毋得衣锦绣绮縠及操兵乘马，秋八月赦吏有罪未发觉者。【癸卯】九年冬遣刘敬使匈奴结和亲，十一月徙齐、楚大族豪杰实关中（昭氏、屈氏、景氏、怀氏、田氏五姓计十余万口），夏六月晦日蚀、以萧何为相国。【乙巳】十一年春正月立子恒为代王，二月诏立王侯朝献郡国口赋法以恤民、诏郡国求遗贤，夏五月使陆贾立故秦南海尉赵佗为南粤王以和集百越，陆贾著《新语》总结秦亡教训而帝善之。【丙午】十二年冬十一月帝过鲁并以太牢祠孔子，夏四月帝崩（宽仁善任明达能断，顺天应民肇定天下，礼法并用定汉规模，内秦外周仁礼失调）、太子盈即位。

【丁未】孝惠皇帝元年春正月赐民爵一级，减田租复十五税一。【戊申】二年春正月两龙见兰陵井中、陇西地震，夏旱，秋七月相国萧何卒、以曹参为相国（萧规曹随清静宁民）。【己酉】三年春与匈奴和亲，夏五月立闽越君摇为东海王。【庚戌】四年春正月举民孝悌力田者并复其身，夏六月帝冠、省法令妨民者、除挟书律、宜阳雨血，秋七月未央宫凌室、织室灾。【辛亥】五年冬雷、桃李华、枣实，夏大旱，秋八月相国曹参卒。【壬子】六年令民得卖爵，令女子年十五以上至三十不嫁者五算。【癸丑】七年春正月朔日蚀，夏五月日蚀既，秋八月帝崩（亲亲宽仁而受制于高后），九月太后临朝称制。【甲寅】高皇后吕氏元年春正月除三族罪、妖言令，二月初置孝悌力田二千石者一人，秋桃李华。【乙卯】二年春正月地震而武都山崩、诏差次列侯功以定朝位（世代勿绝），夏六月晦日蚀，秋七月行八铢钱。【丙辰】三年夏江、汉水溢（流民四千余家），秋星昼见而伊、洛、汝水溢。【戊午】五年春南粤王尉佗反（有司请禁南越关市铁器之故），秋八月初令戍卒岁更。【己未】六年冬十月太后立吕产为吕王，春星昼见，夏六月匈奴寇狄道，是年行五分钱。【庚申】七年冬十二月匈奴寇狄道，春正月日蚀既、昼晦，秋九月遣周竈击南越。【辛酉】八年夏江、汉水溢（流民万余家），秋七月太后崩（清静休民有过渡功），大臣诛诸吕、迎立代王恒（九月即位）。

【壬戌】太宗孝文皇帝元年冬十二月除收帑相坐律令，春正月立子启为皇太子（赐天下民当为父后者爵一级），二月立窦氏为皇后，三月诏定赈穷养老之令以顺春和，夏四月齐、楚地震（众山同崩大水溃出），六月令四方毋来献，秋遣太中大夫陆贾使南越（尉陀感帝诚意称臣奉贡）、以贾谊为太中大夫（谊请改正朔兴礼乐、更秦法立汉制而帝谦让未遑）。【癸亥】二年冬十月诏诸侯之国教训其民，十一月晦日蚀、诏举贤良方正直言极谏者以匡不逮，春正月亲耕籍田（纳贾谊言以务农本），夏五月诏除诽谤妖言法，秋九月诏赐天下今年田租之半。【甲子】三年冬十月晦日蚀、十一月晦日又蚀，夏五月匈奴入寇、遣灌婴击走之。【乙丑】四年冬十二月以张苍为丞相，是年以贾谊为长沙王太傅（帝欲重任而大臣短之）。【丙寅】五年春二月地震，夏四月更造四铢钱而除盗铸令（不听贾谊、贾山谏，吴国、邓通铸钱遂布天下）。【丁卯】六年冬十月桃李华、淮南王刘长谋反废徙道死，匈奴冒顿死、子老上单于立而复请和亲（宦者中行说降单于并教其抗汉），以贾谊为梁王太傅（谊以礼法治乱大体谏而帝深纳之）。【戊辰】七年夏六月未央宫东阙罘罳灾。【己巳】八年夏长星出东方。【庚午】九年春大旱。【辛未】十年太后弟薄昭杀汉使者、帝迫其自杀。【壬申】十一年冬匈奴寇狄道（纳晁错言，募民徙塞下）。【癸酉】十二年冬十二月河决东郡（兴卒塞之），春三月除关、无用传，诏民入粟边得拜爵免罪、赐农民本年半租、遣谒者劳赐三老孝悌力田廉吏并令率意导民。【甲戌】十三年春二月诏具亲耕桑礼仪，夏除秘祝（祸不移下之故），五月除肉刑（帝感缇萦孝父之心而令宽仁爱民），六月诏除田之租税、赐天下孤寡布帛。【乙亥】十四年冬匈奴寇边，春诏增诸祀坛场珪币并令祠官致敬为民（谕毋为帝祈福）。【丙子】十五年春黄龙见成纪（始纳公孙臣说而令申明土德并草改历及服色事，张苍法秦水德说遂绌），夏四月始郊见五帝于雍、敕修名山大川尝祀而绝者并岁时致礼，秋九月亲策贤良直言极谏者（擢晁错为中大夫）。【丁丑】十六年夏四月郊祀五帝（以方士新垣平为上大夫）。【戊寅】后元年冬十月新垣平诈觉伏诛（帝遂怠于鬼神之事），春三月诏议可以佐百姓者。【己卯】二年夏复与匈奴和亲（患其连年入寇杀掠之故），秋八月以申屠嘉为丞相（能稍绌帝宠邓通以正朝礼）。【辛巳】四年夏四月晦日蚀、五月赦天下并免官奴婢为庶人。【癸未】六年冬匈奴寇上郡与云中（诏将军周亚夫等屯兵备之），夏四月大旱蝗（诏弛利省费发仓振民）。【甲申】七年夏六月帝崩（慈惠爱民德感天下，遗诏短丧薄于礼义）、太子启即位，秋九月有星孛于西方。

【乙酉】孝景皇帝元年冬十月尊高皇帝为太祖、孝文皇帝为太宗并令郡国立庙，春正月诏听民徙宽大地，夏五月令复收民田半租（三十税一）、减笞法，秋七月诏令惩治贪枉吏属，以张欧为廷尉（虽以治刑名家而为人长者）。

【丙戌】二年冬十二月有星孛于西南、令男子二十始傅，夏六月以晁错为御史大夫、彗星出东北，秋衡山雨雹、荧惑逆行守北辰、月出北辰间而岁星逆行天廷中，与匈奴和亲。【丁亥】三年春正月长星出西方、洛阳东宫灾，吴王濞等七王举兵反（因晁错谋削诸侯地，故以清君侧为名叛）、杀御史大夫晁错（以谢七国而七国犹叛），二月周亚夫平定七国之乱、晦日蚀。【戊子】四年春复置关用传出入，冬十月晦日蚀。【己丑】五年夏遣公主嫁匈奴单于。【庚寅】六年冬十二月雷、大霖雨，秋九月废皇后薄氏。【辛卯】七年冬十一月晦日蚀，夏四月立夫人王氏为皇后、胶东王彻为皇太子，以郅都为中尉（公廉严酷不避贵戚）。【壬辰】中元年夏四月地震，衡山、原都雨雹。【癸巳】二年春二月令定王侯丧仪等规格、匈奴入燕、改磔曰弃市，夏四月有星孛于西北，秋七月更郡守为太守、郡尉为都尉，九月晦日蚀。【甲午】三年冬十一月罢诸侯御史大夫官，夏四月地震、夏旱禁沽酒，秋九月蝗、有星孛于西北、晦日蚀。【乙未】四年春三月起德阳宫，夏蝗，冬十月日蚀。【丙申】五年夏六月赦、大水，秋八月未央宫东阙灾，九月诏谳疑狱（以防贪枉苛吏）。【丁酉】六年冬十月郊五畤，十二月改诸官名、定铸钱伪黄金弃市律，春三月雨雪，夏四月梁王薨而推恩分封其五子俱王，五月诏定吏车服礼仪、减笞法定箠令，六月匈奴寇雁门、上郡，秋七月晦日蚀，以宁成为中尉（宗室豪杰惴恐其酷）。【戊戌】后元年春正月诏治狱务宽，夏五月地震，秋七月晦日蚀、八月周亚夫下狱死。【己亥】二年春正月地一日三动、春匈奴入寇雁门，夏四月诏务农本、戒二千石修职事，五月诏赀算四即得官（谕无令廉士久失职而贪夫长利），秋大旱。【庚子】三年冬十月日月皆赤，十二月雷、日如紫、五星逆行守太微而月贯天廷中，春正月诏劝农桑、益种树而禁采黄金珠玉，皇太子冠，帝崩（孝文恭俭孝景遵业，扫除烦苛与民休息，移风易俗黎民醇厚，后世颂称文景之治，布义行刚克定蕃乱，稽古礼制犹多缺焉）、太子彻即位。

【辛丑】世宗孝武皇帝建元元年[1]冬十月举贤良方正直言极谏之士（公羊学

① 自汉武帝始，历代帝王俱用年号纪元。本书遵循朱子《资治通鉴纲目》“天君民合”政统体例，采用“天干地支+帝王年号+时月大事”纪元方式，元年之后年号从省，另起一段段首之年重标年号。

者董仲舒奏天人三策，谏尊儒术定国体以更化，罢治申、商、韩非、苏秦、张仪之言以乱政者），春二月行三铢钱，夏四月诏复子孙以奉高年，五月诏修山川之祠，秋七月迎鲁申公议立明堂等事。【壬寅】二年冬十月窦太后以黄老抑儒术，春二月朔日蚀，夏四月有星如日而夜出。【癸卯】三年冬十月中山王刘胜来朝（帝厚诸侯之礼而加亲亲之恩）、河溢平原（大饥、人相食），秋七月有星孛于西北、闽越击东瓯（帝发兵救并徙之江淮间），九月晦日蚀、帝始为微行并起上林苑。【甲辰】四年夏有风赤如血，六月旱，秋九月有星孛于东北。【乙巳】五年春罢三铢钱行半两钱、置五经博士，夏五月大蝗。【丙午】六年春二月辽东高庙灾，夏四月高园便殿火（帝素服五日）、五月太皇太后窦氏崩，秋八月有星孛于东方而长竟天、闽越击南越（遣将击降之）、以汲黯为主爵都尉（忠直简素，知礼大体），是年许与匈奴和亲。【丁未】元光元年冬十一月初令郡国举孝廉各一人、遣将屯兵北边备匈奴，夏四月复七国宗室前绝属者，五月诏举贤良文学（策得公孙弘），秋七月日蚀。【戊申】二年冬十月祠五畤、始亲祠灶并遣方士求神仙、立太一祠，夏六月诱击单于未果而和亲绝。【己酉】三年春河徙顿丘，夏河决濮阳。【庚戌】四年夏四月陨霜杀草，五月地震。【辛亥】五年冬十月河间王刘德来朝（献古文雅乐，春正月卒谥献王），夏通南夷（置犍为郡）、通西夷（置一都尉）、发卒治雁门险阻，秋七月大风拔木、皇后陈氏以祠祭厌胜废、诏张汤与赵禹定律令（自此用法益刻），八月螟、征吏民有明当世之务而习先圣之术者（以公孙弘为博士）。【壬子】六年冬初算商车，春穿渭渠（纳郑当时言以利漕溉田）、匈奴寇上谷（遣卫青等击却之），夏大旱、蝗，秋匈奴盗边（遣韩安国屯渔阳）。【癸丑】元朔元年冬定郡国不举孝廉罪法，秋匈奴入寇（以李广为右北平太守），东夷薉君等降（置苍海郡），以主父偃、严安、徐乐为郎中（皆恤民而反战）。【甲寅】二年春正月诏诸侯王推恩分封子弟，春匈奴入寇、遣卫青等收河南地立朔方郡（夏募民十万徙之）、三月晦日蚀、徙郡国豪杰于茂陵（纳主父偃谏以实京师而销奸猾）、以孔子十一世孙孔臧为太常。【乙卯】三年冬以公孙弘为御史大夫，春罢苍海郡（以舒中国），三月诏赦天下（百姓未洽教化之故），夏匈奴入寇代郡、雁门，秋罢西夷而城朔方、以张汤为廷尉（诈智刻深，精于吏法）。【丙辰】四年夏匈奴寇代郡、定襄与上郡。【丁巳】五年冬十一月公孙弘拜相封侯，春大旱、匈奴寇朔方（遣卫青等击之），夏六月诏令礼官劝学兴礼、为博士置弟子五十员（纳公孙弘言以广贤材），秋匈奴入寇代郡。【戊午】六年春二月遣卫青等击匈奴（夏四月复击之），六月诏民得买爵赎罪、置武功爵（军费财竭之故）。【己未】元狩元年冬十月祠五畤（获麟之故，始以天瑞纪元），十一月淮南王安、衡山王赐因谋反自杀，十二月大雨雪（民有冻死者），夏五月晦日蚀、匈奴入寇上谷，是岁遣张骞使西域、始通滇国并复事西南夷。【庚申】二年春三月遣霍去病击败匈奴，秋匈奴浑邪王降（置五属国以处之，立武威酒泉二郡）。【辛酉】三年春有星孛于东方，秋匈奴入寇右北平与定襄、山东大水（徙其贫民于关西、朔方）。【壬戌】四年冬造皮币白金并铸三铢钱以足用、置盐铁官、初算缗钱（桑弘羊等用事而百姓骚动），春有星孛于东北，夏长星出西北、遣卫青与霍去病出击大败匈奴（自此匈奴远遁幕南，而汉马亦损七八成），是岁以义纵为右内史而王温舒为中尉（俱鹰击为治）、方士少翁诈觉伏诛。【癸亥】五年春三月罢三铢钱铸五铢钱以防奸诈、以汲黯为淮阳太守（帝心外放拒谏顺非之故）、徙奸猾吏民于边，是岁帝祠神君（因病信巫之故）。【甲子】六年冬十月雨水无冰、遣使治郡国缗钱（敛财而乱民），夏六月遣博士循行郡国举兼并及吏有罪者，秋九月杀大农令颜异（廉直重本而张汤罪以腹诽，自是公卿多谄谀取容）。

【乙丑】元鼎元年夏五月赦，得鼎汾水上。【丙寅】二年春起柏梁台、作承露盘（宫室之修始盛），三月大雨雪，夏大水（饿死者众），是岁置均输、禁郡国铸钱、西域始通（置酒泉与武威郡以绝匈奴与羌通道）。【丁卯】三年冬徙函谷关于新安，夏四月雨雹、令株送徒入财补郎（郎选遂日衰）、关东饥人相食。【戊辰】四年冬十一月立后土祠于汾阴而始巡郡国、封周后姬嘉为周子南君（以奉周祀），夏封方士栾大为乐通侯（自此言神仙者众），六月以兒宽为左内使（惨刻吏治得以稍改）、以方士公孙卿为郎（企慕神仙长生之故）。【己巳】五年冬十月立泰一及五帝祠坛于甘泉，夏四月南越相吕嘉反（秋遣路博德等击之）、晦日蚀，秋九月列侯夺爵者百六人（坐献金酎祭宗庙不敬）、方士栾大坐诬罔伏诛、西羌反（与匈奴通使）、匈奴入寇五原。【庚午】六年冬讨平西羌，春定越地置九郡（南海、苍梧、郁林、合浦、交阯、九真、日南、珠厓、儋耳）、平西南夷置五郡（武都、牂柯、越嶲、沈黎、文山），秋东越王馀善反、置张掖与敦煌郡（徙民实之）、帝自制封禅仪（文以儒术）。【辛未】元封元年冬十月帝出长城登单于台勒兵而还，东越杀其王降（徙其民于江淮间而虚其地），春正月帝祭中岳（遂东巡海上求神仙），夏四月封泰山、禅肃然，五月赐桑弘羊爵左庶长（敛利厚上之故），秋有星孛于东井（又孛于三台）。【壬申】二年夏亲临瓠子以塞决河、至长安立越祠（祠天神百鬼）、作台观以候神人、朝鲜王袭杀辽东都尉（募天下死罪击之）、旱，秋作明堂于汶上、遣郭昌发兵击滇（置益州郡），以杜周为廷尉（严酷深刻，诏狱一岁逮至六七万人）。【癸酉】三年冬十二月雷电雨雹，遣赵破奴击破楼兰、车师（为匈奴耳目之故），春初作角抵戏、鱼龙曼延之属，夏朝鲜杀其王右渠降（置乐浪、临屯、玄菟、真番四郡），秋武都氐反（分徙酒泉郡）。【甲戌】四年冬十月帝祠五畤、春三月祠后土，夏大旱（民多渴死），秋匈奴寇边（遣郭昌屯朔方）。【乙亥】五年冬南巡江汉（望祀虞舜于九嶷，礼祠所过名山大川），春三月增封泰山、祠上帝于明堂（以高祖配），夏四月郊泰畤，是岁初置刺史十三部（冀、幽、并、兖、徐、青、扬、荆、豫、益、凉、朔方、交阯）、诏举茂材异等可为将相及使绝国者。【丙子】六年春作首山宫，三月赐天下贫民布帛，益州与昆明反（遣郭昌击之），秋大旱蝗，以宗室女为公主嫁乌孙。

【丁丑】太初元年冬十一月冬至祀明堂并益遣方士入海、柏梁台灾，十二月禅高里、祠后土而望祀蓬莱，春二月起建章宫，夏五月正历纪（造太初历，始用夏正）、明服色（色尚黄，数用五）、定官名、协音律，秋八月遣李广利伐宛（发天下谪民以取善马）、关东蝗起（飞至敦煌）。【戊寅】二年夏五月籍吏民马以补车骑，秋蝗，遣赵破奴出朔方击匈奴而败没。【己卯】三年夏筑五原塞外城障、秋匈奴大入而尽破坏之。【庚辰】四年春李广利围宛（宛降而获汗血马），秋起明光宫，冬新立单于且鞮侯使使来献。【辛巳】天汉元年春三月遣苏武使匈奴、雨白氂，夏大旱、赦，秋发谪戍屯五原。【壬午】二年夏遣李广利击匈奴（李陵战败降虏，司马迁为之辩护而受腐刑）、东方盗贼滋起（酷吏刻深民不聊生之故），秋止禁巫祠道中者、渠黎六国使使来献。【癸未】三年春二月初榷酒酤，夏大旱、赦，秋匈奴入寇雁门。【甲申】四年春正月朝诸侯王、遣李广利击匈奴不利而族诛李陵家，秋九月令死罪赎减。【乙酉】太始元年春正月徙豪杰于茂陵，是岁匈奴且鞮侯单于死、子狐鹿姑单于立。【丙戌】二年秋旱、穿白渠（纳白公奏引泾水注渭中以溉田饶民），九月募死罪人（赎钱减死）。【丁亥】三年春正月帝东巡琅琊浮海而还，是岁皇子弗陵生。【戊子】四年春三月修封禅、祀明堂（祀高祖配上帝并入祀景帝），冬十月晦日蚀，十二月祠五畤。【己丑】征和元年夏大旱，冬十一月大搜长安（巫蛊始起）。【庚寅】二年夏四月大风发屋折木、闰四月诸邑公主等皆坐巫蛊死，秋七月皇太子据杀使者江充（充掘蛊诬陷太子之故）、皇后卫氏及太子据皆自杀、地震，九月匈奴入寇上谷、五原。【辛卯】三年春正月匈奴寇五原、酒泉，秋蝗，以田千秋为大鸿胪、族灭江充家。【壬辰】四年春正月帝如东莱（欲浮海求神仙，大风海沸乃还），二月陨石于雍县二，三月帝耕于钜定、至泰山封祀并罢方士候神人者（帝自省狂悖愚惑之故），夏六月下轮台诏深悔扰民、以田千秋为丞相（封富民侯）、以赵过为搜粟都尉（代田利民），秋八月晦日蚀。【癸巳】后元元年春正月郊泰畤，秋七月地震涌泉出、杀钩弋夫人赵氏（立子弗陵而杀其母，虽能决断而大不善）。【甲午】二年春正月朝诸侯王并赐宗室，二月立弗陵为皇太子（以霍光等辅之）、帝崩（高祖拨乱反正、文景务在养民，武帝尊经兴学郊祀敬天，封禅定历协律作乐，罢黜百家独尊儒术，稽古礼文初奠正统，雄才大略威震蛮夷；然名实分割知行脱节，外儒内法重吏轻士，虚浮外求好大喜功，信惑神怪奢欲事夷，不务民本天下虚耗，天灾人祸动荡不安，如申公“为治者不在多言，顾力行何如耳”、汲黯“内多欲而外施仁义，奈何欲效唐虞之治乎”之言；幸能明断不昏勇毅悔过，知人善任终安天下）、太子弗陵即位，秋七月有星孛于东方，冬匈奴入寇朔方。

【乙未】孝昭皇帝始元元年夏益州夷反（遣将募民击破之），秋七月大雨至于冬十月，八月以隽不疑为京兆尹（治严而不残），闰九月遣使行郡国举贤良、问民疾苦冤失，冬无冰。【丙申】二年春正月封大将军霍光为博陆侯，三月遣使振贷贫民种食、秋八月诏所贷勿收责并除今年田租，是岁匈奴狐鹿姑单于死（幼子立而诸王怨望，匈奴始衰）。【丁酉】三年春二月有星孛于西北，秋募民徙云陵，冬十月凤凰集东海（遣使祠之），十一月朔日蚀。【戊戌】四年夏六月徙三辅富人于云陵，秋诏恤民减负令勿出马，冬西南夷复反。【己亥】五年夏六月诏令举贤良文学高第，罢儋耳、真番郡。【庚子】六年春二月诏问贤良文学民所疾苦及教化之要（霍光纳杜延年谏，盐铁义利之议遂起）、苏武还自匈奴（奉使全节凡十九年），夏旱，秋七月罢榷酤官（以与民休息）。【辛丑】元凤元年春三月征有行义者并赐帛遣归（以劝修乡里孝悌）、武都氐反，秋七月晦日蚀既，八月燕王旦与上官桀、桑弘羊等谋反伏诛，是岁匈奴入寇而追击之（此后侵盗益希而汉亦羁縻之）。【壬寅】二年夏六月赦（诏令毋敛本年马口钱，民得以菽粟当赋）。【癸卯】三年春正月泰山石立、上林枯柳复起生，罢中牟苑以赋贫民、诏遣使赈困乏，冬辽东乌桓反。【甲辰】四年春正月帝冠，夏四月遣使诱杀楼兰王而更其国名鄯善（有失叛讨服舍处夷之道）、五月孝文庙正殿火（帝及群臣素服）。【乙巳】五年夏大旱，六月发恶少年、吏亡者屯辽东，冬十一月大雷。【丙午】六年春正月筑辽东玄菟城，夏赦（诏令以菽粟当本年赋）、乌桓复犯塞。【丁未】元平元年春二月诏减口赋钱什三、有流星大如月（众星皆随西行），夏四月帝崩（昭帝承孝武奢侈海内虚耗，信任霍光尊经恤民，知时要务薄赋休息，举贤良文学恤民生疾苦、议盐铁而罢榷酤，匈奴和亲天下渐安），霍光迎昌邑王贺入即位、复因罪废之（淫戏无度且官位私授之故），秋七月迎立武帝曾孙病已入即位。

【戊申】中宗孝宣皇帝本始元年春正月遣使诏郡国谨牧养民以风德化，夏四月地震（诏举文学高第），五月凤凰集胶东（赦赐天下勿收租赋），是岁诏黄霸为廷尉正（用法宽和持平）。【己酉】二年夏六月尊孝武皇帝庙为世宗，匈奴数侵边（秋遣将护乌孙兵击之）。【庚戌】三年春正月大将军霍光妻显弑皇后许氏，夏五月大旱（令郡国旱甚者毋出租赋），六月以赵广汉为京兆尹（善任而政清）。【辛亥】四年春正月诏令省用务本，夏四月地震山崩、坏两郡祖宗庙（诏问经学及举贤良方正，素服避殿赦恤百姓）、以夏侯胜为谏大夫（质朴能守正），五月凤凰集北海。【壬子】地节元年春正月有星孛于西方，三月假郡国贫民田，夏六月诏宗室罪绝者有贤复属使得自新，冬十二月晦日蚀、以于定国为廷尉（经义决狱宽慎民服）。【癸丑】二年春三月霍光卒，夏四月凤凰集鲁。【甲寅】三年春三月诏赐胶东相王成爵关内侯（劳来不怠治有异等）、加赐鳏寡孤独高年帛、令举贤良方正可亲民者，夏四月立子奭为皇太子，五月丞相韦贤致仕（丞相致仕自贤始），六月大雨雹，秋九月地震（诏求直言赈贷贫民），冬十一月诏举贤良方正孝悌义行，十二月初置廷尉平（纳路温舒言以谳狱，郑昌则以为舍本求末）、侍郎郑吉击破车师并田其地。【乙卯】四年春二月诏有大父母、父母丧者勿徭以尽孝，夏五月山阳与济阴雨雹杀人、诏子匿父母与妻匿夫及孙匿大父母皆勿治，秋七月霍氏谋反伏诛夷族，九月诏减天下盐价、令郡国岁上系囚掠笞瘐死者（恤刑重死之故），是岁以朱邑为大司农、以龚遂为水衡都尉（俱本民宽仁）。【丙辰】元康元年夏五月立皇考庙（乱伦失礼而紊"为人后者为之子"经言大义），莎车叛（卫候使冯奉世矫发诸国兵击破之），秋八月诏博举吏民身正通学、究明先王术意者。【丁巳】二年春正月赦（与士大夫厉精更始），二月立皇后王氏，夏五月诏察官署治狱不平者（时重吏治而轻礼教，本年子弟杀父兄、妻杀夫者二百余人）、令郡国被疾疫者毋出今年租，是岁匈奴扰车师田者（纳魏相本民重兵之谏，诏郑吉还屯渠犁）。【己未】四年春正月诏年八十以上非诬告与杀伤人皆勿坐、遣使循行存恤观俗察吏举才，是岁以韦玄成为河南太守（能孝悌礼让）、比年丰而石谷五钱。【庚申】神爵元年春三月遣谏大夫王褒求金马碧鸡之神（帝好神仙，纳王褒、张敞谏始疏远方士）、谏大夫王吉谢病归（帝修饰宫室车服且外戚贵崇，吉谏而帝以为迂阔），夏四月遣后将军赵充国击先零叛羌（秋七月恩威并用降服之并屯田湟中），六月有星孛于东方，是岁以张敞为京兆尹（能以经术辅吏治）。【辛酉】二年春二月凤凰甘露降集京师、赦，秋羌斩叛首杨玉以降（置金城属国以处之），秋九月司吏校尉盖宽饶自到北阙下（谏勿以刑余为周召、以法律为诗书而帝罪其怨谤，宽饶尚礼尊圣不辱就义）、匈奴日逐王先贤掸来降、以郑吉为西域都护（始置都护班行汉令），是岁匈奴单于遣名王奉贺（始复和亲）。【壬戌】三年春起乐游苑，夏四月以丙吉为丞相（能掩过扬善知礼大体），秋七月以萧望之为御史大夫，八月诏益小吏俸以养廉、以韩延寿为左冯翊（能礼让自讼恩信化民）。【癸亥】四年夏四月赐颍川太守黄霸爵关内侯（治行优异神爵数集，赐颍川吏民义行者爵二级、力田爵一级、贞妇顺女帛）、令内郡国举贤良可亲民者各一人，五月匈奴单于遣弟来朝，冬十月河南太守严延年弃市（吏法酷烈不敬礼教之故）。【甲子】五凤元年秋匈奴乱（五单于争立，纳萧望之言仁义待之），冬十二月朔日蚀、杀左冯翊韩延寿（萧望之按礼劾其奢侈逾制，而百姓流涕惜之）。【乙丑】二年秋八月诏复乡党礼以导民勿苛，匈奴呼韩邪单于击杀屠耆单于、冬呼屠吾斯自立为郅支单于，十二月免光禄勋杨恽为庶人（廉吏伐能刻害多怨之故）。【丙寅】三年春正月丞相博阳侯丙吉卒（黜陟有序，位称礼让），三月减天下口钱，是岁置西河、北地属国以处匈奴降者。【丁卯】四年春匈奴呼韩邪单于称臣并遣弟入侍（遂减戍卒什二），初置常平仓（纳耿寿昌言省费用而便利民，谷贱增价而籴以利农本、谷贵减价而粜以利民生），夏四月朔日蚀（遣使循行举冤狱，察擅为苛禁深刻不改者），是岁匈奴郅支单于攻走呼韩邪单于而都单于庭。【戊辰】甘露元年春免京兆尹张敞官而复以为冀州刺史（秉公不徇，盗贼屏迹），以韦玄成为淮阳中尉（能孝悌礼让之故，帝治杂霸王道而不纯任德教，此举昭示儒仁太子之位定），匈奴两单于皆遣子入侍，夏四月黄龙见、太上皇及太宗庙火，冬匈奴单于遣弟来朝贺，是岁乌孙国乱（遣使分立两昆弥）。【己巳】二年春正月减民算三十，春珠厓郡反，冬十二月匈奴呼韩邪单于款塞请朝（纳萧望之言待以客礼，失王者无外《春秋》大义）。【庚午】三年春正月匈奴呼韩邪单于来朝（赞谒称藩臣而不名，还居幕南塞下，郅支远遁而匈奴遂定），凤凰集新蔡（赐太守长吏三老孝悌力田鳏寡孤独有差、赐民爵二级并免本年租），三月诏诸儒讲五经异同于石渠阁（萧望之等平奏其议，上亲称制临决，立梁丘《易》、大小夏侯《尚书》、穀梁《春秋》博士），是岁皇孙骜生，冬乌孙公主来归（上书言年老思土而愿归葬汉地，帝闵而迎之，后二岁卒）。【辛未】四年冬十月未央宫宣室阁火，是冬匈奴两单于俱遣使朝献。【壬申】黄龙元年春正月郊泰畤、匈奴呼韩邪单于来朝（郅支远徙坚昆），二月诏诫纵释不禁与酷恶为贤皆失其中，三月有星孛于王良、阁道而入紫微宫，冬十二月帝崩（赏罚必信综核名实，吏称民安汉业中兴，值匈奴乱推亡固存，单于称藩威震夷狄；然刑主礼辅杂霸王道，德教不纯元气衰索）、太子奭即位。

【癸酉】孝元皇帝初元元年春三月封皇太后兄王舜为安平侯、以公田及苑振业贫民赋贷种食，夏四月地数动（遣使恤民延贤、览俗宣教），六月大疫，秋八月上郡属国降胡万余人亡入匈奴，九月关东大水、饥，是岁以贡禹为谏大夫（能明经本民）、诏节俭费用（以调阴阳保黎民）。【甲戌】二年春正月下萧望之、周堪、宗正刘更生狱（吏治派史高、弘恭、石显诡辞中伤之），二月陇西地震（三月诏蠲免恤民、举茂材直谏之士），夏四月立子骜为皇太子，六月关东饥（齐地人相食），秋七月地复震、诏言上过，冬十二月萧望之自杀（弘恭、石显等谮之）、以宦者石显为中书令（元帝不辨邪正而易欺难寤）。

【乙亥】三年春罢珠厓郡（纳贾捐之言，屡叛宜弃以救民饥馑），夏旱（六月诏百官省费毋犯时禁、举天下明阴阳灾异者）。【丙子】四年春正月郊泰畤，三月祠后土。【丁丑】五年春正月以周子南君为周承休侯，三月祠五畤，夏四月有星孛于参（诏省用减刑），六月以贡禹为御史大夫（纳其言罢盐铁官、常平仓及博士弟子员数，民有通一经者皆复，省刑罚七十余事），是岁匈奴郅支单于杀汉使者西走康居。【戊寅】永光元年春二月诏举质朴敦厚逊让有行者备补郎、从官，三月雨雪陨霜伤麦稼，夏寒、日青，秋大饥（免丞相、御史大夫）、左迁周堪与张猛（石显等谮毁之）、待诏贾捐之弃市（欲去石显而乡愿自祸）。【己卯】二年春二月诏自责大赦、以韦玄成为丞相，三月朔日蚀（诏氛邪岁增天戒大异，举茂材异等贤良直言之士），夏六月诏赦天下以宽万民、以匡衡为光禄大夫（谏帝近中正远佞巧，帝悦而不能从），秋七月陇西羌反。【庚辰】三年冬十一月地震、雨水，复盐铁官、置博士弟子千员（民多复除徭役无给之故）。【辛巳】四年春二月诏所贷贫民勿收责，夏六月孝宣园东阙灾、晦日蚀（诏公卿大夫勉思慎修直言无讳）、以周堪与张猛为大夫（寻俱为石显阴杀之），冬十月作初陵（不置邑徙民）。【壬午】五年秋颍川大水（流杀民人），冬帝幸长杨大猎，十二月以匡衡为太子少傅（谏继业守制不自虚乱，审己不足中和应化），是岁河决清河灵县鸣犊口。【癸未】建昭元年春正月陨石于梁，秋八月自东都门至枳道白蛾群飞蔽日。【甲申】二年秋杀魏郡太守京房（以占候末术干君救弊，权奸遂谮其以邪意窥导诸侯）、下御史大夫陈咸狱（亦为石显等害之），冬十一月齐楚地震、大雨雪（树折屋坏）。【乙酉】三年秋七月以匡衡为丞相，冬西域副校尉陈汤矫制发兵攻斩郅支单于（辱使蔑诏背叛礼义之故）。【丙戌】四年夏四月诏遣使存问耆老鳏寡孤独乏困失职之人、举茂材特立之士，六月蓝田地震（山崩壅霸水，安陵岸崩泾水逆流）。【丁亥】五年春三月诏令公卿明察申敕吏勿妨民，夏六月晦日蚀。【戊子】竟宁元年春正月匈奴呼韩邪单于来朝（诏赐待诏掖庭王樯为阏氏）、皇太子冠，三月以召信臣为少府（能视民如子），夏五月帝崩（好儒多艺而善史书，宽恭温雅行义悦民，委政贡、薛、韦、匡，然礼教不能统摄吏治，牵制文义优游不断，蔽于石、弘贤者损折，宦、戚萌孽汉业衰焉），六月太子骜即位、以元舅王凤为大司马大将军领尚书事。

【己丑】孝成皇帝建始元年春正月石显以罪免（归而道死）、有星孛于营室（罢上林诏狱；始正而星孛东方，亏咎孰大焉），二月诏宽睦毋苛大赦天下使得自新、封舅王崇为安成侯并赐诸舅爵关内侯，夏四月黄雾四塞（谏大夫杨兴等以为外戚阴盛侵阳之故），六月有青蝇万数集未央宫殿中朝者坐，秋八月有两月相承晨见东方，九月流星光烛地、委曲蛇形而贯紫宫，冬十二月作长安南北郊而罢甘泉汾阴祠、大风灾。【庚寅】二年春正月罢雍五畤及陈宝祠（从匡衡之请）、始亲祀南郊、减天下赋钱算四十,二月诏举贤良方正，三月始祠后土于北郊，夏大旱。【辛卯】三年春三月赦天下徒、赐孝悌力田爵二级、诸逋租赋所赈贷勿收，秋大雨、京师讹言大水至（九月遣使察苛暴深刻之吏、百姓冤枉失职者），冬十二月朔日蚀、夜地震未央宫殿中（诏举贤良方正直言极谏之士）、越嶲山崩、丞相匡衡坐多取封邑罪免为庶人。【壬辰】四年春正月陨石两处、罢中书宦官而初置尚书，夏四月雨雪（复诏直言极谏士对策），秋桃李实、河决东郡金堤，冬十月御史大夫尹忠自杀（河决不忧职之故）。【癸巳】河平元年春以王延世为河堤使者塞决河，夏四月晦日蚀既（诏任仁退残、陈上过失），秋九月减死刑省律令。【甲午】二年春正月匈奴遣使朝献、沛郡铁官冶铁飞，夏楚国雨雹、六月悉封诸舅为列侯，是岁西夷相攻、以陈立为牂牁太守讨平之。【乙未】三年春二月犍为地震（山崩壅江致水逆流），秋八月晦日蚀、求遗书于天下（诏刘向校之，向成《洪范五行传论》以讽王氏擅权），是岁河复决。【丙申】四年春三月朔日蚀（遣使纾灾恤民、举惇厚有行直言之士）、长陵临泾岸崩壅泾水，夏四月诏收丞相王商印绶（王凤诬谮，商遂忧卒），是岁罽宾遣使来献、山阳火生石中（诏改来年元为阳朔）。【丁酉】阳朔元年春二月晦日蚀、三月赦天下徒，冬京兆尹王章下狱死（言王凤专权之故）、以薛宣为左冯翊（大度有礼、法平利民）。【戊戌】二年春寒（诏令公卿大夫敬信阴阳以顺四时月令），夏四月以王音为御史大夫（王氏大盛），秋关东大水（诏流民欲入函谷、天井、壶口、五阮关者勿苛留）。【己亥】三年春三月陨石东郡八，夏六月颍川铁官徒作乱，秋八月大司马王凤卒。【庚子】四年春正月诏矫怠本趋末风气并勉劝农桑，夏四月雨雪。【辛丑】鸿嘉元年春正月以薛宣为御史大夫（谷永荐其能谋王体、断国论），二月诏遣使理冤狱并令申敕守相、帝始为微行（自称富平侯家人），冬黄龙见真定。【壬寅】二年春三月飞雉集未央宫承明殿（诏举敦厚有行义能直言者以匡不逮），夏徙郡国豪杰五千户于昌陵，五月陨石于杜邮三。【癸卯】三年夏四月赦并令吏民得买爵，夏大旱、王氏五侯奢侈犯罪而帝赦不诛，秋八月孝景庙阙灾，冬十一月废皇后许氏（婕妤赵飞燕谮之）、广汉郑躬等作乱。【甲辰】四年春正月诏遣使循行恤灾活民，秋河溢勃海、清河、信都，冬以赵护为广汉太守讨平郑躬之乱。

【乙巳】永始元年春正月太官凌室火、戾后园阙火，夏四月封赵临为成阳侯（婕妤赵氏父，谏大夫刘辅谏而下狱）、五月封太后弟子王莽为新都侯（恭俭勤学礼交内外，虚誉隆洽众相交荐），六月立婕妤赵氏为皇后（与女弟俱被宠幸，刘向撰《烈女传》以诫帝），秋九月黑龙见东莱、晦日蚀。【丙午】二年春正月大司马王音卒（修整谏正有忠直节），二月星陨如雨、晦日蚀（谷永诫内宠纵欲不恤百姓），冬十一月以翟方进为丞相（以经术进而用法刻深），赐淳于长爵关内侯（立赵后有力之故）。【丁未】三年春正月晦日蚀（诏遣使存问耆老、民所疾苦，举惇朴逊让有行义者），冬十月皇太后诏有司复泰畤、后土、五畤、陈宝祠（时帝好鬼神方术，谷永以经义谏之），十一月陈留樊并、山阳铁官徒苏令等作乱，故南昌尉梅福上书谏纳言防戚而不报。【戊申】四年夏大旱，六月霸陵园门阙灾（诏禁改侵礼过制者），秋七月晦日蚀，是岁以何武为京兆尹（能尽公礼法进善退恶）。【己酉】元延元年春正月朔日蚀，夏四月无云而雷、有流星东南行，秋七月有星孛于东井（谷永、刘向等谏恤民抑宠而帝不能改），冬十二月故槐里令朱云言事得罪（言帝师张禹佞臣尸位不能匡益而帝怒）、左将军辛庆忌卒（匈奴、西域俱敬其威信），是岁昭仪赵氏害后宫皇子。【庚戌】二年夏四月遣中郎将段会宗诛乌孙太子番丘、康居遣子贡献（知其骄慢图利而羁縻不绝），冬大校猎。【辛亥】三年春正月岷山崩（雍江三日江水竭，刘向以为汉亡之象），秋帝校猎长杨射熊馆。【壬子】四年春陨石于关东二、大司农谷永免（党于王氏而专言帝身及后宫）。【癸丑】绥和元年春二月立定陶王刘欣为皇太子、封孔子十三世孙孔吉为殷绍嘉侯（三月与周承休侯皆进爵为公），夏建三公官（大司马、大司空、丞相），冬十一月以王莽为大司马（克己饰名俭约享士），十二月罢刺史置州牧、诏立辟雍未作而罢（纳刘向教化治之恃、刑法治之助说而未果）。【甲寅】二年春二月丞相翟方进卒（时荧惑守心，帝企以大臣当之，遂讽方进自杀），三月帝崩

（善修容仪容受直辞，公卿称职奏议可述，然湛于酒色不能立命，赵氏乱内外家擅朝，王氏坐大始执国命，哀、平短祚莽遂篡位，履霜坚冰其来有自）、皇太后诏罢泰畤汾阴祠而复南北郊，夏四月太子欣即位（简约省用，政由莽出）、追尊定陶共王为定陶共皇，六月罢乐府（百姓渐渍郑声日久，又不能制雅乐以变之，故徒名无实而豪杰吏民湛沔自若）、诏刘秀典领五经（王莽荐之，秀舛列儒学于九家，本古文经以述《七略》）、益封河间王刘良万户（服丧如礼仪表宗室之故），诏限民名田而不果行（拟复井田塞兼并路，史丹承董仲舒意而建言略限贫富分化，然贵戚不便遂寝不行），罢官织绮绣、除任子令与诽谤诋欺法、出宫人而免官奴婢、益小吏俸，秋九月地震（压杀四百余人，待诏李寻谏崇阳抑阴、求贤远邪）、求能浚川疏河者（待诏贾让主以疏导而上治河三策）、诏定世宗为不毁之庙，冬十月以史丹为大司空（谏勿大改成帝之政，帝逼于傅太后而不能行）。

【乙卯】孝哀皇帝建平元年春正月陨石于北地十六，二月诏举孝悌惇厚能直言通政事可亲民者，秋九月陨石于虞二、策免大司空史丹（不去定陶名号而违帝之故）。【丙辰】二年春正月有星孛于牵牛，三月罢三公官，夏四月诏恭皇去定陶之号立庙京师、免史丹为庶人而遣王莽就国（固守为人后者为人子之礼故）、罢州牧复置刺史，六月诏改元太初、更号陈圣刘太平皇帝（待诏黄门夏贺良言，按谶汉家历运中衰当再受命，宜改元易号），秋八月诏罢改元易号（违经背古不合时宜之故，夏贺良以反道惑众伏辜）。【丁巳】三年春正月帝太太后傅氏所居桂宫正殿火，三月有星孛于河鼓，夏四月以王嘉为丞相（谏择贤容过、厚植两千石），冬十一月复泰畤汾阴祠而罢南北郊、无盐危山土自起而瓠山石转立。【戊午】四年春正月大旱、关东民无故惊走（讹言行西王母筹），二月下尚书仆射郑崇狱并杀之（因谏帝毋幸董贤而得罪），夏六月尊帝太太后傅氏为皇太太后，秋八月封董贤等为侯、恭皇园北门灾、谏大夫鲍宣上书（谏帝毋亲邪远贤官非其人、自专快意私心天下），冬单于上书请朝（纳扬雄言许其怀诚归义）。【己未】元寿元年春正月朔日蚀（罢大司马傅晏就第，诏敦任仁人黜残安民以和调阴阳），三月下丞相王嘉狱（因封还益封董贤诏书等进贤退不肖事而帝怒，嘉不食而卒），秋九月孝元庙殿门铜龟蛇铺首鸣，冬十二月以董贤为大司马、卫将军。【庚申】二年夏四月晦日蚀，五月正三公分职、正司直司隶及造司寇职而未定，六月帝崩（文辞博敏不好声色，欲收威权憎忠信谗，过崇董贤违己必报，私心违礼少涵容量，自专快意官非其人，帝德不匡汉祚遂微）、董贤罪罢自杀、太皇太后以王莽为大司马领尚书事，秋九月中山王箕子即位（太皇太后临朝而大司马王莽秉政）。

【辛酉】孝平皇帝元始元年春正月益州塞外蛮夷献白雉（王莽讽使之以粉饰政治），二月以王莽为太傅并赐号安汉公、置羲和官及外史闾师（以班教化禁淫祀放郑声），夏五月朔日蚀、举敦厚能直言者，六月拜帝母卫姬为中山孝王后（王莽固权而致帝隔离至亲），封公子宽为褒鲁侯、孔均为褒成侯以奉周公孔子之祠并追谥孔子“褒成宣尼公”，复贞妇（乡一人），置少府海丞果丞、大司农部丞以劝农桑，秋九月赦天下徒。【壬戌】二年春黄支国献犀牛（王莽欲耀威德，厚遗其王令贡献）、越嶲郡奏黄龙游江中（太师孔光称颂王莽德比周公，大司农孙宝驳之而坐免），夏四月大旱蝗（青州尤甚，致民流亡）、陨石于钜鹿二,六月大夫龚胜、邴汉罢归而梅福亡去（预知王莽篡汉而弃位），秋九月晦日蚀，冬诏举治狱平，颁四条于匈奴（中国、乌孙、西域、乌桓亡降匈奴者皆不得受）。【癸亥】三年春聘安汉公莽女为皇后，夏安汉公莽奏定制度（吏民车服田宅器械、丧祭嫁娶奴婢品制，立官稷及学官，郡县学校置经师一人，乡聚庠序置《孝经》师一人）、王莽杀其长子宇而灭中山孝王后家（合谋去莽之故）、何武与鲍宣等数百人坐死（刚义忠直不附莽之故，北海逄萌以为莽绝三纲，遂解冠浮海客于辽东）。【甲子】四年春正月郊祀高祖以配天、宗祀孝文以配上帝，夏四月遣使持节分行天下览观风俗、加安汉公莽号宰衡，起明堂、辟雍、灵台并立乐经、征通经异能之士，秋置西海郡（徙天下犯禁者处之）、变更官名及十二州界并罢置改易郡国所属（天下多事，吏不能纪），冬大风吹长安城东门屋瓦且尽。【乙丑】五年春正月祫祭明堂（征诸侯王、列侯、宗室子助祭），春复南北郊、置宗师（教训宗室子）、使使循行宣明德化齐同万国，征天下通知逸经、古记、天文、历算、钟律、小学、《史篇》、方术、《本草》与以《五经》《论语》《孝经》《尔雅》教授者，夏五月加安汉公莽九锡，封王恽等八使者为列侯（诈言风俗齐同、诈造歌谣颂德之故），冬荧惑入月中、十二月王莽弑帝（帝壮怨莽，莽毒害之；平帝仁惠政自莽出，褒善显功莽自尊盛，泥古礼乐虚名无实，矫揉造作狠戾不中，变异见上民怨于下，纲常沦灭汉祚中亡）、太皇太后诏征宣帝玄孙（诏莽居摄践祚）。【丙寅】孺子婴居摄元年春正月王莽祀上帝于南郊（遂迎春于东郊、行大射礼于明堂、养三老五更成礼而去），三月立宣帝玄孙婴为皇太子（号曰孺子），夏四月安众侯刘崇起兵讨莽不克死之，五月太皇太后诏莽朝见称“假皇帝”，冬十月朔日蚀，是冬西羌反（怨莽夺其地之故）。【丁卯】二年春窦况等击破西羌，夏五月王莽复古更造货币（民多盗铸者），秋九月东郡太守翟义起兵讨莽不克死之。【戊辰】三年（初始元年）春地震，秋九月莽母功显君死（莽为服缌衰弁加麻环绖，如天子吊诸侯服），冬十一月太皇太后诏莽号令奏事毋言“摄”，十二月哀章作铜匮符命献莽、莽自称新皇帝。

【己巳】新莽始建国元年春正月莽废孺子为定安公、按金匮符命封拜其党与、改诸官名并立九庙，夏四月徐乡侯刘快讨莽不克死之，王莽禁买卖田地及奴婢（以为秦废井田贫富分化，奴婢市易近乎牛马，汉氏减租三十税一，赋癃豪侵实什税五，富者骄邪贫者为奸，俱陷于辜刑用不错；故而更名天下田曰王田，奴婢私属不得买卖，非议井田抗法惑众者，效法虞舜投诸四裔），秋遣五威将帅班符命、更印绶于天下（降改王侯玺章而夷狄怨叛），冬雷、桐华、大雨雹。【庚午】二年春二月莽废汉诸侯王为民，立五均司市、钱府官（令民各以所业为贡）、榷酒酤，冬十二月雷、改匈奴单于为“降奴服于”、更作宝货（农商失业食货俱废，抵罪者不可胜数）。【辛未】三年匈奴入塞杀掠（州郡兵起而北边空虚），迎龚胜为太子师友祭酒、胜不食而卒（当时清名之士不仕者众），濒河郡蝗生、河决魏郡（莽忧祖墓甚于忧民，河东决而不塞，遂泛清河以东数郡）。【壬申】四年春定东西都及诸侯员数、令民得卖田（莽慕古躁扰天下愁怨，虽允民卖田而刑深赋重如故），夏赤气出东南而竟天，西域、东北与西南夷皆叛乱（莽专念稽古而失夷狄恩信）。【癸酉】五年冬十一月彗星出（二十余日始不见）。【甲戌】天凤元年春正月王莽遣其太傅平晏之洛阳相宅（欲居中土如周公故事），三月晦日蚀、大赦并策免大臣，夏四月陨霜杀草木，六月黄雾四塞，秋七月大风雨雹、置万国（莽锐于复古礼乐，按《周官》《王制》广置万国官职，岁复变更以致吏民不能记），北边大饥（人相食）、与匈奴和亲。【乙亥】二年春正月民讹言黄龙死、二月日中见星，是岁改匈奴单于为“恭奴单于”（匈奴贪财，面顺而实寇），五原、代郡兵起（莽重制名而民生糟乱之故），邯郸以北大雨水出（流杀数千人）。【丙子】三年春二月地震（莽诬饰经文而谓地动无害）、大雨雪，夏五月始赋吏禄（因灾损禄制度烦碎，官吏缘职为奸受赂自给）、长平岸崩壅泾水（莽信图谶而发兵击匈奴），秋七月晦日蚀、大司马陈茂免，冬发兵击益州蛮而不克、遣五威将王骏出西域而焉耆袭杀之。【丁丑】四年夏六月更授诸侯茅土于明堂（空言慕古图簿不定，受俸都内诸侯困乏），秋临淮、琅邪及荆州绿林兵起，八月王莽之南郊铸威斗（妄企厌胜众兵）。【戊寅】五年春北军南门灾、以费兴为荆州牧未行而免（兴献恤民祛虚之策而莽怒其纠己），考吏致富者（收其财以给军），新莽大夫扬雄死（剧秦美新以颂莽而君子病之），是岁琅琊樊崇、东海刁子都等因饥馑起兵。【己卯】六年春大募兵击匈奴，是岁关东饥旱。【庚辰】地皇元年春正月令犯法者论斩毋须时（百姓震惧道路以目），二月日正黑，秋七月大风毁莽王路堂，九月莽起九庙于长安城南（劳民伤财死者过万），大雨六十余日，是岁钜鹿人谋杀莽（不克而死，牵连甚众）、更铸钱法（犯者愈众）、收郅恽系狱（因谏莽汉必再受命、应知天命退臣位）。【辛巳】二年春正月新莽太子谋杀莽事觉自杀，秋陨霜杀菽、关东大饥飞蝗、毁汉高庙、南郡秦丰兵起（公孙禄抨击公卿大夫乱道害民，莽颇采其言），以田况为青、徐二州牧（继而畏恶其虚上自为之策而罢之）。【壬午】三年春二月关东人相食，夏四月遣将击赤眉军绿林兵、蝗飞蔽天入未央宫、流民入关者数十万人，秋七月荆州平林兵起、汉宗室刘縯及弟秀起兵舂陵（志复汉室，新市、平林兵附之），冬十一月有星孛于张而东南行（楚地兵起之象）。【癸未】四年（汉帝刘玄更始元年）春二月新市、平林诸将共立更始将军刘玄为皇帝，夏六月刘秀大破莽兵于昆阳下，秋新莽将军王涉与国师刘秀自杀（欲劫莽降汉而谋泄）、成纪隗嚣起兵应汉、公孙述起兵成都、太白星流入太微（烛地如月光）、九月汉兵破长安、新莽卒灭（莽折节力行虚要名誉，色仁行违刚愎诈篡，拘泥古礼不度人情，躁扰兴造制度不定，缘饰经文法令烦苛，吏缘为奸天下愁怨；心念民本名存实亡，害遍生民辜及朽骨，流毒诸夏乱延蛮貉，四海嚣然丧乐生心，天怒人怨灾异频仍，迷信图谶曲说自欺；秦燔诗书专立吏治，莽模六艺企复三代，用吏求礼翻成戏论，仁礼俱偏天君民散，离孔孟道求周公心，礼教无实镜花水月），冬十月以刘秀行大司马事遣徇河北（除莽苛政、举贤能复汉官），十二月王朗称帝于邯郸。【甲申】更始二年春延岑据汉中，夏四月玄立刘秀为萧王，秋萧王击破收服铜马诸贼并南徇河内。【乙酉】三年夏四月公孙述称“成帝”，六月赤眉樊崇等入关以刘盆子称帝、更始降而被杀。

（二）东汉后汉政教史略

【乙酉】世祖光武皇帝建武元年（更始三年）六月萧王即皇帝位，秋八月祭社稷、祠高祖太宗世宗，九月诏封刘玄为淮阳王、以卓茂为太傅封褒德侯（仁恭爱民善礼中道），冬十月定都洛阳，十二月隗嚣据天水自称西州上将军、窦融据河西自称五郡大将军（任贤保民而观时变动）、卢芳据安定自称西平王（匈奴立为“汉帝”）。【丙戌】二年春正月朔日蚀、始用孝廉为尚书郎、立宗庙郊社于洛阳，二月以宋泓为大司空（素守纲常礼教），三月大赦（诏议省刑法以舒民），夏五月封周后姬常为周承休公、诏民有嫁妻卖子欲归父母者恣听之，六月立贵人郭氏为皇后、子彊为皇太子，秋九月关中饥民相食、冬遣将军冯异入关布信安民，十二月诏复宗室列侯为莽所绝者。【丁亥】三年春二月祠高庙、受传国玺，五月晦日蚀、六月赦，秋七月诏小吏有罪先请、老幼男子及妇人从坐者除非不道诏捕皆不得系，冬十一月李宪僭称帝。【戊子】四年秋九月拜侯霸为尚书令（明习故典保民乱世），冬十月隗嚣遣马援奉书入见。【己丑】五年春二月彭宠奴斩宠来降（夷其族，封奴为不义侯），夏四月旱蝗、窦融遣使奉书入见（诏以融为凉州牧），五月诏令出系囚（罪非殊死一切勿案）、务进柔良退贪酷，冬十月使大司空祠孔子、初起太学（稽古修礼，赐博士弟子有差），十二月征处士严光等至京师、窦融承制以莎车王康为西域大都尉（五十五国皆属焉），是岁田亩益广。【庚寅】六年春正月诏命郡国有谷者给禀高年鳏寡孤独及笃癃无亲贫不能自存者，夏五月隗嚣反（诏为其诖误并三辅遭难赤眉犯法不道者非死罪皆得赦除），六月并省县国、减损吏员（十置其一），夏蝗，秋九月晦日蚀（纳执金吾朱浮言，缓简牧守易代以久安民；十月诏敕公卿举贤良方正、百僚上封无讳、有司修职遵法），十二月诏令复田租旧制（三十税一）。【辛卯】七年春正月诏出系囚（非犯殊死皆勿案罪）、布告天下令知忠孝慈悌薄葬送终之义，三月晦日蚀（诏百僚上封事不得言圣，太中大夫郑兴诫帝政事严急），夏雨水连绵，冬以杜诗为南阳太守（兴利除害政事清平）。【壬辰】八年夏闰四月帝亲征隗嚣、窦融率五郡兵以从，秋大水、颍川盗起而讨平之，冬十二月高句丽王遣使奉贡。【癸巳】九年春正月征虏将军祭遵卒（能克己奉公任用儒士），秋八月复置护羌校尉官（纳司徒掾班彪言，以领护问疾、治其怨结并通导警防）。【甲午】十年秋八月祠高庙（遂有事十一陵），冬十月来歙等破降隗纯、陇右悉平，先零羌寇金城与陇西而来歙击破之（开仓赈饥陇右遂安）。【乙未】十一年春二月诏杀奴婢不得减罪，夏帝自将征蜀，秋八月诏敢炙灼奴婢论如律且免所炙灼者为庶人，冬十月诏除奴婢射伤人弃市律，马成、马援击破先零羌（徙降羌置天水、陇西、扶风，马援营缮招抚郡中乐业）。【丙申】十二年夏六月黄龙见东阿，冬十一月吴汉击杀公孙述、蜀地悉平，是岁九真徼外蛮夷张游率种人内属（封归汉里君）、参狼羌寇武都而陇西太守马援讨降之（恩信宽任陇右清静）、卢芳与匈奴及乌桓寇边（遣杜茂筑亭障以备之）、窦融及五郡太守入朝（以融为冀州牧）。【丁酉】十三年春正月诏太官勿受郡国异味，二月卢芳亡奔匈奴、诏诸王皆降为公侯，夏四月大飨将士班劳策勋、拜窦融为大司空，五月匈奴寇河东，秋七月广汉徼外白马羌豪率种人内属，九月日南徼外蛮夷献白雉白兔，冬十二月诏益州民自八年以来被略为奴婢者皆免为庶人。【戊戌】十四年春正月匈奴遣使奉献，夏四月封孔子后孔志为褒成侯，是岁会稽大疫、莎车与鄯善遣使奉献（因中国新定，请置都护而未许）、太中大夫梁统请更定律令（以为刑罚在中无取于轻）而不报。

【己亥】建武十五年春正月大司徒韩歆免而自杀（直言无隐，帝不能容）、有星孛于昴、有星孛于营室，二月徙边郡吏民避匈奴（徙雁门、代郡、上谷民置常山关、居庸关以东），夏六月诏州郡检核垦田户口、考实二千石长吏阿枉不平者，冬十二月遣马成缮治障塞、以张堪为渔阳太守善备匈奴。【庚子】十六年春二月交趾女子徵侧姐妹反（蛮俚应之），三月晦日蚀，秋九月河南尹及诸郡守有罪下狱死（坐度田不实）、郡国群盗并起（冬十月诏许相斩除罪遂得解散），是岁复行五铢钱（纳马援奏，天下赖其便）。【辛丑】十七年春二月晦日蚀，秋七月妖贼李广等据皖城（马援等破斩之），冬十月废皇后郭氏、立贵人阴氏为皇后，冬十二月以马援为伏波将军讨交趾。【壬寅】十八年春三月祠后土，夏四月诏蠲除边郡盗谷五十斛死罪法（同之内郡），五月旱，是岁罢州牧而置刺史。【癸卯】十九年春正月尊孝宣皇帝庙为中宗（始祠元帝以上于太庙、成帝以下于长安而徙四亲庙于章陵），马援破交趾、斩徵侧（申明旧制约束而骆越奉行之），六月废皇太子彊为东海王、立东海王阳为皇太子（改名庄，以桓荣授太子《尚书》；光武废立非经，所幸皇太子彊虽废而兄弟友悌），赐洛阳令董宣钱（搏击豪强京师震栗），是岁西南夷寇益州郡。【甲辰】二十年夏五月匈奴寇上党、天水、扶风，秋东夷韩国人率众诣乐浪内附，冬十二月匈奴寇天水，是岁省五原郡（徙其吏人置河东）。【乙巳】二十一年春正月乌桓与匈奴及鲜卑连兵入寇、刘尚平定益州夷，秋鲜卑寇辽东、太守祭肜击走之，冬匈奴寇上谷与中山、西域十八国遣子入侍并请都护而不许（中国初定未遑外事之故）。【丙午】二十二年夏五月晦日蚀，秋九月地震（诏恤民人），冬以刘昆为光禄勋（能至诚感物保民一方），是岁青州蝗、新立单于蒲奴求和亲而许之（匈奴连年旱蝗，死耗太半而惧）、诏罢边郡亭候以招降乌桓（时乌桓击破匈奴，匈奴北徙幕南地空）、西域复请都护（许其自便，遂附匈奴）。【丁未】二十三年春正月南郡蛮叛、遣将军刘尚讨破之并徙其种人于江夏，冬十月高句丽率种人诣乐浪内属，十二月武陵蛮叛、刘尚轻敌败没。【戊申】二十四年春正月匈奴南八部立日逐王比为南单于并款塞内附（愿为藩蔽扞御北虏），秋七月遣马援征武陵蛮，冬十月匈奴南单于遣使入贡（自是匈奴分南北）。【己酉】二十五年春正月貊人、鲜卑、乌桓并入朝贡（辽东徼外貊人寇边，太守祭肜招降之并以恩信财利抚夷狄）、南单于击破北单于并来请使者监护，三月晦日蚀，夏新息侯马援卒于军，冬十月监军谒者宗均矫制谕降群蛮（汉军疫死大半而蛮亦饥困）、夫余王遣使奉献，是岁辽西乌桓内属（置校尉以领之）。【庚戌】二十六年春正月诏增百官俸、初作寿陵（效法文帝之素简），立南单于庭（置使匈奴中郎将以领之），秋南单于遣子入侍（于是云中、五原、朔方、北地、定襄、雁门、上谷、代八郡民归于本土，遣谒者补治城郭，发遣边民在中国者布还诸县）。【辛亥】二十七年夏五月诏三公去“大”名并改司马为太尉，益州郡徼外蛮夷率种人内属，北匈奴求和亲（不许亦不击，慰夷而息民）。【壬子】二十八年秋八月遣诸王就国，冬十月诏死罪系囚皆一切募下蚕室（其女子宫），北匈奴乞和亲而许之。【癸丑】二十九年春二月朔日蚀（遣使举冤狱出系囚），赐天下男子爵二级、鳏寡孤独笃癃贫不能自存者粟五斛，夏四月诏令天下系囚自殊死已下及徒各减本罪一等、其余赎罪输作有差。【甲寅】三十年春正月鲜卑大人内属、朝贺，二月帝东巡，闰二月有星孛于紫宫，夏大水、赐天下爵粟。【乙卯】三十一年夏五月大水、晦日蚀，夏蝗，是岁陈留雨谷（形如稗实）、北匈奴遣使奉献。【丙辰】中元元年春正月诸王来朝、以第五伦为会稽太守（公廉清惠，百姓爱之），二月帝东巡封泰山禅梁阴（帝笃信图谶遂许封禅），夏京师醴泉出、赤草生、郡国言甘露降（帝自谦无德抑而不当），秋蝗，冬十月尊薄太后曰高皇后配食地祇（迁吕太后主于园四时上祭），十一月晦日蚀、起明堂灵台辟雍并宣布图谶于天下（桓谭以为图谶非礼而帝则深信之），参狼羌寇武都、陇西太守刘盱讨破之。【丁巳】二年春正月初立北郊祀后土、东夷倭奴国王遣使奉献，二月帝崩、遗诏法孝文制度务从约省（帝恢廓大度才略明勇，能绍前烈克定祸乱，效法孝文节俭恤民，明慎政体量时度力，拨乱反正兴学不怠；然虽倡柔良吏事深刻，礼教吏治尚欠伦次，过信图谶隐患深种，中兴之美未能尽善）、太子庄即位，夏四月诏继体守文封赐恤民，秋九月烧当羌寇陇西，十二月诏敕顺时气毋烦扰、亡命殊死以下听得赎论、务在均平无令枉刻。

【戊午】显宗孝明皇帝永平元年春正月朝原陵，秋七月马武等大破烧当羌、募士卒戍陇右，是岁辽东太守祭肜讨乌桓并大破之（塞外震服，乃悉罢缘边屯兵）、越嶲姑复夷叛（州郡讨平之）。【己未】二年春正月宗祀光武皇帝于明堂（诏令天下罪非殊死皆得赦除、官吏修职顺时敬天绥民），三月临辟雍、行大射礼，冬十月行养老礼（尊李躬为三老、桓荣为五更，赐天下三老、敕有司存耆耋恤幼孤惠鳏寡），十一月遣使以中牢祠萧何、霍光，是岁始迎气于五郊。【庚申】三年春正月诏有司勉顺时气劝督农桑、详刑慎罚明察单辞，二月立贵人马氏为皇后、子炟为皇太子（赐恤天下爵粟有差），夏六月有星孛于天船北（大水之象）、大起北宫（尚书仆射钟离意因旱谏止，帝罢之而澍雨；意又谏帝毋褊察缓刑罚顺调阴阳，人神心洽天气自和），秋八月改大乐为大予乐（信奉图谶之故）、晦日蚀（诏有司勉职匡德言事无讳），冬十月烝祭光武庙（初奏《文始》《五行》《武德》之舞）、赐荆州刺史郭贺三公之服（官有殊政赐以彰德），是岁起北宫及诸官府、京师及七郡国大水。【辛酉】四年春帝如河内不至而还（帝欲校猎河内，东平王刘仓谏止之），冬于窴攻杀莎车王贤（匈奴立莎车新王）。【壬戌】五年春二月骠骑将军刘仓罢归藩（宗室谦抑避嫌之故），冬十一月北匈奴寇五原与云中、南单于击却之，安丰侯窦融卒（子孙纵诞不法，融获罪免归惭忧而卒），是岁赐钱发遣边人在内郡者。【癸亥】六年春正月诸侯王来朝，二月王洛山出宝鼎、夏四月诏政化多僻抑省虚誉，冬十二月遣使者祠中岳。【甲子】七年春正月以宋均为尚书令（能纠残吏恤民本，以文法廉吏为治末），是岁北单于求合市（盛而数寇，羁縻许之）。【乙丑】八年春三月初置度辽将军（屯五原以防南北匈奴交通构衅），秋十四郡国大雨水，冬十月诏募死罪系囚减罪一等诣度辽将军营屯边县（大逆无道殊死者一切募下蚕室，亡命者赎罪有差）、楚王英信奉浮屠奉帛赎愆而帝赞其仁净、晦日蚀既（诏群司极言深自引咎，诫理冤禁黠爱惜民力），北匈奴寇西河诸郡。【丙寅】九年春三月诏赐郡国死罪囚减罪诣五原、朔方占著，夏四月诏郡国以公田赐贫人有差、令岁考长吏殿最以闻，是岁大有年、为外戚四姓小侯开立学校置五经师（匈奴亦遣子入学）。【丁卯】十年春二月广陵王荆反心悖妄自杀国除，夏四月诏大赦务农、吏敬无堕，冬以丁鸿为侍中（鸿让封于弟，鲍骏荐其经学至行）。【戊辰】十一年春正月诸王来朝（帝嘉东平王仓贤而展亲亲之道）。【己巳】十二年春正月益州徼外夷哀牢内附（为置永昌郡），夏四月修汴渠堤（河汴分流，免患利农），五月赐天下男子爵二级、三老孝悌力田三级、流民无名数欲占者一级、鳏寡孤独笃癃贫无家属不能自存者粟三斛，诏禁送终、车服之制奢恣，是岁安平无役、年稔民殷（粟斛三十，牛羊遍野）。【庚午】十三年春二月帝耕于藉田，冬十月晦日蚀（诏三公无自劾、令刺史太守理刑冤恤鳏孤），十一月楚王英谋反、废徙国除（迷信方士、造作图书而逆谋不道）。【辛未】十四年夏四月故楚王英自杀而牵连者众（侍御史寒朗、楚郡太守袁安等谏，帝悟悔而宽宥之），是岁初作寿陵（诏匠作简素）。【壬申】十五年春二月帝东巡（耕于下邳，三月祠孔子及七十二弟子），冬十二月遣都尉耿秉、窦固屯凉州（欲击匈奴而先谋西域）。【癸酉】十六年春二月遣太仆祭肜及窦固等伐北匈奴，西域诸国遣子入侍（假司马班超使西域诛匈奴使而镇抚诸国，西域与汉绝六十五年至是复通），夏五月淮阳王延谋反发觉（连及诛死者甚众）、晦日蚀，九月诏令郡国中都官死罪系囚减死罪一等（勿笞诣军营屯朔方、敦煌而妻子自随，谋反大逆无道除外），是岁北匈奴入寇云中、太守廉范击破之。【甲戌】十七年春正月谒原陵（展孝思而甘露降），春西南夷诸种称臣贡献（益州刺史朱辅宣德威怀远夷慕义之故），夏五月诏远人慕化功归先德、赐天下爵粟帛有差，冬十一月遣窦固等击降车师而复置西域都护、戊己校尉。【乙亥】十八年春三月诏令天下亡命殊死已下得赎有差，夏四月因时旱诏令理冤狱录轻系、祷五岳四渎名山大川，六月有星孛于太微，秋八月帝崩（遗诏无起寝庙，藏主于光烈皇后更衣别室；明帝奉法光武恭德无矜，法令分明吏称其官，通恤民情远近肃服，户口滋殖天下安业，性褊察慧偏擅刑理，仁礼弘人度量未优）、太子炟即位，冬十月诏建师傅之官（拜赵憙为太傅、牟融为太尉并录尚书事），十一月以蜀郡太守第五伦为司空（公清得人）、西域与北匈奴作乱、晦日蚀，是岁牛疫、京师及三州大旱（诏勿收租稿、赈给贫人）。

【丙子】肃宗孝章皇帝建初元年春正月诏廪赡饥民、劝农桑慎选举顺时令理冤狱（纳尚书陈宠、第五伦宽猛适中荡涤严苛之谏）、酒泉太守段彭击降车师（罢都护及戊己校尉官，班超留屯疏勒），二月武陵澧中蛮叛，三月山阳、东平地震（诏令举贤良方正、直言极谏之士），夏五月初举孝廉、郎中宽博有谋能任典城者以补长、相，秋七月诏以上林池籞田赋与贫民，八月有星孛于天市，九月永昌哀牢夷叛，冬十月武陵郡兵破降叛蛮。【丁丑】二年春三月诏三公明纠戚亲奢纵非法（禁令先京师而后诸夏）、罢伊吾卢屯兵（匈奴复守其地），夏四月大旱（太后不许帝封舅氏以守礼化下，诏齐国省冰纨、方空縠等奢侈品），六月烧当羌反（秋八月遣马防讨平之），冬十二月有星孛于紫宫。【戊寅】三年春正月宗祀明堂、登灵台望云物赦天下，三月立贵人窦氏为皇后，夏四月罢治滹沱、石臼河（纳谒者邓训言而全活者众），冬十二月武陵溇中蛮叛、有司奏遣诸王之国而帝友悌不许，是岁马防与耿恭破烧当羌于临洮、西域假司马班超击破姑墨。【己卯】四年夏四月立子庆为皇太子（赐天下爵粟），五月封马廖等诸舅为列侯（受爵辞位以特进就第）、六月皇太后马氏崩，冬牛大疫，十一月诏诸儒会白虎观议五经同异（杨终言章句之徒破坏大体而帝纳之，使魏应承制问、淳于恭奏而帝亲称制临决，如孝宣石渠故事而作《白虎议奏》）。【庚辰】五年春久旱伤麦、二月朔日蚀（诏举直言极谏而岩穴为先勿取浮华，令理冤狱录轻系、敬祷五岳四渎及名山能兴云致雨者），三月诏纠举擅行喜怒迫胁无辜之劣吏，夏五月诏以直言士补外官，冬始行月令迎气乐，是岁帝遣徐干率驰刑、义从就班超平西域。【辛巳】六年夏六月晦日蚀，是岁以廉范为蜀郡太守（政宽而民便之）。【壬午】七年春正月诸王来朝，夏六月废太子刘庆为清河王（窦皇后陷害之故）、立子肇为皇太子（窦皇后所养），秋九月诏天下系囚减死戍边，冬十月西巡祠高庙，是岁京师及郡国螟。【癸未】八年春正月东平王刘苍卒（忠悫守礼，卒谥曰献），夏六月北匈奴大人率众款塞降，冬十二月诏令群儒选高才生受学《左氏春秋》《穀梁春秋》《古文尚书》《毛诗》（以扶微学而广异义），是岁窦宪兄弟贵盛猖獗（帝虽知其恶而心软不能去）、以班超为西域将兵长史、以郑弘为大司农（能损上益下减费恤民）、京师及郡国螟。【甲申】九年、元和元年春二月诏令郡国放行募人无田欲徙者并予赐恤，夏六月诏议贡举法（纳大鸿胪韦彪谏以简选忠孝贤才，尤重尚书、两千石），秋七月诏禁治狱惨酷，八月诏改元元和（系囚减死有差），冬十月以朱晖为尚书仆射（能守礼远利威吏惠民），十一月以孔僖为兰台令史（敢直论汉武始崇圣道后则恣己之失）、赐毛义与郑均谷各千斛（行义不贪称于乡里），十二月诏除妖言禁锢者（以明弃咎更始之路）。【乙酉】二年春正月诏赐孕妇胎养谷三斛（并复其夫勿算一岁）、令罪非殊死且勿案验（以息事宁人敬奉天气）、戒俗吏矫饰以苛为察者而褒安静恤民悃愊无华者，二月始用《四分历》、诏增修山川鬼神应典礼祀者以祈丰年、东巡狩（幸东郡备弟子仪于张酺，过任城赐白衣郑均尚书禄，耕于定陶诏赐三老孝悌力田帛以勉率农功，柴告岱宗、宗祀明堂、告祠二祖四宗，诏与士大夫同心自新，三月祀孔子于阙里，夏四月还宫假于祖祢），秋七月诏定律无以十一月十二月报囚（仅于冬十月报囚，十一月日南至则闭关梁，以重三正慎三微），是冬南单于与北匈奴战并破之（是时北匈奴衰耗，诏以恩信待之）。【丙戌】三年春正月诏婴儿无亲属及有子不能养者廪给之、二月诏恤贫劝农，夏四月太尉郑弘免而卒（窦宪构之），五月司空第五伦罢（为政质悫贞白奉公尽节）、诏侍中曹褒定汉礼（令以经礼条正叔孙通《汉仪》使可施行），冬十月烧当羌反并寇陇西，是岁疏勒王诈降、西域长史班超击斩之。【丁亥】四年、章和元年夏四月令郡国系囚减死一等诣金城戍，秋七月鲜卑击斩北单于、烧当羌寇金城、诏改元章和（屡有嘉瑞之故，太尉掾何敞则以为瑞依德至灾缘政生，异鸟怪草不可不察）、令养衰老赐高年，八月晦日蚀、九月诏系囚减死赎有差，冬十月北匈奴五十八部来降、曹褒奏所撰冠昏吉凶终始制度，是岁班超发诸国兵击降莎车而威震西域。

【戊子】二年春正月诸王来朝，二月帝崩（遗诏无起寝庙如先帝制；章帝恺悌宽厚忠恕为体，斟酌律礼以纠苛切，尽孝亲亲蕃辅克谐，平徭简赋宪正民安，思服帝道懋勉经礼；然天道未明任政有欠，御内无断窦后擅嗣，宠任窦宪遗患后世）、太子肇即位，三月窦太后临朝（诸窦皆在亲要），夏四月以遗诏罢盐铁之禁，五月京师旱，冬十月侍中窦宪擅权盗杀都乡侯刘畅（太后不听侍御史鲁恭等羁縻息民之谏，而使宪伐北匈奴以赎罪），是岁以邓训为护羌校尉击破迷唐（德信怀柔能安众羌）、安息国遣使献狮子与扶拔。

【己丑】穆宗孝和皇帝永元元年春邓训大破迷唐而诸羌皆降（训绥接归附威信大行，遂罢屯兵）、下尚书仆射郅寿吏（寿自杀，弹劾窦宪而陷罪诽谤），夏六月窦宪击北匈奴并大破之（降二十余万人，登燕然山刻石勒功而还），秋七月会稽山崩，九月以窦宪为大将军（尚书何敞疏宪专朝虐民奢僭枉戮，宪阴出敞济南太守），是岁九郡国大水。【庚寅】二年春二月日蚀，夏五月窦宪遣兵复取伊吾地、车师前后王并遣子入侍，月氏遣使奉献（攻班超而被击降之故），秋九月北匈奴款塞求朝（冬十月窦宪因南单于之求复击破之，南匈奴遂复盛）。【辛卯】三年春正月帝冠（始用曹褒新礼），二月窦宪遣兵击破北匈奴（欲乘弱灭之，单于走死），是岁窦宪杀尚书仆射乐恢（恢谏外戚不宜干政之故），冬十二月以班超为西域都护。【壬辰】四年春正月立北匈奴於除鞬为单于（袁安等谏毋失信南匈奴且损费乱边，窦宪负势骄讦而帝从其策），夏六月朔日蚀（司徒丁鸿上疏，以为公威损而下权私盛，人道悖下效验见天，隐谋神照垂象见戒），地震、旱蝗、大将军窦宪伏诛（潜图弑逆，帝依宦者郑众诛之并以众为大长秋，宦官用权自此始），冬十二月武陵零陵澧中蛮叛、护羌校尉邓训卒而烧当羌豪迷唐复反（寇金城）。【癸巳】五年春二月诏减厩苑马实恤贫民、陇西地震，三月诏选举良材官当其位、遣使赈禀贫民举实流冗，夏六月三郡国雨雹，秋九月北单于叛、遣任尚讨灭之，鲜卑徙据北匈奴故地（匈奴余种而自号鲜卑，自此渐盛），是岁武陵郡兵破降叛蛮、护羌校尉贯友击走迷唐。【甲午】六年春正月使匈奴中郎将杜崇等杀南单于安国而立左贤王师子，二月遣谒者禀贷贫民、三月诏流民所过郡国皆实禀之（济、河之域水旱违度凶馑流亡之故），夏四月蜀郡徼外羌内附，六月初令伏闭尽日，秋七月京师旱（诏恤徒录囚、举冤狱责官吏而澍雨），是岁西域都护班超讨斩焉耆王（自是西域降服，纳质者五十余国）、北匈奴降者胁立故南单于安国从弟子逢侯叛亡出塞（杜崇等因失和致反而坐诛）、武陵溇中蛮叛而郡兵讨平之、以陈宠为廷尉（仁恕附经，刻敝之风因得少衰）。【乙未】七年夏四月朔日蚀（诏令详选郎官宽博有谋、才任典城者三十人出补长、相），秋七月易阳地裂，九月京师地震。【丙申】八年春二月立贵人阴氏为皇后，夏四月诏赈贷并州四郡贫民，五月河内、陈留蝗，南匈奴右温禺犊王叛而讨斩之、车师后王叛并击其前王，秋八月饮酎（诏系囚减死有差），九月京师蝗（诏详刑辟理冤虐、恤鳏寡矜孤弱），冬十二月南宫宣室殿火。【丁酉】九年春正月永昌徼外蛮夷及掸国重译奉贡，三月陇西地震、西域长史王林击斩车师后王，夏六月旱蝗、诏除田租及山泽税，秋七月蝗虫飞过京师，八月鲜卑寇肥如，闰八月迷唐寇陇西、遣将军刘尚讨破之，十二月复置若卢狱官（主鞠将相大臣）。【戊戌】十年春三月诏令刺史疏导堤防沟渠，夏五月京师大水，秋九月复置廪牺官，冬十月五州雨水，十二月迷唐诣阙贡献、以刘恺为郎（让爵于弟，贾逵赞其能助含弘之化）。【己亥】十一年春二月遣使循行禀贷灾民，秋七月诏戒吏民逾僭并节以制度（先举正在位者以率风俗）。【庚子】十二年春二月旄牛徼外白狼、貗薄夷率种内属，诏贷灾民赐贫民恤流民，三月诏责苛暴侵民并赐天下爵粟，夏四月日南象林蛮夷反，闰四月秭归山崩，六月舞阳大水，秋七月朔日蚀、九月太尉张酺免，是岁迷唐复叛。【辛丑】十三年春正月帝幸东观（善鲁丕守师法戒浮华之说，博选术艺之士以充其官），二月赈贷张掖等四郡贫民及孤寡羸弱不能自存者，秋雨水（九月诏令天下半入今年田租刍稿，贫民假种食勿收责），冬十一月诏抚接夷狄以人为本（令缘边郡口十万以上岁举孝廉一人，不满十万二岁举一人，五万以下三岁举一人），鲜卑入寇、渔阳太守击破之，十二月巫蛮反并寇南郡。【壬寅】十四年春安定羌反、二月复置西海郡屯田镇边，三月临辟雍飨射，夏四月遣使督荆州兵破降巫蛮，五月初置象林将兵长史官，秋大水、冬十月诏水灾被害什四以上皆半入田租刍稿，征班超还京师（超审知塞外吏士罪徒顽劣、蛮夷怀利难养易败，总纲宽过得边人和，至是年老乞归），冬十月立贵人邓氏为皇后（能恭上恤下克己复礼），是岁封郑众为鄛乡侯（宦者封侯始此）。【癸卯】十五年春诏恤流民粮食医药，二月诏禀贷颍川等六郡国贫民，夏四月晦日蚀，五月南阳大风，六月诏令百姓鳏寡渔采陂池勿收假税二岁，秋四州雨水，冬十一月诏太官勿受远国珍馐（纳临武长唐羌谏以恤民）。【甲辰】十六年春正月诏贫民有田业而匮乏者贷种粮，二月诏兖、豫、徐、冀四州禁沽酒（连年伤雨之故）、夏四月恤贫民无以耕者雇犁牛值，秋七月旱（诏囚徒于法疑者勿决以顺秋令，烦苛之吏显明其罚）、诏令半入租赋并恤灾民贫民，十一月北匈奴请和亲（以其礼不备而厚赏不答），十二月复置辽东西部都尉官。【乙巳】十七年、元兴元年春正月帝亲选三署郎以补谒者、长、相，春高句骊寇辽东，夏四月大赦改元（宗室以罪绝者悉复属籍），五月雍地裂，秋九月辽东太守耿夔击破貊人，冬十二月帝崩（和帝恤民重农民增土广，沉烈能断不宣符瑞，然宦官外戚迭生隐患，继嗣幼弱天下乱生）、太子隆即位（诞育方百余日）、洛阳令王涣卒（平正明察外猛内慈，民皆悦服立祠祭之）。【丙午】孝殇皇帝延平元年春正月以张禹为太傅、徐防为太尉、梁鲔为司徒，夏四月诏罢祀官不在祀典者、鲜卑寇渔阳，五月皇太后诏与吏民更始、大赦（建武以来诸犯禁锢皆复为平民）、河东垣山崩，六月三十七郡国雨水、诏减用度遣宫人，秋七月敕郡国核实恤民（勿贪苛阿私、掩灾增户、选举乖宜），八月帝崩、太后迎清河王子祜入即位，秋九月六州大水（遣谒者察虚实、举灾害、赈乏绝）、陨石于陈留、西域诸国叛而击破之，冬十月四州大水雨雹，十二月罢鱼龙曼延戏、诏举隐逸选博士（纳樊准谏）。

【丁未】恭宗孝安皇帝永初元年春正月朔大赦、廪给司隶等六州贫民，二月以广成游猎地及被灾郡国公田假与贫民，三月日蚀（诏举贤良方正道术之士、明政术达古今直言极谏者），夏五月以鲁恭为司徒（谏顺时令宽刑狱）、九真徼外夜郎蛮夷举土内属，六月河东地陷、罢西域都护、先零种羌叛掠，秋九月诏三公申旧令禁奢浮（以寇贼、雨水策免太尉徐防、司空尹勤，三公始以灾异免；光武收权三公备位、戚宠残民阴阳失和，不能理顺空免无益）、诏审吏省费恤刑赎罪，冬十月倭国遣使奉献、新城山泉水大出，十一月司空周章自杀（太后贪幼弱而立殇帝，章以众心不服密谋废立而事觉自杀），是岁郡国十八地震、四十一大水、二十八大风雨雹。【戊申】二年春以公田赋与贫民、遣使禀贷冀兖二州流民，夏四月汉阳城中火（烧杀近四千人），五月旱（太后亲录冤囚而即日澍雨），六月京师及四十郡国大水、大风、雨雹，秋七月太白入北斗（诏令举有道术明习灾异阴阳之度璇机之数者以谋承天诫），闰七月蜀郡徼外羌举土内属，九月诏令经明任博士、居乡廉孝才任理人者可得外补，冬十一月征郑骘为大将军（荐进贤士何熙、杨震等）、先零羌滇零僭称天子寇钞三辅，十二月广汉塞外参狼羌降（分广汉北部为属国都尉），是岁郡国十二地震。【己酉】三年春正月帝冠，三月京师大饥、民相食（诏以鸿池假与贫民，司徒鲁恭免），夏四月令吏民入钱谷得爵官有差，五月京师大风，六月乌桓寇代郡、上谷、涿郡，夏南单于叛（乘关东水灾民饥之故），秋九月海贼张伯路等寇滨海九郡，乌桓、鲜卑、南匈奴合兵寇五原，冬十二月郡国九地震、有星孛于天苑，是岁京师及四十一郡国雨水雹、并凉二州大饥（人相食）。【庚戌】四年春正月海贼张伯路与渤海平原贼合叛、遣青州刺史法雄讨破之，以凉州牧守子弟为郎（纳虞诩谏以安西凉），二月诏祆言它过坐徙边者各归本郡、诏谒者刘珍及五经博士校定东观五经诸子传记及百家艺术，三月南单于降、先零羌寇汉中、九郡国地震，夏四月六州蝗，秋七月三郡大水、九月益州郡地震。【辛亥】五年春正月朔日蚀、十郡国地震，二月先零羌寇河内（三月徙缘边郡县避寇并遣任尚击破之）、夫余夷犯塞杀伤吏民，闰三月诏令举贤良方正、有道术达于政化、直言极谏之士及至孝卓异者，秋九月汉阳人杜季贡寇陷上邽，是岁九州蝗、八郡国雨水。【壬子】六年春三月十州蝗，夏五月旱（诏令复秩还赎赐爵有差，太后亲录囚理冤），六月豫章、员谿、原山崩。【癸丑】七年春正月太后率大臣命妇谒宗庙、二月十八郡国地震，夏四月晦日蚀、五月京师大雩，秋八月京师大风、蝗虫飞过洛阳。

【甲寅】元初元年春二月日南地坼、三月日蚀，夏四月京师及五郡国旱蝗、诏举敦厚质直者，五月先零羌寇雍城，六月河东地陷，秋七月蜀郡夷寇蚕陵，九月先零羌寇武都及汉中，冬十月朔日蚀（诏除三辅三岁田租、更赋、口筭），是岁十五郡国地震。【乙卯】二年春正月诏禀三辅及并凉六郡流冗贫人，二月诏修理旧渠通利水道，三月京师大风、先零羌寇益州，夏四月立贵人阎氏为皇后（性妒忌），五月京师旱、河南及十九郡国蝗、诏毋欺罔以消灾安民，六月洛阳新城地裂，秋八月辽东鲜卑围无虑县、九月晦日蚀，冬十月诏系囚减死有差、以虞诩为武都太守（破羌安民），十一月十郡国地震、十二月武陵澧中蛮叛。【丙辰】三年春正月苍梧等郡蛮夷反叛，二月十郡国地震、三月日蚀（赦叛郡吏人为贼迫者），夏四月京师旱，五月武陵蛮复叛、度辽将军邓遵率南匈奴击破先零羌、越嶲徼外夷举种内属，秋七月缑氏地坼，冬十一月苍梧等郡蛮夷降，初听大臣、刺史行三年丧（纳司徒刘恺谏以师表百姓宣美风俗），九郡国地震，十二月任尚击破先零羌。【丁巳】四年春二月朔日蚀、武库灾，夏四月策免司空袁敞（廉劲不阿，失邓氏旨而自杀）、鲜卑寇辽西，六月三郡雨雹，秋七月越嶲夷封离等叛、京师及十郡国雨水（诏务崇仁恕赈护寡独），冬十二月任尚等破先零羌、虔人羌降（陇右遂平），是岁十三郡国地震。【戊午】五年春旱，夏永昌、益州、蜀郡夷叛（杀吏掠民破坏二十余县，骸骨委积千里无人），六月高句骊、秽貊寇玄菟，秋七月诏令崇节约绝奢饰，八月朔日蚀、鲜卑寇代郡，冬十月鲜卑寇上谷，是岁十四郡国地震。【己未】六年春二月京师及四十二郡国地震（诏选掾属高第能惠利牧养者、孝廉郎宽博有谋清白行高者出补令长丞尉）、诏赐贫困孤弱单独及贞妇有节义者谷，三月始立六宗（祀于洛城西北），夏四月会稽大疫、沛国渤海大风雨雹，五月京师旱，秋七月鲜卑寇马城，冬十二月朔日蚀既、八郡国地震，是岁刺史张乔破降益州夷、敦煌太守曹宗遣吏屯伊吾而车师与鄯善复降。【庚申】七年、永宁元年春三月车师后王叛（纳班勇谏复置都护屯兵），沈氐诸羌寇张掖（六月护羌校尉马贤讨破之），夏四月立子保为皇太子、改元永宁，七月朔日蚀，自春三月至冬十月京师及三十三郡国大风、雨水，十二月辽西鲜卑降、以杨震为司徒，是岁二十三郡国地震、夫余王遣子诣阙贡献。【辛酉】二年、建光元年春二月赐公卿校尉尚书子弟一人为郎或舍人，夏高句丽、鲜卑寇辽东、诏举有道之士、以薛包为侍中而不拜（孝悌知礼）、赐鳏寡孤独贫不能自存者谷，五月邓骘、邓遵以谮自杀，秋七月改元、封外戚宦者为列侯（与帝乳母王圣煽动内外，杨震谏而不省），八月以刘恺为太尉（宽仁而明经礼）、鲜卑寇居庸关，是秋京师及二十九郡国雨水，冬十一月三十五郡国地震或坼裂、鲜卑寇玄菟、复断大臣二千石以上服三年丧、初置渔阳营兵，冬十二月高句骊王宫围玄菟城。【壬戌】二年、延光元年春二月夫余王遣子击破高句骊、马韩、秽貊（遂遣使贡献），三月改元，夏四月京师及二十一郡国雨雹、六月郡国蝗，秋七月京师及十三郡国地震、高句骊降、虔人羌与上郡胡反，八月阳陵园寝火（诏举清白率下、防奸理烦有益于人者而勿取浮华），九月二十七郡国地震，冬十月鲜卑寇雁门、定襄，十一月鲜卑寇太原，十二月九真徼外蛮夷贡献内属，是冬遣宦者及乳母王圣诣甘陵（尚书仆射陈忠谏而不省），是岁京师及二十七郡国雨水、大风杀人。【癸亥】二年春正月诏选三署郎及吏人通《古文尚书》《毛诗》《穀梁春秋》者，夏四月封王圣为野王君，六月十一郡国大风，是夏以班勇为西域长史、将兵屯柳中（纳敦煌太守张珰谏，不弃西域以存河西），秋七月丹阳山崩，八月初令三署郎通达经术任牧民者视事三岁以上皆得察举，九月五郡国雨水、以杨震为太尉（谏远佞幸而不听），冬十一月鲜卑败南匈奴，十二月地震、聘处士周燮与冯良而不至（学行深纯隐居知时）。【甲子】三年春正月班勇击走匈奴田车师者（西域复通），三月罢杨震而震自杀（樊丰、窦宝诬谮之），夏四月阆中山崩，五月南匈奴左日逐王叛，六月鲜卑寇玄菟、秋七月寇高柳，九月废太子保为济阴王（阎后、王圣等诬谮陷害之）、晦日蚀，是岁京师及郡国二十三地震、三十六大水风雹。【乙丑】四年春三月朔日蚀、帝崩（损撤膳服克念政事，然太后秉权威不逮远，且计金授官移民逃寇，推咎台衡妄答天眚，内宠过盛秕汉王度，降夺储嫡开萌邪蠹，小人承欢君子逢怒，彼日而微遂祲天路）、太后临朝迎济北王子北乡侯懿入即位，冬十月越巂山崩、北乡侯薨、地震，中黄门孙程等迎立济阴王保入即位（诛阎显而遣太后，程等俱得封列侯）、改葬故太尉杨震并祠以中牢，十一月诏益州刺史罢子午道而通褒斜路，十二月令郡国守相未满岁者得举孝廉吏、京师大疫（诏举贤良方正直言极谏士）。

【丙寅】敬宗孝顺皇帝永建元年春正月诏更始大赦、朝太后于东宫（从司徒李郃及议郎周举言，太后意乃安），二月陇西钟羌反（马贤击降之，凉州遂安），秋七月下司隶校尉虞诩狱（大劾官宦苟容弄权之故，寻赦为尚书仆射），八月鲜卑寇代郡，九月初令三公及尚书入奏事，冬十月诏减死罪以下徙边、亡命赎有差，十一月鲜卑犯边（增置缘边兵屯以备之）、半免田租而全恤重灾民，是冬班勇击走匈奴（此后车师无复虏迹）。【丁卯】二年春二月鲜卑寇辽东、诏禀贷医养荆豫兖冀四州流冗贫人、护乌桓校尉耿晔率南单于击破鲜卑，三月旱（遣使录囚）、疏勒国遣使奉献，夏六月遣敦煌太守张朗与班勇讨降焉耆，秋七月朔日蚀（太尉朱宠、司徒朱伥罢）、以许敬为司徒（不阿不污）、聘处士樊英为五官中郎将，又以处士杨厚、黄琼为议郎。【戊辰】三年春正月京师地震、汉阳地陷裂（诏恤灾民、贷贫人），夏六月旱（遣使录囚徒理轻系），秋七月茂陵园寝灾（帝缟素避正殿）、九月鲜卑寇渔阳。【己巳】四年春正月诏与海内洗心自新宽和顺时遵典去苛、帝冠，二月诏禁绝入山凿石发泄藏气，夏五月诏还桂阳所献大珠，五州雨水，秋九月诏复安定、北地、上郡（纳虞诩谏），冬十一月鲜卑寇朔方，是岁拘弥国遣使贡献。【庚午】五年夏四月京师旱（诏郡国贫人被灾者勿收租）、京师及十二郡国蝗，冬十月诏死罪系囚减罪一等诣北地、上郡、安定戍。【辛未】六年春二月以沈景为河间相以正礼法，三月复置伊吾司马、开屯田，秋九月缮起太学（纳匠作大将翟酺谏）、耿晔遣兵击破鲜卑，冬十一月诏令冀部勿收今年田租刍稿，十二月日南徼外叶调国、掸国遣使贡献，客星出牵牛。【壬申】七年、阳嘉元年春正月立贵人梁氏为皇后（纳仆射胡广等礼贤之谏选立），二月海贼曾旌等寇会稽、京师旱雩、诏禀贷恤民并遣使礼神祈雨，三月扬州妖贼章河等寇乱四十九县、帝临辟雍飨射、大赦改元（诏宗室绝属籍者复籍，禀冀州贫民勿收本年租赋），秋七月史官始作候风地动铜仪、试明经下第者补太学弟子（增甲乙科员，除郡国耆儒补郎与舍人），九月诏系囚减死赎命有差、鲜卑寇辽东，冬十一月望都等县狼杀女子近百人（诏谓政贪失中狼灾为应）、立孝廉限年课试法（纳尚书令左雄谏，限年四十以上诸生通章句、文吏能笺奏乃得应选，茂才异行则不拘年齿），十二月复置玄菟郡屯田六部，闰十二月客星出天苑（诏令刺史、二千石之选归任三司而序品存衷）、恭陵百丈庑灾，是岁起西苑、修饰宫殿。【癸酉】二年春正月征郎顗为郎中而不就（谏帝责己严选、任贤恤民以消解灾异）、封乳母宋娥为山阳君、梁冀为襄邑侯（左雄谏止而不纳），三月使王稠击破鲜卑、除京师耆儒年六十以上多人补郎、舍人及诸王国郎，夏四月复置陇西南部都尉官、京师地震坼（诏直言无讳、引敦朴之士对策，纳左雄、李固谏而出阿母、诫侍宦），六月洛阳地陷、旱，秋七月太尉庞参免（忠直而被毁），八月鲜卑寇代郡，冬十月行礼辟雍（奏应钟，始复黄钟，作乐器随月律）。【甲戌】三年春二月诏京师狱无轻重且勿考竟（久旱而澍雨），三月益州盗贼劫令杀侯，夏四月车师后部击破北匈奴，五月旱（周举、张衡谏克己恤民，诏与海内洗心更始，殊死以下皆赦除之、赐民高年米酒帛絮），秋七月钟羌寇陇西、汉阳，冬十一月武都塞上屯羌及外羌反。【乙亥】四年春二月初听中官得以养子袭爵（御史张纲谏爱民重器而不听）、旱，夏四月以梁商为大将军（性虽谦恭好士而不能整顿纲礼），秋闰八月朔日蚀，冬十月乌桓寇云中，十二月京师地震。【丙子】永和元年春正月夫余王来朝，秋七月偃师蝗，冬十月承福殿火，十二月以王龚为太尉（上书极言宦官专权）、武陵蛮反。【丁丑】二年夏四月京师地震，五月象林蛮反，秋八月荧惑犯南斗、江夏盗贼杀邾长，冬十月征处士法真不至（博通内外学而隐居不仕），十一月京师地震（太尉王龚欲奏诛宦官弄权而不果行）。【戊寅】三年春二月地震（金城、陇西山崩地陷）、太白犯荧惑，夏四月九江贼蔡伯流反、闰四月京师地震、五月吴郡丞羊珍反，六月以祝良为九真太守、张乔为交阯刺史（纳李固等谏荐，慰诱招降日南叛蛮而岭外复平），秋九月令举武猛任将帅者（宦官卖恩而贪劣混杂），冬十月烧当羌寇金城、十二月朔日蚀。【己卯】四年春正月中常侍张逵等伏诛、三月京师地震，秋八月太原郡旱（民庶流冗，遣使禀恤），冬十月校猎上林苑、十一月幸广成苑。【庚辰】五年春二月京师地震，夏四月南匈奴吾斯等叛（五月纳梁商谏，诏度辽将军马续以恩信招降之），五月晦日蚀、且冻羌寇三辅（前并、凉刺史虐刻侵扰之故），秋九月令扶风与汉阳筑坞屯兵，是岁匈奴吾斯立车纽为单于并引乌桓、羌胡寇边。【辛巳】六年春闰正月巩唐羌寇三辅（三月武威太守赵冲击破之）、二月有星孛于营室，夏五月使匈奴中郎将张耽大破乌桓与羌胡于天山、巩唐羌寇北地，秋八月以周举为谏议大夫（梁商临终荐其清高忠正），九月诸种羌寇武威、晦日蚀，冬十月徙安定、北地郡，十一月徙荆州刺史李固为泰山太守（宽仁恩信，境盗消弭）。【壬午】汉安元年春正月改元，二月诏举贤良方正、能探赜索隐者，秋八月南匈奴吾斯等复反、遣八使分行州郡（表忠贤而收贪罪），九月广陵盗贼张婴等寇郡县（因郡守贪暴而反叛十余年，岁末广陵太守张纲以仁德降之）。【癸未】二年春二月鄯善国遣使贡献，夏四月护羌校尉赵冲等击破烧当羌，六月荧惑犯镇星、立南匈奴守义王兜楼储为南单于，冬十月令系囚殊死以下出缣赎有差（不能入赎者居作二岁）、减百官俸而禁沽酒，十一月使匈奴中郎将马寔遣人刺杀吾斯、凉州自九月至十一月地百八十震（民压死甚众），十二月扬、徐盗贼攻烧杀略，是岁增孝廉为四科（纳尚书令黄琼谏，在试家法、课笺奏基础上，复增孝悌、从政二科）。【甲申】三年、建康元年春正月诏遣使案行宣恩惠民勿为烦扰，三月护羌校尉赵冲讨羌战殁（羌亦衰耗）、南郡与江夏盗贼寇掠城邑，夏四月马寔击破南匈奴左部（胡、羌、乌桓悉降）、立子炳为皇太子（改元、大赦），秋八月扬徐盗贼范容等寇乱城邑、帝崩（遗诏无起寝庙而敛以故服；帝宽惠恤民畏天纳谏，然登用经士不能大用，阉宦弄权外戚用事，贤人君子难救祚衰）、太子炳即位（年二岁，太后临朝，以李固为太尉录尚书事），九月地震（诏举贤良方正幽逸修道之士策问，皇甫规对以奸臣权重而梁冀忿之），冬十月交趾蛮夷复反（交阯刺史夏方招诱降之）、零陵太守刘康坐杀无辜下狱死，十一月九江盗贼马勉僭称帝于当涂、群盗发宪陵。

【乙酉】孝冲皇帝永嘉元年春正月帝崩、征清河王蒜及渤海王子缵至京师、大将军梁冀白太后迎缵入即位（梁冀不听李固谏，舍年德而立幼弱）、广陵贼张婴等复反，二月豫章太守虞续坐赃下狱死、叛羌皆降（陇右复平），夏四月雩、丹阳贼陆宫等反，五月太后诏令系囚宽缓、祷礼山泽祈雨、赐恤死亡流离、诏令恭陵次康陵（殇帝即位逾年，安帝承袭统业）、宪陵次恭陵（以序亲秩而为万世法），六月鲜卑寇代郡，秋七月庐江盗贼攻寻阳、盱台，冬十一月南阳太守韩昭坐赃下狱死。【丙戌】孝质皇帝本初元年春正月诏罪非殊死且勿案验以崇在宽，二月诏寇害残夷之郡调谷禀弱收葬加恤，夏四月诏郡国举明经（年五十以上诣太学，岁满课试拜官有差，自是公卿俱遣子受业游学），五月海水溢、太白犯荧惑，闰六月大将军梁冀进毒弑质帝、策免李固、迎蠡吾侯志入即位，九月追尊河间孝王开曰孝穆皇、蠡吾侯翼曰孝崇皇，冬十月尊母匽氏为孝崇博园贵人。

【丁亥】威宗孝桓皇帝建和元年春正月朔日蚀（大赦赐恤），二月荆扬二州人多饿死，三月黄龙见谯，夏四月京师地震（诏举贤良方正、直言极谏、至孝笃行之士，命上封事指陈得失）、六郡国地裂（水涌井溢），六月以杜乔为太尉（谏封梁冀及宦者列侯为乖滥而帝不省），秋八月立皇后梁氏、九月京师地震（太尉杜乔以数忤梁冀免），冬十一月刘文谋立清河王蒜事觉伏诛（梁冀与宦者构谮，蒜坐贬徙自杀，李固、杜乔下狱死而天下冤之），是岁陈留盗贼李坚自称“皇帝”伏诛。【戊子】二年春正月帝冠，三月白马羌寇广汉、益州刺史率板楯蛮讨破之，夏五月北宫火，秋七月京师大水，冬十月长平陈景反（自号“黄帝子”署置官属）、南顿管伯称“真人”并图举兵而伏诛。【己丑】三年夏四月晦日蚀（五月诏凡诸妖恶支亲从坐及吏民减死徙边者悉归本郡），六月震宪陵寝屋，秋七月廉县雨肉，八月有星孛于天市、京师大水，九月地再震、五郡国山崩（诏死罪以下及亡命赎有差）、冬十月太尉赵戒免，十一月诏务崇恩施以康民。【庚寅】和平元年春正月太后归政、改元，二月扶风妖贼裴优自称“皇帝”伏诛，三月封大将军梁冀妻孙寿为襄城君（夫妇竞奢、宗亲贪毒据位，侍御史朱穆谏冀而不听），秋七月梓潼山崩，冬十一月减天下死罪一等徙边戍。【辛卯】元嘉元年春正月朔尚书张陵劾梁冀无人臣礼（诏以俸赎）、京师疾疫、改元，二月九江、庐江大疫，夏四月帝微行（是日大风拔木，昼昏）、京师旱、任城与梁国饥民相食（司徒张歆罢），秋七月武陵蛮叛，冬十一月京师地震（诏举独行之士，崔寔被举而自退，撰《政论》述纲弛俗敝与刑罚治乱），是岁北匈奴寇伊吾、诏加大将军梁冀殊礼。【壬辰】二年春正月西域长史王敬杀于寘王建而于寘攻杀敬、京师地震，秋七月日蚀、八月两地言黄龙见，冬十月京师地震（十一月司空黄琼免）、右北平太守和旻坐赃下狱死。【癸巳】三年、永兴元年夏五月大赦、改元，秋七月三十二郡国蝗、河溢民饥（流冗道路冀州尤甚，以朱穆为冀州刺史严劾诸郡贪污而宦者谮黜之），冬十一月诏减天下死罪一等徙边戍，是岁武陵太守应奉招降叛蛮。二年春二月复听刺史二千石行三年丧、京师地震（诏举贤良方正直言极谏，令损省逾侈服制、郡县务存俭约），夏六月彭城泗水增长逆流、京师蝗、东海朐山崩，秋九月朔日蚀（诏饥馑荐臻，禁郡国卖酒），冬十一月帝校猎上林苑、泰山琅邪盗起。【乙未】永寿元年春二月司隶、冀州饥人相食，夏六月洛水溢、南阳大水、巴郡与益州郡山崩，秋南匈奴左薁鞬台耆等反（前任八都尉率好财货，东羌患苦举种应之，安定属国都尉张奂破降薁鞬，正身洁己感化诸羌）。【丙申】二年春正月初听中官得行三年服、三月蜀郡属国夷叛，秋七月鲜卑檀石槐寇云中（石槐统一鲜卑部族而尽据匈奴故地，以李膺为度辽将军备之）、泰山盗公孙举等寇青兖徐三州（以韩韶为嬴长以宽仁恤民），冬十二月京师地震。【丁酉】三年夏四月九真蛮夷反，闰四月晦日蚀，六月始以小黄门为守宫令、京师蝗（刘陶谏民饥务本止役禁夺），秋七月河东地裂，冬十一月长沙蛮反。

【戊戌】永寿四年、延熹元年夏五月晦日蚀（太史令陈授言咎在梁冀，冀收杀之）、京师蝗，六月大赦改元、大雩，秋七月云阳地裂、太尉黄琼免，冬十月帝校猎广成、幸上林苑，十二月南匈奴、乌桓、鲜卑入寇（以陈龟为度辽将军，纳其谏更幽、并奸残牧守并除并、凉一年租赋，以张奂为北中郎将破降诸胡；陈龟请诛梁冀不成而绝食死、以种暠为度辽将军以恩威服羌胡）。【己亥】二年春二月鲜卑寇雁门、蜀郡夷寇蚕陵，三月复断刺史二千石行三年丧，夏大水、六月鲜卑寇辽东，秋七月初造显阳苑，八月大将军梁冀谋乱伏诛（帝依宦官诛而族之）、封宦者单超等为列侯、以黄琼为太尉（举奏并死、徙州郡贪污者）、征处士徐稺与袁闳等而皆不至、封皇后兄子邓康与宦者侯览等为列侯（白马令李云、弘农掾杜众因谏官位错乱小人谄进而下狱死），冬十一月以宦者单超为车骑将军，十二月烧当等八种羌反、以陈蕃为光禄勋（稍为弥缝时政，复以杨秉为河南尹而犯宦官坐谪、以爰延为五官中郎将而不能用其亲贤远邪之谏），天竺国来献。【庚子】三年夏五月汉中山崩，秋七月长沙零陵蛮反，九月泰山琅邪贼复叛，冬十一月九真余寇复反（以夏方为交阯刺史威惠降之）、勒姐羌反、泰山贼攻杀都尉、武陵蛮反、长沙蛮反。【辛丑】四年春正月南宫嘉德殿火、丙署火、大疫、二月武库火，夏四月以刘矩为太尉（能以礼感化），五月有星孛于心、原陵长寿门火、京师雨雹，六月京兆扶风及凉州地震、岱山及博尤来山裂（大赦）、犍为属国夷寇钞百姓（益州刺史山昱击破之）、零吾羌与先零诸种反并寇三辅，秋七月京师雩（减百官奉、貣王侯半租，卖关内侯以下官），九月以会稽太守刘宠为司空（除烦禁非，郡治而征之），冬十月南阳黄武等訞言相署（皆伏诛）、诸羌复反并寇并凉二州（十一月遣中郎将皇甫规以威信破降之），十二月夫余王遣使来献。【壬寅】五年春正月南宫丙署火，三月沈氐羌寇张掖、酒泉（皇甫规奏惩贪暴牧守，羌人遂反善而诣降），夏四月恭陵东阙火、虎贲掖门火、太学西门自坏，五月康陵园寝火、长沙零陵贼起、京师地震、中藏府承禄署火，秋七月南宫承善闼火、鸟吾羌寇汉阳等地，冬十月武陵蛮反，十一月滇那羌寇武威、张掖、酒泉。【癸卯】六年夏四月康陵东署火，五月鲜卑寇辽东，秋七月平陵园寝火、桂阳盗贼起、武陵蛮复叛，冬十月校猎广成（遂幸函谷关、上林苑），十一月南海贼寇郡界。【甲辰】七年春二月邟乡侯黄琼卒（名士会葬者六七千人，时处末世故，名士评议而不仕）、三月陨石于鄠，夏五月京师雨雹，秋七月荆州刺史度尚破平零陵与桂阳盗贼及蛮夷。【乙巳】八年春正月遣中常侍左悺至苦县祠老子、晦日蚀（诏举贤良方正），二月千秋万岁殿火、皇后邓氏废（帝多内宠而后骄忌之），夏四月安陵园寝火、诏坏郡国诸淫祠（特留洛阳王涣、密县卓茂二祠）、济阴等地河水清，五月缑氏地裂、桂阳贼复反，闰五月南宫多处火，秋七月以陈蕃为太尉，八月初敛田亩税钱，九月京师地震，冬十月立贵人窦氏为皇后（陈蕃等争立之）、以李膺为司吏校尉（朝纪颓乱独持风裁，然以声名自高）、以刘宽为尚书令（温仁多恕，民悦而化）、勃海妖贼盖登自称“太上皇帝”伏诛，十一月德阳殿等多处火（陈蕃谏唯善政可止而帝不省）、使中常侍管霸至苦县祠老子。【丙午】九年春正月朔日蚀（诏举至孝，荀爽谏正昏礼而出采女）、诏绝本岁调度征求（灾旱盗贼之郡勿收租而余郡半入），三月京师有火光转行（人相惊噪）、司隶与豫州饥（死者什四五）、陈留太守韦毅坐赃自杀，夏四月济阴等地河水清，六月南匈奴及乌桓、鲜卑寇掠九郡，秋七月诸羌复反、帝亲祠黄老于濯龙宫，九月大秦国王遣使奉献，是岁党人之议兴而党狱起（清流自标斥宦，宦者遂诬其要君讽上而帝不能忍，遂杀成瑨、刘瓆，捕李膺、杜密及部党二百余人下狱，并策免太尉陈蕃），冬十二月洛城傍竹柏枯伤、以窦武为城门校尉（荐贤疾恶清正爱民）、匈奴与乌桓降而鲜卑走出塞。【丁未】十年、永康元年春正月先零羌与当煎羌复反、夫余寇玄菟，夏四月羌寇三辅，五月京师及上党地裂、庐江贼起、晦日蚀（诏举贤良方正），六月赦党人归田里禁锢终身（贾彪劝窦武等谏上而帝意解）、改元，秋八月巴郡言黄龙见（人心乱而传讹）、六州大水而勃海海溢，冬十月羌寇三辅，十二月帝崩（虔祠外神老子浮图，不能自律怨天尤人，邪正并举正制于邪，外戚宦官交相肆虐，政移五幸刑淫三狱，天怒人怨四海沸腾，贤人君子忠愤激烈，党锢祸成邦国殄瘁），太后临朝、遣使迎解渎亭侯宏即位。

【戊申】孝灵皇帝建宁元年春正月以窦武为大将军、陈蕃为太傅（与司徒胡广参录尚书事），夏五月朔日蚀（诏上封事并举有道之士、故刺史二千石清高有遗惠为众所归者皆诣公车）、六月大水，秋九月太傅陈蕃、大将军窦武奏诛宦官（中常侍曹节矫诏杀之，遂迁太后于南宫），冬十月晦日蚀、令天下系囚罪未决入缣赎有差，十二月鲜卑及濊貊寇幽并二州、乌桓称王。【己酉】二年夏四月青蛇现御座上、大风雨雹（诏公卿言事、改易三公，张奂、谢弼、杨赐等谏以宥忠贞、正皇统、振乾纲而宦侍扼之），秋七月段颎大破东羌而平之（颎杀伐克捷有功，然非作民父母之意），九月江夏蛮反、丹阳山越反，冬十月诏州郡复治钩党（豪义士党高尚其道横议朝政，标榜三君、八俊、八顾、八及、八厨，中常侍侯览讽有司杀李膺等百余人，诸附从者锢及五属）、晦日蚀，十一月鲜卑寇并州。【庚戌】三年春正月河内妇食夫、河南夫食妇，三月晦日蚀，冬济南贼起。【辛亥】四年春正月帝冠，二月地震、海溢、河清，三月朔日蚀、大疫，夏五月河东地裂雨雹山水暴出，冬十月朔帝朝太后于南宫，是冬鲜卑寇并州。【壬子】五年、熹平元年夏五月大赦改元、宦者侯览坐专权骄奢自杀，六月大水、皇太后窦氏崩，秋七月宦官讽段颎捕系太学生千余人，冬十一月会稽妖贼许生自称帝，十二月鲜卑寇并州。【癸丑】熹平二年春正月大疫（使使巡行致医药），夏六月北海地震，冬十二月鲜卑寇幽并二州、晦日蚀。【甲寅】三年春正月夫余国遣使贡献，秋洛水溢，冬十月令天下系囚罪未决入缣赎，十二月鲜卑寇北地、并州。【乙卯】四年春三月立石经于太学门外（诏诸儒正五经文字，命议郎蔡邕为古文、篆、隶三体书之刻石以利后学取正，世称熹平石经），夏四月七郡国大水，五月延陵园灾、鲜卑寇幽州（不能择贤禁制劳扰，刺史贪暴民艰世乱），六月弘农、三辅螟（使令穿渠利民、减免灾郡田租），冬十月改平准为中准而使宦者为令（自是诸署悉以阉人为丞令）。【丙辰】五年夏四月益州夷反、大雩（使使理冤枉、原轻系、休囚徒），闰五月杀永昌太守曹鸾（坐讼党人弃市，诏党人门生、故吏、父兄、子弟在位者皆免官禁锢），冬十月御殿后槐树自拔倒竖，十二月试太学生年六十以上除郎中等官，是岁鲜卑寇幽州、沛国言黄龙见谯。【丁巳】六年春二月南宫平城门及武库东垣屋自坏，夏四月大旱、七州蝗（诏罢长吏苛酷贪污者）、鲜卑寇三边，以市贾小民聚为宣陵孝子者为太子舍人（蔡邕谏祛虚就实奉先礼制，帝纳而改为丞尉），秋八月遣校尉夏育等伐鲜卑而败绩（不纳蔡邕先务内本之谏），冬十月朔日蚀、京师地震（令天下系囚罪未决者入缣赎），十二月鲜卑寇辽西。【戊午】七年、光和元年春正月合浦、交阯乌浒蛮反，二月朔日蚀、地震、始置鸿都门学（诸生皆举用辟召而为内外要职，而士林耻与为列），三月大赦改元，夏四月地震、侍中寺雌鸡化雄，六月有黑气如龙堕温德殿庭中，秋七月青虹见玉堂后殿庭中、八月有星孛于天市（杨赐、蔡邕谏亡国之怪当于宦习小人，唯修德任贤可弭天变，而宦官沮抑之），冬十月皇后宋氏废而幽杀之（宦者王甫谮之）、晦日蚀（尚书卢植谏宽仁蠲细而帝不省），是岁鲜卑寇酒泉、京师马生人、初开西邸卖官而私令左右卖公卿。【己未】二年春大疫、京兆地震，夏四月朔日蚀（宦者王甫伏诛、太尉段颎有罪自杀，大赦、诸党人禁锢小功以下皆除之）、封中常侍吕彊为都乡侯而不受（能清忠奉公），秋七月中郎将张脩因擅杀匈奴单于下狱死，冬十月司徒刘郃等谋诛宦者（事泄诬反，皆下狱死）、巴郡板楯蛮叛，十二月鲜卑寇幽并二州，是岁洛阳女子生儿两头四臂。【庚申】三年春二月公府驻驾庑自坏，夏四月江夏蛮反，六月诏公卿举能通《古文尚书》《毛诗》与左氏、穀梁《春秋》者除议郎，秋酒泉地震、涌水出，冬有星孛于狼、弧，鲜卑复寇幽、并，十二月立贵人何氏为皇后（后本南阳屠家，生皇子辩而立之，征其兄何进为侍中），是岁作罼圭与灵昆苑（杨赐谏止造慰民而近侍沮之）、苍梧与桂阳贼攻零陵。【辛酉】四年春正月初置騄骥厩丞领受郡国调马（豪右辜搉以得暴利），夏交阯梁龙反，六月雨雹，秋九月朔日蚀，闰九月北宫东掖庭永巷署灾，冬鲜卑复寇幽并二州（檀石槐死而鲜卑争乱离散），是岁作列肆于后宫（贩卖窃争饮宴为乐而京师仿效，吕彊谏而不省）。【壬戌】五年春正月诏公卿举刺史两千石为民害者（宦官沮之而虚坐清惠者，司徒陈耽谏而拜坐者议郎），二月大疫，夏四月旱、五月永乐宫署灾，秋七月有星孛于太微、板楯蛮寇巴郡（长吏贪暴之故，选用曹谦为太守宣诏赦降之），八月起四百尺观，冬帝校猎上林苑、以桓典为侍御史而宦官畏之。【癸亥】六年夏大旱，秋金城河溢、五原山岸崩、始置圃囿署而以宦者为令，冬东海、东莱、琅邪井中冰厚尺余。

【甲子】光和七年、中平元年春二月黄巾贼张角等起（自称黄天，所在燔劫，长吏逃亡，天下响应），三月以何进为大将军（赦党人、还徙者，遣卢植、皇甫嵩等讨黄巾）、十常侍诬杀吕彊与张钧等（谏宦官肆虐引发民乱之故），夏四月太尉杨赐免（切言黄巾而帝不能堪），五月皇甫嵩、朱儁及骑都尉曹操讨三郡黄巾而破平之，六月交阯吏民作乱（因前后刺史贪渎而怨叛），秋七月巴郡张脩反并聚寇郡县（号五斗米师），冬十一月先零羌及凉州群盗北宫伯玉等反，十二月大赦改元，是岁郡国生异草（备龙蛇鸟兽之形）。【乙丑】二年春正月大疫，二月南宫云台灾（张让等说帝税天下田、发州郡木石以修宫室而内宦贪敛是务，郡牧陆康、司马直等极谏，帝暂绝修宫钱）、广阳门外屋自坏、群盗并起寇钞，三月以崔烈为司徒（时三公以赂宦侍而得之）、北宫伯玉等寇三辅，夏四月大风雨雹，六月封宦者张让等为列侯，秋七月三辅螟，冬十月杀谏议大夫刘陶、前司徒陈耽（直言宦祸之故），十一月鲜卑寇幽、并，是岁造万金堂于西园（私财天下）。【丙寅】三年春二月江夏兵赵慈反、以宦者赵忠为车骑将军、修南宫铸铜人，五月晦日蚀，秋八月怀陵雀悲鸣斗杀，冬十月武陵蛮叛并寇郡界，十二月鲜卑寇幽、并。【丁卯】四年春二月荥阳盗起、南宫内殿罘罳自坏，夏四月金城贼韩遂寇汉阳、扶风人马腾等反并寇三辅，六月洛阳民生男两头共身、渔阳人张纯张举反（举自称“天子”而寇幽冀），冬十月陈寔卒（平心率物人服其正，士大夫皆赞叹之），长沙区星反、太守孙坚讨平之，是岁卖关内侯、假金印紫绶。【戊辰】五年春二月有星孛于紫宫、黄巾余贼寇太原与河东，三月休屠各胡寇并州杀刺史、以刘焉为益州牧而以刘虞为幽州牧（刘焉建言大臣任州牧，改刺史为州牧，州任之重始此），夏四月汝南葛陂黄巾攻没郡县，六月大风、益州黄巾马相自称“天子”而寇巴郡、七郡国大水，冀州刺史王芬自杀（欲诛宦废帝而谋败），秋八月初置西园八校尉（袁绍、曹操等预焉），九月南单于叛并寇河东，冬十月青徐二州黄巾复起、帝讲武耀兵于平乐观（自称“无上将军”），十一月凉州贼王国围陈仓、巴郡板楯蛮叛、遣都骑尉公孙瓒讨渔阳贼。【己巳】六年、少帝光熙元年、献帝永汉元年夏四月朔日蚀、帝崩（德不配位负乘致寇，委体内侍指鹿为马，宦官之祸毒流缙绅，忠臣义士骈首就戮，势同水火士林亦偏，《小雅》尽缺亡征备兆）、皇子刘辩即位（封皇弟协为陈留王），五月大水，秋七月大将军何进召董卓将兵诣京师、太后诏罢诸宦官（宦官张让杀何进，司吏校尉袁绍悉诛宦官），九月董卓废帝为弘农王而奉陈留王协即位、遣使吊祭陈蕃及诸党人并复其爵位，自夏六月雨至于秋九月，冬十一月董卓自为相国。

【庚午】孝献皇帝初平元年春正月关东州郡起兵讨董卓（推袁绍为盟主）、卓弑弘农王，三月董卓迁都长安（焚洛阳宫庙及人家）、白虹贯日、以刘表为荆州刺史而江南悉平，六月董卓坏五铢钱而更铸小钱，冬十一月镇星、荧惑、太白合于尾，以公孙度为辽东太守。【辛未】二年春正月关东诸将奉大司马刘虞为帝而虞不受，二月董卓自为太师、发洛阳诸帝陵、孙坚击败董卓入洛修塞诸陵而还，夏六月地震，秋九月蚩尤旗见于角、亢，冬十一月青州黄巾寇泰山并转寇勃海，是年州郡兼并以自强大（袁绍逐冀州牧而自领州事、公孙瓒攻袁绍并以刘备为平原相、袁术使孙坚击刘表而被射杀、刘焉杀汉中太守并断斜谷阁），管宁、邴原、王烈适辽东（北海贤士暂依公孙瓒避乱）。【壬申】三年夏四月王允使中郎将吕布诛董卓、黄巾寇兖州而曹操入据自称刺史（击降黄巾而建青州兵），五月董卓部曲将李傕等求赦不得而反（六月陷长安杀司徒王允），冬十月以刘表为荆州牧，是冬曹操遣使上书（纳毛玠奉天子以令不臣、修耕植以蓄军资之言）。【癸酉】四年春正月朔日蚀、袁术自领扬州事、以陶谦为徐州牧，三月长安宣平城门外屋自坏，夏六月扶风大风雨雹、华山崩裂、下邳贼阙宣自称“天子”、雨水（遣使讯诏狱、原轻系）、天狗西北行，秋曹操击徐州、陶谦奔郯，九月试儒生择优录用，冬十月京师地震、有星孛于天市、大司马刘虞讨公孙瓒不克而被杀，十二月地震。【甲戌】兴平元年春正月大赦、改元、帝冠，二月刘备救陶谦、谦表刘备为豫州刺史，夏六月地再震、晦日蚀、大蝗，秋七月三辅大旱（自夏四月不雨至于是月，谷大贵而人相食，帝使出太仓米豆作糜粥以济之），八月冯翊羌反（郭汜等击破之），九月桑复生椹（人得以食），冬十月长安市门自坏，十二月孙策击败扬州刺史刘繇而据江东，是岁刘焉卒而以其子刘璋为益州牧、陶谦卒而刘备兼领徐州。【乙亥】二年春三月李傕劫帝入其营（放兵劫掠饥馑流行，三辅民数十万户两年之间相食略尽），夏四月大旱，五月曹操纳荀彧谋先定河、济，六月将军张济迎帝东归，冬十月以曹操为兖州牧，是岁孙策遣其将朱治据吴郡。

【丙子】建安元年春正月郊祀上帝于安邑、大赦改元，秋七月帝还洛阳，八月曹操入朝（纳荀彧谋挟天子以令诸侯）、曹操迁帝于许而自为大将军（自此政归曹氏，天子守位而已）、孙策取会稽并自领太守，冬十一月曹操自为司空、募民屯田许下而州郡并置官田（枣祗请建置屯田而操从之），诏刘备为豫州牧，刘表立学校讲经术（爱民养士，学者归之者千数）。【丁丑】二年春袁术称帝，三月以袁绍为大将军（兼督冀青幽并四州），夏五月蝗、以孙策为会稽太守使讨袁术，秋九月汉水溢、曹操击破袁术（术走而遂衰），是岁饥（江淮间民相食）。【戊寅】三年秋九月曹操击斩吕布，以刘备为左将军、以孙策为讨逆将军并封吴侯。【己卯】四年春三月袁绍攻破公孙瓒（瓒自焚死），秋九月曹操分兵守官渡，冬十一月复置盐官、徙司吏校尉治弘农（操从卫觊、荀彧言以恩抚关中），孙策袭取庐江而降取豫章，刘备起兵徐州讨曹操（因董承衣带密诏），是岁初置尚书左右仆射。【庚辰】五年春正月曹操杀车骑将军董承并击破刘备军，秋九月朔日蚀（诏举至孝、上封事无讳）、曹操与袁绍战于官渡，冬十月操袭破绍辎重而绍溃走、有星孛于大梁，是冬以刘馥为扬州刺史（恩化流民屯田兴校）、以孙权为讨虏将军（孙策卒而其弟权代之，鲁肃建言汉室不可复兴、曹操不可卒除，保守江东观衅天下、依江据荆王业可成），益州司马张鲁据汉中、从事赵韪作乱（刘璋宽懦无威略之故）。【辛巳】六年春三月朔日蚀，秋九月曹操击刘备于汝南、备走荆州，是岁张鲁取巴郡（以鬼道教民，诏以为汉宁太守）。【壬午】七年夏五月袁绍卒而诸子乱，是岁越巂男子化为女子、曹操责孙权任子而权不受命。【癸未】八年冬十月公卿初迎冬于北郊、总章始复备八佾舞，是岁孙权讨平山越。【甲申】九年秋八月曹操破袁尚平冀州，冬十月有星孛于东井。【乙酉】十年春正月曹操破斩袁谭，冬十月诏以杜畿为河东太守（操纳荀彧荐而河东遂安）、以荀悦为侍中（著《申鉴》以论政法礼刑）。【丙戌】十一年春正月有星孛于北斗，三月曹操击斩高干、以梁习为并州刺史（诱喻招纳务本民殖，单于名王顺如编户），是岁以仲长统为尚书郎（著《昌言》以论承平日久溺欲乱政、民沸夷叛治乱周复）、乌桓寇边（乘天下乱掠汉民十余万户且数入寇）。【丁亥】十二年夏曹操击乌桓、秋八月大破之，冬十月有星孛于鹑尾，是冬刘备见诸葛亮于隆中（亮建言外结孙权内修政理、西和诸戎南抚夷越、跨有荆益以图天下）。【戊子】十三年夏六月罢三公官、曹操自为丞相（任用崔琰、毛玠、司马懿等），秋七月曹操击刘表、八月刘表卒（少子琮以荆州降操）、刘备走夏口，冬十月朔日蚀，孙权遣周瑜、鲁肃与刘备迎击并大破曹操于赤壁，十二月刘备徇定荆州江南诸郡、孙权使将讨平黟贼并设新都郡。【己丑】十四年秋七月曹操军合肥、开芍陂屯田，冬十月荆州地震，十二月孙权表刘备领荆州牧。【庚寅】十五年春曹操下求才令（纳掾和洽言，不拘德行惟才是举）、二月朔日蚀，冬曹操作铜雀台于邺，十二月曹操让还三县封（分损谤议而不愿退位），是岁刘备以庞统为治中从事、孙权以步骘为交州刺史（岭南始服于权）。【辛卯】十六年春正月曹操以其子丕为五官中郎将（并为丞相副），秋九月曹操击破韩遂、马超于渭南而关西平，冬刘璋遣法正迎刘备入蜀使击张鲁（惧曹操而纳别驾张松之言）。【壬辰】十七年春正月曹操赞名不拜、入朝不趋、剑履上殿，夏六月晦日蚀，秋七月洧水颍水溢、螟，冬十月曹操击孙权（侍中荀彧忠汉而操怨之，彧绝望自杀于征途）、十二月有星孛于五诸侯，是岁孙权徙治建业。【癸巳】十八年春正月复《禹贡》九州，徙滨江郡县以防孙权（操不从蒋济之言强徙而民惊，十余万户东渡江而江西遂虚），夏五月曹操自立为魏公并加九锡，是夏大雨水，秋七月魏始建社稷宗庙，冬十一月魏初置尚书、侍中、六卿，是岁岁星、镇星、荧惑俱入太微。【甲午】十九年春三月魏公操进位诸侯王上，夏四月旱、五月雨水，闰五月刘备入成都自领益州牧（以诸葛亮为军师将军），冬十月讨斩枹罕宋建而诸羌皆降，十一月魏公操弑皇后伏氏及皇子二人。【乙未】二十年春正月立贵人曹氏为皇后，夏五月刘备、孙权分荆州（关羽守江陵而鲁肃屯陆口），秋七月魏公操取汉中（冬十一月张鲁降），是冬刘备遣兵击破巴、賨。【丙申】二十一年夏四月魏公操自进爵为王、杀其尚书崔琰而黜毛玠（不满曹操僭越之故），五月朔日蚀、以裴潜为代郡太守（抚以恩威，乌桓詟服），秋七月南匈奴单于入朝于魏（操留之而分其众为五部，居并州境内并遣汉人监督之），是岁曹操杀琅邪王熙而国除（坐谋欲渡江）。【丁酉】二十二年春正月魏王操击孙权、三月权降，夏四月魏王操用天子车服而出入警跸，冬有星孛于东北，冬十月魏以世子丕为王太子，是冬刘备进兵汉中、孙权遣陆逊讨平丹阳山越，是岁大疫。【戊戌】二十三年春正月少府耿纪、司直韦晃起兵讨魏王操不克而死之，三月有星孛于东方，夏四月代郡、上谷乌桓反（魏王操遣曹彰击破之）。【己亥】二十四年春正月刘备击斩魏夏侯渊，二月晦日蚀，夏五月刘备败魏军而取汉中，秋七月刘备自立为汉中王，八月汉水溢、关羽败魏于禁而取襄阳，冬十月孙权使吕蒙袭取江陵、魏王操救樊而关羽走还、孙权邀斩关羽夺取荆州，魏王操表孙权为骠骑将军领荆州牧、权上书称臣于操。【庚子】延康元年、魏文帝曹丕黄初元年春正月魏王曹操卒、其太子丕立，二月朔日蚀、三月改元，魏立九品官人法（纳陈群言置州郡中正），夏六月魏王丕南巡飨宴（处哀设乐，始堕化基）、以贾逵为豫州刺史（宽严相济关注民生而吏民称之），冬十月魏王曹丕称皇帝（改元黄初）、废帝为山阳公，十二月魏主丕如洛阳营宫室，魏徙冀州士卒家以实河南（丕本欲徙十万户，因旱蝗民饥而仅半徙之）。

【辛丑】后汉昭烈皇帝章武元年（魏黄初二年）春正月魏封孔羡为宗圣侯以奉孔子祠、复五铢钱，夏四月汉中王即皇帝位、大赦改元，以诸葛亮为丞相而以许靖为司徒、立宗庙祫祭高皇帝以下，五月立夫人吴氏为皇后、子禅为皇太子，秋七月帝自将伐孙权（将军赵云等谏宜先伐魏而帝不听）、孙权请和不许遂于八月遣使降魏（魏封之为吴王），冬十月魏罢五铢钱（谷贵之故），是岁魏置护鲜卑、乌桓校尉以镇抚之。【壬寅】二年（魏三年，吴黄武元年）春正月朔日蚀、魏除贡士限年法，二月魏复置戊己校尉（西域复通），夏六月汉军败绩于猇亭、帝还永安，秋七月魏冀州大蝗、饥，九月魏立法“后家不得辅政”，冬十月吴王孙权改元拒魏，十一月晦日蚀，吴人来聘、遣太中大夫宗玮报之。【癸卯】三年（后皇帝建兴元年，魏四年，吴二年）夏四月帝崩于永安（明德有劳、有功安民尊号汉昭烈皇帝，遗诏丞相亮辅政；帝诚敬无诈担当天命，善小勇为恶小不忽，忠贞汉室屡挫愈奋，知人善任君臣一体，曹丕篡汉拨乱正位，烈士属心正道有归，天时人事交互蹉跎，壮志未酬孔明继之）。五月太子刘禅即位、改元、封亮为武乡侯领益州牧，六月魏大水、益州郡耆帅雍闿等以四郡叛（丞相亮息民务本暂抚不讨），秋八月遣尚书邓芝使吴修好（吴遂绝魏与汉连和）。【甲辰】建兴二年（魏五年，吴三年）夏四月魏立太学、吴人来聘而复遣邓芝报之，秋八月魏主丕伐吴、临江而还，冬十一月晦日蚀。【乙巳】三年（魏六年，吴四年）春三月丞相诸葛亮南征，秋七月丞相亮讨斩雍闿而平四郡（纳马谡服心之言，七擒孟获服边夷心），冬十月魏主丕击吴、临江而还。【丙午】四年（魏七年，吴五年）春正月中都护李严移屯江州，吴令诸将屯田（纳陆逊言），夏五月魏主曹丕卒、其太子叡即位，冬吴王孙权令陆逊、诸葛瑾损益科条（纳陆逊施德缓刑宽赋息调之言）、魏征处士管宁而不至、吴吕岱诱杀交阯守士徽（徼外诸王遣使入贡于吴）。【丁未】五年（魏太和元年，吴六年）春二月魏大营宫室（司徒王朗谏其主恤民贫困），三月丞相诸葛亮率军出屯汉中以图中原（上《（前）出师表》劝帝亲贤远邪兴复汉室），夏四月魏复行五铢钱（谷帛易于粗劣巧伪，虽严刑而不能禁），冬十二月魏议复肉刑而不果行、魏孟达以新城来归。【戊申】六年（魏二年，吴七年）春正月丞相诸葛亮伐魏而败绩于街亭（斩马谡而自贬责），夏四月魏以徐邈为凉州刺史（务本立学进善黜恶，羌胡服其威信而州界肃清），五月大旱、吴人周鲂大败魏军于石亭，冬十二月右将军诸葛亮伐魏（临行上《（后）出师表》谏帝汉贼不两立王业不偏安、不计成败但尽人事）、围陈仓不克粮尽而还。【己酉】七年（魏三年，吴黄龙元年）右将军诸葛亮伐魏拔武都、阴平（复拜丞相），夏四月吴王孙权称皇帝、遣卫尉陈震使吴（及吴主孙权盟），秋七月魏制“后嗣有由诸侯入奉大统者不得顾私亲”，九月吴迁都建业（使上大将军陆逊辅太子登守武昌，刘廙著《先刑后礼论》而逊斥之），冬十月魏立听讼观、置律博士，十二月筑汉、乐二城。【庚戌】八年（魏四年，吴二年）春吴发兵浮海求夷洲、亶洲（欲俘其民以益众，陆逊等谏不听），二月魏立郎吏课试法（纳董昭谏，诏用通经任牧课试高第者、罢退浮华不务道本者），秋七月魏寇汉中、丞相诸葛亮出次成固（九月魏师还），冬十二月吴人攻魏合肥不克、丞相诸葛亮以蒋琬为长史（托志忠雅共赞王业）。【辛亥】九年（魏五年，吴三年）春正月吴武陵蛮叛、二月吴主权遣潘濬讨之，丞相诸葛亮伐魏并围祁山，自去年冬十月不雨至于今三月，夏五月丞相诸葛亮败魏司马懿于卤城（杀其将张郃），秋八月魏令其宗室王侯朝明年正月（纳东阿王曹植言以展亲亲之道）、中都护李平有罪废徙梓潼（恐粮不继劝引退军复谎言自辩），冬十一月晦日蚀。【壬子】十年（魏六年，吴嘉禾元年）春三月魏主曹叡东巡（欲幸洛阳以避凶衰，陈群谏而不听），秋九月魏治许昌宫、魏伐辽东而不克（散骑常侍蒋济谏止而不听）。【癸丑】十一年（魏青龙元年，吴二年）春正月青龙见魏摩陂井中（魏主叡往观之），二月吴遣使拜公孙渊为燕王（张昭等谏不听，六月渊斩吴使者献首于魏，魏封渊乐浪公），夏闰五月朔日蚀，六月魏洛阳宫鞠室灾，是岁以马忠代张翼为庲降都督（翼法严而夷叛之故）。【甲寅】十二年（魏二年，吴三年）春二月丞相诸葛亮伐魏（息民休士三年而后用之）、三月魏山阳公卒（魏主叡素服发丧），夏四月魏大疫而崇华殿灾、丞相诸葛亮进军渭南（魏大将军司马懿拒守，亮始分兵屯田而百姓安堵），五月吴主权击魏、秋七月魏主叡击却之，八月丞相武乡侯诸葛亮卒于军（忠怀天下鞠躬尽瘁，奖惩公允简素律己，知其不可自强不息，护持正统死而后已），以蒋琬为尚书令、遣中郎将宗预使吴，冬十一月魏洛阳地震，吴潘濬平武陵蛮。

【乙卯】建兴十三年（魏三年，吴四年）夏四月以蒋琬为大将军录尚书事而以费祎为尚书令、魏作洛阳宫（恤民心薄农桑失业，群臣谏而仅得稍敛），秋七月魏崇华殿灾（八月复立而鹊巢其阙，高隆堂谏鸠居鹊巢宜休民崇德，王肃亦谏主严急则虐民而魏主不听），八月魏立养子曹芳为齐王，冬魏杀反叛乱边之鲜卑轲比能（边陲遂安），魏张掖涌石负图（文曰大讨曹）、魏以马易珍物于吴。【丙辰】十四年（魏四年，吴五年）夏四月帝如湔观汶水（旬日乃还）、武都氐王苻健降，冬十月有星孛于大辰、又孛于东方（魏高隆堂谏崇饰居室民不堪命而魏主不悦），是冬魏令公卿举才德兼备之士。【丁巳】十五年（魏景初元年，吴六年）春正月魏黄龙见（遂改正朔而岁建丑），夏六月魏地震，秋七月皇后张氏崩，九月魏大水、魏主叡杀其后毛氏（宴乐不仁喜新厌旧），冬十月魏营圜丘方丘、南北郊（后又铸铜人、起土山而使公卿皆负土），是岁魏作考课法（纳卢毓谏令刘劭制之）而不果行。【戊午】延熙元年（魏二年，吴赤乌元年）春正月魏遣太尉司马懿伐辽东（秋八月克之），二月立皇后张氏、立子璿为皇太子，冬十二月蒋琬出屯汉中。【己未】二年（魏三年，吴二年）春正月魏主曹叡卒、太子芳立（遗诏曹爽、司马懿辅政），二月魏以司马懿为太傅、何晏为尚书，夏以蒋琬为大司马，冬十二月魏复以建寅之月为正。【庚申】三年（魏正始元年，吴三年）春以张嶷为越嶲太守（此前蛮夷数叛，嶷招慰诛讨郡界悉平），冬吴饥。【辛酉】四年（魏二年，吴四年）春二月魏主曹芳初通论语、使太常以太牢祭孔子于辟雍并以颜渊配，夏四月蒋琬徙屯涪，是岁魏置淮南北屯田并开广漕渠、管宁卒于魏（乱世矢守礼纲，名行高洁而因事善化）。【癸亥】六年（魏四年，吴六年）夏五月朔日蚀既，冬十月遣前监军王平督汉中，十一月以费祎为大将军录尚书事。【甲子】七年（魏五年，吴七年）春正月吴以陆逊为丞相，三月魏曹爽寇汉中，夏四月朔日蚀，冬以费祎兼益州刺史、董允守尚书令。【乙丑】八年（魏六年，吴八年）冬十一月大司马蒋琬卒，十二月尚书令董允卒、以宦者黄皓为中常侍（便辟佞慧弄权覆国）。【丙寅】九年（魏七年，吴九年）春魏击高句骊而克之，是岁赦（大司农孟光责之，以为赦者偏枯之物）、以姜维为卫将军（与费祎并录尚书事）。【丁卯】十年（魏八年，吴十年）春二月日蚀，是岁魏迁其太后于永宁宫（曹爽擅政，司马懿称疾）。【戊辰】十一年（魏九年，吴十一年）夏四月魏以徐邈为司空而谦逊不受，五月费祎出屯汉中。【己巳】十二年（魏嘉平元年，吴十二年）春正月魏司马懿杀曹爽及何晏并夷其族（爽骄奢而晏虚浮）、魏以司马懿为丞相，秋姜维伐魏雍州而不克。【庚午】十三年（魏二年，吴十三年）秋吴主信谗而废其太子和（朱据谏而不听）、冬十一月立少子亮为太子，十二月魏击破吴军于江陵。【辛未】十四年（魏三年，吴太元元年）秋八月魏太傅司马懿卒、其子师自为抚军大将军录尚书事，冬十一月吴以诸葛恪为太子太傅总统国事，费祎北屯汉寿而以陈祇守尚书令，是岁魏分匈奴左部为二国（纳邓艾谏以稳边）。【壬申】十五年（魏四年，吴建兴元年）春正月魏司马师自为大将军，夏四月吴主孙权卒、太子亮立。【癸酉】十六年（魏五年，吴二年）春正月盗杀大将军费祎（魏降者为之），二月吴诸葛恪击魏，夏四月姜维伐魏，冬十月吴杀其太傅诸葛恪（孙峻因恪严民怨而谮杀之）、以孙峻为丞相（骄矜淫暴国人侧目）、吴杀其南阳王孙和。【甲戌】十七年（魏正元元年，吴五凤元年）春二月魏司马师杀中书令李丰及太常夏侯玄等，夏姜维伐魏，秋九月魏司马师废其主曹芳为齐王、冬十月迎立高贵乡公髦。【乙亥】十八年（魏二年，吴二年）春正月魏扬州都督毌丘俭、刺史文钦起兵讨司马师而败、魏大将军司马师卒，二月师弟昭自为大将军录尚书事，秋八月姜维伐魏，冬吴始作太庙。【丙子】十九年（魏甘露元年，吴太平元年）春正月以姜维为大将军，夏四月魏司马昭始服衮冕赤舄、魏主髦视学，秋七月姜维伐魏与魏将邓艾战而败绩、复出祁山又大败于邓艾（死者甚众，蜀人怨之），八月魏司马昭自为大都督（奏事不名，假黄钺）。【丁丑】二十年（魏二年，吴二年）夏四月魏扬州都督诸葛诞起兵讨司马昭，六月姜维伐魏（维数出兵而蜀人愁苦）。【戊寅】景耀元年（魏三年，吴永安元年）春二月魏司马昭拔寿春（杀诸葛诞，姜维军还），夏五月魏司马昭自为相国、封晋公，秋八月魏主曹髦养老乞言于太学（以王祥为三老、郑小同为五更），九月吴孙綝废其主亮为会稽王、冬十月迎立琅琊王孙休，十二月吴孙綝伏诛，诏汉中兵屯汉寿（守汉、乐二城）。【己卯】二年（魏四年，吴二年）春正月黄龙二见魏宁陵井中，秋八月以董厥为尚书令、诸葛瞻为仆射。【庚辰】三年（魏景元元年，吴三年）春正月朔日蚀，夏五月魏司马昭弑其主曹髦（贾充等助弑，尚书王经死之），六月魏主曹奂立。【辛巳】四年（魏二年，吴四年）冬以董厥与诸葛瞻为将军共平尚书事、樊建为尚书令（中常侍黄皓用事）、鲜卑索头贡质于魏。【壬午】五年（魏三年，吴五年）冬十月姜维伐魏洮阳而不克，是冬魏司马昭杀中散大夫嵇康、魏以钟会都督关中军事（姜维备之而黄皓沮之）。【癸未】炎兴元年（魏四年，吴六年）春诏立故丞相诸葛亮庙于沔阳（纳校尉习隆等谏，断百姓因时私祭以崇王礼），夏五月吴交趾吏民杀其贪暴太守降魏，秋魏遣邓艾、钟会入寇（傅佥死之，姜维败守剑阁），冬十月吴人来援，是冬魏司马昭称相国、晋公并受九锡，卫将军诸葛瞻战邓艾于绵竹而败绩（与其子诸葛尚皆死之）、帝出降（皇子北地王刘谌死之）、汉亡（明年甲申年春正月钟会、姜维谋废司马昭而被乱军杀死，三月魏晋公昭进爵晋王，秋七月吴主休卒、乌程侯皓立，八月魏晋王昭以子炎为副国相、冬十月立炎为晋世子，后年八月魏司马昭卒、十二月晋司马炎称帝、魏亡）。后汉两帝共四十三年，合两汉二十六帝共四百六十九年。

综上，以中华正统学理尤其是政统学理为纲领统摄，秦汉时期中华正统实践脉络可谓内容丰赡，天君民合政统生生有序之时则三才和顺、国泰民安、远夷来附，天君民散政统暗弱不彰之时则天怒人怨乃至民反夷叛天下大乱；君子阶层不断动态调整，敬天自省、褒孝举贤、兴学重教、本民力农，治乱周期亦随之动态变换，在此历程中中华正统得以持续发展与逐渐成熟。

第二节　两晋南北朝内圣外王时中开拓时期

中华正统学理内在展开之两晋南北朝时期，始自晋代魏而终于隋灭陈，具体可分为西晋、东晋、宋齐梁陈南朝与元魏北齐西魏北周北朝时期，以下对此时期中华正统学理脉络予以概述。

一、魏晋南北朝时期中华正统学理脉络述要

直面两汉政教异化颓势，魏晋南北朝时期儒学尤重内圣层面学统道统探索。魏晋太学释奠以孔子为先圣、颜子为先师，南朝宋、齐、梁、陈一脉沿之，北朝元魏、北齐崇慕南朝学统故亦如之，西魏、北周则承顺两汉礼教政统而继续尊奉周公为先圣；这一初立孔颜学统而又兼行周孔礼教的过渡性努力，以经义注解方式上承两汉下启唐宋，构成了孔孟之道中华正统学理脉动的内在环节。时中儒者于过渡性乱世自觉汲纳道、释义理，对儒学明德修养道统层面亦予以新的开拓努力，主要体现为魏晋玄学对性无善恶情有邪正等性情概念之义理分疏上；这一学理开拓对隋唐宋明儒学道统的内在成熟具有过渡性启示价

值，从而构成了中华正统学理史上的重大环节。

（一）魏晋南北朝经学分立衍化与中华正统学理脉络

魏晋南北朝经学是对两汉今文经学外在神秘化与古文经学烦琐教条化双重流弊的人文转型与中道对治，于天人内外以及思维风格层面出现了人文化、性情化与简明义理化转向。关于魏晋南北朝经学成就，如皮锡瑞所云“世传《十三经》注，除《孝经》为唐明皇御注外，汉人与魏、晋人各居其半。郑君笺《毛诗》、注《周礼》《仪礼》《礼记》，何休注《公羊传》，赵岐注《孟子》，凡六经，皆汉人注。孔安国《尚书传》……王弼《易注》，何晏《论语集解》，凡三经，皆魏人注。杜预《左传集解》，范宁《穀梁集解》，郭璞《尔雅注》，凡三经，皆晋人注”[①]，其中汉末赵岐《孟子章句》、三国魏王弼《周易注》与何晏《论语集解》均为内圣外王人文修教义理典范（《孟子章句》就学理归属而言可并入魏晋时期），此外皇侃《论语集解义疏》等南北朝经学义疏精华亦为唐宋《十三经注疏》汲取。魏晋南北朝过渡时代名教纷乱而道释因缘兴起，五胡（匈奴、鲜卑、羯、羌、氐）乱华而佛教发展迅猛。三教对待互补激发了经学内在活力，经学援道入儒、以释补儒而又反本开新，为中华正统学理成熟作出了独特贡献。

汉末党锢祸乱而名教衰微，魏文帝登基（西历220年）后即恢复太学整理旧籍、明帝下诏尊儒贵学并以经学贡士、末帝曹芳好《论语》并以太牢祭孔子于辟雍（以颜子配享），此为魏晋南北朝唐宋时期孔颜学统之开端。蜀汉学者多有依准贾、马而异于郑学之古文经学者，孙吴学者亦重古文经学而兼存今文经学，汉魏之际经学人文化理路逐渐清晰（其中代表性古文经学者为汉末荆州学派传人王肃，西晋标示名教孝治天下，魏末晋初王肃经学立于学官，直接引领了晋代礼教政统建构）。与王肃经学人文革新几乎同时，魏正始经学上接两汉今、古文经学内在脉动而又摒弃阴阳灾异之说与烦琐注疏之学，重内圣名理而出现援道入儒玄学化思潮（涵摄圣人性情、名教自然、言意之辨等内容）。这一内圣外王人文化学统重心转向的经学文本首推《论语》《周易》

① 《经学历史·经学中衰时代》，第112页。

（其中何晏《论语集解》与古文《论语》有关；王弼《周易注》则源于费直—马融—郑玄—荀爽—王肃—王弼这一古文《费氏易》传授系统）。何、王经学简化烦杂象数而以人文玄理阐发微言大义，以为名教本于自然，故而以无为本以无统有、以简驭繁一以贯之发明人事，开拓出不同于两汉章句训诂的玄学化新经学。以玄谈自洽代习礼实修并非经学发展中正之道，魏正始年间主张名教出于自然的何、王贵无论，一变而为魏晋之际竹林名士嵇康、阮籍越名教而任自然的放达率真性情论，再变而为西晋向秀、郭象名教即自然的求仁逍遥独化论。反思魏晋玄谈浮华风教陵迟不良现象，裴頠撰《崇有论》、乐广持"名教之中自有乐地"信念、欧阳建撰《言尽意论》以矫正之，如《崇有论》"济有者皆有也，虚无奚益于已有之群生哉"[①]、《言尽意论》"理得于心，非言不畅；物定于彼，非言不辩。言不畅志，则无以相接；名不辩物，则鉴识不显"[②]。晋代范宁等激烈批判玄学之虚浮，明示"王、何蔑弃典文，不遵礼度，游辞浮说，波荡后生，饰华言以翳实，骋繁文以惑世。搢绅之徒，翻然改辙，洙泗之风，缅焉将坠。遂令仁义幽沦，儒雅蒙尘，礼坏乐崩，中原倾覆"，《儒林传》亦云"有晋始自中朝，迄于江左，莫不崇饰华竞，祖述虚玄，摈阙里之典经，习正始之余论，指礼法为流俗，目纵诞以清高，遂使宪章弛废，名教颓毁，五胡乘间而竞逐，二京继踵以沦胥，运极道消，可为长叹息者矣"[③]，此外葛洪《抱朴子》、颜之推《颜氏家训》等对魏晋经学玄学化实际流弊亦有独到反省。

关于晋代经学内在脉络，皮锡瑞述云"（王）肃以晋武帝为其外孙，其学行于晋初。《尚书》《诗》《论语》《三礼》《左氏》解及撰定父朗所作《易传》，皆立学官。晋初郊庙之礼，皆王肃说，不用郑义。其时孔晁、孙毓等申王驳郑，孙炎、马昭等又主郑攻王，龂龂于郑、王两家之是非，而两汉颛门无复过问……晋元帝修学校，简省博士，置《周易》王氏，《尚书》郑氏，《古文尚书》孔氏，《毛诗》郑氏，《周官》《礼记》郑氏，《春秋左传》杜氏、服氏，《论

① 《晋书·裴秀传》，中华书局1974年版，第1047页。

② 欧阳建：《言尽意论》，宋本《艺文类聚》卷十九《人部三》，第541页。

③ 《晋书·范宁传》第1984—1985页，《儒林传》第2346页。

语》《孝经》郑氏博士各一人。太常荀崧上疏，请增置郑《易》《仪礼》及《春秋公羊》《穀梁》博士各一人，时以为《穀梁》肤浅不足立。王敦之难，复不果行。晋所立博士，无一为汉十四博士所传者，而今文之师法遂绝"[①]。西晋惠帝时期贾后擅权引发八王之乱与怀帝永嘉之乱，五胡乱华而经学残破。东晋虽恢复学校与经学博士，却因时世困顿而有名无实，经学玄学兼宗者多且尚清简融通（《周易》《老子》《庄子》"三玄"盛行）。两晋反思玄风之经学学者中，贺循精通丧礼、虞喜兼宗经今古文以释《毛诗略》注《孝经》、范宣精通"三礼"并以经学宣教、范宁会通三传以撰《穀梁春秋集解》、干宝撰《周礼注》、郭璞撰《尔雅注》。其中东晋元帝初年豫章内史梅赜所献汉孔安国传《古文尚书》隶书本，即因汇集先秦至魏晋《尚书》解说精华，并予以富有简妙义理人文特色的重新整合而影响深远。

南人简约得其精华，北人深芜穷其枝叶，南北经学偏好不同而均为承前启后义疏之学。南朝动荡经学势衰，宋齐两朝勉强具文，刘宋时期经学地位下降为四学之一（宋文帝时立儒学、玄学、史学、文学而尚以儒学统四学，明帝时四科各置学士以致四学关系更为松散），梁武帝（西历464—549年，省称464—549，下同）始集校典籍恢复文教，于天监四年（西历505年）立国学、置五经博士并于州郡立学。南朝经学学者最重礼学而玄学礼律相为扶衬、玄释合流义疏盛行，如梁皇侃《论语义疏》、刘勰《文心雕龙》、陈颜之推《颜氏家训》等即为经学、玄学与佛学义理混融之学理探索。东晋以降经学佛学化现象较为普遍，南朝诸帝、卿士大都崇佛且多有儒佛同修者（宋、齐渐靡而梁武尤甚，至以佛教立国而宣称"三教同源"），而戴逵、何承天、范缜等则为反省自立之经学学者。汉末以来华戎杂居而戎习华风，永嘉乱后以"五胡"为代表的北朝诸帝及十六国主往往以华夏正统自居，尊孔读经、礼用儒士，但亦大多崇佛并建寺凿窟（如后赵主石虎即云"佛是戎神，正所应奉"），儒道释三教呈对待互补过渡性发展态势。北朝经学则崇敦实、避虚文而尤重古文经教，以郑学为主师承可循，其中徐遵明（475—529）为北朝经学开宗立派学者，此后北齐北周时期熊安生传刘焯、刘炫，乐逊、沈重亦为当时通经名家。皮锡瑞

① 《经学历史·经学中衰时代》，第109—110页。

述评南北朝经学之学统史地位云，“汉学重在明经，唐学重在疏注；当汉学已往，唐学未来，绝续之交，诸儒倡为义疏之学，有功于后世甚大。南如崔灵恩《三礼义宗》《左氏经传义》，沈文阿《春秋》《礼记》《孝经》《论语》义疏，皇侃《论语》《礼记》义，戚衮《礼记义》，张讥《周易》《尚书》《毛诗》《孝经》《论语》义，顾越《丧服》《毛诗》《孝经》《论语》义，王元规《春秋》《孝经》义记；北如刘献之《三礼大义》，徐遵明《春秋义章》，李铉撰定《孝经》《论语》《毛诗》《三礼》义疏，沈重《周礼》《仪礼》《礼记》《毛诗》《丧服经》义，熊安生《周礼》《礼记》义疏、《孝经义》……今自皇、熊二家见采于《礼记疏》外，其馀书皆亡佚。然渊源有自，唐人五经之疏未必无本于诸家者。论先河后海之义，亦岂可忘筚路蓝缕之功乎……青、齐之间，多讲王辅嗣《易》、杜元凯《左传》；盖青、齐居南北之中，故魏、晋经师之书，先自南传于北。北学以徐遵明为最优，择术最正；郑注《周易》《尚书》《三礼》，服注《春秋》，皆遵明所传，惟《毛诗》出刘献之耳。其后则刘焯、刘炫为优，而崇信伪书，择术不若遵明之正。得费甝《义疏》，传伪孔古文，实始于二刘。二刘皆北人，乃传南人费甝之学，此北学折入于南之一证。盖至隋，而经学分立时代变为统一时代矣”①。由于局限于今文经学外王政统立场，皮氏歧视魏晋南朝儒者人文学统探索努力，排斥何晏《论语注》、王弼《周易注》与孔传《古文尚书》等内圣外王人文化经学探索，这是不符合中华正统史之中道实情的。

就此时期被纳入唐宋十三经注疏的典型经注而言，东汉末年赵岐（约108—201）《孟子章句》既奉持今文经学微言大义立场，又吸取古文经学人文训诂优长，较好体现了《孟子》内圣外王义理简约人文关怀，实可定位为魏晋人文经学学统先驱。《章句》尝试为两汉今文经学外王政统开拓内圣依据，从而建构内圣外王一体内在学理体系，实际成为孔孟之道中华学统正式确立的学理前导，如赵岐《孟子篇叙》所云“孟子以为圣王之盛，惟有尧舜；尧舜之道，仁义为上，故以梁惠王问‘利国’，对以‘仁义’为首篇也。仁义根心，然后可以大行其政，故次之以公孙丑问管、晏之政，答以曾西之所羞也。

① 《经学历史·经学分立时代》，第130—133页。

政莫美于反古之道，滕文公乐反古，故次以文公为世子，始有从善思礼之心也。奉礼之谓明，明莫甚于离娄，故次之以离娄之明也。明者当明其行，行莫大于孝，故次以万章问舜往于田号泣也。孝道之本，在于情性，故次以告子论情性也。情性在内而主于心，故次以尽心也。尽己之心，与天道通，道之极者也，是以终于尽心也”[①]；《章句》还自觉彰显人文君子仁义强勉精神而下启魏晋经学人文理路，如《孟子·梁惠王上》首章章指“治国之道，明当以仁义为名，然后上下和亲，君臣辑穆，天经地义，不易之道，故以建篇立始也”、《公孙丑上》“仁则荣”章章指“国必修政，君必行仁，祸福由己，不专在天”、《公孙丑下》“天下有达尊三”章章指“人君以尊德乐义为贤，君子以守道不回为志”[②]。汉魏之际，经学范式重心转换的关键性古文经学者为王肃（195—256）。王肃初从荆州学派古文经学家宋忠读扬雄《太玄》并更为之注解，后又编纂整理孔安国所传《古文尚书》与《孔子家语》并为之作注作序，彰显了人文君子礼义中道德治特色（如郑学释《尚书》“曰若稽古”为“尧同于天”，王学则释为“尧顺考古道而行之”）。与郑玄经学兼收并蓄整合理路不同，王肃经学立定古文经学人文立场，传承古文《费氏易》以撰《易注》并整理其父《易传》，以简洁明了人文义理取代烦琐细碎卦气象数说，从而成为王弼《周易注》人文理路之重大过渡性环节；王肃《礼注》亦一贯奉持礼制人文化理路，主张天体惟一、五行五帝“佐天而非即天”说与圜丘即郊、丘郊一祭说，以及提出禘大祫小说与庙制议、丧礼议等，这些人文礼学理念具体落实为晋代礼制，并内在规约着魏晋之际礼仪典章制度之衍化脉动；与郑玄以礼说《诗》不同，王肃诗学注重《诗》体性情人文特色，既不拘泥于古文经学繁琐名物训诂，亦不主张今文经学神灵感生说。王肃人文经学吸收今文经学微言大义而去其神秘色彩，立足古文经学而又删繁化简引申人文义理，其开创过渡与文本整编功德不可磨灭，而其特立自为、否定前贤之偏颇言行亦多为后世诟病并镜鉴。王肃人文经学之后，何晏《论语集解》与王弼《周易注》援道入儒且以名理易训诂，成为魏晋人文经学学统正式开启之学理典范。

---

① 赵岐：《孟子篇叙》，转引自焦循《孟子正义》，《诸子集成》第一册《附录》，第1页。
② 《孟子注疏》，第3—4、89、105页。

西晋杜预（222—284）《春秋经传集解》立足魏晋经学人文立场，对《春秋左氏传》书例予以集大成式梳理总结，如其《春秋序》“为例之情有五，一曰微而显……二曰志而晦……三曰婉而成章……四曰尽而不污……五曰惩恶而劝善……推此五体，以寻经、传，触类而长之，附于二百四十二年行事，王道之正，人伦之纪备矣”[①]。《集解》奉持则象上天吉凶由人之人文精神，指出圣人神道助教，因天地之变、自然之妖以感动人主；持守民为神主、政顺民心人文理念，主张酌取民心以为政、形民之力而去其过盈之心；尊奉君子之行而反对匹夫之仁，主张时行则行、时止则止这一礼制中道人文理路，并主张礼以安国家、利民人为大。由于古文经学外王教化本色，《集解》虽为人文经学立场，却仍偏重周孔政统而非孔颜学统。杜预《集解》与服虔《左传注》于南北朝时期相为消长，隋朝《集解》盛行《左传注》式微，唐代南北会通而杜预《集解》取得显学地位，唐孔颖达《春秋左传正义》即是立足杜预注本展开正义阐释的。东晋元帝建武元年（西历317年）梅赜所献孔安国传《古文尚书》五十九篇，则是对战国以来直至魏晋《尚书》解说内容集大成式的人文编纂。从较之今文《尚书》所多出的《大禹谟》《五子之歌》《胤征》《仲虺之诰》《汤诰》《伊训》《太甲》《咸有一德》《说命》《泰誓》《武成》《旅獒》《微子之命》《蔡仲之命》《周官》《君臣》《毕命》《君牙》《冏命》诸篇内容来看，孔传《古文尚书》新编部分语势流畅、义理一贯，鲜明体现了汉末魏晋时期德教民本人文中道学统理念。经范宁《集解》、谢忱与李颙作注后，孔传《古文尚书》梅献本始得广为流传；再经南朝宋姜道盛注、梁费甝义疏后，唐孔颖达以之为底本撰成《尚书正义》。儒学经书文本定型是历史形成的，孔传《古文尚书》应运而出并泽被深远，在中华正统史上具有不可替代的重大学理地位。

同属尊崇孔圣之今文经学，《春秋穀梁传》比《春秋公羊传》更侧重伦常德教人文关怀。反思五胡乱华根由而反本人文经学立场，东晋中后期范宁（339—401）折中三传优长而集大成式撰成《春秋穀梁传集解》，唐杨士勋即以此为底本编纂《春秋穀梁传注疏》的。范宁《春秋穀梁传序》述其乱世担

① 《春秋左传正义》，第18—20页。

当情怀与人文纲常礼义中道云，“昔周道衰陵，乾纲绝纽，礼坏乐崩，彝伦攸斁。弑逆篡盗者国有，淫纵破义者比肩。是以妖灾因衅而作，民俗染化而迁，阴阳为之愆度，七耀为之盈缩，川岳为之崩竭，鬼神为之疵厉……天垂象，见吉凶。圣作训，纪成败。欲人君戒慎厥行，增修德政。盖诲尔谆谆，听我藐藐，履霜坚冰，所由者渐。四夷交侵，华戎同贯，幽王以暴虐见祸，平王以微弱东迁。征伐不由天子之命，号令出自权臣之门，故两观表而臣礼亡，朱干设而君权丧。下陵上替，僭逼理极……孔子睹沧海之横流……因鲁史而修《春秋》，列《黍离》于《国风》，齐王德于邦君，所以明其不能复雅，政化不足以被群后也。于时则接乎隐公，故因兹以托始，该二仪之化育，赞人道之幽变，举得失以彰黜陟，明成败以著劝诫，拯颓纲以继三五，鼓芳风以扇游尘……成天下之事业，定天下之邪正，莫善于《春秋》……若能富而不巫，清而不短，裁而不俗，则深于其道者也”。此外，两晋之际郭璞（276—324）《尔雅》亦既立足古文经学考据训诂人文立场，又兼采今文经学义理优长（包括征引纬书等人文化义理成果），宋邢昺等即以之为底本详加疏解而撰成《尔雅注疏》的。

综上，魏晋南北朝经学人文化内在脉络一以贯之而又南北对待，南重内圣修养与孔颜学统而北重外王礼教与周孔学统，儒道佛三教义理亦对待消长于其中，从而内在构成了中华正统学理史上承汉启唐重要环节。

（二）魏晋南北朝儒学时中开拓与中华正统学理脉络

汉魏两晋以来道释二教勃兴，大大激发了儒者反本开新开拓建构正统学理的深沉愿力。魏晋南北朝儒学关注人文君子内圣修养性情探索，于天人性善仁礼中道道统学统作出了过渡性开拓努力，内在构成了中华正统史必要环节。

汉末魏初出现的名理之学与才性之辨等人文思潮，如汉末许劭“月旦评”品题人物与魏刘劭《人物志》人才标准探索、建安文学风骨以及九品中正制等发明本真性情、关注内圣修养之学理实践探索，即均为儒学时中关注性情修教学统道统之人文转向。汉末赵岐《孟子章句·告子上》释“乃若其情”为“性与情相为表里，性善胜情，情则从之。《孝经》云‘此哀戚之情’，情从性也。能顺此情，使之善者，真所谓善也。若随人而强作善者，非善者之善也”[①]，当为魏晋儒学性情观之先声。魏王弼人文易学主张性无善恶而情有邪正，如《周易注·乾卦彖辞》“静专动直，不失大和，岂非正性命之情者邪”、《乾卦文言》释“利贞者，性情也”云“不性其情，何能久行其正……利而正者，必性情也”[②]，此外皇侃《论语集解义疏·阳货》释“性近习远”引述王弼义云“性者，生也。情者，成也。性是生而有之，故曰生也。情是起欲动彰事，故曰成也。然性无善恶，而有浓薄；情是有欲之心，而有邪正……若心好流荡失真，此是情之邪也。若以情近性，故云性其情。情近性者，何妨是有欲，若逐欲迁，故云远也。若欲而不迁，故曰近”、《里仁》释“夫子之道，忠恕而已矣”引王弼语云“忠者，情之尽也；恕者，反情以同物者也。未有反诸其身而不得物之情，未有能全其恕而不尽理之极也”[③]，皇侃《义疏》进而还提出性分九品而七品可教之说；此外王弼主张圣人有情而无累、以无统有得意忘言，何晏虽倡圣人无情说而亦持性情中道，如《论语注疏·雍也》“凡人任情，喜怒违礼。颜回任道，怒不过分”[④]。魏刘劭进而以性情中和偏失论人材，如《人物志·九征》“人物之本，出乎情性……凡人之质量，中和最贵矣。中和之质，必平淡无味，故能调成五材，变化应节”、“兼德而至，谓之中庸。中庸也者，圣人之目也。具体而微，谓之德行。德行也者，大雅之称也。一至谓之偏材。偏材，小雅之质也。一征谓之依似。依似，乱德之类也。一至一违，谓之间杂。间杂，无恒之人也”、《流业》“主德者，聪明平淡，总达众材，而不以事自任者也。是故主道立，则十二材各得其任也……若道不平淡，与一材同用好，则一材处权，而众材失任矣”[⑤]。魏晋儒学援道入儒而不忘本色，如《世说新语·文学》“（王）弼曰：圣人体无，无又不可以训，故言必及有。老、庄未免于有，恒训其所不足”、《赏誉下》“性至通而自然有节”、

---

① 《孟子注疏》，第300页。

② 王弼：《王弼集校释·周易注》（楼宇烈校释），中华书局1980年版，第213、217页。

③ 皇侃：《论语义疏》，影印文渊阁《四库全书》195册，台湾“商务印书馆”1986年版（以下简称影印《四库》某册），页第497下、372上。

④ 《论语注疏》，第71页。

⑤ 刘劭：《人物志》校笺（李崇智校笺），巴蜀书社2001年版，第15—17、34—35、73页。

“闲习礼度，不如式瞻仪形；讽味遗言，不如亲承音旨”[1]，但亦实有知行分裂空虚流弊。

后汉昭烈帝刘备（161—223）重视人文君子善德实修，谆谆教诫后主刘禅“勿以恶小而为之，勿以善小而不为”。诸葛亮（181—234）亦主张人文君子强勉修教严明正统，如《诫子书》“君子之行，静以修身，俭以养德，非澹泊无以明志，非宁静无以致远……淫慢则不能励精，险躁则不能治性，年与时驰，意与日去，遂成枯落”、《诫外生书》“志当存高远，慕先贤，绝情欲，弃疑滞，使庶几之志，揭然有所存，恻然有所感……若志不强毅，意不慷慨，徒碌碌滞于俗，默默束于情，永窜伏于凡庸，不免于下流矣”、《正议》“昔在项羽，起不由德，虽处华夏，秉帝者之势，卒就汤镬，为后永戒。魏不审鉴，今次之矣；免身为幸，戒在子孙”[2]。这一时期论及性情修教者不少，如魏高堂隆（？—237）《切谏增崇宫室疏》“六情五性，同在于人，嗜欲廉贞，各居其一。及其动也，交争于心。欲强质弱，则纵滥不禁，精诚不制，则放溢无极。夫情之所在，非好则美……故不割情，无以相供……礼义之制，非苟拘分，将以远害而兴治也”、桓范（？—249）《世要论·节欲》“修身治国之要，莫大于节欲……俭者节欲，奢者放情。放情者危，节欲者安”[3]，以及魏晋之际袁準《袁子正书·礼政》“先王为礼以达人之性理，刑以承礼之所不足。故以仁义为不足以治者，不知人性者也，是故失教”[4]。

两晋学者力矫玄学道释空疏流弊，在性善中道、华夷之辨等三统建构层面有新开拓。西晋如傅玄（217—278）《傅子·贵教》“人含五常之性，有善可因，有恶可改……因善教义，故义成而教行；因义立礼，故礼设而义通。若夫商、韩、孙、吴，知人性之贪得乐进，而不知兼济其善……人怀好利之心，则善端没矣”、《正心》“心为万事主，动而无节则乱，故先正其心。其心正于内，而后动静不妄。以率先天下，而后天下履正，而咸保其性也”[5]，又如虞

① 刘义庆：《世说新语》，《诸子集成》第八册，第49、123、116页。

② 《诸葛亮集》，中华书局1960年版，第28、28、14页。

③ 《全三国文》卷三十一第317页、卷三十七第384—385页。

④ 《全晋文》卷五十五，第570页。

⑤ 《全晋文》卷四十七、卷四十八，第490—491、492页。

溥“学所以定情理性而积众善者也。情定于内而行成于外，积善于心而名显于教，故中人之性随教而移，善积则习与性成……化以成俗，教移人心”[①]、裴頠（267—300）《崇有论》“贤人君子，知欲不可绝，而交物有会，观乎往复，稽中定务……贱有则必外形，外形则必遗制，遗制则必忽防，忽防则必忘礼。礼制弗存，则无以为政矣……盈欲可损而未可绝有也，过用可节而未可谓无贵也”[②]。东晋学人进而时中反思清谈之祸与外学异端之害，如葛洪（283—343）《君道》“君人者，必修诸己，以先四海，去偏党以平王道，遣私情以标至公，拟宇宙以笼万殊”、《刺骄》“夫以戴、阮之才学，犹以躭踔自病，得失财不相补……今世人无戴、阮之自然，而效其倨慢，亦是丑女闇于自量之类也”[③]、孙盛（约303—375）《老子疑问反讯》“夫有仁圣，必有仁圣之德迹，此而不崇，则陶训焉融？仁义不尚，则孝慈道丧。老氏既云绝圣，而每章辄称圣人；既称圣人，则迹焉能得绝”[④]，又如戴逵（约326—396）《释疑论》“人生而静，天之性也。感物而动，性之欲也。性欲既开，流宕莫检，圣人之救其弊，因神道以设教……设礼乐以开其大朦，名法以束其形迹，贤者倚之以成其志，不肖企及以免其过，使孝友之恩深，君臣之义笃，长幼之礼序，朋执之好著……此则君子行己处心，岂可须臾而忘善哉，何必循教责实，以期报应乎！苟能体圣教之幽旨，审分命之所钟，庶可豁滞于心府，不祈验于冥中矣”、《答周居士难释疑论》“善恶生于天理，是非由乎人心，因天理以施教，顺人心以成务。故幽怀体仁者，挹玄风而载悦；肆情出辙者，顾名教而内揣……天理冥昧，变状难明，且当推已兆于终古，考应报之成迹耳。至于善恶祸福，或有一见，斯自遇与事会，非冥司之真验也”[⑤]。

东晋陶潜、慧远与南朝宋陆修静，俱为乱世儒者操存出处之典型代表；陶潜固守伦常礼义家国情怀，慧远、陆修静则肥遯僧道严律清修。陶潜（352—427）时中退守人文君子人伦本位，如《荣木》“贞脆由人，祸福无门。

① 《晋书·虞溥传》，第2139页。

② 《晋书·裴秀传》，第1044—1045页。

③ 葛洪：《抱朴子·外篇》，《诸子集成》第八册，第114、152页。

④ 《全晋文》卷六十四，第669页。

⑤ 《全晋文》卷一百三十七，第1487、1488—1489页。

匪道曷依，匪善奚敦……先师遗训，余岂云坠……千里虽遥，孰敢不至”、《归去来兮辞》“悦亲戚之情话，乐琴书以消忧……聊乘化以归尽，乐夫天命复奚疑”、《闲情赋并序》“初张衡作《定情赋》，蔡邕作《静情赋》，检逸辞而宗澹泊，始则荡以思虑，而终归闲正。将以抑流宕之邪心，谅有助于讽谏……尤《蔓草》之为会，诵《邵南》之馀歌。坦万虑以存诚，憩遥情于八遐”[①]，此外陶潜亦极为关注孝悌礼义并撰《孝传赞》。日月失其经，他山石攻玉，两晋南北朝儒者多有散入道释者，他们以儒释兼宗或儒道兼宗信仰化修教方式，对儒学内圣明德与礼义教化的深化发展作出了过渡时期特殊贡献。东晋慧远（334—416）开三教内在、禅净实修之先河，与首倡“一阐提人皆得成佛”义而开佛性说先河之道生（355—434）一起，共为中国佛学义理始祖。慧远赞同自然无为说而反对肉体长生说，持守“冥涂以开辙为功，息心以净毕为道”绝对化愿力，主张神明不灭而追求毕生精进往生净土，从而把出世看作落实儒学师道的彻底化修证方式。慧远于魏晋玄学性情、神形问题有所拓展，如《明报应论》“无明为惑网之渊，贪爱为众累之府，二理俱游，冥为神用，吉凶悔吝，惟此之动……心以善恶为形声，报以罪福为影响，本以情感而应自来，岂有幽司！由御失其道也。然则罪福之应，惟其所感，感之而然，故谓之自然。自然者，即我之影响耳。于夫主宰，复何功哉……形神虽殊，相与而化，内外诚异，浑为一体，自非达观，孰得其际邪”、《念佛三昧诗集序》“思专则志一不分，想寂则气虚神朗。气虚则智恬其照，神朗则无幽不彻。斯二者，自然之玄符，会一而致用也。是故靖恭闲宇而感物通灵，御心惟正，动必入微。此假修以凝神，积习以移性，犹或若兹，况乎尸居坐忘，冥怀至极，智落宇宙，而闇蹈大方者哉”[②]。南朝宋陆修静（406—477）亦主张三教合流而改革道教，重视斋醮礼仪与经典整理而为南朝道学正宗。

南北朝时期佛学大兴，当时儒者对佛学义理辟驳会通不一而足。南朝宋何承天（370—447）明示君子人文礼教异于释教来生感报利害权教，如《答宗居士书（释〈均善难〉）》“形神相资，古人譬以薪火，薪弊火微，薪尽火灭，

① 《陶渊明全集》，上海古籍出版社1998年版，第2、32、30—31页。

② 《全晋文》卷一百六十一、一百六十二，第1775—1776、1784页。

虽有其妙，岂能独得……区区去就，在生虑死，心系无量，志生天堂……繁巧以兴事，未若除贪欲而息竞；遵戒以洗悔，未若翦荣冀以全朴。况乃诱所尚以祈利，忘天属以要誉，谓之无邀，吾不信也……华、戎自有不同，何者？中国之人禀气清和，含仁抱义，故周、孔明性习之教。外国之徒，受性刚强，贪欲忿戾，故释氏严五戒之科……惩暴之戒，莫若乎地狱，诱善之劝，莫美乎天堂，将尽残害之根，非中庸之谓。周孔则不然，顺其天性，去其甚泰，淫盗著于五刑，酒辜明于《周诰》，春田不围泽，见生不忍死，五犯三驱，钓而不网。是以仁爱普洽，泽及豚鱼，嘉礼有常俎，老者得食肉。春耕秋收，蚕织以时，三灵格思，百神咸秩”，又如《报应问》“西方说报应，其枝末虽明，而即本常昧。其言奢而寡要，其譬迂而无征。乖背五经，故见弃于先圣；诱掖近情，故得信于季俗……无故以科法入中国，乃所以为民陷阱也”、《答宗居士书》“明天地之性者，不致惑于迂怪；识盛衰之径者，不役心于理表。傥令雅论不因善权，笃诲皆由情发，岂非通人之蔽哉”。[①]南朝梁范缜（约450—515）亦以形神情性一体相即之理辟释教利害流弊，如《神灭论》“神即形也，形即神也，是以形存则神存，形谢则神灭也……形者神之质，神者形之用，是则形称其质，神言其用，形之与神，不得相异也……浮屠害政，桑门蠹俗……竭财以赴僧，破产以趋佛，而不恤亲戚，不怜穷匮者何？良由厚我之情深，济物之意浅……又惑以茫昧之言，惧以阿鼻之苦，诱以虚诞之辞，欣以兜率之乐。故舍逢掖袭横衣，废俎豆列瓶钵，家家弃其亲爱，人人绝其嗣续……所以奸宄弗胜，颂声尚拥，惟此之故，其流莫已，其病无限”[②]，梁刘峻（463—521）《辩命论（并序）》亦云“所谓命者，死生焉，贵贱焉，贫富焉，治乱焉，祸福焉，此十者，天之所赋也。愚智善恶，此四者，人之所行也。夫神非舜禹，心异朱均，才絓中庸，在于所习。是以素丝无恒，玄黄代起；鲍鱼芳兰，入而自变……此君子所以自强不息也……然则君子居正体道，乐天知命……不充诎于富贵，不遑遑于所欲”[③]。梁刘勰（约465—约521）则尝试融通儒道释三教义

① 《全宋文》卷二十三、卷二十四，第219—221，226、221页。

② 《全梁文》卷四十五，第478—481页。

③ 《全梁文》卷五十七，第623—624页。

理而归宗儒典，如《文心雕龙·征圣》“作者曰圣，述者曰明，陶铸性情，功在上哲”、《宗经》“三极彝训，其书言经……自夫子删述，而大宝咸耀。于是《易》张十翼，《书》标七观，《诗》列四始，《礼》正五经，《春秋》五例。义既极乎性情，辞亦匠于文理，故能开学养正，昭明有融”、《明诗》“诗者，持也，持人情性。三百之蔽，义归无邪，持之为训，有符焉尔。人禀七情，应物斯感，感物吟志，莫非自然”、《体性》“情动而言形，理发而文见，盖沿隐以至显，因内而符外者也。然才有庸俊，气有刚柔，学有浅深，习有雅郑，并情性所铄，陶染所凝……故宜摹体以定习，因性以练才”。[①]

北朝魏苏绰（497—546）主张君子修教贵在治心化性礼义中道，如《六条诏书》“凡治民之体，先当治心……心和志静，则邪僻之虑，无因而作……天地之性，唯人为贵。明其有中和之心，仁恕之行，异于木石，不同禽兽，故贵之耳。然性无常守，随化而迁。化于敦朴者，则质直；化于浇伪者，则浮薄……治乱兴亡，无不皆由所化也……人受阴阳之气以生，有情有性。性则为善，情则为恶。善恶既分，而赏罚随焉。赏罚得中，则恶止而善劝；赏罚不中，则民无所措手足……消息情理，斟酌礼律，无不曲尽人心，远明大教……必不得中，宁滥舍有罪，不谬害善人也”[②]。北齐刘昼（514—565）则援道、释入儒而主张性情中道君子修教，如《刘子·殊好》“人之与人，共禀二仪之气，俱抱五常之性”、《和性》“刚而济其柔，柔而抑其强，强弱相参，缓急相弼。以斯善性，未闻迕物而有悔吝者也”、《崇学》“人性譞惠，非积学而不成。沿浅以及深，披闇而睹明，不可以传闻称，非得以泛滥善也”，又如《防欲》“人之禀气，必有性情。性之所感者，情也；情之所安者，欲也。情出于性而情违性，欲由于情而欲害情……性贞则情销，情炽则性灭……明者刳情以遣累，约欲以守贞”、“嗜欲之萌，耳目可关而心意可钥。至于炽也，虽襞情卷欲而不能收，其性败也。如不能塞情于未形，禁欲于脆微，虽求悔吝，其可得乎”，再如《清神》“神静而心和，心和而形

① 刘勰：《文心雕龙》，国家图书馆出版社2017年版，一册第27、32、55页、二册第55—58页。

② 《周书·苏绰传》，中华书局1971年版，第382—389页。

全；神躁则心荡，心荡则形伤……神照则垢灭，形静则神清。垢灭则内欲永尽，神清则外累不入”、《慎独》“善者，行之总，不可斯须离也；若可离，则非善也……身恒居善，则内无忧虑，外无畏惧，独立不惭于影，独寝不愧于衾，上可以接神明，下可以固人伦，德被幽明，庆祥臻矣”。[①]但刘昼以为道高于儒而客观割裂明德礼教内在关系，唐宋儒者弥补了这一缺陷。北齐颜之推（531—约597）亦援释入儒以论君子性情节度礼义修教，如《颜氏家训·止足》“宇宙可臻其极，情性不知其穷，唯在少欲知足，为立涯限尔”、《慕贤》“孔子曰：‘无友不如己者。’颜、闵之徒，何可世得，但优于我，便足贵之”、《教子》“上智不教而成，下愚虽教无益；中庸之人，不教不知也……父母威严而有慈，则子女畏慎而生孝矣”；南北朝佛学极盛，颜之推亦乡愿格义而本位不立，如《归心》“内外两教，本为一体，渐极为异，深浅不同……归周、孔而背释宗，何其迷也……形体虽死，精神犹存……凡夫蒙蔽，不见未来，故言彼生与今非一体尔”。[②]

综上，魏晋南北朝时当乱世，故而人文儒学学理分割。当时儒者或立足儒学本位援道入儒、援释入儒以内在发明，或三教融通援儒入道、援儒入释而外在补足，在内圣性修与外王礼教方面均进行了过渡性探索努力，亦构成了中华正统史上重要学理环节。

二、两晋南北朝时期中华正统实践脉络概说

两汉政教异化导致礼教正统务须内在变通，魏晋南北朝时期尝试以学统道统统摄政统而又兼行周孔礼教，内圣外王政统重建遂成为这一过渡性乱世中华正统实践脉络之实际主题。以下主要参照《通鉴纲目》及《晋书》、南北朝正史予以概说，其中夏夷融突与释道兴起构成了此时期正统脉络的重大内容。

---

① 刘昼：《刘子校释》（傅亚庶校释），中华书局1998年版，第376、371、37，10、11，1、105—106页。

② 颜之推：《颜氏家训》，《诸子集成》第八册，第27、12、1；29—31页。

（一）两晋时期中华正统实践脉络

【乙酉】魏咸熙二年、晋泰始元年（吴甘露元年）冬十二月晋王司马炎称皇帝（废魏主为陈留王，惩魏氏孤立之敝而大封宗室并授职任）、以傅玄与皇甫陶为谏官（玄谏举清远而退虚鄙）。【丙戌】二年（吴宝鼎元年）春正月晋立七庙、除郊祀五帝座（从王肃天帝唯一说），夏六月晦日蚀，秋八月晋主谒崇阳陵（疏素三年以体礼经），冬十月朔日蚀，十一月晋并圜丘方丘之祀于南北郊，十二月吴迁都建业。【丁亥】三年（吴二年）春正月晋立子司马衷为太子，晋杀其故立进令刘友（因占田侵民杀之而赦免山涛等侵占大臣，可谓避贵施贱政刑不公），晋征犍为处士李密而以尽孝辞不至，夏六月吴作昭明宫（奢靡乱礼大失民心），秋九月晋增吏俸，是岁晋禁星气谶纬之学、遣索头质子归国。【戊子】四年（吴三年）春正月晋律令成（贾充等刊修）、晋主诏杜预为黜陟考课法（预奏请宽简任贤六载奖惩而不果行）、晋主亲耕藉田，三月晋太后王氏殂（晋主素服以终三年），夏四月晋太保王祥卒（能扩充孝德），秋七月众星西流如雨而陨，九月晋大水。【己丑】五年（吴建衡元年）春二月晋以胡烈为秦州刺史（邓艾纳鲜卑降者数万与民杂居，至是分雍、梁、凉州以置秦州而镇抚之），晋青、徐、兖州大水，晋以羊祜都督荆州军事以图灭吴（祜能绥怀江汉布信吴人），晋录用故汉名臣子孙（纳济阴太守文立谏，以慰巴蜀之心而倾吴人之望），秋九月有星孛于紫宫，冬十月吴左丞相陆凯卒（竭心公家而忠恳内发）。【庚寅】六年（吴二年）夏四月吴以陆抗都督诸军（抗谏修政乂民、远离小人而吴主不纳），六月晋胡烈讨鲜卑秃发树机能而败死。【辛卯】七年（吴三年）春正月晋匈奴右贤王刘猛叛走出塞，夏四月晋凉州胡叛，秋七月吴复取交趾（陶璜等讨降夷獠而交州境平），冬十月朔日蚀，十一月刘猛寇晋并州，晋安乐公刘禅卒。【壬辰】八年（吴凤凰元年）春正月匈奴杀刘猛降晋，二月晋太子衷纳妃贾氏（贾充性巧谄，其女亦妒忌权诈），秋七月晋以贾充为司空（与其党荀勗等谮废侍中任恺），冬十月朔日蚀，是岁吴杀其丞相万彧等（吴主荒废忌谏而大诛正臣）。【癸巳】九年（吴二年）夏四月朔日蚀，吴杀其侍中韦昭（刚正忤主之故），秋七月朔日蚀，晋主选公卿将校女备六宫（采择未毕禁其嫁娶），九月吴杀其司市陈声（绳贵幸而触怒吴主）。【甲午】十年（吴三年）春正月日蚀、晋主诏不得以妾媵为正嫡，三月日蚀、晋取良家小将吏女入宫（诸家母女悲怨号哭），秋七月晋以山涛为吏部尚书、以嵇康之子稽绍为秘书丞（嵇康、王仪死不以其罪，康子绍仕而仪子裒终生不仕），晋邵陵公曹芳卒，吴比连三年大疫。【乙未】晋咸宁元年（吴天册元年）夏六月索头遣子入贡于晋，秋七月晦日蚀，冬晋追尊祖宗庙（宣帝为高祖、景帝为世宗、文帝为太祖），晋大疫。【丙申】二年（吴天玺元年）秋八月吴临平湖开、历阳山石印封发（吴奉禁都尉陈训以为衔璧降晋吴平之象），冬十月晋主立后杨氏、以后父骏为车骑将军（小器任重骄傲自得）。【丁酉】三年（吴天纪元年）春正月朔日蚀，三月晋讨破树机能（降诸胡二十万），秋七月有星孛于紫宫、晋诏遣诸王就国并封功臣为公侯、晋大水，冬十二月索头拓跋力微死而国衰（幽州刺史卫瓘以计间之以消边患）。【戊戌】四年（吴二年）春正月日蚀，秋晋大水、螟，冬晋以卫瓘为尚书令（谏太子愚不堪嗣而晋主蒙蔽未从），冬十一月征南大将军羊祜卒（谥曰成）、晋以杜预为镇南大将军督荆州军事。【己亥】五年（吴三年）春正月树机能陷晋凉州，晋以匈奴刘渊为左部帅（渊师事上党崔游而博习经史，初为任子，至是用抚匈奴），冬十一月晋伐吴（吴主皓荒淫凶残上下离心），十二月晋马隆破斩树机能、凉州平，晋诏议省吏员（纳司徒长史傅咸谏，中书监荀勖则以为省吏不如清心宽简）。

【庚子】晋世祖武皇帝太康元年春三月吴主孙皓出降，夏四月遣使行荆、扬除吴苛政，是冬初置司州（以司隶所统郡置之，是时计州十九、郡国一百七十三、户近二百四十六万）、诏罢州郡兵（交州牧陶璜、仆射山涛谏不宜去州郡武备而不听，遂遗患后世）。【辛丑】二年春三月选吴伎妾五千人入宫（帝平吴后游宴怠政、后父杨骏用事），冬十月鲜卑慕容涉归寇昌黎（慕容部入附中国，至此始叛；汉、魏以来羌胡鲜卑降者入处塞内诸郡而渐为民患，侍御史郭钦谏渐徙内郡杂胡于边地、峻四夷出入之防而不听），扬州刺史周浚移镇秣陵（宾礼故老搜求俊乂，恩惠并行吴人悦服）。【壬寅】三年春正月朔帝亲祀南郊（司隶校尉刘毅奏卖官风行钱入私门之弊，傅咸亦奏羊琇、王恺、石崇等权贵私幸竞奢逾制），以尚书张华都督幽州军事（华荐齐王攸而忤帝私心，荀勖乘机谮贬之），冬十二月以齐王司马攸为大司马（攸德望日隆，冯紞等谮之出督青州军事）。【癸卯】四年春三月朔日蚀，大司马齐王攸卒（被催离都赴任而愤怨发病亡），冬河南、荆扬大水。【甲辰】五年春正月龙见武库井中（刘毅以为龙降为祸）。【乙巳】六年春正月尚书左仆射刘毅卒（论魏陈群九品中正制实有八损适为奸府，谏罢中正而立新制，卫瓘、李重亦谏改用土断以息争竞，帝虽善之而不能改），旱，秋八月朔日蚀，冬慕容廆寇辽西（请讨宇文部而朝廷不许，怒而寇掠每岁犯边）。【丙午】七年春正月朔日蚀，司徒魏舒罢（称疾逊位）。【丁未】八年春正月朔日蚀，太庙殿陷（秋九月改营之）。【戊申】九年春正月朔日蚀，夏六月朔日蚀，大旱，秋八月星陨如雨、地震。【己酉】十年夏四月慕容廆降（以廆为鲜卑都督，能具士大夫礼），冬十月复明堂及南郊五帝位，十一月遣诸王假节之国督诸州军事、封子孙六人为王（帝声色成疾，杨骏忌诸王而远之，淮南相刘颂谏封建亲贤宜反汉循周、统纲定制不苛细过而帝不能用），以刘渊为匈奴北部都尉（礼贤好施，豪杰名儒多归之）。

【庚戌】太康十年、孝惠皇帝永熙元年夏四月帝崩、太子司马衷即位（立皇后贾氏，以杨骏为太傅录朝政），秋八月立广陵王司马遹为皇太子，以刘渊为匈奴五部大都督。【辛亥】元康元年春三月皇后贾氏诬杀太傅杨骏、废皇太后为庶人并杀其母（处士董养以为天人之理灭而大乱将作），夏六月皇后贾氏自私揽权杀太宰司马亮、太保卫瓘及楚王玮，以贾模、张华、裴頠、裴楷为侍中（与右仆射王戎并管机要）。【壬子】二年春二月皇后贾氏杀故皇太后杨氏于金墉城。【癸丑】三年夏六月弘农雨雹（深三尺）。【甲寅】四年大饥，慕容廆徙居大棘城。【乙卯】五年夏六月雨雹、大水，冬十月武库火，索头分其国为三部。【丙辰】六年夏匈奴郝度元及马兰羌、卢水胡反（赵王伦信用嬖人孙秀之故），秋八月秦雍氐、羌齐万年反，冬十一月关中饥疫，十二月略阳氐杨茂搜据仇池（以避齐万年之乱，关中避乱者多依之）。【丁巳】七年春正月将军周处及齐万年战而败死之（梁王肜等仇害之），秋七月雍、秦旱疫，九月以王戎为司徒（浮诞虚无与时沉浮，王衍、何晏等类之而乐广、裴頠驳之），索头猗㐌西略诸国（度漠北巡西略，降附者三十余国）。【戊午】八年秋九月荆、豫、徐、扬、冀州大水，遣使慰劳汉川流民（散在梁、益，李特遂起）。【己未】九年春正月将军孟观击获齐万年（太子洗马江统作《徙戎论》，主张徙附本种返其旧土、戎晋不杂并得其所，绝远隔阂为害不广、慰彼土思惠此中国，而朝廷竟不能用），秋八月以裴頠为尚书仆射（韦忠以为张华华而不实、裴頠欲而无厌，并弃典礼而附贼后，遂与索靖俱谓天下将乱），冬十一月朔日蚀、十二月废太子司马遹为庶人。【庚申】永康元年春三月尉氏雨血、妖星见南方、太白昼见、中台星拆、皇后杀故太子遹，夏四月朔日蚀、赵王司马伦废皇后贾氏为庶人并杀之（遂杀张华、裴頠而自为相国并加九锡），冬十一月前益州刺史赵廞反（以巴氏李特为爪牙）。【辛酉】永宁元年春正月以张轨为凉州刺史（以时多难而保据西土），赵王伦自称皇帝而遣帝金墉城、李特杀赵廞，三月齐王冏及成都王颖、河间王颙等举兵讨伦，闰三月朔日蚀、自正月至于是月五星互经天而纵横无常，夏四月成都王颖击败赵王伦兵、帝复位而伦伏诛，冬十月李特据广汉而进攻成都（广汉太守辛冉等贪残，流民推戴李特自立）。【壬戌】太安元年冬十二月河间王颙使长沙王乂杀齐王冏（冏骄奢擅权嬖宠用事、群贤劝谏不纳而宗室离心），陈留王曹奂卒（谥曰魏元皇帝），鲜卑宇文部围棘城而慕容廆击破之（廆任贤允当而渐兴起）。【癸亥】二年春二月罗尚破斩李特（李流代领其众），夏五月义阳蛮张昌反（新野王歆性严急而失蛮夷心，诏以刘弘都督荆州军事），秋七月河间王颙、成都王颖举兵反，九月李流死、特子雄代领其众（闰十二月入成都），冬闰十二月封鲜卑段务勿尘为辽西公（纳幽州都督王浚天下方乱结援夷狄之言）。【甲子】永兴元年（僭国汉高祖刘渊元熙元年、成太宗李雄建兴元年）春正月东海王越杀长沙王乂、成都王颖入京师自为丞相（寻还镇邺），诏罗尚权统巴东三郡（刘弘资给用贤而流民遂安），秋八月刘渊自称大单于，冬十月李雄自称成都王、刘渊自称汉王，十二月太宰颙废太弟颖、汉寇太原与西河郡。【乙丑】二年（汉二年）秋八月有星孛于北斗，是年诸王割据混战。【丙寅】光熙元年（汉三年，成晏平元年）春正月朔日蚀，夏六月成都王李雄称成皇帝，秋七月朔日蚀，冬十一月帝中毒崩、太弟炽即位，十二月朔日蚀，以刘琨为并州刺史（抚循劳徕，流民稍集）。

【丁卯】孝怀皇帝永嘉元年（汉四年）春二月群盗王弥寇青徐二州，三月西阳夷寇江夏，夏五月群盗汲桑、石勒入邺（七月被击破后石勒降汉），秋七月以琅琊王司马睿为安东将军都督扬州诸军事（以王导为谋主并任用本地贤达，谦俭清静江东归心），冬十一月朔日蚀，以王衍为司徒，慕容廆自称鲜卑大单于。【戊辰】二年（汉永凤元年）春正月朔日蚀，冬十月汉王刘渊称皇帝，十二月汉石勒等寇魏、汲、顿丘。【己巳】三年（汉河瑞元年）春正月朔荧惑犯紫微，汉徙都平阳以谋晋，夏大旱，秋八月汉寇洛阳、冬十月复寇。【庚午】四年（汉光兴元年）春正月汉寇徐、豫、兖、冀诸郡，琅琊王睿以周玘为义兴太守（聚民讨寇三定江南），夏四月蝗，秋七月汉寇陷河内、汉主刘渊卒（太子和立，和弟聪弑而代之），氐酋蒲洪自称略阳公、流民王如寇南阳以附汉，冬十月汉寇洛阳、汉石勒寇襄阳，宁州刺史王逊灭五苓夷（召集离散而周境安服），汉主刘聪杀其兄恭。【辛未】五年（汉嘉平元年，成玉衡元年）春石勒寇陷江夏、成寇陷涪与梓潼、湘州流民困苦作乱（推杜弢为刺史）、琅琊王睿逐扬州刺史周馥而以王敦为刺史，夏四月汉石勒执王衍等杀之，五月杜弢陷长沙、汉人入寇（六月陷洛阳杀太子诠，迁帝于平阳），琅琊王睿遣兵击斩江州刺史华轶、选任南渡士民贤俊，秋汉刘曜寇据长安、石勒陷蒙城，冬十二月琅琊王睿以周顗为军咨祭酒（南渡氏族欲克复神州而虚浮旧习难改，陈頵建言明赏信罚任贤中兴而王导不能从），慕容廆击破鲜卑素喜、木丸部（欲尊君击寇以从民望）。【壬申】六年（汉嘉平二年）春正月汉主刘聪纳刘殷二女为贵嫔（遂流连后宫而中黄门奏决诸事），二月朔日蚀，琅琊王睿遣将军纪瞻讨石勒，凉州刺史张轨遣兵诣长安（纳主簿马鲂言而翼戴王室），冬十二月大疫、羌酋姚弋仲自称扶风公。

【癸酉】孝愍皇帝建兴元年（汉三年）春二月汉主刘聪弑帝于平阳（庾珉、王儁死之），夏四月太子司马邺即位于长安、琅琊王睿以华谭为军咨祭酒、陈頵为谯郡太守（俱谏抑虚浮而王不能从）、慕容廆攻段氏取徒河（廆修政任贤，中国避乱士民多归之），五月以琅琊王睿为左丞相、南阳王保为右丞相，左丞相睿以祖逖为豫州刺史（逖谏出师北伐而睿素存偏安之心），陶侃破走杜弢（王敦表侃为荆州刺史），冬十月氐杨难敌寇陷梁州、汉刘曜寇长安，十二月左丞相睿遣世子绍镇广陵、代公猗卢城盛乐及平城。【甲戌】二年（汉四年）春正月有如日殒于地、三日相承东行、有流星出牵牛入紫微（殒于平阳北而化为肉，陈元达以为女宠盛而亡国之征）、梁州人张咸逐杨难敌而以州降成（成主李雄任贤修政保民一方，然朝无仪品爵位泛滥、吏无禄秩取给于民、军无部伍号令不肃），夏五月凉州牧张轨卒（遗令务安百姓报国宁家）、子实嗣，六月汉寇长安、索綝大破之，汉石勒命州郡阅实户口（户出帛二匹谷二斛），冬汉主刘聪以子粲为相国（粲骄恣亲佞而国人恶之）。【乙亥】三年（汉建元元年）春正月左丞相睿以周札为吴兴太守（南士北士土客交怨，遂任温和南士以调停之），二月以左丞相睿为丞相都督中外诸军事、进代公猗卢爵为王，三月汉立三后，夏六月盗发汉霸、杜二陵（朝廷亦收其余以实内府），丞相睿加王敦都督江、扬诸州军事。【丙子】四年（汉麟嘉元年）春代六脩弑其君猗卢、郁律立，夏六月朔日蚀，秋七月汉主聪立婢樊氏为后（嬖宠用事，刑赏紊乱），汉大蝗（石勒于并州招纳流民），冬十一月汉刘曜陷长安、帝出降（御史中丞吉朗死之；干宝以为晋亡于树立失权托付非才、四维不张苟且为政，朝寡纯德之贤、乡乏不贰之老而风俗淫辟耻尚失所，学宗庄老而黜六经、言辩虚荡而贱名检，行以放浊为通而仕以苟得为贵，遂驯至礼法刑政大坏），十二月朔日蚀，丞相睿移檄北征（失罚不和，恢复难图）。

【丁丑】中宗元皇帝建武元年（汉、凉、成凡三僭国）春三月丞相司马睿即晋王位（晋虽衰微人心犹附，刘琨、慕容廆等皆遣使劝进），夏五月日蚀，秋七月大旱蝗而河汾溢，冬十一月朔日蚀、立太学（纳征南军司戴邈谏以崇儒励俗），十二月汉主刘聪弑帝于平阳（辛宾死之），王命课督农功，河南王吐谷浑卒（慕容廆庶兄而率众西徙，子众且勇羌胡畏之）。【戊寅】太兴元年（汉光初元年）春三月王即皇帝位、立王太子绍为皇太子（帝好刑名故以韩非书赐之，太子则纳庾亮“申韩刻薄伤化”谏言）、以慕容廆为龙骧将军并封大单于（裴嶷劝廆拯救中原），汉螽斯则百堂灾（烧杀汉主聪子二十一人），夏四月朔日蚀，加王导骠骑大将军、开府仪同三司，成丞相范长生卒（博学多能，蜀人奉之如神），五月青州刺史曹嶷叛降石勒（以为建康悬远而复叛朝廷），秋七月汉主刘聪卒（太子粲立，八月靳准弑而代之），冬十月刘曜自立（封石勒为赵公），十一月日夜出高三丈、以王敦为荆州刺史，诏州郡秀才孝廉复试经策。【己卯】二年（赵、后赵、成、凉凡四僭国）春三月合祭天地于南郊、尊琅琊恭王为皇考既而罢之（纳贺循“礼，子不敢以己爵加于父”之谏），夏四月汉徙都长安（是年改国号为赵而以冒顿配天），江东大饥、诏百官言事，冬十一月石勒称赵王（是为后赵，以张宾专朝政而石虎督军事），十二月鲜卑宇文氏攻慕容廆而廆大败之（遂取辽东并遣长史裴嶷献捷）、蒲洪降赵。【庚辰】三年春二月后赵寇冀州，三月以慕容廆为平州刺史，夏五月凉州杀其刺史张寔（其弟茂立），氐羌巴羯叛赵而赵讨平之、赵立太学，秋七月后赵退兵而祖逖进屯雍丘（逖仁智安边志在恢复，诏加号镇西将军），八月后赵定九品而举六科（秀才、至孝、廉清、贤良、直言、武勇），冬十二月以谯王丞为湘州刺史（王敦恃功骄恣，帝畏恶之而出腹心以镇方面）。【辛巳】四年春三月日中有黑子（郭璞以为阴阳错缪皆繁刑所致）、后赵陷幽冀并三州（幽州刺史段匹磾死之），夏五月终南山崩，秋八月常山崩，九月豫州刺史祖逖卒，以慕容廆为车骑将军、平州牧、辽东公（其世子皝雄毅权略而喜经术），代弑其君郁律、其子贺傉立。【壬午】永昌元年春正月王敦举兵反，冬闰十一月帝崩（恭俭有余而明断不足）、太子绍即位，后赵右长史张宾卒（儒士志化夷，石勒倚重之）。

【癸未】肃宗明帝太宁元年春正月成寇、三月后赵寇，夏四月王敦移屯姑孰自领扬州牧而谋篡，六月立皇后庾氏、以庾亮为中书监，秋八月王敦表江西都督郗鉴为尚书令（欲谋反而忌鉴镇合肥）、后赵寇陷青州（残暴坑杀甚重）、赵击凉州（张茂降而封凉王），冬十一月王敦以王含督江西军（含告王敦逆谋于其父王舒，舒与王导启帝备之）。【甲申】二年春正月王敦杀周嵩、周筵、周札（忌恶强族之故），后赵与赵构隙相攻民不聊生，夏六月加司徒王导大都督讨王敦、秋七月帝亲征而敦死众溃。【乙酉】三年春二月立子衍为皇太子，夏五月以陶侃都督荆湘等州军事（聪敏恭勤而正仪贵本）、后赵石生寇河南而司州降赵、赵主刘曜击生而大败（司、豫、徐、兖陷于后赵而以淮为境），秋闰七月帝崩、太子衍即位，冬十一月朔日蚀，十二月段辽弑其君牙而自立。

【丙戌】显宗成皇帝咸和元年夏四月后赵石生寇汝南，六月以郗鉴为徐州刺史，秋八月以温峤都督江州军事、王舒为会稽内史（主幼时艰庾亮用事，祖约、陶侃等失望，苏峻亦有轻朝廷之心），冬十二月后赵始定九流并立秀才、孝廉试经之制。【丁亥】二年夏五月朔日蚀，苏峻与祖约举兵反、冬十二月峻袭陷姑孰。【戊子】三年夏五月温峤以陶侃入讨苏峻、峻迁帝于石头，秋九月陶侃、温峤讨斩峻，冬十二月后赵王石勒破赵兵于洛阳（获赵主曜而杀之）。【己丑】四年（凡三僭国）春正月赵太子刘熙奔上邽、后赵取长安而关中大乱，秋八月后赵石虎攻拔上邽并取秦、陇（杀赵太子熙），冬十二月代王纥那出奔宇文部、郁律子翳槐立，羌杀河南王吐延、其子叶延立（孝礼好学，以王父字为氏，自号其国曰吐谷浑）。【庚寅】五年春二月赵王石勒称赵天王（以石虎为太尉并封中山王），夏五月诏太尉陶侃兼督江州（移镇武昌），秋九月赵王石勒称皇帝、赵寇陷襄阳，是年更造新宫。【辛卯】六年春三月朔日蚀，夏赵举贤良方正并起明堂、辟雍、灵台，秋九月赵营邺宫（以洛阳为南都），冬烝祭太庙（正君臣之礼）。【壬辰】七年春正月赵命太子石弘省可尚书奏事（纳徐光、程遐谏以抑石虎），秋太尉陶侃遣南中郎将桓宣攻拔襄阳（遂留镇之）。【癸巳】八年春赵遣使来修好（诏焚其币），三月宁州叛降于成，夏五月辽东公慕容廆卒、世子皝嗣，秋七月赵王石勒卒、太子弘立而石虎主事，八月赵石虎自为丞相、魏王（九月弑其太后刘氏，冬十月蒲洪说石虎徙关中豪杰及氐、羌以实东方而虎从之），慕容皝兄翰奔段氏而弟仁据辽东（皝用法严峻而国人不安），凉州牧张骏遣张淳假道于成来上表（淳忠贞不忘，不辱使命）。【甲午】九年春正月仇池王杨难敌卒、子毅嗣并遣使来称藩，二月以张骏为大将军，夏六月太尉、长沙公陶侃卒（明毅善断忠顺勤劳，谥曰桓），成主李雄卒、太子班立（孝悌任贤），以庾亮都督江、荆等州军事，秋以慕容皝为镇军大将军、平州刺史、辽东公，冬十月成李越弑其主班而立己弟期，十一月赵石虎弑其主弘而自立为居摄天王，慕容皝攻克辽东（欲悉坑辽东民，内史高诩谏以利害而止）。【乙未】咸康元年春正月朔帝冠，夏四月大旱，秋九月赵迁都邺、赵听其民事佛（崇奉佛图澄而国人化之，著作郎王度等主禁外教，而石虎诏夷、赵百姓乐事佛者特听之），成杀其臣罗演及故主班母罗氏（纪纲隳紊，雄业衰微），冬十月朔日蚀，代王纥那复入、翳槐奔赵，张骏遣使上疏请北伐（修政任贤西域朝贡，有兼秦、雍之志）。【丙申】二年春正月彗星见奎、娄，慕容皝讨杀其弟仁，是岁赵作太武殿、东西宫（穷极奢靡百姓嗷然）。【丁酉】三年春正月赵王虎称赵天王，立太学（国子祭酒袁瓌等请兴学校，而士大夫习尚老庄，故儒术终不振），秋七月赵王石虎杀其太子邃而更立其子宣为太子，是岁慕容皝自称燕王并称藩于赵、赵纳代王翳槐于代（纥那奔燕）、杨初杀杨毅（自称仇池公而附于赵）。【戊戌】四年春（凡四僭国）赵王虎、燕王皝合兵攻破段氏，夏四月成李寿弑其主期自立并改国号汉，五月赵王虎击燕不克、燕慕容恪大败之，赵冀州大蝗，秋汉霖雨（龚壮谏宜推奉建康），冬十月光禄勋颜含致仕（知命守礼而纯粹不杂），代王翳槐卒、弟什翼犍立（雄略智勇任贤政简，百姓安之归附者众）。【己亥】五年春三月庾亮表请伐赵（太常蔡谟等谏止之），代王什翼犍求婚于燕，秋七月丞相、始兴公王导卒（宽简寡素而善因事就功，谥曰文献），九月赵人寇陷沔南及邾城，冬燕王皝遣长史刘翔来献捷，张骏立辟雍、明堂。【庚子】六年春正月有星孛于太微，三月代始都云中，秋汉大阅于成都（欲应赵中分江南，龚壮及群臣谏止），冬赵大发兵以伐燕（燕人袭之而还），赵命其太子石宣及弟韬迭省尚书奏事（司徒申钟谏太子不当预政分权而虎不纳，虎不省事而宣、韬好酒，除拜生杀遂决于中谒者令申扁），汉遣使如赵、赵人报之（互自标榜正统而以对方为蛮夷）。【辛丑】七年春正月燕筑龙城（立宗庙、宫阙），二月朔日蚀、封慕容皝为燕王（其使刘翔言四海板荡，江南士大夫骄奢酣纵而乏忧国济民之心），三月诏正土断、白籍，秋代筑盛乐城、燕慕容恪镇平郭（抚旧怀新而高丽畏之），汉杀其仆射蔡兴、李嶷（汉主寿慕赵而刑杀御下，兴、嶷坐直谏死）。【壬寅】八年春正月朔日蚀，夏六月帝崩、琅琊王司马岳即位，冬十月燕迁都龙城、十一月燕王皝击高句丽（载其王钊父尸及母以归），十二月赵作长安、洛阳宫（侯牧营私而百姓失业），赵征兵入寇（欲平荡江南，其民鬻子以供）。

【癸卯】康帝建元元年春二月高句丽王高钊朝贡于燕，秋七月诏议经略中原、庾翼表遣梁州刺史桓宣伐赵。【甲辰】二年春正月赵大阅而罢兵（纳太史令赵揽不宜南行之谏），燕王皝击灭宇文部（还而忌杀其兄翰），荧惑守房、心（赵主欲移祸而杀其中书监王波，既而愍其无罪而追赠司空），桓宣及赵兵战于丹水而败绩，秋九月帝崩、太子聃即位（年方二岁太后临朝称制），冬十月庾翼还镇夏口（缮器佃谷以图后举）。【乙巳】穆帝永和元年春正月赵大发民治长安、洛阳宫（穷奢极欲民怨沸腾），燕罢苑囿以给新民（纳记室参军封裕谏而去苛税），二龙见于燕之龙山（燕王皝祀以太牢而始不用晋年号），秋七月以桓温都督荆、梁军事，汉主李势杀其弟广（自私疑忠，人心遂散），冬十二月张骏自称凉王，赵以姚弋仲为冠军大将军。【丙午】二年春正月扬州刺史、都乡侯何充卒（充有器局而社稷是念，谥曰文穆），燕袭拔夫余，夏四月朔日蚀，五月凉王张骏卒、世子重华立，赵杀其尚书朱轨（蒲洪谏而不纳）、立私论朝政法而道路以目，赵攻凉州、张重华遣谢艾大破之，冬汉李弈攻成都不克而四境萧条（汉主势骄淫残苛中外离心），十一月桓温帅师伐汉。【丁未】三年春三月桓温败汉兵、汉主李势降（江夏相袁乔与有力焉，温举贤旌善蜀人悦之），夏四月赵攻凉州而谢艾击破之、赵筑华林苑（残暴无恤，民处水火），冬十月以张重华为凉州刺史、西平公，杨初遣使称藩（以为雍州刺史、仇池公）。【戊申】四年秋八月赵太子石宣杀其弟韬而伏诛，加桓温征西大将军（朝廷忌之而以殷浩抗之），九月燕王慕容皝卒、世子儁立。【己酉】五年春正月赵王石虎称帝（夏四月卒而太子世立、其兄遵弑之而自立），四月蒲洪遣使来降，燕以慕容恪为辅国将军以图进取，秋七月征讨都督褚裒伐赵不克而还，九月张重华自称凉王，冬十一月赵石鉴弑其主遵而自立，秦、雍流民立蒲洪为其主，十二月赵石闵幽其主鉴（杀胡、羯二十万人），燕遣使如凉州（约共击赵）。【庚戌】六年春闰正月赵石闵弑鉴自立并改国号魏（尽灭石氏），以殷浩督扬、豫诸州军事（复谋进取），蒲洪自称三秦王（改姓苻），二月燕王儁击赵拔蓟城而徙都之、魏主闵复姓冉氏，故赵将麻秋杀苻洪、洪子健遣使来请命，赵石祗称帝于襄国，夏五月庐江太守袁真攻克魏合肥，秋九月燕徇冀州并取章武、河间，冬十一月苻健入长安、遣使来献捷。【辛亥】七年春正月日蚀，鲜卑段龛以青州来降，苻健自称秦天王（遣使问民疾苦而除赵苛政），夏四月赵刘显弑其主祗而自立，秋八月魏徐、兖、荆、豫、洛州来降，燕慕容恪取中山，姚弋仲遣使来降。【壬子】八年春正月日蚀、秦王苻健称皇帝，三月姚弋仲卒、子襄率众来归，夏四月燕慕容恪击破魏并执杀其主冉闵，魏人遣使请降（大饥至人相食而求救济），秋九月罢遣太学生徒（殷浩以军兴故，遂废学校），冬十月谢尚攻克许昌，十一月燕王慕容儁称皇帝。【癸丑】九年夏五月张重华攻拔秦上邽、诏进凉州牧，秋七月殷浩遣兵袭姚襄不克、冬十月率师北伐而败走谯城，十一月西平公张重华卒（子曜灵立、十二月废之，立张祚为凉公）。【甲寅】十年春正月张祚自称凉王（郎中丁琪谏而祚斩之），二月桓温帅师伐秦，夏四月桓温大败秦兵而三辅皆降，五月江西流民叛降姚襄、桓温及秦兵战不利（六月师还），是岁秦大饥。【乙卯】十一年春二月秦大蝗，夏六月秦王苻健卒、太子生立（未逾年而改元，群臣谏而怒杀仆射段纯），秋九月秦杀其后梁氏及太傅毛贵等（时有星孛大角、荧惑入东井主国有大丧、大臣戮死，中书监胡文谏修德禳之，生德不配位而移祸皇后大臣），闰九月凉州弑其君张祚而立张玄靓为凉王（祚淫虐失民心），冬十二月秦杀其丞相雷弱儿（生残暴悖礼，诸羌皆有离心）。【丙辰】十二年春凉州遣使称藩于秦，以桓温为征讨大都督讨姚襄，夏四月秦太后彊氏以忧卒（秦主生残暴之故），秋八月桓温败姚襄于伊水、入洛阳修复诸陵置戍而还，冬十月朔日蚀，十一月段龛降燕而慕容恪悉定齐地，遣司空车灌如洛阳修五陵。【丁巳】升平元年春正月朔帝冠（太后归政），二月太白入东井（秦有司奏有暴兵而秦主生了无敬畏之心），夏四月姚襄据黄落而秦遣兵斩之（弟姚苌降秦），六月秦苻坚弑其君生而自立为天王，秋七月秦冀州牧张平降，冬十一月燕徙都邺，秦王坚杀其兄东海公法（秦太后苟氏恐其不利于秦），秦以王猛为尚书左丞，燕作铜雀台。【戊午】二年春二月秦王坚击降张平，秋八月以谢万监司、豫诸州军事（王羲之诫与士卒同甘苦而万不能用），秦大旱，秦杀其特进樊世（勋旧疾王猛用事而苻坚护之），燕击张平而平复降燕，冬燕陷河南，荀羡伐燕不克而还（燕太守贾坚被俘不降，以为晋自弃中华而非其叛晋，民既无主强则托命，既已事人安可改节），燕使慕容垂守辽东。【己未】三年春二月凉宋混诛张瓘（瓘猜忌苛虐人情不服而有废立心），秦以王猛为京兆尹（权贵屏息，路不拾遗），泰山太守诸葛攸伐燕败绩、冬十月谢万与郗昙复伐又败（万矜豪傲物不能抚众），十二月大旱、秦以王猛兼司隶校尉。【庚申】四年春正月燕主慕容儁卒、太子暐立，二月燕以慕容恪为太宰专录朝政，三月匈奴刘卫辰降秦，秋八月朔日蚀既、桓温以谢安为征西司马，冬十月乌桓独孤部、鲜卑没弈干降秦。【辛酉】五年春正月刘卫辰叛秦降代，燕河内太守吕护遣使来降而燕人围之，夏五月帝崩、琅琊王丕即位，秋九月凉张邕杀宋澄、冬十月张天赐诛邕、诏以张玄靓为凉州刺史，秦举四科（孝悌、廉直、文学、政事）。【壬戌】哀皇帝隆和元年春正月减田租（亩收二升），二月拜母贵人周氏为皇太妃，秦王苻坚临太学（自是每月一至），冬十二月朔日蚀。【癸亥】兴宁元年春三月皇太妃周氏薨（帝纳仆射江虨谏改服缌麻），夏五月加桓温大司马都督中外诸军并录尚书事，秋八月有星孛于角、亢，凉张天赐弑其君玄靓而自立。【甲子】二年春三月大阅户口、令所在土断，帝寝疾（断谷饵药求长生之故，皇太后临朝摄政），夏四月燕陷许昌、汝南、陈郡，六月秦以张天赐为西平公，秋燕徙其宗庙百官于邺、燕陷河南诸城。【乙丑】三年春正月刘卫辰复叛代、代王什翼犍击走之（犍性宽厚有仁），三月帝崩、琅琊王司马奕即位，燕陷洛阳（将军沈劲死之），秋匈奴曹毂、刘卫辰叛秦而秦击降之。

【丙寅】帝奕太和元年夏五月代王什翼犍遣使入贡于秦，秋七月秦寇荆州（掠万余户而还），冬十月以会稽王昱为丞相录尚书事，燕寇兖州陷鲁、高平数郡。【丁卯】二年春二月燕太宰慕容恪卒（临终荐慕容垂文武兼资），匈奴曹毂遣使如燕（秦王坚欲图燕而命之），秋九月以郗愔都督徐、兖诸州军事，冬十月代王什翼犍击走匈奴刘卫辰。【戊辰】三年春三月朔日蚀，冬燕罢荫户而尽还郡县（纳悦绾谏以抑王公贵戚占民谋私），十二月加大司马桓温殊礼（位诸侯王上）、以仇池公杨世为秦州刺史（世南北俱称臣，秦亦以为南秦州刺史）。【己巳】四年夏四月桓温伐燕而秦人救之、秋九月温及燕人战不利而还（慕容垂等败之，温归罪袁真，真以寿春叛降于燕），燕遣郝晷、梁琛如秦（晷知燕将亡而泄密自托，琛陈天光分曜之情而不辱使命），冬十一月燕慕容垂出奔秦（燕太傅评忌之，垂不忍骨肉相残而出奔），秦遣使如燕以观衅（燕太傅评示之以奢），秦遣王猛等伐燕、十二月取洛阳，大司马桓温徙镇广陵（役频疫兴百姓嗟怨）。【庚午】五年夏六月秦王猛督诸军复伐燕，秋七月朔日蚀，冬十月秦围邺（王猛能容善任以成伐功，严令无犯燕民安业），十一月秦王坚入邺执燕主暐、以王猛为冀州牧都督关东军事，十二月秦迁故燕主暐及鲜卑四万户于长安。

【辛未】太和六年、太宗简文皇帝咸安元年春正月秦徙关东豪杰及杂夷十五万户于关中，凉州张天赐称藩于秦，吐谷浑入贡于秦（其王辟奚及子视连仁孝忠恕而无威断），秦伐克仇池、执杨纂以归，冬十一月大司马桓温入朝废帝为东海王、迎会稽王昱入即位（温蓄不臣之心以剪裁晋室，谢安等隐忍事之）。【壬申】二年春三月秦命关东礼送经艺之士，夏六月秦以王猛为丞相、苻融为冀州牧，秋七月帝崩（平易不訾，慈惠爱民）、太子昌明即位（侍中王坦之忠贞，以礼抑桓温），八月秦以王猛都督中外诸军事（刚明清肃黜陟得当而秦国大治），冬十月三吴大旱饥。

【癸酉】烈宗孝武皇帝宁康元年春二月大司马桓温来朝（谢安、王坦之尽忠辅卫，卒安晋室）、秋七月温卒（桓冲代任而尽忠王室），皇太后临朝摄政（以王彪之为尚书令、谢安为仆射），秦寇陷梁、益二州，彗星见（出于尾、箕而经太微、扫东井，自四月见及冬不灭，秦太史令张孟谏天变象燕灭秦而代灭燕，苻坚报以当混六合为一家、视夷狄为赤子，修德禳灾无惧外患）。【甲戌】二年春二月以王坦之都督徐、兖等州军事，诏谢安总中书（安不拘礼节士族效之，王坦之、羲之谏而不能从）。【乙亥】三年夏五月王坦之卒（忠贞忧国言不及私，谥曰献）、以桓冲为徐州刺史、谢安领扬州刺史，秋七月秦丞相王猛卒（临终谏勿图晋而渐除鲜卑、西羌以便社稷），九月以徐邈为中书舍人（谢安荐之而多所匡益），冬十月朔日蚀，秦置听讼观、遣太子入学、增崇儒教而禁老庄图谶之学。【丙子】太元元年春正月朔帝冠（太后归政，以谢安为中书监录尚书事），秦遣侍臣分巡郡县问民疾苦，秋七月秦击败凉州、张天赐降，诏除度田收租之制（王公以下口税米三斛而蠲在役之身），冬十一月朔日蚀、秦击败代，十二月代主庶长子寔君弑其君什翼犍、秦讨杀之并分代为二部（河东属库仁、河西属刘卫辰，库仁奉事什翼犍世子寔之子拓跋珪恩勤周备；慕容绍以为秦恃强务胜，兵疲民困危亡临近）。【丁丑】二年春高句丽、新罗、西南夷遣使朝贡于秦，秦以熊邈为将作长史（法制日颓而重之以奢靡），秋八月以谢安都督扬、豫诸州军事，冬十月以谢玄监江北军事，散骑常侍王彪之卒（简素忧患，安民宁国）。【戊寅】三年春二月作新宫、秦寇梁州（夏四月慕容垂陷南阳），秋七月秦遣兵分道入寇，冬十月大宛献马于秦（不受而反之）。【己卯】四年春二月秦陷襄阳、彭城及淮阴，三月诏减省用度，夏四月秦陷魏兴（太守吉挹死之）、五月陷盱眙围三阿（谢玄败走之，时秦屡入寇而谢安务举大纲祛小察镇之以和静），是岁秦大饥。【庚辰】五年夏四月以谢安为卫将军（与桓冲并开府仪同三司），六月秦使诸宗亲领诸氐种散居方镇（赵整谏勿远徙种人、近留鲜卑而坚不纳）。【辛巳】六年春正月立佛精舍于内殿（帝初奉佛法而引诸沙门居殿内，左丞王雅谏而不听），二月东夷、西域六十二国朝贡于秦，夏六月朔日蚀，冬十一月秦寇竟陵、桓冲击破之，江东大饥。【壬午】七年三月秦徙邺铜驼马、飞廉、翁仲于长安，秦以苻融为征南大将军谋伐晋，夏五月幽州大蝗，秋九月秦遣将军吕光击西域（效汉置都护故事，苻融谏而坚不听），冬十月秦会议伐晋（群臣皆谏不可，慕容垂独劝伐之），是岁秦大熟。【癸未】八年秋八月秦王苻坚大举入寇、诏征讨都督谢石、冠军将军谢玄等帅师拒之，冬十一月谢石等大破秦兵于肥水、秦王坚走还长安，以谢石为尚书令、进谢玄号前将军而固让不受、以王国宝为尚书郎（帝与琅琊王司马道子嗜酒狎昵国宝妹，国宝谮谢安于道子，险诐求进之徒亦多毁短安，帝遂稍疏忌之），初开酒禁、增民税米（口五石），秦吕光攻龟兹、秦将军鲜卑人乞伏国仁叛据陇右，丁零翟斌起兵攻洛阳、秦使慕容垂讨之而垂叛秦。【甲申】九年春正月慕容垂自称燕王大破秦兵，三月以谢安为太保，燕慕容泓等起兵华阴、秦遣苻叡击泓而败死，夏四月苻叡司马姚苌起兵北地自称秦王（胡降者十余万），竟陵太守赵统伐克襄阳，六月秦吕光大破龟兹入据其城（抚宁西域恩威甚著），秋八月遣谢玄率师伐秦（与刘牢之取河南），冬十月朔日蚀，谢玄遣兵攻降秦青州，燕慕容文杀刘库仁（仁欲救苻丕而文作乱），后秦王姚苌攻新平而兵死甚众（欲移屯岭北待秦亡燕去再拾取长安）。【乙酉】十年春正月燕慕容冲称帝于阿房（冲赏罚任情、未成先骄）、西燕主冲袭长安而秦王坚败走之，西燕冯翊太守韦谦来奔（雍州望族忠义犹存），夏四月刘牢之败燕王慕容垂而垂复反击破之（时燕、秦相持经年，幽、冀人相食），太保谢安出镇广陵（会稽王道子专权奸谄构隙之故），蜀郡太守任权攻拔成都复取益州，五月西燕攻长安、秦王坚出奔五将山（外委天命而迷信符谶），六月西燕主冲入长安，秋七月旱饥井竭、后秦执秦王苻坚以归、秦太子宏来奔（处之江州），八月太保、建昌公谢安卒（谥曰文靖），以琅琊王道子领扬州刺史都督中外诸军事，后秦王姚苌弑秦王苻坚（苌求传国玺，坚叱曰五胡次序无汝羌名，玺已送晋不可妄得；苻坚为中华民族融合贡献良多，然虽欲混一华夷而心性不纯、华化名实似是而非，博爱贤才赏罚失正、揣测天命不能本民，至是北方重新分裂为十六国），秦苻丕称帝于晋阳，刘显弑其君头眷而自立，九月秦吕光还自龟兹（天竺沙门鸠摩罗什劝还）、击杀凉州刺史梁熙而代之（熙宠信小人谮杀名士而凉人不悦），乞伏国仁自称单于（是为西秦），河北州郡复降于秦，冬十一月燕以慕容农为幽州牧而守龙城（为政宽简，流民至者数万），十二月燕定都中山。

【丙戌】太元十一年春正月拓跋珪复立为代王、燕王慕容垂称皇帝、丁零翟辽据黎阳，二月西燕弑其主慕容冲而立段随为燕王、代徙都盛乐（务农息民，国人悦之），三月燕王慕容垂追尊母兰氏为文昭皇后（以妾为妻非礼，博士刘详等谏而垂不听，后慕容宝效之而竟弑母），西燕人杀段随而东、复立慕容忠为帝而筑居燕熙城（六月复杀其主忠而立慕容永为河东王），夏四月代改称魏，后秦王姚苌取长安称皇帝（六月秦河北州郡复降于燕、关陇诸郡复起兵为秦），冬十月西燕击败秦、西燕慕容永称帝于长子、秦苻登大破后秦兵，十一月秦苻登称帝于南安，十二月吕光自称酒泉公，秦主苻登伐后秦、改葬苻坚以天子之礼。【丁亥】十二年春正月以朱序为青兖刺史（镇淮阴）、谢玄为会稽内史，秦封苻纂为鲁王（有戎夏众十余万），燕击破张愿、以慕容绍为青州刺史（青、兖、徐州郡县壁垒多降于燕），夏四月尊帝母李氏为皇太妃，五月燕使其太原王楷击降翟辽，征处士戴逵而不至（谢玄助成其志），秋七月西秦击降鲜卑三部、魏王拓跋珪以燕师大破刘显（显奔西燕），八月立子德宗为皇太子，秦苻师奴杀其兄纂而后秦击降其众，秦主苻登进据将军胡空堡（戎夏归之者十余万），冬十月翟辽复叛燕，十二月后秦攻秦、凉州大饥（人相食）。【戊子】十三年春正月康乐公谢玄卒（谥曰献武）、翟辽自称魏天王，夏六月西秦王乞伏国仁卒、弟乾归立（秦封以为金城王，秦凉鲜卑、羌、胡多附之），秋七月秦与后秦自春相持至今各引还（关西豪杰多去而附秦），八月魏遣使如燕（欲图燕而先乱之）。【己丑】十四年春正月燕以慕容隆为幽州牧守龙城（因辽西王慕容农旧规而修广之，辽、碣遂安），二月吕光自称三河王，冬十一月以范宁为豫章太守（帝与琅琊王道子溺酒色而奢崇佛，宁深惩王弼、何晏虚浮之罪，谏恤民节俭帝多纳之，道子与王国宝遂谮而出之）。【庚寅】十五年春正月西燕主慕容永寇洛阳、朱序击走之（复击走翟辽），二月以王恭都督青、兖诸州军事（帝欲制衡道子骄恣之故，王雅谏恭峻狭自是、干略不长而不纳），秋七月冯翊人郭质起兵应秦而不克（后秦主姚苌凶虐，三辅壁垒皆思苻坚之仁），八月刘牢之击败翟辽而张愿来降。【辛卯】十六年夏五月秦主苻登及后秦主姚苌战而秦师败绩，冬十月魏王拓跋珪击破柔然并徙之云中、大破刘卫辰而诸部悉降。【壬辰】十七年夏五月朔日蚀，冬十一月以殷仲堪都督荆、益、宁州军事（好行小惠纲目不举），李辽表请修孔子庙而不报。【癸巳】十八年秦及后秦、燕及西燕交争互击，冬十二月后秦主姚苌卒。【甲午】十九年夏五月后秦主姚兴立而秋七月击杀秦主苻登、秦太子苻崇立而奔湟中，八月燕主慕容垂杀西燕主慕容永（得所统八部七万余户），冬秦主苻崇及陇西王杨定攻西秦而败死（苻氏遂亡，西秦主乾归尽有陇西之地）。【乙未】二十年春三月朔日蚀，以丹阳尹王雅领太子少傅（以防道子），夏五月燕遣其太子慕容宝击魏（魏避以骄之），秃发乌孤徙都廉川（拜广武赵振为左司马），长星见自须女而至于苦星（帝心恶之），秋九月魏王拓跋珪将兵拒燕、冬十一月魏大败燕军于参合陂（尽坑燕兵士以空虚其国）。【丙申】二十一年春闰三月燕主慕容垂袭克魏平城而夏四月卒、太子宝立，五月燕主慕容宝弑其太后段氏（因曾劝垂改立贤储而恨之），六月燕定士族旧籍（分辨清浊校阅户口，罢封荫之户悉归郡县，士民嗟怨而有离心），三河王吕光自称凉天王，秋八月魏王拓跋珪击燕、九月取并州（悉用儒生为官），贵人张氏弑帝、太子德宗即位（性不慧）、会稽王道子进位太傅，冬十月魏王拓跋珪拔常山（任崔宏、张衮等为政）。

【丁酉】安帝隆安元年春正月帝冠、以王珣为尚书令而以王国宝为左仆射，秃发乌孤自称西平王并攻凉取金城（是为南凉），二月燕袭魏大败奔还（魏获燕崔逞以为尚书，拓跋珪抚慰新附而甚悔参合陂之诛戮），夏四月王恭举兵反（诏诛王国宝与王绪而后罢兵还镇），凉沮渠蒙逊叛据金山，燕慕容详称帝于中山，凉段业叛而自称建康公（沮渠蒙逊以众归之，是为北凉），秋七月燕慕容麟袭杀详而自立，八月凉郭黁、杨轨叛，九月秦太后虵氏卒（秦主兴哀毁过礼，勤政延善显拔儒雅），秦寇陷湖、陕，冬十月魏王拓跋珪破走燕慕容麟并克中山。【戊戌】二年春正月燕慕容德徙居滑台并称燕王（是为南燕），魏置行台于邺、中山，魏王拓跋珪北徙山东民夷十余万口以实代，二月燕主慕容宝欲复取中原（卫卒作乱、众溃而还），魏给新徙民田及牛、封酋长尔朱羽健于秀容川，三月燕段速骨攻陷龙城、燕主慕容宝出奔被杀，北凉攻凉并取西郡、晋昌、敦煌、张掖，秋七月魏迁都平城，王恭、殷仲堪及桓玄反（九月恭司马刘牢之执恭以降），九月南凉取岭南五郡，冬十月燕长乐王慕容盛称皇帝，十二月魏王拓跋珪称皇帝（始仿古制定郊庙祭飨礼乐，用崔宏议而自谓黄帝之后以土德王），妖人孙泰谋乱伏诛（弟孙恩入海谋复仇）。【己亥】三年春正月南凉徙治乐都（欲渐次取陇右河西），二月魏主拓跋珪袭破高车、段业自称凉王，三月魏分尚书诸曹、置五经博士（增国子太学生员合三千人，从博士李先言大索书籍），帝追尊生母陈氏为德皇太后，秋七月秦寇洛阳、八月魏人来救（雍州刺史杨佺期求救），魏杀其御史中丞崔逞（拓跋珪自卑自大之夷狄偏性显发，积怨怒于中土之士），南凉王乌孤卒、弟利鹿孤立（徙治西平），南燕王慕容德陷广固而都之（徐、兖之民归附者众），九月秦主姚兴降号称王（灾异屡见之故，问贫举贤省令察狱，赏功诛残远近肃然），冬十月秦寇陷洛阳（淮汉以北多降于秦），孙恩寇陷会稽、以会稽世子元显录尚书事（聚敛不已富逾帝室），桓玄举兵攻江陵并杀殷仲堪、杨佺期，凉王吕光卒、太子绍立而庶兄纂杀之自代。【庚子】四年春正月燕主慕容盛自贬号为庶人天王、西秦迁都苑川，二月燕主慕容盛袭高句丽（拔其二城而开境七百余里），三月北凉以李暠为敦煌太守（温毅有惠政），夏五月孙恩复寇会稽、临海而讨之不克，六月朔日蚀，秋七月秦击西秦、西秦王乾归战败而降，九月地震，冬十一月诏刘牢之讨孙恩而走之（参军刘裕与有力焉），李暠自称凉公（是为西凉），十二月有星孛于天津（会稽世子元显以星变解录尚书事而复加尚书令；魏太史屡奏天文乖乱，魏主拓跋珪以为当改王易政而下诏风厉群下，又数变易官名欲厌塞灾异），魏置仙人博士（访求仙药不已）、南燕王慕容德称帝。【辛丑】五年春二月孙恩寇句章（三月寇海盐、六月寇丹徒，遂陷广陵），凉吕超弑其君纂而立其兄隆、纂后杨氏自杀，三月南凉击凉并徙其民二千户以归（从事史暠谏征伐应以绥宁为先），夏五月北凉沮渠蒙逊弑其君段业（业儒素长者威禁不行而信卜筮巫觋）、六月自称张掖公（是为北凉），秋七月魏徇许昌（东至彭城）、秦伐破凉（西凉、南凉、北凉皆遣使入贡于秦），八月以刘裕为下邳太守讨破孙恩，燕段玑弑其君慕容盛（盛矜察猜忌人不自保而亡，太后丁氏立盛叔父熙而讨杀玑），九月凉王吕隆遣使降秦（秦陇西公姚硕德抚纳夷夏而西土悦之），冬十一月桓玄表桓伟等镇夏口、襄阳（玄自谓有晋三分之二而有异心，元显惧而谋之）。

【壬寅】元兴元年春正月以会稽世子元显为征讨大都督讨桓玄、桓玄举兵反，柔然据漠北自称可汗（夺高车地、吞并诸部而雄于北方），二月魏袭没弈干（没弈干奔秦而长安大震）、秦立子泓为太子（孝友宽和而懦弱多病），三月刘牢之叛附于玄（刘裕等劝而不听）、元显军溃而桓玄入建康（自以太尉总百揆而杀元显），南凉王利鹿孤卒、弟傉檀立（始称凉王，徙乐都），夏四月桓玄出屯姑孰、三吴大饥（户口减半），五月孙恩党人卢循寇东阳、刘裕击走之，秦主姚兴攻魏而败绩，将军司马休之等攻玄不克而奔南燕，燕王慕容熙杀其太后丁氏，桓玄杀会稽王道子，秦遣使授南凉、北凉、西凉官爵。【癸卯】二年春桓玄自为大将军，夏四月朔日蚀，五月燕作龙腾苑（役徒二万人），秋九月桓玄自为相国并封楚王加九锡，冬十一月楚王桓玄称皇帝而废帝为平固王（玄矫作无定贪鄙苛细，朝野骚然思乱者众），魏初制冠服（差以品秩而多不稽古）。【甲辰】三年春二月刘裕起兵讨桓玄，南凉去年号并罢尚书官（畏秦之强），三月刘裕大破桓谦而桓玄出走、裕立留台于石头（时晋政宽驰纲纪不立，豪族陵纵小民穷蹙，刘穆之斟酌时宜随方矫正之）、刘裕推武陵王遵承制行事，夏四月燕起逍遥宫（不恤士卒而暍死大半），五月刘毅等击破桓玄、帝复位，秋九月魏改官制（置六谒官准古六卿，列爵四等而分九品，官名多仿上古龙官），冬十一月魏命宗室州郡置师（以辨宗党、举才行），燕王慕容熙与其后苻氏游白鹿山（士卒因兽害冻死者五千余人）。

【乙巳】义熙元年春正月燕伐高句丽不克而还、秦以鸠摩罗什为国师（秦主姚兴奉之如神，大营塔寺而州郡化之，事佛者十室而九）、西凉公李暠遣使来上表（自称大将军、领秦凉二州牧），二月益州参军谯纵杀刺史毛璩而自称成都王（蜀大乱而汉中空虚，氐王杨盛遂遣杨抚据之），夏四月以刘裕都督十六州军事出镇京口，秋七月刘裕遣使求和于秦（秦主兴以为天下之善一故成其美，让出所占南乡等十二郡），九月南燕主慕容备德卒（汝水竭而备德恶之，遂寝疾而卒）、太子超立，西凉徙都酒泉（以逼沮渠蒙逊，暠戒诸子敬慎公正）。【丙午】二年春正月魏增置刺史守令（功臣为州者皆征还京师以爵归第），燕王慕容熙袭高句丽不克（宠溺苻后不恤士卒之故），夏六月秦姚硕德自上邽还长安（秦王姚兴事叔父甚敬，国家大政咨而后行），秦以秃发傉檀为凉州刺史守姑臧（献牛马而姚兴以为忠，傉檀亦能嘉纳贤士），秋八月南燕段宏奔魏、慕容钟奔秦（南燕主超猜虐游畋政出权倖、变更旧制贤谏不听）。【丁未】三年春正月秦以乞伏乾归为主客尚书（西秦乞伏乾归如秦，秦主兴以其寖强难制而留之），闰二月刘裕杀东阳太守殷仲文及桓冲孙胤并夷其族（何无忌谮之而裕亦猜忌），夏六月赫连勃勃自称大夏天王（初附秦而后叛之，自谓夏后氏之苗裔），秋七月朔日蚀，燕主养子高云弑其君熙而自立为天王，南燕遣使称藩并献太乐伎于秦（冬秦遣其母、妻还之），夏王勃勃破降鲜卑薛干等部（进攻秦及南凉而大破之，遂侵略岭北诸城以待姚兴老死）。【戊申】四年春正月刘裕自为扬州刺史录尚书事，南燕祀南郊而现兽如鼠、大风昼晦（太史令成公绥以为信用奸佞诛戮贤良、赋敛繁多事役殷重所致），夏五月秦袭南凉、讨夏而败绩（秦兵贪掠而败，岭北夷夏附勃勃者以万数），冬十一月南凉复称王、南燕汝水竭。【己酉】五年春二月南燕寇略宿豫（欲掠晋人以补太乐伎，其臣谏养士息民而不纳）、乞伏乾归自秦逃归，三月恒山崩，夏四月雷震魏天安殿（魏主服寒食散躁怒无常，又因灾异频发而忧懑杀人，唯崔宏、崔浩父子恭勤不谄而独不被谴），秋七月西秦复称王，九月秦王兴伐夏、夏王勃勃袭败之，冬十月西秦以名儒焦遗为太子太师与参军国大谋（并令太子父事之），燕弑其君高云、冯跋自立为天王，魏清河王拓跋绍弑其君拓跋珪、齐王嗣讨杀绍而自立，十二月太白犯虚、尾（南燕灵台令劝燕主慕容超出降而超怒杀之）。【庚戌】六年春正月魏伐柔然，二月魏主拓跋嗣以郡县豪右祸民而征之（民不乐徙寇盗群起，赦其罪而后讨平余寇）、刘裕执南燕主超送建康斩之（裕欲尽坑士民，南燕降臣韩范谏晋室南迁中原鼎沸，既为其臣须为尽力，衣冠旧族弔伐务抚，以为遗民来苏之望），卢循寇陷长沙等四郡，三月南凉击北凉而败绩（遂迁于乐都），夏五月柔然围魏师而魏主嗣救之、柔然可汗社崘走死而其弟斛律立，六月刘裕自为太尉加黄钺、宗室司马国璠自弋阳奔秦（以为裕削弱王室，其患甚于桓玄），冬十月刘裕南击卢循（十二月大破之）。【辛亥】七年春正月西秦复降于秦、秦王姚兴命群臣举贤才，三月刘裕始受太尉、中书监之命（以刘穆之为司马、谢晦为参军），夏四月卢循寇番禺不克而走交州、刺史杜慧度击斩之，秋七月柔然可汗斛律献马求婚于燕、北燕主冯跋以其女妻之（拔勤政恤民燕人悦之）。【壬子】八年夏六月西秦乞伏公府弑其君乾归、秋世子炽磐讨杀之而自立（秦王姚兴不伐人丧，勃勃亦纳谏不伐），冬北凉迁于姑臧（蒙逊始称河西王并置官僚），十二月太尉刘裕自加太傅、扬州牧而复辞不受。【癸丑】九年春太尉刘裕杀豫州刺史诸葛长民（骄纵奢侈为百姓患）、修土断法而并省流寓郡县（刘裕建言使民一其业以有定本），夏王勃勃筑统万城（将作大匠叱干阿利性残忍，以至杀人筑铸），冬魏遣使请婚于秦。【甲寅】十年夏西秦袭灭南凉（以傉檀归而杀之），柔然步鹿真逐其可汗斛律而自立、大檀杀而代之，秋九月朔日蚀，冬十二月柔然侵魏、魏击走之（士卒冻坏者什二三）。【乙卯】十一年春司马休之出奔秦（秦以为扬州刺史），太尉刘裕剑履上殿、入朝不趋、赞名不拜，北凉遣使上表内附（表言愿翼助刘裕廓清中原驱除戎虏），秋七月晦日蚀，八月魏荐饥（代民多死，博士祭酒崔浩等参预军国密谋以安定之），荧惑不见八十余日而复出东井、秦大旱（昆明池竭秦人不安，秦隔岁而亡），冬十月秦送女于魏、魏以为夫人。【丙辰】十二年春正月太尉刘裕自加都督二十二州军事，秦王姚兴卒、太子泓立，三月太尉刘裕自加中外大都督并戒严伐秦，氐王杨盛攻秦、夏攻秦，冬十月将军檀道济克洛阳、遣司空修谒五陵，十二月太尉刘裕自加相国、扬州牧、封宋公备九锡（复辞不受），西秦遣使内附。【丁巳】十三年春正月朔日蚀（秦朝会而君臣相泣），二月西凉公李暠卒、世子歆立，吐谷浑树洛干死、弟阿柴立（侵并境旁小种，地方数千里遂为强国），三月将军王镇恶攻潼关并大破秦太宰姚绍军、弘农人送义租给王镇恶等军，夏魏置六部大人（以天地四方为号），秋王镇恶攻入长安、秦主姚泓出降，九月夏人进据安定（刘裕遣使约为兄弟），冬十月太尉刘裕自进爵为王而复辞不受，十一月刘穆之卒、十二月太尉刘裕东还（留子义真都督军事，三秦父老闻裕不复西略而俱失望）、魏置南雍州（以寇讚为刺史治洛阳，招怀秦、雍流民）、夏王勃勃遣兵向长安。【戊午】十四年夏六月太尉刘裕始受相国、宋公、九锡之命，冬十月以西凉公李歆为镇西大将军、魏天部大人白马公崔宏卒（谥曰文贞），刘义真杀其长史王脩而关中大乱，十一月夏王勃勃陷长安而义真逃归、夏王勃勃称皇帝，彗星见（出天津、入太微、经北斗、络紫微，八十余日乃灭，崔浩以为晋室陵夷刘裕将篡之象），宋公刘裕弑帝于东堂、奉琅琊王德文即位，以北凉王蒙逊为凉州刺史。【己未】恭皇帝司马德文元熙元年夏四月魏主拓跋嗣有事于东庙（助祭者数百国），西凉地震、星陨（凉公李歆用刑过严而好治宫室，从事中郎张显谏务农宽简侧身修道，主簿氾称亦谏罢役止畋礼贤爱民而皆不从），冬十一月朔日蚀，十二月刘裕加殊礼、进太妃为太后、世子曰太子。

（二）南北朝时期中华正统实践脉络

【庚申】晋元熙二年、宋高祖武帝刘裕永初元年夏四月长星出竟天，六月宋王刘裕称皇帝、废帝为零陵王，宋尊王太后为皇太后（宋主事母礼仪素谨），宋交州刺史杜慧度击林邑并大破降之（慧度为政缜密一如治家，吏民畏爱道不拾遗），北凉王蒙逊诱杀西凉公李歆（遂灭西凉，礼用贤能禁掠安民），八月宋立子义符为皇太子、为晋诸陵置守卫，冬凉李恂入敦煌称刺史（索元绪粗险好杀大失人和，恂有惠政郡人招之）。【辛酉】宋永初二年春二月宋祀南郊，魏筑苑、北凉屠敦煌而杀李恂（西域诸国皆诣蒙逊称臣朝贡），夏四月宋毁淫祠（先贤以勋德祠者不在此例），秋九月宋主刘裕弑零陵王于秣陵。【壬戌】三年春宋以徐羡之为司空录尚书事，秦、雍流民入梁州（宋遣使赈之），夏四月宋封杨盛为武都王，五月宋主裕殂（清简寡欲严整有度，禁行侈靡不信奇怪）、太子义符立，魏立子焘为太子并监国（纳崔浩、长孙嵩谏，且为之选用辅弼），冬魏遣司空奚斤击宋而取青兖诸郡、宋遣南兖州刺史檀道济救之。【癸亥】宋主义符景平元年春二月魏筑长城（备柔然寇边），凉吐谷浑入贡于宋，夏四月诸蛮入贡于魏、秦遣使入贡于魏，闰四月魏拔虎牢、执宋司州刺史毛祖德而取司、豫诸郡，冬十一月魏主拓跋嗣殂、太子焘立，魏立天师道场（崔浩不好老庄、佛法非礼之说而师受寇谦之图箓说，魏主亦信奉之）。

【甲子】景平二年、宋太祖文帝义隆元嘉元年（魏世祖太武帝始光元年）春正月宋废其庐陵王义真为庶人（性轻易而有异志，与谢灵运、颜延之等褊傲放纵者交好而非毁执政），夏五月宋徐羡之等废其主义符为营阳王（居丧无礼狎昵亲近、游戏无度谏之不听）、六月弑营阳王义符及庶人义真（俱因教诲不至而恣意任情）、迎宜都王义隆于江陵，八月宋主义隆立，柔然寇魏（乘丧而来、畏惧而遁），冬十一月吐谷浑王阿柴卒（舍子传弟且诫一心）、弟慕璝立（抚纳秦凉失业之民及氐羌杂种五六百落而部众转盛），十二月魏伐柔然并大获、羌宕昌朝贡于魏，夏世子璝杀其弟伦、伦兄昌讨杀璝、夏主立昌为太子。【乙丑】二年（魏二年）春正月宋主始亲听政，二月燕有女子化为男（尚书左丞傅权以为臣将为君之兆），三月魏主尊保母窦氏为保太后（慈良有操而抚视有恩、训导有礼），夏四月秦袭败凉、魏遣使如宋（始复交通），六月武都王杨盛卒、子玄立（始用元嘉年号），秦击破黑水羌，八月夏主赫连勃勃卒、世子昌立，冬十月魏主伐柔然、柔然绝迹北走。【丙寅】三年（魏三年）春正月宋讨杀徐羡之等（孔宁子、王华等嫉而谗构之），三月宋以谢灵运为秘书监、颜延之为中书侍郎、慧琳预议朝事（御史中丞孔觊讽其为黑衣宰相而冠履失所），夏五月宋遣使巡行郡县（察吏政、访民隐并使言损益）、宋主亲临听讼，秋秦攻凉而夏袭秦，宋大旱蝗，冬十月魏主自将攻夏、十一月魏主入统万而别将取蒲阪及长安（秦、雍氐羌皆降附），魏罢漏户缯属郡县以均赋役。【丁卯】四年（魏四年）春正月魏主还平城（统万徙民道多死，至平城者什六七），夏六月朔日蚀，夏主及魏主战而败走、魏取统万，秦遣使入贡于魏，秋八月魏主还平城（性俭率任能而残忍轻戮，往往已杀而复悔），冬十一月魏封杨玄为南秦王，晋处士陶潜卒（归田园而不仕，世号靖节）。【戊辰】五年（魏神䴥元年）春二月魏执夏主赫连昌以归、夏赫连定称帝于平凉并复取长安，夏五月秦王乞伏炽磐卒、世子暮末立，冬十一月朔日蚀。【己巳】六年（魏二年）春正月宋以彭城王义康为司徒并录尚书事，丁零降魏，三月宋立子劭为太子，夏四月魏主伐柔然（纳崔浩安北以图南之言），五月朔日蚀，凉及吐谷浑侵秦而秦败之，柔然可汗大檀走死、子吴提立，武都王杨玄卒、弟难当废玄子保宗而自立，八月魏击降高车（徙降民于漠南），冬十月魏以崔浩为抚军大将军（赏其谋划功），十一月朔日蚀不尽如钩、星昼见、秦地震。【庚午】七年（魏三年）春三月宋遣将军到彦之伐魏（有恢复河南之志），魏敕勒叛而击灭之（新徙受虐而欲亡归漠北），夏六月宋以杨难当为武都王，秋七月宋到彦之取河南，八月魏击败宋师、林邑入贡于宋，九月燕王冯跋卒、弟弘杀其太子翼而自立，秦自正月不雨至于九月，冬十月宋铸四铢钱、魏攻取宋金墉与虎牢，十一月魏取夏安定与陇西、凉遣使入贡于魏，十二月魏克平凉、复取长安。【辛未】八年（魏四年）春正月宋檀道济败魏师于寿张，夏灭秦（以秦王暮末归而杀之），二月魏主复境内租一岁、宋檀道济食尽而引兵还，魏主以王慧龙为荥阳太守（农战并修归附者众），夏六月夏主赫连定击凉、吐谷浑袭败之并执定以归，闰六月柔然请平于魏、魏遣使如宋求婚（宋主依违答之），秋八月凉遣子入侍于魏、吐谷浑奉表于魏，九月魏以崔浩为司徒、长孙道生为司空（时颂“智如崔浩，廉如道生”），魏遣使授凉王蒙逊官爵、魏征世胄遗逸，冬十月魏使崔浩更定律令（愈为简易宽恕）。【壬申】九年（魏延和元年）春正月魏尊保太后为皇太后、立子晃为太子，夏五月宋遣使如魏，秋七月吐谷浑告捷于宋，秋宋益州人赵广作乱围成都（刺史刘道济等聚敛兴利伤政害民之故）、魏主攻燕围和龙，冬十二月燕长乐公冯崇以辽西降魏。【癸酉】十年（魏二年）春正月魏以乐安王拓跋范为长安镇都大将（范谦恭宽惠，副将亦政刑清平轻徭薄赋，关中遂安），二月魏以陆俟为散骑常侍（能威法夷狄而渐训导于知礼分限），夏四月凉王沮渠蒙逊卒、子牧犍立而遣使请命于魏，五月林邑遣使入贡于宋、魏人攻燕，冬十一月杨难当袭据宋汉中，宋谢灵运有罪被诛（恃才放逸而多所陵忽）。【甲戌】十一年（魏三年）春宋秦梁刺史萧思话讨破杨难当（宋复取汉中），魏及柔然和亲、燕王冯弘称藩于魏、凉遣使奉表于宋，六月魏人伐燕，秋魏主击克山胡。【乙亥】十二年（魏太延元年）春正月朔日蚀，燕王弘称藩于宋，五月西域九国遣使入贡于魏，六月高丽王高琏遣使入贡于魏、宋大水，秋七月魏伐燕（燕王弘欲依高丽，太常卿杨峄谏高丽无信而不听），宋禁擅铸像造寺者（丹阳尹萧摹之谏佛入中国已历四代而糜损无极）。【丙子】十三年春（魏二年）三月宋杀其司空檀道济（功大名重朝廷疑畏，宋自毁干城而魏人幸之），杨难当自称大秦王（犹贡奉宋、魏不绝），夏魏伐燕、燕王弘奔高丽，秋七月魏伐降杨难当（魏中书侍郎高允以为诛杀伤向化之心而为乱必速，于是抚慰不犯秦陇遂安），冬魏置野马苑、宋铸浑仪（诏太史令钱乐之更铸以与天相应）、柔然绝魏和亲并寇其边。【丁丑】十四年（魏三年）夏五月魏诏吏民告守令罪（民官多贪之故，然奸猾迫胁在位横行闾里，长吏降心待之而贪纵如故），西域朝贡于魏、凉遣子入侍于魏并遣使如宋。

【戊寅】元嘉十五年（魏太延四年）春二月宋以吐谷浑慕利延为陇西王，三月魏罢沙门五十岁以下者，高丽杀故燕王弘，秋七月魏伐柔然（时漠北大旱人马多死，不见虏而还），冬十一月朔日蚀，宋立四学（宋主雅好艺文而使何尚之立玄学、何承天立史学、谢元立文学、雷次宗立儒学，道一而立四学，实乃过渡时期纷乱情状；宋主仁恭勤政守法容物，官久于职吏不苟免，民有所系四境晏安，是为元嘉之治）。【己卯】十六年（魏五年）夏六月魏伐凉、秋九月凉王牧犍降，冬十月魏以乐平王拓跋丕镇凉州（徙沮渠牧犍宗族吏民三万户于平城），十二月宋太子劭冠，魏主还平城（得凉州多士如索敞、常爽等讲学教授，魏之儒风始振），魏命崔浩、高允修国史（允明历理、劝人事而不神秘天文），魏除田禁（纳高允谏广田积谷以赋百姓）。【庚辰】十七年（魏太平真君元年）夏四月朔日蚀，六月魏大赦改元（取寇谦之神书之言），冬十月宋领军刘湛有罪被诛（争权利而欲立义康）、以彭城王义康为江州刺史（不学无术且无人臣礼）。【辛巳】十八年（魏二年）春正月魏新兴王拓跋俊谋反伏诛，杨难当寇宋汉川（谋据蜀土），宋晋宁郡反而讨平之。【壬午】十九年（魏三年）春正月魏主诣道坛受符箓（从寇谦之言），夏四月沮渠无讳西据鄯善、李宝入据敦煌，五月宋讨平杨难当、魏人救之而不克，秋七月晦日蚀，九月沮渠无讳袭据高昌（宋以为河西王），冬十月柔然遣使如宋，十二月宋修孔子庙，魏以李宝为敦煌公，宋雍州蛮反。【癸未】二十年（魏四年）春正月魏击取宋仇池、乌洛侯国遣使如魏，秋七月宋立杨文德为武都王（武都、阴平氐多归之），九月魏主袭柔然而走之，冬十一月宋人攻魏浊水戍而败绩。【甲申】二十一年（魏五年）春正月宋主耕藉田，魏太子拓跋晃总百揆、魏禁私养沙门巫觋并令公卿子弟皆入太学（工商之子各习父兄之业，毋得私立学校），夏六月河西王沮渠无讳卒、弟安周嗣，魏罢旧俗所祀胡神（崔浩请存其合于祀典者而余皆罢之，魏主从之），是岁柔然敕连可汗死、子吐贺真立。【乙酉】二十二年（魏六年）正月朔宋行元嘉历（太子率更令何承天为之），宋以武陵王骏为雍州刺史（欲经略关、河而命镇襄阳），三月魏诏中书以经义决疑狱，夏四月魏伐鄯善（七月鄯善降魏，西域复通），秋七月宋讨平群蛮，八月魏徙杂民于北边、魏伐吐谷浑（慕利延走据于阗），九月魏卢水胡盖吴反，冬十一月魏人侵宋（掠淮泗以北，徙青徐之民以实河北），十二月宋太子詹事范晔谋反伏诛（恃才放傲、奢靡不孝而谋立义康）、宋废其彭城王义康为庶人，宋始备郊庙之乐。【丙戌】二十三年（魏七年）春正月魏主讨盖吴而宋援之，宋伐林邑（寇盗不绝之故），三月魏诛沙门且毁佛书佛像（太子晃素好佛法，故缓宣匿免之），魏人侵宋（御史中丞何承天上实边固守策），魏上邽东城杂民反，夏六月朔日蚀，魏筑塞围而宋起景阳山于华林苑，秋七月宋以杜坦为青州刺史（杜预后人，北人晚渡江者朝廷向以伧荒遇之，至此稍改之），八月吐谷浑复还故土。【丁亥】二十四年（魏八年）春三月宋铸大钱（右仆射何尚之谏必致贫富分化而不纳），冬十月杨文德据葭芦（五郡氐皆应之）。【戊子】二十五年（魏九年）春正月魏人击走杨文德、宋免其官爵，魏山东饥（遂罢塞围役者），夏宋罢大钱（公私不便之故），冬十二月魏击破焉耆、龟兹而西域平。【己丑】二十六年（魏十年）春正月魏主复伐柔然（可汗遁走），秋七月宋以随王诞为雍州刺史（欲经略中原），魏主伐柔然而大获（自是柔然衰弱屏迹不敢犯塞），冬宋雍州蛮反。【庚寅】二十七年（魏十一年）宋将军沈庆之讨平叛蛮（迁于建康以为营户），二月魏主侵宋，夏宋以江湛为吏部尚书（性公廉，与仆射徐湛之并为宋主宠信），六月魏杀其司徒崔浩并夷其族（浩性聪而崇道教斥佛教，于夷魏夏化有功；然礼义不充不能仁恤士民，自恃才略及魏主宠任而专制朝权、校胜于上，为著作令史闵湛、郗标巧佞所卖，撰《国纪》而暴魏先世陋恶，魏主诛之而寻悔），秋宋人大举侵魏（沈湛之等谏不听）、冬十月魏主救之而宋军退走，十一月魏主进至鲁郡并以太牢祠孔子，十二月魏主南下进次瓜步、魏及宋平。【辛卯】二十八年（魏正平元年）春宋主杀其弟义康（虑其聚乱摇动民心）、令民遭寇者蠲（魏人凡破六州，杀掠不可胜计，邑里萧条元嘉政衰），三月魏主还平城（以降民五万余家分置近畿），夏四月魏更定律令，六月魏太子晃卒（信近习、营田利、性精察，中常侍宗爱陷之），是年宋、魏复通好。【壬辰】二十九年（魏高宗文成帝濬兴安元年）春二月魏宦者宗爱弑其君拓跋焘而立南安王余，夏五月宋人侵魏，宋太子劭、始兴王濬巫蛊事觉（赦不诛），秋八月吐谷浑王慕利延卒、拾寅立（遣使请命于宋、魏，宋以为河南王而魏以为西平王），冬十月魏宗爱弑其君余、魏主濬立而讨诛之，宋西阳蛮反、魏陇西屠各叛，魏复建浮屠听民出家、魏行玄始历。【癸巳】三十年（魏二年）二月宋太子劭弑其君义隆而自立（宋主欲废太子而谋泄），三月宋刘劭杀其吏部尚书王僧绰，夏四月宋武陵王刘骏讨劭、宋人立骏（咸以为天下无无父无君之国）、五月刘劭及弟濬皆伏诛，秋七月朔日蚀（省细作雕饰、禁贵戚竞利，中军录事参军周朗谏守礼杜源而忤旨去职），宋主杀其弟南平王铄（负才轻上而宋主不能容）。

【甲午】宋世祖孝武皇帝孝建元年（魏兴光元年）春正月宋铸四铢钱（盗铸者众物价踊贵而商利民困，纳丹阳尹颜竣“五铢习行贵在节俭”之谏而止）、宋主立其子子业为太子，宋省录尚书事官（宋主恶宗室强盛之故），秋七月朔日蚀。【乙未】二年（魏太安元年）秋八月宋主杀其弟武昌王浑（僭号改元以为戏笑之故，宋主可谓亏伦寡情）、宋郊庙初设备乐，冬十月宋裁损王侯制度。【丙申】三年春正月（魏二年）魏立贵人冯氏为后、二月魏主立其子弘为太子（依其俗赐死其母李贵人），八月魏击克伊吾，冬十月宋以江夏王义恭为太宰，十一月魏以源贺为冀州刺史（贺谏原宥大逆凶杀以下谪使守边，魏主纳之），十二月宋移青、冀并镇历城以经远息患。【丁酉】大明元年（魏三年）春正月魏侵宋入兖州，夏六月宋以颜竣为东扬州刺史（宋主奢淫猜暴多所兴造，竣数切谏宋主不悦，故惧而求出），秋七月宋并雍州为一郡（纳王玄谟谏，以侨郡县土断以统租课）。【戊戌】二年（魏四年）春正月魏设酒禁、置候官（伺察诸曹州镇），二月魏以高允为中书令（恬于名利矫矫风节、忠诚切谏文明柔顺），宋沙门昙标谋反伏诛（诏沙汰沙门严其诛坐，然因诸尼出入宫掖而不得实行），秋八月宋杀其中书令王僧达（负才跌荡非议朝政，帝不能忍诬反赐死），冬宋以戴法兴等为中书舍人（宋主旧从而货贿成市）。【己亥】三年（魏五年）夏五月宋杀其东扬州刺史颜竣，秋九月宋筑上林苑、徙郊坛而造五辂。【庚子】四年（魏和平元年）夏六月魏伐吐谷浑（忿其两属且拟王），魏复置史官，冬十月宋杀其庐陵内史周朗（言事切直宋主衔之，使有司奏其居母丧不如礼）、以颜师伯为侍中（谄佞得幸贪财纳贿），柔然攻高昌并杀沮渠安周。【辛丑】五年（魏二年）夏宋立明堂，秋九月朔日蚀，冬十二月宋制"民岁输布户四匹"、宋禁士族杂婚（多避役逃亡之故）。【壬寅】六年（魏三年）春正月宋始祀五帝于明堂、宋策孝廉秀才于中堂（有名而无实），二月宋杀其广陵太守沈怀文（不合宋主狎侮之心，严正直谏而忤旨），秋九月宋制"沙门致敬人主"，宋祖冲之请更造新历而不报。【癸卯】七年（魏四年）夏六月宋以刘德愿为豫州刺史（能哭宋主宠妃墓之故），宋大修宫室（宋主机警勇决而奢欲无度），冬十月魏遣散骑常侍游明根如宋。【甲辰】八年（魏五年）夏闰五月宋主骏殂、太子子业立（居丧傲惰无戚容），秋七月柔然处罗可汗死、子予成立，八月宋太后王氏殂（病笃使呼宋主子业，子业竟以病人间多鬼不可往辞之），冬宋旱饥而饿死者甚众（是岁宋有州二十二、郡二百七十四、县千二百九十九、户九十四万）。【乙巳】宋主子业景和元年、太宗明帝刘彧泰始元年（魏六年）春宋铸二铢钱（形式细薄而民间效之），夏五月魏主拓跋濬殂（世祖经营四方国颇虚耗，高宗与时消息镇之以静、怀集中外民心复安）、太子弘立，魏车骑大将军乙浑专权矫杀司徒陆丽，秋七月魏乙浑自为丞相，八月宋主狷暴自恣而杀其太宰江夏王义恭、九月杀其弟新安王子鸾（疾其有宠于世祖之故），宋听民私铸钱（钱货遂乱败），冬十月宋主杀其会稽太守孔灵符（有政绩而忤犯近臣）、十一月又杀诸王公侯将，宋江州刺史晋安王子勋举兵寻阳，宋弑其君子业而立湘东王彧。

【丙午】宋泰始二年（魏显祖献文帝拓跋弘天安元年）春正月宋遣建安王休仁讨江州、晋安王子勋称帝（十州应之），二月魏丞相乙浑谋反伏诛、冯太后临朝称制，三月宋断新钱而专用旧钱，秋八月宋台军克江州而杀子勋，九月魏立郡学（从高允之请，置博士、助教、生员），冬十月宋主杀其兄之子安陆王子绥等（世祖二十八子至此尽灭），宋徐州刺史薛安都、汝南太守常珍奇惧而叛降于魏，宋主立其子昱为太子，宋侨立兖、徐、青、冀州（民少而虚置郡县），魏取彭城。【丁未】三年（魏皇兴元年）春正月魏取宋淮北四州及豫州淮西地（宋太宗末年矜伐，至是三叛起而军民殃），秋八月宋遣将军萧道成镇淮阴（收养豪俊，宾客始盛），魏作大像（用铜十万斤、黄金六百斤），魏主拔清黜污始亲政事（牧守始有以廉洁著闻者，冯太后则亲抚魏主子宏）。【戊申】四年（魏二年）春正月魏侵宋而宋东徐、兖州降魏，二月魏拔宋历城，夏四月宋减民田租之半，秋七月宋以萧道成为南兖州刺史，冬十二月宋以阮佃夫为游击将军（先是中书侍郎、舍人皆用名流，太祖始用寒士、世祖杂用士庶，及太宗尽用左右细人参预政事，佃夫恣横贪枉自作威福）。【己酉】五年（魏三年）春正月魏拔宋青州（青冀之地尽入于魏）、二月魏以慕容白曜为青州刺史（抚御有方，东人安之），魏立三等输租法（除其杂调，民稍赡给），夏五月魏置僧祇、佛图户（魏徙青、齐民于平城、桑乾而立平齐郡以居之，沙门统昙曜奏以平齐户及诸民能岁输谷入僧曹者为僧祇户、以民犯重罪及官奴以为佛图户供洒扫，于是僧祇寺户遍于州郡），六月魏立子拓跋宏为太子，宋主诬杀其兄庐江王祎，冬十月朔日蚀，十一月魏遣使如宋修好（自是信使岁通），十二月宋置三巴校尉（巴东太守孙谦开布恩信而蛮獠怀之），宋临海贼起而东土大震。【庚戌】六年（魏四年）春正月宋定南郊明堂岁祀，魏击败吐谷浑，夏六月宋立总明观（置祭酒一人，儒、玄、文、史各十人），柔然侵魏、魏主自将败之。【辛亥】七年（魏高祖孝文皇帝拓跋宏延兴元年）春二月宋主杀其弟晋平王休祐（宋主晚年猜虐忌讳而好鬼神），夏五月宋主杀其弟建安王休仁、秋七月杀其弟巴陵王休若及豫州刺史吴喜（欲剪除幼主隐患而残灭至亲自剪本枝），宋以萧道成为散骑常侍，八月魏主拓跋弘传位于太子宏而自称太上皇帝（魏主聪睿毅断而好黄老浮屠，故常有遗世之意，先欲禅位叔父子推而公卿不可，所立太子宏性至孝，不足四岁亲吮父痈、五岁代亲而切痛于心），冬十月魏敕勒叛而讨破之，宋人侵魏而魏人击却之，宋作湘宫寺（宋主自以为大功德，散骑侍郎虞愿讽谏此皆百姓卖儿贴妇钱所为）。【壬子】泰豫元年（魏二年）春正月宋蛮酋桓诞以沔北降魏，二月柔然侵魏而魏击走之，夏四月宋主刘彧殂、太子昱立（袁粲等秉政务弘节俭欲救侈弊，然阮佃夫等用事货赂公行而不能禁），冬十月宋以阮佃夫为给事中（任用亲近称敕施行），魏制小祀勿用牲（祠祀过多之故）。【癸丑】宋主刘昱元徽元年（魏三年）春正月魏诏守令劝农事、除盗贼，二月吐谷浑寇魏而魏讨降之，魏以孔子二十八世孙孔乘为崇圣大夫，秋七月魏制河南六州赋法（户收绢一匹、棉一斤、租三十石），冬宋尚书令袁粲以母丧去职，十二月朔日蚀，魏十一州镇水旱。【甲寅】二年（魏四年）夏五月宋江州刺史桂阳王休范举兵反（萧道成击斩之），柔然遣使如宋，六月宋以萧道成为中领军，魏罢门、房之诛（太上皇诏自非谋反大逆外叛罪止其身，宁囚系积年亦不仓促滥刑，以令幽苦思善改悔矜恕），冬十一月宋主冠（微行纵逸放荡不羁）。【乙卯】三年（魏五年）夏六月魏初禁杀牛马。【丙辰】四年（魏承明元年）夏六月魏太后冯氏进毒弑其主弘而复称制（太后聪察晓政而权数猜忍、私宠用事），宋加萧道成左仆射。

【丁巳】宋元徽五年、顺帝升明元年（魏太和元年）春正月魏略阳氏作乱，秋七月宋中领军萧道成弑其主刘昱（昱骄恣宴游凶残嗜杀）、立安成王准而自为司空录尚书事，冬十一月魏怀州乱而讨平之（太后欲屠城，雍州刺史张白泽谏止之），宋荆襄都督沈攸之举兵讨萧道成（以为其有贼宋之心），宋中书监袁粲、尚书令刘秉谋诛萧道成不克而死，宋萧道成自假黄钺（参军江淹等助之）。【戊午】二年（魏二年）春正月萧道成自为太尉，夏五月魏禁宗戚士族与非类婚偶，秋八月宋禁公私奢侈，九月朔日蚀，宋萧道成自为太傅并加殊礼，冬十二月宋定音乐（纳尚书令王僧虔奏，以改烦淫新声而复中庸和雅）。【己未】三年、齐太祖高帝萧道成建元元年（魏三年）三月朔日蚀，宋萧道成自为相国封齐公加九锡，夏四月萧道成进爵为王、杀宋武陵王赞而称皇帝、废宋主为汝阴王，齐主令群臣言事（去苛政奢淫，崇简易清俭），魏罢候官（更置谨直者，吏民始安其业），五月齐主道成弑汝阴王并灭其族、立其世子赜为太子，是年魏使高允议定律令、契丹人附于魏（居白狼水东）。【庚申】齐建元二年（魏四年）春二月齐检定民籍、置巴州（分荆、益以镇群蛮叛乱，是时齐有州二十三、郡三百九十、县千四百八十五），秋九月朔日蚀，柔然遣使如齐，冬十月魏徐、兖州民作乱思归江南，十一月齐制病囚诊治之法（纳丹阳尹王僧虔谏，以防冤暴杀囚）。【辛酉】三年（魏五年）春二月齐败魏师于淮阳，魏沙门法秀妖术惑众作乱伏诛，夏五月邓至羌入贡于魏，秋七月朔日蚀，齐遣使如魏，九月魏以薛虎子为徐州刺史（为政惠爱，兵民怀之），吐谷浑王拾寅卒、子度易侯立，魏新律成。【壬戌】四年（魏六年）春三月齐以张绪为国子祭酒（置学士二百人），齐主萧道成殂（沉深大量博学能文而性清俭，每曰“使我治天下十年，当使黄金与土同价”）、太子赜立（以褚渊录尚书事），夏六月齐主立其子长懋为太子，秋齐南康公褚渊卒（其世子贲耻父失节而不仕，屏居墓下终身），齐罢国子学（国衰之故），魏以李崇为荆州刺史（宣诏慰谕民夷贴然，命还边戍所掠齐人而二境交和），冬十一月魏主始亲祀七庙。

【癸亥】齐世祖武帝萧赜永明元年（魏太和七年）夏四月齐杀其尚书垣崇祖、散骑常侍荀伯玉（齐主赜报旧怨而诬杀之），闰四月魏主之子恂生（冯太后赐死其母而自抚养之），冬十月荧惑逆行入太微（齐有司请禳之，齐主以为应天以实不以文而不纳），十二月朔日蚀，魏始禁同姓为婚、魏秦州刺史于洛侯有罪伏诛（性残刑酷而州民皆反）。【甲子】二年（魏八年）春正月齐以竟陵王萧子良为司徒（倾意宾客而笃好释氏因果，世以为失宰相体；其宾客中以文学见亲者有范云、萧衍、谢眺、沈约等“八友”，王僧孺、江革、范缜等亦与焉），秋魏始班禄（以期廉者无滥而贪者劝慕），冬十月高丽王高琏入贡于魏、齐，十一月齐以始兴王萧鉴为益州刺史（恩信宽宥，蜀人悦之），齐增封豫章王萧嶷四千户（宋主兄弟友爱不衰）。【乙丑】三年（魏九年）春正月魏禁谶纬巫卜、齐复立国学（释奠先师用上公礼），三月魏主封诸弟为王（太后置学馆选师傅以教之），夏五月齐以王俭为国子祭酒（崇礼尚儒而博议能断，由是衣冠翕然更尚儒术），冬十月魏诏均田（魏初民多荫附而豪强倍敛，给事中李安世建言桑井虽难复，亦宜更均量以使力业相称，魏主善之而议行均田），魏以任城王拓跋澄都督梁、益、荆州军事（拒柔然而服氐羌）。【丙寅】四年（魏十年）春正月朔魏主朝会始服衮冕、魏置三长并定民户籍（纳内秘书令李冲谏，课调省十余倍而上下安之），三月柔然遣使如魏、魏主礼而归之，夏四月魏制五等公服，秋九月魏作明堂辟雍、改中书学为国子学，魏分置州郡（凡三十八州，河南二十五、河北十三）。【丁卯】五年（魏十一年）春正月魏定乐章（凡非雅者皆除之）、齐南阳降魏、魏光禄大夫高允卒（历事五帝仁恕简静，惠人以善笃亲念故，青、徐徙族使得其所，谥曰文），夏五月魏诏宗戚有服者复勿事、魏大旱（七月诏有司赈贷），秋八月柔然侵魏而魏人击败之，九月魏出宫人而罢末作。【戊辰】六年（魏十二年）春正月魏诏犯死刑而亲老无他子旁亲者以闻，冬十月齐始读时令于太极殿，齐诏籴买谷帛（以防伤农）、齐吴兴饥（会稽行事顾宪之谏勿榷利敛民），魏主诏群臣言事（秘书丞李彪谏抑豪富奢僭、立师傅教谕太子、储仓粟以备凶年、劝亲亲敦俗知耻而从之）。【己巳】七年（魏十三年）春正月魏主祀南郊、汝阴王拓跋天赐与南安王拓跋桢坐赃免死夺爵，秋八月魏遣使如齐，冬十二月齐遣使如魏，齐以张绪领扬州中正、以江斆为都官尚书（能清正守官）。【庚午】八年（魏十四年）春正月齐人归魏隔城之俘，秋七月齐以萧缅为雍州刺史（恕人自新而再犯加诛，民爱而畏之），九月魏太后冯氏殂（魏主怀恩忘怨哀毁过礼，勺饮不入口者五日），冬齐议铸重钱而不果行（太祖时奉朝请孔觊建言五铢重钱不易盗铸，利贫良而塞奸巧，钱货均而民乐业，至是纳益州行事刘悛言铸之，寻以功费多而止），齐免前坐却籍戍边者（百姓怨望之故），高车遣使如魏。【辛未】九年（魏十五年）春正月魏主始听政、齐太庙加荐亵味并别祀于清溪故宅（以私欲干国典、降祖考于私室非礼），二月齐遣使如魏（纳魏著作郎成淹守礼之言，吊丧改朝服吉服为凶服），三月魏主哀谒永固陵，魏自正月不雨至于夏四月（有司请祷而魏主不许）、魏遣使如齐（为置燕乐而辞之）、魏作明堂太庙，五月魏主更定律令而亲决疑狱（命李冲主之，明断慎密中外推服），秋七月魏定庙祧之制、八月正祀典、冬十一月正官品考守牧，十二月高丽王琏卒（魏主为之举哀于东郊并策谥）、孙云嗣立，魏主始迎春于东郊、置乐官（令中书监高闾参定），齐律书成（集定晋律而平决之）。【壬申】十年（魏十六年）春魏主始祀明堂、定行次为水德（李彪等议以魏次晋金德，高闾议次苻秦火德，诏从李彪议）、修尧舜禹及周公孔子之祀（祀孔子于中书省、改谥曰文圣尼父而亲行拜祭），夏齐豫章王嶷卒（性仁谨廉俭而安恬命运，谥曰文献），秋七月吐谷浑遣子入朝于魏，魏遣散骑常侍宋弁聘齐（还言萧齐政令苛碎赋役繁重、朝无股肱野有愁怨），八月魏主养老于明堂，冬齐遣使如魏（魏主甚重齐人）、齐诏太子家令沈约撰宋书（令讳恶而不贬宋君臣），魏南阳公郑羲卒（有文业而性贪鄙，诏谥文灵）。【癸酉】十一年（魏十七年）春正月齐以陈显达为江州刺史（自以寒门而时怀愧惧，戒子孙勿富贵骄人），齐太子长懋卒（性奢靡过制），二月魏主始耕藉田、夏五月亲录囚徒，秋七月魏诏大举伐齐（魏主欲迁都洛阳以移风易俗，恐众不从而以伐齐胁众），齐主赜殂（明政大体严明有断、宽以待吏民丰盗息，然游宴华靡自恨难迁）、太孙昭业立，齐中书郎王融有罪伏诛（齐主辩慧矫饰、阴邪不孝而报怨急速），九月魏主至洛阳、冬十月营洛都、以王肃为辅国将军（魏主欲以之兴礼乐而变华风）。

【甲戌】齐主昭业隆昌元年、高宗明帝萧鸾建武元年（魏太和十八年）春正月魏主南巡、祭比干墓以太牢，齐萧鸾杀直阁将军周奉叔（齐主荒乱不戚，鸾谏不听遂除其爪牙），魏以韩显宗为中书侍郎（谏议中肯时用），夏五月朔日蚀，齐萧鸾弑其君昭业而立新安王昭文，秋九月魏主考绩黜陟百官，冬十月魏主发平城（奉迁神主于洛阳），齐宣城公萧鸾自为太傅并进爵为王、齐宣城王鸾废其君昭文为海陵王而自立，齐禁牧守荐献、魏禁蛮侵掠齐境以恤万姓，十一月齐主立其子宝卷为太子而弑海陵王，魏主至洛阳（置牧场于河阳）、魏赐郢州刺史韦珍谷帛（治有声绩之故，珍散与孤贫），十二月魏禁胡服以变易旧风、魏主自将伐齐。【乙亥】齐建武二年（魏十九年）春二月魏主攻钟离不克、遣使临江数齐主之罪而还，夏四月魏主如鲁城祠孔子（封孔子后为崇圣侯），六月魏禁胡语、求遗书、法度量，秋八月魏立国子太学及四门小学、以薛聪为直阁将军（魏主手不释卷好贤乐善、制礼作乐有太平风，聪不避强御且厚重沉密），九月魏六宫、文武迁于洛阳，冬十月魏诏州牧考官属得失以闻，十一月魏主祀圜丘，十二月魏班品令赐冠服而行太和五铢钱、齐修晋诸陵。【丙子】三年（魏二十年）春正月魏改姓元氏、初定族姓（以为魏先出于黄帝，遂重衣冠士族并联姻、显任之），二月魏诏群臣听终三年丧，三月魏宴群臣及国老庶老于华林园、齐诏去乘舆金银饰（齐主志慕节俭而躬亲细务，侍郎钟嵘等谏而不听），夏五月魏主祭方泽，秋七月魏旱（魏主不食三日、心念系民遂得澍雨），八月魏太子元恂有罪废为庶人（不好学而怀北俗），冬魏置常平仓，魏恒州刺史穆泰等反（北派宗室不乐南迁及多任中州儒士，魏主遣任城王元澄讨擒之），魏除逋亡缘坐法（纳光州刺史崔挺谏）。【丁丑】四年（魏二十一年）春正月魏主立其子元恪为太子、三月魏主杀其故太子元恂（听言其欲谋逆之故）、魏主还洛阳（途中遣使祀夏禹、虞舜、周文王武王），秋八月魏主自将伐齐，冬十二月高昌杀其君马儒（儒入贡于魏并求内徙，土人不愿东迁遂复臣柔然）。【戊寅】五年、永泰元年（魏二十二年）春正月齐主杀其河东王萧铉等十人（身有疾而欲诛远亲以护寡弱近亲），三月魏以彭城王元勰为宗师（督察宗室），秋七月齐主鸾殂（性猜多虑失郊天礼，深信巫觋算计利害）、太子宝卷立（顽劣不孝、嬉戏无度而信用宦倖），八月高车叛魏、九月魏主讨降之。【己卯】齐主萧宝卷永元元年（魏二十三年）春正月魏以彭城王勰为司徒（性恬素清正而礼敬儒雅），夏四月魏主元宏殂（友爱诸弟始终无间、亲任贤能从善如流，勤政恤民严法重礼、推进华化不遗余力）、太子恪立，魏以彭城王勰为为骠骑大将军，是岁齐主多杀大臣而人心危乱。【庚辰】二年（魏世宗宣武帝元恪景明元年）春三月魏败齐师而取合肥与建安（八月又取淮南地），秋八月齐后宫火（穷奢极欲、民生困顿），冬十月魏以彭城王元勰为司徒录尚书事，十一月齐雍州刺史萧衍起兵襄阳、行荆州事萧颖胄以南康王萧宝融起兵江陵。【辛巳】三年、齐和帝萧宝融中兴元年（魏二年）春正月齐南康王宝融称相国（以萧衍为征东将军），魏彭城王勰归第（魏主委政左右，倖臣外戚始用事而魏政浸衰），三月齐相国宝融废其君宝卷为涪陵王而自立，冬十月齐萧衍围建康，十二月齐人弑涪陵王宝卷、萧衍追废宝卷为东昏侯而自为大司马并承制。

【壬午】齐中兴二年、梁高祖武帝萧衍天监元年（魏景明三年）春正月齐大司马衍迎宣德太后入宫称制，二月萧衍自为相国封梁公加九锡、梁公衍杀齐湘东王宝晊（好文学而衍忌之，称其谋反而杀之）、梁公衍进爵为王，夏四月梁王衍称皇帝（废齐主为巴陵王而遂弑之，齐御史中丞颜见远死之），梁征何胤与何點而不至、梁置谤木与肺石函，魏灭鲁阳蛮，秋八月梁定正雅乐，冬十一月梁主立其子统为太子，梁大旱、饥（民多饿死）。【癸未】梁天监二年（魏四年）梁以沈约、范云为仆射，夏四月梁班新律，五月梁断郡县献奉，秋七月魏复盐池之禁（先是罢禁而豪富专利，遂复收之），冬魏以仆射源怀为行台巡北边（都洛而北边荒弊，故令赈乏考功通济有无）、梁吉翂请代父死而梁主赦之（其父为奸吏所诬而罪当死，翂年十五而能乞代），【甲申】三年（魏正始元年）夏魏大旱（魏主纳邢峦务崇节俭之谏），秋九月魏筑九城于北边以防柔然，冬十一月魏营国学（时魏学业大盛而人才储丰），十二月魏更定律令。【乙酉】四年（魏二年）春正月梁置五经博士并立州郡学，梁汉中太守夏侯道迁以郡叛降于魏（魏遂取梁州），夏六月梁初立孔子庙，秋魏有芝生于太极殿（侍中崔光谏野菌生朝败亡之象、兵革大旱民劳物悴，承天育民者宜矜恤之而节宴乐），冬十月武兴氐王杨绍先叛魏自立，是岁梁大有年（米斛三十钱）。【丙戌】五年（魏三年）春正月魏邢峦讨灭武兴氐而置东益州，二月魏求直言

（侍御史阳固谏宜亲宗室勤庶政简桑门、贵本务实恤民疾苦），三月朔日蚀。【丁亥】六年（魏四年）夏六月梁冯翊等七郡叛降魏，冬十月梁以徐勉为吏部尚书（勤政无私）。【戊子】七年（魏永平元年）春正月梁定官品（九品十八班），二月梁置州望、郡宗、乡豪（专掌搜荐），秋七月魏立贵嫔高氏为后（外戚高肇用事而怨声载道），九月魏主杀其叔父彭城王元勰（高肇谮之而中外恶肇），冬高车败柔然于蒲类海。【己丑】八年（魏二年）春正月梁主祀南郊、遣使求成于魏以息民而魏主不肯，秋九月魏诏太常卿刘芳造乐器，冬十一月魏主亲讲佛书并作永明、闲居寺（魏主专尚释氏不事经籍，佛教遂盛于洛阳，远近承风无不事佛，比及延昌年间魏州郡计有一万三千余寺）。【庚寅】九年（魏三年）春正月梁以沈约为光禄大夫（文学高誉而贪冒荣利、政事碌碌），三月魏主之子诩生（其母胡充华愿生国嗣身死无憾），梁主视学（诏皇太子以下及王侯之子皆入学），夏四月梁制尚书令史初用士流（前皆庶族寒流），冬十月梁行大明历（祖冲之所考古法）。【辛卯】十年（魏四年）梁有州二十三、郡三百五十、县千二十二（是后州名浸多，废置离合不可胜记，魏朝亦然）。【壬辰】十一年（魏延昌元年）春正月梁免老小质作（梁主睦族礼士而法治百姓，秣陵老人谏而纳之），冬十月魏立子诩为太子（魏始不杀太子母），十一月梁修五礼成并行之。【癸巳】十二年（魏二年）夏六月梁新作太庙，秋八月魏恒、肆二州地震山鸣（逾年不止，死伤者众）。【甲午】十三年（魏三年）春二月梁主耕籍田，冬十一月梁筑淮堰（纳魏降人王足计欲以灌寿阳）。【乙未】十四年（魏四年）春正月魏主元恪殂、太子诩立（以太保高阳王雍、尚书令任城王澄同总国事而中外悦服），夏四月梁淮堰溃而复筑之（疾疫死者甚众），六月魏冀州沙门法庆灭伦嗜杀、妖惑作乱而讨平之，秋八月魏尊太妃胡氏为太后、九月魏太后称制，冬十二月魏以高阳王元雍为太师并录尚书事、魏太后摄行祭事，梁大寒（淮泗皆冰，士卒多死）。【丙申】十五年（魏肃宗孝明帝元诩熙平元年）春三月朔日蚀，夏四月梁淮堰成（九月淮水暴涨而堰坏，缘淮城戍村落十余万户皆漂入海），秋九月魏诏议边镇选举法（任城王澄奏请重北边镇将之选并严修警备而太后不能用，后北边盗贼蜂起），冬魏作永宁寺、伊阙口石窟寺（皆极土木之美，李崇谏之而不纳，时民多绝户为沙门，李玚以为悖理肆情绝嗣不孝），柔然大破高车而势复强。【丁酉】十六年（魏二年）春三月梁诏文锦不得为人兽之形（以为有乖仁恕），夏四月梁罢宗庙牲牢而荐以蔬果（梁主崇佛，代以面饼不复血食），冬十二月柔然遣使如魏（请用敌国之礼而魏让以藩礼不备），梁以冯道根为豫州刺史（谨厚木讷而清简民怀）。【戊戌】十七年（魏神龟元年）夏四月魏主始月一视朝（好游骋崇佛），五月魏补洛阳汉立三字石经，秋七月魏河州羌反而讨平之，九月魏太后胡氏弑其故太后高氏（天文有变欲以当之），魏遣使如西域求佛书。【己亥】十八年（魏二年）春正月魏太后始称诏，二月魏以崔亮为吏部尚书而立停年格（不问贤愚断以年限，魏之选举失人始此），魏复减百官禄（宗戚权倖竞为豪侈而未尝惠民，复建佛龛佛寺不已而民力疲弊），冬十二月高丽王高云卒、子安立。

【庚子】梁普通元年（魏正光元年）春正月日蚀，高丽入贡于梁，秋七月魏侍中元叉杀太傅清河王元怿、幽太后于北宫（太后逼幸怿而怿裁抑叉等骄恣，叉怨而谋之），江淮海溢、梁车骑将军永昌侯韦叡卒（时梁主方崇释氏而士民从风而靡，叡独不与俗俯仰，谥曰严），柔然杀伏跋可汗、其弟阿那瓌立而寻出奔魏、国人立婆罗门，冬十一月魏立阿那瓌为蠕蠕王，魏遣使如梁（始复通好）。【辛丑】二年（魏二年）春正月梁置孤独园以收养贫民，秋七月高车击柔然、柔然可汗婆罗门降魏，冬十月魏分柔然为二国（纳凉州刺史袁翻谏以安西北）。【壬寅】三年（魏三年）夏四月高车王弟越居弑其王伊匐自立，五月朔日蚀既，冬十一月魏行正光历（著作郎崔光整合之）、柔然王婆罗门叛魏而魏讨执之。【癸卯】四年（魏四年）春二月柔然大饥、魏遣使抚之，夏四月柔然王阿那瓌犯魏边，魏沃野镇民破六韩拔陵反（元叉贪愎任情纪纲坏乱，百姓困穷思乱），冬十一月朔日蚀。【甲辰】五年（魏五年）魏西北边境胡狄多反而寇盗蜂起，梁趁机取魏边境多地。【乙巳】六年（魏孝昌元年）夏四月魏太后复临朝而诛其尚书令元叉，秋八月魏柔玄镇民杜洛周反于上谷（高欢等皆从之），冬十二月魏荆郢群蛮叛、山胡刘蠡升反。【丙午】七年（魏二年）春正月魏五原降户鲜于修礼反（鲜卑人葛荣从之并迅速壮大），二月魏西部敕勒斛律洛阳反（三月安北将军尔朱荣讨平之），夏四月魏朔州鲜于阿胡反，秋八月魏尔朱荣执肆州刺史并以将代之而魏不能制，冬十一月梁乘淮堰水盛侵魏取寿阳（梁武三筑淮堰死者数十万，不仁尤甚而尚食素护生，可谓悖德之极），魏幽州民执行台常景并叛降杜洛周（魏盗贼日滋征讨不息、国用耗竭预征租调而百姓嗟怨，吏部郎中辛雄谏选贤守令以抚慰边民而不纳）。

【丁未】梁大通元年（魏孝昌三年）春正月魏主戒严北讨而不果行，魏以房景伯为东清河太守（不念旧恶，能与其母以孝行化民），三月梁主舍身于同泰寺。【戊申】二年（魏敬宗孝庄帝子攸永安元年）春正月魏太后胡氏进毒弑其主元诩（太后与魏主不和，魏主欲召尔朱荣、高欢以胁之，犹豫之际太后弑之而立临洮王世子钊；魏以停年用人致贤才散逸而衰，世宗奉佛政事不修，肃宗幼弱胡后秽德，大臣才弱小人黩货，召兵六镇遂自亡其国），三月魏尔朱荣举兵晋阳、夏四月至河阳立长乐王元子攸（荣沉太后胡氏、幼主钊于河，杀王公以下二千人，恃威肆杀不仁之甚，轻脱严暴喜怒无恒，欲自为帝而未果），魏郢、青、南荆州皆叛附于梁，秋九月魏尔朱荣讨擒葛荣而自为大丞相（是役侯景前驱，冀、定、沧、瀛、殷五州皆平，尔朱荣以葛荣将宇文泰为统军）。【乙酉】梁中大通元年（魏二年）夏闰六月魏主子攸归洛阳、尔朱荣自为天柱大将军，秋九月梁主复舍身于同泰寺（群臣以钱一亿万奉赎，梁主内多欲而慕清静，终致伦常沦而礼义乱），冬十二月梁以陈庆之为兖州刺史讨平妖贼僧彊。【庚戌】二年（魏主元晔建明元年）秋七月魏以宇文泰为征西将军行原州事（时关陇凋敝，泰抚以恩信民皆感悦），九月长星见、尔朱荣至洛阳跋扈不臣而魏主诛之，魏仆射尔朱世隆反（与汾州刺史尔朱兆立长广王晔于长子）、冬十二月弑魏主子攸（尔朱兆使晋州刺史高欢统六镇），梁以陈庆之为南北司州刺史（江、湖诸州并得休息）。【辛亥】三年（魏节闵帝元恭普泰元年，魏主元朗中兴元年）春二月魏乐平王尔朱世隆废其主晔而立广陵王恭，魏河北大使高乾起兵信都（以冀州迎高欢），夏四月梁太子萧统卒（宽和容众孝谨恤民，听信奇邪涉嫌厌祷，父子有间惭愤而卒，谥曰昭明）、梁主立子纲为太子，魏冀州刺史高欢起兵讨尔朱氏（冬十一月立渤海太守元朗而自为丞相）。【壬子】四年（魏孝武帝元修永熙元年）春三月魏主元朗入居于邺、高欢自为太师，夏四月高欢入洛阳废其主元恭及元朗、立平阳王元修并自为大丞相，秋七月魏大丞相高欢讨走尔朱兆而据晋阳，冬魏主元修弑诸王并立高欢女为后。【癸丑】五年（魏二年）春正月魏大丞相高欢袭杀尔朱兆而罢诸行台，秋八月魏以贺拔岳为雍州刺史（高欢欲篡未篡间，岳及府司马宇文泰谋匡复魏室，魏主喜而封之）。【甲寅】六年（魏三年、东魏孝静帝元善见天平元年）春魏永宁浮屠灾、魏秦州刺史侯莫陈悦杀贺拔岳（高欢间之，魏以宇文泰统其军），夏四月朔日蚀，魏宇文泰讨诛侯莫陈悦而定秦陇、魏以泰为关西大都督，六月魏大丞相高欢举兵反、冬十月立清河王世子元善见于洛阳（是为东魏，魏以宇文泰为大丞相）、十一月东魏迁于邺，闰十二月魏大丞相宇文泰进毒弑其君元修（魏主闺门礼乱而与泰有隙）。

【乙卯】梁大同元年（魏文帝元宝炬大统元年，东魏天平二年）春正月朔魏大丞相宇文泰立南阳王宝炬，东魏大丞相高欢击败稽胡而自为相国并假黄钺，魏作新制二十四条以便时适治、魏大丞相宇文泰以苏绰为行台左丞，夏五月魏大丞相宇文泰自加柱国，秋七月魏东益州叛降于梁，冬十一月魏梁州叛降于梁、东魏封高欢子洋为太原公（外如不慧而内明决），十二月东魏、魏俱与柔然和亲（柔然由是不复为寇）。【丙辰】二年（魏二年、东魏三年）春正月东魏大丞相高欢袭取魏夏州（魏灵、凉州亦叛附之），二月高欢遣其世子澄入邺辅政（用法严峻中外震肃，东魏以为尚书令，欢以陈元康为功曹使与赵彦深共掌机密），三月梁处士陶弘景卒（梁主大事必先咨之，时谓“山中宰相”，临终作诗预言谈玄论空虚诞亡国，然梁主身事浮屠、家无义方、政刑不修、师旅无名却不能谏止），秋七月魏贺拔胜、卢柔等皆自梁归于魏（宇文泰引柔与苏绰对掌机密），冬十二月东魏及梁平、魏大饥（人相食，死者什七八）。【丁巳】三年（魏三年、东魏四年）春正月东魏侵魏而魏击破之（时鲜卑轻华人，高欢遂调和之），夏六月东魏遣使如梁（时南北通好而务以俊乂相夸示）、魏独孤信及杨忠自梁归于魏而魏信用之，秋八月魏伐东魏而归附甚众，梁修长干寺阿育王塔（迷信舍利而大赦），闰九月东魏侵魏、冬十月魏大败之（遂取洛阳等地）。【戊午】四年（魏四年、东魏元象元年）春正月朔日蚀，二月魏立柔然女郁久闾氏为后以抚柔然，秋七月梁大赦（得佛舍利之故），冬十二月东魏禁擅立寺、改停年格以选充贤能，是岁魏与东魏互为攻伐而魏占上风。【己未】五年（魏五年、东魏兴和元年）春正月梁以何敬容为尚书令（质悫无文务于纲维，而朱异阿谀贪腐终丧梁运），魏大丞相宇文泰置行台学（令其郎佐公余讲习），冬十月魏置纸笔于阳武门以求言，梁分诸州为五品（纳朱异之言，纷纶不已户口日耗）、魏制礼乐。【庚申】六年（魏六年、东魏二年）夏闰五月朔日蚀，冬十一月吐谷浑遣使如东魏。【辛酉】七年（魏七年、东魏三年）秋七月魏以宇文测为大都督行汾州事（简惠安边得士民心），九月魏省官员、置屯田而颁六条诏书（清君心、敦教化、尽地利、擢贤良、恤狱讼、均赋役，度支尚书苏绰主之），冬十月东魏定法制（颁行麟趾格），是岁东魏大稔（连年纷争民多饿死，欢命置仓积谷煮盐减赋而民稍得苏息）。【壬戌】八年（魏八年、东魏四年）春正月梁安成妖人作乱，冬十二月梁卢子略作乱、广州参军陈霸先讨平之。【癸亥】九年（魏九年、东魏武定元年）春三月东魏大败魏军，夏四月清水氐叛魏、魏遣使谕降之，东魏以侯景为司空，冬十一月东魏筑长城于肆州以护北边。【甲子】十年（魏十年、东魏二年）春三月东魏以高澄为大将军领中书监，夏四月梁尚书令何敬容有罪免（私论太子虚尚老庄，并言江南将为戎地），秋七月魏更权衡度量并颁新制，东魏以崔暹为中尉、宋游道为左丞而政刑肃然，冬十月东魏括户均赋。【乙丑】十一年（魏十一年、东魏三年）春三月魏遣使如突厥（突厥姓阿史那氏，本西方小国而世居金山之阳，至其酋长土门时始强而颇侵魏西边），夏六月魏作《大诰》（宇文泰命苏绰改东晋以来浮华文体并戒以政事），冬梁复赎刑法、散骑常侍贺琛上书论事而诏诘责之（琛言淫奢成俗士吏贪残、不能恤民民不堪命，梁主优假士人侵渔百姓而亲任小人颇伤苛察，佞佛成俗纲纪荡然而溺爱众生不能正刑，讳疾忌医自我标榜终致国破家亡）。【丙寅】梁中大同元年（魏十二年、东魏四年）春三月梁主讲佛书于同泰寺、夏四月同泰浮图灾而复作之，秋七月梁禁用短钱而民不从，八月东魏迁石经于邺，冬十一月魏度支尚书苏绰卒（常以丧乱未平为念，忠俭任贤积劳成疾）。

【丁卯】梁中大同二年、太清元年（魏大统十三年、东魏武定五年）春正月朔日蚀（不尽如钩），东魏大丞相渤海王高欢卒、大行台侯景以河南降魏，二月侯景复叛附于梁、梁封为河南王并遣兵援之（遂成乱阶），三月梁主第三次舍身于同泰寺，冬十二月侯景败东魏兵于涡阳。【戊辰】二年（魏十四年、东魏六年）春正月东魏慕容绍宗击溃侯景而景袭据寿春（梁主不纳何敬容等谏，以景为南豫州牧），二月东魏求成于梁、梁主许之（侯景以诈书知梁主弃之，遂谋反梁），夏五月魏以宇文泰为太师，秋七月朔日蚀，八月东魏遣兵略江淮取二十三州、梁侯景反寿阳，冬十月梁临贺王萧正德叛（引侯景渡江围台城）、十一月景以正德称帝。【己巳】三年（魏十五年、东魏七年）春二月梁以侯景为大丞相（与之盟而敕止援军），三月侯景陷梁台城，梁东徐、北青州及淮阳郡叛降东魏，夏五月梁主萧衍殂、太子纲立（高祖末年建康士民竞相豪奢，侯景之乱至人相食），魏诏代人复其旧姓，六月梁湘东王绎自称假黄钺都督中外诸军，秋七月盗杀东魏大将军高澄于邺，冬十二月梁始兴太守陈霸先起兵讨侯景、东魏取梁司州（遂尽有淮南地）。

【庚午】梁太宗简文帝萧纲大宝元年（魏大统十六年、东魏武定八年、北齐显祖文宣帝高洋天保元年），春正月东魏高洋自为丞相并封齐王，梁以陈霸先为交州刺史，魏杨忠取汉东，二月侯景陷广陵并屠其城，三月梁旱、蝗，夏四月梁湘东王萧绎移檄讨侯景，五月齐王高洋称皇帝（废东魏主为中山王）、立子殷为太子，秋七月齐定律始立九等户（富者税钱贫者役力），冬十月魏太师宇文泰伐齐不战而还（洛阳及平阳皆降于齐）、魏初作府兵（籍民之才力者为之，身租庸调一切蠲之）、齐行天保历（宋景业所造）。【辛未】二年（魏十七年、齐二年）春三月魏主元宝炬殂、太子钦立，夏六月魏以公主嫁突厥（突厥求婚于柔然不得而转求于魏），秋八月侯景废梁主萧纲、杀太子大器而立豫章王栋，冬十月侯景弑梁主纲、废梁主栋而自称汉帝，十二月齐主高洋弑中山王。【壬申】梁世祖孝元帝萧绎承圣元年（魏主元钦元年、齐三年）春正月齐主伐败库莫奚（给事中唐邕等辅成之），突厥土门袭杀柔然头兵可汗并自号伊利可汗，二月梁湘东王萧绎遣王僧辩、陈霸先讨侯景并败走之，夏梁以王僧辩为司徒、陈霸先为征虏将军并开府仪同三司，齐人侵梁、陈霸先击败之，齐以辛术为吏部尚书（贞明折衷而任才重实），冬十月齐筑长城四百余里，十一月梁主萧绎立（遭侯景乱梁州郡大半入魏，民户著籍不盈三万）。【癸酉】二年（魏二年、齐四年）春正月魏太师宇文泰自加都督中外诸军事，二月突厥伊利可汗死、弟木杆可汗俟斤立（刚勇多智略，邻国畏之），冬十月齐主伐契丹而大破之，十一月突厥攻柔然而齐主击之（迁柔然于马邑川）、突厥请降（自是供献相继）。【甲戌】三年（魏恭帝元廓元年、齐五年）春正月齐主击败山胡（所为残暴威虐），魏作九命、九秩之典以叙内外官爵，魏宇文泰废其主元钦而立齐王廓并复姓拓跋氏，三月齐主杀其尚书左丞卢斐、李庶（言魏收《魏书》诬枉不直之故，然时人亦谓之秽史），夏四月梁以陈霸先为司空、魏宇文泰弑其故主元钦，五月魏以李迁哲为信州刺史（群蛮慑服而送粮遣质），秋八月梁主讲《老子》于龙光殿，冬十月魏遣柱国于谨帅师伐梁、十二月执杀梁主萧绎（梁主焚古今图书十四万卷，士民数万口沦为奴婢，小弱者皆杀之，兵燹冻死者什二三），梁王僧辩与陈霸先奉晋安王方智承制，魏加益州刺史尉迟迥承制（明赏爵布威恩、绥辑新民经略未附而华夷怀之）。

【乙亥】梁敬帝萧方智绍泰元年（魏恭帝二年、齐天保六年、后梁中宗宣帝萧詧大定元年），春正月梁王萧詧始称帝（梁昭明太子萧统之子，是为后梁而奉魏正朔）、齐遣梁贞阳侯萧渊明还梁称帝，二月梁王萧方智立，三月魏免梁俘数千口（纳庾秀才谏），夏五月梁王僧辩奉渊明归建康而以梁王方智为太子，六月齐筑长城（发民丁一百八十万，自幽州夏口西至恒州九百余里），秋七月齐主伐柔然而大破之，八月齐以道士为沙门，九月梁陈霸先杀王僧辩而废渊明、冬十月复立方智而称藩于齐，十二月梁陈霸先及齐人战并败之，突厥灭柔然（时突厥木杆可汗西破嚈哒、东走契丹、北并契骨威服塞外而示强于魏）。【丙子】梁太平元年（魏三年、齐七年）春正月魏初建六官、以宇文泰为大冢宰，夏六月齐大治宫室（齐主矜功淫暴沉湎于酒而内外怨毒，幸其委政杨愔而政清于下），秋七月梁陈霸先自为司徒并进爵长城公，八月魏陵州獠叛而讨平之，九月梁陈霸先自为丞相录尚书事，魏及突厥袭败吐谷浑，冬十月魏太师宇文泰卒（质素明政能御豪杰，崇佛好古依仿三代）、世子觉嗣，十二月魏太师宇文觉自为周公，梁以周迪为临川内史（本农明政、信实人附），齐筑长城（前后所筑东西三千余里，十里一戍且于要害处置州镇二十五所）。【丁丑】二年（魏四年、齐八年、陈高祖武帝陈霸先永定元年、周世宗明帝宇文毓元年），春正月周公宇文觉称天王、废魏主为宋公、宇文护自为大司马，周主祀圜丘而定郊庙之制（自谓先世出于神农），夏六月齐大蝗（魏郡丞崔叔瓒言外筑长城内兴三台土功不时之故，齐主大怒殴之），秋九月梁丞相陈霸先自为相国、封陈公加九锡，周冢宰宇文护弑其君觉而立宁都公毓（觉性刚果，恶护专断而欲图之之故），冬十月梁陈公霸先进爵为王遂称皇帝、废梁主为江阴王，陈以蔡景历为中书通事舍人（总国机要而尚书听命）、置删定郎以治律令，周以令狐整为丰州刺史（人情抚洽迁者如归），齐人于长城内筑重城四百余里，十二月齐主幽其弟永安王高浚等于地牢（一年后杀之，猜忌残忍大失人伦）。【戊寅】陈永定二年（周二年、齐九年）春正月周宇文护自为太师，夏五月陈主舍身于大庄严寺，冬齐减百官禄以节费用（劳民伤财赏赐无节之故，士马死者数十万）。【己卯】三年（周武成元年、齐十年）春正月周王始亲政，夏闰四月周人败吐谷浑而置洮州，五月朔日蚀，齐主杀魏宗室二十五家，六月霖雨（周诏群臣极谏，左光禄大夫乐逊言急政害民、奢靡损俗、选举不明、边境贪利），周王赐处士韦敻号“逍遥公”（志尚夷简，十征不屈）、征魏将军寇儁入见（能敦睦宗族、礼训子孙），陈主霸先殂（俭素宽简，英谋能断）、兄子临川王蒨立，齐主灭元氏之族，秋八月周王始称皇帝、以安成公宪为益州总管（善于抚绥，蜀人悦之），冬十月齐主高洋殂、太子殷立。

【庚辰】陈世祖文帝陈蒨天嘉元年（周武成二年、齐主高殷乾明元年），春二月齐太傅、常山王高演杀尚书令杨愔等而自为丞相、都督中外诸军事，陈霸先子衡阳王昌自周归于陈，三月陈主杀其弟昌并遣使如周通好，夏四月周冢宰宇文护进毒弑其君毓（毓明敏有识量故护惮之，临终遗诏言弟邕宽仁大度能弘周家）、毓弟鲁公宇文邕立（性深沉有远识），秋八月齐常山王高演废其主殷为济南王而自立（识度沉敏，明习吏事），冬十一月齐主自将击走库莫奚，十二月陈制春夏不断死刑、齐置屯田（自是稍止转输之劳）。【辛巳】二年（周高祖武帝宇文邕保定元年，齐世祖武成帝高湛太宁元年），春正月周太师宇文护自加都督中外诸军事，夏四月朔日蚀，秋九月齐主高演弑济南王，冬十月朔日蚀，十一月齐主演殂、弟长广王湛立，十二月陈立盐赋、榷酤法（国用不足之故）。【壬午】三年（齐河清元年、周二年、后梁世宗萧岿天保元年），春闰二月后梁主萧詧殂、太子岿立，夏四月齐太后娄氏殂（齐主犹服绯袍置酒作乐）、齐青州言河水清（齐主遣祭改元），周始命贵臣食邑，秋九月朔日蚀，冬十二月齐主杀其兄之子太原王绍德（齐主淫乱而残忍）。【癸未】四年（周三年、齐二年）春二月周颁大律（命司宪大夫拓跋迪造，分杖、鞭、徒、流、死刑五类二十五等），齐城轵关（仍筑长城二百里，置十二戍），夏四月周主养老于太学（以太傅于谨为三老），秋九月周及突厥侵齐。【甲申】五年（周四年、齐三年）春正月齐主及周师战于晋阳而周师败绩，二月朔日蚀，三月齐颁律令、制田赋租调，周初令百官执笏，夏六月白虹贯日、齐主湛杀其兄之子乐陵王百年（妄图以百年厌白虹），秋八月朔日蚀，九月周封李虎之子李昞为唐公，冬十二月齐师大败周宇文护于洛阳、齐山东大水（饥死者不可胜计），周灭宕昌而置宕州（以其屡寇之故）。【乙酉】六年（周五年、齐后主高纬天统元年）春二月周遣使如突厥逆女，夏四月彗星见、齐主湛传位于太子纬（欲厌彗星之故），秋七月朔日蚀。

【丙戌】陈天康元年（周天和元年，齐天统二年）春正月日蚀，夏四月陈主陈蒨殂（明察俭约知民疾苦）、太子伯宗立，五月陈以安成王顼为司徒并录尚书事、徐陵为吏部尚书，秋八月周信州蛮反而讨平之，冬十二月齐始用士人为县令（齐仆射元文遥奏县令治民之本而请革选）。【丁亥】陈主伯宗光大元年（周二年、齐三年）春正月朔日蚀，秋九月齐山东饥，冬十一月朔日蚀。【戊子】二年（周三年、齐四年）春三月周纳后突厥阿史那氏，周太傅、燕公于谨卒（功高恭退、尽忠补益，谥曰文），秋七月周随公杨忠卒、子坚袭爵，冬十一月朔日蚀，陈安成王顼废其主伯宗为临海王并杀始兴王伯茂，齐主高湛殂（骄奢淫逸、役赋繁重，吏民苦之），周梁州獠叛、总管长史赵文表以恩威讨平之。【己丑】陈高宗宣帝陈顼太建元年（周四年、齐五年）春正月陈主顼立，夏四月齐以高阿那肱为尚书令、养母陆令萱为女侍中（齐主年幼而多任嬖宠）。【庚寅】二年（齐武平元年、周五年）春二月齐以斛律光为右丞相，秋七月齐以和士开为尚书令（士开威权专横，朝士有不知廉耻而为其假子者），冬十月朔日蚀、周平越嶲而置西宁州。【辛卯】三年（齐二年、周六年）春正月齐斛律光及周韦孝宽战于汾北而周师败绩，夏四月朔日蚀，秋七月齐琅琊王高俨杀和士开、九月齐主杀其弟琅琊王俨（养母陆令萱等说之），冬十月齐主幽其太后胡氏于北宫（出入不节与沙门私通之故），十二月周以三州与后梁（怜其民少国贫而资之）。【壬辰】四年（齐三年、周建德元年）春三月朔日蚀，周主讨杀其太师宇文护而亲政（护兵卫僭盛、诸子僚属贪残恣横而士民患之），秋九月朔日蚀，冬十一月周主以上善殿壮丽而毁之，十二月齐主废其后胡氏（陆令萱谮之，此后令萱权倾内外），突厥木杆可汗死、弟他钵可汗立（复分立东、西二可汗）。【癸巳】五年（齐四年、周二年）春正月齐以高阿那肱录尚书事（勾结群小蠹国害民）、置文林馆（以侍郎李德林、颜之推同判馆事并撰《修文殿御览》），三月周获白鹿（周主诏“在德不在瑞”），夏四月陈将军吴明彻击齐取江北数郡、秋七月复克青州与广陵诸城，八月周太子赟纳妃杨氏（随公杨坚女），冬十月齐主杀其侍中张雕、崔季舒（结交嬖人以求用世而近习恶之，胡忌汉士因缘杀之），陈攻克齐寿阳（遂取徐州等城），齐立婢冯氏为淑妃。【甲午】六年（齐五年、周三年）春二月朔日蚀，三月周太后叱奴氏殂（周主行三年孝制），夏五月周废佛教道教并毁淫祠、立通道观（以壹圣贤之教），冬十二月陈以孔奂为吏部尚书（精敏不私、事无疑滞而人皆悦服），齐杀其南阳王绰（齐主与绰俱为残虐）。【乙未】七年（齐六年、周四年）春二月朔日蚀，三月周使伊娄谦如齐观衅而齐人留之（齐主宠溺私狎群小专政，官由财进狱以贿成，贪腐奢靡民不聊生），夏四月陈焚豫州所献文锦，秋七月周主伐齐、闰七月陈败齐师于吕梁，冬十二月朔日蚀。【丙申】八年（齐隆化元年、周五年）春二月周遣其太子赟伐吐谷浑，夏六月朔日蚀，陈太子詹事江总免（孔奂谏选敦重之士而太子叔宝与总纵乐微行，陈主怒而免之），周太子赟还长安（多失德而溺近习，周主责而不改），冬十月周主伐齐、十二月复伐（齐主大败奔邺，周主虽胜而不能吊民伐罪、教忠明义且失政刑）。【丁酉】九年（周六年）春正月朔齐主高纬传位于太子恒、周主入邺追获纬及恒而齐灭（得州五十、郡一百六十二、县三百八十、户三百三万余），二月后梁主朝周于邺，周诏举山东明经干治者，夏五月周主毁其宫室之壮丽者，冬十一月周讨降稽胡、省后宫妃嫔之数（周主节俭恩抚将士，明察果断用法严峻）、晦日蚀、颁《刑书要制》，十二月周徙并州军民四万户于关中，齐范阳王高绍义称帝于北朔州（突厥举兵助之）。【戊戌】十年（周宣帝宇文赟宣政元年）春三月周主初服常冠，夏五月周主伐突厥有疾而还、六月殂而太子赟立（奢欲不孝，杀其叔父齐王宪），闰六月周立后杨氏，秋七月周以杨坚为上柱国、大司马，九月陈主及其群臣盟以相警戒，冬十一月突厥寇周。【己亥】十一年（周静帝宇文阐大象元年）春正月周作《刑经圣制》（用法益深），二月周主治洛阳宫、杀其徐州总管王轨及宫正宇文孝伯（皆忠贞之臣）、传位于太子阐而自称天元皇帝（骄侈僭妄淫戏暴虐，内外恐怖人不自安），周徙石经还洛阳，秋七月周主赟立四后、冬十月复道佛像，十一月周铸永通万国钱，十二月周初作乞寒胡戏、取陈江北地。【庚子】十二年（周二年）春正月周税入市者人一钱、三月周主赟立五后（博士何妥谀谬赞之），夏五月周主赟殂、随公杨坚自为大丞相假黄钺居东宫并征诸王还长安、周复佛道二教，秋七月周丞相杨坚自加都督中外诸军事，各地讨丞相杨坚者众而坚皆讨破之，冬十月日蚀，十二月周丞相坚自为相国、进爵随王并加九锡，是岁坚大杀周室诸王。【辛丑】十三年（周三年）隋高祖文帝杨坚开皇元年春二月隋王坚称皇帝（继有周境内州二百一十一、郡五百八）、废周主阐为介公并尽灭宇文氏之族，夏五月隋主坚弑介公阐。【壬寅】十四年（隋开皇二年）春正月陈主陈顼殂、太子叔宝立。【甲辰】陈后主至德二年（隋四年）冬十一月陈起临春、结绮、望仙阁（后主奢靡浮华穷奢极欲）。【乙巳】三年（隋五年）夏五月梁主萧岿殂（孝慈俭约，境内安之）、太子琮立。【丁未】陈祯明元年（隋七年）秋九月隋灭梁。【戊申】二年（隋八年）春三月隋伐陈。【己酉】三年（隋九年）春二月隋平陈而南北合。

综上，魏晋南北朝时期民族关系异常复杂，分裂融突动荡不安，血腥残酷与相对安宁相错并存，中华正统实践秩序之破坏与建设风起云涌，华夏礼义大多流入形式甚至夏变为夷，西北少数民族则在夷进于夏历程中夷夏交参而又夷性时现，伴随民族融合过渡进程的是契合少数民族精神需求的佛教传入及其时中本土化。在这一时期开拓努力基础上，隋唐时期中华民族持续得以深入融合。

第三节　隋唐内圣外王时中开拓时期

以两晋南北朝过渡性开拓为基础，隋唐时期继续整合内圣外王学理建设，从而为宋明时期中华正统之学理成熟内在奠基。中华正统史学理、实践脉络之隋唐时期，具体可分为隋朝、唐朝、五代十国三个时期。

一、隋唐五代时期中华正统学理脉络述要

隋唐一统结束了南北分裂，中华正统学理探索进入又一个调适开拓关键时期。其中，在“三统”层面实现了由周孔到孔颜、孔孟内圣外王探索的初步整合，从而由三教并立混通逐步过渡到儒学正统自立自觉学理开拓。

（一）隋唐经学衍化与中华正统学理脉络

魏晋南北朝经学学统脉动尚为民族融突与社会分裂状态下的过渡性学理开拓，隋唐宋初经学学统脉动则为三教并立与社会统一状态下更进一步的过渡性会通整合。隋文帝以至炀帝初年释奠之礼尚以周公为先圣、孔子为先师，唐初高祖亦顺沿之；延续隋炀帝大业四年十月之后统一礼教文化认同理路，唐太宗于国学文庙释奠之礼复以孔子为先圣，随即诏令州县推广而成天下通祀，全国庙学体系遂为后世定制。隋唐经学初步达成了南北优长会通整合，其中隋刘焯、刘炫五经疏义与王通续经探索，唐前中期《五经正义》《九经正义》与唐中后期《周易集解》《春秋集传纂例》，以及《大唐开元礼》《唐律疏议》《大唐六典》《通典》等，即均为唐代儒者对三统学理的初步统合、深化拓展以及制度化应用，北宋前期经学则大致顺延隋唐理路并予以新时期义理开拓。隋唐经学概貌，略如皮锡瑞所述“隋平陈而天下统一，南北之学亦归统一……《隋书·经籍志》于《易》云：‘梁、陈，郑玄、王弼二注列于国学。齐代，唯传郑义。至隋，王注盛行，郑学浸微。’于《书》云：‘梁、陈所讲，有郑、孔二家。齐代，唯传郑义。至隋，孔、郑并行，而郑氏甚微。’于《春秋》云：‘《左氏》唯传服义。至隋，杜氏盛行，服义浸微。’……隋之二刘，冠冕一代。唐人作疏，《诗》《书》皆本二刘……唐太宗以儒学多门，章句繁杂，诏国子祭酒孔颖达与诸儒撰定五经义疏……永徽四年，颁孔颖达《五经正义》于天下，每年明经依此考试。自唐至宋，明经取士，皆遵此本……《易》主王注，《书》主孔传，《左氏》主杜解……陆德明《经典释文》……为唐人义疏之先声……唐以《易》《书》《诗》、三《礼》、三《传》合为九经取士。《礼记》《左传》为大经，《毛诗》《周礼》《公羊》为中经，《周易》《尚书》《仪礼》《榖梁》为小经……刘知几《史通》，诋毁圣人，尤多狂悖。皆由不知《春秋》是经，《左氏》是史。经垂教立法，有一字褒贬之文；史据事直书，无特立褒贬之义”[1]。

具体就隋唐经学三统脉动关键学者而言，隋朝经学通家有萧该、何妥、房晖远、王贞、张文诩、刘焯、刘炫、王通等，其中以刘焯、刘炫经学整合

---

① 《经学历史·经学统一时代》，第135—154页。

与王通续经致用过渡性探索最为典型。刘焯（西历544—610）、刘炫（546—约613）博通而不拘泥，尝试兼采清简义理与笃实训诂优长以折中整合南北经学。刘焯撰诸经述义而尤擅律历之学，刘炫撰诸经述议而偏重义理发挥，在学统道统与礼教政统内在整合方面具有重要过渡性历史地位。二刘经学疏义学理开拓虽有矫枉过正之时代局限与性格缺失，以及过度诠释多所是非、文义浅近不入根节等后世讥评，但其经学义议南北整合担当努力对唐《五经正义》编纂的重要稿本贡献不可磨灭；其说亦不乏中允之论，如“克训胜也，己谓身也。有嗜欲，当以礼义齐之。嗜欲与礼义交战，使礼义胜其嗜欲，身得归复于礼，如是乃为仁也”[①]（《春秋左传正义·昭公十二年》引刘炫“克己复礼”大义训释）等。王通（584—617）经学更是深化整合南北，反本开新而不陷浮杂考辨，于儒学衰兴之际勇毅担当先王孔圣皇极正道；虽有任道过勇、拟圣自为之嫌，而实为复归性善仁礼中华正统之过渡性开拓者，并内在构成了经学由汉晋转向宋明的关键环节。王通《续六经》之旨，略如《中说·魏相》“《书》以辩事，《诗》以正性，《礼》以制行，《乐》以和德，《春秋》《元经》以举往，《易》以知来，先王之蕴尽矣”、《礼乐》“续《书》以存汉、晋之实，续《诗》以辩六代之俗，修《元经》以断南北之疑，赞《易》道以申先师之旨，正礼、乐以旌后王之失”；具体述《诗》者如《中说·关朗》“诗者，民之情性也”、《天地》“上明三纲，下达五常，于是征存亡，辩得失”，述《礼》者如《礼乐》“或曰：君子仁而已矣，何用礼为……不可行也……冠礼废，天下无成人矣；昏礼废，天下无家道矣；丧礼废，天下遗其亲矣；祭礼废，天下忘其祖矣”、《王道》“大哉乎，君君臣臣，父父子子，兄兄弟弟，夫夫妇妇，夫子之力也，其与太极合德，神道并行乎”，述《易》者如《魏相》“天生之，地长之，圣人成之，故天地立而《易》行乎其中矣”、《问易》“问天道人事如何……顺阴阳仁义，如斯而已”，述《续书》者如《周公》“《续书》之义……天子之义列乎范者有四，曰制，曰诏，曰志，曰策。大臣之义载于业者有七，曰命，曰训，曰对，曰赞，曰议，曰诫，曰谏”、《问易》“制、命，吾著其道焉；志、事，吾著其节焉……《书》曰：‘惟精惟一，

① 《春秋左传正义》，第1308页。

允执厥中。’其道之谓乎！《诗》曰：‘采葑采菲，无以下体。’其节之谓乎”，述《元经》者则如《事君》“《春秋》《元经》于王道，是轻重之权衡、曲直之绳墨也，失则无所取衷矣”、《述史》“衣冠文物之旧，君子不欲其先亡。宋尝有树晋之功，有复中国之志，亦不欲其先亡也……犹我中国之遗人也”、《问易》“太和之政近雅矣，一明中国之有法，惜也不得行穆公之道”。[①]绍圣朱子立足中华正统，中正评价其“见识高明，如说治体处极高，但于本领处欠。如古人‘明德、新民、至善’等处，皆不理会，却要𨷂合汉、魏以下之事整顿为法，这便是低处”、“文中有志于天下，亦识得三代制度……只本原上工夫都不曾理会。若究其议论本原处，亦只自老庄中来”[②]，从而切实点明了隋唐华夷交融三教并立时期王通经学的过渡性探索品格。

在隋代经学努力基础上，唐代儒者立足南学人文学统以系统整合北学政统礼义，从而使经学正式步入大一统时代。唐太宗贞观四年以“经籍去圣久远，文字讹谬”，诏令颜师古（581—645）考定五经文字而撰《五经定本》（此为《五经正义》文本文字基础）；陆德明（约556—约631）则本南朝学风而经义融贯，兼擅辨析名理与名物训诂，拣择《易》王弼注、《书》孔安国传、《左传》杜预注等注本以为基本根据，同时兼采汉魏六朝近二百种注本优长，以音求义而撰《经典释文》（《五经正义》即多依其音训）。因经学师说多门章句繁杂，唐太宗复诏孔颖达（574—648）与诸儒撰定五经义疏，贞观十四年初稿完成而赐名《五经正义》，唐高宗永徽二至四年复删修勘定之，唐宋明经取士遂皆遵此本。《五经正义》集魏晋南北朝以来经学诠释之大成，其中《周易正义》据魏王弼、晋韩康伯注本并新撰义疏，《尚书正义》据汉孔安国传本、刘焯刘炫义疏本而又参合其他义疏优长，《毛诗正义》据汉毛公传郑玄笺本、刘焯刘炫义疏本而又参合其他义疏优长，《礼记正义》据汉郑玄注本、皇侃义疏稿本同时以熊安生等义疏参考备补，《春秋左传正义》则据晋杜预注本、刘炫义疏本同时以沈文阿等义疏本备补。《五经正义》立足人文整合南北，博采众

---

① 王通：《中说校注》（张沛校注），中华书局2013年版（下同），第204、165—166；248、43，156—161、27，223、148，120、135—136，85、184、134页。

② 《朱子语类》卷一百三十七，第3260页。

长精博兼备，剪其繁芜撮其机要，文证详悉义理精审，结束了此前经学义疏此扬彼抑、互诘不休混乱局面而论归一定、无复歧途。经义初诠谓之传，传义诠释谓之注，传注诠解谓之疏，传须遵经、注宜从传、注不违经、疏不破注为经学诠释传统。经学诠释形式由两汉今古文经学章句训诂之学、魏晋玄学化注解之学、南北朝义疏之学再到隋唐注疏之学，《五经正义》实为经学诠释传统之集大成者而影响深远。唐高宗时期，贾公彦等又补撰其他经传而续成《九经正义》。贾公彦曾参预《礼记正义》编撰及历次修订，高宗永徽年间复奉诏主持撰修《周礼注疏》《仪礼注疏》，并于《仪礼注疏序》明示“《周礼》《仪礼》，发源是一，理有终始，分为二部，并是周公摄政太平之书。《周礼》为末，《仪礼》为本”。其中《周礼注疏》采东汉郑玄《周官礼注》与北周沈重《周官礼义疏》为底本，并对汉魏两晋南北朝《周礼》注解义疏广征博引、穷原竟委；《仪礼注疏》则采郑玄注、北齐黄庆与隋朝李孟悊义疏而取长补短定为今本，并更取他本优长而增以己意，在与四门助教李玄植详论可否之后再群策群力撰定之。徐彦《公羊传注疏》采东汉何休《春秋公羊解诂》为注本义疏之，实集汉魏两晋南北朝今文公羊学之大成；杨士勋《穀梁传注疏》则立足人文中道，采东晋范宁《春秋穀梁传集解》为注本并分肌擘理为之义疏，亦为《穀梁》义疏之集大成者。此外唐玄宗于开元十年注《孝经》以移风美俗，并诏国子祭酒元行冲为之疏，天宝二年又重注并作序；玄宗《孝经注》平定今文古文、孔注郑注之争，初步统一了《孝经》经文经义，北宋真宗时邢昺奉敕校定元行冲疏文，进而合玄宗注与元行冲疏为《孝经注疏》；加之北宋孙奭撰成《孟子注疏》（南宋朱子之后《孟子》正式由传升格为经），奠定儒学义理基础的《十三经注疏》至此定型）。唐代宗大历十年，国子司业张参等勘定并书写《五经定本》《五经正义》于国子监讲堂屋壁以备学者校刊正误，此即《五经壁本》；宪宗元和十四年组织学者重新缮写《壁经》，文宗太和年间又改为更易保存的壁板漆书，太和九年郑覃主持雕刻国子监两廊《石壁九经》，并加刻《孝经》《论语》《尔雅》共计十二经（唐代国子监课士以九经传为选修，而以《孝经》《论语》为先修与必修），因于开成二年完成故称《开成石经》。唐中后期雕版印刷术的普遍使用极大推动了经籍流通普及，五代后唐冯道、李愚委托田敏等于长兴三年校订太学“九经”，更正差错并雕刻广颁以统一全国经文，至后汉乾祐年间始得雕版完成，后周广顺三年又继印雕版《五经文字》《九经字样》以规范文字普及经籍。上述努力使得唐代经学得以乱世存留，并内在生发两宋经学学统。

唐代经学在以学统规约政统方面成绩斐然，盛唐开元年间经礼典制得以系统总结与时中应用，如《大唐开元礼》《唐律疏议》《大唐六典》的编纂等。《大唐开元礼》渊源有自，隋文帝即曾命牛弘集南北仪注而定五礼一百三十篇，炀帝又重修之为《江都集礼》；唐太宗命房玄龄、魏徵并礼官学士刊削旧仪择善而从、随时立法因事制宜，重排五礼顺序为吉、宾、军、嘉、凶而成《贞观新礼》；高宗因《贞观新礼》节文未尽，诏令重修而成《显庆礼》，但也存在文杂式令、事不师古等偏弊；玄宗开元年间，张说（667—731）主张复古文教而志兴礼乐，主持重修贞观、显庆时期所修《五礼仪注》，并委托集贤学士徐坚、李锐、施敬本等检撰，此后萧嵩继任后委托王仲丘撰成之并于开元二十年颁行，此即《大唐开元礼》；《开元礼》体例谨严周详备载、首末完具简约可行，因革损益消释聚讼、承前启后蔚为大宗，实为古代礼制之集大成者。《唐律疏议》亦源远流长而底蕴深厚，《周礼·秋官司寇》与《尚书·吕刑》为历代修礼定律之经学依据，战国秦朝法家改礼法为律令而天下亡，汉代董仲舒反本开新而主张经义决狱、律法合礼，西晋泰始律则正式引礼入律，“事从中典，归于益时……峻礼教之防，准五服以制罪”（《晋书·刑法志》）；隋开皇律采择损益泰始律而宽简折中，唐武德律亦损益因之，贞观律主张礼法宗仁、据礼论情、德主刑辅而尤为宽平简约，永徽律进而据经义情理撰定律令格式疏文以为律令适用凭准，《唐律疏议》由此生成。《疏议》阐明德礼为本、刑罚为末经学理念，畅达源流以立规矩权衡，详细疏解律文律注，剖析疑义精妙合宜，废除酷刑而又明确不孝不忠为十恶不赦之大罪，故为合礼法兼情理之经礼法制化集大成者；《疏议》为中华法系律法大宗而影响深远，五代十国大致沿用而各朝废置不常，周世宗显德四年时中损益而成《大周刑统》，此后北宋《宋刑统》亦因革沿之。《大唐六典》亦是如此，《周礼》六官之制乃中华政典经学始源与学理依据，隋文帝在汉魏两晋政典开拓基础上确立三省六部制，唐代则损益沿之；唐玄宗欲取法《周官》错综古今而为《唐典》，韦述等在陆坚、张说、徐坚、萧嵩、张九龄、陆善经、苑咸等探索基础上以令式入六司，像《周礼》六官之制而又以后世沿革并入注中，遂撰成参古酌今之行政法规《大唐六典》，对三省六部制与司法令式予以了深化总结与时中应用。作为经学学统不可或缺的礼律应用与政教拓展，《开元礼》《六典》《唐律疏议》集大成式礼法体系成为历代礼制政典坚实基础。

唐代鉴古儆今史学努力亦为经学正统探索之辅翼。唐代修撰纪传体正史八部，即《晋书》《梁书》《陈书》《北齐书》《北周书》《隋书》《南史》《北史》；此外还有一些纪传体国史与编年体实录等，如吴兢（670—749）《贞观政要》以专题形式分类记述太宗一朝政事，即极具镜鉴价值。刘知几（661—721）撰《史通》以探索史学体系建设，其论史虽有求真取信、重伦常礼义等史才优长，但亦偏激过中、逞辩自为而于经学微言大义隔膜不通，因偏执古文经学现实立场而有疑古逆经、诋毁圣贤、经史分割之大弊，遂与王充等偏激理路相类而非经学正途。杜佑（735—812）在《六典》《政典》基础上编纂的典制体史书《通典》，包括食货、选举、职官、礼、乐、兵、刑、州郡、边防等内容，系统记载了历代政教典章制度之损益沿革，并进而分析其得失成败以师古变今、经世致用；直面安史之乱惨痛教训，杜佑《通典》礼法刑政思想虽亦奉行古文经学民本政教观，但较之刘知几尤为守常权变温和中道，如褒扬唐初庸调制犹存古井田义、批评两税法益富害农流弊无穷，以及主张节用薄敛仁政恤民等。

九经正义学统阐发不足之处在中唐之后有所补救，《周易集解》《春秋集传纂例》学理探索即为其中典型。王弼《易注》玄学义理本有抽象虚浮、纸上谈兵之弊，《周易正义》择采王弼注本予以疏义，因奉疏不破注原则故亦难免虚浮，中唐李鼎祚编撰《周易集解》以弥补更正之。《集解》重象兼理取长补短，剥离王学之虚浮并以虞、荀象数易学增补郑学，崇郑抑王以补救《正义》偏弊；自觉总结自然易象与人伪易象，以及爻体、互体、升降与卦变、卦气、爻变之正等取象法则，并关注以天道人事内在贯通为学理内核的法天立人君子修教学统，如《集解》序所云“（《易》道）权舆三教，钤键九流，实开国承家修身之正术也……《易》之为道，岂偏滞于天人者哉”[①]，即中唐

① 李鼎祚：《周易集解序》，《周易集解纂疏》，中华书局1994年版，第5—9页。

儒者受道、释二教义理激发，而尝试复归天道人道内在贯通学统道统之整合努力。《五经正义》择采杜预《春秋左传集解》本，《九经正义》虽补足《公羊》《穀梁》，却仍存三传分立、以传解经缺憾；中唐以降伴随科举制弊端大显、藩镇跋扈祸乱不断并受禅道义理之学刺激，主张仁孝笃实、通经知务的复古王道经学兴起。由啖助（724—770）时中开创、赵匡充分发挥、陆淳（？—805）整理推广的新《春秋》学，即自觉反思传统章句注疏经学流弊而主张祛虚就实复古革新，从而上承王通、张说等宗经明道说，下启唐中后期韩愈等古文运动。陆淳编撰《春秋集传纂例》《微旨》《辨疑》即通过考核三传舍短取长，以改变唐代尊崇《左传》史料而轻忽《公羊》《穀梁》微言大义偏颇态势，从而达成端本清源重见孔圣之志、从宜救乱因时黜陟旨归的。具体则如《春秋集传纂例·春秋宗指议第一》"《春秋》者，救时之弊，革礼之薄……唐虞淳化难行于季末，夏之忠道当变而致焉……夫子之志，冀行道以拯生灵也……始于隐公者，以为幽厉虽衰，雅未为风，平王之初，民习余化，苟有过恶，当以王法正之。及代变风移，陵迟久矣，若格以太平之政，则比屋可诛，无复善恶。故断自平王之末，而以隐公为始，所以拯薄俗，勉善行，救周之弊，革礼之失也"，又如《赵氏损益义第五》"《春秋》因史制经，以明王道。其指大要，二端而已，兴常典也，著权制也。故凡郊庙、丧纪、朝聘、蒐狩、昏取皆违礼则讥之，是兴常典也。非常之事，典礼所不及，则裁之圣心，以定褒贬，所以穷精理也……《春秋》救世之宗指……在尊王室，正陵僭，举三纲，提五常，彰善瘅恶，不失纤芥，如斯而已"、《啖氏集传注义第三》"《春秋》之文，简易如天地焉，其理著明如日月焉。但先儒各守一传，不肯相通……令后人不识宗本，因注迷经，因疏迷注，党于所习……故知三传分流，其源则同。择善而从，且过半矣"。[①]中唐新经学以通经诠释方式改变汉唐三传鼎立格局之尝试，深刻影响了柳宗元、孙复、刘敞等经学正统探索，实为唐宋经学过渡转换时期之重大学统开拓。

综上，隋唐经学综括守正而又反本开新，初步实现了南北经学内圣外王整合统一，内在构成了正统学理史上承上启下的关键性过渡环节。

---

① 陆淳：《春秋集传纂例》，影印《四库》146册，页第379下—380下，383上下、382上。

（二）隋唐儒学时中开拓与中华正统学理脉络

隋唐儒者对中华正统学理的深化拓展，是在三教融突历程中达成的。隋唐时期三教并立而儒教基础地位脆弱易失，隋文帝、炀帝佞佛崇道偏尚刑名，唐高祖调和三教而先道、次孔、后释，太宗兼爱、武后佞佛、玄宗偏道遂陷安史之乱与藩镇割据，中唐之后本土化禅宗极盛而帝王将相佞佛者多有，晚唐武宗崇道毁佛则为物极必反另一极端，柳宗元、刘禹锡主张儒佛兼修，北宋前中期范仲淹、王安石、苏轼等亦学统驳杂推崇佛理，直至北宋中后期儒学复兴始有自觉改观。以隋唐经学统合努力为学理基础，以道释尤其是禅宗义理为外学刺激，隋唐儒学步入反本内化君子修教这一“三统”学理过渡探索时期。

隋代王通融会道释而反本孔周，尝试重铸天人性善仁礼中道修教体系，内在构成了中华正统学理史上关键环节之一。王通《中说》述天人相与性善中道者，如《述史》“《春秋》其以天道终乎，故止于获麟。《元经》其以人事终乎，故止于陈亡。于是乎天人备矣……天人相与之际，甚可畏也，故君子备之”、《立命》“心者非他也，穷理者也，故悉本于天……近则求诸己也，己者非他也，尽性者也，卒归之人……三才不相离也”，又如《述史》“仁……五常之始也……性……五常之本也……道……五常一也”、《立命》“以性制情……《易》曰‘直方大，不习，无不利’，则不疑其所行也”、《问易》“乐天知命，吾何忧？穷理尽性，吾何疑……‘人心惟危，道心惟微’，言道之难进也，故君子思过而预防之……‘惟精惟一，允执厥中’，其道之谓乎”，以及《魏相》“君子之于道也，死而后已。天不为人怨咨而辍其寒暑，君子不为人之丑恶而辍其正直”、《立命》“人能弘道……其曰太古不可复，是未知先王之有化也，《诗》《书》《礼》《乐》复何为哉”；述仁礼中道君子修教者，则如《事君》“化人之道……正其心”、《天地》“君子之道……必先恕乎……为人子者，以其父之心为心；为人弟者，以其兄之心为心。推而达于天下，斯可矣”、《述史》“如之何可使为政……仁以行之，宽以居之，深识礼乐之情”、《礼乐》“或曰：君子仁而已矣，何用礼为……不可行也”、“礼其皇极之门乎，圣人所以向明而节天下也。其得中道乎，故能辩上下，定民志”，又如《周公》“好奇尚怪，荡而不止，必有不肖之心应之”、“佛……西方之教也，中国则泥。轩车不可以适越，冠冕不可以之胡，古之道也”、《问易》“三教何如……政恶多门久矣……废之何如……真君、建德之事，适足推波助澜、纵风止燎尔……三教于是乎可一矣……使民不倦”、《立命》“陶元亮……放人也。《归去来》有避地之心焉，《五柳先生传》则几于闭关矣”、《周公》“崔浩……迫人也。执小道，乱大经”。[①]王通之学具有强烈的周孔正统意识与反本开新担当，但也留有正统开拓过渡时代难以避免的释道义理混杂痕迹。

唐太宗李世民（599—649）与魏徵（580—643）等尝试复兴儒学正统以为贞观盛世教化根基。其述性善待化中道节制者，如《贞观政要·政体》“五帝、三王，不易人而治。行帝道则帝，行王道则王，在于当时所理，化之而已……若言人渐浇讹，不及淳朴，至今应悉为鬼魅，宁可复得而教化耶”、《论仁义》“人无常俗，但政有治乱耳。是以为国之道，必须抚之以仁义，示之以威信，因人之心，去其苛刻，不作异端，自然安静”，又如《论慎终》“嗜欲喜怒之情，贤愚皆同。贤者能节之，不使过度；愚者纵之，多至失所”、《崇儒学》“人虽禀定性，必须博学以成其道……人性含灵，待学成而为美……人性相近，情则迁移，必须以学饬情，以成其性”；述政本修身进善去恶者，则如《君道》“若安天下，必须先正其身，未有身正而影曲，上治而下乱者”、《论公平》“仁义，治之本也；刑罚，治之末也”，又如《论公平》“为人君者，在乎善善而恶恶，近君子而远小人”、“君子扬人之善，小人讦人之恶。闻恶必信，则小人之道长矣；闻善或疑，则君子之道消矣……以善相成谓之同德，以恶相济谓之朋党”、《论诚信》“善善而不能进，恶恶而不能去，罚不及于有罪，赏不加于有功，则危亡之期，或未可保，永锡祚胤，将何望哉”。[②]唐太宗于正统复兴大有功德，但却不能践履仁礼以致流宕反覆，晚政懈怠外崇道释，以致贞观之治不能善始善终。唐前中期刘知几则尝试确立君子纲常正统观，如《史通内篇·直书》“人禀五常，士兼百行，邪正有别，曲直不同。若邪曲者，人之所贱，而小人之道也；正直者，人之所贵，而君子之德也……史之为务，

---

① 《中说校注》，第191、242—243，186、240、127—136，225、238—239；70、48—49、188、156、164，124、114、134—135、241、103页。

② 吴兢：《贞观政要集校》（谢保成集校），中华书局2021年版，第30—31、296，623、445—446；1、343，337、338、366页。

申以劝诫，树之风声”、《曲笔》“肇有人伦，是称家国。父父子子，君君臣臣，亲疏既辨，等差有别。盖‘子为父隐，直在其中’，《论语》之顺也；略外别内，掩恶扬善，《春秋》之义也”[①]。但刘氏偏执古文经学《春秋左传》史学立场而逞辩失中，大有经史分割疑古乱道、杂学篡经诋毁圣贤之弊。

尽管经学礼刑注疏成果斐然，唐代士人散乱虚浮崇尚道释者多有，精英阶层思想偏差、土地兼并贫富分化、民族政策兼爱宽纵诸多因素重合叠加，遂致安史之乱与藩镇割据衰局。中唐儒者反思乱源深纠浮弊而思复仁礼中道正统，如贾至（718—772）《议杨绾条奏贡举疏》“今试学者以帖字为精通，而不穷旨义，岂能知迁怒、贰过之道乎！考文者以声病为是非，而惟择浮艳，岂能知移风易俗化天下之事乎！是以上失其源，而下袭其流，乘流波荡，不知所止，先王之道莫能行也。夫先王之道消，则小人之道长；小人之道长，则乱臣贼子由是生焉……忠信之陵颓，耻尚之失所，末学之驰骋，儒道之不举，四者皆由取士之失也”，又如赵匡《举选议》“进士者，时共贵之。主司褒贬，实在诗赋，务求巧丽，以此为贤……欲以启导性灵，奖成后进，斯亦难矣。故士林鲜体国之论，其弊一也……九流七略，书籍无穷，主司问目，不立程限。故修习之时，但务钞略，比及就试，偶中是期，业无所成，固由于此。故当代寡人师之学，其弊二也”、《举人条例》“立身入仕，莫先于礼。《尚书》明王道，《论语》诠百行，《孝经》德之本，学者所宜先习……变实为虚，无益于政”。[②]陆贽（754—805）则于唐中后期藩镇割据乱世，提出反本王道正己推人、改过迁善咸与维新，以及革弊两税以安民生等主张，可谓学统政统之中唐典范。陆贽述君子诚信奉天应民者，如《奉天请数对群臣兼许令论事状》“天子之道，与天同方。天不以地有恶木而废发生，天子不以时有小人而废听纳”、《贞元改元大赦制》“王者体元立极，钦若乎天地；纂业承统，严奉于祖宗。所以敬事修诚，务本敦孝，尊其上以御于下，谨其身而训于人。用能百神允谐，兆庶永赖”、《奉天论事状》“唯信与诚，有补无失。一不诚则心莫之保，一不信则

① 刘知几：《史通通释》（浦起龙通释），上海古籍出版社2009年版，第179、182页。

② 董诰等编：《全唐文》卷三六八、卷三五五，中华书局1983年版，页第3735上一下，3602下、3603下。

言莫之行……若不尽于己而望尽于人，众必给而不从矣；不诚于前而曰诚于后，众必疑而不信矣”；述改过迁善日新其德者，则如《奉天论事状》“人之行已，必有过差，上智下愚，俱所不免。智者改过而迁善，愚者耻过而遂非。迁善则其德日新，是为君子；遂非则其恶弥积，斯谓小人。故闻义能徙者，常情之所难；从谏勿咈者，圣人之所尚……臣既尚谀，君亦自圣，掩盛德而行小道，于是有入则造膝，出则诡辞之态兴矣”。[①]尤为关注学统道统内在复归者，则如陆淳《春秋集传微旨序》“宣尼之心，尧舜之心也；宣尼之道，三王之道也。故《春秋》之文通于礼经者，斯皆宪章周典可得而知矣。其有事或反经而志协乎道，迹虽近义而意实蕴奸；或本正而末邪，或始非而终是。贤智莫能辨，彝训莫能及，则表之圣心，酌乎皇极，是生人以来，未有臻斯理也，岂但拨乱反正，使乱臣贼子知惧而已乎……思见唐虞之风者，宜乎齐心极虑于此，得端本清源之意，而后周流乎二百四十二年褒贬之义，使其道贯于灵府，其理浃于事物”[②]，又如薛胜《孔子弹文王操赋》“文王有声，惟圣能审……德必不孤，谅前圣合于后圣；道乃无二，诚此心达于彼心。其神也邂逅相遇，其虑也罔或不钦……所以圣贤不远，古今一揆。且将合于心，岂独盈乎耳”[③]。陆淳参与王叔文永贞革新以反本救世虽然失败，但其新《春秋》学尊崇孔圣道统之理念亦实启后儒学统道统思想之生发。

唐中后期柳宗元（773—819）亦反本圣统以论君子中道，如《答韦中立论师道书》“文者以明道……本之《书》以求其质，本之《诗》以求其恒，本之《礼》以求其宜，本之《春秋》以求其断，本之《易》以求其动，此吾所以取道之原也”、《报袁君陈秀才避师名书》“大都文以行为本，在先诚其中。其外者当先读六经，次《论语》、孟轲书，皆经言……其归在不出孔子，此其古人贤士所懔懔者”，又如《时令论下》“圣人之为教，立中道以示于后。曰仁、曰义、曰礼、曰智、曰信，谓之五常，言可以常行者也……未闻其威之以怪，而使之时而为善，所以滋其怠傲而忘理也……立大中，去大惑”、《断刑

① 《陆贽集》，中华书局2006年版，第389、40、390—391；392—393页。

② 陆淳：《春秋集传微旨》，上海古籍出版社2019年版，第5页。

③ 《全唐文》卷六一八，页第6240下。

论下》“经也者，常也；权也者，达经者也。皆仁智之事也……当也者，大中之道也”、《与杨诲之第二书》“刚柔无恒位，皆宜存乎中。有召焉者在外，则出应之。应之咸宜，谓之时中，然后得名为君子”。[①]柳宗元持守元气自然天人不相预（刘禹锡天人交相胜思想类之）、封建为私非圣人意等荀学立场，其中道修教思想缺少内圣明德环节而流于驳杂形式化，甚至外求佛学义理以弥补之（其中柳宗元剥离荀学而偏向禅宗性善中道立场，刘禹锡因顺荀学而偏向天台宗性具善恶中观立场），已非孔孟程朱正统儒学所能范围。柳、刘于内圣明德人性论层面主张和同儒释并以释补儒，正是三教并立过渡时代儒者艰辛开拓之写照。李绛（764—830）思想亦具祛虚就实学统担当并下启两宋君子小人朋党之说，如《请崇国学疏》“风俗趋末而背本，好虚而忘实，盖由国学废讲论之礼，儒者靡师资之训。自是以降，不本经义，不识君臣父子之道，不知礼乐制度之方，和气不流，悖乱遂作”、《兵部尚书王绍神道碑》“君子之行已事上也，必执心而端其始，立事而保其中，践道而要其终”、《对宪宗论朋党》“小人怀私，常以利动，不顾忠义，自成朋党。君子以忠正为心，以惩劝为务……圣贤合迹，千载同符，忠正端悫之人，所以知奖，亦是此类，是同道也，非为党也，岂可使端良之人，取非僻之士，然后谓非朋党也”[②]。

唐中后期以来，对治释老学理冲击、反本内求圣学道统渐成儒学内在脉动与儒者时中担当。以隋王通尊崇至圣仁礼中道为学理先导，以唐中期陆淳新《春秋》学尊崇至圣通经道学为直接契机，唐中后期以来以韩愈为代表的“文以载道”古文复兴儒者筚路蓝缕粗立孔孟之道性善道统，虽尚具过渡时代学理局限性，实已成为宋儒道统反本自立之学理先驱。

韩愈（768—824）勇辟释道学理而反本《大学》《孟子》，提出孔孟道统君子学行、性情三品五德为判思想。其中述辟驳异学反本道统者，如《原道》“周道衰，孔子没，火于秦，黄老于汉，佛于晋、魏、梁、隋之间，其言道德仁义者，不入于杨，则归于墨；不入于老，则归于佛。入于彼，必出于此。入

① 《柳宗元集》，中华书局1979年版，第873、880—881，88—89、91、850页。

② 《全唐文》卷六四五页第6529下、卷六四六页第6544下、卷六四五页第6526下—6527上。

者主之，出者奴之；入者附之，出者污之……老者曰：孔子，吾师之弟子也。佛者曰：孔子，吾师之弟子也。为孔子者，习闻其说，乐其诞而自小也……后之人虽欲闻仁义道德之说，其孰从而求之”、《与孟尚书书》“孟子虽贤圣，不得位，空言无施，虽切何补？然赖其言，而今学者尚知宗孔氏，崇仁义，贵王贱霸而已……向无孟氏，则皆服左衽而言侏离矣。故愈尝推尊孟氏，以为功不在禹下者，为此也。汉氏以来，群儒区区修补，百孔千疮，随乱随失，其危如一发引千钧，绵绵延延，浸以微灭。于是时也，而倡释、老于其间，鼓天下之众而从之。呜呼，其亦不仁甚矣”，又如《原道》“古之所谓正心而诚意者，将以有为也。今也欲治其心而外天下国家，灭其天常，子焉而不父其父，臣焉而不君其君，民焉而不事其事……举夷狄之法，而加之先王之教之上，几何其不胥而为夷也”、“博爱之谓仁，行而宜之之谓义，由是而之焉之谓道，足乎己无待于外之谓德。仁与义为定名，道与德为虚位。故道有君子小人，而德有凶有吉……凡吾所谓道德云者，合仁与义言之也，天下之公言也；老子之所谓道德云者，去仁与义言之也，一人之私言也”、“斯吾所谓道也，非向所谓老与佛之道也。尧以是传之舜，舜以是传之禹，禹以是传之汤，汤以是传之文、武、周公，文、武、周公传之孔子，孔子传之孟轲。轲之死，不得其传焉。荀与扬也，择焉而不精，语焉而不详”；述性情三品五德为判者，则如《原性》“性也者，与生俱生也；情也者，接于物而生也……性之品有上中下三：上焉者，善焉而已矣；中焉者，可导而上下也；下焉者，恶焉而已矣。其所以为性者五：曰仁、曰礼、曰信、曰义、曰智。上焉者之于五也，主于一而行于四；中焉者之于五也，一不少有焉，则少反焉，其于四也混；下焉者之于五也，反于一而悖于四。性之于情视其品。情之品有上中下三，其所以为情者七：曰喜、曰怒、曰哀、曰惧、曰爱、曰恶、曰欲。上焉者之于七也，动而处其中；中焉者之于七也，有所甚，有所亡，然而求合其中者也；下焉者之于七也，亡与甚，直情而行者也。情之于性视其品……上之性，就学而愈明；下之性，畏威而寡罪。是故上者可教，而下者可制也”。[①]韩子以三品论性情而又判以五德纯驳，

① 韩愈：《韩昌黎文集校注》（马其昶校注），上海古籍出版社2014年第2版，第15、240—241，18—19、15、20—21；22—24页。

不同于古文运动唐宋八大家之其他七家，实已内蕴性善论倾向而为宋代儒学性善道统之先驱。于唐季佛教大兴之际，韩子筚路蓝缕内延道统文脉，乃中华道统史上具有关键性影响的一代大儒，于中华正统之深化成熟大有功德。由于乱世局限及以文入道缘故，韩子思想亦有粗糙驳杂、言行不一之处，如性情三品说及其褒扬墨子、管仲、商鞅之王霸事功之论等，朱子对此已有肯綮评判。

李翱（772—841）借鉴禅理反本《中庸》，提出中和复性道统学统说。其述天性清明性情相依、性善情妄灭妄复性者，如《复性书》“水之性清澈，其浑之者沙泥也。方其浑也，性岂遂无有邪？久而不动，沙泥自沉。清明之性，鉴于天地，非自外来也。故其浑也，性本弗失，及其复也，性亦不生”、“桀纣之性，犹尧舜之性也。其所以不睹其性者，嗜欲好恶之所昏也，非性之罪也”，又如“性者，天之命也，圣人得之而不惑者也；情者，性之动也，百姓溺之而不能知其本者也”、“无性则情无所生矣。是情由性而生，情不自情，因性而情，性不自性，由情以明”、“人之所以为圣人者，性也；人之所以惑其性者，情也。喜、怒、哀、惧、爱、恶、欲，七者皆情之所为也。情既昏，性斯匿矣。非性之过也，七者循环而交来，故性不能充也”，以及“情有善有不善，而性无不善焉……情者妄也，邪也。邪与妄则无所因矣。妄情灭息，本性清明，周流六虚，所以谓之能复其性也”、“情者，性之邪也。知其为邪，邪本无有。心寂不动，邪思自息。惟性明照，邪何所生”；述君子志道自觉觉他、礼节乐和诚明尽性者，则如“天之道，以先知觉后知，先觉觉后觉者……如将复为嗜欲所浑，是尚不自觉者也，而况能觉后人乎……吾之终日志于道德，犹惧未及也。彼肆其心之所为者，独何人耶”、“圣人知人之性皆善，可以循之不息而至于圣也，故制礼以节之，作乐以和之……视听言行，循礼而动，所以教人忘嗜欲而归性命之道也”，以及“道者至诚也，至诚而不息则虚，虚而不息则明，明而不息则照天地而无遗。非他也，此尽性命之道也……性命之书虽存，学者莫能明，是故皆入于庄列老释，不知者谓夫子之徒不足以穷性命之道”。[①]李翱复性说内在推进了韩子性情三品说，为晚唐两宋性善道统

① 李翱：《李文公集》卷二，影印《四库》1078册，页第110下、110上，106下、106下、106下，110上一下、108下；110下—111下、107下，107下—108上。

之反本自立与内在成熟作出了重大学理贡献。当然，其说亦尚存性情概念理解含混之禅理痕迹。皇甫湜（777—835）亦能师法韩愈而辅翼道统，如《夷惠清和论》“颜回曰：舜何人也！孟子曰：谓其身不能，是贼其身夫！然则士之率性饬躬，立志希古，当以圣人为准的，中庸为慕尚”、《孟子荀子言性论》“性之品有三，下愚、中人、上智是也。圣人言性之品亦有三，可上、可下、不移是也……（孟子）是劝人汰心源返天理者也……（荀子）是劝人黜嗜欲求善良者也。一则举本而推末，一则自叶而流根，故曰二子之说殊趋而一致，异派而同源也。虽然，孟子之心以人性皆如尧舜，未至者斯勉矣；荀卿之言以人之性皆如桀跖，则不及者斯怠矣……则孟之言，合经为多，益故为贤乎”[①]。

继韩愈、李翱表彰《大学》《中庸》《孟子》之后，晚唐皮日休、林慎思等则褒扬《论语》《孟子》《周易》以反本孔孟道统。皮日休（约833—889）尝试梳理中华道统而自觉褒扬尧舜、孔孟、王通、韩愈，如《襄州孔子庙学论》“帝之圣者曰尧，王之圣者曰禹，师之圣者曰夫子。尧之德有时而息，禹之功有时而穷，夫子之道久而弥芳，远而弥光，用之则昌，舍之则亡”、《请孟子为学科书》“圣人之道，不过乎经。经之降者，不过乎史。史之降者，不过乎子。子不异乎道者，孟子也。舍是子者，必戾乎经史。又率于子者，则圣人之盗也。夫孟子之文，粲若经传……其文继乎六艺，光乎百氏，真圣人之微旨也……伏请命有司去庄、列之书，以《孟子》为主。有能精通其义者，其科选视明经”，又如《文中子碑》“大道不明，天地沦精，俟圣畅教，乃出先生，百氏黜迹，六艺腾英”、《请韩文公配享太学书》“孟子、荀卿翼传孔道，以至于文中子……文中之道，旷百祀而得室授者，惟昌黎文公焉。文公之文，蹴杨、墨于不毛之地，蹂释、老于无人之境，故得孔道巍然而自正”、《原化》“有周、孔必有杨、墨，要在有孟子而已矣。今西域之教，岳其基，溟其源，乱于杨、墨也甚矣。如是为士，则孰有孟子哉？千世之后，独有一昌黎先生，露臂瞋视，诟之于千百人内。其言虽行，其道不胜”。[②]皮子适值晚唐乱世而承续韩子发愤担当，其论虽有粗糙驳杂之处，实已初具孔孟道统意识与复古圣学

① 《全唐文》卷六八六，页第7030上、7031下—7032上。

② 《全唐文》卷七九六—七九九，页第8354下、8350上下，8388下、8349下、8377上。

君子担当。林慎思（844—880）亦尊崇圣学而担当道统，如《伸蒙子·合天》“顺天者存，逆天者亡。天生羲农、黄帝、尧、舜，为道之宗。又生禹、汤、文、武、周公、孔子，为道之主。其言式万代，其政训百王，譬日月不可揜，山川不可迁也”、《演圣》“仲尼无土于一时，有土于万代也……仲尼之道，高大无穷焉，亘万代而乃容”、《明谏》“夷、齐之谏，不独吐一时之忠，抑垂千古之戒也……所以去之，将持终身之仁，用全讽谏之道”，又如《喻民》“今人易化……圣人养天下之民犹养儿也，则古民婴然未有知也，今民丱然已有知也，化已有知孰与化未有知之难乎”、《鉴旨》“三代之季，鉴于有道，不鉴于无道也……反是，犹盗贼之类，昼观刑戮于市，暮行诛劫于衢”、《明化》“性有刚柔……善不在柔，恶不在刚也……人之善恶，随化而迁也，必能反善为恶，反恶为善矣”。[①]林子挺立大本关注现实，乱世担当守先待后，亦可谓忠矣；其人性善恶表述虽于正统性善论有较大差距，但所阐刚柔中道思想实亦与周敦颐论性前后相接。此外张弧述儒道交参、忠孝仁义之君子质素践履说，陆龟蒙述奉古求道之君子文统说等，亦均为晚唐乱世儒者担当并构成了道统脉动内在环节。

综上，隋唐儒学前中期基本倾向于人文君子礼义修教理路，中后期则开始自觉关注孔孟之道历史地位与道统脉络，韩愈等儒者尤能粗立道统学理而为宋代正统内在成熟之先驱。但也毋庸置疑，由于局限于古文经学理路与道释义理惯性影响，隋唐儒者尚未能真正形成中华正统学理建构之自立自觉。

二、隋唐五代时期中华正统实践脉络概说

南北朝之后，隋（581—618）、唐（618—907）、五代（后梁、后唐、后晋、后汉、后周，907—960）十国（南吴、吴越、前蜀、后蜀、闽、南汉、南平、马楚、南唐、北汉，902—979）应运兴起而次第消长。隋唐五代仍为政权大致一统情势下中华民族大融合时期，此时期中华正统实践脉络上承汉晋

---

① 林慎思：《伸蒙子》，影印《四库》696册，页第636下、632下、638上下，631下、637下、633下。

时中开拓、下启两宋内在成熟，内在构成了中华正统史的关键一环。以下主要参照朱子《通鉴纲目》予以概说，其中士庶张力、夏夷融突与三教消长均为显著内容。

（一）隋唐前中期中华正统实践脉络

【辛丑】隋杨坚开皇元年（陈太建十三年，周大象三年）春二月隋王杨坚称皇帝、改官名（依汉魏旧制）、征苏威（苏绰子，三月以为纳言），夏四月隋放散乐禁杂戏、筑长城，秋七月隋定服色，八月吐谷浑寇凉州而击败之，九月隋铸五铢钱，冬十月隋初行新律（折衷魏晋南北朝旧律以初定中华律制）、以梁彦光为相州刺史而以房恭懿为海州刺史（养民风化，吏多称职），十二月隋听民出家并赋钱写书造像（俗化风靡而佛书泛滥），突厥他钵可汗死（分立四可汗）。【壬寅】隋二年（陈十四年）夏五月突厥伐隋而入长城、冬十二月隋拒却之。【癸卯】隋三年（陈后主至德元年）春二月朔日蚀，三月隋减调役并弛酒盐禁、诏求遗书，夏四月吐谷浑寇隋临洮、隋命左右仆射分判六部，六月突厥寇幽州，秋八月朔日蚀，冬十一月隋罢郡为州，十二月隋更定律并置博士（苏威、牛弘更定，自此刑纲简要疏而不失）。【甲辰】隋四年（陈二年）春正月朔日蚀，梁主入朝于隋、隋颁甲子元历，二月突厥达头可汗降隋，夏四月隋伐败吐谷浑，六月隋作广通渠（引渭漕运，关内赖之），秋九月隋诏公私文翰并宜实录，隋与突厥沙钵略可汗和亲。【乙巳】隋五年（陈三年）春正月朔日蚀，隋颁五礼（礼部尚书牛弘修），夏五月隋初置义仓（纳度支尚书长孙平谏以备凶年）、貌阅户口作输籍法（自是奸无所容），秋八月突厥沙钵略可汗遣子入朝于隋，是岁隋筑长城七百里（后又缘边筑城数十以遏胡寇）。【丙午】隋六年（陈四年、梁后主萧琮广运元年）春正月党项羌请降于隋、隋颁历于突厥，二月隋制刺史上佐每岁入朝考课，冬十月吐谷浑太子请降而隋主不纳（父过子谏，去则不孝）。【丁未】隋七年（陈祯明元年）春正月隋制诸州岁贡士三人，夏五月朔日蚀，秋九月隋灭梁，冬十一月陈临平湖开（湖草久塞，忽然自开）。【戊申】隋八年（陈二年）春三月隋下诏伐陈（暴陈主之恶于天下），冬十月隋以晋王杨广帅师伐陈。

【己酉】隋高祖文帝开皇九年春正月总管贺若弼等灭陈，二月置乡正里长、陈岭南降而陈地悉平（自是南北一统），夏四月诏除毁兵仗，冬十二月诏定雅乐、以辛公义为岷州刺史（能慈民化俗）。【庚戌】十年春二月杀楚州参军李君才于殿内（帝性猜忌任智、不悦学而文法自矜，乩察臣罪而暴杀之），夏六月制“民年五十免役收庸”，冬十一月江南乱、杨素讨平之（素性残忍，不恤士卒），番禺夷反而讨平之（高凉冼氏因辅助招慰亡叛得封谯国夫人）。【辛亥】十一年春二月以刘旷为莒州刺史（能以伦理晓谕讼者引咎罢讼）、晦日蚀。【壬子】十二年秋七月苏威以开府就第、尚书卢恺除名（何妥以朋党谮之）、晦日蚀，八月制诸州死刑悉移大理奏裁，冬十二月以杨素为仆射（与高颎专掌朝政）、遣使均天下田。【癸丑】十三年春二月作仁寿宫（丁夫死者以万数）、禁藏谶纬，秋七月晦日蚀，诏议明堂制度而不决，突厥突利可汗请婚而许之。【甲寅】十四年夏四月行新乐（《乐谱》作者万宝常以为淫厉而哀，天下不久当尽），六月始给公卿以下职田（毋得治生而与民争利），秋七月以苏威为纳言，关中旱、饥（帝自咎而恤之），冬闰十月诏故齐、梁、陈主修其宗祀，散骑侍郎王劭上《皇隋灵感志》（帝好禨祥小数，故令宣示天下）。【乙卯】十五年春正月帝东巡、祀天于泰山（以岁旱谢愆咎），二月收天下兵器，夏六月凿砥柱、焚相州所贡绫文布于朝堂，冬十月以韦世康为荆州总管（和静谦恕，时称廉平），十二月敕盗边粮升以上者皆斩、诏文武官以四考受代。【丙辰】十六年夏六月初制工商不得仕进，秋八月诏死罪三奏然后行刑，以光化公主妻吐谷浑。【丁巳】十七年春二月遣太平公史万岁讨平南宁羌，讨平桂州俚乱并以令狐熙为总管（恩信抚边，华夷感化），三月诏诸司论属官罪并听律外杖决（帝晚岁用法严峻，大理少卿赵绰等谏而稍纳之），夏四月颁新历（纳张胄玄历术），秋七月以安义公主妻突厥突利可汗（以离间都蓝可汗），冬十二月高丽王高汤卒、子元嗣（帝封之为辽东王），吐谷浑弑其可汗世伏而立其弟伏允。【戊午】十八年春二月高丽寇辽西、遣汉王杨谅讨之，夏五月禁蓄猫鬼、蛊毒、厌魅野道者，秋九月罢汉王杨谅兵（遭饥疫暴风，士卒死者什八九），冬十二月南宁夷爨翫反、太平公史万岁以受贿纵贼罪除名。【己未】十九年春二月遣杨素等分道伐破突厥都蓝可汗，秋八月除左仆射高颎名（纲礼守正而独孤后等谮之），九月以牛弘为吏部尚书（先德行后文才以审慎得人），冬十月以突厥突利为启民可汗（妻以义成公主而处之朔州），十二月突厥弑其都蓝可汗雍虞间、达头自立为可汗。【庚申】二十年夏四月突厥达头可汗犯塞而击却之，冬十月废太子杨勇为庶人（勇性宽厚，率意任情而多内宠，帝后不喜而弟广复矫饰诬谮之）、十一月立晋王杨广为皇太子（是日天下地震），禁毁佛、天尊及神像（帝晚年深信佛道鬼神），以王伽为雍令（仁信流囚而感化无叛）。【辛酉】仁寿元年春正月改元，二月朔日蚀，夏五月突厥九万人来降，六月遣十六使巡省风俗，废太学及州县学（帝以学校生徒多而不精故废之，刘炫切谏而不听，寻改国子为太学），冬以卫文昇为遂州总管（山獠作乱而能感悦，归附甚众），以高州酋长冯盎为汉阳太守（潮、成等五州獠反，盎请讨平之）。【壬戌】二年春三月突厥入寇、杨素破走之，秋八月皇后独孤氏崩（太子广假哀而实不孝），冬闰十月诏修定五礼（杨素、苏威、牛弘等为之），十二月诏杨素三至五日一入省论大事（素威权贵盛而朝廷靡附，帝纳梁毗谏而疏之），交州俚帅作乱而讨降之。【癸亥】三年秋八月幽州总管燕荣有罪被诛（性严酷），九月置常平官，龙门王通献策而不报，突厥启民可汗归国（步迦可汗部大乱，启民遂尽有其众）。【甲子】四年秋七月太子广弑帝而自立（文帝性严勤政俭素化民，爱养百姓以致末年民户逾八百九十万；然猜忌苛察信受谗口，功臣无保全而子弟如寇仇）、杀故太子勇，冬十月除妇人及奴婢、部曲之课而令男子二十二成丁，是冬以洛阳为东京。

【乙丑】隋炀帝大业元年春正月遣刘方击林邑（以物色奇宝），三月命尚书令杨素大营东京宫室，开通济渠、引汴水、开邗沟、置离宫造龙舟（役丁死者什四五），夏四月刘方大破林邑（士卒死者什四五），五月筑西苑（穷尽奢华），秋七月废滕王纶、卫王集并徙之边郡（炀帝待兄弟恩薄而猜忌），八月帝游幸江都（劳民伤财），契丹寇营州、遣谒者韦云起以突厥兵讨平之，铁勒（匈奴遗种）叛西突厥而自立莫何可汗（勇毅服众，西域多国附之）。【丙寅】二年春正月并省州县，二月新作舆服、仪卫（务为奢侈），秋七月始建进士科，冬十月置洛口仓、回洛仓，征天下散乐（帝多制艳篇，以哀怨新声播之）。【丁卯】三年春正月突厥启民可汗来朝（请袭冠带），夏四月诏颁新律（牛弘等造大业律，改严苛为宽缓，然征役繁兴而不复用），改州为郡、更定官制（五省三台五监十六府），六月帝北巡（启民可汗及义成公主来朝而赐予过厚）、吐谷浑及高昌皆入贡，秋七月筑长城（发丁百余万，苏威谏不听）、杀太常卿高颎等（以诽谤朝政罪之而天下伤之），冬以裴矩为黄门侍郎经略西域（糜费万亿而中国疲弊）。【戊辰】四年春正月开永济渠（丁男不供，始役妇人），二月西突厥入贡（情逼利诱之故），三月倭国入贡，夏四月营汾阳宫，秋七月复筑长城、裴矩以铁勒击破吐谷浑（其地皆置郡县镇戍，以天下轻罪徙居之），九月征天下鹰师，冬十月遣将军薛世雄击降伊吾。【己巳】五年春正月诏均天下田，夏四月遣兵击吐谷浑而不克、西域诸国来朝并献地（置西海等郡，至是天下郡一百九十、县一千二百五十五、户八百九十万余；西北转输塞外，郡县征破其家而百姓困顿），冬十一月突厥启民可汗死、立其子咄吉为始毕可汗。【庚午】六年春正月盗入建国门（自称弥勒佛），诸番来朝、陈百戏于端门以示之（劳民伤财岁以为常，炀帝声色非礼而骄士自负，裴矩、宇文述等以谄谀得宠），遣兵攻流求、杀其王虏其众以归，三月除榆林太守张衡名（谏恤民而帝怒之）、以王世充领江都宫监（伺候颜色、雕饰奉献而有宠），冬十二月文安侯牛弘卒（宽厚恭俭而学术精博），穿江南河（欲东巡会稽）、诏百官戎服从驾，征高丽王高元入朝而不至（帝始谋讨之，刘炫作《抚夷论》以刺之）。【辛未】七年春二月帝自将击高丽、夏四月征天下兵会涿郡（死者相枕，天下骚动），山东、河南大水（漂没三十余郡），冬十月砥柱崩，是冬窦建德等兵起。【壬申】八年春正月分西突厥为三部，道士潘诞诈妄妖言伏诛，遣诸军分道击高丽，夏六月帝至辽东攻城不克、秋七月将军宇文述等九军大败而还（粮尽轻进而令出多门，三十万士卒伤亡殆尽），九月山东大旱。【癸酉】九年春正月征天下兵集涿郡、灵武白瑜娑兵起（连通突厥而陇右被患），三月济阴孟海公起兵据周桥，夏四月帝度辽水遣诸将击高丽，六月楚公杨玄感起兵反、秋八月败死（杀其党与三万余人而枉死者大半），以唐公李渊为弘化留守（御众宽简，人多附之），吴郡朱燮、晋陵管崇兵起，冬十二月杜伏威起兵掠江淮。【甲戌】十年春二月征天下兵伐高丽、秋七月高丽遣使请降，冬十一月祀南郊而大风，离石胡刘苗王兵起、汲郡王德仁起兵据林虑山，十二月杀太史令庾质（谏务先恤民而帝不悦）。【乙亥】十一年春二月诏村坞皆筑城，夏四月以李渊为山西、河东抚慰大使，秋八月帝巡北边、突厥始毕可汗入寇（裴矩犹欲离间分化之，故突厥怒而叛隋），冬十月诏江都更造龙舟，是岁多地兵起。【丙子】十二年春正月分遣使者发兵击诸起兵者、作毗陵宫，夏四月大业殿火，五月朔日蚀既，秋七月帝如江都、杀谏者任宗等，冬十月翟让、李密起兵攻荥阳，十二月鄱阳林士弘称楚帝而据江南、以李渊为太原留守击破甄翟儿、帝至江都（索贡无已民不聊生）、虎贲郎将罗艺起兵涿郡。【丁丑】十三年（隋恭帝杨侑义宁元年）春正月杜伏威据历阳、窦建德称长乐王、鲁郡徐圆朗兵起、卢明月掠河南，二月马邑校尉刘武周等据郡起兵、翟让与李密据兴洛仓（略取河南诸郡），三月突厥立刘武周为定杨可汗、梁师都自称梁帝并引突厥寇边，夏五月李渊起兵太原（六月遣使如突厥求助），六月李渊自称大将军并开府置官属，秋七月武威司马李轨起兵河西自称凉王（兴义恤民以保西境）、薛举自称秦帝徙据天水，九月李渊济河（遣建成守潼关、世民徇渭北，关中群盗悉降于唐），冬十月萧铣起兵巴陵自称梁王，十一月李渊克长安、立代王杨侑为皇帝、自为大丞相并封唐王。

【戊寅】隋恭帝义宁二年、唐高祖神尧皇帝武德元年春正月唐王李渊自加殊礼并以书谕降郡县，三月隋宇文化及弑其君广于江都而立秦王浩（炀帝弑父兄而弃宗庙，外勤征讨内极奢淫，专任邪佞刚愎自用，巡游不息残暴百姓，天怒人怨盗贼蜂起）、唐王李渊自为相国加九锡（不能正名炀帝弑君父之罪，节目繁多、诡正并用而驳杂不懿），夏四月梁王萧铣称皇帝（尽有西南诸地），五月唐王李渊称皇帝（隋恭帝禅位，唐定土德而色尚黄），唐罢郡置州（以太守为刺史）、定律令置学校，突厥遣使如唐（突厥强盛恃功骄倨横暴，唐主优容之），六月唐立四亲庙、立世子建成为皇太子（世民为秦王）、废隋帝侑为酅国公而选用其宗室、以孙伏伽为治书侍御史（纳其鉴隋亡而务尽下情、戒奢教子之谏），秋七月李密为隋王世充战败而降唐（密虽得士心而骄矜疏贤、弃恩忘本而不恤士卒），唐行戊寅历（白马道士傅仁均造），冬十月朔日蚀，十一月凉王李轨称帝、唐秦王世民破降秦主薛仁杲（骄纵残暴人心猜惧之故），唐以西突厥曷娑那可汗为归义王，高开道据渔阳自称燕王，凉大饥（大兴土木劳费不恤而士民离怨）。【己卯】隋恭帝杨侗皇泰二年、唐武德二年春二月唐定租庸调法（每丁租二石、绢二匹、绵三两，此外不得横敛），唐置宗师（尊以化民），唐使吐谷浑伐凉，唐以杨仁恭为凉州总管（素习边事民夷悦服），突厥始毕可汗死、弟处罗可汗立，隋王世充自称郑王、加九锡，夏四月郑王王世充称帝、唐遣安兴贵袭执凉主李轨而河西平，五月郑王世充弑隋主杨侗，秋七月西突厥、高昌遣使入贡于唐，八月沈法兴称梁王于毗陵、李子通称吴帝于江都。【庚辰】唐武德三年春正月突厥立杨政道为隋王，夏四月唐秦王李世民击破宋金刚，五月唐立老子庙（用方士言而卑天诬祖，高祖启其原而高宗、明皇扇其风），秋七月唐遣秦王世民督诸军伐郑，冬十月突厥处罗可汗死、弟颉利可汗咄苾立。【辛巳】四年春正月唐秦王世民击败郑主王世充，夏五月唐秦王世民破擒夏王窦建德、郑主王世充降，秋七月唐初行开元通宝钱（轻重折衷远近便之），八月朔日蚀，唐括户口，冬十月唐以秦王世民为天策上将开府置属（以杜如晦、房玄龄、虞世南、姚思廉、陆德明、孔颖达等为文学馆学士），唐伐梁、梁主萧铣降而杀之（不矜其隋乱保边之志而淫刑不仁之故）。【壬午】五年春正月刘黑闼自称汉东王，冬十一月唐遣太子建成击刘黑闼（太子中允王珪、洗马魏徵导之以争而不能孝友自安，谏建成功名立威以抑世民之功，十二月黑闼亡走）。【癸未】六年春二月林邑遣使入贡于唐，夏六月唐岐州刺史柴绍击败吐谷浑，冬十月唐置屯田于并州以备突厥。【甲申】七年春正月置大中正（依周、齐旧制以掌知州内人物品量望地），二月封高丽王高建武为辽东王，置州县乡学（有明一经以上者咸以名闻）、帝诣国子学释奠于先圣先师（诏王公子弟就学），三月初定官制（三公六省九寺十四卫等，公卿功能重叠且不能尊儒重道），夏四月颁新律令（比开皇旧制而增新格），初定均田、租、庸、调法（务本抑末省役薄敛、随宜中道灾害免征，以期贫者自立、富不兼田、官不争利），六月太子建成擅募兵甲欲害秦王世民（高祖惑于宠臣妃嫔而姑息之，终致兄弟相残悲剧），秋闰七月突厥入寇、命韦仁寿检校南宁州都督（性宽厚有识度而不贪残，蛮夷悦服各遣子弟入贡）。【乙酉】八年春正月诏许突厥、吐谷浑与中国互市（耕牛之乏遂解），夏四月西突厥遣使请婚而许之，秋七月突厥寇边，冬十一月加秦王世民中书令。【丙戌】九年春正月诏太常少卿祖孝孙定雅乐，二月初令州县、里闬各祀社稷（各申祈报以洽乡党之欢），夏沙汰僧、道（纳太史令傅奕谏），六月太白经天、秦王世民杀太子建成及齐王元吉，立世民为皇太子并决军国事（推刃同气悖灭伦理，贻害子孙贻讥千古）、罢沙汰僧道、帝自称太上皇，秋八月太子即位、放宫女三千余人，突厥入寇（帝出责之，突厥请盟而退），九月禁淫祀杂占、置弘文馆（选文学之士兼任学士以讲论修政），冬十月朔日蚀，诏追封故太子为息隐王（后复诏为隐太子）、齐王为海陵剌王而改葬之，立子承乾为皇太子，十二月益州獠反（帝以为当务牧守恩信以为民父母而不许讨），以张玄素为侍御史、张蕴古为大理丞（俱能谏帝信任群臣而勿察察自明）。

【丁亥】太宗文武皇帝贞观元年春正月制“谏官随宰相入阁议事”、更定律令（宽绞刑，改肉刑为役、流），二月因山川形便分天下为十道（关内、河南、河东、河北、山南、陇右、淮南、江南、剑南、岭南），三月皇后帅内外命妇亲蚕，闰三月朔日蚀、命京官五品以上更宿中书内省（以问民疾苦与政事得失），夏六月山东旱，秋九月朔日蚀，冬十月岭南酋长冯盎遣子入朝（纳魏徵谏宽待夷人之效），十二月令吏部四时选集人材（纳吏部侍郎刘林甫谏而人以为便）、鸿胪卿郑元璹还自突厥（奏颉利政乱民饥而群臣劝击之，帝以为背盟不信、利灾不仁、乘危不武而不纳）。【戊子】二年春正月置六司侍郎、左右司郎中，三月朔日蚀、诏自今大辟并令两省四品以上及尚书议之，关内旱饥、赦天下（帝愿年丰民安移灾己身，所在有雨而民大悦），夏四月诏收瘗隋末暴骸、突厥突利可汗请入朝（国乱困怨之故），六月祖孝孙奏唐雅乐、畿内蝗而不为灾（帝愿为民受灾而吞食之），秋九月令致仕官位在本品之上、诏非大瑞不得表闻、出宫人三千余人（纳中书舍人李百药阴郁致旱之言），冬十二月以王珪为侍中（经术为本而多所规正）、诏举堪县令者，遣使立薛延陀夷男为真珠可汗（突厥北边多叛颉利而归薛延陀，帝立夷男以图颉利）。【己丑】三年春二月以房玄龄与杜如晦为仆射（玄龄明达宽平与人为善，如晦引拔士类惟恐不及，世称“房谋杜断”）、魏徵守秘书监参预朝政（忠直能谏），秋八月朔日蚀，冬十一月以李靖统诸军讨突厥、十二月突厥突利可汗入朝。【庚寅】四年春二月李靖袭破突厥于阴山、颉利可汗遁走，三月四夷君长诣阙请帝为天可汗而许之（太宗实有夷狄血脉，然华夏之主而兼夷狄之君，洵不足为后世法），夏四月行军副总管张宝相擒颉利可汗以献（降者十万，不纳魏徵等纵还故土言而纳温彦博华夷一体言，东自幽州西至灵州以处降众，官其族人而居长安者近万家；天覆地载而气殊纯驳，夷不乱华以辨族类而别内外，太宗欲一体同仁、冠带四夷以夸示天下，遂致唐室世有戎狄之乱），诏讼不决者听于东宫上启（此举实不利养成太子德性学问），六月修洛阳宫（纳给事中张玄素谏而罢之），秋七月朔日蚀，敕百司诏敕未便者皆执奏，诏以李大亮为西北道安抚大使以赈西突厥种落（大亮谏不能疲中国以奉四夷而帝从之），诏定常服差等（三品以上服紫、四至五品服绯、六至七品服绿、八品服青、妇人服从其夫；杂色居上、纯反在下，可谓不能正礼），九月伊吾来降（置西伊州），冬十一月除鞭背刑（心系养民之故），大有年（帝不纳封德彝浇讹杂霸咈性之论，而纳魏徵大乱之后易于仁化顺性之言，偃武修文勤抚百姓，四年而民化有成）。【辛卯】五年春正月诏僧道致拜父母、皇太子冠，诏诸州刬削京观而加土为坟、以金帛赐突厥以赎隋末所没男女八万口、秋八月遣使诣高丽以葬隋战士，九月修洛阳宫（初不听民部尚书戴胄民力不堪之谏，复因修饰华丽而怒毁之），冬十月纳萧瑀言诏议封建（魏徵、李百药论封建之现实流弊，颜师古折衷而言分王宗子而又错杂州县相互维持），十一月林邑、新罗入贡（不纳其鹦鹉、美女），十二月制“自今决死刑者皆覆奏”（决日撤乐减膳），开党项之地为十六州、康国求内附而不受（不糜弊百姓以图虚名）。【壬辰】六年春正月朔日蚀，群臣请封禅而不许（纳魏徵务实恤民之谏），三月如九成宫避暑（监察御史马周谏帝孝上皇而省娱乐），夏四月邹公张公瑾卒（帝出次发哀，致君臣父子之义）。【癸巳】七年秋九月山东河南四十余州水、赦死囚三百九十人，是岁造浑天黄道仪（纳直太史李淳风奏）。【甲午】八年春正月以李靖等为黜陟大使分行天下，夏五月朔日蚀，秋七月山东、河南大水，冬十月营大明宫以为上皇清暑之所，吐蕃遣使入贡、吐谷浑寇凉州。【乙未】九年春正月分民赀为九等，夏五月太上皇崩，李靖伐破吐谷浑，冬十一月以萧瑀为特进参预政事（忠直无贰为社稷臣，帝赐诗“疾风知劲草，板荡识诚臣”）。【丙申】十年春三月吐谷浑请颁历并遣子入侍，夏六月皇后长孙氏崩（性仁孝俭素好读书而献替裨益良多，集为《女则》三十卷，谥文德皇后），秋禁上书告讦者，冬十二月黜治书御史权万纪（不进贤才而言利之故），朱俱波、甘棠遣使入贡（帝以为中国安则四夷服，而尤须小心敬惧）。

【丁酉】贞观十一年春正月作飞山宫（魏徵谏汲取隋炀帝教训），定律令（诏房玄龄等定之，削烦去蠹变重为轻，太学释奠以孔子为先圣、以颜子配飨），三月朔日蚀，诏行新礼（房玄龄、魏徵所定），秋七月谷、洛溢（诏百官极言过失，魏徵谏戒奢恤民、礼事君子而善始善终），冬十月猎洛阳苑（纳民部尚书唐俭谏而罢）、以武氏为才人。【戊戌】十二年春正月颁《氏族志》于天下（考旧族真伪，抑山东崔、卢、李、郑士族，勘定皇族为首、外戚次之、崔氏第三，凡二百九十三姓，千六百五十一家），闰二月朔日蚀，秋七月吐蕃寇松州（侯君集败之，复请婚而帝许之）、以薛延陀真珠可汗二子为小可汗以分其势，冬十二月以霍王李元轨为徐州刺史（好读书而恭谨自守、举措不枉），西突厥乙毗咄陆可汗立。【己亥】十三年春二月诏停袭封刺史（纳于志宁、马周谏之故；封建本因贤者之德不可忘而悯其绝，以义处利均天下而息争，实仁之至、义之尽而出于天道之公与人心之固然者，非圣人之私意而不可归之于势，为天下者当以二帝三王善政良法为则，后世则多因担忧子孙不肖而否之），夏五月旱、诏五品以上言事（魏徵谏勿轻用民力且借口民劳易使），秋七月立李思摩为突厥可汗（使率其种落还旧部，并与薛延陀各守土疆），八月朔日蚀，冬十二月太史令傅奕卒（精究术数而不迷信，毕生反佛并戒子勿学佛书，集魏晋以来驳佛教者为《高识传》十卷行世），诏侯君集将兵击高昌（遏绝西域朝贡且骄横不臣之故），西突厥咥利失可汗卒、其子立而号南廷（咄陆为北廷）。【庚子】十四年春二月诣国子监（征天下名儒为学官而四方学者云集京师，高丽、高昌、吐蕃诸酋长亦遣子弟请入国学，令国子祭酒孔颖达等撰《五经正义》以便学者，然乡里之学废而乏教养之实），夏五月侯君集灭高昌（以其地为西州而置安西都护府，至是唐州府三百五十九、县千五百一十一，东极于海西至焉耆、南尽林邑北抵大漠，东西近万里而南北近两万里），冬十一月诏李淳风考定戊寅历，更定服制（纳礼官加高祖父母服齐衰五月、嫡子妇服期而嫂、叔、弟妻、夫兄、舅皆服小功之奏请，识者以为不明人伦不达礼意）。【辛丑】十五年春正月以文成公主嫁吐蕃（其赞普渐革猜暴之性，遣子弟入国学受诗书），夏四月命太常博士吕才刊定阴阳杂书（分叙并质以经史），五月有星孛于太微、诏罢封禅（从褚遂良之请），西突厥咄陆可汗杀沙钵罗可汗，遣职方郎中陈大德使高丽（赂遗诡诈而不能布宣德泽），冬十一月以李世勣为兵部尚书（为并州长史十六年令行禁止，民夷怀服边尘不惊故有是命），薛延陀攻突厥、遣李世勣讨破之。【壬寅】十六年春正月徙死罪者实西州，括浮民附籍，秋九月以魏徵为太子太师（谏抑以下陵上风习，然太子奢靡失德而不能匡救），西突厥咄陆可汗为其下所逐、遣使立射匮可汗，冬十月许以新兴公主嫁薛延陀以抚御之，十一月高丽泉盖苏文弑其王高建武，十二月诏议反逆缘坐律（纳给事中崔仁师之谏，以为父子兄弟罪不相及，不以亡秦酷法变隆周中典）。【癸卯】十七年春正月郑公魏徵卒，夏四月太子承乾谋反、废为庶人（奢纵诈饰、尸位无恤而好突厥风习），立晋王治为皇太子而贬魏王泰为东莱郡王（太宗不以天下大器私其所爱，以杜祸乱之源），以太子太保萧瑀、太子詹事李世勣同中书门下三品（定太子见三师礼仪），六月朔日蚀，遣使册高丽王高藏为辽东郡王，秋七月命房玄龄等上高祖、今上《实录》（古者官守其职，史书善恶君相不预，奸臣贼子所以惧也，相修君观直笔实难），九月新罗乞兵伐高丽、帝欲亲征之（褚遂良谏而不纳）。【甲辰】十八年秋九月以褚遂良为黄门侍郎参预朝政（遂良以为忠臣爱君必防其渐以止乱萌），高丽遣使入贡而却之，冬十月朔日蚀，十二月突厥徙居河南、可汗李思摩入朝（帝欲中外一视同仁兼爱无差而不能由近及远，厚遇夷狄则中国将薄，五服限禁何可轻废）。【乙巳】十九年春正月帝伐高丽（帝不能慎终如始日新其德，逞志喜战矜功而悔，九月还师遭暴风雪而士卒多死），秋九月薛延陀真珠可汗死、子多弥可汗拔灼杀兄自立，冬十月遣使祀魏徵而复立所仆碑（帝悔高丽之行而思魏徵之忠直）、赎诸军所虏高丽民万四千口为民，十二月薛延陀寇夏州。【丙午】二十年春三月诏皇太子听政，闰三月朔日蚀，夏五月高丽遣使谢罪而却之（辞诞倨慢之故），秋八月遣李世勣击降薛延陀、敕勒诸部遣使请吏。【丁未】二十一年春正月以敕勒诸部为州县（诏以为六府七州而各以其酋长为都督、刺史，北荒悉平而回纥等私自称可汗，官号如突厥；识者以为列夷狄为州县，乃崇虚名而受实弊，太宗好大无穷兼畜夷夏，非所以遗后嗣安中国之中正常道），以牛进达、李世勣伐高丽（欲遣偏师迭扰以困之不得耕稼，遂适成为寇之举），夏四月以李素立为燕然都护（抚以恩信，夷落怀之），秋八月诏停封禅，立皇子明为曹王（太宗杀弟纳妇生子继弟，可谓渎乱人伦），发江南工人造大船（欲复征高丽），冬十二月遣阿史那社尔等击龟兹（浸失臣礼且侵渔邻国之故）。【戊申】二十二年春正月作《帝范》以赐太子（自愧不善之多），结骨俟利发入朝（是时四夷君长争入献见，元正朝贺常数百千人），夏五月杀华州刺史李君羡（太白屡昼见而太史占女主昌，《秘记》云女主武王代有天下，帝杀官称封邑皆带武字者），司空梁公房玄龄卒（临终表谏勿东征高丽以恤民和夷，谥文昭），秋八月朔日蚀，冬十月雅、眉、邛州獠反（发剑南民獠造船而蜀人苦之之故），十一月奚、契丹内属，回纥吐迷度为其下所杀、诏立其子婆闰。【己酉】二十三年夏五月以李世勣为叠州刺史（预为太子恩典提拔之用，君待臣以利不以道，则臣报君亦如之）、帝崩（长孙无忌、褚遂良受遗诏辅太子，罢辽东之役与诸土木之功，四夷入仕朝贡者闻丧极痛；太宗深戒隋炀暴亡，畏义好贤、力于为善而终成贞观盛世，晚岁偏执骄虚而失前作略），六月太子即位，秋八月地震、九月以李勣为左仆射。

【庚戌】高宗皇帝永徽元年春正月诏衡山公主俟三年国丧毕成婚（纳于志宁谏），秋九月右骁卫郎将高侃击擒突厥车鼻可汗（自是突厥诸部尽为内臣，北边无寇三十余年）。【辛亥】二年秋七月西突厥贺鲁杀射匮可汗、自立为沙钵罗可汗而诏讨之，冬十一月诏献鹰隼犬马者罪之。【壬子】三年春正月吐谷浑、新罗、高丽、百济并遣使入贡，二月御安福门楼观百戏而自诫（高宗前期永徽之政任贤恤民，百姓阜安而有贞观遗风；后则用佞而远贤，悖谬昏惑卒成武氏之篡）。【癸丑】四年春二月散骑常侍房遗爱及高阳公主谋反伏诛（遂杀荆王元景与吴王恪，父子兄弟罪不相及，高宗、长孙无忌、褚遂良俱有私心焉），冬十二月西突厥咄陆可汗死（其子后为沙钵罗所并）。【甲寅】五年春三月以太宗才人武氏为昭仪（高宗子以烝父，武氏巧慧多权数，后得篡而皇室几尽），夏闰四月帝在万年宫而夜大水、六月恒州大水（即位之初地震晋阳，武氏入宫水溺寝殿，天人感应再三谴告而君臣漠然，并不能恐惧修省），冬十一月大稔，以长孙无忌宠姬子为朝散大夫（武氏狠毒扼杀己女而嫁害王皇后，与帝赂长孙无忌以求皇后位；无忌以义正君而先没于利诱，故不能格帝非心）。【乙卯】六年春二月遣营州都督程名振击高丽（高丽与百济、靺鞨侵新罗而新罗求援），秋七月以李义府为中书侍郎（媚顺武氏以干禄），八月迁裴行俭为西州长史、九月贬褚遂良为潭州都督（俱反对立原太宗才人武昭仪为后，李勣言“此陛下家事，何必更问外人”而帝意遂决，许敬宗亦附和之；褚遂良虽忠而不能先机果断，毫厘不伐至用斧柯而悔无所及），冬十月废皇后王氏为庶人、立昭仪武氏为皇后（帝不能抑其私情而以太宗赐予事同政君为说辞，武后随即残杀废后及淑妃；太宗作《帝范》训太子，事虽备而皆空言，己纳弟妇而为首恶，有唐宗室遂无正家之法），以中书侍郎李义府参知政事（容貌温恭狡险忌克，笑中藏刀柔而害物）。【丙辰】显庆元年春正月以太子忠为梁王而立代王弘为皇太子，夏免山东丁役（帝问侍臣养人之道，来济对以省征役），六月诏以高祖配昊天于圜丘、太宗配五帝于明堂，秋七月贬侍御史王义方为莱州司户（因奏李义府私欲枉法杀人灭口，帝责其毁辱大臣），九月括州暴风海溢。【丁巳】二年夏五月帝始隔日视事（始渐怠政），遣天竺方士归国（曾言有长生术而太宗颇信之），秋八月贬韩瑗、来济、褚遂良皆为远州刺史（许敬宗、李义府诬之），废六天之祀而合方丘、神州为一祭，冬十月苏定方击获沙钵罗而分立兴昔亡、继往绝二可汗（掩问恤民十姓安堵），以洛阳宫为东都，诏禁僧尼受父母及尊者拜。【戊午】三年春正月诏行新礼（佞幸许敬宗、李义府等焚《国恤篇》而凶礼遂缺），冬十一月贬杜正伦为横州刺史、李义府为普州刺史（义府恃宠贪冒无厌卖官鬻爵，正纶讼之而帝竟两责之）。【己未】四年夏四月削太尉长孙无忌官爵、黔州安置（武后令许敬宗诬陷之，秋七月复杀无忌及柳奭、韩瑗并贬于志宁等而政归中宫），六月改《氏族志》为《姓氏录》（许敬宗以后族为第一等，其余悉以仕唐官品高下为准，士卒以军功致位五品者皆预士流，时谓“勋格”，自此士族大衰而庶族始盛）。【庚申】五年夏四月作合璧宫、六月朔日蚀，秋七月遣苏定方等伐降百济（数侵新罗而其王求救之故），冬十月初令皇后决百司奏事（帝苦风眩而后性明敏、涉文史，由是权与帝侔）。【辛酉】龙朔元年夏四月遣兵部尚书任雅相等征降高丽，六月以西域诸国为州府（府八、州七十六），是岁铁勒犯边。【壬戌】二年春三月郑仁泰、薛仁贵等败铁勒于天山（虽胜而残忍无恤，以契苾何力安辑余众而九姓遂定），冬十月Ꮘ海总管苏海政矫诏杀兴昔亡可汗（继往绝与之有怨而请海政斩之，继往绝寻卒，十姓无主遂附吐蕃），西突厥寇庭州、刺史来济死之（视死如归，君子以为其气节优于长孙无忌与褚遂良）。【癸亥】三年夏五月诏郑仁泰等分屯凉、鄯以备吐蕃（吐蕃破走吐谷浑之故），秋九月熊津总管孙仁师攻拔百济（以刘仁轨镇百济，仁政恤民立唐社稷、颁正朔及庙讳而百济大悦）。【甲子】麟德元年春郇公李孝协坐赃赐死（高宗昏懦武后肆志，以治庶人法治皇族，此后东宫连见废杀），冬十二月杀同三品上官仪、梁王李忠赐死（帝忿武后专恣而密诏上官仪废之，武后自诉而帝羞缩不忍，武后遂使许敬宗诬杀仪等，是后武后垂帘听政而高宗拱手，中外谓之“二圣”）。【乙丑】二年夏五月行麟德历（李淳风以戊寅历推步浸疏，乃增损刘焯皇极历而更撰之）。

【丙寅】乾封元年春正月封泰山、禅社首（祭皇地祇，武后亚献），过曲阜祠孔子（赠太师并祭以少牢），至亳州谒老君庙并尊号太上玄元皇帝，夏六月遣金吾卫将军庞同善伐高丽、秋九月大破之（内讧诣阙求救之故）。【丁卯】二年春正月罢乾封泉宝钱（谷帛踊贵商贾不行之故），夏六月以李安期、张文瓘等并同三品（时帝建宫征伐而安期等谏以至诚恤民，帝深以为然），秋八月朔日蚀，九月李勣拔高丽十七城。【戊辰】总章元年夏四月彗星见于五车（帝避正殿减膳彻乐，不外咎高丽百姓而彗星寻灭），秋九月李勣等拔平壤、高丽王高藏降而高丽悉平，冬十二月置安东都护府于平壤（以统高丽九都督府、四十二州、百县六十九万余户），京师、山东、江淮旱饥。【己巳】二年春二月以卢承庆为司刑太常伯、以郝处俊同三品（俱贤明克任），诏定明堂制度而不果立（法天地阴阳律历之数），夏四月徙高丽户于江、淮、山南、京西诸州（高丽民多离叛者，敕徙三万八千二百户豪强者，留其贫弱使守安东），六月朔日蚀，秋九月大风海溢（漂六千余家），冬十一月定铨注法（裴行俭等制定，取人以身、言、书、判，计资量劳而拟官；刘晓疏论铨注不知先考德行才能，以致士趋文艺之末）。【庚午】咸亨元年夏六月朔日蚀，秋八月薛仁贵击吐蕃而败绩（将帅不和之故）、关中旱饥，闰九月皇后以旱请避位而不许。【辛未】二年冬十一月朔日蚀。【壬申】三年春二月徙吐谷浑于灵州（畏吐蕃而迁，其故地皆入吐蕃），夏四月吐蕃遣使入贡，冬十一月朔日蚀。【癸酉】四年春三月诏刘仁轨改修国史（许敬宗等记多不实之故），秋七月婺州大水，冬十二月弓月、疏勒来降。【甲戌】上元元年春正月诏刘仁轨讨新罗（时新罗王法敏纳高丽叛众而据百济故地），三月朔日蚀，以武承嗣为周国公，秋八月帝称天皇、后称天后，九月天后表便宜十二条而诏行之（王公以下皆习老子并令明经举人策试、父在为母服齐衰三年；识者以为圣人制礼不可以私增损，跻地尊天持阴敌阳，有陵灭夫宗独御四海之意）。【乙亥】二年春三月天后祀先蚕（百官及朝集使皆陪位，帝议使天后摄政，因郝处俊、李义琰谏而止），夏四月太子李弘卒（奏请出武后所幽公主忤后旨而寻卒）、立雍王贤为太子。【丙子】仪凤元年春闰三月吐蕃寇鄯州，秋九月以大理丞狄仁杰为侍御史（持法敢谏有大臣体），冬十月祫享太庙。【丁丑】二年春二月以高藏为朝鲜王、扶余隆为带方王（遣归以安辑高丽、百济余众，藏谋叛徙死、隆亦不敢还故地，高丽旧城没于新罗而余众散入靺鞨，高氏、扶余氏遂亡），夏四月河南、河北旱，诏废显庆新礼（以不师古之故，五礼并依《周礼》行事，自是礼官益无凭守），秋八月徙周王显为英王（更名哲）。【戊寅】三年春正月百官、四夷朝天后于光顺门，夏五月幸九成宫（从兵有冻死者，识者以为武后好杀之感应）。【己卯】调露元年春二月吐蕃赞普死（幼子立而大臣辑睦），夏四月命太子李贤监国（处事明审，时人称之），六月遣吏部侍郎裴行俭立波斯王、袭执西突厥阿史那都支以归（连和吐蕃侵逼安西之故），冬十月单于府突厥反、寇定州。【庚辰】永隆元年春三月命裴行俭讨平突厥，秋七月吐蕃寇河源（将军黑齿常之击却之，广置烽戍屯田备战；先是吐蕃逼降西洱诸蛮，东接凉、松、茂、嶲等州，南邻天竺，西陷龟兹、疏勒等四镇，北抵突厥而地方万余里），八月废太子贤为庶人、立英王哲为皇太子，冬十一月朔日蚀。【辛巳】开耀元年春三月以刘仁轨为太子太傅（能纳帝于礼义而薄利欲心），秋裴行俭讨降突厥阿史那伏念（尽平突厥余党），冬十月朔日蚀。【壬午】永淳元年夏四月朔日蚀，关中饥，安西都护王方翼破平西突厥，五月洛水溢、关中旱蝗疾疫（死者相枕而生人相食），秋七月作奉天宫（帝欲遍封五岳，监察御史里行李善感谏民饥夷侵、勿劳役不休而不纳），冬十月突厥骨笃禄寇并州、薛仁贵大破之，以娄师德为河源军经略副使以备吐蕃。【癸未】弘道元年春二月突厥寇定州，夏四月绥州步落稽作乱而讨平之（以铜佛出世欺诈信众并聚众称帝），五月突厥寇蔚州，冬十二月帝崩、太子即位（尊天后为皇太后）。

【甲申】中宗皇帝嗣圣元年（睿宗文明元年、太后光宅元年）春二月太后废帝为庐陵王而立豫王旦并改元文明（中宗欲以后父韦玄贞为侍中，太后遂废帝而自决政事）、太后始御紫宸殿，夏四月太后迁帝于房州（又迁均州），闰五月太后以武承嗣同三品，秋七月温州大水（流四千余家），八月括州大水（流两千余家），九月太后改元光宅并改服色官名、立武氏七庙，英公李敬业起兵扬州、太后遣将军李孝逸击败之。【乙酉】二年（太后垂拱元年）春正月帝在均州、三月迁于房州，太后颁《垂拱格》，夏五月太后制百官及百姓皆得自举（女自媒而士自荐，遂开炫鬻之门而消廉耻之道），秋七月太后以阿史那元庆为兴昔亡可汗、以僧怀义为白马寺主（得幸于太后，纵横犯法而人莫敢言）。【丙戌】三年（太后二年）春正月帝在房州，太后归政于豫王旦而寻复称制（睿宗知太后非诚心，遂固让之），二月朔日蚀，三月太后置铜匦以受密奏

（自身不正而欲大诛杀立威，于是告密者蜂起而索元礼、周兴、来俊臣之酷徒出焉，麟台正字陈子昂以隋炀暴亡谏而太后不纳），秋九月太后以突厥斛瑟罗为继往绝可汗，有山踊出于雍州新丰（荆州儒生俞文俊谏女主阳位反易刚柔，地气塞隔山变为灾，侧身修德以答天谴，太后怒而流之岭外），太后以狄仁杰为冬官侍郎（宁州刺史任上耆老歌颂其德美）。【丁亥】四年（太后三年）春正月帝在房州，秋七月突厥寇朔州、太后遣黑齿常之等击走之，冬十一月太后罢御史监军（以为以下制上非为令典，武氏虽凶淫而亦能以智术控勒四海，奇才硕德多入其笼络）、大饥。【戊子】五年（太后四年）春正月帝在房州，夏五月太后加号圣母神皇，六月朔日蚀，河南巡抚大使狄仁杰奏焚淫祠（吴楚多淫祠而奏焚一千七百余所，独留夏禹、吴太伯、季札、伍员四祠），秋八月琅琊王李冲、越王李贞举兵匡复不克而死之，太后拜洛受图、诏发兵击生羌及吐蕃而不果行（纳陈子昂之正谏而止）。【己丑】六年（太后永昌元年）春正月帝在房州，是岁太后大杀唐宗室及大臣并出兵击吐蕃、突厥，冬十一月太后飨万象神宫而始用周正（改十一月为正月，十二月为腊月，夏正月为一月），太后自名曌、改诏曰制、除唐宗室属籍。

【庚寅】嗣圣七年（周武氏天授元年）春正月帝在房州，二月太后策贡士于洛城殿，秋七月太后颁《大云经》于天下（僧法明等撰，伪言太后乃弥勒下生，当代唐为世主）并继杀唐宗室，九月武氏改国号曰周而称皇帝（以豫王旦为皇嗣并改姓武氏），冬十月西突厥入居内地（东突厥侵略散亡之故），十一月周易服色、改置社稷宗庙（以武氏祖配上帝）。【辛卯】八年（周武氏二年）春正月帝在房州，二月周流其右丞周兴于岭南（太后任用酷吏，兴与索元礼、来俊臣竞为暴刻而杀破千余家），夏四月朔日蚀，秋七月周徙关内数十万户实洛阳，九月周以狄仁杰同平章事、遣使存抚诸道。【壬辰】九年（周武氏如意元年、长寿元年）春正月帝在房州，周武氏引见存抚使所举人（无论愚贤悉加擢用，武后政由己出而明察善断，以禄位收人心而不称职者寻加黜诛，试官自此始），夏五月禁天下屠杀采捕（唯吉凶不预，时江汉旱饥，民饿死者众），秋七月周流其御史严善思于驩州而寻复召之（昭德、善思力改当时酷吏恣横现状，补缺朱敬则亦谏合宜知变宽和坦乐，因深得其残暴为恶之本情、转善好生之悔意，太后颇纳之而制狱稍衰），冬十月周遣兵击取吐蕃四镇（即龟兹、于阗、疏勒、碎叶，置安西都护于龟兹以戍之），周制“宰相撰时政记月送史馆”（从姚璹之请，多有隐恶伪美记载）。【癸巳】十年（周武氏长寿二年）春正月帝在房州、周以娄师德同平章事（宽厚清慎犯而不校、恭勤不怠民夷安之），夏五月棣州河溢（流两千余家），秋九月朔日蚀、周武氏自号金轮圣神皇帝，突厥可汗骨笃禄卒、弟默啜立。【甲午】十一年（周武氏延载元年）春正月帝在房州，秋八月周铸天枢（刻太后功德），九月朔日蚀、周贬来俊臣而流王弘义，冬十一月周武氏加慈氏（弥勒）之号、周明堂火（拾遗刘承庆请罢所营佛舍，刘知几谏滥赦频仍、取士太广、迁代太速以致牧伯苟且）。【乙未】十二年（周武氏天册万岁元年）春正月帝在房州，二月朔日蚀，秋七月吐蕃寇临洮，九月周武氏自号天册金轮大圣皇帝，冬十月突厥默啜遣使请降，十二月周武氏封嵩山、禅少室。【丙申】十三年（周武氏万岁通天元年）春正月帝在房州，周遣娄师德等击吐蕃而大败，夏五月契丹寇营州（击之而大败），秋九月突厥寇凉州、吐蕃遣使请和（太后纳武卫参军郭元振情理中道之谏以处之），冬十月契丹陷冀州，十一月周以娄师德同平章事。【丁酉】十四年（周武氏神功元年）春正月帝在房州，三月周总管王孝杰与契丹战而败死、周立突厥默啜为迁善可汗，夏六月周来俊臣伏诛，冬闰十月以狄仁杰同平章事（谏勿事四夷而忽根本）。【戊戌】十五年（周武氏圣历元年）春三月帝还东都（武承嗣等营求为太子，狄仁杰等谏诏还庐陵王而太后纳之），秋八月突厥默啜寇妫、檀等州（以不欲和亲武氏而欲辅立李唐为名），九月周武氏以帝为皇太子、河北道元帅以讨默啜（（默啜杀所掠民而还漠北，拥兵四十万据地万余里，西北诸夷皆附之，遂有轻中国之心），冬十月周以狄仁杰为河北道安抚大使以恤安百姓，周阎知微伏诛而以田归道为夏官侍郎（知微力主和亲默啜，而归道以为不可和亲），十一月周以豫王旦为相王。【己亥】十六年（周武氏二年）春正月帝在东宫，秋八月河溢（漂千余家），周以韦嗣立为凤阁舍人（性友悌，谏复国学而皆以儒学仕进、昭洗酷吏枉滥所冤以通和气），冬十二月周以狄仁杰为内史（谏止太后观佛舍利）。【庚子】十七年（周武氏久视元年）春正月帝在东宫，夏五月朔日蚀，六月周遣将军李楷固等击契丹余党而平之、陇右大使唐休璟破吐蕃于洪源，周造大像、狄仁杰谏而罢其役，司空、梁文惠公狄仁杰卒（太后信重之，荐张柬之、姚元崇等几十人，卒成反正之功），冬十月周复以正月为岁首，十二月周开屠禁（纳凤阁舍人崔融谏，祠祭用牲牢如故）。【辛丑】十八年（周武氏大足元年、长安元年）春正月帝在东宫，三月雨雪，冬十一月周以郭元振为凉州刺史（置城设军抚御州境，屯田粮足路不拾遗，令行禁止夷夏畏慕）。【壬寅】十九年（周武氏长安二年）春正月帝在东宫（武邑人苏安恒复谏太后归政太子，以免物极必反之虞），突厥寇盐、夏、并州，秋九月朔日蚀（不尽如钩），冬十月吐蕃寇茂州而战破之，十一月周命监察御史苏颋按雪冤狱（纳监察御史魏靖谏而雪免者甚众）。【癸卯】二十年（周武氏三年）春正月帝在东宫，三月朔日蚀，夏六月宁州大水，秋九月朔日蚀既，周以裴怀古为桂州都督（朱敬则荐之以定始安獠，怀古示以祸福而獠即迎降，忠信感通岭外悉定）。【甲辰】二十一年（周武氏四年）春正月帝在东宫，周以阿史那怀道为西突厥十姓可汗，周作兴泰宫（左拾遗卢藏用谏恤民而不纳），夏四月周复作大像（纳李峤、张廷珪务实恤民之谏而罢役），冬十月以秋官侍郎张柬之同平章事（姚元之荐其沉厚有谋能断大事）。

【乙巳】中宗神龙元年春正月张柬之等举兵讨武氏之乱（乘太后疾甚而复李唐）、帝复位，迁太后于上阳宫并上尊号则天大圣皇帝（不能正太后及武氏之罪，韦氏遂旋踵肆虐），二月复国号曰唐，复立韦氏为皇后、赠后父玄贞上洛王（左拾遗贾虚己谏异姓不王而不纳；韦氏复预闻朝政，桓彦范谏而不纳），三月流酷吏于岭南（已死者追贬之，所破家皆复资荫），夏四月以术士郑普思等为秘书监与国子祭酒（桓彦范等谏而不纳），五月以宋璟为黄门侍郎、皇后表请改易制度而诏从之（上官婕妤劝韦后袭武后故事）、洛水溢（流两千余家），秋七月河南河北十七州大水、制求直言（右卫参军宋务光谏后庭干政宜绝其萌、太子国本宜早择立、外戚太盛宜解机要、术士窃位宜去其蠹，而帝不省纳），冬十月群臣上皇帝皇后尊号曰顺天皇帝、应天皇后，上御楼观泼寒胡戏（清源尉吕元泰谏而不纳），皇太后武氏崩（遗制去帝号，赦王、萧二族及褚遂良、韩瑗、柳奭亲属），户部奏是岁天下户口数（户六百一十五万，口三千七百一十四万）。【丙午】二年春正月制太平公主等开府置官属，二月制僧慧范、道士史崇恩等并加五品阶，三月大置员外官，夏四月杀处士韦月将（因告武三思私通韦后，中宗愚闇怒命斩之，宋璟等谏不听并遭贬），冬十二月突厥默啜寇鸣沙（遂进寇原、会等州）。【丁未】景龙元年春三月吐蕃遣使入贡，夏六月朔日蚀，秋七月太子李重俊起兵诛武三思（兵溃而死），九月以萧至忠等恩幸同三品，冬十二月朔日蚀、遣使诣江淮赎生（中书舍人李乂谏鱼鳖之利黎元所资，与其拯物岂若恤民）。【戊申】二年春三月朔方总管张仁愿筑三受降城（以绝突厥南寇之路），夏四月置修文馆学士（陪侍游宴赋诗属和，天下靡然争以文华相尚，而儒学忠谠之士莫得而进），秋始用斜封墨敕除官（公主婕妤骄横受赇，中宗及后、公主多营佛寺而不恤民），冬十一月突骑施乌质勒卒、子娑葛自立为可汗（遣将讨之而败没，遂赦娑葛并册为十四姓可汗）。【己酉】三年春正月上幸玄武门观宫女拔河（并为市肆商旅为乐），秋七月突骑施娑葛遣使请降（赐名守忠），冬十一月祀南郊（韦后亚献）、关中饥。【庚戌】四年（睿宗皇帝景云元年）春正月上与韦后微行观灯于市里、御梨园且命三品以上抛球拔河、夏五月宴近臣（国子祭酒祝钦明自请作八风舞而备诸丑态，卢藏用言“祝公五经扫地”），六月皇后韦氏弑帝于神龙殿而立温王重茂（女子小人放而不制，必至弑父与君而后已）、临淄王李隆基起兵讨诛韦氏，相王李旦即位、立平王隆基为太子、加太平公主实封万户（沉敏多权略，屡立大功权倾人主），秋七月以宋璟同三品（与姚元之革中宗弊政而进忠退不肖，赏罚尽公纲纪修举），冬十月以薛讷为幽州经略节度大使（节度之名自此始），十二月姚州蛮反而姚、巂路绝（置州郡而重税之，诛其豪杰掠其子女为奴婢，群蛮怨怒遂因吐蕃而叛乱）。【辛亥】景云二年春正月突厥默啜遣使请和，二月命太子监国（太平公主谮陷太子，韦安石、宋璟等谏而睿宗纳之），夏六月置十道按察使（分山南道为山东、山西两道，分陇右为河西道），冬十一月召司马承祯至京师、寻许还山（谏以理身无为顺物自然、心无所私以治天下）。【壬子】太极元年（玄宗皇帝先天元年）春正月祀南郊（用谏议大夫贾曾议而合祭天地），夏五月祭北郊，秋七月彗星出西方而入太微，八月帝传位于太子、太子即位，九月朔日蚀，冬十月沙陀金山遣使入贡（处月别种，姓朱邪氏）。

【癸丑】玄宗明皇帝开元元年春正月诰“卫士二十五入军，五十而免”，二月御楼观灯、大酺月余（左拾遗严挺之、晋陵尉杨相如谏恤民抑欲、宽简中道），以高丽大祚荣为渤海郡王（高丽别种徙居营州，高丽、靺鞨之人稍归之，地方两千里、户十余万而附于突厥，中宗时遣子入侍），夏五月罢修大明宫，秋七月太平公主谋逆赐死、以高力士为右监门将军并知内侍省事（宦官之盛自此始），冬十月引见京畿县令（戒以惠养黎元之意），十二月以姚崇为紫微令。【甲寅】二年春正月定内外官出入常式（以均上下才用流通），置左右教坊以教俗乐（又选乐工、宫女自教之而谓之皇帝梨园弟子，礼部侍郎张廷珪等谏而不纳），沙汰僧尼（中宗以来贵戚争营寺度僧而富户强丁削发避役，姚崇谏不应妄度奸人使坏正法而帝纳之，沙汰万二千余人并禁创寺、铸佛、写经，百官之家毋与僧尼道士往还），夏五月罢员外、检校官（贵戚束手而请谒不行），六月以宋王李成器等为诸州刺史（明皇友悌兄弟，然惟娱乐之而不及政，到官但领大纲而州务皆委上佐），秋七月焚珠玉、锦绣于殿前并正礼服器用等级（以对治风俗侈靡），薛讷击契丹而败绩（死者什八九），八月吐蕃入寇，以武后鼎铭颁告中外（太子宾客薛谦光以“上玄降鉴，方建隆基”铭文为帝受命之符而姚崇表贺之，实侮其君），敕诸州修常平仓法（江、岭、淮、浙、剑南下湿不堪贮积者不在此例），冬十月薛讷等大破吐蕃（吐蕃请和、用敌国礼而帝不许，自是吐蕃连岁犯边），十二月以次子嗣谦为皇太子（嗣谦母以倡进而有宠故立之，母正子重母贤子良，以天子而纳倡优又立其子为储贰，其轻宗庙而慢神器甚矣），置幽州节度经略大使（领六州）。【乙卯】三年夏四月以薛讷、郭虔瓘分为凉州、朔州大总管以备突厥（时默啜衰老昏虐、诸部降唐者众，制以河南地处之而勒兵以备默啜），山东大蝗，秋七月朔日蚀，九月置侍读官（卢怀慎荐马怀素与褚无量），西域大食等八国请降（吐蕃攻乌孙，其王奔安西求救，监察御史张孝嵩出龟兹西数千里下数百城，传檄诸国威震西域），冬十二月以突骑施部将苏禄为金方道经略大使（善于绥抚而十姓部落稍归之，据有西方而遣使入见）。【丙辰】四年春正月杀尚衣奉御长孙昕（皇后妹夫私殴御史大夫，帝命杖杀以谢百僚；以重刑加后党轻罪，理虽近公而实伤夫妇情义，终使皇后不免于废杀），夏山东复大蝗（姚崇命捕之而不至大饥），六月拔曳固斩突厥默啜以降，秋八月突厥降户叛而追讨之，冬闰十二月以宋璟为黄门监（姚崇善于应变成务而璟善于守法持正，见微知著犯颜直谏，抑帝黩武侥幸之心，务在择人随材授任，百官称职刑赏无私）。【丁巳】五年春正月太庙四室坏、行幸东都（宋璟、苏颋谏三年之制未终不宜遽尔行幸，而姚崇则轻忽天命逢君之恶），二月复置营州（奚、契丹内附，贝州刺史宋庆礼复营州；庆礼清勤严肃，广为屯田招安流散，仓廪充实市邑浸繁），秋七月以张嘉贞为天兵军大使（以镇散居太原以北之突厥降者），九月复旧官名、令史官随宰相入侍而群臣对仗奏事（宋璟欲复贞观之政），谪孙平子为都城尉（谏中宗宜入太庙而不应置于别庙之故），冬十二月诏访逸书（纳秘书监马怀素谏以校正省中书籍）。【戊午】六年春征嵩山处士卢鸿为谏议大夫而不受，秋八月令州县岁十二月行乡饮酒礼（不先治民之产以安居乐业、庠序学校教以人伦，独举一礼而他礼不及，则徒为繁文末节而无实益于百姓），始加赋以给官俸（唐初州县官俸令富户掌钱出息以给之而多破产者，纳秘书少监崔沔言，于百姓常赋外微有所加以给之），冬十一月吐蕃奉表请和。【己未】七年夏五月朔日蚀（宋璟谏亲君子远小人、绝女谒除谗慝以修德，推至诚以行之而不必数下制敕），秋八月敕五服并从礼传（纳右补阙卢履冰言，改武后服母三年为一年，以明尊卑而异戎狄），九月以突骑施苏禄为忠顺可汗。【庚申】八年春正月宋璟、苏颋罢（姚崇、张说善于迎合故罢而复用，宋璟、苏颋介然守正故斥而不复），夏六月瀍、谷溢（漂溺近两千人），冬十一月突厥寇凉州（朔方大使王晙图谋突厥失败，毗伽遂尽有默啜之地）。

【辛酉】开元九年春二月以宇文融为劝农使（纳融检括天下逃移户口之谏，使者刻急苦民而州县虚张其数），突厥遣使求和、赐书谕以祸福，夏四月敕举县令，秋九月朔日蚀，梁文献公姚崇卒（遗令子孙切勿迷信僧道追荐冥福并永为后法），冬命僧一行更造新历、梁令瓒造黄道游仪（太史言麟德历浸疏而日蚀屡不效之故）。【壬戌】十年夏四月以张说兼知朔方军节度使（宰相之职无不统摄，节制一道则乱官制），五月伊、汝水溢（漂溺数千家），六月博州河决，制增太庙为九室（迁中宗还太庙，天子七庙而明皇过制），秋安南乱、遣内侍杨思勗讨平之，北庭节度使张嵩击破吐蕃（吐蕃侵而小国求救之故，自是吐蕃累岁不敢犯边），张说奏罢边兵二十万人、始募兵充宿卫（府兵制隳之故，兵农之分自此始；改废古制而以私意为苟简之法，故唐后世多乱）。【癸亥】十一年春二月祭后土于汾阴（纳张说言以为农祈谷），夏五月置丽正书院（聚文学之士修书侍讲，以张说为使），秋八月敕州县安集逃户以遂其生业。【甲子】十二年夏五月复以宇文融为劝农使（巡行州县议定赋役，烦扰不恤为帝敛财），六月制选台阁名臣为诸州刺史，秋七月擒溪州叛蛮覃行璋，冬十一月张说首建封禅之议。【乙丑】十三年春二月以宇文融兼户部侍郎（制以所得客户税钱均充所在常平仓本，又委使司、州县议作劝农社以使贫富相恤、耕耘以时），夏四月更集仙殿为集贤殿（以张说知书院事，右散骑常侍徐坚副之），秋九月禁奏祥瑞，冬十一月封泰山（百官、四夷从行，张说建言东封而启明皇骄怠之源；帝谓为苍生祈福亦惑之甚者，本民力行方为正道），是岁大有年。【丙寅】十四年春正月命张说修五礼，夏五月户部奏今岁户口之数（户近七百零七万，口近四千一百四十二万），秋七月河南、河北大水，八月魏州河溢，冬十月黑水靺鞨遣使入见、以其国为州并置长吏。【丁卯】十五年春正月吐蕃入寇、王君㚟追击破之（帝由是益事边功），秋七月冀州河溢，九月吐蕃陷瓜州、冬十月以萧嵩为河西节度副大使（任用贤能人心浸安）。【戊辰】十六年春正月岭南獠反、命杨思勗讨平之（性残酷而蛮夷惮之），二月以张说兼集贤殿学士（说有才智而好贿），秋八月行开元大衍历，冬十二月制户籍（分为九等，三岁一定）。【己巳】十七年春三月朔方节度使信安王李祎攻拔吐蕃石堡城（拓地千余里，帝更名曰振武军），限明经、进士及第每岁毋过百人以简贤能（纳国子祭酒杨玚谏），夏四月禘于太庙以序昭穆（纳太常少卿韦縚等谏），秋八月以帝生日为千秋节（咸令宴乐并移社就之，明皇享国既久骄心浸生，张说等复谄媚逢迎之），贬宇文融为汝州刺史（以治财赋得幸而竞为聚敛，帝心愈侈百姓苦之，是后言财利以取贵仕者皆祖之），冬十月朔日蚀（不尽如钩）。【庚午】十八年春二月初令百官休日选胜行乐，夏六月洛水溢，冬十月吐蕃遣使入贡，是岁天下奏死罪止二十四人（明皇方以奢汰逸乐化民而慕刑措之名，奸猾遁诛而平民怨抑者众）。【辛未】十九年春正月王毛仲有罪赐死（毛仲严察干力有宠，虽为小人而能斥宦官，自此宦官势愈盛），以《诗》《书》赐吐蕃（其使者称公主求之），三月置太公庙（以张良配享，祭如孔子礼，不能先礼义而后武力，实际降格至圣先师孔子地位）。【壬申】二十年春二月、秋八月朔日蚀，九月开元礼成（复父在为母齐衰三年之礼）。【癸酉】二十一年春正月遣大门艺讨渤海而不克（渤海寇登州、杀刺史而讨之），秋七月朔日蚀，冬十月起复张九龄同平章事于母丧服中（上下交失正礼），分天下为十五道并置采访使检察非法（京畿、都畿、关内、河南、河东、河北、陇右、山南东、山南西、剑南、淮南、江南东、江南西、黔中、岭南）。

【甲戌】开元二十二年春二月秦州地震（压死四千余人），夏五月以李林甫同三品（柔佞多狡而深结宦官外戚，以伺候帝动静），以裴耀卿为江、淮、河南转运使（置河口输场以实关中而省运费），以方士张果为银青光禄大夫（自言有神仙术，帝由是颇信神仙），冬十二月朔日蚀，幽州节度使张守珪斩契丹王屈烈及可突干（连年为患之故，玄宗欲赏以为相，张九龄以为名器不可以假人，宰相代天理物非赏功之官），突厥杀其毗伽可汗、子登利可汗立。【乙亥】二十三年春三月张瑝兄弟杀殿中侍御史杨汪以复父雠、敕杖杀之（纳李林甫等不可坏法之论，而不纳张九龄等矜宥孝烈流放不杀之论），冬闰十月朔日蚀，十二月册寿王妃杨氏、以契丹涅礼为松漠都督（杀其王而帝竟赦诫之）。【丙子】二十四年春三月敕礼部侍郎掌贡举，夏四月张守珪使平卢讨击使安禄山讨奚、契丹而败绩（禄山本狡黠倾巧善揣人情之营州杂胡而为守珪养子，能厚赂使者故多誉之，帝不纳张九龄失律丧师不可不诛之谏而竟赦之，帝亦悦禄山同乡史思明），增宗庙笾豆数、加母党服（纳太常卿韦縚奏请，兵部侍郎张均等谏以古礼旧章而不听），秋八月张九龄献《千秋金镜录》（述前世兴废之源），冬十一月以李林甫兼中书令（城府深密、好以甘言啗人而阴中伤之，实为揣测上意之邪佞小人）。【丁丑】二十五年春正月置玄学博士，二月立明经问大义对时务策、进士试大经十帖法，夏四月杀监察御史周子谅（子谅弹牛仙客非宰相才而帝怒之故，杀谏臣乃大乱之兆，玄宗不能善终而陷溺其心，惑女宠、极奢侈、求长生、悦禨祥），废太子瑛、鄂王瑶、光王琚并杀之（杨洄谮其潜构异谋，李林甫暗劝帝杀之），五月募丁壮以长充边军，秋七月大理寺奏有鹊来巢而赐李林甫爵、牛仙客公爵（识者以为玄宗一日杀三子而宰相以刑措受赏，谗谀得志而天理灭矣），行和籴法而停江、淮运（以谷贱伤农而命增时价什二三）。【戊寅】二十六年春正月以太常博士王玙为祠祭使（帝好鬼神而令玙祈祷、焚纸钱，古者祭必用币以交神明，后世淫祀以贿交于神明而废币帛用楮泉，大类巫觋故习礼者羞之），令天下州、县、里皆置学，夏六月立忠王李玙为太子并改名亨（李林甫劝立寿王瑁而高力士劝推长而立，帝以其孝谨好学而立之），突骑施杀其可汗苏禄（始初廉俭顾众而后用度浸广诸部离心，立其子骨啜为吐火仙可汗），秋九月朔日蚀，册南诏为云南王（其先为哀牢夷，居姚州西而接交趾、吐蕃，南诏皮逻阁始强而求合六诏为一，朝廷许之赐名归义，服群蛮破吐蕃而卒为西南边患）。【己卯】二十七年秋八月追谥孔子为文宣王（制自今孔子南向坐，被王者之服而释奠用宫悬，赠孔门弟子为公、侯、伯），冬十二月更定禘祫之制（由三年一祫、五年一禘改为五年一祫一禘）。【庚辰】二十八年春三月朔日蚀，是岁户八百四十一万余、口四千八百一十四万余（时海内富安，行者万里无忧）。【辛巳】二十九年春正月立赈饥法（委州县及采访使给讫奏闻以及时恤民），夏闰四月得玄元皇帝像（帝怠政志仙惑于方士，自是迂怪日闻谄谀成俗，奸宄得志天下紊乱），秋七月突厥杀其登利可汗、骨咄叶护自立为可汗，洛水溢（溺死千余人），八月以安禄山为营州都督，冬十二月吐蕃陷石堡城。

【壬午】天宝元年春正月以安禄山为平卢节度使（是时天下声教所被之州三百三十一，羁縻之州八百，置十节度经略使以备边，安西抚宁西域、北庭防制突骑施与坚昆、河西断隔吐蕃突厥，朔方与河东捍御突厥、范阳临制奚与契丹、平卢镇抚室韦与靺鞨、陇右备御吐蕃、剑南西抗吐蕃南抚蛮獠、岭南绥靖夷獠等，天宝之后帝好大多欲任失其人，益兵浸多民始困苦），二月享玄元皇帝、享太庙、合祀天地，三月以韦坚为江淮租庸转运使（宇文融没而杨慎矜起，于是韦坚、王鉷之徒竞以利进），秋七月朔日蚀，突厥阿布思来降（内乱不已，突厥遂微）。【癸未】二年春三月追尊周老子父为先天太皇、皋陶为德明皇帝（方士附会而加谥，诬经非礼托以耀民），广运潭成而加韦坚左散骑常侍（发人丘陇民间愁怨）。【甲申】三载春正月改年曰载，二月以安禄山兼范阳节度使（其宠益固），夏五月河西军击突骑施斩莫贺达干、更立骨咄禄为可汗，秋突厥乱、册回纥骨力裴罗为怀仁可汗，冬十二月始祀九宫贵神（纳术士苏嘉庆言而乱礼），初令百姓十八为中、二十三成丁。【乙酉】四载春正月帝闻空中神语（如“圣寿延长”等，实为明皇心愿企盼，可谓假怪神以罔天下，复率天下而自欺），回纥怀仁可汗卒、子磨延啜立（号葛勒可汗，尽有突厥故地），二月以朔方节度使王忠嗣兼河东节度使（持重安边抚循士卒，不疲中国之力以邀功名），秋八月以杨太真为贵妃（明皇宠纳儿妇，三纲绝而天下将乱），九月安禄山讨奚、契丹而破之（欲邀边功，数侵掠致叛而再讨之），冬以王鉷为京畿采访使（巧立名目敛财供上而中外叹怨）。【丙戌】五载春正月贬韦坚等（李林甫妒贤自固而引进柔佞媚士，阴险诈谋以除不附己者，政纲紊乱而明皇尚以为忠），夏五月朔日蚀，秋七月加岭南经略使张九章三品而以王翼为户部侍郎（贡献杨妃之物精美之故）。【丁亥】六载春正月除斩绞条（帝慕好生之名而令应绞斩者重杖流岭南，实则有司率杖杀之），令天下为嫁母服三载（明皇性情偏颇制度不经而后患无穷），令士通一艺以上皆诣京师（帝欲广求天下士，李林甫恐士人对策斥其奸恶，竟使无一人及第而谬称野无遗贤），冬十二月以天下岁贡赐李林甫、以高仙芝为安西四镇节度使（本为高丽人而骁勇善骑射，李林甫欲专宠固位而杜边帅入相之路，以胡人不知书而奏用寒族、胡人为将，至是诸道节度使尽用胡人而精兵咸戍北边，卒致安禄山倾覆天下）。【戊子】七载夏五月群臣上尊号，赐安禄山铁券、以杨钊判度支事（因言利聚敛而得恩幸），冬十一月以杨贵妃诸姊为国夫人（势倾天下而竞为奢靡），十二月哥舒翰筑神威军、应龙城（由是吐蕃不敢近青海），云南王归义卒、子阁罗凤嗣。【己丑】八载春二月帅群臣观左藏充牣而赐杨钊紫衣、金鱼（自是挥霍如土而赏赐无极限），夏四月杀咸宁太守赵奉璋（告李林甫罪二十条，林甫讽御史捕杀之），五月停折冲府上下鱼书（府兵日坏而中国无武备，猛将精兵皆聚于西北）。【庚寅】九载春二月以姚思艺为检校进食使（贵戚竞侈、珍馐一盘抵中人十家之产），关中旱、西岳祠灾（遂罢封祀），夏五月赐安禄山爵东平郡王（唐将帅封王自此始），冬十月得妙宝真符（时明皇不能恭俭寡欲以正其心，尊道教而慕长生，故所在争言符瑞），安禄山请入朝（性狡诈残忍，多次诱杀奚、契丹数千人函首以献），赐杨钊名国忠（以图谶有“金刀”而请改），南诏反、陷云南郡（剑南节度使鲜于仲通性褊急而失蛮夷心，云南太守张虔陀复多所征求，故阁罗凤怒而反）。【辛卯】十载春正月为安禄山起第于亲仁坊并准自由出入宫掖、以安禄山兼河东节度使（兼领三镇日益骄恣，遂有轻中国之心），秋八月武库火（烧兵器三十七万），安禄山讨契丹而大败。【壬辰】十一载冬十一月李林甫死（明皇晚年自恃承平而委任林甫声色自娱，林甫逢迎固宠杜绝言路、掩蔽聪明以成其奸，妒贤嫉能排抑胜己、屡起大狱诛逐贵臣，在相位长达十九年，养成大乱而明皇不寤），以杨国忠为右相兼文部尚书（性强辩轻躁无威仪，公卿以下颐指气使，曲徇时人所欲以收人望）。【癸巳】十二载夏五月复以魏、周、隋后为“三恪”（杨国忠欲去林甫之政，亦为士、庶之争举措）。

【甲午】十三载春正月安禄山入朝、加左仆射（国忠、太子俱言其必反，明皇不听反厚慰之），夏六月朔日蚀不尽如钩（明皇徇于货色疏远贤人，不能恐惧修省卒成大祸），剑南留后李宓击南诏而败没（国忠隐其败而以捷闻，益发兵讨之而无敢言者；杨国忠、鲜于仲通开南诏之隙丧师二十万，高仙芝击大食丧师三万，安禄山讨奚、契丹丧师六万，杨思勗讨叛蛮所杀十一万，代天养民者可谓大失任贤恤民之天职），秋八月关中大饥（国忠讳之而无敢言灾者），冬闰十一月户部奏郡县户口之数（郡三百二十一、县千五百三十八、户近九百六十二万、口五千二百八十八万）。【乙未】十四载春二月安禄山请以蕃将代汉将而从之，秋八月免百姓今载租庸，冬十一月安禄山反（专制三道阴蓄异志十年）、以郭子仪为朔方节度使，十二月安禄山陷东京、制太子监国，平原太守颜真卿起兵讨贼，安禄山遣兵寇振武、郭子仪遣兵马使李光弼与仆固怀恩击破之，常山太守颜杲卿起兵讨贼（河北诸郡皆应之）。

【丙申】天宝十五载、肃宗皇帝至德元载春正月安禄山僭号自称大燕皇帝，贼将史思明陷常山而颜杲卿死之、以李光弼为河东节度使（二月大败史思明），夏六月哥舒翰败于灵宝而贼遂入关（杨国忠固位自利之故）、帝出奔蜀（次于马嵬，国忠及贵妃杨氏伏诛，留太子东讨贼），秋七月太子即位于灵武（唐室三纲不立而无父子君臣之义，见利而动不顾其亲，以致上无教化下无廉耻）、上皇制以太子充天下兵马大元帅（诸王分总天下节制），李泌至灵武（玄宗曾使泌与肃宗为布衣交，至是肃宗遣使召之），令狐潮叛军围雍丘、张巡坚守并击走之（巡具天伦大义且忠勇有谋），八月以郭子仪为灵武长史、李光弼为北都留守并同平章事，上皇以第五琦为江淮租庸使，九月以广平王李俶为天下兵马元帅、李泌为侍谋军国元帅长史，冬十月朔日蚀既（肃宗乘危取位，宠溺张良娣、任李辅国而杀其贤子，祸乱继作功业不遂）。【丁酉】至德二载春正月安庆绪杀其父禄山（禄山昏病躁暴，欲以嬖妾子代庆绪，庆绪与严庄谋杀之，庆绪懦弱纵乐而事决于庄），杀建宁王李倓（李辅国外恭谨内狡险而阴附张良娣，因倓数诋讦二人罪恶，二人谮倓谋害广平王而帝怒赐死），三月上皇遣中使祭始兴文献公张九龄（思其先见而流涕），秋九月广平王俶、郭子仪收复西京（回纥、西域等发兵助之），冬十月尹子奇叛军陷睢阳、张巡与许远等死之（自正月至十月巡等守城艰苦卓绝，忠贞之气长存人间），广平王俶、郭子仪收复东京（回纥助之而大掠民财，唐诸帝好结戎狄以求援，肃宗尤急功欲速而不为恤民远谋，以至诸胡纵掠如贼而大失民心），李泌归衡山（天伦明白、辅佐功深），冬十二月立广平王俶为楚王，加郭子仪司徒、李光弼司空，以良娣张氏为淑妃。【戊戌】乾元元年春二月以李辅国兼太仆卿（依附张妃势倾朝野），大赦改元（尽免百姓今载租庸，复改载为年），三月徙楚王俶为成王、立淑妃张氏为皇后，夏五月立成王淑为皇太子并更名豫（知制诰李揆助立之），以王玙同平章事（肃宗好鬼神而玙以之求媚，议礼仪多杂以巫祝俚俗），六月初行新历（山人韩颖所造），秋七月册回纥英武可汗、以宁国公主归之，八月以郭子仪为中书令、李光弼为侍中，命郭子仪等九节度讨安庆绪、以宦官鱼朝恩为观军容使（大辱天下之众），冬以侯希逸为平卢节度副使（平卢节度使王志玄卒，裨将杀其子而推立希逸，朝廷因以立之；节度使由军士废立始此，纲纪礼紊而祸乱继起）。【己亥】二年春正月史思明自称燕王，二月月食既（张后与李辅国表里干政而肃宗无如之何），三月史思明杀安庆绪而还范阳（四月僭号），夏四月回纥毗伽阙可汗死、子登里可汗立，秋七月召郭子仪还京师而以李光弼为朔方节度使、兵马元帅（鱼朝恩恶子仪而短之，子仪宽、光弼严而子仪忠义气量胜光弼），冬十月李光弼大败史思明于河阳，十一月贬第五琦为忠州长史（乾元钱、重轮钱与开元钱并行而民争盗铸，货轻物重谷价腾踊，饿殍相望归咎于琦）。【庚子】肃宗上元元年春正月以李光弼为太尉兼中书令，以郭子仪领邠宁、鄜坊节度使（以讨党项等吞噬边鄙之羌），夏五月以刘晏为户部侍郎并充度支、铸钱、盐铁等使（善治财利），秋七月命郭子仪出镇邠州而党项遁去。【辛丑】二年春三月史朝义杀史思明（思明猜忍好杀，长子朝义忧惧遂弑其父，诸部旧将仅能略羁縻之），秋七月朔日蚀既、大星皆见（日者阳精之至而为人君之象，妾妇乘其夫、臣子背君父、夷狄侵中国、政权在臣下则暗而不明，肃宗无恐惧修省仰答异变之意而大祸将发），八月加李辅国兵部尚书（求为宰相而未得），九月置佛教道场于三殿而召大臣围绕膜拜、制去尊号及年号而以建子月为岁首（肃宗信禳祈小术以求致福弭祸，实类匹夫之愚）、江淮大饥，冬以元载为度支、盐铁、转运等使（残民过甚，民聚为盗），肃宗朝上皇于西内（山人李唐善能引发肃宗孝心）。【壬寅】宝应元年春建辰月赐郭子仪爵汾阳王并知诸道行营（河东诸将率皆奉法），夏建巳月楚州得宝玉十三枚（言能镇灾而群臣表贺，肃宗父子情违故妖由人兴，奸伪得以惑之），太上皇崩而帝疾转剧、命太子监国并复以建寅为正月，帝崩、李辅国以太子命杀皇后张氏、太子即位（辅国恃功专权），夏六月复以刘晏为度支、转运、盐铁等使，冬十月以雍王李适为天下兵马元帅（讨败史朝义而取东京及河阳，回纥复杀掠东京百姓），盗杀李辅国（代宗遣之）。

（二）唐中后期五代十国时期中华正统实践脉络

【癸卯】代宗皇帝广德元年春正月以刘晏同平章事，流平叛名将来瑱于播州而杀之（程元振私怨谮之之故，藩镇遂切齿于元振），以史朝义降将薛嵩、田承嗣、李怀仙为河北诸镇节度使（唐失河北始自任蕃夷为制将），夏四月敕议举孝廉（礼部侍郎杨绾谏选士当取行实，请置孝廉科而罢停进士、明经与道举，令县令取行著乡闾、学知经术者荐之于州，刺史考试升之于省，任占一经问经义对策，事虽不行而识者韪之），冬十月吐蕃入寇（帝如陕州而吐蕃入长安，郭子仪击之遁去；安史之乱边备空虚，胡虏蚕食多为左衽，子仪忠义精诚度量宏伟，虽闲置犹恭命而死生以之），十一月削程元振官爵放归田里（专权忌贤中外切齿之故），十二月上还长安、以鱼朝恩为天下观军容宣慰处置使并总禁兵，吐蕃陷松、维、保三州（西川节度使高适不能救，剑南、西山诸州亦入吐蕃）。【甲辰】二年春正月立雍王李适为皇太子，仆固怀恩反并寇太原、以郭子仪为河中节度等使镇抚朔方（帝恕抚怀恩之母而责己信不及人，然赏罚无章善恶不明、上下情隔谗巧得行，故而纲纪坏乱恩威不立），三月以刘晏为河南、江淮转运使（兵火之后中外艰食，晏疏浚汴水具陈漕运利病，唐世皆遵其法度），夏五月初行五纪历、罢孝悌力田及童子科（杨绾奏其侥幸无实状），秋七月仆固怀恩引回纥与吐蕃入寇、诏郭子仪出镇奉天，九月关中虫蝗、霖雨，冬十二月户部奏是岁户口之数（户二百九十余万，口一千六百九十余万，安史乱后天下残零）。【乙巳】永泰元年春三月左拾遗独孤及谏息兵恤民而上不能用、旱，夏四月以裴谞为左司郎中（上问榷酤之利，谞答以民人疾苦），平卢将李怀玉逐其节度使侯希逸、诏以怀玉为留后并赐名正己（时河北诸节度使拥兵自重结姻表里、自署将吏不供贡赋，朝廷专事姑息而不复能制），秋九月置百高座讲《仁王经》，闰十月郭子仪还河中而自耕百亩（士卒效之而军有余粮）。【丙午】大历元年春正月敕复补国子学生（纳祭酒萧昕学校不可遂废之谏），以户部尚书刘晏与侍郎第五琦分理天下财赋，秋八月以宦者鱼朝恩判国子监事（中书舍人常衮谏而不听），冬十月上生日而诸道节度使上寿奉献（常衮谏剥民脂民膏、敛怨求媚之风不可长而不听）。【丁未】二年秋鱼朝恩作章敬寺（始上未甚重佛，元载等皆好佛，于是上亦深信并禳祸求福，良田美宅多归僧寺，臣民承化政刑日紊）。【戊申】三年春正月上幸章敬寺并度僧尼千人，三月朔日蚀，夏四月征李泌于衡山（军国大事皆与之议）、追谥齐王李倓为承天皇帝，秋七月遣右散骑常侍萧昕使回纥（吊祭可敦可汗而彼此情通），内出盂兰盆赐章敬寺（百官迎谒，岁以为常），八月吐蕃寇灵武、九月凤翔都将李晟屠吐蕃定秦堡而吐蕃遁还。【己酉】四年春正月郭子仪入朝（能正位而无私），夏六月郭子仪徙镇邠州（能安朔方军心）。【庚戌】五年春三月鱼朝恩伏诛（典兵专权势倾朝野，代宗先宠之后杀之、复隐而厚赐之，朝廷遂失政刑），以杨绾为国子祭酒、徐浩为吏部侍郎（元载专权自骄政以贿成，任附者而疏不附），秋七月京畿饥（斗米千钱）。【辛亥】六年春二月岭南蛮酋梁崇牵作乱而讨平之，三月河北旱，秋八月以韩滉判度支（廉勤严急而吏不敢欺）。【壬子】七年春正月回纥使者犯朱雀门（掠人子女屡出杀人而上皆不问）。【癸丑】八年冬吐蕃寇泾汾、郭子仪遣浑瑊拒却之。【甲寅】九年春三月诏以永乐公主妻田承嗣子（天子许嫁叛臣，欲固结其心而益骄慢，苟欲姑息反以纳侮，可谓卑替之甚），夏六月胡僧不空死（赠司空并赐爵肃国公），京师旱（帝命撤土龙而减膳节用，秋七月雨）。【乙卯】十年春正月田承嗣复反叛（诸道有玩寇自利之心），冬十月朔日蚀，吐蕃寇泾、陇而击破之。【丁巳】十二年春三月诛元载、贬王缙为括州刺史（纳贿且政事委吏之故），夏四月以杨绾、常衮同平章事（绾性清简俭素，增京官、定节度使以下俸禄，裒多益寡上下有叙），秋七月司徒、文简公杨绾卒（上痛悼之），以颜真卿为刑部尚书，九月以段秀实为泾原节度使（奉身清俭，军令简约有威惠）、霖雨，冬吐蕃寇盐、夏而拒却之，以李正己子纳为青州刺史（时藩镇割据各拥重兵，相与勾结阳奉阴违，自专官爵甲兵租赋刑杀，而帝柔愿因循务于姑息，诸节度名为蕃臣实如蛮貊异域）。【戊午】十三年春正月敕毁白渠皇族碾硙以利民，回纥寇太原而击破之，夏六月陇右节度使朱泚献猫鼠同乳不相害以为瑞（中书舍人崔祐甫谏物反常为妖，宜戒法吏之不察奸、边吏之不御寇者以承天意），秋吐蕃寇盐、庆、银、麟州（郭子仪遣李怀光击破之）。【己未】十四年夏五月帝崩、太子即位，闰五月诏罢四方贡献、罢梨园，尊郭子仪为尚父、加太尉兼中书令，诏天下毋得奏祥瑞、纵驯象而出宫女，六月诏六品以上清望官日令二人待制，秋七月朔日蚀（罢客省，毁贵戚豪第，减常贡锦与服玩，罢榷酒，德宗矫代宗之失而锐改之，然无忠信诚悫之心以守之，其失甚于代宗），八月以杨炎同平章事、遣太常少卿韦伦使吐蕃（欲以德怀之而返其俘），沈既济上选举议（以为选举之法分德、才、劳三科，择才于吏部而试职于州郡则弊端多有，五品以上及群司长官宜令宰臣进叙、六品以下许州府辟用，以期人存政举而归于恤民之心），九月南诏王阁罗凤死、孙异谋寻立，冬十月吐蕃、南诏入寇（遣神策都将李晟等击破之），十二月立宣王李诵为皇太子、晦日蚀。

【庚申】德宗皇帝建中元年春正月始作两税法（唐初赋敛之法曰田租、身庸、户调，玄宗之末兵起而版籍浸坏失去常准，丁户旬输月送困弊逃徙，以致土著百无四、五；杨炎建议量出制入以赋于民，户无分主客皆以现居为簿，人无分丁、中皆以贫富为差，为行商者在所州县先税三十之一，居民之税秋夏两征之，其租、庸、调、杂徭悉省而皆总于度支；德宗之政名廉实贪，其令始戒终废，诛求之意出于法外，法虽存而常为无用之虚文），二月命黜陟使分巡天下（河北黜陟使洪经纶欲罢魏博军四万人还农，田悦挑拨使军士德己而怨朝廷），夏六月筑奉天城（术士桑道茂言上将有离宫之厄，而奉天有天子气之故），回纥顿莫贺杀登里可汗而自立、遣使册命为武义成功可汗（初回纥风俗淳朴众志专一，登里可汗始自尊大奢靡而风俗亦坏，欲伐代宗之丧而其相顿莫贺谏不听，遂杀之并遣使请册命），秋七月遥尊帝母沈氏为皇太后（安史之乱陷贼不知所在，遣使求之不获之故）、杀中州刺史刘晏（能简任士类以为度支、为国聚财而养民为先，杨炎专权谮之而天下冤之），九月宣政殿廊坏，冬十月贬薛邕为连山尉（天下不按赃吏者殆二十年，至是州县始畏朝典），十一月诏日引朝集使二人访远人疾苦、始定公主见舅姑礼，是岁天下民兵之数（税户三百八万五千余、籍兵七十六万八千余）。【辛酉】二年春正月以杨炎、卢杞同平章事（炎恶归于上，帝恶之而以杞分其权，杞阴狡辩口而引任裴延龄等小人；君子小人别其类，置相小人则天下被其害），夏六月太尉、汾阳忠武王郭子仪卒（子仪仗忠信而安义命，天下以其身为安危者殆三十年），冬十月杀左仆射杨炎（卢杞谮之）。【壬戌】三年夏四月朱滔与王武俊反、括富商钱（人心惶惶京师内溃）、五月诏增税钱，冬十一月加陈少游同平章事（少游重敛求宠而为民贼，德宗推其法于天下而赏以宰相，颠覆之祸不可得免），朱滔、田悦、王武俊、李纳皆自称王，十二月李希烈自称天下都元帅。【癸亥】四年夏四月初行税间架、除陌钱法（愁怨之声盈于远近，德宗有平一海内之志，而求欲速之功，不务养民而先用武，民愁兵怨激而成乱），冬十月泾原兵过京师而作乱、上如奉天（朱泚反并据长安，僭号自称大秦皇帝），十二月贬卢杞及白志贞等为远州司马（李怀光暴扬杞罪、众论亦喧腾咎之故上贬之；德宗保养巨奸濒于危亡而不忍去之，于是上陵下替之势成）、以陆贽为考功郎中（谆谆劝诱德宗反躬诚信抚怀天下，天下遂得危而复安）。【甲子】兴元元年春正月大赦（陆贽谏德宗罪己改过以谢天下而祗天戒，使反侧之徒革心向化，帝纳之诏赦而上下情通，骄将悍卒无不感激涕零，王武俊、田悦、李纳上表谢罪而去王号），李希烈僭号自称大楚皇帝，置琼林大盈库于行宫而随即命去其榜（德宗专欲致祸，困而不喻犹惟货是黩，陆贽谏天子与天同德、不效匹夫之藏以慰艰世士民，帝悟而纳之），二月李怀光反、帝奔梁州、加神策行营节度使李晟同平章事，夏五月韩滉遣使贡献，六月李晟等收复京城（朱泚亡走被杀），秋七月征李泌为左散骑常侍，八月颜真卿忠贞不屈为李希烈所杀，冬十一月加韩滉同平章事（性刚严不附权贵，公忠清俭贡献不绝），是岁蝗、大饥。

【乙丑】贞元元年春正月赠颜真卿司徒（谥文忠），夏五月以曹王皋为荆南节度使，秋七月大旱（灞、浐将竭，长安井皆无水，诏罢浮费冗食），八月马燧等平河中、李怀光缢死，冬十一月户部奏今岁入贡者凡百五十州。【丙寅】二年秋七月以曲环为陈许节度使（勤俭率下政宽赋平，数年间流亡复业兵食皆足），吐蕃入寇、九月京城戒严，冬十一月吐蕃陷盐州而十二月陷夏、银、麟州。【丁卯】三年春正月云南王异牟寻请内附（吐蕃役敛云南，儒士郑回劝归而纳之），夏闰五月浑瑊与吐蕃会盟于平凉而吐蕃劫盟，六月罢马燧副元帅及节度使实职（吐蕃尚结赞离间李晟、马燧、浑瑊，德宗心术颠倒见善不明而猜忌中计）、以李泌同平章事（泌谏信任李晟、马燧，恤州县之任而复所省州县官），秋七月以韩潭为夏绥银节度使（吐蕃病疫弃归而唐复镇之）、以元友直为诸道句勘两税钱帛使（以革正两税法之地方截留聚敛流弊）、募戍卒屯田京西（纳李泌言以变关中疲敝为富强，且以为复府兵之渐），八月朔日蚀、帝疑太子结党欲废之而李泌谏止之（泌善处父子兄弟之间，以直诚正言感悟德宗），九月吐蕃寇陇州、回纥求和亲（李泌谏帝许之以困吐蕃），冬十二月大稔、诏和籴粟麦（官吏诛求而百姓不乐）。【戊辰】四年春二月以诸道税外钱帛输大盈库，夏四月吐蕃入寇大掠，六月征阳城为谏议大夫（李泌荐之），秋七月罢句检诸道税外物（民不堪命而诸道诉上），冬十月回纥来迎公主并仍请改号回鹘、吐蕃寇西川而拒击破之，十一月册回鹘长寿天亲可汗、以咸安公主归之，以张建封为徐泗濠节度使（宽厚而有纲纪，帝纳李泌荐以保江淮漕运）。【己巳】五年春三月中书侍郎、邺侯李泌卒（泌介于道儒之间，有谋略而好谈神仙诡诞），冬十二月回鹘天亲可汗死、遣使立其子为忠贞可汗，吐蕃寇北庭、回鹘救之。【庚午】六年冬十月回鹘忠贞可汗为其弟所杀、国人立其子阿啜，吐蕃陷安西（北庭、沙陀降之）。【辛未】七年春二月遣使立回鹘奉诚可汗，秋八月吐蕃寇灵州而回鹘击败之、九月遣使来献俘。【壬申】八年夏四月以赵憬、陆贽同平章事，秋七月以司农少卿裴延龄判度支事（陆贽谏延龄小人刻吝诞罔而不听，是后姤阴日进而阳道将剥）、天下四十余州大水（溺死者二万余人，纳陆贽“帝王怀柔万邦唯德与义，宁人负我无我负人”之谏，八月遣使宣抚诸道），九月减江、淮运米而令京兆、边镇和籴（纳陆贽言而边备浸充），冬十一月朔日蚀，十二月左迁神策大将军柏良器为右领军（监军窦文玚恶之之故，自是宦官始专军政）。【癸酉】九年春正月初税茶（从盐铁使张滂之请而什税一；天地生物养人而悉取之，王政所不由），二月城盐州（以备吐蕃而安灵武、银夏、河西）、夏五月云南王异牟寻遣使上表（请弃吐蕃归唐，此后吐蕃祸轻而云南复为大患；中国当以自治为强，而不能自招患于藩篱之外），冬十二月宣武军乱而逐其节度使刘士宁（淫乱残忍军中苦之，兵马使李万荣诈而夺权，帝不能纳陆贽正上下君臣礼义之谏遂失政刑）。【甲戌】十年春正月剑南西山羌蛮来降，云南击破吐蕃遣使来献捷，夏六月遣使立异牟寻为南诏，冬十二月陆贽罢为太子宾客（贽为相而奏论备边乖方、郊赦宜诚、任贤宜恕而去猜忌、均节财赋，帝宠佞相裴延龄而遂疏贽；贽论两税之弊云“租、调、庸法天下均一，虽欲转徙莫容其奸，故民无摇心而事有定制。兵兴以来版图隳坏，执事知弊之宜革而遂失其原，知简之可从而不得其要，遽更旧法以为两税……惟以资产为宗，不以丁身为本，由是务轻资而乐转徙者恒脱于徭役，敦本业而树居产者每困于征求，此乃诱之为奸、驱之避役”）。【乙亥】十一年夏四月贬陆贽为忠州别驾（裴延龄谮之），五月回鹘奉诚可汗死、遣使立怀信可汗。【丙子】十二年夏四月以韦渠牟为右补阙（上生日惯例命沙门道士讲论，至是始以儒士参之，上悦渠牟嘲谈辩给而迁之），六月以严绶为刑部员外郎（德宗贪货聚敛，藩镇幕僚增敛百姓、减刻吏禄以进奉市恩），秋八月朔日蚀。【丁丑】十三年春二月筑方渠等三城以备吐蕃，冬十二月以宦者为宫市使（残掠民财，状如白居易《卖炭翁》）。【辛巳】十七年夏五月朔日蚀，秋九月韦皋大破吐蕃于雅州。【癸未】十九年春三月以杜佑同平章事、以李实为京兆尹（为政暴戾，士大夫畏而侧目），夏六月以孙荣义为左神策中尉（骄纵招权，宦官之势益盛），自正月不雨至于秋七月，冬十二月贬监察御史韩愈为阳山令（京兆尹李实务征求以进奉，旱灾租税不免而民无聊生，愈谏恤民而坐贬）。【甲申】二十年秋八月诏以军士所附者卢从史授昭义节度使（德宗自弃废置赏罚之权柄而推以与人，失其所以为君之道），九月太子有风痦之疾（翰林待诏王伾、王叔文娱侍太子而有幸，引革新名士为党以谋变革）。【乙酉】二十一年（顺宗皇帝永贞元年）春正月帝崩（姑息藩镇、委任宦者、聚敛货财、褊忌任诈，以致藩镇强而王室弱、宦官专而国命危、贪政多而民心离）、太子即位，以韦执谊同平章事（王叔文专国政而用事于中），以王伾为左散骑常侍、王叔文为翰林学士（荣辱进退勇于造次，惟其所欲不拘形式），罢进奉宫市与五坊小儿，立广陵王李淳为皇太子（更名纯，以陆淳为太子讲经而太子怒其预时事；陆淳有功于《春秋》而学不治心，虽欲复古而外王难成），秋七月太子监国（中外共疾叔文党与，顺宗遂诏之），八月太子即位（不受祥瑞珍奇之献），朗州江涨（流万余家），始令史官撰日历（从监修国史韦执谊之请），贬柳宗元、刘禹锡等为诸州刺史（俱属王叔文新党），冬十一月贬韦执谊为崖州司马，回鹘怀信可汗死、遣使立其子为腾里可汗。

【丙戌】宪宗皇帝元和元年春正月刘辟反（唐之藩镇皆起于盗贼，天子封殖姑息以致不可制，宪宗裁之以法而莫敢不服），夏四月策试制举之士（元稹、白居易等出焉），以李巽为度支、盐铁、转运使（杜佑荐之，其能大类刘晏），以元稹、独孤郁、萧俛为拾遗，秋九月征少室山人李渤为左拾遗（虽辞疾不至而时奏朝政得失），冬十一月回鹘入贡（始以摩尼僧来并置寺处之）。【丁亥】二年春正月以武元衡、李吉甫同平章事（能任贤得人），夏四月李绛奏请恤民诚信孜孜求谏而纳之（宪宗从善如转圜，心虚志锐而得中兴），以白居易为翰林学士（作乐府诗规讽时事之故），是岁李吉甫上元和国计簿（总计天下方镇四十八、州府二百九十五、县千四百五十三，每岁赋税倚仗南方八道四十九州一百四十四万户，比天宝税户四分减三，天下兵仰给县官者八十三万余人，比天宝三分增一，大率二户资一兵，而水旱所伤、非时调发尚不在此数）。【戊子】三年春正月禁长史诣阙进奉（纳裴垍、李绛谏，然上心仍有所欲），夏四月策试贤良方正直言极谏举人（得牛僧孺、皇甫湜、李宗闵等，吉甫恶其言直而抑之），五月沙陀来降、以其酋长朱邪执宜为阴山兵马使（沙陀劲勇冠诸胡而常为吐蕃前锋，吐蕃疑其贰于回鹘而欲迁之河外，沙陀遂复归唐而善置盐州，每有征讨用之皆捷），秋七月朔日蚀，以裴垍同平章事（能竭诚辅佐并谏以正心恤民）。【己丑】四年春正月南方旱饥，闰三月制降系囚、蠲租税、出宫人、绝进奉、禁掠卖（纳李绛、白居易言，久旱而得雨），夏四月山南东道节度使裴均进银器（帝阳纳李绛等谏出付度支，而阴令今后进奉无得申御史台；任宦官而喜进奉，病根不除终陷危乱），秋九月吐蕃寇振武、丰州，冬十月以宦者吐突承璀为招讨处置等使（以中人为大将而终乱政）。【庚寅】五年春正月贬元稹为江陵士曹（稹论事忠直剀切而为内侍所辱、宪宗重谴，遂不克固守而自毁正途），秋七月瀛州刺史刘总弑其父兄而领军务，九月罢吐突承璀为军器使（裴垍、李绛劾其首倡用兵疲敝天下而卒无成功），以权德舆同平章事（谏帝"秦以惨刻而亡，汉以宽大而兴"而帝善之），冬十二月以李绛为中书舍人（劝帝纳谏而不聚财）。【辛卯】六年春二月李藩罢为太子詹事（劝帝拒绝方士长生之说，宪宗未尝求贤人讲经术学王者事，故遂迷信异端而好浮屠黄老），夏六月诏有司省吏员、并州县、减仕途、均俸给（纳吉甫谏以恤民），秋九月富平人梁悦报父仇杀人而杖流之（纳韩愈谏而兼顾情理），冬十二月以李绛同平章事（绛忧患国家鲠直忠谏，吉甫则媚悦姑息多修旧怨），是岁大稔（米斗有值二钱者）。【壬辰】七年夏四月以崔群为中书舍人（性谠直中正），秋七月立遂王李恒为太子，冬十一月遣知制诰裴度宣慰魏博（田兴奉贡来归之故，度为陈君臣上下之义），吐蕃寇泾州。【癸巳】八年夏六月大水（帝以为阴盈之象，遂出宫人二百车），秋九月吐蕃作乌兰桥以便入寇朔方、冬十月回鹘击吐蕃。【甲午】九年春正月李绛罢为礼部尚书（宪宗无正学以明心，始志于治而渐生逸欲、邪说乘之遂疑君子朋党），夏五月复置宥州（纳吉甫谏以备回鹘而抚党项），秋七月以岐阳公主适司议郎杜悰（公主谦卑怡顺，一同家人礼度）。【乙未】十年春三月以柳宗元为柳州刺史、刘禹锡为连州刺史（帝恶王叔文之党，裴度以母老孝亲谏，帝遂改遣善地），夏六月以裴度同平章事，秋八月朔日蚀，冬十月吐蕃请互市而许之。【丙申】十一年春二月南诏劝龙晟为其下所杀（淫虐不道之故，立其弟劝利），夏四月以司农卿皇甫镈判度支（以聚敛得幸），秋九月饶州大水（漂失四千七百户），冬十一月以柳公绰为京兆尹（执法不畏），十二月以李愬为唐邓节度使。【丁酉】十二年春二月置淮西行县（被兵多年民多无食，敕置县抚之），秋七月大水，冬十月李愬夜袭蔡州而擒吴元济、裴度入而诚信恩抚之，十一月以宦者为馆驿使（左补阙裴璘谏内外官职勿侵而帝不纳）。【戊戌】十三年春二月大修麟德殿、浚龙首池、起承晖殿（大臣谏不听而土木浸兴），以李夷简同平章事（谦容君子，无是己非人之心），夏六月朔日蚀，秋八月以判度支皇甫镈、盐铁使程异同平章事（淮西平而帝浸骄侈，镈、异佞巧数进羡余而有宠，裴度、崔群极谏而不听，朝廷遂大失士民心；帝欲消释朋党而调和君子小人，度谏“君子为徒谓之同德，小人为徒谓之朋党，外虽相似内实悬殊，在圣主辨其所为邪正耳”），冬十一月以山人柳泌为台州刺史（帝好神仙长生术而欲求天台灵草之故，谏官争谏不听，遂致食丹躁怒得祸）、吐蕃寇夏州。【己亥】十四年春正月遣中使迎佛骨至京师、贬韩愈为潮州刺史（晋宋以来佛教繁炽，自帝王至士民尊信者众，下者畏慕罪福，高者论难空有；愈恶其蠹财惑众而作《原道》力排之，至是表谏而帝大怒），二月平卢都将刘悟执斩李师道（自广德以来藩镇跋扈垂六十年，河南河北三十余州自除官吏不供贡赋，至是尽遵朝廷约束；惜乎宪宗不能胜其骄侈之心，卒任小人而隳盛业），夏四月裴度罢为河东节度使（皇甫镈掊克取媚而挤之，史馆修撰李翱谏“用忠正而不疑，屏邪佞而不迩”），秋八月库部员外郎李渤病免（谏诸县民多流亡以逃户税共摊、聚敛之臣剥下媚上惟思竭泽并乞禁绝，执政恶之遂谢病归），以王弁为开州刺史而诱诛之（作乱者五人而滥诛千二百人，宪宗苟徇近功不敦大信，以天子诱匹夫而将士离心），冬十月安南将杨清作乱并杀都护李象古（贪纵苛刻失众心而安南乘之），贬起居舍人裴潾为江陵令（宪宗服柳泌药而躁渴，潾谏而怒贬之），崔群罢为湖南观察使（谏君用贤相则治、用佞相则乱，皇甫镈深恨谮之，中外切齿于镈而帝不悟）。【庚子】十五年春正月帝暴崩于中和殿（中尉梁守谦与宦官王守澄等共立穆宗）、闰正月太子即位，贬皇甫镈为崖州司户、以萧俛及段文昌同平章事，二月赦（事毕盛陈倡优杂戏而观之，臣谏而帝不用亦不罪；宪宗不知帝王之学，李绛等不能极论《大学》本末以使帝拳拳服膺而勿失，遂不能择贤教子熏陶涵养以致穆宗践祚失道），以柳公权为翰林侍读学士（谏用笔在心、心正笔正），秋八月浚鱼藻池、九月大宴（甫过公除即事游畋声色、赐与无节），冬十月吐蕃寇泾州、幸华清宫（宰相等切谏而不听）。

【辛丑】穆宗皇帝长庆元年春正月以王播为盐铁转运使（敛财贡奉贿结宦官，榷茶增税横敛无恤），夏四月贬中书舍人李宗闵等为远州刺史（君听不明而君子小人杂进于朝，不分邪正忠谗一体黜陟，此后德裕、宗闵各分朋党更相倾轧垂四十年），五月遣使册回鹘崇德可汗、以太和长公主妻之，是秋多州军乱，九月诏两税皆输布丝纩（自定两税钱重物轻而民所输三倍其初，户部尚书杨於陵谏钱宜流散不宜蓄积、宜使税课皆用谷帛，广铸钱而禁滞积及出塞）。【壬寅】二年春三月诏内外诸军将士有功者奏与除官（商贾胥吏争赂藩镇以牒补列将荐升朝籍，士大夫则扼腕叹息），夏四月朔日蚀，冬十二月立景王湛为太子（上与宦者击球受惊得疾，裴度遂谏立之）。【癸卯】三年春三月以牛僧孺同平章事（时贿赂遍行，帝叹其不纳贿货而用之），秋八月李逢吉恶裴度而出之山南西道节度使（逢吉结王守澄势倾朝野，乘机排陷李绅、韩愈而帝觉之）。【甲辰】四年春正月帝崩（饵金石药之故，处士张皋谏之而不能用）、太子即位，二月幸中和殿击球（自是数游宴赏赐宦官近习，左拾遗刘栖楚极谏之），三月赦（诏诸道常贡之外无得进奉），冬十二月以刘栖楚为谏议大夫、罢泗州戒坛（纳浙西观察使李德裕谏）。【乙巳】敬宗皇帝宝历元年春正月赦（有中使殴百姓，鄠令崔发擒曳之而宦者公然暴殴发，给事中李渤谏正刑中人以免四夷藩镇生慢易心而不纳，李逢吉以孝治天下应矜发母老病为谏而上愍然纳之），牛僧孺罢为武昌节度使（以上荒淫嬖幸用事，畏罪不敢言而累表求出），二月浙西观察使李德裕献丹扆六箴（以上游幸无常大臣罕见而箴讽之，曰宵衣、正服、罢献、纳诲、辨邪、防微），秋七月盐铁使王播进羡余绢百万匹（播诛求严急，正入不充而羡余相继）、造竞渡船。【丙午】二年春二月以裴度为司空、同平章事，三月纳裴度言罢修东都（上之资质亦能善政，因少时不亲师傅而每每性情执拗不信利害，遂至荒淫遇弑），夏五月遣使迎周息元入禁中（道士赵归真说以神仙而上信之），冬十二月宦官刘克明等弑帝于室内（上游戏无度狎昵群小，褊急暴罚宦官怨惧而弑之）而立绛王李悟、王守澄等讨杀之而立江王李涵（更名昂，性孝谨而恭俭宽勤；二日之间宦者三易主而不关宰相，唐之纲纪可谓大坏）。

【丁未】文宗皇帝太和元年夏四月韦处厚请避位而不许（上虽虚怀听纳而犹豫易变之故），以高瑀为忠武节度使（自大历以来节度使多出禁军而不由执政，大将以高息贷钱贿赂中尉以求镇，至则重敛以偿债，至是裴度、韦处厚始奏用贤而中外相贺）。【戊申】二年春三月亲策制举人（贤良方正刘蕡极言宦官威权之祸、择贤任明之福，考官畏宦官而不敢取，执政亦因循抑之），秋九月诏削王庭凑官爵而命诸军讨之（阴以兵粮助叛军之故）、王智兴拔棣州（诸军每小胜即虚张邀赏，朝廷竭力奉之而江淮为之耗弊）。【己酉】三年夏六月以殷侑为齐、德、沧、景节度使（经丧乱骸骨蔽地而户口存者十无三、四，侑与士卒同甘苦而招抚流亡劝之耕桑，三年而户口滋殖、仓廪充盈），以李宗闵同平章事（裴度本荐李德裕，而宗闵有宦官之助，宗闵恶德裕而出之），秋九月命宦官毋得衣纱縠绫罗（上性俭素，听朝之余惟以书史自娱），冬十一月禁献奇巧及织纤丽布帛，南诏寇成都（西川节度使杜元颖专务蓄积减削士卒衣粮，戍卒入蛮境钞盗自给，蛮得蜀中虚实遂大掠子女、百工数万人而去）。【庚戌】四年春正月以牛僧孺同平章事（李宗闵引之而相与摈逐李德裕之党），三月以柳公绰为河东节度使（奏以沙陀酋长朱邪执宜为阴山都督使以捍御北边），秋七月以宋申锡同平章事（上欲倚以除宦官之患），冬十月以李德裕为西川节度使（蜀因南诏之寇而残弊，德裕修葺储备而蜀民粗安）。【辛亥】五年春正月卢龙将杨志诚逐其节度使李载义、二月以志诚为留后（纳牛僧孺之说姑息偷安；将帅之废置生杀皆出士卒之手，此非宰相佐天子之治道），夏五月李德裕索南诏所掠百姓（得四千人），秋九月吐蕃将悉怛谋以维州来降而不受

（德裕奏之而僧孺不受，吐蕃遂残酷诛之境上）。【壬子】六年春正月以水旱降系囚，回鹘昭礼可汗为其下所杀、从子胡特勒立，冬十月立鲁王李永为太子，十二月牛僧孺罢为淮南节度使（内外危脆而务为姑息、偷安取容）。【癸丑】七年春二月以李德裕同平章事，夏四月册回鹘彰信可汗，秋八月停进士试诗赋（德裕谏请依杨绾议而纳之），九月以郑注为右神策判官（注依王守澄而柔佞有才），冬十二月上有风疾（饮郑注药虽有验而神识耗减）。【甲寅】八年春二月朔日蚀，夏六月旱（司门员外郎李中敏谏郑注奸邪而不纳），冬十月以李宗闵同平章事而李德裕罢、令进士复试诗赋，十一月以李德裕为镇海节度使（上患德裕、宗闵朋党相争，而不能察群臣之贤否以进退之）。【乙卯】九年春正月浚曲江及昆明池（郑注言秦地有灾宜兴役禳之，不知修德正事而欲劳民厌灾实非正行），夏四月贬李德裕为袁州刺史，六月贬李宗闵为明州刺史（郑注、李训等乘宠而贬逐无虚日），冬十一月李训、郑注等谋诛宦官不克而为仇士良所杀（文宗欲以小人去小人、召外寇攻内寇而害及国家，生杀除拜皆决北司，宰相行文而已）。【丙辰】开成元年春昭义节度使刘从谏宣言宦官之罪而仇士良惮之（由是郑覃、李石粗能秉政，文宗依之而差能自强）。【丁巳】二年春三月彗星出于张、诏撤乐减膳，夏四月以柳公权为谏议大夫（谏进贤退不肖、纳谏诤而明赏罚），秋七月太子侍读韦温罢（因谏不宜专事宴安，太子不能用其言故辞职），冬十月国子监石经成（是为开成石经）。【戊午】三年春正月盗射伤李石（石承甘露之乱忘身徇国而纲纪粗立，仇士良恶而遣盗杀之未果），夏五月禁诸道言祥瑞（上赞杜悰能先觉守正），冬十月太子永卒（好声色游宴昵近小人，上欲废之而群臣谏止，宦官宫人流死数十人而太子暴卒），吐蕃彝泰赞普卒、弟达磨立（荒淫残虐国人不附，灾异相继吐蕃益衰）。【己未】四年春三月司徒、中书令、晋文忠公裴度卒（身貌不逾中人而威望远达四夷，以身系国家轻重如郭子仪者二十余年），夏五月郑覃、陈夷行罢相（清俭耿介而杨嗣复等深疾之），冬十月立陈王李成美为皇太子，回鹘相掘罗弑彰信可汗、国人立𢳚馺特勒为可汗（岁疫大雪羊马多死而回鹘遂衰），是岁天下户数近五百万。【庚申】五年春正月立颍王李瀍为皇太弟而废太子成美为陈王（仇士良等以太子之立功不在己故矫诏立瀍，瀍沉毅有断喜愠不形于色），帝崩、太弟杀陈王成美而即位，秋九月以李德裕同平章事（谏致治之要在辨群臣邪正，执心不正则奸邪承间政事日乱），冬十月黠戛斯攻破回鹘、回鹘嗢没斯款塞求内附，十一月以给事中李中敏为婺州刺史（仇士良欲荫其子而中敏否之，德裕以中敏为杨嗣复之党而趁势逐之，遂大失执政之体）。

【辛酉】武宗皇帝会昌元年春三月杀知枢密刘弘逸、薛季稜而贬杨嗣复等（武宗志气英迈有处断才，然局量褊迫乏涵容度，功未及成英年早逝而子弗克立），夏六月诏群臣言事毋得乞留中以杜谗邪、上受法箓于赵归真（拾遗王哲切谏而坐贬），秋九月诏河东、振武备回鹘（天德军使田牟欲击回鹘以求功，德裕以为应恩抚镇备之）。【壬戌】二年春二月以李绅同平章事，夏四月嗢没斯帅众来降、五月以为怀化郡王（赐姓李名思忠，以其部为归义军），冬十一月吐蕃达磨赞普卒而国乱。【癸亥】三年春二月朔日蚀，三月纳李德裕言追赠悉怛谋右卫将军以奖忠魂（德裕以大义谋国事而不图小利，僧孺以小信妨大计而无关大义），夏四月昭义节度使刘从谏卒而其子稹自为留后、诏诸道讨之（德裕拨乱反正而主之），筑望仙观于禁中，六月内侍监仇士良致仕（狡黠小人擅养君欲以济己欲，惟知小利不知大害），秋七月以卢钧为昭义节度使（因其在襄阳有惠政得众心而招怀之），遣御史中丞李回宣慰河北三镇（三镇奉诏，德裕之力）。【甲子】四年春三月朔日蚀，以刘濛为巡边使（朝廷以回鹘衰微、吐蕃内乱而议复河、湟四镇十八州），以赵归真为道门教授先生（上好神仙而幸归真以谈道涤烦，德裕谏之），秋七月以杜悰同平章事（上敕监军选献扬州善酒令倡女而节度使杜悰不从，上赞其得大臣体而自愧罢选，遂以悰有致君之心而相之），八月邢、洺、磁三州降（加德裕太尉并赐爵卫国公，德裕理顺上下政令军令、谆谆告教三镇忠义不贰），冬十一月贬牛僧孺为循州长史、流李宗闵于封州（德裕欲报私仇而中伤之，自心不正难勉其君持盈守成，秉政日久好徇爱憎以致人多怨之）。【乙丑】五年春群臣上尊号（大臣格君心之非，强怠心、制欲心、降骄心、平怒心、抑忌心、开惑心、解疑心、正偏心，要使君心常收不放则善日起恶日消，德裕以满假矜伐劝其君而大失正道），夏五月册黠戛斯为英武诚明可汗，秋七月朔日蚀，诏毁天下佛寺、僧尼并勒归俗（上恶僧尼耗蠹而欲去之、道士赵归真复劝之，敕两都各留二寺、节镇一寺，凡毁寺四千六百余区、招提兰若四万余区，归俗僧尼二十六万余人，收良田数千万顷，奴婢十五万人），冬十二月诏罢来年正旦朝会（上饵丹躁急喜怒不常之故），是岁天下户数四百九十五万五千余。【丙寅】六年春二月以米暨为招讨党项使（侵盗不已之故），三月立光王李忱为皇太叔、帝崩而太叔即位（宦官立之，是为宣宗），夏四月李德裕罢为荆南节度使，五月诏上京增置八寺、复度僧尼，秋七月回鹘杀乌介可汗、立其弟遏捻，冬十月上受三洞法箓，十二月朔日蚀。

【丁卯】宣宗皇帝大中元年春二月旱（减膳彻乐出宫女止营缮，纳大理寺卿马植不宜赦犯赃及故杀人者之谏），闰二月敕复废寺（是时君相务反会昌之政，僧尼之弊遂复其旧）、吐蕃寇河西，秋八月作雍和殿（上敦睦兄弟而常聚尽欢），冬十二月贬李德裕为潮州司马。【戊辰】二年春正月贬右补阙丁柔立为南阳尉（上书讼德裕冤而坐阿党贬；去非取是则公道得，克己正心则偏私消，宣宗自为偏私遂失公道）、黠戛斯攻室韦并大破之（悉收回鹘余众归碛北），夏五月朔日蚀，太皇太后郭氏暴崩（上疑宪宗之崩太后预其谋而待之礼殊薄，太后欲自陨而上大怒，是夕太后崩；不尊嫡母无以尊父，宣宗可谓有弑母之罪，虽尽孝于生母郑太后而不自知其罪恶之大），秋九月贬李德裕为崖州司户，冬十一月万寿公主适起居郎郑颢（上戒执妇礼，贵戚遂皆守礼法如衣冠之族）。【己巳】三年春二月吐蕃三州、七关来降，秋七月克复河湟（民人解胡服而袭冠带，诏募民垦田五年不收租税），冬闰十一月李德裕卒（有功烈而为唐贤相，才优于裴度而德器不及，不能正心自修，欲破朋党而自为朋党，因私害公、挟势报怨而不能涵容）。【庚午】四年秋九月贬补阙孔温裕为柳州司马（党项为患久讨无功，温裕切谏而上怒贬之），吐蕃论恐热掠河西八州（五千里间赤地殆尽）。【辛未】五年春二月以裴休为盐铁转运使（究贪吏侵盗之弊，立漕法十条），以李福为夏绥节度使（上知党项之反由边帅贪利欺夺诛杀，自是继选儒臣代边帅贪暴者而党项渐安），夏五月吐蕃论恐热入朝（残虐众叛而势孤不振），冬十一月以张义潮为归义节度使（义潮痛恨吐蕃残酷统治而以沙州降，发兵略定旁近十州，遣其兄义泽奉图籍入见，河湟之地遂尽入于唐）。【壬申】六年夏六月以翰林毕諴为邠宁节度使以镇党项（十月招谕降之），闰六月以卢钧为河东节度使安抚北边（原节度使李业纵吏民侵掠杂虏而北边扰动之故），冬十二月复禁私度僧尼（纳进士孙樵恤民、中书门下撙节财力之谏）。【癸酉】七年夏四月定杖笞法，冬十二月度支奏岁入之数（租税、榷酤、盐利计钱九百二十五万缗）。【甲戌】八年春正月朔日蚀、罢元会，二月以牛丛为睦州刺史（上重翰林学士，而迁官必校岁月以为公正），是岁上与翰林学士韦澳、令狐绹等谋削宦官（宦者窃知之而益与朝士相恶，南北司遂势如水火）。【乙亥】九年春二月以李君奭为怀州刺史（念其醴泉令任上异政而任之，又曾令韦澳纂次州县风物及诸利害为书曰《处分语》；宣宗抉摘细微而大纲不举，不能与贤人共天职，以致人君之德有失），夏闰四月诏州县作差科簿（据民贫富及役轻重作簿），秋七月浙东军乱并逐观察使李讷（性卞急而不能礼遇将卒）。【丙子】十年夏五月以韦澳为京兆尹而豪贵敛手，冬十一月回鹘遣使入贡、册回鹘为怀建可汗（念其有功于国而世为婚姻以抚好之）。【丁丑】十一年春二月魏謩罢为西川节度使（上乐闻规谏且多能曲意从理，得大臣章疏必焚香盥手读之；謩以刚直，为令狐绹所忌而出之），冬十月遣使迎道士轩辕集于罗浮山（上好神仙长生之术，集谏“王者屏欲而崇德，则自然受大遐福，何处更求长生”而还山；三代之时天下无异道、执左道以乱政者杀，秦汉以来乃有神仙服食不死之说而圣道不明、人心多蔽惑，唐自太宗至于宣宗饵药败者七、八君）。【戊寅】十二年春二月崔慎由罢相（慎由重品流名节，因谏上建立储宫而罢），夏秋多州军乱并逐观察使（多为不恤之故），夏六月蛮寇安南（安南都护李琢为政贪暴而强市牛马，群蛮怨怒遂导南诏侵盗边境），秋七月河南、河北、淮南大水（徐、泗水深五丈，流没数万家）。【己卯】十三年秋八月帝崩（饵李玄伯等药发之故，宣宗明察沉断用法无私、从谏如流恭俭惠民，大中之政民思咏之，然性猜刻而人多侥幸，外蕃内宦不能根治）、郓王李漼即位（上欲立三子夔王滋且已嘱宦者王归长等，左军中尉王宗实迎立长子郓王温并更名漼），冬十一月南诏酋龙僭号并寇陷播州。

【庚辰】懿宗皇帝咸通元年春正月浙东贼裘甫作乱，夏五月禁州县税外科率（纳右拾遗薛调“兵兴以来赋敛无度，所在群盗半是逃户，固须剪灭亦可闵伤”之谏），冬十月追复李德裕官爵并赠左仆射（纳右拾遗刘邺谏）。【辛巳】二年春正月以杜悰同平章事（有宰相体量，能引君于仁爱），秋七月南蛮攻陷邕州。【壬午】三年夏四月置戒坛、度僧尼（上奉佛太过而怠于政事，吏部侍郎萧倣谏躬勤政事而不能从），冬十一月南诏寇安南而围交趾。【癸未】四年春正月南诏陷交趾、经略使蔡袭死之（南诏两陷交趾，杀虏达十五万人；上游宴无节，左拾遗刘蜕谏而不听），三月归义军奏克复凉州，夏四月毕諴罢为兵部尚书（以同列多徇私不法而称疾辞位），秋七月朔日蚀。【甲申】五年春三月彗星出于娄（司天监以为含誉瑞星而上大喜），夏四月南诏寇雍州而官兵败没。【乙酉】六年春正月以杜宣猷为宣歙观察使（宦官多闽人，宣猷为福建观察使时于寒食遣吏分祭宦官先茔，宦官德之故有是命）。【丙戌】七年春三月以刘潼为西川节度使（能交好南诏），夏六月岭南西道节度使高骈大破南诏蛮并复取交趾，冬十月吐蕃拓跋怀光斩论恐热并传首京师（吐蕃自是衰绝）、以高骈为静海军节度使驻安南（自李琢侵扰群蛮而致安南患，殆将十年至是始平，而唐亦财竭民困海内近乱矣）。【丁亥】八年春三月以伶官李可及为左威卫将军（上好音乐宴游，可及善为新声遂以为将军），秋七月怀州民逐刺史刘仁规（民诉旱而仁规揭榜禁之，民怒而作乱久之乃定）。【戊子】九年秋七月桂州戍卒作乱并陷多州（徐泗戍卒屡求代还，观察使崔彦曾等以军帑空虚而失信缓代之故；自宣宗末年诸镇相继逐帅而叛者，方镇削减衣粮以充贡献之故，懿宗尤为穷奢极侈敛财多歧），是岁江淮旱、蝗。【己丑】十年冬十月以康承训为河东节度使（克定徐泗卒乱之故）、朱邪赤心为大同节度使（赐姓李，名国昌），流至德令陈蟠叟于爱州（上荒宴而委政路巖，巖奢靡受贿蟠叟奏之，上怒而自是无敢言者），南诏入寇并于十二月陷嘉、黎、雅州（定边节度使李师望杀南诏使欲激怒之以求功，师望贪残戍卒怨怒，以窦滂代之而贪残尤甚，定边已困而南诏复倾国入寇）。【庚寅】十一年秋八月同昌公主卒（上痛悼之而杀医官二十余人，并收其亲族二百余人，宰相刘瞻谏而上怒贬之，瞻遂仰药卒），冬十二月以李国昌为振武节度使。【辛卯】十二年夏五月上幸安国寺并设万人斋。【壬辰】十三年春正月幽州节度使张允伸卒（勤俭恭谨镇幽州二十三年，边鄙无警上下安之），秋八月归义节度使张义潮卒（以其长史曹义金代之，是后中原多故朝命不及，回鹘陷甘州而余州亦为羌胡所据）。【癸巳】十四年春正月遣使迎佛骨（群臣谏不听，夏四月骨至京师，仪卫之盛过于郊祀，上膜拜流涕、宰相以下竞施金帛），秋七月帝崩、普王李俨即位（中尉刘行深等立上少子俨，宰相韦保衡等宴安宠禄而不能劝谕立长，僖宗蠢然尸位遂以亡唐），八月关东、河南大水。

【甲午】僖宗皇帝乾符元年春正月关东旱、饥（翰林学士卢携谏“人无依投待尽沟壑，其蠲免余税实无可征，而州县督趣甚急动加捶挞，虽撤屋伐木雇妻鬻子，止可供所由酒食之费，未得至于府库也，朝廷傥不抚存，百姓实无生计，乞敕州县一切停征，仍发义仓亟加赈给”，敕从其言而有司竟不能行），冬十一月南诏寇西川、濮州人王仙芝作乱（懿宗末年奢侈日甚、用兵不息而赋税愈急，关东连年水旱百姓流殍而州县不以实闻，以致无所控诉相聚为盗）。【乙未】二年春正月以高骈为西川节度使（恤民安业而蛮不复寇），以宦者田令孜为中尉（令孜巧于纳贿聚敛，上专事游戏狎昵而使专枢密政事，宰相以下钳口不敢言），夏四月浙西镇遏使王郢作乱，六月冤句人黄巢聚众以应王仙芝（民之困于重敛者争归之），秋七月大蝗（蝗飞蔽日所过赤地）。【丙申】三年春二月令天下乡村备盗，夏六月雄州地震水涌，秋九月朔日蚀，是岁王仙芝、黄巢寇掠北方诸州。【丁酉】四年春二月南诏酋龙卒（子法立，请和而许之；酋龙为边患殆二十年，中国为之虚耗而其国亦弊），夏四月朔日蚀，是岁王仙芝、黄巢续陷北方诸州。【戊戌】五年春正月大同军乱（杀防御使段文楚而推李克用为留后），夏四月诏河南贷商旅富人钱谷（除官有差），是岁黄巢寇陷南方诸州。【己亥】六年春正月高骈击破黄巢军，岭南西道节度使辛谠遣使如南诏通情修好，夏四月朔日蚀，是岁黄巢陷广州、潭州。【庚子】广明元年春正月沙陀寇忻、代而逼晋阳，二月杀左拾遗侯昌业（昌业极谏上侈宦蠹社稷将危而上怒），秋七月李可举讨破李克用、李琢讨败李国昌（皆亡走鞑靼），冬十二月黄巢陷长安、上走兴元（巢徒大掠而不能禁，尤憎官吏所遇杀之）、黄巢僭号大齐皇帝（杀唐宗室在长安者无遗类）。【辛丑】中和元年春正月幸成都，三月赦李克用，秋七月杀左拾遗孟昭图（谏勿重北司、轻南司，田令孜矫诏杀之），秋八月星交流如织，冬十二月武陵蛮雷满等寇陷朗、衡、澧州。【壬寅】二年春二月李克用寇蔚州，秋九月黄巢将朱温以华州降、冬十月以温为河中行营招讨副使并赐名全忠，十二月以李克用为雁门节度使（杨复光荐之，王铎以墨敕召用之）。【癸卯】三年夏五月李克用破黄巢并收复长安，秋七月以朱全忠为宣武节度使，冬十月以宗女妻南诏。【甲辰】四年夏五月朱全忠袭李克用而走之（因其语傲使气之故），六月降将尚让败黄巢于瑕丘（其党斩之以降），秋七月李克用表乞诛朱全忠而诏谕解之（时藩镇相攻者众，朝廷务于姑息而不复与辨曲直，由是互相吞噬惟力是视而无所禀畏）、八月进李克用爵为陇西郡王。【乙巳】光启元年黄巢将秦宗权复炽（寇焚残暴更甚于巢），宦官田令孜专权而上拱手。【丙午】二年春正月田令孜劫上如宝鸡。【丁未】三年春正月以董昌为浙东观察使、钱镠为杭州刺史，三月利州刺史王建袭据阆州，秋八月朱全忠取曹州（全忠欲兼兖郓遂诬朱瑄，袭拔曹濮二州并杀数万人），冬十月杨行密克扬州并自称淮南留后，闰十一月以朱全忠兼淮南节度使。【戊申】文德元年春二月上至长安，三月朔日蚀、立寿王李杰为皇太弟（十军观军容使杨复恭请立而从之）、帝崩、太弟即位（体貌明粹有英气，尊礼大臣而志复前烈），冬十二月以王建为永平军节度使。

【己酉】昭宗皇帝龙纪元年春二月秦宗权伏诛，三月进朱全忠爵东平郡王，冬十一月上更名晔、祀圜丘（宦官始服剑佩侍祠）。【庚戌】大顺元年春二月以杨行密为宁国军节度使，夏五月诏削夺李克用官爵属籍并讨之（朱全忠等促成之），六月以朱全忠为宣武、宣义节度使，冬十月王建取蜀州。【辛亥】二年春正月复李克用官爵，夏四月彗星见（出三台而入太微，长十余丈，帝相不务修德而徒赦天下），秋七月王建克成都并自称西川留后、冬十月以建为西川节度使。【壬子】景福元年春二月以时溥为太子太师而不奉诏（朱全忠连年攻溥，徐、泗、濠三州民不得耕获，复值水灾死者什六、七，溥困甚请和而全忠要溥移镇，溥恐被诈杀而据城不出），夏四月以钱镠为武胜军防御使，六月杨行密击斩孙儒而归扬州（扬州富庶甲天下而历遭兵火荼毒，江淮之间东西千里扫地尽矣），秋八月以杨行密为淮南节度使（宽简有智略且善抚将士，推心待物无所猜忌，招抚流散轻徭薄敛，未及几年近乎承平之旧），冬十一月朱全忠取濠、泗、濮州（遂击徐州），十二月初行景福崇玄历。【癸丑】二年春正月以柳玭为泸州刺史（柳氏自公绰以来世以孝悌礼法为士大夫所宗，玭以为膏粱子弟学宜加勤行宜加励，上欲以玭为相而宦官沮之），夏四月王建杀陈敬瑄与田令孜、朱全忠拔徐州而时溥自杀，秋九月以钱镠为镇海节度使，冬十二月朱全忠请领盐铁而不许。【甲寅】乾宁元年春二月以郑綮同平章事（性诙谐讥嘲而上以为有所蕴，遂自嘲"歇后郑五作宰相，时事可知矣"），冬十二月黄连洞蛮围汀州、豪强王潮击破之（潮遣僚佐巡州县劝农桑定租税，保境息民闽人安之）。【乙卯】二年春正月李克用入幽州，三月杨行密取濠州（掠得徐州人子赐徐温以为子，温名之曰知诰），冬十一月朱全忠围兖州（所为残暴无恤），十二月进李克用爵晋王。【丙辰】三年夏四月河涨（将毁滑州而全忠决为二河，夹城而东危害滋甚）、武安军乱而推马殷为留后（宽厚乐善、勇而有谋），秋七月李茂贞举兵犯阙、上如华州（八月李克用入援），九月以王潮为威武军节度使、以马殷判湖南军府事，冬十月以钱镠为镇海镇东节度使（镠令两浙吏民上表请之）、以刘隐为清海行军司马（能事唐伐叛）。【丁巳】四年春正月诏罢诸王所领兵及殿后四军（华州节度使韩建胁上，天子亲军遂尽）、立德王裕为皇太子、朱全忠克郓州兖州，冬十月朱全忠击杨行密而大败（行密遂得保据江淮），十二月威武节度使王潮卒（命其弟审知知军府事）、贬右拾遗张道古施州司户（极谏国家危乱奸臣弄权而上怒）。【戊午】光化元年春三月以朱全忠为宣武、宣义、天平节度使（全忠遣使力争求之），以马殷知武安留后，刘仁恭取沧、景、德州（有吞并河朔之志而悖慢无礼），夏四月朱全忠击败李克用而拔洺、邢、磁州，秋九月以王审知为威武节度使。【己未】二年春正月刘仁恭屠贝州（欲兼河朔而残暴无恤）、三月朱全忠击败仁恭并攻河东（李克用遣周德威大败之），秋九月以李茂贞为凤翔、彰义节度使。【庚申】三年夏六月以崔胤同平章事、杀司空王抟（上疾宦官专横而与胤谋去之，南、北司益相憎疾而各结藩镇以相倾，抟恐致乱遂谏人君宜务明大体无所偏私、宦官擅权其消有渐，胤怒谮而流杀之），秋九月朱全忠攻定州并大败刘仁恭军（河北诸镇遂皆服于全忠），冬十一月中尉刘季述等幽上并私立太子李裕。【辛酉】天复元年春正月刘季述伏诛、上复于位（进朱全忠爵为东平王、李茂贞岐王），二月朱全忠取河中、晋、绛等州（三月复攻取河东多州），夏五月以朱全忠为宣武、宣义、天平、护国节度使，李茂贞入朝（与北司宦官结纳而崔胤惧），冬十二月清海节度使徐彦若卒（遗表荐刘隐权留后），是岁南北司争斗并各以朱全忠、李茂贞为外援（二人亦皆有挟天子以令诸侯之意）。【壬戌】二年春三月以杨行密为行营都统并赐爵吴王（令讨朱全忠），夏五月进钱镠为越王，秋九月李茂贞攻朱全忠营而败绩丧气、冬十月朱全忠遣使奉表迎车驾（凤翔城中冻饿死者不可胜计，以至卖食人肉）。【癸亥】三年春正月平卢节度使王师范发兵讨朱全忠、帝幸朱全忠营遂至长安、大诛宦官（复任崔胤而主之，不择是非皆草薙禽猕之，冤号之声彻于内外），二月赐朱全忠号回天再造竭忠守正功臣（寻授太尉并进爵梁王，崔胤与全忠内外勾结，专权胁君中外畏之），秋八月进王建爵蜀王，冬十月山南东道节度使赵匡凝取荆南并表其弟匡明为留后（时天子微弱，诸道多不上供，惟匡凝兄弟忠孝不衰委输不绝），十一月张全义杀左仆射张濬（王师范讨全忠而濬预其谋，全忠谋篡夺而先讽令杀之）。【甲子】天祐元年春正月梁王全忠杀崔胤并表请迁都洛阳，三月上密诏告难于四方（令纠率藩镇以图匡复），夏四月上至洛阳而不复自由、更封钱镠为吴王，六月李茂贞、王建、李继徽合讨朱全忠而被拒河中，秋八月朱全忠弑帝（欲立幼君以谋禅代）、太子李柷即位（克用虽尝跋扈而终不失臣节，唐以其戎狄之人疑而不信；全忠阴狠不忠渐次独大，吞噬诸镇卒灭唐室），冬十月朔日蚀。【乙丑】昭宣帝天祐二年春二月朱全忠杀昭宗子九人，夏四月彗星出西北长竟天，六月杀裴枢、陆扆等朝臣三十余人（全忠任用小人清除异己，残杀清流投诸黄河），冬十一月吴王杨行密卒、子渥代为淮南节度使，十二月朱全忠弑太后何氏而罢谒郊庙（得国不仁，仅数年其身即不免，子孙殄戮靡有遗类，是以一族易一身之富贵；五代之际匹夫而为君，皆不过数岁即宗族夷灭世绝不祀）。【丙寅】三年夏四月朔日蚀，冬十月王建立行台（用李晟、郑畋故事，承制封拜仍以榜帖告谕所部）。

【丁卯】唐天祐四年、后梁太祖皇帝朱晃开平元年、西川称唐天复七年（是岁有梁、晋、岐、淮南、西川凡五国，吴越、湖南、荆南、福建、岭南凡五镇），春正月淮南牙将张颢、徐温作乱（杨渥饮乐骄侈，颢、温谏不听遂控军政），夏四月卢龙节度使刘仁恭为其子守光所囚（仁恭骄侈贪暴，其子守光通其妾而仁恭杖之，梁击仁恭而守光拒却之，遂自称节度使而囚其父），梁王全忠更名晃而称皇帝（奉唐帝为济阴王，以谋主敬翔知崇政院事），梁以马殷为楚王而以钱镠为吴越王，淮南、西川移檄兴复唐室而卒无应者（王建遂谋称帝，晋王则称不敢失节），岐王李茂贞开府（宽简无纪兵羸地蹙，不敢称帝而实拟帝者），契丹遣使如梁（耶律阿保机统一契丹八部，北侵室韦、女真，西取突厥故地，东北诸夷皆畏服之；寇云州而与晋王结拜连和共约击梁，归则背盟更附于梁），六月淮南击楚而楚大破之、梁侵晋而晋败之，秋九月蜀王王建称帝（时唐衣冠之族多避乱在蜀，建礼用之使修举故事，故蜀典章文物有唐遗风）。【戊辰】晋（岐、淮南）称唐天祐五年、后梁开平二年、蜀高祖王建武成元年（凡五国五镇），春正月晋王李克用卒、子存勖立，二月梁主弑济阴王，夏五月晋王攻破梁夹寨而潞州围解（举贤黜残宽赋抚穷而境内大治），淮南徐温等弑其节度使杨渥（温沉毅简俭、政举大纲而军民安之），秋七月淮南将吏推杨隆演为节度使。【己巳】晋（岐、淮南）称唐六年、后梁三年春正月梁迁都洛阳，二月朔日蚀，夏四月梁以王审知为闽王（审知俭约宽刑薄赋，公私富实境内以安），秋七月梁以刘守光为燕王，淮南尽取江西地，冬十月蜀行永昌历（司天监胡秀林所献）。【庚午】晋（岐、吴）称唐七年、后梁四年春二月岐王承制加杨隆演嗣吴王，秋八月吴越筑捍海石塘、广杭州城（钱塘富庶遂盛东南），冬十二月梁定律令格式行之。【辛未】晋（岐、吴）称唐八年、后梁乾化元年、蜀永平元年春正月朔日蚀，晋伐梁，秋七月梁主避暑于河南尹张宗奭第（乱其家妇女殆遍，大灭君臣人伦），八月燕王刘守光称帝（囚父杀兄而贪残不仁），冬十一月幽州参军冯道奔晋。【壬申】晋（岐、吴）称唐九年、后梁二年春正月晋师伐幽州（二月梁主救之而大败走还），夏六月梁郢王朱友珪弑其主晃而自立（晃淫纵乱伦而欲传位友文，友珪惧而弑父兄）。【癸酉】晋（岐、吴）称唐十年、后梁主朱瑱乾化三年，春二月梁均王友贞起兵讨贼友珪伏诛、友贞立而更名瑱，夏六月蜀以道士杜光庭为谏议大夫（博学善属文），冬十一月晋王入幽州执刘仁恭及守光以归，十二月梁侵吴而吴人击败之。【甲戌】晋（岐、吴）称唐十一年、后梁四年，春正月镇、定推晋王为尚书令始置行台（如太宗故事），秋八月蜀以毛文锡判枢密院（或劝蜀王决堰以灌江陵，文锡谏德怀天下恤邻国民而纳之），冬十一月南诏寇蜀、蜀击败之。【乙亥】晋（岐、吴）称唐十二年、后梁贞明元年夏四月魏人降晋，秋八月吴徐温出镇润州（留子知训辅政江都）。【丙子】晋（岐、吴）称唐十三年、后梁二年、蜀通正元年，春二月梁袭晋阳、晋将安金全击却之（晋王性矜伐，以策非己出故不行赏），秋八月契丹寇晋并陷蔚州，冬十二月契丹耶律阿保机称帝改元（晋王欲结强援，以叔父事之而以叔母事耶律后；原刘守光参军韩延徽教契丹汉政制度而汉人安业、威服诸胡，延徽为政而契丹不深入寇）。【丁丑】晋（岐、吴）称唐十四年、后梁三年、蜀天汉元年、汉乾亨元年（是岁岭南称汉），春三月契丹陷晋新州进围幽州，秋八月刘巖称帝于广州（国号越，用杨洞潜计而立学校、设选举），晋师击败契丹而幽州围解（契丹以晋降将卢文进为卢龙节度使令居平州，岁入北边杀掠吏民，卢龙巡属为之凋敝），冬十月梁以吴越王钱镠为天下兵马大元帅，十二月蜀杀其招讨使刘知俊（忌其才而诬以谋叛）。【戊寅】晋（岐、吴）称唐十五年、后梁四年、蜀光天元年，夏六月蜀主王建殂、太子宗衍立，秋七月蜀以王宗弼为钜鹿王（宗弼专政贪赂、内侍宋光嗣希合宠任，上下咨怨而蜀遂衰），吴以徐知诰为淮南行军副使并辅政（知诰恭谦宽俭求贤纳谏而士民归心，以宋齐丘为谋主而恤民务本），八月晋王大举伐梁、梁泰宁节度使张万进降晋（梁嬖佞用事求赂多方之故），蜀以宦者欧阳晃等为将军（干预政事骄纵贪暴），冬十一月越改国号汉，十二月晋王大破梁军。【己卯】晋（岐、吴）称唐十六年、后梁五年、蜀乾德元年、吴宣王杨隆演武义元年，夏四月吴王杨隆演建国改元，秋七月晋王以冯道掌书记，八月吴与吴越连和（自是吴国休兵息民，三十余州民人乐业二十余年），是岁梁、晋争战。【庚辰】晋（岐）称唐十七年、后梁六年（是岁梁晋岐蜀汉吴凡六国，吴越、湖南、荆南、福建凡四镇），夏五月吴宣王杨隆演卒、弟溥立，六月蜀杀其华阳尉张士乔（蜀主纵奢无度贿赂公行，识者知蜀将亡）。【辛巳】晋（岐）称唐十八年、后梁龙德元年、吴睿皇杨溥顺义元年，春正月晋得传国宝（遗唐宦官张承业谏宜先灭梁复唐，晋王不纳遂归疾不复起），夏六月朔日蚀，冬十月义武节度使王处直为其假子都所囚并尽杀其子孙（晋王遂以都代处直，可谓无君臣父子之义，赏刑紊纲常自乱政本），吴王杨溥祀南郊（徐温劝之），十二月契丹寇幽州、义武。【壬午】晋（岐）称唐十九年、后梁二年，春正月晋王击败契丹、秋九月克镇州，冬十一月唐特进、河东监军使张承业卒，十二月晋以张宪权镇州事（司录赵季良讽谏晋王宽税恤民而纳之）。

【癸未】岐称唐天祐二十年、后梁龙德三年、后唐庄宗李存勗同光元年，春二月晋以豆卢革、卢程为行台丞相（选前朝士族以为相），梁以钱镠为吴越王（镠始建国，即如天子之制），夏四月晋王李存勗称皇帝于魏州、国号唐（郭崇韬掌政抑贤而大臣不和），闰四月唐立宗庙于晋阳，秋九月蜀主宴群臣于宣华苑（杂狎亵慢无所不至，宦官威虐盗权而宰相保禄钳口，贤良方正谏而不能用），冬十月朔日蚀，唐主入大梁、梁主朱瑱自杀而梁灭，唐贬梁宰相郑珏以下十一人（以其世受唐恩而仕梁贵显）、敬翔等伏诛并夷其族（首佐朱温以倾唐祚），楚王马殷遣使入贡于唐、吴遣使如唐，彗星见（出舆鬼而长丈余，蜀司天监言国有大灾，蜀主设道场祈禳之，右补阙张云以为“百姓怨气上彻于天故彗星见，此乃亡国之征，非祈禳可弭”，蜀主怒而流杀之），十一月唐以李绍钦为泰宁节度使（因伶人景进纳赂于宫掖而得官；唐主善音律而时与优人戏，诸伶出入宫掖侮弄缙绅，四方藩镇争相贿赂结之，景进谗慝尤为蠹政害民，群臣愤嫉而惮之），冬十二月唐迁都洛阳并复行旧律令，吴复遣使卢苹如唐（苹还言“唐主荒于游畋，吝财拒谏内外皆怨”）、唐荆南节度使高季兴入朝还镇（亦言唐主矜伐自命而荒于禽色）。【甲申】后唐同光二年春正月契丹寇幽州、岐王茂贞遣使表贡称臣于唐、唐复以宦官为内诸司使及诸道监军（浸干政事怙势争权而藩镇愤怒），二月唐主祀南郊、大赦（孔谦聚敛以求媚，大赦所蠲复又征之，由是民不信诏令而愁怨；唐主内府山积而吝于劳军，军士亦怨恨而有离心），唐以李茂贞为秦王（夏四月卒），唐立夫人刘氏为皇后（郭崇韬希庄宗邪心请立非所宜立以自安，刘氏狡悍淫妒而专务蓄财，太后诰、皇后教与制敕交行于藩镇且须奉之如一），三月唐诏铨司考核伪滥、封高季兴为南平王，夏四月唐贷民钱（孔谦贷民钱而使以贱估偿丝，知汴州卢质谏举贷诛敛结怨于民而不报），五月唐以伶人为刺史（郭崇韬谏勿失天下心，庄宗不能克己私心而终不听，亲军有百战未得刺史者莫不愤叹）、契丹寇幽州，唐以曹义金为归义节度使（时瓜、沙与吐蕃杂居，义金遣使间道入贡），秋七月唐发兵塞决河（梁所决河连年为曹、濮患，唐塞之而未几复坏），八月唐以孔谦为租庸使（重敛急征以充唐主之欲而民不聊生，赐号“丰财赡国功臣”）、唐主猎于近郊（屡出游猎伤民禾稼，洛阳令何泽谏之），冬吴越入贡于唐、蜀遣使如唐而罢北边兵，十二月契丹寇蔚州。【乙酉】后唐三年、蜀咸康元年、汉白龙元年，春三月唐黜李从珂为突骑指挥使（唐主性刚好胜，不欲权在臣下而信伶官之谗），唐遣使采民女入充后宫，夏四月朔日蚀，大旱（唐主拜僧祈雨不效而僧逃去），六月淫雨（连雨七十五日而百川皆溢），秋八月唐主杀其河南令罗贯（强直不避权豪、不理伶官请托，唐主借故杀之而远近冤之），冬十一月唐师灭蜀、蜀主王衍降，十二月闽王王审知卒、子延翰立，唐以孟知祥为西川节度使，唐主猎于白沙（大饥民亡租赋不充，士卒怨嗟畋游无恤），汉白龙见（汉主改名龚），长和（即唐南诏）求婚于汉，闰十二月唐诏罢折纳纽配法以休民（纳吏部尚书李琪谏而竟不能行），楚铸铅铁钱（楚王马殷不征商旅，用高郁策铸钱易货而国以富饶）。

【丙戌】后唐同光四年、明宗李嗣源天成元年、吴越宝正元年，春正月唐魏王李继岌杀郭崇韬（朝野骇惋，时伶官用事勋旧危殆），二月唐预借河南夏秋税以赡军而民不聊生，唐杀故蜀主王衍并夷其族，夏四月唐伶人郭从谦弑其主李存勗（唐主不学无术，不能胜其欲心，好畋色伶宦三年而亡），李嗣源入洛阳监国（纳安重诲等谋，杀刘后及诸王），唐主李嗣源立（大赦并省费恤民）、以郑珏与任圜同平章事（简拔贤俊，朝纲粗立）、以冯道与赵凤为端明殿学士以备应对，高季兴以孙光宪掌书记（季兴欲攻楚，光宪谏荆南离乱后休息士民方有生意，交恶楚国则他国乘之），秋七月契丹攻渤海并拔夫余城、契丹阿保机死（九月其子德光立），八月朔日蚀，冬十月王延翰自称闽王（骄淫残暴而仿天子制，十二月王延禀弑之而立其弟延钧）、契丹卢龙节度使卢文进奔唐。【丁亥】后唐天成二年、吴乾贞元年春正月唐主更名亶以便讳、初令长史每旬虑囚，夏五月唐以马殷为楚国王，秋八月朔日蚀，契丹与唐修好，冬十月吴丞相徐温卒，唐以石敬瑭为侍卫亲军都指挥使，十一月吴王杨溥称帝，有年（是岁蔚、代缘边斗粟不过十钱）。【戊子】后唐三年、汉大有元年春二月朔日蚀，吴遣使如唐而不受，秋八月唐以王延钧为闽王（延钧度僧二万人，由是闽中多僧），冬十二月荆南节度使高季兴卒、吴立其子从诲。【己丑】后唐四年、吴大和元年秋七月唐以高从诲为荆南节度使（复修职贡之故），有年（冯道谏居安思危、谷贱伤农，人主宜知四民之中农最勤苦而丰凶皆病，并奏进士聂夷中诗“二月卖新丝，五月粜新谷，医得眼下疮，剜却心头肉”，唐主录其诗并常讽诵之），冬十月唐以康福为朔方节度使（击破羌胡、吐蕃，朔方始受代），吴加徐知诰兼中书令。【庚寅】后唐长兴元年夏六月朔日蚀，秋八月唐两川节度使董璋、孟知祥连兵反，冬十一月楚武穆王马殷卒、子希声嗣（居丧无戚容），契丹东丹王突欲奔唐。【辛卯】后唐二年春二月唐赐契丹突欲姓名李赞华并以为怀化节度使，夏四月唐以赵延寿为枢密使、石敬瑭兼六军诸卫使，唐罢麴税（乡间听百姓自造而民甚便之），唐以宦者孟汉琼为宣徽使（汉琼与王淑妃居中用事而肆取府库物），六月唐均田税、闽作宝皇宫而极土木之盛（闽王延钧好神仙之术，故道士巫者诱之），秋九月唐敕解纵五坊鹰隼以恤农稼，冬十一月朔日蚀，吴以其中书令徐知诰镇金陵（其子徐景通为司徒辅政），十二月唐初听民铸田器而按亩收税钱。【壬辰】后唐三年春正月唐遣兵击破党项，二月唐初刻九经版而印卖之（有天下国家者必以经术示教化，五季之君夷狄之人能知先务，明宗可谓贤君，倘一文义去舛讹、颁而不鬻则尤善），唐赐高从诲爵渤海王，三月吴越武肃王钱镠卒（遗命子孙善事中国，勿以易姓废事大之礼，嗣子元瓘性仁孝和厚、谗言不入任贤恤民），契丹遣使如唐（请归俘将不尽其愿而数入寇），夏五月孟知祥击败董璋而据两川，秋七月唐武安节度使马希声卒、弟希范嗣，九月唐城三河县以备契丹寇掠，唐大理少卿康澄上疏忧论时事（以为贤人藏匿、四民迁业、上下相徇、廉耻道消、毁誉乱真、直言蔑闻深可畏惧），冬十一月唐以石敬瑭为河东节度使。【癸巳】后唐四年、闽主王延钧龙启元年春正月闽王王延钧称帝（更名璘），二月唐以孟知祥为蜀王，三月闽地震（初闽王审知节俭陋居，至是大作宫殿），秋七月唐以钱元瓘为吴王，冬十一月唐主李亶殂（性不猜忌与物无竞，不慕畋色忧恤百姓，年谷屡丰兵革罕用粗为小康，每夕焚香祝天“某胡人，因乱为众所推，愿天早生圣人，为生民主”），十二月唐主李从厚立（有致治之志而不知其要、宽柔少断，朱弘昭、冯赟挟功专政斥逐人才）。

【甲午】后唐闵帝李从厚应顺元年、唐主李从珂清泰元年、蜀主孟知祥明德元年（凡五国三镇），春正月唐以高从诲为南平王、马希范为楚王、钱元瓘为吴越王，蜀王孟知祥称帝（以赵季良为司空、同平章事），唐以潞王李从珂为河东节度使、石敬瑭为成德节度使而从珂举兵、唐主出奔，夏四月唐潞王从珂入洛阳（剥民财以酬兵）、废弑其主从厚而自立，五月吴徐知诰幽其主之弟临川王杨濛，秋七月蜀主孟知祥殂（子昶立），八月唐诏蠲逋租三百三十八万，冬十一月旱（民多流亡）。【乙未】后唐清泰二年、吴天祚元年、闽永和元年春三月唐诏开言路，夏六月契丹寇边、唐北面总管石敬瑭屯忻州（阴为自全之计），唐诏窃盗不计赃、同纵火强盗并行极法，冬十月闽李倣弑其主王璘而立福王继鹏（更名昶），荆南梁震退居土州（节度使高从诲明达礼贤委任梁震，尝赞楚王马希范大丈夫，孙光宪谏希范礼无差等骄僭取快而危亡无日，从诲醒悟而捐去玩好经史自娱、省刑薄赋境内以安，震遂放心而属政光宪），吴加徐知诰大元帅并封齐王备殊礼，十二月唐以冯道为司空、闽以陈守元为天师（受赂请托，言无不行）。

【丙申】后唐清泰三年、后晋高祖石敬瑭天福元年、闽主王昶通文元年，春正月闽王王昶立其父婢李氏为后，夏五月唐以石敬瑭为天平节度使、敬瑭拒命而唐讨之，秋七月石敬瑭遣使求救于契丹（称臣于契丹主并请以父礼事之，约事捷割卢龙一道及雁门关以北诸州与之，刘知远谏父事许土于契丹必大为中国患而不从），九月契丹耶律德光救石敬瑭而唐兵大败，冬十月唐括民马、籍义军以拒契丹，十一月契丹立石敬瑭为晋皇帝（敬瑭割幽、蓟等十六州以赂之），契丹以晋主南下、唐主李从珂还洛阳自焚死（皇后欲烧宫室，重美谏勿重劳民力死而遗怨）、晋主入洛阳，十二月晋以冯道同平章事，高丽王王建击破新罗、百济（东夷诸国皆附之）。【丁酉】后晋天福二年、南唐烈祖徐诰昪元元年春正月日蚀，晋以李崧同平章事充枢密使、桑维翰兼枢密使（时藩镇多未服从，府库殚竭民间困穷，而契丹征求无厌，维翰劝晋主推诚弃怨以抚藩镇、卑辞厚礼以奉契丹、训卒缮兵以修武备、务农桑以实仓廪、通商贾以丰货财，数年之间中国稍安），吴徐知诰建齐国于金陵（知诰欲篡而讽大臣劝进，更名诰），夏四月晋迁都汴州，五月吴与契丹通使修好（用宋齐丘策赂以美女珍玩，欲结契丹以取中国），六月晋以和凝为端明殿学士、张谊为左拾遗（谊谏“北狄有援立之功，宜外敦信好内谨边备，不可自逸以启戎心”，晋主深纳之），闽作白龙寺（闽主迷信方士之言，百役繁兴纳赂公行，果菜鸡豚皆重征之），秋七月吴徐诰称帝、国号唐（奉吴主为让皇，是为南唐），是岁契丹改国号辽（公卿庶官皆仿中国且参用中国人，以赵延寿为枢密使兼政事令）。【戊戌】后晋三年、蜀广政元年春正月日蚀，二月晋诏求直言，夏五月晋制民垦田三年外乃听徭役，秋八月晋上尊号于契丹（晋主事契丹甚谨，奉表称臣而谓契丹主为“父皇帝”，岁输金帛三十万且赠遗不绝），冬十月契丹加晋主尊号、楚王马希范夫人彭氏卒（貌陋而治家有法，卒后希范始纵声色）、河决郓州，十一月晋册闽主王昶为闽国王而不受（士人林省邹言闽主不能事君爱亲、恤民敬神、睦邻礼宾而国不能久）。【己亥】后晋四年、闽主王曦永隆元年春正月晋以冯晖为朔方节度使（时羌胡寇钞而党项酋长拓跋彦超最为强大，晖厚遇而留之不遣，封内遂安），唐主徐诰复姓李氏（更名昪，不纳尊号务实恤民），三月晋加刘知远与杜重威同平章事，夏四月闽主王昶托鬼神语杀其叔父（政无大小皆以神命决之），晋加楚王马希范天册上将军，秋七月朔日蚀，闽王曦弑其主昶自立并称藩于晋（骄淫苛虐猜忌宗族，闽政遂乱），河决博州，八月晋以冯道守司徒兼侍中（事无巨细悉委之），冬十二月晋禁造佛寺，汉平章事赵光裔卒（相汉二十余年，府库完实边境无虞）。【庚子】后晋五年春二月楚平群蛮、立铜柱于溪州（楚王希范自谓伏波之后，故立柱盟誓之），秋七月闽王王曦度僧万人（民避重赋故多为僧），冬十月晋加吴越王元瓘尚书令、以闽王曦为闽国王。【辛丑】后晋六年春正月吐谷浑降晋而不受（吐谷浑苦契丹贪虐而思归中国，契丹大怒故晋主逐还故土），夏四月唐遣使如晋（求假道以通契丹而晋不许；黄巢以来天下血战数十年而后诸国分土兵革稍息，时唐臣以江淮丰稔而谏复北旧疆，唐主以为兵为民深害、彼民安则吾民安；汉主欲与唐共取楚分地，唐主亦不许），六月晋成德节度使安重荣执契丹使者并表请伐契丹、闽王王曦杀其兄子继业（曦淫侈无度，以至卖官求财），秋七月晋以刘知远为北京留守，吴越府署火（唐主不利人灾而唁赗之），八月晋以杜重威为御营使（冯道荐之以代知远，重威黩货故所至民多逃亡，后契丹入寇，知远顾望而晋亡），吴越文穆王钱元瓘卒、子弘佐立（温恭礼士勤政明察，宽恤百姓免税三年），河决滑州，冬十月晋刘知远遣亲将郭威招纳吐谷浑白承福等徙之内地，闽王王曦称帝，十一月唐定田税（以民田肥瘠定其税，民间称其平允），十二月汉主刘龚更名䶮（寝疾而纳胡僧言以消灾）。【壬寅】后晋七年、汉主刘玢光天元年，夏四月汉主刘䶮卒（辩察多权数，矜大奢欲用刑惨酷，猜忌士人专任宦者；识者以为宦者无父而弱孝、无子而弱慈，故鲜有君臣忠厚之道）、子玢立，六月晋主石敬瑭殂（契丹以晋招纳吐谷浑让之，遂忧悒成疾而卒）、其兄子齐王石重贵立，是岁汉、闽、楚皆乱政。【癸卯】后晋八年、南唐元宗李璟保大元年、殷主王延政天德元年、南汉主刘晟乾和元年，春二月唐主李昪殂（昪饵方士献丹，欲益寿反成伤生，浸成躁急疽发而卒；唐主璟立，性孝悌友爱），闽富沙王王延政称帝于建州（国号殷，国小民贫军旅不息，横征暴敛民不聊生），汉晋王刘弘熙弑其主玢自立并更名晟（玢骄奢不孝猜忌诸弟，弘熙遂娱乐图之），夏四月朔日蚀，五月汉主刘晟杀其弟弘杲，秋七月晋遣使括民谷（诏以年饥国用不足），九月晋执契丹回图使乔荣（继而归之，景延广劝晋主对契丹主称孙不称臣，契丹主大怒而决志入寇），冬十二月晋杨光远诱契丹入寇（报私怨而卖国残民），是岁晋境春夏旱、秋冬水、蝗大起而民大饥（馁死者数十万口，流亡不可胜计；杜威等检索无恤中饱私囊，称贷于民合境苦之），楚作九龙殿（楚王希范奢欲无厌赋敛沉重，卖官鬻爵商贾在位，天策学士拓跋恒极谏而不听）。

【甲辰】后晋开运元年春正月契丹陷晋贝州，二月契丹败走（契丹主胜则抚慰所得民，败则忿恚杀之，由是晋人愤怒抗争），三月契丹寇晋澶州（所过焚掠民物殆尽），晋籍乡兵（每七户共出兵械资一卒，兵荒之余民不聊生），闽指挥使朱文进弑其主曦而自立（十二月闽人讨杀之），夏四月晋遣使分道括率民财（州县吏复因缘为奸），晋太尉冯道罢（依违两可无所操守之故）、以桑维翰为中书令兼枢密使、复置翰林学士（范质等与焉），晋滑州河决（发民塞之），秋九月朔日蚀，冬闰十二月契丹复大举入寇。【乙巳】后晋二年夏六月晋遣使如契丹而无所成（契丹连岁入寇，中国疲于奔命而边民涂地，契丹亦人畜多死国人厌苦），秋七月唐兵拔建州、闽主王延政出降，八月朔日蚀，冬十一月晋遣使如高丽（欲共谋契丹）。【丙午】后晋三年春二月朔日蚀，夏四月晋灵州党项作乱（王令温镇灵州，不存抚羌胡而以中国法绳之，羌胡怨怒作乱），秋七月河决杨刘，冬十一月契丹大举入寇、十二月入大梁执晋主石重贵以归。

【丁未】后汉高祖刘知远称晋天福十二年，春正月契丹耶律德光入大梁、景延广自杀（兴晋者桑维翰而亡晋者景延广，本末不顺而与夷狄共事，常见其祸未见其福），契丹以李崧为枢密使、冯道为太傅，契丹暴虐纵兵大掠（所到杀戮财畜殆尽，内外怨愤共患苦之），晋刘知远遣使奉表于契丹、荆南节度使高从诲遣使入贡于契丹、唐遣使如契丹，二月契丹行朝贺礼，晋刘知远称帝于晋阳（更称天福十二年），三月朔契丹行入閤礼，夏四月契丹陷相州而屠之（遗民仅七百人而骷髅十余万；谨华夷之辨方禁侵乱之阶，晋室三纲绝而召五胡之乱，唐世家法不正好结戎狄而致安史胡乱，驯至五代天下乱极而复罹契丹凶害）、契丹耶律德光死于杀胡林，五月楚文昭王马希范卒、弟希广嗣，六月吴越忠献王钱弘佐卒、弟弘倧嗣，晋主刘知远入大梁、始改国号曰汉，契丹兀欲自称天授皇帝（幽其祖母述律太后，慕中华风俗多用晋臣，然荒于酒色国人不附，数年之中无暇南寇），秋七月汉制盗贼毋问赃多少皆死（患四方盗贼之多而重其法，苏逢吉文深好杀，草诏应盗贼者并四邻同保皆处斩，以致捕贼使者张令柔竟杀平阴十七村民），冬十二月吴越统军使胡进思废其君钱弘倧而立其弟弘俶。【戊申】后汉乾祐元年春正月汉主更名暠、以冯道为太师，汉主刘鬲殂、周王承祐立，三月汉史弘肇以母丧起复加兼侍中（遭丧不数日竟自出朝参），夏四月汉以杨邠同平章事、郭威为枢密使，五月河决鱼池，六月朔日蚀，秋八月汉以郭威为西面招慰安抚使（威纳冯道言，厚抚士卒与同苦乐而众咸归心）。【己酉】后汉二年夏四月太白昼见、六月朔日蚀，秋七月汉郭威克河中、九月汉加威侍中（威请加恩将相及藩镇而从之），冬十月吴越募民垦田而不收其税（由是境内无弃田），契丹寇河北、汉遣郭威督御之。【庚戌】后汉三年春正月汉遣使收瘗河中、凤翔遗骸，二月汉汝州防御使刘审交卒（于乱世而能推公廉慈爱之心以行之，汝州吏民乞留葬并立祠岁祀之），夏四月汉以郭威为邺都留守而兼枢密使如故（史弘肇主之，苏逢吉则以为不宜以外制内，将相遂势如水火），汉以郭荣为贵州刺史（威妻兄子而养以为子），闰五月汉大风发屋拔木（时上方骄侈而大臣皆刀笔、武夫，司天监赵延义谏法《贞观政要》以修德弭灾异），六月河决郑州，冬十一月朔日蚀，汉主刘承祐杀其枢密使杨邠、侍卫指挥使史弘肇、三司使王章（章聚敛刻急百姓愁怨，不喜文臣而薄其俸禄；汉主左右嬖倖用事，太后亲戚亦干朝政，邠等屡裁抑之，汉主积不能平而杀之），遣使杀郭威不克、郭威反并弑其主承祐，契丹入寇（屠内丘而陷饶阳）、汉遣郭威击之、威至澶州自立而还，马希萼杀楚王希广而自立。

【辛亥】后周太祖郭威广顺元年、北汉主刘崇乾祐四年，春正月郭威称皇帝（罢诸杂税宽刑恤民），周罢四方贡献珍食、诏百官上益国利民之封事，汉刘崇称帝于晋阳（是为北汉），二月周主以其养子郭荣为镇宁节度使（选朝士为之僚佐），楚遣使入贡于唐、北汉遣使如契丹乞师，夏四月唐淮南饥（饥民过淮籴谷，周主诏“彼之生民，与此何异！无得禁止”），蜀以伊审徵知枢密院事（贪侈回邪而与王昭远相表里，蜀政由是浸衰），周以王峻、范质、李穀同平章事，契丹遣使如北汉、册命其主刘崇并更名旻，契丹燕王述轧弑其主兀欲而自立（兀欲欲引兵会北汉伐周，而诸部不欲南下之故）、述律讨杀述轧而代之（北汉主复以叔父事之），冬十一月南汉取桂州（遂尽有岭南之地）。【壬子】后周二年（是岁周、南汉、蜀、唐、北汉凡五国，吴越、湖南、荆南凡三镇），春正月周泰宁军节度使慕容彦超反、唐人救之，二月周释唐俘遣还（周主言天下共疾叛臣而唐不应助之，唐主大惭而礼归先所得中国人），唐设科举而随即罢之（唐主好文学而立之，因执政皆不由科第，相与沮毁而竟罢之），夏四月朔日蚀，六月朔周主如曲阜谒孔子祠、拜孔子墓（以为孔子乃百世帝王之师），蜀大水（坏其太庙），秋九月周禁边民毋得入契丹界俘掠、契丹寇冀州而拒却之，冬十月契丹大水（瀛、莫、幽州大水，流民入塞者数十万口，周诏所在赈给存处之，中国民被掠得归者什五六）、周庆州野鸡族反（刺史郭彦钦贪扰求赂之故），冬十二月河决郑、滑（周遣使修塞）。【癸丑】后周三年春正月周罢户部营田务并除租牛课（周主以为利在于民犹之在国）、契丹寇定州而击走之，三月周主以郭荣为开封尹并封晋王，周宁州杀牛族反（官兵掠其财之故，周主以扰胡致乱而黜废庆州刺史郭彦钦），夏六月周九经版成（唐明宗时刻版至是成之，由是虽乱世而九经传布甚广；蜀毋昭裔亦出私财刻印九经而蜀主从之，故而蜀中文学亦盛），秋七月唐大旱（饥民渡淮相继，周主听其籴米过淮），八月周塞决河、大水，周筑郊社坛并作太庙于大梁、复置科举（从知制诰徐铉请）。

【甲寅】后周世宗郭荣显德元年春正月周主祀圜丘，周主疾笃、诏晋王郭荣听政、以王溥同平章事，周主郭威殂、晋王荣立，二月北汉主以契丹兵乘丧击周、三月周主自将战败之（宿卫将赵匡胤等身先士卒大败北汉军，世宗擢之为殿前都虞候），周太师、中书令冯道卒（孝谨清俭性量宽弘，乱世委蛇护持正道；然滑稽多智浮沉取容，历任四朝三公殊少廉耻节操），周立后符氏（性和惠明决），冬十一月周河堤成（五代时期河自杨刘至博州百二十里连年东溃，分为二派汇为大泽弥漫数百里；又东北环古堤而出，灌齐、棣、淄诸州，漂没田庐不可胜计，流民采菰稗捕鱼以给食而久不能塞，至是遣李穀役徒六万成之），北汉主刘旻殂、子钧立（孝谨勤政爱民礼士而境内粗安，事契丹表称“男”），是岁周湖南大饥（武平军节度使周行逢开仓赈之而全活甚众）。【乙卯】后周二年春正月周制举令、录法（初令翰林学士及两省举令、录地方官吏，署举者姓名，若贪秽败官并当连坐），周浚胡卢河而城李晏口、以张藏英为沿边巡检使（以备契丹屡寇河北，自是河南之民始得休息），二月朔日蚀、周诏群臣极言得失，夏四月周以王朴为谏议大夫、知开封府事（朴献开边策而周主纳之），五月周废无额寺庙、禁私度僧尼（凡欲出家者必俟至亲之命，禁僧俗舍身、断手足、炼指之类幻惑流俗者；废寺院三万余所，存二千六百九十四所、僧尼六万余人），六月周主亲录囚于内苑（于是诸长吏无不亲察狱讼），秋九月周始铸钱（民间铜器、佛像输官），冬十一月周枢密使郑仁诲卒（世宗以君臣义重而往哭尽哀），吴越遣使入贡于周。【丙辰】后周三年春正月周主自将伐唐并大败唐兵，秋八月周作钦天历（王朴与司天少监王处讷所撰），冬十月周立二税起征限（夏税以六月、秋税以十月起征而民间便之）、周以赵匡胤为定国节度使兼殿前都指挥使（匡胤表赵普为节度推官），十一月周诏华山隐士陈抟（世宗问长生术，抟对以天子当以治天下为务）。【丁巳】后周四年、北汉天会元年，春三月周开寿州仓以赈饥民，周主生父光禄卿致仕柴守礼犯法而周主不问，夏四月周疏汴水入五丈河（自是齐鲁舟楫达于大梁），五月周作《刑统》（命侍御史张湜等训释律令、删定格敕以成之），冬十月周设贤良、经学、吏理等科。【戊午】后周五年、唐中兴元年、南汉主刘鋹大宝元年，春正月周主克唐楚州、唐防御使张彦卿死之（所部千余人，至死无一人降者；周世宗欲速成太平一统而德信未洽，范质等大臣未能济其不及而泄其过），三月周主临江击破唐兵（唐主尽献江北地），周汴渠成（江淮舟楫始通），夏五月朔日蚀，唐主更名景、去帝号而奉周正朔，秋八月南汉主刘晟殂、子鋹立，冬十月周遣使均定境内田租（世宗欲均天下田，以元稹《均田图》赐诸道，又诏诸州并乡村率以百户为团，每团置耆长三人，诸色课户及俸户并勒归州县），十一月周命窦俨撰《通礼》《正乐》。【己未】后周六年春正月周命王朴作律准、定大乐（朴谏心和于内形顺于外而天下治），二月周淮南饥、命以米贷之（世宗以为“民吾子也，安有子倒悬而父不为之解哉，安在责其必偿也”；自唐宣宗以来政不及民置诸汤火之中者将百年，而有近乎仁心王政之后周世宗，惜乎性情严紧为政急迫而不能优柔久远），三月周枢密使王朴卒（世宗临丧恸哭而不能自止），夏四月周主伐契丹（五月有疾乃还），六月河决原武，周主立其子郭宗训为梁王（年仅七岁），周以魏仁浦同平章事（性谦谨，能补世宗之严急）、以赵匡胤为殿前都点检，周主郭荣殂（用法严峻而末年浸宽，登遐之日远迩哀慕）、梁王宗训立。

隋唐及五代十国乃中华民族文化整合民族融突、士庶雅俗张力展开之重大过渡时代。于宝贵经验与惨痛教训之体察实践历程中，孔孟之道渐次成为中华民族的基本共识，孔孟程朱中华正统理论实践的内在成熟已至呼之欲出之临界点。

第三章

两宋元明：中华正统之内在成熟时期

宋元以及明前中期为中华正统内在成熟时代，这一时期正统脉络之主题线索即“三统”重心次序由两晋南北朝隋唐时期孔周、孔颜内圣外王大体理顺转向孔孟程朱明德新民中华正统之正式确立。兼顾“三统”展开之独立性与顺延性，这一时期正统实践脉络主要涵括宋元时期，而学理脉络则涵括宋元以及明前中期，且此时期经学儒学正统学理亦一体述评而不再分阐。

第一节　宋元及明前中期中华正统学理脉络述要

以唐中后期韩愈、李翱等反本自立道统开拓为学理发轫，以三教对待、华夷融突为现实激发，中华正统学理于两宋元明时期逐渐自觉成熟。其中，在北宋五子尤其是二程反本自觉基础上，以南宋朱子《四书集注》理顺五经四书内在关系为学理标志，两宋经学儒学趋于合一，中华正统内圣明德与外王礼教这对主导、主体内在关系问题得以中正解决，从而内在实现了由周孔、孔周到孔颜、孔孟再到孔孟程朱学理范式的内在转换，孔孟程朱中华正统由此正式形成，此后则自觉展开对儒学心学化、世俗化流派两极分化流弊的反思对治。

一、北宋前中期中华正统反本自立学理脉络述要

北宋儒学学理重心由注疏学转向经义学，特重《周易》《春秋》、三礼、四书，主张体贴圣人之意以经明理，天道人事内在一体以经世致用，从而上承隋唐五代而下启南宋元明，构成了中华正统学理成熟内在进程的关键性环节。

宋初儒者大都倾向于人文君子礼义修教，立足古文经学礼教立场而又兼融今文经学义理优长，开始关注探索孔周、孔颜甚至孔孟之历史地位与内在关

系。受古文经学理路与道释义理的惯性影响，其学理视域虽已涉及正统内涵并客观推动了其内在成熟，但在人性论、仁礼关系以及儒释关系上依然大致顺沿隋唐儒学原有立场，尚未真正解决天人性善仁礼中道这一“三统”问题。范仲淹（西历989—1052年，省称989—1052，下同）泛通六经尤重易学（所撰《易义》刚健有为而重德义民本），激扬君子纲常名教气节以矫世励俗，主张振起书院复古兴学并诫勉胡瑗、孙复、张载等后学；主持庆历新政以正士风、清吏治、精贡举，并创建了泽被后世的亲族义庄制度。但由于自身内圣明德心性层面的偏颇不足，范仲淹主张调和融通释道义理而尚未内在挺立儒学道统，其名教思想亦偏颇欠纯未能中正，故于孔孟正统内在确立之时代精神终隔一层。李觏（1009—1059）立足古文经学人文礼教立场，以笃实礼教对治空疏说教，阐发亲亲、尊尊、贤贤、均平《周礼》礼制，主张调和利欲霸道而于性善修教孔孟正统大为隔膜，如《礼论第四》“圣人率其仁、义、智、信之性，会而为礼，礼成而后仁、义、智、信可见矣……所谓本者，礼也。知乎仁、义、智、信之美而不知求之于礼，率私意，附邪说，荡然而不反，此失其本者也”、《原文》“人非利不生……欲者人之情，曷为不可言！言而不以礼，是贪与淫，罪矣。不贪不淫而曰不可言，无乃贼人之生，反人之情？世俗之不喜儒以此。孟子谓‘何必曰利’，激也。焉有仁义而不利者乎”、《寄上范参政书》“儒生之论，但恨不及王道耳，而不知霸也，强国也，岂易可及哉”[①]。欧阳修（1007—1072）反本礼义性善君子修教道统学统以对治佛学，如《本论中》“及三代衰，王政阙，礼义废，后二百余年而佛至乎中国……补其阙，修其废，使王政明而礼义充，则虽有佛，无所施于吾民矣……礼义者，胜佛之本也……使天下皆知礼义，则胜之矣”、《本论下》“甚矣，人之性善也！彼为佛者，弃其父子，绝其夫妇，于人之性甚戾，又有蚕食虫蠹之弊，然而民皆相率而归焉者，以佛有为善之说故也。呜呼！诚使吾民晓然知礼义之为善，则安知不相率而从哉”、《易童子问》“君子之自损者，忿欲尔；自益者，迁善而改过尔”、《朋党论》“大凡君子与君子以同道为朋，小人与小人以同利为朋……退小人之伪朋，用

① 《李觏集》，中华书局2011年第2版，第11—12、342、315页。

君子之真朋，则天下治矣”[①]。欧阳公立足文学根基与古文经学立场，虽兼采今文经学义理优长而未能精深透彻，于性善民本儒学正统亦尚未内在自觉（如于《易》则疑《易传》非至圣所作，于史亦有《明正统论》进曹魏黜蜀汉之乡愿驳杂）。司马光（1019—1086）则以长善去恶心性中道阐发学统之理，如《善恶混辨》“夫性者，人之所受于天以生者也，善与恶必兼有之。是故虽圣人不能无恶，虽愚人不能无善，其所受多少之间则殊矣……不学则善日消而恶日滋，学焉则恶日消而善日滋……善治性者，长其善而去其恶，不善治性者反之……如孟子之言，所谓长善者也；如荀子之言，所谓去恶者也；扬子则兼之矣”、《致知在格物论》“人之情莫不好善而恶恶，慕是而羞非。然善且是者盖寡，恶且非者实多，何哉？皆物诱之也，物迫之也……《大学》曰：致知在格物。格，犹扞也，御也。能扞御外物，然后能知至道矣”、《答韩秉国书》“夫心，动物也，一息之间，升天沈渊，周流四海，固不肯兀然如木石也。惟贤者治之，能止于一。择其所止，莫如中庸。故《虞书》曰‘惟精惟一，允执厥中’也”、《答景仁论养生及乐书》“乐之用，不过于和；礼之用，不过于顺……内和则疾疹不生，外顺则灾患不至。疾疹不生则乐，灾患不至则安”[②]。温公反本内求以对治佛学泛滥，主张人文君子礼义中道善恶对治学统，立足史学根基与扬雄古文经学立场，兼采《孟子》《中庸》义理优长以调和孟荀，但于儒学内圣明德心性层面尚未自觉，于孔孟之道性善修教道统大为隔膜甚或排斥，论政统亦有实用驳杂之处（如《通鉴》之进曹魏黜蜀汉）。

王安石（1021—1086）新学虽主张尊崇孔孟道统、师法先王之意通经致用，但仍未脱古文经学立场与道释义理窠臼，亦不能契合孔孟之道中华正统。荆公述道统传承者，如《夫子贤于尧舜》“道发乎伏羲，而成乎尧、舜，继而大之于禹、汤、文、武……孟子曰‘孔子集大成’者，盖言集诸圣人之事，而大成万世之法耳，此其所以贤于尧、舜也”、《送孙正之序》“时乎杨、墨，己不然者，孟轲氏而已；时乎释、老，己不然者，韩愈氏而已。如孟、韩者，可谓术素修而志素定也，不以时胜道也”；述性情善恶者，如《性情》“性、

① 《欧阳修全集》，第288—290、291、1113、297页。

② 《司马光集》，四川大学出版社2010年版，第1460—1461、1449—1450、1307、1291页。

情一也……喜、怒、哀、乐、好、恶、欲未发于外而存于心，性也……发于外而见于行，情也。性者情之本，情者性之用……（七情）动而当于理，则圣也贤也；不当于理，则小人也……君子养性之善，故情亦善；小人养性之恶，故情亦恶”、《原性》“性者，五常之太极也，而五常不可以谓之性……性生乎情，有情然后善恶形焉，而性不可以善恶言也……诸子之所言，皆吾所谓情也，习也，非性也……善恶者，情之成名而已矣”；论君子继天成性修教中道者，则如《洪范传》“五行，天所以命万物者也，故‘初一曰五行’。五事，人所以继天道而成性者也，故‘次二曰敬用五事’。五事，人君所以修其心、治其身者也，修其心、治其身而后可以为政于天下，故‘次三曰农用八政’。为政必协之岁、月、日、星辰、历数之纪，故‘次四曰协用五纪’。既协之岁、月、日、星辰、历数之纪，当立之以天下之中，故‘次五曰建用皇极’。中者，所以立本，而未足以趣时，趣时则中不中无常也，唯所施之宜而已矣，故‘次六曰乂用三德’。有皇极以立本，有三德以趣时，而人君之能事具矣”。[①]荆公本欲建构内圣外王儒学义理体系，且已触及到孔孟之道正统义理而尤重孟子道统，但由于心性修为义利交杂，学术不明偏蔽不中，表彰《孟子》理路杂乱，其性非善恶、情有善恶说受古文经学与道释义理影响而偏离了儒学性善正统，所撰《周官新义》《字说》亦私智曲说泥古迂阔、牵强附会遂生穿凿，抽象说教道德性命而不能笃厚力行，教条虚浮千人一律而实乏知行内在感染力；荆公新政则附会经义托古改作，以《周官》理财为变法依据，虽有收回利权以抑兼并之美意，但于士民雅俗、义利本末以及君子小人等关系理解偏差且躁迫强戾，本欲利民而实际利诱取息，徒行周公之法而无仁心仁闻，包办民意与放纵民欲两极交弊，经世致用之道沦为急功近利之学，其利害之心实已偏离性善民本中华正统，“法先王之意”民本本怀最终异化为固执自为之残民实践，以致群奸嗣虐流毒四海、天下之人嚣然丧其乐生之心。王莽假《周礼》之制以爱民、安石托《周礼》之意以利民而新政乱，荆公新学新政经验教训客观构成了北宋五子以至南宋朱子正统学理内在

① 《王安石全集·临川先生文集》（王水照主编），复旦大学出版社2017年版，第1213、1489；1218、1234—1235；1175—1176页。

成熟的刺激助力。此外，三苏蜀学更是出脱纵横出入释老、兼收并蓄无所宗主，以天资高明情理交融之美质，陷权术利害乡愿偏杂之劣弊，如苏洵《谏论上》即明言“仲尼之说，纯乎经者也。吾之说，参乎权而归乎经者也”[①]。苏轼（1037—1101）论性，类似荆公道释融通理路而尤为体用分割偏离正统，如《扬雄论》“人生而莫不有饥寒之患，牝牡之欲，今告乎人曰：饥而食，渴而饮，男女之欲，不出于人之性也，可乎……圣人以其喜怒哀惧爱恶欲七者御之，而之乎善；小人以是七者御之，而之乎恶……则夫善恶者，性之所能之，而非性之所能有也”、《论语说》“性如阴阳，善如万物，万物无非阴阳者，而以万物为阴阳，则不可……为善而善非性也，使性而可以谓之善，则孔子言之矣”、《东坡易传·系辞传上》“夫仁、智，圣人之所谓善也。善者道之继，而指以为道则不可……孟子之于性，盖见其继者而已；夫善，性之效也。孟子不及见性而见夫性之效，因以所见者为性”、《子思论》“子思论圣人之道出于天下之所能行，而孟子论天下之人皆可以行圣人之道……后世之异议皆出于孟子”[②]。东坡论性偏爱释老分割体用，以仪、秦、老、佛合为一人，实有乡愿调和乃至消解天人性善孔孟正统之弊。综上，北宋前中期儒者大多仍局限于两汉隋唐古文经学理路，对孔孟道统人性善恶、君子体用道释关系不能内在反本，但其义理探索亦刺激推进了孔孟正统内在成熟进程。

北宋经学反本内圣外王之道而不断开拓深化，经学儒学、学统道统日趋贯通。就唐宋之际经学嬗变学理脉络而言，孔颖达等《五经正义》《九经正义》经学注疏构成了中华正统反本成熟的厚重文本基础，陆淳等《春秋集传纂例》《春秋微旨》新《春秋》学始变专经注疏学为尊崇孔子之通经义理学，李鼎祚《周易集解》立足象数兼采义理、史徵《周易口诀义》先以王注为宗后约孔疏为理、成伯玙《毛诗指说》以德礼论《诗》义理等探索，均对两宋经学儒学融通发展有重要影响。而以王通《中说》尊崇至圣仁礼中道为学理发轫，唐

① 苏洵：《嘉祐集》卷九，影印《四库》1104册，页第907下。

② 《苏轼文集》，中华书局1986年版，第111页；邵博：《邵氏闻见后录》，中华书局2017年第2版，第108页；《东坡易传》，中国书店出版社2018年版，第174—176页；《苏轼文集》，第95页。

宋儒者多有以四书、《易传》义理解经者，如韩愈、李翱等即已尝试发挥《论语》《大学》《中庸》《孟子》《易传》义理以鉴佛学而立道统，北宋邢昺《论语注疏》及此后诸儒《论语》解说亦多注重对圣人之道的体察躬行。其中，唐宋以来《孟子》地位升格尤契中华道统内在脉动，对孔孟程朱中华正统的正式形成意义重大。唐中后期有陆善经《孟子注》、张镒《孟子音义》、刘轲《翼孟》、韩愈《原道》、林慎思《续孟子》、皮日休《请孟子为学科书》，五代十国后蜀刻十一经复增收《孟子》；北宋前中期冯休《删孟子》、李觏《常语》、司马光《疑孟》则立足古文经学礼法立场以质疑性善道统，王安石《孟子解》有意尊孟而理解偏杂，北宋中后期孙奭《孟子注疏》、徐積《嗣孟》、程颐《孟子解》、杨时《孟子义》、邹浩《孟子解义》，以及南宋余允文《尊孟辨》《续辨》等，则大都肯定了孟子辨异端、续道统的学理地位。可见，北宋以来《孟子》地位处于螺旋式上升态势，斥孟、疑孟与宗孟、尊孟交相为功而尊孟终成主流，从而为朱子《四书集注》奠定起丰厚根基。北宋经学由注疏学向义理学的内在转向，正是对中华正统反本自立内在脉动的自觉契合。

北宋初期古文运动乃两宋儒学学统道统反本自立之先声，柳开、王禹偁、孙何、种放等儒者已主张反本复古尊崇圣贤、反省浮文以文传道（其中柳开提出儒道即孔子、孟轲、扬雄、韩愈之道，其论虽尚驳杂，亦总为宋代道统粗开端绪）。稍后范仲淹扶持胡瑗、孙复、李觏、石介、张载等儒者振起书院儒风，戚同文、孙复、胡瑗等主持宋初四大书院（睢阳书院、嵩阳书院、岳麓书院、白鹿洞书院）并深化开拓，可谓南宋朱子拟定白鹿洞书院学规制度之先驱前导。宋初三先生（胡瑗、孙复、石介）更是反本经学义理，而粗立儒学师道正统学理。胡瑗（993—1059）反本圣人之意解经，汲汲于正性中道君子修教并切实归拢于身心人事，如《周易口义·发题》“夫《易》者，伏羲、文王、周公、孔子所以垂万世之大法，三才变易之书也……变易之道，天人之理也……以人事言之，则得失变异而成吉凶，情伪变易而成利害，君子小人变易而成治乱……固在上位者裁制之如何耳”、《乾卦》（小象义）“‘见龙在田，德施普也’者，言阳气发见于地之上，而功及乎物也。是犹圣人执中道，其功施布而无所不至，使贤者智者皆可以俯而就之，愚者不肖者皆可企而及之，以至一民一物，欲使无不得其宜，而皆合于中道”，又如《乾卦》（文言义）“性者，天生之质，仁义礼智信五常之道无不备具，故禀之为正性。喜、怒、哀、乐、爱、恶、欲七者之来，皆由物诱于外，则情见于内，故流之为邪情。唯圣人则能使万物得其利而不失其正者，是能性其情，不使外物迁之也……圣人有其情，则制之以正性，故发于外则为中和之教，而天下得其利也。小人则反是，故以情而乱其性，以至流恶之深，则一身不保，况欲天下之利正乎”、《蒙卦》“‘蒙，亨’者，言蒙昧之人其性不通，其志不明，必得贤明之人，举其大端以开发之，则其心稍通，通而不已，遂至大通。亦若民之生虽懵然无所知，冥然无所明，必得在上贤明之君善教化之，教化之不已，则知礼义而至于大通”，以及《履卦》“履者，礼也。夫人之情，目之于色、耳之于声、口之于味、鼻之于臭、四体之于安逸，必得礼以节制之，然后所为适中，动作合度，而放僻之心无自入矣。苟不以礼节制之，则必骄情肆欲无所不至，是其礼不可一失之也”。[①]《口义》学理致思已见宋代儒学义理雏形，后起《程氏易传》等义理解经理路即受其启迪影响。

孙复（992—1057）以圣王不作、华夷倒置为耻而立志重振王纲道统，如其《信道堂记》即尝试以尧舜禹汤、文武周公、孔子、孟子、荀卿、扬雄、王通、韩愈之道构建儒学道统谱系。《春秋尊王发微》则上承陆淳下启胡安国，以经解经三传并用而尤重《公羊》，探孔圣之心而倡尊王攘夷惩恶赏善，推言治道凛凛可畏。《发微》阐发纲常礼义夏夷之辨大中王道，如《哀公十四年》“孔子伤圣王不作，中国遂绝……自申之会至于获麟，天下之政、中国之事，皆夷狄迭制之。圣王宪度，礼乐衣冠，遗风旧政，盖扫地矣。中国沦胥，逮此而尽……尊天子，黜诸侯，始于隐公是也；贵中国，贱夷狄，终于获麟是也”、《隐公二年》“夫礼乐征伐者，天下国家之大经也，天子尸之……隐、桓之际，诸侯无小大，皆专而行之；宣、成而下，大夫无内外，皆专而行之。其无王也甚矣。故孔子从而录之，正以王法，凡侵、伐、围、入、取、灭，皆诛罪也”、《僖公二十八年》“晋文始见于经，孔子遽书爵者，与其攘夷狄、救中国之功不旋踵而建也……乡非齐桓、晋文继起……则中国几何不胥而夷狄

① 胡瑗：《周易口义》，影印《四库》8册，页第171上—下、181下，189上—下、207下，235下—236上。

矣”[①]。石介（1005—1045）深以三教鼎立为儒者大耻，志续韩孟而宗孔周，以拯五代横流、扶百世大教，明华夷之辨、禁淫祀淫祠而重道统谱系与民本关怀，实亦为北宋儒学复兴之先导。《徂徕集》反本至圣梳理道统者，如《尊韩》“道始于伏羲氏，而成终于孔子……若孟轲氏、扬雄氏、王通氏、韩愈氏，祖述孔子而师尊之，其智足以为贤。孔子后，道屡塞，辟于孟子，而大明于吏部……伏羲氏、神农氏、黄帝氏、少昊氏、颛顼氏、高辛氏、唐尧氏、虞舜氏、禹、汤氏、文、武、周公、孔子者十有四圣人，孔子为圣人之至……孟轲氏、荀况氏、扬雄氏、王通氏、韩愈氏五贤人，吏部为贤人而卓”、《辨私》“孔子之道，君臣也，父子也，夫妇也，朋友也，长幼也……万世可以常行，一日不可废者，孔子之道也。离孔子之道而言之，其行虽美，不致于远；其言虽切，无补于用”、《宋城县夫子庙记》“吾圣人之道，大中至正，万世常行，不可易之道也”；以礼教政统辟驳释道异学者，如《汉论上》“汉革秦，不能尽循周之道，王道于斯驳焉”、《去二画本记》“有老子生焉，然后仁义废而礼教坏。有佛氏出焉，然后三纲弃而五常乱”、《怪说下》“夫尧、舜、禹、汤、文王、武王、周、孔之道，万世常行不可易之道也。佛、老以妖妄怪诞之教坏乱之，杨亿以淫巧浮伪之言破碎之，吾以攻乎坏乱破碎我圣人之道者”、《中国论》“苟天常乱于上，地理易于下，人道悖于中，国不为中国矣……各人其人，各俗其俗……四夷处四夷，中国处中国，各不相乱”；述君子中道诚笃和性学统者，则如《上颍州蔡侍郎书》“夫物生而性不齐，裁正物性者，天吏也；人生而材不备，长育人材者，君宰也……长育而后人材美，故刚者、柔者、暴者、舒者、急者各得其中……喜、怒、哀、乐未发谓之中，喜、怒、哀、乐之将生，必先几动焉……有不善，知之于未兆之前而绝之，故发而皆中节也”、《送龚鼎臣序》“夫与天地生者，性也；与性生者，诚也；与诚生者，识也。性厚则诚明矣，诚明则识粹矣，识粹则其文典以正矣……至于中，至于法，则至于孔子也，至于孔子而为极焉。其不至焉者，识杂之也，甚者为杨、墨，为老、庄，为申、韩，为鬼、佛，识杂之为害也如此……一焉于圣人之道，妖惑

---

① 孙复：《春秋尊王发微》，上海古籍出版社2019年版，第334—335、119—120、207—208页。

邪乱之气无隙而入焉……守之以诚，而持之以笃”。[1]综上，宋初三先生尝试反本自立于儒学道统学统政统，所论虽尚未系统深入，实已为北宋五子正统儒学学理奠基。

宋初刘牧反本先圣而首倡《河图》《洛书》象数义理交参之学，启发影响了周敦颐《太极图》、邵雍《先天图》、朱子《周易本义》等儒学道统义理架构。刘牧阐明太极阴阳五行五性交感变化之理，如《易数钩隐图序》“夫《易》者，阴阳气交之谓也……两仪变易而生四象，四象变易而生八卦，重卦六十四卦，于是乎天下之能事毕矣。夫卦者，圣人设之，观于象也。象者，形上之应。原其本，则形由象生，象由数设”、卷上《太极》“太极无数与象。今以二仪之气，混而为一以画之，盖欲明二仪所从而生也”、卷下《龙图龟书论下》“五行包自然之性，八卦韫自然之象，圣人更为之变易，各以类分而观吉凶矣”，又如《坤独阴》“一阴一阳者，独阴、独阳之谓也。独阴、独阳且不能生物，必俟一阴一阳合，然后运其妙用而成变化……至于五行之物，则各含一阴一阳之炁而生也。所以天一与地六合而生水，地二与天七合而生火，天三与地八合而生木，地四与天九合而生金，天五与地十合而生土”、《人禀五行》“人之生也，外济五行之利，内具五行之性。五行者，木、火、土、金、水也。木性仁，火性礼，土性信，金性义，水性智，是故圆首方足，最灵于天地之间者，蕴是性也……或蒙其性而不循五常之教者，可不哀哉”。[2]刘牧图书之学援道入儒而又反本自立，阐发太极阴阳摄体归用之理以对治释教学理僭越，从而为北宋正统儒学学统道统的内在成熟奠定起必要学理基础；刘牧所画《河图》《洛书》经李觏删定并经朱子及蔡元定修整后广为流传，其道统学理发轫之功不可湮没。

刘敞（1019—1068）治经反本至圣性善中道，如《春秋权衡》卷四“《春秋》一也，鲁人记之则为史，仲尼修之则为经。经出于史，而史非经也。史可以为经，而经非史也”、卷七“圣人作《春秋》，本欲见褒贬是非，达王义而

① 石介：《徂徕石先生文集》，第79、88、221；111、228、63、116—117；205—206、213—214页。

② 刘牧：《易数钩隐图》，九州出版社2020年版，第4、5、73，35、42页。

已”，又如《七经小传·论语》“人之性虽有高下，而实皆善也，此之谓相近；及其习也，则有尧、桀之分，此之谓相远”（释性近习远）、“禀赋已定，非可强而迁也……然而不害于性善者，愚知非善恶故也”（释上知下愚不移）、“克者，胜也。胜己而反于礼，是为仁，此中道也。上焉者不待于礼，然而不得不为礼；下焉者不及于礼，然而不敢不为礼”（释克己复礼为仁）、《尚书》“此说性善也……言人之性固有九德也……言性虽有德，犹待其人之有德乃成德也”（释行有九德）。[①]《公是先生弟子记》集中阐发了刘敞君子性善仁礼中道正统思想，如卷四“圣人之言人性也，固以有之为言，岂无之为言乎，是乱名者也……言性而明其无性者，不足以明性，而固惑于有性者也……善生于性，性虽未有善之动，岂可谓性无善哉，彼卵而无雌雄，性乃可以无善矣”、“仁义，性也。礼乐，情也。以人性为仁义，犹以人情为礼乐也。非人情无所作礼乐，非人性无所明仁义。性者仁义之本……今本在性而勿言，是欲导其流而塞其源，食其实而伐其根也”，又如卷二“莫善乎性，人之学求尽其性也。学而不能尽其性有之矣，未有不学而能尽其性者也。性犹弓也，学犹力也”、卷四“人之性善矣，而未必能自知也；学者能自知矣，而未必能尽己也；君子能尽己矣，而未必能尽人也……仁人能尽人矣，而未必能尽物也”、“愚智非善恶也，虽有下愚之人，不害于为善。善者，亲亲尊尊而已矣”、“君子小人之耻过也同，欲善也同。君子耻过而改之，小人耻过而遂之”、卷三“人之性善而自以为恶，人之情正而自以为邪。非情无性，非性无善……人之所以去善而为不善者……岂性不善哉，情不使也……物有蔽焉耳”、“荀子不知性……荀子言圣人之性以恶，言圣人之道以伪，恶乱性，伪害道，荀子之言不可为治”，再如卷一“人之性善，且有上、有中、有下，于上也又有上焉，于中也又有中焉，于下也又有下焉，九品也。故上者圣，中者君子，下者有常。不及乎圣而为仁，不及乎君子而为善，不及乎有常而为齐民……开难到之期者，人不能信也；人不能信者，学不能益也”、卷二“禁过于微则人乐迁善，防患于小则患远矣”、卷四“中庸者，中用也。喜怒哀乐之未发谓之中，发而皆中节谓之

① 刘敞：《春秋权衡》，影印《四库》147册，页第204上一下、255上；《公是七经小传》，影印《四库》183册，页第41下、42上、38下、5上一下。

和。此四物者，君子不能不由焉，然而中为之本矣”、卷一“明德制义，不失其方者，礼是也。礼者，道之中也”、卷四“道废，则士之为私议者众，而后有杨、墨；政乱，则民之图非福者众，而后有佛、老”。[①]性善论、君子观系正统儒学学统道统之学理基石，刘敞性善中道思想学理脉络虽未纯粹而亦近乎正道，且于欧阳文忠、荆公、温公论性偏蔽多所规正，可谓北宋五子君子性善仁礼中道正统自觉之先声。

王开祖（约1035—1068）亦有感释道兴盛而志复至圣正统，如《儒志编》“孔子之道，见乎六经，以至于今，为君臣父子、兄弟夫妇者，尊卑上下各有分，服而修之者循循如也。其用如水火，人非水火不生，其功无穷……微孔子，吾其失道左衽矣”、“举天下知孔子之言，而不行孔子之道，是不知孔子之道也。《诗》曰：‘维其有之，是以似之。’既不能有之，焉能似之哉”，又如“世有佛、老者，乃夷貊之道。其为法，拂吾君臣之礼，渎吾父子之亲，乱吾治天下国家之法，其祀遍天下，而其徒伍乎民，而上之人乃率天下之人，祀之益严以恭，又何反也”、“孟子以来道学不明，我欲述尧、舜之道，论文、武之治，杜淫邪之路，辟皇极之门。吾畏诸天者也，吾何敢已哉”；《儒志编》进而阐发人文君子性情中道正统思想，如“情本于性则正，离于性则邪……放辟邪侈在我则本无有焉，执心不正而后入也”、“毋纵毋拘，毋从物，毋追往……人之心，良心也，纵则不存，拘则不息”、“《复》者，性之宅也……君子复足以知性……知性则能立诚”、“雷莫不复于地，恶莫不复于善，乱莫不复于治。复者本也，善探其本者，善言人之性也。善言人之性者，知天下之治乱也。知天下之治乱者，得复之本也”，又如“仁道甚大，孔子常居其中。有自四方而至，则引而内之，不以一隅指，亦量其材而已。君子隐显同其心，而曰独则谨焉，岂畏人而为是哉，诚所存而已矣。天下之心一也，不以我之心求人之心，暴也”、“君子之取人也，不以其善掩其恶，不以其过掩其功。是故孔子称管仲以仁，而又目以小器。夫称之以仁者，美其一时之小功；而目之小器者，责其终身之全善也”、“今才也治不才，责其不己若；能者治不能，

① 刘敞：《公是先生弟子记》，华东师范大学出版社2010年版，第60—61、65，36、65、62、66、52、40，14—15、32、70、3、63页。

责其不己若。是之谓以己望人……天固佑民而作之君师，非夷民而责之也”、“田不井画，国不封建，使民病也久矣。无济天下之心者，莫能复也”。[①]《儒志编》与宋初三先生及刘敞等思想交相呼应，正统学理至此已近乎自立自觉。

二、北宋中后期及两宋之际中华正统反本自立学理脉络述要

内在承续宋初三先生等儒者反本开拓路线，自觉消解温公朔学、荆公新学及三苏蜀学性情不明、混滥道释之弊，北宋五子尤其是二程子反本至圣之道，表彰《周易》《大学》《论语》《孟子》《中庸》，明天人之蕴而推性命之原，开拓内圣外王明体达用之学，阐发人文君子仁礼中道性善修教正统之理，一学术而明天理、本圣学以辟异端，天理纲常、性命心情、理气仁义、民本中道一体浑沦，孔孟程朱正统学理至此已初具轮廓。

周敦颐（1017—1073）初步建构起独立于佛学的儒学正统学理体系，并明确以莲花为明德亲民君子意象，如《爱莲说》“出淤泥而不染，濯清涟而不妖，中通外直，不蔓不枝，香远益清，亭亭净植，可远观而不可亵玩焉”；进而以太极二仪五行五性诠中华正统，如《太极图说》“无极而太极。太极动而生阳，动极而静，静而生阴，静极复动。一动一静，互为其根；分阴分阳，两仪立焉。阳变阴合，而生水、火、木、金、土。五气顺布，四时行焉。五行，一阴阳也；阴阳，一太极也；太极，本无极也。五行之生也，各一其性。无极之真，二五之精，妙合而凝。‘乾道成男，坤道成女’，二气交感，化生万物。万物生生，而变化无穷焉。惟人也，得其秀而最灵。形既生矣，神发知矣，五性感动，而善恶分，万事出矣。圣人定之以中正仁义，而主静，立人极焉。故‘圣人与天地合其德，日月合其明，四时合其序，鬼神合其吉凶’。君子修之吉，小人悖之凶”。周子进而以《通书》贯通《周易》《中庸》等经典，来具体阐发“三统”之理。其中述圣人法天诚明仁义中正者，如《诚上》“诚者，圣人之本。‘大哉乾元，万物资始’，诚之源也。‘乾道变化，各正性命’，诚

---

① 王开祖：《儒志编》，影印《四库》696册，页第786上、797下，795上一下、802上一下；785下、784上、783下、785下，785下、796下、792下、795上。

斯立焉……元、亨，诚之通；利、贞，诚之复”、《圣》“寂然不动者，诚也；感而遂通者，神也；动而未形、有无之间者，几也。诚精故明，神应故妙，几微故幽”、《诚下》“圣，诚而已矣。诚，五常之本，百行之源也。静无而动有，至正而明达也。五常百行，非诚非也，邪暗塞也，故诚则无事矣”，又如《道》“圣人之道，仁义中正而已矣。守之贵，行之利，廓之配天地”、《顺化》“天以阳生万物，以阴成万物。生，仁也；成，义也。故圣人在上，以仁育万物，以义正万民。天道行而万物顺，圣德修而万民化”、《刑》“天以春生万物，止之以秋……圣人之法天，以政养万民，肃之以刑。民之盛也，欲动情胜，利害相攻，不止则贼灭无伦焉。故得刑以治。情伪微暧，其变千状。苟非中正明达果断者，不能治也”、《孔子下》“道德高厚，教化无穷，实与天地参而四时同，其惟孔子乎”；述君子诚笃性修礼乐中和者，则如《志》“圣希天，贤希圣，士希贤……志伊尹之所志，学颜子之所学，过则圣，及则贤，不及则亦不失于令名”、《陋》“圣人之道，入乎耳，存乎心，蕴之为德行，行之为事业。彼以文辞而已者，陋矣”、《乾损益动》“君子乾乾，不息于诚，然必惩忿窒欲，迁善改过而后至”、《幸》“人之生，不幸，不闻过；大不幸，无耻。必有耻，则可教；闻过，则可贤”，又如《师》“性者，刚柔、善恶，中而已矣……刚善，为义，为直，为断，为严毅，为干固；恶，为猛，为隘，为强梁。柔善，为慈，为顺，为巽；恶，为懦弱，为无断，为邪佞。惟中也者，和也，中节也，天下之达道也，圣人之事也。故圣人立教，俾人自易其恶，自至其中而止矣。故先觉觉后觉，闇者求于明，而师道立矣。师道立，则善人多；善人多，则朝廷正，而天下治矣”，再如《礼乐》“礼，理也；乐，和也。阴阳理而后和，君君臣臣、父父子子、兄兄弟弟、夫夫妇妇，万物各得其理然后和”、《乐上》“古者圣王制礼法，修教化，三纲正，九畴叙，百姓大和，万物咸若。乃作乐以宣八风之气，以平天下之情。故乐声淡而不伤，和而不淫。入其耳，感其心，莫不淡且和焉。淡则欲心平，和则躁心释。优柔平中，德之盛也；天下化中，治之至也”。[1]周子原创性阐发了天人内在仁礼中道正统之理，正式开启

① 《周敦颐集》，第53；3—7。13—14、17、15，19、23—24、41、42；22—23、40、38、21，20—21，25、28—29页。

了孔孟程朱中华正统学理建构。

邵雍（1011—1077）已能彻底摆脱佛学义理纠缠而反本儒学自信自觉，如《伊川击壤集·再答王宣徽》“自有吾儒乐，人多不肯循。以禅为乐事，又起一重尘”、《学佛吟》“求名少日投宣圣，怕死老年亲释迦。妄欲断缘缘愈重，徼求去病病还多”、《经世吟》“羲轩尧舜，汤武桓文，皇王帝伯，父子君臣。四者之道，理限于秦，降及两汉，又历三分。东西俶扰，南北纷纭，五胡十姓，天纪几棼。非唐不济，非宋不存，千世万世，中原有人”。邵子阐发法天动静尽性正位三统内在之理者，如《观物内篇五》“如其必欲知仲尼之所以为仲尼，则舍天地将奚之焉……如其必欲知天地之所以为天地，则舍动静将奚之焉。夫一动一静者，天地至妙者欤！夫一动一静之间者，天地人之至妙至妙者欤”、《内篇一》“天生于动者也，地生于静者也，一动一静交，而天地之道尽之矣。动之始则阳生焉，动之极则阴生焉，一阴一阳交，而天之用尽之矣。静之始则柔生焉，静之极则刚生焉，一柔一刚交，而地之用尽之矣。动之大者谓之太阳，动之小者谓之少阳，静之大者谓之太阴，静之小者谓之少阴……静之大者谓之太柔，静之小者谓之少柔，动之大者谓之太刚，动之小者谓之少刚”，又如《内篇三》“天之能尽物，则谓之曰昊天。人之能尽民，则谓之曰圣人……昊天之尽物，圣人之尽民，皆有四府焉。昊天之四府者，春夏秋冬之谓也，阴阳升降于其间矣。圣人之四府者，《易》《书》《诗》《春秋》之谓也，《礼》《乐》污隆于其间矣。春为生物之府，夏为长物之府，秋为收物之府，冬为藏物之府……《易》为生民之府，《书》为长民之府，《诗》为收民之府，《春秋》为藏民之府……昊天之四府者，时也。圣人之四府者，经也。昊天以时授人，圣人以经法天”，再如《观物外篇下之中》“能循天理动者，造化在我也。学不际天人，不足谓之学”、《外篇下之下》“乾坤起自奇偶，奇偶生自太极。天使我有是之谓命，命之在我之谓性，性之在物之谓理……理穷而后知性，性尽而后知命，命知而后知至”、《内篇七》“天与人相为表里。天有阴阳，人有邪正。邪正之由，系乎上之所好也。上好德则民用正，上好佞则民用邪”、《内篇九》“君行君事，臣行臣事，父行父事，子行子事，夫行夫事，妻行妻事，君子行君子事，小人行小人事，中国行中国事，夷狄行夷狄事，谓之正道。君行臣事，臣行君事……中国行夷狄事，夷狄行中国事，谓之邪道”。邵子集中阐发天人合一推诚中道学统之理者，如《伊川击壤集·推诚吟》“天虽不语人能语，心可欺时天可欺，天人相去不相远，只在人心人不知。人心先天天弗违，人身后天奉天时，身心相去不相远，只在人诚人不推”、《金玉吟》“圣在人中出，心从行上修”、《答人书意》“仲尼言正性，子舆言践形，二者能自得，殆不为虚生”、《安乐窝中吟》“安乐窝中职分修，分修之外更何求……行己当行诚尽处，看人莫看力生头”、《感事吟》“为善大宜量力分，知机都在近人情，人情尽后疑难入，力分量时事自平”；集中阐发体道消长时中对治政统之理者，则如《四道吟》“天道有消长，地道有险夷，人道有兴废，物道有盛衰”、《思患吟》“仆奴凌主人，夷狄犯中国，自古知不平，无由能绝得”、《治乱吟》“君子小人，亦常相半。时止时行，或治或乱”、《家国吟》“邪正异心，家国同体。邪能败亡，正能兴起”、《左衽吟》“自古御戎无上策，唯凭仁义是中原”。[①]邵子于孔孟之道大节清明，尤能自觉挺立天人合一正统史观，但于正统儒学明德亲民之道尚未精微周至，尤其于性善修教之理亦未予以深入发明。

张载（1020—1072）持守为天地立志、为生民立道、为去圣继绝学、为万世开太平之儒者担当，反本孔孟之道而尤为关注《周易》《中庸》与三礼之学，自觉开拓出知礼成性变化气质、好古力行敦本善俗这一天人中道正统之理。张子辟驳释老反本正统者，如《正蒙·太和》“知虚空即气，则有无、隐显、神化、性命通一无二……若谓虚能生气，则虚无穷，气有限，体用殊绝，入老氏‘有生于无’自然之论，不识所谓有无混一之常；若谓万象为太虚中所见之物，则物与虚不相资，形自形，性自性，形性、天人不相待而有，陷于浮屠以山河大地为见病之说……不悟一阴一阳范围天地、通乎昼夜、三极大中之矩，遂使儒、佛、老、庄混然一涂”，又如《乾称》“释氏语实际，乃知道者所谓诚也，天德也。其语到实际，则以人生为幻妄，以有为为疣赘，以世界为荫浊，遂厌而不有，遗而弗存。就使得之，乃诚而恶明者也。儒者则因明致诚，因诚致明，故天人合一，致学而可以成圣，得天而未始遗人”、《大心》“释氏不知天命而以心法起灭天地……妄意天性而不知范围天用，反以六根之微因缘

① 《邵雍集》，中华书局2010年版，第300、407、466。21—22、1—2，10—11，156、163—164、28、33—34。473、442、230、338、448；329、228、487、410、477页。

天地”、《中正》“儒者穷理，故率性可以谓之道。浮图不知穷理而自谓之性，故其说不可推而行”；张子集中阐发三统内在学理建构者，如《西铭》“乾称父，坤称母；予兹藐焉，乃混然中处。故天地之塞，吾其体；天地之帅，吾其性。民，吾同胞；物，吾与也。大君者，吾父母宗子；其大臣，宗子之家相也。尊高年，所以长其长；慈孤弱，所以幼其幼。圣，其合德；贤，其秀也。凡天下疲癃残疾、惸独鳏寡，皆吾兄弟之颠连而无告者也。于时保之，子之翼也；乐且不忧，纯乎孝者也。违曰悖德，害仁曰贼；济恶者不才，其践形，唯肖者也。知化则善述其事，穷神则善继其志。不愧屋漏为无忝，存心养性为匪懈”。张子《正蒙》具体阐发道统学统政统学理者，如《太和》“由太虚，有天之名；由气化，有道之名；合虚与气，有性之名；合性与知觉，有心之名。鬼神者，二气之良能也”、《诚明》“性者万物之一源……知性知天，则阴阳、鬼神皆吾分内尔。天性在人，正犹水性之在冰，凝释虽异，为物一也；受光有小大、昏明，其照纳不二也。天良能本吾良能，顾为有我所丧尔。上达反天理，下达徇人欲者与……性于人无不善，系其善反不善反而已……形而后有气质之性，善反之则天地之性存焉。故气质之性，君子有弗性者焉。人之刚柔、缓急、有才与不才，气之偏也。天本参和不偏，养其气，反之本而不偏，则尽性而天矣……纤恶必除，善斯成性矣；察恶未尽，虽善必粗矣……和乐，道之端乎！和则可大，乐则可久，天地之性，久大而已矣”，又如《大易》“阴阳天道，象之成也；刚柔地道，法之效也；仁义人道，性之立也……惟君子为能与时消息，顺性命、躬天德而诚行之也”、《至当》“性天经然后仁义行……仁通极其性，故能致养而静以安；义致行其知，故能尽文而动以变……道所以可久可大，以其肖天地而不离也”、《乾称》“至诚，天性也；不息，天命也。人能至诚则性尽而神可穷矣，不息则命行而化可知矣。学未至知化，非真得也。有无虚实通为一物者，性也；不能为一，非尽性也”、《中正》“君子之道，成身成性以为功者也；未至于圣，皆行而未成之地尔……知德以大中为极，可谓知至矣；择中庸而固执之，乃至之之渐也。惟知学然后能勉，能勉然后日进而不息可期矣……有意为善，利之也，假之也；无意为善，性之也，由之也……行之笃者，敦笃云乎哉！如天道不已而然，笃之至也”，再如《正蒙·天道》“天不言而四时行，圣人神道设教而天下服”、《经学理窟·礼乐》“礼所以持性，盖本出于性，持性，反本也。凡未成性，须礼以持之，能守礼已不畔道矣”、《宗法》“管摄天下人心，收宗族，厚风俗，使人不忘本，须是明谱系世族与立宗子法。宗法不立，则人不知统系来处”、《周礼》“治天下不由井地，终无由得平。周道止是均平……井田卒归于封建，乃定……天下之事，分得简则治之精，不简则不精，故圣人必以天下分之于人，则事无不治者”。[①]张子尝试构建天人合一三统内在学理体系，于正统儒学内在成熟大有功德，但以《易》《礼》为重心而尚未系统关注四书，论述太虚阴阳、天性修教亦总体尚处于博杂未纯开拓阶段。

程颢（1032—1085）、程颐（1033—1107）反本《周易》与四书义理之学，为孔孟程朱中华正统确立奠定起坚实学理基础。二程子以孔孟道统学统以辟驳佛学学理者，如《遗书》卷二五“传孔子之道者，曾子而已。曾子传之子思，子思传之孟子。孟子死，不得其传。至孟子，而圣人之道益尊”、卷十七“圣人之学，若非子思、孟子，则几乎息矣。道何尝息？只是人不由之”、卷十九“荀子极偏驳，只一句‘性恶’，大本已失。扬子虽少过，然已自不识性，更说甚道”、《文集》卷十一《明道先生行状》“明于庶物，察于人伦。知尽性至命，必本于孝悌；穷神知化，由通于礼乐。辨异端似是之非，开百代未明之惑。秦、汉而下，未有臻斯理也。谓孟子没而圣学不传，以兴起斯文为己任”，又如《遗书》卷五“仲尼，天地也；颜子，和风庆云也；孟子，泰山岩岩之气象也……孔子言语，句句是自然；孟子言语，句句是实事……孟子有功于道，为万世之师”、卷十八“学者先须读《论》《孟》……如丈尺权衡相似，以此去量度事物，自然见得长短轻重”；又如《文集》卷十一《明道先生行状》“道之不明，异端害之也。昔之害近而易知，今之害深而难辨。昔之惑人也，乘其迷暗；今之入人也，因其高明。自谓之穷神知化，而不足以开物成物。言为无不周遍，实则外于伦理；穷深极微，而不可以入尧、舜之道”、《遗书》卷四“或谓佛之理比孔子为径……外仲尼之道而由径，则是冒险阻、犯荆棘而已’”、卷十三“至诚贯天地，人尚有不化，岂有立

① 《张载集》，第8，65、26、31；62。9、21—24，48—51、34—35、63、27—29，14、264、258—259、248—251页。

伪教而人可化乎”、卷二上“学者于释氏之说，直须如淫声美色以远之……常戒到自家自信后，便不能乱得”，再如《遗书》卷二一下“圣人本天，释氏本心”、卷十六“圣人以义为利，义安处便为利。如释氏之学，皆本于利，故便不是”、卷十五“圣人尽道，以其身所行率天下，是欲天下皆至于圣人。佛以其所贱者教天下，是误天下也”、卷二四“释道所见偏，非不穷深极微也，至穷神知化，则不得与矣”、卷十三“释氏无实……唯务上达而无下学，然则其上达处，岂有是也”、卷十八“才说静，便入于释氏之说也。不用静字，只用敬字。才说著静字，便是忘也”。二程子阐发天人中道性善道统学理者，如《遗书》卷十八“在天为命，在义为理，在人为性，主于身为心，其实一也”、卷二一下“《书》言天叙，天秩。天有是理，圣人循而行之，所谓道也”、卷一“道即性也。若道外寻性，性外寻道，便不是。圣贤论天德，盖谓自家元是天然完全自足之物……此理本无二故也”、卷二二上“性即理也。所谓理，性是也。天下之理，原其所自，未有不善。喜怒哀乐未发，何尝不善？发而中节，则无往而不善”、卷二五“称性之善谓之道，道与性一也。以性之善如此，故谓之性善。性之本谓之命，性之自然者谓之天，自性之有形者谓之心，自性之有动者谓之情”，又如卷六“论性不论气，不备；论气不论性，不明”、卷二一下“气有善不善，性则无不善也。人之所以不知善者，气昏而塞之耳。孟子所以养气者，养之至则清明纯全，而昏塞之患去矣”、卷十八“孟子言人性善，是也。虽荀、杨亦不知性。孟子所以独出诸儒者，以能明性也。性无不善，而有不善者才也……性只一般，岂不可移？却被他自暴自弃，不肯去学，故移不得”、卷二五“人之为不善，欲诱之也。诱之而弗知，则至于天理灭而不知反”、卷二四“人心私欲，故危殆。道心天理，故精微。灭私欲则天理明矣”。二程子阐发诚敬中道君子学统之理者，如《遗书》卷二五“人皆可以至圣人，而君子之学必至于圣人而后已。不至于圣人而后已者，皆自弃也。孝其所当孝，弟其所当弟，自是而推之，则亦圣人而已矣”、“自性而行，皆善也。圣人因其善也，则为仁义礼智信以名之”、卷二上“仁、义、礼、智、信五者，性也。仁者，全体；四者，四支……学者全体此心，学虽未尽，若事物之来，不可不应，但随分限应之，虽不中，不远矣。学者须敬守此心，不可急迫，当栽培深厚，涵泳于其间，然后可以自得。但急迫求之，只是私己，终不足以达道”、卷十五“视听言动，非理不为，即是礼，礼即是理也。不是天理，便是私欲。人虽有意于为善，亦是非礼。无人欲即皆天理”、卷三“礼乐只在进反之间，便得性情之正”，又如卷二上“学者当学颜子，入圣人为近，有用力处”、“学者须先识仁。仁者，浑然与物同体。义、礼、知、信皆仁也。识得此理，以诚敬存之而已，不须防检，不须穷索”、卷十八“涵养须用敬，进学则在致知”、卷五“敬义夹持，直上达天德自此”、卷十五“学者为气所胜、习所夺，只可责志”、卷二上“志道恳切，固是诚意；若迫切不中理，则反为不诚”、卷六“懈意一生，便是自弃自暴”，再如卷十一“学在诚知诚养。学要信与熟”、卷十八“学至气质变，方是有功。人只是一个习”、卷一“义理与客气常相胜，又看消长分数多少，为君子小人之别。义理所得渐多，则自然知得，客气消散得渐少，消尽者是大贤”、卷十八“若只格一物便通众理，虽颜子亦不敢如此道。须是今日格一件，明日又格一件，积习既多，然后脱然自有贯通处”。二程子阐发礼教中道民本政统之理者，则如《遗书》卷二三“夫民，合而听之则圣，散而听之则愚。合而听之，则大同之中，有个秉彝在前，是是非非，无不当理……散而听之，则各任私意，是非颠倒”、卷十四“《蛊》之象，‘君子以振民育德’。君子之事，惟有此二者，余无他为。二者，为己为人之道也”、卷十八“‘政也者，蒲卢也’，言化之易也。螟蛉与果蠃，自是二物，但气类相似，然祝之久，便能肖”、卷二上“教人之术，若童牛之牿，当其未能触时，已先制之，善之大者。其次，则豮豕之牙……则性自调伏，虽有牙亦不能为害”，又如《遗书》卷十五“天地之间皆有对，有阴则有阳，有善则有恶……尧舜之世不能无小人。盖尧舜之世，只是以礼乐法度驱而之善，尽其道而已”、《易传·艮卦》“有物必有则，父止于慈，子止于孝，君止于仁，臣止于敬，万物庶事莫不各有其所，得其所则安，失其所则悖。圣人所以能使天下顺治，非能为物作则也，唯止之各于其所而已”、《遗书》卷二上“礼一失则为夷狄，再失则为禽兽。圣人初恐人入于禽兽也，故于《春秋》之法极谨严”、《粹言·论政》“为治而不法三代，苟道也”、《遗书》卷二五“必井田，必封建，必肉刑，非圣人之道也。善治者，放井田而行之而民不病，放封建而使之而民不劳，放肉刑而用之而民不怨。故善学者，得圣人之意而不取其迹也”。[①]二程子于三统学理俱有中道建树，构成了朱子三统并建正统观之学理根基，其中朱子与小程子学理渊源尤为亲近。

二程之后朱子之前，两宋之际以及南宋前期正统儒者学行诚笃继往开来者，有吕大临（1042—1090）、谢良佐（1050—1103）、杨时（1053—1135）、尹焞（1071—1142）、罗从彦（1072—1135）、朱震（1072—1138）、胡安国（1074—1138）、李侗（1093—1163）、胡寅（1098—1156）、胡宏（1105—1161）、张栻（1133—1180）等。吕大临兼采二程理学与张载礼学优长，重君子诚敬礼仪践履学统政统，如《礼记解·曲礼下》“仁者，以天下为一身者也……一民一物，莫非吾体”、“君子之行，莫先于敬鬼神，诚不欺于鬼神，则于天下也何有？故言礼者，必以祭祀为先”、《乡约》“德业相劝……过失相规……礼俗相交……患难相恤”。[②]谢良佐重克己灭欲居敬穷理、下学上达本末一贯学统，如《上蔡语录》卷二“为学必以圣人为之则”、“学者且须是穷理，物物皆有理，穷理则能知天之所为。知天之所为，则与天为一……必穷其大者，理一而已，一处理穷，触处皆通。恕，其穷理之本欤”、卷一“天理与人欲相对，有一分人欲，即灭却一分天理；存一分天理，即胜得一分人欲。人欲才肆，天理灭矣。任私用意，杜撰做事，所谓人欲肆矣”、卷二“人有己便有夸心，立己与物，几时到得与天为一处！须是克己，才觉时便克将去，从偏胜处克，克己之私则见理矣”、卷一“道须是下学而上达始得……须要就洒扫应对上养取诚意出来”。[③]杨时重理一分殊率性循理道统学统，如《语录三》“人性上不可添一物，尧、舜所以为万世法，亦只是率性而已……循天理是也”、“人各有胜心。胜心去尽，而惟天理之循，则机巧变诈不作”、《答胡康侯（其一）》“天下之物，理一而分殊。知其理一，所以为仁；知其分殊，所以为义。

① 《二程集》，第327、176、262、638，76、205；638、71、139、25—26，274、173、145、314、138—139、189。204、274、1、292、318，81、274、204、319、312。318、318、14、144、68，19、16—17、188、78、155、13、84，119、190、4—5、188。310、140、203、14，161—162、968、43、1211、326页。

② 吕大临：《蓝田吕氏遗著辑校》，中华书局1993年版，第233、231、563—565页。

③ 谢良佐：《上蔡语录》，影印《四库》698册，页第587下、579上、585下、574下—575上。

权其分之轻重，无铢分之差，则精矣”、《语录四》“朝廷作事，若要上下、小大同心同德，须是道理明。盖天下只是一理，故其所为必同。若用智谋，则人人出其私意，私意万人万样，安得同”。[①]谢良佐与杨时尚有援禅证儒倾向（游酢尤甚），尔后尹焞质毅笃行不失正学、朱震宗法《伊川易传》整合象数义理、罗从彦严毅清苦性明行修、李侗学术通明充养完粹，俱能内在生发朱子正统之大成。

胡安国注重明天理正人心、扶三纲严华夷，如《胡氏春秋传·自序》“周道衰微，乾纲解纽，乱臣贼子接迹当世，人欲肆而天理灭矣。仲尼，天理之所在，不以为己任而谁可……遏人欲于横流，存天理于既灭，为后世虑至深远也……世有先后，人心之所同然一尔……近世推隆王氏新说，按为国是，独于《春秋》，贡举不以取士，庠序不以设官，经筵不以进读，断国论者无所折衷，天下不知所适，人欲日长，天理日消，其效使夷狄乱华，莫之遏也……尊君父，讨乱贼，辟邪说，正人心，用夏变夷”[②]。胡寅亦关注崇正辟邪三统之理，如《崇正辩》卷二“非人可共由，行之而有弊，则不谓之道。道者，天下所共由，万世而无弊者也。此儒释之辩也”、卷一“凡有所为而为善者，皆人欲之私，是利道也，异端邪说是也。无所为而为善者，乃天理之公，是本心也，孔孟之教是也”、《序》“三纲四端，天命之自然，人道所由立，惟蛮夷戎狄则背违之……吾儒反相与推尊归向（释氏之说），无乃有三弊乎……一曰惑，二曰惧，三曰贪”、卷一“曹操为臣而挟其君，夺其国，大不义也。孙权乘王室大乱而割据一方，亦非义举也。惟蜀以帝室之胄，欲伸大义于天下，诸葛武侯辅之，其事最正，非吴魏所能拟。其功不成，则天也”、卷三“圣人恶异端之害正术，恶邪说之溺良心，恶似是而非者。谨华夷之辩，以扶持人理，不使沦胥于夷狄、禽兽而罔觉也”。[③]胡宏倡性定心宰诚敬仁恕道统学统而论性尚未精纯，如《知言·修身》“性外无物，物外无性”、《义理》“性定，则心宰。心宰，则物随”、《汉文》“诚，天命。中，天性。仁，天心。理性以立命，惟仁

① 《杨时集》，中华书局2018年版，第327、344、536、376页。

② 胡安国：《春秋胡氏传》，浙江古籍出版社2010年版。

③ 胡寅：《崇正辩　斐然集》，中华书局1993年版，第89、28、1—2、34、122页。

者能之”、《事物》“行吾仁，谓之恕。操吾心，谓之敬。敬以养吾仁”、《一气》“明理居敬，然后诚道得。天道至诚，故无息；人道主敬，所以求合乎天也。孔子自志学至于从心所欲不逾矩，敬道之成也。敬也者，君子之所以终身也”。[①]张栻自觉发明孔孟二程性善修教居敬求仁道统学统之理，如《南轩集·仁说》“人之性，仁义礼智四德具焉……发见于情，则为恻隐、羞恶、是非、辞让之端”、“仁为四德之长，而又可以兼能焉……学者其可不以求仁为要，而为仁其可不以克己为道乎”、《孟子说序》“夫子之道至矣，微孟子其孰能发挥之……其笃实辉光，左右逢原，莫非天理之所存也。使后之人知夫人皆可以为圣人，而政必本于王道，邪说暴行无所遁其迹，而人之类免于夷狄禽兽之归，其于圣门岂小补哉……循求有序，扩充有方，在学者笃信力行何如尔”，又如《孟子讲义序》“学者潜心孔孟，必得其门而入，愚以为莫先于义利之辩。盖圣学无所为而然也……命之所以不已，性之所以不偏，而教之所以无穷也。凡有所为而然者，皆人欲之私，而非天理之所存，此义利之分也……学者当立志以为先，持敬以为本，而精察于动静之间，毫厘之差，审其为霄壤之判，则有以用吾力矣”。[②]两宋之际程门学者时中开拓，构成了孔孟程朱正统学理内在成熟的学理前导。

三、绍圣朱子与孔孟程朱中华正统之正式确立

南宋朱子（1130—1200）集北宋五子正统学理之大成，自觉升格《四书》地位以贯通经礼义理，理清明德修养与新民礼教这一内圣外王主导、主体辩证关系，道统学统政统三统并建，自觉建构起孔孟程朱性善诚敬仁礼中道修教体系，孔孟程朱学理正统正式形成。绍圣朱子在中华正统史上地位极其崇高，相关评价如黄榦《文公朱先生行状》“绍道统，立人极，为万世宗师”、陈淳《侍讲待制朱先生叙述》“嗣周、程之志，而接孟子以承先圣者，惟吾先生一人”、高攀龙《晦庵先生赞》“孔子之学，惟朱子为得其宗，传之万世而无

① 《胡宏集》，第6、30、41、22、28页。

② 《张栻集》，中华书局2015年版，第1031—1032、1031—1032、309—310，971—972页。

弊”、陆陇其《答嘉善李子乔书》“朱子之学，孔孟之门户也。学孔孟而不由朱子，是入室而不由户也”及《经学》“宗朱子者为正学，不宗朱子者即非正学”、朱次琦《讲学记》“会同六经，权衡四书，使孔子之道大著于天下……朱子，百世之师也”。①

（一）中正评判道释外学、教内流派与历代大儒及文学文风

拨乱反正，不破不立。中华道统学统政统反本自立务须辨析比较破立结合，以期于内外层面多元维度解疑除惑达成共识。

1. 中正评判道释异学

朱子明示“道一而已，正则表里皆正，谲则表里皆谲，岂可以析精粗为二致？此正不知道之过也……世衰道微，邪伪交炽，士溺于见闻之陋，各自是其所是，若非痛加剖析，使邪正真伪判然有归，则学者将何所适从以知所向？况欲望其至之乎”，又如《语类》卷二四“异端不是天生出来。天下只是这一个道理，缘人心不正，则流于邪说。习于彼，必害于此；既入于邪，必害于正。异端不止是杨、墨、佛、老，这个是异端之大者”、卷一二六“异端之害道，如释氏者极矣。以身任道者，安得不辨之乎！如孟子之辨杨墨，正道不明，而异端肆行，周孔之教将遂绝矣”。②朱子绍续周程归宗孔孟、拨乱反正勇毅担当，对释道异学与教内儒学心学化、世俗化偏失俱予中正分判，从而为孔孟程朱正统建构扫清了学理障碍，诚如胡居仁所云“孟子以后，若非程朱，则天下贸贸焉人欲肆，天理灭，高者入于老佛，卑者趋于功利，生民之道息矣”③。

北宋五子尚须借力本土道学以辟驳释教义理，朱子则已能中正平实分判清明圣学与道释根本分歧。朱子述二者体用公私殊异者，如《语类》卷一二五

① 《勉斋集》卷三十六，影印《四库》1168册，页第423上；《北溪大全集》卷十七，影印《四库》1168册，页第629上；《高子遗书》卷三，影印《四库》1292册，页第378下；《三鱼堂文集》卷五，影印《四库》1325册，页第61下；《三鱼堂外集》卷四，页第240下；《朱九江先生集·年谱》，广西师范大学出版社2019年版，第74页。

② 《文公文集》卷四一《答程允夫》第1862—1864页，《朱子语类》第586、3039—3040页。

③ 胡居仁：《居业录》卷三《经传》，影印《四库》714册，页第26下—31下。

“儒教自开辟以来，二帝三王述天理，顺人心，治世教民，厚典庸礼之道；后世圣贤遂著书立言，以示后世。及世之衰乱，方外之士厌一世之纷拏，畏一身之祸害，躭空寂以求全身于乱世而已。及老子倡其端，而列御寇、庄周、杨朱之徒和之。孟子尝辟之以为无父无君，比之禽兽。然其言易入，其教易行。当汉之初，时君世主皆信其说，而民亦化之”，又如“康节尝言‘老氏得《易》之体，孟子得《易》之用’，非也。老子自有老子之体用，孟子自有孟子之体用。‘将欲取之，必固与之’，此老子之体用也；存心养性，充广其四端，此孟子之体用也……老子是出人理之外，不好声，不好色，又不做官，然害伦理”、“庄子说：‘子之于亲也，命也，不可解于心。’至臣之于君，则曰：‘义也，无所逃于天地之间。’是他看得那君臣之义，却似是逃不得，不奈何，须著臣服他。更无一个自然相胥为一体处，可怪！故孟子以为无君，此类是也”，又如卷一二六“孟子不辟老庄而辟杨墨，杨墨即老庄也。今释子亦有两般：禅学，杨朱也；若行布施，墨翟也……道家修养之说只是为己，独自一身便了，更不管别人，便是杨氏为我之学……老氏欲保全其身底意思多；释氏又全不以其身为事，自谓别有一物不生不灭……气聚则生，气散则死，顺之而已，释老则皆悖之者也……佛氏之失，出于自私之厌；老氏之失，出于自私之巧。厌薄世故，而尽欲空了一切者，佛氏之失也；关机巧便，尽天下之术数者，老氏之失也……圣人之道则不然，于天理大本处见得是众人公共底，便只随他天理去，更无分毫私见。如此，便伦理自明，不是自家作为出来，皆是自然如此。往来屈伸，我安得而私之哉”，再如“圣人不说死……只说既生之后，未死之前，须是与他精细理会道理教是……释氏更不分善恶，只尊向他底便是好人，背他底便入地狱。若是个杀人贼，一尊了他，便可生天”、“老氏初只是清净无为。清净无为，却带得长生不死。后来却只说得长生不死一项。如今恰成个巫祝，专只理会厌禳祈祷”。[①]

朱子述二者心性伦理虚实者，则如《语类》卷一二四“儒释之分，只争虚、实而已……释氏之言见性，只是虚见；儒者之言性，止是仁义礼智，皆是实事……只被源头便不同：吾儒万理皆实，释氏万理皆空”、卷一二六“佛氏

① 《朱子语类》，第2993，2986—2988、2991，3007—3013，3024—3025、3005页。

偏处只是虚其理。理是实理，他却虚了，故于大本不立也”、“儒释言性异处，只是释言空，儒言实；释言无，儒言有。吾儒心虽虚而理则实，若释氏则一向归空寂去了……吾以心与理为一，彼以心与理为二。亦非固欲如此，乃是见处不同，彼见得心空而无理，此见得心虽空而万理咸备也。虽说心与理一，不察乎气禀物欲之私，是见得不真，故有此病。《大学》所以贵格物也”，又如卷一二六“性只是理，有是物斯有是理……认心为性，正与佛氏相似。只是佛氏磨擦得这心极精细，如一块物事，剥了一重皮，又剥一重皮，至剥到极尽无可剥处，所以磨弄得这心精光，它便认做性，殊不知此正圣人之所谓心……心只是该得这理，佛氏元不曾识得这理一节，便认知觉运动做性……释氏弃了道心，却取人心之危者而作用之；遗其精者，取其粗者以为道。如以仁义礼智为非性，而以眼前作用为性是也。此只是源头处错了”、“释氏自谓识心见性，然其所以不可推行者何哉？为其于性与用分为两截也。圣人之道，必明其性而率之，凡修道之教，无不本于此。故虽功用充塞天地，而未有出于性之外者。释氏非不见性，及到作用处，则曰无所不可为。故弃君背父，无所不至者，由其性与用不相管也”、“今之学者往往多归异教者，何故？盖为自家这里工夫有欠缺处，奈何这心不下，没理会处。又见自家这里说得来疏略，无个好药方治得他没奈何底心；而禅者之说，则以为有个悟门，一朝入得，则前后际断，说得恁地见成捷快，如何不随他去！此却是他实要心性上理会了如此。不知道自家这里有个道理，不必外求，而此心自然各止其所”，再如“吾儒之学，则居敬为本，而穷理以充之。其本原不同处在此……（释氏）到了是说那空处，又无归著。且如人心，须是其中自有父子君臣兄弟夫妇朋友。他做得彻到底，便与父子君臣兄弟夫妇朋友都不相亲。吾儒做得到底，便‘父子有亲，君臣有义，兄弟有序，夫妇有别，朋友有信’。吾儒只认得一个诚实底道理，诚便是万善骨子”、“禅学最害道。庄老于义理绝灭犹未尽，佛则人伦已坏。至禅，则又从头将许多义理扫灭无余……佛老之学，不待深辨而明。只是废三纲五常，这一事已是极大罪名，其他更不消说……惟其天下无二道，圣人无两心，所以有我底著他底不得，有他底著我底不得”。在持守儒学正统立场前提下，朱子亦认为释学工夫可资镜鉴，如《语类》卷一二五“佛家于心地上煞下工夫”、卷一二六“看他下工夫，直是自日至夜，无一念走作别处去。学者一时一日之间是多少闲杂念虑，如何得似他！只惜他所学非所学，枉了工夫！若吾儒边人下得这工夫，是甚次第！如今学者有二病：好高，欲速。这都是志向好底如此。一则是所以学者失其旨，二则是所学者多端，所以纷纷扰扰，终于无所归止”，又如《文公文集》卷三九《答范伯崇》“异端害正，固君子所当辟。然须是吾学既明，洞见大本达道之全体，然后据天理以开有我之私，因彼非以察吾道之正。议论之间，彼此交尽，而内外之道一以贯之……不然譊譊相訾，以客气争胜负，是未免于前辈自敝之讥也”、卷四一《答程允夫》“圣门之学别无要妙，彻头彻尾只是个敬字而已。又承苦于妄念而有意于释氏之学，此正是元不曾实下持敬工夫之故。若能持敬以穷理，则天理自明，人欲自消，而彼之邪妄将不攻而自破矣”。[①]

2. 中正评判心学化世俗化儒学流派

南宋心学化世俗化儒学流派与其道释化倾向息息相关，朱子对此亦予以中正评判，从而为孔孟程朱正统体系的内在确立彻底扫清学理障碍。

朱子云“区区所忧，却在一种轻为高论，妄生内外精粗之别，以良心日用分为两截，谓圣贤之言不必尽信，而容貌词气之间不必深察者。此其为说乖戾狠悖，将有大为吾道之害者，不待他时末流之弊矣”[②]，此即朱子深忧之心学流弊。朱子评判圣教性理实学与心学禅化虚学根本分歧者，如《语类》卷一二四“陆子静之学，自是胸中无奈许多禅何。看是甚文字，不过假借以说其胸中所见者耳……为学若不靠实，便如释老谈空，又却不如他说得索性……某看近日学问，高者便说做天地之外去，卑者便只管陷溺……圣人教人，皆从平实地上做去……圣人告颜子以‘克己复礼’，告仲弓以‘出门如见大宾，使民如承大祭’，告樊迟以‘居处恭，执事敬，与人忠’，告子张以‘言忠信，行笃敬’……又平时告弟子，也须道是‘学而时习’‘行有余力，则以学文’，又岂曾说个当下便是底语”，又如“圣贤教人有定本，如‘博学、审问、慎思、明辨、笃行’是也。其人资质刚柔敏钝，不可一概论，其教则不易。禅家

① 《朱子语类》，第2975—2976、3027、3015—3016，3019—3021、3039、3036—3037，3016—3017、3014—3015。2991、3018页，《文公文集》第1788、1873页。

② 《文公文集》卷三六《答陆子静》，第1565页。

教更无定，今日说有定，明日又说无定，陆子静似之。圣贤之教无内外本末上下，今子静却要理会内，不管外面，却无此理。硬要转圣贤之说为他说，宁若尔说，且作尔说，不可诬罔圣贤亦如此……江西之学，无了恻隐辞逊之心，但有羞恶之心；然不羞其所当羞，不恶其所当恶。有是非之心，然是其所非，非其所是"，再如"陆氏会说，其精神亦能感发人，一时被它耸动底，亦便清明。只是虚，更无底箪……今其徒往往进时甚锐，然其退亦速。才到退时，便如坠千仞之渊……陆子静之学，只管说一个心本来是好底物事，上面著不得一个字，只是人被私欲遮了。若识得一个心了，万法流出，更都无许多事……他学者是见得个物事，便都恁底胡叫胡说，实是卒动他不得，一齐恁地无大无小，便是'天上天下，惟我独尊'。若我见得，我父不见得，便是父不似我；兄不见得，便是兄不似我。更无大小，其害甚大"。①

朱子认为陆氏心学要害在于割裂混滥天命之性气质之性以及正意无意内在关系，如"陆子静之学，看他千般万般病，只在不知有气禀之杂，把许多粗恶底气都把做心之妙理，合当恁地自然做将去……只道这是胸中流出，自然天理；不知气有不好底夹杂在里，一齐衮将去，道害事不害事？看子静书，只见他许多粗暴底意思可畏。其徒都是这样，才说得几句，便无大无小，无父无兄，只我胸中流出底是天理，全不著得些工夫。看来这错处，只在不知有气禀之性"，又如"陆子静不著言语，其学正似告子……陆子静说告子也高，也是他尚不及告子。告子将心硬制得不动，陆遇事未必皆能不动……陆子静学者欲执喜怒哀乐未发之中，不知如何执得？那事来面前，只得应他，当喜便喜，当怒便怒，如何执得"，再如"邪意见不可有，正意见不可无……闲议论不可议论，合议论则不可不议论……《大学》不曾说无意，而说诚意。若无意见，将何物去择乎中庸？将何物去察迩言？《论语》'无意'，只是要无私意。若是正意，则不可无……除去不好底意见则可，若好底意见，须是存留……圣贤之学，如一条大路，甚次第分明。缘有'除意见'横在心里，便更不在做……目视霄汉，悠悠过日，下梢只成得个狂妄"。朱子进而指出陆氏心学要害源自信念化套用孟子心性工夫，如"圣贤言语一步是一步。近来一种议论，只是

① 《朱子语类》，第2978—2980，2974，2975—2982页。

跳踯……陆子静说‘良知良能’‘四端’等处，且成片举似经语，不可谓不是。但说人便能如此，不假修为存养，此却不得……夫子更不曾说，只说‘孝弟’‘忠信笃敬’。盖能如此，则道理便在其中矣”、“如孟子，却是将他到底已教人。如言‘存心养性，知性知天’，有其说矣，是他自知得。余人未到他田地，如何知得他滋味？卒欲行之，亦未有入头处。若《论语》，却是圣人教人存心养性、知性知天实涵养处，便见得，便行得也”，又如“子静固有病，而今人却不曾似他用功，如何便说得他！所谓‘五谷不熟，不如稊稗’，恐反为子静之笑也……从陆子静学，如杨敬仲辈，持守得亦好，若肯去穷理，须穷得分明。然它不肯读书，只任一己私见，有似个稊稗。今若不做培养工夫，便是五谷不熟，又不如稊稗也……今之言学问者，人自为说，说出无限差异”。[①] 朱子圣学与陆氏心学对孟子道统地位俱无异议，但就学统而言朱子反本孔子圣教实际修持理路，主张曾子大学之道慎独复性与孟子性善正心内在结合，陆氏则聚焦孟子心性工夫信念化理路而终致儒学禅学化修教流弊。

朱子明示“夫道固无对者也，然其中却著不得许多异端邪说，直须一一剔拨出后，方晓然见得个精明纯粹底无对之道。若和泥合水，便只著个‘无对’包了，窃恐此‘无对’中却多藏得病痛也”[②]。朱子奉持孔孟周程儒学正统，对吕祖谦、陈亮、叶适“和泥合水”世俗化儒学流派予以中正评判。

朱子明示，以吕祖谦为代表的浙东世俗史学流派之要害，在于以史学子学博识僭替六经圣学义理，如《语类》卷一二二“东莱博学多识则有之矣，守约恐未也……伯恭说义理，太多伤巧，未免杜撰……若不读书穷理、主敬存心，而徒切切计较于昨非今是之间，恐亦劳而无补也……于史分外子细，于经却不甚理会……动劝人看《左传》《迁史》，令子约诸人抬得司马迁不知大小，恰比孔子相似”“迁之学，也说仁义，也说诈力，也用权谋，也用功利，然其本意却只在于权谋功利……圣贤以六经垂训，炳若丹青，无非仁义道德之说。今求义理不于六经，而反取疏略浅陋之子长，亦惑之甚矣”，又如“大率《左传》只道得祸福利害底说话，于义理上全然理会不得……看此等书，机关熟

① 《朱子语类》，第2977，2971，2972—2973。2969—2971、2968，2983—2985页。

② 《文公文集》卷三三《答吕伯恭》，第1426页。

了，少间都坏了心术……今浙中于此二书，极其推尊，是理会不得……婺州士友只流从祖宗故事与史传一边去。其驰外之失，不知病在不曾于《论语》上加工”、卷一百八“今日人才之坏，皆由于诋排道学。治道必本于正心、修身，实见得恁地，然后从这里做出。如今士大夫，但说据我逐时恁地做，也做得事业；说道学，说正心、修身，都是闲说话，我自不消得用此。若是一人叉手并脚，便道是矫激，便道是邀名，便道是做崖岸。须是如市井底人拖泥带水，方始是通儒实才”。[①]

朱子评判叶适永嘉之学者，如《语类》卷一二三“陆子静分明是禅，但却成一个行户，尚有个据处。如叶正则说，则只是要教人都晓不得……既说不乱三纲五常，又说别是个魁伟底道理，却是个甚么物事？也是乱道！他不说破，只是笼统恁地说以谩人……江西之学只是禅，浙学却专是功利。禅学后来学者摸索一上，无可摸索，自会转去。若功利，则学者习之，便可见效，此意甚可忧”。评判陈亮永康之学者，则如《文集》卷三六《答陈同甫》“天理人欲之并行，其或断或续，固宜如此。至若论其本然之妙，则惟有天理，而无人欲。是以圣人之教，必欲其尽去人欲而复全天理也。若心，则欲其常不泯而不恃其不常泯也；法，则欲其常不废而不恃其不常废也……岂任人心之自危，而以有时而泯者为当然；任道心之自微，而幸其须臾之不常泯也哉……盖义理之心顷刻不存则人道息，人道息则天地之用虽未尝已，而其在我者则固即此而不行矣。不可但见其穹然者常运乎上，颓然者常在乎下，便以为人道无时不立，而天地赖之以存之验也”，又如“‘天理’‘人欲’二字，不必求之于古今王伯之迹，但反之于吾心义利邪正之间。察之愈密，则其见之愈明；持之愈严，则其发之愈勇……若以其能建立国家、传世久远，便谓其得天理之正，此正是以成败论是非，但取其获禽之多，而不羞其诡遇之不出于正也。千五百年之间，正坐如此，所以只是架漏牵补，过了时日。其间虽或不无小康，而尧、舜、三王、周公、孔子所传之道，未尝一日得行于天地之间也。若论道之常存，却又初非人所能预。只是此个自是亘古亘今常在不灭之物，虽千五百年被人作坏，终殄灭他不得耳”，又如“夫谓道之存亡在人，而不可舍人以为道者，正

---

① 《朱子语类》，第2949—2951、2952，2952—2956、2686—2687页。

以道未尝亡，而人之所以体之者有至有不至耳，非谓苟有是身则道自存，必无是身然后道乃亡也。天下固不能人人为尧，然必尧之道行，然后人纪可修、天地可立也……人只是这个人，道只是这个道，岂有三代、汉唐之别？但以儒者之学不传，而尧、舜、禹、汤、文、武以来转相授受之心不明于天下，故汉唐之君虽或不能无暗合之时，而其全体却只在利欲上。此其所以尧、舜、三代自尧、舜、三代，汉祖、唐宗自汉祖、唐宗，终不能合而为一也。今若必欲撤去限隔，无古无今，则莫若深考尧、舜相传之心法，汤、武反之之功夫，以为准则而求诸身，却就汉祖、唐宗心术微处痛加绳削，取其偶合而察其所自来，黜其悖戾而究其所从起"，再如《语类》卷一二三"陈同父纵横之才……才高气粗……自是心地不清和也……在利欲胶漆盆中……议论却乖，乃不知正。曹丕既篡，乃曰：'舜、禹之事，吾知之矣！'此乃以己而窥圣人，谓舜禹亦只是篡，而文之以揖逊尔。同父亦是于汉唐事迹上寻讨个仁义出来，便以为此即王者事，何异于此"、《与陈同甫》"绌去'义利双行、王霸并用'之说，而从事于惩忿窒欲、迁善改过之事，粹然以醇儒之道自律"。①

3. 比较评判历代大儒及文学文风

朱子自觉梳理周子二程传承孔孟正统地位，认真厘正孟子周程之间历代大儒之贡献得失，其中重点评判荀子、董仲舒、扬雄、王通、韩愈思想，连带评判诸葛亮、陆贽等其他儒者思想。通过内在理顺中华正统思想史之真伪偏正，朱子内在确立起孔孟程朱正统体系的坚实学理基石。

朱子比较评判历代大儒之正统史地位者，如《语类》卷一三七"看得荀子资质，也是个刚明底人……只是粗。他那物事皆未成个模样，便将来说……扬子工夫比之荀子，恐却细腻……扬子说到深处，止是走入老、庄窠窟里去，如清静寂寞之说皆是也……荀子尽有好处，胜似扬子，然亦难看。不要看扬子，他说话无好处，议论亦无的实处。荀子虽然是有错，到说得处也自实，不如他说得恁地虚胖……不须理会荀卿，且理会孟子性善。渠分明不识道理……荀、扬不惟说性不是，从头到底皆不识。当时未有明道之士，被他说用于世千余

① 《语类》第2966—2967页。《文集》第1586—1587，1582—1583，1587—1589页，《语类》第2965—2966页、《文集》第1581页。

年”，又如“（扬子）说个‘善恶混’。若有个三底道理，圣人想自说了，不待后人说矣。看他里面推得辛苦，却就上面说些道理，亦不透彻。看来其学似本于老氏……子云何敢望康节！康节见得高，又超然自得。退之却见得大纲，有七八分见识。如《原道》中说得仁义道德煞好，但是他不去践履玩味，故见得不精微细密……看得来退之胜似子云……（扬子）少间处事不看道理当如何，便先有个依违闪避之心矣”，又如“汉儒惟董仲舒纯粹，其学甚正，非诸人比……如说‘正心以正朝廷’，与‘命者天之令也’以下诸语，皆善……至于天下国家事业，恐施展未必得。王通见识高明，如说治体处极高，但于本领处欠。如古人‘明德、新民、至善’等处，皆不理会，却要斗合汉魏以下之事整顿为法……文中论治体处，高似仲舒，而本领不及；爽似仲舒，而纯不及……文中有志于天下，亦识得三代制度，较之房、魏诸公文，稍有些本领，只本原上工夫都不曾理会。若究其议论本原处，亦只自老、庄中来……看来文中子根脚浅，然却是以天下为心，分明是要见诸事业……其心却公。如韩退之虽是见得个道之大用是如此，然却无实用功处……只是要做得言语似六经，便以为传道……文公见得大意已分明，但不曾去子细理会。如《原道》之类，不易得也”，再如“仲舒却纯正，然亦有偏，又是一般病。韩退之却见得又较活，然亦只是见得下面一层，上面一层都不曾见得。大概此诸子之病皆是如此，都只是见得下面一层，源头处都不晓。所以伊川说‘《西铭》是《原道》之宗祖’……只有董仲舒资质纯良……然亦非它真见得这道理……如‘命者，天之令；性者，生之质；情者，人之欲。命非圣人不行，性非教化不成，情非制度不节’等语，似不识性善模样。又云‘明于天性，知自贵于物；知自贵于物，然后知仁义；知仁义，然后重礼节；重礼节，然后安处善；安处善，然后乐循理’，又似见得性善模样。终是说得骑墙，不分明端的……至西汉末年，儒者渐有求得稍亲者，终是不曾见全体……且如匡衡问时政，亦及治性情之说；及到得他入手做时，又却只修得些小宗庙礼而已……唯董仲舒三篇说得稍亲切，终是不脱汉儒气味。只对江都易王云‘仁人正其义不谋其利，明其道不计其功’，方无病，又是儒者语。董仲舒才不及陆宣公，而学问过之”。朱子进而明示，“（王通）于世务变故、人情物态，施为作用处，极见得分晓，只是于这作用晓得处却有病。韩退之则于大体处见得，而于作用施为处却不晓……只是空见得个本原如此，下面工夫都空疏，更无物事撑住衬簟，所以于用处不甚可人意。缘他费工夫去作文……而于经纶实务不曾究心，所以作用不得……荀卿则全是申、韩，观《成相》一篇可见……卒归于明法制，执赏罚而已。他那做处粗，如何望得王通！扬雄则全是黄、老……如《法言》一卷，议论不明快，不了决，如其为人……荀、扬二人自不可与王、韩二人同日语”，又如“文中子他当时要为伊、周事业；见道不行，急急地要做孔子。他要学伊、周，其志甚不卑。但不能胜其好高自大欲速之心，反有所累。二帝三王却不去学，却要学两汉，此是他乱道处……文中子《中说》被人乱了。说治乱处与其他好处极多。但向上事只是老、释……兼是他言论大纲杂霸，凡事都要硬做。如说礼乐治体之类，都不消得从正心诚意做出……这也是他志大，要学古人。如退之则全无要学古人底意思”，再如“韩退之却有些本领，非欧公比。《原道》，其言虽不精，然皆实，大纲是……《原道》中举《大学》，却不说‘致知在格物’一句……都是个无头学问。韩子《原性》曰，人之性有五，最识得性分明……退之说性，只将仁义礼智来说，便是识见高处……退之所论却少了一‘气’字……韩文公第一义是去学文字，第二义方去穷究道理，所以看得不亲切……只是不曾向里面省察，不曾就身上细密做工夫……立朝议论风采，亦有可观，却不是从里面流出……若能明明德，便是识原头来处了……孟子后，荀、扬浅，不济得事。只有个王通、韩愈好，又不全”。[①]

朱子比较评判历代其他儒者思想者，如《语类》卷一三七“贾谊之学杂……终是有纵横之习……如张良、诸葛亮固正，只是太粗……自孔、孟灭后，诸儒不子细读得圣人之书，晓得圣人之旨，只是自说他一副当道理。说得却也好看，只是非圣人之意，硬将圣人经旨说从他道理上来……屈原本是一个忠诚恻怛爱君底人……亦不见他有偏躁之心……而今人句句尽解做骂怀王，枉屈说了屈原”、卷一三六“孔明本不知学，全是驳杂了。然却有儒者气象，后世诚无他比……孔明是礼乐中人，但做时也粗疏……天资甚美，气象宏大。但所学不尽纯正，故亦不能尽善……王祥孝感，只是诚发于此，物感于彼……世

---

① 《朱子语类》，第3253—3254，3261—3264，3257—3260，3262—3264。3255，3267—3270，3270—3274页。

间事虽千头万绪，其实只一个道理，理一分殊之谓也。到感通处，自然首尾相应……渊明所说者庄老，然辞却简古……陶渊明，古之逸民……三代而下，以义为之，只有一个诸葛孔明。若魏郑公全只是利……史以陆宣公比贾谊。谊才高似宣公，宣公谙练多，学便纯粹。大抵汉去战国近，故人才多是不粹……德裕所言虽以利害言，然意却全在为国；僧孺所言虽义，然意却全济其己私……杜佑可谓有意于世务者……周世宗亦可谓有天下之量，才见元稹均田图，便慨然有意……规模虽大，然性迫，无甚宽大气象。做好事亦做教显显地，都无些含洪之意，亦是数短而然”，又如卷一三七“欧公好事，金石碑刻，都是没著身己处，却不似参禅修养人，犹是贴著自家身心理会也……（李翱）也只是从佛中来……至说道理，却类佛……韩退之，欧阳永叔所谓扶持正学，不杂释老者也。然到得紧要处，更处置不行，更说不去。便说得来也拙，不分晓。缘他不曾去穷理，只是学作文，所以如此。东坡则杂以佛老，到急处便添入佛老，相和倾瞒人……如诸公平日担当正道，自视如何！及才议学校，便说不行，临了又却只是词赋好，是甚么议论……韩退之及欧、苏诸公议论，不过是主于文词，少间却是边头带说得些道理，其本意终自可见”、卷一三十“东坡说得高妙处，只是说佛，其他处又皆粗……（欧公）浅……大概皆以文人自立。平时读书，只把做考究古今治乱兴衰底事，要做文章，都不曾向身上做工夫，平日只是以吟诗饮酒戏谑度日……因论苏子由云‘学圣人不如学道’，他认道与圣人做两个物事，不知道便是无躯壳底圣人，圣人便是有躯壳底道”，又如卷一三四“如温公所言，才是不好底。既才是不好底，又言‘才德兼全谓之圣人’，则圣人一半是不好底！温公之言多说得偏，谓之不是则不可……温公谓魏为正统。使当三国时，便去仕魏矣”、卷一三十“荆公德行，学则非……若荆公辈，他硬见从那一边去，则如不识病证，而便下大黄、附子底药，便至于杀人……介甫之心固欲救人，然其术足以杀人，岂可谓非其罪……元祐诸公大纲正，只是多疏，所以后来熙、丰诸人得以反倒”、卷一三一“秦桧倡和议以误国，挟虏势以邀君，终使彝伦斁坏，遗祸后君，此其罪之大者。至于戮及元老，贼害忠良，攘人之功以为己有，又不与也”，再如卷一三五“汉高祖私意分数少。唐太宗一切假仁借义以行其私……武帝病痛固多，然天资高，志向大，足以有为。使合下便得个真儒辅佐，岂不大有可观？惜乎无真儒辅佐，不能胜其多欲之私，做从那边去了”、卷一三六“太宗诛建成，比于周公诛管蔡，只消以公私断之。周公全是以周家天下为心，太宗则假公义以济私欲者也……太宗从魏郑公‘仁义’之说，只是利心，意谓如此便可以安居民上。汉文帝资质较好，然皆老氏术也”、卷一二七“神宗极聪明，于天下事无不通晓，真不世出之主，只是头头做得不中节拍。如王介甫为相，亦是不世出之资，只缘学术不正当，遂误天下。使神宗得一真儒而用之，那里得来！此亦气数使然。天地生此人，便有所偏了，可惜”。[①]

文载道而关兴衰。朱子对历代文学中道评判者，如《语类》卷一三九“有治世之文，有衰世之文，有乱世之文。六经，治世之文也。如《国语》委靡繁絮，真衰世之文耳……宜乎周之不能振起也。至于乱世之文，则战国是也。然有英伟气……汉初贾谊之文质实。晁错说利害处好，答制策便乱道。董仲舒之文缓弱，其《答贤良策》，不答所问切处……东汉文章尤更不如，渐渐趋于对偶。如杨震辈皆尚谶纬，张平子非之。然平子之意，又却理会风角、鸟占，何愈于谶纬！陵夷至于三国两晋，则文气日卑矣……大抵武帝以前文雄健，武帝以后更实。到杜钦、谷永书，又太弱无归宿了。匡衡书多有好处，汉明经中皆不似此”，又如“今晓得义理底人，少间被物欲激搏，犹自一强一弱，一胜一负。如文章之士，下梢头都靠不得。且如欧阳公初间做《本论》，其说已自大段拙了，然犹是一片好文章，有头尾。它不过欲封建、井田，与冠、婚、丧、祭、蒐田、燕飨之礼，使民朝夕从事于此，少间无工夫被佛氏引去，自然可变。其计可谓拙矣，然犹是正当议论也。到得晚年，自做《六一居士传》，宜其所得如何”、“苏文害正道，甚于老、佛，且如《易》所谓‘利者义之和’，却解为义无利则不和，故必以利济义，然后合于人情。若如此，非惟失圣言之本指，又且陷溺其心……柳文局促，有许多物事，却要就些子处安排，简而不古，更说些也不妨。《封建论》并数长书是其好文，合尖气短，如人火忙火急来说不及，又便了了……国初文章，皆严重老成……其辞谨重，有欲工而不能之意，所以风俗浑厚。至欧公文字，好底便十分好，然犹有甚拙底，未散得他

---

① 《朱子语类》，第3257—3259、3235—3251，3275—3276、3113—3117，3206—3207、3097—3105、3158，3219—3226、3245—3247、3046页。

和气。到东坡文字便已驰骋，忒巧了。及宣、政间，则穷极华丽，都散了和气……温公文字中多取荀卿助语……文字到欧、曾、苏，道理到二程，方是畅。荆公文暗……欧公文字敷腴温润。曾南丰文字又更峻洁，虽议论有浅近处，然却平正好……自三苏文出，学者始日趋于巧。如李泰伯文尚平正明白，然亦已自有些巧了”，再如“三代圣贤文章，皆从此心写出，文便是道。今东坡之言曰：‘吾所谓文，必与道俱。’则是文自文而道自道，待作文时，旋去讨个道来入放里面，此是它大病处……所以大本都差。欧公之文则稍近于道，不为空言。如唐《礼乐志》云：‘三代而上，治出于一；三代而下，治出于二。’此等议论极好，盖犹知得只是一本。如东坡之说，则是二本，非一本矣……人有才性者，不可令读东坡等文。有才性人，便须取入规矩；不然，荡将去”。[①] 朱子对历代儒者之评判情理中道拨乱反正，具有极强的学统道统释疑功能。

（二）孔孟程朱三统并建中华正统观学理述要

朱子集毕生精力撰成《四书章句集注》（南宋后期以来普及流传，四书由此正式升格为经），以及《诗集传》《周易本义》《仪礼经传通解》《家礼》《小学》《通鉴纲目》，并自觉理顺了四书五经之灵魂主导与学理主体内在关系，进而承绪周程反本孔孟而三统并建，自觉建立起君子性修礼教正统学理体系。朱子正统观藉天道人心、理气性情等学理框架内在展开，包括天人内在性善贯通道统建构、复性新民仁礼中道学统建构、天君民合性善推扩政统建构三大层面内容。

1. 中华正统观之道统建构

朱子从学理与历史双重维度自觉建构道统，可谓学理严密、谱系清晰、内容丰瞻而集儒学道统之大成。

（1）孔孟周程一脉相承——中华道统谱系建构

朱子以孔门传授心法《中庸》集中阐发了“人心惟危，道心惟微，惟精惟一，允执厥中”道统谱系，如《中庸章句序》“《中庸》何为而作也？子思子忧道学之失其传而作也。盖自上古圣神继天立极，而道统之传有自来矣。其见

---

① 《朱子语类》，第3297—3300，3310、3306—3309，3319—3322页。

于经，则‘允执厥中’者，尧之所以授舜也。‘人心惟危，道心惟微，惟精惟一，允执厥中’者，舜之所以授禹也……心之虚灵知觉，一而已矣。而以为有人心、道心之异者，则以其或生于形气之私，或原于性命之正，而所以为知觉者不同，是以或危殆而不安，或微妙而难见耳。然人莫不有是形，故虽上智不能无人心，亦莫不有是性，故虽下愚不能无道心。二者杂于方寸之间，而不知所以治之，则危者愈危，微者愈微，而天理之公卒无以胜夫人欲之私矣。精则察夫二者之间而不杂也，一则守其本心之正而不离也。从事于斯，无少间断，必使道心常为一身之主，而人心每听命焉，则危者安，微者著，而动静云为自无过不及之差矣……自是以来，圣圣相承，若成汤、文、武之为君，皋陶、伊、傅、周、召之为臣，既皆以此而接夫道统之传。若吾夫子，则虽不得其位，而所以继往圣、开来学，其功反有贤于尧舜者。然当是时，见而知之者，惟颜氏、曾氏之传得其宗，及曾氏之再传，而复得夫子之孙子思……其曰‘天命率性’，则道心之谓也；其曰‘择善固执’，则精一之谓也；其曰‘君子时中’，则执中之谓也。世之相后，千有余年，而其言之不异，如合符节，历选前圣之书，所以提挈纲维，开示蕴奥，未有若是之明且尽者也。自是而又再传以得孟氏，为能推明是书，以承先圣之统。及其没而遂失其传焉，则吾道之所寄，不越乎言语文字之间，而异端之说，日新月盛，以至于老佛之徒出，则弥近理而大乱真矣。然而尚幸此书之不泯，故程夫子兄弟者出，得有所考，以续夫千载不传之绪；得有所据，以斥夫二家似是之非”；朱子进而阐明了孟子之崇高道统地位，如《〈孟子〉序说》“‘天下方务于合从连衡，以攻伐为贤。而孟轲乃述唐、虞、三代之德……述仲尼之意，作《孟子》七篇。’韩子曰：‘尧以是传之舜，舜以是传之禹，禹以是传之汤，汤以是传之文、武、周公，文、武、周公传之孔子，孔子传之孟轲……自孔子没，独孟轲氏之传得其宗。故求观圣人之道者，必自孟子始……杨、墨行，正道废……向无孟氏，则皆服左衽而言侏离矣’……（程子曰）‘孟子有大功于世，以其言性善也’”[①]，又如《语类》卷九十三“孔门只一个颜子合下天资纯粹。到曾子便过于刚，与孟子相似。世衰道微，人欲横流，不是刚劲有脚跟底人，定立不住……自孔子

① 《四书章句集注》，第14—15；197—199页。

以后，得孔子之心者，惟曾子、子思、孟子而已。后来非无能言之士，如扬子云《法言》模仿《论语》，王仲淹《中说》亦模仿《论语》，言愈似而去道愈远。直至程子方略明得四五十年，为得圣人之心。然一传之门人，则已皆失其真矣……孟子不甚细腻，如大匠把得绳墨定，千门万户自在”①。

朱子阐述周子、二程子等道统地位者，则如《文公文集》卷七八《江州重建濂溪先生书堂记》“道之在天下者未尝亡，惟其讬于人者或绝或续，故其行于世者有明有晦……若濂溪先生者，其天之所畀，而得乎斯道之传者与……不繇师传，默契道体，建图属书，根极领要。当时见而知之有程氏者，遂扩大而推明之，使夫天理之微，人伦之著，事物之众，鬼神之幽，莫不洞然毕贯于一，而周公、孔子、孟氏之传，焕然复明于当世。有志之士，得以探讨服行而不失其正，如出于三代之前者”，又如《隆兴府学濂溪先生祠记》“先生之言，其高极乎无极太极之妙，而其实不离乎日用之间；其幽探乎阴阳五行造化之赜，而其实不离乎仁义礼智、刚柔善恶之际。其体用之一源，显微之无间，秦汉以下，诚未有臻斯理者，而其实则不外乎六经、《论语》《中庸》《大学》《七篇》之所传也……自尧舜以来，至于孔孟，其所以相传之说，岂有一言以易此哉。顾孟氏既没，而诸儒之智不足以及此，是以世之学者茫然莫知所适，高则放于虚无寂灭之外，卑则溺于杂博华靡之中，自以为道固如是，而莫或知其非也。及先生出，始发明之，以传于程氏，而其流遂及于天下，天下之学者于是始知圣贤之所以相传之实乃出于此，而有以用其力焉。此先生之教所以继往圣，开来学，而大有功于斯世也”，再如卷八九《右文殿修撰张公神道碑》“圣门之学不传，而道术遂为天下裂，士之醇悫者拘于记诵，其敏秀者衒于词章，既皆不足以发明天理而见诸人事，于是言理者归于老、佛，而论事者骛于管、商，则于理事之正反皆有以病焉，而去道益远矣。中间河、洛之间，先生君子得其不传之绪而推明之，然今不能百年，而学者又失其指。近岁乃幸得吾友敬夫焉，而天下之士乃有以知理之未始不该于事，而事之未始不根于理也”。②朱子进而撰《太极图说解》《通书解》《西铭解》《近思录》，以具体阐

① 《朱子语类》，第2353—2356页。

② 《文公文集》，第3739—3740，3748，4130—4131页。

明周程性理修教道统学理，内在确立孔孟周程道统传承谱系。

（2）天人内在性善贯通——孔孟程朱道统学理建构

作为中华道统学理建构集大成者，朱子以性理为主题内在贯通了太极、天命、理气、心性、性情、志意、理欲诸多关系，集中剖判者如《语类》卷一“太极只是天地万物之理……理又非别为一物，即存乎是气之中；无是气，则是理亦无挂搭处。气则为金木水火，理则为仁义礼智……心固是主宰底意，然所谓主宰者，即是理也，不是心外别有个理，理外别有个心”、卷五“理者，天之体；命者，理之用。性是人之所受，情是性之用。命犹诰敕，性犹职事，情犹施设，心则其人也。天所赋为命，物所受为性。赋者命也，所赋者气也；受者性也，所受者气也……性即理也。在心唤做性，在事唤做理”，又如卷十八“心、性固只一理……然谓性便是心，则不可；谓心便是性，亦不可。孟子曰‘尽其心，知其性’，又曰‘存其心，养其性’。圣贤说话自有分别”、卷四“性只是理。气质之性，亦只是这里出……道心固是心，人心亦心也……性非气质，则无所寄；气非天性，则无所成……天命之性，非气质则无所寓。然人之气禀有清浊偏正之殊，故天命之正，亦有浅深厚薄之异，要亦不可不谓之性”。[①]朱子具体分疏论证则包括理气性情关系、天理人欲张力、性善修教学理三部分。

一是理气性情内在一体。朱子述天命气质性一分殊者，如《语类》卷四“性如日光……人物性本同，只气禀异……性只是仁义礼智。所谓天命之与气质，亦相衮同。才有天命，便有气质，不能相离……天命之性，本未尝偏。但气质所禀，却有偏处，气有昏明厚薄之不同。然仁义礼智，亦无阙一之理……性只是理。然无那天气地质，则此理没安顿处。但得气之清明则不蔽锢，此理顺发出来。蔽锢少者，发出来天理胜；蔽锢多者，则私欲胜，便见得本原之性无有不善……只被气质有昏浊，则隔了……说性，须兼气质说方备……性即理也。当然之理，无有不善者。故孟子之言性，指性之本而言。然必有所依而立，故气质之禀不能无浅深厚薄之别。孔子曰‘性相近也’，兼气质而言……天之所以命，只是一般；缘气质不同，遂有差殊。孟子分明是于人身上挑出天

① 《朱子语类》，第1—4、82，411、67页。

之所命者说与人，要见得本原皆善……人性虽同，禀气不能无偏重。有得木气重者，则恻隐之心常多，而羞恶、辞逊、是非之心为其所塞而不发……唯阴阳合德，五性全备，然后中正而为圣人……人性如一团火，煨在灰里，拨开便明……孟子只论性，不论气，便不全备。论性不论气，这性说不尽；论气不论性，性之本领处又不透彻。荀、扬、韩诸人虽是论性，其实只说得气……就三子中，韩子说又较近。他以仁义礼智为性，以喜怒哀乐为情，只是中间过接处少个‘气’字”；朱子述性理心情一体相即者，则如卷五“性犹太极也，心犹阴阳也。太极只在阴阳之中，非能离阴阳也……舍心则无以见性，舍性又无以见心，故孟子言心性，每每相随说……性则有一个根苗，生出君臣之义，父子之仁。性虽虚，都是实理。心虽是一物，却虚，故能包含万理……性者，心之理；情者，性之动；心者，性情之主。性对情言，心对性情言。合如此是性，动处是情，主宰是心。大抵心与性，似一而二，似二而一，此处最当体认……性是心之道理，心是主宰于身者。四端便是情，是心之发见处。四者之萌皆出于心，而其所以然者，则是此性之理所在也……性才发，便是情。情有善恶，性则全善……仁是性，恻隐是情，须从心上发出来……性以理言，情乃发用处，心即管摄性情者也……心者，主乎性而行乎情。故‘喜怒哀乐未发则谓之中，发而皆中节则谓之和’，心是做工夫处……性、情则一。性是不动，情是动处，意则有主向。如好恶是情，‘好好色，恶恶臭’，便是意……性者，即天理也，万物禀而受之，无一理之不具。心者，一身之主宰；意者，心之所发；情者，心之所动；志者，心之所之……千头万绪，皆是从心上来”；朱子述性理实诚主敬求仁者，则如卷六“诚者，实有此理……诚只是一个实，敬只是一个畏……理一也，以其实有，故谓之诚。以其体言，则有仁义礼智之实；以其用言，则有恻隐、羞恶、恭敬、是非之实……人之性本实，而释氏以性为空也。在天只是阴阳五行，在人得之只是刚柔五常之德……人只是此仁义礼智四种心。如春夏秋冬，千头万绪，只是此四种心发出来……仁义礼智，性之大目，皆是形而上者，岂可分也……仁字须兼义礼智看，方看得出。仁者，仁之本体；礼者，仁之节文；义者，仁之断制；知者，仁之分别……自四而两，两而一，则统之有宗，会之有元……爱是恻隐，恻隐是情，其理则谓之仁……百行万善摠于五常，五常又摠于仁，所以孔孟只教人求仁。求仁只是

‘主敬’‘求放心’……圣人亦只教人求仁。盖仁义礼智四者，仁足以包之。若是存得仁，自然头头做着，不用逐事安排……做到私欲净尽，天理流行，便是仁……仁是根，恻隐是萌芽。亲亲、仁民、爱物，便是推广到枝叶处……只是天理，当其私欲解剥，天理自是完备”。[①]

二是天理人欲张力内在。相关分疏如《语类》卷十三“有个天理，便有个人欲。盖缘这个天理须有个安顿处，才安顿得不恰好，便有人欲出来。天理人欲分数有多少。天理本多，人欲便也是天理里面做出来。虽是人欲，人欲中自有天理……人之一心，天理存，则人欲亡；人欲胜，则天理灭，未有天理人欲夹杂者……天理人欲，几微之间……天理人欲，无硬定底界，此是两界分上功夫……此胜则彼退，彼胜则此退，无中立不进退之理。凡人不进便退……只此一心，但看天理私欲之消长如何尔……若实为己，则须是将己心验之。见得圣贤说底与今日此心无异，便是工夫。学者须是革尽人欲，复尽天理，方始是学……仁义根于人心之固有，利心生于物我之相形……将天下正大底道理去处置事，便公；以自家私意去处之，便私……凡事莫非心之所为，虽放僻邪侈，亦是此心。善恶但如反覆手，翻一转便是恶。只安顿不著，亦便是不善”、卷七八“天理人欲是交界处，不是两个。人心不成都流，只是占得多；道心不成十全，亦是占得多。须是在天理则存天理，在人欲则去人欲。尝爱五峰云‘天理人欲，同行而异情’，此语甚好”，又如《文集》卷十三《延和奏札二》“天理者，此心之本然，循之则其心公而且正；人欲者，此心之疾疢，循之则其心私而且邪。公而正者逸而日休，私而邪者劳而日拙。其效至于治乱安危有大相绝者，而其端特在夫一念之间而已”、卷四二《答胡广仲》“天理固无对，然既有人欲即，天理便不得不与人欲为消长。善亦本无对，然既有恶即，善便不得不与恶为盛衰……但其初，则有善而无恶，有天命而无人欲耳……谓天命为不囿于物可也，以为不囿于善，则不知天之所以为天矣；谓恶不可以言性可也，以为善不足以言性，则不知善之所自来矣……道理分明，上不负圣贤，中不误自己，下不迷后学而已”。[②]

---

① 《朱子语类》，第58—78；87—97；102—119页。

② 《朱子语类》第223—230、2015页，《文公文集》第639、1898—1899页。

三是格致诚正实证性善。朱子述天人性善之格致实证者，如《语类》卷五五“性善，故人皆可为尧舜。‘必称尧舜’者，所以验性善之实。孔子罕言性，孟子见滕文公便道性善，必称尧舜，恰似孟子告人蹰等相似。然他亦欲人先知得一个本原，则为善必力，去恶必勇……盖人之所以不至于尧舜者，是他力量不至，固无可奈何。然人须当以尧舜为法……人到得尧舜地位，方做得一个人，无所欠阙，然也只是本分事，这便是‘止于至善’”，又如卷五“性不是卓然一物可见者，只是穷理、格物，性自在其中，不须求，故圣人罕言性……圣人只是识得性。百家纷纷，只是不识‘性’字。扬子鹘鹘突突，荀子又所谓隔靴爬痒……心之本体未尝不善，又却不可说恶全不是心。若不是心，是甚么做出来？古人学问便要穷理、知至，直是下工夫消磨恶去，善自然渐次可复……性不可言。所以言性善者，只看他恻隐、辞逊四端之善则可以见其性之善，如见水流之清，则知源头必清矣。四端，情也，性则理也。发者，情也，其本则性也，如见影知形之意”；朱子述天人性善之诚正实证者，则如卷十六“天之所以与我者，虽曰至善，苟不能常提撕省察，使大用全体昭晰无遗，则人欲益滋，天理益昏，而无以有诸己矣……人之为善，须是十分真实为善，方是自慊。若有六七分为善，又有两三分为恶底意思在里面相牵，便不是自慊。须是‘如恶恶臭，如好好色’方是……致知者，诚意之本也；慎独者，诚意之助也。致知，则意已诚七八分了，只是犹恐隐微独处尚有些子未诚实处，故其要在慎独……凡恶恶之不实，为善之不勇，外然而中实不然，或有所为而为之，或始勤而终怠，或九分为善，尚有一分苟且之心，皆不实而自欺之患也。所谓‘诚其意’者，表里内外，彻底皆如此，无纤毫丝发苟且为人之弊……正心，却不是将此心去正那心。但存得此心在这里，所谓忿懥、恐惧、好乐、忧患自来不得……忿懥、恐惧、好乐、忧患皆不能无，而亲爱、畏敬、哀矜、敖惰、贱恶亦有所不可无者。但此心不为四者所动，乃得其正，而五者皆无所偏，斯足以为身之修也”，又如卷十二“学者须是求放心，然后识得此性之善。人性无不善，只缘自放其心，遂流于恶。‘天命之谓性’，即天命在人，便无不善处。发而中节，亦是善；不中节，便是恶……学者须敬守此心，不可急迫，当栽培深厚……优游涵泳于其间，则浃洽而有以自得矣。苟急迫求之，则此心已自躁迫纷乱，只是私己而已，终不能优游涵泳以达于道……心得其正，方能知性之善。今说性善，一日之间，动多少思虑，萌多少计较，如何得善……人心无不思虑之理。若当思而思，自不当苦苦排抑，反成不静。异端之学，以性自私，固为大病。然又不察气质情欲之偏，率意妄行，便谓无非至理，此尤害事”。[1]通过分疏理气性情、天理人欲、性善实证之理，朱子圆满论证了天人内在性善贯通这一道统体系学理基础，君子修教学统政统之学理展开由此得以顺理成章。

2. 中华正统观之学统建构

朱子集儒学学统之大成，自觉理顺四书五经、孔曾思孟、小学大学内在关系，内在确立起复性新民仁礼中道学统学理体系。

（1）孔曾思孟一脉相承——中华学统谱系建构

朱子《大学章句序》与《小学题辞》集中阐明了《大学》（曾子传）与《小学》所蕴涵的正统儒学学统谱系，如《大学章句序》“《大学》之书，古之大学所以教人之法也。盖自天降生民，则既莫不与之以仁义礼智之性矣。然其气质之禀或不能齐，是以不能皆有以知其性之所有而全之也。一有聪明睿智能尽其性者出于其间，则天必命之以为亿兆之君师，使之治而教之，以复其性……三代之隆，其法寖备，然后王宫、国都以及闾巷，莫不有学。人生八岁，则自王公以下，至于庶人之子弟，皆入小学，而教之以洒扫应对进退之节，礼乐射御书数之文；及其十有五年，则自天子之元子、众子以至公卿大夫元士之适子，与凡民之俊秀，皆入大学，而教之以穷理、正心、修己、治人之道。此又学校之教、大小之节所以分也。夫以学校之设其广如此，教之之术，其次第节目之详又如此，而其所以为教，则又皆本之人君躬行心得之余，不待求之民生日用彝伦之外，是以当世之人无不学。其学焉者，无不有以知其性分之所固有，职分之所当为，而各俛焉以尽其力……及周之衰，贤圣之君不作，学校之政不修，教化陵夷，风俗颓败。时则有若孔子之圣，而不得君师之位以行其政教，于是独取先王之法，诵而传之，以诏后世。若《曲礼》《少仪》《内则》《弟子职》诸篇，固小学之支流余裔，而此篇者，则因小学之成功以著大学之明法，外有以极其规模之大，而内有以尽其节目之详者也。三千之徒，盖

① 《朱子语类》，第1306，83—89；316—350，203—206页。

莫不闻其说，而曾氏之传独得其宗，于是作为传义以发其意。及孟子没，而其传泯焉，则其书虽存，而知者鲜矣。自是以来，俗儒记诵词章之习，其功倍于小学而无用；异端虚无寂灭之教，其高过于大学而无实。其他权谋术数，一切以就功名之说，与夫百家众技之流，所以惑世诬民充塞仁义者，又纷然杂出乎其间，使其君子不幸而不得闻大道之要，其小人不幸而不得蒙至治之泽。晦盲否塞，反复沉痼，以及五季之衰，而坏乱极矣！天运循环，无往不复……河南程氏两夫子出，而有以接乎孟氏之传。实始尊信此篇而表章之，既又为之次其简编，发其归趣，然后古者大学教人之法，圣经贤传之指，粲然复明于世”[①]；又如《小学题辞》“元亨利贞，天道之常，仁义礼智，人性之纲。凡此厥初，无有不善，蔼然四端，随感而见。爱亲敬兄，忠君弟长，是曰秉彝，有顺无强。惟圣性者，浩浩其天，不加毫末，万善足焉。众人嗤嗤，物欲交蔽，乃颓其纲，安此暴弃。惟圣斯则，建学立师，以培其根，以达其枝。小学之方，洒扫应对，入孝出弟，动罔或悖。行有余力，诵诗读书，咏歌舞蹈，思罔或逾。穷理修身，斯学之大，明命赫然，罔有内外。德崇业广，乃复其初……嗟嗟小子，敬受此书，匪我言耄，惟圣之谟”，《白鹿洞书院揭示》进而统合小学大学学统内涵为“父子有亲，君臣有义，夫妇有别，长幼有序，朋友有信。右五教之目……博学之，审问之，谨思之，明辨之，笃行之。右为学之序……言忠信，行笃敬，惩忿窒欲，迁善改过。右修身之要。正其义不谋其利，明其道不计其功。右处事之要。己所不欲，勿施于人；行有不得，反求诸己。右接物之要”。[②]

朱子阐明四书次序者，如《读〈论语〉〈孟子〉法》“程子曰：‘学者当以《论语》《孟子》为本。《论语》《孟子》既治，则六经可不治而明矣。读书者当观圣人所以作经之意，与圣人所以用心……孔子言语句句是自然，孟子言语句句是事实……学者先读《论语》《孟子》，如尺度权衡相似，以此去量度事物，自然见得长短轻重’”、《〈孟子〉序说》“杨氏曰：《孟子》一书，只是要正人心，教人存心养性，收其放心……千变万化，只说从心上来。人能

① 《四书章句集注》，第1—2页。

② 《文公文集》卷七十六、卷七十四，第3670—3671，3586—3587页。

正心，则事无足为者矣……心得其正，然后知性之善……人性上不可添一物，尧、舜所以为万世法，亦是率性而已。所谓率性，循天理是也。外边用计用数，假饶立得功业，只是人欲之私。与圣贤作处，天地悬隔”，又如《语类》卷十九“孟子教人多言理义大体，孔子则就切实做工夫处教人。孔子教人只从中间起，使人便做工夫去，久则自能知向上底道理，所谓‘下学上达’也。孟子始终都举，先要人识心性著落，却下功夫做去。《论语》不说心，只说实事。《孟子》说心，后来遂有求心之病……孟子言存心、养性，便说得虚。至孔子教人‘居处恭，执事敬，与人忠’等语，则就实行处做功夫。如此，则存心、养性自在……孟子比孔子时说得高，然‘孟子道性善，言必称尧舜’，又见孟子说得实……孔、孟往矣，口不能言，须以此心比孔孟之心，将孔、孟心作自己心……心在外者，要收向里；心在内者，却推出去……《论语》之书，无非操存、涵养之要；《七篇》之书，莫非体验、扩充之端。盖孔子大概使人优游餍饫，涵泳讽味；孟子大概是要人探索力讨，反己自求”、卷八“圣人教人，大概只是说孝弟忠信日用常行底话。人能就上面做将去，则心之放者自收，性之昏者自著。如心、性等字，到子思、孟子方说得详……圣门日用工夫，甚觉浅近。然推之理，无有不包，无有不贯，及其充广，可与天地同其广大。故为圣，为贤，位天地，育万物，只此一理而已……圣贤只是做得人当为底事尽。今做到圣贤，止是恰好，又不是过外。凡人须以圣贤为己任。世人多以圣贤为高，而自视为卑，故不肯进……然圣贤禀性与常人一同”，再如《大学章句》篇首“于今可见古人为学次第者，独赖此篇之存，而《论》《孟》次之。学者必由是而学焉，则庶乎其不差矣”、《语类》卷十四“学问须以《大学》为先，次《论语》，次《孟子》，次《中庸》。《中庸》工夫密，规模大……先读《大学》，以定其规模；次读《论语》，以立其根本；次读《孟子》，以观其发越；次读《中庸》，以求古人之微妙处……《大学》是为学纲目。先通《大学》，立定纲领，其他经皆杂说在里许。通得《大学》了，去看他经，方见得此是格物、致知事；此是正心、诚意事；此是修身事；此是齐家、治国、平天下事”。①

① 《四书章句集注》第44—45、199—200页，《语类》第429—444、129—133页，《四书章句集注》第3页、《语类》第249—252页。

朱子发明《大学》学行次第者，则如《语类》卷十四“《大学》如一部行程历，皆有节次。今人看了，须是行去。今日行得到何处，明日行得到何处，方可渐到那田地。若只把在手里翻来覆去，欲望之燕，之越，岂有是理。《大学》是一个腔子，而今却要去填教实著……圣贤怕有些子照管不到，节节觉察将去，到这里有恁地病，到那里有恁地病。明德，如八窗玲珑，致知格物，各从其所明处去。今人不曾做得小学工夫，一旦学《大学》，是以无下手处。今且当自持敬始，使端悫纯一静专，然后能致知格物……为学只在‘明明德’一句。君子存之，存此而已；小人去之，去此而已。一念竦然，自觉其非，便是明之之端……‘明明德’，是明此明德，只见一点明，便于此明去……学者贵复其初，至于已到地位，则不著个‘复’字……人皆有个明处，但为物欲所蔽，剔拨去了。只就明处渐明将去。然须致知、格物，方有进步处，识得本来是甚么物……人本来皆具此明德，德内便有此仁义礼智四者。只被外物汩没了不明，便都坏了。所以大学之道，必先明此明德。若能学，则能知觉此明德，常自存得，便去刮剔，不为物欲所蔽。推而事父孝，事君忠，推而齐家、治国、平天下，皆只此理。《大学》一书，若理会得这一句，便可迎刃而解。明德，也且就切近易见处理会，也且慢慢自见得……不是自家德未明，便都不管著别人，又不是硬要去新他。若大段新民，须是德十分明，方能如此。若小小效验，自是自家这里如此，他人便自观感……明德、新民，皆当止于至善。不及于止，则是未当止而止；当止而不止，则是过其所止；能止而不久，则是失其所止……至者，天理人心之极致。盖其本于天理，验于人心，即事即物而无所不在。吾能各知其止，则事事物物莫不各有定理，而分位、界限为不差矣……人本有此理，但为气禀物欲所蔽。若不格物、致知，事至物来，七颠八倒。若知止，则有定，能虑，得其所止”，又如卷十五“致知乃本心之知。如一面镜子，本全体通明，只被昏翳了，而今逐旋磨去，使四边皆照见，其明无所不到……致知工夫，亦只是且据所已知者，玩索推广将去……格物，须是从切己处理会去。待自家者已定叠，然后渐渐推去，这便是能格物……格物，以理言也；致知，以心言也……人之一心，本自光明。常提撕他起，莫为物欲所蔽，便将这个做本领，然后去格物、致知……知至、意诚，是凡圣界分关隘。未过此关，虽有小善，犹是黑中之白；已过此关，虽有小过，亦是白中之黑。

过得此关，正好著力进步也……格物者，知之始也；诚意者，行之始也。意诚则心正，自此去，一节易似一节……《大学》次序，诚意最要。学者苟于此一节分别得善恶、取舍、是非分明，则自此以后，凡有忿懥、好乐、亲爱、畏敬等类，皆是好事。大学之道，始不可胜用矣……致知、格物，是穷此理；诚意、正心、修身，是体此理；齐家、治国、平天下，只是推此理”。①

（2）复性新民仁礼中道——中华学统学理建构

中华学统源于天人性善道统根据，本于君子法天性善扩充，始于君子正心居敬穷理，成于君子笃行仁礼中道。

朱子述君子法天性善扩充者，如《中庸章句》释“率性修道”云“天以阴阳五行化生万物，气以成形，而理亦赋焉，犹命令也。于是人物之生，因各得其所赋之理，以为健顺五常之德，所谓性也……人物各循其性之自然，则其日用事物之间，莫不各有当行之路，是则所谓道也……性道虽同，而气禀或异，故不能无过不及之差，圣人因人物之所当行者而品节之，以为法于天下，则谓之教……人之所以为人，道之所以为道，圣人之所以为教，原其所自，无一不本于天而备于我。学者知之，则其于学，知所用力而自不能已矣”、释“未发已发”云“喜怒哀乐，情也。其未发，则性也，无所偏倚，故谓之中。发皆中节，情之正也，无所乖戾，故谓之和。大本者，天命之性，天下之理皆由此出，道之体也。达道者，循性之谓，天下古今之所共由，道之用也”、释“君子慎独”云“君子之心常存敬畏，虽不见闻，亦不敢忽，所以存天理之本然，而不使离于须臾之顷也……君子既常戒惧，而于此尤加谨焉，所以遏人欲于将萌，而不使其滋长于隐微之中，以至离道之远也……自戒惧而约之，以至于至静之中无少偏倚，而其守不失，则极其中而天地位矣。自谨独而精之，以至于应物之处无少差谬，而无适不然，则极其和而万物育矣……小人不知有此，则肆欲妄行，而无所忌惮矣”，又如《大学章句》释“三纲领”云“明德者，人之所得乎天，而虚灵不昧，以具众理而应万事者也。但为气禀所拘，人欲所蔽，则有时而昏；然其本体之明，则有未尝息者。故学者当因其所发而遂明之，以复其初也……既自明其明德，又当推以及人，使之亦有以去其旧染之污

① 《朱子语类》，第251—280，283—312页。

也……明明德、新民，皆当止于至善之地而不迁。盖必其有以尽夫天理之极，而无一毫人欲之私也”、释“知之至也”云“《大学》始教，必使学者即凡天下之物，莫不因其已知之理而益穷之，以求至乎其极。至于用力之久，而一旦豁然贯通焉，则众物之表里精粗无不到，而吾心之全体大用无不明矣”，又如《论语集注》释“君子上达”云“君子循天理，故日进乎高明；小人徇人欲，故日究乎污下”、释“学而时习”云“人性皆善，而觉有先后，后觉者必效先觉之所为，乃可以明善而复其初也……既学而又时时习之，则所学者熟，而中心喜说，其进自不能已矣……德之所以成，亦曰学之正、习之熟、说之深而不已焉耳”，再如《孟子集注》释“何必曰利”云“仁义根于人心之固有，天理之公也。利心生于物我之相形，人欲之私也。循天理，则不求利而自无不利；徇人欲，则求利未得而害已随之。所谓毫厘之差，千里之缪”、释“性善犹水”云“性本善，故顺之而无不善；本无恶，故反之而后为恶。非本无定体，而可以无所不为也”、释“四端”云“恻隐、羞恶、辞让、是非，情也。仁、义、礼、智，性也。心，统性情者也。端，绪也。因其情之发，而性之本然可得而见，犹有物在中而绪见于外也……人之性情，心之体用，本然全具，而各有条理如此。学者于此，反求默识而扩充之，则天之所以与我者，可以无不尽矣”、释“尽心知性”云“心者，人之神明，所以具众理而应万事者也。性则心之所具之理，而天又理之所从以出者也。人有是心，莫非全体，然不穷理，则有所蔽而无以尽乎此心之量。故能极其心之全体而无不尽者，必其能穷夫理而无不知者也……知性则物格之谓，尽心则知至之谓也”。[①]

朱子述君子正心居敬穷理者，如《语类》卷十二“自古圣贤皆以心地为本……心若不存，一身便无所主宰……心既常惺惺，又以规矩绳检之，此内外交相养之道也……心只是一个心，非是以一个心治一个心。所谓存，所谓收，只是唤醒……只是频频提起，久之自熟。学者常用提省此心，使如日之升，则群邪自息……‘天命之谓性’，即此心也；‘率性之谓道’，亦此心也；‘修道之谓教’，亦此心也；以至于‘致中和’‘赞化育’，亦只此心也。致知，即心知也；格物，即心格也；克己，即心克也……圣贤千言万语，只是

① 《四书章句集注》，第17、18、17—19，3、7，155、47，202、326、238、349页。

教人明天理，灭人欲……把个‘敬’字抵敌，常常存个敬在这里，则人欲自然来不得……人只是要求放心。何者为心？只是个敬。人才敬时，这心便在身上了……‘敬’字工夫，乃圣门第一义，彻头彻尾，不可顷刻间断。‘敬’之一字，真圣门之纲领，存养之要法。一主乎此，更无内外精粗之间……敬则天理常明，自然人欲惩窒消治……敬如治田而灌溉之功；克己，则是去其恶草也……邪正本不对立，但恐自家胸中无个主。若有主，邪自不能入……涵养须用敬，处事须是集义”，又如《文集》卷四二《答石子重》“人之所以为学者，以吾之心未若圣人之心故也。心未能若圣人之心，是以烛理未明，无所准则，随其所好，高者过、卑者不及，而不自知其为过且不及也……学者必因先达之言以求圣人之意，因圣人之意以达天地之理，求之自浅以及深，至之自近以及远，循循有序，而不可以欲速迫切之心求也。夫如是，是以浸渐经历，审熟详明，而无躐等空言之弊，驯致其极，然后吾心得正，天地圣人之心不外是焉”、《语类》卷八“学者大要立志。所谓志者，不道将这些意气去盖他人，只是直截要学尧舜……学者立志，须教勇猛，自当有进……圣贤直是真个去做，说正心，直要心正；说诚意，直要意诚；修身齐家，皆非空言……为学须是痛切恳恻做工夫，使饥忘食，渴忘饮，始得……为学须觉今是而昨非，日改月化，便是长进……今语学问，正如煮物相似，须爇猛火先煮，方用微火慢煮。若一向只用微火，何由得熟？欲复自家元来之性，乃恁地悠悠，几时会做得？大要须先立头绪。头绪既立，然后有所持守……入道之门，是将自家身己入那道理中去。渐渐相亲，久之与己为一”，再如《语类》卷九“学者工夫，唯在居敬、穷理二事。此二事互相发。能穷理，则居敬工夫日益进；能居敬，则穷理工夫日益密……主敬、穷理虽二端，其实一本……心包万理，万理具于一心。不能存得心，不能穷得理；不能穷得理，不能尽得心。穷理以虚心静虑为本……心熟后，自然有见理处。熟则心精微。不见理，只缘是心粗”、《文集》卷三十《答张钦夫》“儒者之学，大要以穷理为先。盖凡一物有一理，须先明此，然后心之所发，轻重长短，各有准则”、卷三一《答张敬夫》“以敬为主，则内外肃然，不忘不助而心自存。不知以敬为主而欲存心，则不免将一个心把捉一个心，外面未有一事时，里面已是三头两绪，不胜其扰扰矣”、《语类》卷十一“初学于敬不能无间断，只是才觉间断，便提起此心。只是觉处，便是接续”。[①]

朱子述君子笃行仁礼中道者，则如《文集》卷四二《答吴晦叔》“究观圣门垂教之意，却是要人躬行实践，直内胜私，使轻浮刻薄、贵我贱物之态潜消于冥冥之中，而吾之本心浑厚慈良、公平正大之体常存而不失，便是仁处。其用功著力，随人浅深，各有次第。要之须是力行久熟，实到此地，方能知此意味”、《语类》卷二十“学是学别人，行是自家行。习是行未熟，须在此习行之也……说是感于外而发于中，乐则充于中而溢于外”、卷九“知、行常相须……论先后，知为先；论轻重，行为重……方其知之而行未及之，则知尚浅。既亲历其域，则知之益明，非前日之意味……操存涵养，则不可不紧；进学致知，则不可不宽……人之于义理，若见得后，又有涵养底工夫，日日在这里面，便意思自好，理义也容易得见，正如雨蒸郁得成后底意思。若是都不去用力者，日间只恁悠悠，都不曾有涵养工夫。设或理会得些小道理，也滋润他不得，少间私欲起来，又间断去，正如亢旱不能得雨相似也”，又如《论语集注》释“克己复礼”云“仁者，本心之全德……己，谓身之私欲也……礼者，天理之节文也。为仁者，所以全其心之德也。盖心之全德，莫非天理，而亦不能不坏于人欲。故为仁者必有以胜私欲而复于礼，则事皆天理，而本心之德复全于我矣……日日克之，不以为难，则私欲净尽，天理流行，而仁不可胜用矣”、《语类》卷三“此身在天地间，便是理与气凝聚底。天子统摄天地，负荷天地间事，与天地相关，此心便与天地相通……圣贤道在万世，功在万世。今行圣贤之道，传圣贤之心，便是负荷这物事，此气便与他相通……人家子孙负荷祖宗许多基业，此心便与祖考之心相通……亦只是一个气，所以才感必应”、“古来圣人所制祭祀，皆是他见得天地之理如此……鬼神只是气……人之气与天地之气常相接，无间断，人自不见。人心才动，必达于气，便与这屈伸往来者相感通……鬼神之理，即是此心之理”、卷一百九“古人学校、教养、德行、道艺、选举、爵禄、宿卫、征伐、师旅、田猎，皆只是一项事，皆一理也”，再如《家礼》序“三代之际，礼经备矣，然其存于今者，宫庐器服

① 《语类》第199—216页，《文集》第1920页、《语类》第133—140，150—157页、《文集》第1314、1345—1346页、《语类》第176页。

之制，出入起居之节，皆已不宜于世……观古今之籍，因其大体之不可变者，而少加损益于其间……谨名分、崇爱敬以为之本。至其施行之际，则又略浮文、敦本实……熟讲而勉行之，庶几古人所以修身齐家之道，谨终追远之心犹可以复见”、《语类》卷一百八“封建之意，是圣人不以天下为己私，分与亲贤共理……天下制度，无全利而无害底道理，但看利害分数如何。封建则根本较固，国家可恃；郡县则截然易制，然来来去去，无长久之意……封建井田，乃圣王之制，公天下之法，岂敢以为不然！但在今日恐难下手……使膏粱之子弟不学而居士民上，其为害岂有涯哉……制度易讲，如何有人行！立一个简易之法，与民由之”。[①]

3. 天君民合性善推扩——中华正统观之政统建构

历代儒者对内圣明德与外王礼教主导主体内在关系的认知不断深化拓展。两汉今古文经学主流偏重外王礼教层面而轻忽内圣明德层面，魏晋南北朝玄学化儒学主流则偏重内圣明德层面而陷于思辩清谈，隋唐宋初儒者尝试对二者内在关系予以初步整合，至北宋中后期周子、二程子等开始自觉整合二者内在关系。在前贤开拓基础上，南宋朱子融贯三才而三统并建，以天人中道性善道统与仁礼中道君子学统来引领规正天君民合礼教政统，厘清四书五经德修礼教主导主体内在关系，从而理顺了孔曾思孟大学中庸之道与前圣周公礼乐政教的内在张力。

朱子纳礼教政统主体内容于道统学统主导框架而主张天性感通内修外化，于《诗》褒正感而惩邪心（如朱子对《诗》大小序之分疏，对《国风》部分言情淫逸之诗惩戒性质的学理判定等）、于《易》主诚敬而符阴阳、于《礼》先《仪礼》而后《周官》、于《书》本道心以推治教、于《春秋》上《公》《穀》而下《左传》（如《语类》卷八三“左氏之病，是以成败论是非，而不本于义理之正……《春秋》制度大纲，《左传》较可据，《公》《穀》较难凭……《左氏传》是个博记人做，只是以世俗见识断当它事，皆功利之说。《公》《穀》

① 《文集》第1912—1913页、《语类》第447—453、148—150页，《四书章句集注》第131—132页、《语类》第46—47、34—50、2691页，《文集》第3626—3627页、《语类》第2680—2683页。

虽陋，亦有是处，但皆得于传闻，多讹谬”[1]）。具言之，如《周易本义序》“《易》之为书，卦爻彖象之义备，而天地万物之情见，圣人之忧天下来世其至矣。先天下而开其物，后天下而成其务，是故极其数以定天下之象，著其象以定天下之吉凶。六十四卦、三百八十四爻，皆所以顺性命之理，尽变化之道也。散之在理，则有万殊；统之在道，则无二致。所以易有太极，是生两仪。太极者，道也；两仪者，阴阳也。阴阳一道也，太极无极也……易者，阴阳之道也；卦者，阴阳之物也；爻者，阴阳之动也……六十四卦为其体，三百八十四爻互为其用，远在六合之外，近在一身之中。暂于瞬息，微于动静，莫不有卦之象焉，莫不有爻之义焉。至哉易乎！其道至大而无不包，其用至神而无不存……得之于精神之运、心术之动，与天地合其德，与日月合其明，与四时合其序，与鬼神合其吉凶”，又如《诗集传序》“诗者，人心之感物，而形于言之余也。心之所感有邪正，故言之所形有是非。惟圣人在上，则其所感者无不正，而其言皆足以为教。其或感之之杂，而所发不能无可择者，则上之人必思所以自反，而因有以劝惩之，是亦所以为教也……《周南》《召南》亲被文王之化以成德，而人皆有以得其性情之正，故其发于言者，乐而不过于淫，哀而不及于伤，是以二篇独为《风》诗之正经。自《邶》而下，则其国之治乱不同，人之贤否亦异，其所感而发者，有邪正是非之不齐，而所谓先王之风者，于此焉变矣。若夫《雅》《颂》之篇，则皆成周之世，朝廷郊庙乐歌之词，其语和而庄，其义宽而密，其作者往往圣人之徒，固所以为万世法程而不可易者也。至于《雅》之变者，亦皆一时贤人君子闵时病俗之所为，而圣人取之。其忠厚恻怛之心，陈善闭邪之意，犹非后世能言之士所能及之。此《诗》之为经，所以人事浃于下，天道备于上，而无一理之不具也……本之二《南》以求其端，参之列《国》以尽其变，正之于《雅》以大其规，和之于《颂》以要其止，此学《诗》之大旨也”，再如蔡沈体孟子与朱子意所撰《书集传序》“二帝三王之治本于道，二帝三王之道本于心，得其心则道与治固可得而言矣。何者？精一执中，尧、舜、禹相授之心法也；建中建极，商汤、周武相传之心法也。曰德、曰仁、曰敬、曰诚，言虽殊而理则一，无非所以明此

① 《朱子语类》，第2149—2151页。

心之妙也。至于言天则严其心之所自出，言民则谨其心之所由施。礼乐教化，心之发也；典章文物，心之著也；家齐国治而天下平，心之推也。心之德，其盛矣乎。二帝三王，存此心者也；夏桀、商受，亡此心者也；太甲、成王，困而存此心者也。存则治，亡则乱，治乱之分，顾其心之存不存如何耳……文以时异，治以道同。圣人之心见于《书》，犹化工之妙著于物”。①

朱子述天君民合性善推扩政统学理者，则如《语类》卷十三“圣人之于天地，犹子之于父母……上至天，下至地，中间是人。塞于两间者，无非此理。须是圣人出来，左提右挈，原始要终，无非欲人有以全此理，而不失其本然之性……所以作个君师以辅相裁成，左右民，使各全其秉彝之良，而不失其本然之善而已。故圣人以其先得诸身者与民共之，只是为这一个道理……道者，古今共由之理，如父之慈，子之孝，君仁，臣忠，是一个公共底道理。德，便是得此道于身，则为君必仁，为臣必忠之类，皆是自有得于己，方解恁地……若离了仁义，便是无道理了，又更如何是道”、《丞相李公奏议后序》“天之爱人，可谓甚矣！惟其感于人事之变，而迫于气数屈信消息之不齐，是以天下不能常治常安，而或至于乱。然于其乱也，亦未尝不为之预出能弭是乱之人，以拟其后。盖将以使夫生民之类，不至于糜烂泯灭，靡有孑遗；而为之君者，犹有所恃赖凭依，以保其国。是则古今事变之所同然，而天之所以为天者，其心固如此也”，又如《语类》卷一“气运从来一盛了又一衰，一衰了又一盛，只管恁地循环去，无有衰而不盛者……一治必又一乱，一乱必又一治。夷狄只是夷狄，须是还他中原”、《答汪尚书》“中国所恃者德，夷狄所恃者力……以德言之，则振三纲，明五常，正朝廷，励风俗，皆我之所可勉，而彼之所不能者，是乃中国治夷狄之道”、《癸未垂拱奏札二》“非战无以复雠，非守无以制胜，是皆天理之自然，非人欲之私忿也……今释怨而讲和，非屈己也，乃逆理也。己可屈也，理可逆乎！逆理之祸，将使三纲沦、九法斁，子焉而不知有父，臣焉而不知有君，人心僻违而天地闭塞，夷狄愈盛而禽兽愈繁，是乃举南北之民而弃之，岂爱之之谓哉”，再如《资治通鉴纲目序》“表岁以首年（逐

① 《周易本义》，中华书局2009年版，第1—2页；《文公文集》卷七六，第3650—3651页；蔡沈：《书集传》，中华书局2018年版。

年之上行外书某甲子，遇‘甲’字、‘子’字，则朱书以别之。虽无事，依《举要》以备岁年），而因年以著统（凡正统之年岁下大书，非正统者两行分注）；大书以提要（凡大书，有正例，有变例。正例如始终兴废、灾祥沿革，及号令征伐、杀生除拜之大者。变例如不在此例，而善可为法、恶可为戒者，皆特书之也），而分注以备言（凡分注，有追原其始者，有遂言其终者，有详陈其事者，有备载其言者，有因始终而见者，有因拜罢而见者，有因事类而见者，有因家世而见者，有温公所立之言、所取之论，有胡氏所收之说、所著之评。而两公所遗，与夫近世大儒先生折衷之语，今亦颇采以附于其间云），使夫岁年之久近，国统之离合，辞事之详略，议论之同异，通贯晓析如指诸掌……岁周于上而天道明矣，统正于下而人道定矣，大纲概举而监戒昭矣，众目毕张而几微著矣”（如朱子论史，即以蜀汉为正统）。[①]朱子以性理修教贯彻四书经史，从而真正使得孔孟程朱正统体系性修礼教内在一体。

综上，朱子绍继圣贤三统并建，以天人内在性善贯通道统建构、复性新民仁礼中道学统建构、天君民合性善推扩政统建构为基本框架，自觉确立起集大成式孔孟程朱中华正统学理体系。其中，以孔孟周程一脉相承建构道统谱系，以孔曾思孟一脉相承建构学统谱系，以孔曾思孟四书之道引领前圣周公五经礼教构建政统谱系，而学统建构则涵括理气性情内在一体、天理人欲张力内在与格致诚正实证性善三个环环相扣层面内容。朱子三统并建圣学体系的自觉建立，标志着孔孟程朱中华正统的正式确立与中华民族文化自觉的内在成熟。

四、明中期之前中华正统学理脉络述要

南宋绍圣朱子确立起孔孟程朱中华正统，朱子门人与程朱学者复能时中开拓发扬光大之，同时自觉反思儒学道释化、心学化与世俗化流派以卫道正统。

---

① 《语类》第230—232页、《文集》第3656页，《语类》第5页、《文集》第1299、634—635，3633页。

（一）程朱后学之内在承续与时中开拓

朱子之后至明中期之前，南宋黄榦、陈淳、蔡沈、程端蒙、真德秀、魏了翁、黄震，元代许衡、金履祥、许谦、赵汸，明代方孝孺、曹端、薛瑄、吴与弼、胡居仁、邱濬等儒贤辈出，孔孟程朱正统传承可谓后继有人。在宋理宗尊崇支持与真德秀、魏了翁等努力下，南宋后期正式确立起孔孟程朱中华正统地位；在李孟建议下，元仁宗开科举并钦定以程朱四书经传为基本文本；明成祖令胡广等编辑《五经大全》《四书大全》《性理大全》，孔孟程朱正统地位进一步巩固；在薛瑄等实修型程朱学者不懈努力下，正统儒学复得以克服空疏流弊而持续发展。

朱子门人嗣统卫道之阐发，如黄榦《徽州朱文公祠堂记》"道原于天，具于人心，著于事物，载于方策，明而行之，存乎其人。圣贤迭兴，体道经世……尧、舜、禹、汤、文、武、周公生而道始行，孔子、孟子生而道始明。孔孟之道，周、程、张子继之。周、程、张子之道，文公朱先生又继之。此道统之传，历万世而可考也……文公禀高明之资，厉强毅之志，潜心密察，笃信力行，精粗不遗，毫厘必辨。至其德盛仁熟，理明义精，历代相传之道，粲然昭著"、《圣贤道统传授总叙说》"居敬以立其本，穷理以致其知，克己以灭其私，存诚以致其实，以是四者而存诸心，则千圣万贤所以传道而教人者，不越乎此矣"[①]。又如陈淳《侍讲待制朱先生叙述》"自孟子没，圣人之道不传，更千四百余年，得濂溪周子、河南二程子者出，然后不传之绪始续。然濂溪方开其原，甚简质而未易喻，明道又不及为书，伊川虽稍著书，大概方提纲发微，未暇及乎详密，而斯文之未整者，犹为多矣。故百年之内，见知闻知亦不乏人，而斯道复传之绪若显若晦，圣人残编断简竟未有真能正订，以为后学之定准。而百氏争衡于世者，亦纷乎未决。求其诣之极而得之粹，体之全而养之熟，真可以嗣周、程之志，而接孟子以承先圣者，惟吾先生一人……其为言大中至正，精粗具举而本末不遗，命理切尽而达意周到……合百家而一统，总众论而同归，集诸儒之大醇，洗千载之积误，使圣人精蕴瞭然在目，而异端曲学无复容喙，高明有志者得以省研索之半功，而雍容于圣门之人；蒙稚新学者亦有识趋向之

① 黄榦：《勉斋集》卷十九、卷三，影印《四库》1168册，页第215上一下、38下。

正途，而不迷于文义之归。故周、程所以得先圣不传之传者，至是始彰信于天下，而先圣所以为万世法程者，至是又益定而且尊，其于斯文之功，可谓大矣”、《严陵讲义·用功节目》“圣门用功节目，其大要亦不过曰致知与力行而已……其所以为致知力行之地者，必以敬为主。敬者，主一无适之谓……圣学之所以贯动静、彻终始之功也。能敬，则中有涵养而大本清明。由是而致知，则心与理相涵，而无颠冥之患。由是而力行，则身与事相安，而亦不复有扞格之病矣”[①]。再如程端蒙《性理字训》“天理流行，赋予万物，是之谓命。人所禀受，莫非至善，是之谓性。主于吾身，统乎性情，是之谓心。感物而动，斯性之欲，是之谓情。为性之质，刚柔、强弱、善恶分焉，是之谓才。心之所之，趋向期必，皆由是焉，是之谓志……天命流行，自然之理，人所禀受，五性具焉，是曰天理。人性感物，不能无欲，耳目鼻口，斯欲之动，是曰人欲。无为而为，天理所宜，是之谓谊。有为而为，人欲之私，是之谓利。纯粹无妄，天理之名，是之谓善。凶暴无道，不善之名，是之谓恶。物我兼照，扩然无私，是之谓公。蔽于有我，不能大公，是之谓私……审问明辨，精思笃行，孜孜勉焉，圣可贤致”[②]，此后程若庸复敷衍之以为儒学正统训蒙读物。

南宋后期真德秀撰成《大学衍义》，孔孟程朱正统学理得以进一步完善成熟，如《进〈大学衍义〉表》“《大学》设八条之教，为人君立万世之程。首之以格物致知，示穷理乃正心之本，推之于齐家治国，见修己为及物之原”、《〈大学衍义〉序》“考观在昔帝王之治，未有不本诸身而达之天下者，然后知此书所陈，实百圣传心之要典……为治之序，为学之本，洞然于胸次矣……明道术，辨人材，审治体，察民情者，人君格物致知之要也（明道术之目有四：曰天性人心之善，曰天理人伦之正，曰吾道异端之分，曰王道霸术之异。辨人材之目亦有四：曰圣贤观人之法，曰帝王知人之事，曰奸雄窃国之术，曰憸邪罔上之情。审治体之目有二：曰德刑先后之分，曰义利重轻之别。察民情之目亦有二：曰生灵向背之由，曰田里戚休之实）；崇敬畏，戒逸欲者，诚意

① 陈淳：《北溪大全集》卷十七，影印《四库》1168册，页第629上一下；《北溪字义》，中华书局1983年版，第77—78页。

② 程端蒙：《性理字训》，《宋元学案》卷六十九，中华书局1986年版，第2279—2280页。

正心之要也（崇敬畏之目有六：曰修己之敬，曰事天之敬，曰临民之敬，曰治事之敬，曰操存省察之功，曰规儆箴戒之助。戒逸欲之目有五：曰沉湎之戒，曰荒淫之戒，曰盘游之戒，曰奢侈之戒。而先之以总论者，所以兼戒四者之失也）；谨言行，正威仪者，修身之要也；重妃匹，严内治，定国本，教戚属者，齐家之要也；四者之道得，则治国平天下在其中矣”[①]。明代邱濬《大学衍义补》补全“治国平天下之要”（分正朝廷、正百官、固邦本、制国用、明礼乐、秩祭祀、崇教化、备规制、慎刑宪、严武备、驭夷狄、成功化十二部分，每部分又各有细目全面梳理礼教政统内容），如《进〈大学衍义补〉表》所云“持世立教在六经，而撮其要于《大学》。明德新民有八目，而收其功于治平……天下之大，其本在于一身，人心之微，其用散于万事……衍治国平均天下之义，用以收格致诚正修齐之功。举本末而有始有终，合内外而无余无欠。期必底于圣神功化之极，庶以见夫《大学》体用之全”[②]。

真德秀《西山答问》阐发孔孟程朱道统学统学理者，如“天下未尝有无理之器，无器之理。即器以求之，而理在其中……《大学》教人以格物致知，盖即物而理在焉，庶几学者有著实用力之地，不致驰心于虚无之境也”、“道德性命者，理之精也；事亲事长、洒扫应对之属，事之粗也。然道德性命只在事亲事长之中，苟能尽其事亲事长之道，则道德性命不外乎此矣……循序而用力，不期而至于高远之地。此圣门教人之要法也”，又如“今为学之要，须要常存此心，平居省察，觉得胸中盎然有慈祥恻怛之意，无忮忍刻害之私，此即所谓本心，即所谓仁也，便当存之养之，使之不失，则万善皆从此而生”、“穷理以此心为主，必须以敬自持，使心有主宰，无私意邪念之纷扰，然后有以为穷理之基。本心既有所主宰矣，又须事事物物各穷其理，然后能致尽心之功……必以敬涵养，而又博学、审问、慎思、明辨以致其知，则于清明虚静之中，而众理悉备”。[③]魏了翁亦务实发明孔孟程朱道统学统之理，如《濂溪先生祠堂记》“性不能无感，性之欲也；知诱物化，则为私欲”、《跋师厚卿致

① 真德秀：《大学衍义》篇首，华东师范大学出版社2010年版。

② 邱濬：《大学衍义补》篇首，京华出版社1999年版。

③ 《宋元学案》卷八十一《西山真氏学案》，第2698、2702，2700—2701、2697页。

仕诗》“心之神明，则天也，此心之所不安，则天理之所不可”、《答蒋大著重珍》“吾儒只说正心养心，不说明心，故于《离》不言心，而于《坎》言心”，又如《率性堂记》“《乾》《坤》性之体，《离》《坎》性之用。《坤》之正位，变《乾》为《离》，明见乎外者也，而曰‘畜牝牛吉’，则顺以养之；《乾》之正位，变《坤》为《坎》，明根于中者也，而曰‘有孚，维心亨’，则刚以行之。此尽心知性之极功也”[①]。南宋末年黄震亦祛虚就实而时中发明孔孟程朱道统学统之理，如《临汝书堂癸酉岁旦讲义》“道即理也。粲然于天地间者皆理也，不谓之理而谓之道者，道者大路之名，人之无有不由于理，亦犹人之无有不由于路。谓理为道者，正以人所常行，欲人之晓然易见，而非超出于人事之外，他有所谓高深之道也”、《东发讲义》“造化流行，赋于万物，是之谓性，而人得其至粹；善性发见，始于事亲，是之谓孝，而推之为百行。是孝也者，其体源于造化流行之粹，其用达为天下国家之仁，本末一贯，皆此物也。故《论语》一书，首章先言学，次章即言孝弟，至于性与天道，则未尝轻发其祕，岂非孝弟实行，正从性与天道中来，圣门之学惟欲约之，使归于实行哉！自夫性近习远，利欲易昏，孟子不得已，始教人知性知天；周子不得已，又始晓人以太极阴阳五行。无非指示此性之所从来，使人知心之所具者即性，性之所禀者即天……则见于事父从兄，推之躬行践履，自然无玷无缺，纯是本然天性。凡言性天之妙者，正为孝弟之实也”、“正躬行者必精性理，精性理为正躬行设也……近世三尺童子承袭绪余，皆能言义理，然能言而不能行，反出汉、唐诸儒下，是不痛省而速反之，流弊当何如也……学者常能以孔子之教为主，以《论语》之说为正，庶几不为时尚所移”。[②]

宋末元初许衡遭夷夏剧变，信奉孔孟程朱学统道统而尤重敬省力行君子修教，如《鲁斋遗书》卷二《语录下》“不睹不闻之时，戒慎恐惧以存之，所以存天理之本然，而不使之须臾离道……一念方动，非善即恶。恶是气禀人欲，即遏之不使滋长。善是性中本然之理，即执之不使变迁，如此则应物无

---

① 《宋元学案》卷八十《鹤山学案》，第2661、2667、2657、2664页。

② 黄震：《黄氏日抄》卷八十二，影印《四库》708册，页第842上一下；《宋元学案》卷八十六《东发学案》，第2887、2888页。

少差谬”、卷三《论明明德》“为学之初，先要持敬……身心收敛，气不粗暴……常念天地鬼神临之……不要逐物去了，虽在千万人中，常知有己”，又如卷五《中庸直解》“学问思辨，既有所得，必皆着实见于践履而躬行之”、卷二《语录下》“精微义理，入于神妙，到致用处，是行得熟，百发百中”、“世间只两事，知与行而已。诲之使知，劳之使行，其忠爱无穷焉。爱焉而勿劳则骄，易流于恶。忠焉而勿诲则妄，行犯于过咎”。[①]刘因虽亦褒扬朱子“极其大，尽其精，而贯之以正”，但侧重反经救弊而于程朱学统有所疏离，如《静修续集》卷三《叙学》“世变既下，风俗日坏，学者与世俯仰，莫之致力，欲其材之全得乎三代之学，大小之次第，先后之品节，虽有余绪，竟亦莫之适从，惟当致力六经、《语》《孟》耳”、“礼乐不明则不可以学《春秋》，五经不明则不可以学《易》。夫不知其粗者，则其精者岂能知也。迩者未尽，则其远者岂能尽也”、“六经既治，《语》《孟》既精，而后学史。先立乎其大者，小者弗能夺也。胸中有六经、《语》《孟》为主，彼兴废之迹不吾欺也”、“史既治，则读诸子……董子《三策》明白纯正，孟轲之亚……文中子……亦孟轲氏之亚也。韩子……诋斥佛老，扶持周孔，亦孟轲氏之亚也”[②]。作为金华朱子学派正宗嫡传，金履祥亦能时中发明孔孟学统之理，如《仁山文集》卷三《讲义·复其见天地之心》“凡事莫不有复。如学宫既废而新，则为学校之复。纲常既晦而明，则为世道之复”、《论语集注考证》卷一“古人为学，是先从事上学。所谓先觉之所为，是其行事践履、文辞制度，凡《诗》《书》六艺之文，皆先觉之所为也……圣贤，先觉之人，知而能之，知行合一。后觉所以效之者，必自其所为而效之，盖于其言行制作而体认之也”[③]。元代前中期许谦时中发明孔孟程朱正统学理而尤重变化气质笃实学行，如《读四书丛说·大学》“气禀不齐，大约且分四等，曰清、浊、纯、驳。清者智而浊者愚，纯粹者贤而驳

---

① 许衡：《鲁斋遗书》，影印《四库》1198册，页第291上—下、316下，365下、289下、293上。

② 刘因：《静修集》(《静修续集》)，影印《四库》1198册，页第683下、684上、684下、685下—686上。

③ 金履祥：《仁山文集》《论语集注考证》，影印《四库》1189册页第811下、202册页第42上。

杂者不肖。此以四者不杂两端极处言之。若清多浊少，浊多清少，纯多驳少，驳多纯少，或清而驳，或纯而浊，万有不齐，故人之资质，各各不同”、“明明德是要变化气质，消除物欲。气禀已一定，物欲则日增。用功者，但要随时随事止遏物欲”、《论语下·颜渊章》“理与欲二者在人心常相消长。理明一分，则人欲消一分；欲长一分，则天理消一分。学者但要究明天理，屏去私欲。若欲尽理明，应事接物，件件适中，即是全体之仁”，又如《大学》“格物本是逐一件穷究，格来格去，忽然贯通……事虽万殊，理只是一，晓理之在此事如此，便可晓理之在彼事亦如此”、“一物之格，便是吾之心知于此一理为至，及应此事便当诚其意，正其心，修其身也。须一条一节，逐旋理会，他日凑合将来，遂全其知，而足应天下之事矣”、《论语上·一贯章》“若于事物上不曾见得道理，便说一贯，只是虚谈。穷事物之理既多，不知一贯之义，却又窒塞”，再如《论语上·学而章》“人之受命于天以生，存于心则有仁义礼智信五常之性，接于身则有父子、君臣、长幼、夫妇、朋友之伦。五常者，五伦之则也”、《论语中·冉求章》“为学之道先立志，欲求至于圣贤，却随事只管低头做将去，明一分道理，便行一分道理。一边明理，一边力行，都不要计较功效。须要见得圣人亦是人做，我亦可学而至。学之所以未至者，只是理未明，行未力耳。长持此心，笃志行之，自少至老，不倦到头，却随人力量高下，见其成功浅深，最不可作界限”。[①]元代晚期赵汸亦以《春秋》学时中发明孔孟正统之理，如赵氏《春秋属辞》即因顺《孟子·离娄下》“王者之迹熄而《诗》亡，《诗》亡然后《春秋》作……其事则齐桓、晋文，其文则史。孔子曰：其义则丘窃取之矣”之意而反求圣人之心，进而属辞比事以阐发尊王制正名分、谨严华夷之辨正统立场。

明初方孝孺时中发明正统儒学学统道统之理者，如《宗仪九首·务学》“学者，君子之先务也……将以学为人也，将以学事人也，将以学治人也，将以矫偏邪而复于正也……复其性，尽人之道焉耳”、《学辨》“夫所谓善学者，学诸《易》以通阴阳之故，性命之理；学之《诗》以求事物之情，伦理之懿；

① 许谦：《读四书丛说》，王云五主编《丛书集成初编》，商务印书馆1936年版（下同），第5、17、218、25、16、146、101、164页。

学之《礼》以识中和之极，节文之变；学之《书》以达治乱之由，政事之序；学之《春秋》以参天人之际，君臣华夷之分，而学之大统得矣。然不可骤而进也，盖有渐焉。先之《大学》以正其本，次之孟轲之书以振其气，则之《论语》以观其中，约之《中庸》以逢其原，然后六经有所措矣。博之诸子以睹其辨，索之史记以质其效，归之伊洛关闽之说，以定其是非。既不谬矣，参天下之理以明之，察生民之利害以凝之"，又如《释统上》"正统之说……寓褒贬，正大分，申君臣之义，明仁暴之别，内夏外夷，扶天理而诛人伪"、《后正统论》"俗之相成，岁熏月染，使人化而不知……苟以夷狄之主而进之于中国，则无厌之虏何以惩畏，安知其不复为中国害乎？如是则生民之祸大矣，斯固仁者之所不忍也"、《正俗》"宋亡，元主中国者八十余年。中国之民，言语、服食、器用、礼文不化而为夷者，鲜矣……元之俗贪鄙暴戾，故今宜用礼义为质，而行周之制"。[①]明代前期曹端内在发明学统道统之理者，则如《太极图说述解序》"理学之源，实天所出……圣心，一天理而已。圣作，一天为而已"、《通书述解·圣学》"一即太极，是纯一不杂之谓也……只是纯然是个天理，无一点私欲……常人如何便得无欲！故伊川只说一个'敬'字，教人只就敬上捱去，庶几执捉得定，有个下手处"，又如《通书述解·慎动》"君子必谨其所动，动必以正，则和在其中矣"、《富贵》"'君子以道充为贵'。君子，圣贤之通称。道，一也……而其大要则曰中，而大目则曰三纲、五常焉，充之则贵莫加焉"、《西铭述解》"事天者，存其心，养其性，则不懈乎事天矣。此二者畏天之事，而君子所以求践夫形者也"。[②]

明代前中期，薛瑄理顺孔孟程朱正统学理传承并注重三统践行。《读书录》述正统传承者，如卷一"二程则表章《大学》《中庸》《语》《孟》，述孔门教人之法，使皆由此而进，自洒扫应对孝弟忠信之常，以渐及乎精义入神之妙，循循有序，人得而依据，此朱子以二程子上继孔孟之统……及朱子又集《小学》之书，以为大学之基本，注释四书以发圣贤之渊微，是则继二程之统者朱子也。至许鲁斋专以《小学》、四书为修己教人之法，不尚文辞，务敦实

---

① 《方孝孺集》，浙江古籍出版社2013年版，第58—59、214，66—67、73、107—109页。

② 《曹端集》，中华书局2003年版，第1、73，40、101、123页。

行，是则继朱子之统者鲁斋也”、卷六“周、程、张、朱有大功于天下万世，不可胜言，于千余年俗学异端淆乱驳杂中，剔拨出四书来表章发明，遂使圣学晦而复明，大道绝而复续，粲然各为全书，流布四海，而俗学异端之说，自不得以干正”，又如卷九“尧舜之道，非孔子无以明。濂洛之道，非朱子无以发。周子、程子、张子之学，非得朱子为之发明，后世纷纷莫知所定论矣”、卷五“汉唐以来，正教与异学并行，而学者莫知所宗。自宋诸君子表章四书五经而发挥之，如日月经天而爝火自息。有志之士，宜熟读精思而力行之，庶不负先正之教云。四书满天下，真知实践者盖有之矣，吾不得而识其人也”。述性善道统者，如卷二“万理之名虽多，不过一性。性之一言，足以该众理。朱子谓《孟子》七篇，皆不能外性善之一言……虽诸经之所言，皆不外于是理矣”、卷三“宋道学诸君子，有功于天下万世不可胜言。如性之一字，自孟子以后，荀、扬以来，或以为恶，或以为善恶混，议论纷然不决，天下学者莫知所从。至于程子‘性即理也’之言出，然后知性本善而无恶。张子气质之论明，然后知性有不善者乃气质之性，非本然之性也。由是性之一字大明于世，而无复异议者”、卷九“为学，只要分理欲二字。程子言‘恶亦不可不谓之性也’，此指理在气中；荀子言性恶，则专指气言”、卷六“所以为学者，只为人固有之善，或蔽于气质物欲，有时而失，故须学以复之。及其既复，则本分之外不加毫末”，又如卷一“理一乃所以包乎分殊，分殊即所以行夫理一。分殊固在乎理一之中，而理一又岂离分殊之外哉”、卷六“仁义礼智即是性，非四者之外别有一理为性也。道只是循此性而行，非性之外别有一理为道也。德即是行此道而有得于心，非性之外别有一理为德也。诚即是性之真实无妄，非性之外别有一理为诚也。命即是性之所从出，非性之外别有一理为命也。忠即尽是性于心，非性之外别有一理为忠也。恕即推是性于人，非性之外别有一理为恕也。然则性者，万理之统宗欤”。述诚敬学统者，如卷一“天德流行而不息者，刚健而已。人虽有是德而不能无间断者，由有私柔杂之也，故贵乎自强不息。人心有一息之怠，便与天地之化不相似……天理无内外隐显之间，故贵乎谨独。独处不能谨而徒饰乎外，伪也。为学之要，莫切于动静。动静合宜者，便是天理。不合宜者，便是人欲。人心一息之顷，不在天理，便在人欲，未有不在天理人欲而中立者也”，又如卷五“不以礼制心，其欲无涯”、卷二

“当于心意言动上做工夫，心必操，意必诚，言必谨，动必慎，内外交修之法也”、卷一“和而敬，敬而和，处众之道”、“不能感人，皆诚之未至”。述礼教政统者，则如卷七“一盛一衰，一消一息，气化之自然也……万事万物，吉凶是非，君子小人，夷狄中国，无无对者，只是一阴一阳而已”、卷六“三纲五常之道，根于天命而具于人心，历万世如一日，循之则为顺天理而治，悖之则为逆天理而乱。自尧舜三代历汉唐以至宋，上下数千年，盖可考其迹而验其实也”、“圣人多教人以下学人事。古者诗书礼乐，多就事上教人，而穷理亦就物上穷究，故所学精粗本末兼该而无弊。后世或论理太高，学者践履未尽粗近，而议论已极精深，故未免有弊”。[①]

明前中期吴与弼注重痛切克己学统践履，如《日录》“胸次鄙吝，甚可愧耻……吾之所以不能如圣贤，而未免动摇于区区利害之间者，察理不精，躬行不熟故也。吾之所为者，惠迪而已”、“日夜痛自点检且不暇，岂有工夫点检他人耶？责人密，自治疏矣，可不戒哉。明德新民，虽无二致，然己德未明，遽欲新民，不惟失本末先后之序，岂能有新民之效乎？徒尔劳攘，成私意也”[②]。胡居仁时中承续道统而尤为注重敬义夹持学统实修，如《居业录》卷三《圣贤》“自孔孟以后，道莫大于程朱，故其所著作经传实能发明圣学，切于学者。今有一等溺于空虚者，好简捷而厌其烦，务记诵者反恶其多，务训诂者不过借以为口说。惟实穷理力行者，能识其精切详明也”、卷八《经传》“孔子贤于尧、舜，以事功言也；孟子功不在禹下，亦以事功言也。愚以为颜、曾、思、孟之功贤于稷、契、皋、夔，程、朱之功贤于伊、吕。孟子以后，若非程、朱，则天下贸贸焉人欲肆，天理灭，高者入于老、佛，卑者趋于功利，生民之道息矣”，又如卷二《学问》“圣贤工夫虽多，莫切要如敬字……程朱开圣学门庭，只主敬穷理，便教学者有入处”、“敬该动静：静坐端严，敬也；随事检点致谨，亦敬也。敬兼内外：容貌庄正，敬也；心地湛

---

① 薛瑄：《读书录》，《孔子文化大全》本，山东友谊书社1991年版，第55—56、297—298，492、288。109—110、163—164、491、335，76、306—307。35—36，274、86、74、68。356—357、341、295页。

② 吴与弼：《康斋集》卷十一，影印《四库》1251册，页第569上、567上。

然纯一，敬也”。[1]明中期邱濬述经世致用礼教政统者，如《大学衍义补序》“《大学》一书，儒者全体大用之学也。原于一人之心，该夫万事之理，而关乎亿兆人民之生。其本在乎身也，其则在乎家也，其功用极于天下之大也。圣人立之以为教，人君本之以为治，士子业之以为学，而用以辅君。是盖六经之总要，万世之大典，二帝三王以来传心经世之遗法也……先其本而后末，繇乎内以及外，而终归于圣神功化之极，所以兼本末，合内外，以成夫全体大用之极功也”、卷三八《礼仪之节上》“礼之为礼，是乃吾心大中至正之界限。人有礼，则中有定见，外有定守，而不为外物所动矣”、“天之伦序，有不易之典，而正之在我者，必使君臣、父子、兄弟、夫妇、朋友五者之伦，而各有义有亲，与夫有序有别有信，咸惇厚而不薄焉。天之品秩，有自然之理，而出之自我者，必使吉、凶、军、宾、嘉五者之礼，而各有尊卑贵贱等级隆杀，咸有常而不变焉”，又如卷三六《明礼乐·总论礼乐之道上》“人心莫不有欲，而所欲者莫不各有所好恶。好恶得其平，则是人道之正也，故圣人因礼乐而示之以好恶之正”、卷三九《礼仪之节中》“礼之所以防范人心，纲维世变，如纲之有纪然”、卷四十《礼仪之节下》“万古此天地，万古此人心，礼出于人心，圣人缘人情而制为礼，何有古今之异哉……推原人心固有之理，考求先王制作之意，因其风气，顺其时势，称其情文，斟酌损益，以渐行之，立为一代之制”。[2]在正统儒学学统道统深化拓展方面，明代中期以前程朱学者作出了不懈努力，孔孟程朱中华正统地位得以确立巩固。

（二）程朱后学对儒学心学化、世俗化流派的自觉反思

陆九渊心学、陈亮与叶适事功之学旨在补偏救弊经世致用而反对程朱正统，不能仁礼中正而自陷一端，朱子对此已有中正评判。朱子之后至明代前期，黄震、许谦、薛瑄等程朱学者发明正统以时中反思儒学心学化、世俗化思潮。

南宋后晚期黄震立足孔孟程朱中华正统，对儒学心学化道释化以及世俗化

---

① 胡居仁：《居业录》，影印《四库》714册，页第26下、88上，13下、78下。

② 邱濬：《大学衍义补》，京华出版社1999年版，第2—3、345、340，327、350、361页。

流弊予以深刻反思。如《东发讲义》“周室既衰，学校既废，上无与主张，下无与讲习，士始分裂而四出。得志于当世者，外此道而为功名，则为管、晏之功利，则为苏、张之纵横，则为申、韩之法术；不得志于当世者，外此道而为横议，则为老聃之清虚，则为庄、列之寓言，则为驺衍之诬诞，凡皆道之不明故也。然得志于当世者，其祸虽烈，而祸犹止于一时；不得志于当世者，其说虽高，而祸乃极于万世。凡今之削发缁衣喝佛为祖者，自以为深于禅学，而不知皆战国之士不得志于当世者戏剧之余谈也；凡今之流于高虚求异一世者，自以为善谈圣经，而不知此即禅学，亦战国之士不得志于当世者展转之流毒也。天生夫子，不于他时，而独于春秋之世，正使于众说淆乱之余，立大中至正之极，明日用常行之道，为天下万世之师”，又如“言之非艰，行之为艰，圣门何尝以能言为事！自杨氏为我，墨氏兼爱，不力辩之，则行之者差矣，孟子始不得已而详于言。老氏清净，佛氏寂灭，不力辩之，则行之者差矣，韩子始不得已而详于言。高者沦空虚，卑者溺功利，不力辩之，则行之者差矣，周子、程子始又不得已而详于言。周、程既没，学者谈虚，借周、程之说，售佛、老之私。向也以异端而谈禅，世犹知禅学自为禅学，及其以儒者而谈禅，世因误认禅学亦为儒学，以伪易真，是非瞀乱，此而不辟，其误天下后世之躬行，将又有大于杨、墨以来之患者，文公朱先生于是力主知行之说，必使先明义理，别白是非，然后见之躬行，可免陷入异端之弊。此其救世之心甚切，析理之说甚精，学者因其言之已明，正其身之所行，为圣为贤，何所不可”，再如《东发日钞》“孔子于性理，举其端而不尽言；或言之，必要之践履之实，固可垂万世而无弊。自心性天等说，一详于孟子。至濂、洛穷思力索，极而至性以上不可说处，其意固将指义理之所从来，以归之讲学之实用，适不幸与禅学之遁辞言识心而见性者，虽所出异源，而同湍激之冲，故二程甫没，门人高第多陷溺焉，不有晦翁，孰与救止！故二程固大有功于圣门，而晦翁尤大有功于程子”。[1]元代前中期许谦亦主张以圣人实学对治儒学道释化流弊，如《读四书丛说·大学》“凡非圣人之道，而别立异论者，皆异端，此是总名。虚无寂灭，又是其中目之大者。老氏以无为道，而其用专以清静为宗；释氏以万物皆空，然后见其本性，

① 《宋元学案》卷八十六《东发学案》，第2890，2891，2898页。

而以寂灭为期。圣学止是五常人伦，一切都是实事，全然相反戾”，又如《白云集·送胡古愚序》“古之立言者，诵于口而可以心存，存于心而可以身践，而成天下之务，则圣人之道也。今口诵之而不足明乎心，降其心以识之，而不可施于事，是则老、佛之流之说尔。为老、佛之说者措之事，固不能行于跬步而自理其身，庸可以为善人！则好为异说者，其风又下于彼矣”。[①]

明前期薛瑄立足孔孟程朱正统辟驳道释者，则如《读书录》卷五“三教之说，其来久矣。使教有三，则天地之化亦有三矣……孟子曰：‘天之生物也一本。’而世以三教并称，则是天之生物，亦有三本耶”、卷一“圣贤之言，坦易而明白。异端之言，崎岖而茫昧”、“老庄虽翻腾道理，愚弄一世，奇诡万变，不可摸拟，卒归于自私，与释氏同。圣人之所以为圣人，以其公天地万物为一体，屈伸消长，进退存亡，一由乎理之自然而不自私也。老庄必欲外天地万物，极其智术，为巧免之计，其自私也甚矣”[②]。胡居仁立足理学实修辟驳道释化流弊者，则如《居业录》卷八“人之学易差。罗仲素、李延平教学者静坐中看喜怒哀乐未发以前气象，此便差却。既是未发，如何看得？只存养便是……古人于静时只下个操存涵养字，便是静中工夫。思索省察，是动上工夫……今世又有一等学问，言静中不可著个操字，若操时又不是静，以‘何思何虑’为主，悉屏思虑，以为静中工夫只是如此，所以流于老、佛。不知‘操’字是持守之意，即静时敬也。若无个‘操’字，是中无主，悠悠茫茫，无所归著，若不外驰，定入空无。此学所以易差也”、卷七“视鼻端白，以之调息去疾则可，以之存心则全不是……心之神灵，足以具众理应万事，不能敬以存之，乃羁于一物之小，置之无用之所，哀哉”[③]。

宋明之间夏夷交会，主张和会理学心学以补救理学流弊者有赵秉文、吴澄、郑玉、宋濂等。金代儒者赵秉文重近思笃行以纠道学空疏流弊与道释偏失立场，如《滏水集》卷一《性道教说》“性之说，难言也，何以明之？上焉者，杂佛老

---

① 许谦：《读四书丛说》，《丛书集成初编》本，第13页；《白云集》卷二，影印《四库》1199册，页第564上。

② 《读书录》，第265、60、50—51页。

③ 胡居仁：《居业录》，影印《四库》714册，页第76下、68下。

而言；下焉者，兼情与才而言之也。佛则灭情以归性，老氏则归根以复命，非吾所谓性之中也”、“中庸之道何道也？天道也，大中至正之道也。典礼德刑非人为之私也……外是别有所谓性与天道乎”、卷十五《大学·原教》“道德性命之说，固圣人罕言之也。求其说而不得，失之缓而不切，则督责之术行矣，此老庄之后所以为申韩也与？过于仁，佛老之教也；过于义，申韩之术也；仁义合而为孔子”，又如《大学·原教》“孟子言四端而不及信，虽兼言五者，实主仁义而言之，于时未有五常之目也。汉儒以天下之通道莫大于五者，天下从而是之。扬子以身系诸道德仁义礼，辟老氏而言也。韩子以仁义为定名，道德为虚位，辟佛老而言也。言各有当而已矣。然自韩子言仁义而不及道德，王氏所以有道德性命之说也。然学韩而不至，不失为儒者，学王而不至，其蔽必至于佛老，流而为申韩”、《中说》“苏黄门言不思善不思恶，与夫李习之灭情以归性，近乎寒灰槁木，杂佛而言也”、《性道教说》“自王氏之学兴，士大夫非道德性命不谈，而不知笃厚力行之实，其蔽至于以世教为俗学。而道学之弊，亦有以中为正位，仁为种姓，流为佛老而不自知，其蔽反有甚于传注之学”，再如《诚说》“夫道，何为者也？非太高难行之道也。今夫清虚寂灭之道，绝世离伦，非切于日用，或行焉，或否焉，自若也。至于君臣、父子、夫妇、兄弟、朋友之大经，可一日离乎？故曰：可离非道也”、《中说类解引》“大抵唐贤虽见道未至，而有忠厚之气。至于宋儒，多出新意，务抵斥，忠厚之气衰焉。学圣人之门，岂以胜劣为心哉”。[①]同时期李纯甫则附会佛学义理而批判宋代理学，企图三教会通而归宗佛学，已甘心为孔孟程朱中华正统之学理异端。

元中期吴澄兼学杂染，发挥孔子孟子、周子大程及陆氏心学义理而注重理学心学和会修教，外类程朱实学内本性理心学而为明代心学先声。吴澄述性善本心诚笃学行者，如《外集·杂识一》“性者，天所付于我之理，纯粹至善者也。是性也，张子所谓天地之性也，孟子所以言性善者谓此也”、“荀、扬、韩子不知此理，皆指气质以为言，而各立一说以与孟子竞……欧阳公、司马公、苏氏、胡氏皆一代大儒，而于此犹不察焉……孟子而后，向微周、程、

① 赵秉文：《滏水集》，影印《四库》1190册，页第79下、81上、79下，79上一下、82上、80下一81上，82下、239下。

张、朱数夫子，性学其泯矣”，又如《吴文正集·答人问性理》“天地之性，气质之性，两性字只是一般，非有两等性也……气质虽有不同，而本性之善则一，但气质不清不美者，其本性不免有所污坏，故学者当用反之之功……则天地之性，浑然全备，具存于气质之中”、“世俗言人性宽性褊、性缓性急，皆是指气质之不同者为性，而不知气质中之理谓之性”、《邬昀兄弟字说》“约爱恶哀乐喜怒忧惧悲欲十者之情，而归之于礼义智仁四端之性，所以性其情，而不使情其性也”，又如《仙城本心楼记》“孟子言心而谓之本心者，以心为万理之所根，犹草木之有本，而苗茎枝叶皆由是以生也”、“应接酬酢，千变万化，无一而非本心之发见，于此而见天理之当然，是之谓不失其本心，非专离去事物寂然不动以固守其心而已也”、《静虚精舍记》“心学之妙，自周子、程子发其秘，学者始有所悟，以致其存存之功。周子云‘无欲故静’，程子云‘有主则虚’，此二言者，万世心学之纲要也”，再如《临川县学记》“朱子之学，宗程而祖孔。孔子之道，皦如日月，人心所同得也。究其礼，践其事，以吾心之所同得契圣人之所先得，知必真知，行必实行，岂徒剽掠四书五经之绪言以趋时干进而已哉”、《赠学录陈华瑞序》“实悟为格，实践为诚……物之格在研精，意之诚在慎独”、《送陈洪范序》“朱子之教人也，必先之读书讲学；陆子之教人也，必使之真知实践。读书讲学者，固以为真知实践之地；真知实践者，亦必自读书讲学而入。二师之为教，一也。而二家庸劣之门人，各立标榜，互相诋訾，至于今学者犹惑”。[1]

元代后期郑玉亦主张朱陆和会而反思朱陆末学禅化流弊，如《与汪真卿书》“自孟子没，《诗》《书》出秦火中，残坏断缺，无一完备，重以汉儒章句之习，破碎支离，唐人文章之弊，浮夸委靡，虽有董仲舒、韩愈之徒，或知理之当然，而终莫知道之所以然。故二氏之学，得以乘隙出入其间，以似是而实非之言，饰空虚无为之说诱吾民，上焉者落明心见性之场，下焉者落祸福报应之末，而吾儒无复古人为己之学，徒以口舌辩给，卒不能胜，使天下如饮而

① 吴澄：《吴文公外集》卷二，《元人文集珍本丛刊》本，台北新丰文出版公司1985年版；《吴文正集》，影印《四库》1197册，页第33上、32下、122上，500上、500上一下、477下，385上、267下、290上一下。

醉、病而狂者千四百年。贞元会合之气，散而复聚，于是汝南周夫子出焉。河南两程夫子接迹而起，相与昌明之而益大。至吾新安朱子，尽取群贤之书，析其异同，归之至当，集其大成，使吾道如青天白日、康衢砥道，千门万户无不可见，而天地之秘、圣贤之妙，发挥无余蕴矣。然自是以来，三尺之童即谈忠恕，目未识丁亦闻性与天道，一变而为口耳之弊。盖古人之学，是以所到之浅深，为所见之高下，所言皆实事；今人之学，是游心千里之外，而此身原不离家，所见虽远而皆空言，此岂朱子教世之意！其得罪于圣门而负朱子也深矣"，又如"陆子静高明不及明道，缜密不及晦庵，然其简易光明之说，亦未始为无见之言也。故其徒传之久远，施于政事，卓然可观，而无颓堕不振之习。但其教尽是略下工夫，而无先后之序，而其所见，又不免有'知者过之'之失。故以之自修虽有余，而学之者有弊。学者自当学朱子之学，然亦不必谤象山也"、《送葛子熙序》"朱子之说，教人为学之常也；陆子之说，才高独得之妙也。二家之说，又各不能无弊。陆氏之学其流弊也，如释子之谈空说妙，工于卤莽灭裂，而不能尽夫致知之功。朱子之学其流弊也，如俗儒之寻行数墨，至于颓惰委靡，而无以收其力行之效"。[①]受元代朱陆和会思潮影响，明初宋濂以心学融合理学而淡漠孔孟程朱儒学正统立场，如《六经论》"六经皆心学也，心中之理无不具，故六经之言无不该，六经所以笔吾心之理者也……说天莫辨乎《易》，由吾心即太极也；说事莫辨乎《书》，由吾心政之府也；说志莫辨乎《诗》，由吾心统性情也；说理莫辨乎《春秋》，由吾心分善恶也；说体莫辨乎《礼》，由吾心有天序也；导民莫过乎《乐》，由吾心备人和也"、《七儒解》"我所愿，则学孔子也。其道，则仁、义、礼、智、信也；其伦，则父子、君臣、夫妇、长幼、朋友也。其事易知且易行也，能行之则身可修也，家可齐也，国可治也，天下可平也"[②]。

程朱学者通过对儒学心学化道释化、世俗化流弊的自觉对治，纯化了正统儒学固有本色；和会理学心学儒者虽立场游离，亦对正统儒学流弊补救作出了独特贡献。明中后期以来，孔孟程朱正统学理步入雅俗整合发展新时期。

---

① 《宋元学案》卷九十四《师山学案·师山文集》，第3126—3127，3127、3128页。

② 《宋濂全集》，浙江古籍出版社1999年版，第72、71页。

第二节　宋元时期中华正统实践脉络概说

宋元时期中华正统实践脉络可分为北宋、南宋、元朝三个时段，士庶之争、华夷融突与三教关系继续深入展开并构成了其中重要内容，本节撰写文本依据主要为明代商辂等修《御批续资治通鉴纲目》。

一、北宋时期中华正统实践脉络

【庚申】后周恭帝元年、宋太祖神德皇帝赵匡胤建隆元年（时存五国三镇），春正月后周殿前都点检赵匡胤称皇帝（陈桥兵变黄袍加身）、国号宋，宋遣使分赈诸州（五代之季兵乱凶荒民生涂炭，宋主得国之初未遑他务而即念恤民），宋主立太庙追帝其祖考（值涣散之时享帝立庙以定四海之民），宋主视学（诏增葺祠宇塑绘先圣先贤像，并自为赞书于孔、颜座端，欲令群臣读书以知为治之道，于是臣庶始贵文学，此后儒道振起文运大亨，宋世三百年基业精神命脉盖本于此），二月宋以范质、王溥、魏仁浦同平章事，三月南汉主刘𬬮杀其弟桂王璇兴（昏惑凶虐而听信宦者谗言，上下怨愤纪纲大坏），夏五月朔日蚀，冬十一月契丹乌噜杀其叔父鲁呼（因其子谋反之故，忍狠而绝三纲；五代及宋时之契丹，与唐虞荤粥、夏朝淳维、商朝鬼方、周朝猃狁、秦朝匈奴、汉朝冒顿、唐朝突厥一脉相承），宋以窦仪为翰林学士（清介厚重洵为宿儒，谏创业垂统宜以礼示天下）。【辛酉】宋建隆二年春正月宋度民田（宋主精择使官勤恤下民，诏州县课民种植、长吏春秋巡视；又置义仓官，所收两税每石别输一斗贮之以备凶歉），二月宋遣使监输民租（藩镇因袭剥民，遣使诸州分主其事民始不困），夏四月朔日蚀，秋七月宋罢侍卫都指挥使石守信等典禁兵（宋主猜忌有功武臣而杯酒释兵权，宋朝此后遂武弱不振），八月唐主李璟殂、子煜立，女真以马入贡于宋（其先居古肃慎地，元魏时号勿吉，至隋改号靺鞨，唐初有黑水、粟末两部，后粟末强盛号渤海国而黑水役属之，渤海既灭而黑水部民在南者系籍于契丹而号熟女真、在北者不籍于契丹而号生女真，此后大为宋患），冬十一月沙州曹义金之子元忠入贡于宋。【壬戌】三年春二月宋初诏常参官转对（指陈时政得失以求治），令大辟诸州不得专注（录案闻奏付刑部详覆，以杜藩镇跋扈枉杀而慎刑法恤民命），禁民火葬（衣衾棺椁必诚必信，火葬离弃礼俗，难安人子恻怛之心），冬十二月蜀主铸铁钱、征逋税（龙游令田淳谏扰民犯天意、聚财损君道而不听）。【癸亥】宋乾德元年春正月宋初以文臣知州事、夏四月初置诸州通判并以常参官知县事（节度使之权始轻），宋行应天历（王朴钦天历推验稍疏，司天少监王处讷遂制新历），秋七月宋主幸武成王庙毁白起像（唐德宗诏葺白起庙而君子讥之，宋主以为起杀已降不武之甚），冬十二月溪州蛮以地附于宋（所属诸州悉置刺史）。【甲子】二年春正月宋以赵普同平章事（普以天下为己任，刚毅果断而性多忌克），夏四月宋以秦再雄为辰州刺史（能以恩威服诸蛮，自是荆湘无复边患），秋七月宋颁刑统（判大理寺窦仪重定），冬十一月宋永安节度使折德扆卒（镇抚甚得蕃情而契丹畏之，以其子留后并世袭），宋范质卒（循规矩、慎名器、持廉节，失仕周大节而心惭，遗命勿请谥立碑），冬十二月宋命判太常寺和岘定雅乐（前乐声高近哀不合中和之故），唐主募人为僧（煜酷信佛法而终为宋灭）。【乙丑】三年春正月宋灭蜀（曹彬治军秋毫无犯），三月宋初置诸路转运使（藩镇势弱而天下益趋一统），秋八月宋选诸道兵入补禁卫并立更戍法（将不得专其兵而士卒勤苦均劳，然将士不能和合而渐致军事不振）。【丙寅】四年夏五月宋罢羡余赏格（纳知光化军张全操谏，以免剥民奉君厚敛无恤），闰五月宋求遗书，冬十二月宋两川平、西南诸夷多请附宋，鞑靼入贡于宋（东北靺鞨别部，唐元和之后徙居阴山）。【丁卯】五年春正月宋王全斌等征还贬官（伐蜀黩货杀降之故），三月五星聚奎（识者以为世道隆替关乎气运盛衰，和顺五行休征自至），夏六月朔日蚀。

【戊辰】开宝元年春正月宋覆试贡士（诏自今举人凡关食禄之家悉委中书覆试），冬十一月宋主享太庙、翌日郊（自是三年而郊，郊必先享太庙），北汉主刘继元弑其母郭氏（自绝三纲，天下大恶）。【己巳】二年春二月契丹弑其主乌噜（耽酒畋猎嗜杀不已，刑政紊乱亲近弑之）、耶律贤立，冬十月宋罢王彦超等节度使（虽革一时之宿弊，然非至诚无伪王天下之公心）。【庚午】三年春正月宋征处士王昭素为国子博士（安贫乐道不求闻达，谏治世莫若爱民、养身莫若寡欲），夏四月朔日蚀、宋除河北盐禁以便民，秋九月宋诏修前代帝王陵被盗发者，冬十一月契丹入宋定州。【辛未】四年春二月宋潘美大破南汉军、南汉主刘𬬮降，夏六月宋御史中丞刘温叟卒（厚重清介，好古执礼），冬十月朔日蚀，十一月唐贬国号曰江南并遣使朝宋，河决澶州（东汇郓、濮坏民田庐，宋主怒官吏不即以闻，通判姚恕坐弃市）。【壬申】五年夏五月大雨河决、宋主出宫人，秋九月朔日蚀，宋以辛仲甫为四川兵马都监（宋主问赵普以文臣有武干者而普荐仲甫）。【癸酉】六年春三月宋初殿试贡士（惓惓求贤精选真才，以防知贡举者用情取舍，后世遂为永制），夏五月宋行开宝通礼（命李昉、刘温叟重定开元礼而附以国朝制度），交州丁琏入贡于宋、宋封琏为交阯郡王（交州本中国地而不幸陷于逆竖之籍，逓相推据僭号称王，可以取而不取、可以无与而与，遂使中华故地流入蛮荒而不可复），秋八月宋赵普免（独相十年为政颇专而以私怨诬杀廷臣，妨贤好利失为相之道），宋主封其弟光义为晋王，冬十二月宋起复卢多逊参知政事（父丧夺情渎乱人道）。【甲戌】七年春二月朔日蚀，夏五月江南遣使如宋（江南主天性友爱，求返其弟而不许），秋九月宋遣曹彬伐江南（诫彬等勿暴掠生民而务广威信），冬十一月宋始修日历（纳史官修撰扈蒙之请，命宰辅日录时政送史馆）。【乙亥】八年夏四月彗星见东方，秋七月朔日蚀，遣使如契丹（来聘有礼通和报之而得中国之体），冬十一月曹彬克金陵、江南主李煜降（信浮屠、逆忠良、纵奢侈、隳政事、嬖近习而亡国，门下侍郎陈乔死之、勤政殿学士钟倩举族死之）。【丙子】九年、太宗皇帝太平兴国元年春二月吴越王钱俶来朝，夏四月郊、帝欲先都洛阳终都长安而弟光义力谏还汴（帝叹“不出百年天下民力殚矣”），曹翰屠江州（被围四月而不降，翰纵兵屠民取财，残暴而失恻隐之心），秋八月伐汉、九月契丹救之，帝幸晋王光义第（友爱光义恩礼甚厚），冬十月帝崩（性孝友节俭质任自然，务农兴学慎罚薄敛，与世休息迄于治平，礼乐仁义不让汉唐）、晋王光义即位，十二月大赦改元（太宗急欲得国之故，忍心害理莫此为甚，原其心欲夸示海内，以为太平我之所启、兴国我之所基，其无兄之心于斯见矣）。

【丁丑】太宗皇帝太平兴国二年春二月赐礼部进士吕蒙正等及第（求才而得实用），秋九月容州初贡珠、冬十月初榷酒酤（善政书初以美创始，弊政书初讥其作俑），十一月朔日蚀既。【戊寅】三年春二月立崇文院（贮书八万卷），夏五月吴越王钱俶以其地来归，秋七月以孔宜袭封文宣公（革编户并复其家，尊崇圣裔以致文运大亨真儒辈出，虽末世垂亡之际敌人犹以衣冠礼义之国称之）。【己卯】四年春二月帝伐汉、夏五月汉主刘继元降、徙太原民于并州（焚太原庐舍而死者甚众）、汉刘继文奔契丹，六月帝伐契丹、秋七月与契丹耶律休格大战败绩而还（此乃两宋盛衰之大机，自是契丹之好遂绝），八月皇子武功王赵德昭自杀（太宗怀私心而迁怒之，可谓深负太祖友悌宽仁之心），九月契丹寇镇州而击破之、以杨业为代州刺史（原北汉建雄节度使刘继业，帝闻其勇复其姓并拜刺史）。【庚辰】五年春二月定差役法（从京西转运使程能请，定诸州户为九等，上四等充役、下五等免之），三月交州乱，冬十月契丹入侵。【辛巳】六年秋七月遣使如渤海（高丽别种，帝欲相约灭辽而不至），九月朔日蚀，冬十一月女真遣使来贡（亦为相约灭辽）。【壬午】七年春三月朔日蚀，罢秦王延美为西京留守（为赵普等利害憸忍之人所谮而帝亦疑之，太宗于一弟尚不能容，于所厚者薄而无所不薄；赵普怀奸肆谄而逢君之恶，当为蔡京、章惇、秦桧、韩侂胄、史弥远奸佞之始作俑者），夏五月定难留后李继捧入朝献银、夏、绥、宥四州（六月其弟继迁自银州叛走地斤泽，后西夏浸强不可制而为宋大患），秋九月契丹耶律贤死、子隆绪立（萧太后专其国事），冬十二月朔日蚀。【癸未】八年春正月罢枢密使曹彬（弭德超因太宗之疑心而谮之），二月朔日蚀，三月宴进士于琼林苑（帝亲试礼部贡士，始分三甲遂为定制），夏五月河决滑州韩村（泛滥澶、濮、曹、济诸州，东南流至彭城入淮，诏发丁夫十余万塞之），秋七月大水（江、河、汉、睢、谷、洛、瀍、涧水溢，溺死者以万计；识者以为乖气人为，日蚀河决大水相继者，盖由帝兄弟叔侄之间惭德颇多、君子小人之际不能尽别、西夏叛贼萌蘖已形、薄伐契丹王师败绩之应），冬十一月以吕文仲为翰林侍读、王著为侍书（帝勤于读书，诏史馆修《太平御览》日进读之）。【甲申】雍熙元年春正月求遗书（由是四方之书间出），夏四月群臣请封禅而许之、五月乾元文明殿灾、六月诏求直言而罢封禅，冬十月华山隐士陈抟入朝（谏君臣协心同德以兴化致治），知夏州伊宪袭李继迁并破走之。【乙酉】二年春二月李继迁袭据银州，禁增置寺观（有僧积薪欲自焚，帝恶其惑众遂有是令），夏四月江南饥、宴群臣于后苑，冬十二月朔日蚀，南康军大雨雪、江水冰（阳失节而阴气纵，识者以为兆萌西夏之乱与契丹之抗）。【丙戌】三年春正月伐契丹，二月李继迁降契丹，夏五月曹彬及契丹耶律休格战而败绩（太宗不务抚内而强与夷狄争，幽蓟之地至此不可复），六月朔日蚀，冬十二月契丹耶律隆绪入寇、张齐贤败之于代州，李继迁请婚于契丹、契丹以女归之。【丁亥】四年夏四月募兵于诸州（武备弛而黩武无恤）。

【戊子】端拱元年春正月亲耕籍田以导民务本，二月改补阙拾遗为司谏正言、以吕蒙正同平章事（质厚宽简，正道自持），夏五月以李继捧为定难节度使（赐姓名赵保忠），秋九月契丹复陷涿州、冬十一月入祁州（太宗听信小人轻开边衅，丧师失地兵连祸结）。【己丑】二年春正月契丹陷易州（迁其民于燕），自二月不雨至于夏五月（诏录系囚并遣使决狱，然内政不修外侮常作，太宗无志乎民审矣），秋七月彗星出东井，作开宝寺塔以藏佛舍利（八年始成费亿万计，知制诰田锡以为涂膏衅血；太宗性刚果而圣学不讲，素无礼义以养心，故外物足以移之而惑佛之念蛊矣），都巡检使尹继伦袭契丹并大败之（稍振懦弱萎靡之习），大旱（自秋徂冬不雨，田锡谏阴阳失和调燮倒置、上侵下职而烛理未尽、下知上失而规过难入，太宗不纳并黜之）。【庚寅】淳化元年春四月诏贷江州义门陈兢粟（九世同居而长幼凡七百口，不蓄仆妾群坐同食上下姻睦，公而不私而人无间言），冬十二月契丹封李继迁为夏王。【辛卯】二年春旱、蝗（连年旱蝗是年尤甚而祷雩无应，帝自誓将自焚以答天谴，翌日大雨而蝗尽死），闰二月朔日蚀，夏四月以张齐贤参知政事、寇准为枢密副使，五月置诸路提刑官，秋八月置审刑院于禁中（防大理刑部吏舞文巧诋），九月以李昉同平章事、李沆参知政事，冬十月赵保忠叛降契丹（李氏兄弟反覆不顺而负恩背主），女真请伐契丹而不许（太宗悔过恤民，女真不复入贡遂属契丹）。【壬辰】三年春二月朔日蚀，夏六月置常平仓于京师（丰年谷贱伤农则增价籴贮之，岁饥则减价平粜之，太宗思患恤民遂为永制），秋七月赵普卒（普性深沉能断大事，少习吏事而寡学术、熟读《论语》决政如流，偃武修文慎罚薄敛以立国宏规，然学力有限见道不明、不本仁义从君好尚，难免患得患失利害私心)。【癸巳】四年春二月朔日蚀、置审官院掌审京朝官，交州黎桓入贡、诏封为交阯郡王(桓欺制其主遂执国政，实为王法必讨之乱臣贼子，封之适成国可势利取而不可仁义受之大谬)，青神民王小波聚众作乱(蜀平而任事者横征暴敛诛求无厌，暴利兼并致小民贫困，小波遂以“均贫富”为口号起事)，三月以何承矩为河北屯田制置使(开塘种稻民赖其利)，夏六月以吕端参知政事，秋八月朔日蚀、九月大水、冬十月河决澶州(阴阳失常乃蜀乱夏逆之应，太宗归罪宰相而皆引咎罢)，闰十月以陈恕为三司总计使(分天下郡县为河南、河东、关西、剑南、淮南、江南东、江南西、浙东、浙西、广南十道)，十二月王小波死、其党李顺寇掠州县。【甲午】五年春正月李顺陷成都(僭号大蜀王)、赵保吉寇灵州，饥(知秦州张荣杖抢粟饥民而不杀，帝感悟遂不复以强盗弃市论；太宗为国务华去实虚内事外，不敦其本库竭仓匮，天降饥馑无以赈之)，三月李继隆入夏州执赵保忠赴京师，夏四月置起居院(纳右谏议大夫张佖之请，修左右史之职为起居注；掌院事周翰请以所撰先进御后付史馆，起居注进御始此)，五月赐赵保忠爵宥罪侯(叛逆而封爵，是非紊乱而名器坏)，秋七月李继迁遣使来贡，高丽请伐契丹而诏谕止之(北边甫宁而不欲为外夷开隙之故，自是高丽不复入贡)，八月以张咏知益州(谕以恩信而又灼见情伪，蜀民畏而爱之)，冬十二月朔日蚀，以陈恕为盐铁使(设中等法裁损利病，使公私皆济且能经久)。

【乙未】至道元年春正月帝观灯于乾元楼(帝自誉太平繁盛，吕蒙正谏都城外饥寒死者甚众，帝变色不言)、契丹犯府州，二月蜀盗平(先是帝下罪己诏而蜀民感悦，至是民乱三年始平)，夏四月以吕端同平章事(持重识大体，帝谓其大事不糊涂)，开宝皇后宋氏崩(谥曰孝章皇后而群臣不成服，翰林学士王禹偁言当尊用后礼，帝坐其谤讪贬知滁州，太祖仁人而厚太宗、太宗忍人而薄太祖)，六月以李继迁为鄜州节度使而不奉诏，秋八月立寿王元侃为皇太子(更名恒，以李至、李沆并兼太子宾客)、李继迁寇清远军，冬十二月契丹侵府州。【丙申】二年秋七月以太常博士陈靖为京西劝农使而旋罢(帝诏议均田法以兴农事，皇甫选、陈恕等以为不可而罢)，九月秦晋诸州地震，大有年。【丁酉】三年春正月葬孝章皇后(逾三年始葬，太宗弃礼悖义无兄之心益著)、分天下州军为十五路并各置转运使(京东、京西、河北、河东、陕西、淮南、江南、荆湖南北、两浙东西、福建、川陕、广南东西），三月帝崩（沉谋英断俭勤自励，重农慎行纳谏悔过，然孝友欠诚胸怀欠广、学养欠淳义利欠正，外患深重尾大不掉）、太子恒即位，夏四月以李至、李沆参知政事，六月追复涪王延美为秦王、复封兄元佐为楚王（皆公议之不容、天理人心之不可泯者），钱若水请罢而许之（恬退高迈，荐中书舍人王旦），冬十二月李继迁请降而以为定难节度使（继迁背叛不能讨、继隆失律不能诛，真宗不能赏罚明决，复以夏、银等五州与之，西夏大患已成）。

【戊戌】真宗皇帝咸平元年春正月彗星见（出营室北）、诏求直言（田锡以为李继迁不应予夏州并复名赵保吉、枢密与宰相宜共闻议军国事），夏四月遣使按诸路逋负悉除之（用三司判官王钦若之言蠲负释囚以恤民，钦若掌政后患得患失之心生而改节易行；自古小人多以聚敛骄奢、严刑用兵而误国，宋之目为小人者自王钦若、丁谓始），五月朔日蚀，冬十月朔日蚀，以张齐贤、李沆同平章事（齐贤慷慨有大略而常言皇王之道，沆谏治道之先务在于不用浮薄新进喜事之人），十一月契丹耶律休格死（镇燕十七年而省赋役、恤孤寡、戒戎兵无犯边境，牛马逸于北者悉来还之）。【己亥】二年春闰三月旱、求直言（转运副使朱台符言彗星见者兵之象、时雨愆者泽未流，宜重农积粟简卒省费、专将帅之任以安边、慎守令之选以惠民），夏六月枢密使兼侍中鲁公曹彬卒（仁恕清慎保守法度，为宋良将第一，临终谏帝和好契丹），秋七月初给外任官职田，以吕文仲等为翰林侍读学士、邢昺为侍讲学士（以更直召对询访，诏昺与杜镐、舒雅、孙奭等校定经传义疏），九月朔日蚀，冬十月契丹耶律隆绪大举入寇。【庚子】三年春三月朔日蚀，夏四月太子太保吕端卒（谥正惠）。【辛丑】四年春二月诏群臣子弟补京官者试一经，三月以王旦参知政事，夏四月回鹘来贡，以王钦若参知政事，六月汰冗吏（以省浮费绝奸欺）、颁九经于州县学校（以明圣道敦实学），秋九月赵保吉复反（朝廷姑息李氏，太宗纵之、真宗容之、仁宗又从而羁縻之，至是据清远、破灵州而浸不能制），冬十月契丹寇遂城。【壬寅】五年春三月赵保吉陷灵州、知州事裴济死之，秋七月朔日蚀。【癸卯】六年夏四月复以张咏知益州（威惠并行，蜀民鼓舞相庆），六月陈恕罢（明于义利俭侈，精于吏理深刻少恩而人不敢干以私，掌利柄十余年而胥吏畏服），冬十一月有星孛于井、鬼（孛者恶气所生、闇乱不明之貌，亦为兵象），十二月赵保吉陷西凉后败死、其子德明嗣（帝欲恩抚致之而不讨）。

【甲辰】景德元年春正月京师地震（识者以为用人不端贤否杂进、兵戎侵扰边陲未宁之应，人君当戒谨恐惧无敢骄怠），秋七月尚书右仆射同平章事李沆卒（忠良淳厚、修谨慎密而识大体、罢利害，以为强敌外患足为警戒、人主少年当知四方艰难以免声色犬马、土木祷祠之事作，寇准荐丁谓而沆以谓小人故不用），八月以毕世安、寇准同平章事，闰九月契丹耶律隆绪大举入寇，冬十月置龙图阁并置待制学士官（以奉太宗时图籍等，自是每帝崩则置一阁），十一月契丹进寇澶州、帝自将御之（寇准等主持而帝委信之），十二月朔日蚀，帝渡河次澶州、契丹请盟而退（寇准力劝帝过河鼓舞士气，帝不忍生灵重困而愿岁币议和，终以银十万两、绢二十万匹成约，契丹以兄礼事帝而引兵北归）。【乙巳】二年春正月大赦（纳毕士安谋息兵安民、边境互市，由是河北民得休息安业），以马知节、杨延昭等知河北诸州（毕士安择任而悉当其才），夏四月鞑靼九部致贡于契丹，秋七月增置制举六科（贤良、方正、能直言极谏、博通坟典达于教化、才识兼茂详明吏政、识洞韬略材任边寄），归币于契丹（自是岁以为常，虽息兵为贵而自弱国体后患无尽），八月有星孛于紫微（识者以为真宗之政浸不克终、小人进君子退之象），冬十月吏部侍郎同平章事毕士安卒（饬躬畏谨有古人风，扶助寇准安抚天下），十一月契丹遣使来聘（自是慕义羁縻华戎交融而往来不绝）。【丙午】三年春二月罢寇准使知陕州（准用人不以次第而同列不悦，且颇矜澶渊之功，王钦若乘机谮之，真宗怨而疏之），置诸州常平仓（计户多寡量留上供钱，岁夏秋视市价贱贵量减增粜籴粟），夏五月南平王黎桓死、子龙廷杀其兄而自立（龙廷篡窃骨肉相残王法所必讨，知广州凌策请讨之而不许，真宗可谓自绝纲常而不能扶理灭欲），冬十月赵德明请降、许封西平王（真宗听其改过自新而以恕道待之，未几契丹亦册封之为夏国王）。【丁未】四年春三月置国子监于西京，契丹城辽西为中京（实以汉户），夏五月朔日蚀，增孔子守茔户（凡二千户），秋七月交州黎龙廷来贡、诏封交阯郡王并赐名至忠（骨肉相残古今大恶，既不能讨反授爵命，可谓上无天子下无方伯，自弃礼法难服天下），八月权三司使丁谓上景德会计录（机敏憸狡剥民得君，小人欺蔽为君之蠹，君心之骄实基于此）。

【戊申】大中祥符元年春正月有天书见于承天门、大赦改元（真宗深以澶州之盟为辱而又厌兵伐，王钦若揣知帝意，遂佞言惟封禅可以镇服四海夸示外国，于是帝伪为天书祥符以证之并讽王旦杜口，陈尧叟等益以经义附和之，天下遂争言祥瑞，独龙图阁待制孙奭言“天何言哉，岂有书也”），三月诏议封禅（封禅之议决于丁谓“大计有余”之一言，天书之降成于钦若“神道设教”之一语，小人得君势成而王旦不敢异议，而寇准之入竟亦藉天书）、夏四月以王旦兼封禅大礼使（旦不能谏止反率倡议，士君子若不以仁义为利，则必坏其心术以利为利），六月得天书于泰山、群臣上帝尊号（上有好者下必甚焉，淫名无实不可为训）、作玉清昭应宫以奉天书（知制诰王曾等谏阻而帝不听），冬十月帝封泰山禅社首、大赦（不顾礼义自为欺诳，纵侈无度忘忧肆赦），十一月帝过曲阜拜谒孔子（加谥玄圣文宣王并祭以太牢，寻复追封孔子庙配享从祀者）。【己酉】二年春二月以方士王中正为左武卫将军，三月朔日蚀，夏四月升州大火、陕西旱蝗（真宗东封西祀粉饰太平而灾异迭见）、三司使丁谓上封禅祥瑞图（君臣自欺一时，崔立独言灾异频发乃天以戒骄矜），五月代州地震，冬十二月罢制举诸科（因粉饰太平而去求贤之善政）。【庚戌】三年春二月交州将李公蕴杀其主黎至忠而遣使入贡、诏封交阯郡王（至忠苛虐国人不附之故，帝以为黎桓不义公蕴效尤、蛮俗不足责而用桓故事；交州自丁氏窃据以来惨祸不断三易其主，天下一统而乱贼不讨，三纲沦斁赏罚失据），夏五月契丹伐破回鹘肃州（俘其民而去），高丽康肇弑其主王诵并立诵兄询而自相之（契丹主隆绪以为大逆不道，不顾谅阴重孝与国力疲敝而发兵问罪），秋旱、蝗，冬十一月契丹伐高丽、执康肇诛之（焚略殆尽，询奔平州），十二月夏州饥。【辛亥】四年春二月帝祭后土于汾阴（会岁旱，孙奭谏奸臣诬罔欺天愚民、水旱饥馑劳民事神，帝嘉其忠而不能从），三月召陕州隐士魏野而不至（甘于恬淡不求闻达），夏六月江淮大水，秋七月畿内蝗而镇、眉、昌州地震，八月河决通利军，冬十月以向敏中为五岳奉册使（加上五岳帝号）。【壬子】五年夏四月复以向敏中同平章事（厚重镇静尽心民事而人情帖然），高丽王询乞降于契丹，五月赐杭州隐士林逋粟帛（力学善诗不趋荣利而安贫肥遁），秋八月朔日蚀，作会灵观以奉祀五岳，九月罢参知政事赵安仁（简俭若贫素而喜诲诱后进，王钦若因帝私怨而巧言谮之），以王钦若为枢密使、丁谓参知政事（钦若倾巧敢为而导帝以封祀，自以深达道教而多所建明，与谓等搜讲道典大修宫观，时号“五鬼”），冬十月帝言圣祖赵玄朗降（真宗虚无惑世，遂致徽宗继起效尤）、十一月作景灵宫以奉之（竭财不恤敛天下怨）并改孔子谥（改玄圣为至圣以避圣祖讳）。【癸丑】六年秋七月除农器税（纳知滨州吕夷简请以务穑劝农），冬十二月朔日蚀、献天书于朝元殿（不畏天变而虚诞怠乐）。【甲寅】七年春正月帝如亳州谒老子于太清宫，夏六月王钦若等免、以寇准为枢密使（王旦荐之），契丹伐高丽大败而还（不务德义而徒欲贪地胜人），冬十月高丽来贡，十一月玉清昭应宫成（穷极华美，七年方竣），十二月户部献天下民数（户近九百五万六千，口近二千一百九十八万；真宗恃其户口之数，穷奢极欲粉饰太平）。【乙卯】八年春二月淮浙饥（真宗溺于妄诞，营建日兴用度日竭，饥不闻赈无恤民意），夏四月寇准罢（沮抑三司使林特附会邪险而帝不悦）、朝元殿火，六月朔日蚀，秋九月吐蕃嘉勒斯赉请伐夏州而帝不许，枢密直学士知陈州张咏卒（咏有大志尚气节并以政绩闻，临终谏不当竭财伤民造作宫观，并乞斩贼臣丁谓），赐信州道士张正随号真静先生（自是龙虎山天师道嗣世者皆赐号）。【丙辰】九年夏六月畿内蝗（根本之地而有大灾，帝逸豫寡恤而臣谀成风，君臣荒懈以致天怒民怨），秋八月吐蕃嘉勒斯赉入寇，九月丁谓免、罢诸营建（李廸谏土木之役过甚、蝗旱之灾殆天意警示，帝深然之而下诏罢役恤民，未几旱、蝗得解，可谓一念悔善天地必应）。

【丁巳】天僖元年春三月以王曾兼会灵观使而辞不受（以为臣尽忠知义而不附会），夏五月旱蝗（李廸请发内藏库赈之），秋九月太尉、玉清昭应宫使王旦卒（慎守法度择任贤能，能断大事心存恤民，深悔不谏天书之失而遗令削发披缁以敛）。【戊午】二年夏五月京师讹言妖至（讹言非真而为不祥之兆，民心惶惑而妖气乘之，真宗不修国政溺于虚无，讹言之事宜其起也），契丹以张俭为政事令（端悫不事外饰而顾遇特异），六月彗星出北斗（祯祥妖孽随其所感先事而著，真宗惑于邪慝违失纲纪而天象晓示），秋八月立子受益为皇太子（更名祯）。【己未】三年春三月朔日蚀，得天书于乾祐山，夏六月以寇准同平章事（以奏闻天书进位，亦可谓不学无术者），河决滑州（泛澶、濮、郓、济、徐境），秋八月大会释道（真宗惑于他歧蔽而不悟，天下臣民遂无所取法）、京东与河北水灾，冬十一月帝谒景灵宫、享太庙、祀天地于圜丘（自是每三岁行礼，宫庙圜丘同举而变乱成宪）。【庚申】四年春正月以曹玮佥书枢密院事

（沉勇有谋驭军严明，熟知羌情抚卒绥边而羌戎畏怀之），三月尚书左仆射、同平章事兼景灵宫使向敏中卒（端厚沉毅能识大体，善处繁剧时称重德，然亦有不谏天书之失），夏四月有两月并见西南（帝德不明乖违和气，阴阳失常二月并见，阴盛之极与阳相抗，君道之亏天象至明），秋七月以李迪、丁谓同平章事（君子小人并用则事难济）。【辛酉】五年秋七月朔日蚀，冬十一月贬王钦若（钦若小人而为同类丁谓所害）。【壬戌】乾兴元年春二月帝崩（前期用君子而治，后期用小人而否，王旦辅君德于景德之前，亦败君德于祥符之后）、太子祯即位（王曾正色立朝，时倚为重），夏四月贬寇准、李迪（太后及丁谓因私怨而诬以朋党贬之，连坐者甚众），六月契丹遣使来吊祭（契丹主集藩汉大臣举哀，诏诸州军不得作乐、凡国中犯帝讳者悉改之），秋七月朔日蚀几尽（主少国疑而太后专政），以王曾同平章事而吕夷简等参知政事（曾方严持重多所拔荐，言利害事审而中理，尤恶侥幸而谏帝抑奔竞崇恬静；吕蒙正荐其侄夷简有宰相材，至是大用之），丁谓有罪贬（奸邪妖妄交通女巫，托言老君祸福事发且广纳贿赂，及居崖州而专事浮屠因果之说；小人进用私意横流天理斲丧，浸淫至于恶积不可解、罪大不可逭，终致殒身灭性而后已），冬十一月给兖州学田（判国子监孙奭请给田为学粮而纳之，诸州给学田始此），帝初御经筵（王曾谏帝即位宜近师儒，于是孙奭等讲《论语》并正帝礼仪）。

【癸亥】仁宗皇帝天圣元年春正月立计置司、罢榷茶盐而行贴射通商法（时承平日久兵广吏众，佛老蠹耗百姓纵侈，故上下困于财，三司使李谘请省浮费以便民益国），冬十一月禁江南巫邪（洪州民俗尚鬼而多巫觋惑民，知州夏竦勒令还农而毁其淫祠，奏闻遂诏江浙荆湖闽广凡挟邪术害人者悉禁绝之），置益州交子务（初张咏置交子以便民贸，富民主之衰而争讼，转运使薛山等请官置之以除弊）。【甲子】二年夏五月朔司天监奏日蚀不应（中书奉表称贺，识者以为背离格君心之非古训），秋八月帝临国子监谒孔子（至圣孔子与天地并，帝王须加崇重之诚，仁宗即位之初即拜谒至圣，知为国先务而展崇道诚敬，遂能维持国本振作儒风）。【乙丑】三年冬十一月复榷茶盐（李谘以实钱入粟售茶，商人失其厚利而怨谤蠭起，上疑其弊而孙奭等亦论其烦扰，遂罢新复旧）。【丙寅】四年夏五月契丹伐回鹘兵败而还（自是党项诸部皆叛而契丹兵将多败死），六月大水（识者以为阴逆怨气所致，太后专政用人废道之征象)，冬十月朔日蚀。【丁卯】五年春正月朔帝率群臣朝太后(虽有以私恩废公义之嫌，然帝能以身教行孝道，亦能感发太后之慈心正念)，晏殊罢、以夏竦为枢密副使(殊以守礼寡恕出知应天，兴建应天书院并延范仲淹教授而为诸州倡，五代以来天下学校废坏状况始改；竦明敏博学文雅有才，但急于进取且喜交任数倾侧之人)，秋九月以程琳为御史中丞(请罢诸土木营造、蠲被灾郡县逋租而帝嘉纳之)。【戊辰】六年春二月工部尚书同平章事张知白卒(慎名器抑侥幸、素清约戒盛满，谥曰文节)，三月朔日蚀，夏五月赵德明使其子元昊袭取回鹘甘州(昊雄毅大略，善绘画能创制，晓浮屠学而通蕃汉文字；德明虽臣事中国及契丹，而于本国则自称帝，至是立昊为皇太子)，秋八月水。【己巳】七年春二月复制举诸科(仁宗愿治之心殷切)，三月给契丹流民闲田(帝以为流民亦己赤子)，夏六月玉清昭应宫灾(范雍、王曙等谏祗敬天戒)，秋八月朔日蚀，冬十月京师地震，十一月出秘阁校理范仲淹通判河中(因谏帝奉亲分清私礼公礼，又疏请太后还政不报遂乞外补)。【庚午】八年秋八月复解盐通商法(罢榷法，听商人入钱榷货受盐而民便之)。【辛未】九年夏六月契丹耶律隆绪死、子宗真立(其母萧讷木锦听政)，冬十月罢翰林学士宋绶(因忤太后专政之心)。【壬申】明道元年春三月契丹萧讷木锦弑其主母萧氏(书以扶名分、植纲常、明妻妾之等而立上下之防)，秋八月宫中火、诏群臣言缺失(殿中丞滕宗谅、秘书丞刘钺皆请太后还政以答天谴而不报)，冬十一月夏王赵德明卒、子元昊嗣(昊以兵法勒诸部、官属仿中国置文武班而立蕃汉学，以衣冠采色别士庶贵贱)。【癸酉】二年春二月彗星见于东北、太后有事于太庙(被服天子衮冕，薛奎力谏不听)，三月皇太后刘氏崩(太后称制十一年，虽政出宫闱而任贤闲利，号令严明而恩威加天下，克己自誓不负祖宗，爱帝如己出而帝亦尽孝)、帝始亲政，夏六月朔日蚀，秋七月旱蝗、诏求直言(端明殿学士宋绶谏帝总览威柄整齐纪纲)，冬十一月诏宰相毋得进用台官，废皇后郭氏(仁宗偏爱妾媵疏斥正妻，大乖夫妇之道)。

【甲戌】景祐元年春正月置崇正殿说书(贾昌朝等诵说明白，日轮二人祗候)，夏五月契丹耶律宗真幽其母萧氏(萧氏欲立少子重元之故，然母虽不慈己不可不孝，故母子两失之)，秋七月赵元昊反并寇环庆(因宋兵攻破其诸堡而报复入寇，昊虽常奉贡而车服僭越，窃自改元广运)，八月有星孛于张、翼

（仁宗内废后而夫妇之道乖，外元昊入寇而抚御之法旷，识者以为星孛由以示儆），九月立曹彬女孙曹氏为皇后（仁宗居丧行吉礼，臣谏而不报），冬十月赵元昊进毒弑其母威摩氏（母族人谋杀昊事觉而昊鸩杀母，纲常灭息而有覆载不容之罪）。【乙亥】二年春正月作迩英、延义二阁（孙奭曾上无逸图，至是又诏蔡襄写《无逸》篇），贬御史里行孙沔监永州酒务（谏帝任贤黜邪、讲求古道以存国体之故），二月育太宗曾孙宗室允实于宫中，命集贤校理李照重定雅乐（人言人殊纷纭难定，右司谏韩琦谏穷乐之源为致治之本，政令平简民物熙洽则治，治定功成而后礼乐可兴，西北二陲安边势峻当缓求乐之议，帝纳之而诏仍用和岘所定乐），秋七月作睦亲宅以处皇族，冬十二月吐蕃嘉勒斯赉败赵元昊于河湟并来献捷。【丙子】三年春三月诏优给致仕官俸（以遇高年而养廉耻），夏五月贬开封知府范仲淹等于外并诏戒群臣越职言事（君德不刚而权臣怙宠，吕夷简以朋党谮之），秋七月置太宗正司（以训导宗室子孙并纠遗失），冬十月契丹初殿试进士，十二月赵元昊侵回鹘并取瓜、沙、肃州（设十六司以总庶务，置十二监军司以备四边，自制蕃书以教国人纪事）。【丁丑】四年春二月祠赤帝于宫中以祈嗣（赤帝非天地而宫中非宗庙，仁宗此举可谓卑陋），冬十二月地震（压死二万二千余人，权臣强敌之象，时元昊侵扰于外而奸臣怙势于内）。【戊寅】宝元元年春正月众星西北流而雷发不时、求直言（大理评事苏舜钦谏帝亲政事、省府库并克己亲贤），冬十月诏戒百官朋党（仁宗性非刚明而易为小人所摇，程琳、李若谷谏毋使小人放肆，以朋党污君子则正臣无以自立，帝亦是其言），赵元昊杀其叔父山遇（数劝昊勿反之故）、称帝于夏州（国号夏，遣使奉表云“望许西郊之地，册为南面之君，敢竭庸愚，常敦欢好”，宋人纵贼而不讨），十一月沂公王曾卒（性资端厚进止有常，进退士人恩归于上，正色危言为社稷臣，谥曰文正），十二月京师地震。【己卯】二年夏四月募民入粟实边以讨元昊，五月罢王德用枢密使（德用状貌雄毅，请自将讨赵元昊，朝廷猜忌而罢之），六月削赵元昊赐姓官爵，秋七月契丹宗真迎其母萧氏于庆州，冬夏人寇保安军、巡检指挥使狄青败之。【庚辰】康定元年春正月朔日蚀（元昊称帝祸无宁日，富弼请罢宴撤乐而执政张士逊等不从，继而闻契丹罢宴，帝乃深悔之）、元昊寇延州，二月除越职言事之禁、命知制诰韩琦安抚陕西，夏五月以夏竦为陕西经略安抚招讨使、韩琦与范仲淹副之（仲淹建言严边持守、实内无虚，坚壁清野以困弱西夏），秋八月以范仲淹兼知延州（招还流亡，羌汉之民相踵归业），九月元昊寇三川，冬十二月宋绶卒（清介博学言动有常，朝廷大议多所裁定）。

【辛巳】庆历元年春正月诏会兵讨李元昊而不果行（仲淹主招纳而韩琦主征讨，朝廷纷纭不决而丧师失地阅岁无休），元昊遣人至延州议和、范仲淹以书谕之，二月元昊寇渭州、秋八月陷丰州。【壬午】二年春三月契丹来求关南之地（有南侵之意）、夏四月遣知制诰富弼报之，六月以王德用判定州（契丹压境之故）、秋七月富弼复如契丹议和好（忠义不辱使命），九月暨契丹平（岁增银绢各十万匹两），元昊寇镇戎军并大掠渭州（昊虽数胜而死亡疮痍者相半），冬十一月以韩琦、范仲淹、庞籍为陕西安抚经略招讨使（号令严明爱抚士卒、推诚诸羌无敢犯边），征处士孙复为国子监直讲（复著《春秋尊王发微》，石介、范仲淹、富弼以经术荐之）。【癸未】三年春正月元昊上书请和（元昊诈侮不恭，宋室柔弱姑息处之），二月立四门学，三月以欧阳修、王素、蔡襄知谏院（君子任言责而贤路开，修进《朋党论》“君子以同道为朋，小人以同利为朋……退小人之伪朋、用君子之真朋则天下治”），自正月不雨至于夏四月、帝诚祷于西太乙宫而是日雨（王素谏成之，可谓能盖其父王旦不谏天书之愆）、吕夷简罢（孙沔奏其黜废忠直、姑息避谤而柔奸是用，蔡襄复言其贪尚权势），五月朔日蚀，秋八月以范仲淹参知政事、富弼为枢密副使（上书明黜陟、抑侥幸、去宿弊而小人始不悦），以韩琦为陕西宣抚使（平盗汰羸修障赈灾，活河中、同、华诸府州饥民百余万人），冬十月更定磨勘法（循名责实考察文武官）、十一月更定任子法（至是任子之恩杀减），十二月河北雨赤雪、河东地震（谏官孙甫谏帝乾阳英断以救舒缓之失、修德政制后宫以救阴盛之变）。【甲申】四年春正月帝复御经筵（命曾公亮等讲读经史），三月诏天下州县立学并行科举新法（范仲淹欲复古劝学，宋祁等奏教本学校、士察乡里方能核名实，诏天下皆立学而本道使者选部属官为教授，员不足取于乡里宿学有道业者，士须在学三百日乃听预秋试，三场先策次论次诗赋而罢帖经墨义，士通经术愿对大义者试十道），契丹党项诸部叛附于夏，夏四月作太学、五月帝拜谒孔子（以崇师道植国本振斯文，诏取胡瑗经义治事齐以敦实之湖学教法著为令式），元昊复遣使来上表（立誓今后永以为好），六月以范仲淹为陕西河东宣抚使（仲淹以天下为己任，然规模阔大更张无渐，论者籍籍小人不悦，夏竦等谮石介、富弼而及仲淹，庆历革新遂锐之于始而不究其终），京师旱蝗（余靖谏帝既有引过之言，必践言实行令信于民恩泽及下，则灾异消而和气应），契丹初修国史，秋七月大封宗室（纳富弼言以屏王室威四夷），契丹来告伐夏，八月许公吕夷简卒（庄献太后临朝十余年天下晏然，夷简之力为多，选将命使二边以宁，所斥士旋复收用而不终废，于天下事屈伸卷舒动有操术，然姑且偷心、报复私心、恶直妒心亦实伐宰相休休有容之量），冬十一月诏戒朋党相讦（并戒按察恣为苛刻及文人言肆行怪者，庆历治乱邪正两相杂揉，君臣上下不能同心辑睦），契丹以云州为西京（至是其境凡五京六州、军城百五十六、县二百九、部族五千二、属国六十，幅员万里而东至于海西至金山），十二月册元昊为夏国主（宋姑息积弱而夏有轻宋之心，昊虽称臣而国中称帝自若）。【乙酉】五年春正月罢杜衍、范仲淹、富弼（抑制侥幸而群小咸怨之故）、罢磨勘任子新法，三月罢韩琦、罢科举新法，夏四月朔日蚀，五月夏人归所俘缘边安抚使石元孙（谏官御史奏其败不死义辱国须斩，仁宗惑于执政贾昌朝之言而赦之，于是偷生之徒横行天下，而诛乱讨逆之法遂紊），冬十一月罢京东安抚使富弼（夏竦等谮诬之，小人之心至酷不恕，中伤君子务致倾覆）。【丙戌】六年春三月朔日蚀。【丁亥】七年春二月大旱、贾昌朝免、以文彦博参知政事，帝祷于西太乙宫而是日雨（帝有谨身勤民之心，则天地感应捷如影响），冬十一月贝州卒王则反（贝、冀俗尚妖幻，妖人争信弥勒持世说以谋乱）。【戊子】八年春闰正月夏元昊卒（昊为子纳妻美而自夺之，其子劓其鼻而死；昊强梁凶悍僭号西边，败于女色祸发其子，己叛君而子杀父，可谓天道好还），三月诏群臣言时政阙失（翰林学士张方平建言通上下之情），夏四月册谅祚为夏国主（谅祚幼弱母族专国，纳陕西安抚使程琳谏不幸人之丧以柔远，帝因而抚之），五月无云而震、夏竦免（何郯论竦奸邪不可任枢要，张方平亦言竦奸邪以致天变），六月河北京东大水（阴逆之气盛）、冬十月以美人张氏为贵妃（书讥仁宗无省己躬责之实，而有垂情嬖媵偏爱之失）。

【己丑】皇祐元年春正月朔日蚀（阳明之道大亏）、二月彗星见（恶气集聚），夏五月加知青州富弼礼部侍郎而辞不受（大水民流就食青州，弼劝民出粟益以官廪，善处其民抚生葬死，出于至诚人为尽力，及麦大熟而流民受粮以归，凡活五十余万人；弼劳谦君子志可褒尚，立法简便周尽，天下传以为式），帝幸后苑观刈麦（为体稼穑之不易以敦本），秋八月以宋庠同平章事（庠初执政遇事辄分别可否，及再登用遂浮沉自安，然天资忠厚而不逆诈残人），九月广源州蛮侬智高反并寇邕州、契丹伐夏而夏人袭败之，冬十月契丹复伐夏获谅祚之母以归（相伐暴凌，殊无义战）。【庚寅】二年秋九月大享天地于明堂（以太祖、太宗、真宗配，其仪如圜丘；明堂为布政之宫而非享祭之所，此举可谓君臣俱失），冬十一月诏外戚毋得任二府（纳殿中侍御史唐介、知谏院包拯谏），闰十一月诏太子中舍致仕胡瑗定雅乐（众说纷纭，终亦无定）。【辛卯】三年夏六月诏州郡勿献瑞物、作隆儒殿，秋八月京东、淮浙饥（谏官吴奎言近岁水不润下、盗贼横起皆阴盛之征，内侍骄恣近习回挠、夷狄桀骜谗邪交伤，朝廷无事因循有事失措），冬十月夏竦卒（赐谥文正，同知礼院司马光、判考功刘敞谏竦奸邪不应谥正，诏更谥文庄）。【壬辰】四年夏五月资政殿学士汝南公范仲淹卒（立心正大、为政忠厚而所至有恩，谥曰文正），秋七月以范祥为陕西转运使制置解盐事（盐池通商并以入钱榷货，奸商贪吏无所侥幸，关内之民得安其业而公私便之），冬十月以胡瑗为国子监直讲（礼部所得士中其弟子每常十居四五，瑗治经不及孙复而教养过之，二人论见多不合故常相避不见），侬智高寇宾州并复入于邕（交趾请出兵助讨，余靖欲以便宜许之，狄青谏蛮夷贪得忘义易于启乱，帝纳而罢之），十一月朔日蚀。【癸巳】五年春正月会灵观火，冬十月朔日蚀、十一月诏减畿内诸县税（仁宗洵有爱民之实心实事，纳端明殿学士张方平谏，诏减二分永为定式）。【甲午】至和元年春二月京师疫（帝重民，出犀角以疗之），夏四月朔日蚀、用牲于社（书讥帝不能如礼修省）。【乙未】二年春三月改封孔子四十七代孙文宣公世愿为衍圣公（从太常博士祖无择言，此后遂为定式），夏四月定差衙前法（太宗立九等差役法，承平既久奸伪滋生而民多破产，纳韩琦、蔡襄言而视资产多寡差排乡户，衙前置籍分为五则定役轻重，自是民稍休息），以赵抃为殿中侍御史（弹劾不避权幸而声称凛然，谏务别君子小人而爱惜保全君子），六月以文彦博与富弼同平章事（素望硕德华夷著称）、以张昪为御史中丞（指切时政无所畏避），秋八月契丹宗真死（性佻脱而迁除无序尤重浮屠，乃至僧有拜三公三师兼政事令者）、子洪基立，冬十月知辰州宋守信击下溪蛮而不克（因蛮内乱而擅开边衅讨之，官兵战死者什八九，自是蛮数入寇掠而边吏不能制）。

【丙申】嘉祐元年夏五月罢知谏院范镇（镇关注大体，极谏预立皇储以备非常），六月大水而社稷坛坏、诏求直言（识者以为阴逆怨气并之所致，时太子未建社稷未固之应）、彗出紫微垣，秋八月朔日蚀，冬十二月以包拯知开封府（立朝刚毅戚宦敛手，民间百姓尤崇敬之）。【丁酉】二年春二月以翰林学士欧阳修知贡举（仁宗切于求士而士子习尚险怪奇涩之文，张方平言文章之变实与政通、文风浮薄难取贤才，修痛抑新体并黜时誉，自是场屋之习遂为之变），夏四月幽州地大震（数万人罹难），秋八月诸州置广惠仓（从韩琦言，以天下没入户绝田募耕收租，以给州县老幼贫疾不能自存者），九月契丹主耶律洪基慕义来聘，冬十二月诏间岁一举士并置明经科（出身与进士等，以广求人才）。【戊戌】三年秋八月朔日蚀，下溪蛮降（复通中国而黠傲益甚），冬闰十二月罢伎吏知州军及提点刑狱。【己亥】四年春正月朔日蚀、用牲于社（知制诰刘敞谏祠社乃抑阳扶阴，非承天戒尊朝廷之义），二月更榷茶法以宽民力，夏四月封周世宗后柴咏为崇义公（从著作佐郎何鬲请），五月除猜防大臣条约（官宦复可至执政私第、执政所荐士亦复得充台官），秋七月放宫人（帝以月蚀几尽，修阴教以应天变），冬十月大祫于太庙，十一月汝南王允让卒（追封濮王、谥安懿，天资浑厚内宽外庄，知太宗正寺二十年谆谆勉进劝戒宗子，以其子宗实育宫中），诏河南处士邵雍而不至（易学精深，不事王侯高尚其事，以孔孟之道自乐）。【庚子】五年春正月凿二股河（纳河北转运使韩贽谏以纾决溢之患），夏四月置宽恤民力司，五月诏王安石为三司度支判官（曾巩、欧阳修、文彦博誉而荐之，安石议论高奇、果于自用而能以辨博济其说，有矫世变俗之志而上万言书，欲托先王之意以变革财政，所谓“因天下之力以生天下之财，取天下之财以供天下之费”，实陷利害乡愿之偏见），六月契丹新置国子监以养士（颁五经传疏、置博士助教各一人），欧阳修等上《新唐书》（仁宗以刘煦等所撰唐史卑弱浅陋而命新作）。【辛丑】六年春三月起复富弼同平章事而固辞之（弼母丧去位，帝虚位五起之而弼君子存心固辞终制，以为起复者金革之变礼而不可施于平世），夏六月朔日蚀（司马光谏人君为阴邪所蔽，朝廷不可不知），以司马光知谏院（谏致治之道在任官信赏必罚远谋重微）、以王安石知制诰，秋闰八月策贤良方正直言极谏之士（王介、苏轼、苏辙皆在举中，辙对切直帝亦不黜）、以欧阳修参知政事，冬十月起复宗实知宗正寺而固辞不拜（天性笃孝好学无嬉，俭素如儒者）。【壬寅】七年夏四月枢密副使包拯卒（性耿介简朴、公正不苟而敦厚有恕，谥曰孝肃），秋八月立宗实为皇子（赐名曙），冬十月赐诸路钱以助籴常平仓（仁宗可谓勤恤忧国）。【癸卯】八年春三月帝崩（恭俭仁恕敬天重民，恩礼大臣刑罚不滥，深仁厚泽贤才荟萃，能以至诚善待夷狄）、皇子曙即位，帝有疾、诏请皇太后权同听政（太后性慈俭，多援经史以决事，公而不私官省肃然，韩琦等善处两宫而人情大安）。

【甲辰】英宗皇帝治平元年夏五月太后还政于帝、加韩琦尚书右仆射，六月增置宗室学官（纳司马光言博选学行之士，以使皇子进德修业日就月将），秋八月诏日开经筵（纳司马光、吕公著谏，以亲近儒雅讲求治术），冬十二月吐蕃玛尔戬以河州内附（嘉勒斯赉与汉女之后），以内侍为陕西诸路钤辖（吕诲等谏而皆不听，本源不谨则末流滋甚，宋自太宗信任宦官而后世因而不革，卒致徽宗宠用童贯而天下分崩）。【乙巳】二年春二月罢三司使蔡襄（英宗心术不能公平正大，疑襄不欲立己而去之），夏四月诏议濮王典礼（司马光以为为人后者为之子，韩琦则以为礼不忘本），秋八月京师大水、诏求直言（司马光谏恐惧修德报恩先帝、知必践行符天下望），冬十一月吐蕃嘉勒斯赉死、以其子栋戬为保顺节度使。【丙午】三年春正月翰林学士范镇罢（欧阳修因英宗不满而谮之，君子而攻君子，失类聚群分之道，宋之党争甚烈，其来有自深为可惜），契丹复改国号曰辽，温州火（死者五千人）、诏称濮王为亲而立园庙、谪侍御史吕诲等于州县（人君御天下以名分，诲等劾韩琦专权导谀之罪，劾欧阳修首开邪议而以枉道说人主、以近利负先帝；程颐以为称亲为非，然亦须明尊崇之礼，宜尊称皇伯父濮国大王），三月彗星见西方（恶气所凝，兵革之象）、夏四月夏人入寇而击走之，秋九月朔日蚀、诏宰臣举馆职以进贤，冬十月诏礼部三岁一贡举，十一月立子顼为皇太子（韩琦因帝疾而谏建储以安社稷）。【丁未】四年春正月帝崩、太子即位，二月始命公主行见舅姑礼（神宗体英宗之志而立人伦大纲），三月以吴奎参知政事（谏帝王所职惟在判正邪，使君子常居近要，小人不得害之则政治）、以司马光为翰林学士，闰三月以王安石知江宁府（韩维、吕公著、曾公亮称扬之，吴奎谏安石护非自用所为迂阔，用之必紊纲纪而帝不听），秋八月京师地震、九月召王安石为翰林学士而罢司空韩琦（琦谏“安石为翰林学士则有余，处辅弼之地则不足”而不听），冬十月清涧守将种谔袭虏夏监军嵬名山而复绥州（谔轻虑浅谋擅兴边衅，西方用兵自此始），十二月夏主谅祚卒（谅祚之世尝请去蕃礼从汉仪并服中国衣冠，往往以汉官职命其臣，又数上表求经史朝仪，仁宗曾以九经赐之）、子秉常立（帝遣刘航册之为夏国主，辽亦遣使册为夏国王）。

【戊申】神宗皇帝熙宁元年春正月朔日蚀（帝谓天下敝事至多，不可不革而以理财为急务，时贤否杂进、边衅复开，后神宗受制安石、君弱臣强之天象于兹已兆），夏四月诏王安石越次入对（上言为治择术为先，当法尧舜之道；托古变常有要君之心，且以聚敛掊克事其君），六月河决恩、冀、瀛州，秋七月京师地震（自七月至十一月震者六，河朔地亦大震），八月复行崇天历（月食不效之故），九月初封太祖曾孙从式为安定郡王（德芳之孙），冬十一月郊（安石以为虽凶岁贵近亦不当辞禄，国用不足乃不善理财之故；司马光以为救灾节用当自近贵始，善理财者不过设法夺民而已）。【己酉】二年春二月以富弼同平章事、王安石参知政事（弼知帝果于有为，遂谏人君好恶不可令人窥测以防奸人傅会，当如天之监人使善恶自取，而后诛赏随之则功罪得实，且愿帝二十年口不言兵；时帝以灾变避殿减膳撤乐，安石竟言灾异天数非关人事得失，弼叹曰人君不畏天何事不可为，君子小人进退系王道消长治乱之机；唐介云安石好学泥古议论迂阔，为政多所更变故天下必困扰；孙固亦云安石狷狭少容，帝皆不听而任之变风俗、立法度），创制置三司条例司议行新法（王安石等领其事而荐用吕惠卿、章惇、曾布等，农田水利、青苗、均输、保甲诸法相继并兴，欲修周礼泉府之法以收利权而榷制兼并、均济贫罚；外本内末争民施夺，安石以财利蛊惑神宗，新学新法末流至于靖康乱犹不止），夏人寇秦州（死者不可胜计），夏四月河决、地震、旱（识者以为臣下专权之应，舛政逆令实干天地之和），遣使察农田水利赋役于天下，五月罢翰林学士郑獬等（俱反对安石新法）、六月罢御史中丞吕诲（诲以为安石执偏不通信奸喜佞，劾其大奸似忠大诈似信、外示朴野中藏巧诈、骄蹇慢上阴贼害物、贤者尽去乱由是生），秋七月朔日蚀，行均输法（置官吏以抑富商大贾投机暴利，徙贵就贱因近易远、便宜蓄买制其有无；苏辙言官吏廪禄费厚必致官买官卖价贵，纵使薄有所获而征商之额所损必多，帝不纳而均输法亦迄不能就），八月罢判国子监范纯仁（小人道长之时君子当俭德避难，纯仁力谏安石变祖宗法度掊克财利民心不宁，以富国强兵之术导上欲求近功而忘其旧学，鄙老成为因循、弃公论为流俗，异己者为不肖、合意者为贤人，倘欲事功急就必为憸佞所乘），以程颢权监察御史里行（颢为晋城令有善政，吕公著荐为御史，至是谏帝正心窒欲、求言育才），罢条例司检详文字苏辙（反对求利四方而与吕惠卿论不合），定谋杀伤自首减罪法（安石主张自首减罪，司马光等以为谋杀大恶原情不恕，诏从安石议而遂乱天下法），九月行青苗法（官贷民钱谷熟还官出息二分，以抑兼并之家倍息暴利；苏辙言以钱贷民本以救民，出纳之际吏缘为奸、虽有法亦不能禁，钱入民手虽良民不免妄用，及其纳钱则虽富民不免逾限，遂致鞭箠督责州县事烦而天下困疲），以吕惠卿为崇正殿说书（安石荐之而司马光言惠卿憸巧心邪，安石愎拗不闲世务，惠卿为之谋主而安石力行之），冬十月富弼罢（恭俭孝敬好善嫉恶，洞明君子小人之分，与安石不合求退）、以陈升之同平章事（司马光言才智之士必得忠直之人制约，闽人狡险楚人轻易，今二相俱闽人而二参政俱楚人，势必援党塞廷风俗难淳），十一月颁农田水利约束（得废田二十六万余顷而民给役劳扰）、置诸路提举官掌行诸法（务以多散为功而民间喧然不便），十二月以张载为崇文院校书而寻辞归（载为政敦本善俗，谏帝为政不法三代者皆苟道，说安石当与人为善而不应教玉人琢玉）。

【庚戌】熙宁三年春二月河北安抚使韩琦上疏请罢青苗法，以司马光为枢密副使而固辞不拜（言使者为防青苗钱散逋负必使贫富相保，贫者无可偿则散而之四方、富者不能去必责使代偿，十年之外贫者既尽富者亦贫而常平又废，加之师旅因之饥馑，必致羸民委死壮民聚盗），三月始以策试进士（同知贡举吕公著建言诗赋非举贤求才之意，叶祖洽策言祖宗因循苟简而誉帝革新，遂得擢第一），置刑法科（以通晓律令刑统大义者补刑法官，选人任子亦诏悉试之），贬知审官院孙觉（觉言成周赊贷特以备民缓急而已，今国用专取具于泉府，则冢宰九赋将安用之，安石怒而逐之），夏四月贬御史中丞吕公著知颍州（谏人君失人心则不能图治，而胁之以威、胜之以辩则不能得人心）、赵抃罢（长厚清修因俗施教、宽猛不同惠利为本，以为财利于事为轻而民心得失为重，取轻失大非社稷之福，劾安石强辩自用诋毁公论、违众罔民顺非文过），以韩绛参知政事（侍御史陈襄谏安石预政首兴利说、韩绛等大臣皆以利进，祈求经术之贤以全大臣之节而不报），罢监察御史里行程颢等（颢言用贱凌贵以邪奸正则兴利之臣日进，尚德之风浸衰非朝廷之福；张戬言均输青苗敛散取息，傅会经义流毒天下无异王莽），诏百官坐罪免杖黥并著为令（纳判审刑院苏颂言以优礼大臣），五月辽立贤良科（外夷志切求贤，华宋反弃正士），以朱寿昌通判河中府（性至孝而弃官寻母、居丧几丧明，安石等蔑礼者忌之），秋七月出直史馆苏轼通判杭州（谏勿求治太急进人太锐，而应镇以安静时来后应），冬十二月改诸路更戍法（本欲改将不知兵旧弊，复又养成骄惰争权新患），立保甲法（安石欲以农为兵，诸州籍保甲聚民因禁令苛急而往往去而为盗；判大名府王拱辰谏其害非止困财力夺农时，是以法驱之使陷罪罟，帝悟而下户遂得免），行募役法（使民出钱募人充役，司马光言使民岁出钱则常无休息之期，下户及鳏寡孤独者本来无役而今亦不免，有司立法惟钱是求则民不聊生贫者益困，神宗沉湎物欲、倾心奸宄而失爱恤之心）。【辛亥】四年春正月韩绛使种谔袭败夏人而遂城娄（兴师无名而夏人日思报复，诸城遂相继陷没），鬻广惠仓田（仁宗时因韩琦言置之以给老稚贫疾不能存者，安石请鬻之以为青苗本钱，广惠之恩遂绝），二月更定科举法而专以经义论策试士（纳安石言而罢诗赋帖经墨义，士各占治《易》《诗》《书》《周礼》《礼记》一经，并兼《论语》《孟子》而《春秋》不与，须通经有文采乃为中格；殿试专以策并限千字以上，赐进士及第、出身、同出身三等），夏五月高丽来贡（为辽所阻不通中国者四十三年，自是与中国复通而聘贡相继），六月贬富弼官徙判汝州（判亳州时不行青苗，以为财聚于上则人散于下），秋七月贬御史中丞杨绘、监察御史里行刘挚（绘谏安民心而惜老成，挚谏“陛下有劝农之志，今变而为烦扰；陛下有均役之意，今倚以为聚敛。天下有喜于敢为、有乐于无事，彼以此为流俗、此以彼为乱常，此风浸成，汉唐党祸必起矣”），八月以安石子雱为崇正殿说书（为人敏悍阴刻无所顾忌，常称商鞅为豪杰之士，并大言不诛异议者则法不行），九月鬻坊场、河渡、祠庙，冬十月以鲜于侁为利州转运副使（守正恤民并谏青苗之法愿取则与不能强迫，不可逆治体而召民怨），立太学生三舍法（升擢次序分为外、内、上三舍）。

【壬子】熙宁五年春正月置京城逻卒以察谤时政者（书讥神宗拒谏饰非），三月行市易法（本欲制物低昂而均通之，行之则大为烦碎民皆怨讟；为国者以义为利而不以利为利，阴夺民利则其害甚于加赋，以天下君而为商贾首，可谓浅陋），南平王李日尊死、子乾德嗣（遣使告哀，诏封交阯郡王），夏五月行保马法（时制作纷纭无一中礼，皆剥下奉上割肉充腹之举），秋闰七月以章惇为湖北察访使以经制蛮事（神宗思用兵以威四方），八月王韶击败吐蕃而遂城武胜（天子讨而不伐，书击者讥其黩武，竭天下财较胜负于外方，其罪不容于诛），颁方田均税法（帝患田赋不均，诏司农分五等重定之），九月少华山崩（识者以为神宗惑于邪僻而行逆德，中和之气斲丧既久而山崩示变），冬十一月章惇招降梅山峒蛮而置安化县（籍其民万四千八百余户并均定田税）。【癸丑】六年春二月以沈起知桂州（安石用事而始求边功，知邕州萧注上言交趾实包祸心必为后忧，乘其新败于占城则取之甚易，至是起一意攻扰而交趾始贰），三月置经义局（训《诗》《书》《周礼》义，以安石提举而吕惠卿、王雱同修撰，帝欲召程颢预之而安石不可），夏四月朔日蚀，文彦博罢（谏朝廷行事静重为先，兼采众论务合人心，励精求治而人心未安者更张之过，祖宗之法未必皆不可行，但有偏而不举之弊尔；及市易司立而果实亦官监卖，彦博以为损国体敛民怨至华岳山崩，安石则谓华山之变殆天意为小人发、市易之起自为细民久困以抑兼并而于官何利焉），置律学（诏士之莅官以法从事，命官举人皆得入学习律令），六月知南康军周敦颐卒（博学力行所在善政，明天理根源究万物终始，上绍孔孟本原下启程朱正学），大蝗（识者以为蝗者阴害，神宗上不能修德格天，下不能教化庶民，阳淑消而阴慝长，固有恶气之应），秋九月初试武举之士（纳安石墨义诵书无补于事之言），吐蕃玛尔戬复入河州、王韶破之并取四城而帝御殿受贺（恃力夺地喜功矜夸，且自以为变法之效），冬十月章惇击平南江蛮而置沅州（杨光富率族姓归附而置靖州）。

【甲寅】熙宁七年春正月新学党熊本讨降泸夷（开边生事，西南用兵自此始），三月辽使人来议疆事（韩琦等谏朝廷举事致辽疑宋欲复燕，邦本困摇众心离怨则无以攘四夷兴太平），大旱、夏四月权罢新法而雨（上不恤民则怨气交而成灾，自去秋七月至今夏四月不雨，安石犹言水旱常数，帝忧而欲罢法度不善者，监安上门郑侠上《流民困苦图》，帝吁叹不寐遽命罢之）、下郑侠狱而复行新法（吕惠卿等言新法一废前功尽弃，于是一切复旧，惟方田暂罢），王安石免（执政六年而更法开边，废黜老成正士而超进猥慧少年，帝虽倚任而天下怨之，安石虽退而绛、惠卿于新法无所更改），初榷蜀茶（民生口腹之物自是悉出于官），秋七月立手实法（本为免役出钱均平，实则民财检括无遗以致民不聊生），九月三司火（聚财瘠民天怒人怨，焚屋千八十楹而案牍殆尽），冬十二月辽女真部节度使阿库纳死（五国佛宁部节度使入辽，阿库纳袭擒献之，辽主遂以为生女真部节度使，始有官属纲纪渐立，然不肯受辽印系辽籍）、子和哩布嗣。【乙卯】八年春正月窜郑侠于英州、放秘阁校理王安国于田里（侠劾惠卿朋奸壅蔽，安国奏专以尧舜三代为法、勿用刻薄小人峻法祸民，又言安石知人不明聚敛太急），二月复以王安石同平章事，夏六月王安石上《诗》《书》《周礼》三经新义、诏颁于学官以使学者归一（主司纯用新义取士，先儒传注一切废用，诬黜《春秋》纲常大义为断烂朝报而不列学官；后安石复作《字说》，多穿凿附会而流于佛老），司徒魏公韩琦卒（善处大事而洵为社稷臣，卒谥忠献），秋七月诏韩缜如河东割地以畀辽（辽使争议疆事不决，安石言将欲取之必姑与之，遂失地七百里而为异日兴兵之端，且为后世秦桧、贾似道等误国权奸所效尤），八月朔日蚀，冬十月吕惠卿有罪免、彗星见、诏求直言并罢手实法，十一月交趾大举入寇（刘彝大治戈船欲图安南，且遏绝交人互市，其表疏上诉亦不得达，至是遂分三道入寇），辽耶律洪基杀其妻萧氏（其北院枢密使耶律伊逊专政，忌后明敏而诬之），十二月罢直学士院陈襄（留意教化并论青苗之害“引经以为言，而其实则称贷以取利，是特管夷吾、商鞅之术”）。【丙辰】九年春正月交趾围邕州、知州事苏缄死之（交人尽屠州民，凡五万八千余口），二月以郭逵为安南招讨使（安石得交人露布“中国作青苗助役之法穷困生民，今出兵欲相拯济”而大怒），秋八月罢黉祠庙，冬十月王安石免、以吴充等同平章事（充乞召还司马光等，光言“今日救天下之急，当罢青苗免役保甲市易而息征伐之谋，欲去此五者必先别利害开言路以悟人主之心”而充不能用），十二月郭逵败交趾兵（官兵八万人冒暑涉瘴死者过半），诏宦者李宪节制秦凤、熙河诸军（御史彭汝砺等极谏不听，履霜坚冰至，后徽宗用童贯卒覆天下）。【丁巳】十年秋七月河决澶州（自开直河，水势增涨田庐益坏，至是大决澶州曹村，北流断绝河道南徙，东汇于梁山张泽泺而分为二，一合南清河入于淮、一合北清河入于海，凡灌郡县四十五而濮、齐、郓、徐尤甚，坏田逾三十万顷），九月河南邵雍卒（北宋五子之一，倡孔孟内圣外王之学），冬十一月辽魏王耶律伊逊杀其君之子濬（妒忌而谮杀君储）、同知太常礼院张载卒（孜孜于知礼成性变化气质之道，以为学必至于圣人而后已，倡复三代井田学校之法）。

【戊午】元丰元年夏六月朔日蚀，秋九月交趾来贡（李乾德归所掠民，乃以顺州赐之，遂定交趾界而复还其六县二峒），以吕公著、薛向同知枢密院事（帝尝语释老之事，公著谏尧舜惟以知人安民为难；向虽善财计，然亦不能不病民），议复肉刑而不果（吕公著谏后世礼教未备而刑狱繁，肉刑不可复以免踊贵屦贱之讥），冬十二月复置大理狱（神宗舍本逐末民心无适，齐之以刑民免而无耻）。【己未】二年春二月召程颢判武学、既而罢之（新学党李定等劾其学术迂阔、趋向僻异且不附新法，吕公著谏毋听小人贼害而帝不从），夏五月以蔡确参知政事（确善察人主意，与时上下排挤大臣）。【庚申】三年夏六月诏秘书监刘几等定雅乐（汲汲于礼乐程式，而置生民荣瘁于度外），秋七月彗出太微垣、诏群臣直言阙失（王安礼谏帝有仁民爱物之心而泽不下究者，左右大臣是非好恶不遵诸道、乘权射利者殚民沟壑，是以干阴阳而召星变，愿察亲近之行、杜邪枉之门，至于祈禳小数、贬损旧章，恐非所以应天者，神宗嘉叹而擢进之），冬十一月朔日蚀。【辛酉】四年秋七月步兵都虞候林广击破泸夷（神宗喜事边功擅兴师旅，兵夫因雨雪病死者不可胜计），冬十月内侍王中正以河东兵入宥州（屠掠遗民以充食，可谓丧心病狂），十一月朔日蚀，环庆都总管高遵裕兵溃（嫉沮泾原副都总管刘昌祚功，夏人决黄河渠而士卒冻溺溃乱，其他诸路士卒亦死亡大半）、以吴居厚为京东都转运使（以擅刮财利进，由是嗜进之士从风而靡）。【壬戌】五年夏四月朔日蚀，以王珪与蔡确为尚书仆射而以章惇与张璪为侍郎（珪、确奸险而位宰相，惇、璪邪佞而备参政，神宗即位十五载而小人浸淫彙进，驯至哲、徽之世坏乱至极），秋八月诏岁以四孟月朝献景灵宫（太庙之外复兴黩祭）、给事中徐禧护兵城永乐（纳种谔、沈括言以防夏，而实际犹筑羊牢于虎穴），九月夏人陷永乐、徐禧等败死（灵州、永乐之役死难六十万人，钱粮银绢不可胜计，秦晋困棘民望息兵，自是神宗深自悔咎无意西伐，而夏人亦极困敝）。【癸亥】六年春二月夏人寇兰州、贬李宪为熙河都总管（中丞刘挚奏宪贪功生事欺罔之故），夏四月辽大雪（平地丈余，马死者什六七），闰六月司徒韩公富弼卒（忠义体国卒谥文忠，遗谏邪说误上浸成祸患，辅臣多士畏祸图利习成敝风，永乐之役兵民死亡数十万，久戍未解百姓困穷，天地至仁岂校胜负于羌夷，愿休兵息民稍遂生理，寝罢保甲以绥民情，任用君子而远小人），秋九月朔日蚀，冬十一月以陆师闵提举成都茶场（榷利尤刻，税息倍前），十二月户部献今岁民数（凡二十三路，计主客户一千七百二十一万余）。【甲子】七年春正月夏人大举寇兰州，夏五月诏以孟子配食孔子（先是判国子监常秩请立孟子、扬雄像于庙庭，知郓州曾孝宽复请加封孟子，乃诏封为邹国公，至是复诏孟子与颜子并配孔子，又追封荀况为兰陵伯、扬雄为成都伯、韩愈为昌黎伯从祀庙庭），冬十二月端明殿学士司马光上《资治通鉴》（光深惩安石变法弊乱，对传统民本德治经验教训予以编年体系统总结）。【乙丑】八年春三月诏立延安郡王佣为皇太子（赐名煦，皇太后权同听政）、帝崩（孝友谦抑不事游幸、励精图治欲大有为，为民谋利制度更张，义利不清终为祸民，邪佞日进人心离乱，正邪对待驯致亡国），太子煦即位、太皇太后罢诸苛敛以宽恤民力，夏五月诏求直言（司马光谏开言路，上封事者千数）、召程颢为宗正寺丞未至而卒（颢性诚明中和，与弟颐辩异端辟邪说以接续孔孟正统）、以司马光为门下侍郎（谏改安石、惠卿之害政以救焚拯溺），六月赐楚州孝子徐积粟帛（积事亲旦夕必冠带定省，从胡瑗学而安贫乐道与人无竞，常劝人乐为君子，卒赐谥节孝），秋七月以吕公著为尚书左丞、罢保甲法（光以为公私劳扰有害无益），冬十一月罢方田法、十二月罢市易法（徒虚名而实取利之故）、罢保马法、起居舍人邢恕有罪贬知随州（恕博贯经籍，然天资诡诈冒进）。

【丙寅】哲宗皇帝元祐元年春闰二月以司马光为尚书左仆射兼门下侍郎（时光已得疾而犹孜孜于政，以除青苗免役等四害托吕公著；辽人以光入相而戒边吏毋生事开衅），以李常为户部尚书（用示朝廷不急于征利而使聚敛稍息），蔡确有罪免（右司谏王觌极论其朋邪害正）、章惇有罪免（言者论惇谗贼狠戾罔蔽不忠），罢青苗新法复常平旧法，三月罢免役法，夏四月召程颐为崇政殿说书（司马光等以其力学好古忠信遵礼、学宗圣贤矜式士类而共荐之），王安石卒（性强忮自信，傅会经义以出己意，学术不纯设心造事，混杂道释穿凿入邪，至言天变不足畏、祖宗不足法、人言不足恤，汲汲以财利兵革为先务，引用凶邪排摈忠直，群奸肆虐流毒四海，使天下嚣然丧其乐生之心，为有宋后世奸邪败国之作俑），诏举经明行修之士（从司马光请，以勉敦士行），五月以韩维为门下侍郎（奏常以利民为本则民富、常以忧民为心则民乐，赋役非人力所堪者去之则劳困息、法禁非人情所便者蠲之则郁塞通，推广实行则不待教而成），命程颐等修订学制（颐以为学校礼义之地，竞争殊非教养之道，故请改试为课，有所未至则学官召而教之，更不考定高下，并置尊贤堂以延天下道德之士，镌解额以去利诱、省繁文以专委任、励行检以厚风教），六月置《春秋》博士、吕惠卿有罪建州安置（范纯仁谏录人之过不宜太深，吕公著亦谓去泰去甚，非大恶者宜使自新），秋七月罢成都榷茶场、立十科举士法（司马光谏人才不可责全求备而宜随器授任），夏主李秉常卒、子乾顺立，九月尚书左仆射、河内公司马光卒（孝友忠信恭诚正礼、学问渊博不喜老释，鞠躬尽瘁天下哀恸，赠温国公谥曰文正），冬十一月以刘挚为尚书右丞（能德识兼顾剖判人才）。【丁卯】二年春正月禁科举用王氏经义、字说（吕公著当国，始请禁主司不得以老庄书命题，举子不得以申韩佛书为学，经义参用古今诸儒说，毋得专取王氏，寻又禁毋得引用王氏字说），夏四月以处士陈师道为徐州教授（高节博学安贫乐道，王氏经学盛行而心非其说）、复制科，秋七月朔日蚀，八月罢崇政殿说书程颐（颐在经筵礼法自持，苏轼等谓不近人情而嫉侮之，时有洛党、蜀党、朔党之分，二程正学尚未得到朝廷认可）。【戊辰】三年春正月复置广惠仓，夏四月以吕公著为司空、同平章军国事（其时新党分布中外而起私说以摇时政，鸿胪丞常安民言小人积怨必有后患而公著默然），尚书右丞胡宗愈进《君子无党论》、右谏议大夫王觌恶而参之而党论遂起（吕公著、范纯仁等谏勿以朋党祸君子），冬闰十二月蜀公范镇卒（恭慎笃义学本六经，口不道佛老申韩之说，契丹、高丽传诵其文）。

【己巳】元祐四年春二月东平公吕公著卒（其学以治心养性为本，简重清静量弘学粹，博采众善权衡人才，然不能识微防渐勘定变局），夏四月分经义诗赋为两科试士（分试二经或一经而同兼《论》《孟》义）、罢明法科（习为刻薄非所以育材敦俗之故），五月以范祖禹为右谏议大夫兼侍讲（谏帝今日之学否系他日之治乱，复谏帝进德爱身），六月范纯仁罢（吕大防言蔡确党盛不可不治，纯仁则以为朋党难辨恐误及善人，刘安世等遂劾其党确）。【庚午】五年秋八月召邓润甫为翰林学士承旨而罢御史中丞梁焘、谏议大夫刘安世与朱光庭（安世等奏润甫始终反覆，进用与否实系君子小人消长之机，不报遂求去；安石新党以飞语摇大臣，大防、纯仁欲用其党以调停旧怨，苏辙谏新党必为祸害，调停之说遂已）。【辛未】六年春二月以刘挚为尚书右仆射、苏辙为尚书右丞、王岩叟签书枢密院事（右司谏杨康国劾辙仪秦之学而不报；岩叟谏帝学当深辨邪正两类，以为自古君子小人无参用之礼，小人进而君子必引类而去，君子小人竞进适为危亡之基），夏五月朔日蚀，六月浙西大水（杭州死者五十万、苏州死者三十万，识者以为阴盛阳微之象而政事舛错之征、君子小人迭为消长之天谴），冬十一月罢刘挚知郓州（性峭直有气节而持心少恕，勇于去恶而为朋谗奇中）。【壬申】七年春三月以程颐直秘阁判西京国子监而旋罢之（苏辙奏颐入朝恐不肯静，太后纳之遂赋闲职，范祖禹奏乞召颐讲必有补圣明而不听），夏四月始备六礼立皇后孟氏（发册、告期、纳成、纳吉、纳采、问名），五月王岩叟罢（言者论岩叟救刘挚为朋党），秋八月陕西地震（识者以为小人进长之机已萌，泰将极否欲来之时灾异先为谴告）。【癸酉】八年春三月苏颂等罢（器局闳远礼法自持而苏辙劾之），夏六月梁焘罢（谏帝识别邪正而公天下善恶，图用旧人中坚正纯厚有人望者，不牵于左右好恶之言），秋七月以范纯仁为尚书右仆射（殿中侍御史杨畏附苏辙而奏纯仁不可复相，乞进用章惇等而不报），八月京东西、河南北、淮南大水（太后将崩哲宗亲政，熙、丰小人次第复起，天下坏乱浸不能救），九月太皇太后高氏崩（临朝九年抑绝外家私恩，召用故老名臣、罢废新法苛政，举边砦之地以赐西夏而宇内复安），冬十月帝始亲政（翰林学士范祖禹谏君子小人进退消长之际、天命人心去就离合之时不可不畏）、诏内侍刘瑗等复入内给事（祖禹谏当先访贤臣而不听），十二月复章惇、吕惠卿官（杨畏奏帝当继述神宗之道且荐惇等，帝深纳之）。

【甲戌】绍圣元年春三月朔日蚀不尽如钩，吕大防罢（殿中侍御史来之邵逆探时旨而首劾之，大防求去而帝亟从之），策进士而复新政（李清臣发廷试策绌元祐之政而复熙宁、元丰新政，苏辙谏而帝怒罢之；礼部侍郎杨畏悉绌进士对策主元祐者而以主熙、丰者置前列，自是绍述之论大兴而国是遂变），以曾布为翰林学士承旨，夏四月以张商英为右正言，诏改元（纳曾布言而改元祐九年为绍圣元年，天下遂明帝意所向），以章惇为尚书左仆射（通判陈瓘劝惇务消朋党持中道以救弊而惇不悦）、召蔡京为户部尚书、以蔡卞为国史修撰（文饰删落元祐史官范祖禹《神宗实录》安石之过）、复免役法（章惇请之），五月诏进士专习经义、罢制举而置宏词科，以黄履为御史中丞（与蔡确、章惇、邢恕为排陷元祐正臣之“四凶”），六月除《字说》之禁、以曾布同知枢密院事，秋七月夺司马光等赠谥、贬吕大防等官并诏谕天下（黄履、张商英等论诟之，章惇、蔡卞乃至欲斲棺暴尸），冬十二月重修神宗实录成（蔡卞等进之）、安置范祖禹等于远州（坐修史诋诬）。【乙亥】二年春二月复保甲法，夏四月置律学博士，冬十月贬监察御史常安民（蔡京深结宦官而安民首论其奸巧狠辣，又论今大臣如张商英等借绍述之说报复私怨、朋附之流从而和之，又论章惇专国植党）。【丙子】三年春二月女真伐赫舍哩部阿苏（阿苏奔辽而女真渐强），秋九月废皇后孟氏（哲宗溺爱媵妾，因诬謟而轻弃正妻），冬十月雷、大雨雹（阳失节而阴气纵，小人浸盛之兆）、夏人入寇、以龚原为国子司业（以安石《字说》《洪范传》、王雱《论语》《孟子》义刊版传学者，学校举子之文靡然从之）。【丁丑】四年春二月追贬司马光等官、复罢《春秋》科、流贬吕大防及韩维等三十余人，夏六月朔日蚀、秋八月彗星见西方（新法纵横人民愁苦而不知警惧），冬十月以邢恕为御史中丞（性阴险攀援），十一月编管程颐于涪州（时颐已放归田里，而哲宗犹怨其经筵不逊妄自尊大，可谓自绝于天道正统）。【戊寅】元符元年春三月以蔡京为翰林学士承旨、章惇与蔡卞请追废宣仁圣烈皇后而不果行（惇、卞穷凶极恶，皇太后怒而哲宗悔之），秋七月京师地震，冬十月夏人寇平夏城、章楶大败之（楶以为西夏嗜利畏威，不有惩艾则边不得休息，平夏捷后夏不复振）。【己卯】二年夏六月河决内黄，秋七月洮西安抚使王赡取吐蕃邈川、青唐（书著其声罪伐人而强夺其地之恶），八月城会州（讥哲宗役民无恤忘本逐末），冬十一月许夏人通好（自是西陲民少安）、诏诸州行三舍法（考选升补悉如太学）。【庚辰】三年春正月帝崩（哲宗务返新政，报复善良驯至党祸，君子尽斥国政益弊）、端王佶即位（章惇以为端王轻佻不可君天下而曾布赞王，太后遂立之），二月以韩忠彦为门下侍郎（谏广仁恩、开言路、去疑似、戒用兵而太后纳之，忠直敢言之士遂稍见收用），三月诏弃鄯州湟州以畀吐蕃而窜王赡等于岭南（纵部剽掠羌众携贰之故，徽宗即位之初，正为外夷观德之日）、诏求直言（筠州推官崔鶠谏毁誉者朝廷公议，天下皆以司马光为忠而以章惇为奸，畏天运乾大明邪正则天意解），夏四月朔日蚀、以韩忠彦为尚书右仆射而复范纯仁等官，五月诏复哲宗废后孟氏为元祐皇后、追复司马光等三十三人官（从韩忠彦之言）、蔡卞有罪免（龚夬论其怀奸深阻之大恶），秋九月章惇有罪免，冬十月复以程颐判西京国子监（未几致仕）、蔡京有罪免、以韩忠彦与曾布为尚书仆射，十一月诏明年改元建中靖国（时议元祐、绍圣均有所失而欲以大公至正消释朋党，由是邪正杂进小人浸盛）、置《春秋》博士。

【辛巳】徽宗皇帝建中靖国元年春正月朔有赤气亘天（中函白气，将散而复有黑祲在旁，右正言任伯雨言此宫禁阴谋下干上、君子道消之征，谏进忠良绌邪佞、正名分击奸邪，使小人无得生犯上之心，则灾异可变休祥），高平公范纯仁卒（性夷易宽简忠恕仁义、爱君忧国学为圣贤，临终谏帝清心寡欲约己便民，绝朋党之论察邪正之归，毋轻议边事、易逐言官并辨明宣仁诬谤，谥曰忠宣），辽耶律洪基死、孙延禧立，二月贬章惇为雷州司户参军，三月罢权给事中任伯雨（曾布依违取容而欲和调元祐、绍圣之人，伯雨以为人才不分党与而自古未有君子小人杂进致治者，二者并用终致君子尽去而小人独留，故欲劾布而布徙之），夏四月朔日蚀，六月罢尚书右丞范纯礼等（时曾布专权，渐进绍述之说、讽排元祐诸臣，纯礼奏谏而布诬谮罢徙之），冬十一月复召蔡京为翰林学士承旨（供奉官童贯性巧媚，善测人主微旨而承顺得幸，京结纳讨好之而得其荐用）、以邓洵武为给事中兼侍讲（奏请绍述神宗而起用蔡京）、罢礼部尚书丰稷而复蔡卞与邢恕等官。【壬午】崇宁元年春正月河东地震（太原等十一郡大震而死者甚众，识者以为阴盛阳微下而干上之征；时群阴浸长小人盈朝，君臣不省恬然无惧），三月命宦者童贯制御器于苏杭（曲尽其巧民力重困，徽宗奢欲心萌流弊无极终至亡国），夏五月复追贬司马光等并诏籍元祐元符党人，秋七月以蔡京为尚书右仆射、禁元祐法、复罢《春秋》博士，八月复令进士兼试律、复绍圣役法，九月立党人碑于端礼门（列司马光等百二十人为“奸党”）、籍元符末上书人并分邪正等级黜陟之（识者以为蔡京可谓作伪心劳日拙者），冬十月复废元祐皇后孟氏并贬窜韩忠彦等。【癸未】二年春正月诚徽二州蛮纳土、加知荆南军舒亶龙图阁待制（徽宗及蔡京好胜喜功开拓边土），二月复榷茶法，三月诏党人子弟毋得至阙下，夏四月诏除故直秘阁程颐名（言者希蔡京意而论其学术颇僻、素行谲怪，专以诡异聋瞽愚俗；范致虚又言其以邪说诐行祸乱众听而尹焞、张绎为之羽翼，乞河南尽逐学徒；二程子道接孔孟为儒学正宗，硕果剥庐遂致天地闭塞成否），更盐钞法（蔡京囊括天下钱实上以夸富固宠，而不计国脉之促迫），六月复湟州（蔡京复欲开边），秋九月令州县立党人碑。【甲申】三年春正月铸当十大钱（蔡京以利惑君而民不知所遵守），命方士魏汉津定乐铸九鼎（徽宗锐意制作以文太平，京又每言富足以惑之），二月令天下坑冶金银悉输内藏（遂大兴土木金革之事，暴敛无恤民不堪命）、三月大内灾，夏六月以王安石配享孔子（位次孟子，时丁否运正学不明，可谓丰蔀其家阒其无人）、置书画算学（人君学本修齐治平，今究于末则必失本），秋七月复行方田法，九月以胡师文为户部侍郎（京求羡财以供侈费而本钱竭，遂致储积空、输法坏而国计困）、罢科举法（纳京言取士悉由学校升贡），是岁大蝗（讥不书时地，忽天灾轻民命则国亡无日）。【乙酉】四年春正月以宦者童贯为熙河诸路经略安抚制置使（宦者而主边将大柄），三月黎峒王江蛮内附（蔡京开边而知桂州王祖道乘时邀利，诱蛮酋纳土以邀功）、窜知庆州曾孝序于岭南（孝序谏财贵流通，取民膏血以聚京师非太平法，民力殚竭无与守邦），夏五月除党人父兄子弟禁，秋八月新乐及九鼎成、九月帝受贺于大庆殿（酌献至北方宝鼎而鼎破水溢，识者以为徽宗骄矜侈肆而成北方致乱之兆）、诏徙元祐党人于近地（惟不得至畿甸），冬十一月以朱勔领苏杭应奉局及花石纲（自此民不堪命而天下大乱）。【丙戌】五年春正月彗出西方其长竟天、诏求直言、毁党人碑并复谪者仕籍，二月蔡京有罪免（怀奸植党威福在己、托绍述名更制贬贤、财利惑君而倡丰亨豫大邪说，帝因彗悔悟其奸而罢其一切建置），三月罢求直言（邪说交攻而徽宗不胜侥幸欲心，寻复方田诸法及诸州供奉），秋七月朔、冬十二月朔日当蚀而不亏、群臣称贺（徽宗纵侈无度，大臣亦阿谀谄佞）、刘逵罢（蔡京令其党挟帝，言其改法度皆禀上旨、一切皆罢非绍述意，帝心遂又反复）。

【丁亥】大观元年春正月以蔡京为尚书左仆射（发政之初复用奸邪，宋事不济可知），三月以蔡攸为龙图阁学士兼侍读（蔡京长子不学无术，同恶相济名器大滥），夏五月诏诸路监司勿任元祐学术者，秋九月故直秘阁程颐卒（学本诚敬表彰四书，师法孔孟传续正学，诲人不倦门人众多，传至朱子正统彰明，世称伊川先生），冬闰十月流太庙斋郎方轸于岭南（因劾蔡京睥睨社稷内怀不道、把控朝野敛怨于君），十一月朔日蚀（京以不及所当蚀分而率群臣称贺，诬枉上天而为无耻之尤），十二月黄河清（乾宁军言河清逾八百里凡七昼夜，遂以乾宁军为清州，识者以为国体不宁之征）。【戊子】二年春正月朔受八宝于大庆殿（徽宗骄矜肆欲而粉饰太平），夏五月朔日蚀，秋九月以林摅为中书侍郎（时立朝者皆为蔡京门人故旧，徽宗孤立于上、京党群劫于下，而不知栋宇之将焚），冬十二月诏以孔汲从祀孔子庙（安石配享在上而子思子从祀在下，可谓冠履倒置）。【己丑】三年春二月南平夷内附（以其地为遵义军及播州）、谪右正言陈禾（劾童贯怙宠弄权之故），夏五月流孟翊于远方（翊献所画卦象，谓宋将中微而有再受命之象，宜更张以厌之，帝不乐而不能省悔），冬十一月礼书成（又为五礼新仪颁行天下）。【庚寅】四年夏五月立词学兼茂科以致文学之士、彗出奎娄而贬蔡京等，六月以张商英为尚书右仆射（阿附蔡京而能立异同），秋九月朔日蚀。【辛卯】政和元年秋八月张商英罢（商英以为蔡京名为绍述而实劫制人主、禁锢士大夫，遂大革弊事以蠲横敛而宽民力，并劝帝节华侈、息土木、抑侥幸，然意广才疏行事不密而为京党所参），九月遣端明殿学士郑允中及童贯使辽以乩之（冬十月贯以辽李良嗣来，命为秘书丞并赐姓赵，图谋结好女真以灭辽，遂为宋灭之祸始）。【壬辰】二年春二月复蔡京太师（徽宗邪心深固不可救药，因灾暂惧寻即复旧），冬十二月加宦者童贯太尉（遂养成乱阶而贻祸天下）。【癸巳】三年春三月朔日蚀，秋九月赐方士王老志号洞微先生（时徽宗倾心道术，崇尚虚无之心骎骎乎不可遏），冬十一月祀天于圜丘、以天神降诏百官（徽宗易惑而难晓，不诚其意必自欺，而后人得以欺之），十二月诏求道教仙经于天下（用心不端则择术不正）、女真阿古达自称达贝勒（始与辽为难而浸不可制）。【甲午】四年春正月置道阶道官，秋八月新作延福宫成（竭财无恤极其华丽），冬十月女真阿古达叛辽（辽主畋淫怠政而征索无尽之故），十二月以童贯为陕西经略使（自此边陲之事大兴，徽宗内竭民财外竭民力，天怒人怨沦于败亡）。【乙未】五年春正月女真完颜阿古达称帝、国号金，二月立定王桓为皇太子（徽宗平素厌正人、妒正学而背正道，三、四年间未尝闻求贤辅导太子），夏六月作三山河桥（调役夫数十万而民不聊生，毕工未几水涨桥坏），秋七月朔日蚀，八月作明堂（农事方殷而日役万人），有星流出于柳（君臣贪苟不惧反贺），九月王厚等攻夏败绩（死者甚众，重赂童贯匿不以闻）、夏人大掠萧关。【丙申】六年春正月赐方士林灵素号通真达灵先生（邪柔惑众并谄媚神化徽宗及蔡京、童贯等，徽宗内心无主而迷信之）、童贯使刘法攻夏仁多泉城并暴屠之，闰正月立道学（从林灵素言，寻诏太学辟雍各置《内经》《道德经》《庄》《列》博士二员，可谓攻乎异端），二月作上清宝箓宫成，冬十月夏人寇屠靖夏城。【丁酉】七年春二月帝幸上清宝箓宫并命林灵素讲道经（蔡京等亦皆佞道，时君臣相与从事虚无而政教日紊），夏四月帝讽道箓院上章册己为教主道君皇帝（徽宗崇尚道教而贬抑佛法），秋七月西北地震（压死者甚众），冬十二月有星如月南行（此后兵祸滋炽宇县分裂，生民屠戮几尽，历二十余年而后止）、以宦者童贯领枢密院事，窜侍御史黄葆光于昭州（因大旱劾蔡京强悍自专、侈大过制而无君臣之分），金遣使求封册于辽（辽因境内盗贼蜂起而许之）。

【戊戌】重和元年春正月作定命宝成（宝文“范围天地幽赞神明，保合太和万寿无疆”）、以王黼为尚书左丞（美风姿有口辩、寡学术多智佞），二月遣武义大夫马政使金约夹攻辽（宋不吊辽难侈欲黩武，利人土地求通外邦，辽亡未几宋亦不保），夏五月朔日蚀，秋八月以宦者童贯为太保、九月掖庭大火，冬十二月辽大饥（人相食）。【己亥】宣和元年春正月诏更寺院为宫观（林灵素欲尽废释氏而请于帝，改佛号大觉金仙，余为仙人大士、僧为德士，易服饰称姓氏，寺为宫院为观，改女冠为女道、尼为女德，寻诏德士并许入道、学依道士之法），金人来聘（使高丽归者谏苟存契丹犹为中国扞边、女真强敌不可交而宜早备，帝闻之不乐；会使辽者云辽主有亡国之相而应兼弱攻昧，徽宗复大喜而决取燕云计，德义不修而料敌之失，终成亡国之君），占城入贡（原与交州相互侵扰，至是封为王，始与交趾加恩均焉），三月刘法及夏人战败走死（童贯隐其败复以捷闻），夏四月朔日蚀，五月京师大水（起居郎李纲谏求直言以答天戒而被贬），秋八月范致虚罢（时朝廷欲用师契丹，致虚谏边隙一开必有意外之患），金制女真字（仿契丹汉字），九月加蔡攸开府仪同三司（攸言“所谓人主，当以四海为家、太平为娱，岁月能几何，岂徒自劳苦”而徽宗纳之，令园囿仿村野聚禽兽，识者以为不祥之兆），冬十月颁绍述熙、丰政事书于天下，十一月以张邦昌为尚书左丞，十二月帝数微行（秘书省正字曹辅因谏被窜），诏杨时为秘书郎（师事二程，硕德重望而有惠政，蔡京荐用欲挽败势而不能改其故辙）。【庚子】二年春正月罢道学，夏五月金侵辽、上京降，六月复僧寺额（寻又复德士为僧，偏执迷信两极相通），秋八月金人来议攻辽及岁币，冬十月朔日蚀，加内侍梁师成太尉（黠慧习文法而得幸，王黼以父事之、蔡京父子亦謟附焉，徽宗渎乱名器终致败亡），睦州人方腊作乱（托左道以惑众，因花石民怨而起事，宋室从此大乱），十二月真腊入贡（诏封其主金裒宾深为国王，恩比占城）。【辛丑】三年春正月罢苏杭应奉局花石纲、方腊占婺州而屠衢州，二月淮南盗宋江掠京东诸郡、知海州张叔夜击降之，夏四月童贯合兵击破方腊（腊之乱凡破六州五十二县，戕害平民二百万），五月大蝗（徽宗闇弱而京、贯奸贪殃民之象），秋七月黑眚见于禁中（奢淫弃礼自绝于天，人心惶惶妖孽随之），九月诏宦者李彦括民田于京东西路（狠愎威刑与民争利，致死千万人，官吏助虐民心忿痛）。

【壬寅】宣和四年春正月金克辽中京、辽耶律延禧走云中，三月诏童贯等勒兵巡边以应金（赵隆等极谏不可败盟，王黼等则说以利害以决帝意），夏五月童贯击辽而败绩、六月夏人救辽而金败之，秋七月初收经制钱（虐民以供馈饷，处民于水深火热），九月除朝散郎宋昭名（因极谏金必败盟为中国患），冬十月童贯遣将攻辽袭燕败绩兵溃（所储军实殆尽），十二月金克辽燕京，万岁山成（时跨六年，殚亿万民财）、户部献今年民数（户二千八十八万余、口四千六百七十三万余）。【癸卯】五年（金太宗完颜乌奇迈天会元年）夏四月金人来归燕京及六州（所得空城而岁币租税大增），五月以杨时为迩英殿说书（谏元祐、熙丰姑置勿问而一趋于中），秋七月禁元祐学术（不有君子，其何能国），八月朔日蚀，金阿古达死（其弟乌奇迈立），冬十一月金人袭平州、诏杀张瑴函首以畀金（先降金而复叛降宋之故，自是辽之降者解体而金人亦藉此兴师）。【甲辰】六年春正月（金二年）夏称藩于金，闰三月京师、河东、陕西地震（右司郎中黄潜善按视而不以实闻），夏六月科免夫钱以馈官兵（从王黼言遍索天下，所得才二千万缗而四海结怨），冬十一月置讲议财利司而罢应奉司（自蔡京倡丰亨豫大之邪说，徽宗穷奢极欲帑藏空竭，言利之臣殆析秋毫，宣和以来王黼掊剥横赋以羡为功而国用日匮，至是宇文粹中谏痛减妄耗量入为出，帝虽纳之而已噬肤无及），十二月河北与山东盗起（转粮燕山民力疲困、盐额科敛连岁凶荒，饥民并起不可胜数），都城有女子生髭（又有男子孕而诞子，俱为阴气反常小人极盛之象）。【乙巳】七年（金三年）春二月金人获辽耶律延禧以归而辽亡、辽耶律达实称帝于奇尔满（是为西辽），秋七月熙河、兰州、河东地震（强敌窃发而小人盈朝之象），九月有狐升御榻而坐（夷狄占据中原之兆，宋之君臣溺于宴安，不思警省终沦危亡），冬十月金分道入寇，十二月童贯自太原逃归、帝传位于太子（徽宗奢欲怠荒四海鼎沸，及金革大兴复又胆丧弃责），以李纲为兵部侍郎（谏上应天心下顺人欲，攘除外患使中国势尊、诛锄内奸使君子道长，死守祖宗疆土而不可与人），太学生陈东上书请诛蔡京等奸佞（帝嘉纳之而不果行）。

【丙午】钦宗皇帝靖康元年（金天会四年）春正月诏中外臣庶直言得失（钦宗柔弱弗克，金人犯边则屡诏求言，边事稍缓复阴沮抑之），梁方平师溃而金人渡河、太上皇出奔，以李纲为东京留守以御金人、以杨时为右谏议大夫兼侍讲（谏以正典刑、收人心为先），二月除元祐党籍学术之禁、诏割三镇地畀金使退兵，夏四月召河南尹焞（赐号和靖处士遣还），五月罢王安石配享孔子（纳杨时言，然犹从祀庙庭），六月天狗星陨、彗出紫微垣、高丽称藩于金，秋七月窜蔡京、诛童贯，八月金人复分道入寇、冬十一月围京城并要帝出盟，闰十一月诏康王赵构为天下兵马大元帅、彗星出而长竟天、帝如金营请降，十二月金初税牛具（赋外加赋，病民甚深）。【丁未】二年（金五年）春正月大风霾、云雾四塞，二月金劫上皇及后妃宗戚（独元祐皇后孟氏以废居私第获免），金人大括金帛（狡诈残暴贪得无厌，无辜之民困于诛索），康王构次于济州（时宗社震恐而优柔不断，不能兴勤王之师），三月金立张邦昌为楚帝，夏四月金人北去。

二、南宋元代时期中华正统实践脉络

【丁未】高宗皇帝建炎元年（金天会五年）夏五月康王即皇帝位于南京（大赦改元，尊哲宗废后孟氏为元祐太后），以黄潜善为中书侍郎、汪伯彦同知枢密院事（即位之初而用非其人）、以张邦昌为太保（僭逆不讨姑息图利），命李纲为尚书右仆射兼中书侍郎、追贬蔡确等官以拨乱反正，签书枢密院事张叔夜自杀于金军（谥曰忠文），以宗泽知襄阳府（泽陈兴复大计，黄潜善等沮而出之）、安置监察御史张所于江州（谏河东河北天下根本，请亟还京城以奉宗庙慰人心，并言黄潜善奸邪害政），六月诏诸路访死节之臣以闻（纳李纲言以正刑政、褒忠义而激劝人心）、大赦（李纲谏因赦广示德意，以慰河南河北及勤王之师忠臣义士之心）、还元祐党籍及元符上书人官爵，以张悫同知枢密院事兼提举户部财用（建言募三河之民联以什五，寓兵于农合力抗敌）、以宗泽为东京留守（累请帝还京而不报，高宗怯懦而用黄潜善东南行幸之计）、以张所为河北招抚使（所用岳飞为武经郎），秋八月以李纲及黄潜善为尚书左右仆射（君子小人并用）、罢李纲提举洞霄宫（黄潜善等谮之，纲罢而车驾东幸两河沦亡，金兵益炽而中原盗贼蜂起）、杀太学生陈东与布衣欧阳澈（黄潜善故意激怒高宗之故）、金尽得河北州郡，冬十月帝如扬州（不用正士谋策而惑于奸邪懦怯之谋，宋祚遂不可复振），十二月金人分道入寇而中原大震。【戊申】二年（金六年）春正月金人寇邓州而京西州郡皆陷，夏四月定诗赋经义试士法、以宇文虚中充金国祈请使而虚中降金（时金国初建制度草创，爱虚中才艺而官爵之，遂与韩昉俱掌制），六月京畿淮甸蝗（时敌骑纵横盗贼充斥，生民憔悴水火益深，衰乱之世民无定主，救恤之政漠然无闻），秋七月东京留守宗泽卒（为潜善、伯彦所抑且被疑为变而防之，遂忧愤成疾而卒，忠义成性谥曰忠简），八月以赵子砥知台州（言金人讲和以用兵、宋则敛兵以待和，宋金势不两立须早为之备），金主乌奇迈废上皇为昏德公、靖康帝为重昏侯，冬十一月金始撰国史，十二月知济南府刘豫叛降金，以黄潜善与汪伯彦为尚书左右仆射（时金兵横行、山东群盗蜂起，二人专权自恣而略不以闻）。【己酉】三年（金七年）春正月河北制置使王彦致仕（力陈两河忠义延颈以望王师，愿因人心大举北伐，黄、汪大怒而免其职）、金尼玛哈寇徐州而入淮泗，二月帝奔镇江、杭州（时汪、黄犹率同列听浮屠克勤说法），夏六月大霖雨、罢王安石配享神宗庙庭（纳司勋员外郎赵鼎之言）、下罪己诏（言己昧经邦之大略、戡难之远图，无绥人之德、失驭臣之柄；中丞张守谏须时思二帝母后而兢兢栗栗圣心不倦，罪诏数下天未悔祸者实有所未至耳）、金乌珠大举入寇，秋七月升杭州为临安府、广州教授林勋上《本政书》（建议仿古井田制度且其说甚备，朱子、陈亮俱推崇之），闰八月罢起居郎胡寅（谏罢和议修战略、务实祛虚以自强，而吕颐浩恶其切直），九月朔日蚀，金人寇南京、金禁民汉服而令髡发（故知真定府李邈不从而死之），冬十一月金乌珠渡江入建康、帝奔明州，十二月金乌珠陷临安、帝航于海。【庚戌】四年（金八年）春正月金人屠明州而帝走温州、金以韩企先为尚书左仆射兼侍中（金始议礼仪制度），二月金人屠潭州而入东京（自是四京皆没）、鼎州人钟相作乱并寇沣州，夏四月韩世忠击败金乌珠于江中，五月岳飞袭败金人于静安（严戢所部不扰居民，士夫避寇者多赖以免），秋九月金立刘豫为齐帝，冬十月金人纵秦桧还（谏高宗欲天下无事，须是南自南、北自北，首倡和议而专意与敌解仇息兵），十二月金人大索客户并拘杀之（无恻隐心者不得谓之仁）。

【辛亥】绍兴元年（金天会九年）春正月以张浚为江淮招讨使、岳飞副之，二月以秦桧参知政事（狎邪小人而乘君子之器，专主和议力沮战功，终致覆宋家国），夏五月作大宋中兴玉宝（高宗此举虽有偏安苟且之意，实亦欲耸动人心遏绝乱略），六月刘豫置招受司于宿州以诱宋逋逃，秋八月以秦桧为尚书右仆射（奸桧既相，中兴之业自此沮丧），诏赠程颐直龙图阁（继孟子而传圣人正统之故，褒其学可信不疑以抑奔竞），复修日历（纳翰林学士汪藻言以备言垂典），长星见（诏求直言），冬十一月金乌珠寇和尚原、吴玠及其弟璘败走之，初置见钱关子（聚敛盘剥，民嗟怨之），十二月金以陕西地畀刘豫（中原遂尽属豫）。【壬子】二年（金十年）春正月复贤良方正直言极谏科、帝如临安（从吕颐浩请），二月帝初御讲殿（于兵马倥偬之时不忘讲学，可谓好学知本），夏四月刘豫徙居汴（时河淮、山东、陕西皆屯金军，逆豫臣事仇敌窃据中原，刘麟乡兵分置河南汴京，两京冢墓发掘殆尽，赋敛烦苛民不聊生），五月育太祖后子偁之子伯琮于宫中并赐名瑗，六月颁黄庭坚《戒石铭》于州县（铭曰“尔俸尔禄民脂民膏，下民易虐上天难欺”），秋八月罢给事中胡安国（安国善讲《春秋》而轻信游祚之言，力言秦桧贤于张浚，吕颐浩憾桧，遂指安国为桧党而罢之），秦桧免、榜其罪于朝堂（起居郎王居正奏桧言行诡诈，桧憾而出之；吕颐浩等遂劾桧专注议和，沮止国家恢复远图，且植党专权渐不可长；桧曾奏以河北人还金、中原人还刘豫，故而帝亦恶之），彗星见，九月使者王伦还自金（自谓知金人情伪甚悉而力主和议），冬十二月罢湖广宣抚使李纲（纲力陈恢复之计，吕颐浩等劾其纵暴无善状，高宗遂信小人谗言而罢忠良君子），初取江浙湖南月桩钱（值内修外攘之时，颐浩执政无恤民之心，创取诸军月桩钱以上供，而所偿不及十之一二，郡邑多横赋而大为东南民患），熙河兰廓经略使关师古举兵复熙河、巩昌（知事君义而能雪华夏耻）。【癸丑】三年（金十一年）春正月诏春秋望祭诸陵（高宗徒具虚文而苟免姑息），夏四月以韩肖胄签书枢密院事而遣使金、禁边兵侵齐（高宗欲姑息议和，故禁诸路招纳淮北及中原人来归者），六月岳飞以仁恕平定江、广群盗（帝手书“精忠岳飞”制旗赐之），秋七月复置博学宏词科，冬十一月复元祐十科取士法。

【甲寅】绍兴四年（金天会十二年）春三月吴玠兄弟大败金乌珠于仙人关，夏五月以岳飞兼荆南制置使（七月飞复襄阳六郡，以为恢复中原之基），秋九月刘豫使其子麟以金兵入寇，以赵鼎为尚书右仆射，冬十月韩世忠大败金人于大仪、帝自将御金次于平江（赵鼎谏成之，士气遂大振），十一月诏暴刘豫罪逆于六师（逆顺之分遂定，乱臣贼子始无所逃于天地之间）。【乙卯】五年（金十三年）春正月朔日蚀（日蚀正旦，天下之大变），金主乌奇迈卒、其兄之孙亶立，二月以赵鼎、张浚为尚书左右仆射都督诸路军马，作太庙于临安（将为久居之地，不复有意于中原），夏四月上皇卒于金（徽宗私智小慧用心一偏，疎斥正士狎近奸谀，君臣逸豫溺信虚无，利欲开边天下困竭，国破身辱生民涂炭），龙图阁直学士致仕杨时卒（为程学正宗，三传而至朱子），五月遣忠训郎何藓使金而罢中书舍人胡寅（寅谏勿忘仇事敌而高宗欲议和），封赵瑗为建国公并就学资善堂（赵鼎请之并荐范冲、朱震兼赞读，岳飞以为社稷得人中兴有望），行统元历（布衣陈得一所造），六月岳飞大破杨太而湖湘平，冬十月张浚荐岳飞屯荆襄以图中原，十一月征和靖处士尹焞（焞习《程氏易传》，刘豫聘之而不从，至是范冲举以自代），金伐蒙古（即唐代蒙兀，在女真之北而劲悍善战）。【丙辰】六年（金十四年）夏四月起复岳飞为京湖宣抚副使（飞遭母丧累表乞终制，因兵革弥兴而不许），六月张浚抚师淮上、地震，秋七月以陈公辅为左司谏（疏言王安石政事坏人才、学术坏人心，《三经义》《字说》诋毁圣人破碎大道，不学《春秋》名分大义，却赞扬雄剧秦美新之文合孔子无可无不可之意，赞冯道事四姓八君为善避难以存身，遂使公卿大夫无忠义气节，高宗大喜而授官赐服），八月以秦桧为行营留守并参决尚书省枢密院事（因和议稍复其官，张浚荐之遂渐用事），九月岳飞遣兵败刘豫于唐州（上疏请进军恢复中原而帝不许），冬十月西辽耶律达实死（因子幼遗命其后萧氏权国称制），十二月韩世忠败金人于淮阳、赵鼎罢（与张浚意不合而自退）、陈公辅乞禁程氏学而诏从之（以为今世相率学从伊川、大言直承孔孟，遂诏士大夫宜以孔孟为师言行相称以济时用，实际不知程学乃道统所系而蔚为孔孟大宗）。【丁巳】七年（金十五年）春正月始闻上皇及太后之丧、帝成服（知严州胡寅请服丧三年衣墨临戎以化天下，张浚不可而止；高宗偷安之心胜于恢复之志，旋即以秦桧为枢密使），二月朔日蚀，夏四月岳飞乞终丧遂还庐山（飞图恢复而秦桧忌之，张浚亦忌恶飞忠直而以私心待公道），五月召胡安国提举万寿观兼侍读（张浚荐之、未至而罢，安国奏褒扬程学羽翼六经以辟邪说定道术，公辅等遂交章论安国学术颇僻），六月岳飞奉诏入朝而寻遣还镇（谏钱塘偏僻而应建都上游、亲率督战则将士用命），秋九月以赵鼎为尚书左仆射，冬闰十月以尹焞为崇政殿说书，金人袭执刘豫而立行台尚书省于汴，韩世忠与岳飞请伐金收复中原而不报，十二月王伦还自金（言金人许还梓宫及太后且归河南地，帝大喜而遂坚和议之心）。

【戊午】绍兴八年（金天眷元年）春正月张守罢（谏建都建康以系中原人心而赵鼎不可），二月胡安国进《春秋传》（自王安石废《春秋》不列学官，乱伦灭理罔知顾忌者众，安国遂发愤阐发尊君父讨乱贼、辟邪说正人心与用夏变夷《春秋》大法，帝谓深得圣人之旨），帝定都临安（无意中原而遂苟安之心），三月以秦桧为尚书右仆射同平章事兼枢密使（赵鼎受桧迷惑荐堪大用而朝士皆贺，独吏部侍郎晏敦复忧言“奸人相矣”），夏五月金以经义、辞赋两科取士，六月赐衍圣公孔玠衢州田，秋七月彗星见、王伦复如金（秦桧请之），八月金始颁行官制（至是置三师三公三省六曹台院寺监等官，宇文虚中参定其制），冬十月赵鼎罢（不主和议之故）、以中书舍人勾龙如渊为御史中丞（与秦桧谋以台谏尽去主战者），金以张通古为江南诏谕使来言归河南陕西之地（金以刘豫视宋，首足倒悬大为屈辱），十一月李纲、胡铨、王庶等谏金不可和而不纳。【己未】九年（金二年）春正月大赦（言天开悔祸之期，大金报许和之约，归土戢兵用全民命，岳飞极谏而秦桧衔怒仇之），夏五月夏主李乾顺卒、子仁孝立，四川宣抚使吴玠卒（玠善读史恩威治军，忘身报国抗金保蜀，西人思之立祠以祀），冬十二月李光罢（光初谓可因和为自治之计，及秦桧议撤淮南守备夺诸将兵权，始极言和不可恃备不可撤，并疏劾秦桧蔽听盗权），蒙古袭败金人于海岭（书志蒙古将兴之渐）。【庚申】十年（金三年）春正月观文殿大学士陇西公李纲卒（肩负天下之望，以一身用舍系社稷生民安危，忠诚义气凛动远迩而终不可夺，谥曰忠定），夏五月金乌珠等渝盟入寇（复陷河南陕西州郡），六月同节制陕西诸军吴璘、东京副留守刘锜、岳飞部将均败金兵，闰六月岳飞收复河南州郡、韩世忠复海州而王德复宿州，秋七月岳飞大破金乌珠于朱仙镇并遣使修治诸陵、奉诏班师而河南州郡复陷于金（秦桧主之而高宗命之），八月金人屠宿州，九月遣使谕韩世忠罢兵还镇，冬十月临安火，十一月金封孔子四十九代孙璠为衍圣公，十二月金始置屯田军于中原（虑中原士民怀贰之故，凡女真、奚、契丹之人皆自本部徙居中州与百姓杂处，计其户口授以官田使自播种，屯田之所自燕南至淮陇之北，且皆筑垒于村落间，中原遂浸不可复）。【辛酉】十一年（金皇统元年）春正月金乌珠陷寿春而入庐州（宋恃和息兵而金挟和修战），夏四月以韩世忠、张俊为枢密使而岳飞为副使（秦桧纳给事中范同之计收诸将兵权，张俊射利小人而忌岳飞名位，飞不与桧同，桧始大恨之），秋七月罢淮北宣抚判官刘锜（张俊、杨沂中嫉之，秦桧顺势罢之），八月罢知温州王居正（累与秦桧忤且力辨王安石父子学行之非，杨时《三经义解》、居正《诗书周礼辨学》行而天下遂不复言王氏学）、罢岳飞奉朝请（飞以恢复为己任，读桧奏“至德无常师，主善为师”而怒云“君臣大伦根于天性，大臣而忍面欺其主耶”，金乌珠与桧均以为岳飞不死和不可得），冬十月秦桧矫诏下岳飞于大理狱（桧与张俊谋谮诬岳飞，威逼利诱岳飞部将王贵、王俊等使帝不疑，谏议大夫万俟卨与飞有怨而诬告之，大理寺、韩世忠俱言飞无辜，而桧以为岳飞谋反“其事莫须有”），十一月和议成而遣使奉表称臣于金（割唐邓商秦之地以畀金，三分天下而金有其二，自是偷安一隅粉饰太平而讳言兵），秦桧杀故少保武昌公岳飞（忠愤激烈议论持正，好贤礼士秋毫无私，仁信智勇治军严明，善以少击众而金人畏服，高宗忍自弃中原而纵容秦桧杀飞求和）。

【壬戌】绍兴十二年（金皇统二年）春二月进封建国公瑗为普安郡王、诏诸州修学宫，夏四月金使人以衮冕来册帝，秋八月金人归徽宗皇帝等丧、皇太后韦氏至自金，九月遣使如金贺生辰正旦，冬十一月徽猷阁待制致仕尹焞卒（质直弘毅实体力行，诚敬传承二程正学）、诏秘书少监秦熺修日历（桧自知不为士论所与，乃以养子领国史，诏书章疏稍及桧者率更易焚弃，并以太后北还为己功），十二月陕西大旱（连岁不雨而泾渭灞浐皆竭、民多饿死，识者以为贼桧专权妨贤病国、内外怨咨感动天变），西辽耶律达实妻萧氏死、子伊哷立。【癸亥】十三年（金三年）春正月作太学，二月作景灵宫（虚奉祖宗神御），三月筑太社、太稷坛、圜丘（高宗失中原而不能复，弃宗族而不能返，贬称臣而不能正，而以江南为苟安之所），夏五月停给僧牒（高宗以为消除释老或毁其徒俱不适中，故而往往随后复炽，不放僧牒渐消之则儒道自盛），秋七月行人洪皓等还自金（艰辛备尝全节不辱，忠君爱国不持和议），帝书六经并刻石于太学，冬十二月朔日蚀，金人来聘（慕义自通而贺正旦，故书以进之），复置三馆以素养天下材士。【甲子】十四年（金四年）春正月乐平水鬬，三月帝谒孔子庙并视学（值屯蹇之时而司业高闶讲《周易·泰卦》，胡宏责其不明人伦以正君心、阿谀柄臣希合风旨），夏五月闽浙大水（南宋君臣偷安忍耻逆德而阴沴应之），秋八月金主完颜亶杀其子魏王道济（不仁者以其所不爱及其所爱），冬十月右正言何若请黜程颐之学（以为程学为专门曲学，请加禁绝而秦桧从之）。【乙丑】十五年（金五年）夏四月朔彗出东方、大赦（高宗未有省己责躬之实，徒肆赦境内以为弥变之道），六月朔日蚀、帝幸秦桧第（失尊卑之道），秋七月放张浚于连州（浚因星变力谏时势凶险如养大痈、不决不止请速预断，秦桧大怒讽劾贬之）。【丙寅】十六年（金六年）春正月知虔州薛弼言州民朽柱中有文“天下太平年”（秦桧大喜乞诏付史馆，于是修弥文以饰治具，苟安余杭而祥瑞之奏日闻），夏五月金韩企先卒（因官择贤为金贤相，以培育奖掖后进为己任，推毂士类甄别人物，一时台谏多君子），六月金杀其翰林学士宇文虚中（虚中为金国师，恃才轻肆讥讪金人，贵人达官积不能平，遂诬谮其谋反），秋九月金刘豫死（泯于天地大义、君臣大节而忍耻事金），冬十二月金遣使如西辽而西辽杀之。【丁卯】十七年（金七年）夏四月金主完颜亶杀其文武从官十余人（其后费摩氏干政，金主为其所制，心不能平遂酗酒迁怒），冬十月朔日蚀，十二月金及蒙古和（金乌珠讨之不克遂议和且岁遗甚厚，自号大蒙古国并改元天兴）。【戊辰】十八年（金八年）夏四月日蚀，五月放浙东副总管李显忠于台州（上恢复策秦桧恶之，而高宗恭己南面受制奸谀），六月金以完颜亮平章政事（性慓急猜忌残忍而有谋反之心），秋七月宽诸郡杂税（高宗恤民而东南稍息）。【己巳】十九年（金九年、废主完颜亮天德元年）春三月朔日蚀，冬十月金主完颜亶杀其弟而遂杀其后（完颜亮诬谮之故；国君弃三纲，必有篡夺之祸），十二月金完颜亮弑其主亶而自立（国族自相残杀而金始大乱）。【庚午】二十年（金天德二年）春正月殿司军士施全刺秦桧不克而死之，夏四月置力田科（从知庐州吴逵请，募民耕两淮田），金主亮大杀其宗室（金太宗尼玛哈后皆绝）。

【辛未】绍兴二十一年（金天德三年）春正月金置国子监，三月金大营宫室于燕（金主稍习经史，慕中国朝署之尊而欲迁都，遂致土木奢纵民不聊生），夏五月金主亮纳其叔母及宗妇于宫（彝伦杂乱而无复人道），秋七月除薪米税。【壬申】二十二年（金四年）夏五月襄阳大水，冬十二月金主亮召济南尹乌禄妻乌凌阿氏而未至自杀。【癸酉】二十三年（金贞元元年）春三月金迁都于燕（改燕京为中都），夏五月潼川大水（死者甚众）。【甲戌】二十四年（金二年）春正月地震（贼桧当国憸邪在位而流毒缙绅，金主亮亦阴欲南寇），夏五月朔日蚀，秋七月以敷文阁待制秦埙修撰实录院（桧三世同领史职以掩其恶），八月禁百官避轮对（桧擅政蔽言而高宗改之），冬十一月金主亮纳其诸从姊妹于宫，十二月西辽耶律伊呼死、其妹布沙堪权国事。【乙亥】二十五年（金三年）夏五月朔日蚀，六月金汴京火（金主阴欲南侵而谋迁汴，至是宫室尽焚），冬十月进封秦桧为建康郡王、桧死（据相位十九年，倡和误国忘雠斁伦、包藏祸心劫制君父，阴结内侍伺上微旨、阴险深阻忠良尽诛，晚年残忍屡兴大狱、人心败乱遗祸无穷）、黜桧姻党，十二月复张浚、胡寅等官。【丙子】二十六年（金正隆元年）春正月追复赵鼎等官，三月窜东平进士梁勋于远州（谏宜备金人举兵而帝怒，诏曰讲和之策断自朕志、不以桧之存亡而渝之），夏六月靖康帝卒于金，命史馆重修日历，秋七月彗出井、诏求直言（张浚极谏防金人侵而大臣抑之）。【戊寅】二十八年（金三年）春三月朔日蚀，秋七月金以李通参知政事（金主亮欲大肆征伐一统天下，通等遂盛言江南富庶以逢迎之，金主遂以为谋主），九月以王刚中为四川制置使以实边储备。【己卯】二十九年（金四年）夏六月遣王纶使金（欲觇金是否南侵，纶还言邻国恭顺和好无他，汤思退等皆贺），秋八月召监潭州南岳庙朱熹而不至（朱子学于李侗以承二程，其学穷理致知反躬实践而以居敬为主，世称孔孟程朱中华正统）。【庚辰】三十年（金五年）春二月以普安郡王瑗为皇子（更名玮并进封建王，高宗可谓不负公天下之心），秋八月朔日蚀，冬十二月汤思退有罪免（侍御史陈俊卿论其挟巧诈之心济倾邪之术而所为多效秦桧）。【辛巳】三十一年（金六年、世宗完颜雍大定元年）春正月朔日蚀，风雷大雨雪（侍御史汪澈奏殆为兵象，当谨备边），二月分经义、诗赋为两科以广取士，夏五月金主亮使人来求汉淮之地（寻衅南侵），六月以刘锜为江淮浙西制置使节制诸路军马，金主亮迁都于汴，秋七月金大括马于诸路（国内骚然盗贼蜂起，亮刚愎自用而群臣不敢谏）、金主亮大杀宋辽宗室在其国者，八月金主亮弑其太后图克坦氏（不从其南侵之故，竟绝灭天理亲情）、九月大举入寇，冬十月金人立乌禄于辽阳（（更名雍，其性仁孝沉静明达而众心归之），金主亮入庐州、帝亲征（本欲航海避敌，陈康伯以义正君而谏止之），十一月金主亮为其下所杀（残酷不仁之故），十二月成闵、李显忠收复两淮州郡。【壬午】三十二年（金大定二年）春正月朔日蚀，山东人耿京起兵复东平并遣其将辛弃疾来朝（金主亮死而中原豪杰并起），金主完颜雍遣使来聘（散南征之众且告即位），二月金以张浩为尚书令（以进贤退不肖），夏五月立建王玮为皇太子（更名昚），六月追封子偁为秀王（太子亲生父），帝传位于太子而自称太上皇帝（高宗恭俭仁厚，继体守文有余而拨乱反正不足，始惑于汪、黄而终制于秦桧，偷安忍耻匿怨忘亲而贻后讥），太子即位、诏中外陈时政阙失（监南岳庙朱熹奏帝王之学必先格物致知诚意正心，建言金宋之仇不共戴天，须及早定修攘之计而罢讲和之说，立纪纲励风俗、任贤使能修政恤民以御敌），秋七月以张浚为江淮宣抚使（谏人主之学以本心合天下公理，力陈和议之非而图恢复，翰林学士史浩沮其规划而竟无成功），追复岳飞官并以礼改葬，九月罢川陕宣谕使虞允文（纳史浩计当万全之言）、冬十二月诏吴璘班师（书讥弃三路而自沮战功）。

【癸未】孝宗皇帝隆兴元年（金大定三年）春正月吴璘还河池、金人复取宋新复十三州军，三月金人来求海泗唐邓之地及岁币，夏五月李显忠、邵宏渊之师溃于符离（二人不和令沮致败，自是孝宗受挫讳兵而和议之说复起），六月朔日蚀，冬十一月诏廷臣集议和金得失（纳汤思退和金偷安之计，召张浚还而不听其谏）、以朱熹为武学博士既而罢之（朱子奏君父之仇不共戴天，非战无以复仇、非守无以制胜，汤思退倡和议而不悦；与洪适论亦不合，朱子遂归）。【甲申】二年（金四年）夏六月朔日蚀，秋七月撤两淮边备（汤思退急欲和好之成而自坏边备），八月少师、魏公张浚卒（忠君爱国为社稷臣，其子张栻亦为朱子尊崇之大儒；然浚不能容李纲、赵鼎且诋之，识人不明以致符离军溃，遂使孝宗由主战转向主和），冬十月诏辅臣晚对便殿（帝期跻于治之故），金兵复渡淮（汤思退以帝悔悟恐事不成，竟阴遣孙造谕敌以重兵胁和），十一月金人入濠州、汤思退以罪窜永州（思退始终藉保境息民之名力主和议，言者论其奸邪误国勾致敌人），十二月金以女真字译经史。【乙酉】乾道元年（金五年）春三月魏杞不辱使命还自金（始正敌国礼）。【丙戌】二年（金六年）春二月金左丞相布萨忠义卒（谦以接下敬儒重士，兼任将相善驭将卒），冬十一月汰冗兵、置制国用司。【丁亥】三年（金七年）冬十一月合祀天地于圜丘、雷（孝宗逡巡畏缩，不能奋乾刚之勇以定复仇之谋，缓于祖宗之耻而急于和议之成，叔尊外邦而侄卑中国，大失礼义天地应之），以刘珙同知枢密院事（珙奏合众知、质至公以合天理人心之正，又论羡余和籴之弊，陈圣王之学以明理正心为万事之纲，并荐张栻等学行于帝）。【戊子】四年（金八年）夏五月行乾道历，冬十二月召建宁布衣魏掞之为太学录（师胡宪并与朱子游，谏帝治道以分臣下邪正为要，请废安石父子勿祀、追荐二程从食而帝不纳，又言太学之教宜以德行为先而忌空言浮说，数谏不纳遂罢而病卒）、西辽布沙堪杀其夫萧都尔本（其舅鄂啰罗讨诛之而立珠勒呼，书以正天理纲常）。【己丑】五年（金九年）春正月措置两淮屯田（纳陈俊卿之言），秋八月朔日蚀，以陈俊卿、虞允文为尚书左右仆射（俱以拔用人才为己任）。【庚寅】六年（金十年）夏五月夏相任得敬胁其主李仁孝中分其国、请命于金而金主不许，闰五月以起居郎范成大为金国祈请使（帝以金国饥馑连年盗贼四起，欲求陵寝地及更定受书礼，起居郎张栻谏宋比年水旱民贫兵弱财匮，官吏诞谩不足倚赖未可图人，未能奉辞讨之、正名绝之则卑辞厚礼求之无益，当下哀诏复仇显绝金人、内修外攘不为虚文，必胜之形现则浅陋畏怯者亦且奋跃争先），冬十月高丽翼阳公王晧废其君王晛而自立。【辛卯】七年（金十一年）春正月帝作敬天图（取《尚书》所载敬天事编图以自警省，虞允文奏躬行尽实、敬畏不已必有效验），金禁群臣相馈献，二月立恭王惇为皇太子（以王十朋、陈良翰为太子詹士，刘焞兼太子侍读），三月金葬钦宗皇帝于巩洛之原，夏四月诏皇太子领临安尹，冬十月金主完颜雍幸太子宫（诫无忘祖宗纯厚之风，以勤修道德为孝、明信赏罚为治，并以唐太宗伪虚不诚为戒）。【壬辰】八年（金十二年）春二月罢左司员外郎兼侍讲张栻（所奏皆修身务学畏天恤民、抑侥幸摒谗谀之事，宰相近习皆惮之），秋七月金罢保安、兰安榷场（禁以本国有用之丝帛易夏国无用之珠玉）。【癸巳】九年（金十三年）夏五月朔日蚀，金禁女真人译为汉姓。

【甲午】淳熙元年（金大定十四年）秋八月张说免（帝廉知其阴柔欺罔），冬十一月朔日蚀。【乙未】二年（金十五年）夏四月宴辅臣于玉津园（诫朝廷用人止论贤否是非不可有党，士大夫勿倡为清议而以矫激沽誉为清高），秋九月高丽将赵位宠以四十余城叛附金而金主不受。【丙申】三年（金十六年）春三月朔日蚀，夏四月金始命京府设学养士（金主命颁行翰林学士图克坦子温所译《史记》《汉书》《贞观政要》，遂选诸路学生令编修官教以古书习作诗策），六月召朱熹为秘书郎而不至（朱子蕴圣贤之学，安贫乐道廉退自居，陈俊卿等荐之而不罔市利力辞之；史浩复荐知南康军，至则讲求荒政多所全活，奏复白鹿洞书院并为立学规）。【丁酉】四年（金十七年）春二月帝谒孔子临太学，金葬宋辽宗室于河南广宁旧陵，秋七月罢王雱从祀孔子（积年故弊一旦去之，可谓正天理消人欲之端绪），九月朔日蚀。【戊戌】五年（金十八年）春正月侍御史谢廓然请禁有司毋以程颐、王安石之说取士（秘书郎赵彦中亦谏性理之学虚浮，应以六经圣贤为师使明知好恶以变士风；其禁外于圣经之安石新学可谓得之，禁内承六经孔孟之程氏理学则大为非义）。【己亥】六年（金十九年）夏旱、诏求直言（朱子奏天下至务在于恤民，恤民之本在人君正心术以立纲纪，君心必亲贤臣远小人明理塞邪而后得正，近习小人盗窃权柄则大祸必至，切中时弊而孝宗大怒）。【庚子】七年（金二十年）春二月右文殿修撰张栻卒（栻师胡宏而得孔门论仁亲切之旨，以为为学先务义利之辨、有为之为皆是人欲而非天理，教民以正礼俗明伦纪为先，斥异端毁淫祠而崇社稷山川圣贤之祠，临卒犹谏帝亲君子远小人、信任防一己之偏而好恶公天下之理）。【辛丑】八年（金二十一年）春正月诏罢内侍兼兵职（纳给事中赵汝愚言以防微杜渐，遂永为定制），冬十二月下朱熹社仓法于诸路（右丞相王淮荐朱子以救浙东大饥，政有不便于民者悉厘革之，遂奏以常平米赈贷并随年敛散歉蠲，数年后可还常平而以所余为社仓，每石止收耗米三升而不复收息，民虽遇歉年亦不缺食）。【壬寅】九年（金二十二年）秋九月以朱熹为江西提刑而辞不拜（知台州唐仲友为王淮同里姻家而为州民所讼，朱子按得其实遂章劾之而乞奉祠）。【癸卯】十年（金二十三年）春正月以黄洽为御史中丞（尽言无隐不欺不求，质直端重有大臣体），夏六月监察御史陈贾请禁道学、帝惑而从之（王淮以唐仲友故深怨朱子，讽吏部尚书郑丙谏近世道学欺世盗名不宜信用，又讽陈贾奏道学假名济伪乞摈斥不用，直学士院尤袤谏“道学”名立则贤人君子俱没其中而不听），冬十一月朔日蚀。【甲辰】十一年（金二十四年）春三月金主完颜雍如会宁（谕太子用心公正、毋纳谗邪，久之政务自熟）。【乙巳】十二年（金二十五年）春二月禁胡服番乐。【丙午】十三年（金二十六年）夏五月宴讲臣于秘书省（帝以进读陆贽奏议终篇赐宴侍读萧燧等，且自言每事以唐德宗为戒），赐处士郭雍号颐正先生（传承小程之学而隐居不仕），秋闰七月以留正签书枢密院事（能清简化民），八月日月五星聚轸。【丁未】十四年（金二十七年）春二月以周必大为右丞相（主张大臣各尽己见上下相维），冬十月太上皇崩（帝自我作古致丧三年，可谓笃于人子孝亲之诚），十二月金禁女真人学南人衣饰（金主以为女真旧俗最为纯直，当节俭勿奢习学不忘）。【戊申】十五年（金二十八年）春正月复置补阙、拾遗官（以规正人主），夏五月金建女真太学，六月以朱熹为兵部郎官而辞之（朱子谏孝宗居虚明应物之地而天理有所未纯、人欲有所未尽，为善不能充其量、除恶不能去其根，一念之顷公私邪正是非得失交战于中，愿今后一念之顷必察夫天理人欲，天理则敬以充之、人欲则敬以克之，推至言语动作之间、用人处事之际则圣心洞彻无不如志）、贬侍郎林栗知泉州（与朱子论《易》《西铭》不合，遂论朱子本无学术徒窃张载、程颐绪余为浮诞道学，太常博士叶适言栗劾辞无实、发其私意摧残善类，侍御史胡晋臣亦劾其喜同恶异、妄指学者为党），秋八月朔日蚀，冬十二月以朱熹为崇政殿说书而辞不至（朱子奏言大本者圣心，急务者辅翼太子、选用大臣、振举纪纲、变化风俗、爱养民力、修明军政，一心正则六事正，私欲间则不可为，可谓行道汲汲而爱君泽民之意惓惓）。【己酉】十六年（金二十九年）春正月金主完颜雍卒（俭素恤民不信佛法，谙习中国帝王之政而举贤求言，南北讲和与民休息、群臣守职上下相安，国人号称小尧舜，然群臣不能将顺其美，其势孤立不能大治）、孙璟立，二月朔日蚀，帝传位于太子、太子即位（尊帝为寿皇圣帝）、立皇后李氏（性妒悍而憾孝宗及太后），三月废补阙拾遗官（御史中丞谢谔谏而光宗不听，自是君德日衰而违礼悖德之事作）。

【庚戌】光宗皇帝绍熙元年（金章宗完颜璟明昌元年）春二月殿中侍御史刘光祖乞禁讥议道学者（奏言近臣是非不明则邪正互攻、公论不正则邪情交起，此固道之消长时之否泰、实关国家祸福社稷存亡，讥贬道学终成朋党、相激相胜为祸无穷；是年廷试婺州进士王介亦策言，今之所谓道学者即世之君子正士、道学为讳一网去之何以立国，帝嘉叹之，道学之讥稍沮）。【辛亥】二年（金二年）冬十一月帝有事于太庙（后暴杀贵妃黄氏）、翌日郊（大风雨不卒事而还），帝有疾（初帝欲诛宦者，近习惧而谋离间三宫，帝疑不能自解而至此惊惧成疾，事决于后而后益骄恣，且深怨寿皇）。【壬子】三年（金三年）春正月群臣请朝重华宫而不果行，冬十一月帝始朝重华宫（群臣疏劝，两宫之情始通）、后归谒家庙（光宗不能防闲遂失夫妇道），是岁诸路大水。【癸丑】四年（金四年）春三月金以胥持国参知政事（柔佞有智术，与李妃表里擅政，好利躁进者争趋其门，应奉翰林文字赵秉文等谏而被斥），夏五月赐礼部进士陈亮及第（才气超迈志存经济，义利并举本心不纯，故而朱子明辨之），六月参知政事胡晋臣卒（与留正同心辅政中外帖然，所奏以温凊定省为先，次及亲君子远小人抑侥幸消朋党，启沃剀切弥缝缜密而人无知者），秋八月金主释奠孔子庙（北面再拜），九月群臣请帝朝重华宫而不听、冬十一月始朝（帝制于后而三纲尽失），十二月夏主李仁孝卒（夏仁宗在位五十五年，始建学校于国中、立小学于禁中亲为训导，并尊孔子为文宣帝，然权臣擅国兵政衰弱）、子纯祐立，以朱熹知潭州（使者使金，金人问朱先生安在）。【甲寅】五年（金五年）春正月金购求遗书，夏六月寿皇崩而帝称疾不出、留正等请寿圣皇太后代行丧礼，秋七月太皇太后诏嘉王扩成服即位、尊帝为太上皇帝（赵汝愚主持之，韩侂胄亦与力焉），以赵汝愚权兼参知政事（裁抑侥幸收召名士），加知閤门事韩侂胄汝州防御使（侂胄欲推定策功，汝愚以为外戚不可言功而大失望，徐谊、叶适言宜饱其欲以免大祸而汝愚不听），八月召朱熹以为焕章阁待制兼侍讲（黄裳、赵汝愚荐之，朱子谏嗣位之初宜爱惜名器而不开近习倖门、傅延儒臣专意讲学，大振朝纲防微虑远；又奏言充未尝求位之心以尽负罪引慝之诚，充未尝忘亲之心以致温清定省之理，始终不越乎此则大伦可正大本可立），增置讲读官开陈经旨救正缺失（从赵汝愚之请，以给事中黄裳等为之），内批罢左丞相留正（侂胄谋预政而谮之），冬闰十月内批罢焕章阁待制兼侍读朱熹（朱子务积诚意以感动帝心开益帝德，极谏勿使左右窃柄主威下移，侂胄大怒奏朱子迂阔不可用，帝亦嫌其事事与闻，群臣谏留而皆不报，朱子既去侂胄益无忌惮），十一月诏行孝宗皇帝丧三年（用朱子讲筵时所奏言，以改汉文短丧历代因之之大弊），十二月进韩侂胄一官（愈横难制而赵汝愚孤立于朝）。

【乙卯】宁宗皇帝庆元元年（金明昌六年）春正月白虹贯日（妖气侵阳大凶之兆，韩侂胄当之）、二月罢右丞相赵汝愚（侂胄诬谮其以宗姓谋危社稷），三月朔日蚀，夏四月流太学生杨宏中等（上书言汝愚大忠，小人欲尽覆正人而托朋党以罔上、君子小人消长之机不可不慎），六月右正言刘德秀乞考核邪正真伪（二程以来直至朱子，致知力行其学大振，流俗丑正多不便之遂有道学之名，侂胄当政以道学为“伪学”而其党肆意打压之），冬十一月金平章政事完颜守贞罢（刚忠明亮通习典故，凡所论对必传经义，礼乐行政多所裁订，接引善类以列朝廷，为胥持国所忌罢去）。【丙辰】二年（金承安元年）春正月以余端礼、京镗为左右丞相（奸邪小人同握大权而宋事日非），二月以端明殿学士叶翥知贡举（奏乞将“伪学”语录之类尽行除毁，是科稍涉义理者悉皆黜落，小人群起以“伪学”斥君子则时政可知），秋七月罢殿中侍御史黄黼（正士尽黜，黼谏不为已甚皇极之道），八月禁用“伪学”之党（纳太常少卿胡纮等言，欲禁调停而杜正学根源，自是学禁愈急君子道否），冬十二月削秘阁修撰朱熹官、窜处士蔡元定于道州。【丁巳】三年（金二年）冬十二月籍“伪学”（知绵州王沇乞置，凡五十九人），罢吏部侍郎黄由（谏人主不可待天下以党与、不必置籍以示不广）。【戊午】四年（金三年）夏五月诏严“伪学”之禁（自侂胄得志而无岁不以“伪学”为事，宁宗拱手而已），秋八月以谢深甫知枢密院事（时官多屈膝附事侂胄者）、育太祖十世孙与愿于宫中（赐名曮）。【己未】五年（金四年）秋八月帝始朝太上皇帝（可谓父行子效），九月加韩侂胄少师并封平原郡王，是岁诸州大水（阴逆而与怨气并之所致）。【庚申】六年（金五年）春三月故秘阁修撰朱熹卒（时攻“伪学”日急而朱子与诸生讲学不休，疾革正坐整衣冠就枕而卒；正心修身安贫乐道，忠君忧国体用浑沦，发圣贤精蕴集诸儒大成，自觉确立孔孟程朱中华正统，世称绍圣朱文公），夏六月朔日蚀，秋九月诏发配处士吕祖泰（上书请诛韩侂胄之故）。

【辛酉】嘉泰元年（金泰和元年）春二月临安大火（焚烧民居五万二千余家）、秋七月大旱（俱为侂胄之政酷烈征象），八月奈曼袭灭西辽（西辽王出猎被擒，寻死而祀绝）。【壬戌】二年（金二年）春二月弛"伪学"党禁并复诸贬谪者官（"伪学"之祸虽本于侂胄去异己以快其私，然实京镗创谋而何澹、刘德秀、胡纮成之，至是侂胄欲改前事乖戾以消中外之议），夏五月朔日蚀、冬十二月加韩侂胄太师，是岁大蝗（灾重及民）。【癸亥】三年（金三年）夏四月朔日蚀。【甲子】四年（金四年）春正月韩侂胄定议伐金（金为北鄙准布等部所扰，兵连祸结民不堪命，侂胄欲立功名以自固，恢复之议遂起），三月临安大火，夏五月追封岳飞为鄂王（侂胄欲风厉诸将之故，然亦天理人心公论之不可泯者），冬十二月诏宰相兼国用使（掊克民财而州郡骚动）。【乙丑】开禧元年（金五年）春三月太白昼见（侂胄将荼毒境内而灾变遂形），夏四月窜武学生华岳（谏朝廷未宜用兵启边衅，且乞斩侂胄等以谢天下之故），秋七月诏韩侂胄平章军国事。【丙寅】二年（金六年）春二月寿慈宫火，夏四月追夺秦桧王爵并改谥缪丑（论桧主和误国之罪，实则侂胄与桧异途同归，俱怀觊觎私心），五月下诏伐金（诏曰"天道好还，中国有必伸之理；人心效顺，匹夫无不报之仇"；吕中以为侂胄在朝穷奸极恶海内切齿，不度事势妄启兵端，必致三边疮痍生灵鱼肉之大罪）、师出败绩（侂胄不度德量力轻举妄动，轻用民力丧师辱国），秋七月夏李安全废其主纯祐而自立，冬十二月蒙古却特特穆津称帝号于鄂诺河（自号成吉思汗）。【丁卯】三年（金七年）春二月以知建康府叶适兼江淮制置使（治理官民皆有法度），金平章政事布萨揆卒（为政多惠，人乐为用），秋七月大旱、蝗（蝗飞蔽天，食浙西豆粟皆尽），冬十一月礼部侍郎史弥远等诛韩侂胄、诏暴其罪恶并治其党。

【戊辰】嘉定元年（金泰和八年）春三月临安大火（焚官舍十余所、民舍近六万家，罹难者甚众），秋八月赈江淮流民，冬十月以史弥远为右丞相，赠赵汝愚太师沂国公（谥曰忠定），金主完颜璟卒、卫王永济立。【己巳】二年（金主完颜永济大安元年）夏四月金主永济杀其故主璟妃李氏（初立即肆残忍而自斩其泽），五月起复右丞相史弥远（丁母忧而太子请复，弥远不法孝宗三年之丧而忍为之，为贾似道等恬不知耻之作俑），蒙古入灵州、夏主李安全降（夏自是益衰）。【庚午】三年（金二年）夏四月朔日蚀，冬十二月娄机以老罢（正言立朝称奖人才，访问贤能以备采用）、蒙古侵金（女真渐弱而软懦，蒙古渐强遂兵连祸结）。【辛未】四年（金三年）春三月临安大火，秋八月夏主李安全卒、族子遵顼立，蒙古攻金、金西北诸州皆降，闰九月金兵御蒙古而败绩、蒙古入居庸关大掠而去，冬十一月朔日蚀，金益都杨安儿兵起（戍边亡归聚党攻劫，杀掠官吏山东大扰）。【壬申】五年（金崇庆元年）夏五月安南王李龙死、其婿陈日煚袭（李氏自公蕴八传凡二百二十余年，至此而易姓），金河东陕西大饥（斗米钱数千而流莩满野）、泰安刘二祖兵起并掠淄州沂州，秋七月雷雨、太庙屋坏（权直学士院真德秀奏以上天至怒之威加国家至严之地实为可畏，遇非常变异必应之以非常德政，愿内揆之身外察庶政，勉进君德毋以豢安为心，博通下情深求致异召和之本，庶几善祥日应咎征日消）。【癸酉】六年（金至宁元年、宣宗完颜珣贞祐元年）春二月故辽人耶律瑠格取金辽东州郡自立为辽王，秋八月赫舍哩呼沙呼弑永济而立升王珣（拥兵胁制弑君立幼，横暴悖逆女真遂乱），冬十月蒙古以史天倪为万户（蒙古侵金所向残破，金永清人史秉直降以保族，以其子天倪领降人家属屯霸州），十二月蒙古分兵拔金河北河东诸州郡（两河山东人民杀戮几尽，金帛子女牛羊席卷而去）。【甲戌】七年（金贞祐二年）夏四月金及蒙古平（蒙古主引归出居庸关，取所虏山东两河少壮男女数十万皆杀之），五月金主珣徙都汴，秋九月朔日蚀，蒙古穆呼哩攻下金辽西州郡，冬十二月金潍州李全兵起（金主迁汴赋敛益横，河北山东遗民保砦聚掠）。【乙亥】八年（金三年）夏五月金中都留守右丞相完颜承晖自杀（自云谨守力行五经而不为虚文），蒙古入燕（金祖宗神御及诸嫔妃皆沦没焉），冬十一月以真德秀为江东转运副使（谏宗社之耻不可忘、比邻之道不可轻、幸安之谋不可恃、导谀之言不可听、至公之论不可忽）。【丙子】九年（金四年）春二月日蚀、东西两川地大震，冬十月蒙古克金潼关，十一月金胥鼎败蒙古于平阳、金以苗道润为中都经略使（勇略敢战能得众心）。

【丁丑】嘉定十年（金兴定元年）春正月地震，二月金尚书省请罢府州学生廪给而金主不许（国家颠沛流离之际，仍存不忘养士之心），夏四月金人分道入寇，六月诏伐金、东川大水（阴逆所成）、太白经天（悖戾所结），秋七月朔日蚀（阳道之亏），李全率众来归、诏李钰等节制京东忠义军，冬十二月蒙古围夏兴州、夏主遵顼出奔西凉（西夏从此衰微不振）。【戊寅】十一年（金二年）春正月以李全为京东路总管，秋八月蒙古复攻取金河东诸州郡，冬十二月金主珣遣使来求和而不纳（遂使其太子守绪会兵入寇）。【己卯】十二年（金三年）夏四月蒙古张柔侵金（河北郡县多降蒙古），秋七月李全复齐州，九月蒙古特穆津伐西域诸国，金张林以山东诸郡附李全来归，冬十二月金右丞相珠格高琪有罪伏诛（专权擅威、苟且嫁罪之故），蒙古攻降高丽（蒙古袭叛人于契丹而经高丽之境，高丽人洪大宣降并为向导攻降其国王王瞮，自是交通使命往来不绝）。【庚辰】十三年（金四年）春正月扈再兴等攻邓州不克而还（国力虚弱，恢复艰难），秋八月蒙古穆呼哩以史天倪权知河北西路兵马事（天倪谏今中原粗定而大兵所过犹纵抄掠，穆呼哩善之遂令禁剽掠并遣所俘老幼），冬十一月蒙古耶律楚材进庚午元历（其先为辽宗室而降金）。【辛巳】十四年（金五年）夏五月朔日蚀，六月立沂王嗣子贵和为皇子以定国本（更名竑），秋八月京湖制置大使赵方卒（忠悫恪守，病革犹曰未死一日当立一日纪纲，曾曰催科不扰是催科中抚字、刑法无差是刑法中教化，藩襄汉十年全京西一境，朝廷无北顾之忧），九月立宗室贵诚为沂王后（凝重寡言守礼好学），冬闰十二月遣使如蒙古以通好。【壬午】十五年（金元光元年）春正月朔受恭膺天命宝于大庆殿（时弥远专国阿顺苟容，诸臣罔敢可否），二月进封子竑为济国公（竑恶弥远执政，弥远惧而谋之，真德秀谏孝亲敬臣而竑不听），秋八月长星见西方，冬十二月以李全为保宁节度使、京东河北镇抚副使（史弥远命之，贾涉则谓官爵而骄则将至于不可劝）、蒙古特穆津屠默哷城灭回回国、大掠痕都斯坦国而还（耶律楚材谏上天恶杀，愿承天心而宥民命）。【癸未】十六年（金二年）秋九月朔日蚀，冬十二月金主完颜珣卒、子守绪立，蒙古苏布特击灭钦察（大掠西番边部而还）。【甲申】十七年（金哀宗完颜守绪正大元年）秋闰八月帝崩、史弥远矫诏立沂王子贵诚（更名昀），九月以真德秀直学士院（谏帝容受直言、召用贤臣、固结人心为本）、以魏了翁为起居郎（疏言为周敦颐、张载、程颢、程颐赐爵定谥以示学者趋向，朝廷从之），追封所生父希瓐为荣王、生母全氏为国夫人而以母弟与芮袭封奉祀。

【乙酉】宋理宗皇帝宝庆元年（金正大二年）春正月史弥远矫诏杀济国公赵竑（真德秀等谏既往不咎，愿帝进德修学以掩前失），二月李全作乱（史弥远惧而姑息之），秋七月赠张九成官爵（正色立朝有中兴明道之功，但学术不纯议论多偏，且与学佛者游）、录程颐后，以梁成大为监察御史、罢直学士院真德秀等（成大等肆击忤弥远者而以谄媚得擢，宋室权奸一消一长故卒不能成中兴之美），冬十一月以李知孝为右正言（忌真德秀、魏了翁之鲠直，遂以汲汲好名蛊惑人心诬谮之），贬魏了翁官、罢真德秀祠禄（了翁讲学并撰《九经要义》，德秀亦讲学并撰《大学衍义》《读书记》传世），蒙古使人如高丽（未至而盗杀之，自是高丽与蒙古不通）。【丙戌】二年（金三年）春正月赠陆九龄等官并赐谥及录张栻、吕祖谦、陆九渊后，秋七月夏主李德旺以忧卒、其弟之子睍立，八月金置益政院说书（以礼部尚书杨云翼等为说书官，云翼博雅能文明政敢谏，与翰林学士赵秉文俱为时所重）。【丁亥】三年（金四年）春正月赠朱熹太师、信国公（绍定中复改封徽国公，理宗励治圣贤之学，以为朱子《四书集注》发圣贤蕴奥有补治道；朱子为万世宗师，理宗尊贤育才褒彰有德以立国之规模，使天下仕夫皆知正道之所在以感发兴起之），夏五月李全以青州降蒙古，六月朔日蚀、楚州忠义李福作乱（朝廷姑息羁縻之而苟安不振）、蒙古特穆津灭夏（夏邑尽破白骨蔽野，夏主李睍力屈而出降），冬十二月蒙古兵入关外诸隘（时金人尽弃河北、山东、关陕，唯并力守河南保潼关）、蒙古特穆津死于六盘山（少子图垒监国）。【戊子】绍定元年（金五年）春三月金将完颜陈和尚大败蒙古兵于大昌原，夏六月朔日蚀。【己丑】二年（金正大六年、蒙古太宗却特乌格台元年）秋八月蒙古乌格台立（监国图垒纳耶律楚材谏而奉之，楚材始定礼仪并劝禁绝任意残杀），冬十二月蒙古始定筭赋（中原以户、西域以丁而蒙古以牛马羊）、蒙古以史天泽等为万户分统汉兵分守中原。【庚寅】三年春二月起复赵范兄弟节制镇江滁州军马（赵方之子而时丁母忧，求解官不许乃卒哭视事；是时蒙古窃发于外、李全跋扈于内，故有此金革之变礼），蒙古立十路课税所（楚材劝诱毋残杀汉人以征财税，进说周孔之教以治天下而蒙古主深然之，由是文臣渐得进用），冬十二月诏史弥远十日一赴都堂治事（弥远妨贤病国擅权废立，理宗德其立己而溺爱不明赐以殊礼），立皇后谢氏（性端重有度量）。【辛卯】四年春正月赵范兄弟大败李全（全走死，夏五月收复淮安），秋八月蒙古主以耶律楚材为中书令（事无巨细一以委之），九月太庙火（时奸臣擅窃国政而天子不能制，敌国扰边荼毒西蜀而疏于备战，王室遂不复中兴），冬十月蜀口诸郡陷于蒙古，十二月蒙古图垒渡汉江趋汴京（金宰执台谏议河南州郡坚壁清野以守京师，金主以为南渡二十年所在之民破田宅鬻妻子以养军士，徒保京师无以为国、存亡由命不可负民），新作太庙。【壬辰】五年（金天兴元年）春正月蒙古乌格台使其将围金汴京（金主命翰林学士赵秉文为赦文布宣悔误哀痛之意，指事陈义辞情俱尽，闻者莫不感励以至恸哭）、金援军大败（忠孝军总领完颜陈和尚慷慨死之，金之健将锐卒自是俱尽而不复可为），夏五月金汴京大疫（百万人罹难），闰九月彗出于角（帝避殿减膳撤乐并诏直言），高丽尽杀蒙古所署官而蒙古伐之，冬十二月蒙古遣使来议伐金而许之（朝臣皆以为可遂复仇之举，独赵范谏应鉴宣和海上之盟而帝不从），金主守绪出奔河北。【癸巳】六年（金二年）夏四月金汴京西面元帅崔立以京城降蒙古（蒙古苏布特欲屠汴京，楚材力谏工匠富贵皆聚此城杀之无益，在汴百四十万户由是皆得保全，不滥杀戮遂为定制），六月蒙古以孔元措袭封衍圣公（从耶律楚材之请），秋九月朔日蚀，金人来乞粮而不许（宋人以雪耻为重，金主则以为即位以来无犯南界，宋乘金弱取城诚为浅谋，金宋唇亡齿寒莫若连合），冬十月封史弥远为会稽郡王奉朝请而寻卒（专权相位二十六年而务姑息持重，初欲反韩侂胄所为而收召贤才老成布于朝廷，及济王不得其死论者纷起，遂专任憸壬以居台谏，一时君子贬斥殆尽，而帝德其立己，唯言是听恩宠终身），十一月刑部侍郎梁成大等有罪免（皆党附弥远、排斥诸贤者），诏改明年纪元为端平（史弥远卒，帝始亲政励精求治），以洪咨夔等为监察御史（谏进君子退小人开诚信布公道而纳之，又疏乞权归人主政出中书以致平治之道）。

【甲午】端平元年（金天兴三年）春正月金亡（金主完颜守绪死其社稷）、金穆延乌登以息州来归而蒙古追杀之，二月蒙古入徐州、金完颜用安死之，三月以贾贵妃弟贾似道为籍田令（恃宠不检日纵游宴，误国之兆已萌于此），诏太常寺主簿朱扬祖诣河南省谒八陵，夏四月献金俘于太庙，五月赐黄榦、李燔、李道传等谥并录其子（厄于权奸而行志无怨），六月诏复故济王赵竑官爵（太常少卿徐侨尝侍讲，开陈友爱大义而帝悟），秋八月蒙古复引兵至洛阳、赵葵等弃汴而归，九月召真德秀为翰林学士、魏了翁直学士院，冬十月诏真德秀进讲《大学衍义》，十二月蒙古使王檝来（蒙古噬宋之心久萌，河淮之间遂无宁日）。【乙未】二年春正月诏孟珙屯黄州（谏宽民力、蓄人才以伺机恢复），三月以真德秀参知政事、夏五月卒（言切世务惠政深洽而直声震朝廷，自韩侂胄立伪学之名以锢善类，近世大儒之书皆禁绝之，德秀慨然以斯文自任而讲习服行之，党禁既开正学遂明于后世，谥曰文忠），六月蒙古主使其子库腾等分道入寇，冬十二月安南入贡。【丙申】三年春二月蒙古初行交钞（从楚材之请），三月襄阳将王旻等作乱并以城降蒙古（赵范开边而养乱，在襄阳以北军将为腹心而纵乐废军政，南北军交争而又失于抚御，北军将降蒙古而南军将复因势劫掠，襄阳重镇遂为之一空），夏四月下罪己诏（时屡为蒙古所败，汉淮蜀日事兵争而帝深悔之，监察御史吴泳谏边民生意如发、宜振励奋发兴感人心），蒙古初括中原民户以定赋税（楚材定之），秋八月蒙古陷枣阳军德安府（得儒者赵复至燕讲习，学徒百人名声大振，北方始有程朱性理之学），九月有事于明堂而大雨震电（阴气纵而阳失节，阴阳大不和之象）、郑清之等免（是时贤否杂进、外患交侵，理宗亦须自责反省）。【丁酉】嘉熙元年春二月诏经筵进讲朱熹《通鉴纲目》，三月资政殿学士魏了翁卒（谥曰文靖），蒙古击降钦察诸部（遂进兵围降俄罗嘶、默齐嘶城），夏五月临安大火（烧民庐五十三万，士民上书咸诉济王之冤），秋八月蒙古校儒士于诸路（楚材奏守成必用儒臣，而儒臣事业非数十年殆未易成，请分经义词赋论三科校试以官之，儒人被俘为奴者亦令就士，其主匿弗遣者死，得士凡四千零三十人，免为奴者四之一；又请一衡量、立钞法、定均输，庶政略备民稍苏息），冬十二月朔日蚀（日与金木水火四星俱躔斗，蚀将既）。【戊戌】二年秋九月蒙古围庐州、杜杲败走之，冬十月京湖制置使孟珙复郢州荆门军，蒙古建太极书院于燕京（蒙古杨惟中用师于蜀湖京汉而得名士数十人，始知周敦颐道粹，乃收伊洛诸书载送燕京，与姚枢建书院及周子祠，以二程、张、杨、游、朱六子配食，请赵复为师选俊秀有识度者为道学生，由是河朔始知道学）。【己亥】三年春三月孟珙复襄阳（奏襄、樊为朝廷根本，当加经理如护元气），冬十二月观文殿大学士致仕崔与之卒（学守屹然有大臣风而为宋纯臣，谥曰清献），以陈埙为国子司业（史弥远之甥，曾疏乞去君侧之蛊媚以正主德、从天下之公论以新庶政而弥远疏之，至是授学官而诸生相庆），蒙古加征诸路课税（楚材以为严设法禁阴夺民力，民之困穷将自此始，遂极力谏阻而蒙古主不纳）。【庚子】四年春正月彗见营室、临安大饥（天变民灾并起），二月以孟珙为四川宣抚使（大兴屯田并创书院以处流寓之士）。

【辛丑】淳祐元年春正月诏加封周敦颐、张载、程颢、程颐伯爵（与朱熹并从祀孔子庙庭，寻以王安石"天命不足畏，祖宗不足法，人言不足恤"为万世罪人而黜其从祀；理宗一尊一黜而人心正、天理明，邪说淫词不能加喙其间），秋七月高丽王王瞮以族子质于蒙古，八月求遗书，冬十月蒙古以伊啰斡齐行省事于燕京（以姚枢为郎中，主管汉民公事），十一月蒙古主乌格台卒（性嗜酒而楚材数谏不听，是年二月曾疾笃脉绝，楚材建言今任使非人、卖官鬻爵囚系非辜者多而宜赦天下，蒙古主遂得复苏）、第六后尼玛察氏称制，十二月蒙古使伊埒默色等来、至淮上而守将囚之。【壬寅】二年春正月蒙古燕京行省郎中姚枢弃官隐于苏门（刊小学四书并诸经传注以惠学者），秋七月蒙古兵渡淮入扬、滁、和州，九月朔日蚀，冬十月蒙古陷通州并暴屠其民。【癸卯】三年春二月以余玠为四川制置使（遴选守宰随材任用，山垒棋布气势联络，屯兵聚粮为必守计，蜀民始有安土之心），三月朔日蚀，蒙古中书令耶律楚材以忧卒（蒙古政纲紊乱，楚材立朝不屈愤悒而卒，至顺初赠太师、谥文正；元承大乱之后天纲人理几乎泯绝，楚材以一书生孤立其间，行其所学缮政恤民，可谓夏以化夷弘毅君子）。【甲辰】四年夏六月赐礼部进士留梦炎及第（素乏风节，后用事而降元），冬十月以刘汉弼为左司谏（史嵩之奸佞久擅国柄，帝亦患苦之；汉弼谏拔去阴邪庶可转危为安，否则是非两立邪正并进，虽欲收召善类而不可得），十一月诏史嵩之终丧。【乙巳】五年夏四月右丞相杜范卒（能正身率物以渐革弊政侈俗），秋七月蒙古察罕会张柔掠淮西至扬州而去。【丙午】六年春正月朔日蚀（日蚀正旦为天下之大变），秋七月蒙古主库裕克立，九月宁武节度使汉东公孟珙卒（忠君体国、俭朴远利而能折衷众志，谥曰忠襄）、以贾似道为京湖制置使，冬十二月蒙古寇京湖江淮之境。【丁未】七年夏四月以郑清之为太傅、右丞相，秋八月蒙古侵高丽（诘其岁贡不入）。【戊申】八年春三月蒙古主库裕克卒、其后乌拉海额实称制（其国大旱民不聊生，诸王各部诛取不休民力益困）。【己酉】九年夏四月朔日蚀，秋九月严中外上书之禁（谏臣奏严究结党攫利妄肆雌黄者，是时台纲不振嬖宠干政，本宜激浊扬清而反钳制言路）。【庚戌】十年春三月以贾似道为两淮制置大使（宋事遂不可济）。【辛亥】十一年夏六月蒙古主莽赉扣立，秋七月蒙古主命其弟呼必赉总治漠南并开府金莲川（姚枢陈帝王之道治平大经八目：修身力学尊贤亲亲、畏天爱民好善远佞，及救时之弊三十条），冬十一月蒙古呼必赉置经略司于汴分兵屯田，蒙古以西域僧纳摩为国师。【壬子】十二年春二月朔日蚀，夏六月闽浙大水（阴逆怨气交并所致，罹难者以万数，徐清叟谏宜少抑戚宦小人以回天意），蒙古分汉地以封宗属（呼必赉纳姚枢言，遂尽有关中河南之地），秋八月蒙古使呼必赉将兵击大理，冬十一月临安火、诏求直言（蹇难时须反身修德，以回天命之将坠、延国祚于未颓，而非徒有求言之心）。

【癸丑】宝祐元年春正月诏以与芮子禥为皇子（帝久无子，至是以母弟子为嗣），二月朔日蚀、蒙古城利州（蒙古汪德臣且耕且守，蜀土遂浸不可复），夏六月蒙古伐西域，冬十二月蒙古呼必赉灭大理、降吐蕃。【甲寅】二年春正月蒙古呼必赉以姚枢为京兆劝农使（纳枢攻伐不杀之谏，大理民得相完），夏六月加贾似道同知枢密院事（私昵而加天爵，遂成乱阶），冬十一月呼必赉以廉希宪为京兆宣抚使（笃好经书并以《孟子》性善义利仁暴之旨奏对，讲求民病抑强扶弱而境内大安）。【乙卯】三年春正月迅雷（罢元夕张灯），二月蒙古呼必赉征许衡为京兆提学（衡与姚枢、窦默相讲习而慨然以道自任，以为纲常不可一日亡于天下，丧祭娶嫁必征于礼以倡于乡人学者，学者无大小皆使弃章句之学而自小学入），三月雨土（土者少阳幼君大臣之象，小人将擅国政之征），夏五月四川地震而闽浙大水（阴极乱生，蒙古侵轶之应）、以宦者董宋臣干办佑圣观（招权纳贿敛取无极），六月罢监察御史洪天锡（力言君子小人阴阳之辨、上下穷空戚宦享福之状），秋七月西南夷尽降于蒙古。【丙辰】四年夏四月加贾似道参知政事（威权日盛台谏惮之），五月赐礼部进士文天祥及第（以法天不息奏对，帝亲拔为第一），六月丁大全逐右丞相董槐、窜太学生陈宜中等（槐等谏除害政小人而嫉之者众，时帝年浸高操柄独断而渐喜狎佞），秋九月监察御史朱熠乞汰冗吏而不报（奏境土蹙而赋敛繁，官吏增而民力困，帝嘉之而不能用），冬十二月罢知严州吴槃（时理宗惑于群小而利心益炽，槃谏内库理财太急而督促太峻）。【丁巳】五年春正月蒙古罢呼必赉开府（或谗呼必赉得中土人心之故，姚枢劝自归朝廷则疑将自解），蒙古寇襄阳并入其郛，夏六月蒙古入交趾并屠其城，秋八月蒙古主莽赉扣分道入寇。【戊午】六年春二月以马光祖为京湖制置使（知人善任辟召贤能），冬十一月蒙古主莽赉扣陷鹅顶堡诸城（守将迎降者十之八九，全蜀之地相继陷没），蒙古陷海州涟水军而维扬大震（贾似道上书请罪而诏不问，君臣之义上下之分乱）。【己未】开庆元年春二月蒙古主莽赉扣围合州、王坚力战御之，秋七月蒙古主莽赉扣卒于合州城下，八月蒙古呼必赉将兵渡淮、九月渡江围鄂州，冬十月以吴潜为左丞相兼枢密使（奏言兵祸根由奸臣憸士设为虚议，迷国误君仁贤空虚，名节丧败天怒人怨，不知不察稔成兵革之祸，请严惩奸小而帝不听），闰十一月右丞相贾似道乞和于蒙古（请称臣、割江南为界而岁奉银绢）、忽必赉引还（纳郝经言许议和以回取帝位）。

【庚申】景定元年（蒙古世祖皇帝呼必赉中统元年）春三月朔日蚀，贾似道匿议和称臣纳币之事而欺奏诸路大捷，高丽王王暾死（蒙古忽必赉封其子倎为王，由是高丽一意修贡），白气如匹练亘天（金革与小人阴谋之象，时理宗惟事饮食宴乐而不知思患预防，戚宦擅权劲敌窃发而内外危脆），夏四月蒙古主忽必赉立，蒙古召窦默、许衡至开平（默谏治道以纲常为本，帝王之道在诚意正心以正朝廷），蒙古初定官制（命刘秉忠、许衡酌古今之宜定内外官制，中书省总政务、枢密院秉兵柄、御史台司黜陟，内有寺监院司卫府、外有行省行台宣慰廉访，牧民则有路府州县，蒙古人为长而汉人南人贰焉，于是元代之制始备），五月蒙古以王鹗为翰林院承旨（金正大元年进士第一人，裁定制诰典章、推荐翰林学士、奏立十道提举学校官，蒙古主皆从之），荧惑入南斗留五十余日（人事感而天变应，理宗虚内事外去实务华而戾气应之，兵虚廪匮调度不给，言利尅民之事兴焉），六月立忠王禥为皇太子（理宗家教甚严，每日仪礼政事经史讲习，一一过问率为常例），秋七月蒙古使翰林侍读学士郝经来修好（贾似道恐己阴谋泄而幽之真州），冬十二月蒙古号西僧帕克斯巴为国师统领释教。【辛酉】二年（蒙古二年）春正月诏皇太子释奠孔子（纳太子奏加张栻、吕祖谦伯爵并从祀），二月朔日蚀，夏四月蒙古听儒士被俘者赎为民（时淮蜀士遭俘虏者皆没为奴，翰林学士高智耀谏宜除之以风天下，蒙古主从之），夏五月蒙古以史天泽为中书右丞相（窦默荐之），秋八月贾似道杀湖南制置副使向士璧（忌功报复恣其狠愎而大失宰相体）。【壬戌】三年（蒙古三年）春正月赐贾似道第宅家庙（妒贤疾能欺君辱国而为小人之魁，理宗溺爱奸谀而不吝爵赏）、蒙古修孔子庙，二月临安饥（临安知府马光祖强荣王与芮出积粟，活饥民甚众），蒙古江淮大都督李璮以京东来归、诏复其父全官爵（璮有忠宋之心，能盖父之愆），夏六月封陈光昺为安南王（光昺同时遣使请降于蒙古，蒙古亦封册之），秋八月蒙古陷济南、李璮死之。【癸亥】四年（蒙古四年）春正月蒙古以姚枢为中书左丞（谏信用先王之法，上答天心下结民心，睦亲族以固本、定大臣以当国、开经筵以格心、立学校以育才，蒙古主纳之），二月诏买公田置官领之（贾似道倡之以足国用而适剥百姓，初犹有抑强嫉富之意而仅买二百亩以上者，后则滥乱急迫吏缘为奸大为扰民，破家失业者甚众而远离保民而王经训），三月蒙古始建太庙于燕京，秋七月置榷场于樊城（蒙古纳刘整谏，以置榷互市利诱吕文德，后文德虽悟悔咎而无可奈何，蒙古取襄樊之势遂渐成），蒙古以廉希宪为中书平章（议行官吏考课黜陟迁转法，蒙古主从之）。【甲子】五年（蒙古至元元年）春三月纳贾似道言增公田官于平江诸路（祸害无穷而民力殚竭），秋七月彗星出柳（恶戾之气而现临安之分）、黥配临安府学生叶李等于远州（力陈贾似道专权害民误国之故），八月蒙古以刘秉忠为太保参领中书省事（以天下为己任而知无不言，其推荐甄拔者后皆为名臣）、蒙古入都于燕（从刘秉忠之请），九月行经界推排法（贾似道请之，由是江南之地尺寸皆税而民力竭）、作银关（不急于恐惧修省而务损下益上津津于利，由是物益贵而楮益贱，害民病国人心渐失），冬十月帝崩（任托小人嗜欲怠政、权移奸臣国运遂微，然有贞定程朱正统以丕变士习之大德）、太子禥即位。

【乙丑】度宗皇帝咸淳元年（蒙古至元二年）春正月朔日蚀（即位首岁正旦日蚀，奸小专权欺虐、强敌吞噬之象，天变至大而度宗不省），夏四月加贾似道太师并封魏国公（似道小人患得患失而胁制度宗），冬十月蒙古主命许衡议中书省事。【丙寅】二年（蒙古三年）春二月蒙古以宋子贞为中书平章政事（谏降者不杀胁从勿治以洽仁德，数言时政便宜，立法裁制多其发之），夏五月以包恢签书枢密院事（破豪猾、去奸吏、治蛊狱，以严为治政声赫然），秋七月蒙古以张德辉参议中书省事（亦能扶持儒教，尝谒请蒙古主为儒教太宗师并使其悦受之）。【丁卯】三年（蒙古四年）春正月立皇后全氏（后有恤民之心，理宗以为宜配冢嗣以承宗祀，遂纳为太子妃），帝释菜于至圣孔子（度宗继述理宗崇儒重道之心，以颜回、曾参、孔汲、孟轲配祀，并增列邵雍、司马光从祀，又升颛孙师于十哲；南宋虽弱而斯文命脉有以扶持，蒙古亦视宋为衣冠礼乐之国），蒙古许衡谢病还（陈立国规模在于以爱与公得天下心、中书大要在于用人立法、为君难在于《大学》修身为本、农桑学校在于优重养人之善），夏五月朔日蚀，冬十二月蒙古阿珠、刘整谋入寇（蒙古主纳刘整平宋之言城白河口，宋之饷道绝遂致襄樊难守）。【庚辰】四年（蒙古五年）秋九月蒙古围襄阳，冬十月朔日蚀，十一月蒙古以和尔果斯为起居注（纳省臣"前代必有起居注，故善政嘉谟不致遗失"之言）。【己巳】五年（蒙古六年）春正月以李庭芝为两淮制置大使（民德之如父母），二月蒙古行新字（命西僧帕克斯巴创制，其字凡千余，大要以谐声为宗）、加号帕克斯巴为大宝法王，秋八月高丽林衍废其主植而立安庆公淐、冬十月蒙古讨之。【庚午】六年（蒙古七年）春正月蒙古廉希宪罢（笃信孔孟立朝谠正，蒙古主尝令其受帝师戒而对曰"臣已受孔子戒矣"），蒙古立尚书省、以阿哈玛特平章政事（素多智巧而以功利自效，蒙古主急欲富国遂用之），三月朔日蚀、蒙古以许衡为中书左丞（被征入朝与姚枢详定礼仪），夏四月罢直学士院文天祥（不附贾似道之故，大难弥兴而似道尚不知惧且胁要君、恶直言、斥正士，直至天下大乱宋祚不保而后已），秋八月诏贾似道十日一朝、入朝不拜（时襄樊三年围急，似道日坐葛岭美馆淫乐，有言兵情者辄诬谮赐死），冬十一月蒙古城万山（自是襄樊道绝）。【辛未】七年（蒙古、元八年）春二月大饥（公田扰害师旅频兴，民怨既久故有天灾；知抚州黄震令不粜者籍、强籴者斩，不抑米价劝分有方而全活甚众），蒙古复立王植为高丽王，夏五月蒙古兵分道寇嘉定诸路，六月蒙古以许衡为集贤殿大学士兼国子祭酒（衡奏阿哈玛特专权罔上蠹民害政，请征其弟子姚燧等十二人为斋长，选幼弟子以明善开蔽课诵习礼，使尊师敬业俱知三纲五常生人之道），秋八月朔日蚀，九月蒙古弛四川茶盐之禁（民力困弊之故），冬十一月蒙古改国号曰元（从太保刘秉忠之请，取《周易》乾元之义）。【壬申】八年（元九年）夏五月李庭芝使统制张顺等救襄阳而败绩死之，秋八月朔日蚀，冬十二月召叶梦鼎入相而固辞不至。【癸酉】九年（元十年）春二月吕文焕以襄阳叛降元，三月元主立其子珍戬为太子（刘秉忠荐王恂辅之），秋七月元许衡乞罢许之（阿哈玛特屡毁汉法而诸生廪食或至不继之故，以赞善王恂摄学事而以衡弟子为助教），是岁元诸路大水、蝗（书灾以畏天灾重民命，而见王者天君民合之心）。【甲戌】十年（元十一年）春正月贾似道母死、诏以天子卤簿葬之而旋即起复似道入朝（欺君误国亏体辱亲，洵为无耻之尤），秋七月帝崩、子嘉国公㬎即位（太后临朝称诏，封兄昰为吉王、弟昺为信王），罢京湖制置使汪立信（劝似道上下交修以迓续天命之几之故，时似道专权蒙蔽自贤，廷臣阿循取宠罔敢正议），八月大霖雨、天目山崩（水涌安吉、临安、余杭，民溺死者无算；天目乃临安主山，臣强君弱霖雨山崩，自是元兵入境宋室遂亡），元太保刘秉忠卒（谥曰文贞），九月元吕文焕以巴延趋郢州、刘整以博尔欢趋淮西（俱背国臣敌偷生苟免，蜂蚁不若禽兽不如），冬十一月以陆秀夫参议淮东制置司事（沉静不苟而能治事，李庭芝辟而荐之），十二月元巴延将袭青山矶渡江、巴延引兵东下趋临安，诏天下勤王。

【乙亥】帝㬎德祐元年（元至元十二年）春正月元中书左丞刘整死于无为军（宋臣叛国率敌戕华，引仇雠以攻父母之国，彝伦天理为之扫地），二月贾似道复请和于元巴延而不许（遂奔扬州而元尽有江淮州军），张世杰将兵入卫并复饶州、江西提刑文天祥起兵勤王、湖南提刑李芾遣兵入援，贾似道有罪免（凡其不恤民之政次第除之，以公田给还田主而放还诸窜谪人），右丞相章鉴遁（临难而苟免）、江淮招讨使汪立信卒于军（忠心不渝扼吭就义），三月元巴延入建康（开仓赈民遣医治疾）、有两星斗于中天而一星陨（乖气致异反常改道，人以为宋亡之兆），夏五月赐婺州处士何基、王柏赠谥（宋廷有仁厚之心、崇儒之念，虽至亡国之顷犹能如是），六月朔日蚀既（昼晦如夜），秋八月元以廉希宪行省事于江陵（录旧官禁剽夺、兴学垦田民情大安，思播田杨二氏及西南溪峒皆越境请降），冬十一月元巴延陷常州并屠其民（知州事姚訔等死之），追封故济王赵竑为镇王（从中书舍人王应麟之请），十二月以文天祥签书枢密院事。【丙子】二年（端宗皇帝景炎元年，元十三年）春正月元兵破潭州（湖南镇抚大使李芾死之）、遣监察御史刘岊奉表称臣于元，进封吉王昰为益王判福州而信王昺为广王判泉州，太皇太后遣使奉玺以降，二月日中有黑子、元巴延遣人入临安封府库收图籍符印、元人索宫女内侍及诸乐官（宫女赴水死者以百数），三月元巴延入临安以帝及皇太后全氏等北去，闰三月陈宜中等奉益王为天下兵马都元帅（开府福州，起兵兴复），夏五月朔益王即位于福州（改元景炎）、以文天祥为枢密使同都督诸路军马，元军陷衢州、江东西湖南北宣抚大使留梦炎降（历仕三朝而竟无儒士廉耻），秋七月扬州泰州将皆降元、李庭芝等死之而淮东尽陷，冬十一月帝至泉州、十二月复走潮州、次惠州。【丁丑】端宗皇帝景炎二年春正月元命道士张宗演领江南道教（元主封之嗣汉天师），二月文天祥诛吴浚（浚说降而以讨贼正义诛之），元以西僧嘉木扬喇勒智总摄江南释教，三月文天祥复梅州、陈瓒起兵复兴化军，夏四月张镇孙复广州、张世杰复潮州、淮人张德兴等复黄州寿昌军，六月文天祥败元军于雩州、秋七月遣将复吉赣诸县遂围赣州、张世杰传檄诸路复邵武军，八月元李恒袭败文天祥（溃走循州），九月帝迁潮州之浅湾、张世杰攻泉州不克而元复陷邵武军遂入福州，冬十月朔日蚀，以陆秀夫同签书枢密院事（时朝廷播越海滨庶事疏略，秀夫独能俨然正笏立，有时凄然泣下朝衣尽湿，于颠沛流离中犹日书《大学章句》以劝讲）、元索多破兴化军并暴屠其民（血流有声，陈瓒死之，父子俱全节），十一月帝奔井澳、十二月帝惊溺有疾复奔谢女峡（陈宜中逃奔占城而不返）。【戊寅】三年（帝昺祥兴元年，元十五年）春正月元军入重庆（张钰死之而西川皆陷），二月元索多陷潮州并暴屠其民、元以许衡领太史院事，三月帝迁碙洲、夏四月帝崩、卫王即位（从陆秀夫之言），六月帝迁新会厓山，秋七月湖南制置使张烈良等起兵应厓山而战败死之，八月有星殒于广南、九月葬端宗皇帝于厓山，冬闰十一月元张弘范袭执文天祥于五坡岭，十二月元西僧嘉木扬喇勒智发绍兴诸陵（贪金玉且欲以陵骨杂牛马骸骨为镇南浮屠，会稽人唐珏痛愤而预先易置移葬之）。【己卯】帝昺祥兴二年（元十六年）春正月元张弘范袭厓山、张世杰力战御之，二月张世杰与元张弘范战于厓山而兵溃、陆秀夫负帝赴海死之（后宫诸臣及兵士从死者甚众，越七日遗体漂浮海上者十余万人，世杰收兵至海陵山舟覆亦死之）、宋亡，夏四月元西僧帕克斯巴死（赐号大元帝师），冬十月宋少保信国公文天祥至燕、三年后不屈就义（衣带遗书“孔曰成仁孟曰取义，惟其义尽所以仁至，读圣贤书所学何事，而今而后庶几无愧”）。

【庚辰】元世祖文武皇帝忽必赉至元十七年春正月诏核阿尔哈雅所俘户口

放为民，秋八月集贤殿大学士兼国子祭酒许衡致仕、翰林学士承旨姚枢卒（谥曰文献），冬十月复大发兵击日本（遣使不纳遂逞忿黩武），十一月行授时历（郭守敬等广为测验、遍参酌中而成新历），十二月昭文馆大学士窦默卒（谥曰文正）。【辛巳】十八年春三月许衡卒（语其子慎勿请谥立碑，识者以为儒道不废衡实启之，后亦谥文正），秋七月括江南户口税（阿哈玛特专权自恣贪利剥民），冬十月焚毁道书（帝溺信桑门蛊惑之故）。【壬午】十九年春二月遣将击缅（书击者，缅无罪也），夏六月朔日蚀，命索多将兵击占城不克而还，秋七月朔日蚀，九月诏诸路岁举儒、吏各一人，冬十月以宋衍圣公孔洙为国子祭酒提举浙东学校，十二月征处士刘因为右赞善大夫而寻辞归（守孔孟之学而爱孔明心迹）。【癸未】二十年春正月诏停燕南、河北、山东租赋（因去岁旱灾，纳御史台臣言以恤民），三月复命高丽王睶及安塔哈发兵击日本，夏四月罢采民间女子、六月诏四川行省击溪洞蛮而平之（叛附不常之故，诏分地郡县之），冬十月建宁路总管黄华叛而讨之（华称宋祥兴年号，败走自焚），十一月桑阿克达尔等击缅而破之、西南夷十二部俱降。【甲申】二十一年春正月群臣上尊号（上矜下迎君臣俱失，时欲肆赦而纳张雄飞“赦者不平之政”之谏，遂止下轻刑之诏），秋九月京师地震，冬十一月诏右丞卢世荣行钞法（世荣自谓用其生财法当赋倍增而民不扰，翰林学士董文用、御史中丞崔彧极言其必害民），诏议立科举法（和尔果斯、留梦炎等言刀笔吏得官者多，故天下习儒者少，谏贡举取士为便而帝纳之，然因和尔果斯罢而不果行），十二月宋太皇太后谢氏卒于燕。【乙酉】二十二年春二月立规措所（自古兴利之臣皆巧立名色，以朘剥其民摇动国本，汉武帝任桑弘羊立平准法、宋神宗任王安石立制置司、元世祖任卢世荣立规措所以兴利，此亦君之所好下必甚焉之痛戒），冬十一月卢世荣伏诛（监察御史陈天祥谏其犯赃不悛专恣肆杀、行不符言胁官苛民），十二月太子珍戬卒（太子初从姚枢、窦默学，仁孝恭俭优礼大臣，明于听断有恤民心，服膺礼教中外归心，然因小人诬谮忧惧而卒），集僧四万作资戒会（世祖上不敬天、下不庇子、内制于妻，征伐四夷黎民嗟怨，君臣相与从事浮屠）。【丙戌】二十三年春正月诏罢征日本、大举兵伐安南而不果行（纳吏部尚书刘宣谏以苏息百姓），二月罢鬻江南学田（纳监臣御里谏以供祭祀、育贤才），三月遣侍御史程文海访求江南人才（荐宋宗室赵孟頫及张伯淳等擢用之），秋七月置洪泽芍陂屯田，九月海外诸番入贡，冬十月河决（小人用事则阴戾之气激之，冲决河南郡县凡十五处，役民二十余万塞之）。【丁亥】二十四年春闰二月初置国子监（以耶律有尚为祭酒）、设江南各路儒学提举司，三月行至元钞（赵孟頫言钞以银为本虚实相权，时间既久轻重相去悬远，若计钞抵法疑于太重），冬十月朔日蚀。【戊子】二十五年春二月毁宋故宫殿郊庙为佛寺（从僧格及嘉木扬喇勒智言，复欲取宋高宗所书九经石刻为浮屠地基，杭州府推官申屠致远力拒止之；督民雨雪入山伐木而死者四百人，行省参政董文用谏非时役民民不堪命而不从），夏四月征宋江西诏谕使知信州谢枋得而辞不至（程文海、留梦炎荐之，枋得忠宋守义不仕，婉言亡国大夫不可与图存），江南民兵起（世祖崇信奸邪流毒海内，官吏残虐民起抗之），五月河决汴梁，秋九月南台御史中丞刘宣自杀（时江浙行省丞相蒙古岱悍戾纵恣，畏宣纠劾其罪而构陷之），冬十月遣使钩考诸路钱谷（行台侍御史程文海谏宰相以进贤为急，不以货殖为心、剥割为务免致盗贼窃发，乞清尚书之政、损行省之权、罢言利之官、行恤民之事而僧格大怒），遣瀛国公赵㬎学佛于吐蕃（非义之举，苟且无耻深为可惜），十二月以董文用为御史中丞（贵戚屏息，僧格谮而迁之）。【己丑】二十六年春正月地震（僧格专政小人盈朝之应），开会通河（民者邦本，既聚敛以渔其财，复劳役以猎其力，不畏天命天下困疲），三月朔日蚀，夏四月福建参知政事魏天祐执宋谢枋得至燕而不屈死之（天祐欲荐贤以为己功，枋得耻食元粟舍生取义）、禁江南民挟弓矢，冬十月禁百官受馈酒食（违者籍其家赀之半），十二月帝幸大圣寿万安寺（诏天下梵寺所贮藏经集僧诵之，仍给所费，岁为例）。【庚寅】二十七年夏四月河北十七郡蝗，秋八月朔日蚀，地大震（死伤数十万人，时僧格等理算天下钱谷致民不聊生，自杀逃亡者多有，集贤殿直学士赵孟頫谏下诏蠲除征求以弭天变，帝从之而民赖稍苏），是岁计天下户口之数（户近一千三百二十万、口五千八百八十三万余，山泽溪洞之民不与焉）、大水（江南民流者四十五万余）。【辛卯】二十八年春二月罢征理司，夏五月逮西僧嘉木扬喇勒智下狱而寻释之（贪敛淫逸坐侵盗官），复征刘因为集贤殿学士而辞不至（因以道自尊，世祖亦能遂其志），秋七月僧格伏诛（倾险憸邪专擅朝政，桀骜悖逆邀功生利），八月平阳地震。【壬辰】二十九年春正月朔日蚀（观天变可验人心，是时虐政甫除工役未息，民怨犹未尽消），开通惠河（以郭守敬领都水监事，虽公私便之而亦劳民寡恤），诏江南避乱者令复业，夏六月两浙水，闰六月安南遣使入贡。【癸巳】三十年春正月始置社稷（用崔彧言），冬十月彗出紫微垣。【甲午】三十一年春正月帝崩、夏四月皇孙特穆尔即位于上都，夏六月朔日蚀，秋七月诏中外崇奉孔子，冬十月弛江西银冶课额，冬十二月禁侵扰农桑者。

【乙未】成宗皇帝元贞元年春正月以刘国杰为湖广平章政事（恢复新置屯戍而制度周密，诸蛮不能复寇），三月安南入贡、地震，夏闰四月兰州河清、厘正选法，五月升江南诸县为州，六月陕西旱饥（行省右丞许扆未及奏请即发廪赈之）。【丙申】二年春正月诏诸王公主驸马毋辄罪官吏恣横扰民，二月以博果密为昭文馆大学士平章军国事，夏六月颁官吏受赇条格，秋八月括江南权贵隐蔽田令其输租。【丁酉】大德元年春正月太后幸五台山（创建五台寺宇役供烦重民不聊生，伐木运石死者万余人），夏四月朔日蚀，秋七月河决杞县蒲口、袄星出奎（成宗所为靡善，逆气乘之感召天变，日蚀者君阳亏、河决者阴气盛、袄星者逆气乘之天象警示），冬十月禁诸王驸马夺民田（成宗庶几忧勤于民事）。【戊戌】二年春二月以张九思、梁德珪并为平章政事（能辅德守礼引君恤民），罢中外土木之役以节用费，三月以两淮闲田给蒙古军，秋七月大雨河决（遣大臣塞之）、江西江浙水、召高丽王謜入朝（惩其僭礼擅杀而复立其父昛），冬十二月定岁课三十取一、命廉访司岁举廉干者各二人，彗星见（出子孙星下）。【己亥】三年春正月遣使问民疾苦，二月遣僧一山使日本而日本不至（失使人之道而亏国体），命何荣祖等更定律令，秋七月放江南僧寺佃户五十万为编民，冬十二月省民出公田租（民力稍苏）。【庚子】四年春二月朔日蚀，皇太后鸿吉哩氏崩（执妇道而有贤德），夏五月昭文馆大学士平章军国事博果密卒（挫暴君如止婴儿之欲，德望素孚谥曰文贞），缅阿散哥也弑其王而命讨之，秋八月更定荫叙格（蒙古、色目人特优一级），冬十二月遣云南行省左丞刘深击西南夷八百媳妇（不纳大臣恤民慎征之谏，欲彰武功而征其不奉正朔）。【辛丑】五年夏五月刘深兵次顺元（瘴疫死者什七八、驱民转饷死者数十万而中外骚然）、蛮酋宋隆济等连兵反，秋八月彗出井入紫微垣（彗孛兵象，时征伐四夷黎民愁怨）。【壬寅】六年春正月诏收富民护持玺书（江南富民侵占民田致贫者流徙之故），三月西南夷俱叛而讨平之，夏五月太庙寝殿灾、六月朔日蚀，秋九月龙兴民讹言括童男女（人心惶惑而妖气乘之）。【癸卯】七年春三月遣使巡行天下（罢赃官污吏万八千余人，审冤狱五千余事），诛刘深而罢云南分省（深徼名首衅丧师辱国之故），兰溪处士金履祥卒（师从王柏、何基而传习朱子之学，绝意进取抱道自乐，世称仁山先生，至正中赐谥文安），夏闰五月朔日蚀，秋七月两浙大饥（军旅频兴舍本逐末、赋敛日急天降饥馑，平江等十五路淫雨害稼；台州诸路旱饥，浙东元帅托欢彻尔残虐不恤，及发廪而殍民已什六七），八月地震（死者不可胜计），冬十月诏互迁行省官之久任者（多与所隶编民联姻害政之故），十二月彗出紫微垣。【甲辰】八年春正月地震，二月增置国子生（初增蒙古生百员，至是增置二百员，选宿卫大臣子孙充之），夏五月朔日蚀。【乙巳】九年春二月建天寿万宁寺（寺中塑秘密佛形象丑怪，皇后恶之而寻敕毁之），三月陨霜杀桑（阴阳失常君弱臣强之象），夏四月大同地震（压死两千余人）、始定郊祀礼（纳哈喇哈斯等祈天保民之言，然不纳太常尊祖配天之言）。【丙午】十年春正月罢江南白云宗都僧录司（汰其民归州县，各寺田悉令输租），秋八月开城地震（压死五千余人）。【丁未】十一年春正月帝崩（善于守成而末年寝疾），夏五月怀宁王哈尚即位，秋七月制加孔子号曰大成至圣文宣王（制曰“先孔子而圣者非孔子无以明，后孔子而圣者非孔子无以法，所谓祖述尧舜宪章文武，仪范百王师表万世者也”），八月赐诸王《孝经》（以为孔子微言），冬十二月山东饥、征处士萧𣂏为太子右谕德（𣂏书《酒诰》为献而辞归）。

【戊申】武宗皇帝至大元年春正月两浙饥（民饥者四十六万户而死者甚众）、西僧殴上都留守李璧而释之不问，夏六月陇西云南地大震、加宦者李邦宁大司徒兼左丞相，秋七月筑呼鹰台于漷州，八月诸路水、旱、蝗（是时政事舛错贤否混淆，君日骄、臣日謟而灾异迭形），冬十月以西僧嘉勒斡巴勒为翰林学士承旨（武宗酷信西僧而名器颠倒，以异端与论正道、以释氏而授儒官），十一月省臣请汰冗官节财用、禁贾人乘驿（武宗玩物丧志而惟务禽兽宝玉，遂使贾人乘驿贡献满途），核天下屯田以定其兴废，闰十一月诏有司赎饥民所鬻子女，伊彻察喇攻彻伯尔诸部而漠北悉平。【己酉】二年春正月始亲享太庙，夏六月复征僧道赋税，秋七月河决归德、又决封邱，八月复置尚书省（群小用事变易制度，天下自是多事），冬十月以皇太子兼尚书令，十一月八百媳妇诸蛮乱，十二月帝亲飨太庙（飨庙须以己德行萃聚祖考精神，否则徒为形式）。【庚戌】三年春正月征李孟以为平章政事（皇太子荐之以全其拥进之功），夏五月荆襄大水山崩（死者三千四百余人，时君臣偷安而无戒饬警惕之心），冬十月诏大司农修明劝农之令，十一月始以太祖配享南郊。【辛亥】四年春正月帝崩、皇太子罢尚书省而诛托克托（以其变乱旧章流毒百姓）、罢城中都（有忧民心）、诏先朝旧臣程鹏飞等，三月皇太子即位、宁夏地裂、遣宦者李邦宁释奠于孔子（大风灭烛而邦宁悚息惭悔，仁宗知敬孔子而不知所以敬之礼），秋闰七月增国子生为三百人，冬十一月罢营缮。

【壬子】仁宗皇帝皇庆元年春正月制进翰林国史院秩，夏六月朔日蚀（勅左右勿侥幸乞加官以慎名器）。【癸丑】二年春二月彗出东井（御史台言宜革滥授官爵、亲倖扰民等弊政而纳之），夏六月京师地再震、诏以周敦颐等并从祀孔子庙庭（仁宗以崇儒重道为国之先务，程颢、程颐、张载、邵雍、司马光、朱熹、张栻、吕祖谦、许衡与焉）、河决（漂民田庐），冬十一月初诏行科举（三岁一开科，蒙古色目人与汉人南人各命题，蒙古色目人愿试汉人南人科目且中选者加一等注授），京师大旱疫（帝问弭灾之道，尉迟德诚言西僧作佛事疏放罪囚以为祈福、奴婢杀主妻妾杀夫夤缘获免，实紊典常而为修悔先务）。【甲寅】延祐元年春正月诏求遗逸，夏六月敕自今宦者勿得授文阶，秋八月地震，冬十一月诏吏坐赃罪者黥其面，十二月诏定官民车服之制（士民靡丽相尚僭礼费财之故），复以齐履谦为国子司业（酌旧制议，立升斋积分之法以考学行），诏经理浙江江西河南民田（以杜欺蔽、恤百姓）。【乙卯】二年春正月遣使巡行天下（问民疾苦黜陟官吏），三月初赐进士五十六人及第出身有差（分进士为两榜，蒙古色目人为右，汉人南人为左），夏四月朔日蚀，五月成纪县山移（监察御史马祖常言象在野有当用不用之贤，在官有当言不言之佞）、加宦官续元晖昭文馆大学士（仁宗中心无主，能言而不能行之故）、江西湖广饥，秋七月畿内大雨水、赣州民蔡五九兵起（官不恤民之故），冬十一月彗见紫微垣（帝言苟政有过差勿惮于改，凡可以安百姓者当悉言之，因赦各路差税有差），诏免江浙等三省自实田租二年以恤民。【丙辰】三年春二月禁方春畋猎，太史令郭守敬卒（长于天文水利而成一代之制），冬十二月立子硕迪巴拉为皇太子。【丁巳】四年春二月诏郡县复置义仓，夏四月不雨（帝露香祷天而大雨），秋九月岭北地震三日。【戊午】五年春二月朔日蚀，写金字佛经（僧徒冒利岁费滋甚），冬十一月增江南茶税（王者为国与民同利，此举私其所有而贻害于民）。【己未】六年春二月朔日蚀，夏四月以特们德尔为太子太师（奸邪小人而夤缘太后复出，御史中丞赵世延等劾之而不听）、扬州火（毁官民庐舍二万三千余区）、六月山东淮南诸路大水，冬十二月诏太子参决朝政。【庚申】七年春正月朔日蚀、帝崩（天性恭俭，通达儒术兼晓释典，不事畋游征伐货利，事皇太后终身不违颜色，待戚旧大臣恩赉有礼，闻奏大辟惨恻移时，孜孜为治一遵世祖成宪），三月太子即位、加特们德尔太师（遂谗构报复不服己之大臣），夏六月诏免沙门徭役，冬十一月始服衮冕享太庙，河南饥（英宗言君臣宜各务勤恪以应天心而和阴阳）、诏上书言事者得专达。

【辛酉】英宗皇帝至治元年春二月杀监察御史观音保等（蒙古笃于奉佛蔽固深密，时敕建西山佛寺甚亟，观音保以岁饥而耕作方兴极谏，英宗失其政刑而怒杀之），夏六月朔日蚀、禁妄言时政（时政出特们德尔，赵弘祚等以言事勒归田里）、浑河溢（二万三千余户被灾），冬十二月作寿安山寺佛像。【壬戌】二年春二月免河间、河南、陕西十二郡民租之半（因旱涝民饥而恤之），秋九月京师地震、冬十月以拜珠为右丞相，十一月朔日蚀，十二月复以张珪为平章政事。【癸亥】三年春正月起致仕王约等商议中书省事（纳丞相拜珠言，用故旧君子以尊君辟民），二月颁行大元通制（时法制不一无所遵守，命完颜纳丹、曹伯启损益旧章而成之）、命特克实振举台纲（以惩奸恤民），敕写金字藏经（诏学士吴澄为序，澄以追荐非礼而拒之），夏四月诏行助役法，六月大风拔木、奉元行宫正殿灾，秋七月诏减海运粮以纾民，八月御史大夫特克实弑帝及右丞相拜珠（特们德尔奸党不自安而作乱，英宗性刚明而恤民，果于刑戮而引反噬）、诸王迎晋王伊苏特穆尔于北边，九月晋王即位，冬十二月盗窃太庙神主。【甲子】泰定皇帝泰定元年春二月开经筵（江浙行省左丞赵简请之，遂命平章政事张珪等以《帝范》《通鉴》《大学衍义》《贞观政要》进讲）、立子喇实晋巴为皇太子，夏四月大风地震（张珪等言消除图们德尔之党余毒以振纲纪、恤百姓而不从），冬十月命左右丞相日值禁中，是岁水、旱、蝗（灾重及民，志之以谨天灾而重民事）。【乙丑】二年夏五月河溢汴梁。【丙寅】三年夏四月畿内、河北、山东饥（泰定之世灾异迭见、饥馑频仍而上慢残下），禁西僧弛驿扰民（纳西台御史李昌谏），秋七月河决阳武（漂民居万六千余家），冬十月赐大天源延圣寺田（中书省臣谏阻而不能用），十二月赦（当国者以私意酬累擢官，朝廷恩典遂成小人阴谋）。【丁卯】四年春正月御史台臣请亲祀郊庙而不允（无意于通精诚报厥本、生烝民阜万物），夏四月盗窃武宗神主（怠慢不恭之甚）、旱蝗民饥，秋八月山崩地震，九月朔日蚀。【戊辰】致和元年（文宗皇帝天历元年）夏四月禁蒙古色目人效汉法居亲丧，秋七月宁夏地震、帝崩于上都，八月皇太子喇实晋巴即位于上都、怀王图卜特穆尔入京师，九月图卜特穆尔袭帝位而拒诸王兵，冬十月图卜特穆尔告祭郊庙，十一月遣使迎周王和实拉于漠北、弛蒙古色目人居亲丧之禁。【己巳】天历二年春正月周王和实拉称帝于和宁之北，陕西大旱饥人相食（诏起辞官赋归之张养浩往赈，祷得澍雨并赈贷恤民），夏四月周王遣使立图卜特穆尔为太子、旱蝗民饥（河南河北、山东两浙饥民百余万户），秋七月朔日蚀，西台御史中丞张养浩卒（夜祷昼赈悲恸之故，关中之民如失父母，至顺中追谥文忠），太白经天（图卜特穆尔久蓄骨肉相残篡兄之心，潜谋而征见），八月周王暴卒（庙号明宗）、图卜特穆尔复袭位于上都，冬十一月湖广瑶民寇边（凡二百八十余处），十二月以西僧年扎克策喇实为帝师（上命群臣郊迎而俯伏进觞，惟国子祭酒富珠哩翀立且进曰“帝师释迦之徒，天下僧人师也；予孔子之徒，天下儒人师也，请各不为礼”）。【庚午】文宗皇帝至顺元年春二月立明宗子伊埒哲伯为鄜王（良心未泯而天理萌动），夏四月饥、皇后鸿吉哩氏杀明宗皇后（文宗不能率正而隐忍害理），秋闰七月诏加孔子父母及颜子等封爵（孔子父叔梁纥为启圣王、母颜氏为启圣王夫人，颜子兖国复圣公、曾子郕国宗圣公、子思子沂国述圣公、孟子邹国亚圣公、大程子豫国公、小程子洛国公），江南大水（没民田五万余顷，饥者四十余万户），八月大宁地震、始亲祀南郊（前帝皆使人摄之，至是始服大裘衮冕亲祀昊天上帝、以太祖配享），冬十一月诏以汉董仲舒从祀孔子庙（位列七十二子下）。【辛未】二年春二月初立广教总管府（掌天下僧尼之政），三月司徒锡沙陈符谶（人臣引君于正而不逢君于邪，翰林诸儒集议“陛下应天顺人绍隆正统，无待于旁引曲说以为符命，从其言恐启谶纬之端，非所以定民志也”，文宗纳而事遂寝），浙西水旱（诸路饥民八十余万户），夏四月武陟地震（逾月不止），秋八月朔日蚀，江浙大水（坏田近十九万顷），冬十一月朔日蚀，诏养雅克特穆尔子塔喇海为子（报其助己篡位之私功，不知奸臣败坏国家公法而大紊纲纪）。【壬申】三年夏五月禁加封淫祠（太常博士王瓒言诸路请加封神庙而滥及淫祠，请禁非祀典之神祠以免蛊惑民志），云南饥（诏蠲本省田租三年），六月严夺情起复之禁（纳监察御史陈思谦谏，以维纪纲、育贤才），秋八月京师陇西地震（时灾异纷纷而未见君臣修省恐惧之实）、帝崩于上都，九月地震、冬十月鄜王伊埒哲伯即位、十一月鄜王薨（庙号宁宗）。

【癸酉】至顺四年（顺帝元统元年）春三月雅克特穆尔死（秉权肆行荒淫而死），夏五月京师地震，六月托欢特穆尔即位于上都、大霖雨（京畿水平地丈余，饥民四十余万）、江淮旱饥，秋八月奎章阁侍书学士虞集谢病归（扼于小人御史中丞马祖常之佞谮），冬十一月封巴延为秦王（是日秦州山崩地裂，巴延小人秽恶奸邪，兆其弑后杀王之虐）。【甲戌】顺帝元统二年春正月汴梁雨血，三月彰德路天雨毛（日积月累天怒人怨，不至于亡而不止，民谣云“天雨线，民起怨；中原地，事必变”）、水旱疫而民饥（山东浙西饥民近六十万），夏四月朔日蚀、录许衡后，秋八月赦（是月太白屡昼见经天，赦日京师地震、鸡鸣山崩陷为池方百里且死者甚众），冬十月诏举才堪守令者。【乙亥】顺帝至元元年春二月帝畋柳林而不果行（纳御史台臣谏而止），三月罢采高丽媵女（台臣谏高丽首效臣节而近年屡遣人往取媵女，至使生女不举、女长不嫁），秋七月巴延弑皇后巴约特氏（腾吉斯愤巴延窃权而称兵犯阙，巴延假公营私而遂弑后），冬十一月诏罢科举（彻尔特穆尔等以科举盛供张、多赃败而论罢之，儒臣论救而不能，国体遂乖纪纲大坏），十二月河决封邱。【丙子】二年秋八月朔日蚀，是岁水旱蝗饥。【丁丑】三年春正月帝畋于柳林（政事多阙灾异频仍，不思警惕怠荒麻木），广东朱光卿、河南棒胡等兵起，二月朔日蚀，定服色器皿舆马之制（时服饰上下无别之故）、驰江浙诸处山泽之禁（时饥民至四十万户），夏五月民间讹言采童男女（人心惶惑妖气乘之，民间一时嫁娶殆尽），西番乱、彗星见（凡六十三日，自昴房历十五宿而灭），秋七月河南武陟蝗（县尹张宽祝曰“宁杀县尹勿伤百姓”，俄有黑鹰群飞啄食之），八月京师地屡震而多河溢（太庙梁柱裂，损人物甚众），冬十月金华处士许谦卒（受业于金履祥而为学不间断，平生制行甚严、教人至诚，不教科举之文以严明义利之分，朝野交荐不起，卒谥文懿），十二月巴延请杀张、王、刘、李、赵五姓汉人而帝不从（巴延残忍酷虐，于生民涂炭之时不思经纶之策，而欲导以杀戮之心）。【戊寅】四年夏五月漳州、袁州兵起，秋八月朔日蚀，京师地震。【己卯】五年夏六月汀州大水（溺死八千余人），冬十一月诏以巴延为大丞相、巴延矫诏杀郯王齐齐克图（巴延凶虐无复人理）。【庚辰】六年春二月巴延有罪黜而窜死、彗星见（凡三十二日）、京畿大水，夏六月诏废文宗庙主而迁太皇太后（顺帝但知雪父母冤而亏天伦大义），冬十二月诏复行科举（翰林学士承旨库库谏取人才以济世用而从之）。【辛巳】至正元年夏四月帝如上都（御史崔敬谏存敬畏、谋治道、恤民众、勿滥赐）、秋八月还大都，冬湖广燕南山东兵起、大饥。【壬午】二年春正月开金口河（纳托克托言以通舟楫，廷臣多谏止而不从），三月大同饥人相食，秋八月朔日蚀、冬十月朔日蚀、十二月京师地震。【癸未】三年春正月辽阳沃济野人作乱（捕海东青而烦扰百姓之故），二月巩昌山崩，三月诏修辽金宋三史（命托克托为总裁，发凡、举例、论赞、表奏多为欧阳玄属笔；一时士论虽知宋为正统，然以元承金、金承辽之故而迟疑不决，遂诏辽、金、宋各为史），夏四月朔日蚀、秋七月汴梁大水，冬十月亲祀太庙（纳太常博士刘闻言，亦拜其弟宁宗庙主），十二月征清江处士杜本而不至。【甲申】四年春正月诏定守令黜陟之法（六事备者升一等，四事备者减一资，三事备者平迁，六事俱不备者降一等），河决曹州、汴梁，二月以贺惟一为平章政事（遂以为御史大夫，台省正官例须国姓，遂诏赐姓名曰太平），闰二月托克托兼领宣政院事（诸山主僧请复僧司而不许），夏五月托克托荐阿噜图为右丞相（能知治大体），秋七月温州地震海溢，九月朔日蚀，冬十月令民入粟补官以备赈济。【乙酉】五年春正月蓟州地震，夏五月翰林学士承旨库库卒（能随事忠谏以劝帝就学进德），秋七月河决济阴（漂官民庐舍殆尽），九月朔日蚀、遣使巡行天下（时诸道奉使者皆与台谏交相掩蔽，惟西台中丞鼎鼎、集贤侍讲学士苏天爵纠举无所避，天爵以忤时相罢去）。【丙戌】六年春二月朔日蚀，山东地震，夏五月陕西饥（行酒禁）、盗窃太庙神主（宗庙至重而怠缓不恭），六月罗天麟兵起陷汀州、云南夷死可伐作乱，秋七月以多尔济巴勒为右丞（帝以为能匡扶政纲），冬十二月靖州傜吴天保作乱，是岁河决（尚书李䌹请躬祀郊庙、近正人远佞邪以崇阳抑阴而不听）、阿噜图罢（小人排贤相而国是日非）。【丁亥】七年春正月朔日蚀（日蚀正旦，大变之征）、以宦者拜特穆尔为司徒（名器滥而纪纲逆），二月山东地震（三月东平又震），夏四月河东大旱（民多饥死），冬十月沿江兵起、赐大承天护圣寺田（以山东地十六万顷为其永业），十一月诏选台阁名臣出为守令（以恤百姓而崇正学）。【戊子】八年春三月帝临国子学（赐衍圣公银印并升秩从二品，定弟子员出身及省亲奔丧等制），夏五月霖雨（山崩江溢），秋七月朔日蚀，八月奎章阁侍书学士致仕虞集卒（孝友博洽研精探微，忠直安顺沉心著述，谥曰文靖），冬十一月台州方国珍兵起。【己丑】九年冬十月命皇子阿裕实哩达喇习汉人文字（入端本堂肄业，从谕德李好文学习儒教治道，然其性终隔膜经史而崇好佛学），十一月朔日蚀。【庚寅】十年夏六月有星入于北斗（大如月而震声如雷，朝无善政民有忧惶，三辰失行失德近亡），冬十一月朔日蚀。

【辛卯】至正十一年（天完主徐寿辉治平元年）夏四月诏修河防，冀晋地震（压死者甚众），五月朔日蚀，颍州刘福通与萧县徐寿辉兵起（四方盗贼蜂起而有司不能制，及发丁开河民心愁怨思乱；白莲教徒韩山童倡言天下大乱弥勒下生，河南江淮民众翕然信之，刘福通等藉之相继倡乱，五六年间滋蔓半天下），冬十月饶信等路雨黍（阴阳反常乖气致异）、徐寿辉称帝于蕲水，十一月有星孛于西方（见娄胃昂毕间，兵革弥兴之象）。【壬辰】十二年春二月郭子兴等兵起据濠州，三月诏台省官兼用南人有才学者、陇西地震，夏四月朔日蚀，六月大名路旱蝗（饥民七十余万），秋八月右丞相托克托击破李二于徐州并暴屠其城，冬十月霍山崩。【癸巳】十三年夏五月泰州张士诚兵起，自六月不雨至于秋八月，九月朔日蚀，冬十二月哈玛尔进番僧于上（教以房中运气之术等，君臣宣淫而群僧出入无禁，以为秘密大喜乐禅定而丑秽外闻）、大同疫（死者大半）、大都无云而雷。【甲午】十四年春正月汴河冰五色（阴阳不和万物乖戾），三月朔日蚀，夏四月江西、湖广大饥（民疫疠死者无算），冬十二月大都大饥疫（民憔悴至极，有父子相食者）、上制龙舟于内苑。【乙未】十五年（宋主韩林儿龙凤元年）春正月教授郑咺请正国俗（言蒙古乃国家本族宜教之以礼，而犹循本俗不行三年之丧，又妻其继庶母叔母兄妻，宜令改革以礼法而不报），二月刘福通以韩林儿称宋帝，三月蓟州雨血，夏六月朱元璋起兵取太平路（元自朔漠入主中原，传世既久宴安失德，四方割据纷战称雄，兵乱岁饥民不聊生，明太祖立安世救民之志，顺天应人而行吊伐），冬十二月哈玛尔矫诏杀右丞相托克托（事君始终不失臣节，然惑于群小且急私仇，失大臣体君子病焉）、荆州大水。【丙申】十六年春正月元哈玛尔有罪伏诛（欲雪荐进西僧之耻而欲废帝立太子之故）、蓟州地震，三月朱元璋克金陵而民心大悦（改集庆路为应天府）、方国珍降于元（是月有两日相荡，衰乱之世民无定主之象），秋八月彗星见（出张宿而色青白，至十二月朔始灭），冬十月星陨大名。【丁酉】十七年春正月朔日蚀，三月朱元璋兵克常州、夏五月取宁国等路（天命人心渐归），六月有龙斗于乐清江（飓风大作，死者万余人），秋七月元大都昼雾（逆气滞塞昏曀之象），八月朱元璋取扬州，冬十一月汾州桃杏有花、十二月天完将明玉珍据成都、河南大饥。【戊戌】十八年春三月朱元璋兵取建德路，夏五月山东地裂，六月朔日蚀，冬十二月朔日蚀，朱元璋取婺州（命开郡学延儒士，以叶仪、宋濂为五经师，戴良为学正，吴沉、徐原等为训导，时学校久废至是始闻弦诵之声，复集诸将谕不妄杀而勤恤民），大饥疫（死者二十余万）、太白经天（顺帝极意声色而不能惕然感寤）。【己亥】十九年夏五月大蝗（山东西、河南北及关中飞蝗蔽天而民大饥，虐取于民戾气应之之效），秋九月朱元璋兵取衢州、处州（征刘基、章溢、叶琛等论经史咨治道），冬十一月元大都现杜鹃（地气由南至北，天下大乱之象），十二月天完将陈友谅徙其主徐寿辉并都江州自称汉王。【庚子】二十年（汉主陈友谅大义元年）春三月彗星见东方，夏五月朔日蚀雨雹（阴胁阳、臣侵君之象），汉王陈友谅弑其主寿辉而自称帝。【辛丑】二十一年夏四月朔日蚀，秋八月朱元璋伐汉拔江州、汉王友谅走武昌，冬十一月黄河清（自平陆三门碛下至孟津，五百里皆清凡七日）、大饥。【壬寅】二十二年春二月彗星见（未几长星复见于虚、危之间），夏六月彗出紫微垣。【癸卯】二十三年（夏主明玉珍天统元年、吴王张士诚元年）春正月明玉珍称帝于成都，三月彗见东方（是时天下分崩生民涂炭，怨怼之气上干于天），秋七月汉主陈友谅围洪都、朱元璋讨破之于鄱阳湖（友谅死，子理立）、张士诚自称吴王，冬十月山东赤气千里。【甲辰】二十四年（汉主陈理德寿元年）春正月朱元璋建国号曰吴（李善长、徐达等劝进称王以正纲纪，仍奉宋龙凤年号）、二月自将伐汉（汉主陈理降，湖广江西悉平）、三月定官制，秋八月朔日蚀。【乙巳】二十五年春二月日旁有一月一星，夏五月大都雨氂。【丙午】二十六年春二月黄河北徙（先是河决小流口达于清河，至是复北徙自东明曹濮下及济宁），三月夏主明玉珍卒、子昇立，夏四月吴王元璋兵取淮安诸路、五月求遗书（以为孔子为万世之师，孔圣之言真治国良规），秋七月朔日蚀，九月有星孛于东北，吴王元璋取湖州诸路，冬十二月吴王元璋立宗庙社稷（务尚节俭以恤民，命博士熊鼎编类古人行事可资鉴戒者书于殿壁，又命侍臣书《大学衍义》于庑壁以备朝夕观览）。【丁未】二十七年（夏主明昇开熙元年，吴元年）春正月绛州天鼓鸣，吴王元璋定文武科举取士之法（以广求天下之贤），夏六月朔日蚀，秋九月吴王元璋兵克平江、执张士诚以归，冬十月吴王元璋命大将军徐达等北定中原，十一月吴王元璋讨降方国珍、徇定山东郡县。【戊申】二十八年秋八月徐达等进克大都、元亡（元主北走应昌，二年而殂）。

两宋金元乃中华文化内在成熟时期，同时亦为中华民族深入融突（夏金辽蒙诸族及内地边疆蛮夷各部）动荡时期。至此，孔孟程朱中华正统已然成熟并初成主流意识形态。但也毋庸置疑，雅俗阶层极端思想与利欲竞心亦同时风起，遂驯致人心大乱而蛮夷肆虐、民生涂炭，中华正统发展历程步入雅俗整合新阶段，同时亦渐陷形式化软弱化困境。

第四章

明清以来：中华正统之雅俗整合时期

明清时期是中华正统雅俗华夷融突整合时代，这一时期正统脉络的主题线索即“三统”重心次序由宋元时期孔孟程朱正统确立转为雅俗华夷融突整合。兼顾“三统”脉络展开之独立性与顺延性，该时期正统学理脉络涵括明中后期与清代时段，实践脉络则涵括整个明清时段。

第一节　明清时期中华正统雅俗整合学理脉络述要

朱子自觉理顺并切实确立起以道统学统为内在引领，以礼教政统为主体内容的孔孟程朱正统体系，内在避免了儒学心学化道释化（心学化是温和道释化，道释化则是极端心学化）与功利化世俗化（功利化是世俗化基本内核，世俗化则是功利化全面展开）两种偏颇倾向，并最终成为南宋（后期）、元、明、清四朝主流意识形态。伴随三教义理成熟与教化下移趋势的内在加速，宋明以来中华正统关注重心转为精英修养与大众教化的雅俗整合，在此探索进程中儒学分化出偏离正统的阳明心学与明清实学，正统儒者虽严正回应之而收效甚微。具体而言，元中后期以来朱陆和会思潮兴起，尊情怡性文人阶层亦逐渐形成；明初三教共尊国策的奉行使得心学势力迅速膨胀，明中叶以来商品经济的繁荣腐化又显著改变了传统农本商末社会秩序，“工商皆本”理念兴盛并与阳明心学风起云涌内在呼应，儒学儒教至此出现了亘古未有的躁动混乱。明末清初儒学儒教逐渐祛虚务实，开始正视情感私欲并实际探索“为中人以下立教”大众教化问题，多藉性理情欲学理关系反求先圣经书以言性善修教，其中反本开新君子时中与矫枉过正引偏风习现象往往一体混杂；清中期乾嘉朴学本为反思批判宋明理学心学、复古回归汉代经学礼学的经世实学努力，且在儒学典籍考据编纂层面实有工夫，但在义理层面却不能内在继承宋明儒学内在学脉，并因托古立新之世俗化极端倾向而歧出了孔孟程朱修教正统。孔孟程朱中华正统乃中正常行之大道，儒学心学化实学化虽亦俱有优长，但其极端性修教流弊实即儒学道释化禅学化与情欲化世俗化；以王阳明、黄宗羲为代表的阳明心学与以戴震、阮元为代表的乾嘉朴学两极交乱，其极端泛滥流弊必然导致个性解放与礼教失序双重恶劣后果。再加上明清以来三教混滥世俗异化的外在冲击，中华正统修教力量遭到极大削弱，遂在清季民国西学西教外在冲击下，痛失主流意识形态学理基础与修教主体地位。

一、明中后期中华正统学理脉络与阳明心学革命思潮

元仁宗延祐年间恢复科举，孔孟程朱正统儒学初成官方主流意识形态；明代永乐十三年胡广、杨荣等奉命纂修《五经大全》《四书大全》《性理大全》，将孔孟程朱正统学理予以系统化权威化，正统儒学的主流意识形态地位全面确立。明初程朱学者多以体认躬行为主，而在明代三教共尊基本国策与工商皆本利欲化社会思潮影响下，明中叶前后心学突起思想遂乱，正如清代程朱学者熊赐履所云“有明以理学开国，诸不在鲁、邹、洛、闽之科者，弗列于学官。士生其间，禀承功令，遵守传注，无或敢骛于新奇之说，以自陨越，家诵法言，人敦实行……正、嘉以后，新学一倡，而士习大变……虽其间真儒间出，正义相扶，而极重难返，遂成波靡之势，陵夷渐积，至于大坏，直与洪水猛兽比烈矣。呜呼，学术邪正之际，实世道升降之关”[①]。与西方同时期马丁·路德开启的基督新教“因信称义”理路类似，阳明心学虽自有其个性优长与时代价值，但确为孔孟程朱正统儒学之离经叛道者，其极富冲击力的个性思维影响至今。

陈宪章（西历1428—1500年，省称1428—1500，下同）由理学入心学而重静养，如《与罗一峰》“伊川先生每见人静坐，便叹其善学……晦庵恐人差入禅去，故少说静，只说敬，如伊川晚年之训。此是防微虑远之道。然在学者，须自量度何如。若不至为禅所诱，仍多静方有入处。若平生忙者，此尤为

---

① 熊赐履：《学统》卷四十二下《附统》，凤凰出版社2011年版，第458页。

对症药也”[①]。湛若水（1466—1560）心学亦兼心性而重诚敬贯通，如《心性图说》“性者，天地万物一体者也……心也者，体天地万物而不遗者也……包乎天地万物之外，而贯夫天地万物之中者也。中外非二也，天地无内外，心亦无内外”、《答余督学》“古之论学，未有以静为言者。以静为言者，皆禅也……故善学者必令动静一于敬，敬立而动静浑矣”、《答徐曰仁工曹》“学者之病，全在三截两截，不成片段……只是敬上理会未透，故未有得力处……吾人切要，只于‘执事敬’用功……一以贯之，内外上下，莫非此理，更有何事”[②]。湛门弟子吕怀与唐枢等、唐枢弟子许孚远及孚远再传弟子冯从吾、刘宗周等对湛氏心理之学均有发挥，对阳明心学流弊亦均有反思，如湛门许孚远与王门周汝登有关性善、性无善恶说之争鸣即是如此。

王守仁（1472—1528）心学则企图以良知中道为学理把柄来彻底消解理学，如《传习录上》“身之主宰便是心，心之所发便是意，意之本体便是知，意之所在便是物……无心外之理，无心外之物”、“心即理也。此心无私欲之蔽，即是天理，不须外面添一分……只在此心去人欲、存天理上用功便是”、《传习录下》“至善者，心之本体……谓之恶者，本非恶，但于本性上过与不及之间耳……既去恶念，便是善念，便复心之本体矣”，又如《传习录上》“知是心之本体，心自然会知。见父自然知孝，见兄自然知弟，见孺子入井自然知恻隐，此便是良知，不假外求……然在常人不能无私意障碍，所以须用致知格物之功胜私复理”、《传习录中》“吾心之良知，即所谓天理也。致吾心良知之天理于事事物物，则事事物物皆得其理矣”、《传习录下》“七情顺其自然之流行，皆是良知之用……七情有着，俱谓之欲，俱为良知之蔽。然才有着时，良知亦自会觉。觉即蔽去，复其体矣”、“良知只在声色货利上用功。能致得良知精精明明，毫发无蔽，则声色货利之交，无非天则流行矣”，再如《传习录中》“知之真切笃实处，即是行；行之明觉精察处，即是知”、《传习录下》“我今说个知行合一，正要人晓得，一念发动处，便即是行了。发动处有不善，就

---

① 《陈宪章集》，中华书局1987年版，第157页。

② 湛若水：《湛甘泉先生文集》，《四库全书存目丛书》本，齐鲁书社1997年版，卷二一第1—2页、卷七第6、2—3页。

将这不善的念克倒了，须是彻根彻底，不使那一念不善潜伏在胸中”、“务要立个必为圣人之心，时时刻刻，须是一棒一条痕，一掴一掌血，方能听吾说话句句得力”，以及《传习录下》“我辈致知，只是各随分限所及。今日良知见在如此，只随今日所知扩充到底；明日良知又有开悟，便从明日所知扩充到底。如此方是精一功夫”、《传习录上》“各人尽着自己力量精神，只在此心纯天理上用功，即人人自有，个个圆成，便能大以成大，小以成小，不假外慕，无不具足”。[①]阳明心学虽于官方意识形态之僵化虚浮功名化流弊有直捷性消解补救价值，但好高立异明确贬低程朱正统，独断解读孟子性善说并断然以自致良知为修教宗要，实际内蕴正统礼教分化瓦解的个性化偏狂萌芽，必致“满街圣人”礼义消解、“流禅入虚”三教混同这一致命性修教流弊，从而成为明清以来儒学性善修教学理转折点。阳明良知说立而礼义衰、风俗薄，意见丛生流弊无穷，故而决非大中至正雅俗共成之修教善道，而实为本源不正、后患无穷之偏颇杂学；当前阳明心学与自由民主个性解放西化思潮交合重叠，实际左右着当下学界主流意识形态，我们对此不良态势应溯源拨正之。

阳明“四句教”（无善无恶是心之体，有善有恶是意之动，知善知恶是良知，为善去恶是格物）性善两元，直接导致了王门后学修证宗要的个性分歧与学理补救。浙中王门王畿（1498—1583）重先天正心并以“四无”感应为君子修证宗要，从而必致以“良知共性”消解三教分野之虚空近禅大弊，如《三山丽泽录》“心本至善，动于意始有不善。若能在先天心体上立根，则意所动自无不善，一切世情嗜欲自无所容，致知功夫自然易简省力”、《趋庭谩语付应斌儿》“君子之学，以无念为宗。然此非见解所能亿测，气魄所能承当。须时时从一念入微归根反证，不作些子漏泄，动静二相了然不生”、《三教堂记》“人受天地之中以生，均有恒性，初未尝以某为儒，某为老，某为佛而分授之也。良知者性之灵，以天地万物为一体，范围三教之枢……学老、佛者，苟能以复性为宗，不沦于幻妄，是即道释之儒也”[②]。钱德洪（1496—1574）则重

① 《象山语录　阳明传习录》，上海古籍出版社2000年版，第172、168—169、268—271，173、213、283、295，210、268、296，267—268、199页。

② 《王畿集》，凤凰出版社2007年版，第10、440、486页。

后天诚意并以“四有”感应为君子修证宗要，如《会语》“盖心无体，心之上不可以言功也。应感起物而好恶形焉，于是乎有精察克治之功。诚意之功极，则体自寂而应自顺。初学以至成德，彻始彻终，无二功也。是故不事诚意而求寂与悟，是不入门而思见宗庙百官也”、《复周罗山》“未发寂然之体，未尝离家国天下之感，而别有一物在其中也……此格物为致知之实功，通寂感、体用而无间，尽性之学也”[①]。黄绾（1480—1554）以“艮止执中”为宗要，如“学者常要收拾精神，归缩在腔子内，不可一时放之散乱。稍起妄念，即思究破。若放散乱，便成荒失，渐堕肆戾，气质无由变化”、“以艮止存心，以执中为志，以思为学，时止时行，无终食之间违仁，兢兢业业，无一言敢妄、一行敢苟”[②]；季本（1485—1563）以“龙惕慎独”为宗要，如“圣人以龙言心而不以镜。盖心如明镜之说，本于释氏，照自外来，无所裁制者也。而龙则乾乾不息之诚，理自内出，变化在心者也……此理发于孔子‘居敬而行简’是也。敬则惕然有警，乾道也；简则自然无为，坤道也……舍慎独而言自然，则自然者气化也，必有忽于细微而愆于理义之正者。其入于佛老无疑矣”[③]；徐用检（1528—1611）则以求仁实证为宗要，如“专求性，或涉于虚圆而生机不流；专求心，或涉于情欲而本体易淆。惟仁者，性之灵而心之真，先天后天合为一致，形上形下会为一原，凝于冲默无朕，而生意盎然……故孔子专言仁，传之无弊”[④]。此外董穀类王畿而尤为偏虚，以无善无恶天性体察为宗要；顾应祥（1483—1565）类钱德洪而重对治，以知察意念善恶对治为宗要；张元忭（1538—1588）以戒慎恐惧慎独工夫为宗要，胡瀚以良知中道归宗孔子为宗要。江右王门邹守益（1491—1562）以“戒惧敬养”为君子修证宗要，如《龙华会语》“德性是天命之性。性字从心从生，这心之生理精明真纯，是发育万物，峻极于天的根本。戒慎恐惧，养此生理，从君臣父子交接处周贯充出，无须臾亏损，便是礼仪三百，威仪三千”[⑤]；欧阳德（1496—1554）以“明觉妙用”

---

① 《明儒学案·浙中王门学案一》，中华书局2008年第2版（下同），第231、235页。

② 黄绾：《明道编》，中华书局1959年版，第43、20页。

③ 季本：《说理会编》，《明儒学案》卷十三，第275—276页。

④ 徐用检：《兰游录语》，《明儒学案》卷十四，第308页。

⑤ 《邹守益集》，凤凰出版社2007年版，第731页。

为宗要，如《答罗整庵先生寄〈困知记〉》“天性之真，明觉自然，随感而通，自有条理者也，是以谓之良知，亦谓之天理。天理者，良知之条理；良知者，天理之灵明，知觉不足以言之也”[①]；聂豹（1487—1563）以“归寂通感”为宗要，如《困辩录·辩易》“君子以寂然不动立人极焉，遏恶于未萌，养善于未发”、《与欧阳南野三》“学问之道，自其主乎内之寂然者求之，使之寂而常定也，则感无不通，外无不该，动无不制，而天下之能事毕矣”[②]；罗洪先（1504—1564）以“主静摄聚”为宗要，如《甲寅夏游记》“人生而静，未有不善。不善者，动之妄也。主静以复之，道斯凝而不流矣。神发为知，良知者静而明也，妄动以杂之，几始失而难复矣。故必有收摄保聚之功，以为充达长养之地，而后定静安虑由此以出，必于家国天下感无不正，而未尝为物所动，乃可谓之格物”[③]；王时槐（1522—1605）以“透性研几”为宗要，如《唐曙台索书》“夫心一也，寂其体，感其用，几者体用不二之端倪也。当知几前无别体，几后无别用，只几之一字尽之。希圣者终日乾乾，惟研几为要矣”[④]；此外，陈九川以“慎独知几”为宗要、魏良弼以“无我复性”为宗要、刘文敏则以“性常体虚”为宗要、刘师泉以“悟性修命”为宗要。

王门泰州学派开启了儒学性善修教大众化尝试，但也出现了先觉后觉及仁义利欲模糊混同等世俗化流弊。王艮（1483—1541）以絜矩格物明哲保身为修证宗要，如《语录》“圣人之道，无异于百姓日用。凡有异者，皆谓之异端……百姓日用条理处，即是圣人之条理处”、“格如‘格式’之格，即后‘絜矩’之谓。吾身是个矩，天下国家是个方，絜矩则知方之不正由矩之不正也，是以只去正矩，却不在方上求。矩正则方正矣，方正则成格矣”，又如《乐学歌》“人心本自乐，自将私欲缚。私欲一萌时，良知还自觉。一觉便消除，人心依旧乐。乐是乐此学，学是学此乐”、《明哲保身论》“明哲者，良知也。明哲保身者，良知良能也……知保身者，则必爱身如宝。能爱身，则不敢不爱

---

① 《欧阳德集》，凤凰出版社2007年版，第12页。

② 《聂豹集》，凤凰出版社2007年版，第554、241页。

③ 《罗洪先集》，凤凰出版社2007年版，第81—82页。

④ 《明儒学案·江右王门学案五》，第488—489页。

人。能爱人，则人必爱我。人爱我，则吾身保矣……然后能保天下矣。此仁也，所谓至诚不息也，一贯之道也。人之所以不能者，为气禀物欲之偏……学之如何？明哲保身而已矣”。[①]王艮弟子如樵夫朱恕、陶匠韩贞等尚能以守本分化民俗为宗要并有所实操，但王艮明哲保身说利义模糊处也直接导致了泰州后学世俗化流弊。罗汝芳（1515—1588）主张天命生生、浑沦顺适以希圣希天并以“格物求仁”为宗要，耿定向（1524—约1596）以儒释双成仁根自然为宗要，颜钧（1504—1596）则以“率性体仁”为宗要且偏激认为道理格式皆为障道。何心隐（1517—1579）以“性乘于欲”寡欲尽性为宗要，轻礼重欲而明显脱出名教正统范围，如《寡欲》“性而味，性而色，性而声，性而安佚，性也。乘乎其欲者也，而命则为之御焉。是故君子性而性乎命者，乘乎其欲之御于命也，性乃大而不旷也。凡欲所欲而若有所发，发以中也，自不偏乎欲，于欲之多也，非寡欲乎？寡欲，以尽性也”[②]，这显然是对孟子性命观的片面曲解，可谓清代戴震、焦循等离经叛道思想滥觞；何心隐尚主张寡欲育欲，李贽（1527—1602）则直接消解性善肯定私心，混同三教而以私心自然为宗要，如《德业儒臣后论》“私者，人之心也。人必有私，而后其心乃见；若无私，则无心矣”[③]。焦竑（1540—1619）亦混同三教而以正情复性为宗要，其学尚友苏轼苏辙张商英而宗承陆王，师耿定向王龙溪、友李贽而徒授徐光启，实为阳明良知说及泰州学派消解正统混滥流弊之集成者，如《原学》“夫学何为者也？所以复其性也。人之为性，无舜跖，无古今，一也……学也者，冥其妄以归于无妄者也，无妄而性斯复矣”、《刻大方广佛华严经序》“圣人之教不同也，至于修道以复性，则一而已……六经、《语》《孟》无非禅，尧舜周孔即为佛”[④]，当时礼教正统人士即曾劾评其险诞浮躁。

明末刘宗周（1578—1645）心学以诚意慎独为修证宗要，如《圣学宗要》“天地之间，一气而已，非有理而后有气，乃气立而理因之寓也”、《中庸首

① 王艮：《王心斋全集》，江苏教育出版社2001年版，第10、34，54、29页。

② 《何心隐集》，中华书局1960年版，第40页。

③ 李贽：《藏书》卷三十二，中华书局1959年版，第544页。

④ 焦竑：《澹园集》，中华书局1999年版，第18、182页。

章说》“性只是气质之性，而义理者气质之本然，乃所以为性也。心只是人心，而道者人之所当然，乃所以为心也”，又如《学言下》“心一也，自其主宰而言谓之意……心体所谓四端万善，参天地而赞化育，尽在意中见”、《证学杂解》“学以诚意为极则，而不虑之良于此起照”、《答董生心意十问》“一念不起时，意恰在正当处也。念有起灭，意无起灭也”，再如《学言下》“诚正之辨，所关学术甚大。辨意不清，则以起灭为情缘；辨心不清，则以虚无落幻相”、《证学杂解》“今天下争言良知矣，及其弊也，猖狂者参之以情识，而一是皆良；超洁者荡之以玄虚，而夷良于贼。亦用知者之过也”。[①]黄道周（1585—1646）立足心学辟其流弊而调停朱陆反本经学，以法天性善中道践履为修证宗要，如《榕坛问业》卷十七“天有气数，人有气质。天命在气数中，人性在气质中。何尝不是？然说气数，则有灾沴之不同；说天命，则以各正为体。说气质，则有智愚之异等；说人性，则以至善为宗。气数犹五行之吏，分布九野，与昼夜循环，犹人身之有脉络消息。天命犹不动之极，向离出治，不与斗柄俱旋，即人身之心性是也……凡说性命，只要尽心者不欺本心，事事物物当空照过，撞破琉璃，与天同道，四围万里，不见浮云”，卷十二“一天备得二气五行，留不得一点云雾，云雾尽净，经纬尽呈，才见天之正面。风雨晦冥，日光常在，入《夷》出《晋》，明体自存，这便是自存正在的消息。人晓得天之与日，才晓得性之与心；晓得自存正在，才晓得本体工夫不已无息。格得此物十倍分明，始信得意识情欲是心边物，初不是心；风雨云雷是日边物，初不是日。性之与天，皆备万物，不著一物；心之与日，不著一物，乃照万物”，以及“身心原无两物，著物便是妄意。意之与识，识之与情，情之与欲，此数者附身而起，误认为心，则心无正面，亦无正位，都为意识情欲诱向外去……若论格致原头，要晓得意识情欲俱是物上精魂，不是性地灵光也”。[②]

《周易·坤卦》初六爻象辞云“‘履霜坚冰’，阴始凝也。驯致其道，至坚冰也”，《坤》文言释之云“臣弑其君，子弑其父，非一朝一夕之故，其所

① 《刘宗周全集》第二册，浙江古籍出版社2007年版，第230、301，442—443、278、339，452、278页。

② 黄道周：《榕坛问业》，影印《四库》717册，页第493下，422上，421上一下。

由来者渐矣，由辩之不早辩也”，此语正适用于阳明心学。阳明以混融三教之豪杰偏才越俎代庖，实际消解了正统儒学圣贤经书权威大义，虽于内圣修养及尊重个性差异、回应大众教化脉动方面有所开拓，但托古立新似是而非，大本不正必至虚浮混滥修教恶果。三“王”乱道由表及里（王莽新政之乱主要是在政统礼教层面、王安石新学之乱主要是在政统学统层面、王守仁心学之乱则主要是在道统学统层面），铁血教训触目惊心。以罗钦顺等为代表的明中后期程朱学者，即已郑重反思阳明心学以自致良知代性理实修之虚浮流弊。

罗钦顺（1465—1547）立足孔孟程朱正统义理，全面批判了陆王心学、禅学学理偏弊。罗子述心性理气内在关系者，如《困知记》卷上章一“夫心者，人之神明；性者，人之生理。理之所在谓之心，心之所有谓之性……二者初不相离，而实不容相混”、附录《答允恕弟》“此理在人则谓之性，在天则谓之命。心也者，人之神明，而理之存主处也。岂可谓心即理，而以穷理为穷此心哉”，又如卷上章四“道心，性也；人心，情也。心一也，而两言之者，动静之分，体用之别也。凡静以制动则吉，动而迷复则凶。‘惟精’，所以审其几也；‘惟一’，所以存其诚也。‘允执厥中’，‘从心所欲不逾矩’也，圣神之能事也”、章二“至精者性也，至变者情也，至神者心也。所贵乎存心者，固将极其深，研其几，以无失乎性情之正也。若徒有见乎至神者，遂以为道在是矣，而深之不能极，而几之不能研，顾欲通天下之志，成天下之务，有是理哉”，以及卷上章十四“性命之妙，无出‘理一分殊’四字……盖人物之生，受气之初，其理惟一；成形之后，其分则殊。其分之殊，莫非自然之理；其理之一，常在分殊之中……语其一，故人皆可以为尧舜；语其殊，故上智与下愚不移”、卷下章三五“理须就气上认取，然认气为理便不是。此处间不容发，最为难言，要在人善观而默识之”。罗子述儒释心性学理差异者，如《困知记》卷下章三八“佛氏之所谓性者，觉；吾儒之所谓性者，理”、章五九“所谓理一者，须就分殊上见得来，方是真切。佛家所见，亦成一片，缘始终不知有分殊，此其所以似是而非也”、续卷下章二“人心道心之辨，只在毫厘之间……须两下见得分明方是。尽心之学，佛氏之于吾儒，所以似是而实非者，有见于人心，无见于道心耳”、卷上章五“释氏之‘明心见性’，与吾儒之‘尽心知性’，相似而实不同……释氏之学，大抵有见于心，无见于性……

废弃人伦，灭绝天理，其贻祸之酷可胜道哉”，又如续卷上章一“佛法初入中国，惟以生死轮回之说动人……其后有达磨者至，直指人心，见性成佛，以为一闻千悟，神通自在，不可思议。则其说之玄妙，迥非前日比矣，于是高明者亦往往惑焉……既以其道为至，则取自古帝王精一执中之传，孔门一贯忠恕之旨、克己为仁之训，《大学》致知格物之教，《中庸》性道中和之义，《孟子》知言养气、尽心知性之说，一切皆以其说乱之。真妄混淆，学者茫然，莫知所适。一入其陷阱，鲜复能有以自拔者。故内之无以立大中至正之本，外之无以达经世宰物之用，教衰而俗败，不但可为长太息而已。向非两程子、张子、朱子身任斯道，协心并力以排斥之，吾人之不变于夷者能几何哉”。罗子述心学禅学化流弊者，如卷下章四一“道之弗明于天下，凡以禅学混之也。其初不过毫厘之差，其究奚啻千万里之远”、“夫不思而得，乃圣人分上事，所谓‘生而知之者’，而岂学者之所及哉。苟学而不思，此理终无由而得……遂乃执灵觉以为至道，谓非禅学而何！盖心性至为难明，象山之误正在于此”，又如续卷下章一“（慈湖）但与其所见合者，则以为是；与其所见不合者，虽明出于孔子，辄以为非孔子之言……至凡孔子之微言大训，又往往肆其邪说以乱之，刬实为虚，揉直作曲，多方牵合，一例安排，惟其偏见是就。务令学者改视易听，贪新忘旧，日渐月渍，以深入乎其心。其敢于侮圣言、叛圣经，贻误后学如此，不谓之圣门之罪人不可也”、附录《答欧阳少司成崇一》“误认良知为天理，于天地万物上，良知二字自是安着不得，不容不置之度外尔。圣人本天，释氏本心。天地万物之理既皆置之度外，其所本从可知矣”，以及卷上章五五“唐宋诸名臣，多尚禅学。学之至者，亦尽得受用。盖其生质既美，心地复缘此虚静，兼有稽古之功……故其学虽误，其人往往有足称焉。后世乃有儒其名而禅其实，讳其实而侈其名者，吾不知其反之于心，果何如也”、章八一“张子韶以佛语释儒书，改头换面，将以愚天下之耳目，其得罪于圣门亦甚矣。而近世之谈道者，或犹阴祖其故智，往往假儒书以弥缝佛学，律以《春秋》诛心之法，吾知其不能免夫”。罗子述反本正统笃实修教者，则如《困知记》卷上章二四“格物致知，学之始也；克己复礼，学之终也。道本人所固有，而人不能体之为一者，盖物我相形，则惟知有我而已。有我之私日胜，于是乎违道日远。物格则无物，惟理之是见；己克则无我，惟理之是由。

沛然天理之流行，此其所以为仁也。始终条理，自不容紊……苟未尝真知礼之为礼，有能‘不远而复’者，不亦鲜乎”，又如章四六“古之立政也，将以足民……将以化民；今之为政者，愚夫愚妇或从而议之，何民之能化”、章四五“作养人才，必由于学校。今学校之教，纯用经术，亦云善矣。但以科举取士，学者往往先词藻而后身心，此人才之所以不如古也。若因今之学校，取程子教养选举之法推而行之，人才事业远追商周之盛，宜有可冀”。[①]

陈建（1497—1567）亦奉持孔孟程朱中华正统，深辨朱陆之别以及儒学禅学化流弊，如《学蔀通辨》卷八“朱子尝谓伊川快说禅病，今由此编观之，朱子真可谓快说禅病矣……盖朱子未出以前，佛学盛行，虽经傅太史、韩文公、二程、张子之辩而不息，直至朱子出而后邪说退伏，不敢与吾儒争衡，而后学者晓然知佛学心迹本末之皆邪，而儒佛同异之辩息。而后一切杂学以佛旨释儒书者，不得以愚后学之耳目……是朱子未出以前，一禅佛世界；朱子出而后，复吾儒世界也”，以及卷十二“缘朱子尤深中禅病，始尽禅病也……愚谓近世辟佛，如傅太史武德一疏得其皮，韩文公《原道》一篇得其肉，至二程子而后得其骨，至朱子而始得其髓。是故辟佛至朱子而后尽，故佛学至朱子出而始衰，而儒佛异同之辩始息……象山禅几深密，遮掩术精，当是时也，天下尽为所蔀矣。虽南轩、东莱之贤犹看他不破，非朱子晚年深觉其弊，昌言而显排之，则后世亦尽为所蔀矣，今日又孰从而知其假似乱真，孰从而辩其阳儒阴佛，以发其未尽之蕴邪……朱子未出以前，苏子瞻以佛旨解《易》，游定夫以佛旨解《论语》，王安石、张子韶以佛旨释诸经，程门诸子以佛旨释《中庸》，吕居仁以佛旨释《大学》，自朱子出而后其书皆废……六经非得朱子出，六经之旨不明；佛学非得朱子出，佛学不衰；宋世杂学非得朱子出，杂学不息；陆学非得朱子出，陆学无人识得他破。昔人谓天不生仲尼，万古如长夜。愚谓天不生朱子，万古皆丰蔀。究辩至此，然后知朱子之功……孟子、朱子距异端，息邪说，辟杂学，正人心，以上承周公、孔子、颜、曾、子思之传，此圣贤之统也……朱子一生释群经以明圣道，辩异学以息邪说，二者皆有

① 罗钦顺：《困知记》，中华书局2013年第2版，第1、149，2、2，9、42。43、53、103、2—3，59—60。43—44、45，102—103、155—156，22、31。13—14，19、19页。

大功于世”[①]。直面明代中后期阳明心学的膨胀泛滥，陈建高扬朱子正统以拨乱反正，实为正统儒学忠荩之士。

王廷相（1474—1544）以后天实证反思理学而论理气心性者，如《慎言·道体篇》“物虚实皆气，通极上下造化之实体也。是故虚受乎气，非能生气也；理载于气，非能始气也”、《答薛君采论性书》“人有二性，此宋儒之大惑也。夫性，生之理也……人物之性无非气质所为者”、《问成性篇》“人之生也，性禀不齐，圣人取其性之善者以立教，而后善恶准焉……未形之前，不可得而言矣，谓之至善，何所据而论？既形之后，方有所谓性矣，谓恶非性具，何所从而来……为恶之才能，善者亦具之；为善之才能，恶者亦具之。然而不为者，一习于名教，一循乎情欲也”，又如“性不可为人之中，善可为人之中，气有偏驳，而善则性之中和者也。是故目之于色，耳之于声，鼻之于臭，口之于味，四肢之于安逸，孟子不谓之性，以其气故也；刚善柔善，周子必欲中焉而止，以其过故也。天地之化，人生之性，中焉而已……故曰‘惟精惟一，允执厥中’，求止于至善而已矣”。王廷相论君子法圣笃实修教者，则如《慎言·作圣篇》“圣人之道，贯彻上下。自洒扫应对，以至均平天下，其事理一也。自格物致知，以至精义入神，其学问一也。自悦亲信友，以至过化存神，其感应一也”、“人能体大舜‘有天下不与’之心，则举世之利益不足动矣。人能体大舜‘善与人同’之心，则一己之智能不足恃矣。人与天地、鬼神、万物一气也，气一则理一，其大小、幽明、通塞之不齐者，分之殊耳”、“作圣之涂，其要也二端而已矣：澄思寡欲以致睿也，补过徙义以日新也，卒以成之曰诚”、“学之始，在克己寡欲而已矣。寡之又寡，以至于无，则能大同于人而不有己矣”，又如《御民篇》“有圣人而后名教立。定之以天命则妄心灭，定之以礼义则遂心亡，定之以法制则纵心阻。故名教者，治世之要也”、《雅述》下篇“近世好高迂腐之儒，不知国家养贤育才将以辅治，乃倡为讲求良知，体认天理之说，使后生小子澄心白坐，聚首虚谈，终岁嚣嚣于心性之玄幽，求之兴道致治之术，达权应变之机，则闇然而不知……待其日长月

① 陈建：《学蔀通辨》，王云五主编《丛书集成初编》，第115，159—161页。

盛，天下尽迷，则救时经世之儒灭其迹矣”。[①]

吕柟（1479—1542）之学虽号称理学，且亦主张躬行礼教以抵制心学极端化流弊，但实际侧重周、邵、张、大程学统，且明确贬低非议朱子正统地位，故为介于理学心学之间非正统学者，如《鹫峰东所语第十五》“程朱之学皆近孔门，但朱子之著述太多耳。然其躬行未尝一日少怠，当其造诣清苦，亦庶乎原、卜之间矣”、《第二十三》“得圣门之正传者，尹子而已，其行悫而直，其言简而易。若朱子，大抵严毅处多，至于谏君，则不离格致诚正……人皆望而畏之，何以见信于上邪”。吕柟述法圣笃行礼义修教者，如《鹫峰东所语第二十四》“须将圣人言行一一体贴在身上，将此身换做一个圣贤的肢骸，方是孝顺。故今置身于礼乐规矩之中者，是不负父母生身之意也”、《第十五》“学者切要工夫只在克己。克己之要，须自家密察此心，一有偏处即力制之，务有以通天下之志”、《第十八》“学者存诚工夫，只是要不息。能一夜不息，则一夜之圣人；能一日不息，则一日之圣人；若常常不息，则常常是圣人。若息，则便走入夷狄矣”，又如《云槐精舍语第二》“非尽性不足以事亲，尽性所以至命也。非执礼不足以事君，执礼所以从义也”、《鹫峰东所语第十五》“民生不安，风俗不美，只是学术不正。学术不正，只为惟见功利一边，鲜知道义。所以贵于讲学者，又不在言语论说之间，惟在笃行道义，至诚转移而已”。吕柟反思阳明心学流弊者，则如《鹫峰东所语第十八》“格物还只是穷理，若作正物，我却不能识也……若不穷理，将不至于冥行妄作乎”、《第十五》“性、命、理、气固要讲明，必措诸躬行，方是亲切，性命自在其中，庶不为徒讲也”、《第十八》“人之资质有高下，工夫有生熟，学问有浅深，不可概以此（良知）语之。是以圣人教人，或因人病处说，或因人不足处说，或因人学术有偏处说，未尝执定一言。至于立成法，诏后世，则曰‘格物致知’‘博学于文，约之以礼’”，又如《鹫峰东所语第十五》“阳明本孟子‘良知’之说，提掇教人非不警切，但孟子便兼‘良能’言之。且人之知行自有先后，必先知而后行，不可一偏。傅说曰：‘非知之艰，行之惟艰。’圣贤亦未尝即以知为

① 《王廷相集》，中华书局1989年版，第753、518、765，767—768。760—761、763—764、760、764，784、873页。

行也”、《第十六》“今世学者，开口便说‘一贯’，不知所谓一贯者，是行上说，是言上说？学到一贯地位，多少工夫！今又只说‘明心’，谓可以照得天下事。宇宙内事固与吾心相通，使不一一理会于心，何由致知？所谓不理会而知者，即所谓‘明心见性’也，非禅而何”。[①]综上，罗钦顺、陈建儒学正统思想最为纯正，但偏重学理分疏而少涉践履工夫；王廷相、吕柟思想尝试法圣反本以弥补理学流弊，虽尚游离于儒学正统范围，而已偏颇不纯。其中，王廷相思想兼乎实学且有性具善恶、名教习伪说之嫌疑，吕柟思想兼乎心学且贬低朱子正统地位，其倡导之笃实躬行思想已是名实含混不伦不类了。

明神宗万历年间（1572—1620）以来，心学流弊大显而士风虚浮流离。张居正（1525—1582）等经世派儒者虽亦包容心学实修优长，但更注重正统维持世教，极力辟异端而禁讲学，如《请申旧章饬学政以振兴人才疏》“圣贤以经术垂训，国家以经术作人。若能体认经书，便是讲明学问，何必又别标门户，聚党空谈……务将平日所习经书义理着实讲求，躬行实践，以需他日之用。不许别创书院，群聚徒党，及号召他方游食无行之徒，空谈废业，因而启奔竞之门，开请托之路”、《答南司成屠平石论为学》“愿今之学者，以足踏实地为功，以崇尚本质为行，以遵守成宪为准，以诚心顺上为忠……毋以前辈为不足学而轻事诋毁，毋相与造为虚谈逞其胸臆”[②]，于中亦可管窥当时士林纷杂情态。

明后期以来，反思心学虚浮流弊、整合心学理学之儒者时中兴起。顾宪成（1550—1612）立足孔孟程朱正统而以性善小心为学行宗要，自觉纠正王学致良知说及泰州学派流弊。其述孔孟程朱儒学道统以辟心学乱象者，如《小心斋札记》卷一“孔孟既没，吾道不绝如线。至宋而始一光，发脉得一周元公，结局得一朱晦翁，而二程及张、邵、罗、李诸先生复相与后先主持于其间，天实命之以斯文之寄，非偶然也。二程与横渠、康节一时鼎兴，气求声应，此吾道将隆之兆也。微元公，孰为之开厥始？流传浸久，分裂失真，于是乎有禅而儒者，有霸而儒者，有史而儒者，此吾道将涣之兆也。微晦翁，孰为

① 吕柟：《泾野子内篇》，中华书局1992年版，第97、179。187、87、132，9、96。129、99、121—122，89、103页。

② 《张居正集》，湖北人民出版社1994年版，一册第172页、二册第716页。

之持厥终？韩昌黎谓孟子之功不在禹下，愚谓元公之功不在孟子下，晦翁之功不在元公下”，又如卷三“阳明先生开发有余，收束不足，当士人桎梏于训诂词章间，骤而闻良知之说，一时心目俱醒，恍若拨云雾而见白日，岂不大快？然而此窍一凿，混沌几亡，往往凭虚见而弄精魂，任自然而藐兢业……以考亭为宗，其弊也拘；以姚江为宗，其弊也荡。拘者有所不为，荡者无所不为。拘者人情所厌，顺而决之为易；荡者人情所便，逆而挽之为难……与其荡也，宁拘。此其所以逊朱子也”，以及卷十四“罗近溪以颜山农为圣人，杨复所以罗近溪为圣人，李卓吾以何心隐为圣人。何心隐辈坐在利欲胶漆盆中，所以能鼓动得人”、卷九“东坡讥伊川曰：何时打破这敬字？愚谓近世如王泰州座下颜、何一派，直打破这敬字矣”。述性善小心君子修教以辟心学无善无恶说者，则如《证性编·罪言上》“性，太极也；太极，天地之枢纽，万物之根柢也……是故太极无对，性无对”、《小心斋札记》卷三“自昔圣贤论性，曰‘帝衷’，曰‘民彝’，曰‘物则’，曰‘诚’，曰‘中和’，总总只是一个善”、卷十八“语本体，只是性善二字；语工夫，只是小心二字”、卷十五“世人往往喜承本体，语及工夫，辄视为第二义。孔子当时却只任工夫，故曰：若圣与仁，则吾岂敢，抑为之不厌，诲人不倦……然则孔子之所谓工夫，恰是本体；而世人之所谓本体，高者只一段光景，次者只一副意见，下者只一场议论而已矣”，又如《还经录》“无善无恶四字最险最巧。君子一生兢兢业业，择善固执，只著此四字便枉了为君子；小人一生猖狂放肆，纵意妄行，只著此四字便乐得做小人”、《证性编·罪言上》“无善无恶四字，就上面做将去，便是耽虚守寂的学问，弄成一个空局，释氏以之。从下面做将去，便是同流合污的学问，弄成一个顽局，乡愿以之……释氏得无善无恶之髓，老子得无善无恶之骨，乡愿得无善无恶之肉，胡氏之《中庸》、苏氏之模棱、冯氏之痴顽，得无善无恶之皮，外此拾无善无恶之唾而已”。[①]

高攀龙（1562—1626）亦辟驳阳明心学无善无恶说流弊，主张和合理学心

① 顾宪成：《顾端文公遗书》，光绪三年刻本影印本，《小心斋札记》卷一第2—3页，卷三第4—5页，卷十四第2页、卷九第10页。《证性编》卷三第8页、《小心斋札记》卷三第1页、卷十八第8页、卷十五第1页，《还经录》第19页、《证性编》卷三第7—8页。

学而居敬穷理率性宗善。其述理学正统而辟心学偏弊者，如《朱子节要序》“由孔子而后，见而知之者，为颜、曾、思、孟；然当孟子之时，邪说并作而仁义充塞，不有孟子，孔子之道不著也。由孟子而后，闻而知之者，为周、程、张、朱；然当朱子之时，邪说并作而仁义充塞，不有朱子，孔子之道不著也……自朱子出，而六籍之言乃始幽显毕彻，吾道如日月之经天，江河之流地，非独研穷之勤，昭晰之密，盖其精神气力真足以柱石两间，掩映千古，所谓豪杰而圣贤者也”、《泾阳顾先生行状》“自孟子以来得文公，千四百年间一大折衷也。自文公以来得先生，又四百年间一大折衷也”，又如《崇文会语序》“孔子之教四，曰文、行、忠、信，惟朱子之学得其宗，传之万世无弊。即有泥文窒悟者，其敦行忠信自若也，不谓弊也。姚江天挺豪杰，妙悟良知，一破泥文之蔽，其功甚伟，岂可不谓孔子之学？然而非孔子之教也。今其弊略见矣，始也扫闻见以明心耳，究且任心而废学，于是乎诗书礼乐轻而士鲜实悟；始也扫善恶以空念耳，究且任空而废行，于是乎名节忠义轻而士鲜实修。盖至于以四无教者弊，而后知以四教教者，圣人忧患天下后世之远也”，以及《崇正学辟异说疏》“自穆庙以来，率多玲珑虚幻之谈，而弊不知所终。笑宋儒之拙，而规矩绳墨脱落无存；以顿悟为工，而巧变圆融不可方物。故今高明之士，半已为佛老之徒。然犹知儒之为尊，必藉假儒文释、援释入儒者，内有秉彝之良，外有惟皇之制也。而其隐衷真志，则皆借孔孟为文饰，与程朱为仇敌矣。故今日对病之药，正在扶持程朱之学，深严二氏之防，而后孔孟之学明”。述性善敬修而辟无善无恶说者，则如《心性说》“圣人之学所以异于释氏者，只一性字。圣人言性所以异于释氏言性者，只一理字。理者，天理也……天然自有之条理也”、《复念台二》“格物者，穷理之谓也。穷理者，知本之谓也……理者心也，穷之者亦心也，但未穷之心不可谓理，未穷之理不可谓心”、《答念台三》“学问之道无他，复其性而已矣……千古圣贤心法，只一敬字捷径无弊”，又如《许敬庵先生语要序》“善者性也，无善是无性也。吾以善为性，彼以善为外也。吾以性为即人伦即庶物，彼以人伦庶物是善而非性也，是歧体用、歧本末、歧内外、歧精粗、歧心迹而二之也”、《方本庵先生性善绎序》“阳明先生所谓善，非性善之善也……第曰善念云而已……善一而已矣，一之而一元，万之而万行，为物不二者也。天下无无念之心，患其不一于善耳，一于善即性也……至夷善于恶而无之，人遂将视善如恶而去之，大乱之道也……人欲横流，如河水建瓴而下。语之为善，千夫堤之而不足；语之无善，一夫决之而有余”。[1]

明后期阳明心学虽已被正统儒者时中辟驳，但却裹挟社会世俗化潮流而蔓延风行。此亦明季乱世时势使然，这一局面至清初方有所改观。

二、明季清初中华正统学理脉络与经世实学革命思潮

明后期至明末清初，实学化儒者尝试反思理学心学流弊而反本圣学笃实修证。明清实学与心学虽有根本性差异，但俱主张理寓于气、即欲见理、性善实修，俱反思程朱理学甚或质疑理学正统地位，且俱于儒学大众普及层面有所开拓。这一时期代表性实学儒者有吕坤、陈确、顾炎武、王夫之、颜元等，他们为正统儒学大众化做出了时中贡献，但亦内在蕴涵后世世俗儒者离经叛道、托古立新并歧出孔孟程朱儒学正统之学理萌芽。清代戴震等世俗化朴学抨击程朱正统之离经叛道极端表现，即已内在蕴涵在顾炎武等明末清初实学之学理偏差中。

吕坤（1536—1618）关注明季思想混滥现实，主张反思理学心学流弊、反本圣学笃实践履以救世济民。但由于反对儒学性善说而主张性气合说，吕氏最终疏离割裂了孔孟程朱性善正统学理体系。其述即气言性敬慎反性者，如《呻吟语·性命》“虞廷不专言性善，曰‘人心惟危，道心惟微’……大抵言性善者，主义理而不言气质，盖自孟子之折诸家始……义理固是天赋，气质亦岂人为……气质亦天命于人而与生俱生者，不谓之性可乎……天地只是一个气，理在气之中，赋于万物，方以性言，故性字从生从心，言有生之心也”、“性者，理气之总名，无不善之理，无皆善之气。论性善者，纯以理言也；论性恶与善恶混者，兼气而言也。故经传言性各各不同，惟孔子无病”，又如《圣贤》“孔子是五行造身，两仪成性。其馀圣人，得金气多者则刚明果断，得木气多者则

---

① 高攀龙：《高子遗书》，影印《四库》1292册，页第540下、684下，550下—551上，443上。365上、479上、480上，546上、547上一下。

朴素质直，得火气多者则发扬奋迅，得水气多者则明彻圆融，得土气多者则镇静浑厚；得阳气多者则光明轩豁，得阴气多者则沉默精细”、“‘性之’圣人，只是个与理相忘，与道为体……‘反之’圣人，常常小心，循规蹈矩，前望后顾，才执得中字，稍放松便有过不及之差。是以希圣君子，心上无一时任情恣意处”。吕氏主张奉天法圣修教中道，如《问学》“‘尧舜事功，孔孟学术’，此八字是君子终身急务……以天地万物为一体，此是孔孟学术；使天下万物各得其所，此是尧舜事功，总来是一个念头”。其中述君子中道笃实学行者，如《天地》“吾人浑是一天，故日用起居食息，念念时时事事，便当以天自处”、《修身》“涵养如培脆萌，省察如搜田蠹，克治如去盘根。涵养如女子坐幽闺，省察如逻卒缉奸细，克治如将军战勍敌。涵养用勿忘勿助工夫，省察用无怠无荒工夫，克治用是绝是忽工夫”、《问学》“事事有实际，言言有妙境，物物有至理，人人有处法。所贵乎学者，学此而已。无地而不学，无时而不学，无念而不学，不会其全、不诣其极不止，此之谓学者”；述奉天法圣民本礼教者，则如《治道》“圣人在上，能使天下万物各止其当然之所，而无陵夺假借之患，夫是之谓各安其分，而天地位焉；能使天地万物各遂其同然之情，而无抑郁倔强之态，夫是之谓各得其愿，而万物育焉”、“天之生民，非为君也；天之立君，以为民也，奈何以我病百姓！夫为君之道无他，因天地自然之利，而为民开导撙节之；因人生固有之性，而为民倡率裁制之。足其同欲，去其同恶，凡以安定之，使无失所，而后天立君之意终矣。岂其使一人肆于民上，而剥天下以自奉哉”，又如《圣贤》“圣人低昂气化，挽回事势，如调剂气血，损其侈不益其强，补其虚不甚其弱，要归于平而已”、《世运》“世之衰也，卑幼贱微气高志肆而无上……耻于分义而敢于陵驾”、“士鲜衣美食，浮谈怪说，玩日愒时，而以农工为村鄙；女傅粉簪花，冶容学态，袖手乐游，而以勤俭为羞耻；官盛从丰供，繁文缛节，奔逐世态，而以教养为迂腐。世道可为伤心矣”。①

当时具有三教合一心学倾向的实学实修学者著述，尚有洪应明《菜根谈》、袁黄《了凡四训》等。洪氏以平情寡欲中道对治论君子笃实修教，如

① 吕坤、洪应明：《呻吟语·菜根谈》，上海古籍出版社2000年版，第9—10、9，217、217。136。213、120、143；272、309，227、215—216、215页。

《菜根谈·修省》“情之同处即为性，舍情则性不可见；欲之公处即为理，舍欲则理不可明。故君子不能灭情，惟事平情而已；不能绝欲，惟期寡欲而已”、“融得性情上偏私，便是一大学问；消得家庭内嫌隙，便是一大经纶”，又如《概论》“念头起处，才觉向欲路上去，便挽回理路上来。一起便觉，一觉便转，此是转祸为福、起死回生的关头，切莫当面错过”、《修省》“一念错，便觉百行皆非，防之当如渡海浮囊，勿容一针之罅漏；万善全，始得一生无愧，修之当如凌云宝树，须假众木以撑持”，再如《应酬》“善启迪人心者，当因其所明而渐通之，毋强开其所闭；善移风化者，当因其所易而渐及之，毋轻矫其所难”、《概论》“攻人之恶毋太严，要思其堪受；教人以善毋过高，当使其可从”、“父慈子孝，兄友弟恭，纵做到极处，俱是合当如是，著不得一毫感激的念头。如施者任德，受者怀恩，便是路人，便成市道矣”。[①]袁氏则尤重改过迁善笃实修行，如《了凡四训·改过之法》“善有真有假，有端有曲，有阴有阳，有是有非，有偏有正，有半有满，有大有小，有难有易，皆当深辨。为善而不穷理，则自谓行持，岂知造孽，枉费苦心，无益也”、“须发勇心。人不改过，多是因循退缩。吾须奋然振作，不用迟疑，不烦等待。小者如芒刺在肉，速与抉剔；大者如毒蛇啮指，速与斩除，无丝毫凝滞，此风雷之所以为《益》也”、《立命之学》“务要日日知非，日日改过。一日不知非，即一日安于自是；一日无过可改，即一日无步可进”[②]。此外，明清时期家学蒙学等通俗教化领域尚有朱柏庐（1627—1698）《治家格言》、李毓秀（1647—1729）《弟子规》等代表性宣教文本的广播风行等。

明末清初学界惩虚祸而趋笃实，出现了反思总结宋明理学心学、反本孔圣经学以言性善修教的经世致用实学努力。与同时期程朱正统卫道儒者多为在朝身份不同，明季清初实学学者大都为反经实修型在野儒者，其中以陈确、顾炎武、王夫之、颜元为典型代表。陈确（1604—1677）性善扩充即欲见理修教思想，即为明显反叛理学正统且具有阳明心学倾向的偏激化实学学者。其述性善扩充笃实知行者，如《瞽言三·气情才辨》“一性也，推本言之曰天命，推

① 出处同上注，第378、377，416、373，381、409、422页。

② 袁黄：《了凡四训全解》（韩菲译），中国华侨出版社2018年版。

广言之曰气、情、才，岂有二哉。由性之流露而言谓之情，由性之运用而言谓之才，由性之充周而言谓之气”、“性之善不可见，分见于气、情、才。情、才与气，皆性之良能也。天命有善而无恶，故人性亦有善而无恶；人性有善而无恶，故气、情、才亦有善而无恶”、《气禀清浊说》“气清者无不善，气浊者亦无不善。有不善，乃是习耳”、《性解上》“人性无不善，于扩充尽才后见之也”，又如《气情才辨》“践形即是复性，养气即是养性，尽心、尽才即是尽性，非有二也，又乌所睹性之本体者乎”、《圣学》“若但知性善，而又不力于善，即是未知性善。故阳明子亟合知行而一之，真孟子后一人……言性善，则天下将无弃人；言知行合一，则天下始有实学”、《大学辨一》“《大学》言知不言行，必为禅学无疑……其精思所注，只在‘致知’‘知止’等字，竟是空寂之学”。其述即欲见理笃实教化者，则如《瞽言四・无欲作圣辨》“欲即是人心生意，百善皆从此生，止有过不及之分，更无有无之分……圣人只是一中，不绝欲，亦不从欲，是以难耳。无欲作圣，以作西方圣人则可，岂可以诬中国之圣人哉”、“周子无欲之教，不禅而禅，吾儒只言寡欲耳。圣人之心，无异常人之心；常人之所欲，亦即圣人之所欲也，圣人能不纵耳。饮食男女，皆义理所从出；功名富贵，即道德之攸归……人心本无天理，天理正从人欲中见，人欲恰好处，即天理也。向无人欲，则亦并无天理之可言矣”，又如《瞽言一・近言集》“学者只时从人欲中体验天理，则人欲即天理矣，不必将天理、人欲判然分作两件也。虽圣朝不能无小人，要使小人渐变为君子。圣人岂必无人欲，要能使人欲悉化为天理。君子小人别辨太严，使小人无站脚处，而国家之祸始烈矣，自东汉诸君子始也。天理人欲分别太严，使人欲无躲闪处，而身心之害百出矣，自有宋诸儒始也”。[①]综上，陈氏实学虽于大众教化层面有所探索，但其反叛正统以欲说理观点实为偏颇不正而流弊无穷。

顾炎武（1613—1682）则肯定了孔孟程朱儒学道统传承，如《日知录》卷十四“周、程、张、朱五子之从祀，定于理宗淳祐元年。颜、曾、思、孟四子之配享，定于度宗咸淳三年。自此之后，国无异论，士无异习。历胡元至于

① 《陈确集》，中华书局1979年版，第451—452、452、455、447，454、442、557。461、461，425页。

我朝，中国之统亡，而先王之道存”。亭林进而主张理学即经学而以实学代空言，提出气盈天地道必寓器、通经致用经世济民、寓封建于郡县之中、以天下权寄天下贤等性善修教思想，从而尝试对理学心学予以反本溯源式修正探索。亭林反本圣经而述性善中道者，如《日知录》卷一“‘维天之命，於穆不已’，继之者善也；‘天下雷行，物与无妄’，成之者性也……‘天地氤氲，万物化醇。’善之为言，犹醇也……‘诚者，天之道也’，岂非善乎”、卷六“子之孝，臣之忠，夫之贞，妇之信，此天之所命，而人受之为性者也，故曰‘天命之谓性’。求命于冥冥之表，则离而二之矣”、卷七“《春秋》之义，尊天王，攘夷狄，诛乱臣贼子，皆性也，皆天道也”，又如卷七“孟子论性，专以其发见乎情者言之……曲沃卫嵩曰‘孔子所谓相近，即以性善而言。若性有善有不善，其可谓之相近乎……汤、武之不即为尧、舜，而必待于‘反之’，即性相近之说也。孔、孟之言一也’”、卷一“圣人虑人之有过不能改之于初，且将遂其非而不反也，教之以‘成有渝无咎’，虽其渐染之深，放肆之久，而惕然自省，犹可以不至于败亡……故曰‘惟狂克念作圣’”，以及卷十八“孳孳为善者心，孳孳为利者，亦未必非心。危哉心乎！判吉凶，别人禽，虽大圣犹必防乎其防，而敢言心学乎？心学者，以心为学也。以心为学，是以心为性也。心能具性，而不能使心即性也。是故求放心则是，求心则非”、“近世喜言心学，舍全章本旨而独论人心、道心，甚者单摭‘道心’二字，而直谓‘即心是道’，盖陷于禅学而不自知，其去尧、舜、禹授受天下之本旨远矣”。亭林辟驳异学而述笃实修教者，则如《日知录》卷十八“古之圣人所以教人之说，其行在孝弟忠信，其职在洒扫应对进退，其文在《诗》《书》《礼》《易》《春秋》，其用之身在出处去就交际，其施之天下在政令教化刑罚。虽其‘和顺积中而英华发外’，亦有体用之分，然并无用心于内之说。自老庄之学行于战国之时，而外义者告子也，外天下、外物、外生者庄子也。于是高明之士厌薄《诗》《书》，以为此先王所以治天下之糟粕。而佛氏晚入中国，其所言清净慈悲之说，适有以动乎世人之慕向者。六朝诸君子从而衍之，由清净自在之说而极之，以至于不生不死，入于涅槃，则杨氏之‘为我’也；由慈悲利物之说而极之，以至于普度众生，超拔苦海，则墨氏之‘兼爱’也。天下之言，不归杨则归墨，而佛氏乃兼之矣。其传浸盛，后之学者遂谓其书为‘内典’。推其立言之旨，不将内释而外吾儒乎？夫内释而外吾儒，此左道惑众之徒，先王之所必诛而不以听者矣”，又如卷十三“有亡国，有亡天下……易姓改号，谓之亡国。仁义充塞，而至于率兽食人，人将相食，谓之亡天下。魏晋人之清谈，何以亡天下？是孟子所谓杨、墨之言，至于使天下无父无君，而入于禽兽者也”、卷十八“新学之兴，人皆土苴六经”、卷七“昔之清谈谈老庄，今之清谈谈孔孟，未得其精而已遗其粗，未究其本而先辞其末。不习六艺之文，不考百王之典，不综当代之务，举夫子论学论政之大端一切不问，而曰‘一贯’，曰‘无言’，以明心见性之空言，代修己治人之实学。股肱惰而万事荒，爪牙亡而四国乱，神州荡覆，宗社丘墟”，再如《亭林文集·与施愚山书》“古之所谓理学，经学也，非数十年不能通也……今之所谓理学，禅学也，不取之五经而但资之语录，校诸帖括之文而尤易也……此之谓不知本矣”、《与友人论学书》“性也，命也，天也，夫子之所罕言，而今之君子之所恒言也；出处、去就、辞受、取与之辨，孔子、孟子之所恒言，而今之君子所罕言也……所谓圣人之道者如之何？曰博学于文，曰行己有耻”、《日知录》卷三“‘雨我公田，遂及我私’，先公而后私也。‘言私其豵，献豣于公’，先私而后公也……人之有私，固情之所不能免矣，故先王弗为之禁。非惟弗禁，且从而恤之。建国亲侯，胙土命氏，画井分田，合天下之私以成天下之公，此所以为王政也……世之君子必曰‘有公而无私’，此后代之美言，非先王之至训矣”。[①]亭林反经实学于宋明理学学理完善确有补益，但也存在实际弱化程朱正统的矫枉过正内在倾向，这一倾向又被乾嘉朴学极端化学者刻意放大了。

王夫之（1619—1692）亦激烈抨击陆王心学道释化偏虚流弊，如《礼记章句·中庸》“姚江王氏知行合一之说得籍口以惑世；盖其旨本诸释氏，于无所可行之中，立一介然之知曰悟，而废天下之实理，实理废则亦无所忌惮而已矣”、《张子正蒙注·乾称篇下》“王氏之学，一传而为王畿，再传而为李贽，无忌惮之教立，而廉耻丧、盗贼兴，皆惟怠于明伦察物而求逸获，故君父可以

---

① 顾炎武：《日知录集释》（黄汝成集释），上海古籍出版社2006年版，第852。41—42、378、400，416、18—19，1052、1048。1045—1046，756、1060、402页，《亭林文集》（《四部丛刊初编》265册，商务印书馆1926年版）第18、2页、《日知录集释》第148页。

不恤，名义可以不顾。陆子静出而宋亡，其流祸一也”。船山进而反本孔子以反思理学，学宗横渠以论性善修教，对性气理欲、动静知行诸对范畴予以摄体归用系统剖析，但也涵摄利欲世俗化潜在倾向，从而矫枉过正偏离了程朱正统。船山实学义理内核在于性善剖析与理欲阐释，船山反本圣经而述性善学行者，如《船山思问录·内篇》“天曰无极，人曰至善，通天人曰诚，合体用曰中”、“‘学而时习之，不亦说乎。有朋自远方来，不亦乐乎。人不知而不愠，不亦君子乎’，人性之善征矣。故以言征性善者，必及乎此而后得之。诚及乎此，则若火之始然，泉之始达，道义之门启而常存”、“言性之善，言其无恶也。既无有恶，则粹然一善而已矣。有善者，性之体也；无恶者，性之用也”，又如“‘好学近乎知，力行近乎仁，知耻近乎勇’……‘近’者，天、人之词也，《易》之所谓‘继’也。修身、治人、治天下国家以此”、“天性之善，皆能培栽而覆倾。如物之始蒙，勿但忧其稚弱，正恐欲速成而依非其类，则和风甘雨亦能为之伤，故曰‘蒙以养正’。养之正者，学以聚之，问以辨之，宽以居之，仁以行之，则能不依流俗之毁誉，异端之神变，以期速获而丧其先难，故曰‘利御寇’”。船山反经立新而述理欲互诠者，则如《读四书大全说·孟子·尽心上篇五》“言心言性，言天言理，俱必在气上说，若无气处则俱无也”、《论语·先进篇十一》“天理、人欲，只争公私诚伪”、《宪问篇二》“行天理于人欲之内，而欲皆从理，然后仁德归焉……天理充周，原不与人欲相为对垒。理至处，则欲无非理”、《孟子·梁惠王下篇三》“离欲而别为理，其唯释氏为然。盖厌弃物则，而废人之大伦矣”，又如《论语·里仁篇十一》“圣人有欲，其欲即天之理。天无欲，其理即人之欲。学者有理有欲，理尽则合人之欲，欲推即合天之理……人欲之各得，即天理之大同；天理之大同，无人欲之或异”、《先进篇十》“礼者，天理之节文也。识得此礼，则兵农礼乐无非天理流行处……倘须净尽人欲，而后天理流行，则但带兵农礼乐一切功利事，便于天理窒碍，叩其实际，岂非‘空诸所有’之邪说乎”，再如《思问录·内篇》“有公理，无公欲。私欲净尽，天理流行，则公矣。天下之理得，则可以给天下之欲矣。以其欲而公诸人，未有能公者也。即或能之，所谓‘违道以干百姓之誉’也，无所往而不称愿人也”、“公欲者，习气之妄也。不择于此，则胡广、谯周、冯道，亦顺一时之人情，将有谓其因时顺民如李贽者矣，酷矣哉”。[1]船山实学旨在切合明中期以来大众教化内在脉动，但其理欲理势关系论述艰涩偏颇易生歧义，实际偏离了孔孟程朱儒学正统范畴。船山实学于清季同治年间始得广为流传，对近现代中国发展进程产生了复杂多元的广泛影响。

颜元（1635—1704）实学批判理学而反本经学，尤为注重性善中道经礼实践，如《习斋记余·论开书院讲学》所云“学习躬行经济，吾儒本业也；舍此而书云书云、讲云讲云，宋明之儒也，非唐虞三代之儒也”。习斋实学义理内核即性善礼教说，其中述性善之理者如《四存编·存性编》“识得孔、孟言性原不异，方可与言性”、“孟子曰性善，即鲁《论》之‘性相近’也，言本善也；晏子曰‘汩俗移质，习染移性’，即鲁《论》之‘习相远’也，言恶所由起也。后儒不解，忽曰气质有恶，而性乱矣”、“孟子一生苦心，见人即言性善，言性善必取才情故迹一一指示，而直指曰：‘形色，天性也，惟圣人然后可以践形。’明乎人不能作圣，皆负此形也，人至圣人乃充满此形也。此形非他，气质之谓也”，又如“若谓气恶，则理亦恶；若谓理善，则气亦善。盖气即理之气，理即气之理，乌得谓理纯一善而气质偏有恶哉”、“人之性，即天之道也。以性为有恶，则必以天道为有恶矣；以情为有恶，则必以元、亨、利、贞为有恶矣；以才为有恶，则必以天道流行乾乾不息者亦有恶矣。其势不尽取三才而毁灭之不已也”、“气质即二气四德所结聚者，乌得谓之恶！其恶者，引蔽习染也。惟如孔门求仁，孟子存心养性，则明吾性之善，而耳目口鼻皆奉令而尽职”。习斋述礼乐养性者，则如《存学编》“性命之理不可讲也……所可得而共讲之，共醒之，共行之者，性命之作用，如《诗》《书》、六艺而已……讲之功有限，习之功无已”、《存性编》“六行乃吾性设施，六艺乃吾性材具，九容乃吾性发现，九德乃吾性成就；制礼作乐，燮理阴阳，裁成天地，乃吾性舒张；万物咸若，地平天成，太和宇宙，乃吾性结

---

① 《船山全书》第四册，岳麓书社1996年版，第1256页；《张子正蒙》（王夫之注），上海古籍出版社2020年版，第263—264页。《船山思问录》，上海古籍出版社2000年版，第32、31、55，32、54页。《读四书大全说》，中华书局1975年版，第718、372、406—407、519，248、371页，《船山思问录》第36、57页。

果。故谓变化气质为养性之效则可……谓变化气质之恶以复性则不可，以其问罪于兵而责染于丝也”、“气质偏驳者，欲使私欲不能引染，如之何？惟在明明德而已。存养省察，磨励乎《诗》《书》之中，涵濡乎礼乐之场，周、孔教人之成法固在也。自治以此，治人即以此，使天下相习于善，而预远其引蔽习染，所谓‘以人治人’也”。[①]习斋性善习行实学主张虽有修补理学、关注教化的时代价值，但亦存在抨击前贤太过乃至实际消解程朱正统之甚深流弊，不仅不能内在理顺宋明儒学脉络，还必然会引发儒学正统学行路径的分歧混乱，而其“正其谊以谋其利，明其道而计其功”理念也对后世产生了双刃剑性质的复杂影响。

综上，明季清初实学探索虽有契合大众教化的时代合理性，且对正统儒学完善成熟亦有促进价值，但其托古立新学理偏失与实际流弊均对孔孟程朱儒学正统构成了一定程度的消解冲击，从而成为乾嘉朴学极端世俗化思潮之学理滥觞。

三、清前中期中华正统学理脉络与陆王心学改良思潮

心学泛滥对明朝灭亡有着不可推卸的重大责任，因而引起了清初理学心学学者的深入反思。在立足心学立场前提下，清代以来心学学者大都反本孔孟以调停和会理学心学，并反思自身流弊而主张躬行实践，但同时也出现了程朱陆王主次地位模糊混滥的不良态势。鉴此，清代正统学者对陆王心学自觉予以了反本溯源式学理剖析与时中对治。

清初心学学者孙奇逢（1584—1675）撰《理学宗传》以调和性总结梳理理学心学道统学统，主张将陆九渊、王阳明、罗洪先等心学学者均纳入正统体系。其述心学实修者，如《日谱》“近刘念台云：理即是气之理，断然不在气先、不在气外。知此，则知道心即人心之本心，义理之性亦即气质之本性，一切纷纭之说，可以尽扫矣”、《四书近指》“心性天命四字只一样，人具之为心，心之灵处为性，性之自出为天，天之一定为命。只要人从本来处探讨得真

① 《颜元集》，中华书局1987年版，第519。6、35、3，1、22、2。41、2、30—31页。

切，而下手在存养二字，存养工夫又须做到尽头不可歇手……知天是知自身之天，事天是事自身之天，立命是立自身之命。总之，心生天、生命也”[①]。汤斌（1627—1687）则撰《洛学编》，主张朱王合一中道实修而辟其末流。李颙（1627—1705）亦立足心学而调停程朱陆王，但却明显混淆了程朱正统与陆王杂脉的主次偏正关系，如《南行述》“先觉倡道，皆随时补救，正如人之患病，受症不同，故投药亦异。孟氏而后，学术堕于训诂词章，故宋儒出而救之以‘主敬穷理’；晦庵之后，又堕于支离葛藤，故阳明出而救之以‘致良知’，令人当下有得。及其久也，易至于谈本体而略工夫，于是东林顾、高诸公，及关中冯少墟出而救之以‘敬修止善’”；李颙述悔过实修明体适用者，则如《悔过自新说》“苟留心此学，必须于起心动念处潜体密验。苟有一念未纯于理，即是过，即当悔而去之；苟有一息稍涉于懈，即非新，即当振而起之。若在未尝学问之人，亦必且先检身过，次检心过，悔其前非，断其后续，亦期至于无一念之不纯，无一息之稍懈而后已”、《盩厔答问》“穷理致知，反之于内，则识心悟性，实修实证；达之于外，则开物成务，康济群生。夫是之谓‘明体适用’”。[②]此后李绂（1673—1750）更是立足陆王心学而企图消解融摄理学义理，所撰《朱子晚年全论》《陆子学谱》承续王阳明《朱子晚年定论》基本理路，偷梁换柱式否定了程朱正统，实际超出了调停和会学术范围。

与顾炎武等反本孔孟笃实修教之实学学者不同，黄宗羲（1610—1695）乃托古立新消解正统之心学学者。黄氏奉持阳明心学立场编撰《明儒学案》《宋元学案》，对理学心学道统学统予以调和性总结梳理。其述理气相即性善中道者，如《明儒学案·诸儒学案上二》“自其浮沉升降者而言，则谓之气；自其浮沉升降不失其则者而言，则谓之理”、《南雷诗文集·与友人论学书》“为恻隐、羞恶、恭敬、是非之心，同此一气之流行也。圣人亦即从此秩然而不变者，名之为性。故理是有形（见之于事）之性，性是无形之理”、《诸儒学案中一》“情贯于动静，性亦贯于动静，故喜怒哀乐，不论已发未发，皆情也，其中和则性也”，又如《甘泉学案二》“气之流行，不能无过不及，故人之所禀，

---

① 《孙奇逢集》，中州古籍出版社2003年版，下册第1334—1335页、上册第362页。

② 李颙：《二曲集》，中华书局1996年版，第76；5、120页。

不能无偏。气质虽偏，而中正者未尝不在也。犹天之寒暑，虽过不及，而盈虚消息，卒归于太和。以此证气质之善，无待于变化”、《南雷诗文集·与陈乾初论学书》“性之为善，合下如是，到底如是，扩充尽才，而非有所增也，即不加扩充尽才，而非有所减也”。其述实用心学修教体系以消解程朱正统者，则如《明儒学案·卷首原序》“盈天地间皆心也，变化不测，不能不万殊。心无本体，工夫所至，即其本体。故穷理者，穷此心之万殊，非穷万物之万殊也”、《发凡》“学问之道，以各人自用得著者为真。凡倚门傍户，依样葫芦者，非流俗之士，则经生之业也”，又如《南雷诗文集·姜定庵先生小传》“道无定体，学贵适用。奈何今之人执一以为道，使学道与事功判为两途”、《国勋倪君功墓志铭》“古今无无事功之仁义，亦无不本仁义之事功。四民之业，各事其事，出于公者，即谓之义；出于私者，即谓之利”，再如《明夷待访录·原君》“有生之初，人各自私也，人各自利也……以千万倍之勤劳而己又不享其利，必非天下之人情所欲居也……古者以天下为主，君为客”、《财计三》“世儒不察，以工商为末，妄议抑之。夫工固圣王之所欲来，商又使其愿出于途者，盖皆本也”。[①]可见，黄氏对性情善恶、理欲公私、君民主客概念论述是分裂偏歧、功利世俗的。作为明中期以来阳明心学与商品经济异化流弊两相结合的必然后果，黄氏心学业已颠覆了儒教正统义利本末原有定位，遂使君子修教概念名实分离、模糊混滥而贻害后世。黄氏心学在清季民国影响很大，至今尚被西化学者奉为市民社会自由民主“思想先驱”而津津乐道。

清代心学之文人情意化、大众世俗化、宗教实修化、信仰神秘化等多元倾向较之明代愈发彰显，心学思想弥漫流行于文人阶层与市民阶层。此外，心学义理与道、释、回、耶等宗教义理，以及民间宗教义理会通合流现象亦较为普遍。譬如方以智（1611—1671）《性故》述性善修教，即主张折中调和理学心学、探源孔孟而尝试三教融会，彭绍升（1740—1796）、汪缙（1725—1792）、

① 《黄宗羲全集》，浙江古籍出版社1994年版，8册第386页、10册第146页、8册第409，182页、10册第152—153页。7册第3、6页，10册第607、485页，《明夷待访录》，凤凰出版社2017年版，第4、47页。

罗有高（1734—1779）等居士学者则立足心学而主张儒释融通净土实修，清代文学艺术、民间宗派教门等亦俱有浓厚的心学色彩，此不具述。

明后期程朱学者批判心学集中于流弊层面，清代前中期则开始对心学源流予以全面辟驳。张履祥（1611—1674）辟陆王而尊程朱，为清代程朱正学开山学者之一。张子辟驳陆王心学以紫夺朱三教混滥恶劣风习者，如《愿学记二》“学术坏而心术因之，心术坏而世道因之，古今不易之理也”、《答沈德乎二》“姚江以异端害正道，正有朱紫、苗莠之别，其弊至于荡灭礼教。今日之祸，盖其烈也”、《答陈乾初一》“至于性解，古之圣贤发明已无余蕴……若将求异乎古之人，则已自蹈不知妄作之病，陷于惑世诬民之罪……君子反经而已矣，权亦只是经也，而世之学者，好为达权通变、经不足守之说，以是人心坏，学术害，横流所极，至于天地易位，生民涂炭，而未知其所止息”，又如《愿学记三》“儒者不为儒者之学，反去旁求二氏之说，搀入正道。二氏亦不专守二氏之说，辄欲袭取儒先之言，牵合彼教。此百余年以来积重之习。想此风自宋时渐有，而决裂大闲，则始于‘三教一门’，遂令滥觞，不可界限。学术之祸中于世运，夷夏之闲亦至尽决。率兽食人，人将相食，未知何时而已也”。张子述对治心学君子学行者，则如《答沈尹同三》“《大学》之要，在于致知、诚意，《中庸》之要，在于明善、诚身。而其求端用力之处，一则曰格物，二则曰择善而固执之。要之非有二也。择善即格物之谓，知至则明乎善矣，意诚则诚乎身矣，知至意诚而德明矣，明善诚身而性尽矣”、《初学备忘上》“为学最喜是实，最忌是浮……忠信只一实字，故敬曰笃敬，信曰笃信，行曰笃行，好曰笃好，无所往而不用是实也”、《愿学记三》“人知放其心于声色嗜欲之为放心，而不知学问之际，其为放心更深也。不到‘惟精惟一，允执厥中’，总为放心”，又如《备忘三》“‘理一无工夫，工夫全在分殊上’。吾人日用致力，只要穷致物理，随事精察而力行之，即不必言未发之中，而未发之中无乎不在。世儒好说本体，岂知本体不假修为，人人具有，虽使说得精微广大，何益于日用”、《愿学记三》“世人做功夫，多只走释氏一路，所以不得长进……舜明于庶物，察于人伦；孔子好古敏求，择善固执。可谓‘先圣后圣，其揆一也’。敬义夹持，居敬穷理，洛、闽所以为吾儒之正统……有忿必惩，有欲必窒，见善则迁，有过则改，以是勉焉，日有孳孳，毙而后已”。[①]

陆世仪（1611—1672）亦发明程朱正正学而尤重实修经世。陆子论穷理尽性学行中道者，如《思辨录辑要·人道类》“只看‘《易》有太极，是生两仪’句，则理气之说明，而性之为性昭然矣。盖太极者理也，两仪者气也，理无不善，一入乎气，遂分阴阳，分阴阳遂分刚柔，分刚柔遂有清浊，有清浊遂有善恶……太极两仪未尝二，性如何有二”，《遗书·答王周臣天命心性志气情才问》“穷理之学，格致是也……一物不备不足以践我之形，一理未穷不足以尽性之量，故君子之学能立命者，以其能尽性也。夫性未可遽尽，而理可以渐穷，学者有志于穷理，则必事事而察之，日日而精之，时时而习之，渐造渐进，以至于极，为神为圣，莫非是也……居敬之学，则诚意是也。诚意之始由于不欺，一善不敢饰，一恶不敢隐。至功夫再进，则真心发矣，将欲饰善而自知耻，将欲隐恶而自知愧。至功夫又进，则谨慎至矣，几微之善亦无不存，几微之恶亦无不绝。至功夫更进，则戒惧生矣，无善可凭而常惺惺，无恶可绝而常业业，诚之至也，敬之至也……故居敬穷理在圣人为一贯之学，在学者为入德之门，即此下学，亦即此上达，初无有二”，以及《思辨录辑要·格致类》“朱《注》说格物，只是穷理二字，阳明说格物便多端……至于致知，则增一良字，以为一贯之道尽在是。缘阳明把致知二字，竟作明明德三字看，不知明明德工夫，合格致诚正修俱在里面，致知只是明德一端，如何可混。且说个致良知，虽是直截，终不该括，不如穷理稳当……穷理二字，该得致良知；致良知三字，该不得穷理”。[②]

张烈（1622—1685）勇于卫道而撰《王学质疑》，深入剖析陆王心学偏谬以拨乱反正，如《王学质疑》附录《读史质疑三》所云“光芒横肆如阳明者，假孔孟以文禅宗，藉权谋以标道德，破坏程朱之规矩，蹂躏圣贤之门庭。嘉、隆而下讲学者遍天下，人人各树宗旨，卒之纳降于佛老，流遁于杂霸，总以

① 张履祥：《杨园先生全集》，中华书局2002年版，第759、85、30，777—778。185、998、771，1147、780页。

② 陆世仪：《思辨录辑要》（影印《四库》724册）页第235下—236上，《陆桴亭先生遗书》（光绪二十五年刻本）11册第5—6页，《思辨录辑要》页第31下。

成其争名利、攘富贵之私，辱圣门甚焉。而溯其原始，阳明实为首祸”。张子反本溯源述评陆王心学标新乱道之心迹者，如《王学质疑》附录《朱陆同异论》“朱陆同异，非其互为异也，乃陆之异于朱耳。天下之道不容有二，今观孔子语其弟子，博文约礼，循循于矩度之内，未尝敢放言高论，启人以好异之端，则后之学孔子者，其必准诸此矣。秦汉以来学者未睹其要，惟朱子之书广大精深，无所不备，而要归于平淡切实，雍容详至，不敢为新奇可喜之论。其躬行也，养于未发、省于方动，致谨于威仪言动之间，以达于家国天下事物之变，一一务得其理；服官莅政，莫不竭尽诚意，致于君而利其民……下学上达，高至于圣神无难，而下不失为经明行修之士。天下之欲学孔子者，舍是无由矣。此非欲私一朱子，而道之在天下固如是而已矣。使必舍是而求，非无新奇径捷之说，使人易知而乐从。而其失也，猖狂自恣，侮圣蔑经，未再传而已不胜其弊，陆子是已……孟子之言心，将拯人于功利嗜欲之中；而陆子之言心，将置人于好古敏求之上。故以子静之高明，已不免于自许太高，自任太过，有张皇遽迫之病。况其徒不及子静之天资，徒举师说而张大之，则浮游放荡，仅与末禅之无忌惮者同归而已矣，曾何益哉……及阳明出而以致良知为说，窃《大学》《孟子》之言，以文其佛老之实，于宋则取象山，于明则取白沙，藉其杰爽之气，诡幻之智，俊伟之词，奋然而与朱子为难。盖世风渐下，人将生心，天下群不逞之徒，其不便于朱子之教，而欲甘心于正人者，往往有之矣，特未敢有显言叛之者。自阳明操戈树帜为天下祸首，于是魁桀黠猾之士相助为波涛，而庸愚下士尽从风而靡，五经四书悉更面目，纲常名教为之扫地矣。故一传而为王畿，则直言二氏而不讳；再传而为李贽，则尽诋古之圣贤，而取夫奸雄淫暴者以为法。虽其人已伏辜，而天下相与扼腕而叹慕之。当是时以姚江为圣人，诵佛老者为名士，掊击朱子者为高贤，诃诋传注者为俊杰，酗博狎谑者为风流，争自号于天下曰，我学禅者也，学姚江者也。既显遁于朱教之外，然后可以恣为浊邪而不愧……阳明驰骋异论，欲使人人为圣人，而适以便天下之不肖。及夫礼义之教泽已尽，贪诈之习俗已成，日嚣竞于功利嗜欲之内，不惟朱子之说不足以入之，即象山之本心、阳明之良知，亦视为浮尘土梗，邈乎其不相属矣……窃以为阳明之祸天下，即怀山襄陵未足为喻……然则朱陆之辨，大是非、大利害存焉，又非独同异而已也”，又如《读史质疑四》“象山、阳明必先提所谓本心良知者，举此以致之于事物，而以下学讲习为支离无本领，其亦舛矣。盖象山、阳明之说，禅门直指人心之说也，圣门无是也。特以身为儒者，不敢显然谈禅，而借孟子之本心良知以附会其说。不知孟子所谓本心良知者，孩提爱敬、恻隐羞恶之类，必待察识扩充、深造自得，学问之事尚多，未尝曰耳本自聪，目本自明，六经皆我注脚也，又未尝曰致此良知于事物之间，不待即物而穷理也。夫无问学积累之力，而直提此心为主，以为施之而无不可，其不至偏陂放诞者几希。象山门人今日悟道，而明日醉酒骂人，正坐此弊。而犹曰吾独得孔子之学，诬罔不已甚乎！愚谓假孔孟以文禅宗者，此也。阳明恐人攻己，则援古本《大学》以为据，此挟天子令诸侯之智也；著《朱子晚年定论》，此以敌攻敌之术也。以行兵之权谋，用之于讲学，其心术险谲而技穷可知。愚谓藉权谋以标道德者，此也。弘治以前，天下谨守程朱之教，纲纪肃于上，廉隅励于下，风俗号为淳美，无敢一言谤议者。至阳明始肆然与之为难，明斥程朱之非，四书五经尽改面目，遂若朱子无一言之可存者。其徒乐其诞而自便也，人人争为新奇之论，以扬其波而鼓其焰。圣门温良恭让之气象，儒者读书修身、循循善诱之遗矩，荡然无存。于是人心乖张，发政害事，至于崩溃坏烂而后已。夫弘、正以前，尊程朱之教若彼；隆、万以下，毁程朱之祸若此。朱陆得失，关乎治乱，彰彰较著，而说者欲调停而两存之，不亦谬乎！弘治己未，阳明成进士，其年六月孔庙灾，九月建阳书坊灾。盖阳明之出，孔、朱之厄也，天象昭著，人不及知耳。愚谓破坏程朱之规矩，蹂躏圣贤之门庭者，此也……若阳明者，亦开阡陌、废封建、焚诗书、堕名城之徒耳……阳明一出，而尽变天下之学术，尽坏天下之人心，卒以酿乱亡之祸。彼乃以天下崇尚朱学，比于崇杨、墨，指正学为洪水猛兽，欲身起而救之，不自知其为倡乱之首……而论者犹曲为阳明讳，欲挽朱、陆而一之，此不深究其本末，徒为世俗瞻循之态，非所语于学也”。

张子具体剖析陆王心学偏驳学理者，则如《王学质疑》卷一“‘心即理也’……此心何以遽无私欲之蔽，何以遽能纯乎天理！欲人去欲，而不许即事即物以辨验所谓欲者；欲人存理，而不许即事即物以研究所谓理者。第曰去人欲而已，存天理而已。愚知其难也……今必曰求之心，不求之君父，则君父为外矣，又有心外之事、心外之理矣……圣人教人下学，即物求理，多闻多见，自能渐达于本心者，百不失一。盖资质不同，虽不悟本心，为人矩度自在也。若先语以求心，未有不骄矜自大者，欲其虚心逊志，从事于学问思辨也难矣！况其聪明足以拒谏，才气足以有为，方将震慑天下而奔走之，安望其能自反乎！若不善会扮戏之喻，势必举礼仪威仪三千三百，尽等于戏场；三纲五常礼乐刑政，尽付之游戏。老庄以为糟粕，释家以为幻影，皆此见也。无惑乎阳明之教，流至万历，举世化为佛老杂霸，而不可救止也”，又如卷二“‘致知格物’……去不正以全其正，仍然诚意事也。以存天理为穷理，使辨别未真，将以何者为天理？所存皆私意耳……非一一辨验，积累功深，不能识也……但已知者有限，未知者无穷，将独用功于已知，而未知者任之乎？必至未知之理不以为理，未知之欲不以为欲，肆意妄行、拒谏饰非之弊，自此起矣”、卷三“‘知行合一’……象山、阳明言理，皆恶分而喜合……执其合，讳其分，则天地一物也，日月一明也，男女一身也，君臣一位也，父子一名也，可乎……好浑同，恶分析，深斥‘即物穷理’，恐其太分明，无以为容私之地也，是必胡涂混杂，为害不可胜言矣。故立言偏诐，取快一时，遂淫邪离遁，生心害政而不可止”、卷四《杂论·与人论学书》“阳明谓‘节目事变，惟于吾心良知一念之微察之’，亦是也。但一念之微，天理人欲岂无误认？非读书讨论而徒自为精察，未有不偏蔽者，故曰‘思而不学则殆’……拔本塞源之论甚美，然亦骤观足以摄人耳。徐而按之，乃仪秦气习、鸱张凌厉，徒见其气象之虚浮傲诞而已。且所斥者词章记诵，于格物穷理之学无与也”，再如卷五《总论》“象山言本心，阳明言良知，其弊使人丧本心，丧良知……阳明天资雄放，其于循循讲习、循规蹈矩实所不耐，及一旦有得于佛老，与象山旨合，喜其与己便也……以此讲学，独辟宗旨，举圣贤经书，直欲以此意强贯之，真谓六经注我，随意驱驾，何所不可。此诐淫之始也……又以朱攻朱，著为《晚年定论》，实则以中为晚、以晚为中，与当日情事迥不相涉，锻炼舞文，诳词以欺天下……妄称定论，是意不诚也；不深考事实，是物不格也……惟其占题大高，叛道已甚，骑虎不得下，不得不左支右吾，藉笔舌以塞人一时之议，而前后矛盾、罅漏实多。既曰信孔子太过矣，又曰孔子之言亦不以为是也；既曰生平于朱子有罔极之恩矣，又曰天下宗朱如宗杨、墨也……然则王子之良知安在也”。[①]

综上，张烈惩明亡教训而痛定思痛，反思阳明心学之偏弊，可谓大节凛然而剖明深刻。同一时期吕留良（1629—1683）亦痛斥阳明心学具有根本性颠覆后果，如《复高彙旃书》所云“道之不明也，几五百年矣。正、嘉以来，邪说横流，生心害政，至于陆沉。此生民祸乱之原，非仅争儒林之门户也”[②]。

陆陇其（1630—1692）信奉程朱正统而尤重人伦日用居敬穷理，乃清初倡程朱、辟陆王之卫道醇儒。陆子述孔孟程朱道统学统者，如《三鱼堂外集·道统》“天下之盛衰，自道统之明晦始。君子之欲维持世教者，亦必自辨道统始”、“向非周、程、张、邵、朱六子者崛起于宋室，则道统或几乎息……故夫此六子者，非特有宋一代之光，实千百年道统绝续之所系也……而今之世，当尊朱子。朱子者，周、程、张、邵所自发明，而孔子之道所自传也。尊朱子，即所以尊周、程、张、邵，即所以尊孔子”，又如《三鱼堂文集·答嘉善李子乔书》“朱子之学，孔孟之门户也。学孔孟而不由朱子，是入室而不由户也”、《外集·经学》“自尧舜而后群圣辈出，集群圣之大成者，孔子也。自秦汉而后诸儒辈出，集诸儒之大成者，朱子也。朱子之学即孔子之学……今之论学者无他，亦宗朱子而已。宗朱子者为正学，不宗朱子者即非正学。汉儒不云乎，诸不在六艺之科、孔子之术者，皆绝其道，勿使并进，然后统纪可一而法度可明。今有不宗朱子之学者，亦当绝其道，勿使并进”。陆子追根溯源而述阳明心学之虚弊者，则如《文集·学术辨上》“自阳明王氏倡为良知之说，以禅之实而托儒之名，且辑《朱子晚年定论》一书，以明己之学与朱子未尝异。龙溪、心斋、近溪、海门之徒，从而衍之。王氏之学遍天下，几以为圣人复起。而古先圣贤下学上达之遗法，灭裂无余。学术坏而风俗随之。其蔽也，至于荡轶礼法，蔑视伦常，天下之人恣睢横肆，不复自安于规矩绳墨之内，而百病交作……明之天下，不亡于寇盗，不亡于朋党，而亡于学术。学术之坏，所以酿成寇盗朋党之祸也”、“天下有立教之弊，有末学之弊。末学之弊如源清而流浊也，立教之弊如源浊而流亦浊也。学程朱而偏执固滞，是末学之弊也；

① 张烈：《王学质疑》，王云五主编《丛书集成初编》本。

② 吕留良：《吕晚村先生文集》，北京出版社1998年版，第845页。

若夫阳明之所以为教，则其源先已病矣，是岂可徒咎末学哉”，又如《学术辨中》“阳明以禅之实而托于儒……若夫禅者，则以知觉为性，而以知觉之发动者为心。故彼之所谓性，则吾之所谓心也；彼之所谓心，则吾之所谓意也。其所以灭彝伦，离仁义，张皇诡怪，而自放于准绳之外者，皆由不知有性，而以知觉当之耳”、《王学质疑序》“余尝闻高子景逸之言曰：‘姚江……岂可不谓孔子之学，然而非孔子之教也’……既曰非孔子之教，又可谓孔子之学乎！学与教有二道乎！阳明之所谓良知，即无善无不善之谓也，是佛老之糟粕也，非孟子之良知也，何妙悟之有……徒见其流之弊，而未察其源之谬，比之龙溪、海门之徒抉阳明之波者，虽若有间，而圣人之道终未明也”“当阳明之世，其害未见，故知之也甚难；而其病未深，救之也尚易。至今日其害已见，故知之也似易；而其病既深，救之也则难。无论显树姚江之帜，锐与吾角者未易胜也，即闻吾言而唯唯叹息击节，不敢置一辞，而遗毒之潜伏隐藏于肺腑者，不知其几也。荡涤而消融之，岂易也哉”。[①]

李光地（1642—1718）以存实心、明实理、行实事为程朱学行纲领，并以之辟心学偏弊。其述孔孟程朱正统传承者，如《榕村语录·学一》“惟圣人之道谓之中庸，过此即为隐怪。此是实理，此是实心，此是实事。即浅即深，即粗即精，无大无小，无内无外”、《续语录·学》“孔子之书，高深精妙，昭日月而沛江河。孟子既没，直到周、程出，而其说大明。其中遥遥不绝如线，幸赖董仲舒、郑康成、韩文公撑拄其间，为功甚大。而昌黎首建义旗，排斥二氏，其功尤钜。若无数子，则佛教西来，聪明之士从风而靡，有不为之夺统者哉”、《语录·宋六子二》“朱子正是孔子传脉，其于经书躬行心得矣，而解说处却字字依文顺义，不少走作，才无弊”；其述理气相即性修中道以辟心学偏弊者，则如《语录·理气》“理气固不可分作两截，然岂得谓无先后？如有仁之理，一感于事，便有温和之气。有义之理，一感于事，便有果决之气”、《榕村集·尊朱要旨·理气》“程子之论道器也，曰道上器下，然器亦道也，道亦器也。朱子之论理气也，曰理先气后，然理即气也，气即理也”、《语录·理

---

① 陆陇其：《三鱼堂文集　外集》，影印《四库》1325册，页第240下、241下—242上，61下、240上—下。15下—16上、16上，16上—下、129上—下、130上。

气》“程子言‘性即理也’，今当言理即性也。不知性之即理，则以习为性，而混于善恶；以空为性，而入于虚无。不知理之即性，则求高深之理，而差于日用；溺泛滥之理，而昧于本源”，又如《读书笔录》“人欲者，耳目口鼻四肢之欲，是皆不能无者，非恶也，徇而流焉则恶矣”、《语录·性命》“虞廷说‘道心’，是从天理而发者；说‘人心’，是从形体而发者……能中节，则人心与道心一矣”、《尊朱要旨·心性》“孔子所谓‘仁者，人也’，心性之合也。孟子所谓‘仁，人心也’，心性之合也。然且有不仁之人，有不仁之心，是心不与性合也。心不与性合，而曰即心即性，可与”，再如《尊朱要旨·气质一》“知心性之说，则知天命气质之说……性无不善，而及夫心焉，则过也，不及也，杂糅不齐，于是乎善恶生焉……理通其全，气据其偏，全乎理者，中气也。过乎中、不及乎中，则谓之偏气，杂糅不齐之气，而理不受焉”、《气质三》“人受天地之中以生，虽其偏之极矣，而理未始不全赋焉，而性未始不全具焉。特其掩于气之偏，故微而不能自达，或感而动，或学而明，或困而觉，然后微渺之端绪，可得而见焉”。[①]

熊赐履（1635—1709）信奉程朱正统而撰《学统》，分判君子学统为正统（孔子、颜子、曾子、子思、孟子、周子、二程、朱子）、翼统（闵子、端木子、有子、言子、卜子、董仲舒、韩愈、张载、邵雍、司马光、尹焞、胡安国、杨时、罗从彦、李侗、张栻、黄榦、蔡沈、真德秀、薛瑄、胡居仁、罗钦顺）、附统（历代有贡献之儒贤）、杂统（荀况、扬雄、王通、苏轼、陆九渊、陈献章、王守仁）与异统（老子、庄子、杨子、墨子、告子、道家、释氏）五类。《学统》虽于各类学者思想内涵阐发不够，且对有些理学心学兼备之儒者分类判断较为粗疏，其卫道正统系统判教构想功不可没且对后世影响较大。《学统》述正统杂统之别以辟陆王心学者，如《自序》“统者，即正宗之谓……要之，不过‘天理’二字而已矣……夫道也者，理也。理具于心，存而复之，学也。学有偏全，有得失，而道之显晦屈伸遂从而出于其间，有志者是乌可不

① 李光地：《榕村全书》，福建人民出版社2013年版，六册第220页、七册第345页、六册第110；287页、八册第204页、六册第288页，八册第55页、六册第278页、八册第206，207、209页。

为之致辨乎！辨其学所以晰其理，而道以明，而统以尊”、《正统·朱晦庵先生》“孔子集列圣之大成，朱子集诸儒之大成，此古今之通论，非一人之私言也。朱子著述甚富，就中出于门人之纪述，不无一二出入，而要不害其全体。盖居敬穷理之言，实与尧、舜精一，孔、颜博约之旨，先后一揆。圣人复起，殆不能易矣”，又如《杂统·陆象山》“陆氏引释乱儒，借儒文释，其笔锋舌锷，尤足以驾伪而灭真……人情固莫不畏难而苟安，亦莫不好高而欲速。陆氏既乘其自便之私而中其窍，而又为之改头换面，饰以似是而非之说，使人陷溺于其中而不自觉”、《王阳明》“阳明一出，谭良知者盈天下……阳明未尝以告子为讳也……未尝以佛氏为讳也。阳明不胜其好高立异之念……显然与邹鲁洛闽为敌而略无所忌……而管东溟、李卓吾、何心隐、林兆恩之徒，则又立为三教一家之说以附和之，名为浑同，为调停，实则窜入尼山之室而据其座也。自时厥后，人人儒也，而实人人释也，名为三教，实惟有佛尔。盖自有明正、嘉而降百余年间，斯文一大为沦晦焉”。[①]

魏裔介（1616—1686）所撰《圣学知统录》致思类《学统》，对儒学世俗功利化与心学虚浮化极端倾向予以剖析辟驳。窦克勤（1653—1708）撰《理学正宗》亦卫道孔孟程朱儒学正统，如其《自叙》所云“自孟子而后，历汉唐之世，卒不闻有登圣人之堂奥者。此后世溯道统正传，必以宋儒为断；而宋儒称孔孟嫡派，必以周、程、朱子为归……周子《太极图》《通书》发明《易》蕴，举古今万事万物之理包括无遗，与《中庸》《语》《孟》相为表里；程子表章《六经》《四书》，学者始一其耳目、定其趋向而知所宗，开关启钥，功维钜焉。至朱子集诸儒之大成，复取《六经》《四书》详加考订阐绎，且会众说而为之折衷，删其繁乱，补其缺略，发其精义，要其旨归，遂使尧舜以来至孔孟相传之道，焕然昭明于世。是圣道尽在《六经》《四书》，而周、程、朱子之功亦尽在《六经》《四书》，此道统之正传，百世不易者也”[②]。此外，刁包（1603—1669）《潜室札记》卫道正统云“孔子天地也，朱子日月也，二程子嗣天地而开日月之先者也。非天地则日月无安顿处，非日月则天地亦何以灿然于

① 熊赐履：《学统》，凤凰出版社2011年版，《序言》、第168，499、522—523页。

② 窦克勤：《理学正宗叙》，《四库全书存目丛书》子部第24册，齐鲁书社1995年版。

天下万世哉……欲为儒宗者，宗朱而已矣，宗朱所以宗孔也。锐意宗孔而不宗朱，非真能宗孔者也”[①]，张夏《洛闽源流录序》亦云“世之学者，往往阳儒阴释以进释退儒，始而薄程朱，继而卑孔孟，由是道术凌杂、世教日衰，然则何以正之？亦正之以儒而已。孔孟，其儒之始祖乎！程朱，其儒之大宗乎”[②]，于中可见清初正统儒学内在脉动。

张伯行（1651—1725）撰《道统录》等，以伏羲、神农、黄帝、唐尧、虞舜、夏禹、商汤、文王、武王、周公、孔子、颜子、曾子、子思、孟子、周子、二程子、张子、朱子为正统，并附录皋陶、稷、契、伯益、伊尹、莱朱、傅说、太公、散宜生、杨时、罗从彦、李侗、谢良佐、尹焞等。张子述道统源流者，如《道统录序》“大道之在天下，如日月之经天，江河之行地。原无日不昭著于两间，自世有行道之人而道以行，无行道之人而道以息。有明道之人而道以明，无明道之人而道以晦。究之息而未尝绝，晦而不终昧者，则恃有仔肩斯道之人以相续于不坠焉耳。羲、农、黄帝、尧、舜、禹、汤、文、武之为君，与皋、益、伊、虺、傅说、周、召、望、散之为相，皆有行道之权者也。故继天立极，赞襄辅翊，而道以位而行。孔子虽不得位，然集群圣之大成，古今性命事功，不出其范围，后之言道者必折衷焉。颜、曾、思、孟以及周、程、张、朱，皆任明道之责者也，故穷理著书，授受丁宁，而道以言传。是道也，正纲维，立人极，端风化，开泰运，曲学杂霸不得假，百家邪说莫能乱，昭著流布于两间，真如日月之经天，江河之行地者矣。天地无终极，是道之统圣圣相承，亦无终极”。述尊朱辟王者，则如《困学录集粹》“格物穷理，存诚主敬，是为学实地工夫。古来善学者无如朱夫子，而或者每议其支离，无他，避难而就易，务为苟道而已”、《王学质疑序》“自阳明王氏倡为异学，以伪乱真，援儒入墨，天下学者翕然宗之，于是荒经蔑古，纵欲败检，几至不可收拾。此盖有气数存乎其间，非人力所能为也。然当狂澜横溢时，犹赖有觉世忧道之君子，如罗整庵、陈清澜两先生先后继起，震聋发聩，得以稍稍廓清。顾犹有为调停两可之说者……今曰尊朱而不辟王，是何异欲亲正人贤士，而复

① 刁包：《潜室札记》卷上，《丛书集成初编》本，第1—6页。

② 张夏：《洛闽源流录序》，凤凰出版社2019年版。

任淫声美色之日濡染于耳目之前，谓可以不拒者拒之也，有是理乎！尝考朱子之学，居敬以立其本，穷理以致其知，反躬以践其实，循循畏谨，奉前圣之格言，佩前贤之遗矩，终身悚惕于视听言动、伦物政事之间，若无一息可以便安者，其为学固似乎拘苦，然上之可以入圣，次亦不失为贤人。乃阳明独敢诋之为支离影响，别立致良知之说，以为即心是理，但求此心之速悟，六经任我驱使，不必循涂守辙，而自合于道。学者既喜其便捷，而又可以任吾意之所欲为，于是苟且儇薄之士凭陵睥睨，得以恣行其胸臆，诋呵圣贤而不顾，灭裂纲维而不畏，沿至百有余年，而士风不可复问矣。岂当时士大夫尽以朱子之学为非，而必欲变乱其成法哉？其始不过存一调停两可之见，不能勇于决择，久知其不便于己，卒至决然舍去，纵恣自适，其势不中立，而又转移之速如此，甚可惧也。吾乌知夫今之学者，不又承其流而袭其弊也耶"。[①]可见，当时程朱学者对心学学理的剖析判断已然坚定成熟。

在清初程朱理学学者不懈努力下，康熙五十一年诏升朱子入文庙大成殿配祀，孔孟程朱正统儒学正式成为清朝官方主流意识形态。同时，清代心学亦继续得以弥散性广泛传播，不同程度地渗透改观着儒士群体意识形态。

四、清中后期中华正统学理脉络与乾嘉朴学世俗化思潮

明中叶以来大众教化时代的加速到来，深刻影响了儒学发展内在行程。顾炎武反本圣经实学，当为清代乾嘉朴学之学理先驱。此后，阎若璩撰《古文尚书疏证》详细考证《古文尚书》系后人伪造，其学术野心是以微观实证否定儒学常道，从根本上铲除程朱正统儒学的合法性与神圣性，其意识形态影响非常恶劣。胡渭主张崇古实证，所撰《禹贡锥指》《易图明辨》《洪范正论》等亦是对程朱正统儒学神圣性的学术解构。此外，毛奇龄复古经学以否定朱子道学，姚际恒奉持怀疑辨伪、实证求是理念而否定孔孟程朱儒学正统，李塨后期思想亦由义理实学转向考证朴学，王懋竑《朱子年谱》则旨在剥离朱子学义理

① 张伯行：《道统录原序》。《困学录集粹》卷一第1页、《王学质疑原序》，俱见《丛书集成初编》本。

并予以实证取舍。上述儒者学风的实证化转向，构成了乾嘉朴学之学理发轫。

乾嘉朴学由吴派惠栋奠基，皖派江永之后步入鼎盛，戴震之后盛极而衰，江藩、阮元则为朴学总结者。惠栋信古宗汉，专注于以文字训诂发明经义，对汉学各家学说予以钩稽考证与疏通证明，撰《周易述》《易汉学》《九经古义》，自此汉学始与宋学分庭抗礼。吴派学者有沈彤、余萧客、江声、王鸣盛、钱大昕、张惠言、江藩等。皖派奠基者江永则主张汉宋调和而精通三礼，撰《礼书纲目》《古韵标准》等。皖派学者则有金榜、程瑶田、戴震、朱筠、卢文弨、任大椿、汪中、凌廷堪、段玉裁、王念孙、王引之、焦循、阮元、纪昀等。吴派特色在于复古宗汉述而不作，多治《周易》《尚书》诸经；皖派特色则在于求真详博而多治"三礼"，尤精小学、天文、历算。其中，程瑶田虽注重文字考据、主张缘情通理以礼权理而亦尊崇程朱道统，戴震则以文字考据、音韵训诂解构程朱正统并企图重构世俗汉学（《孟子字义疏证》《原善》等即其否定程朱正统之学理建构），汪中亦否定了孔孟程朱儒学正统而主张以孔荀代孔孟且孔墨并称；朱筠重刻《说文解字》并开启《四库全书》编纂工作，纪昀总纂《四库》而主张实学经世、摒除门户之见以调和汉学宋学；卢文弨擅经文校雠而任大椿专典章制度，段玉裁撰《说文解字注》、王念孙撰《广雅疏证》而王引之撰《经义述闻》；凌廷堪《礼经释例》以礼学代理学，焦循《孟子正义》以情欲中道重诠性善内涵，阮元主编《经籍纂古》、校刻《十三经注疏》、汇刻《皇极经解》，其学统则与戴震、凌廷堪、焦循一脉相承。此外，章学诚《文史通义》主张六经皆史、即事言理，翁方纲主张义理考据公允调和。在反思朴学、卫道程朱的清代后期儒者中，汪绂专守程朱，姚鼐宗程朱而提出义理、考据、辞章统一之学，唐鉴《朱子年谱考异》《学案小识》力排心学汉学、批判文人心学而卫道朱子正学；方东树《汉学商兑》亦信奉程朱正学而严肃批判戴震汉学弃本贵末、乱经叛道，但此时汉学、心学势力已然坐大，而程朱正统学派日渐衰微，故而不惟收效甚少，反被汉学调和派批判为偏激极端。此后，今文经学常州学派兴起而重经世致用微言大义，奠基者庄存与撰《春秋正辞》，此后刘逢禄撰《春秋公羊经何氏释例》、宋翔凤撰《论语说义》进而发扬之，这一新学风动向标志着清代东汉古文经学的衰微与西汉今文经学的兴起。

乾嘉朴学虽大有嘉惠后学的小学工夫，但多醉心于文字形式以致游离于修教大道之外，并不能承续孔孟程朱正统儒学内在学脉。以戴震为代表的极端激进派更是主张托古立俗离经叛道，歧出乃至否定了孔孟程朱性善修教儒学正统，从而加剧了儒学儒教雅俗混同世俗化倾向而后患无穷。托古立俗重诠理欲性情概念内涵，乃朴学尤其是戴震一脉的学理共识。在清初儒者以气言理、即事言理基础上，乾嘉学者多藉儒典具体本义言“理”（如惠栋考证指出理乃万物之文理、礼义之节分，好恶得正、德致中和则谓之天理；戴震认为理乃自然分理，亦即日用事物之分理、文理、条理，是情不爽失、心之所同的分之常则；阮元释理为节文条理并强调理出于礼、附礼以行，凌廷堪提出以礼代理说等）。戴震、凌廷堪、焦循、阮元一脉相承，以情欲中道诠孟子性善而背弃了孔孟程朱性善正统。

戴震（1723—1777）为乾嘉朴学情欲中道性善修教之学理集成者。戴氏以为气禀即性、情正即理、心知即性善，如《孟子字义疏证》卷上“古人言性，但以气禀言……孟子明人心之通于理义，与耳目鼻口之通于声色臭味，咸根诸性，非由后起。后儒见孟子言性，则曰理义，则曰仁义理智，不得其说，遂于气禀之外增一理义之性”、《绪言》卷上“喜怒哀乐之情，声色臭味之欲，是非美恶之知，皆根于性而原于天”、《疏证》卷上“理也者，情之不爽失也，未有情不得而理得者也……‘天理’云者，言乎自然之分理也；自然之分理，以我之情絜人之情，而无不得其平是也”，又如《原善》卷中“惟据才质为言，始确然可以断人之性善”、《疏证》卷中“人之心知，于人伦日用，随在而知恻隐，知羞恶，知恭敬辞让，知是非，端绪可举，此之谓性善”、“人以有礼义，异于禽兽，实人之知觉大远乎物则然，此孟子所谓性善”。戴氏以血气心知否定程朱正统理气学理者，如《疏证》卷上“口能辨味，耳能辨声，目能辨色，心能辨夫理义。味与声色，在物不在我，接于我之血气，能辨之而悦之……理义在事情之条分缕析，接于我之心知，能辨之而悦之”、卷中“阴阳五行，道之实体也；血气心知，性之实体也”、卷下“人生而后有欲，有情，有知；三者，血气心知之自然也……惟有欲有情而又有知，然后欲得遂也，情得达也”，又如卷上“欲者，血气之自然；其好是懿德也，心知之自然，此孟子所以言性善。心知之自然，未有不悦理义者，未能尽得理合义耳。由血气之自然，而审察之以知其必然，是之谓理义；自然之与必然，非二事也”、“人之生也，血气心知而已矣……程子、朱子见常人任其血气心知之自然之不可，而进以理之必然；于血气心知之自然谓之气质，于理之必然谓之性，亦合血气心知为一本矣，而更增一本……自宋儒杂荀子及老庄、释氏以入六经、孔孟之书，学者莫知其非，而六经、孔孟之道亡矣”。戴氏进而以情欲自然、节欲养性否定程朱正统性善修教者，则如《疏证》卷上“性，譬则水也；欲，譬则水之流也。节而不过，则为依乎天理，为相生养之道，譬则水由地中行也”、卷下“人之患，有私有蔽；私出于情欲，蔽出于心知。无私，仁也；不蔽，智也；非绝情欲以为仁，去心知以为智也。是故圣贤之道，无私而非无欲……以无私通天下之情，遂天下之欲者也……人伦日用，圣人以通天下之情，遂天下之欲，权之而分理不爽，是谓理”、卷上“私生于欲之失，蔽生于知之失；欲生于血气，知生于心。因私而咎欲，因欲而咎血气；因蔽而咎知，因知而咎心，老氏所以言‘常使民无知无欲’；彼自外其形骸，贵其真宰；后之释氏，其论说似异而实同。宋儒出入于老、释，故杂乎老、释之言以为言”，又如卷下“凡事为皆有于欲，无欲则无为矣；有欲而后有为，有为而归于至当不可易之谓理，无欲无为又焉有理……圣人务在有欲有为之咸得理。是故君子亦无私而已矣，不贵无欲。君子使欲出于正，不出于邪，不必无饥寒愁怨、饮食男女、常情隐曲之感，于是谗说诬辞，反得刻议君子而罪之，此理欲之辨使君子无完行者……未有不以意见为理之君子……此理欲之辨，适成忍而残杀之具……适以穷天下之人尽转移为欺伪之人，为祸何可胜言也哉”、《与某书》“古人之学在行事，在通民之欲，体民之情，故学成而民赖以生。后儒冥心求理，其绳以理，严于商、韩之法，故学成而民情不知，天下自此多迂儒”。①

综上，戴震虽亦主张“性善”，但实已托古改“性”(以情欲中正论性，直接片面地把孟子论性之次要义提升为根本义)，虽亦因应明清大众教化脉动而有一定参考价值，但雅情俗欲一体因顺，岂能引领嗜欲日开、智巧日出之乱世民风！又戴氏修养不过中等资力且说多行少，岂得污蔑宋明理学诸贤之深

① 戴震：《孟子字义疏证》，中华书局1982年第2版，第6、97、1—2，69、29、35。5、21、40—41，18、19—20。10、53—54、9，58—59、174页。

厚愿行！失明德亲民内圣外王之道这一师范感化修教本义，戴氏甘愿先知先觉之君子分位降格为普通百姓，并一厢情愿地把民众知觉提升到类似先知先觉层面加以全力论证。因而尽管戴氏在形式上还是坚持性善论，但实际上却存有撇清、消解性善论之无穷流弊。方东树（1772—1851）《汉学商兑》卷中之上所云“程朱所严辨理、欲，指人主及学人心术邪正言之，乃最吃紧本务，与民情同然好恶之欲迥别。今移此混彼，妄援立说，谓当通遂其欲，不当绳之以理，言理则为以意见杀人，此亘古未有之异端邪说”[①]，可谓中其肯綮。此外，兼宗汉宋之汉学学者程瑶田（1725—1814）亦遵崇程朱理学而以“天生烝民，有物有则”言性善修教，如《论学小记》即指出圣人因其性中天秩之所有者制为礼，能行其礼方得为仁，并明确讥讽戴震以意见论理而不知性善之精义。要言之，戴震消解儒学性善信念而论情欲中正君子修教，实际是把荀子性恶之情欲规定加以中道论证而倒转为性善之情欲，甘愿先知先觉之君子职分蜕化为普通民众食色知觉，从而大失明德亲民内修外化正统本怀。此“一本”非彼“一本”，戴氏性善较荀子性恶立论尤为低劣，武断割裂了儒学精英修养与大众教化这一主导、主体雅俗关系，几乎就是儒学儒教史上一切利以为义异端学派集大成式的概念论证与学理整合，因而亦即中华正统歧出叛逆者与宋明理学全盘反动者。

凌廷堪（1755—1809）偏激认为理学即禅学，主张调和荀孟而以礼节性复性于礼，如《校礼堂文集·复礼上》“人之所受于天者，性也。性之所固有者，善也。所以复其善者，学也。所以贯其学者，礼也。是故圣人之道，一礼而已矣”、《好恶说上》“好恶者，先王制礼之大原也。人之性受于天，目能视则为色，耳能听则为声，口能食则为味，而好恶实基于此……先王制礼以节之，惧民之失其性也。然则性者，好恶二端而已”，又如《荀卿颂》“人有性必有情，有情必有欲，故曰‘饮食男女，人之大欲存焉’。圣人知其然也，制礼以节之……制礼以防之……然后优柔厌饫，徐以复性，而至乎道。周公作之，孔子述之，别无所谓性道也……舍礼而言道，则空无所附；舍礼而复性，则茫无所从”、《复礼中》“即一器数之微，一仪节之细，莫不各有精义弥纶于其间……

① 方东树：《汉学商兑》，上海古籍出版社2018年版，第49页。

必先习其器数仪节，然后知礼之原于性，所谓致知也。知其原于性，然后行之出于诚，所谓诚意也”。[①]凌氏反本重礼本可补益宋学，但明显存在以礼代理、以荀代孟偏颇倾向，实际继承并拓展了戴震情欲中道世俗礼仪琐碎考证理路，故亦离弃了孔孟程朱修教正统而名实错综流弊匪浅。焦循（1763—1820）亦以知欲论性善而以推情感通论格物，但义理愈陋格调愈下，全然世俗论调而无正学生机，如《孟子正义·告子》“饮食男女，人之大欲存焉。欲在是，性即在是。人之性如是，物之性亦如是”、《雕菰集·性善解三》“论性善，徒持高妙之说，则不可定，第于男女饮食验之，性善乃无疑耳”、《性善解一》“性无他，食色而已。饮食男女，人与物同之……禽兽不知，则禽兽之性不能善。人知之，则人之性善矣”、《性善解五》“惟人心最灵，乃知嗜味好色。知嗜味好色，即能知孝悌忠信、礼义廉耻，故‘礼义之悦心，犹刍豢之悦口’。悦心悦口，皆性之善”、《正义·告子》“以己之心，通乎人之心，则仁也。知其不宜，变而之乎宜，则义也。仁义，由于能变通。人能变通，故性善。物不能变通，故性不善”，又如《雕菰集·格物解三》“感于物而动，性之欲也……惟本乎欲以为感通之具，而欲乃可窒。人有玉而吾爱之，欲也；若推乎人之爱玉亦如己之爱玉，则攘夺之心息矣……不知格物之学，不能相推，而徒曰过其欲，且以教人曰遏其欲，天下之欲可遏乎哉”、《使无讼解》“格物者，旁通情也。情与情相通，则自不争……原其情则明恕也；恕则克己，克己则复礼。克己复礼，则天下归仁。民志畏则有耻，有耻且格。格即格物也。上格物以化其下，天下之人亦皆格焉。格则各以情通而无讼，而天下平”。[②]阮元（1764—1849）立足汉学兼采宋学而述修礼节性、即事验仁，如《揅经室一集·性命古训》“授于天为命，受于人为性，君子祈命而节性，尽性而知命。故《孟子·尽心》亦谓口、目、耳、鼻、四肢为性也。性中有味、色、声、臭、安佚之欲，是以必当节之。古人但言节性，不言复性”、“性字从心，即血气心知也。有血气，无心知，非性也。有心知，无血气，非性也。血气心知皆天所命，人所受也”，

① 《凌廷堪全集》，黄山书社2009年版，一册第13页、三册第139，74页、一册第17页。

② 焦循：《孟子正义》第743页、《雕菰集》（《丛书集成初编》本）第128、127、128—129页、《正义》第734页，《雕菰集》第132、138—139页。

又如“味、色、声、臭，喜、怒、哀、乐，皆本于性，发于情者也。情括于性，非别有一事与性相分而为对”、“欲生于情，在性之内，不能言性内无欲。欲不是善恶之恶，天既生人以血气心知，则不能无欲，惟佛教始言绝欲……此孟子所以说味、色、声、臭、安佚为性也”、“人即有血气心知之性，即有九德、五典、五礼、七情、十义，故圣人作礼乐以节之，修道以教之，因其动作以礼义为威仪”，再如《孟子论仁论》“一介之士，仁具于心。然具心者，仁之端也，必扩而从之，著于行事，始可称仁”、《论语论仁论》“春秋时，孔门所谓仁也者，以此一人与彼一人相人偶，而尽其敬礼忠恕等事之谓也”、“凡仁，必于身所行者验之而始见，亦必有二人而仁乃见。若一人闭户斋居，瞑目静坐，虽有德理在心，终不得指为圣门所谓之仁矣”。[①]正统消解雅俗混同，阮元思想定型之时，已是清季道光年间，鸦片战争西夷入侵、洪杨暴乱耶教是尚，中华正统岌岌可危，中华民族步入最危险时段。

纪昀（1724—1805）主张折中汉学宋学以兼融精英修证与大众教化，但仍立足汉学情欲中道立场且不脱乡愿不彻调和论调，虽标榜持论允平而实则对程朱理学“敬而远之”，既不能也无意于承续孔孟程朱正统血脉。纪昀述“为中人以下设教”儒学大众化探索者，如《阅微草堂笔记》卷二“‘圣贤之为善，皆无所为而为者也。有所为而为，其事虽合天理，其心已纯乎人欲矣’……粹然儒者之言也。然用以律己则可，用以律人则不可；用以律君子犹可，用以律天下之人则断不可。圣人之立教，欲人为善而已。其不能为者，则诱掖以成之；不肯为者，则驱策以迫之……天下上智少而凡民多，故圣人之刑赏，为中人以下设教”、卷十八“物各有所制，药各有所畏。神道设教，以驯天下之强梗，圣人之意深矣”，又如卷十一“戒意恶，是铲除根本工夫，非上流人不能也。常人胶胶扰扰，何念不生？但有所畏而不敢为，抑亦贤矣”、卷十九“持论务严，遂使一时失足者，无路自赎，仅甘心于自弃，非教人补过之道”、卷十二“必执《春秋》大义，责不读书之儿女，岂与人为善之道”。纪氏进而对宋明理学心学及书院讲学予以调和评判，如《四库提

① 阮元：《揅经室集》，中华书局1993年版，第211、217，220—221、228、217，195、176、176页。

要·伊洛渊源录》“盖宋人谈道学宗派，自此书始。而宋人分道学门户，亦自此书始。厥后声气攀援，转相依附。其君子各执意见，或酿为水火之争。其小人假借因缘，或无所不至……然朱子著书之意，则固以前言往行矜式后人，未尝逆料及是。儒以《诗》《礼》发蒙，非《诗》《礼》之罪也。或因是并议此书，是又以噎而废食矣”、《泾皋藏稿》“明末，东林声气倾动四方。君子小人，互相搏击，置君国而争门户。驯至于宗社沦胥，犹蔓延诟争而未已。《春秋》责备贤者，推原祸本，不能不遗恨于清流，宪成其始事者也。考宪成与高攀龙，初不过一二人相聚讲学，以砥砺节概为事。迨其后标榜日甚，攀附渐多，遂致流品混淆……足见聚徒立说，其流弊不可胜穷，非儒者闇修之正轨矣”，又如《冯少墟集》“士大夫自甲科通籍，于圣贤大义不患不知，顾实践何如耳，不在乎聚而讲也……无故而舍其职司，呼朋引类，使其中为君子者，授人以攻击之间，为小人者，借此为攀附之途，党祸之兴，未必非贤者开门而揖盗也。至于谓宋之不竞，由禁讲学，尤为牵合”、《刘蕺山集》“讲学之风，至明季而极盛，亦至明季而极弊。姚江一派，自王畿传周汝登，汝登传陶望龄、陶奭龄，无不提唱禅机，恣为高论。奭龄至以因果立说，全失儒家之本旨。宗周虽源出良知，而能以慎独为宗，以敦行为本，临没犹以诚敬诲弟子，其学问特为笃实”。[①]纪氏上述调和评论固有可采之处，但立场无根、折中无主而多从外在流弊入手，并不能从根本上辟心学之偏而明程朱之正，且于朱学正统持敬而远之甚至明褒实贬之朴学心态，故与戴震一系仅为或温和或极端之程度差异而并无实质性分歧。

综上，乾嘉朴学自戴震以降多以“血气心知”经验层面论性，主张养情节欲学礼复性，重新审视荀学和诸子学而尊荀抑孟，大都辟佛老并批宋明理学为禅学，却不知宋明理学藉佛老刺激反求诸己，引申发明出儒学经典本有之精妙修教义理。以戴震为代表的乾嘉朴学打着全盘复古旗号进一步消解了理欲性情界限，不仅没有自觉接续宋明理学的彻底修证精神，还降格儒教性善教化为情欲合理、养情适情教化，更有甚者还以诸子杂学消解儒学礼教正统而倡言

① 纪昀：《阅微草堂笔记》，上海古籍出版社2010年版，第28、339，175、362、201页。《四库全书总目提要》，海南出版社1999年版，第327、909，909、910页。

个性解放。戴氏义理之学以批宋复古为期许而却以儒教信念消解为结果，实为“我凿六经”而并非反本开新，于是儒学儒教瓦解之势潜滋暗长而不可收拾。

乾嘉之后关注经世致用教化大义的西汉今文经学的兴起，实际是反宋复古乾嘉汉学（以东汉古文经学为主）的内在变通。出于对乾嘉汉学坐考经籍玩物丧志流弊的学理反思，亦出于民间信仰团体主导的民变多发社会动荡（根源于明中叶以来阳明心学风行导致的个性欲望释放膨胀、三教合一大众教化混滥弊端、乾嘉朴学对精英修养的消解放纵与对大众情欲的名实倒置，以及民间儒教伦常败坏带来的民众情感信念混乱）的直接刺激，儒学雅俗整合治道问题得以凸显。清代今文经学肇始于乾隆中期，以庄存与《春秋》公羊学为开山；发展于嘉庆、道光时期，如张惠言、方申治象数《易》，陈寿祺治今文《尚书》与三家《诗》，凌曙治今文《春秋》，陈立治《春秋公羊传》；清代今文经学以宗崇《春秋公羊传》的常州学派最为典型，代表性学者有庄存与（1719—1788）、庄述祖（1751—1816）、刘逢禄（1776—1829）、宋翔凤（1776—1860）等，其中尤以发挥何休“三科九旨”思想的刘逢禄为绍继庄学之正脉。此后今文经学经世思潮勃兴，如魏源（1794—1857）辑《皇朝经世文编》，以及林则徐（1785—1850）经世思想等。清后期今文经学者立足民本政统而倡导复归孔子微言大义，尤重《春秋公羊传》尊王攘夷褒贬是非、天人感应阴阳谴告、三统三世拨乱反正等政道思想，主张更法变通以切实解决当时社会教化危机，从而内在接续起乾嘉汉学学者江永等反本儒经神道设教大众教化理路。

乾嘉时期程朱学者有尹会一、汪绂、陈宏谋、雷鋐、朱珪等，桐城派程朱学者则有方苞、刘大魁、姚鼐等。清代后期纯粹程朱学者已然式微，代表性学者有方东树、唐鉴、何桂珍、罗泽南以及方宗诚、倭仁等。这些学者在时中维系儒学正统，以及反思批判戴震朴学义理偏弊方面，均有学理开拓并产生了一定影响。

陈宏谋所辑《五种遗规》总结孔孟程朱正统修教思想，精心拣择养正、教女、训俗、从政、官戒五类正统启蒙修教条规，其中尤以《养正遗规》对后世教育影响最大。陈子于《养正遗规序》示其旨归云，“天下有真教术，斯有真人材。教术之端，自闾巷始。人材之成，自儿童始。《大易》以山下出泉，其象为蒙。而君子之所以果行育德者，于是乎在。故蒙以养正，是为圣功，义至深矣。余每见当世所称材子弟，大都夸记诵，诩词章，而德行根本之地，鲜过而问焉。夫在山泉水清，出山泉水浊，繄岂泉之咎哉。汩泥扬波，父兄之教不先，子弟之率不谨也”。陈子列朱子《白鹿洞书院揭示》为《养正遗规》之首篇，以为“学也者，所以学为人也。天下无伦外之人，故自无伦外之学。朱子首列五教，所以揭明学之本指，而因及为学之序，自修身以至处事接物之要，则学之大纲毕举，彻上彻下，更无余事矣。宏谋辑《养正规》，特编此为开宗第一义，使为父兄者共明乎此，则教子弟得所向方。自孩提以来，就其所知爱亲敬长，告以此为人之始，即为学之基”。《揭示》明示正统儒学“五教之目”（父子有亲，君臣有义，夫妇有别，长幼有序，朋友有信）、“为学之序”（博学之，审问之，慎思之，明辨之，笃行之；而笃行三要领即修身之要“言忠信，行笃敬。惩忿，窒欲，迁善，改过”、处事之要“正其谊，不谋其利。明其道，不计其功”、接物之要“己所不欲，勿施于人。行有不得，反求诸己”），《揭示》之后则以朱子《沧洲精舍谕学者》《童蒙须知》《论定程董学则》等继之。《沧洲精舍谕学者》明示学者须立“纲常之志”，谆谆告诫“书不记，熟读可记。义不精，细思可精。惟有志不立，直是无著力处。只如而今，贪利禄而不贪道义，要作贵人而不要作好人，皆是志不立之病。直须反复思量，究见病痛起处，勇猛奋跃，不伏作此等人。一跃跃出，见得圣贤所说千言万语，都无一事不是实语，方始立得此志。就此积累工夫，迤逦向上去，大有事在。诸君勉旃，不是小事”。鉴于落实纲常礼教五教之目与为学之序的礼仪入门规范，家教启蒙阶段以《童蒙须知》为代表，塾校师教阶段则以《程董学则》为代表，故《养正遗规》将朱子《童蒙须知》列为第三篇而将《程董学则》列为第四篇。其中，《童蒙须知》陈子按语“前二篇为学者定其纲宗，端所祈向。而蒙养从入之门，则必自易知而易从者始。故朱子既尝编次《小学》，尤择其切于日用、便于耳提面命者，著为《童蒙须知》，使其由是而循循焉。凡一物一则，一事一宜，虽至纤至悉，皆以闲其放心，养其德性，为异日进修上达之阶，即此而在矣”，《程董学则》陈子按语“《童蒙须知》，为父兄者所以教其子弟也。《程董学则》，则自十年出就外傅以上事。凡乡塾党庠，胥可通行。故朱子尝以为有古人《小学》之遗意焉。父兄教之于家，师长教之于塾，内外夹持，循循规矩，非僻之心，复何自入哉”。[①]《童蒙须知》包括衣服冠履、言语步趋、洒扫涓洁、读书写字及其他杂细事宜等内容，《程董学则》则包括严朔望之仪、谨晨昏之令、居处必恭、步立必正、视听必端、言语必谨、容貌必庄、衣冠必整、饮食必节、出入必省等内容。《童蒙须知》《程董学则》为狭义的《小学》，《小学》则为广义的《童蒙须知》《程董学则》。朱子编选《小学》内篇包括立教、明伦、敬身、稽古四部分，外篇则包括嘉言、善行两部分，以示奉天法古圣贤是范、身体力行下学上达之伦常本意，对纲常礼教反本开新而言具有典范性引领价值。

桐城派程朱学者奉持文以载道修教中道而卫道程朱，如方苞《与李刚主书》“孔、孟以后，心与天地相似，而足称斯言者，舍程、朱而谁与？若毁其道，是谓戕天地之心，其为天之所不祐决矣”[②]、姚鼐《再复简斋书》“程、朱犹吾父、师也。然程、朱言或有失，吾岂必曲从之哉？程、朱亦岂不欲后人为论而正之哉？正之可也，正之而诋毁之，讪笑之，是诋讪父、师也。且其人生平不能为程、朱之行，而其意乃欲与程、朱争名，安得不为天之所恶”[③]。姚鼐进而明示君子为学应注重道统，义理考据辞章不可偏废、为文则当阴阳刚柔兼济，并主张断绝毛奇龄、李塨、程廷祚、戴震等反程朱理学之汉学学者学脉。

清代后期方东树尤为反思汉学偏蔽、卫道程朱正统之勇士，如《汉学商兑》卷中之下“文字训诂，只是小学事。入圣之阶，端由知行。古今学术歧异，如杨、墨、佛、老，皆非由文字训诂而致误也。而如汉儒许、郑诸君，及近人之讲文字训诂者，可谓门径不误矣，而升堂入室者谁乎？至卑视章句，其失不过空疏，与求名物而不论道粗浅者，亦不同伦。凡此皆所谓似是而非，最易惑乱粗学而识未真者，不可以不辨”、“义理、考证、文章本是一事，合之则一贯，离之则偏蔽……究而论之，毕竟以义理为长，考证、文章皆为欲明义理也。汉学诸人，其蔽在立意蔑义理，所以千条万端，卒归于谬妄不通，贻害人心学术也”，又如卷中之上“实事求是，莫如程、朱，以其理信而足

① 陈宏谋辑：《五种遗规》，中国华侨出版社2012年版，第2—9页。

② 《方苞集》卷六，上海古籍出版社2008年第2版，第140页。

③ 姚鼐：《惜抱轩文集》卷六，中华书局1991年版，第78页。

可推行，不误于民之兴行。然则虽虚理，而乃实事矣。汉学诸人言言有据，字字有考，只向纸上与古人争训诂形声……反之身已心行，推之民人家国，了无益处，徒使人狂惑失守，不得所用。然则虽实事求是，而乃虚之至者也”、“程、朱以己之意见不出于私乃为合乎天理，其义至精至正至明，何谓‘以意见杀人’？如戴氏所申，当体民之情、遂民之欲，亦必民之情欲不出于私、合乎天理者而后可。若不问理，而于民之情欲一切体之遂之是为得理，此大乱之道也”，再如“或曰：‘夫人以《礼经》为教，其名甚正，其实甚美，宜无倍于圣人，何子论之深也？’曰：‘是当考其本意，防其流弊。此之宗旨，盖欲绌宋学，兴汉学，破宋儒穷理之学，变《大学》之教为考证之学。非复唐、虞、周、孔以礼垂教经世之本，并非郑、贾抱守遗经之意。何也？郑、贾诸儒不禁学者穷理，又未尝蓄私意，别标宗旨，欲以一手掩天下目也。故邪说假正，正亦邪也……既深罪空谈义理之非，又力援大儒《礼经》之重，于是人心尽移，若真觉义理之学谬迂可厌，真无实用矣。邪说害正，其端甚微，其流甚钜’”。[①]其论可谓切中时弊，但其时正学已然势单力薄，故而收效甚微。

综上，以黄宗羲为旗帜的世俗心学与以戴震为旗帜的世俗实学虽于大众教化领域有所探索，但因外在解构了儒学性善修教信念，并不能把大众儒学建立起来。心学世俗化与实学世俗化两相混杂的结果，民间信仰含混复杂而邪迷之教由是潜滋暗长，正统儒学性善修教义理多分已是似是而非、不伦不类。乾嘉之际鬼狐妖怪已成司空见惯之百姓谈资，乾嘉之后清朝乡绅阶层更是功利化加剧而土豪劣绅剧增，遂致鸦片流毒肆虐、洪杨洋教扫灭正统、西教西学强势入侵而收拾不住，直至出现入主出奴、以夷变夏的可悲局面，清季民初正统儒学国教地位在内忧外患中崩溃解体。明清心学实学世俗化倾向本就内蕴自由民主利欲西化之诱因，如龚自珍尊情、重私、重我、进化说躁动无主，即为近代以来民主自由西化思潮之先声，洪、杨叛乱打着拜上帝教名义猖狂扫荡孔孟程朱礼教正统，曾国藩、张之洞、康有为、梁启超等思想亦深受阳明心学、乾嘉汉学等惯性影响而驳杂不纯。晚清大量已然不伦不类的儒教精英对西方民主

① 方东树：《汉学商兑》，第99、135，44、47，70页。

制度一见倾心地进行了天真“格义”，并作出了一厢情愿的理想化解读；而民国以来所谓新儒家学者，亦大多陷入“西体中用”异化怪圈而严重偏离了儒学正统；更有一批新式教育改革家全力鼓吹西式教育，从而加速了中国社会的西化进程。孙中山、蒋介石等崇尚心学且信奉西方基督新教，这更在客观上加速消解了儒教教化的意识形态基础地位，中国精英西化势力逐渐坐大而左右意识形态，国运遂至不可收拾。以中西体用关系争论为学理主线，近现代精英学者或自我西化或应对西化，知行学教日益分裂；礼失则求诸野，民间儒教教化者（多出现于传统三教以及相对纯正的民间信仰团体中）则往往在一定程度上担当护持着孔孟程朱性善修教中华正统，但其学理内涵也多与心学、实学混合难分了。追根溯源，近代孔孟程朱中华正统边缘化际遇可谓其来有自，黄宗羲、戴震世俗化心学实学交相渗透并为谋主，而王阳明与顾炎武则为心学实学之学理始基。当前，孔孟程朱正统地位的内在恢复已成为中华文化内在复兴的根本前提。

五、大众教化时代儒学之世俗化信仰化两极偏离

作为中华文化的基础与主体，正统儒学肩负着教化重心下移与内化外来文化这一双重使命。正统儒学史是一个人文礼教雅俗整合（即以精英修养规范引导大众教化）逐步普及的动态进程，在此历程中天理伦常与世俗情欲之间的内在张力一直动态存在，因而儒学修教的贯彻落实具有风化范围不断扩大下移与风化功效易于僵化异化之间的内在矛盾。明中叶以来，中华民族正式步入大众教化时代，相应地儒学学者大都对道器、理气、性情、理欲关系予以了摄体归用、即用见体的时中论证。由于阳明心学风起云涌与商品经济繁荣腐化契合呼应，人各有心异端蜂起、工商皆本理念渐兴，从而不断消解着孔孟程朱正统权威；而实学学者祛虚务实反本圣典之开拓努力，亦出现了托古立俗、解构正统的偏颇流弊，儒学儒教出现了亘古未有的躁动混乱。以王阳明、黄宗羲为代表的陆王心学与以戴震、阮元为代表的乾嘉汉学偏杂思想的极端泛滥，必然导致个性僭越礼教失序、功利世俗三教混滥、民间信仰邪迷异化等恶劣后果。明清时期心学实学偏失叠加所形成的儒学性善修教功利世俗化与宗教信仰化极端

倾向，显然是对孔孟程朱中华正统的实践偏离，而儒学精英修养主导与大众教化主体之间的时中整合则成为内在消解这一异化的关键所在。

（一）明清心学实学偏失叠加之世俗化倾向

明清时期偏离孔孟程朱中华正统的世俗儒学潜滋暗长，诸如何心隐、李贽、袁宏道、汤显祖、黄宗羲、陈确、傅山、阎若璩、戴震、焦循等心学实学学者尊情重欲世俗化思想影响巨大，文人情意化、大众世俗化、宗教混滥化、信仰神秘化等多元倾向加速交相渗透。心学实学偏失叠加使得正统礼法约束力不断下降、世道人心日益涣散，从而引发了儒学性善修教功利世俗化极端倾向。直面大众教化时代之严峻情势，明清有识之士尝试借鉴道释因果感应大众劝惩并反求诸己，深入挖掘并自觉梳理传统儒典相关资源，参预创作大量笔记、小说、戏曲、善书、官箴、乡约、蒙训、功过格等通俗宣化作品，对传统儒教神道设教思想进行了反本开新通俗教化层面的开拓探索。

本天道而立人道，法天文以开人文。就本义而言神道设教即圣贤君子效仿神妙化生之自然天道而以礼法伦序敷设教化，人文化成即圣贤君子以符契天道的儒教礼法伦序来化成天下。而为顺应明清以来大众教化剧变趋势，士人多藉感报劝惩通俗形式来拓展儒教礼法教化范围，神道设教概念相应衍化出“敬畏天道实学实修”与“善恶感报大众劝惩”引申义，明清时期通俗文学与民间信仰中大都充斥着三教混杂、良莠不齐的因果感报与阴骘劝惩内容，鬼神问题已不容正统儒者躲闪回避。如何以神道设教纯正义理自觉引导转化这一时代潮流，也就相应成为一个时中儒者责无旁贷的历史责任。以《太上感应篇》为例，南宋理宗亲题“诸恶莫作，众善奉行”并刻板流通，南宋大儒真德秀、明世宗以及明儒王祖嫡等均作序褒赞以期扶翼圣经、补助王化，清朝顺治帝亦敕谕颁行之；至光绪年间张丙炎亦曾重刊《感应汇编》，而清儒惠栋、王砚堂、俞樾等又藉注释该善书以自觉整合阐发传统儒典神道设教义理。明清时期儒者雅俗融通而又反本开新，尝试以神道设教之本义引领规约引申义，强调天人一理而内外感通、心性伦常与天地鬼神心境交显，自觉与道释二教因果感报学理体系有所区别，从而探索形成以“神道设教，心境互诠”为学理依据的通俗教化时中担当。但也毋庸置疑，在这一历史进程中也出现了大量泥沙俱下、善恶掺杂乃至诲淫诲盗等偏离儒学正统的不良风习。譬如，明清文学小说即多以反映市井勾栏生活形式为特征，传统文学修教神圣性减弱而市民娱乐性加强，明清言情小说的大量出现更是反映了利欲解禁后传统社会秩序所面临的危险态势。这必然引起了文化精英阶层的深切担忧，于是清顺治时期开始禁止刊行琐语淫词，康熙五十三年全面禁止琐语淫词，雍、乾两朝更是扩大了禁止范围。可见，尽管在大众教化方面功不可没且流传至今，但伴随明中叶以来利欲泛滥而兴起的明清小说无疑是一把双刃剑，对正统教化的渗透破坏超乎想象。

下面以文学小说为例，简述明清儒学大众教化进程中出现的世俗化极端倾向。明清小说顺应大众教化时代而兴起，多以神道设教、善恶劝惩为旨归，如《金石缘序》“小说何为而作也？曰：以劝善也，以惩恶也。夫书之足以劝惩者，莫过于经史，而义理艰深，难令家喻而户晓，反不若稗官野乘，福祸善淫之理悉备，忠佞贞邪之报昭然。能使人触目儆心，如听晨钟，如闻因果，其于世道人心，不为无补也”、《警世通言叙》“理著而世不皆切磋之彦，事述而世不皆博雅之儒。于是乎村夫稚子、里妇估儿，以甲是乙非为喜怒，以前因后果为劝惩，以道听途说为学问，而通俗演义一种，遂足以佐经书史传之穷……触性性通，导情情出”，又如《夷坚志序》“天人交辅以持世，故彝伦所以长存，而乾坤赖以不毁也”、《东周列国志序》“天道之感召，人事之报施，知愚忠佞贤奸计言行事之得失，及其所以盛衰成败、废兴存亡之故”、《聊斋志异序》“以人伦大道淑世者，圣人之所以为木铎也。然而天下有解人，则虽孔子之所不语者，皆足辅功令教化之所不及；而《诺皋》《夷坚》，亦可与六经同功”，再如《池上草堂笔记序》“迪吉逆凶、福善祸淫之语著于经，然特言其理耳。至《春秋左氏传》始备言鬼神之情状，而因果之说，叠衍其绪馀，遂以补儒教所未及”、《金钟传跋》“时至今日，人心锢蔽已极，语以理则不喻，语以情则不达，语以刑罚政教，则脱略焉而不能遍及，由是因果之说起矣……言礼义不废因果，言因果而必本礼义”。明清文学小说本欲随顺世情，然而士人学理杂滥多有退化为文人者，文学小说流于言情娱乐而渐失教旨者不少，故而适成玩世不恭戏谑娱乐、诲淫诲盗渐入糜烂之恶果，从而出现了消解甚至反叛正统之世俗化极端倾向。如《雪涛谐史引》“仁义素张，何妨一弛，郁陶不开，非以涤性”、《古今笑自叙》“人但知天下事不认真做不得，而不知人心风俗皆以太认真而至于大坏……无真可认，吾但有笑而已矣……大家笑过日子，岂不太平无事亿万世”，又如《巧联珠序》“惟人生于情，有情而后有觉知，有情而后有伦纪……世风沦下，宋人务为方幅之言，而高冠大袖，使人望而欲卧。近今词说，宣秽导淫，得罪名教。呜呼！吾安得有心人而与之深讲于情之一字哉”、《云英梦弁言》“太上忌情，愚者不及情，情之所钟，正在我辈”，再如《醒醒石题辞》“第人不醉则不醒，不大醉则不大醒。从一醉日富后，忽而得醒机焉，醒乃大矣。不醉而自谓能醒者，惟圣贤豪杰则然”、《好逑传叙》“人心本自天心，既知好色，夫岂不好名义？特汩没深而无由醒悟”、《金瓶梅闲话》“悲夫！本以嗜欲故，遂迷财色。因财色故，遂成冷热。因冷热故，遂乱真假。因彼之假者欲肆其趋承，使我之真者皆遭其荼毒，所以此书独罪财色也”。[①]此类言情小说大多抱持“不入虎穴，焉得虎子”之世俗化心学实学立场，本为动人观感、启人鉴戒而劝善惩淫，但却津津于世人恶劣情感欲望之过度表述，虽亦承认不善读者当有戒痴导痴、戒淫导淫之虞，但普通大众何以做到“善读”二字！放任芸芸众生自己沉沦自己觉醒，此亦心学实学世俗化流弊之放大而已，不谓之诲贪诲虐、诲淫诲盗可乎！事实证明，此类小说实际歧出了孔孟程朱正统立场，具有极大负面教化效果，谬种流传至今未已。以礼教大众化为视角，纪昀于明清小说双刃剑性质有着初步的反思总结。譬如，《阅微草堂笔记》卷六即认同劝惩小说“虽语颇荒诞，似出寓言，然神道设教，使人知畏，亦警世之苦心，未可绳以妄语戒也”，但亦明确指出传奇体小说乃文人才子之笔，笔记体小说方为著书儒者之笔；认为《聊斋志异》《新齐谐》等多孤愤之言而有以情虑入公道之嫌、抨击纲常正统太过亦颇失古小说风教微旨，且在对佛教因果劝惩与儒教神道设教关系处理上暧昧不明而不能自觉断以礼教大义；进而明确三教虽对待互补而儒教最为根本，如《阅微》卷四“儒如五谷，一日不食则饿，数日则必死；释道如药饵……不可专服常服，致偏胜为患”。明清消遣率意、游戏谰言式文人主情派情感教化小说，不同程度地冲击消解了礼教伦常大义，纪昀对此亦予以明确批评，如《阅微》卷六“儒者著

① 丁锡根编著：《中国历代小说序跋集》，人民文学出版社1996年版，第1291、776—777，109、868、135，498、1658。646、656—657，1289、1318，798、1333、1083页。

书，当存风化，虽齐谐志怪，亦不当收悖理之言”；纪昀进而对明清小说中的邪迷论调予以了驳斥，如《阅微》卷九“古来传记所载（神仙感遇事）……大都伪者十八九，真者十一二；此一二真者，又大都皆才鬼灵狐、花妖木魅，而无一神仙。其称神仙必诡词，夫神正直而聪明，仙冲虚而清静，岂有名列丹台，身依紫府，复有荡姬佚女，参杂其间，动入桑中之会哉”、卷四“大凡风流佳话，多是地狱根苗”、卷一“《周礼》所以禁怪民”。[①]以纪昀为代表的明清儒学神道设教大众化探索虽有乡愿不彻、理欲分割等偏失，却也仍有可资借鉴之处。

综上，明清时期尤其是清代乾、嘉以来，心学实学偏颇学者对情意利欲的极端性关注导致大众教化理路逐渐扭曲歧化，孔孟程朱正统地位不断遭到蚕食消解，儒学世俗化程度则不断加深，这一不良趋势构成了清季民国时期自由民主、科学理性等世俗化价值思维西学东渐并反客为主的最大内因，我们应对其中的前因后果予以反思总结。

（二）明清心学实学偏失叠加之信仰化倾向

宋明以来尤其是明中叶以来，孔孟程朱、心学实学与道释回耶等宗教及民间信仰的义理合流现象较为普遍。尤其值得注意的是，在心学实学偏失叠加态势下，明清宗教信仰中亦大量存在因消解中华正统而引发的迷信邪信等问题。

1. 儒学儒教大众化与明清宗教义理合流

明清宗教与儒学儒教基本义理关系密切，譬如亦儒亦道或亦儒亦释的居士阶层即极为重视功过格、净土实修等践履工夫（有些居士还一并奉持《太上感应篇》《玉历宝钞》《太微仙君功过格》）。王龙溪、罗近溪等心学学者均与净明道人胡清虚等有交往，高攀龙亦认可净明道并为《太上感应篇》作序；以袁黄、管志道、周梦颜为代表的佛教居士，则尝试吸纳因果净土思想，以补足儒学礼义教化。此外，主张三教融通的乡绅阶层也尝试结合儒教礼义和因果劝善思想以资民俗风化；有些学者理论实践探索则走得更远，如阳明学者林兆恩

① 纪昀：《阅微草堂笔记》，第77；60。85；141、46、10页。

即结合道释修证方法而立“三一教”，试图把儒教改造成宗教信仰性质的心性实修与大众教化；徐光启等则企图以天主教实用理性思维与绝对化情感信仰，来补救提升性善修教空洞化、功利化流弊。以天命心性为主题而以“四书”发挥为平台，明清诸教出现了以道补儒、以佛补儒、以回补儒、以耶补儒等教义会通与大众教化努力。如道教《性命圭旨》撰者、陆西星、刘一明等，佛教真可、袾宏、德清、智旭等，回教胡登洲、王岱舆、马注、刘智等，以及天主教徐光启、李之藻、杨廷筠、韩霖等，即为明清时期兼具一定儒学学养的代表性宗教学者。但与此同时，亦出现了各大宗教与儒教义理界限模糊、相互渗透复杂态势，从而一定程度地消解了儒教正统的基础与主体地位，并终致清季民国儒学儒教与各大传统宗教一并衰落之后果。

出于对宋明理学心学虚浮流弊的反弹，元明时期净明忠孝道大兴。净明宗师刘玉倡言儒道融通真实践履，如《语录内集》“净明只是正心诚意，忠孝只是扶植纲常。但世儒习闻此语烂熟了，多是忽略过去，此间却务真践实履”、“忠者，忠于君也。心君为万神之主宰，一念欺心，即不忠也……人子事其亲，自谓能竭其力者，未也。须是一念之孝，能致父母心中印可，则天心亦印可也。如此，方可谓之孝道格天”，又如《语录外集》“大概三家之学，皆是化人归善，世间皆缺不得。但二氏之教若过盛，则于纲常之教未免有所伤……又二氏真人、真僧则皆是人欲净尽，纯然天性，奈何如此者少，末流之弊每多。真儒于是乎出，以实理正学而振饬之……要知真儒都是戒慎恐惧中做将出来，亲见道体后说出话来，真是俯仰无愧……（周、程、朱、张）诸先儒语言文字中，止塞抑遏之辞，隐然是世道之福、二教之福”。[①]明初正一派张宇初与全真派王道渊等均内在结合理学义理以阐发道教性命思想，万历年间出现的道书《性命圭旨》更是明确提出了三教合一、性命双修思想，如《大道说》“三教圣人以性命学开方便门，教人熏修，以脱生死。儒家之教，教人顺性命以还造化，其道公。禅宗之教，教人幻性命以超大觉，其义高。老氏之教，教人修性命而得长生，其旨切。教虽分三，其道一也……儒曰存心养性，道曰修

① 黄元吉等编撰：《净明忠孝全书》，中华书局2018年版，《西山隐士玉真刘先生语录内集》第81、81—82页，《语录外集》第104—105页。

心炼性，释曰明心见性。心性者，本体也。儒之执中者，执此本体之中也。道之守中也，守此本体之中也"[①]，明后期道教居士陆西星丹理说亦类之。此外，明清道教在民间影响很大，奉持《太上感应篇》《太微仙君功过格》等慎独修证者在儒教、道教中并不少见。至于佛教，北宋契嵩等即主张儒释二教互补双成，宋明以来更是出现了大量亦儒亦释的佛教居士。明太祖出身佛教，其《三教论》《释道论》为明代三教会通奠定了政策基调，明成祖依道衍篡位故亦尊崇佛教；此后除嘉靖帝崇信道教外，历代明朝皇帝大都崇佛，明代三教合一氛围可谓浓郁。明中后期以来佛教与心学相呼应，以禅净义理融通四书学理，初步形成了儒释融通、摄禅归净修证理路，明末真可、袾宏、德清等即均曾有所贡献，清代行策、民国印光等则内在绍继之。

在元代民族融合基础上，明中叶以来回族正式形成；回教学者大都受过儒经教育、大致认同宋明理学义理，但同时又主张回高于儒、以回补儒。明代经堂教育发起者胡登洲即是如此，如《清真大学》"按《性理》诸书，儒者之学，唯以理为宗始。故所言上帝上天、无极太极，皆指理而言。但理乃事物之所以然，应该如是，不过虚义，非实然有一自立之体……既知理不能自立，而又不求理之根源，盖未见吾教认主真经，无征不信"[②]。清代马注区分真性、禀性而主张以回补儒、变化气质，如《清真指南》"黜异扶儒……使天下万世歧途僻道、革面顽民，咸知有造化天地万物、人神性命之真主，归真复命之正道，格物致知，正心诚意。人知生客死归，贤愚不免，天国地禁，非乐即苦。夙兴夜寐，履薄临深，进思累功，退思补过。臣焉不忠，子焉不孝，修齐治平，垂拱而化"[③]。刘智则尤重实修，如《天方典礼·五功释义》"时念真宰，静存动察，心不妄弛也。日礼五时，谨之又谨，涤之又涤也。岁斋一月，以制嗜欲之私。岁捐课材，以普利物之仁。终身一觐天阙，以实志诚向往之念。五功修完，而天道尽矣"[④]。明代耶教修士对天主教义作出实学实修阐释努

① 《性命圭旨》，《藏外道书》第九册，巴蜀书社1994年版，页第510上下。

② 王岱舆：《正教真诠　清真大学　希真正答》，宁夏人民出版社1988年版，第177页。

③ 马注：《清真指南》，宁夏人民出版社1986年版，第17页。

④ 刘智：《天方典礼》，天津古籍出版社1988年版，第32页。

力，以尝试解决当时儒教逃虚涉伪流弊，如徐光启《辨学章疏》“古来帝王之赏罚，圣贤之是非，皆范人于善，禁人于恶，至详极备。然赏罚是非，能及人之外行，不能及人之中情。又如司马迁所云颜回之夭、盗跖之寿，使人疑于善恶之无报。是以防范愈严，欺诈愈甚。一法立，百弊生。空有愿治之心，恨无必治之术……必欲使人尽为善，则诸陪臣所传事天之学，真可以补益王化，左右儒术，救正佛法者也”、“其说以昭示上帝为宗本，以保救身灵为切要，以忠孝慈爱为工夫，以迁善改过为入门，以忏悔涤除为进修，以升天真福为作善之荣赏，以地狱永殃为作恶之苦报。一切戒训规条，悉皆天理人情之至。其法能令人为善必真，去恶必尽，盖所言上主生育拯救之恩，赏善罚恶之理，明白真切，足以耸动人心，使其爱信畏惧，发于由衷故也”[①]，又如韩霖《铎书》“死候何以当备？以审判故。凡生前所思、所言、所行，皆于死后当鞫焉。天监在上，锱铢不爽，可不惧哉！而审判何以当惧？以有地狱、天堂故”（李之藻亦以“天堂地狱说”为训善坊恶、遏欲全仁之神圣基础）[②]，再如杨廷筠《七克·序》“钦崇天主即吾儒‘昭事上帝’也，爱人如己即吾儒‘民我同胞’也。而又曰一、曰上，见主宰之权至尊无对，一切非鬼而祭皆属不经，即夫子所谓‘获罪于天，无所祷也’”、《天释明辨·度世誓愿》“天主以灵性付人，原是极光明之物。光明中万理皆有，故云：仁义礼智，性也。天主所与我者，我固有之也。圣经谓之明德，儒者谓之良知，何尝有一不善赋在人身？后来之不善，皆人所自作。重形骸，不重真性；重世间习尚，不重至尊赋予。昏昏逐逐，日陷于非”[③]。上述耶教修士绝望于儒学儒教自力修养传统，试图以耶教绝对化信仰弥补之，但并不明白西方耶教乃建立在原罪基础上的他力信仰，而儒学儒教则为以性善论为信念前提、立足纲常礼教的人文修教，故而难免作出一厢情愿的主观性片面阐释。实际上当时就有传统三教学人明确辟驳之，如《辟邪集》即批判耶教修士反伦裂性而非心性流溢大本正道、弃本外求以夷变

---

① 《徐光启集》，中华书局2014年版，第432页。

② 韩霖：《铎书校注》（孙尚扬等校注），华夏出版社2008年版，第164页。

③ 徐宗泽：《明清间耶稣会士译著提要》，上海书店出版社2006年版，第40页；郑安德等编：《明末清初耶稣会思想文献汇编》第三卷第二十七册，北京大学出版社2003年版，第126页。

夏而自作阐提之逆种，此后康熙时期儒耶礼仪之争也表明了儒教精英阶层对天主教企图背离中华正统野心的严正回应。明清时期儒教主体地位巩固，天主教尚须与儒教对待磨合。清季以来，以心学、朴学世俗化偏弊叠加极大削弱孔孟程朱正统地位为内因，以鸦片战争、洪杨暴乱与西方宗教文化强势入侵为外缘，与西方民主自由世俗化价值理念表里一体的中国基督新教，是以孔孟程朱中华正统的对立面与颠覆者身份出现的，并因极少受中华正统约束限制而尾大不掉甚至反客为主。中国基督新教与阳明心学内外结合，加速了孔孟程朱中华正统的暂时性衰落。科举取消后儒学正统被无情边缘化，西化精英逐步支配了清末民国主流意识形态。民国四大家族中的蒋、宋、孔三家，即为信仰基督新教且属于荣损与共的基督教联姻圈；陈氏兄弟虽号称儒者，考其思想倾向亦为阳明心学与西方世俗民主理念之杂糅。基督新教实际成为民国时期隐型国教，并藉政治力量蚕食渗透到自城市精英到农村基层之方方面面；学界教界文化基督徒比例亦不断攀升，并试图把触角延伸到所谓“新乡村建设”中来，从而对中华正统文化土壤产生了颠覆性恶劣影响。

清季儒者对外来基督宗教已有初步反思，如曾国藩（1811—1872）即奉持传统礼教立场，全力戡定洪杨洋教之乱这一反伦灭性名教奇变，并表彰船山经世儒学以对治西来基督教义；郭嵩焘（1818—1891）亦主张体贴儒经义理以及船山实学，以辟驳对治西来基督教义而扶世翼教；但由于二人俱持心学、实学驳杂立场，故而并不能从根本上立正辟邪。王韬（1828—1897）则以为儒教人道恒同天地，而释道伊耶诸教则外乎人情虽盛必衰。廖平（1852—1932）亦认为凡有血气者莫不尊亲，故而大同社会当专行孔教，其他宗教均以兼爱教义而为儒教中行大同之先锋，多教信仰并行局面不过为孔教一统之准备；夷狄风尚强悍争杀而不知爱有差等、礼乐谐和之纲常礼教，故以过中外在之坚忍信仰强制之，待其戾气消解则中和自然可致。清末民国基督宗教肆虐而儒教地位式微，康有为、陈焕章等发起孔教运动，试图模仿耶教而应急性凸显儒教神圣形式，但由于不能自觉接续明清以来儒教大众教化内在脉动，且对中西方文化的对待关系暧昧混同，因而不能建立令人信服的儒教义理体系并陷于失败。此外，民国时期还出现了以释太虚为代表的、脱离儒教基础以迎合西化自由民主的佛教道教世俗化革新独立运动，传统三教一并衰微而基督宗教势力则因“名正言顺”而发展迅猛。历史经验一再证明，孔孟程朱儒教正统是中国宗教的文化根基与学理前提，佛教、回教、耶教中国化实即人文儒教化，各教务须逐步实现对纲常儒教人文路线的主体认同、内在对接与创新拓展，务须自觉培育以教化基础、信念依据、修证宗要、践履方式与雅俗关系为核心内容的中国宗教人文教理体系。而幻想脱离儒教正统根基的所谓自由独立之“中国宗教”，无非是暂时性的虚假繁荣与了无根源的镜花水月而已。

2. 儒学儒教大众化与明清民间信仰义理合流

明清民国时期民间信仰由兴盛到泛滥，亦是儒学儒教世俗化进程的必然结果。明中叶以来，商品经济繁荣腐化与心学实学偏弊叠加，导致传统儒教教化秩序与基层社会风化生态破坏严重。在此阴盛阳衰沉重背景下，以救苦救难为教旨的各民间信仰流派纷纷创立，并以华北为中心迅速向江南渗透。这些民间信仰流派的信仰主体固然是下层民众，而有些探索大众教化的文化精英（主要是世俗化心学实学学者）亦积极参预其间。这些流派大都糅合民间俗信而主张三教合流（在具体立足哪一教上有所区别），从而形成了以末劫末法大众苦难为信仰契机、以无生老母（或无生父母）为最高神明、以“回归真空家乡、面见无生父母”为根本信念、以诸佛仙圣末劫收圆为核心内容、以多神崇拜和因果伦常内在结合为基本特色、以静坐念佛神秘体验等大众化修持为信奉方法的民间信仰修教体系。明中后期以来民间信仰对儒道释三教义理和传统民间习俗的融摄趋同，从根本上奠定起中国民间宗教的基本格局。

明代中期罗教和黄天教的出现，标志着明清民间信仰的正式诞生与初步成型。与王阳明大致同时的罗清创立类似佛教义理的“无为教”，以“五部六册”宝卷为基本教义，由禅宗空性义理发挥出“真无极”思想，主张“心明法中王”以祛除杂念自心解脱。罗教先是以社会底层的家族庵堂居士信众为信仰主体，后又自下而上扩展到社会各阶层，明末乱世大量佛教僧人亦曾广泛传习。明嘉靖年间李宾创立黄天教，主张佛道混融而尊崇道教，立足道教内丹符箓思想，注重内丹修炼与戒律操持，后起八卦教受其启迪颇多。明万历年间韩太湖创立弘阳教，其特色为外佛内道，注重道场法会和治病疗疾。此外，明末大乘教和龙天道等民间信仰的社会影响也不容忽视。明清民间信仰大都结合因果伦常三教善书，创作出以大众化宝卷为基本载体的教义体系。明中后期无为教“罗祖五部经”为最早产生流行性重大社会影响的宝卷，包括《苦功悟道卷》《叹世无为卷》《破邪显证钥匙卷》上下册、《正信除疑无修证自在宝卷》《巍巍不动泰山深根结果宝卷》五部六册，在此宝卷中“真空家乡，无生老母”这一明清民间信仰义理核心已具雏形。无为教创作的宝卷影响最大而弘阳教创作的宝卷最多，至清代各大民间信仰无不以宝卷为其教义载体。毋庸讳言，不少民间信仰因夹杂邪迷风俗而流弊益深，逐渐异化为多教混同而又纷繁芜杂的民间信仰大杂烩。清代道、咸年间由周太古创立的太古学派与由刘沅创立的刘门教等，即均为儒教为基、三教融通、借助信仰整合雅俗的民间信仰宗派，这些宗派可被视为明清心学实学世俗化信仰化尚不成熟的初期探索。明清以来从小说文学等通俗教化艺术形式的空前繁荣，再到民间信仰教义宝卷等载体的流行泛滥，反映了中国社会大众教化格局的重大变化，亦在一定程度上构成了对中华正统的腐蚀和挑战，不少传统三教精英学者即曾辟驳过民间信仰的极端化偏激形式与迷信邪信等外在流弊。

西方宗教文化经济的全方位无耻侵蚀，使得清季以来孔孟程朱中华正统遭到全方位解构破坏，中国社会步入天翻地覆大乱时世。在西方列国强盗强烈刺激下的民国时期，传统文化精英有些已蜕变为西化知识精英，有些则只能与民间信仰等文化小传统相结合，这就为民间信仰的兴盛准备了大众信仰学理指导。民国时期民间信仰旧延新创繁多芜杂，前后出现约300多个教派，人数最多时达到了三千多万。这些种类繁多的民间信仰按教义内容大致可分为先天道、罗教系统与九宫道、八卦教系统等。其中流传较广、影响较大的民间信仰团体大约有三十个，如一贯道、先天道、普渡道、九宫道、八卦教、圣贤道、大乘教、黄天道、收元教、同善社、天德圣教、中华理教会、真空道、红卍字会、万国道德会、道德学社、清净门、白莲教、红枪会、大刀会、孔孟道、乩坛等即有着较大影响。这些民间信仰的社会基础至为广泛，大致均为宽泛松散的传统三教文化持守者大联盟，包括地主绅士、政要军商、僧侣术士、工农妇女等广泛阶层，大多抱有“天命在我”“替天行道”的强烈文化担当和情感因素，因旨在复辟王道传统而受到传统保守文化精英力量的大力支持，如民国初年宗社党溥伟联合黄天教以反对民国共和等事例即是如此。就民国时期民间信仰基本教义教规而言，大都以三教、五教或万教合一与信仰自由为旗号，内在接续明清时期民间信仰思想，糅合儒教纲常、佛教果报、道教气功丹术而形成宝卷、坛训等教义，以无生老母为中心主神并认同多教多神信仰，宣扬三期末劫说而重扶乩、传秘诀、倡素食、反科学，大都具有秘密组织性和政治目的性，大多被当作佛教或慈善团体而得到民国政府承认甚至支持，且大多与传统军政势力以及日本保守势力有着千丝万缕的内在联系（只有那些明显称王作乱者方遭到取缔，但很快就能重新振兴），这种现象在一定程度上折射出民国时期东西方文化各种势力犬牙交错反复较量的复杂态势。具体而言，段正元“道德学社”以为“儒为席上珍”，主张“佛儒合宗，五教合一；万教归儒，用中行道”，以为欧风东渐功利之习与优胜劣败之说，必致人将相食不可收拾之祸乱，并宣称“圣为天口，代天宣化，飞鸾降乩，道之所有”而注重扶乩。彭泰荣“同善社”崇敬三教人物并倡三教合一，主张用儒教礼节、做道教工夫、证释教果位，重三纲五伦八德而倡正心修身劝人为善，并宣扬三期末劫救世说。吴福森、刘绍基“道院”（后改称“红卍字会”）讲求静坐与慈善事业内外兼修，宣称仙佛弘法给予乩训而设坛扶乩，力图恢复儒教道统纲常并与日本大本教关系密切。“万国道德会”江希张主张祭孔讲学以复兴传统文化，提倡道德救正人心以期大同弭战挽回世道；王凤仪则擅心学、讲善书并创“伦常性理疗法”，以三界（性、心、身）、三命（天、宿、阴）、五行、四大界（志、意、心、身）及家道忠孝、分位伦常为学行教义，主张诚敬践履四书心性之学以期“尽人合天，了凡入圣”，并尝试探索基层社会慈善运作。此外，刘从云“孔孟道”宣扬传统伦常并自称刘备转世还愿，马士伟“一心天道龙华圣教会”宣称“民国将灭，帝制复兴”并试图借用日本势力恢复传统，“灵学会”则在科学名义下加入天人感应修道成仙、灵魂不死因果报应等民间信仰内涵（并极力反对倡导科学民主的新文化运动），王有才“中华理教会”注重儒释五常因果并倡导慈善救济劝戒烟酒，张光璧“一贯道”则主张万法合一而归宗道教义理（以《大学》首章为纲领，采用儒教之存心养性忠恕精神、道教之修心炼性感应精神、释教之明心见性慈悲精神，以及耶教之洗心移性博爱精神与回教之坚心定性仁慈精神，宣扬无生老母三期末劫救世说并注重扶乩密法）。民国时期民间信仰宗门流派的创立发展，本为西方侵凌正统式微之险峻时势下，部分传统文化精英志士坚毅引导的应激性文化自救运动，但由于创教者自身即存在仓促不纯乡愿幻想、偏正夹杂利弊交织等学行缺陷，实际偏离了儒教正统精英修教的基础地位和必要指导，故而终究不能有效对治西方宗教文化的反客为主强势蔓延。加之极乱时势下信众成分难免泥沙俱下鱼龙混杂，迷信邪信神秘主义、敛钱渔色淫乱现象亦在所难免，因而民国时期民间信仰尽管红火一时，自我期许与社会褒扬也大都很高，但均因不能解决理欲华夷内外关系的历史困境而难产夭折，从而使得主张彻底西化的极端势力更加猖獗肆虐。直面西方宗教文化的全面入侵与反客为主，中华民族只能在由被动到自觉的阴阳消长历史进程中痛定思痛自立自强。民国时期民间信仰发展史的经验教训，值得后人深入反思并认真总结。

综上，由于明中叶以来世俗化心学实学对个体情欲的开禁论证，孔孟程朱中华正统已被蚕食解构而变得本末模糊、界限混乱；而心学朴学的世俗化信仰化双重异化，实已蕴涵乞求外信与利欲西化之内在诱因。以明清以来心学个性化、社会世俗化与民间信仰三教合流化为内因，以西方普世化宗教、世俗民主观与社会进化论强势侵入并反客为主为外因，晚清大量已然不伦不类的儒教精英对西方基督宗教文化与自由民主制度予以天真“格义”，并作出了一厢情愿的理想化解读。清季以来外来基督教会学校培育出了大量西化文化精英，民国时期新知识群体尚洋趋新，隔膜、淡化乃至激烈抨击传统文化，左右舆论时局颠覆传统伦常，中国现代文化的主体——西化精英羽翼渐丰，入主出奴、夷以变夏之势于是乎初成。近现代中国救亡学说可谓林林总总，但大都难脱断章取义六经注我、割断源流以今诠古的西化窠臼，以世俗情欲代本然天理、以偏颇异端代中庸常道、以自由民主代性善民本，以及以普世宗教代纲常礼教的学理乱象层出不穷。譬如民国以来所谓“新儒家”学者，即大多陷入西体中用、以西释中的异化怪圈，从而严重背离了孔孟程朱中华正统。以明中叶以来心学实学异化叠加所导致的正统儒学主体地位的历史性丧失为内因，以西方文化信仰反客为主与泛滥肆虐所造成的当代文化意识六神无主与外在偏离为外缘，至今我们尚未摆脱文化世俗利欲化与宗教信仰极端化这一两极分化外在倾向。缺失中华正统传承根基的现当代中国思想文化混乱无序，社会上下知行学教二元分裂、义利本末混淆倒置倾向极为明显，孔孟程朱中华正统雅俗整合历史使命的自觉达成可谓任重道远。

第二节　明清时期中华正统实践脉络概说

明清时期中华正统实践脉络可分明前中期、中后期与清前中期、中后期四个时段，其中以士庶之争、华夷融突与五教关系为显要内容，本部分撰写以张廷玉《御定资治通鉴纲目三编》、邹博《清通鉴》（校以《清实录》）为基本参考文本。

一、明前中期中华正统实践脉络

【戊申】明太祖高皇帝洪武元年（元顺帝至正二十八年）春正月吴王朱元璋祭告天地即皇帝位、国号大明，彗星见于昴、毕（除旧布新之象），三月修《女诫》（帝以治天下修身为本、正家为先，命翰林学士朱升纂述《女诫》及古贤后妃事可为法者，使子孙知所持守），夏四月蕲州进竹簟而帝却之（命四方毋妄献），秋八月明师入大都而元亡、以应天为南京（开封为北京）、建六部、征元故官至京师并放元宫人，九月江西行省参政陶安卒（博涉经史，总裁礼律），冬十一月冬至祀天于圜丘、遣使访求贤才，以孔子五十六世孙希学袭封衍圣公（秩二品、赐银印、置官属，立孔颜曾三氏学）、以希大世袭曲阜知县，建大本堂（延儒臣教授太子诸王）。【己酉】二年春正月诏免北方多省田租以苏民，倭寇山东（方国珍、张士诚被诛服后，诸豪亡命海岛纠倭入寇），三月诏修元史（宋濂、王祎总裁，征隐士汪克宽等纂修）、帝耕耤田，夏四月命博士孔克仁授诸子经（功臣子弟并令入学），五月朔日蚀、夏至祀地于方丘，御史中丞章溢卒（宽大恤民不尚严苛），六月封陈日煃为安南国王，秋八月修礼书（诏举志洁博通练达时宜之士徐一夔等与曾鲁同纂之）、封王颛为高丽国王，冬十月诏天下府州县皆立学（府学教授一员、训导四员、生员四十人，州学学正一员、训导三员、生员三十人，县学教谕一员、训导二员、生员二十人），十二月封阿答阿者为占城国王（即周朝越裳、秦朝林邑、汉朝象林、后周北宋以来遂号占城）。【庚戌】三年春正月吏部请谪有罪于儋崖而帝不许（以为天下一家，风俗未淳地宜更择良吏治之，而不宜居罪人），夏四月封子九人为王（惩宋元孤立失古封建意之故），元帝殂于应昌（诏谥顺帝），五月始设科取士（八月乡试二月会试而三年一举），旱、六月朔帝亲祷于山川坛（越五日大雨），葬宋理宗顶骨于故陵（元至元年间番僧曾瘗宋帝后遗骨于杭之故宫以镇厌汉人），立开中盐法（招商输粮而与之盐以省官费），徙苏松嘉湖杭无业民田临濠（其后复徙北平山后民散处诸府县，徙沙漠遗民屯田北平，徙江南民于凤阳，徙山西民于河北，又屡徙浙西及山西民于滁及北平、山东、河南，终洪武之世徙民最多），自正月至冬十二月日中屡有黑子、诏求直言（起居注万镒言阴奸乎阳宜慎刑黜奸，吏部尚书郎本中言修德安民礼用天下士）。【辛亥】四年春正月免浙江、山西被灾田租，三月策试天下贡士、赐吴伯宗等进士及第出身有差（一甲赐进士及第、二甲赐进士出身，三甲赐同进士出身），秋七月以方克勤知济宁府（恤民兴学德化感洽），九月朔日蚀、设粮长以恤民，冬十一月免陕西、河南被灾田租。【壬子】五年春正月遣翰林院待制王祎使云南被执不屈而死、以邓愈为征南将军讨湖南广西蛮，二月安南陈叔明弑其主日熞自立（却其贡使）、置茶马司（陕西、四川茶十税一以易番马），三月以礼部主事魏观知苏州府（明教化正风俗，一扫苛刻郡中翕然）、高丽国王请遣子弟入国子学，夏四月诏天下行乡饮酒礼（读律令申戒谕），六月赈山东饥并免被灾郡县田租，秋八月倭寇福、宁、明州，冬十二月诏百官奏事启皇太子。

【癸丑】洪武六年春正月觐天下府州县官并谕以恤民、选朝天宫道士供事郊坛，二月停科举而命有司察举贤才、命御史及按察使考察有司，三月朔日蚀、设六科给事中，秋七月命户部稽查各省水旱灾分数优恤之，八月建历代帝王庙，冬十一月潞州贡人参而却之（帝以养民为务而不以口腹累人），闰十一月录故功臣子孙、定大明律。【甲寅】七年春正月遣将屯田河南、山东、北平，遣总兵官吴祯巡海备倭，二月朔日蚀、修曲阜孔子庙，夏五月免真定等府州县旱灾田租、减苏松嘉湖极重田税之半，六月陕西雨雹而山西、北平、河南、山东蝗，秋七月倭寇胶州，冬十一月定服制，高丽李仁任弑其王王颛（却其朝贡）。【乙卯】八年春正月命有司察穷民，诏天下立社学（命有司延师儒教民间子弟），河决开封、诏塞之，夏四月帝如中都凤阳祀天地、罢营中都（以劳费之故），秋七月朔日蚀、诏百官奔丧毋俟核报、京师地震，冬十二月诛陕州献天书者（以为妄言惑众）、赈苏松嘉湖水灾。【丙辰】九年春二月太白昼见，三月免近畿及山西等八省田租，夏四月雨（京师自去年八月不雨至是始雨），六月改行中书省为承宣布政使司，秋七月朔日蚀、闰九月诏求直言（五星紊度日月相刑之故），冬十一月平遥训导叶伯巨应诏言事而下狱死（谏分封太侈、用刑太烦、求治太速而帝大怒）。【丁巳】十年夏四月遣邓愈帅师击平吐蕃，六月诏臣民言事实封达御前、命政事启皇太子裁决奏闻，秋七月置通政使司、始遣御史巡按州县，九月以胡惟庸为左丞相、汪广洋为右丞相，冬十二月朔日蚀。【戊午】十一年春三月诏奏事毋先白中书省，夏六月五开蛮叛，秋七月苏、松、扬、台州海溢，冬十月河决兰阳，十二月遣僧宗泐等使西域求佛经。【己未】十二年春正月始合祀天地于南郊（帝亲作大祀文并歌九章），遣征西将军沐英击破洮州番、平羌将军丁玉击平松州番，二月给天下贫民钞，夏四月给致仕官诰敕并复其家，冬十二月赐汪广洋死（帝责其壅蔽欺罔），征元吏部侍郎巴延资中而不至（饮鸩卒）。【庚申】十三年春正月胡惟庸谋反伏诛（贪贿弄权异志谋反）、罢中书省并更定六部官秩（帝惩胡惟庸乱政而废丞相），始南北更调用人（考核不称职及以罪降谪者不分南北，悉于两广福建等南方偏远之地选用），夏四月命群臣各举所知，五月雷震谨身殿、大赦并诏免天下今年田租，六月雷震奉天门、置谏院官，秋八月诏天下学校师生日给廪膳，九月置四辅官。【辛酉】十四年春正月定赋役籍（诏编赋役黄册，以一百十户为一里，城中曰坊、近城曰厢、乡都曰里），二月以郑湜为福建布政司左参议（郑氏素以孝义闻，累世同居几三百年），三月大赦与民更始，秋八月遣赵庸讨平闽广盗、河决原武，冬十月朔日蚀，制法司录囚会翰林春坊官、给事中集议以闻。

【壬戌】洪武十五年春正月命朝觐官各举所知一人，二月赈河南水灾，闰二月云南平，夏四月杀大理寺卿李仕鲁（帝颇好释教，设左右善世阐教并高其品秩，道教亦然；仕鲁数谏不应舍圣学崇异端而不听，遂乞骸骨且置笏而帝大怒）、置锦衣卫，旌表辽东高希凤家（辽东风俗尚礼教，高家于乱世能守气节），五月帝诣国子监释奠于先师、杖流广平府吏王允道于岭南（请开磁州铁冶，帝以为求利扰民），秋八月复行科举（三年一行遂为定制，时监生与荐举人才参用者居多），皇后马氏崩（勤于内治讲求古训，谥曰孝慈皇后），九月选僧侍诸王（吴僧道衍侍燕王），冬十月更定都察院官制，十一月置殿阁大学士。【癸亥】十六年春二月令天下学校岁贡士于京师，秋八月朔日蚀。【甲子】十七年春三月颁科举条式（乡试会试各三场，第一场试四书义三篇、经义四道，四书义主朱子集注、《易》主程朱传义、《书》主蔡沈传及古注疏，《诗》主朱子集传、《春秋》主三传及胡安国与张洽传、《礼记》主古注疏，第二场试论一、判语五、诏诰章表等各一，第三场试经史策五，罢闲官吏及倡优之家与居父母丧者皆不得与），秋七月禁内官预外事、盱眙人献伪造天书而诛之，八月河决开封杞县，冬十月河南、北平水，闰十月诏刑部督察院详议、大理寺覆谳奏决天下刑狱。【乙丑】十八年春二月雷电雨雪、诏臣民极言得失，三月始选进士入翰林及为庶吉士、命天下郡县掩骸埋胔，夏四月思州蛮叛而讨平之，秋七月遣使封高丽国王禑，九月太白经天，冬十月颁《大诰》于天下（帝患民狃于元习徇私灭公，乃辑官民过犯条为大诰分为十目，颁学宫以课士，里置塾师教之）。【丙寅】十九年夏五月妖僧彭玉琳等作乱诛之（藉弥勒白莲会而称王建元），六月诏有司存问高年，秋七月诏举经明行修练达实务之士，冬十二月朔日蚀。【丁卯】二十年春正月焚锦衣卫刑具，秋七月太白、三辰昼见，九月诏商税毋定额以恤民，冬十一月命汤和筑濒海城备倭，十二月赈山东饥。【戊辰】二十一年春正月诏治有司匿灾者罪，夏四月高丽李成桂囚其王王禑而立禑子昌，五月朔日蚀，秋九月敕天下卫所屯田，以卓敬为户科给事中（鲠直不避，谏早辨诸王礼位），冬十月元伊逊岱尔弑其主特古斯特穆尔，十二月安南黎季犛废弑其王陈炜。【己巳】二十二年春正月改大宗正院为宗人府，夏四月赐江西、山东、湖广贫民钞，秋九月朔日蚀。【庚午】二十三年春二月河决归德，夏五月以杨靖为刑部尚书（帝谕推恕行仁以期感化，靖承旨治狱明察宽平），秋七月崇明海门海溢，八月诏毋以隶卒充选举，九月朔日蚀，冬十二月罢天下岁织文绮。

【辛未】洪武二十四年春三月朔日蚀，夏四月河决原武，秋八月命皇太子巡抚陕西（帝欲徙都关中），九月倭寇雷州，冬十月以冯坚为佥都御史（上书言心清省养圣躬、择老成辅诸王、褒祀典劝末俗、采廉能惩贪墨等九事，帝嘉其知时达变）。【壬申】二十五年春正月河决阳武，前军都督佥事何福讨平都匀、毕节诸蛮，宥死囚输粟北边，夏四月皇太子朱标卒（宽仁平敏天性友爱，谥曰懿文），秋七月高丽李成桂逐其君王瑶而自立（王氏自五代后唐时得国，传四百余年至是而绝，成桂请更国号，帝命仍古号曰朝鲜），窜岢岚州学正吴从权及山阴县教谕张恒于远方（帝诏问民间疾苦而答以职在课士不知民事，帝怒其不通世务罔识民情而惩之，并榜示天下学校以为鉴戒），九月立孙允炆为皇太孙，诏求精晓历数之士（山东国子生周敬谏国祚修短在仁德厚薄而不在历数，方今水旱殆由杀戮无辜感伤和气所致），以方孝孺为汉中教授（素以明王道致太平为己任）。【癸酉】二十六年夏四月诏有司赈饥毋俟报，旱、诏群臣言事且理狱囚，秋七月朔日蚀，九月以郑济、王懃为东宫左、右庶子（命举孝义笃行之士而得郑氏、王氏家族），冬十二月户部奏是岁天下户口之数（户一千六百零五万余，口六千零五十四万余）。【甲戌】二十七年春正月发天下预备仓谷贷贫民，秋八月遣使修天下水利，九月命礼部定旌表例（不倡灭伦孝亲等过举）。【乙亥】二十八年春正月西平侯沐春讨平越州蛮，秋九月颁皇明祖训（以训戒子孙）。【丙子】二十九年春二月命燕王朱棣帅师巡边（寻败元军），三月定孔子庙从祀（纳行人司副杨砥言，去扬雄而进董仲舒）。【丁丑】三十年春二月白虹亘天贯日，三月荧惑入太微、刑部请加反逆法而帝不许，夏五月朔日蚀，六月策试礼部下第举人（初制礼闱取士不分南北，是年发榜皆南士，帝怒命覆阅而多取北士），秋八月河决开封，九月麓川平缅蛮刀干孟逐其宣慰使思伦发（好佛纳亡而位其上之故）。【戊寅】三十一年春二月倭寇山东、浙江，夏闰五月帝崩（惩元政弛治尚严峻，礼儒考礼昭揭经义，尊学澄吏修纪风教，忧民之心晚岁益切，然杀戮太重文武脆弱，不能防闲朱棣篡位，三教并用释道偏盛，正统转衰异端兴起）、太孙朱允炆即位（诏行三年之丧），六月户部侍郎卓敬请徙封燕王棣于南昌而帝不听，诏方孝孺为翰林院侍讲、以齐泰与黄子澄参预国事，秋七月长星西陨（诏行宽政，赦有罪蠲逋税），八月诏天下卫所军单丁者放为民，冬十月荧惑守心（诏求直言、举山林才德之士）、前军都督府断事高巍上书言时政（时用事者方议削诸藩，巍独请封建诸侯而少其力，隆亲亲之礼而推恩诸王子弟，帝嘉之而不能用），十二月赐天下明年田租之半。

【己卯】恭闵惠皇帝建文元年春正月修《太祖实录》，二月追尊皇考曰孝康皇帝（庙号兴宗）、诏诸王毋得节制文武吏士、更定官制（用方孝孺等议，内外品官阶勋悉仿周礼更定，又撰礼制颁行天下，然无济实事而徒为燕王棣之藉口），三月京师地震（诏求直言，御史尹昌隆言奸臣专政阴盛阳微故谪见于天），夏四月湘王柏自焚死、齐王榑与代王桂有罪废为庶人（有告其反者之故，户部侍郎郭任言宜先图燕而帝不能从）、遣燕世子朱高炽及其弟高煦等还北平，秋七月燕王朱棣举兵反（以僧道衍为谋主，上书于朝指齐泰、黄子澄为奸臣）、诏削棣属籍并讨之而败绩。【庚辰】二年春正月均江浙田赋以恤民，夏五月朱棣陷德州进攻济南，秋八月承天门灾、都督盛庸与参政铁铉击败棣兵于济南，冬十二月盛庸大败棣于东昌（棣遁还）。【辛巳】三年夏六月棣将李远寇沛县而焚粮艘，秋九月倭寇浙东，冬十二月朱棣大举南犯。【壬午】四年夏五月棣兵渡淮陷扬州、征兵勤王并下罪己诏，六月棣兵渡江犯京师（谷王橞及李景隆迎降而京师陷）、帝不知所终、朱棣自立为皇帝，杀兵部尚书齐泰、太常卿黄子澄、文学博士方孝孺、御史大夫练子宁、户部侍郎卓敬（惠帝以柔牵之资丁强藩之逼，然天性仁厚亲贤好学，天命虽移人心犹结，成祖逆取果于残杀，故一时忠义如林蹈死不悔），秋七月革建文年号（诏以今年为洪武三十五年，建文中更改诸法一复旧制），八月执兵部尚书铁铉至（不屈而残杀之），冬十月重修《太祖实录》。

【癸未】成祖文皇帝永乐元年春正月以北平为北京，二月遣御史分巡天下以察民谟（自是以为定制），遣中官侯显等使外域（帝闻乌斯藏僧善幻化而欲致之，又遣马彬等使瓜哇等国），夏四月命户部尚书夏原吉浚吴淞江，秋八月徙富民实北京，冬十一月颁大统历于朝鲜诸国、北京地震，闰十一月封胡奃为安南国王（建文初黎季犛弑其君篡位，更名胡姓传其子黎苍而诡言乞封，已封事露帝悔怒兴师），始命内臣出镇（封赏惠帝时内臣泄露朝廷虚实之功，遂为一代厉阶）。【甲申】二年春三月始选进士为翰林院庶吉士（择二甲文学优等及善书者为之），夏四月立子高炽为皇太子、以僧道衍为太子少师（定策决机有功之故），冬十月河决开封、黄河清，十一月京师地震。【乙酉】三年春正月鞑靼索和尔内属，夏六月遣中官郑和使西洋（帝疑建文帝亡海外之故，和先后凡七奉使宣示威德，诸番利中国货物而通商不绝）、遣中官山寿帅师出云州（宦者典兵自此始），冬十二月沐晟讨降八百大甸。【丙戌】四年春正月初御午朝（帝以早朝不得尽所言而设，以便君臣商榷从容陈论），三月帝诣国子监行释奠礼、置开原与广宁马市，夏四月诏求遗书（解缙奏子集多缺之故），六月朔日蚀，秋七月以成国公朱能为征夷将军讨安南（命诛黎氏父子而择立陈氏贤者），闰七月营北京宫殿。【丁亥】五年春三月封西僧哈里玛勒为大宝法王（令领天下释教并赐印诰，其徒三人亦封灌顶大国师，可谓返元之夷行），夏四月皇长孙瞻基十岁出阁就学，五月张辅擒黎季犁及其子苍送京师、河南饥，六月置交阯布政司（求陈氏后不得，乃以安南为交阯而设府卫治之），以丁钰为刑科给事中（钰诬讦民社赛神为聚众不轨、坐死者数十人，伺察小过举朝侧目，贪渎无耻被劾戍边；告讦小人而为耳目清切之官，可谓教民偷而滥天爵，一时群小肆毒殃及无辜），冬十一月彗星见、修永乐大典书成（谕解缙等类聚统合诸书所载而纂成之）。【戊子】六年夏四月始命云南乡试，五月京师地震，六月张辅、沐晟班师还京（自唐亡而交趾沦于蛮服四百余年，至是复入版图），秋八月交阯复乱（陈氏故官简定僭号称大越），冬十二月命沿海捕倭，鞑靼知院阿噜台杀果勒齐、迎立元之后布尼雅实哩为汗。【己丑】七年春二月帝北巡、命皇太子监国（察冤惩不孝，用法当而人服之），夏闰四月诏重罪皆五覆奏以示钦恤，五月封卫喇特（蒙古部落，位鞑靼之西）玛哈穆特等为王（自是岁一朝贡），诏御史勿复用吏（帝以为用人虽不专一途，然御史为朝廷耳目之寄，宜用有学识达治体者），秋七月征谙达败绩，九月朔日蚀，冬十一月张辅讨交阯破获简定。【庚寅】八年夏五月帝大败谙达（遂征阿噜台并于六月击败之），秋八月河溢开封，冬十二月阿噜台供马（自是数入贡），始命内官监军（其祸史不胜书）。【辛卯】九年春正月复命张辅讨交阯（交人好乱而苦中国拘束，又数为吏卒扰故叛服不常，张辅严明震慑南域而黄福亦善治交，后来宦官马骐激变遂失交阯），二月诏赦交阯，命工部尚书宋礼浚会通河以为河运，三月浚祥符县黄河故道以杀水势，冬十月封哈密推勒特穆尔为忠义王（自是修贡惟谨），十一月立长孙瞻基为皇太孙，筑海门扞潮堤，遣使赈浙江、湖广、河南、顺天、扬州水灾与河南、陕西疫灾。【壬辰】十年春正月诏入觐官言事（命各陈民瘼），冬十二月杀浙江按察使周新（因捕治锦衣卫作威受贿事而被诬）。【癸巳】十一年春正月朔日蚀、罢朝贺，二月置贵州布政使司（思南宣慰田宗鼎、思州宣慰田琛凶暴争乱，诏分其地为八府，贵州为省属内地自此始），夏五月定死罪纳赎例（情轻者得纳赎有差），秋七月封阿噜台为和宁王，八月北京地震，冬十一月玛哈穆特犯边，十二月张辅、沐晟大败交阯贼于爱子江。

【甲午】永乐十二年春二月诏亲征卫拉特、夏六月大破之（玛哈穆特遁走），冬十一月命翰林学士胡广等修成五经四书《大全》及《性理大全》，蠲苏、松、杭、嘉、湖州水灾田租。【乙未】十三年春正月玛哈穆特遣使来朝，三月帝策士于北京（赐陈循等三百五十一人及第、出身有差，建进士题名碑于北京国子监），夏五月朔日蚀，开清江浦湖水入淮以便漕运（天下之赋半出东南，水治漕通其利溥国，齐鲁之间宋礼功多，江淮之间陈瑄功多），六月赈北京、河南、山东水灾，冬十月命死罪皆五覆奏并著为令。【丙申】十四年秋七月河决开封（泛州县十四入于淮），掌锦衣卫事纪纲伏诛（便辟诡黠善钩人意，深文诬诋恣横不轨），九月京师地震、始命御史巡盐，冬十一月议营建北京。【丁酉】十五年春二月谷王朱橞有罪废为庶人（侵夺擅杀，骄恣不轨），秋八月瓯宁人进金丹而帝斥之，九月修曲阜孔子庙成（帝亲制文勒石）。【戊戌】十六年春正月交阯复乱（中官马骐采办大索民情骚动，桀黠鼓煽并起为寇，俄乐巡检黎利僭称平定王肆掠交阯），夏五月胡广卒（秉性敦厚居官缜密，然委蛇附迎少骨鲠风），冬十二月申严官吏犯赃禁以恤民、赈陕西旱饥。【己亥】十七年夏六月倭寇辽东，冬十二月命在外死囚送京师审录（谕“刑者圣人所慎，匹夫匹妇不得其死，足伤天地之和、召水旱之灾，甚非朕宽恤之意。自今在外诸司死罪咸送京师，审录必三覆奏然后行刑”）。【庚子】十八年春二月蒲台妖妇唐赛儿作乱而讨平之（自称佛母而以幻术聚众为乱），夏六月北京地震，秋八月朔日蚀，九月诏自明年改京师为南京而以北京为京师，冬十一月赈青、莱饥，十二月置东厂（帝锐意防奸，立东厂而以内监掌之，由是中官之势日重而渐不可制）。【辛丑】十九年春正月迁都北京（大祀天地于南郊），夏四月奉天、谨身、华盖三殿灾（诏群臣直言阙失，罢不便于民及不急诸务），杀主事萧仪（左庶子兼侍讲邹缉谏北京大兴土木民人疾怨，贪官污吏遍布中外，北方水旱相仍民至食树皮草根，京师聚僧道万余人耗费不菲、漠北降人供赏过厚，市马外蕃得不偿失、散马民间马死民耗，须省躬责己还都南京，毋听小人重劳天下；言事者咸云迁都不便而仪言尤峻切，帝怒杀仪而不罪缉），秋八月朔日蚀。【壬寅】二十年春正月朔日蚀、罢朝会并诏修省，三月诏有司遇灾先赈后闻，夏六月雨水伤稼，闰十二月乾清宫灾。【癸卯】二十一年春三月御史王愈等坐弃市（决囚误杀无罪四人之故），夏六月朔日蚀，秋八月皇太子谕户部免两京、山东郡县水灾田租。【甲辰】二十二年春正月帝复诏北征，夏六月南京地震，秋七月帝崩于榆木川、八月太子高炽即位、复置三公三孤官（以杨荣、杨士奇等为之），九月召黄福于交阯而以兵部尚书陈洽代之（福在交阯十九年镇之以静上下帖然，编民籍定赋税兴学校置官师，数召父老宣谕德意而戒属吏无苛扰；福既还，交阯贼遂剧而不靖），河溢开封、群臣请公除丧服而帝不许，增诸王岁禄、赐少傅兼吏部尚书蹇义等“绳愆纠缪”银章，冬十月诏有司奏雨泽者即以闻（欲前知水旱以施恤民之政），立子瞻基为皇太子、诏举贤才（令荐访德行惇笃才学优长者擢用之，若后犯赃则连坐举者）、命大学士会法司录囚以防滥刑，十一月宥建文诸臣家属、赦乌梁海罪以安百姓、遣御史分巡天下考察官吏，十二月宥建文诸臣外戚，书天下三司官姓名于奉天门西序（以便观察黜陟）。

【乙巳】仁宗昭皇帝洪熙元年春正月朔御奉天门（受朝而不举乐，敕内外臣修举职业），建弘文阁于思善门（诏选诸臣有学行者入值，以助益学问、广知民事而辅治道），二月帝耕藉田、南京地震，三月以权谨为文华殿大学士（谨奉母至孝而有泉涌兔驯之异，帝擢之以风天下为人子者）、诏法司慎刑，诏北京诸司复称行在（欲复都南京之故），夏四月免山东淮徐今年租税之半、赈河南及大名饥，五月帝崩、六月太子瞻基即位，秋闰七月以翰林学士杨溥入内阁，八月始置巡抚官、九月更定科举法（按地域定额取士）。

【丙午】宣宗章皇帝宣德元年春正月赦死罪以下运粮宣府以自赎，二月悉除开荒田逋税、南京地震，夏四月遣成山侯王通征黎利（帝以交阯自建郡县以来用兵无宁岁，欲如洪武中使自为一国，岁奉常贡以全一方民命，蹇义、夏元吉以为不可而杨士奇、杨荣可之，五月帝下诏大赦、停采办金银香货以弭贼而贼无悛心），颁外戚事鉴及历代臣鉴（用示法戒，择善而从以保福禄），五月录囚（谕顺时令重人命、存平恕毋深刻，以合钦恤之道），诏毁身疗亲者不得旌表（以免伤身益罪），秋七月京师地震、始立内书堂（于是内官始通文墨，掌章奏、照阁票批朱而与外庭交接）、京师地生毛，免山东夏税（旱无麦之故）、罢湖广采木以恤灾民、河南霖雨河溢，八月汉王朱高煦反、帝亲征而高煦降，冬十月大雨雷电、十一月王通兵至交阯遇贼而败绩、十二月录囚（帝亲览宥免三千余人）。【丁未】二年春正月申明屯田法、南京地震，夏四月王通许黎利和（懦弱被围之故），秋七月阳武侯薛禄袭走谙达（时谙达数为边患），令官吏军民入米赎罪（纳御史张纯言，贫人罪轻者始免追系），命都督佥事山云镇广西（讨降柳庆蛮韦万黄及傜僮之乱，抚善良察诬枉，土人皆爱之），九月总兵官柳升遇伏死于交阯倒马坡（诸军尽殁）、冬十月王通弃交阯并盟黎利而还、十一月诏赦黎利并罢兵（文武吏士为贼所获及拘留者不可胜计），十二月赈陕西饥。【戊申】三年春二月立子祁镇为皇太子、作帝训成（以教子孙修齐治平之道），三月阿噜台来朝贡，夏四月诏自今官民建言由尚书等会议以闻，秋七月以顾佐为右都御史（以惩贪浊而肃朝纲），冬十月命中官郭敬镇守大同（宣宗于阉竖尤加亲信，巡使四出挟制边将），十一月锦衣指挥钟法保请采珠广东而下狱（帝以为小人生事扰民图利），十二月广西总兵官山云讨擒忻城蛮。【己酉】四年春正月两京地震，夏五月敕授交阯人不从贼者职，六月诏赃吏不得赎罪，秋九月令天下学校生员兼习书算（纳北京国子监助教王仙言），冬十月帝制猗兰操赐勉大臣。【庚戌】五年春二月罢工部采木以恤农事、下诏宽恤以应春和，夏五月敕遣郎中况钟等为知府（帝以知府多循资格不称职，举京官廉能者用之而多有恤民政绩），六月遣使捕畿内蝗，秋八月朔日蚀，九月以周忱为工部侍郎巡抚南畿（帝欲以才力重臣理天下财赋而大学士杨荣荐之，忱创为平仓法以抑豪户恤贫民），冬十二月两京地震。【辛亥】六年春正月大雨雷电，三月命考察外官（纳巡抚江西侍郎赵新奏以黜陟名实），夏四月以兵部侍郎柴车经理山西屯田（收军官多占旷田以恤贫困军民），六月命黎利权署安南国事（利虽受敕命，居国则僭称帝，制度多拟中国，建东西二都分十三道并各设官司学校，以经义诗赋二科取士），秋七月允朵颜三卫市易（谕严饬部属恪遵法度，毋辄侵犯边境）。【壬子】七年春正月朔日蚀（敕群臣谨天戒而免朝贺）、三月复下诏宽恤（纳杨士奇谏，抚流民减税课、察贪吏荐贤能），夏六月修天下府州县仓（纳巡抚湖广御史朱鉴言以恤民）、作官箴戒百官，秋七月揭《豳风图》于殿壁（咏《锄禾》诗以不忘农民劳苦），八月谕京官三品以上举贤才、黜有司昏懦贪暴不称职者，置苏州府济农仓（纳周忱奏以羡余贷贫民，不能偿者多不追取；忱在任二十年，百姓不知凶荒而两税未尝逋负），免两畿及嘉兴、湖州水灾税粮。【癸丑】八年春二月录囚（帝亲阅囚状，命从宽宥免五千余人），三月遣使赈恤两京、河南、山东、山西旱灾，夏五月总兵官萧授讨平贵州乌罗蛮（授在镇二十余年，威信大行诸蛮慑服）、山云讨平宜山蛮，六月帝作闵旱诗示群臣（祷雨不应而作）、诏中外疏决罪囚，秋七月免江西水灾税粮，八月汰冗官，闰八月景星见（礼官请表贺而不许），九月遣使鞫天下重囚以体好生之德。【甲寅】九年春三月山云讨平思恩蛮，夏四月黎利死，秋八月卫拉特托欢袭杀鞑靼阿噜台于穆纳山，冬十月松潘番叛而讨平之，赈两畿、浙江、湖广、江西饥，冬十一月免四川被灾税粮。【乙卯】十年春正月帝崩、太子祁镇即位，罢金银朱砂铜铁坑冶并免其课、减税钞、罢十三布政司镇守中官，三月放教坊司乐工，江西盗作乱（连年水旱而有司不能赈恤之故）、诏死罪必三覆奏然后加刑，夏四月以元儒吴澄从祀孔子庙庭（从慈利教谕蒋明请，心学势力渐盛之征），秋七月太白经天、九月以王振掌司礼监（振狡黠得帝欢，导帝用重典御下以防大臣舞弊，于是大臣下狱者不绝而振得市权），冬十月诏天下卫所皆立学，十一月朔日蚀，命杨士奇、杨荣、杨溥议臣民章奏（士奇有学行而通达国体、荣谋而能断、溥有雅操而淳谨小心）。

【丙辰】英宗睿皇帝正统元年春正月发京军屯田畿辅（纳杨士奇言以省东南转输劳苦），三月始御经筵（杨士奇等奏请择老成重厚识达大体者侍讲，太皇太后命士奇为经筵官，每十日会讲文华殿、余日入讲经史），夏五月始置提督学校官（纳南京户部尚书黄福言以得真才），秋七月复圣贤后裔（访求南宋衍圣公孔端友及宋儒周敦颐、程颢、程颐、司马光、朱熹后裔，蠲其徭役并修其祠墓），两畿、山东、河南、陕西、湖广、广东大水，八月以右都督蒋贵等讨阿尔台多尔济巴勒（数犯边之故），始征金花银入内承运库（纳尚书胡濙言，诸方赋入折银者几半，而仓廪之积渐少），九月封黎利子麟为安南国王，冬十一月诏廷臣举堪任御史、知县者各一人，十二月下兵部尚书王骥于狱而寻释之（王振初用事欲令朝臣畏己而藉帝寻衅，自是言官承振风旨屡摭大臣过，下狱荷校谴谪殆无虚岁）。【丁巳】二年夏五月诏旌出谷赈荒者十人为义民并复其家，六月以宋儒胡安国、蔡沈、真德秀从祀孔子庙庭（从肇庆知府王莹等请），赈江北、河南饥。【戊午】三年春三月京师地震，夏四月设大同马市，秋八月赈陕西饥、九月蠲两畿、湖广逋赋（连灾之故），冬十一月逮天下逋逃工匠先后万余人（工役繁兴匠多逃者，逮回桎梏赴工多年始脱）。【己未】四年春二月总兵官萧授平贵州叛苗，三月大赦（以春和下宽恤诏，殊死以下罪无大小咸赦除之），夏五月京师大雨水溢、诏修省宽恤并求直言，六月彗星见

（长丈余，五十四日乃灭）、京师地震，秋七月免两畿、山东、江西、河南被灾税粮，冬十二月都督同知李安等讨松潘祈命族叛番。【庚申】五年春正月南京户部尚书黄福卒（历事六朝多所建白，公正睿恕素孚于人，当官无赫赫名而微细无不谨，忧国忘家老而弥笃，成化初谥曰忠宣），三月建北京宫殿，夏六月两畿、山东、河南、浙江、江西大水（江河皆溢）而陕西大雨雹（深尺余），度僧道二万余人（王振喜释道，每岁必一度之，黄冠缁衣满街市，擅权穷奢繁兴土木，蠹国扰民败坏天下），秋七月遣刑部侍郎何文渊等分行天下修荒政。【辛酉】六年春正月朔钦天监言日蚀不应，夏五月太白经天、遣使录囚，秋七月赈浙江、湖广饥，九月宫殿成（帝命开东华中门召王振，而百官候拜于门外），冬十月进苏州知府况钟、吉安知府陈本深秩正三品（钟起刀笔而重学校礼文儒、刚正廉洁孜孜爱民，本深为政善疏导而民耻争讼）。【壬戌】七年夏四月两畿、山东、山西、河南、陕西旱蝗，六月遣户部侍郎焦宏备倭，冬十一月卫拉特遣使入贡（利朝廷赏赉并以马易弓）。【癸亥】八年夏五月雷震奉天殿鸱吻（帝辍朝祭告、敕修省求直言），六月太监王振杀翰林院侍讲刘球（球谏帝亲揽大权使政本归一、礼敬大臣当出公论、宜罢营作以苏民力、武备无缺外患有防，振怒而杀之）、下大理少卿薛瑄于狱而寻释之、秋七月荷校祭酒李时勉于国子监门（俱振擅权妄为），冬十二月免山东复业民税粮二年。【甲子】九年春正月遣成国公朱勇等击乌梁海（王振以为三卫寇边宜讨之，然斩击邀功不能深入，三卫积怨遂导卫喇特入寇），三月帝诣国子监行释奠礼（李时勉为祭酒六年，列格致诚正四号训励甚切，崇廉耻抑奔竞别贤否示劝惩，人才盛于昔时而公侯受教彬彬），秋闰七月复开福建浙江银场（中官与言利之臣藉矿盗之患而请开之，于是民困而盗益众）、雷震奉先殿，冬十月朔日蚀。【乙丑】十年春正月磔锦衣卫卒王永（王振专恣日甚而朝臣无敢言者，永数其罪恶揭之通衢），二月京师地震，夏四月朔日蚀，六月赈陕西饥，秋八月免湖广旱灾、苏松嘉湖十四府州水灾秋粮。【丙寅】十一年春正月予太监王振等锦衣卫世职（明季宠任宦官滥窃名器无所不至，予世袭者始于王振而极于魏忠贤）、二月异气见奉先、华盖二殿，夏六月京师地震，秋七月增市税（自是征榷渐繁）、武英殿大学士杨溥卒（质直廉静恭谨操雅，三杨继卒而王振擅权肆意恣横），冬十二月大雨雷电。【丁卯】十二年春三月始命天下学校考取附学生（凤阳知府杨瓒言民间子弟可造者多，请增广生员毋限额，于是诸生日众），秋八月朔日蚀，冬十一月皇长子生（是为宪宗），以宋彰为福建左布政使（贿赂王振得迁而验户敛钱，民不堪命盗贼四起）。【戊辰】十三年夏四月两畿、山东、河南、湖广旱蝗而陕西、江西水灾，秋七月河决（泛滥两路分入海、淮，淹地二千余里而溺死者不可胜计）、京师蝗蔽天，罢保举（宣德朝及正统初保举得人最盛，后渐奔竞徇私故罢之），八月福建贼邓茂七作乱（宋彰虐政之故，民率为盗东南震动），冬十月幸大兴隆寺（王振重修劳民伤财，延崇国寺僧主之，帝亲传法称弟子，公侯以下趋走如仆）。【己巳】十四年春正月太白昼见，夏五月命太监金英同法司录囚（抑尚书九卿于内官之下），六月旱、荧惑入南斗、南京谨身等殿灾，秋七月卫喇特分道入寇、帝仓促亲征（王振劝之，群臣谏不听）、命郕王祁钰居守，八月师还溃于土木堡、额森以帝北去（王振初欲邀帝幸其家，又恐蹂其乡禾而改道宣府，额森袭之军溃帝俘，官兵死伤数十万），皇太后命郕王监国（兵部右侍郎于谦等以为京师乃天下根本不可南迁，请速召兵勤王死守，议定而中外始有固志）、月昼见而与日并明，九月皇太后命郕王即位、减浙江福建银场课以恤民（寻命封闭之），冬十月额森犯京师、于谦督诸将击却之，卫喇特托克托布哈遣使入贡（时卫喇特君臣鼎立而额森专国），十一月修沿边关隘，十二月以王骥充总兵官讨贵州叛苗、彗星见。

【庚午】景皇帝景泰元年春正月朔罢朝贺、始令军民输纳者给冠带，诏会试取士无拘额（仍分南北中卷，南卷应天及苏松诸府、浙江、江西、福建、湖广、广东，北卷顺天、山东、山西、河南、陕西，中卷四川、广西、云南、贵州及凤阳、卢州二府与滁、徐、和三州），二月帝耕藉田，三月卫喇特复分道入寇，夏四月大旱（自去冬至今春灾异迭见，黑气四塞烈风拔木），五月总兵朱谦败卫喇特兵于宣府、卫喇特遣使请和，秋八月上皇至京师入居南宫，帝御经筵。【辛未】二年春正月度天下僧道五万余人（于谦谏民多流徙三边缺兵、不宜乖本末而不省），二月帝诣国子监行释奠礼、吏部郎中李贤上中兴正本策（勤圣学、顾箴警、戒嗜欲、绝玩好、慎举措、崇节俭、畏天变、勉贵近、振士风、结民心），星变、谕令修省（钦天监奏土星逆行太微垣，望日新圣德并敕文武修省），夏六月朔日当蚀不见，秋七月京师地震，冬十二月额森弑其主托克托布哈、于谦奏请讨贼而不纳。【壬申】三年春三月诏锦衣卫官访事（帝欲阴察外事之故，锦衣卫官遂渐用事），夏五月废皇太子见深为沂王而立子见济为皇太子，官颜、孟二氏子孙长而贤者各一人，六月建大隆福寺（时太监兴安用事，佞佛甚于王振）、河决沙湾，冬十一月朔日蚀，于谦辞总督军务而不许（谦忠直无隐而性刚负才气，帝深信赖而人多忌之），遣使抚辑畿内、山东、山西流民（复赋役五年）。【癸酉】四年春三月凤阳、淮、徐大水饥馑（巡抚佥都御史王竑不待报而开仓赈之，山东、河南饥民亦相率就食，竑请令死罪以下得入粟赎，又令商舟、富民出米谷，全活二百一十余万人，赋牛种及招抚业者近八万户、他境流移安辑者万六千余家，民忘其饥颂声大作，帝大喜而进之左副都御史），夏四月始令生员纳粟赈灾五百石以上者为国子生（荐举既废例监多有，监生地位益轻），冬十一月皇太子见济卒。【甲戌】五年春正月命江渊等抚辑山东、河南、两淮军民（时大寒而人畜多有冻死者，王竑谏“敬天爱民而天变民穷特甚者，臣窃恐圣德虽修而未至、大伦虽正而未笃、贤才虽用而未收其效、邪佞虽屏而未尽其类、仁爱施而实惠未溥、财用省而上供未节、刑罚宽而冤狱未伸、工役停而匠力未息、法制颁而奉行或有更张、赋税免而有司或仍牵制，有一于此皆足以干和召变”），夏四月朔日蚀，五月下礼部郎中章纶等锦衣卫狱（建言立沂王为皇太子之故）。【乙亥】六年春正月雨木冰、二月命太监王诚同法司录囚（得减免者甚众），夏四月朔日蚀，谙达遣使入贡，五月帝祷雨南郊（两畿及各省旱蝗之故），六月以朱子九世孙挺为翰林院五经博士且世袭之（寻复以小程子、周子之后为世袭博士奉祀事），闰六月两畿、湖广水，徐有贞治沙湾决口成（上治河三策，置水门、开支河、浚运河，设广济渠疏导大洪口水势，又置上下两闸以节宣之、筑九堰以障之），太白昼见（御史倪敬等以灾异频仍，请罢斋僧、辍游宴、止兴作、宽直臣之囚，帝不怿而黜之），冬十一月以方瑛为平蛮将军讨湖广叛苗。【丙子】七年春三月天鼓鸣，夏四月彗星见（凡两月余），六月大雨、河决开封（田庐淹没无算），秋七月两畿、山东、河南大水，八月浙江、江西、湖广旱，裁冗官以恤民，冬十二月帝有疾。

【丁丑】景泰八年（英宗睿皇帝天顺元年）春正月群臣请立太子而帝不许，武清侯石亨与右副都御史徐有贞等迎上皇复位（亨等谋立上皇以邀功），改元大赦（有贞撰诏告天下辞甚侵景帝）、杀于谦及王文（谦性忠义有才略、忘身忧国保全社稷，有贞、石亨等诬谮致死而朝野冤之），二月废景泰帝复为郕王而寻薨（景帝当土木之大变，正大位系人心安社稷，笃任贤能励精政治，然汲汲易储深锢上皇，小人因疾窃发遂不克令终），三月复立沂王见深为皇太子、谙达保喇寇边，夏四月帝露祷于上帝（以灾异数见之故，复命廷臣列军民利病以闻）、五月彗星见，六月大风雷雨雹、礼部侍郎薛瑄致仕（石亨等用事而见几去位），秋七月承天门灾（下诏罪己并敕修省），冬十月诏为故太监王振立祠。【戊寅】天顺二年春二月开云南、福建、浙江银场（纳司礼监太监福安言以补国用），夏四月太子始讲学于文华殿，五月征江西处士吴与弼、授左谕德而不拜，冬十月李贤请罢锦衣官校刺事而不许（帝虑廷臣党比而欲知外事，锦衣卫官遂得幸肆行，所至官吏震恐而多赂之，四方奸民遂诈称校尉而横行）。【己卯】三年春正月保喇入犯而击败之，二月采珠广东，夏四月南和侯方瑛大破东苗，冬十月诏霜降后录囚并著为令。【庚辰】四年夏四月大雨雪，秋七月朔日蚀，征天下逋逃工匠，淮水决没军民田庐，八月谙达分道入寇。【辛巳】五年春二月巡抚广东都御史叶盛请罢采珠池而从之，夏五月下南雄知府刘实于狱而寻死（中官邀索弗与，遂诬陷瘐死；实廉介爱民，郡民哀而祠之），六月彗星见，秋七月求直言（诏曰“凡朝廷得失、生民利病、百僚贪暴奸邪，近侍风宪职皆当言，近多嘿嘿畏避权势，今后无讳，不当者亦不罪焉”）、河决开封（军民死者不可数计），九月京师地震有声，冬十一月朔日蚀。【壬午】六年夏五月都督佥事颜彪击破广西傜（自元年春大藤峡傜为乱，两广苗傜僮蜂起，广西残毁殆遍；彪多滥杀冒功而剿捕不能尽，贼遂得袭州城杀官兵），秋七月淮安海溢（溺死盐丁一千三百余人），九月广锦衣卫狱（卫官肆妄而告讦日盛）。【癸未】七年夏四月杀巡按御史李蓄等（锦衣卫、中官擅权诬陷之故），五月朔日蚀，秋七月免陕西被灾税粮、冬十月复赈其饥。【甲申】八年春正月帝崩（遗诏罢太祖以来宫妃殉葬惯例）、太子见深即位（免明年田租三之一），二月始以内批授官（中官传奉官多至百十人，文武僧道滥恩者以千数；爵人由己混滥名器，此为斜封默敕之滥觞，杂流擅威朝野侧目，其弊至于不可救药），三月日黯无光、放宫人（李贤谏敬修正下刚断明察，又言宫女愁怨阴气太盛），夏五月大风雨雹（纳李贤凛然加省无狎近幸、崇信老成共图国是之言），秋七月立皇后吴氏而八月废之（万贵妃擅宠之故），前礼部侍郎兼学士薛瑄卒（学本程朱维持正统，修己教人躬行复性，充养邃密言动可法，其《读书录》平易简切学者宗之，谥曰文清），始置皇庄（给事中齐庄谏天子四海为家不与民争利而不听，自是戚畹中贵效之，多夺民地以为田庄）。

【乙酉】宪宗纯皇帝成化元年春二月昭雪于谦狱（纳御史赵敔言）、帝耕藉田、彗星见，三月帝诣国子监行释奠礼、荆襄盗起，夏五月大雨雹（避正殿减膳、敕群臣修省）、四川盗赵铎作乱而击斩之，秋七月免天下军卫屯粮十之三，八月两畿、湖广、浙江、河南饥（给事中袁芳等上言“比来救荒无术，老弱转死丁壮流移，南阳荆襄流民十余万，两京浙豫或水或旱禾麦绝收”），冬十月谙达玛拉噶寇延绥（初鞑靼入寇去来无常为患不久，天顺间阿勒楚尔率属潜居河套，逼近西边出没为患，至是保喇与小王子并玛拉噶等先后继至，掳中国人为向导而抄掠延绥无虚时），右佥都御史韩雍破傜于大藤峡。【丙戌】二年春三月遣右都督李震讨破靖州苗（威著西南，苗獠畏慑），南畿大饥（发淮徐仓赈之），夏五月少保、吏部尚书李贤以父丧起复（修撰罗伦谏止而遭贬），秋八月玛拉噶寇宁夏（都指挥焦政战死），冬十二月镇守开原太监韦朗有罪、赦不问（时内侍谄事万贵妃，争假采办名出监大镇纵恣而帝不问，遂自隳军纪威柄下移）。【丁亥】三年春二月朔日蚀，玛拉噶三上书求贡而许之（时鞑靼诸部争杀不断而犹窥伺边疆），三月开浙江、福建、四川、云南银场并以内臣领之，夏四月四川地震（自去岁六月至于是月凡震三百七十五次），六月雷震南京午门、诏群臣修省，遣襄城伯李瑾等讨败四川山都掌蛮（四川三面皆蛮，常出山剽掠叛服不常而都掌蛮尤甚；又讨九姓苗不奉化者，遂改大坝为太平川长官司，山都水都分地以治而设官控之，于是蛮慑息不敢动），冬十二月杖谪翰林院编修章懋等（帝命词臣撰明年上元灯词，懋等疏谏川东未靖辽东多虞，三楚豫章赤地千里，正当宵旰焦劳不宜更耽宴乐，且张灯诗词非尧舜仁义之道，帝王当慎小谨微必矜细行而不纵欲长渐）。【戊子】四年春三月禁勋戚请民田，夏四月太后弟周寿求涿州田而许之（先是番僧扎实巴勒等乞田皆予之，户科给事中邱宏等上言痛革权豪怙恃专利病民之弊而纳之，未几太后弟冒禁求田而帝犹豫许之，自此他人所求复皆予之），加番僧封号（以秘密教得幸加封者不可胜计，服食器用僭拟王者，羽流加号真人高士者亦充盈都下，佞幸由兹更进），秋八月京师地震，九月赈陕西饥、彗星见（扫三台，越五十八日乃灭；少保彭时等谏毋专宠幸以为宗社计，六科给事中魏元等亦言阴盛阳微震位尚虚而不听），冬十一月都督刘玉等讨平开城叛寇满俊（俊自称招贤王，拥众聚啸而关中震动）。【己丑】五年夏六月朔日蚀，秋八月御经筵（先是礼部侍郎刘定之请御经筵兼讲太祖御制诸书，斥异端邪教勿令害政耗财，至是定之卒而帝纳其言），下刑部郎中彭韶与监察御史季琮于狱（太后弟周彧欲广侵民田，绍等谏止而帝责其邀名方命），冬十一月起复韩雍总督两广（先是雍以两广地大事殷，请设东西巡抚而贼复炽肆掠，佥事陶鲁言两广地势错互不可离析而纳之）。【庚寅】六年春二月遣使分巡州部（兵部尚书白圭等言陕西屡遭寇掠，川广盗攘未息，疫疠行于闽越，灾异见于淮南，两畿齐豫雨雪愆期二麦槁死，荆襄流民动数十万而奸盗由之，乞简大臣恤民察吏便宜兴革），三月命抚宁侯朱永等御敌延绥（先是玛拉噶虽求贡而屡犯，后寻纠三卫寇榆林、扰大同），夏四月旱，六月朔日蚀，大水，秋八月下诏宽恤（水旱相仍之故），冬十一月荆襄流民作乱。

【辛卯】成化七年春正月诏举堪任州县者（从都御史李宾言），二月复设九江、苏州、杭州钞关（京库岁用钞不足之故），夏五月瘗京师暴骸（时大疫，民多道死），秋八月赈山东、浙江水灾，九月浙江潮溢、始立漕粟长运法（明季转漕之法由民运而支运、兑运，至是始定长运，官任长输之责而民免飞挽之劳），冬十二月彗星犯紫微（光长竟天正昼犹见）、见阁臣于文华殿（群臣言君臣否隔宜召大臣议政，大学士彭时、商辂等与中官约而中官万安等戏之，帝自是不复诏见大臣）。【壬辰】八年春正月四川盗起杀掠，二月预征山西、河南明年赋（西北边境战乱而民生憔悴之故），夏四月旱（京畿连月不雨而运河水涸）、遣使录天下囚（遂定五年一遣之例），五月占城遣使告难（安南侵夺之并数扰边境，中朝务为姑息而安南益玩侮无畏忌），秋七月南畿、浙江大水（坏天地郊坛及孝陵庙宇，溺死者近三万人）。【癸巳】九年春正月土尔番据哈密而命讨之，三月山东大饥（民相食），夏四月朔日蚀，秋九月镇守浙江太监李义杀指挥使马璋而不问（璋馈白金二十两，义不慊遂杖杀之并诡言曲解），们都尔等三酋并入寇、总督军务王越袭破其后方（自是不复居河套间而延绥得息肩数年）。【甲午】十年春正月命王越总制三边（纳刑部主事张鼎谏，以统一镇抚延绥、甘肃、宁夏），三月罢总督两广右都御史韩雍（不礼中官遂遭诬陷，两广念功为立庙祀），夏六月武靖侯赵辅请世袭伯爵而帝许之（辅受命西征而弛兵玩寇，帝念其先劳而许其袭爵，奖边臣媮惰而劝效尤，由此明之边事日坏），闰六月筑边墙（延袤近千八百里，墙内屯垦而岁得粮六万余石），九月朔日蚀，诏侯伯及驸马年少者入国子监（纳司业耿裕谏以束身礼法，明年祭酒周洪谟以世风浇漓请复洪武学规而学政肃然），冬十二月罢采金（时内费日侈帑金不敷，开采岁役五十五万人而死者无算，纳抚臣刘敷等奏而罢之）。【乙未】十一年夏四月乾清宫门灾，秋八月们都尔、伽嘉色凌遣使入贡（至是寇患少息，未几诸强酋互杀略尽，边人遂稍得息肩），九月朔日蚀，冬十一月立子祐樘为皇太子，以朱英总督两广军务（自韩雍大征诸蛮以来，将帅喜邀名利俘掠，英清节自持镇静约饬而惠泽过于韩雍；诸蛮乡贼望风归附，遂置永安州处之，凡为户四万三千余），十二月改谥郕戾王为景皇帝（纳荆门州训导高瑶言，商辂亦力赞成之，遂昭告天下并上尊谥恭仁康定景皇帝）。【丙申】十二年春正月南京阴霾、地震（南京科道官进弭灾策，乞近君子以正朝廷、择边将以备边鄙、设法制以弭盗贼，并乞饬省刑薄敛拯饥缉盗、毋妄兴土木因公科扰），二月朔日蚀，夏五月命左副都御史原杰抚治荆襄流民（纳祭酒周洪谟《流民说》方法，增置郡县听流民附籍为编氓），秋七月黑眚见（帝祭告天地以自责，商辂疏奏番僧国师法王毋滥赐印章、四方常贡外勿受玩好、许诸臣直言、录囚省冤狱、停不急营造等弭灾八事），九月令太监汪直刺事，冬十月京师地震、十一月南京大雷雨（应天巡抚牟俸言一阳初复恒雪不已，雷电复作阴阳杂糅，尤为天变之大者，乞修人事以弭之）。【丁酉】十三年春正月增孔子庙笾豆乐舞之数（从祭酒周洪谟请，圣祀遂备天子之制），置西厂刺事（以太监汪直领之，逮捕朝臣不俟奏请，气焰熏灼人情大扰），夏五月大学士商辂等请罢西厂（谏委听断于正直而不寄耳目于群小，以免擅作威福贼虐善良），六月御史戴瑨上书颂太监汪直功（瑨性险躁干进而假灾异攻大臣、颂汪直，大学士商辂引疾归而士大夫皆俛首事直，嗣后宦官用事且与言官相表里，末流之徒甘心效逆速亡明祚，作俑者实自瑨始），秋八月赈南畿、山东州县水灾，九月京师地震。【戊戌】十四年春二月皇太子出阁就学，三月复开辽东马市（三卫饥困屡请之故）、上杭盗起，夏六月太白岁星同昼见、太监汪直行辽东边（擅作威福中外骚然），秋七月京畿、山东大水，九月擢嘉兴知府杨继宗为浙江按察使（刚廉孤峭人莫敢犯，时集父老问其疾苦，大兴社学宾礼学官，师儒竞劝文教大兴），河决开封。

【己亥】成化十五年夏四月以方士李孜省为太常寺丞（以符箓得幸而中旨授官，与梁芳表里为奸干乱政事），秋七月太监汪直行大同、宣府边（官吏伏迎倾帑赂之，边储为之一空），九月播州诸蛮作乱（宣慰使杨辉取生苗地授己子而以苗乱告朝，诸蛮恶逼作乱而剿抚莫靖）。【庚子】十六年春二月王越袭破谙达（唆汪直以邀边功），三月诏减光禄寺供奉以恤民（京畿山东洊饥之故），秋八月申存恤孤老之令（纳户部言以杜吏侵牟惠泽下流），冬十二月谙达犯大同。【辛丑】十七年春正月以方士顾玒为太常寺少卿（以扶鸾术得幸），二月南京地震，夏四月旱、风霾、命司礼监同法司录囚（自是内臣审录以为常），五月谙达犯宣府，六月雨雪，秋七月雷震南京郊坛，八月以方士李孜省为右通政（宪宗以赃秽罪人典祭祀而以左道乱政法，于是群邪蔓引相倚为奸），冬十月以道士邓常恩为太常寺卿（导帝祀淫祠）。【壬寅】十八年春三月罢西厂（汪直失宠势衰之故），夏四月以铅山知县张昺为监察御史（性廉明善治狱，政声达于朝），六月谙达寇延绥，秋八月大水（卫、漳、滹沱并溢，河南淫雨自六月至于是月，漂损庐舍三十一万四千余间，淹死近一万二千人），闰八月逮中都留守指挥郭玉下吏（上言守备中官掣肘诸司且决狱惟货之故），冬十二月《文华大训》成（列进学、养德、厚伦、明治四纲以教太子）。【癸卯】十九年秋七月谙达寇大同而官军败绩，九月旌表僧继晓母朱氏（继晓以秘术进，其母本娼家女），冬十二月都给事中王瑞等请罢传奉官（暂缓而寻复）。【甲辰】二十年春正月京师地震，三月以南京刑部侍郎盛颙巡抚山东（山东旱饥盗起，颙祷雨大澍槁木复苏，条荒政数十条修举之，抑暴除苛而盗不禁自戢），处士胡居仁卒（学本程朱性行淳笃，以主忠信为先、求放心为要，端敬凝重礼义自防、学以为己戒慎恐惧，告诫所见不真、工夫间断则陷骛于禅空、溺于功利之异端），夏六月以思柄为孟密安抚使（云南土司各部内乱而朝廷姑息之，自是诸部扰攘而中国用兵数十年），大旱（京畿、山东、湖广、陕西、河南、山西俱旱而山西、陕西尤剧，赤地千里道馑相望，从巡抚叶淇请而赈之，未几竟预度天下僧道六万人令输粟给牒济山陕饥），秋八月太白、岁星同昼见，九月朔日蚀，冬十月下刑部员外郎林俊等于狱（时岁大饥而僧继晓秘术擅宠劳民伤财，俊等切谏而上怒之）。【乙巳】二十一年春正月朔星陨有声（吏部尚书尹旻等论传奉官过多，吏科给事中李俊等言近幸干政、大臣不职、爵赏太滥、工役过烦、进献无厌、流亡未复，宪宗不能改而心忌之），三月泰山震（时太监梁芳等结万贵妃欢而谋废太子，上心惧震而事遂寝），夏四月以康永韶为礼部右侍郎（言今春星变当有大咎，赖秦民饥死以当之，宪宗竟悦而擢之），五月京师地震，秋八月朔日蚀，以万贵妃弟万通家人徐达为指挥佥事并予世袭。【丙午】二十二年秋七月前少保、谨身殿大学士商辂卒（入内阁预机务二十一年，平粹简重宽厚有容，临事决议毅然莫夺，谥曰文毅），九月罢南京兵部尚书王恕而出马文升代之、逮广东布政使陈选（俱因忠正触上及近幸之怒而闲废罪之），遣刑部左侍郎何乔新勘亳州土司讼而州安。【丁未】二十三年春二月以李孜省为礼部右侍郎（佞幸窃宠益作威福，排挤陷构朝野侧目，荐引乡人朋党比附，始结党祸朝局为变），秋八月帝崩、九月太子祐樘即位，冬十月罢传奉官并夺僧道封号遣归本土、以吏部左侍郎徐溥入阁预机务（承刘吉恣睢之后镇以安静，务守成法以惠元元），十一月召王恕为吏部尚书、以马文升为左都御史、以刘健为礼部右侍郎入阁预机务（健学问深粹，以身任天下之重，于时群邪渐黜众正并升，海内欣然望治）、礼部左侍郎邱濬进《大学衍义补》（补齐《衍义》治平之目）。

【戊申】孝宗敬皇帝弘治元年春二月帝耕耤田（礼毕教坊以杂伎进，马文升厉色斥止）、罢选淑女（中官郭镛请预选妃嫔以广储嗣，左庶子谢迁谏须俟祥禫之后），三月帝诣国子监亲行释奠礼（加币、用太牢）、御经筵命儒臣日讲并视午朝（从吏部侍郎杨守陈请）、起用因言事谪降诸臣，夏四月厘正祀典（礼科给事中张九功请之、礼部尚书周洪谟等条议，以抑道释淫祠渎祀，上以崇祀既久而不尽从之），六月朔日蚀，谙达求贡（原小王子部而潜住大同近边，自称大元汗以求通贡，朝廷优容而寇抄诸边如故，且渐往来河套中），命户部左侍郎李嗣等清理盐法（淮浙盐为势家乞中者所扰，盐法日坏国课不充而边储匮乏）。【己酉】二年春二月赈四川饥，夏五月河决开封而入沁河（南北分治，水患稍宁），秋七月两京淫雨大风、诏求直言（给事中韩重等谏存敬畏以契天心、慎用人以奉天命、祛弊政以消天变、谨号令以肃天威），冬十二月朔日蚀，赐故少保于谦谥曰忠愍（以为效忠者劝）。【庚戌】三年秋闰九月禁宗室勋戚奏请田土及受人投献（帝性宽厚优柔姑息，虽屡申禁而奏献不绝、乞请愈繁，徽王等四王田多至七千余顷），冬十一月有星孛于天津（礼部尚书徐溥等言其占为兵饥水旱，愿节用度、罢宴游、屏谗言、斥异教，留怀经史讲求治道，非急务宜悉停止），十二月京师地震。【辛亥】四年春二月敕法司慎刑务存仁恕，夏六月京师地震，秋八月罢刑部尚书何乔新（时刘吉窃威福屡兴大狱而乔新据法直之，吉憾而诬谮之），九月以彭韶为刑部尚书（与王恕甄人材、核功实而仕路为清），冬十月河溢、以礼部尚书邱濬兼文渊阁大学士并预机务，十二月凤阳陵火。【壬子】五年春三月立长子厚照为皇太子，夏五月求遗书（纳邱濬言以保存经籍），秋七月赈南畿、浙江、山东饥（从尚书马文升请而给事中吴世忠言之尤切，以为当稽诸册籍而以产之多寡验民贫富，以使给赈富不滥支贫获实沾，并条上兴水利、复常平仓二事），冬十月更中盐法（洪武时于各边开中令商人募民垦种而边储以充，成化中始以银易米而尚未著为令，至是户部尚书叶淇请招商纳银代米盐；新法行而商人大便之，一时太仓银累至数百万，然赴边开中之法废，商屯撤业官屯不修，菽粟翔贵边储日虚），十一月停纳粟例（纳尚书王恕言，以为此前无之亦无不足，且以财进身而欲其为吏砥砺廉隅实不可得）。【癸丑】六年春二月河决张秋，闰五月罢礼部尚书王恕（邱濬与恕不相能，恕考察天下庶官奏罢二千人，濬则请非大恶者勿斥，且藉故授意其党讦之，由是众论大不直濬），六月大旱蝗（飞蝗过京师，日为掩者三日）、总督两广右都御史闵珪击破古田叛僮，秋八月京师大雨雹（礼部尚书倪岳疏谏勤圣学开言路，黜奸贪进忠直，止无功之赏停不急之役），冬十二月南京大雷雨（拔孝陵树）。【甲寅】七年春三月诏群臣言阙失（从给事中马子聪等言，命内外慎刑狱决轻系），三月巡抚贵州都御史邓廷瓒讨平都匀苗（作乱恣掠之故），夏六月康济河成（时刘大夏治张秋河亦成，于是漕河上下无大患者二十余年），秋七月京师地震，命工部左侍郎徐贯经理苏湖水利（三吴水道堰塞之故），冬十月免北京、河南、湖广、陕西、山西被灾税粮。【乙卯】八年春正月谙达寇凉州（谙达诸部迭出为边患而与明相终始，自元年通贡后出没套中数扰边境，明军政不修骄兵惰帅习焉成风，边将率撄城怯战、间有俘获即以捷闻，由是谙达恣肆抄掠，上惟常念军民苦寇、赈恤给牛种而已），二月朔日蚀，武英殿大学士邱濬卒（濬尝以宽大启上心、忠厚变士习，廉介尚礼俭朴自律；然性褊隘而于刘健、王恕等正臣不能相容，议论好矫激而讥范仲淹多事、谓岳飞未必能恢复而秦桧有再造功），以李东阳、谢迁入阁预机务（与刘健裁决机宜，天下翕称贤相），夏四月赈应天、浙江灾饥（所活饥民百二十万人），五月定国子监生分拨历事期（诸生按入监年月于各司分习吏事，时进士日重监生日轻故多淹滞，礼部尚书倪岳乃定议监生诸司历事一年方许分拨，由是诸生在监稍久而选人亦不壅塞；祭酒林瀚请增贡额并以己俸营立署舍，自此师儒始免僦居），秋七月以宋儒杨时从祀孔子庙廷（正统之时训导王昌顺请而未及行，至是特命从祀而位司马光之次），广西参将欧磐击破平乐叛僮，八月马湖土知府安鳌有罪伏诛、改设流官知府（鳌性残虐，敛财纵淫、魇魅肆杀横恣二十年，及是佥事曲锐请按治之），冬十二月复哈密（从马文升言惩创桀骜，番人至是始畏中国），命内阁大学士撰三清乐章而寻寝之（帝颇崇信斋醮，大学士徐溥等言天至尊无对不应分三，郊社乐章皆太祖亲制，制时俗词曲以享神明亵渎尤甚，近日经筵早休日讲久旷，异端乘间而入则初政难保）。

【丙辰】弘治九年夏六月免江西被灾税粮，冬十二月刑部吏徐珪被黜为民（请革东厂以绝诬陷欺蔽之故）。【丁巳】十年春三月以旱霾诏求直言（主事胡爟等上言中官李广等惑乱圣听，滥设斋醮蠹储残民，不肖士大夫则昏暮乞怜交通请托，阴盛阳微灾何由弭，并极论方士中官相结传奉冗员之害），诏大臣议政文华殿（纳徐溥等言以防政体壅滞，宣召顾问自此始），夏五月小王子寇潮河川（指挥刘钦等战死，时寇数入边而无虚岁），秋九月赈山东水灾、冬十一月赈四川水灾。【戊午】十一年春三月皇太子出阁就学（纳给事中叶绅、詹事吴宽言以亲正人），秋七月华盖殿大学士徐溥致仕（性凝重有度从容辅导，遇大狱必委屈调剂而天下阴受其福），冬十月清宁宫灾（大学士刘健等言近年灾异频仍，奸佞之人荧惑圣听妨蠹圣政，贿赂公行赏罚失当，纪纲废弛贤否混淆，工役繁兴征敛百出，公私耗竭军民疲惫，臣僚被胁避祸钳口，下情不达上泽不宣，愁叹之声仰干天和），闰十一月朔日蚀，下御史胡献于狱而寻谪之（因言大臣交通中官得进，中官贪婪而诬枉之）。【己未】十二年春正月辽东总兵官李景等诱杀朵颜三卫人而以捷闻（冒功欺弱而诡称三卫入寇，帝宽仁姑息不深罪之；朵颜诸部大恨，遂北结和硕数犯复仇而辽塞益乱），夏六月阙里至圣庙灾（敕重建并遣大学士李东阳往祠，回奏冗食太重国用无经、差役频繁科派重叠，土木繁兴财力交殚、势家巨族田连郡县，北方民生荒饥盗贼纵横，南方流亡载道户口消耗，内官群小肆虐掊击，鬻贩穷民所在骚然），秋九月小王子入居河套（虽通贡而犹寇略，寻以入贡赏薄大肆杀掠，至是延绥复为敌冲）。【庚申】十三年春二月更定律例（革去冗例以杜繁琐之弊，俾以例通律之穷而不以例淆律之正；时帝所任刑官持法皆平，会情比律一归仁恕，天下翕然称颂之），夏四月彗星见（给事中屈伸言灾异频告边方多警，愿惕然敬畏以应天，赫然震怒以御侮）、和硕寇大同，夏五月朔日蚀，秋七月京师地震，八月赈江西灾，冬十月两京皆震。【辛酉】十四年春正月朔陕西地大震（人畜摧压死亡无算，马文升言此为外寇侵凌之兆，海内民困财竭兵衰将懦、文恬武嬉法令不振，亟须安内攘外修德弭灾），三月以陈寿巡抚延绥（士卒感激乐为之用，在镇三年军势始振），夏四月小王子及和硕连兵入寇、秋七月泰宁卫人犯辽东、普安苗妇米鲁作乱，九月朔日蚀、诏秦纮总制三边（修筑诸边城堡万余所、垣堑六千余里，寇不敢大入而四镇宴然），冬十一月赈两畿、山东、河南水灾饥民。【壬戌】十五年夏五月诏群臣言时政阙失（刘健请早朝以勤政、日讲以视学、节俭以省费、刚断以决事），秋九月朔日蚀，冬十月户部上天下会计之数（户部尚书侣钟言常入之赋以灾伤渐减、常出之费以请乞渐增而入不敷出，帝下廷臣议，事关权幸而沮格不行），十一月琼州黎乱而讨平之（官吏贪敛贼虐而民苦为乱），十二月《大明会典》成。【癸亥】十六年夏四月起致仕佥事章懋为南京国子祭酒、以罗钦顺为司业（教以有用之实学），秋九月分赈两畿、浙江、山东、河南、湖广灾（饥民多所全活）。【甲子】十七年春正月以道士崔志端为礼部尚书，二月诏每岁审录重囚毋限一日（纳兵部给事中潘铎言，以体好生之仁而杜冤滥之弊），诏减光禄寺供奉（节约以恤民），夏闰四月命诸司议革弊政（帝尽心荒政，故虽四方告灾而民尚赖以济），五月罢南京、苏杭织造中官（纳刘大夏言），六月雨雪、庐山鸣如雷（次日大风雨，多有溺死者）、和硕入寇大同，秋九月复置起居注（洪武间设之而后废，至是纳太仆少卿储瓘谏复之），冬十一月罢云南银场，十二月户部上天下户口之数（户一千零五十万余、口六千零一十万余，户部言灾伤敛重逼迫逃移、惧充军匠诸役而贿里长匿报，户口遂渐就耗损，帝命轻徭薄征招抚宽恤以对治之）。【乙丑】十八年春正月小王子入寇，二月御经筵（学士张元祯请讲《太极图》《西铭》等书而帝喜之），夏五月帝崩、太子厚照即位、小王子犯宣府，秋八月京师淫雨（自六月至于是月，时东宫旧竖刘瑾等用事而日导帝游戏怠政，大学士刘健等谏而宦竖益恣）。

【丙寅】武宗毅皇帝正德元年夏四月罢礼部尚书马文升而以焦芳代之（芳粗鄙无学识而好谩骂，深结阉宦以干进，不恤民而劝帝奢靡），五月兵部尚书刘大夏罢（中官诬谮之故），六月大风雨坏郊坛兽瓦（刘健等言比来免朝太多、奏事渐晚、游戏渐广、经筵日讲直命停之，圣学久旷正人不亲、直言不闻下情不达），秋七月彗星见（时宦官八党窃柄朝政日非，南京御史陆崑等极谏而不省），九月命太监崔杲等监南京织造，冬十月以刘瑾掌司礼监而罢刘健等（瑾与马永成等进鹰犬舞戏导帝佚游，劝置皇庄增至二百余所而畿内大扰，又以焦芳入阁预机务）。【丁卯】二年春正月朔日蚀，三月太监刘瑾矫诏榜奸党于朝堂（列刘健等五十三人为“奸党”，召群臣跪金水桥南宣戒之）、敕各镇守太监预刑名政事，夏五月度僧道四万人，秋八月作豹房（帝为群阉蛊惑而造密室，仿设商肆而身著估人衣交易为乐，朝夕处其中并召教坊乐工），冬十月太监刘瑾矫旨杖戍钦天监五官监候杨源而卒于道（源谏霾雾为众邪之气，阴冒于阳臣欺其君，小人擅权下将叛上，乞揽政柄思患预防）。【戊辰】三年春正月太监刘瑾以中旨黜翰林学士吴俨等（瑾凡事专决威权熏灼，内外章奏先具红揭投瑾，然后上通政司号白本，公侯勋戚以下莫敢钧礼，每私谒相率跪拜），夏六月太监刘瑾执朝官三百余人下狱，秋八月立内厂（瑾自领之而尤酷烈，屡起大狱冤号相属），冬十月赈湖广、河南饥。【己巳】四年春二月黜前大学士刘健、谢迁为民，秋闰九月小王子寇延绥，湖广、江西、四川盗起（时连岁饥馑之故）。【庚午】五年春三月给事中屈铨请颁行刘瑾新例为令（助瑾为虐而变乱成宪），夏六月帝自称法王（上通晓佛经梵语，自称大庆法王、大定慧佛），秋八月太监刘瑾伏诛（八党不和，张永等谏帝除之），九月封张永等太监皆为伯（一例推恩而名器混滥），冬十月霸州盗起。【辛未】六年春二月起左都御史陈金总制江西军务（虽屡破盗贼而士兵贪残杀掠甚于贼，金不禁且己亦不能持廉，士民深怨之），冬十一月地震，十二月黄河清。【壬申】七年秋九月赐义子百余人国姓（上收所悦中官奴卒为义子，御史贺泰抗谏而上怒谪之），冬十二月谨身殿大学士李东阳罢（立朝五十年清节不渝，奖成后进推挽才彦，刘瑾肆虐不能去位，故气节之士多非之，然潜移嘿夺保全善类，天下亦阴受其庇）。【癸酉】八年夏六月河决黄陵冈（曹、单间被害日甚），秋八月土尔番据哈密，冬十二月江西饥。【甲戌】九年春正月乾清宫灾（杨廷和等疏请早朝宴罢、躬九庙祭祀、荣两宫孝养、勤日讲复面奏、开言路达下情、还边兵革宫市、罢皇店出西僧、省工作减织造而不省），二月帝始微行（狎于群小日事佚游，轻宗庙而亵神器），秋七月小王子犯大同、宣府，八月朔日蚀，京师地震，九月谪编修王思为三河驿丞（上观抟虎被伤逾月不视朝，思谏勿嗜酒荒志好勇轻身，戒惧之心日忘而纵恣之欲日进，好恶由乎喜怒而政令出于多门，纪纲积弛国是不立，上天示警宗社忧甚），冬十二月营乾清宫而加天下赋（于一岁中催科尽征而海内骚然）。

【乙亥】正德十年春正月帝有事于南郊而逮暮成礼（兵科给事中王良佐等极谏郊祀当诚敬斋戒、按时遵制而不报），民间讹言选女入宫而惊疑失措，冬十月遣太监刘允使乌斯藏（左右言西域胡僧能知三世，帝遂欣然欲见；阁臣梁储等切谏不听，终致亏耗中国取辱外藩），十二月朔日蚀，下宁波知府翟唐于狱（裁抑扰民太监而上怒逮之）。【丙子】十一年春正月朔帝受朝贺而逮暮成礼（御史程启充谏摒弃宴游、益崇儆畏以肃臣民观瞻而不报），夏四月大旱，秋八月以王守仁巡抚南赣汀漳、南京地震。【丁丑】十二年春正月帝祀南郊并猎于南海子（大学士梁储等极谏不听），二月增设陕西织造中官（给事中任忠言陕西民生疲敝，逃窜流移十室而九，赀巨催急民不堪命，疏入不报而寻以两淮、浙江、四川、河东盐课给陕西充织造之用），夏六月朔日蚀，秋八月帝微行至宣府，九月帝自称总督军务威武大将军总兵官，冬十月小王子入寇、帝自将御之，十一月召杨廷和复入阁。【戊寅】十三年春正月朔帝在宣府，夏五月朔日蚀、秋七月帝复如宣府（从江彬言欲遍游塞上，托言边关多警而自命大将军总兵官朱寿往征，近侍肆掠良家女以充幸御），九月帝自加镇国公（欲自矜武功，杨廷和等谏不听）。【己卯】十四年春正月帝在太原、改卜郊（礼部尚书毛澄等切谏不听），二月京师地震（祀郊甫毕帝猎如故，地震风霾还宫乃止）、帝自加太师并敕谕巡行祈福（三月郎中黄巩等百四十六人先后疏谏，上悉杖之、死者十一人），夏六月宁王宸濠反（久蓄异志交通肘腋，因上游幸人情危惧而觊觎帝位）、秋七月巡抚南赣都御史王守仁擒宸濠。【庚辰】十五年春正月帝在南京、改卜郊，夏四月淮扬大饥（民相食），秋九月帝渔于积水池而舟覆溺水。【辛巳】十六年春三月朔日蚀，帝崩于豹房（遗诏悔其所为）、皇太后以遗诏遣官迎兴献王世子厚熜入嗣皇帝位（杨廷和等以兄终弟及祖训立之），夏四月兴世子至京师入即位、诏赦天下并除一切弊政、诏议崇奉兴献王典礼（廷和言为人后者为之子，当称孝宗为皇考而改称兴献王为皇叔父，则正统私亲恩礼兼尽，帝则以为父母不可更易而大愠之），秋七月进士张璁上疏请尊崇所生而立兴献王庙于京师（璁揣帝意遂疏言帝以伦序当立继统、未预养立储故非为孝宗后，且迎养生母称皇叔母则子臣其母、独长子为人后则自绝其亲，宜别立圣考庙于京师以隆尊亲之孝；胡铎则以为天下人情不可拂，考献王不已必宗而庙祧，生为人臣死不当跻君，璁不听而后大礼议遂起）、宁津盗起，冬十月追尊父兴献帝、祖母宪宗贵妃邵氏为皇太后、母妃蒋氏为兴献后。

【壬午】世宗肃皇帝嘉靖元年春正月清宁宫后殿灾、定皇考圣母与本生父母称号（帝欲加兴献帝后以皇号，杨廷和等以为加皇号则忘所后而重本生、任私恩而弃大义；尚书乔宇亦言正统大义惟赖皇字以明，若加于本生之亲则正统混而无别，不能重宗庙正名分；清宁宫后殿灾，给事中邓继曾言此为废礼之效，帝乃称孝宗皇考而兴献帝后不称皇），冬十月赈南畿、湖广、江西、广西旱灾（应天、滁州饥尤甚）。【癸未】二年春二月礼部尚书毛澄罢（帝欲私赂澄以推尊所生，澄守典礼而抗疏引疾归）、岁星太白同昼见，夏四月旱（南北皆旱，赤地千里殍馑载道），以宋儒朱子裔孙墅为五经博士（正德间给事中戴铣等言朱子继孔子，孔子之后有曲阜、衢州，朱子之后亦有建安、婺源，今建安已置博士，婺源亦宜如衢州孔庙例官其嫡长以奉祀，寻以西安学训导席端言令世袭）、诏举堪任府县者，闰四月帝始修醮于宫中（用太监崔文之言，杨廷和等极谏不纳，其后帝益好长生而斋醮无虚日，自此词臣多以青词干进），六月免嘉靖元年天下税粮之半，秋七月南畿大水（江淮河水大溢，漂没田庐人畜无算）。【甲申】三年春正月地震（两畿、河南、山东、陕西同时皆震）、南京刑部主事桂萼请改称孝宗皇伯考，二月罢华盖殿大学士杨廷和、三月罢礼部尚书汪俊（帝谕建室奉先殿侧祀兴献帝主，俊以奉大宗不得祭小宗极谏而帝怒），赈淮扬饥（父子相食，道馑相望），夏四月追尊兴献帝曰本生皇考恭穆献皇帝、上兴国太后尊号曰本生皇母章圣皇太后（编修邹守益等谏而被贬），六月以张璁、桂萼为翰林学士而方献夫为侍讲学士（皆以议礼骤贵，于是闲罢失职、武夫小吏望风希旨而抗论庙谟），秋七月诏章圣皇太后尊号去本生（群臣伏阙谏而杖死编修王相等十七人，自是衣冠丧气而璁、萼等势益张），八月大同军乱并杀巡抚都御史张文锦（整饬边政操之急切，骄兵悍卒煽众为乱），九月更定大礼称孝宗为皇伯考、昭圣皇太后为皇伯母而兴献皇帝为皇考、章圣皇太后为圣母，土尔番寇肃州，冬十二月辽东妖贼陆雄等作乱。【乙酉】四年春三月仁寿宫灾，夏五月作世庙以别祀兴献皇帝，秋八月南畿地震（是岁天下地震凡六十三），田州指挥岑猛叛而讨诛之（田州土官改流，岑氏怨望之故），冬十二月《大礼集议》成并颁示天下，闰十二月朔日蚀。【丙戌】五年春三月定有司久任法（吏部尚书廖纪言守令迁转太频政多苟且，宜遵旧制俟九年考，洵有政绩者乃迁），夏五月召心学派杨一清复入阁（赞同张璁等议礼而帝喜之，遂纳御史吉棠荐，欲以消朋比而钳众口），秋九月章圣皇太后有事于太庙世庙（大臣争谏而不听）。【丁亥】六年春二月小王子寇宣府（控弦十余万而富雄诸部，及秋又犯宁夏塞，明年复三犯边），罢大学士费宏等（璁、萼谮毁之），夏五月朔日蚀，以罗钦顺为吏部尚书而辞不拜（时璁、萼营私植党屏逐正人，钦顺耻与同列，杜门潜著《困知记》力排释氏明心见性之学，且谓今人明心之说混于禅学而不自知谬），秋九月下刑部郎中叶应骢等于狱（给事中陈洸藉大礼议附璁、萼而遍劾大臣，凡己所不悦者悉指为邪党而逮捕至数百人）。【戊子】七年夏四月甘露降而告于郊庙（南赣巡抚汪鋐奏所部有甘露降、当为帝仁孝之感而帝喜，灵宝人言黄河清者五十里而帝遣太常往祭告，御史周相疏谏而帝震怒下之狱，于是告祥瑞者踵至），六月颁《明伦大典》于天下（《大礼集议》成而张璁请汇为全书，帝名之曰《明伦大典》并自制序刊布天下，追论前议礼诸臣罪而削籍夺职，甚或斥为民），讨平云南叛蛮（初寻甸土知府安晟死，兄弟争袭遂改置流官，土司失职作乱滇中大扰），秋七月王守仁平断藤峡傜（守仁由璁荐起而萼不善之，守仁、张璁俱以心学非议理学，帝亦疑守仁自夸大并訾其生平学问）。

【己丑】嘉靖八年春二月河南襄阳大饥，冬十月朔日蚀，戍刑部员外郎邵经邦于边卫（疏言阳月日蚀由不善用人之故，张璁致仕而旋以议礼功复召辅政，用人行政当辨忠邪审量才力，并与天下之人共用之，帝大怒谪之）、除外戚世封并著为令（纳吏部尚书方献夫言，由是外戚永绝世封）。【庚寅】九年夏五月作四郊按时分祭（帝覃思制作之事，郊庙百神咸欲斟酌古法以厘正旧章），秋七月下兵部主事赵时春于狱（时畿内、河南、湖广、山东、山西大饥，而希旨者诡言祥瑞遂致朝臣称贺，时春遂谏希旨者罔上欺君坏风伤政，请复古冠婚丧祭之礼而绝醮祭祷祀之术，凡佛老之徒有假引符箓依托经忏、幻化黄白飞升遐景以冒宠禄者即赐遣斥，以修明正道而定民志，世宗大怒掠治并黜为民），冬十一月更定孔庙祀典、尊孔子曰至圣先师（张璁言请于大成殿后别立室祀叔梁纥，以颜路、曾皙、孔鲤配之；世宗复以为圣人尊天与尊亲同，故圣祀全用祀天仪非正礼，其谥号章服悉宜改正，编修徐阶以为不可而帝怒谪之并御制《正孔子祀典说》，御史黎贯言孔子拟天并不为过而帝大怒褫其职，给事中王汝梅等极言不宜去王号而帝皆斥为谬论；于是礼部会诸臣议曰：人以圣人为至，圣人以孔子为至，宋真宗称孔子为至圣其意已备，今宜于孔子神位题“至圣先师孔子”，去其王号及大成文宣之称，改大成殿为先师庙，其四配称复圣颜子、宗圣曾子、述圣子思子、亚圣孟子，十哲以下凡及门弟子皆称先贤某子，左邱明以下皆称先儒某子，木制神主屏撤塑像、祭祀礼乐杀减；行人薛侃议进心学始祖陆九渊从祀而帝亦从之，敕天下学官别建启圣殿祠，春秋祭祀与文庙同日遂为定制，此皆张璁主持议定之），始祀昊天上帝于南郊。【辛卯】十年春正月祈谷于大祀殿（帝谕此后但奉太祖配天）、更定庙祀而迁德祖于祧庙（奉太祖主于殿正中而七宗以序进迁，于是太祖始正南向位），三月罢四川镇守太监（帝习见正德时宦官之祸而御近侍甚严，又罢浙闽、湖广、两广等地镇守太监，内臣之势遂得少杀），夏四月禘于太庙、五月始祀皇地祇于方泽，六月雷震午门，秋七月遣侍郎叶相赈陕西饥，冬十二月戍监察御史喻希礼等于边卫（时方修醮祈嗣，希礼言宜赦议礼议狱得罪诸臣以召和致祥而帝大怒）。【壬辰】十一年秋八月彗星见东井（芒长丈余，扫太微垣及角宿天门，凡一百一十五日乃灭；编修杨名言帝喜怒失中用舍不当，以偏喜任用小人而以偏怒不宥君子，真人邵元节设醮内府大臣奔走亦帝心有偏之故，世宗震怒拷讯之）、张孚敬罢（孚敬即张璁改名；帝以星变疑大臣擅政，给事中魏良弼等亦劾其专横窃威福、强辨饰奸），九月赈陕西及山西饥，冬十一月巡抚四川都御史宋沧献白兔（世宗好文饰太平而彗星连月不去，沧乃希旨诡称祥瑞；明年河南巡抚吴山复以白鹿献，自是瑞异踵至而百僚表贺以为常）。【癸巳】十二年春正月张孚敬复入阁（帝复思之之故；彗星复见毕、昴间，孚敬乞避位而不许），二月赈云南饥（是年辽东、浙江、河南亦灾），三月帝诣国子监行释奠礼（谕诸生“治平之道，备在六经，诸生宜讲求力行，以资治化”），秋八月朔日蚀，冬十月大同兵乱、杀总兵官李瑾（小王子屯大同外，瑾督浚濠急切生乱之故，然亦心学流弊之效验）。【甲午】十三年夏四月削给事中张选籍（时帝久不亲祀事而皆遣郭勋摄，选谏宗庙之祭惟诚与敬而世宗大怒），六月南京太庙灾（南京兵部主事刘世龙谏杜谄谀以正风俗、广容纳以开言路、慎举动以存大体，并以为顷者兴作频仍四方凋敝，帝震怒械系拷掠，廷杖后复斥为民）。【乙未】十四年春二月作九庙，秋八月诏九卿会推巡抚官（会推开植党营私之门而流弊无穷，托名推举而使九卿实擅其权；厥后严嵩当国，九卿即承其颐指转相推引）。【丙申】十五年春正月以刘天和为兵部左侍郎总制三边（诸部相率为边患、蹂躏迄无宁岁之故），二月赈湖广灾，夏五月燬禁中佛殿，冬十月地震有声如雷、更定世庙为献皇帝庙，十二月以道士邵元节为礼部尚书（得帝崇信专司祷祠，至是以皇储迭生得拜尚书并赐一品服），闰十二月以礼部尚书夏言兼武英殿大学士预机务（言性开敏，善窥帝旨且有所附会，得宠气骄而不能和同廷臣）。【丁酉】十六年春正月诏右都御史毛伯温讨安南内乱，夏五月雷震谨身殿（礼部奏言谨身殿乃天子肃容之所，请改刑政之失以为消弭之实），秋八月赈湖广等地灾民（是岁夏秋多灾而湖广尤甚）。

【戊戌】嘉靖十七年夏六月诏议明堂大飨礼、下户部侍郎唐胄于狱（初献皇帝庙止举时祀而不祀太庙，至是前扬州府同知丰坊请建明堂、尊皇考为宗以配上天，唐胄谏明堂之礼当奉太宗配而帝大怒，严嵩言严父配天允合周道而世宗嘉纳之），秋七月开河南、云南银矿，九月尊献皇帝庙号睿宗（祔于太庙并跻武宗上，复配享上帝于元极宝殿）。【己亥】十八年春二月赈辽东饥，以曾子裔孙质粹为世袭五经博士（纳顾鼎臣言），张孚敬卒（其学类古文经与庶族心学理路，刚明果敢不避嫌怨，持身特廉痛恶赃吏，报复狠愎不护善类，欲力破私党而己先为党魁，主持大礼大狱而丛诟不息、朝臣心乱），夏四月山西地震、彗星见，夏六月雷震奉先殿（都御史王廷相谏今廉隅不饬贿赂公行、大小效尤内外征利，其意在斥严嵩之流），秋闰七月赈河南饥。【庚子】十九年春二月赈河南、湖广旱灾，夏五月诏勋戚子弟入监肄业（纳司业王同祖言使知礼教），秋七月赈江西水灾，八月杖杀太仆卿杨最（时世宗好神仙，欲深居不接外人以祈长生，最谏而大怒杀之），九月刘天和败惯寇济农于黑水苑。【辛丑】二十年春二月下监察御史杨爵于狱（时帝经年不视朝而日事斋醮，工作烦兴岁旱民困而夏言、严嵩仍作颂称贺；爵遂太息上书“今天下大势如人衰病已极，腹心百骸莫不受患，即欲拯之无措手地方；且奔竞成俗赇赂公行，遇灾变而不忧，非祥瑞而称贺，谗谄面谀流为欺罔，士风人心颓坏极矣”，世宗震怒而搒掠之），夏四月置安南都统使司（讨定内乱去其僭号，仍三岁一贡以为常），九庙灾（群庙一时俱烬，惟睿宗庙独存，成祖、仁宗二庙帝后神主俱燬），五月赈辽东饥，六月赈畿内、山西饥，秋七月赈山东灾伤，冬十月赈山西虏患兵灾。【壬寅】二十一年夏六月谙达寇山西，秋七月朔日蚀，八月以礼部尚书严嵩兼武英殿大学士预机务（嵩一意媚上窃权罔利，帝英察自信果于刑戮而偏于私情颇护己短，嵩藉以因事激帝怒戕害人以成其死，诛斥者不可胜计），九月作雷坛、锢工部员外郎刘魁于狱（用方士陶仲文言而务宏侈峻急，魁谏国用已耗民力已竭而复为不经之事，非所以示天下后世，世宗震怒杖锢之），冬十月宫婢杨金英等谋逆伏诛。【癸卯】二十二年春正月朔日蚀，夏四月福建地震，秋九月逮巡按山东御史叶经并杖杀之（严嵩揽权铲除异己，以宿憾诬谮残害忠良），冬十月朵颜入寇，十一月严寒、赈贫民。【甲辰】二十三年秋七月谙达犯大同，冬十一月加方士陶仲文少师（帝自宫婢之变，移居西内日求长生，郊朝不亲朝讲尽废而君臣不相接，独仲文得时见且称师不名，小人之辈遂夤缘以进）。【乙巳】二十四年春三月赈保定、应天诸府饥（诏言近来水旱灾伤皆由官不得人，甚或贪残殃民致干和气），夏五月朔日蚀，六月重建太庙成（太祖居中，左四序成、宣、宪、睿，右四序仁、英、孝、武，其后为祧庙以藏祧主），秋九月楚世子英燿弑其父显榕而伏诛（性淫恶而烝王父宫人）。【丙午】二十五年春正月谪御史周冕为通海县典史（时太子生十一年尚未出阁讲学，冕极言豫教不可缓而帝怒），三月白草番乱而讨平之（于是松潘、威茂间边境安堵），秋八月天鼓鸣。【丁未】二十六年夏四月谙达求贡而拒之，秋九月河决曹县，冬十一月大内火、释杨爵等于狱。【戊申】二十七年秋七月京师地震，冬十月杀前华盖殿大学士夏言（言有俊才纵横辨博而蹇傲专恣，严嵩怀奸黩贿而言裁抑之，至是遭嵩诬陷弃市）。【己酉】二十八年春二月谙达侵宣府、大同，三月朔日蚀、皇太子载壑卒，秋七月倭寇浙东（倭自永乐末贡使不至，宣德中命琉球国王转谕之使复至；倭性黠而时载方物戎器出没海滨，得间则大肆攻掠、不得则陈方物而称朝贡，且利中国互市而每贡所携私物逾贡数十倍；滨海奸人阑出中国财物与倭交易且屡负倭值，倭使互市者往往留海滨不去，内地诸奸民复为之囊橐，纳巡按御史高节请而严奸豪通番之禁，然而贵官势家负值愈甚，致倭粮匮怨恨勾扇奸民为乱，遂设重臣统抚严禁之；浙闽大姓素为倭内主者失利怨恨，遂唆在朝乡党诬谮致其罢官自杀，自是海禁复弛乱益滋甚，终帝之世迄无宁岁），命户部核出纳以节财助边（是时边供繁费、土木祷祠月无虚日而帑藏匮竭，遣部使者括逋赋又致海内骚动）。

【庚戌】嘉靖二十九年春正月山东地震，秋八月谙达犯京师（仇鸾贿严世蕃得总兵宣府大同，重赂谙达令移逼他塞，遂溃古北口大掠入内，因严嵩等沮兵不战，敌纵横京郊八日乃还），九月废郑王厚烷为庶人（帝修斋醮而诸王争遣使进香，厚烷独上居敬穷理克己存诚四箴，并以神仙土木为戒，帝怒以骄慢无礼废之；其世子载堉笃学有至性，筑土室席藁独处十九年，隆庆初厚烷复爵始入室），冬十月削刑部郎中徐学诗籍（因劾严嵩柄国乱本奸贪比周、掊克军民酿成边患，方士陶仲文则密言严嵩孤立尽忠，帝遂发怒下之诏狱）。【辛亥】三十年春三月开马市于大同宣府，谪兵部主事杨继盛为狄道典史（仇鸾驽怯畏敌，密遣人持货币结谙达义子使贡马互市，杨继盛以仇耻未雪示弱辱国、引祸未来百姓不靖谏而鸾詈沮之），秋九月京师地震。【壬子】三十一年春二月赈宣府、大同饥（人相食），三月以礼部尚书徐阶兼东阁大学士预机务，秋七月以王忬巡抚浙江备倭（浙闽贼商汪直等逸海岛而为诱倭入寇主谋，海中巨盗皆袭倭服饰旗号分掠内地，由是倭患日剧而不可扑灭），九月河决徐州，罢马市（谙达以羸马索厚值，甚至朝市暮寇，帝恶而罢之），冬十二月杀光禄寺少卿马从谦（中官杜泰提督光禄寺干没内币岁钜万，从谦奏发其罪并及宫中斋醮事而下诏狱被杖杀）。【癸丑】三十二年春正月朔日蚀而阴云不见（世宗惟以粉饰治象为心，一时诸臣迎合意旨讳饰表贺，导谀贡媚相习成风）、兵部员外郎杨继盛上书劾严嵩“十罪五奸”而下诏狱，三月赈陕西、山东饥，闰三月倭寇浙江（海贼汪直纠群盗勾集各岛倭人大举入寇，滨海数千里同时告警，多县乡镇焚掠殆尽），秋七月谙达大举入寇（叛人赵全等汉奸教谙达攻城屠掠之法）、金星昼见（四日乃没），九月柘城盗作乱而讨平之（盐徒师尚诏以私贩作奸剽掠远近，屠戮十余万人而三省皆震），冬十月赈河南、山东饥（各地水灾盗起而民不聊生）。【甲寅】三十三年春正月朔杖六科给事中于廷（以其贺表违式），夏五月命南京兵部尚书张经总督军务讨倭，秋七月诏勋戚大臣入值西内。【乙卯】三十四年春二月遣赵文华督视海防（文华諂事严嵩结为父子，恃宠恣睢大敛财赂而江南为之困敝；复牵制兵机颠倒功罪，虽征兵半天下而倭势愈炽），夏五月张经败倭于王江泾、诏逮经下狱（赵文华与巡按御史胡宗宪攘其功而诬陷之），冬十月杀张经、杨继盛等（严嵩陷害之），十一月朔日蚀，十二月山西、陕西、河南地震（三省同震其声如雷，河、渭溢而河清数日，华岳、终南山鸣，官吏军民死者八十三万余）。【丙辰】三十五年春正月彗星见（扫太微垣而入紫微垣、犯天床，至四月始灭），二月以胡宗宪总督军务讨倭（赵文华定招抚计而荐之），夏五月采蓟州矿银（寻以天地之宝不可不重而罢之），夏五月冀州等地地震，冬十月朔日蚀，金星昼见（凡四日乃没），十一月陕西地震。

【丁巳】嘉靖三十六年春三月山东沂州大雨雹（伤人畜无算），夏四月奉天、华盖、谨身三殿灾，冬十一月胡宗宪诱降海盗汪直并诛之（宗宪与直同乡而欲招致之，巡按御史王本固不纳宗宪曲贷汪直以系番心之请而斩之，直党大恨遁去并劫掠闽广；宗宪先以赵文华为党援，后复献白鹿等符瑞以固宠，至是以邻为壑致使倭患蔓延数省荼毒海隅，大失人臣恤民御侮之道），十二月金星昼见。【戊午】三十七年夏四月赈辽东大饥，秋八月济农寇围甘州（土蛮亦数寇辽东），冬十月礼部进瑞芝（帝诏求芝以延年，总督胡宗宪等四方来献者不可胜计）。【己未】三十八年春二月锡林阿寇滦河，夏五月巡抚都御史李遂平江北倭，秋七月南京地震，八月赈辽东百年未有之饥灾（从巡抚侯汝谅言）。【庚申】三十九年春三月以鄢懋卿总理盐政（以严嵩之力得之，盐课由四十余万两骤增至一百万两，所至市权纳贿势焰熏灼，乃至劾削忠良），秋八月胡宗宪献白龟、芝草（先是宗宪媚上晋秩兵部尚书，至是复献帝益大悦）。【辛酉】四十年春二月朔日蚀，三月金星昼见（历二十四日而没），秋九月朔日蚀，赈南畿水灾（苏杭等七府大水，平地深数尺且累月不退），冬十一月以袁炜为户部尚书预机务（炜以贺日蚀不见媚上而至是入阁，与李春芳、严讷、郭朴并号“青词宰相”），永寿宫灾（西苑成祖旧宫，帝徙居于此）。【壬戌】四十一年夏五月严嵩以罪免、严世蕃下狱（嵩承宠逞志，遍引私人居要地，士大夫奔走辐辏而惴事之，揽权既久帝寖厌之，御史邹应龙遂抗疏极论嵩父子不法状），土默特寇辽东（鞑靼小王子之后），冬十一月分遣御史求方书（帝晚年求方术益急，所荐方士俱擢任侍讲学士并赐第京师）。【癸亥】四十二年夏四月总兵官俞大猷、副总兵官戚继光等击破倭寇于福建（倭祸以来二十余载，攻破城邑杀伤官吏军民不可胜计，转漕增饷天下骚然，至是大创而去，其后继光等复连败之，东南始得安枕），金星昼见（阅四月始伏），冬十月锡林阿与巴图尔入寇、京师戒严。【甲子】四十三年春二月伊王典楧有罪废为庶人而国除（性贪愎淫暴无藩臣礼，折辱官吏、侵夺民舍民女），夏五月朔日蚀。【乙丑】四十四年春三月严世蕃伏诛并籍其家，夏六月建玉芝宫（睿宗原庙前殿产芝，帝大悦告庙并建宫，以奉安献皇帝后神主）。【丙寅】四十五年春正月福建地震，二月下户部主事海瑞于狱（帝深居西苑专意斋醮而久不视朝，督抚大吏争上符瑞而廷臣无敢言者，至是瑞谏帝“妄念牵之，谓遐举可得，一意修真，竭民脂膏，滥兴土木。二十余年不视朝，法纪弛矣；数年推广捐纳事例，名器滥矣。二王不相见，人以为薄于父子；以猜嫌诽谤戮辱臣下，人以为薄于君臣；乐西苑而不返，人以为薄于夫妇。吏贪官横民不聊生，水旱无时盗贼滋炽”，帝太息感动而烦懑不乐），三月以礼部尚书高拱等预机务（因徐阶荐而入阁），夏四月朔日蚀，六月旱（帝因久旱而亲祷雨，越三日雨而群臣表贺），秋七月锡林阿寇犯万全而击败之，冬十月赈淮、徐饥，闰十月谙达寇大同，十一月帝有疾（金石药燥服食火发）、十二月帝崩（还乾清宫而崩，遗诏召用建言诸臣、死者恤录，方士付法司论罪，一切斋醮工作及政令不便者悉罢之）、裕王载垕即位、释海瑞于狱。

二、明中后期中华正统实践脉络

【丁卯】穆宗庄皇帝隆庆元年春正月罢睿宗明堂配享（纳尚书高仪言），二月以张居正为吏部侍郎兼东阁大学士入内阁预机务，夏四月御经筵（徐阶等言帝王以讲学为首务而从之），五月夏镇新河成（遏河水使不东侵以通运道，后又开四支河以杀水势），六月淫雨伤稼（帝素服修省，避殿御皇极门视事），秋七月遣使招抚山东、河南被灾流民（给复五年并厘革诸弊），八月帝视国子监（朝鲜国贡臣乞留京师观礼而许之），九月谙达寇掠山西（死难数万,三卫亦勾土默特同时入寇蓟镇等地而京师震动），冬十月以王崇古总督三边（时济农据河套为西陲诸部长，别部并图驻牧大小松山而南扰河湟番族，故环四镇皆寇）。【戊辰】二年春正月杖吏科给事中石星于廷并黜为民（言帝纵情声乐朝讲久废、章奏遏抑内臣恣肆，帝以为恶言讪上而怒，星妻郑氏误闻夫死而遽触柱死），二月命廷臣举边才（吏部复奏宜勿论南北资格斟酌推用，务俾各当其才），三月立子翊钧为皇太子、京师地震（多地同震而宁远城崩），夏五月以都督同知戚继光镇蓟州，秋七月徐阶罢（多诤宫禁事而中官侧目，给事中张齐以私怨劾之而帝意亦渐移），冬十月赈淮、徐饥（时江南北皆亢旱而淮徐间洪水泛滥），十一月宣府总兵官马芳袭败谙达，十二月限勋戚庄田（户部议裁之，勋臣传五世者限田百顷至七十顷，宗支已绝及失爵者夺之，奸民影射者征租入官）。【己巳】三年夏四月以海瑞为佥都御史巡抚应天诸府（瑞威望素著锐意兴革，请浚吴淞、白茆通流入海而民赖其利，素疾大户兼并而力摧豪强抚穷弱，贫民田入于富室者率夺还之，发令凌厉巨室窜避，抚吴半年再为言路所论而改督南京粮储，民间号泣载道、绘像家祀之），秋七月赈沿河州县灾（河决沛县，漂没田庐不可胜数，淮水复涨崩坏湖堤而民多溺死，总理河道都御史翁大立疏浚河淮而一年告成），八月广东海贼曾一本伏诛（时广、闽随在皆盗而一本最强，一本既平贼患渐息），冬十一月京师地震、诏百官修省三日，十二月命厂卫刺部院事（时灾异频仍，帝疑部院政事不平所致，给事中舒化等谏制驭百官乃天子之权，奏核诸司责在台谏，委之厂卫番校恐开罗织之门，帝虽不从已而事寝），召高拱复入内阁兼掌吏部（强直自遂颇快恩怨，练习政体有经济才，及再入阁尽反徐阶所为，维护嘉靖大礼议说而帝深然之），杖尚宝司丞郑履淳下狱（谏民困灾频而不能召用贤良思患预防，高亢睽孤乾坤否隔，纪纲因循风俗玩愒，功罪罔核文案徒繁，阉寺潜为厉阶善士渐以短气，群小侮常明良疏隔，愿奋英断任君子亲讲筵裁万几，帝大怒而杖系之）。【庚午】四年春正月朔日蚀（未几月复蚀，给事中陈吾德疏言“岁首日月并蚀，天之大灾，陛下宜摒斥一切玩好，应天以实”），夏四月京师地震，秋七月禁章奏浮词（纳高拱言），八月罢户部尚书刘体乾（时内供寖多，屡疏争而忤帝意），九月赈陕西水灾、河决邳州（经理河道朱衡缮筑堤坝、正河安流而漕道乃通），以李成梁为辽东总兵官（军声始振），冬十月谙达孙巴噶柰济因不满而内附、诏授指挥使而寻遣归。【辛未】五年春三月封谙达为顺义王（谙达因孙归而感动发誓不犯，诏授谙达、锡林阿、济农等官爵有差，由是西塞诸部岁来贡市，自宣大至甘肃边陲晏然，不用兵革者二十余载），夏六月京师地震，冬十月河南、山东大水。【壬申】六年夏五月帝崩（召高拱、张居正及高仪同受顾命），六月朔日蚀，太子翊钧即位、诏祀建文朝尽节诸臣于乡（建表忠祠于南京，以徐辉祖为首、方孝孺次之），高仪卒（性简静寡嗜欲，卒而贫无以殓，谥曰文端），秋七月帝御文华殿讲读（张居正请定三、六、九日视朝而余日讲读），冬十月彗星见东北方（至万历二年夏四月乃灭），十二月赈榆林、延绥饥。

【癸酉】神宗显皇帝万历元年春二月御经筵（从张居正等请），三月诏举将才（张居正进讲《帝鉴图说》，因奏“天下虽安，忘战必危。今承平日久，武备废弛，文吏钳制，弁员不啻奴隶。夫平日既不能养其锋锐之气，临敌何以责其折冲之勇！嗣后将帅忠勇可任者，宜假以事权俾得展布，庶几临敌号令严整、士卒用命”），夏四月旱、谕修省并释重囚，秋九月以方逢时总督宣、大军务（居正荐之，申明约信边境以安），四川都掌蛮平（成化初、隆庆末两次作乱而至是又起，斩首恶抚余众而西陲以宁），冬十一月立章奏考成法（纳居正言整肃政体），十二月朵颜察克图犯塞、总兵官戚继光击擒之（土默特控弦十余万而常为蓟门忧，泰宁、朵颜诸部皆与交通而时叛时服；继光在镇十六年边备修饬，蓟门守固敌无由入，遂尽转而之辽）。【甲戌】二年春正月召见朝觐廉能官于皇极门（纳居正言），二月福建地震，夏四月诏内外官行久任法（吏科给事中张楚城建言，知县历俸六年乃升取知府知州，其间有才不宜于官、官不宜于地者，听抚按官量行更易，其藩臬二司参政参议等官升迁约以三年，在京科道部曹升司寺约以六年；张居正善而行之，藩臬守令遂皆得自展），秋八月淮、扬、徐河海并溢（人畜淹没流离饥馑），冬十月决囚（嘉靖末年崇好玄修祥瑞而遇事辄停刑，时承平日久群盗猬起而有司讳之；居正以为纵释有罪无以惩恶而严其禁，至是审录重囚四百余人而盗贼大为衰止）。【乙亥】三年春正月徙辽东六堡（从李成梁言以据膏腴、扼要害，拓境七八百里而益收耕牧之利，于是抚顺以北清河以南皆遵约束），二月始命日讲官记起居注（纳翰林院编修张位言，凡诏旨起居、朝端政务皆据见闻书之，居正复细化补益之），夏四月朔日蚀既、帝手书十二事以自警（谨天变、任贤能、亲贤臣、远嬖佞、明赏罚、谨出入、慎起居、节饮食、收放心、存敬畏、纳忠言、节材用，居正逐句发明其义且诫行之惟艰），五月淮扬大水、诏察有司贪酷老疾而不能实心爱民者，六月浙江海溢（人畜淹没无算），秋八月河决砀山，冬十月京师地震。【丙子】四年春正月下巡按辽东御史刘台于狱并除名为民（时御史在外每凌巡抚而居正欲痛抑之，台则抗章劾居正专擅威福），二月开草湾河（纳督漕侍郎吴桂芳言，海河两治以利民，阅六月功竣而水患稍平），夏五月命司礼太监冯保同法司录囚（帝谕保会同尚书王崇古等，情可矜疑者减释有差），秋八月河决桃源三义、崔镇（田庐漂没无算，河入老黄河故道，淮水乘虚入清口而老黄河复塞）。【丁丑】五年春正月诏凤阳、淮安营田（二府土广人希，复因水灾民半逃亡，两千里皆成灌莽，巡抚御史邵陛条上营田九事以为劳徕安定之计），二月赈广西饥、广东罗旁叛傜平（改泷水县为罗定州并设监司参将而积患顿平），秋闰八月朔日蚀，九月张居正以父丧起复、冬十月杖编修吴中行等谪戍有差（户部侍郎李幼孜首倡夺情议，中行疏谏事系万古纲常四方视听，销变之道无逾此者，检讨赵用贤等亦疏言居正贪位忘亲而居正欲严惩之，尚书马自强等疏救坐杖谪戍），彗星见（从东南方起，其长亘天），冬十一月考察百官。

【戊寅】万历六年春二月以潘季驯总理河漕（以为当缮治堤防沙随水去而导河归海，逾年工成而数年河道得无大患），冬十二月户部奏天下户口之数（户一千零六十二万余，口近六千零七十万；承平日久而户口反降者，或投倚于豪门或冒匠窜两京，或冒引贾四方举家舟居莫可踪迹）。【己卯】七年春正月毁天下书院（是时士大夫竞讲心学而居正特恶之，以为别标门户聚党空谈，遂尽改各省书院为公廨，先后毁应天等府书院凡六十四处），夏四月张居正上雝肃殿箴（帝渐备六宫而多索仓银，居正遂谏量入为出罢节浮费，箴云：北宸紫宫惟皇宅中，身为民表心与天通，斯须不和则乖戾起，斯须不敬则傲慢丛，念常生于所忽，祸乃基于无穷，是以圣人事心天命是敕），秋七月京师地震，八月减均徭加派（明初役法三等，以户计曰甲役，以丁计曰徭役，上命非时曰杂役，府州县验册丁口多寡、事产厚薄以均适其力；自嘉靖以来实行一条鞭法，总括一州县之赋役量地计丁，丁粮毕输于官而一岁之役官为佥募，京库岁需、土贡方物等亦悉并为一条而计亩征银折办于官，因无他科扰民力差强而称简便，然诸役冗费名罢实存故百姓苦之，至是诏令减银）。【庚辰】八年春二月朔日蚀，夏四月赈两淮灾饥，六月南畿大水，冬十月汰冗官冗费（从张居正请），十一月度民田（初建昌知府许孚远始为归户册，以田从人法简而密，后张居正议天下田亩通行丈量，于是豪猾不得欺隐、里甲免赔累而小民无虚粮，然有司往往以溢额为功而增赋损民），斥逐内侍有差（神宗所昵孙海客屡诱帝夜游且数进奇巧之物，太监冯保白太后以切责之，居正上书切谏且缘保意劾去司礼巨珰孙德秀等，帝由是渐恶保而恨居正）。【辛巳】九年春正月命翰林官分番入值以随时风劝箴规（居正谏人主一心乃万化从出之原，亦众欲交攻之会，必使常有所系，然后纵欲之念不萌而引诱之奸不入），二月命儒臣编《训录类编》进讲（居正请摘累朝实录中切于君德治道者分类成书），夏四月土默特犯辽阳、京师旱、南畿饥（居正谏帝撙节耗费，又以江南富豪怙势及诸奸猾吏民善逋赋，乃选大吏精悍者严行督责，赋以时输国藏乃充）、山西地震，秋八月辽东大雨雹（秋禾尽伤）、扬州大水（漂没死者无算），冬十一月赈真定等三府风灾。【壬午】十年春正月免天下逋赋（纳居正言以体恤百姓），三月泰宁部博斯呼寇义州、李成梁击斩之（自是数入数败敌势稍戢），夏四月京师旱疫、宁夏土军作乱（礼科给事中石应岳上言“抑左右之专恣，斥侍从之谀佞，损燕私过度之乐，罢营缮不急之工”）、彗星见西北（形如匹练尾指五车，历二十余日始灭），五月免先儒后裔丁粮有差（从福建巡抚劳堪请）、赈畿内旱涝灾饥，六月朔日蚀，赈太原等三郡大饥，张居正卒、谥曰文忠（性深沉机警多智数，明达国家典故与切要时务，抑心学虚浮而尊上课吏，俾神宗初政起衰振隳、纲纪修明海内殷阜，然褊忌刚严报怨好谀、威权镇主大臣听命），秋七月赈陕西灾饥，八月皇子常洛生，冬十月赈苏、松诸府水灾（漂流田禾十余万顷，死者二万人），十二月复建言诸臣职（纳御史孙继先言，复用因建言忤触居正之心学新派）。

【癸未】万历十一年春正月京师风霾、三月追夺张居正官阶（居正所引用之礼法旧派亦斥削殆尽），夏五月满洲努尔哈赤起兵征尼堪外兰并克图伦城

（建州女真努尔哈赤恩威并用而渐次削平诸部，苏克素护河部尼堪外兰阴诉之于总兵李成梁，成梁遂攻杀其祖、父，努尔哈赤欲复祖、父仇而起兵），六月赈湖广水灾、冬十月赈河南水灾，十一月朔日蚀，十二月慈宁宫火灾（给事中万象春谏帝保身节用，御史丁此吕谏慎举动、弘听纳、正典刑、去幸位、训近侍）。【甲申】十二年春二月京师地震（五月复震），夏四月籍张居正家（初言路多为心学新派而为居正所抑，至是争砺锋锐搏击当路；礼部尚书许国疏谏"昔之专恣在权贵，今乃在下僚；昔颠倒是非在小人，今乃在君子，意气感激偶成一二事，遂自负不世之节，号召浮薄喜事之人，党同伐异罔上行私，其风渐不可长"，自是言官与政府日相水火），冬十二月以陈献章、胡居仁、王守仁从祀孔庙（先是隆庆元年都御史徐栻等言守仁、献章宜从祀，给事中赵思诚等则言不宜从祀，其后御史詹事讲复言二人宜从祀，至是纳申时行等言以三人从祀孔庙而列于薛瑄之次，可见心学新派势力已能左右朝廷）。【乙酉】十三年春二月旱、大雩（京师自去年八月不雨至于是月）、南京地震，三月山西地震，夏四月京师大雩（帝步祷于南郊，且谕慎选有司以免贪剥小民上干天和，诏中外理冤抑、免天下被灾田租一岁），秋七月雷震郊坛、诏群臣修省，八月京师地震、九月彗星见，闰九月赈凤阳、淮安灾，冬十一月礼科给事中王三余请帝亲郊以答天戒（神宗不从而仍遣官代）。【丙戌】十四年春三月禁部曹言事（郑贵妃有殊宠，生子常洵即进封，王恭妃生皇长子已五岁而不益封，中外藉藉请建储而帝不听；时行请令诸曹建言止及所司职掌，于是言者蜂起指斥宫闱攻击执政，神宗概置不问而门户之祸大起），夏四月京师地震（时行等奏"恒阳不雨，阳亢也；地震弗宁，阴纵也。愿祇天戒、恤民艰、慎起居、修政事"），六月松茂番平（诸番强剽要索而岁为吏民患，时徐元泰抚蜀，檄谕不应而大征破之，自是群番震惊不敢为患），秋七月饬严保甲（是夏南北灾饥而山西盗起，河南贼亦聚众流劫），冬十月杖礼部主事卢洪春于廷并削其籍（帝累诏称疾，郊祀庙享多弗躬亲，洪春谏宗社为重毋贪豫乐以基祸、毋为矫饰以起疑而帝大怒）。【丁亥】十五年春正月赈宗室贫窘可悯者，三月诏彻哩克袭封顺义王（夫妇并为中国守边保塞而诸部畏服之），夏四月旱（命百官祈雨）、京师地震、六月京师大雨（溺压死者无算），秋七月江南水、江北蝗而山西、陕西、河南、山东旱（时所在告灾而河北尤甚，户部右侍郎孙丕扬奏黄河以北饥民食草木，陕西富平诸县至于食石，宜宽赋节用、损上益下以培苍生大命，帝感其言而颇有减罢），河决开封，八月敕抚按官惩贪官理冤狱（以为灾沴频仍乃有司贪墨刑狱多冤之故），九月朔日蚀，山西地震，南京都察院右都御史海瑞卒、谥曰忠介（峭直简素力矫偷惰而百司惴恐，葛帏敝簏寒士所不能堪，小民罢市送丧哭者百里不绝）。【戊子】十六年春三月诏改景泰实录且去郕戾王号（纳国子司业王祖嫡言，然是时上下偷惰而诏敕多不奉行，实录终明之世未尝改），南畿、浙江、山西、陕西、河南大饥疫，夏四月赈大名、开封诸府饥（水旱相仍饿殍载道），五月军储仓火、诏修省（神宗之朝灾异叠见省诏屡下，然徒托空文并无实行），六月京师地震，秋八月朔日蚀，冬十二月廷杖给事中李沂并斥为民（中官张鲸掌东厂横肆无惮，御史何出光等劾其专擅威福，帝护鲸而沂谏之，遂疑沂为冯保、张居正报仇）。

【己丑】万历十七年春正月朔日蚀、免元旦朝贺（嗣后每年元旦皆不视朝），三月免陞授官面谢（自是临御大简），夏五月西宁卫天鼓鸣、地震，六月赈南畿、浙江旱饥，秋七月福建、浙江地震。【庚寅】十八年春正月斥大理评事雒于仁为民（疏上酒色财气四箴直攻帝失而帝震怒，申时行等请毋下其章而讽令自引去，自是章奏留中遂成故事），二月罢日讲（神宗常传免日讲，时行遂请免讲而仍进讲章备览，自后讲筵遂永罢），直隶顺德府地震、星陨如火，三月以宋纁为吏部尚书（纁有大臣体，绝请托惩黠吏奖廉抑贪，酌盈虚筹缓急而上下赖之；以为主上知物力充羡则侈心生，朝廷钱谷宁积久不用亦勿使搜括无余，又以为言官极论得失可使人主动心儆省、宽谀搁置则痿痹难疗），直隶、山东、河南风霾而代州星陨，夏六月青海酋浩尔齐犯边（黠桀数犯而西陲大震），秋七月朔日蚀，命兵部尚书郑雒经略边防（击敌招番归附日众，遂逐浩尔齐诸部）。【辛卯】十九年春三月彗星见（见于西北历胃室壁，至闰三月入娄），夏四月朔享太庙（是后庙祀皆遣代），六月山西地震，秋畿内蝗，七月甘肃与广西地震、西宁星陨天鼓鸣、松江飓风，九月申时行罢（时行南畿人，性柔调而奉心学，罢居正考成法而务为简易，政令柔承帝旨不能匡正，由是上下恬熙而法纪渐不振），冬十一月辽东总兵官李成梁罢（土默特结西部数入寇，成梁将弁多死伤而仍报首功增爵荫）。【壬辰】二十年春三月布拜据宁夏反（本为西部人，嘉靖中得罪酋长来降，后见官兵不振遂生异心，谋反势猖全陕震动），夏五月倭陷朝鲜（倭酋平秀吉劫降日本各州，窥朝鲜无备而遣将侵之，朝鲜国王李昖湎酒废弛溃奔请援，朝廷以为朝鲜为国藩蔽而谕兴复大义，然明军出师不利中朝震动），秋九月宁夏贼平（然镇帅好延文士渐成风俗，取资军府物力大耗），冬十月以李如松为防海御倭总兵官救朝鲜。【癸巳】二十一年夏六月诏天下每岁夏月录囚并减释轻系，秋七月吏部尚书孙鑨罢（初居正当国而吏部权渐轻，至是阁臣张位等复削吏部权以渐散于九卿；鑨与考功郎中赵南星等贬斥阁臣所欲扶植者，会言官论劾员外郎虞淳熙等心学派而鑨议留之，给事中刘道隆遂劾贬南星专权植党而鑨亦罢去，左都御史李世达等讼救之，帝怒斥南星为民），彗星逆行入紫微垣、犯华盖星（大学士王锡爵密奏"窃惟天子之象曰帝星，太子之象曰前星，臣以为方今禳彗之第一义，无过早行册立之典"），冬十一月召见王锡爵于煖阁（力劝帝立元子）。【甲午】二十二年春二月皇长子常洛出阁讲学，遣使赈河南饥（先是河南大雨五谷不升，给事中杨东明绘饥民图以进，帝览之惊惶忧惧传谕赈救），吏部郎中顾宪成削籍（先是孙鑨、赵南星主考察而宪成实左右之，宪成既迁郎中而所推多与政府牴牾，至是推举王家屏主政而忤帝意；宪成与弟允成重修东林书院，偕同志高攀龙等讲学其中，讽议时政裁量人物，朝士慕之遥相应和而东林名大著，其后孙丕扬、邹元标、赵南星等心学派相继讲学，自负气节而与政府相抗，是为东林党议之始），三月诏修国史（敕大学士王锡爵等充总裁官），夏四月朔日蚀，五月王锡爵罢（在阁时请罢江南织造、停江西陶器、减云南贡金、力争不宜用廷杖，赵南星等被斥而心学派责怨之），六月西华门雷雨火灾，冬十月绰哈犯辽东、总兵官董一元击败之。

【乙未】万历二十三年夏五月京师地震，秋九月青海酋永什卜犯甘肃，复建文年号（初礼部尚书沈鲤力赞国子司业王祖嫡之请而帝不从，至是礼科给事中杨天民复以为言而始诏复之，附其事迹于太祖实录），淮水溢浸泗州祖陵，冬十月勘赈湖广灾饥。【丙申】二十四年春三月乾清、坤宁两宫灾（火发坤宁延及乾清而一时俱烬），夏福建灾饥，六月彗星见东北方（芒指西南），秋七月吏部尚书孙丕扬请发推补官员章疏而不报（时朝官外官多缺不补），遣中官开矿（初畿辅奸民怂恿中官多言矿利而申时行力阻之，至是因宁夏、朝鲜用兵国用大匮而允之，自是献矿峒者踵至而无地不开，中使扰民奸人横虐；其后复增设各省税使，都邑关津中使棋布，至纳奸民为爪牙肆行杀夺，又立土商名目而穷乡僻坞米盐鸡豚皆令输税，中人之家大半皆破，由是民不聊生变乱蠭起），闰八月朔日蚀，九月河决单县（时徐泗淮扬间无岁不苦水患，总河杨一魁开新河以泄黄入海，泗淮患平而上流单县决口如故），冬十月东阁大学士陈于陛卒（时神宗拒谏上下否隔，于陛积忧成疾而卒）。【丁酉】二十五年春三月以杨镐为佥都御史经略朝鲜军务（镐诛求朝鲜财利故而多怨，庸懦无能任人唯亲终致大败奔逃，官兵死者无算而辎重多丧，镐诡以捷闻而竟仅被罢免），夏六月皇极中极建极三殿灾、秋七月赦（帝下罪己诏），播州宣慰使杨应龙叛（性猜狠嗜杀恃功骄蹇，所辖五司七姓悉叛离，有司姑息而怙恶不悛，至是统苗兵叛而势炽），八月京师地震（地裂水涌），冬十月以黎惟潭为安南都统使（自是安南复为黎氏所有，莫氏惟据高平一郡，其宗党多窜处海隅而时出侵轶为边患）。【戊戌】二十六年夏四月土默特犯辽东、京师旱，秋八月京师地震，冬十一月倭因平秀吉死而遁去、官兵追败之而朝鲜平（自倭乱朝鲜，七载丧师数十万、糜饷数百万而祸始息，副将邓子龙战死而庙祀朝鲜；是时边事日繁而中国坐耗元气销铄，朝廷姑息师出失律，贿倭卖国者不罪、畏缩不进者冒荫、挟私败绩者宥复，遂致刑章废弛军纪荡然）。【己亥】二十七年夏旱（自去冬至是夏亢旱为灾，河井干竭二麦枯槁），闰四月遣中官核天下积储（诸皇子婚而户部告匮之故，由是外帑日耗），秋八月陕西狄道山崩（陷而为池），冬十一月赈畿辅灾饥，十二月武昌汉阳民变、击伤税使陈奉（矿税为神宗时弊政，奉恣行威虐惨毒备至而激起民变，临清、苏州亦起民变而杀逐税监）。【庚子】二十八年春二月京师地震，秋七月旱（工科给事中王德完奏言“致旱有由，纵其所以毒民者是也；弭灾有法，卫其所以保民者是也。今出匣中之虎兕以吞餍群黎，逸圈内之豺狼以搏噬百姓，怨愤无处得伸，郁结无时可解”，疏入不报），冬十月下给事中王德完于狱并廷杖除名（时郑贵妃益宠而王皇后多疾，德完疏谏毋更元子而神宗震怒），两畿盗起（频年灾旱又苦矿税，故兵民多起为盗；浙人赵一平以妖术倡乱，窜徐州与其党招集亡命，自称宋后事觉伏诛）。【辛丑】二十九年春二月赈大同、宣府饥，夏五月罢山西巡抚魏允贞（中官诛求百方而允贞每事裁抑），旱（畿辅、山东、河南赤地数千里，吏部尚书李戴等谏“陛下但知利源易开、中贵易信，岂知彼剥害小民至于此！亦岂知今日苦矿苦税之民，即是前日被灾被兵之民，重累叠困咨嗟愁怨至于此”而不报），六月法司请热审不报（时神宗日益怠荒，嗣后数年每请皆不报，狱囚久系多死），秋八月复以李成梁镇辽东（时边备益弛，所幸寇掠渐稀，开原、广宁复设马、木二市，诸部耽市赏利而争就款），九月河决开封、归德（商丘等地多被淹没），赈贵州地震水旱兵灾饥，以前礼部尚书沈鲤等兼东阁大学士预机务（鲤等鲠亮能谏，帝虑大臣植党而欲用林居及久废者），冬十月立子常洛为皇太子（时年已二十岁）。【壬寅】三十年春正月赈湖广灾，二月赈福建灾、帝不豫（召大学士沈一贯具诏除矿税等弊政，翌日病瘳悔之而遂寝前诏），闰二月复河套诸部贡市，陕西河州黄河竭（总督李汶、巡抚贾待问疏谏“河渎之行地，犹元气之周身而货财之流布于天下也，今天下财力可谓匮绌，闾阎贫、府库贫，独矿税监使及参随土棍之家富耳，神河天险源涸流徙，此脉竭财匮之象也；夫民匮则愁苦，愁苦则思乱，直须时耳！伏望罢矿税撤中使，人心既悦天意自回”而不报），夏五月四川地震（地鸣如雷）、六月福建地震，秋七月缅犯腾越（初云南税监杨荣贪横，蕃汉居民相率燔税厂杀委官，至是缅人以税使贪暴为辞入犯），九月大星见（见东南而色血红、大如碗，礼科给事中张问达以星变请罢矿税而不报），冬十月赈南直隶灾。

【癸卯】万历三十一年春正月营两宫，三月吏部奏天下郡守缺员而不报（时天下郡守缺者近半，南北六卿正贰亦多缺不补）、沈一贯请发群臣章疏而不省（一贯等谏“人心自此怠弛，政务从而壅滞”）、辽东火（焚毁房屋军器无算），夏四月朔日蚀（礼部侍郎郭正域以为正阳月变异非常，遂诏改享太庙于初五日）、承天府地震，五月京师地震（是日凤阳大雨雹，毁皇陵殿脊）、六月山东泰安大水（溺死八百余口）、秋七月京师大雨雹（复大水而田庐尽没、蝗聚如蚁），冬十一月获妖书（时“忧危竑议”流言出影射郑贵妃，言帝立东宫出于不得已、他日必当更立，词极诡妄时谓妖书，帝大怒敕索之，狱虽未具人人自危，厥后三案继起聚讼纷纭而流毒无已）。【甲辰】三十二年夏四月朔日蚀，五月雷火焚长陵明楼（大学士沈鲤等请除矿税，神宗虽优答之而不为罢），六月太白昼见（沈一贯等以灾异叠见疏请罢矿税、出系囚、补缺员），昌平大水坏长陵等四陵石梁、虫食长陵松柏叶尽，秋七月大雨水（民居多坏而溺死无算），八月群臣伏文华门疏请修举实政而诏切责之，闰九月陕西地震、赈畿南诸府水灾饥，冬十月四川天鼓大鸣。【乙巳】三十三年夏五月京师大雨雹、凤阳大风雨毁陵庙（坏孝陵正殿宝座）、雷震郊坛、广西地震（垣屋多坏而压死无算），秋七月泰州天鸣（有声如潮怒起，镇江西南山裂），九月昭和殿灾、京师地震，冬十月浚朱旺口而河归故道，十一月皇长孙由校生，十二月罢天下开矿（连年诸珰进奉金银宝玩而帝以为能，沈鲤极陈矿税害民状且言破坏山川灵气不利圣躬，帝遂惕悚罢之，然中使不撤而其害终于神宗朝）。【丙午】三十四年春三月云南指挥贺世勋等杀税监杨荣（贪暴残民而番汉恨之入骨，时高淮征税辽东而民被其毒，兵变内奔辽境四乱），贵州巡抚郭子章讨平诸苗（苗有轻汉心且经年剽劫无虚日），夏六月畿内蝗（自春正月至夏不雨，至是顺天诸县大蝗），冬十二月弃六堡（李成梁等以孤悬难守而尽内徙其居民，大军迫之死者狼藉，自是辽左藩篱尽撤）。【丁未】三十五年夏四月青海蒙古伊勒登岱青犯凉州而击破之，六月湖广及徽宁等地大水（漂没庐舍数千户），秋七月京师久雨（昼夜如倾坏庐溺民，礼科右给事中汪若霖疏谏“阴盛则雨灾见，其应在禁闱及臣下有邪谋，今东宫五年不学，诸臣悠悠莫以为意，大臣比周私相植党”而不报），八月彗星见（兵科给事中宋一韩谏勤政讲学亲贤远奸，复三朝之制、补九列之班、作台谏之气、决章疏之壅、慎节钺之选、释诏狱之冤），冬十月蠲赈山东旱饥，十二月蛮陷云南武定（朝廷因武定土官屡叛而改设流官，群蛮因知府贪婪而作乱劫掠并自立知府）。【戊申】三十六年春正月河南、江北水旱灾饥（户部请发帑赈济而不报），二月京师地震、饬边备（是时蒙古喀尔喀诸部悉归满洲，蓟辽总督蹇达遂力请备之），夏六月南畿大水（为二百年来未有之灾，礼科都给事中胡忻言“部院藩臬诸官悬缺不补，人民愁怨召沴，宜筹所以修省之实”而不报），李成梁罢（初锐意功名而后子弟荣显，贵极而骄奢侈无度，全辽商民之利尽笼于己，以是灌输权门结纳朝士，缘饰战功乃至杀良民冒功，属下转相掊克士马消耗，然神宗素眷之而不罪），秋七月京师地震，八月赈南畿及嘉兴、湖州饥，九月武定贼平而悉置流官，冬十二月朵颜寇蓟州、京师戒严。【己酉】三十七年春正月永昌地震，三月贡图陷大胜堡（官兵不敢救），东阁大学士叶向高请发言官章疏而不报（时言路诋讦帝心厌之，诸臣既无所见曲直，遂益树党相攻而朝纲不立），夏五月福建大水（丁口失者殆十万），六月甘肃地震（地裂山颓、河绝数日而死者近千），秋八月诸省告灾

（山西宣府饥，江西、福建大水，江南、徐州以北及山东济南诸府蝗，湖广、四川、河南、陕西旱，贵州大烈风、白气亘天而岁歉），九月左都御史詹沂封印自去。【庚戌】三十八年春二月山西天鼓鸣（有流星大如斗而坠落西北），闰三月旱（礼部言今日旱灾皆政务废弛所召，乃天下人情郁结为灾，储宫封闭聪明俱塞、大僚大缺谳决乏人、内帑山积闾阎灾饥、诸贤废弃正气塞结），夏四月正阳门灾（给事中周曰庠疏言“昔年宫殿灾业已示谴，讫今十余年玩愒如初，所谓恭己正南面者杳无时日，则何取于正阳之名为哉！天故火之，庶几顾名思义耳！愿稍加振刷，勤庶政、信百官、亲百姓，则天下事尚可为也”而不报）、赈畿内、山东、山西、河南、陕西、福建、四川饥，冬十一月朔日蚀（礼部右侍郎翁正春言“君德象日宜昭临宣布，不宜闇汶闭藏……天下不见阳和舒育之气，如在穷阴沍寒之中，是以上天谴告如此”）。

【辛亥】万历三十九年春二月巡抚凤阳都御史李三才罢（三才以凌折税监得民心，然颇通赂遗笼络朝士，工部郎中邵辅忠等十余人劾其贪伪险横，胡忻等交章论救而聚讼不已，顾宪成等复盛称其廉直而议者益哗，三才为东林辩护遂落职为民，至是朝野学术政见之争日趋激烈），三月祭酒汤宾尹等降黜有差（时廷臣党争日甚，宾尹等与台谏并攻东林，且目东宫为大东林，东林则以结党欺君罪之，党局既成互相报复，直至国亡乃已），天鼓鸣、流星见（大如碗而赤色照地），夏四月京师旱，六月大水（先是五月两广大水，至是南北畿及湖广皆大水，请罢榷税以苏民命而不省），秋八月河南巡按曾用升以水蝗灾饥请蠲赈而不报。【壬子】四十年春正月天鼓鸣，夏五月朔日蚀，太白昼见、云南地大震，秋八月以刑部尚书赵焕兼吏部尚书（时神宗怠荒益甚，曹署多空缺而不补，焕始疏乞稍补之；焕素有清望，于朝臣无所左右而雅不善东林，东林诸人及其附者遂咸起攻之），河决徐州。【癸丑】四十一年春正月谕朝鲜练兵防倭，真定天鼓鸣而流星昼陨，三月加淮、扬田赋（江上驻兵防倭之故），夏五月诫廷臣毋植党妄言（时朋党势成而言论大横），六月诏布色图袭封顺义王（齐里克之孙，然势衰而不复能制诸部），复开广东珠池，秋七月宣府大雨雹、宁夏天鼓鸣、大水（六月通惠河决，七月两畿江西河南、八月山东湖广广西、九月辽东俱大水），九月吏部尚书赵焕罢（是时中朝朋党已成而议论角立，焕先后为御史李若星等劾党同伐异而称疾不起），冬十二月以宋儒罗从彦、李侗从祀孔庙。【甲寅】四十二年春正月总兵官刘綎讨平四川建昌叛蛮，二月慈圣皇太后李氏崩（性严明，保护张居正与储嗣；然好佛且动费钜万，于京师内外多建梵刹，帝亦助施无算），三月福王常洵之国（性奢靡无算，实赐庄田近二万顷，中州腴土不足复益以山东、湖广田，税榷自益所至骚动）、开洛阳市（请淮盐千三百引垄断之而与民争利，神宗耗天下以肥王，以致中州价涌河南凋瘵），夏五月京师大雨雹（是年浙江、江西、两广、福建俱水）、福建税使高寀私通倭市而专货利（民怨激变，寀怒杀人放火而置不问）、雷震煅密云等处军台，秋八月大学士叶向高罢（尝疏言"今天下必乱必危之道盖有数端，而灾伤寇盗物怪人妖不与焉，庙廊空虚一也，上下否隔二也，士大夫好胜喜争三也，多藏厚积必有悖出之衅四也，风声习气日趋日下不可挽回五也"），九月地震（山西、河南同日俱震）。【乙卯】四十三年春三月朔日蚀，大名星陨（声如雷），夏五月畿内、山东旱（京师自三月至六月不雨，七月山东复蝗），男子张差持梃入慈庆宫（时东宫虽定而帝待之薄，中外方疑而郑贵妃与弟国泰谋危太子），秋闰八月赈山东、湖广饥（时山东久旱盗起而贫民乏食，湖广亦水旱频仍），河套诸部犯延绥而官兵败绩，冬十月京师地震。【丙辰】四十四年春正月满洲努尔哈赤削平诸部定立旗制并建元天命、雨三色雪、天鼓鸣，二月赈畿内、山东及淮徐、河南饥，三月朔日蚀，夏四月河南盗起，六月套寇犯延绥而破降之（寇惧乞和而次第归款）、河决开封，秋七月地震、流星入贯索困顿之星（给事中熊明遇谏天谴愈深而帝行皆诬天拂经之事），中旨修咸安宫（辅臣谏旨由中出非制而不省），南直隶、河南、江西、广东灾（水蝗灾重，土鼠渡江），八月日中有黑子（是年月、星失常）、皇太子出阁讲学（已辍讲十二年而群臣屡谏之，及是始命举行中外大悦，然一讲即辍而不复更举），九月山东盗大起（饥民啸聚所在攻劫），冬十月益九边饷（财政不敷支左绌右，寻至加征直省正赋至再至三，民穷膏竭盗贼滋起），十一月隆德殿灾。【丁巳】四十五年春二月敕修省（入春不雨农事可忧之故），三月赈江西水灾饥（是年南北方相继告灾请赈而率寝不报），夏五月凤阳地震、天鼓鸣，六月以先贤周敦颐后汝忠袭翰林院五经博士，秋七月朔日蚀，雷电雨雹狂风骤作（毁社稷坛门），贵州苗作乱而讨平之。【戊午】四十六年春二月赈广东饥、三月赈陕西饥，夏四月京城壕水赤、满洲兵陷抚顺（努尔哈赤以"七大恨"告天复仇），闰四月日中有黑子（摩荡三日不散），六月京师地震（七月、九月复震，辽东等地亦震）、筹辽饷，秋七月满洲兵陷清河堡、九月加天下田赋、茂陵灾，冬十月南京星陨化为石、彗星见于氐（长丈余指东南而渐移西北，扫犯太阳守星而入亢度，扫北斗璿玑、文星、五车而逼紫微垣右，凡三十四日乃灭）。【己未】四十七年春正月彗星见（见东南长数百丈，或曰蚩尤旗，识者以为兵败之征），二月杨镐誓师出塞、三月败绩，夏四月京师水复赤、福建盗起，六月满洲兵陷开原、以熊廷弼为兵部侍郎经略辽东（吊死问伤、屯田防守而风纪大振），秋七月满洲兵陷铁岭、经略熊廷弼安辑辽阳，九月征西南三省土司兵援辽，冬十二月再加天下田赋。【庚申】四十八年春二月日晕、地震，三月复加天下田赋，禁白莲及无为诸邪教（时诸教蔓延盛行，原礼部左侍郎何宗彦尝疏请严禁，孙如游接任复申其说而帝从之），秋七月帝崩（因循牵制宴处深宫，纲纪废弛君臣否隔，门户纷然交相攻讦，人主蓄疑杂用贤否，溃败决裂不可振救，论者以为明亡始此）、太子以遗诏罢矿税榷税及监税中官。【庚申】光宗贞皇帝泰昌元年秋八月太子常洛即位、蠲直省被灾租赋、太白犯太微垣，起南京吏部郎中邹元标为大理寺卿（元标属心学派，东林讲学名动天下，中外交荐而神宗卒不用，光宗立而即召之，元标遂悉起部寺诸官），辽东旱、帝有疾（内侍崔文昇进泻药，都下纷疑为郑贵妃所使），九月朔帝崩（鸿胪寺丞李可灼进“仙方”红丸而帝崩，时李选侍与心腹阉魏进忠谋挟皇太子以自重，大臣亦因红丸事党争再起），皇长子由校即位、赐太监魏进忠世荫（遂赐名忠贤）、封乳母客氏为奉圣夫人（自是客、魏始用事），冬十月哕鸾宫火、罢辽东经略熊廷弼而以袁应泰代之（廷弼有胆略并知兵主守，然性刚谩骂物情不附；应泰历官精明强毅而用兵非其所长，以宽驭众而招降蒙古诸部因饥入塞乞食者，处之辽、沈二城与民杂居而终以此败）。

【辛酉】熹宗哲皇帝天启元年春二月辽阳数日并出，三月满洲兵陷沈阳辽阳、总兵贺世贤与经略袁应泰等死之，夏四月延绥孤山城陷（入地二丈七尺），五月朔日蚀，太监魏忠贤矫诏杀司礼太监王安（忠贤不知书而颇强记，猜忍阴毒好谀而帝深信任之，帝性机巧而好为木匠事，忠贤因帝厌政而得擅威福，凡章奏自议可否然后得行），六月广东地出血、复起熊廷弼经略辽东（兵部尚书张鹤鸣、巡抚王化贞皆与之不和，卒致疆事大坏），秋七月顺天蝗，九月四川永宁土司奢崇明反（永宁奢氏本为猓种，洪武中归附而世为宣抚司，至崇明以疏属袭位而外恭敬内阴鸷，其子尤为骁桀好乱；统所部与徼外诸蛮叛，数万播州遗孽及诸亡命奸人蜂起附之而全川震动）。【壬戌】二年春正月满洲兵陷西平堡，二月贵州水西土目安邦彦反（贵阳被围十余月而不降，官兵解围后城中户十余万仅存二百人），三月举内操（魏忠贤日引帝为倡优声伎、狗马射猎，给事中惠世扬等谏而不听），夏四月礼部尚书孙慎行追论前辅方从哲进红丸罪（都御史邹元标等附和之，新旧党争又起而熹宗稍调和之），大雨雹（房屋禾稼毁折无算，御史周宗建谓阴盛阳衰之征，并攻大学士沈潅而诋魏忠贤），五月日中月星并见、山东白莲教首徐鸿儒作乱（初蓟州人王森倡白莲教，蔓延至畿辅、山东、山西、河南及陕西、四川，死后其子好贤与武邑于宏志、巨野徐鸿儒等踵其教而徒党益众；至是因辽东尽失奸民思乱而谋起兵，陷郓、邹、滕、峄，凡七月而灭），秋九月增田赋、封弟由检为信王、地震（是年多省俱震，至是平凉、隆德诸县压死万二千余人），冬十月左都御史邹元标、副都御史冯从吾罢（二人共建首善书院于京师，御史周宗建董其事，大学士叶向高为之记，朝暇即与高攀龙等讲学其中；给事中朱童蒙等劾元标以讲学为门户且比于山东妖贼，魏忠贤亦谓宋室之亡由于讲学而欲加严谴）。【癸亥】三年春正月红毛番据澎湖（万历年间福建商人往贩吕宋诸国，和兰人就而转贩之，万历二十九年攻吕宋不克而转香山澳；海澄人李锦及奸商潘秀等劝其守澎湖以贡市，时税使高寀嗜贿而许之，后抚按严禁奸民下海而番人乏食去，后复来侵夺台湾地而不去），遣中使刺边事（兵部尚书孙承宗谏中使不宜观兵而不省），三月太白昼见，夏四月京师地震，冬十月以赵南星为吏部尚书（时东林党势大盛，叶向高、韩爌辅政，赵南星掌铨而李腾芳、陈于廷佐之，高攀龙、杨涟、左光斗秉宪，魏大中、袁化中掌科道，郑三俊、王之寀等悉居卿贰，郎官邹维琏等亦有声誉，一时东林盈廷激扬风议），十二月封李倧为朝鲜国王，地震（两京及凤阳、苏松淮扬泗滁同日俱震），魏忠贤提督东厂（初神宗末刑罚弛纵，及是忠贤以司礼秉笔领东厂事，厂卫之权遂大涨），括天下库藏输京师。

【甲子】天启四年春正月日赤无光而有黑子、二月京师地震，夏六月左副都御史杨涟劾魏忠贤二十四大罪而中旨切责涟、大雨雹，秋七月杖杀工部郎中万燝（廷臣交章论忠贤不法事而燝尤激切，忠贤遂杀之立威），叶向高罢（东林党人遂失外廷之权），河决徐州，冬十月罢吏部尚书赵南星、左都御史高攀龙（御史崔呈秀将劾霍邱知县郑延祚贪赃，延祚赂之得免而攀龙等发呈秀贪墨，呈秀遂控告东林挟私排陷，时宪成、攀龙、南星并称东林三君子，忠贤遂决计藉此去之），十一月削吏部侍郎陈于廷等籍（中旨以为于廷所推吏部尚书仍为南星私人，故责其朋比徇私怙恶不悛，并任用徐兆魁等素为南星所摒者代之，首辅韩爌旋即又罢，由是天下大权一归忠贤），十二月逮内阁中书汪文言下镇抚司狱（文言与东林往从甚密，曾用计离间齐、楚、浙三党，又结交东宫伴读王安，后叶向高用为内阁中书，会给事中阮大铖劾文言与光斗等交通奸利，大理丞徐大化亦劾涟、光斗党同伐异招权纳贿，于是东林之祸遂作），朱国桢罢（魏忠贤以为“此老亦邪人，但不作恶，可令善去”），南京地震。【乙丑】五年春正月满洲兵陷旅顺、复听勘御史崔呈秀官（先是顾秉谦等《缙绅便览》以叶向高等为邪党而以黄克缵等为正人，已而王绍徽编东林一百八人系以宋时淮南盗宋江等诸名，及是呈秀复进东林《同志诸录》与不附东林《天鉴录》，由是朝中东林势力大蹙），三月满洲国建都沈阳，夏四月太白昼见，重修《光宗实录》（魏忠贤特恨东林党人，御史杨维垣等奏翻梃击、红丸、移宫三案而中旨允之），六月朱延禧罢（中旨令阁票称忠贤为元臣而延禧执不可）、逮前副都御史杨涟等下诏狱而寻毙之，秋七月削李三才、顾宪成籍（三才才大而好用机权，宪成等东林诸君皆推毂之，至是御史石三畏追论京察事而黜之），八月毁天下书院（御史张讷上疏力诋邹元标等并请毁其讲学书院）、杀前辽东经略熊廷弼并传首九边（魏忠贤以为其子出入禁狱、联结东林阴谋叵测），九月赐魏忠贤“顾命元臣”、客氏“钦赐奉圣夫人”印，冬十月罢经略孙承宗、以兵部尚书高第代之（承宗同情东林之故，高第性怯而委弃锦右退守关内，军民死亡载途哭声震野，民怨而军益不振），十二月榜东林党人姓名示天下（御史卢承钦上言宜榜示俾奸慝无所容，魏忠贤大喜而从之）。【丙寅】六年春正月作《三朝要典》刊布中外（于红丸三案全面否定东林，而以王之寀、孙慎行、杨涟为三案罪首），二月以王之臣经略、袁崇焕巡抚辽东，逮前左都御史高攀龙等（攀龙自沉于池），三月设各边镇监军内官，夏五月王恭厂火药局灾（军民死者无算），六月北方多省地震，闰六月建魏忠贤生祠（始于浙江巡抚潘汝桢疏请，自是诸方效尤几遍天下），京师大水而江北、山东旱蝗，秋八月满洲国主努尔哈赤死、九月四贝勒皇太极嗣位，冬十月进魏忠贤爵上公，十二月南京地震。【丁卯】七年春二月召王之臣还（袁崇焕与之不协，遂罢经略不设而以关内外尽属崇焕，并许其便宜从事）、满洲兵攻降朝鲜，夏五月监生陆万龄请祠魏忠贤于国子监（言孔子作《春秋》而忠贤作《要典》，孔子诛少正卯而忠贤诛东林党人），秋七月遣魏良卿享南北郊并祭太庙（熹宗不豫，以忠贤兄子僭摄大祀礼），八月帝崩（遗诏皇五弟信王嗣位）、信王朱由检即位，冬十月南京地震，十一月放魏忠贤于凤阳（纳武选司主事钱元悫等劾奏，忠贤自缢于道而诏磔其尸）、罢诸边镇守中官，十二月帝焚香枚卜钱龙锡等为礼部尚书预机务（以代魏忠贤所用大臣）。

【戊辰】庄烈帝崇祯元年春正月诏中官非奉命不得出禁门（复申廷臣交结内侍之禁），三月天赤如血（占者以为主大旱且为兵征）、赠恤东林诸臣，夏四月以袁崇焕督师蓟辽，五月毁《三朝要典》（杨维垣等上疏力排东林为邪党，编修倪元璐攻驳之并请毁《要典》而从之，侍讲孙之獬闻之诣阁大哭而附东林者笑之），秋七月浙江海溢（溺死数万人）、海寇郑芝龙降，革广宁及蓟镇塞外诸部岁赏（会岁饥，诸部请粟不许，遂归附满洲国）、宁远缺饷兵变，九月京师地震，冬十二月韩爌复入阁（时旧党东林反复较量而帝偏向东林，故不能开诚和衷消释异同）、陕西饥而流贼大起（先是乔应甲巡抚陕西、朱童蒙巡抚延绥皆贪渎虐民，民多起为盗且有劫官吏署者；至是连岁大祲而有司不恤，于是流贼并起杀官攻城，固原兵亦以无饷哗叛为盗；明年帝从给事中刘懋议裁驿站冗卒，山陕游民无所得食亦皆从贼）。【己巳】二年春正月诏定逆案（帝令赞导拥戴颂美谄附忠贤者皆定罪，打压旧党礼法派牵连甚众而自伤朝廷元气），三月以杨鹤总督三边军务捕流贼（鹤亦忤忠贤附东林者，谏帝以镇静培元气，总督军务一意主抚终至失败），夏五月朔日蚀（时大统历、回回历推食粗疏，上海人礼部侍郎徐光启崇信西洋传教士利玛窦而依西法推验，遂谏宜取西法参互考订，寻荐太仆少卿天主教徒李之藻与传教士龙华民等，遂开历局于首善书院并更征传教士汤若望等译书演算，西法之行自此始；西历原仅有闰日而无闰月，入中国后参照中历始置闰月），六月袁崇焕杀总兵官毛文龙于双岛（文龙镇东江而糜饷冒捷、纵下骄蹇不乐节制，崇焕先斩而后奏之；时文龙虽有跋扈声而死后东江势衰，岛弁携贰终不可用且有叛去者），秋八月总督云贵川湖广西军务朱燮元平水西蛮而苗患渐息，冬十一月满洲国主皇太极陷遵化而薄京师，十二月下督师袁崇焕于狱而京师戒严、总兵官祖大寿拥兵奔锦州（初崇焕建议请和以缓师，满洲亦欲假之以专力征服朝鲜，遂相互遣使以书往来，后满洲兵越蓟州而围京师，崇焕大惧勤王而都人怨谤其将为城下之盟，帝疑而皇太极复间之，遂以擅杀文龙、援兵逗留下之诏狱）。【庚午】三年春正月韩爌罢（中书舍人原抱奇等以爌为袁崇焕座主而劾其主和误国），二月立子慈烺为皇太子，三月李标罢（时方争门户而帝亦深疑廷臣有党，标遂连疏乞休去），夏五月满洲撤兵东归，六月流贼陷府谷（是时秦地加派之赋日增而吏复因缘为奸，民大困故多往从贼，勤王兵溃而西走者复与贼合不可究诘），秋八月磔袁崇焕而戍钱龙锡（时论龙锡主张崇焕斩帅致兵倡为和议，卖国欺君莫此为甚，帝怒以崇焕谋叛置极典并责龙锡私结边臣蒙隐不举，时廷臣复分东林、旧党而帝稍调和之），冬十二月增田赋而天下益耗。

【辛未】崇祯四年春正月延绥饥（职方郎中李继贞请安抚饥民使不为贼），三月杨鹤招抚流贼于宁州而寻复叛，夏四月旱（给事中魏呈润谏边将诡捷冒功躐加峻秩、门客厮养縻俸难继，江淮旱饥宜停织造、铨法大坏须疏正途、捐饷索民上蒙下削，帝纳其言而卒不果行），副总兵曹文诏败贼于河曲（洪承畴等亦捷，然贼败求抚旋即逸去而迄未能平，高迎祥、张献忠、李自成等皆迅速坐大），秋八月满洲兵围大凌城（祖大寿等援绝食尽而投降），九月复遣太监王应朝等监视诸边军饷、张彝宪总理户工二部（先是帝鉴魏忠贤之祸，尽撤中官委任大臣，既而廷臣竞门户，兵败饷绌不能赞一策，至是复用近侍而中珰势复大振，彝宪骄蹇希旨催征酷急而民益起为盗），杨鹤有罪下狱、以洪承畴总督三边军务（鹤主抚之故，张献忠等降而复叛往来晋陕，承畴奔击不暇），冬十月日蚀。【壬申】五年夏六月京师大雨水（给事中李世祺谏大臣官吏尸位素餐、中使监视以阴干阳），秋八月总兵官曹文诏等连败流贼（洪承畴抑其首功而不叙），九月流贼连陷山西州县。【癸酉】六年春正月命曹文诏节制山西诸将以讨贼（关中贼略尽而悉入山西，土贼复起应之而势炽难平），二月流贼犯畿南、河北，夏五月套寇犯宁夏，秋七月满洲兵陷旅顺，冬十一月流贼渡河陷渑池掠南阳而犯湖广（贼始起陕西时高迎祥最强而李自成属焉，及渡河自成始别为一军）。【甲戌】七年春正月贼入四川，三月朔日蚀，夏四月山西陕西大饥（山西赤地千里而人相食，给事中吴甘来言山西总兵等多杀难民冒功，中州诸郡畏官军甚于贼，文武、内外、将卒奖罚不一不相统属而听贼自来自去），五月大旱，秋七月满洲兵陷上方堡而至宣府、京师戒严，冬十一月流贼自陕西出犯河南。【乙亥】八年秋七月以张至发为礼部侍郎兼东阁大学士预机务（帝以翰林不习时务而思用他官增置阁臣，至发以县令起家累擢居政府，至是因合帝意入阁而遂至首辅），冬十月贼陷陕州而攻洛阳（是年贼自江北而楚而豫而秦，又自秦出关以至江北，蔓延几半天下而死难者众）。

【丙子】崇祯九年春正月以前礼部侍郎林钎兼东阁大学士预机务（钎曾因忤忠贤去位，至是与刘宗周同召见，宗周谏帝求治太急、用法太严，又言御外以治内为本、以尧舜之心行尧舜之政则天下自平，帝迂其言而命钎入阁），二月山西河南大饥（人相食）、宁夏兵饥乱而杀巡抚，以武举陈启新为吏科给事中（谏天下有三大病“士子作文高谈孝悌仁义，及服官恣行奸慝，此科目之病也；国初典史授都御史、秀才授尚书，嘉靖时三途并用，今惟用一途一举，进士横行放诞，此资格之病也；旧制，给事、御史，教官得为之，今惟用进士，知县、监司、郡守承奉不暇，此行取考选之病也。请停科目、罢行取考选以除积弊，蠲灾伤田赋以苏民困，专拜大将以便宜行事”，帝大悦而朝士恶之，后启新竟以受赃匿丧而削籍逃去），夏四月满洲皇太极建国号曰大清（改元崇德元年），罢大学士钱士升而削御史詹尔选籍（时势动荡帝务实用，温体仁亦以刻严导帝，士升谏宽御简临虚心平政，并言富家为贫民衣食之源，而钱粟均粜济饥御寇有益国家，括江南富户则必驱天下之民胥为流寇，帝责其沽名而士升乞休；尔选亦谏今日所行一切皆苟且之政，苛细刻薄不识大体之徒毁成法而酿隐忧，帝震怒而削其籍），秋七月清兵犯塞、陕西巡抚孙傅庭击擒高迎祥并送京伏诛（此后张献忠、李自成分寇西南各相雄长），冬十月削前工部侍郎刘宗周籍（谏“锐意求治而二帝三王治天下之道未暇讲求，施为次第犹多未得要领者，首属意于边功，而袁崇焕遂以五年恢复之说进，是为祸胎；己巳之役谋国无良，朝廷始有积轻士大夫之心，自此耳目参于近侍，腹心寄于干城，治术尚刑名，政体归丛脞，天下事日坏而不可救”，帝虽不悦而心善其忠，温体仁奏其道学有余才谞不足，宗周复言体仁奸佞误国而帝大怒斥之）。【丁丑】十年春正月朔日蚀，贼犯安庆（张献忠等自襄阳东下而烽火达淮扬），二月清兵攻陷朝鲜（皇太极亲征，朝鲜遂称臣迫降，明军往救而败绩），三月起杨嗣昌为兵部尚书、夏四月以熊文灿为兵部尚书（总理军务而主抚，嗣昌亦阴主抚），六月礼法传统派大学士温体仁罢（在阁八年寇乱民困，与东林、复社等心学新派争而不和），两畿、山西、江西大旱，秋七月山东、河南蝗而大饥（时四方灾祲踵告，浙江亦大饥，乃至父子、兄弟、夫妻相食），以史可法为右佥都御史巡抚安庆等地（时熊文灿主抚而贼益狂肆，左良玉亦顿兵不救，河南被贼害者三年，夹河千里无炊烟，民人采野穗以食），冬十月李自成犯四川。

【戊寅】崇祯十一年夏四月张献忠伪降献赂、总理军务熊文灿受之，张至发罢（素以清强称而一切效法体仁，与黄道周等不合而屡为言者攻），五月荧惑逆行（兵部尚书杨嗣昌复申招抚意，工科都给事中何楷则言应省刑合礼，中书舍人陈龙正言东厂缉事宽滥失好生和气，帝遂严谕提督中官不得轻视人命），六月两畿、山东、河南大旱蝗（帝以灾祲屡见寇氛日炽，避正殿斋居并断庖割），秋七月谪少詹事黄道周官（杨嗣昌与东林不合，及夺情入阁又起复逆案陈新甲为宣、大、山西总督，道周疏劾嗣昌夺情、新甲走邪径；帝叹“孟子欲正人心、息邪说，古之邪说别为一教，今则直附于圣贤经传中，系世道人心更大”，道周复对以“人心邪则行径皆邪”以反对嗣昌，帝以道周朋党劫持而贬谪之），九月清兵犯边、京师戒严（时卢象昇主战而嗣昌与中官高起潜主和，帝倾向象昇而嘱其持重），冬十月洪承畴等大败李自成于潼关（熊文灿力主抚，自成遂乘间复集其众），十一月清军陷高阳，罗汝才伪降、熊文灿羁縻受之，十二月督师侍郎卢象昇及清军战于钜鹿而败绩死之。【己卯】十二年春正月清军陷济南、巡按御史宋学朱等死之，三月清军出青山口（至是深入二千里而陷畿辅州县城四十三、山东府州县城十八，俘虏人口四十六万），夏五月张献忠、罗汝才复叛，六月畿内、山东、河南、山西旱蝗（时灾荒四告流寇日炽、墨吏朘民民益为盗），加征练饷（然民流饷绌虚文无实，嗣昌言土田尽归有力而应加赋稍抑兼并，御史卫周嗣等劾嗣昌流毒天下民怨无极而帝不纳）。【庚辰】十三年春二月杨嗣昌大败张献忠于太平（左良玉等围而不攻，献忠得收溃散以自保），三月大风霾（帝布服斋居祷之不效，给事中左懋第请于极荒州县速停催赋、有司息讼专以救荒为务而帝从之），秋九月李自成入河南（河南大旱斛谷万钱，饥民从自成者数万；自成性猜忍而日杀人为戏，杞县人李岩劝自成勿杀人以收天下心，自成从之并散所掠财物饷饥民，受饷者杂呼“李公子活我”，复造谣词“迎闯王，不纳粮”，民方被剿饷练饷之害，故从自成者日众），张献忠陷四川诸州县（嗣昌虽有才而好躬亲自用，左良玉等则跋扈不能尽力），冬十月彗星复见参分，熊文灿伏诛（帝虽诛文灿而亦不以抚议为误，御史张肯堂谏专务剿除，帝犹以偏执臆见责之；嗣昌至军不数月复下招抚令，为输帖万纸散贼中，诸将益无斗志而蹈文灿覆辙），十一月南京地震，十二月两畿、山东、河南、山西、陕西饥人相食，增天下关税（度支日绌而商民益困）。

【辛巳】崇祯十四年春正月李自成陷河南（杀福王常洵），二月张献忠陷襄阳（杀襄王翊铭），三月杨嗣昌惭愤忧惧不食而卒（侍郎蒋德璟等谓嗣昌“倡聚敛之议加剿饷练饷，致天下民穷财尽胥走为盗”，然帝终以嗣昌勤劳尽瘁而不之罪），清军围锦州，夏六月两畿、山东、河南、浙江、湖广旱蝗而山东盗起，秋七月洪承畴援锦州而次于松山，临清运河涸、京师大疫，冬十月朔日蚀，十一月李自成陷南阳（杀唐王聿镆）。【壬午】十五年春二月清军陷松山、巡抚邱民仰等死之，洪承畴降而锦州陷（吴三桂等虽失地而皆得宥），夏五月张献忠陷庐州、秋九月李自成决河灌陷开封（漂没饥疫死者不可数计），冬十一月清军陷蓟州以及畿南山东州县、鲁王以派自杀，闰十一月李自成陷汝宁、下给事中姜埰等于狱而寻遣戍之（先是周延儒再相，广引东林新党布满九列，旧党不安而造二十四气之说以指新党二十四人，埰等遂极言旧党奸邪箝制言论，并疑难于帝而遍责辅臣），十二月削左都御史刘宗周籍（宗周谏下姜埰等于狱有伤国体，帝怒其偏党不堪宪职而斥为民），李自成犯襄阳荆州并焚献陵、宜城知县陈美等官员士绅死之。【癸未】十六年春正月李自成陷承天（僭号新顺而残忍屠掠）、前巡抚佥都御史宋一鹤等死之，二月朔日蚀，三月左良玉军纵掠作乱、南京戒严，夏五月张献忠陷武昌（左良玉避自成东下而尽撤湖广兵，献忠乘虚袭陷武昌并僭号大楚），六月雷震奉先殿，秋七月京师大疫（自二月至是月死者无算），八月张献忠陷湖南诸府、冬十月李自成陷西安（官吏士庶不屈死者甚众），十二月周延儒有罪赐死（当国时荐用侯恂等督师皆偾事，又任文选郎中吴昌时交通内侍把持朝局）。

【甲申】崇祯十七年（清世祖顺治元年）春正月朔李自成僭号大顺于西安

（是日大雨霾而黄雾四塞，是月凤阳、南京地震），以工部尚书范景文等兼东阁大学士预机务（李自成渐逼京师而有请帝南幸者，景文建言固结人心坚守待援、帝是之），张献忠入四川、巡抚陈士奇等死之，二月李自成陷太原并别遣将犯畿南而陷真定，下罪己诏（诏曰“灾害频仍流氛日炽，赦之益骄抚而辄叛，甚有受其煽惑顿忘敌忾者；朕为民父母不得卵翼之，民为朕赤子不得怀保之，罪非朕躬谁任其责……至于用大臣而不法，用小臣而不廉，言官植党而清议不闻，武将骄懦而军功不奏，皆由朕抚驭失道诚感未孚，中夜此心跼蹐无地”，左都御史李邦华密请南迁及太子抚军江南而皆不报，帝终定国君死社稷之志而不复议迁），李自成陷宁武关、总兵官周遇吉等死之（宣、大总兵降而自成长驱而东），三月李自成犯居庸而陷昌平、京师陷、帝崩（帝登煤山望叹“苦我民耳”，书衣襟遗诏“朕凉德藐躬，上干天咎，致逆贼直逼京师，皆诸臣误朕；朕死，无面目见祖宗，自去冠冕，以发覆面，任贼分裂，无伤百姓一人”，以帛自缢于山亭而崩，太监王承恩陪缢于侧；时临危殉难之文武诸臣、勋戚宫人有大学士范景文、尚书倪元璐、左都御史李邦华等一百余人，布衣殉难者亦不下百余人，贼大纵淫掠民不胜毒而缢死相望），夏四月清军败李自成于山海关（初吴三桂奉诏入援，至山海关而京师陷、自成执其父，三桂本欲降之，闻爱姬陈沅被自成将刘宗敏掠去，遂愤归乞降迎清入关）、李自成奔还京师僭帝号而后复奔山西，五月清军陷京师，福王由崧监国、称帝于南京（马士英等主之，以明年为弘光元年），六月追上崇祯帝后谥号（谥烈皇帝、初庙号思宗寻改毅宗，并追谥建文帝为惠宗，方孝孺等皆为赠谥立祠，东林心学派与旧党礼法派持续争斗），秋七月李自成遁归西安（李岩以仁厚不杀得军心，自成以牛金星等谗谮杀之，众心解体而自成益强狠自用），八月张献忠陷成都、蜀王至澍等死之，赐北京死节诸臣赠谥、封郑芝龙为南安伯（初为海盗，降而用之），九月左都御史刘宗周罢（谏修圣政振王纲、勿以刑名先教化，谓先帝颇尚刑名而杀运日开怨毒满天下，旧党马士英等深恨之），冬十月凤阳地震（祖陵一日三震）、清军西讨李自成并分兵下江南，十一月凤阳陵灾，张献忠僭号大西于成都，江南自五月至是月不雨（大旱百年不遇），十二月清军陷河南府，重颁《三朝要典》追恤逆案诸臣（旧党东林反复争斗）。

【乙酉】南明弘光元年（唐王朱聿键隆武元年）夏四月清军陷扬州、督师大学士史可法等死之，五月清军渡江、帝走太平而南京陷，清军至芜湖、总兵田雄劫帝以降、靖国公黄得功等死之，闰六月唐王朱聿键称帝于福州（年号隆武，东林黄道周等辅之）、赐郑芝龙子郑森姓朱名成功，秋七月鲁王朱以海称监国于绍兴（张国维等辅之），冬十月右都御史金声卒（清洪承畴欲招降之，声门人江天一诵庄烈帝《谕祭洪承畴文》陪之从容就义）。【丙戌】隆武二年（鲁监国元年）春三月督师大学士黄道周等被俘就义，封郑成功为忠孝伯，夏六月清军陷绍兴（阮大铖等降清）、大学士张国维赴水就义，秋八月帝薨于福州，冬十月清军陷赣州、督师大学士杨廷麟与兵部尚书万元吉死之，十一月桂王朱由榔称帝于肇庆（改元永历，大顺军余部归之）。【丁亥】永历元年（鲁监国二年，郑成功称隆武三年），春正月郑成功自称"招讨大将军罪臣"于安平而矢志复明，夏四月大西军入昆明（宣称"共襄勤王，恢复大明"），是年以来南北抗清起义不断（然各自为战分散易破）。【戊子】二年（鲁监国三年，郑成功称隆武四年）春正月谕粤西左右江及云南土司发兵勤王，冬十月封郑成功为威远侯。【己丑】三年（鲁监国四年）春正月帝在肇庆、监国鲁王在福宁、督师大学士何腾蛟就义，夏五月以张居正曾孙张同敞总督军务（瞿式耜荐之），秋七月封郑成功为延平公，冬十二月开科取士。【庚寅】四年（鲁监国五年）秋八月郑成功取厦门、金门，冬十一月清军陷桂林、留守大学士瞿式耜及总督军务张同敞不屈就义、帝走南宁。【辛卯】五年（鲁监国六年）秋九月清兵陷舟山、大学士张肯堂等就义、郑成功迎鲁王之金门，冬十二月帝如云南。【壬辰】六年（鲁监国七年）春二月帝如安隆（大西军余部孙可望迎之），鲁王如闽。【癸巳】七年（鲁监国八年），春三月鲁王去监国之号，是岁清廷欲招抚郑成功而成功拒之。【甲午】八年秋七月册封郑成功为延平王，冬十二月郑成功袭据漳州等地。【乙未】九年春正月郑成功克仙游（改所部为七十二镇而自置官属）、夏五月克舟山。【丙申】十年春三月帝至云南。【丁酉】十一年秋九月孙可望攻李定国（争权失败而于冬十月降清，并告以西南虚实）。【戊戌】十二年春正月封郑成功为延平郡王、以左侍郎兼翰林院学士张煌言监其军，秋七月以晋王李定国为招讨大将军、郑成功与张煌言北伐遇飓风而止，冬十二月清兵攻滇、李定国兵败、帝走永昌。【己亥】十三年春二月帝走腾越入缅甸，夏五月郑成功及张煌言大举北伐、六月克镇江而不能守，秋七月郑成功大败于江宁而奔回厦门。【庚子】十四年帝在缅甸。【辛丑】十五年秋七月缅人杀黔国公沐天波等众从官（仅存帝及宫眷二十五人），八月李定国等出兵迎帝、帝谕之事已不可为（定国遂至洞乌）。冬十二月吴三桂迫令缅酋表降献帝、帝致书三桂责以大义，郑成功收复台湾（围城九月而荷兰总督揆一降，仍奉永历年号）。【壬寅】十六年夏四月帝薨（吴三桂缢帝及太子于昆明篦子坡），五月延平郡王郑成功卒于台湾、长子郑经袭位（陈永华主政，建圣庙立学校开教化、颁屯田制广兴水利、里社保甲寓兵于农、严禁淫赌惩治盗贼，台湾遂得“人居稠密户口蕃息，农工商贾各遂其生”），六月晋王李定国卒于勐腊（遗嘱“宁死荒外，勿降也”，部下数千聚族而居自称桂家，名其地曰望乡台），冬十一月故监国鲁王卒于台湾（清康熙二十二年台湾归）。

综上，明太祖太宗士庶同重、三教并尊国策，兼之元代世俗化恶劣影响，导致了明代心学势力及民间宗教势力兴起膨胀，至嘉靖、万历年间朝廷礼法传统派与心学革新派的分化割裂已不可调和，皇族重利官宦腐化又导致了义理模糊民生涂炭，从而引发了农民起义与满清入侵，明朝遂在内忧外患中灭亡。

三、清前中期中华正统实践脉络

东北满族祖溯周之肃慎、汉之挹娄、南北朝之勿吉、隋唐之靺鞨（其粟末部曾建渤海国），以及五代之后之女真（分为熟、生女真两部，生女真之完颜部曾建立金朝而亡于蒙古）。元代女真分建州、海西与野人三部（其中建州女真受中原文化影响最深，满洲即出自建州女真），元时建州女真设五个万户府而明时则分左、右卫二部，嘉靖时女真分建州、扈伦、长白、东海四部，后由努尔哈赤统一诸部（国号满洲并创制满文与八旗制度）。努尔哈赤于万历四十四年称帝（国号大金年号天命，开始谋划侵明及朝鲜），天命十一年其八子皇太极继位（来年改年号为天聪）后大肆侵明，天聪十年改为崇德元年并改国号为清，崇德二年清军征降朝鲜，崇德八年其九子福临继位（以来年亦即崇祯十七年为顺治元年；元年春正月遣使往迎达赖喇嘛，二月遣官祭先师孔子、国史秘书弘文内三院学士各增设一员，三月大学士希福等献删译《辽史》《金史》《元史》以备法善戒恶，夏六月摄政和硕亲王多尔衮等定议建都燕京；秋七月多尔衮定名西洋传教士汤若望新历为《时宪历》颁布天下，并从其请令所有诸历永依西洋新法推算，敕行户科给事中郝杰所奏劝农桑以植根本、抚逃亡以实户口、禁赎祸以除苛政、严奢侈以正风俗四事；八月摄政多尔衮谕示户部，鳏寡孤独困穷无告者量给赡养）。

【甲申】清世祖章皇帝福临顺治元年冬十月朔帝即皇帝位于燕京（诣南郊告祭天地）、命阿济格西讨大顺军（吴三桂、尚可喜随从）、多铎征江南（孔有德、耿仲明随从），十一月令满汉官员子弟愿读清书汉书者送国子监（用祭酒李若琳言）、冬至祀天于圜丘，命汤若望掌管钦天监，是岁定内外文武官制（效仿明制）与八旗、绿营军制。【乙酉】二年（南明弘光元年、隆武元年）春正月朔朝鲜来贡，敕圈丈土地须令满汉分处（原明勋戚庄地及无主荒地则输官分拨），衍圣公孔允植朝贺万寿节、更国子监孔子木主名为大成至圣文宣先师孔子，三月遣官祭太昊伏羲氏等历代帝王及配享功臣（从礼部奏始增祀辽太祖、金太祖世宗、元太祖与明太祖），夏四月宽免僧道度牒不必纳银、佛诞日行浴佛礼、清军屠扬州城（督军史可法等死之，死难者八十余万人，此后四方起兵反清者多假可法名号），五月多铎陷南京并平定江南（大学士王铎、礼部尚书钱谦益等迎降），六月下全民限期剃发令（不遵者杀无赦），闰六月河决王家园，戒诸臣勿蹈明季树党相攻驯致丧乱之前辙，秋七月河决兖西，八月户科给事中杜立德奏治平之道（开诚布公、懋德敦行以敬天，建学明伦、维风善俗以法古，亲贤纳谏、尚德缓刑以爱人），纳礼部请准官员酌送一子入国子监读书，九月以河间等府州县无主之地给八旗耕种，冬十一月从朝鲜国王李倧请封其次子淏为世子（按兄终弟及之例）。【丙戌】三年（南明隆武二年）春正月定外藩蒙古贺圣诞进献牛羊例，三月译成《洪武宝训》（御制序文并以满汉二体刊行天下），赐殿试贡士傅以渐等进士及第出身有差，夏四月修盛京孔子庙，五月遣官祭关圣帝君，重申边境茶马互市（不容滥入边内），六月以孔允钰等圣裔为内翰林国史院世袭五经博士，严禁民间诸教（以为白莲、大成、混元、无为诸教烧香礼忏煽惑人心），秋七月江西巡抚进献正一真人张应京道符（朝廷批复“致福之道惟在敬天勤民”而置之），八月命恭顺王孔有德为平南大将军（与耿仲明、尚可喜等征湖广、广东、广西），冬十月达赖喇嘛及厄鲁特固始汗遣使来贡，谕剃发、衣冠、圈地、投充、逃人五事牵连者一概治罪，十一月以主修《赋役全书》加户部郎中王弘祚太仆寺少卿衔。【丁亥】四年（南明永历元年）春正月河南巡抚因芝生嵩山疏贺（朝廷批复“政教清明、时和年稔方为瑞祥”），二月谕准许自首革心安业（反清武装太多之故），三月颁布《大清律》，命祭太岁、城隍、孔子、关圣，夏五月宁夏巡抚胡全才奏请颁发清律典、《性理》《通鉴》（以便边方士子传习），六月定直省儒童进学名额（大学四十名、中学二十五名、小学十二名），秋七月陕西蝗灾，八月河南蝗雹水灾、江西水旱灾，九月京师地震，冬十月刑科右给事中袁懋功奏慎刑恤刑以重民命，十一月免山西被蝗、山东被水州县税粮，十二月免直隶被蝗税粮。

【戊子】顺治五年（南明永历二年）春正月禁官员房柱涂朱及民间屋梁贴金，三月命谭泰征江西反清义师（陷九江后肆行杀戮而老弱殆尽）、甘肃回族米喇印等起兵反清（以“反清复明”为号召而关陇大震，闰四月被剿灭），夏四月孔有德遣军征剿贵州、广西等地（苗瑶侗三百处俱降），闰四月令禁止高利贷，秋七月始设六部汉尚书及都察院汉左都御史，直隶大水（溺死者众），八月谕令准满汉官民联姻以相亲睦，冬十一月冬至郊天（以太祖配）。【己丑】六年（南明三年）春正月纂修《太宗文皇帝实录》（大学士范文程等总裁），行督抚总兵保举连坐之法（纳洪承畴言），夏四月殿试天下贡生（制册曰“今欲联满汉为一体，使之同心合力，欢然无间，何道而可？今欲休养生息，使之复业力农，国足民裕，何道而可？今欲使民革新向化，盗息民安，一定永定，又何道而可”），增设户部十四司汉人主事、谕内三院恤安民人（令“各州县以招民劝耕之多寡为优劣，道府以责成催督之勤惰为殿最，岁终抚按考核以闻”），六月多尔衮谕干预政事指摘汉官者即行定罪，封张应京为正一嗣教大真人、谕示僧道巫瞽不许妄行法术蛊惑愚众，秋七月蠲恤江南、河南雹灾州县，八月封朝鲜世子李淏为国王，冬十月京师地震、加衔升职洪承畴等汉官。【庚寅】七年（南明四年）春正月颁行满文《三国演义》，二月清军屠江西宁都城，三月谕满洲官民勿忘武备（不得沉湎嬉戏耽娱丝竹），夏四月甘州回民再次起义复被镇压，十二月多尔衮卒（追尊为诚敬义皇帝，庙号成宗）。【辛卯】八年（南明五年）春正月帝亲政、罢多地贡物，二月以谋篡罪罢撤多尔衮追封庙享、谕户部退还圈地以恤民生，闰二月谕吏部举劾得当知所劝惩（以澄吏惩贪爱养百姓），三月湖南土司献舆图版册（归顺清廷并求颁新印），定朝见祭祀等礼仪规例，夏四月召见巡按各省御史（谕示奖公廉爱养而惩贪婪害民），遣官祭岳镇海渎、帝王陵寝并祭先师孔子于阙里，定各直省乡试差员例，五月命诸王公毋得非时射猎致伤禾稼，秋七月谕户部严禁投充汉人以势作奸贼害良民，八月科尔沁卓礼克图亲王吴克善来朝，礼部奏议顺天乡试制度（满洲、蒙古一榜，汉军、汉人一榜，会试殿试同此），谕户部天下岁贡物产凡不便于民者永免之，九月山东水灾、刑科给事中魏象枢奏请召满汉辅臣讲说治道（并择雅重词臣以备顾问）、改承天门为天安门，冬十月秘书院检讨徐必远请译《大学衍义》以进，是年人丁户口一千六百三十万余。

【壬辰】顺治九年（南明永历六年）春正月京师地震，准礼部奏令天下有司收埋所在枯骨，准礼部议额取进士应分南北中卷之例（是年分别取士南卷二百三十三、北卷一百五十三、中卷一百一十四名），三月命满汉册书诰敕兼书满汉字（外藩蒙古则兼书满蒙字），夏四月谕今后官守不许满汉互诿、定诸王以下官民舆马服饰之制、设宗人府官，六月陕西洮州卫大水冰雹，秋七月吏科给事中魏裔介谏君臣情通交泰守成，工科给事中胡之俊奏疏通江南河道（以为天下财赋半出东南而地势污下日久壅淤，宜疏通故道以利国计民生），八月遣大学士范文程祭先师孔子、改定婚娶礼仪及用物制度，九月山东道御史王秉乾奏请输粟助赈弛禁救荒（有罪者准予纳粟赎罪，倡义助赈者酌量褒奖，一切山泽之利暂弛其禁），更定王以下祭葬礼仪制度、谕礼部严饬佛道戒律制度、至太学释典先师孔子，冬十月兵科给事中陈调元奏请君臣修省（谏"近见太白经天与日并见，此乃天心仁爱人君而以象告之者。凡人于父母之怒，必积诚而动之，悔过以感之，人主敬天亦然，伏望圣躬修省，敕励中外大小臣工，各修回天之政，各陈弥变之策，从此事事忧勤时时怵悚，庶呼吸可以上通，和气可以立致矣"），工科副理事官三都奏皇族子弟宜选官教授及时劝学，十二月兵科给事中王廷谏奏请褒录前明抗节之臣（杀身成仁关乎纲常伦纪之故）。【癸巳】十年（南明七年）春正月帝至内院阅《通鉴》（以唐高宗纳父才人为无耻、以明太祖规划周详可传久远为贤君），二月命内院诸臣翻译五经、谕礼部汉官冠服体式务照满式不许异同，夏四月召见天下朝觐官员（谕殚心竭虑改过任事、洁己爱民拯救疾苦）、亢旱（谕清理刑狱、弭盗安民），遣使送敕封达赖喇嘛之金册金印、封厄鲁特部顾实汗并赐金册金印，五月定旌表宗室节孝贞烈例，六月改折各直省本色钱粮归于一条鞭法（总收分解永以为例），谕令内三院俱设汉大学士二员，闰六月京师霖雨匝月、敕修省赈恤，琉球国中山王世子尚质遣使朝贡，冬十一月定报灾限期逾时罚黜，十二月京师地震。【甲午】十一年（南明八年）春正月定仓粮考成则例（以常平仓、义仓、社仓积谷多寡定有关人员功罪），二月帝行耕耤礼并亲祭先农坛，三月处大学士陈名夏绞刑（因私言“只须留头发，复衣冠，天下即太平矣”）、皇三子玄烨生，夏四月浙江地震，五月清军征剿击走罗刹国窜犯松花江者、山东大水、宝鸡等地地震，六月河决大王庙、江南飓风（溺死甚众）、湖广大水、兴安等地地震（压死甚众），秋七月遣使往封琉球国中山王世子尚质为中山王，礼科给事中季开生谏“贼民召祲”（以为近年河决、地震频仍诸地道不静之象，乃官失职、民不安所致），冬十一月命各省自明年起编审人丁地土，十二月湖南衡州等三府大火。

【乙未】顺治十二年（南明永历九年）春正月御制《资政要览》《劝善要言》成（帝序曰为政修身本于德而成于学，天道至善赋于下民，其或不善者皆因内蔽私欲外染污习，古人正论嘉言原天垂训，今人当反心体身勉进淳良），夏四月设日讲官开日讲，五月俄罗斯察干汗遣使前来朝贡，六月定赐恤外藩与蒙古例、谕刑部决重囚须原情准法务求平允，秋八月荷兰国使者来京朝见并求通商，冬十月命每年六月审定重囚七月复奏并著为令，十二月山西右布政使董应征以苛派累民降五级调用，班禅呼图克图谢赐敕印恩并进贡方物，是年免多省水旱蝗灾税粮。【丙申】十三年（南明十年）春正月帝命内三院纂修《孝经衍义》《通鉴全书》（使读者观感效法以称孝治天下之意，使古来政治盛衰、人才善恶昭明划一，以副致治垂宪之意）、大计天下官员，三月谕南北人才和衷共济，夏四月吏科都给事中郭一鹗条陈实政五事（勤于讲学为行政之大本、进退人才为国家之首务、开源节流为生财之大道、崇尚节俭为帝王之美德、安抚流移为目前之急务），闰五月粤西州府县司各土官投诚，秋七月礼部奏准荷兰国五年一贡（由广东入而在馆交易，准其八年一朝以示体恤远人之意），八月帝尊皇太后训制成《内则衍义》，九月喀尔喀部车臣汗遣额尔德尼喇嘛等前来朝贡、谕吐鲁番五年一贡、土谢图亲王巴达礼等藩王来朝，冬十一月命礼部申严左道之禁（言治天下必先正人心，正人心必先黜邪术。儒释道三教并垂，皆使人为善去恶反邪归正，遵王法而免祸患。此外乃有左道惑众，如无为、白莲、闻香等教名色，邀集结党夜聚晓散，小者贪图财利恣为奸淫，大者招纳亡命阴谋不轨，无知小民被其引诱，迷罔颠狂至死不悟），十二月纳礼科给事中鱼飞汉谏严明吏治（奏“大法小廉化行自上，臣观今日司道府厅，多以礼节贿赂定有司贤否，无怪乎贪风日炽而激扬鲜效”）。【丁酉】十四年（南明十一年）春正月谕吏部取士荐贤杜绝党私贿赂，二月谕礼部制定祭天祭祖之例、命为明崇祯帝立碑并亲撰碑文，从吏科都给事中张文光奏请复孔子神位为“至圣先师”（以为大成文宣不足以尽孔子），三月奉太祖太宗配享天地、命直省学臣购求遗书，夏四月钦天监革职回回科秋官正吴明炫奏乞存其科以传绝学（言“臣祖默沙亦黑等一十八姓本西域人，自隋开皇己未年为历元，抱其历学重译来朝，授职历官历一千零五十九年，专管星宿行度吉凶，每年推算太阴五星凌犯天象，占验日月交食”），准从户部所拟劝惩垦荒则例、谕刑部情法允协有枉必伸（因久旱而祈天恤民），五月户部尚书孙廷铨奏请履亩均丈以渐裕国赋，秋七月复设广东雷州等地各瑶洞社学，吴明炫疏奏汤若望推算天象舛谬三事，八月从礼部议恢复衡阳石鼓书院祀典（崇祀诸葛亮、韩愈、朱熹等前贤，偏沅巡抚袁廓宇倡率捐修以兴起后学），九月帝始举经筵、京师地震，冬十一月查处顺天与江南科考作弊案。

【戊戌】顺治十五年（南明永历十二年）春二月敕谕朝鲜国王协助征剿犯境罗刹，三月谕吴三桂等南征贵州绥安民心（凡良民苗蛮财物，及一草一木，毋得擅取，惟务宣布仁恩，使彼乐于归附），夏四月殿试天下贡士（制策“今欲使兆庶遂生乐业咸得其所，庶几衣食足而礼义兴，人心协正风俗还淳，敦尚经学而修明性道，君子怀刑，小人亦耻犯法，何道而可”），直隶、河南、山东总督张悬锡遗书请禁私征杂派借名苛索以恤小民（因迎接失仪为学士麻勒吉诘责勒索，自杀未遂而七月自缢），五月更定铨选法以清吏弊、准国子监条奏翻译满文十三经及二十一史，六月偏沅巡抚袁廓宇奏报开荒八千余顷，秋七月改内三院为内阁并设立翰林院，冬十月湖广汉阳等地大水（穷民至采茭秕为食）、荆州等府淫雨江溢（漂没万余人）。【己亥】十六年（南明十三年）春正月命理藩院察外藩与蒙古诸王贫乏者赐马牛羊，浙江道监察御史仵邵昕奏请立上下互举之法以绝苞苴清吏治，三月立明崇祯帝碑（碑文云“身殉宗社，不引天亡之言，亦綦烈矣”），命吴三桂镇云南（尚可喜镇广东、耿继茂镇四川），闰三月左都御史魏裔介条陈时事（国子监宜隆秩久任，拨地给直隶因圈地圈房饥寒为盗之民，严禁福建、江西、江南溺女恶俗，京师重地务使贵贱有别），陕西道御史姜图南疏请编修《明史》，夏四月修改折赎之例以惩贪婪者，五月命吏部申饬臣子不可党同伐异，贵州巡抚赵廷臣奏黔省驭苗根本之策（谏“贵州古称鬼方，自大路城市外，四方皆为苗民。从来治黔者，往往急则用威，威激而叛，缓则用恩，恩滥则骄……当今宜首明教化以端本始……使明知礼义之为利，则儒教日兴而悍俗渐变矣”），秋八月命贵州土官每岁终以世系履历子嗣情况报布政司注册，九月殿试天下中式贡士（制策“教化为朝廷首务，刑法乃民命攸关，朕嘉惠斯民，念深怀保，欲端风俗，则广励之事何先？欲至祥刑，则明允之道奚若”），遣使命朝鲜世子李棩为国王，冬十月从礼科右给事中杨雍建奏禁毁异说（言“六经之道炳若日月，四书所以发明六经，而《集注》又以发明四书为功最巨；臣从坊刻中见有《四书诸家辩》，又有《四书大全辩》，皆以讥讪先贤崇尚异说，获罪名教不小，乞敕部毁板，庶先贤传注不为异说所夺，而学术大醇人心可正矣”），十二月定世职承袭条例（嫡子孙承袭，绝嗣者许亲兄弟及其子孙承袭三世）。

【庚子】顺治十七年（南明永历十四年）春正月因文庙告成亲祭先师孔子，下罪己诏并大赦（谕“民生尚未尽遂，贪吏尚未尽化，滇黔虽入版图，而伏莽未靖征调犹繁”），杨雍建上疏言朋党之害（言“拔本塞源，尤在严禁结社定盟，今之妄立社名纠集盟誓者所在多有，而江南之苏松、浙江之杭嘉湖为尤甚，其始由于好名，其后因之植党，相习成风，渐不可长”），二月命吏部甄别直省督抚以实得贤善，颁赐诸王以下、章京以上满文《三国志》，三月定讼师讼棍诬告良民惩治法（为首者立绞，为从者责戍），夏四月定匿灾不报迟报处分之例，五月准贵州苗民选送通文理者至学道考试（择优取入附近府州县卫学肄业，酌量补廪出贡），吏部尚书孙廷铨等奏不宜鼓励亲族互揭（因人心之薄、风俗之弊而为立其防），旱灾疫疠、诏求直言（孙廷铨上“用人四事疏”：敬大夫以养廉耻、宽考成以恤百姓、慎名器以待功德、尚经教以储人才；给事中姚延启上“敬陈时务疏”：优恤建言诸臣、宜复刑狱中制、宜缓钱粮催科、有司任宜宽久、宜停土木靡费、宜增科举名额、服色贵贱须辨；御史萧震上“请正人心疏”，以为法愈重而贪吏行贪之心愈变愈幻，武臣惜死爱钱黩货为心、士夫浇薄风俗日坏，惟敦教化正人心以治之，而后敕法纪以整齐之；给事中姜希辙上“敬陈一德之箴疏”，以为诸臣毋假详慎持重之名而溺职，君臣上下内外一体，一德一心克艰无逸），六月命翰林官分值以备召问，天旱不雨、帝率群臣至南郊斋宿求雨（命内大臣会同刑部清理刑狱，修举天下名山大川与古帝王圣贤祀典），秋七月禁满洲豪强霸市贸易及满洲家人强买市物，九月安南国王黎维祺奉表归顺清廷，冬十月命朝鲜永停贡鹰，十一月定惩罚贪官律例。【辛丑】十八年（南明十五年）春正月帝崩（遗诏罪己好高自明，不能虚怀任贤）、皇三子玄烨即皇帝位，二月命江南督抚厘革一切勒索陋习、定云南贵州开荒屯田纳粮诸例，重定会试南北中卷之例（浙江、江西、福建、湖广、广东五省，及江宁、苏、松、常、镇、徽、宁、池、太、淮、扬十一府与广德州划归南卷；直隶、山东、山西、河南、陕西四省及奉天等处为北卷，四川、云南、广西、贵州四省及庐、凤、安庆三府与徐、滁、和三州为中卷，中式名数照赴试举人人数均派），三月江南桐城生员周南赴京奏事（请复乡举里选旧制、重民牧任选、施法外之仁、培旧人以作后起之彦等），命云南地方官令土司子弟入学受教使知礼义，将理藩院从礼部分出独立，是春因浙江庄廷鑨私著《明史》而兴起文字狱（因其书不敬清人而重南明），夏六月定司道三年久任之法（从左都御史魏裔介之请以谙练民事）、定开荒给帖文例并宽徭役恤贫民，江宁巡抚朱国治逮捕溧阳县宣传大乘教者，秋七月将云南马乃土司改为普安县（设知县一员，分设土司巡检准令世袭，听其土俗自治，惟仍受县官节制，俟三年后风俗渐变人心渐正，再立学官以广文教），八月谕文武并重并消除满汉差别，准达赖喇嘛及干都台吉于北胜州互市以马易茶，冬十一月申令喇嘛住京例并严禁妇女入庙焚香，是年人丁户口一千九百一十三万余。

【壬寅】清圣祖仁皇帝康熙元年（南明永历十六年）春正月命内大臣预漠南蒙古四十七旗会盟（后定制三年一次），夏四月免东南临海迁界弃田民赋税钱粮（迁界困台策致百万居民流离失所），加云南总督赵廷臣太子少保衔（改土归流、督垦荒田成效显著），五月河决山东曹县、河南武陟、江苏睢宁，六月河决开封、秋七月再决睢宁，冬十月命兵科副理事官张学礼等赴琉球册封王世子尚质为琉球国王（来年七月行册封礼而确定与清廷藩属关系，此后琉球使者隔年一次来华）。【癸卯】二年春正月议准盛京等地安插新民并令海城县督率垦荒（顺治初奉天府尹张尚贤言“沃野千里有土无人，全无可恃”，朝廷遂于辽东招民垦荒，直隶、山东人口始向辽东流动，此次新流入者称新民，康熙初年屡颁诏奖励开垦盛京旗地），二月京师突坠陨石十一颗，夏四月蠲免南北多省州县水旱蝗灾积欠额赋有差，五月庄廷鑨私刻《明史》文字狱大起（浙江南浔富户庄廷鑨有志著史，购得天启朝内阁大学士朱国桢《明史》刊本，聘请名士删润论断并补撰天启、崇祯两朝史事名曰《明史辑略》，巨富朱佑明出资于顺治十七年刊成，时罢官知县吴之荣借机勒索未遂而以逆书诬告之，此案重辟者七十人、凌迟者十八人，庄廷鑨已死犹戮其尸，此后吴之荣官至右佥都御史），秋八月诏令乡试会试停八股文章而改用策论表判（改制仅行甲辰、丁未两科，纳礼部侍郎黄玑等“不用经书为文，则人将置圣贤之学于不讲”之言，七年秋七月定乡会试复以八股文取士），冬十月清兵攻占厦门及金门（数十万百姓多遭屠戮淫掠，朝廷欲招抚台湾而郑经坚持照朝鲜之例，言“若欲削发登岸，虽死不允”），十二月禁私刻琐语淫词以维风化。【甲辰】三年春正月江西总督张朝璘疏请减免南昌府属漕米耗羡而未果（江南重赋自明初始延至清朝），三月吴三桂讨伐贵州水西土司宣慰使安坤（至四年正月收抚后，改土归流设府治之），夏五月镇守宁古塔将军巴海击败窜扰黑龙江地区之俄国哥萨克（沙皇增兵尼布楚），秋七月徽州新安卫杨光先具《请诛邪教状》于礼部（光先尝著《摘谬论》《辟邪论》力斥天主教教义之谬妄及西洋历法之误，顺治十八年耶稣会士利类思、安文思及教徒钦天监副李祖白等则著《天学传概》反驳之，至是光先上状“西洋人汤若望……私渡来京，邦臣徐光启贪其奇巧器物，不以海律禁逐，反荐之于朝，假以修历为名隐行邪教，延至今日逆谋渐张。历官李祖白造《天学传概》妖书，谓东西万国皆是邪教之子孙，来中华者如伏羲氏，六经四书尽是邪教之法语微言，岂非明背本国、明从他国乎……又布邪党于济南、淮安、扬州、镇江、江宁、苏州、常熟、上海、杭州、金华、兰谿、福州、建宁、延平、汀州、南昌、建昌、赣州、广州、桂林、重庆、保宁、武昌、西安、太原、绛州、开封，并京师三十堂。香山嶴盈万人，据为巢穴，接渡海上往来……布党立天主堂于京省要害之地，传妖书以惑天下之人”，辅臣鳌拜等大臣支持严查并处死、流徙革职多人，遂废时宪历而复大统历，禁止中国人信奉天主教，各省耶稣会士被解送澳门，汤若望以年老得免死）、福建大水（淹溺甚众），八月通州海潮（淹没无算），冬十一月免江南、陕西、湖广、浙江水灾州县额赋有差。

【乙巳】康熙四年春正月纳山西道御史季振宜言停止考满（以杜钻营奔竞、欺国剥民之弊，敕以后每六年考察内外官员一次），谕户部工部嗣后税课俱照定额征收（以免骚扰地方困苦商民），二月西藏五世达赖喇嘛阿旺罗桑嘉措与厄鲁特蒙古和硕特部鄂齐尔图汗遣使进贡、暹罗阿瑜陀耶王朝使者始来进贡（定三年一次），三月京师地震、谕各部院衙门严禁贪酷害民、严谕切责平南王尚可喜兵丁扰民（父子贪酷强赋走私）、准户部题以后被灾州县速行减免以实惠民，河南呈报去岁垦荒近两万顷，夏四月河决（淹没河南虞城等三县，又于江南安东茆良口破堤），六月谕督抚提镇严禁私派苛索肆行侵渔，从户部议勒令异端僧道还俗垦荒（各省僧道给予度牒府四十人、州三十人、县二十人），秋七月贵州巡抚罗绘锦疏报去年垦荒近一万三千顷，八月偏沅巡抚周召南疏报湖南去年垦荒七千二百余顷，擢杨光先为钦天监监正，是年南北多省地震水旱，是冬俄国流放犯窜入黑龙江上游（于雅克萨故址重修防御性方城）。【丙午】五年春二月河道总督朱之锡卒于任所（淳厚撙节护河恤民，条陈河政章法条理，十年治河殚竭心力，积劳成疾而卒），三月准河南道御史施维翰奏钱粮考成不许委官协催、火耗诛求，夏五月遣使册封黎维禧为安南国王，秋七月云贵土司联合反清失败（吴三桂疏遂请改土归流而挟疆自重），冬十月两广总督卢兴祖疏请土司地区推行学校教育（土司子弟愿习经书者许在附近府县考试，以改其地不求礼义崇尚争斗之旧习），十一月免浙江、湖广、江西水旱州县额赋有差。【丁未】六年春正月顺天府尹甘文焜晋升直隶总督（为官清慎廉能，严禁营私徇情），夏四月纳御史田六善奏定以通海、逆书等诬陷敲诈人者反坐，闰四月湖广道御史萧震奏请军屯（以使军储日实户口渐繁），五月内弘文院侍读熊赐履疏言恤民正学（以为“今日民生困苦已极，生产凋敝流亡满目，年年夏税秋粮朝催暮督，私派倍于官征，杂项浮于正额。一旦水旱频仍饥馑见告，蠲赋则吏收其实而民受其名，赈济则官增其肥而民重其瘠，其结果必然是辗转流徙死亡载道，究其原因乃是源污流浊所致”，并建言严明政法作养士气、隆儒兴教讲明正学、躬行节俭定立礼制）、取消吴三桂总管云贵及“西选”特权，秋七月帝亲政（立每月逢五视朝、御乾清门听政之制），河决桃源县烟墩等多处（八月山东道御史徐越疏陈黄淮分流治理方略，建言分黄入海、以淮济漕），冬十月奉天地震有声，工科给事中李宗孔疏请恢复荐举制以劝赏恤民，是冬赈免南北多省水旱雹蝗额赋有差。

【戊申】康熙七年春正月命故衍圣公孔兴燮子毓圻袭爵，二月遣理藩院侍郎赴内蒙四十九旗及边外喀尔喀蒙古会盟，三月禁贡期之外外国货物边界贸易，夏四月敕谕安南国王黎维禧及莫氏和解（准安南六年两贡），五月京师地震、诏求直言（左都御史王熙疏请整顿政令以杜任意轻重之弊），六月谕刑部严禁赌博（清始立国严禁赌博，入关后禁令名存实亡，上至公卿大夫下至编氓徒隶，以及绣房闺阁莫不好赌，至是再次严禁），山东沂河地区地大震（死伤甚众），谕户部严禁官吏私派耗羡（时官吏俸禄甚低，地方官吏往往多取私用，以至占到正项钱粮之三四成），冬十二月耶稣会士南怀仁劾杨光先治大统历节气不应（中西历法之争再起）。【己酉】八年春正月授南怀仁钦天监监副、杨光先发遣回籍（行至山东疽发而卒），夏四月帝率王公大臣至太学祭祀孔子（行二跪六叩礼并谕“圣人之道，如日中天，讲究服膺，用资治理”），五月帝擒鳌拜并治其党羽，六月禁止藩王及大臣家下商人经商贸易、谕户部永停圈占民间房地，秋七月革杨茂勋河道总督职（是夏河复决淮安清河多处），九月京师地震有声，冬十一月免江南河南陕西水灾、湖广旱灾、直隶山西雹灾额赋有差。【庚戌】九年春正月以二程嫡裔袭五经博士职，二月谕刑部慎刑恤囚，夏四月贵州巡抚佟凤彩新编《贵州赋役全书》完成（制定土司考核条例，绝驿站科考等滥征而黔困大苏），六月广东巡抚刘秉权疏报去年垦复民田一万七百余顷，葡萄牙使臣具表进贡，秋八月命改内三院复为内阁（自此内阁制度延至清末，位六部之上而掌议天下大政），九月谕今后遇灾蠲免田赋亦免佃户之租、谕礼部兵部禁在外文武官苛索馈受之弊，冬十月郑经平台湾番民之叛（北部土著皆归附之，复允东印度公司英国商船抵厦门与台贸易），帝颁“教化为先”治国纲领十六条（先是辅政大臣掌权而纠汉俗返满制，清除鳌拜后复继承世祖所定崇儒重道国策，诏“敦孝弟以重人伦，笃宗族以昭雍睦，和乡党以息争讼，重农桑以足衣食，尚节俭以惜财用，隆学校以端士习，黜异端以崇正学，讲法律以儆愚顽，明礼让以厚风俗，务本业以定民志，训子弟以禁非为，息诬告以全良善，诫窝逃以免株连，完钱粮以省催科，联保甲以弭盗贼，解仇忿以重生命”颁布天下，初一、十五宣讲以为准则），命重定地方官员处分条例（徐越奏地方考核应以“爱养百姓，使邑中无荒残流离者为上考”），十一月定经筵日讲每年春秋二次举行（儒臣多次疏请经筵日讲，今年七月国史院学士熊赐履试讲《论语》而帝大喜，至是始定日讲日期），十二月设翰林院满汉侍读侍讲学士及侍读侍讲各三员，顾炎武《日知录》初稿付梓刊行。

【辛亥】康熙十年春正月赈济漠南蒙古草荒雪灾，大计各地官员（三年一次，犯贪犯酷者革职提问，疲软不谨伤化败伦者革职，才力不及者降二级调用，浮躁者降一级调用，年老有疾者著令休致），二月云贵总督甘文焜抚定多处苗民及蒙族（黔地秩序趋稳），肇举经筵大典于保和殿（由王熙、熊赐履进讲《大学》“《康诰》曰克明德”及《尚书》“人心惟危，道心惟微”二句），三月戒谕年幼诸王恃威溺安并谕长辈训饬之，夏四月命纂修太祖太宗圣训，六月四川湖广总督蔡毓荣奏加大优惠招民垦荒（四川战乱人口锐减之故），秋七月准各省学臣选取文行兼优生员赴监读书（从国子监祭酒查禄之请，并取乡试副榜若干送监肄业），八月福建总督刘斗疏报搜剿海寇六十余岛（斩溺五千余人），设立起居注（从礼科给事中吴国龙请，命日讲官兼摄），是年免南北多省水旱雹灾州县额赋有差、俄国神甫格尔莫根于雅克萨修建教堂及修道院。【壬子】十一年春正月程朱学者陆世仪卒（世称桴亭先生，著《思辨录》以学经世，天文地理河渠兵法、封建井田学校无不论列），准许噶尔丹遣使进贡请求（准噶尔部巴图尔珲台吉第六子，曾师事五世达赖喇嘛；其兄为异母兄所杀，遂战败之而承袭为准噶尔大台吉，至是欲以进贡取得合法身份），帝祭先农之神并行耕耤礼，三月命选满洲、蒙古及八旗汉军新旧生员入国子监读书，秋八月南怀仁劾杨燝南《真历言》（夏历西历之争再起，熊赐履言夏历换太阳宫而不换经星宫，虽有岁差宫宿不动；西历则宫宿兼换，日积月累宫宿挪移，因而向来一切推算占候、阴阳五行生尅衰旺之说都难取合），冬十月台湾郑经与英商东印度公司正式缔结通商条约，十一月明朝遗民戴笠卒于日本（撰《怀陵流寇始终录》以记明末清初农民起义全过程），免湖广河南水灾、直隶旱蝗灾、山西霜灾、河南雹灾额赋有差，十二月熊赐履谏广听慎纳正心日新（帝言以居敬行简为帝王中正之道），重申海禁（凡官员兵民私自出海贸易岛居者拿问治罪）。【癸丑】十二年春二月太皇太后颁赐诸王大臣及八旗官学满译《大学衍义》，三月帝召熊赐履讨论治国之道（赐履言休养生息教化可兴，帝王抡才严辨心行，求治太急人欲用事，不溺佛老明理实行），夏四月册封暹罗国王并赐诰命，五月吐鲁番国王遣使进贡，六月禁止八旗以仆妾殉葬旧俗（纳御史朱裴谏），秋八月诏令撤藩、九月京师地震，冬十月帝与熊赐履论崇程朱正学、辟仙佛异端（有禁革丧事修斋诵经习俗之志），十一月修订顺治年间垦荒定例（改原定最高六年起科为通计十年方行起科），吴三桂反（陷贵州而入湖南），十二月命尚书明珠等整顿八旗弊风（赌博靡费、恤养乏道及惑于喇嘛），白莲教首杨起隆于京师起事失败（诈称崇祯帝三太子）。

【甲寅】康熙十三年春正月吴三桂自称周元年，二月授南怀仁钦天监监正（命其制各式大炮以平叛），三月耿精忠反并陷福建全省（后趋浙江、江西、安徽，广州潮州总兵亦反，东南沿海形势恶化），夏四月帝严斥西藏达赖五世阿旺罗桑嘉措疏奏（其言“三桂若穷蹙乞降，可宥其一死；倘竟鸱张，不若裂土罢兵”），秋七月吴三桂传檄四方、汉官汉将纷起响应（郑经则以为其不复明室萌念已差，不能取信天下而必为后世羞），程朱学者张履祥卒（有《杨园先生全集》行世，痛批阳明心学之大害），九月诏恢复日讲（以裨益身心），广西提督马雄等归降吴三桂（吴军遂控云贵川桂四省、湖南大部及江西三十余城），冬十月开捐纳之例以筹措军需并定招民开垦酌量叙用之例，十二月册封已故朝鲜国王李棩嗣子焞为新国王，是年天地会初现福建漳州（首领为万礼兄弟，以反清复明为宗旨）。【乙卯】十四年春三月重任绿旗甘肃提督张勇等（纳甘肃巡抚花善疏请，以解陕甘王辅臣叛乱危局），夏四月平息察哈尔亲王布尔尼叛乱（设察哈尔游牧总管执掌八旗事务），是夏河决徐州、睢宁（苏北水患肆虐民多流亡），冬十二月帝册立嫡子允礽为皇太子。【丙辰】十五年春正月调天津总兵官赵良栋提督宁夏（与张勇、王进宝俱战功卓著），二月廷试制策“振兴国家之道”（纯风俗正人心、明忠孝固大节、国库盈民休息），夏五月俄罗斯使臣至京（傲慢执拗，不予敕书），江南淮扬淫雨（堤岸崩决漂溺无算），六月王辅臣降而关陇悉平，秋冬清军与叛军鏖战于南方，是年全国人丁户口一千六百零三万余。【丁巳】十六年春正月谕刑部修订方术诱取良人与掠卖良人子女条例，二月命安徽巡抚靳辅为河道总管以彻治河患，清廷欲招抚郑经、经以严正纲常华夷大义婉拒之，三月传谕诸将恤人民、勿肆掠以抚辑地方（时八旗与蒙古兵涂炭生灵玩寇殃民者多有），夏六月敕谕推广剿抚并行策略，秋七月诫大臣门户分争朋党之弊，八月遣彝族总兵官陆道清晓谕云南土司举事反正，冬十月谕准噶尔噶尔丹与喀尔喀罢戎和好以恤生民。【戊午】十七年春正月免死宥放吴军总督董重民等俾各得其所，特令开博学宏词科（以阐发经史而振起文运），三月吴三桂自称帝于衡州、国号周（是日大风雨，王夫之拒撰《劝进表》），闰三月谕吴三桂属下被胁从者可赦罪论功、恤出征兵士亡故者，夏六月蠲免浙江去年钱粮并令招徕逃亡以事耕垦，秋七月河决砀山、萧县（黄、淮、运河泛滥，江南三十九州县水灾），八月吴三桂病死、其孙世璠自称帝，冬十月河道总监靳辅整修黄淮运河工程（筑堤、疏浚、堵口、修坝），皇四子胤禛生。【己未】十八年春二月严肃科场考风（纳左都御史魏象枢谏以正士风文教），夏五月诏重开明史馆纂修《明史》（顺治二年初开而形同虚设，至是以掌院学士叶方蔼、右庶子张玉书为总裁官，征万斯同等参预纂修；二十一年夏六月叶方蔼卒，复以翰林院掌院学士陈廷敬补其缺），是夏天下大旱（江南、河南、山东、湖广尤甚），秋七月京师地震（死伤甚众）、严禁火耗私派勒索诸弊（纳魏象枢谏以息贪恤民），冬十二月太和殿火灾、诏修省。

【庚申】康熙十九年春三月陈永华卒于台湾（原为明生员，其父以教谕殉国难，遂志图恢复，于台湾军国大事、屯田学校洵有力焉，至是见郑经无恢复志且诸将宴安，遂忧郁而卒），秋八月厄鲁特蒙古噶尔丹博硕克图汗遣使进贡（时已征服叶尔羌国，自此控制回疆达八十年），闰八月淮安府山阳等五县决堤（夏秋淫雨淮黄并涨）。【辛酉】二十年春正月南明延平郡王郑经卒于台湾，二月准福建总督姚启圣沿海开禁还界疏请（以恤民增赋），秋七月命施琅为福建水师提督（准备攻台事宜），冬十一月云南平，十二月准礼部题琉球国世子尚贞袭封中山王，是岁赈蠲北南多省水旱灾饥。【壬戌】二十一年春二月帝谕谒祖陵并省观乌喇地方（俄罗斯连年殖民扩张，侵扰黑龙江一带，杀掠强征而交涉不听，故帝巡行边防），三月西藏达赖五世阿旺罗桑嘉措卒（与班禅四世密招青海和硕特蒙古顾实汗率兵入藏，推翻噶玛噶举派藏巴汗政权，打击摧毁黄教格鲁派贵族及所属教派，遣使通好皇太极并于顺治九年入京受封达赖喇嘛，定黄教寺庙僧制而后相沿不变，晚年政事交给第巴桑结嘉措，后者遂集政教大权，且与厄鲁特蒙古准噶尔部噶尔丹勾结对抗朝廷），朱方旦案结（湖广汉阳心学术士，撰《中补说》并聚徒论议，谓“中道在我山根之上，两眉之间”，以先知自况而与人决休咎祸福，其徒亦标榜其为孔子之后第一人，认为“朱、程精理而不精数，大儒之用小；老、庄言道而不言功，神仙之术虚”；初为湖广巡抚董国兴以左道惑众劾奏而得旨宽释，三藩乱时大将军勒尔锦赠其“圣人堂”匾额，巡抚张朝珍以其神异赠“圣教帝师”匾额，去年七月翰林院侍讲王鸿绪劾其诡立邪说煽惑愚民，至是朝廷复议处斩而帝从之），夏四月允请命使往封琉球国王为中山王（并赐御书“中山世土”），朱之瑜卒于日本（明亡而不就南明官职，为复明室奔波于日本、安南、暹罗与本土之间，恢复无望而亡命日本，讲学著述经世致用，指斥陆王批评程朱、推尊孔孟而亦不苟同，于日本思想学术影响不小），五月从广西巡抚郝浴疏请御书“清慎勤”颁直省督抚，秋八月帝遣将往勘雅克萨情况（俄罗斯窜扰杀掠有年，是年所建侵略据点遍布黑龙江下游直至海边），九月殿试制策关注民风及河防（言法令屡颁而闾阎之嗜欲犹滋，岂闲情节性坊表斯民之方未备者欤？民心日偷浇漓益甚，何以使孝友之行笃于门内，奢淫之习绝于里闬欤？何以整齐其心志，移易其好尚，俾有所持循欤？贵贱少长无相凌竞，果何道之从欤）、京师地震，冬十月山西地震，十一月赈济内蒙四子部落苏尼特穷人，十二月天文学家王锡阐卒（考正古法之误而存其是，择取西说之长而去其短，批评汤若望不懂平气定气之别，及周天度数中西异法，以致妄评大统历），是年蠲免直隶、山东、江南、湖广遭水旱灾州县额赋有差，全国人丁户口一千九百四十三万余。【癸亥】二十二年春正月命使往封黎维祯为安南国王（并赐御书“忠孝安邦”），三月帝部署自盛京至黑龙江水陆运粮线（以备反击俄之入侵），夏闰六月郑克塽以台湾降清（郑氏奉明永历正朔三十七年至是而止），冬十月山西地震（死伤甚众），东南沿海复开迁界（以利民生），琉球国王嗣尚贞遣使进贡（是年琉球国建关帝庙奉祀关公，派遣学生来华学习并开设琉球官学），十一月礼部议定云贵二省录土司生员（翌月复因自康熙四年设立流官相安已久，贵州平远等四府不再复设土官），是年程朱学者吕留良卒（主张复三代旧制、重夷夏之防、尊朱子辟阳明，雍正间受祸文字狱）。

【甲子】康熙二十三年春三月正阳门外大火、多方赈济河南饥荒，夏四月始开发台湾并渐开东南海禁而通关外贸，江南江西总督于成龙卒（以廉能清苦称，江南人称“于青菜”，帝赐谥清端并多次表彰其为“天下清官第一”，雍正时入祀贤良祠），夏五月奉旨推举操守清廉之官陆陇其等、再申严禁圈拨民田，六月暹罗阿瑜陀耶王朝遣使奉表进贡（自此商贸往来密切），秋九月帝始东巡南巡（以体察民情周知吏治，冬十月诣东岳庙躬祀泰山之神、视察黄河以图浚治、谕江南督抚去奢反朴敦本尚实，十一月谒明太祖孝陵行三跪九叩礼、诣孔庙行三跪九叩礼并书“万世师表”匾额）。【乙丑】二十四年春二月策试贡士（策问：如何使百姓逐末者寡，秉耒耜者众？如何使士子弃虚名而敦实学？野有醇风朝多端士，匿情饰貌滋长浇凌，孝悌力田幸臻美俗，其说可悉指否），夏四月授周敦颐后裔嘉耀世袭五经博士，五月都统彭春击降雅克萨俄军（焚毁雅克萨城而撤还瑷珲，此为第一次雅克萨之役，后俄军复回雅克萨），秋七月颁发《四书》《易经》《书经》讲义于白鹿洞书院，冬十二月山东蓬莱、文登及福建福州地震，是年秋冬湖北、直隶、江南、河南、山东、湖南多省水旱灾重。【丙寅】二十五年春正月帝责贵州官员克索苗民（时云贵川广诸省督抚皆疏请征剿土司苗民，帝以为苗民赋性朴实不敢生事，谕责“不思安静抚绥，唯诛求无已”，令剿抚并用而推诚化导循俗安辑），二月大计各地官员（严饬有司重惩贪酷），准减广东海关征收洋船额赋十之二（四月广东巡抚李士祯等设具有官商性质的洋货行专理对外贸易，后洋行制度即由此演化而来），三月特授江宁巡抚汤斌为礼部尚书管詹事府事（斌能整饬地方礼俗，以苏州所祀五通祠“荡民志，耗民财，又败坏风俗”而禁之，严禁妇人入祠烧香，苏州师巫绝而奢淫之风为之一变），夏闰四月命搜访藏书以助成德化（谕以经学史乘发明心性裨益政治而成内圣外王之学，异端诐说概不准收录），五月严禁淫祠滥祀（从汤斌请，严饬直省州县毁除城隍、社稷之外全部庙宇，不准士女入庙烧香），六月九卿等请于各省常平仓多积谷米以备救荒，秋七月帝巡视塞外，八月调解喀尔喀蒙古左右翼矛盾（谕“以兄弟之亲互相吞并，异日必至交恶生乱”，劝尽释旧怨和协安居），西班牙殖民者屠杀菲律宾华侨（康熙元年郑成功收复台湾后，西班牙殖民者即曾屠杀过菲律宾华侨，至是马尼拉地区华侨不堪压迫起义而被镇压，西班牙国王查理二世令驱逐所有非基督徒之华侨），冬十一月御书“学达性天”颁诸儒祠堂及白鹿洞书院、岳麓书院（纳湖南布政使张仲举请）。

【丁卯】康熙二十六年春二月禁淫词小说（先是刑科给事中刘楷疏请清除淫书，以为淫词小说流布坊间，为学术人心之大蠹，请责令学臣及地方官立毁其旧版，惟实能阐发孔孟程朱正理之儒书方许刊刻，不许私立名目各逞己说贻误后人；至是九卿议准其请，以"败坏风俗，蛊惑人心"禁一切淫词小说，帝依议并令严禁僧道以邪教惑民，又从礼部请而将私撰刊卖之书查禁毁版），夏四月命九卿推举德才兼优之好官，钦天监监正南怀仁请行天主教而议不准，天旱不雨、敕省政事得失并重申已结重案，革平郡王纳尔都王爵（打死无辜之故），五月分建周公、孔子、孟子庙碑并亲制碑文（复命张载子孙世袭五经博士），厄鲁特蒙古准噶尔部噶尔丹汗破坏喀尔喀蒙古左右两翼和好（此后又与沙俄使臣戈洛文勾结，侵蚀漠北对抗清廷），秋七月增台湾府学廪生增生二十名、县学各设十名（从福建巡抚张仲举奏以储人才），八月传教士洪若等来华传教（法国国王路易十四所遣而通晓科技及儒学，帝留白晋、张诚在京备用，此批传教士曾活动于北京、南京、上海、广州、山西、陕西、福州、东北等地），九月京师地震、太皇太后懿旨责帝严苛之过，冬十月工部尚书汤斌卒（直言敢谏、清廉刚正且体恤民情，清吏治、宽民力、兴教化，民间褒称"豆腐汤"而遭明珠诬陷，雍正时诏入贤良祠，乾隆初追谥文正），十二月太皇太后博尔济吉特氏卒（于顺治、康熙两朝深有影响，后谥孝庄文皇后）。【戊辰】二十七年春二月罢黜内阁大学士明珠及其党附（延揽汉族士大夫以张大其势，排挤倾陷不应索求不欲党附者），允琉球国中山王尚贞以子弟入监读书之请，三月河督靳辅奏中河告竣（减黄河之势而洒宿迁等七邑之灾，使运河避黄河风涛之险，漕挽安流商民利济），夏五月礼部题请山西烈妇荆氏等夫死己殉照例旌表而帝禁之（以为轻生从死事属不经，复加褒扬恐益多摧折），六月噶尔丹侵掠喀尔喀蒙古，八月俄使戈洛文袭击喀尔喀蒙古诸部并要求其臣服（加紧勾结噶尔丹，希图缔结俄准联盟），是年噶尔丹之侄策妄阿拉布坦逃离噶尔丹（准噶尔部严重分裂）。【己巳】二十八年春正月帝二次南巡（考察黄河、运河及观览民情、周知吏治），二月大计天下官员，夏四月颁御制孔子赞序及颜、曾、思、孟四赞分发直省，赈济喀尔喀蒙古饥荒，五月命刊发《孝经衍义》（礼部右侍郎张英等编纂），秋七月与俄国签订《中俄尼布楚条约》（以外大兴安岭、格尔必齐河、额尔古纳河为国界，此后清廷进一步强化东北管理），九月湖北、直隶大旱饥馑，冬十一月命严禁蒙古喇嘛诈称呼图克图（败坏佛教惑众欺人之故），十二月西藏第巴桑结嘉措请擒喀尔喀蒙古汗以畀准噶尔而帝否之（时第巴把持西藏政教大权而欲收揽诸部蒙古教权），是年俄俘及自愿归顺之俄人请建尼古拉东正教堂于北京而帝允之。【庚午】二十九年夏四月因旱谕刑部宽释刑犯，《大清会典》告成（二十三年始纂，上承明朝制度而为清朝百臣诸司政令圭臬），五月谕以品学兼优之知县任科道官（三河知县彭鹏、灵寿知县陆陇其等俱被荐取），噶尔丹勾结俄尼布楚军政长官侵喀尔喀蒙古，六月明珠外甥疏参徐乾学等沽名受贿仗势欺压（朝廷南党北党反复交锋）、山东巡抚佛伦疏请缙绅田地与民人一体差徭以均赋恤民，秋九月谕令官兵人等经过文庙务须下马，冬十一月定例实川移民优化政策（先定凡流寓愿垦居者永给地亩为业，至是复定蜀省流寓垦田纳粮当差者准其子弟在川一体考试，于是湖广、江西、福建、广西入川者众），南方大雪（树多冻死），是年赈免南北多省及外蒙水旱饥民。

【辛未】康熙三十年春正月户部奏开捐贡监免保举事例（征剿噶尔丹之故，御史陆陇其疏称捐纳一途贤愚错杂，惟恃保举以防其弊而不纳），三月满译《通鉴纲目》告成（帝御制序文）、殿试贡士于太和门前（策问：尔多士离经辨志，学古经术，所有涵养德性与兴起事功，必讲贯通始可措诸实用，汉唐之笺疏，宋儒之训诂，繁简得失，义蕴精微，可得而悉指欤），夏五月帝颁诏喀尔喀蒙古各旗与内蒙四十九旗一例编设（帝以为施恩喀尔喀使备朔方较长城更为坚固，允其建寺并亲题名曰汇宗寺，寓意蒙古各部奔走来同），分会试南北中三卷为左右（从御史江蘩条奏以均平取士），冬十二月浙江巡抚张鹏翮遵旨下殷铎泽神甫于杭州狱（八年即曾旨令除南怀仁等在京照常宣教外，严禁各省天主教立堂传教），是年免南北多省遭旱蝗灾民额赋有差。【壬申】三十一年春正月谕《明史》洪武、宣德本纪之纂不可訾议过多（以为洪武系功德隆盛开基之主而宣德乃守成贤辟，明亡于朝廷朋党门户而非宦官阉党），二月帝允各地教堂传教（报答西洋人历法、铸炮效力之故，遂生无穷后患），夏四月偏沅巡抚王梁疏报新增田土六万六千余顷，五月分喀尔喀蒙古为三路（以土谢图汗为北路，车臣汗为东路，策妄扎卜亲王为西路），六月设立蒙古地区五路驿站（喜峰口一路设十五站，古北口一路六站，独石口一路六站，张家口一路八站，杀虎口一路十二站），秋八月四川巡抚噶尔图奏报新增田地近九万顷，冬十一月敕责噶尔丹致书内蒙各部煽诱叛清附己，江浙传闻朝廷选妃而仓促嫁娶不止，十二月程朱学者陆陇其卒（专宗朱子、排斥陆王且政教可观，帝嗟叹“本朝如此人者，不可多得矣”），是年定例各省常平仓俱分储州县。【癸酉】三十二年春正月川陕总督佛伦奏报陕西旱灾（民多流离而田土荒芜），夏五月颁御书“万世师表”匾额于国子监，秋七月令皇城内及西安门赐地建教堂（传教士洪若等治愈帝疟疾之故），冬十月俄罗斯遣使进贡（意在窥探中国），曲阜阙里重修孔庙落成（帝亲撰碑文以尊师重道），十二月苏州踹匠聚会威胁罢市，允俄使通商恳请（三年一次于北京使馆互市）。【甲戌】三十三年春二月赈济直隶水灾饥民，夏四月赐西藏第巴桑结嘉措金印，闰五月帝责道学学者（以为多挟私仇而务虚名），秋九月增八旗童生入学额（满洲、蒙古增至六十名，汉军增至二十名），冬十二月谕令部院各衙门详参庸劣充数之员。【乙亥】三十四年春二月设立学校于墨尔根（从黑龙江将军萨布素疏请），三月朝鲜国使臣议论清政（以为清廷用事之臣皆贪虐无度贿赂公行，然年虽荒而赋役甚简），秋九月谕各省督抚保举清廉爱养练达吏事官员。【丙子】三十五年春正月谕亲征噶尔丹（以为边境百姓除害），夏六月谕责西藏第巴桑结嘉措（匿达赖之丧并假其名义唆诱噶尔丹作乱），秋九月遣送吐鲁番回部首领父子归国（原为噶尔丹拘押）、川陕总督吴赫奏报新疆哈密回部进贡归顺、京师地震，冬十一月谕招抚噶尔丹（以为天下当以仁感而不可徒以威服），是年赈免直隶与南北多省遭水灾民有差。

【丁丑】康熙三十六年春正月帝责九卿恶习（所保多系师友亲戚），二月帝三征噶尔丹（以其凶恶不可姑留，且欲收服厄鲁特蒙古诸部），三月准蒙古人于定边等处贸易并许汉蒙边外同耕，闰三月宁夏士绅兵民请勒石刻帝训示（御碑云“忠信慈惠服官之良轨，孝悌齿让生人之大经，法纪不可不明，礼教不可不肃，勿以地处边陲而不治以经术，勿以习尚气力而不泽以诗书，总期上率下从，庶几驯臻雅化”），冬十月允哈密回部移部民于肃州之请、授给六世达赖喇嘛仓央嘉措印信封文，十一月京师地震、青海诸蒙古台吉至京朝见，十二月免江西、直隶、江南水旱州县额赋有差，是年颁令禁止各地溺女之风。

【戊寅】三十七年春正月谕赴任督抚实心爱民勿妄科派，朝鲜告饥吁请贸谷（命运米三万石，一万赏给二万平粜），秋七月京师地震、太原知府孙毓璘因贪污库银处斩监候，冬十月令贵州水西土司辖区改土归流（土司病故无人承袭之故），十一月谕戒满洲斗殴杀人（以期风还淳厚）、遣官往理蒙古诸部日炽盗风，十二月淮阳水灾（谕淮水三分入运河、七分归黄河而漕运始安），改东川土司为东川府、谕赴蒙古教养各官赈穷惩盗并引水垦种。【己卯】三十八年春正月谕三次南巡（视察黄淮、察吏安民），夏五月谕简选官吏严禁横派贿赂之弊（帝叹“地方官诚心为民者甚寡，一切务虚名而无实效”，且见沿途钞关颓败已极），秋七月命兵部严禁各省经制额兵虚冒钱粮，八月赈济内蒙巴林部受灾人口，九月谕治河方略（导河稍北使不得侵入清水，疏泄洪泽湖使之流刷沙淤，故挑浚清口甚为重要），冬十月谕议治淮扬水患方案（以黄河垫高、清口低下以致淮水不出，议改高邮等减水坝为滚水坝而高家堰石堤加高），十二月钦定《春秋传说汇编》成、孔尚任《桃花扇》成（藉男女之情寓兴亡大义）。【庚辰】三十九年春二月贵州地震，三月左通政张格等奉差往蒙古（帝谕“治蒙古不可以内地之法治之，应顺其性以渐导；蒙古惟信喇嘛，一切不顾，此风亟宜变易；倘喇嘛等有犯法者，尔等即按律究治，令知惩戒”），夏五月苏州织布行业踹匠始罢工，秋七月谕地方官劝导民间积储备荒（各省丰收之故），冬十一月定科举取士例（分民卷九、官卷一），是年与印度公司签约之法商至广州通商（中国产品始运巴黎）。【辛巳】四十年春正月四川提督唐希顺平定打箭炉西藏叛兵（归附一万两千余户），三月郎中马尔汉等奉命赴喀尔喀蒙古诸部教授耕种农技，夏六月授邵雍后裔为世袭博士以承祀典，秋七月遣大学士张英祭先师孔子，冬十月甘肃巡抚喀拜隐匿灾情不报被革职，十二月遣将进剿广东连山瑶人（常出扰害之故）。【壬午】四十一年春正月遣员监督对藏贸易并免征藏民交易税，夏五月谕令程子祀典不可有缺，六月颁发御制训饬士子文并勒石太学（谕先立品行躬操廉隅），秋九月南巡河工，冬十月京城地震，十一月命修葺禹帝陵。

【癸未】康熙四十二年春正月帝南巡，夏六月命悬御书“阐道醇儒”匾额于景州董仲舒庙，翰林学士揆叙等奉使朝鲜（携御书“藩封世守，柔远恪恭”赠其国王），秋九月谕派大军剿抚湖南镇筸作乱红苗，冬十月谕凡有广庙宇与民间田庐有关者永行禁止，十二月令外任州县官须距原籍五百里外放任并著为定例，湖广提督俞益谟宣布“戒苗条约”（以安定红苗），是年命陕甘按地丁钱米捐粮备灾而命直隶试行社仓（捐贮均不出乡），江西瑞金民彭兼六组织佃户创立秘密宗教据田抗租。【甲申】四十三年春三月朝鲜国于汉城设坛遥祭明崇祯帝崩六十周年，夏六月江西商民请开采铅锡矿而不准（以为开矿甚无益于地方），帝谕道学虚实说（以为“古人讲道学者甚多，而尤好非议人，彼亦仅能言之耳，而言行相符者盖寡……凡人各有短长，弃短取长始能尽人之材，若必求全责备，稍有欠缺即行指摘，此非忠恕之道也……果如周、程、张、朱勉行道学之实者，自当见诸议论，若但以空言而讲道学，断乎不可”），秋八月从云贵总督巴锡奏添设同知、巡检专理苗务，冬十一月从四川巡抚能泰奏禁外省游棍擅入土司（土司往来公文俱用本族文字），十二月许湖广苗民通文义者与汉民一体应试（从湖广学政潘宗洛请，五寨司设立义学，听苗民肄业）。【乙酉】四十四年春二月帝五次南巡，三月命江苏巡抚宋荦主持刊刻《资治通鉴纲目》，夏五月改定蠲免钱粮则例，六月李光地等疏参原云南布政使张霖出身商贩网利殃民，秋七月张鹏翮奏报河淮同涨溃堤多处，八月京城地震，冬十月添设贵州永宁等州县学政、教谕，十一月设云南广南、丽江二府学官并许土人一体应试，是年罗马教皇遣使至北京、帝亦遣使往罗马。【丙戌】四十五年春三月各省建立育婴堂（从左都御史周清源奏请），秋九月陕西兴安州大水（田禾无收），冬十一月祀圜丘（祀前帝斋戒三日、不听政），是年谕令颁行《古文渊鉴》《通鉴纲目》等书。【丁亥】四十六年春正月帝六次南巡，三月谕令江苏按察使张伯行为福建巡抚并赐“廉惠宣猷”匾额（谕江南官员“清而能宽，斯为尽善”），夏六月山西巡抚噶礼奏报地方官员私派贪赃劣迹，帝谕责部院推诿习气，秋七月帝北巡（见山东人边外经商力田者多至十万余），冬十一月谕江浙兴水利建闸座（以防水旱之灾），十二月谕大学士等用人行政宜宽严适中，是年《御批通鉴纲目》编成、始编制《皇舆全览图》（完成于五十七年，内地十五省及关外满蒙地方皆经测定，东至大海西抵藏、回）。【戊子】四十七年春正月江浙米价腾贵（饥民闹事抢夺者多有），三月苏州织造李煦密奏河南、山东、淮北多有贩卖私盐于扬州者，闰三月杭州织造孙文成奏报浙江海盗猖行之事，夏六月偏沅巡抚赵申乔疏报长沙府缺米激成民变，秋九月废太子胤礽（肆恶虐众、暴戾淫乱之故），冬十一月帝赞皇四子胤禛勤恳诚孝、性量过人且深知大义，十二月允湖广总督郭世隆条奏防守红苗三款（禁内地奸民与苗民勾结为恶）。

【己丑】康熙四十八年春正月遣侍郎赫寿往西藏协同办事（新达赖立而青海诸蒙古台吉不服，拉藏汗乃请清廷助之，此为首派驻藏大臣），三月判原浙江布政使黄明绞监候（诈财殃民之故），夏四月孙文成奏报衢州等府杀人抢劫案情形（屡获屡犯而无有终止），五月谕令严禁民间香会与光棍勒索（从御史张莲疏请），秋七月江浙富豪囤积居奇（趁歉收米贵之机），九月两江总督噶礼奏报州县官员勒索民财情形，冬十月谕大学士等治天下不求全责备（帝晚年以安静和平为贵，竟以为“总兵等官私扣月粮未足深罪”）、山西巡抚苏克济奏报该省亏空根源（摊派转嫁相沿积累），十一月谕令自五十年起分三年普免全国钱粮，十二月诏令浚宁夏渠引黄灌田。【庚寅】四十九年春正月据报近年江浙发生盗案八百余起，三月诏封波克塔胡必尔汗为达赖喇嘛六世，冬十一月定例蠲免钱粮业主十之七、佃户十之三（纳兵科给事中高遐昌奏）。【辛卯】五十年春正月兵科给事中王懿以海上多盗贼请禁海贸而不允，三月群臣请上尊号而不许（谕“持身务以诚敬为本，治天下务以宽仁为尚……正当恪守保终，孜孜为万姓图治安之时也”），夏六月福建百姓聚众抢粮于泉州，秋八月皇四子胤禛第四子弘历生，九月两江总督噶礼奏报江南乡试考官作弊（上榜者家俱大富而文章不通），冬十月谕永停朝鲜国例贡白金红貂皮（国王李焞慎守封圻、恪循仪度之故），旨令举荐八旗笃行孝义者，十二月旨令严禁增建寺庙，是年全国人丁户口二千四百六十二万余。【壬辰】五十一年春二月江苏巡抚张伯行疏参两江总督噶礼贪暴徇私卖官卖考（噶礼则劾张伯行庇护汉士，满汉之争隐然再起，帝保全清官而抑制贪酷，后因噶礼贪婪不孝、奸诈凶恶而诏赐自尽），诏定康熙五十年后滋生人口永不加赋之制（以杜隐匿户口弊端而减轻百姓负担），三月从左都御史赵申乔请诏增云南、广西、贵州三省进士各一名，夏五月遣使携敕书往厄鲁特蒙古土尔扈特部（居伏尔加河下游草原，上月抵京表贡方物），秋七月《朱子全书》编成（帝以为朱子之学大中至正，孔孟之后有裨斯文其功最巨，有旨配享孔庙跻位四配之次、十哲之先，大学士李光地奏时势相后恐有未安，遂定朱子排位由孔庙东庑先贤之列升至大成殿十哲之次），九月镇箪苗区复有近百寨归顺、旨令安插得所从容化导教之礼义（如有视之度外侵蚀扰害者指名题参），冬十月诏遣司官往浙闽粤逐户搜拿海盗（多为内地渔民不堪官吏勒索者），十二月鄂尔多斯地方大雪（畜多死而饥馑遍布）。【癸巳】五十二年春正月谕严惩江南顺天乡试舞弊案（帝忧时下科考官多贪贿作弊无心遴才之故），诏封班禅呼图克图为“班禅额尔德尼”，二月戴名世《南山集》案结案（戴氏等同情南明永历政权，帝恐反清复明思潮再起而严处之，戴名世立斩而方孝标之子充发黑龙江，为《南山集》作序之汪灏、方苞等则免死入旗），夏闰五月诏请西洋人绘制九省地图，秋八月诏允内蒙鄂尔多斯部于察罕托灰地方游牧（以黄河为界，避免与内地居民杂混），冬十一月四川深山苗民三千余户投诚。【甲午】五十三年春三月陕西固原等处旱灾（民多流散），夏四月令严禁坊间小说淫词并销毁刻板（帝谓宋元明以来小说皆系淫词惑人心志），秋七月谕令拨漕粮赈济江南、浙江、山东、河南旱灾，谕大学士等治道（以为“治天下当宽裕仁慈，以因人性不可拂逆。即如满洲、蒙古各方之人，饮食日用其性各殊，必欲一之，亦断不可行也……惟天赋忠孝之性无有异同……不可以地论也”），冬十月严定科场之制八款（从御史倪满请），十一月谕山西布政使噶图什降低火耗以益百姓。

【乙未】康熙五十四年春二月谕直隶巡抚赵弘燮穷乡僻壤宜立义学（以孝悌成人），三月《周易折中》书成（与《朱子全书》俱付直省刊行以便士人购诵），夏五月赈济蒙古遭大雪灾各部，六月赈免甘肃旱灾，冬十月谕满汉大臣齐心理政（不可截然两议），十二月帝赞新疆巡抚陈瑸清廉有加（叹其“室中萧然，无一物可以与人”），是年定社仓劝输之例（富民免役而绅士给匾）。【丙申】五十五年春二月大计全国官员，三月准礼部请于广东各卫所如他省例设学，谕令严查浙江一带贩卖私盐者，闰三月御定《康熙字典》成，夏五月帝虔诚祈雨（京城久旱之故），闽浙总督满保疏报台湾南北两路土人向化内附请入版籍，六月谕令直隶巡抚严禁商贾囤积购粮，冬十一月准噶尔部策妄阿拉布坦秘密遣军侵入西藏。【丁酉】五十六年夏四月第二次颁禁天主教堂（广东碣石总兵官陈昂疏谏“各省设立天主教堂过多，招集匪类，实居心叵测。目下广州城之天主教堂内外布满，加以同类洋船丛集，安知不交通生事，乞敕早为禁绝，毋使滋蔓”），河南巡抚张圣佐题报多县重征火耗、预征钱粮（致民起义围城），冬十月谕令严拿河南山东盛行之白莲教、策妄阿拉布坦之兵攻占拉萨并杀害拉藏汗。【戊戌】五十七年夏四月张圣佐疏报兰阳县民借白莲教名义聚徒惑众，六月遣使册封琉球国中山王世子尚敬为中山王，秋九月谕令赈济蒙古杜尔伯特部连年亢旱灾民。【己亥】五十八年春二月帝主持编制之《皇舆全览图》成，谕令封已故安南国王黎维正子维裪为安南国王，冬十月刑部尚书张廷枢奏请赐关羽后关爵为世袭博士。【庚子】五十九年春正月帝谕令进兵安藏（以为西藏屏蔽青海、云南、四川，边地若失将无宁日），二月谕封胡必尔汗噶桑嘉措为六世达赖喇嘛（护送赴藏坐床），夏五月判凤阳知府蒋国正监斩候（贪赃之故），六月直隶地震，秋七月定例详查各省钱粮亏空，八月许琉球国官生入国子监读书（从其国中山王尚敬疏请），入藏大军大破策妄阿拉布坦兵、西藏悉平（四川提督岳钟琪勇为先锋），冬十月帝遣大臣往唁已故朝鲜国王李焞（在位近五十年而事上恭顺、抚民慈爱，十一月册封其世子李昀为国王），俄罗斯特使至京欲深入内地贸易而协议不成，十一月罗马教皇格勒门德十一世特使嘉乐至京（传令中国天主教徒不得祭天祭祖，帝谕“尔教王条约与中国道理大相悖戾，天主教在中国行不得，务必禁止”），十二月帝特遣皇四子胤禛代往盛京三陵行大祭典礼，是年粤商自发成立公行（即“十三行”，以约束外商而维护利益）、苏州府多县立“踹匠条约碑”（江南踹坊罢工事件频起之故）。【辛丑】六十年春三月群臣请上尊号而不允（以为上尊号为自古以来“欺诳不学之人主”陋习），会试发榜日黄雾四塞霾沙蔽日、谕令复核试卷（罢不通文理者十二人），夏四月台湾民朱一贵等聚众起事（知府父子税敛苛虐之故，五月全台陷落而朱一贵自称中兴王，令民蓄发复明制并发讨清檄文，帝谕酌情招抚并于六月克复），五月令广西太平府思明土知府改土归流（贪婪不法之故），秋八月河南武陟县堤决，九月令各督抚详查仓谷亏空限期赔补（从左都御史朱轼言），蒙古诸部请立西藏平定碑而从之（帝亲赐碑文以“除逆抚顺，绥众兴教”），冬十一月遣皇四子雍亲王胤禛礼祀圜丘，十二月令查拿江浙贩卖私盐盐商（江浙盐商尽流为盗贼之故）。【壬寅】六十一年春二月大计官员，三月台湾淡水民聚党起义被剿灭，夏四月屯田嘉峪关外（从靖逆将军富宁安言），秋九月陕西库帑累亏甚巨、帝谕禁加征火耗，冬十一月帝崩、皇四子胤禛即皇帝位，十二月禁八旗官兵酗酒陋习、诏各省督抚严行稽查管内府州县钱粮亏空、命修《圣祖实录》，是年全国人丁户口近二千五百三十一万（永不加赋国策复滋生人丁四十五万余）。

【癸卯】世宗宪皇帝雍正元年春正月命存恤鳏寡贫弱老人，二月谕吏部嗣后亏空钱粮官即行革职追赃不得留任，夏四月复置起居注官、训饬满汉文武大臣以朋党为戒、谕户部劝民垦田不得勒索阻挠（水田六年起科，旱田十年起科），五月著令满汉官兵民等殡葬婚嫁不许僭礼、恢复乡试会试以《孝经》为论题之例，六月复热审减等旧制（此后终清世不变）、加封孔子先世五代俱为王爵，秋八月谕各省盐政约束商人循礼安分严禁奢僭、创设秘密立储法（密封置乾清宫正大光明匾后），九月禁造生祠书院，冬十月谕八旗大臣限期整饬废弛陋习，十一月定例禁止奸棍私贩内地幼儿出卖蒙古、山西巡抚诺岷奏羡耗银除留补亏空外给官养廉（俸外复有养廉银自此起），十二月命举新科进士内孝友端方者、禁饬天主教（浙闽总督满保奏西洋人于各省起盖天主堂，潜住行教煽惑人心，请安插澳门且改天主堂为公所，误入其教者严行禁饬）。【甲辰】二年春二月帝制成《圣谕广训》颁行天下、谕各督抚劝农务本（令州县官择勤俭无过者岁举一人，予八品顶戴荣身），夏四月谕不宜使社仓变成官仓（以期安民经久），闰四月命八旗设宗学（以善诱改迁成就宗人）、命各省设普济堂与育婴堂（收容老病无依与孩稚无养者），五月传谕各省陛见永禁进献、饬令各省土司爱恤土民（时川陕湖广、两广云贵诸省土司苛敛属民生杀任情，帝以为土司肆虐多因受文事汉奸指使，故严饬犯者土司参革汉奸重刑），六月命在京南设立八旗井田（纳户部侍郎塞德奏，于霸州等县拨官田给八旗无产业者行井田制），禁江西邪教（帝以为妄立名号诳诱愚民，夜聚晓散踪迹诡秘，务令严惩其首去邪从宽，以期萌孽尽除归正人心），秋七月推行耗羡归公及养廉银制度（以恤民杜贪），颁布“朋党论”谕群臣深戒之、谕东北满人务守满洲本习，海潮冲决范堤（沿海盐场溺死灶丁近五万人），八月命各省保奏干练廉洁之道府州县官、令各省督抚严禁州县茶果谢礼陋规，九月准地方摊丁入亩（山西布政使高成龄奏“地亩生息有常，户口贫富不等，富者田连千亩竟少丁差，贫者无地立锥反多徭役，请照直隶新例，将丁银并入地粮，官民两便”，此后云南、山东等省亦推行之），不准山东巡抚陈世倌严禁回教疏请（世倌忧回教不敬天祀地而另立宗主教徒众盛，帝谕回教由来已久并无惑众之处，无故革除徒滋纷扰），冬十月命建忠义祠于京城（以祀清朝捐躯尽忠之臣），十一月从户部议奏贮备荒事（旌劝社仓而不苛派滋扰），十二月命太学建进士题名碑，封已故朝鲜国王李昀世弟昑为国王，令黑龙江将军防御俄罗斯（自齐齐哈尔移驻黑龙江）。【乙巳】三年春二月程朱学者礼部尚书张伯行卒（谥清恪），三月命各省查勘辖地界址，夏四月云南威远土州改土归流，以西洋传教士戴进贤为钦天监监正，秋七月从两江、浙闽总督奏江西、福建、浙江棚民安辑事宜，八月苗人子弟愿读书者准入义学并予科试鼓励（允贵州学政王奕仁奏），九月《钦定大清律》修成，冬十月致敕罗马教皇（谕"西洋寓居中国之人，朕以万物一体为怀，教以谨饬安静。伊等果能慎守法度，行止无愆，朕自推爱抚恤"），十一月设巡察官稽察盗贼（江南、湖广、山东、河南等省多盗），十二月《古今图书集成》修成，是年赈恤直隶及多省水旱地震灾饥。【丙午】四年春二月云南巡抚、总督请改土归流以靖地方，夏五月旨斥允禩等皇弟不忠不孝结党乱政，六月谕刑部缉拿赌博（获钱即赏拿获者，嗣后永为定例），秋七月赐皇弟允祥御书"忠敬诚直勤慎廉明"匾额，制定保甲法（十户一牌头、十牌一甲长、十甲一保正，其村落畸零及熟苗熟僮亦一体编排），九月谕禁赌博，冬十一月谕停浙江乡试会试（士习敝坏工为怀挟之故），十二月定营田条例（从大学士朱轼请以鼓励垦种）。

【丁未】雍正五年春正月黄河清（自河南陕州至江南桃源县，历二十余日），命设两淮盐义仓（以恤贫苦灶户），三月开福建洋禁（从福建总督高其倬奏，以借贸易赢余佐耕地之不足），闰三月乌蒙、镇雄土司改土归流，从兵部议准福敏所奏防范苗民事宜（严禁汉苗通婚及利害勾结），夏四月命训诫旗人痛改靡费之习，禁西洋之教行于中国、西洋葡萄牙国王若望遣使表贡，五月谕诫奢侈之风（以崇农本厚风俗），秋七月中俄使臣签订《布连斯奇界约》规定边界，八月云南姚安府土同知占夺民田被革职并改设流官（广西泗城土知府亦因横征滥派强悍杀劫而改流），怡亲王允祥疏报直隶兴办水利田八千余顷以植禾稻，九月楚黔花苗畏威内附，定例严禁地方缙绅苛虐佃户（从河南总督田文镜请），冬十月命科道及吏部司官不必专用科目出身者，十一月云贵总督鄂尔泰疏报贵州生苗内附请编户口定额赋，十二月严禁扰害云贵等省改土归流之土民，江苏、安徽摊丁入亩，是年赈济南北多省水灾饥民。【戊申】六年春二月四川建昌土司与湖广永顺土司改土归流（是年多地土司改归），三月增加受灾地方减免钱粮份额，夏五月中俄签订《恰克图条约》（此为规定两国关系之总条约），六月谕为政之道爱民为本（厚民之生兴利除弊），秋七月严禁地方大僚收受属员规礼，八月命闽粤士民学习北京官话、谕诫诸王大臣勿存满汉畛域之见，复浙江士子乡试会试（经两年整顿痛自改除之故），九月河东总督田文镜奏山东杂费索要陋规流行、令各督抚清查裁革，曾静案发（静服膺吕留良夷夏之防、井田封建说而主张反清），冬十月谕湖广土司勿轻议改流（循分奉法者不必使失世业），十一月禁贩鸦片烟（时闽粤洋商以药材为名兴贩鸦片获厚利，广东碣石总兵官苏明良奏无赖棍徒以此射利，将鸦片参入烟内制成鸦片烟，并私设馆舍诱人前往吸食，夜聚晓散，少年子弟沉浸其中），吕留良文字狱兴（留良尊崇程朱屡荐不出，严华夷之辨而文有讥满洲之语）。【己酉】七年春二月设福建湖南观风整俗使、设直隶巡农御史，三月命蠲河南额赋以赏善旌良（士民忠义淳朴而年谷丰登之故），湖北摊丁入亩，夏四月四川天全土司改土归流（设天全州），秋七月陆生楠《通鉴论》案起（与李绂等同为心学派而反对新政，帝以为托古泄怨而处死之），闰七月禁止官员挟私互揭，宁夏惠农渠、昌润渠修改告竣，八月严禁铺户土豪广放营债，九月命刊行《大义觉迷录》于全国府州县学（帝驳吕留良等汉人学者所持华夷之辨，以为皇天无亲抚我则后，勿好乱乐祸而妄生满汉疆界私心），冬十月命除科甲积习（以为科甲出身植党营私颠倒是非，大为世道生民之害），十二月重申服色越制之禁、设广东观风整俗使并设学政以端士习，广东李梅起义（尊崇朱三太子而随遭弹压），是年设军机处（西北用兵之故，乾隆之后遂代内阁）。【庚戌】八年春二月令曾静现身说法宣讲《大义觉迷录》（以申清朝得统之正），三月敕各督抚藩臬严束书吏舞弊、命刊刻颁赐《州县官规则指南》、禁革“部费”等陋规，夏六月分派新科进士至各衙门学习治事，贵州黎平等处苗民归化贡赋，秋七月命建贤良祠于京城关帝庙旁（祀本朝满汉文武大臣才德著闻完名全节者），八月京师地震，九月治河南道士贾士芳罪（帝恶其治病时所语“天地听我主持，鬼神听我驱使”，责其敢肆无君无父之心，且蛊毒魇魅违背律条），冬十月杀庶吉士徐骏（徐乾学之子，作诗有“明月有情还顾我，清风无意不留人”、“清风不识字，何得乱翻书”等句，帝以为狂诞居心背戾成性，照大不敬律斩立决并尽毁其文稿）、毁禁反清诗人曲大均诗文，两江总督史贻直奏报江南水灾（灾民五十一万余）。

【辛亥】雍正九年春正月赐大学士张廷玉“赞猷硕辅”（蒋廷锡“万几贤辅”）匾额，夏六月谕责各省督抚守令禁赌不力，秋八月停肃州进贡哈密瓜（谕种谷以资民食），冬十一月令回民居处备造册籍保甲管理（纳甘肃巡抚许容请），十二月《圣祖仁皇帝实录》《圣训》修成。【壬子】十年春二月命各省建贤良祠（以永祀政绩卓然之外任大臣），夏五月设商学于天津沧州二州县（从直隶总督刘於义请，于商籍灶籍取进文童武童），闰五月命各省督抚留心扑灭蝗蝻，甘肃暴雨冰雹，冬十一月颁赐湖南沅江县生员谯衿“世笃仁风”御匾（七世同居孝友可嘉），十二月免山东泰安等五十一旱灾州县额赋有差。【癸丑】十一年春正月令设立书院于各省会（择一省文行兼优之士读书其中，俾讲诵躬行有所成就）、命考官士子重视科场策论（以收经济实学之士），二月封皇四子弘历为和硕宝亲王，三月大学士张廷玉条奏慎刑二事（分罪轻重、引例准确），夏四月征举博学鸿词（以待卓越淹通之士），五月镇压云南思茅土司叛乱，《大清会典》编成，六月直隶、山东暴雨（受赈灾民三十四万），是年赈免南北多省水旱灾民。【甲寅】十二年春三月云贵广西总督尹继善奏定贵州九股苗区诸事（驻兵保甲管理稽查），夏四月禁广东编制象牙席，六月命拿获赌具官员从优议叙，谕绥苗要义（以革除该管文武官之兵役扰累为先），秋七月命各省府县学童生复试小学论题改用《孝经》（纳司业那尔布请），九月遣员宣谕化导贵州古州等处苗民（期苗众与土著之民一同上进，使子孙服畴食德，永受国家教养之福），谕刑部谳狱设身处地详慎推求，禁私盐（谕使川、粤、浙、芦之私盐不敢越界横行，则两淮积引易销而裨益国计民生），冬十月赈济直隶被水州县，十一月谕化闽省漳、泉二府强悍斗狠民俗，十二月免安徽水灾州县卫额赋，是年湖北四川多处土司改土归流、全国人丁户口二千六百四十余万（永不加赋国策复滋生人丁近九十四万）。【乙卯】十三年春正月谕劝官民施仁行善（以为抚绥不幸济民利物，民有秉彝观感兴起，兴仁乐善和气致祥），二月贵州苗民大起义（官府肆意勒索苗民，民怨沸腾而相告“苗王出世”），夏四月准苗童与汉民童生一体考试（从四川学政隋人鹏奏，川省苗民久经向化之故），令广东停止开矿（谕不侥幸贪得，免长嚣竞之风），闰四月停旌表烈妇烈女例（各地题奏殉夫尽节者多，帝忧长闾阎愤激之风），秋七月谕严禁边民娶买乞养蒙古人口（令赎回蒙古贫民典卖妻儿者），八月谕蠲免贵州钱粮以抚恤之（先前经理苗疆不善反成害民之举之故）、以皇四子宝亲王弘历为皇太子、帝崩，九月弘历即位、谕禁各地擅造寺观神祠、训戒宗室亲睦习善，冬十月宣谕君臣交勉宽严相济中正施政、禁革乡村落地税以杜猾私，十一月允湖北忠峝等十五土司改土归流、严禁溢收耗羡（以免重耗困民），左都御史孙嘉淦上《三习一弊疏》（诫帝敬心自惕，亲君子远小人），十二月升高教官品级（教授正七品，学正、教谕正八品，训导从八品）、磔曾静及其门人张熙，《明史》修成（总裁官张廷玉）。

【丙辰】高宗纯皇帝乾隆元年春正月饬还御史谢济世所进《大学注》《中庸疏》（此书欲易朱子《章句》以奉阳明心学，总理事务王大臣以为甚为学术人心之害），二月严禁文字告讦以报私怨（纳御史曹一士奏），三月革职治罪甘肃巡抚许容（隐匿灾情以致饥民逃散），夏四月定清厘僧道颁行度牒之法（火居道士俱令还俗，不许招受年少生徒，妇女必年逾四十方准出家）、命归化城设立养济院，河决河南永城，五月画家、耶稣会士郎世宁跪请缓和教禁（高宗竟答“朕未尝禁卿等之宗教，唯禁旗人信教”），六月命各省督抚学政选经明行修者为书院之长（生徒必选乡里秀异，酌仿白鹿洞书院条规以立仪节束身心），命纂修《三礼义疏》并选刊颁行四书文及明清时文以为举业指南（弛坊间刻书之禁，准许民间刻印会试乡试墨卷，遂致举业严重庸俗化），江南、江西、湖南、陕西、广东水灾而湖北雹灾，秋七月谕永除苗赋并按苗例完结争讼，申严科场舞弊之禁，九月命选刊前朝臣工章疏以为后进楷模，冬十月经略张广泗奏称剿歼苗疆叛者情状（剿毁一千二百余寨，斩杀疫毙者五六万人已上，并陈治苗方略“禁扰累，严防范，从容治理，循序化导”，使渐染华风同于内地），十二月贵州学政邹一桂上“苗民被欺积怨折”诉官兵缙绅盘剥豪夺苗民弊端。【丁巳】二年春二月以故安南国王黎维祜嗣子维祎袭封国王，谕令惠养商民（高宗以为力量宽裕方能从容办课）、斥贵州提督王无党封禁银锡矿奏请为不通权变（以为银锡为九币之一，不可即行禁采，三月又准两江总督庆复开矿禁奏请；高宗临御伊始即以巧辩饰欲心，遂致此后上行下效贪腐难救），三月谕令各直省设立养济院收养孤贫，京师亢旱、命赦罪犯并优恤怨女旷夫，夏四月祀天于圜丘，秋七月畿辅大水、赈恤山东旱灾雹灾州县卫，九月命国子监圣庙大成门殿用黄瓦（以昭展敬至意），查知江西新立之教（如缘明教、斗母教、五恩教、长生教等，令分别枷杖首教执事，以宽严得中防微杜渐），冬十一月河南道监察御史陈其凝疏谏克欲省私（克心志、耳目之欲而省怀安、好谀、近佞之私），十二月命建台湾考棚（生徒渐多人文日盛之故）。【戊午】三年春正月朔帝受朝贺（赐王公大臣、蒙古外藩及朝鲜琉球国使臣宴并专宴外藩），二月定祭文庙三献爵（帝亲祭先师孔子并书匾“与天地参”）、首开经筵大典（直讲官进讲《论语》《尚书》）、三月帝斋诣太学行释奠先师礼，夏四月加恤各省贫生，五月御书朱子婺源家庙匾“百世经师”，谕被灾五分者准予报灾并免钱粮十之一,六月禁贩卖外夷人口，冬十一月甘肃地震（五万余人罹难），是年赈济直隶及南北多省水旱蝗雹震灾民。【己未】四年春三月为察哈尔与蒙古民定界，谕令禁呈送颂联风习，夏四月命云南总督庆复捉拿西来教首张保太，六月密示各省督抚渐次裁减僧道、命各省督抚学政训饬士习，秋七月直隶及山东蝗灾、赈河南大水灾民，八月命编纂《明纪纲目》（《明史》将竣，帝令张廷玉等总裁，仿朱子《通鉴纲目》义例纂之），九月广西提督谭行义奏报安南国王黎氏三世无权（郑氏专权已陷内乱，高宗令守疆观动），冬十二月湖广总督班第奏孝感民自称白莲教（并言湖广素多邪教之名）。

【庚申】乾隆五年夏四月谕群臣不得逢迎揣度依附满汉大臣，河南鹿邑县访获天一会邪教党羽（并缴天主教书《睿鉴录》），六月山东沂州府灾民流散湖广、江西（去岁水旱连灾之故），闰六月刑部右侍郎张照疏请保护郭守敬所造天文仪器（德国传教士纪里安制新仪而毁旧仪之故），秋八月荷兰殖民当局屠杀巴达维亚华侨一万余人，九月河南巡抚奏江南、浙江滨海地区燃灯教流入内地，冬十月训诸臣精研理学（谕程朱之学乃入圣阶梯，有功于世道人心、家国天下）、左佥都御史刘藻谏停圆明园工程（高宗遂言“朕日以去奢崇俭示臣民，正当躬行以为天下先，乃一时游览之娱不能自克，以此知抑损嗜欲之难”），十一月张广泗奏报围剿苗瑶之惨状（三省苗瑶死近二万人，侥幸逃生者不及十之三四）、新修《大清律例》《大清一统志》成。【辛酉】六年春正月命各省督抚学政采访性理遗篇，二月广东按察使潘思榘奏仿范仲淹义田法整饬粤民聚族讼斗（又请琼州府照苗童义学例设置义学），三月令步军统领鄂善自尽（受贿万两之故，时部省满洲官员受贿者众），夏六月监察御史李慷奏报甘肃灾荒（州县讳匿不报致饥馑载道抢劫成风），秋七月帝初举木兰秋狝，九月户部议准社仓捐输奖励办法，赈广东水旱虫灾饥民、命湖广总督孙嘉淦销毁心学派谢济世自注经书（高宗以为其人品颇正而学术不正），冬十月云南地震，是年首次统计人口谷米（各省人口一亿四千三百四十一万余，尚不包括边疆少数民族，各省存仓米谷麦三千一百七十二万余石）。【壬戌】七年春三月《蒙古律书》告成，命荐举骨鲠质朴通达政治可任言官者，命督抚歉岁广济民食勿讳隐，夏五月议定以勤俭本分满洲兵屯垦东北宁古塔地区，孙嘉淦奏苗瑶可悯而易化（建言勿事侵渔而备管养之道约束之方，宜择能干文员与苗瑶信服头人以苗治苗以息兵端），秋七月南方多省相继奏报水灾严重、九月谕通盘筹划黄淮水利工程，冬十二月谕翰林科道轮进讲解经史。【癸亥】八年春二月翰林杭世骏上《时务策》谏毋满汉分畛（称"天下巡抚尚满汉参半，总督则汉人无一焉"，且言三江两浙用贤尤少，高宗以为悖谬挟私而怒令革职），夏六月江西巡抚陈宏谋奏请禁种烟草，秋七月御史沈廷芳谏帝谒祖陵病民伤财（高宗怒斥其用心卑鄙），八月广东巡抚王国安等奏请加强澳门民番出入管理（时澳门夷人三千五百余），九月帝不纳"限田之法"（侍郎盛安、漕运总督顾琮请立限田之制，每户以三十顷为限，张廷玉、尹继善等则奏难行，帝以名正难行而命停止实验）、浙江巡抚常安奏报海宁县鱼鳞石塘告成，冬十月命郎世宁画《十骏图》（帝深爱其工笔重彩），冬十二月文渊阁大学士陈世倌奏请下诏修省（彗星见之故，高宗答以重实不重文，世倌遂告假回籍）。【甲子】九年春二月安徽巡抚范璨奏各处僧道自称参禅访道而作奸犯科者多有，三月训饬有司劝课以足民食，夏四月浙江按察使万国宣奏请复设申明亭于各省府州县（将不孝不悌武断把持、窝赌窝娼唆讼逞凶奸盗等一应有心故犯者姓名恶迹书于亭），五月直隶久旱始得透雨，六月从河南学政林枝春奏禁三教堂（言豫省标立三教名目立堂设像至五百九十余处，使万世之师屈居释道之下，举事不经诬民实甚），赈恤山东旱、雹灾民，秋七月直隶旱雹二麦歉收，八月命搜检士子并严惩科场舞弊（此举实有辱斯文）。

【乙丑】乾隆十年春三月选会试落卷录用教职（正榜之外复取"明通"一榜），夏五月颁行乾隆《训饬士子文》于天下学宫（同顺治《卧碑文》、康熙与雍正《圣谕广训》、雍正《朋党论》一起，令教官于朔、望宣讲），秋七月河决江苏淮安（八月大雨决口扩大，江苏、安徽水灾严重），九月禁非刑以恤囚徒（从太常寺少卿邹一桂奏），冬十月谴责言官名利陋习，限制流人入川（当地暴徒多系福建、广东、湖广、陕西等省入川流棍之故），十一月定驻藏大臣三年一换。【丙寅】十一年春正月钦定祭祀中和乐章名，谕蠲赋之年缓征耗羡，闰三月命耶稣会士刘松龄升补司天监监正，重修《明通鉴纲目》成，贵州总督张广泗密奏查获邪教首领（言已故大乘教首张保太所倡之教渐次传入黔川滇及湖广、江南、江西、山西等省），夏五月福建巡抚周学健奏抓获传习天主教之西洋夷人费若望等（且言当地崇奉者甚多），六月谕各省督抚严禁天主教，秋七月顺天府尹蒋炳奏拿获弘阳教首董应科（称该教传习过百年而牵引十四州），八月帝命四川巡抚纪山严缉大乘教首吕斋婆，山东奏报西洋人传天主教、谕薄处以示警（高宗以为西洋教与大乘教等不同，遽绳以法于绥远之义未协），冬十一月西洋传教士福安传教一案审结（白多禄斩立决，费若望等斩监候），十二月敕谕西藏郡王颇罗鼐与达赖喇嘛和衷共济以宁地方。【丁卯】十二年春正月直隶总督那苏图奏报劝捐义仓事（绅民踊跃捐助并议定条规，山东、山西亦议行之，河南、陕西则称难以推行），三月《十三经注疏》《二十一史》刻成（帝为之序），固伦和敬公主下嫁科尔沁蒙古，夏四月令整饬化导刁悍民风（求赈抗租、求豁丁粮等聚众闹事者多有），令定守令久任例（谕移风易俗非久于其任不可），五月增加科举副榜名额，江南、浙江、山东、直隶大雨成灾，六月命修《续文献通考》，秋七月严禁川贩买卖苗族子女（从贵州按察使黄岳牧奏请），江南苏、松飓风（淹死一万二千余人）。【戊辰】十三年春正月福建老官斋聚众起事被剿杀（老官斋始自明代，因教首陈光耀被捕而谋起事，号称代天行事劝富济贫），纪山请仿“乐善好施例”暂行开捐收米以敷金川之役（官爵縻滥颇受非议），二月帝东巡（诣曲阜先师庙释奠行三跪九拜礼，御书大成殿匾“时中立极”并御制孔庙碑文），谕旨山东贫富相维、济贫周急之道，山西提督准泰奏报抓获收元教徒韩德荣（该教教众分为八卦，至乾隆中叶发展为八卦教），三月各省巡抚遵旨奏报粮贵情由（生齿日繁、风俗日奢、田归富户、仓谷采买），夏五月刑部遵旨拟定聚众抗官定罪例（以为严究痛惩方可保地方安宁），秋七月命定直省常平仓贮额数并严奏销盘结之法，闰七月江南总河周学健等被赐令自尽（孝贤皇后卒后百日内剃头之故）。【己巳】十四年春正月大金川番兵乞降（令岳钟琪抚慰番人），夏四月湖南巡抚开泰奏请在苗疆建学延师而不允（高宗以为苗蛮正宜使其不知书文，今若更令诵习诗书凿其智巧，是教之使为汉奸），五月谕定议节妇旌表（果系节孝教子成立自守不回，卓卓奇节著于闾阎者，特赐建坊设位致祭），秋九月谕禁蒙古典地予汉人，冬十月连谕惩贪（以禁饕餮之私），十一月命公举老成敦朴经学淹通之士授国子监司业，是年议定《澳门善后事宜》并刻石为必守法规（禁止设教从教并驱逐匪类）。

【庚午】乾隆十五年春正月谕发布《独子留养例》（独子犯罪可矜减等），夏五月谕求直言（京畿少雨即将日蚀之故，太仆寺卿熊学鹏谏禁刑名刻覈相尚之风，高宗斥其悖谬并辩解修葺行宫巡幸因由）、河决江苏清河、直隶永定河决（四十八州县水灾），秋八月云南地震水涌，冬十一月命进军西藏平乱。【辛未】十六年春正月帝奉皇太后南巡（两淮盐商接驾，祭陆贽祠赐御匾“内相经纶”、岳飞祠匾“伟烈纯忠”、于谦匾“丹心抗节”，遣祭王守仁祠并御匾“名世真才”，祭禹陵、明太祖陵并行三跪九叩礼，至蒋家坝阅视堤工），三月禁喀尔喀与准噶尔私相贸易，四川总督策楞上奏《西藏善后章程》（废除藏王制而由达赖喇嘛与驻藏大臣共掌大权，西藏自此实行中央确定、黄教掌权的政教合一制度），夏五月云南地震（损伤甚多）、福建大雨水、浙东大旱粮荒，六月河南大雨河溢、山东暴雨运河决口，秋八月命严查伪《孙嘉淦奏稿》案（高宗每年巡幸木兰围场，又东巡、两巡五台、巡嵩洛、南巡江浙，引发地方官吏缙绅不满，十五年出现假托《奏稿》斥帝种种过误；高宗不自省察，反而追索近两年之久，藉此案敲打汉官缙绅分离意识），冬十二月谕浙省捐例酌予进身之阶（以为好义急公者劝）。【壬申】十七年春三月定现任官员原籍呈报丁忧之例、立“训守冠服骑射”碑（刻顺治帝谕旨以诫满人勿废骑射效汉俗），夏五月命直隶扑灭蝗蝻（蝗灾严重，殃及三十七州县），秋八月陕西、山西、河南旱灾，冬十二月福建奏报破获蔡荣祖谋反案（系平和县学文生，与道士冯珩商议起事）。【癸酉】十八年春正月命严惩东莞借米案（县民聚众结拜，商议饥荒时向富户借米，多县贫民参加），二月广东巡抚苏昌奏请严保甲之法以靖山林海疆，夏四月命将山东泰安民王尽性等杖毙（谓其捏造歌词妄布邪言），五月令钦天监裁满汉监副而添西洋监副（此后西洋人担任监正监副者渐多），秋七月粤海关监督李永标拒绝英商取消保商等要求，直隶奏报破获邢台县造作妖言邪教案，谕禁满译《水浒》《西厢记》（以为秽恶之书必启满洲习俗之偷），八月湖北大雨襄河决堤、黄河水涨（江苏六县被淹，山东、湖北亦灾），九月河南铜山堤决，冬十一月令严办《佐理万世治平新策》案（江西金溪县生员刘震宇呈送，内有"更易衣服制度"等条，高宗竟以"妄议国家定制，居心实为悖逆"命即行处斩）。【甲戌】十九年春二月苏禄国王遣使奉表通贡（愿编入清朝图籍而不允），夏闰四月谕论西洋人传播天主教（以为天主教系"伊土旧习相沿"，而"非内地邪教开堂聚众，散札为匪者可比"，澳门行教在所不禁，传入各省自当严为禁绝），冬十一月令汉人不能称蒙古为夷（陈宏谋奏疏有"夷汉一体"之语，高宗以为"鄂尔多斯蒙古乃属世仆，不应目之曰夷"、"今后但称蒙古、汉人"），十二月云南地震。【乙亥】二十年春二月谕禁止贡献（以免谣言），三月致仕大学士张廷玉卒（高宗遵雍正帝遗命，令其配享太庙并谥"文和"），夏四月令处斩原内阁学士胡中藻（以为所撰《坚磨生诗钞》多有悖逆讥讪满清之语），红毛夷船至浙江（英国东印度公司商船欲赴宁波购湖丝、茶叶），五月江西巡抚胡宝瑔奏地方官陋习（粉饰、欺隐、疲玩），秋八月江苏昆山县虫灾瘟疫，冬十月赈蠲江苏水灾虫灾饥民，十二月命伍弥泰以将军职衔为驻藏办事大臣。

【丙子】乾隆二十一年夏四月命凌迟处死"妖言人"刘德照（于其家搜出"兴明兴汉"字样，高宗以为悖逆已极），秋九月驻伊犁大臣兆惠报请派兵屯田伊犁，闰九月帝谕加重宁波海关税（以免成洋人市集之所），冬十月河漫徐州孙家集（济宁等地积水严重），定官员衔名磨勘乡试试卷例。【丁丑】二十二年春正月帝奉皇太后二次南巡，命会试第二场加试表文可易以唐律一首（四月复命乡试亦如之），三月大小和卓指挥回人始叛，夏四月命严惩河南告灾之人（以为系"梗不知化之人指使控诉"，六月指使者生员段昌绪因抄存吴三桂檄文拟处斩，原任布政使彭家屏因家藏明季野史《南迁录》而判斩监候，寻因其家谱目无君上而令自尽），秋七月谕江南、河南、山东筹议根除水患之计（议定以干河列为要工，支河引河列为次工，沟渠为缓工而限期完成），八月准英吉利商船来浙江定海贸易，准噶尔叛乱悉平（厄鲁特数十万户中出痘死者十之四，逃入俄罗斯、哈萨克者十之二，歼于清军者十之三，另有来降受屯若干户），判湖南布政使杨灏斩监候（侵扣银三千余两），冬十月谕令州县编查保甲（以保甲于吏治最为切要之故，对旗民杂处之地、边外蒙古种地民人、苗疆寄籍内地者、云南夷民杂处者、甘肃番子土民，及行商坐贾、盐场灶户、山居棚户、沿海商渔船户、寺观僧道户与流民乞丐等皆予具体规定），十一月议定以乌鲁木齐为与哈萨克贸易之地，限定外商于广州一口通商（纳总督杨应琚建议，令不得再赴宁波），十二月命继续查拿荣华会（涉及山西、河南、直隶等地而逮捕甚众）。【戊寅】二十三年春正月命陕省措办耕牛送乌鲁木齐屯田，谕示驾驭外番之道（以为示之以谦则愈骄，怵之以威则自畏，汉唐宋明和亲称侄岁币屡增，虽逊让之极而不能稍救边患），夏六月清军击败霍集占回军，冬十月谕乌鲁木齐等处屯兵准带家口分地垦种，十一月命严惩崇明县抗租佃农，十二月以季冬朔望月蚀谕求直言（御史汤先甲谏造作谣言、收藏野史不必视为大案极意搜罗，以及刑罚不必立意求深，高宗仍以邪言左道煽惑愚民、诋毁本朝逆案必惩为由驳斥之）。【己卯】二十四年春二月命新派绿旗兵丁屯垦吐鲁番，秋七月霍集占死、回部平定，冬十月谕论人口增长与西北用兵（以为“国家承平百有余年，生齿渐繁，则食货渐贵”、“今幸边陲式廓万有余里，地利方兴，以新辟之土疆，佐中原之耕凿，又化凶顽之败类，为务本之良民”），十二月从两广总督李侍尧疏奏“防范外夷规条”、户部议准绸缎锦绢禁贩卖出洋。【庚辰】二十五年春正月准民人迁徙谋生（生齿日繁之故），三月谕军机大臣次第经理新疆以规久远之计，夏五月朔日蚀，六月谕八旗满洲及蒙古姓氏不准弃置简化，秋七月两江总督尹继善奏报下河淮海水灾严重，冬十月皇十五子永琰生，十二月《乾隆内府皇舆图》完竣（添加天山南北两路舆图），准河东商众输银三万两充建造五台行宫经费（此例一开影响极坏，官商贪贿遂至不可救药）。

【辛巳】乾隆二十六年夏四月大学士蒋溥卒（曾密参谢济世离经叛道，帝命入祀贤良祠并谥曰文恪），将吐鲁番等处屯田酌赏回人耕种，六月免贵州苗汉结亲之禁（苗、民错处相安无事之故），秋七月直隶、河南、山东、江苏、安徽、湖北、湖南水灾，河决河南中牟，八月颁给回部三十一城阿奇木伯克印记，九月赈贷河南水灾贫民，冬十一月命理藩院于专办蒙古事务外兼办回部，是年万提喜于粤、闽发展天地会宣传反清复明（自康熙朝以来，民间秘密结社逐步壮大）。【壬午】二十七年夏六月陕西巡抚鄂弼奏报西安各属回民齐心欺凌汉民且盗窃公行、谕渐缓责成其教长管束，秋七月云贵总督吴达善私捕缅北贵家头目宫里雁（明代于中缅边境设宣慰司，各土司不相统属而俱承认中国为宗主国，是时宫里雁因不归顺缅王遭镇压而求内附，吴达善性贪而捕押之，其妻囊占怒降并改嫁缅王，后来宫里雁照酋人聚众劫杀例判斩立决，自是缅甸频繁滋扰而边境纠纷日多），驻藏大臣邀六世班禅主持八世达赖强白嘉措坐床于拉萨布达拉宫，冬十月以明瑞为首任总管伊犁等处将军，是年全国各省人口计二亿零四十七万余。【癸未】二十八年春三月河南巡抚叶存仁奏化导信教民众事宜（以为“豫省民朴而愚，最易惑者莫甚于邪教，托言行善动以获福，民不知为犯法之事，而转惜邪教陷于刑辟之人”，帝谕“应以徐徐化导，又不可久而忽焉”），夏四月钦差大臣兆惠奏报宣化邪教案主犯皆被擒（明朝嘉靖年间普明所创黄天道信奉者众，至是流行于山西、直隶、河南等省），秋七月令查办天圆教（顺治时浙人舒思砚创立，以《天圆万善经》为经典），令搜捕沧州等处飞蝗，令将喀尔喀游牧外移以防俄罗斯窥伺乌梁海，允命李祘为朝鲜国世孙，冬十二月《红楼梦》作者曹雪芹卒。【甲申】二十九年春正月严禁驻新疆兵丁掠获妇女，夏四月谕论百姓建立宗祠事（江西巡抚辅德奏地方敛金买产合族建祠，帝以为“民间敦宗睦族，于岁时立祠修祀，其地在本处乡城，人皆同宗嫡属，非惟例所不禁，抑且俗有可封；若牵引一府一省辽远不可知之人，妄联姓氏，建立公祠，其始不过敛资渔利，其后驯至聚匪藏奸”，遂严查各地宗祠），秋七月伊犁始设理事同知（办理满洲、蒙古、绿旗兵、商民、回人词讼），四川总督阿尔泰奏率捐倡捐义仓（通省官民共捐谷近十六万石，择老成绅耆为义正），八月命招募安西贫民至新疆屯田。【乙酉】三十年春正月帝奉皇太后四次南巡，二月乌什民变乱起（统治淫虐之故，冬十月将军明瑞承高宗严惩之意下令杀俘二千余人），夏四月缅人入侵掳掠夷民，秋七月陇西大地震，冬十月四川总督阿尔泰奏报劝教川民纺织种茶。【丙戌】三十一年春正月命江苏、浙江、广东协缉海盗，夏四月谕鼓励遣犯携眷发乌鲁木齐，五月琼州府黎民纠众报复客民之盘剥凌虐（以不使客黎杂居、不许放债盘剥、生黎熟黎分别办理等措施善后），秋七月山东大水（被淹六十州县卫），八月河漫徐州韩家堂，冬十一月贵州按察使高积奏请禁苗民“跳月”野合习俗而不准，闽浙总督苏昌奏请准设台湾府理番同知管辖番社，十二月《大清会典》刊刻告成。

【丁亥】乾隆三十二年春二月续纂《文献通考》告竣，夏六月命斩刊刻“逆书”举人蔡显，湖北、湖南、安徽、江西水灾，秋九月清军往攻缅甸败绩，冬十二月刑部议定江西吴均尚延请西洋人传教案（免死改发伊犁，传教士免监禁饬回本国）。【戊子】三十三年春正月《御批历代通鉴辑览》告成（帝以为此书乃教万世之为君臣者），三月加封关帝为忠义神武灵祐关圣大帝，两淮盐政尤拔世奏请谆谕商人节俭以挽浇风（高宗竟斥其鄙迂而否之，以为于酌盈剂虚之道深属无当，后遂致官商俱奢不可救药），福建天地会卢茂等起事失败，夏六月两淮盐政高恒贪污案发、命斩立决，秋九月桐柏县民演传天主教（湖广人袁胡子自京城南天主堂来传），冬十一月谕区分公罪私罪（认为公者情轻私者情重，私罪不准抵销），十二月议定盐务章程以杜贪渎。【己丑】三十四年春二月重修太学文庙落成（元太祖始置而代有修葺），严禁上司戚族为下属幕僚，夏五月安徽巡抚富尼汉奏报徽商请建普济堂以收穷民（捐立惠济仓已十余年），六月命销毁钱谦益《初学集》《有学集》（以为其先仕明朝大节有亏，且其文集“荒诞悖谬，诋毁本朝之处不一而足”），秋七月傅恒征缅甸（十一月清缅议和，缅同意纳表进贡不犯边界），八月贷给湖北水灾贫民粮种、赈恤甘肃旱灾贫民，冬十月彗星复见西南，十一月革江西巡抚吴绍诗职（缓奏灾情之故，谕“以事系民生休戚者为督抚黜陟”），天地会李少敏起事于福建漳浦（以反清复明为口号）。【庚寅】三十五年春正月从傅恒奏《缅酋纳款善后事宜》（抚恤安排各类土司耕种留去、扶助普洱边外十三版纳耕种，永禁内地民人开矿开铺及与摆夷结婚等），三月从江西巡抚海明奏请于全省各府州设普济堂，夏闰五月直隶蝗灾（多位玩视民谟之知州知县被革职拿问）、永定河决，六月热河大雨、汉江水漫，秋七月大清河、子牙河、南北运河大雨并涨（淹没村庄甚多），冬十月谕永停暂开捐例（于名器无妨者仍可照旧捐纳）。【辛卯】三十六年夏五月京师及近畿久旱、命秋审缓决减等（以清庶狱召和甘），六月程朱学者大学士陈宏谋卒（谥文恭），土尔扈特回归（元朝大臣翁罕后裔，厄鲁特蒙古四卫拉特之一，信奉黄教达赖喇嘛，明末因准噶尔部欺侮而举族西迁伏尔加河下游，俄罗斯上层压榨驱遣之，俄对土耳其战争中土尔扈特部伤亡约八万人，及知清廷平定准噶尔部遂决意东归，去年冬渥巴锡台吉率三万三千余户启程归国，沿途与哥萨克人激斗，至是仅存一万五千户七万余人进入伊犁河畔，帝不惧俄威胁而全力抚恤纳置之）。

【壬辰】乾隆三十七年春正月谕搜集古今群书（以翼经垂范游艺养心），斩霍丘县传播“邪教”者（因其“采茶歌”等“悖逆荒诞”），二月左都御史张若淮奏各省吏治弊病（换帖序齿兄弟依倚，钻营废务宴酬荒职），秋九月御史胡翘元奏幕友积弊、帝命明立禁例，冬十一月赈贷甘肃水旱雹灾饥民。【癸巳】三十八年春二月纳安徽学政朱筠搜集遗书条奏（筠建言购取官抄辽宋金元未刊本兼收金石图谱、择《永乐大典》若干部缮写备录、仿《七略》《集贤书目》《崇文总目》之例叙各书提要备览，夏五月帝依经史子集部类命名为《四库全书》），三月命皇十五子永琰祭雍正帝泰陵，冬十月赈恤安徽水灾饥民、十一月赈济甘肃雹霜灾饥民。【甲午】三十九年夏五月京畿旱、命缓决人犯酌量减等，六月允御史戈源奏请停颁度牒（乾隆四年无度牒者已有三十四万，至是私自剃度者不下数百万），秋七月御史陈朝础奏请修内阁及都察院则例以重相权而帝否之，八月河决江苏淮安，山东寿张白莲教王伦起事（寿张知县查拿白莲教事泄，王伦等攻破鲁西北多处县城而后败亡），冬十月命建文渊阁收藏《四库全书》，十一月纳大学士舒赫德奏禁民间私制私藏鸟枪，十二月土尔扈特汗渥巴锡卒、令其长子袭爵。【乙未】四十年春正月皇贵妃魏佳氏卒（本为汉军抬入满洲，嘉庆帝生母），三月浙江巡抚三宝奏访获无为教徒（劝人持斋念佛祈福消灾，悬挂天地君亲师画像，信奉教主罗祖），夏四月河南巡抚徐绩奏报鹿邑县究出混元教徒（因其经卷有换乾坤换世界等语而令严惩之），奉天海城县旗人刘得智私立混元红阳会（锦县等地访获一炷香、如意会及天主教，高宗以为“邪教煽惑愚民，甚为世道人心之害，不可不严加根查”），秋七月直隶永定河大雨漫口（侵漫五十二州县），冬闰十月命《通鉴辑览》附记唐王桂王事迹，十一月以御前侍卫和珅为正蓝旗满洲副都统，是年赈免南北多省水旱灾民有差。【丙申】四十一年春二月金川全境皆平（设镇驻兵并命各土司改奉黄教，至此大小金川遵制剃发成为内地），命定明代殉节诸臣谥（涵括建文、天启、崇祯朝及福王、唐王、桂王诸臣），夏六月谕各省岁报民数止就内地编氓（边徼苗瑶不在此例以绥辑之，因命云贵两广两湖之苗、瑶、黎、僮，及四川陕西之番夷，福建之生、熟番皆不必清查户口）、封已故朝鲜国王李昑孙祘为国王，八月赐恤甘肃遭水旱霜雹灾民、九月赈恤湖南被水灾民，冬十月饬禁各省除土贡外之贡献，十二月命国史馆编列明季《贰臣传》，是年会计各省人口二亿六千八百万余。【丁酉】四十二年春正月皇太后钮祜禄氏崩（帝穿孝百日，命普免全国钱粮一轮），二月刑部遵旨定忤逆父母发遣边疆例，三月申伏法罪人不得再次复仇之禁，秋九月允湖南巡抚颜希深奏请于省会设立普济堂收养老民，冬十月命修葺陕西华岳庙，十二月敕谕达赖喇嘛之转世灵童（曰"勤学经典……嗣后宜益加黾勉安辑众生"并告诫"尔其祗领，钦遵朕训，毋忽"）。

【戊戌】乾隆四十三年春正月谕省释从前军流人犯（已过十年安分守法者），命追复睿亲王多尔衮封爵并补配祖庙（又复允禩、允禟原名收入玉牒），夏四月以开封五府雨泽愆期命河南清理庶狱，六月定在京部院堂司官回避制度，闰六月河、洛、沁水大雨涨漫（七月仪封复决，十一月始合龙），秋七月湖广总督奏楚北被旱稻米歉收，八月安徽水灾，判徐述夔《一柱楼诗稿》大逆不道（因有"明朝期振翮，一举去清都"等句），九月命将高朴就地正法（苦累回民采玉私卖之故），四川成都将军奏西川各地土司改尊黄教（帝批"好事也"），冬十二月赈恤甘肃遭水旱雹霜（及安徽水灾、湖南旱灾）贫民。【己亥】四十四年春二月命辑明季诸臣奏疏（以为治国殷鉴），夏四月河复漫仪封，赈恤甘肃水霜雹灾饥民，五月热河文庙落成（帝以为"夫子乃天之经，地之义……木铎之音孰谓不可觉斯民于关外荒略之区也哉"），漳河、滏河、沙河涨漫，秋八月命辑蒙古王公表传（九月复辑回部王公表传）。【庚子】四十五年春正月帝五次南巡，二月传谕两金川沿边土司番众一律剃发，夏四月命判寿光县民魏塾斩立决（高宗以为塾所批江统《徙戎论》词语悖妄），六月河决睢宁（七月复漫溢曹县）、直隶永定河决、以户部尚书和珅为正白旗领侍卫内大臣，秋八月敕谕班禅额尔德尼教训扶持达赖喇嘛大兴黄教（以使番民蒙福），九月命纂《历代职官表》列入《四库全书》。【辛丑】四十六年春正月江西奏报宁都拿获罗教信徒并搜获经卷，二月《四库全书总目提要》办竣，三月命判山东布政使尹嘉铨绞立决（因主张提升师道相权、质疑雍正朋党之论并自称担当孔孟之道），甘肃回民老教、新教分裂冲突（信伊斯兰教之新教回民杀死老教四十余人而被清军镇杀，五月命革回民掌教名目以免争端），夏闰五月王亶望特大贪污案败露（勾结甘肃官员收取监生“捐监粮”银并以赈灾名义冒销私吞，此案处决贪官五十六员、免死发遣四十六员）、河决睢宁，六月崇明等县飓风、长江涨漫，秋七月河漫山西永济县、河南仪封县，八月兵部尚书周煌奏称四川啯匪泛滥肆行，冬十月命馆臣录存杨维桢《正统辨》并重订《契丹国志》（高宗以为杨维桢持论正确，而胡安国则心存华夷偏见），命编辑《明臣奏议》（以体忠诚而裨时政），御史刘天成奏请严禁僭奢浮费而不纳（高宗竟辩称“朕宵旰勤求，未尝不欲民风敦朴，户有盖藏，而习俗日趋于奢靡，殆非条教号令所能饬禁，譬如江河之向东，谁能障之使西流耶”）。【壬寅】四十七年春正月《四库全书》告成，三月河南青龙冈漫口合龙复决，夏四月山东巡抚国泰贪污案发（高宗连办贪污大案，不忍复兴大狱，除主犯处决外，仅令地方三年内自行弥补），改译辽金元三史告成（帝亲为作序），六月斩决、发遣山东曹、单等县“邪教”七十五名，秋七月《四库全书》首刻告竣（即文华殿文渊阁版，帝令六年内续缮三套分藏扬州大观堂文汇阁、镇江金山寺文宗阁、杭州圣因寺行宫文澜阁，可借抄士子以稽古右文），八月皇孙绵宁生，冬十月两浙盐商何永和等捐银开挑河南引河，十二月命削去行窃旗人旗籍并发往伊犁等处。【癸卯】四十八年春正月御史秦清奏请严禁外省馈送（高宗竟以其不能具体指实而不纳），三月开放引河使黄河归故道（曲家楼漫口历两载始合龙而运河始畅），夏六月体仁阁遭雷火烧毁，冬十一月命彻查直隶南宫县义和拳（原系白莲教教徒，乾隆四十六年后改名），十二月从伊犁将军奏请将积匪猾贼酌量改发内地（发遣伊犁罪犯已逾三千余名，类多顽梗不安本分之徒）。

【甲辰】乾隆四十九年春正月帝六次南巡，三月通谕各督抚不得派敛商人进贡，夏四月陕西固原新教回人阿訇田五等复仇起事（敕命慰安旧教，将新教不法党徒搜除尽净；六月阿桂奏新旧教很难分别，一家之人亦可能分属不同教派，高宗遂乡愿漫言新疆回人所习正是内地所谓旧教，内地回人所讲之经皆与喀什噶尔、叶尔羌经教无异而原无新旧之别，遂不再分新旧教名目，新教旧教守法本分即皆为良民，而凡从逆者俱称邪教），秋八月河决睢州（九月开挖引河合龙成功），冬十月命彻查西洋人西安传教事宜（拿获教徒并查出天主经及书信之故），十一月清查西洋人由广东私赴内省传习天主教一案（罗马教廷派出神甫分往山西、直隶、山东、湖广、四川等省传教，后查明有神甫已于山西、山东传教一二十年，广东、福建、浙江等南方诸省尤甚，帝乃谕西洋人传教惑众大为风俗人心之害），是年台湾天地会发展迅猛、葡萄牙殖民大臣企图把澳门变成殖民地。【乙巳】五十年春二月祭历代帝王庙（谕“天下者，天下人之天下也，非南北中外所得私，舜东夷、文王西夷，岂可以东西别之乎”），三月甘肃地震，夏四月赈济河南大旱饥民（六月命河南仿福建、山东广种番薯备荒）、赈济山东旱灾灾民，秋七月赈济安徽直隶、九月赈济江苏旱灾饥民，冬十月命释放私入内地传教之西洋人，十一月浙江巡抚奏浙西干旱歉收。【丙午】五十一年春三月命查处两广总督富勒浑贪腐案与浙省仓库钱粮案（大学士阿桂等袒护满洲官吏普遍性贪腐，高宗终亦妥协处之），夏四月三世章嘉呼图克图卒（致力于蒙藏和合清朝一统），六月御史曹锡宝参奏和珅家人奢侈招摇而不听，秋七月黄河、运河大雨漫溢，闰七月八卦会首领段文经等攻杀河北大名与元城道台等、和珅补授大学士管理户部兼管吏部，冬十一月赈贷安徽水灾灾民、台湾林爽文等率众起义（乾隆年间台湾吏治腐败贪污成风，天地会等遂纷起抗清并攻杀台湾知府等），十二月封郑华为暹罗国王。【丁未】五十二年夏四月谕谋杀十岁以下幼孩者判斩立决，五月湖南武陵县湖河泛滥溃堤，六月谕删除民人婚娶蒙古妇女治罪之例、河决睢州，秋八月广东督抚大臣命封锁澳门交通供应（葡澳当局使澳门脱离中国之企图告败），九月赈贷河南水灾饥民，冬十二月定议乡试会试科场条例以杜营弊。【戊申】五十三年春正月山西巡抚明兴奏河清、敕“封疆大吏惟应实心任事承流宣化，使吏治民生共臻上理”，夏五月安南“三阮代黎”事变发生（权臣郑氏擅权黎朝而朝纲不振，新阮三兄弟遂攻克之；黎维祁求助清廷而得复位，然寻因大加诛戮而众叛亲离），六月命福建督抚祭祀湄洲天后祠（高宗因官兵度台安全，遂抬私祭为公祭以答神庥），湖南、湖北河湖水漫，尼泊尔廓尔喀部落入侵西藏（西藏私下赔银求和，来年二月帝宣谕廓尔喀定界撤兵，并令驻藏大臣与达赖喇嘛共主藏务），秋七月陕西奏报拿获悄悄会首领等多人（即创于陕甘奉持弥勒信仰之圆顿教，高宗命务尽根株勿使漏网），冬十月谕地方官视民如子留心民瘼（此前已颁赐御笔仿李迪《鸡雏待饲图》墨刻于各省督抚），命册封黎维祁为安南国王（册文“义莫大于治乱持危，道莫大于兴灭继绝”、“柔远人所以大无外，讨乱贼所以警不虔”），十二月定继母殴杀前妻幼子者永远监禁遇赦不赦例。

【己酉】乾隆五十四年春正月清军及安南阮光平军战而败绩（因黎维祁童稚无用民不爱戴而阮光平言辞恭谨，高宗允阮氏降并于六月册封为安南国王，并令黎氏宗室旧部安插内地生活），夏五月云南地震，六月河决睢州、西宁回民苏代原等复兴新教拒捕被歼，冬十月陕甘总督勒保奏新教为回教大害而不纳（高宗乡愿回避回教本土化问题，不涉教义而仅论政法，竟以为“新旧教所念经文无异，旧教念经须用羊只布匹所费较多，而新教仅取忏钱五十六文，是以穷民愿归新教……新教回民皆吾赤子，若能奉公守法即属良善，不必官为分别，扶旧教而除新教”），十一月封皇十五子永琰为嘉亲王，十二月安南国王阮光平请颁《时宪书》而允之，命清查《贰臣传》并别立《逆臣传》（以示维植纲常慎重名教之至意）。【庚戌】五十五年春正月帝以八旬大寿谕普免各直省钱粮，二月巡幸山东（三月诣孔子庙释奠并诣孔林跪行三拜礼），夏六月敕封缅甸国长孟陨为国王，大小凌河漫溢成灾，秋七月命恤河南河漫灾民，冬十月赈恤山东水灾饥民，十一月内阁学士尹壮图奏请永停罚俸之例（以为不惟无以动其愧惧之心，且实潜生其玩易之念；又奏各省官吏声名狼藉、吏治废弛商民蹙叹而高宗不怿），是年各省人口近三亿零一百四十九万，各省存仓米谷近四千五百四十九万石。【辛亥】五十六年夏五月吉林大火（延烧官署旗房四千余间），六月廓尔喀复入侵西藏，冬十一月命将《十三经》刻石列于太学，十二月严惩黄教罗卜藏丹巴以彰宪典（占卜惑众之故）。【壬子】五十七年春正月清军大败廓尔喀侵略军、二月各地盐商捐银进剿廓尔喀，夏闰四月谕驻藏大臣与达赖喇嘛、班禅额尔德尼平等（以符体制而肃纪纲），五月定安南国王两年一贡四年一朝，六月台湾地震，秋七月直隶蝗灾、命革职该地官员，八月命重惩内地回民跟随回教阿訇私习新教，谕西藏善后事宜（严格转世神童指认制度不得私相授受、驻藏大臣综核政经大权并查练驻兵，以及体恤达赖、班禅等），九月伍拉纳奏拿获天地会二百余人（凌迟处斩者近一百六十人，高宗辩称“未能导之以德，不得不齐之以刑”），冬十月颁示《御制十全记》（十全武功指平准噶尔两次、定回部一次、扫金川两次、靖台湾一次、降缅甸安南各一次、受降廓尔喀两次，高宗以为“守中国者，不可徒言偃武修文，以自示弱也。彼偃武修文之不已，必致弃其故而不能守”），赈恤河南、陕西、直隶旱灾贫民，英国国王遣使臣马戛尔尼乘军舰赴京威胁以求扩大贸易（因洋商蔡世文等翻译问题，及两广总督郭世勋不实奏请，高宗竟谓其恭顺恳挚而准之），十二月朝鲜、安南、暹罗、廓尔喀使臣觐见。【癸丑】五十八年春正月封阮光缵为安南国王，夏四月四川地震（死伤甚众），谕兴黄教为安蒙古而非优礼番僧（以为佛本无生岂有转世，金瓶掣签虽不能尽去其弊，较之一人授意或为略公），秋八月否决英使马戛尔尼扩大通商传教无理要求（命整饬海防以备之，英国使团深入内地而启轻视觊觎之心）。【甲寅】五十九年夏六月直隶永定河、滹沱河暴涨，秋八月四川总督福康安奏破获混元教传教案（创自河南鹿邑樊明德，后衍化出三阳教、西天大乘教、收元教，具有反清复明色彩，教徒广布四川、陕西、湖北、河南诸省，高宗令彻查严惩之），福建、广东水灾，冬十一月赈恤河南水灾贫民，十二月谕本年乡试七十岁以上未中式者赏给举人。【乙卯】六十年春正月朔日蚀（以天示警象而不受朝贺）、湘黔苗民暴动（改土归流后胥吏将弁敲骨吸髓无所不至，客民亦放贷役使之之故，清军分化镇压之），二月帝巡幸太学亲行释奠礼、谕免多省积欠未完粮银，夏五月和珅姻亲福建总督伍拉纳等贪贿案发（仓库亏空赈灾不善，致贫民流为匪党，帝命彻查严惩之），六月命刑部将徒、流罪以下减等发落，京畿干旱、命勿株连苗民以体好生之德，秋九月立皇十五子颙琰为皇太子、谕普免天下积欠粮银，是年各省人口近二亿九千七百万、存仓谷米近四千万石。

四、清中后期中华正统实践脉络

【丙辰】仁宗睿皇帝嘉庆元年春正月乾隆帝内禅皇太子颙琰即皇帝位（高宗以太上皇名义训政），白莲教起义大爆发（白莲教由明教、弥勒教与佛教混合衍化而成，源自宋代而形成于元代，明代蔓延直隶、山西、河南、陕西、四川等省，清乾隆晚叶贪官劣绅盘剥兼并，加之征巡耗费与人口暴涨，导致流民大增民间怨愤，鄂川陕交界流民大集，白莲教遂得广泛传布，倡言劫运将至信者得救，朝廷严酷根究而引发历时九年、首炽湖北而复蔓延川陕甘豫之五省大起义），洋盗骚扰东南海面（洋盗始于安南阮光平父子匮财招盗劫掠商船，先是为患粤东，继而因内地失业土盗附之而深入闽浙），二月谕乡试务重经书精义以崇实黜华，夏六月定大逆缘坐法（谕邪教造反实为大逆，然体孝治天下之意，逆犯弟兄处斩而其父得从宽监禁）、河溢江苏丰汛六堡（十一月合龙），秋九月白莲教军北进河南。【丁巳】二年春正月贵州南笼府仲苗起义，三月襄阳白莲教军入陕南、夏五月入四川，秋七月定父杀犯奸之女勿论例、九月定妇人因奸杀子入情实例，冬十月宫禁失火延烧乾清宫及交泰殿。【戊午】三年秋九月河南睢州河漫、加赈江苏被水灾民，冬十二月白莲教义军失利（被剿者众）。【己未】四年春正月太上皇帝崩（揆文奋武定边开疆，于中华民族融合功劳不小；然华夷不严义利不明，性喜夸饰吏治腐化，不能克己官商化之，晚年倦荒宽纵而蔽于权幸，和珅用柄贪婪掊克，加之屡兴文字大狱、严酷镇压民间信仰，浸酿大乱而盛极中衰），帝褫革和珅等职衔并赐令自尽、申禁呈进贡物（谕“以间阎有限之脂膏，供官吏无穷之朘剥，民何以堪”）、宣谕宽赦白莲教军因官逼民反且悔罪者，三月署山东巡抚岳起奏山东官亏七十余万（大吏不能洁己率属、奢靡无度有欲难刚，属员有恃无恐遂生种种弊端），夏四月饬臣工勿陈符瑞（因钦天监奏四月朔日月合璧五星连珠）、昭雪原内阁学士尹壮图冤案（因奏各省朘剥亏空民生受困情弊而被诬回籍），禁京师戏园以正风俗、禁止开矿，六月遣使册封尚温袭琉球国中山王，秋七月令白莲教军所在省查明所属州县贪纵虐民者以泄公愤，河溢江南砀山、云南地震，冬十二月遣福宁戍新疆（杀降冒功之故）。【庚申】五年春正月令各省清查积欠归还款项，三月长芦盐政观豫奏请盐斤加价被驳（帝谕教匪本民而因官吏贪勒激成之，惟思克己利民方符损上益下之义，八月陕西捐饷亦停），夏四月台湾嘉义小刀会举事失败，秋八月令督抚甄别知府以亲民，帝谕白莲教非邪教（以为白莲名目由来已久，劝人为善并无悖逆，现习教者安静守法即是良民，惟聚众煽惑者按律惩治），九月遣使往封朝鲜世子李玜为国王、赐故国王李祘谥恭宣，冬十一月严定军机处章程。【辛酉】六年夏四月贵州铜仁苗民起事被剿，六月京畿暴雨连绵（桑乾河、永定河漫溢成灾，直隶被水九十余州县），冬十月谕斥宁夏将军台布所奏以番制蒙之谬（台布以为蒙古强则为中国之患，帝谕“番族杂居蒙古之外，而蒙古实为中国屏藩，是以蒙制番则可，以番制蒙则属倒置矣”），十一月帝论纯臣事君之道（当时众人转相非笑不避嫌怨独秉公论者，帝谕大臣当公忠体国一意尽心，不计毁誉荣辱与身家祸福），十二月朝鲜国遣使奏报其国西洋教炽盛（称数十年间凶丑匪类倡为西洋之学，谩天侮圣背君蔑父，废其祭礼毁其祠版，以堂狱之说诳惑愚氓，以领洗之法啸聚凶党，内自国都外自诸道，其说转炽其徒实繁；并称种种邪说为朝京使臣传书洋人潜受邪术所致，遂乞请将潜入边门之邪党拿还）。

【壬戌】嘉庆七年春二月云南丽江府傈僳等族起事被剿，三月谕令查讯江苏漕务积弊，夏四月密令查明贩卖妇女案（川东川北棍徒抢掠妇女往鄂、赣贩卖，关口长随胥役得赂私放，州县亦缄默不办）、英夷战船窥伺澳门，秋八月日月薄蚀、谕恐惧修省并求谠言，广东天地会起事被剿、给事中陈昌齐奏请以学政稽察各省督抚而不准，九月定蒙古留孤养亲例、从严更定刃伤期亲尊长限外身死律，冬十月禁番役子孙出仕应试、申禁小说俗词以端风化（谕“经史为学问根柢，自应悉心研讨；至诸子百家，不过供文人涉猎，已属艺余。乃乡曲小民，不但经史不能领悟，即子集亦束置不观，惟喜瞽词俗剧，及一切鄙俚之词；更有编造新文，广为传播，大率不外乎草窃奸宄之事。而愚民之好勇斗狠者，溺于邪慝转相慕效，纠伙结盟肆行淫暴，概由看此等书词所致；世道人心大有关系，不可不重申严禁”），十二月谕赐安南新国名曰越南（阮福映统一安南而请赐国名，明年六月正式改名并封之为国王）。【癸亥】八年春正月云南地震，谕命伊犁驻兵广益耕屯以屯守兼资，二月伊犁将军松筠等奏请设学伊犁而不准（以为边阃当以娴习武备为重），夏五月禁贫民携眷出关（以保护满洲根本之地），秋七月署福建布政使裘行简奏贪吏害民情实（以为闽省贪吏辈出，以辞讼为取利之源，以械斗为敛财之薮，不养反夺不教反诬，闽民怨官仇官抗粮械斗日益滋甚，实地方官有以启之，帝叹“平心而论，即从前教匪之事，亦由官逼民反也”），九月谕加盐价以办水利之奏请为病民无益之举、河决河南封邱，冬十月江西天地会起事而夭折，十二月谕各省督抚力改袒护属员积习（以申民隐而肃吏治）。【甲子】九年春二月礼部尚书那彦成奏请准内地民人携眷来黑龙江居住而不纳（以为东三省旗人以弓马骁健为本务，与汉人相处必致沾染气习渐流懦弱），秋九月成都将军德楞泰奏平定川楚陕白莲教起事

（用兵九载费帑二亿两，死难不可计数），冬十一月命各部臣勿图安逸振作奏事。【乙丑】十年春正月令整饬广东洋盗与兵丁通气弊病（不准两广总督所上西洋夷目愿帮捕匪之奏），夏四月命严查番摊馆（广东开设赌局，为洋土各匪勾结兵役探听消息之处）、禁西洋人刻书传教（并严惩为其做事之汉人），秋七月免山西旱灾灾民额赋有差，八月赐朝鲜国王李玜御匾“礼教绥藩”，九月颁天后宫御匾“灵昭海镜”，冬十二月禁私宰牛只、禁俄罗斯商船来粤互市。【丙寅】十一年春三月严禁绅士包漕、州县苛敛，夏六月命宗室训束宗族免蹈非为，秋九月命严查吏部尚书费淳等所奏州县官吏勾连分肥正项钱粮之事（嘉庆元年以来，地丁耗羡杂款项下俱有虚收虚抵、重领冒支等弊），冬十一月定伦纪重案改题为奏（以及时严办），严汰州县逾额官役（从御史陆言请，以清害民弊源）。【丁卯】十二年春正月宛平县民呈请开矿而严斥不允，英船员殴毙华人、英方拒交凶手，二月帝御经筵听讲《论语》（谕“君临天下，莫先修己，修己斯能治人，其效捷如影响。修己之要在主敬，平时收摄身心内省不疚，操持黾勉慎独谨微，则天理常存物欲远屏矣”），查办县粮书吏私雕假印侵骗案，三月《高宗实录》《圣训》成，夏四月京师久旱、命清理庶狱，申严地方官讳盗擅刑及吏役勒索私拷之禁，六月福建巡抚张师诚查明未结词讼近三千案（吏治废弛而成积习），秋七月封故琉球国王尚温孙灏为国王，冬十月御史郑士超奏粤东吏治废弛情形（地方官规避处分、奸徒结会拜盟、棍徒开设赌局、鸦片烟私贩私销、钱粮积弊），十一月嘉奖陕西拾金不昧之民人，天坛斋宫失火，十二月两广总督吴熊光等奏请饬禁洋钱而不纳（奏“粤东民风浇薄，富者徇利忘义，贪者重利轻生，积习相仍骤难化导。揆厥所由，盖缘省会及佛山镇五方杂处，贸易皆以洋钱，遂流行通省。小民惟利是图趋之若鹜，虽绅士等亦沾沾以洋钱常挂齿颊，即如鸦片烟之流毒内地，番摊馆之诱引良民，及西洋邪教易于煽惑人心者，未始不由于此。甚至民间行使，必须先将纹银兑换洋钱，再将洋钱兑换制钱使用，是国宝流通转使外夷潜操交易之柄，于国政甚有关系”，仁宗竟以江浙闽广行使洋钱相沿已久民间称便而不准）。

【戊辰】嘉庆十三年春二月褒赏辰沅永靖道傅鼐按察使衔（任劳任怨尽心筹划，击平叛苗修碉屯田，收恤难民十余万户，革除苗民妄信巫师椎牛聚众恶习，设立书院义学致其向学，边界苗众辑宁安堵），夏五月谕饬导旗人革薄从忠痛除积习（风气惰浇之故），秋七月谕令严查科场传递换卷诸弊，给事中周廷森奏江南、河南、山东聚众设会（以为其中多有聚赌横行无赖棍徒），冬十二月御史常文奏请申禁浮收钱粮、查办钦差大臣广兴贪黩营私案。【己巳】十四年夏四月两广总督等奏陈“华夷交易章程”、谕外夷兵船不许驶入内港（夷商买办责成地方官选择承充），五月御史李鸿宾奏陈南漕诸弊（巡漕御史英纶因贪污纵恣处绞），六月谕河南督抚整顿“因循疲玩，交接逢迎”大弊，秋九月光禄寺卿张鹏展奏请令翰林科道日进经义奏议（谏民风士习吏治相为表里而其要在首正人心，仁宗谓其经生家言而主张敦崇实政不尚虚文）。【庚午】十五年春三月查禁鸦片（京师盘获私藏鸦片，帝谕“鸦片烟性最酷烈，食此者能骤长精神恣其所欲，久之遂致戕贼躯命，大为风俗人心之害”），夏六月从御史伯依保奏禁小说（谕“坊本小说，无非好勇斗狠、秽亵不端之事，在稍知自爱者尚不为其所惑，而无知之徒一经入目，往往被其牵诱，于风俗人心殊有关系”），秋七月直隶永定河漫溢，冬十月江苏高堰、山盱风暴溃堤（下游田庐被淹无数），十一月查办吉林长春流民（愈禁愈多之故），十二月严催各省积欠钱粮（积至一千五百余万石）。【辛未】十六年春三月湖北巡抚钱楷奏请饬严禁外洋鸦片烟（透入内地贻害多端之故），夏四月陕西道监察御史甘家斌奏严定传习天主教治罪专条（言天主教自康熙年间流入内地，延及广东、陕西、四川、湖广、山东、山西、直隶等省，以至京师皆被煽惑；且该教性最狡黠巧于避就，人数过多难于深究，遂肆无忌惮任意蔓延，必严定条例以杜其渐，乃为辟以止辟之道）、帝从之且首次定性天主教为邪教（不敬神明不奉祖先、诳惑民人显叛正道之故，遂令不谙天文之西洋人归国），六月查办京师聚赌案、训谕八旗子弟戒赌，秋八月四川地震（罹难者众），九月赈免安徽、江苏、河南被水灾民，冬十月御史赵未彤奏请查禁山东曹州义和拳，十二月谕严密访查四川无为老祖等教。【壬申】十七年春正月天理教各地教首秘会于河南（属白莲教分支，原名龙华会、八卦教，以“真空家乡无生父母”为八字真言，嘉靖十三年林清等改名天理教，党徒遍布直隶、河南、山东、山西等省，以河南李文成与京师林清为首，上年八月以彗星出西北主兵起遂定十八年举义），二月朔举经筵，给事中何学林奏贵州聚集传习天主教者众、御史王开云奏贵州拐贩妇女之风甚炽，三月定广东惩治悍俗章程，夏四月筹划移京师闲散旗人于吉林，六月刊刻刷印《漕运全书》，秋七月严斥引黄入运之论为侵蠹干名，八月查办奸商贿增砝码侵欺国课案，冬十二月命粤闽洋盗会匪改发烟瘴极边或新疆（凶狡成性污染风俗之故），谕令刊刻《治河方略》。

【癸酉】嘉庆十八年春二月两广总督百龄等奏请新添官兵俸饷概由商人捐办而严饬不准（帝以为国家设兵卫民须支正帑），粤海关监督德庆奏请设洋行总商以公正克任，夏四月赈直隶、山东被旱灾民，复申祭祀斋戒期内官民一体禁止演戏（职官邀请善会亦因亵体旷官而著永行饬禁），六月申明囤积例禁（以杜奸商滋弊），帝命编纂《明鉴》（仿《唐鉴》体例），秋八月赈蠲河南、直隶被旱灾民，九月天理教教首李文成被捕（自号"大明天顺李真主"，河南、直隶、山东多县教徒占城杀官，帝谕唯剿捕"匪徒"而不必根究教民曾经习教事宜）、天理教徒攻打皇宫失败（林清被擒）、帝颁罪己诏（谕"变起一时祸积有日，当今大弊在因循怠玩四字……予唯返躬修省改过正心，上答天慈下释民怨；诸臣若愿为大清国之忠良，则当赤心为国，竭力尽心匡朕之咎、移民之俗；若自甘卑鄙，则当挂冠致仕了此一身，切勿尸禄保位益增朕罪。笔随泪洒，通谕知之"），冬十一月帝谕令兴讲教化（以为孝悌忠信礼义廉耻为人当知行，官吏不修正教则无怪愚民习于邪教，敕宣讲《圣谕广训》务俾家喻户晓人心感发，知仁而有所不忍为、知义而有所不敢为，则正教昌明邪说自熄），十二月严禁结会进香、定传习邪教治罪条例（谕嗣后审办白阳、白莲、八卦等"邪教"，凡传徒为首者拟绞决），谕令禁止开设小说坊肆及民间演剧（以为稗官野史侈谈怪力乱神，最为人心风俗之害，民间演剧喜扮好勇斗狠，无知小民多误以盗劫为英雄、悖逆为义气，耳染目睹为害尤甚），颁"御制致变之源说"（以为百姓困穷为致变之源，而州县困于亏空难为清官，官不清则民不畏而罔上，督抚大吏须培养州县以使经正民兴），颁"御制原教"（以为纲常礼义不可紊乱，生齿日繁游民乏食，官疲兵怠无耻有亏，风俗颓坏邪教以起，君臣奋勉或可挽回污俗），赏山东等省乡试年老诸生八百余人举人副榜有差。【甲戌】十九年春正月谕饬贵农重粟、严惩诬枉（从国子监祭酒姚文田之请以恤民生厚民力），二月给事中李可蕃奏广东多有潜入天主教者（香山等县妇女亦多入教），颁"御制甄别贤愚以澄吏治谕"以更化善俗，闰二月大学士董诰等纂辑《全唐文》告成，夏五月晓谕沿海商民洋人严禁以鸦片与天主教诱惑内地商民（至是帝以为天主教为异端之尤而贻害最大），六月颁“御制化民成俗论”（帝谕今之大弊在正学式微官常疲惰，邪说日炽蛊惑乡愚，顽俗固结而不可解者，总由于不学之人过多之故；人性本善，惟学能导其善，非学不能明德，废学则为冥顽之民，不习正学必流于邪教。邪教之本唯一利字，利心深染正义全乖，欲格其非心必自正学始），秋九月谕饬各省督抚实力查禁赌博及窝赌之家，颁“御制实心行政说”（谕方今大弊，官无实心，民多伪诈，官则因循怠玩，民则诪张为幻，上下不交寡廉少耻，我君臣既为斯民之长，岂忍不尽心竭力、鞠躬尽瘁而补救于万一），赈江苏水旱灾民（十月复赈安徽灾民），冬十月两广总督蒋攸铦等密奏夷商贸易情形及酌筹整饬洋行事宜（忧英、美商船往来最多，帝谕“谨守定制，内固藩篱，不可使外夷轻视”），十一月查捕红胡捻子（起于康熙年间山东游民相聚拜福，至是相率报仇掳勒，河南、安徽最盛），命试垦吉林荒地，是冬云南崩龙族首领起义被剿（声言“官军不公平，杀死官军解不平”）。

【乙亥】嘉庆二十年春三月申禁鸦片烟（始检验赴澳门货船并明定查获赏罚）、四川总督常明奏拿获传习天主教人犯（分处绞刑、发遣、杖徒、省释），令处死福建欧狼（创父母会纠众敛钱，传授类似天地会口诀暗号），夏四月御史胡承珙奏请详定保甲法制以昭核实，颁《御制官箴》，六月通谕督抚藩臬为国家培养民风、严拿查禁讼师构衅拨弄把持为害（从御史孙升长请）、永定河漫堤、令整顿胥吏奸猾积弊，秋八月豫皖鄂鲁苏诸省红胡捻子等群匪蜂起、查办西洋人在川传教案（九月查获西洋人在内地各省传教案），九月河南、山西地震（死伤甚众），冬十月缉查江南省大乘教清茶门。【丙子】二十一年春三月两江总督百龄倡捐置育婴堂并奏请禁止鬻妻溺女，秋七月帝不见并遣回英使（狡诈不行叩拜礼之故，敕谕英王“天朝不宝远物，凡尔国奇巧之器，亦不视为珍异，嗣后毋庸遣使远来徒烦跋涉，但能倾心效顺，不必岁时来朝始称向化也”），十二月以故廓尔喀王之子袭爵。【丁丑】二十二年春正月免湖北改悔习天主教者罪（命直隶、山东、河南、山西仿之），三月云南哈尼人起事（帝命内地民人不准私往夷地贸易，以致侵夺其生计），夏六月粤省查获诈抢美夷走私鸦片商船匪犯，从御史盛惇大请整顿常平仓及社仓积弊（各省州县例设常平仓，又准民间报官自设社仓，每年出陈易新以平谷价，且储贮以为歉岁之备；常平仓之弊启于官吏侵贪，社仓之弊由于社长奸懦，以及惠政不能及民），秋八月颁“御制训管理宗人府王公及诸族长文”（俾各宗室等渐仁摩义振作自新），九月赈直隶遭旱雹霜灾民、严禁民人越境酬神，冬十月从御史卿祖培奏请敕各省学政讲明《朱子全书》（以明正学、端士习、化民人），十一月从御史周鸣銮请命整饬直省各府州县学校（考核教官勤职率士、务延贤士讲习讨论），十二月贵州拿获贩卖妇女人贩。【戊寅】二十三年春二月命严禁制造赌具，夏四月命缉拿大枭私犯（私盐充斥之故），京师暴风霾雨、命直言政阙民冤，六月通谕州县官尽心民事（谋民生而敦本俗），秋八月命重印《皇朝通礼》（俾士民共识遵循以昭法守），九月禁地方官交结绅士富家，冬十二月普免天下民欠钱粮（谕明岁六十正寿，宜先蠲除积逋，俾小民户免追呼，共享含哺之乐）。【己卯】二十四年春二月禁考试夤缘纳贿等积弊，夏四月从御史盛唐请谕令革除州县四弊（州县官不亟教养而美衣食房田、吏役惯于舞文弄法、因循疲玩案件迟结、私立条规巧为科敛），五月粤省添弟会蔓延于湖南为担子会、情义会（命放宽审办之），秋七月永定河漫溢、黄河涨决多处，九月禁学政收受陋规，冬十一月御史黄大名条陈粤东积弊（三合会扰害、外夷贿赂海关家人以贩卖鸦片、停柩不葬溺女不举者众、克扣勒索举人文童等）。【庚辰】二十五年夏五月命除衙蠹积弊，六月河南地震，秋七月命严拿讼师构讼、帝崩（实政垂范崇俭黜奢，整饬吏治惩贪恤民，勤勉守正庙号仁宗）、八月皇太子旻宁即位、回疆张格尔因回民怨苦而犯边，冬十月敕民间婚丧等事不得习尚浮华（京师及外省风气竞尚浮夸之故），十二月河南仪封大工合龙（河复故道），是年全国户口人数近三亿五千三百三十八万，存仓米谷三千六百七十余万石。

【辛巳】宣宗成皇帝道光元年春正月《明鉴》刊刻完竣，二月命查惩江苏盐枭联结生事（旗号“替天行道”）、镇压云南彝人起事（土司贪利典地汉人，彝人无地困苦，故欲驱除汉民）、敕严查严惩山西富商大贾私贩鸦片牟利，夏四月批准添设广西兴安县瑶民学额、命各直省督抚饬撙节用度（御史李肄颂奏“州县官自奉奢侈应酬繁杂，衙署内豢养冗人恣行糜费，以致挪掩通融动致亏缺”），六月免安徽被水灾民额赋有差，山东瘟疫（民心惊惶，直隶民多有群居杂处念经疗病者），秋九月严禁州县佐杂滥差虐民，冬十一月两广总督阮元等拿获多起烟案（责令洋商总商伍敦元杜绝其源，此后鸦片船由黄埔内河改泊零丁洋）。【壬午】二年春二月贵州道监察御史黄中模上“请严禁海洋偷漏银两以裕民生折”（言广东奸徒勾结海口员弁，洋面偷漏白银日甚，以致银贵钱贱小民痛苦；洋商与外夷勾结丧心病狂贩卖鸦片，海关利其重税隐忍不发以致流传甚广），夏五月漳河冲决、六月卫河漫决，秋八月河南沁河漫决、直隶水灾，冬十一月御史陶廷杰奏请严禁幕友舞弊，十二月命于通海口岸及关津渡口严查私运夹带鸦片者（鸦片烟之来，俱由福建、浙江、江南通海口私带，而以广东为最）。【癸未】三年春二月赐御匾“海表同文”予朝鲜国王、“屏翰东南”予琉球国王、“永奠海邦”予暹罗国王，以程朱学者汤斌从祀文庙（深醇笃实中正和平，禁侈兴教政绩卓著），夏四月以周公及朱子后裔袭五经博士（五月小程子后裔亦袭之），六月直隶大雨水，秋七月命严究云南文武衙门食罂粟花所熬鸦片者，八月正式颁行《失察鸦片烟条例》，直隶平原县查获大乘教活动，冬十月山东历城查获一炷香教活动，赈安徽、江苏被水灾民，十二月御史黄德濂奏请慎重选拔贡生以出真才。【甲申】四年春正月颁御匾“正学明道”于福建凤池书院，临清乾卦教教徒谋逆起事被拿获，夏四月《仁宗睿皇帝实录》《圣训》告成，六月命缉拿江西洪连会、千刀会，秋七月命两江总督拆毁五通庙等淫祠（并敕毋任愚民赛飨结会），八月续纂《通礼》书成（帝亲为序）。【乙酉】五年夏六月御史王世绂奏称各帮粮船水手均属罗祖信徒（设潘安、老安、新安三教，各有主教“老官”统理之），秋九月命各省学政学官严禁生监巧构讼端。【丙戌】六年春正月赐班禅额尔德尼新建寺名广佑寺（并颁御匾“法界庄严”），夏六月贵州巡抚嵩溥请筹办苗疆保甲（汉苗杂处客民渐多之故），秋七月张格尔纠集回众焚掠侵陷多城，八月命惩处贪淫暴虐酿成回乱之驻疆官吏，九月谕严禁科场怀挟之弊，是年贺长龄、魏源等编纂《皇朝经世文编》成书（涵括学术、治体、吏治、户政、礼政、兵政、刑政与工政八类史料）。【丁亥】七年春二月山西地震，三月清军多次大败张格尔回部叛军，夏闰五月谕令各直省防闲幕宾弊窦、严令连带追缴州县亏空，秋九月贵州编查苗寨客民保甲完竣并呈稽核章程，冬十月敕各省驻防满营勿废清语骑射。【戊子】八年春正月定回疆官员考察制度（并增养廉银以杜贪渎积弊），三月疏导河南省内诸河复畅入卫河（从巡抚杨国桢奏请），夏五月命江苏、安徽、湖广督抚严禁私盐（以防淮盐滞销），秋九月清东陵道光帝地宫出水流入圹内（后遂废弃移至西陵），冬十月命严查闽粤浙花会聚赌与浙苏花鼓剧场优杂淫亵及蟋蟀赌博。

【己丑】道光九年春正月从福建道监察御史章沅奏请严禁鸦片（言“鸦片烟一物流毒尤甚，该处伪标他物名色夹带入粤，每岁易银至数百万两之多，此岂寻常偷漏可比。且一经嗜烟刻不可离，中人之家往往破产，而此烟能提摄百脉愈人小疾，久之精气大耗无可救治，为害尤烈。其始食此仅系帮友长随，今则官员士绅皆所不免；其始仅及海滨近地，今则渐染十数省之广”，建议约束外商只准易货不许易银，官银不得私出外洋），二月定回疆各城阿訇只准念习经典不准干预公事，夏六月京师查获私带鸦片烟具人犯多人，秋七月颁两广总督李鸿宾等所拟《查禁官银出洋及私货入口章程》，越南国王以母老乞参芪、帝嘉而赉之，冬十月缓征山东水旱虫雹与直隶安徽湖北被水灾民额赋有差、山东地震，十二月抚恤西藏雪灾番民，谕实究洋钱、鸦片蠹害（务使“外夷之诡谲不行，内地之消耗胥免，期于言出法随，不致徒为文告故事”）。【庚寅】十年春正月美国新教传教士裨治文等始入广州（后到上海主编“中国日报”，是年广州英美传教士组织基督教会），二月命缉捕河南枭匪、捻匪及江西会匪，夏闰四月直隶地震（五月大震成灾），六月江南道监察御史邵正笏奏请禁内地奸民种卖鸦片（浙、闽、滇、粤、湘等省皆有蔓延流毒），冬十一月命查拿广东三点会与江西添弟会结党生事，十二月两广总督李鸿宾饬令英国另派大班来粤总理贸易（英东印度公司专利权期满之故）。【辛卯】十一年春正月颁谕减刑（以使“海内咸知迁善远罪，共为良民，以成太平之治”），二月禁直省种贩鸦片，三月给事中邵正笏奏广州英人违例横行情状，刘光三奏广东小刀会、三合会等聚众劫盗，夏四月“防范夷人章程八条”正式公布于广州、德国传教士郭士立自广东北航天津并沿途传教（后成为鸦片战争帮凶），五月兵科给事中刘光三奏食烟罪重于赌博并应首惩衙门官吏（以为督抚以下文武衙门不吸食鸦片者已寥寥无几），湖广道监察御史冯赞勋奏洋船私带鸦片囤积于虎门洋面（洋人兵船护货并勾结土棍奸民于黑店销售），六月皇四子奕訡生、江苏高邮湖河漫溢汪洋成灾，秋七月调河南布政使林则徐为江宁布政使（所至贪墨望风解绶，多所兴革而贤名满天下，帝亦眷倚之），八月安徽地震，九月命粤桂湘鄂浙黔滇闽诸省督抚严密访拿会党，冬十月给事中刘光三奏科场士子恃众玩法亟宜整顿，十二月命查拿直隶红阳会与混元教、湖南瑶民两河口起事（反抗官绅胥吏欺虐）。【壬辰】十二年春正月命查拿直隶大乘教与白阳教首领，二月广东奏定查禁鸦片章程，太仆寺卿梁中靖奏谏查拿“邪教”株连冤抑以致春寒而谕斥之，三月英夷商船阿美士德号北窥内地虚实，夏六月命严拿江西大乘教与添弟会教徒、广西瑶民起事被剿，秋八月基督新教首位本土传教士梁发《劝世良言》刊行（深刻影响了洪秀全“太平天国”构想），敕禁英船于内地沿海停泊销货，御史冯赞勋奏请严禁弁兵吸食鸦片，闰九月饬河南、湖北会拿捻匪而江西严拿会匪，台湾天地会举事被剿，冬十二月四川越嶲夷乱。

【癸巳】道光十三年夏五月准湖南巡抚所奏瑶地善后事宜（准赎山场田地而严禁巧占树木、劝设义仓义塾并劝种木棉等）、定纹银出洋禁例，六月湖北大饥（人相食），秋七月令严拿盛京、直隶传习“一炷香”“如意散”教徒，冬十月重修陕西华岳庙竣工（御书“灵通帝座”匾额），英王任命律劳卑为驻华商务监督，十一月命修浙江海塘，十二月令各地立建牌坊旌表贞节妇女（从豫、陕、皖等省巡抚请），是年英美诸夷向中国输出鸦片总计近二万零五百箱（一箱百斤）。【甲午】十四年春二月禁直隶、山东、河南民人结队至京烧香，申禁坊肆刊刻售赁淫书小说，夏四月据奏近来州县吏治腐败至极而山东尤甚（山东省城自州县以下至幕友家丁，挟妓包娼视为常事），五月福建、六月江西水灾，秋七月广东传教士梁发向广州乡试生员散发《劝世良言》等书，九月申禁贩运鸦片（时鸦片输入增至每年二万箱，自道光十一年至十四年外流白银二千余万两）、广东风行弛禁鸦片论（竟以为若听民间自种，内产既盛价廉利微而不禁自绝，此乃典型的利益至上祸国殃民不良思潮），冬十一月广州英夷传教士组织益智会（编印中国情况书籍），是年全国人口四亿零一百万余。【乙未】十五年春正月广州英美传教士成立马礼逊教育会（并设马公学院教授华童英文、西学与基督教义），三月山东曹县先天教起义失败，秋七月美夷船自广东沿海北驶（传教士麦都思偕行，英夷船亦驶入刘公岛海面），御史常大淳奏直隶、河南、山东及湖北、江西教匪辗转传习而湘赣两广尤甚（谕地方官问民疾苦实心化导），是年英夷诸国向中国输出鸦片三万余箱。【丙申】十六年春二月叶绍本奏保甲法贪扰恣为弊窦丛生，三月湖广道监察御史王玥奏请弛禁鸦片（以为禁烟应局限于兵丁范围）、夏四月太常寺少卿许乃济奏请弛禁鸦片（且准令民间栽种），六月英夷副监督义律致书其外相言中国将正式弛禁鸦片，严谕两广总督郑廷桢等查办洋商伍姓交通夷商（包揽鸦片买卖偷漏纹银出洋之故），秋七月谕饬各直省州县不得同祀三教（山西多地三教庙置孔子与佛老同庙供奉，相沿已久而与祀典不符，令一律更正以崇正学而昭定制），两广总督郑廷桢等联名复奏赞同许乃济弛禁鸦片奏请（藉口“立制贵乎因时，为政先宜除弊，若除弊而弊益甚，则不得不筹变通”），八月内阁学士朱嶟与给事中许球上疏驳斥许乃济弛禁论之荒谬（朱嶟“申严例禁以彰国法而除民害折”以为“法之禁民为非，犹坊止水之所采也。若以归坊为无所用而坏之，则奔溢泛滥有不可胜言者矣”，许球“洋夷牟利愈奸内地财源日耗敬陈管见折”建议“必先严定治罪条例，将贩卖之奸民，说合之行商，包买之窑口，护送之蟹艇，贿纵之兵役严密查拿重法惩治，如是而内地庶可肃清”，帝令广东严查力塞弊源），九月圆明园之“圆明园”“奉三无私”“九洲清晏”三殿失火被毁，冬十月江南道监察御史袁玉麟上“奏陈鸦片弛禁将有妨国计民生折”驳许乃济与郑廷桢（以为弛禁之议戾于是非而暗于利害，弛禁者变易旧章，违祖制背谕旨坏政体伤治化，见小利伤大体撤藩篱饲虎狼，绝民命伤元气夺农工耗本计，济奸民通洋匪遗后患生百弊，建议选奉公体国之海疆大吏力清弊源），十一月义律继任英夷商务监督。

【丁酉】道光十七年春正月以林则徐为湖广总督，二月洪秀全应试广州被黜，夏五月裁撤私运鸦片之广东巡船，六月御史朱成烈奏“银价昂贵流弊日深请饬查办折”（言广东每岁外流白银三千余万两，闽浙苏三省不下千万、天津二千余万），御史刘梦兰奏外省绿营兵丁吸食鸦片积重难返，礼科给事中黎攀镠上折请去英夷鸦片趸船，封故琉球中山王尚灏世子育为国王，秋七月命缉办广东省城私贩鸦片烟泥匪徒、邓廷桢两次令义律制止东南沿海偷卖鸦片（义律则狡辩不便处理私人贸易），九月命邓廷桢等饬令义律将鸦片趸船全数开去，冬十月英夷外相请其海军大臣派遣东印度舰队司令往中国保护英人贸易（义律亦致书英外相，求派专使率兵船来华交涉鸦片问题）。【戊戌】十八年春正月英美传教士伯驾等在广州设立“中国医药布道会”，二月命将广东郭亚平处绞（私开烟馆兴贩鸦片之故），夏闰四月鸿胪寺卿黄爵滋上“请严塞漏卮以培国本折”建议重治吸食鸦片者（直隶总督琦善等则以为重刑惩罚矫枉过正），五月英夷东印度舰队两艘军舰入中国广东海面，秋七月林则徐联合湖南巡抚钱宝琛、湖北巡抚张岳崧试行两湖禁烟（设禁烟局查缴销毁烟土烟具，配制断瘾丸、出售戒烟药以帮烟民戒烟，帝倍受鼓舞而决心厉行禁烟）、湖北恩施山崩，八月林则徐上“钱票无甚关碍宜重禁吃烟以杜弊源折”（谏“若犹泄泄视之，是使数十年后，中原几无可以御敌之兵，且无可以充饷之银”），冬十月命两江总督缉拿东南数省贩卖鸦片口岸上海窝犯、限令广州偷运鸦片之英夷商因义士出境，御史贾臻奏请饬滨海各省修整炮台以防范夷人生事，十一月帝任命林则徐为钦差大臣赴广东禁烟、命各部院堂及各省督抚土司严查吸食鸦片职官，查禁滇黔客民流民盘剥苗人土司田产，十二月严禁桂川滇黔等省栽种罂粟、云南洱源地震。【己亥】十九年春二月钦差大臣林则徐传集广州十三行行商伍绍荣等（发谕贴“谕洋商责令夷人呈缴烟土”痛斥其玩忽职守、贪赃枉法积弊，并令其转交夷犯谕贴“谕各国夷人呈缴烟土”，英夷义律、颠地等顽抗无效被迫交烟）、义律致书其外相巴麦尊请求武力打压中国（以迫使割地赔款并开放沿海港口），夏四月缴清烟土二万余箱、林则徐主持虎门销烟（近二百三十八万斤，后又毁潮州烟土二万余斤），五月台湾嘉义地震（多有死伤），六月林则徐奏报夷人掠卖华工出洋并遭迫害情况，秋八月英夷商上书其外相巴麦尊早定对华干涉政策、英夷内阁讨论侵华问题并决定出兵，冬十月从两江总督陈銮等奏请命各省学政颁《圣谕广训》于州县各学乡塾（尤其推阐“黜异端以崇正学”条，俾民间学童诵习以敦风俗而正人心），十二月英夷士密舰长宣布封锁广州口岸，是年林则徐令翻译英国报纸并编《四洲志》。【庚子】二十年夏五月英夷驻东印度洋舰队司令奉其女王令宣布封锁广州（懿律、义律为英夷女王正副代表与全权公使，奉英夷政府命欲骚扰中国北方）、鸦片战争正式爆发，六月英夷沿海北侵（先后封锁厦门、攻陷定海大肆杀掠、封锁宁波及长江口而后经山东抵天津，威胁赔款割地而清廷决议妥协，查办林则徐以平息英夷战祸），冬十一月新钦差大臣琦善至粤（一反林政专用汉奸以讨英夷欢心，义律等性贪残多诡诈，琦善怯弱乡愿畏缩不战而屡被欺压），十二月英夷侵占虎门炮台（琦善被迫承认义律所提割让香港、分期赔款、通商寓居等一切条款，但英夷外相及印度总督均贪婪无厌，义律遂再次准备战争）。

【辛丑】道光二十一年春正月英夷霸占香港（义律告示香港居民为“大英国主子民”），帝下诏对英宣战并议处琦善、黄爵滋上“募兵节饷疏”建议令民间力行团练以随机剿敌，二月英夷侵陷虎门（琦善畏缩不援，广东水师提督关天培等战死），夏四月英夷纵掠广州城（“靖逆将军”奕山投降求和）、英夷淫掠广州北郊三元里（被百姓围困而逃亡），五月英夷参逊代理香港殖民地总督，秋七月英夷水师北侵（相继陷厦门、定海、镇海、宁波并大肆淫掠），九月英夷外相令其军继续侵掠（以逼中国完全接受其条件），冬十一月英夷军寇陷浙江多地并焚掠之，十二月湖北天地会徒起事被镇压（杀官掠富开仓散谷）。【壬寅】二十二年春正月英夷侵犯台湾、官兵及义勇抵御之，夏五月英夷侵陷吴淞与上海（江南提督陈化成战死）、长江洪水致荆州大堤决口（湖北二十八州县被灾），六月朔日蚀（午后非烛无所见，约一小时乃复圆）、英夷军侵陷镇江奸淫焚掠，秋七月英夷军舰齐集南京扬言开战（宣宗被迫妥协，告耆英等“与其兵连祸结，何如息事安民”、“设法羁縻以全民命”），钦差大臣耆英等与英夷全权代表璞鼎查签订丧权辱国“江宁条约”于英舰（协定海关税则，开放广州、福州、厦门、宁波、上海五处沿海港口，准英人寄居贸易派设领事并与地方官公文往来，割香港岛任由英国主掌治理，取消公行制度贸易自便，赔偿鸦片、军费等二千一百万银元，以及释放关押英人赦免汉奸等），九月马礼逊学堂由澳门迁至香港（以美国基督新教徒为校长，课程有中英文及自然科学，教育会为中国儿童提供奖学金并资送赴美留学）、法国耶稣会神甫至上海徐家汇传教，冬十一月英夷横行广州、百姓愤而火烧洋馆（粤督竟被迫杀害十名国民并予英夷巨额赔偿），十二月魏源主编《海国图志》成书。【癸卯】二十三年春二月耆英奏江苏民情涣散不能御寇（以为江苏州县或漕粮困民、或词讼累民、或盗案诬民虐民，乃至营员兵丁无不以民为可欺；帝谕攘外必先安内，命择爱民虐民之尤者奖惩之），三月御史苏廷魁奏请下罪己之诏、开直谏之门（以为迩年英夷侵犯、黄河再决，近复有白气由西指东随星出没，俱上天示警之象；宣宗则辩言应天以实不以文，且以为言路并无壅塞），夏四月美夷国务卿训令新任来华公使坚持最惠国待遇原则，五月新疆强烈地震，六月“中英五口通商章程”公布施行（承认英国有领事裁判权，英夷犯罪中国无权根据本国法律制裁，并首开协定关税等损害主权恶劣先例）、广东洪秀全附会《劝世良言》立拜上帝教（毁弃私塾孔子牌位而赴广西传教），秋七月河决河南中牟、闰七月直隶永定河决，八月中英签订“虎门条约”（租界雏形出现，英夷得享片面最惠国待遇），是年英夷怡和洋行设立于上海（原为最大鸦片走私商行并参预鸦片战争，凭侵华特权设行上海并陆续设分行于各地，继续从事鸦片贸易并操纵中国海运与对外贸易）。【甲辰】二十四年夏五月美夷胁签“中美五口贸易章程”于澳门望厦村（美夷依利益均沾原则取得一切特权，并规定美夷兵船可到中国各口岸巡查贸易、可在五口自建礼拜堂），秋七月长江异涨致荆江漫堤，九月法夷胁签“中法五口贸易章程”于广州黄埔法舰（除获英美全部权益外，法夷获允在通商口岸建造礼拜堂并强定中国地方官有保护义务），冬十月在法夷强烈威胁下弛禁天主教（惟不得擅入内地传教），十二月英夷东方女子教育会开办“女子学塾”于宁波（外夷在华最早教会女学，同年伦敦会在厦门开办“英华男塾”）。

【乙巳】道光二十五年春正月台湾地震，夏五月命严拿江苏山东接壤之肆掠盗匪，秋九月台湾大雨飓风（三千余人罹难），冬十一月江苏苏松太道及英夷驻上海领事签订“上海租地章程”（英夷租界为列夷强盗租界之始）。【丙午】二十六年春正月被迫明谕弛禁天主教（并还康熙年间教堂），冯云山发展拜上帝教于广西桂平紫荆山区（劝人“勿事偶像，独拜真神上帝，信仰耶稣，藉得天堂永久快乐”，山区农民入教领洗者多），夏六月浙江地震、密立皇四子奕詝为储贰，秋七月湖南天地会起事失败，冬十一月命各省督抚抚恤灾民稽查匪类（水旱灾重流离失所之故）、云南回民起事失败，十二月英夷胁迫明定后藏界址并准与后藏通商、耆英严拒之（英法夷请通商琉球亦一并不许，然英法仍狡诈达成其传教通商目的），是年盘获传教西藏、湖北、直隶之法夷传教士而俱解赴广东。【丁未】二十七年春正月英夷船始掠运华工（厦门成为外夷掠卖华工主要港口），洪秀全及其族弟洪仁玕赴广州晤美国浸礼会教士（洪秀全留住数月，细览《旧约》《新约》并听受功课），二月签订“中国、瑞典、挪威五口通商章程”（以“中美条约”为蓝本），夏五月以翰林院侍讲学士曾国藩为内阁学士兼礼部侍郎，六月洪秀全赴广西紫荆山区秘谋起事，秋八月河南干旱二麦歉收、云南姚州汉回纠众互杀，九月山东捻党活跃（打出“替天行道”旗号，蔓延至河南及直隶）、直隶及顺天盐枭肆行、湖南棒棒会起事、广西拜上帝会肆意捣毁庙宇塑像，冬十月耆英谄媚包庇英夷作恶并残忍处死村民再惹民愤（广东全省社学联合发布“阖省社学同启”，质问耆英“视我民为何国之民？自视己身为何国之臣”），是年法夷天主教会强买民地修建教堂于上海徐家汇（以为侵略中国基地）、洪秀全撰《原道觉世训》《太平天日》。【戊申】二十八年春正月云南会党起事、二月四川啯噜匪犯活跃、三月广西会党起事，夏五月理藩院再拒俄夷通商伊犁、塔城、喀什噶尔请求，秋八月徐继畬《瀛环志略》成书，冬十一月封故越南国王阮福璇子福时为国王、台湾地震，是年广东天地会联合起事、全国人口近四亿二千六百七十四万。【己酉】二十九年春正月桂林大火（毁七千余家），二月葡夷国王单方宣布澳门为自由港并驱逐中国澳门官民、广西大旱灾重而贫富对立（天地会领导饥民起义延及七府一州，打出官逼民反、替天行道、劫富济贫、反清复明口号），夏闰四月湖北大水（三十县被灾），五月美夷兵船窜至台湾勘察煤矿、湖北黄冈地震山裂，六月苏浙皖等省水灾，冬十月封故朝鲜国王李奂之子昇为国王，湖南天地会起义被剿（因豪绅丧良盘剥而提出“劫富济贫”口号），十一月闽浙苏海盗窜至山东登州洋面抢劫。【庚戌】三十年春正月立皇四子奕詝为皇太子、帝崩、奕詝即位，二月诏求直言以集思广益（候补京堂张锡庚奏贡士试策听其抒发，并请复博学鸿词科以广储人才），夏四月帝申斥大学士耆英持论过偏（因其竟谓“小人且当保全，君子亦恐误事”）、侍读学士董瀛山奏各省邪教盗贼公行，五月俄夷入侵黑龙江江口地区并建营地（七月强占庙街并改为俄名），六月汉译《新约》出版（经新教教士郭士立等修改），秋七月谕闽浙总督勿强民从夷（令不可致生夷衅，亦不可稍拂民情），九月劝谕绅民举办团练、四川西昌地震（二万余人罹难），冬十月拜上帝会起事于广西桂平金田村（十二月建号太平天国，附近天地会诸部亦入会）。

【辛亥】文宗显皇帝咸丰元年春正月朔谕行体仁长人之政并豁免民欠，二月洪秀全自称天王（并确立杨秀清等五军主将制度），秋闰八月两江总督陆建瀛奏请禁天主教，九月御史王茂荫奏英夷包藏祸心（谏宜早设求才之方），冬十月贵州苗民滋事，十一月浙江定海发生传教纠纷（天主教徒屡将乡村寺庙庵院献予教堂，且屡次欺扰士民；村众逐出教徒收回寺院，并分设义学讲习《圣谕广训》），十二月曾国藩奏民心涣散实为大患（谓目前急务“一银价太昂钱粮难纳，二盗贼太众良民难安，三冤狱太多民气难伸”）。【壬子】二年春二月英夷私运华工赴美国（华工不肯卖身而暴动），夏四月太平军发布“三谕”（“奉天讨胡檄布四方谕”“奉天诛妖救世安民谕”“救一切天生天养中国人民谕”），六月太平军陷湖南多地（焚官廨学宫祠堂寺观，秋七月肆毁至圣孔子木主），冬十月捻军张洛行部起事于安徽亳州，十一月命曾国藩帮办本省团练乡民。【癸丑】三年春正月帝下罪己诏（并谕令各地团练自卫），二月曾国藩奏请严刑峻法（以销遏会匪乱萌），太平军攻陷南京并建都（改名天京）、洪秀全邀美传教士来南京广布教义，三月上海英夷领事署调查以为太平军信奉基督教义、英使向太平军申明中立态度，夏四月太平军西征安徽、江西、湖北（五月北伐河南、山西、直隶），五月美夷使马沙利主张联合西方干涉中国内战（以乘机扩大条约权利）、河决江苏丰北厅，秋八月江苏青浦与上海小刀会乘乱起事（会首刘丽川等与列强鸦片走私及太平军天主教关系密切）、曾国藩赴衡州治水师，冬十月洪仁玕赴香港师从瑞典传教士并受其洗礼，十一月杨秀清两次托天父下凡（责备洪秀全纵惯妻女幼子、虐待役使诸王亲属），是年冬太平天国颁布“天朝田亩制度”（宣布一切土地财富属皇上帝所有，主张凡天下田天下人同耕，县以下设军事化乡官，圣库按定制发给开支）。【甲寅】四年春正月英夷外相令英使交涉修订中英条约（企图开放中国全部、外轮可航长江、各国公使进驻北京、鸦片贸易合法化等）、曾国藩发布“讨粤匪檄”（宣示“粤匪窃外夷之绪，崇天主之教，自其伪君伪相，下逮兵卒贱役，皆以兄弟称之，谓惟天可称父，此外凡民之父皆兄弟也，凡民之母皆姊妹也……举中国数千年礼义人伦诗书典则，一旦扫地荡尽！此岂独我大清之变，乃开辟以来名教之奇变，我孔子孟子之所痛哭于九原，凡读书识字者，又乌可袖手安坐，不思一为之所也……无庙不焚，无像不灭，斯又鬼神所共愤怒，欲一雪此憾于冥冥之中者也”），二月太平军陷湘、皖、鄂、豫、鲁、苏等省多地，三月江苏巡抚许乃钊奏贼以夷为奥援而夷以贼为利薮，安徽捻军进攻河南多地，夏四月湘军大败太平军，俄夷东西伯利亚总督率军侵入黑龙江，六月迫签“外国人为（中国海关）税务司协议”“上海英美法租界地皮章程”（中国半殖民地程度再次加深），广东天地会起事并攻打广州、两广总督叶名琛遣将剿之，冬十一月广东添弟会焚佛山（死者极众）。【乙卯】五年春二月曾国藩奏统筹全局之策（此后与太平军反复较量），夏六月河溃下北厅（自苏北改道，夺大清河入渤海），秋七月加封关帝父祖曾祖俱为王，八月广东天地会陷广西浔州（建号大成）、捻军会盟安徽（建号大汉）。【丙辰】六年春正月广西西林知县张鸣凤斩法国天主教神甫马赖（非法潜入广西狡蛮传教，并勾结地痞抢虏奸淫），夏四月云南昆明汉回械斗、姚州回民起事（各地回民响应），秋七月直隶永定河漫决、贵州苗民起事，八月天京内讧（杨秀清欲篡权，洪秀全召韦正杀之并株杀二万余人，来年夏五月石达开出走而太平天国分裂）、山东蝗灾、云南回民起事（陷大理府城）、直隶蝗灾，秋九月英夷强占广州炮台、十三行以胁迫清廷（冬十月猛轰广州并抢劫外城，美夷亦参与抢劫；十一月美夷使主张与英法分占台湾、舟山、朝鲜，而后与中国交涉条约），是冬赈鲁、豫、苏、皖、浙诸省被水旱蝗灾民银米有差。

【丁巳】咸丰七年春二月英夷首相巴麦尊武装侵华议案被其议会通过、美夷使上书其国务卿力主殖民台湾，三月俄夷沙皇派哥萨克兵往黑龙江（五月于海兰泡建营架炮威胁瑷珲军民，俄东西伯利亚总督宣布建黑龙江防线），夏六月英夷舰队封锁广州，福建大水，冬十一月英法夷军攻陷广州、两广总督叶名琛兵败被俘（咸丰九年于印度加尔各答绝食而终），十二月贵州灯花教起事。【戊午】八年春正月贵州苗民起事，二月英法美俄夷舰自沪北上威胁清廷，夏四月英法夷军侵陷天津大沽炮台（美俄夷军助之）、奕山被迫与俄夷签订“瑷珲条约”（黑龙江松花江左岸由额尔古纳河至松花江海口作为俄罗斯所属之地，后俄夷变本加厉，清廷多次重申“瑷珲条约”系奕山擅许故而无效），五月被迫签订“中俄天津条约”（于旱路通商外复增上海等七处海口通商，别国一切增益俄国一体照办）、被迫与美英二夷分签“天津条约”（增加营口、烟台、台湾、汕头、琼州五处通商口岸，长江一带各口俱可通商，将汉口、九江、镇江作为英船出进货物之区，耶稣教、天主教得入内地自由传教，英人持照准往内地各处游历通商，此外尚须减税及赔款四百万两）、被迫与法夷签订“中法天津条约”（主要内容与英夷同，另加淡水、江宁通商口岸，地方官须保护入内地传教者，英法美夷强盗无赖丑恶本质至此暴露无遗），秋八月赏云南回务掌教头人马德新四品顶戴（因其归诚，令管云南清真寺事务），冬十月与英美法夷分签“通商章程善后条约：海关税则”（规定鸦片以洋药名义开禁纳税贸易，由洋商口岸销卖而华商运入内地）、洪秀全致函英使额尔金（称其为西洋番弟欢迎前来），十二月英夷侵扰广州三元里并杀人被乡民赶回、英夷军及汉奸焚掠石井并与团勇互有杀伤。【己未】九年春正月广州英法夷军进攻花县，二月俄夷外交大臣令俄使要求割占乌苏里江以东及中国西部边境（并扩大陆路通商特权），夏四月洪秀全封洪仁玕为干王总理朝政，五月英法夷军侵犯天津大沽口被重创，秋七月上海民人捣毁英美教堂并烧毁夷书（掳拐人口出洋之故），八月云南哥老会起义并入川，冬十月命严禁外商麇集烟台、登州等处私相贸易，是年洪仁玕发布“资政新篇”（涉及发展工商农矿、建设近代交通器械，保护私人专利准许私人投资等世俗化变革）。【庚申】十年春正月英夷外相令英使勒索赔款（言“女王政府已与法国政府议定，此次联军入北京的军费赔款，应确定为每国六千万法郎”，英舰随即北上），二月英夷强迫永租九龙司地区，闰三月英法夷军强行登陆舟山、定海（四月登陆烟台），命严禁广东拐掳良民贩与外夷（被拐掳者数以万计，夷人则多处设厂收买），夏五月英法二夷政府通告各国对华宣战（驻京俄东正教大祭司建议说服英军速来北京，六月俄夷使向英法提供清军防御情报），李秀成通告不侵犯上海外国人、六月洪仁玕致书上海英传教士约其会晤，实授曾国藩两江总督、钦差大臣督办江南军务，秋七月英法夷军由俄夷引导攻陷天津大沽口炮台，八月英法夷军攻陷抢掠圆明园（九月尽行焚毁之）、洪秀全任美浸礼会牧师为通事官领袖协办外交事务，九月被法夷、英夷迫签“北京条约”（英夷增开天津通商口岸、割让九龙司，允许华人赴英做工，赔偿军费八百万两；在共享英夷条款外，法夷又胁迫允法籍教士自由传教，赔还以前没收天主教堂学校田产，任由租买田土建造自便），直隶畿南土匪蜂起、捻军攻进山东，冬十月被俄夷迫签“北京条约”（边界被进一步侵蚀并准许俄人享有领事裁判权，边民免税贸易并增开陆路商埠增设领事等），十二月命在京设立总理各国通商事务衙门、英夷伦敦会传教士至天京商请传教问题。【辛酉】十一年春正月广西壮族天地会起义，二月英夷于汉口与九江强设租界、山东白莲教起义，夏四月命三品京堂左宗棠帮办两江总督军务（从曾国藩奏），六月奉天地震，秋七月帝病笃、立皇长子载淳为皇太子（时年六岁），帝崩、皇太子尊生母那拉氏为皇太后，八月监察御史董元醇奏请皇太后权理朝政，九月大学士桂良等遵旨上皇太后徽号慈禧，冬十月授恭亲王奕䜣为议政王（革职载垣、肃顺等）、载淳即位（英夷使报其外相北京政变情形，称“恭亲王及其同僚之操权，乃是对外维持友好关系使然”，并以谕旨痛斥逮捕英代表为奸恶行为为“我们自和中国有关系以来最为有利的文件”），十一月皇太后御养心殿垂帘听政。

【壬戌】穆宗毅皇帝同治元年春正月署贵州开州知府戴鹿芝刑毙法国教士及教民（四月命贵州巡抚提督张贴弛禁天主教条约），李鸿章募淮勇建淮军，二月山东教匪拆毁曲阜尼山圣庙书院及颜母祠（此为具有太平军背景的一支捻军），英夷外相令防守上海等口岸以防太平军占领（三月英法夷使声称助官军协同防剿），南昌开考生童焚毁城内教堂并遍贴“扑灭异端邪教公启”（湖南长沙、湘潭科举考生亦如之），工部尚书王庆云奏请严限官弁士子兵丁吸食鸦片洋药，三月前任顺天府尹蒋琦龄奏请崇程朱正学以端政本，陕西渭南回民起事（时汉、回仇杀，西安、大荔一带汉回死亡数十万人），夏四月英法夷军败太平军并陷浙沪多地而大肆抢劫、上海徐家汇耶稣会神学院开办，五月法夷迫使越南订立“西贡条约”（割让南部三州及一群岛）、台湾地震，前任太常寺少卿李棠阶奏请讲解《通鉴辑览》《大学衍义》（以收物格意诚克己治心之效），六月直隶蝗灾，秋七月广东滨海风灾（溺者万余人）、奕䜣奏建京师同文馆（设英法俄德日文及天文算学班，由总税务司英人赫德推荐美国传教士丁韪良总管教务近三十年，光绪二十八年并入京师大学堂），八月曾国藩奏江南军中瘟疫流行、江宁将军都兴阿奏泰州入新新教（普渡教）者劈毁祖先牌位，冬十二月谕令太学翰林院治经史性理论策实学，白莲教起事攻占直隶邯郸。【癸亥】二年春正月立广方言馆于上海、广州（从江苏巡抚李鸿章奏请，招收学童学习外语及自然科学，聘英传教士傅兰雅、美传教士林乐知教之），重庆绅民捣毁天主教堂多处（反对将崇因寺抵交法夷主教之故，二月命将地方官撤任议处），二月俄夷侵占新疆头道河地方，夏六月白莲教徒败直隶提督于冠县、河水暴涨（豫、鲁、直，多地水灾），秋八月上海英法夷租界合并改称“公共租界”，九月御史马元瑞奏陈清盗源策（薄赋税慎讼狱、善拊循勤晓谕），冬十月曾国藩委派原马礼逊教会学校学生容闳赴美购买机器，甘肃回民军马化龙陷宁夏，十一月蠲缓山东遭水旱风雹虫扰八十二州县新旧钱漕有差。【甲子】三年春正月谕整顿常平仓、社仓以备荒患，夏四月封故朝鲜国王李昪世子熙为国王，洪秀全死、新疆回民起事，五月谕进讲前史辑要《治平宝鉴》，六月曾国荃率湘军攻陷天京城（太平军聚众自焚投河者众，九月其幼主洪天贵福被捕处死，太平天国亡），新疆汉回械斗增剧，秋八月陕西回民军孙义保等联合内应赫明堂攻占甘肃固原，九月追签“中俄勘分西北界约记”（俄夷狡诈割占巴尔喀什湖东南四十四万平方公里领土），冬十二月曾国藩奏西路军务宜先清甘肃再及关外。【乙丑】四年春二月西宁甘肃、新疆回民军四处攻城略地，英夷国王命上海租界设立“按察使署”，山西巡抚沈桂芬奏请严禁种植罂粟，夏四月御史贾铎奏申明讲约旧例以正人心（言近来州县官藐视旧章，人心风俗败坏滋深，乡里小民日趋邪僻，身列胶庠离经叛道，当宣讲《圣谕广训》、讲论孔孟阐扬正教，俾士民有所遵循）、谕严禁东三省赌博，五月有人劾奏江苏巡抚李鸿章德政不闻（不恤流民而惟闻厚敛），闰五月英夷传教士成立“中华内地会”（企望发展为基督教在华最大差会）、英商董开办“英华书馆”于上海（招收华人子弟学习英语及西学）、浙江大雨连绵（低田尽淹，淹死万余人），六月御史丁浩奏请饬各省督抚甄别牧令（言牧令恣意诛求玩视民瘼，听断不公敲扑苛敛），秋七月四川酉阳教案发生（民众诉说教会罪恶而相约打教，高举诛灭天主教斩草除根牌示，法使威胁总理衙门严办，遂迫使捕杀带头者并偿银十万两）、中亚浩罕汗国阿古柏陷喀什噶尔汉城（办事大臣及汉人四千余人被害）。

【丙寅】同治五年春正月新疆回民军攻陷伊犁（阖城官员被戕），二月御史林式恭奏请严禁民间溺女积习（粤、闽、浙、晋等省均有），夏四月给事中刘毓楠奏陈穷民失业并请饬妥为抚恤，秋八月谕恩威兼用剿抚广东西江土客械斗（据法夷教士称，客匪中有天主教徒一千五百余人），命三口通商大臣崇厚筹设天津机器局，冬十二月福建船政学堂开学。【丁卯】六年春正月命陕甘总督左宗棠督办陕甘军务，御史张盛藻奏不必学习天文历算机巧之术以免士习之乱（谕辩“天文算学为儒者所当知，不得目为机巧……不过借西法以印证中法，并非舍圣道而入歧途”），二月大学士倭仁奏以天文算学为教习正途为益甚微所损甚大（复论不可奉夷为师免失人心，奕䜣以自强计划驳之，倭仁遂称病辞职），夏五月从江苏学政鲍源深奏请刊刻书籍颁发各学振兴文教（洪、杨基督教化革命极端仇视并焚毁儒籍，以致旧藏大半散佚之故），候选直隶知州杨廷熙奏请撤销同文馆以弭天变（且以为西教本不行于中国，而总理衙门以幼帝名义导之使行）、谕驳之并谓其迂腐，六月谕剿办湖南斋会会匪，直隶枭匪纷起扰掠，秋七月永定河漫，九月从左宗棠奏请严办哥老会匪以杜乱萌，冬十月从给事中夏献馨广立义仓以裕民食奏请，陕、滇回民军攻陷多地，十一月台湾地震、御史游百川奏请崇尚经术以端趋向（谕答学有根底拔取真才、崇尚实学通经致用），是年南北多省遭水旱风雹等灾。【戊辰】七年春三月谕饬各省督抚查禁焚烧邪说传奇（以端士习而正民心），夏四月永定河决，翰林院侍讲学士钱宝廉奏请严禁火葬（谕“火葬之习久干例禁，近来浙江嘉湖等府尚有此弊，实于地方人心风俗大有关系，亟宜严禁以挽颓风”），闰四月命严缉广东会党，六月蒲安臣与美夷国务卿于华盛顿签订“中美续增条约”（清廷以美夷蒲安臣为使团负责人，美国遂取得最惠国待遇并可设学堂，对此后西方思想文化侵蚀中国影响甚巨），秋七月河决河南荥泽、扬州教案发生（官绅民众驱逐洋人、冲击教堂，英使等遂以武力威胁，十月曾国藩被迫应允撤职扬州知府、赔偿损失，并立碑申明保护教士）、河南武陟沁河堤决，从浙江巡抚马新贻请予宋儒袁燮从祀文庙（燮师从心学学者陆九渊），冬十一月四川酉阳教案再次发生（第一次教案后法夷传教士及教民势焰益张、民教矛盾益深之故），十二月英夷传教士强租福州地并枪杀乡民、英夷与潮州乡民冲突并打死乡民十人（广东巡抚屈辱答允英夷领事惩办潮州乡民）、英夷登岸汕头焚烧虏掠并杀害乡民六十九人，从御史游百川奏请再次严禁栽种罂粟（种植始于甘肃延及陕西、山西，再至江苏、河南、山东等省）。【己巳】八年春正月醇郡王奕譞与大学士倭仁奏筹修约（以为庚申必应和约，现在必应羁縻，将来必应决裂，请集思见济时艰、收民心屏异物；中国驭外夷必能战能守而后和局可久，今日只有待以邻敌羁縻弗绝之法，讲和设备不可偏废；奕䜣则乡愿辩称专务自强为力争上流之计，正气足则邪气自不能干），三月从御史宋邦僡请严饬各州县实心讲求吏治以兴教化（杜浮收省徭役禁赌博、兴复社仓社学），迫签中俄“改订陆路通商章程”（俄夷可在蒙古各地贸易且不纳税），夏五月贵州遵义教案发生（无赖教民纠合教众打坏炎帝庙神像之故，在法使胁迫下李鸿章妥协赔款并流放民众带头者；此外福建罗源教民故意倒燃神烛，激发众怒拆毁英立礼拜堂亦引发教案）、直隶永定河复决口，六月西华门内武英殿失火（倭仁等奏请勤修圣德以弭灾变），秋七月订立中俄“科布多界约”（俄夷割占中国斋桑湖以北地区），冬十一月严禁京师寺观演剧招摇及妇女入庙（从御史锡光请以端风化）。

【庚午】同治九年春二月责成左宗棠督剿甘肃回匪，夏五月天津教案发生

（时亢旱异常人心不定，教民王三主使迷拐幼孩愈致民情汹汹，忿怒民众殴毙蛮横逞凶之法夷领事并杀死教士修女多人，捣毁教堂及英美讲书堂六处，七国公使施压、法夷舰开进大沽威胁，曾国藩等遂委曲求全牺牲民众以羁縻外夷），秋七月订立中俄“塔尔巴哈台界约”（俄夷割占中国斋桑湖东、南土地），八月江西南昌、临川教堂被毁，九月英夷求禁《辟邪实录》（清廷被迫从之并通谕各省，基督教气焰遂愈为猖狂），冬十一月甘肃回教新教总大阿訇马化龙等降于清军刘锦棠部（因谋逆已久而被处死）。【辛未】十年春二月左宗棠上“安插陕西就抚回众请增设官员以资镇抚折”、谕“饬地方官加意抚绥毋使失所，遇有词讼案件只分曲直不分回汉，总以持平办理毋任稍滋事端”，左宗棠始令军队一路植树（自陕西至甘肃六百里间种活二十六万余棵，时称“左公柳”），三月中日始会订条约（日本欲以列强牵制中国，李鸿章则欲联合日本以夷制夷），两江总督曾国藩等奏筹办多处土客开垦事宜（分别有主无主严禁侵占，保甲编册除莠安良），夏四月程朱学者大学士倭仁卒（持守中华正统而反对世俗西化），五月左宗棠奏请饬令各省一体禁绝回民新教而不从（谕只当分别从逆邪正不必论教之新旧，以免操之过蹙致激事端），俄夷侵略伊犁（七月陷伊犁，迫各族降而民众不从），六月文宗弟醇亲王奕譞第二子载湉生，秋七月永定河复决、黄河涨灌汜水城，八月谕各省严禁民间宗教会党蛊惑滋事、河决山东郓城，冬十一月蠲缓直鲁浙、十二月蠲缓湘苏豫诸省遭水灾民额赋有差。【壬申】十一年春二月曾国藩卒（谥文正），三月英夷创办《申报》于沪，夏六月新疆阿古柏政权非法与俄夷签订“喀什噶尔条约”（俄承认其为独立王国，阿古柏则准许俄设商业代理人），秋七月首批赴美留学幼童由沪出发，八月日本“册封”琉球王尚泰为“藩王”（去年冬琉球渔人遇风漂至台湾与土人冲突被杀，日本认为琉球当为日本势力范围，遂朝野激愤主张兴师问罪），冬十一月平定西宁回军、大理回军，从左宗棠奏请严禁陕甘种植罂粟，十二月日重轮（且抱珥五色），云南巡抚岑毓英杀大理降回杨荣及回民军三万余人（明年五月云南全境平）。【癸酉】十二年春二月谕宽宥云南被胁之人自新（并令汉回不得挟仇讦告，用示覆帱生成、咸与维新之至意），夏四月日本使臣询问三事（澳门是否由中国管辖、朝鲜诸政令是否自主、台湾生番戕害琉球人拟遣人诘问，可见日本此时已有仿效澳门侵略朝鲜、出兵台湾、吞并琉球之殖民野心；总理大臣毛昶熙答台湾琉球俱属中土，裁决恤惩自有措置并不预日本事），秋九月左宗棠等攻下肃州（陕甘回乱十余年，至此关内肃清），英夷军事使团携英王亲笔信及枪炮至喀什噶尔私交阿古柏，冬十月御史沈淮等疏谏缓修圆明园（同治帝辩称孝养两宫而不纳），法夷主教遣教士潜赴四川黔江传教被杀，十一月刘永福黑旗军战败法夷军并迫其退出河内。【甲戌】十三年春正月御史邓承修奏广东乡试科试期间赌风甚炽、谕令严禁以肃政体杜弊端，二月日夷设台湾事务局及侵台基地，阿古柏非法与英夷签订“英国与喀什噶尔条约”（英夷承认其为独立国并赠六万支步枪与修理厂设备，获得南疆通商低税、领事裁判权），秋七月恭亲王奕䜣与醇亲王奕譞疏言帝失（谏停园工、戒微行、远宦寺、绝小人、警晏朝、开言路、惩夷衅、去玩好），冬十一月李鸿章奏筹海防六条（改练洋操、仿造枪炮、购铁甲船、扩海防军费、开洋务取士与用人之途），十二月帝崩（患天花）、以载湉为嗣皇帝（承继文宗为子入承大统）、皇太后垂帘听政。

【乙亥】德宗景皇帝光绪元年春正月弛内地民人入台湾耕垦例禁并建城设官开山抚番（从钦差大臣沈葆桢等奏），云南民人怒杀英夷使馆翻译马嘉理（英夷占领满洲后复图谋中国西南，遣军探测自缅甸通往中国线路，马嘉理接应后扬言进攻腾越城，民人愤极戕杀之并将探路者逐回缅甸，英夷遂威胁施压清廷），帝即位、谕令各省督抚振刷精神整顿吏治（从候补郎中魏纲“天下吏治之坏，至近年而极”疏奏，以改夤缘奔竞弊窦丛生现状），三月谕令左宗棠以钦差大臣督办新疆军务（先是同治六年应占据喀什噶尔之回族新教势力之请，浩罕国军人阿古柏于南疆自建“哲德沙尔”国，十年俄夷复乘乱占据伊犁九城等地；是时朝廷有海防塞防之争，李鸿章一派主张妥协而暂弃关外主权，左宗棠则主张关内关外并重、收复新疆保护蒙古拱卫京师），夏六月命严查广东韦姓赌局、日夷内务大臣强行宣布禁止琉球入贡中国（改奉明治年号遵日本法律允日军驻兵，琉球遂遣使来华求助），秋七月直隶永定河漫，八月日夷制造“江华岛事件”（日舰非法驶入汉江口测绘，炮毁朝鲜江华炮台并屠杀朝鲜军民），冬十月延平教案发生（美夷教士于福建延平建教堂被绅民阻止，此后依然强建引起公愤，民众两度拆毁教士住宅并将其驱逐出境，最终闽浙总督将知府革职并赔修房屋），冬十二月日夷诈称朝鲜为独立国（中方声明朝鲜为中国属邦，但仍劝朝鲜忍耐礼接日本）。【丙子】二年春二月日夷武力胁迫朝鲜签订“江华条约”（规定朝鲜国为自主之邦而日人在朝鲜犯罪按日本法制裁，以及开放港口设立使馆等破坏主权条款，旨在隔断中朝传统藩属关系以便深入侵略之），三月四川江北厅乡民聚集破坏法夷教堂医馆，夏五月福州暴雨潮涌（灾民数十万）、四川涪州闹教（劫毁教民百余家，杀毙十余人），闰五月皖南教案发生（村民杖毙教徒焚毁教堂，宣城诸地亦类之，两江总督沈葆桢被迫严惩带头者并赔偿损失），六月云南地震、各省多有聚众起事者，秋七月迫签中英“烟台条约”（为英夷“昭雪”云南教案，增开通商口岸与外轮码头多处，英派员赴西藏探路须给护照），冬十月命赈济江北大量旱饥流民。【丁丑】三年夏四月驻英公使郭嵩焘奏请禁鸦片并预防西洋传教流弊，阿古柏死（俄夷英夷支持阿古柏以分割新疆，左宗棠遣刘锦棠等平定新疆北路后又攻克南疆多城，阿古柏部众叛离、服毒自杀，年底除伊犁外新疆全境收复），江苏、安徽蝗灾，五月福州暴雨成灾（淹死二千人而饿死无算）、六月广东暴雨成灾（淹死万余人），秋七月新疆改行省郡县（从左宗棠奏以为久远之计），直隶、顺天土匪肆虐而吉林马贼焚掠。【戊寅】四年春二月新疆全境底定，令民间严禁溺女，三月广州风雨（伤亡万余人）、令中外大臣保荐才能出众清正端方之士（以清吏治苏民困），秋七月谕令各省严禁栽种罂粟，河南水灾、沁河决口（受灾之重二百多年来所未有），八月命各省督抚饬令地方官禁宰耕牛，九月御史周开铭奏东南数省水灾（以为各省哥老会、天地会甚多，恐灾民被其煽惑而请赈济查拿），冬十一月从内阁侍读学士广安奏命严禁赌博以清盗源，十二月香港大火。【己卯】五年春二月毓庆宫授读夏同善奏治黄河下游要务（疏浚海口、开直河湾、开通支河），三月沈葆桢奏日本大臣来函称该国废琉球改设冲绳县，夏五月甘肃大地震（山崩地裂，三万余人罹难）、谕命李鸿章等整顿海防江防（筹自强之策以御外侮），秋七月谕令严禁广东吸食鸦片聚赌盗窃恶习，八月崇厚擅与俄夷签订“里瓦几亚条约”（割地赔银、多建领事及增辟陆商路线，并于新疆、蒙古有免税特权，冬十二月洗马张之洞等奏谏该约丧权辱国，危害极大务须改议），八月严谕驻藏大臣开导僧俗勿拒洋人入藏游历。

【庚辰】光绪六年春正月命大理寺少卿曾纪泽为钦差大臣使俄要求改约（来年正月改定条约挽回部分主权），夏五月左宗棠奏新疆设置省县大略及善后事宜（拟先设乌鲁木齐为总督治所、阿克苏为巡抚之所、将军旗营驻伊犁，以修浚河渠、建筑城堡、广兴屯田、清丈地亩、厘正赋税、分设义塾、更定货币为善后端要），河南雹灾，六月福州水灾，秋七月俄军麇集松花江拟进犯中国，八月御史刘治平奏畿辅盗风日炽，九月河漫直隶东明，冬十月俄夷至乌兰等处游探绘图、法夷谋占越南北境并入云南通商、法夷声明不承认中国对越南享有宗主国主权，祭酒王先谦奏招商局员营私害公败坏局务，十一月兵部右侍郎梅启照奏请整顿水师严防日本，越南国王遣使入贡，十二月朝鲜国使臣瞻觐于午门外。【辛巳】七年春正月台湾地震，二月通政使司参议刘锡鸿弹劾李鸿章蔑视纪纲跋扈欺谩而被革职，三月两江总督刘坤一奏称招商局委员盛宣怀收买轮船等项舞弊属实，四川雷雨冰雹、夏五月福建地震、六月甘肃地震，秋七月赏给朱次琦、陈澧五品卿衔（通经学道学行纯笃，可为修学者劝），申禁广东韦姓赌博，江西大雨洪灾（淹死人口无算），九月台湾飓风地震成灾，冬十一月侍郎宝廷奏近年风习日坏一日（上下钻营贿赂潜行，吏治败坏所用非才）。【壬午】八年春二月御史陈启泰奏禁革《申报》（捏造射利、蛊惑视听且藐玩纲纪之故），夏四月福建风灾、朝鲜与美英二国分签“通商条约”（洋务派马建忠等应邀监临之），五月琉球国陪臣来华称被日胁迫苛政猛烈（言仰望天讨复国复君仍修贡职），六月朝鲜壬午兵变（朝鲜士兵杀世俗开化派兴寅君李最应及日人七名，其国高宗生父兴宣大院君李昰应为尊儒传统派，至是自称国太公专政并袭击日使馆、杀亲日派大臣，日夷遣兵船入朝，丁汝昌等奉李鸿章令执大院君并捕其党，朝鲜被迫与日夷订立“济物浦条约”而赔款谢罪允日驻军，李鸿章等洋务派妥协举措实际失去中朝主权，后清廷虽改变态度并礼送大院君回国，但复与高宗闵妃俱陷日俄之争旋涡，大院君虽寄望中国济助而终无力回天），冬十月直隶地震（罹难者众），十一月蠲缓鲁苏皖湘四省水旱灾民额赋。【癸未】九年春二月云南乡民烧毁法教堂并杀多人（七月以革职地方官赔偿五万两结案），夏四月刘永福黑旗军败法夷于河内，御史陈启泰奏请整饬学校以端吏治之本，御史黄兆柽等奏江苏盐枭地痞盘踞滋扰及浙江客民土民械斗劫掠，五月河决山东民埝多处，六月越南国王阮福时卒、以其弟阮福昇嗣位，秋七月直隶永定河漫、法越签订“顺化和约”（越南被迫承认为法夷保护国），八月李鸿章与法使议越南分界（李鸿章主张河内以北归中国保护、法国保护南部而法使不允）、御史刘恩溥劾李鸿章畏葸并奏请速饬宸断收复越南，冬十月越南主战派弑其国王、立阮福昊为建福王并否认“顺化和约”。【甲申】十年春二月从御史文海奏严饬禁止妇女逛庙以免伤风化，三月皇太后懿旨开除奕䜣等差事（因循保荣之故），法夷攻陷越南北圻大部并以兵胁抵厦门等地，夏六月江西水灾（淹死无数），法夷攻陷台湾基隆炮台、台湾巡抚刘铭传等击退之，法夷国会支持内阁对华军事行动、秋七月法夷突袭福州水师（击沉七舰与船厂炮台）、谕令对法夷宣战，九月法夷海军封锁台湾，冬十月朝鲜开化党勾结日夷叛乱、袁世凯等击退日夷及开化党军，十一月日朝订立“议增续约”（朝鲜被迫谢罪赔款），甘肃地震，十二月滇粤合军血战三日大败法夷。【乙酉】十一年春正月法夷侵掠镇南关并封锁广东北海，二月冯子才等攻克谅山大败法军，夏四月订立“中法会定越南条约”（法不得过北圻侵犯滇桂边境，而中国亦不派兵前赴北圻，中国不过问法越定约章程），秋七月左宗棠卒（谥曰文襄，入祀京师昭忠祠与贤良祠），八月命释送朝鲜大院君李昰应归国（大院君通告各国使臣，大事须请命中国），谕令严禁妇女听书宴会任意游观，九月俄朝互换“和好通商条约”，冬十一月英夷占领缅都俘虏缅王并合并缅甸（十二月命曾纪泽照会英外相，力主保存缅甸阿瓦王室）。【丙戌】十二年春正月命张之洞等化导琼州生番黎人（纳曾纪泽奏，务使逐渐归化），二月命缉拿广东劫盗各案（广东盗风肆虐，盗吏勾结官员匿报，河南等省亦然），夏四月缅甸木邦土司钟文源至腾越求内附（五月稔祚土司恳请兵援，清廷因不敢轻启英衅而未许），五月从御史文海奏请严禁士子吸食鸦片，刘铭传奏招抚台湾生番四百余社（后又次第剿抚归化之），袁世凯报称朝鲜闵妃用事（挑动各国制华以弃藩自主），重庆民教冲突（民人与教士教徒矛盾激化而毁英法教堂，民众死伤三十余人而考生罢考商人罢市），六月藏人阻止英夷入藏游历（清廷令约束番众不得滋事），被迫订立“中英会议缅甸条款”承认英夷对缅主权，冬十月《天津时报》创刊（由怡和洋行外商创办，英传教士李提摩太主笔，深刻影响康、梁等世俗化变法思想），十一月蠲缓山东水雹风旱虫灾民钱漕杂课有差。

【丁亥】光绪十三年春二月谕饬修各省废弛保甲以戢暴安良、直隶永定河决，夏四月总署奏拟出洋游历人员章程，六月河决直隶开州（山东七十六州县被灾）、直隶永定河与潮白河决、秋八月河决河南郑州（延及皖苏而漂没无数），九月刘铭传等奏台湾改设郡县，冬十一月云南大地震（死伤四千余人）。【戊子】十四年春二月英夷攻毁隆吐山藏兵营房（八月侵占哲孟雄），秋七月永定河漫堤多处，冬十月国子监祭酒盛昱以康有为封奏交翁同龢请变法图强而不允，十二月京城失火延烧太和门（皇太后懿旨修省停工节俭）。【己丑】十五年春正月《万国公报》复刊（美传教士林乐知等主编）、镇江英租界印度巡捕殴辱华人激变（毁英美领事馆），二月皇太后归政、光绪帝亲政，夏五月谕令整顿浙江、江南考场纲纪弛纵风气，秋八月天坛祈年殿雷击火灾，冬十一月湖广总督张之洞奏西学确有实用（主张旁收博采以济时需），十二月蠲缓鄂、苏、浙、豫、陕诸省被水灾民钱粮有差。【庚寅】十六年春二月迫签“中英藏印条约”（原西藏藩属哲孟雄转由英夷保护并重定藏哲边界），秋八月日夷荒尾精“日清贸易研究所”于沪成立（为日夷培养间谍翻译人员），冬十一月朝鲜国王以美夷人为内务协办（本年二月已用美夷人充税务司）。【辛卯】十七年春二月御史高燮曾奏请举行日讲（光绪帝竟以为虚文无实而不纳），俄夷沙皇宣布兴建西伯利亚铁路（四月其东段于海参崴开工），三月山西地震，夏四月安徽芜湖教案发生（法夷天主教堂修女拐带中国幼童入堂索还不与，民众聚集焚毁教堂，两江总督刘坤一处死领头之哥老会首、撤任地方官并赔款结案）、江苏丹阳教案发生（该县天主教会墓地七十余具儿童伤残尸体被发现、育婴堂亦无一活婴，激起民众公愤焚毁教堂而多县响应，刘坤一派兵镇压并撤职查文清等六县知县、逮捕二十人判刑并赔款结案）、湖北广济武穴教案发生（天主教徒拐骗幼童送九江法教堂且途有死者，激起民众公愤而焚毁教堂击毙传教士，在美夷舰示威下湖广总督张之洞逮捕首事者并以二人抵命、赔偿结案），秋七月宜昌教案发生（法夷天主教圣母堂收买被拐带小孩，美夷圣公会教士枪击集聚民众引发公愤，遂烧毁教堂多处并伤及传教士，外夷纷纷恫吓施压，张之洞令逮捕十余人并赔款结案），八月命刊发世祖《劝善要言》并令地方学官宣讲，冬十月热河金丹道起义（天主教堂遣教民恃强借粮，在理教首论理被传教士枪杀激起民愤，起义者提出“仇杀天主教、仇杀蒙古王公、仇杀贪官”号令，惩处作恶多端传教士八百余名，光绪帝竟令东北三省合剿之，二万余无辜民众被惨杀）、十一月光绪帝始从同文馆教习讲解洋文。【壬辰】十八年春二月辅仁文社成立于香港（由有热血担当的温和西化派组成），夏六月永定河决直隶坝州，孙文毕业于香港西医书院（广东香山县人，少年时曾系统接受美式西化教育，光绪十年于香港入基督教，后成为推翻清王朝的西化革命派领袖），闰六月河决山东惠民、利津（七月复决济阳），秋九月福建学政沈源深奏请以宋儒游酢从祀文庙而从之，冬十月山东利津海潮（千余人罹难），十一月朝鲜东学党人聚会请愿弛东学党禁。【癸巳】十九年春三月袁世凯报称朝鲜东学党聚会讨倭斥夷，夏四月甘肃地震（罹难者甚众），六月直隶永定河漫决多处，秋七月四川打箭炉地震，冬十一月毛泽东生于湖南湘潭韶山冲（中华民族英雄与人民领袖，中华人民共和国缔造者），张之洞奏湖北建自强学堂（招选两湖学生分习方言、格致、算学、商务四门），十二月蠲缓鄂、湘、浙、陕、苏诸省被灾州县钱粮。

【甲午】光绪二十年春二月朝鲜义士洪钟宇暗杀朝鲜亲日开化派新党首领金玉均于上海（朝鲜政府将金玉均尸身凌迟示众，日本自谓受辱而欲挑起反华浪潮，朝鲜东学党全琫准举“逐灭倭夷，尽灭权贵”义旗起事，朝鲜求援而清廷派兵协同镇压，日本亦乘机出兵进驻朝鲜京城，中日关系剑拔弩张）、湖南与江西等省会党聚众滋事被剿，夏六月谕严禁毛奇龄《四书改错》诋毁程朱之朴学谬说（纳河南学政邵松年奏，以尊崇程朱正学），日夷拥大院君李昰应主政并攻掠中国驻朝公署、日夷突袭击沉中国运兵船而中日战争爆发、日夷胁迫朝鲜废除中朝条约而宣布自主，秋七月谕饬广东举人康有为自行销毁《新学伪经考》（诋毁前贤煽惑后学之故），对日宣战、八月中日平壤之战发生（左宝贵战死而叶志超逃跑，日夷控制朝鲜全境）、黄海海战发生（北洋舰队损失严重），冬十月日夷陷奉天、大连、旅顺（制造旅顺惨案，二万多居民惨遭杀戮），孙文等成立兴中会于美夷通过政变控制之夏威夷（以“驱除鞑虏，恢复中国，创立合众政府”为秘密誓词）。【乙未】二十一年春正月日夷陷威海卫而北洋舰队覆没、孙文成立香港兴中会总会，二月孙文等谋攻取广州而未果，三月李鸿章被迫与日夷相伊藤博文签“马关条约”（承认朝鲜为独立国并废贡献典礼，将辽东、台湾岛及澎湖列岛让与日夷，赔偿军费二亿两并添加四处商埠，后在俄德法夷平衡干涉下放弃辽东半岛而索赔三千万两，清廷以关税等担保借洋债以赔之），夏四月康有为等公车上书（联合一千二百名举人签名“上清帝第二书”，呈请拒和、迁都、变法），六月山东堂邑义丐武训卒（身处底层受尽辱难，尊崇儒教纲伦礼义，兼融道释劝善雅俗，竭尽毕生愿力兴立传统义学，于民风不古之清季乱世可谓震撼人心），福建古田教案发生（古田斋教徒众火烧英办教堂并击毙教士，命闽浙总督以杀害民众二十六人、充刑六十六人并革职地方官结案）、山东利津河漫（随即齐东、寿张河决）、命饬各省务须实力保护教堂处所（以光绪帝为代表的清廷屈于外夷淫威，一向镇压民众谄媚外夷，遂渐失民本政教合法性）、康有为办《万国公报》以通中外风气，秋七月以宋儒吕大临从祀文庙（从陕西学政黎荣翰奏请，以崇实学而光茂典），广东地震、津海关道盛宣怀开办中西学堂于天津，九月日夷侵占台湾全岛、孙文筹划广州起事失败，冬十月北京强学会《中外纪闻》创刊（梁启超等主笔，十二月因御史杨崇伊奏其植党营私、专贩西学被封禁）。【丙申】二十二年春三月山西巡抚胡聘之奏请变通书院章程（增设天文、格致等学以裨实用，四月陕西亦立格致实学书院），夏四月新建陆军督练袁世凯于天津创办武备学堂，命严禁京城赌博盗劫炽盛风气，李鸿章被迫与俄夷签定“中俄密约”（协御日夷，准俄夷于黑龙江、吉林筑铁路达海参崴并允夷兵驻护），五月台湾义勇抗日（此后从未间断）、河决山东利津，六月奉天海潮（被灾二十余万人）、永定河决直隶坝州、订立“中日通商行船条约”（中国主权进一步丧失），秋七月《时务报》于沪创刊发行（梁启超主笔，连载《变法通议》而风靡海内），皖、鄂、川、湘诸省暴雨蛟水，冬十一月德夷皇欲租借胶州湾未果而决意武力侵占。【丁酉】二十三年春正月湖南地震、河决山东章丘，三月《湘学新报》创刊于长沙（唐才常撰述，宣传变法维新并介绍西学），夏四月中国通商银行于沪成立（盛宣怀主办，旋设多地分行），五月户部奏请各省鸦片种植厘税并征以还洋款（被迫开禁之后罂粟种植遂不可遏，国家重利苟且不顾民生必致国将不国，故六月山东巡抚李秉衡奏驳赫德土药税厘并征说，以为害稼贼民必致亩无栖粮家无储粟），秋七月浙江巡抚奏报专设求是书院兼课中、西实学，冬十月国闻报于津创刊（严复等董其事），山东巨野教案发生（德夷猖獗传教山东，大刀会率巨野村民殴毙德传教士二人而诸地响应，后以革职山东巡抚等官员、逮捕民众并处死二人及赔偿损失结案，德夷乘机强占胶州湾并攫取山东路矿特权），十一月俄夷强占旅顺、大连（藉李鸿章乡愿乞助，俄夷遂以助华抗德幌子占领旅、大并谋求满蒙特权，而实则与德达成妥协，张之洞等遂又欲联英日以抗德俄），河决山东利津。

【戊戌】光绪二十四年春正月光绪帝欲用康有为变法图强，二月与德夷迫签“胶州湾租借条约”（允借九十九年，允建铁路并开矿）、三月与俄夷迫签“旅大租地条约”（租二十五年并允建南满铁路），闰三月法夷强占广州湾，严复译赫胥黎《天演论》出版（宣扬西方物竞天择进化论）、德夷士兵毁坏即墨孔庙圣像引发众愤（光绪帝竟以查无此事不了了之），左都御史徐树铭奏请饬湖南学政崇尚正学（指斥讲论新学之学政江标等），湖广总督张之洞上“两湖经心书院改照学堂办法折”（以为“两书院分习之大旨，皆以中国为体，西学为用，既免迂陋无用之讥，亦杜离经叛道之弊”，正如严复所说牛马体用不能混杂，“中体西用”说究为乡愿不彻之过渡性无奈选择），夏四月直鲁交界义和团散发传单声讨洋教、英夷强占威海卫（五月订立“威海卫租借专条”），光绪帝颁“明定国是”诏宣告维新变法（言“以圣贤义理之学植其根本，又须博采西学之切于时务者实力讲求，以救空疏迂谬之弊，专心致志精益求精，毋徒袭其皮毛，毋竞腾其口说，总期化无用为有用，以成通经济变之才”，谕拟用康有为、张元济、黄遵宪、谭嗣同、梁启超，并赏洋务开化派李鸿章、张荫桓），御史黄均隆疏劾湖南南学会（批梁启超倡民主议院恣其横议），五月维新派御史宋伯鲁等奏礼部尚书许应骙守旧迂谬阻挠新政、传统派御史胡孚宸奏参总理衙门大臣张荫桓谄敌病国，令此后大小科试一律改四书文为策论并废八股文、命筹办京师大学堂并拟章程，纳大理寺少卿盛宣怀奏开办南洋公学（设译书院翻译东、西洋书籍）、康有为呈“请改各省书院为中学堂、乡邑淫祠为小学堂，令小民六岁皆入学折”（光绪帝纳之并命一律兼习中学西学），六月从张之洞、陈宝箴奏而合科举、经济学堂为一事（主张考试以实学实政为主），令群臣读冯桂芬《校邠庐抗议》（该书主张“以中国之伦常名教为原本，辅以诸国富强之术”）、令广为刊布张之洞《劝学篇》、河决山东多地，秋七月令裁撤冗署冗员（詹事府、通政司、光禄寺、鸿胪寺、太仆寺、大理寺归并内阁及礼兵刑部，太后训政后旋即恢复），令内阁侍读杨锐等维新党参预新政、拟以康有为所荐美夷传教士李提摩太为顾问官而皇太后不准、召见杨锐赐以密诏（光绪帝称局势危迫并命速筹对策），八月御史杨崇伊上书皇太后吁请训政以遏乱萌（称“大同学会”蛊惑人心紊乱朝政），谭嗣同奉康有为命劝袁世凯禁锢皇太后（袁世凯告新党密谋于荣禄），皇太后颁诏训政并革惩康有为等（斥其结党营私莠言乱政）、谕令以大逆不道罪名处斩康广仁等六人、谕查拿康有为及梁启超（斥其“首倡邪说惑世诬民”、“学术乖僻，其平日著作，无非离经叛道非圣无法之言”），皇太后懿旨令各大臣以名教纲常为己任、查禁各地报馆并严拿主笔、谕令刊印张贴《劝善歌》以裨益人心风俗、严禁联名结会结党营私，九月谕令严禁惩办天津《国闻报》（以为挟洋自重刊布邪说）、谕令各省学堂一律停罢（书院照旧办理以讲求实学），冬十月河漫山东（三十余州县受灾）、湖北江湖会起事焚教堂杀教士（其教徒唆使休妻败坏彝伦之故），谕令革翁同龢职永不叙用（斥其辅导无方避陈经义、怂恿乖谬滥保匪人）。

【己亥】光绪二十五年春正月湖南南学会复改回孝廉书院，二月商务总局设立于沪（派翰林院修撰张謇等办理，选举丝茶各业巨商为商务总董），夏五月英夷侵占九龙、法夷企占吴川与遂溪、德夷侵占高密，协办大学士刚毅奏饬办理铁路矿务总局大臣严定章程（以清内奸而弭外患），六月康有为成立保皇会于加拿大，秋七月美夷拟对华采取“门户开放”政策计划（中国海关税务司英夷贺璧理最先提出，八月美夷通牒英德俄夷并请赞助之），八月山东平原义和团朱红灯焚烧教堂，申谕各省讲明《圣谕广训》（俾咸知纲常名教之重，以正人心厚风俗）、贵州遵义哥老会率众焚烧仁怀教堂及教徒多家，兴中会与哥老会等成立兴汉会于香港（公推孙文为总会长），冬十月法夷强据硇东、东海二岛，美夷胁迫速平山东义和团，与法夷迫签订“广州湾租界条约”（租借九十九年并得合办广东矿务），十一月命山东巡抚袁世凯持平办理民教不和矛盾，谕令严拿兴中会等会党，十二月山东平阴、肥城民众反抗西教并杀英传教士，令通缉上海绅商（联名上请反对废除光绪帝之故），英、美、法、德、意诸夷使胁迫速下剿灭义和团上谕。【庚子】二十六年春正月命各省学政考官取士不可喜新好异离经叛道，内阁侍读学士陈夔龙奏请整顿学校提倡正学以祛积惑储真才（谕“内行不修，乡评不许，放言高论，气质嚣张，沾染康、梁恶习者，严斥而痛惩之”），河漫山东滨州，命严禁天津《国闻报》（以其“造作谣言，变乱是非，乃至诽谤朝廷”），二月英美法德意诸夷再次要求剿办义和团遭拒后武力威胁之（禁止义和团谕旨被迫公布于《京报》），美夷无耻宣布各国赞同其“门户开放”殖民均势政策，命袁世凯抗议英夷圈占文登、荣成（及德夷枪杀华人事件），三月梁启超函劝孙文倒满洲而兴民政，夏四月谕令教徒犯法者教士不得干预以弭乱相安（教士偏护教徒挟制州县，民众受侮相率仇教之故），夏五月义和团焚毁近畿车站与京津铁路、英夷西摩尔率英德俄法美日意奥八夷联军自天津进犯京师、义和团与八夷联军激战廊坊并进京焚教堂杀教徒，张之洞与刘坤一致电建议剿办义和拳民、皇太后决意主战外夷以保国体，孙文抵达香港商议起事，义和团与董福祥甘军进攻京师外国使馆教堂，皇太后以光绪帝名义发布诏书宣战八夷联军（谕“与其苟且图存贻羞万古，孰若大张挞伐一决雌雄”）、聂士成部与八夷联军激战于天津，东南各省督抚纳买办盛宣怀倡议决意“东南互保”（商定长江及苏杭内地各国商民教士产业由督抚切实保护而上海租界归各国共同保护、上海制造局与火药库仅限于“剿匪”以保护中外商民之用、各国兵轮照常停泊各口岸，其实质即洋务维新派承诺与外夷共同镇压中国民众反洋教反洋化运动、共同保护外夷教士及中外商民以安南方，洋务派刘坤一、张之洞亦视宣战之后太后懿旨为矫诏而拒不奉行），六月谕令各直省晓谕教民悔悟自首者予以自新（各国教士一律驱遣回国），德夷瓦德西率八夷联军攻陷天津（直隶提督聂士成等死之，新任帮办北洋军务大臣宋庆等痛杀义和团数千人以致无人守城巡街，八夷联军遂大肆屠杀而积尸数里），俄夷制造灭绝人性之海兰泡惨案与江东六十四屯惨案（侵占黑龙江东岸并残杀焚淹村民七千余人），秋七月西化派唐才常等于沪召开“中国议会”（宣称不承认通匪矫诏之“伪政府”、联络外交平内乱、保全中国自主、推广中国未来进化，选容闳为议长、严复为副议长），俄夷侵陷奉天营口而八夷联军侵据杨村（前直隶总督裕禄死之）、八夷联军陷京师（公然劫杀尸积遍地，元明以来典章文物、国宝奇珍扫地殆尽），皇太后及光绪帝迫走山西、陕西（体仁阁大学士徐桐自缢于京师），八月户部尚书崇绮自缢，俄夷陷吉林与黑龙江省城（闰八月复陷奉天诸地），闰八月命分办拳民与拳匪（晓谕拳民解散归农），夷帅瓦德西抵京师据中南海仪鸾殿、英德法意等夷陷保定与易州等多地，孙文派人联合会党起事于惠州而失败，冬十二月下诏变法（皇太后始被迫崇洋媚外，谕一意振兴而严禁新旧之名、浑融中外之迹），谕李鸿章等酌定和约（慈禧太后妥协退让以图社稷生存，竟言“量中华之物力，结与国之欢心，既有悔祸之机，宜颁自责之诏”）、云南地震，俄夷提出侵占东三省权益条款（后迫于各夷利益制衡压力而签约未果）。

【辛丑】光绪二十七年春正月慈禧太后被迫重惩纵庇义和团诸臣（庄亲王载勋自尽，清宗室与汉人爱国排外大臣被处死或发边监禁），命及各夷使定立传教妥章（请求“教士不得再有欺陵平民干预词讼之事”），二月各夷使提出惩处查办外省爱国排外官绅清单一百四十二人（谕首祸已严办多人，勿再多所牵连以致重伤国本大失人心），三月应英夷要求以李经羲为广西巡抚（原广西巡抚于荫霖则开缺候简），德、法夷军西陷娘子关，被迫惩处各省不能实力保护教士教民之地方官五十六人（斩首、发边、革职而大损爱国元气，后复四次续惩地方官员士绅一百余人，传统派与西化派力量此消彼长遂至不可收拾），《国民报》创刊于日本（宣传民主革命思想），夏四月命照博学鸿词科例开经济特科（令保荐洞达中外时务者），按外夷要求停爱国抗教地方考试五年（直隶、东三省、山西、河南、陕西等北方省份部分州府县，及浙江衢州府、湖南衡州府），五月张之洞、刘坤一合奏“变通政治人才为先遵旨筹议折”（设文武学堂、酌改文科、停罢武科、奖励游学，复奏筹议变法整顿中法、采用西法二折），六月河溢河南兰仪、考城而复决口山东章丘、惠民，秋七月谕令此后乡试会试均试策论（以中国政史及外国政治艺学命题，不准用八股文程式并令停武考），被迫与英法德俄美意西奥比荷日十一夷国签订丧权辱国之“辛丑和约”（惩办包容庇护义和团大臣官员，分三十九年赔偿海关银加息九亿八千万两，各使馆由各国驻兵分保，削平大沽炮台及有碍京师至海通道各炮台，允许各国于北京至山海关之间驻兵，到处张贴禁止仇外之上谕，将总理衙门改为外务部并列六部之首），八月命各省府州县书院改设大中小学堂并多设蒙养学堂（教法以四书五经纲常大义为主，以历代史鉴及中外政治艺学为辅），选派心术端正文理明通之士出洋留学、设立西文东文学堂以牖民智，冬十二月命各省持平听断民教争讼而严查传习白莲八卦等“邪教”，会办商务大臣盛宣怀奏南洋公学推广翻译编辑政法诸书，是年会计天下民数近四亿二千六百四十五万人。【壬寅】二十八年春正月梁启超于日本创刊《新民丛报》、张百熙奏京师大学堂拟先设预备科与速成科（预备科设政科艺科，经史、政治、法律、通商、理财等隶政科，声光电化农工医算等隶艺科，速成科分仕学馆与师范馆，另附设译局辅之），二月袁世凯派武卫右军学堂学生赴日本陆军学堂学习，三月直隶广宗景廷宾起义（杀法神甫并号召扫清灭洋），夏四月台湾日本总督屠杀台湾民间抗日领袖林少猫及其亲族，五月《大公报》创刊于天津法租界（法国天主教徒等筹办、满族天主教徒英华任总理，对知识界影响颇大），英夷驻哲孟雄专员侵略西藏多地，谕外务部及总理耶稣教会事务李提摩太商议民教相安规条，秋七月新疆大地震，八月河决山东利津、惠民，湖南营务处提调贺金声竖“大汉佑民灭洋军”旗帜起事被诱杀，冬十月贵州学政赵惟熙奏请严禁民权谬说（以为“风气初开，新书歧出，民权谬说，惑世诬民，推其流弊所极，不至弱肉强食灭绝人类不止，其为世道人心之害，非小说淫词可比”）。

【癸卯】光绪二十九年春正月留日学生马君武等始公开倡言反清革命（既而留日鄂浙苏等省同乡会纷创刊报，主张输入文明反清革命并鼓吹民主共和），二月基督徒马相伯商请耶稣教会于沪创办震旦学院，直隶总督袁世凯、两江总督张之洞奏废科举制度（以为科举不废学堂难兴，给事中潘庆澜驳其措辞失当并恳加惩处），夏四月基督徒邹容《革命军》于沪出版，奖叙美夷山西总教士李提摩太等（让出赔款创立西化学堂之故），五月留日归国学生等开办“湖南民立第一女学”（翌年八月令停办），谕令沿海沿江各省严查倡言革命肆行无忌之爱国学社学生（并整饬学堂条规），闰五月查封《苏报》（该报聘章士钊为主笔，以鼓吹革命为己任），英夷入侵西藏干坝（十月入侵亚东），六月河决山东利津，秋八月浙江宁海民、教冲突相互仇杀，夏旹奏请开办省会学堂招聘明师以端学术（谕奖“湖南举人王闿运昌明经术学有本原，力拒邪说深明大义”），湖南巡抚赵尔巽奏请辑列朝圣训为学堂教科读本（以正人心息邪说），九月黄兴成立华兴会于长沙（以扑灭满清为旨归并定“雄踞一省与各省纷起”革命方针），冬十月商部奏商务当以振兴农务提倡土货为要义，命革四川绥定府教授廖平职并销毁其著书（以为离经叛道行检不修），命查禁京师官员狎妓，十一月谕令颁行张之洞及张百熙“奏定学堂章程”（规定所有学堂立学宗旨均以忠孝为本而以中国经史为基，以西学瀹其知识练其艺能，务期他日成才各适其用；逐步递减乡试会试学额，俟各省学堂办齐后即停止科举），十二月日俄战争爆发、谕按局外中立之例处理日俄交战事宜（竟允划定辽河以东为其交战区，保护各国使馆教堂及外人财产）。【甲辰】三十年春正月河决山东利津，二月英夷败藏兵于骨鲁（六月侵入拉萨，十三世达赖喇嘛出奔，七月谕暂革达赖喇嘛名号，以班禅额尔德尼摄藏事），夏五月皇太后寿辰大赦（谕除谋逆立会之康有为、梁启超、孙文三犯实属罪大恶极无可赦免外，其余戊戌案内各员均予自新），湖北新军中革命士兵及学堂学生发起科学补习所（实际以“革命排满”为宗旨），赐刘春霖等二百七十三人进士及第、出身、同出身有差（此为清朝最后一次科举），六月直隶永定河漫、河漫山东利津，秋七月英夷强迫西藏哲蚌寺等非法签订“拉萨条约”（西藏军民坚决抵制，清廷亦拒绝签字；光绪三十二年迫签中英“续订藏印条约”，英夷攫取许多特权，然亦承认西藏系中国领土），九月华兴会黄兴及哥老会拟于长沙起事反清事泄失败，冬十月贵州学政朱福诜奏请归教者不得入学堂且教士不得预学务（以为生员入教贻害不浅），光复会于沪成立（蔡元培任会长，以兴复汉族为纲领），十二月江苏丹徒民变（反抗加征漕粮）。

【乙巳】光绪三十一年春正月谕达赖喇嘛切勿游移不定自外生成，日夷设镇守府于旅顺、俄夷入侵喀什噶尔，日俄二夷沈阳大战（二月俄大败而日占沈阳）、国学保存会《国粹学报》于沪创刊（以“发明国学保存国粹”为宗旨，鼓吹排满革命民主共和），三月谕令不准巧立名目苛细病民、伍廷芳与沈家本等奏请变通酌改重刑律例（凡死罪至斩决而止，凌迟、枭首及戮尸降改斩决，斩决降改绞决，绞决降改绞监候；缘坐除知情外悉予宽免，刺字等项亦暂行革除），夏五月《二十世纪之支那》创刊于日本（宋教仁等编撰，以“提倡国民精神，输入文明学说”为宗旨，后改为同盟会机关报《民报》），袁世凯与张之洞等连衔上奏请定十二年后实行宪政（并请简派亲贵大臣分赴各国考察政治），六月日美二夷对英日续盟达成协定以对付德俄（美夷不反对日本合并朝鲜，日夷则不企图侵占菲律宾），秋七月命政务处通令各省设立法政学堂，中国同盟会成立于日本（确认孙文提议之“驱除鞑虏，恢复中华，创立民国，平均地权”纲领），八月袁世凯、张之洞等奏请立停科举以广学校（令“自丙午科为始，所有乡、会试一律停止，各省岁科考试亦即停止”，是日江苏多地风潮成灾淹死数千人），日俄签订“朴茨茅斯和约”于美国（俄夷将其掠夺南满特权让渡于日夷），冬十月英夷至后藏迫班禅赴印度，广东连州民众焚美教堂并杀教士（教士启衅村民醮会之故，是月浙江天台法教堂亦毁），《民报》正式出版（孙文发刊词始提民族、民权、民生“三民主义”），十一月与日夷迫订“中日会议东三省事宜善后条约”（被迫承认俄夷让渡日夷之东三省权利并开十六处为商埠，以及日夷管理安东至奉天铁路十五年等）。【丙午】三十二年春正月醇亲王长子溥仪生，福建漳浦民众毁教堂杀教士、南昌教案发生（南昌知县江召棠严正办案，法夷传教士竟诱骗残杀之，民众云集毁法教堂并杀法英教士，在英法武力恫吓下清廷处死民众十人，革职地方官员并赔银二十五万两），二月浙江镇海民众毁英教堂、台湾地震（一千余人罹难），三月学部尚书荣庆等奏谏抛弃彝伦之变法图强必定召乱（以为中国政教之所固有、且亟宜发明以拒异说者为忠君、尊孔），夏四月《民报》共和革命党与《新民丛报》立宪保皇党激烈交锋（因社会西化大环境已成，论战持续两年后以立宪保皇党式微告终），闰四月学部拟定女学章程，贵州提学使朱福诜奏中国适用德式国家学说而非法式自由学说（以为“学术多歧士气不靖，醉心欧化者多为法兰西之自由派，逆节悖理习为固然，请定全国学生为德意志之国家学派”），五月江西苛征苛捐激起民变、江苏出现饥民抢米风潮，安徽霍山民众捣毁教堂并揭“扶清灭洋”旗号，六月袁世凯奏陈预备立宪（中央五品以上官吏参政而为上议院基础，各州县名望绅商参预地方政务而为地方自治基础），秋七月命仿行宪政厘定官制，学部奏请饬查整顿湖南学堂弊端（以为近年湖南士风日变，血气鼓勇不顾义利之安，轻视礼法荡轶范围），八月香港飓风（三万余人罹难），谕内阁定限十年革除净尽洋土鸦片之害（鸦片弛禁流毒几遍中国之故），两广总督岑春煊电奏孙汶蓄谋不轨敛财煽乱，冬十月练兵处议定岁派陆军学生赴日留学，孙文作“三民主义与中国前途”讲演（提出以为众生谋幸福为革命目的，以民族主义革满洲专利种族之命、以民权主义革君主专制政治之命、以民生主义革富人专利社会之命），萍浏醴起义爆发（春间暴雨致江汉湘江泛滥成灾，湖南淹死三四万人而灾民三四十万，黄兴遣同盟会员鼓动新军会党联合起事，但会党与同盟会仅有排满共性而各自起义，檄文亦有传统民本与西化民主之大异），十一月上海绅商与立宪党人成立“预备立宪公会”社团（举郑孝胥为会长、张謇等为副会长）、从湖北按察使梁鼎芬奏建立曲阜学堂，十二月朔日蚀、御史赵炳麟奏请定教育宗旨（建言以明人伦重躬行为曲阜学堂开办要义，谕“学术人心，关系甚大，迭经降旨宣示，学堂以中学为体，西学为辅，培养通才，首重德育，并以忠君尊孔、尚公尚武尚实诸端定其趋向”），蠲缓蠲免鄂、晋、苏、陕、皖、湘诸省水旱灾民粮赋有差。

【丁未】光绪三十三年春正月江苏与浙江现饥民抢米风潮、学部奏准“女子师范学堂章程”与“女子小学堂章程”，三月都察院代奏候选道许钰条陈厘定学务（蒙学堂必以孝经四书为初基、中学堂以上不必人人尽习外文、西式操服必宜禁革、女学堂宜恪守中国礼教不可参用西俗），夏四月孙文遣革命党人于广东起事被剿散，命衍圣公孔令贻会同巡抚稽查山东学务，女子复权会创刊《天义报》于东京（以“破坏固有之社会，实行人类之平等”为宗旨，宣传无政府主义，提倡女界革命及种族、政治、经济革命），五月吴稚晖等创办《新世纪》于法国（鼓吹无政府主义，主张“倾覆一切强权”之社会革命），六月湖广总督张之洞奏设立存古学堂于湖北省城（以为学堂怪风恶俗不忍睹闻，必有乱臣贼子之祸与洪水猛兽之忧，设此学堂以经史词章博览四门为主而以普通科学辅之，以期经训不坠而保国粹息乱源，此乃张氏乡愿失措后无力回天之悔举），日夷俄夷签订“日俄密约”（擅将中国东三省划为南满北满瓜分势力范围，俄承认日在朝鲜地位、日承认俄在外蒙权益，而英美夷复借款中方修东北铁路以渗之），秋七月皇太后懿旨全面化除满汉畛域使一体同等，日夷率朝鲜警察侵占吉林延吉等地，命各省督抚设法解散查拿革命党、孙文策动革命党人于广东防城起事被剿散（宣布“扫专制不平之政治，建立民主立宪之政体，行土地国有之制度”），八月谕令设立资政院以立议院基础，九月翰林院侍讲学士朱福诜奏预备立宪宜明定宗旨（以平政党而慰舆情），梁启超等成立“政闻社”于日本（拥护君主立宪而反对民主革命），日本乞籴（谕苏皖赣鄂湘五省筹米济之），湖北按察使梁鼎芬奏劾奕劻及袁世凯怙恶不悛贪私误国，冬十月孙文遣同盟会员于广西镇南关起事被剿散，十一月皇太后懿旨预备立宪（以圣教为宗，以艺能为辅，以礼法为范围，以明伦爱国为实效，视国民程度之高下，以为实行之迟速，立宪臣民皆须尊崇秩序保守平和，不得胥动浮言紊乱政体、离经叛道犯上作乱），十二月浙江海宁农民减漕起事（捣毁教堂、学堂、厘卡及警察、邮政、铁路等局）。【戊申】三十四年春二月孙文遣黄兴率安南华侨组成“中华国民军南军”攻打钦州等地，三月孙文令革命党人于云南河口起事（此后同盟会放弃运动会党起事，转为鼓动新军起事），赏湖南举人王闿运翰林院检讨（经术湛深礼文淹贯之故），夏五月考察宪法大臣于式枚奏立宪必先正名（以为宪法自在中国不须求之外洋，中法皆定自上而下奉行，西法则定自下而上遵守；国之所以立者政，政之所以行者权，权之所归即利之所在，定于一则无非分之想，散于众则有竞进之心，其名至为公平而其势最为危险；

故立宪必先正名，名正然后分定，于西法不必刻画求似，但期于中正无弊切实可行），六月“预备立宪公会”与“政闻社”社团等请速开国会（各省西化派代表亦呈请愿书）、广东大雨水灾，从学部奏于京师设立女子师范学堂，外务部奏美国减收庚子赔款并用于培养留美学生，湖北军队同盟会成立于武昌，秋七月命抚恤湖南湖北水灾，命各省查禁“政闻社”，八月谕令颁布“钦定宪法大纲”并宣布预备立宪以九年为期，九月从礼部奏准顾炎武、王夫之、黄宗羲从祀先师孔子庙廷（此系实学心学派宪政维新人士推动，已脱离孔孟程朱正统范围），冬十月皇太后懿旨醇亲王载沣之子溥仪宫内教养（授载沣为摄政王），光绪帝崩于瀛台、皇太后懿旨溥仪入承大统为嗣皇帝、慈禧太皇太后崩于仪鸾殿（尊谥孝钦显皇后），同盟会员率安庆两营新军起事被剿散。

【己酉】宣统皇帝元年春三月云南地震，夏五月考察宪政大臣李家驹奏陈立宪官制必依本国政体为标准、山东巡抚袁树勋奏请堂邑义丐武训宣付史官立传（一村野乞人而含辛茹苦兴学三州县），六月候补四品京堂杨度奏宪政实行宜定宗旨（谏君臣关系、行政立法关系、中央地方关系皆宜酌定），吉林暴雨成灾（灾民十六万余），秋七月监察御史胡思敬奏谏学堂新章之弊害（言庚子和戎以来，四民皆乱儒业尤衰，乡井萧条弦诵将绝，人才专重外洋实业，孤注一掷愈求愈远；十弊：有心撕灭礼教纲常、束书不观讲义是求、教习大失师道尊严、洋文为主旷锢青年、学生奢侈结伴争利、章法外人忘其国本、奔竞文凭廉耻扫地、宿儒凋丧浅薄任教、师生趋利频繁易迁、不关痛痒学难有成，六害：学费昂贵压抑寒畯、学非所用搅乱仕途、借学捐派骚扰闾阎、专重洋业摧残士类、洋教书物膏血外输、流俗渐成增长逆焰），八月福建飓风，九月各省咨议局开幕，朝鲜义士安重根刺杀日夷前首相、朝鲜统监伊藤博文于哈尔滨，冬十月同盟会员成立“共和会”于京津保定地区（以“推翻满清专制，建立共和民国，融合种族界限，发展全国实业”为宗旨），十一月驻藏办事大臣联豫奏达赖阴谋自立（阻拦川兵结纳俄夷，一意拒汉专横自恣），十二月命将川藏边境德格土司全境收回改土归流。【庚戌】二年春正月黄兴等发动广州新军起事被剿散，达赖出逃印度并乞助于英夷，立宪派创刊《国风报》于沪（梁启超任总撰，倡导君主立宪制度而抨击君主专制与民主共和，要求速开国会建立责任内阁而反对暴力革命），谕命革除逃亡达赖喇嘛名号并择立新喇嘛（骄淫跋扈违命虐众、反复狡诈流言诬诋、自外生成负恩辜众之故），二月同盟会员汪精卫等谋炸摄政王载沣被捕，三月长沙发生抢米风潮（春夏淫雨成灾之故，江苏、湖北亦有饥民抢劫），夏四月直隶总督陈夔龙奏谏当下要务（言时局阽危列强环伺，外交棘手内患迭起，莠民煽惑聚众滋事，人心思乱一触即发，重农足食宜为先务；地广民众愚贤不齐，处处自治效如捕风，亟宜整饬纲纪主持镇抚，中学无根不准留学，训迪防范挽救士风），安徽和州发生饥民抢米风潮，五月湖南大水成灾、江西蛟水成灾、台湾大地震，六月新疆大地震、浙江暴雨成灾、安徽暴雨成灾（饥民达二百万），秋八月理藩部奏振兴蒙古要务（辟地利启民智，化畛域通文字，变通此前诸禁忌），陕西巡抚恩寿等奏禁烟实情（陕省原种烟五十三万亩，宣统元年已减种二十万亩，戒断烟民五十六万余人，烟膏售店原有二千八百余家，歇业已近三百家，仍严饬以征为禁，以期有减无增），九月资政院开院（钦选百名、各省百名），冬十二月谕防范东北鼠疫（病死数千人），山西巡抚丁宝铨奏晋省烟害实情（无地不种自种自吸，驯至无人不吸，痼疾已深严禁怨咨），学部奏报光绪三十四年新式学校学生数（近四万八千所、一百三十万人）。

【辛亥】宣统三年春正月湖北革命团体振武学社更名文学社（革命党人蒋翊武任社长，以同盟会纲领为纲领，以“推翻清朝专制，反对康、梁保皇政策，拥护孙文革命主张”为宗旨，以发展新军为主而辅以商学两界，于五月与共进会达成联合并于八月发动武昌起事），三月出使大臣吴宗濂奏请仿日本添设学堂国语科以统一全国语言，黄兴率革命党人于广州起事失败，夏四月湖南巡抚杨文鼎奏请防备湘省乱局（言“会匪充斥，伏莽遍地……近因粤省匪徒起事人心浮动，更当防备”），共进会等革命团体议定以两湖地区为革命中心筹划起事、吉林省城大火，五月各省咨议局联合会代表汤化龙等于北京成立宪友会（主张“尊重君主立宪政体，促成责任内阁”），广东铁路股东反对铁路国有而主张商民自办、四川咨议局铁路公司股东于成都发起“保路同志会”（以“拒借洋款，废约保路”为宗旨），川滇边务大臣王人文奏请治罪盛宣怀并修约救危（言川汉、粤汉铁路借款合同丧权辱国，内忧外患事机已迫），六月湖南大风暴雨成灾，闰六月“中国同盟会中部总会”于沪成立（宋教仁、陈其美等为骨干，以“推翻清政府，建设民主立宪政体”为宗旨）、皖南狂风暴雨成灾，秋七月福建飓风大雨成灾、苏鲁粤三省暴雨成灾、直隶天津永定河决，八月辛亥革命爆发（新军革命党人攻陷武昌，成立中华民国湖北军政府及鄂军都督府，推新军协统黎元洪为都督，相继占领武汉三镇），革命派胡石庵发刊《大汉报》于汉口（旨在“以言论造成民国鼓吹共和”，张大革命声势鼓动各省独立）、张樾于武昌创办《中华民国公报》（以“开通民智，鼓荡民气，推倒恶劣政府而建共和民国”为宗旨），御史史履晋奏民变原因及善后事宜（言铁路国有民心大失，以至四川糜烂而湖北乘机起事，罪魁祸首实为买办官商盛宣怀，各省商办铁路假公济私激起风潮，严办压制复酿成大乱），驻汉口英俄法德日夷领事宣告严守中立，九月长沙新军起事并成立中华民国军政府湖南都督府（本月各省新军纷纷宣布独立，传统派东三省总督赵尔巽等则成立保安会以为权宜），资政院上奏祸乱之源（以为盛宣怀欺蒙朝廷违法敛怨），监国摄政王载沣以宣统帝名义下罪己诏（自责用人无方施治乏术，蒙于佥壬网利积怨，区夏沸腾人心动摇，誓愿维新更始实行宪政），授袁世凯为内阁总理大臣（宣布实行责任内阁制，皇族不得为总理大臣，皇室权限由宪法规定），独立各省军政府代表于沪集会筹组临时政府，冬十月英夷提出南北议和三条件（停战、清帝退位、举袁世凯为大总统），俄夷策动外蒙宣布独立（拥哲布尊丹巴为“博格多汗”），监国摄政王载沣痛悔辞位（隆裕皇太后以其济变乏术、受人蒙蔽贻害群生而准其退位），英法德美夷使主张四国银行团借款援助袁世凯政府、命袁世凯为议和全权大臣（遣唐绍仪等南下与民军议和），从资政院奏议决定改用西历、云南革命军政府都督蔡锷通电各省力主速组中央政府（定国名为中华民国、定国体为民主立宪），北南议和代表唐绍仪与伍廷芳于沪英租界商议停战事宜，十一月御史欧家廉奏谏危难之时须尊君父之位（言“方今海宇分崩叛逆四起，存亡危急即在目前，乱臣贼子布满肘腋”），“共和统一会”于沪成立（伍廷芳、张謇、陈其美、于右任等发起），孙文自美国经欧洲至中国上海召集同盟会高层会议（讨论总统制与内阁制之取舍）、各省革命派代表联合会议决国体政体（改用西历、以中华民国纪年、政府组织取美式总统制），隆裕皇太后懿旨召集国会以定政体（民军代表伍廷芳坚称“人民”志愿以改建共和政体为目的，谕“我国今日于君主立宪、共和立宪二者以何为宜，此为对内对外实际利害问题，固非一部分人民所得而私，亦非朝廷一方面所能专决，自应召集临时国会付之公决”），外蒙哲布尊丹巴“称帝”并号称“大蒙古国”，十七省革命派代表与华侨列席代表于南京选举孙文为“中华民国临时大总统”（孙文就职宣言“尽扫专制之流毒，确定共和，以达革命之宗旨”）、内阁总理大臣袁世凯不予承认南京“临时大总统”（指责唐绍仪议定条件越权），孙文以“临时大总统”名义通电全国改用西历并以“中华民国”纪年、“中华民国临时政府”成立（孙文拟定国务院名单并经临时参议院通过）、章炳麟脱离同盟会另组“中华民国联合会”（宣言“专制非无良规，共和非无秕政”，抨击孙文、黄兴及南京临时政府，拥戴袁世凯建立强力政府），“临时大总统”孙文对外宣言承认清政府与各国缔结之条约及外人既得权利、“中华民国女子同盟会”于沪成立（以“扶助民国，促进共和，发达女权，参预政事”为宗旨）、“南京总统府”照会各国请求承认遭到拒绝（外夷欲扶持袁世凯强力政府以维护其在华利益），良弼与载涛等组织宗社党以反对共和政体、袁世凯以责任内阁全体名义合词密奏请早顺舆情赞成共和，十二月出使各国大臣电请共和、第一军统领段祺瑞等联名致函要求实行共和，隆裕皇太后被迫下退位诏（懿旨“予亦何忍因一姓之尊荣拂兆民之好恶！是用外观大势内审舆情，特率皇帝将统治权公诸全国，定为立宪共和国体，近慰海内厌乱望治之心，远协古圣天下为公之义……总期人民安堵海宇乂安，仍合满蒙汉回藏五族完全领土为一大中华民国”）、宣统帝溥仪辞位、清朝亡（经过英美法德等西夷强盗六七十年残酷无情的全方位、多层面的侵略渗透，至是已培养出大批西化倾向精英群体，传统文化精英群体被无情边缘化，中华民族文化存亡至此步入最危险时段）、中华民族国体政体改变（由民本政教夏历帝号纪年改为民主宪政西历耶稣纪年，西历纪元至今已近二个甲子）。

满清入主中原，于中华民族大融合与边疆开发卫护实有贡献，然却未能实质性融入孔孟程朱中华正统，满汉分畛戒心深存、以夏化夷似是而非，于儒士阶层大兴文字狱以致其世俗功利朴学自限而大失君子先觉本色，于社会基层民间宗教则残酷打压以致雅俗割裂极端异化，于西方天主教传教企图却优待放任而终致尾大不掉遗患无穷。满汉畛防义利模糊复致满汉官员集体贪腐民不聊生，南方官商及民间世俗化势力公然形成，终致鸦片泛滥洪杨暴乱、外夷猖獗内忧外患，传统派式微而西化派大兴，宋明以来中华正统雅俗整合内在脉动遂遭双重异化。

结语

赓续中华正统，复兴中华文明

本书以“反本中华正统，理顺历史传承”为当下要务，力求原汁原味地内在恢复中华正统学理实践双重脉络互证共生之本来面目，进而以“赓续中华正统，复兴中华文明”为愿景旨归，尝试根本性解决当下心学实学分化歧出六神无主、西方文化信仰价值思维中国化久陷口号等现实难题。

孔孟程朱中华正统道统学统政统三统并建，由至圣孔子创始奠基，至南宋绍圣朱子正式确立，其学理内核即性善民本君子修教（性善论、君子观、民本观、华夷观一体内在），涵括天道人心性情善恶、君子学行异端判教、雅俗礼教天人感应、民本民生华夷融突等具体内容，而其脉动红线即此学理内核（亦即《大学》明德亲民修教主题）的动态偏重与中正平衡。本书以上古三代肇始奠定、秦汉隋唐时中开拓、两宋元明内在成熟、明清以来雅俗整合为四大脉络时段，认真梳理了中华正统学理实践双重脉络。其中，肇始奠定期述评三皇五帝“天君民合圣化中道”正统肇始、三代圣王“天君民合德礼教化”正统奠基、孔孟之道“天人性善道统根基、仁礼中道学统主题、天君民合政统架构”正统奠定，时中开拓期述评秦汉、两晋南北朝、隋唐五代内圣外王正统学理脉络与实践脉络，内在成熟期述评两宋元明（前中期）正统学理脉络与宋元正统实践脉络（其中以南宋朱子中华正统正式确立为重心），雅俗整合期则述评明（中后期）清正统学理脉络（以及与阳明心学革命思潮、经世实学革命思潮、陆王心学改良思潮、乾嘉朴学世俗思潮、儒学世俗化信仰化两极偏离之学理交涉）与明清正统实践脉络（明前中期与中后期、清前中期与中后期）。通过上述简明梳理，即可大致勾勒出中华正统学理脉络与实践脉络相互印证、联动共生的内在关系。

先就学理脉络而言，在与教内流派及外学外教对待互补漫长历程中，孔孟程朱儒学儒教逐步确立起中华民族文化基础与修教主体之正统地位，并构成了宋（南宋后期）元明清四朝主流意识形态。由于明中叶以来中国社会正式步入大众教化时代，正统礼义约束力下降而心学实学次第大兴。明清心学实学对孟子性善论作出了信仰化与世俗化的歧出性偏颇论证，从而形成了对孔孟程朱雅俗中道中华正统的学理消解与路径转换。由阳明心学、亭林实学反经批宋削弱正统权威之修教偏途，到黄宗羲心学、戴震实学托古立俗消解正统权威之修教歧途，再到明末清代心学实学情欲世俗化与宗教信仰化瓦解正统权威之修教乱途，可谓本原既偏每况愈下。明清心学实学偏弊叠加引发中华正统功能弱化，清季民初西方宗教文化强势入侵并反客为主，内因外缘交互作用，民国时期自由民主世俗化与民间宗教信仰化两极偏离倾向极为显明，中华正统雅俗整合大众教化进程被扭曲异化，至今我们尚未对此予以反思对治与理顺重启。鉴此，在学理层面时中处理好正偏主辅、纯杂内外正统判教问题极为必要。

再就实践脉络而言，格致诚正修齐治平，明德亲民修身为本，天君民合三位一体，雅俗互动天人感应；人存政举而人亡教息，君子阶层践履正统学行与否，直接关系民生祸福华夷融突。历代兴衰起承转合，无不反复诠释着这一论断。中华正统民本礼教史具有雅俗整合教化下移、华夷融突范围扩大双重品格，如雅俗整合层面即存在先秦君卿大夫与士人阶层、秦汉唐宋士族庶族察举科举、明清士农工商礼义情俗等内在张力；华夷融突则自上古三代、秦汉两晋南北朝、隋唐五代、宋夏辽金、元明满清无代无之，且由抢财掠地至偏国割据、由服膺礼教统治华夏至推翻正统国体耶化，烈度不断增强、性质外在改变，至今我们尚处于反思西化反本自立的关键历史时期。在此雅俗整合华夷融突历史进程中，天人理欲性情义利之辨屡屡松懈、宗教信仰处置举措过松过严两极偏离之后果严重（如心学实学世俗化官吏及元清蒙满官吏之贪腐堕落，又如梁武帝佞佛、唐太宗玄宗消解士庶华夷之别、明太祖太宗三教并尊而明代心学及民间信仰泛滥、清代康熙乾隆大兴文字狱及残酷打压民间信仰而却优礼西方天主教等即是如此）。这些严重问题往往学理实践双重维度内在一体，大大加剧了中华正统修教地位的衰微乏力，终致清末民初发生以夷变夏千古奇变。尽管如此，这些可以时中克服的历史缺陷总为我们完善性善民本君子修教的鞭策动力，而决不应成为彻底否定中华正统的外在藉口。实际而言，清末民初以来孔孟程朱中华正统修教基础与主体地位的暂时丧失与边缘化际遇，恰恰正是现当代中国思想文化六神无主混乱态势的根源所在；而作为基督宗教文化价值思维世俗化体现的自由民主西化势力，则往往藉以“普世价值”对抗“民族主义”的所谓“博爱宽容”旗号，不遗余力地贬斥消解中华正统修教内涵，以致正统复归努力每每流于口号与形式。

中华正统不立，民族精神犹如散沙；中华正统复归，民族精神重生根魂。至圣先师云，“仁远乎哉？我欲仁，斯仁至矣”（《论语·述而》），每一个文化中国人均应以时不我待的迫切使命感与大无畏精神，反本孔孟程朱，理顺历史传承，赓续中华正统，复兴中华文明！

主要参考书目

[1]〔宋〕朱熹:《朱子全书》(朱杰人等主编),上海古籍出版社、安徽教育出版社2002年版。

[2]李学勤主编:《十三经注疏》(标点本),北京大学出版社1999年版。

[3]〔明〕商辂等修:《御批续资治通鉴纲目》,吉林出版集团2002年版。

[4]〔清〕张廷玉等修:《御定资治通鉴纲目三编》,吉林出版集团2002年版。

[5]邹博主编:《清通鉴》,线装书局2009年版。

[6]〔清〕纪昀:《四库全书总目提要》,海南出版社1999年版。

[7]《孔子文化大全》,山东友谊书社1989—1994年版。

[8]《诸子集成》,中华书局1954年版。

[9]《二十二子》,上海古籍出版社1986年版。

[10]〔清〕严可均辑:《全上古三代秦汉三国六朝文》,商务印书馆1999年版。

[11]〔清〕董诰等辑:《全唐文》,中华书局1983年版。

[12]〔清〕苏舆:《春秋繁露义证》,中华书局1992年版。

[13]〔清〕陈立:《白虎通疏证》,中华书局1994年版。

[14]〔隋〕王通:《中说校注》(张沛校注),中华书局2013年版。

[15]〔唐〕陆淳:《春秋集传纂例》,影印文渊阁《四库全书》(简称影印《四库》)146册,台湾"商务印书馆"1986年版(下同)。

[16]〔唐〕陆贽:《陆贽集》,中华书局2006年版。

[17]〔唐〕韩愈:《韩昌黎文集校注》(马其昶校注),上海古籍出版社

2014年版。
[18]〔唐〕林慎思:《伸蒙子》，影印《四库》696册。
[19]〔唐〕陆淳、〔宋〕孙复:《春秋集传微旨　春秋尊王发微》，上海古籍出版社2019年版。
[20]〔宋〕胡瑗:《周易口义》，影印《四库》8册。
[21]〔宋〕石介:《徂徕石先生文集》，中华书局1984年版。
[22]〔宋〕刘敞、崔敦礼:《公是先生弟子记　刍言》，华东师范大学出版社2010年版。
[23]〔宋〕王开祖:《儒志编》，影印《四库》696册。
[24]〔宋〕周敦颐:《周敦颐集》，中华书局2009年版。
[25]〔宋〕邵雍:《邵雍集》，中华书局2010年版。
[26]〔宋〕张载:《张载集》，中华书局1978年版。
[27]〔宋〕程颢、程颐:《二程集》，中华书局2004年版。
[28]〔宋〕黄榦:《勉斋集》，影印《四库》1168册。
[29]〔宋〕张栻:《南轩集》，影印《四库》1167册。
[30]〔宋〕真德秀:《大学衍义》，华东师范大学出版社2010年版。
[31]〔宋〕黄震:《黄氏日抄》，影印《四库》708册。
[32]〔元〕许谦:《读四书丛说》,《丛书集成初编》本，商务印书馆1936年版（下同）。
[33]〔明〕方孝孺:《方孝孺集》，浙江古籍出版社2013年版。
[34]〔明〕胡居仁:《居业录》，影印《四库》714册。
[35]〔明〕薛瑄:《读书录》,《孔子文化大全》，山东友谊书社1991年版。
[36]〔明〕罗钦顺:《困知记》，中华书局2013年版。
[37]〔明〕顾宪成:《顾端文公遗书》，清光绪三年刻本影印本。
[38]〔明〕高攀龙:《高子遗书》，影印《四库》1292册。
[39]〔明〕顾炎武:《日知录集释》（黄汝成集释），上海古籍出版社2006年版。
[40]〔明〕王夫之:《船山思问录》，上海古籍出版社2000年版。

[41]〔明〕陈建:《学蔀通辨》,《丛书集成初编》本。
[42]〔清〕张履祥:《杨园先生全集》,中华书局2002年版。
[43]〔清〕陆世仪:《思辨录辑要》,影印《四库》724册。
[44]〔清〕张烈:《王学质疑》,《丛书集成初编》本。
[45]〔清〕颜元:《颜元集》,中华书局1987年版。
[46]〔清〕陆陇其:《三鱼堂文集　外集》,影印《四库》1325册。
[47]〔清〕李光地:《榕村全书》,福建人民出版社2013年版。
[48]〔清〕熊赐履:《学统》,凤凰出版社2011年版。
[49]〔清〕陈宏谋辑:《五种遗规》,中国华侨出版社2012年版。
[50]〔清〕张伯行:《道统录》,《丛书集成初编》本。
[51]〔清〕方东树:《汉学商兑》,上海古籍出版社2018年版。
[52]〔清〕皮锡瑞:《经学历史》,中华书局2004年版。
[53]汤一介、李中华主编:《中国儒学史》,北京大学出版社2011年版。
[54]翁独健主编:《中国民族关系史纲要》,中国社会科学出版社2001年版。
[55]饶宗颐:《中国史学上之正统论》,中华书局2015年版。
[56]楼宇烈:《中国文化的根本精神》,中华书局2016年版。